アメリカの憲法成立史
―法令索引、判例索引、事項索引による小辞典的憲政史―

國生一彦 著

八千代出版

妻真華と亡き妻雅子に捧げる

はしがき（共感した American political romanticism）

　この30年余り、国際法務（主にアメリカ関係）に携ってきた。仕事上での疑問や興味が引き金となって調べて行くうちに、（国内に参考書が少く）コモンロー契約（取引）法を中心とする解説書を書くようになり、いつしか十数冊になっていた。1990年頃までのバブル最盛期には、アメリカの不動産取引法、その後は、投資引揚げに絡むPartnership法（その解散法）などに及んだ。

　しかし、アメリカの憲法、憲政史への興味・関心は、それよりもずっと古い。67年以上も前の話しで、記憶がぼやけているが、旧制鶴岡中学（疎開先）3、4年生の頃（昭和22、3年）校長に呼ばれ、「神町の米軍に行って、東北各地の米軍パイロットの墓地調査を一週間ほど手伝うよう」、いわれて行ったことがある。大学時代、極東裁判の弁護人でもあったBen Bruce Blakeney講師によるアメリカ法史・憲法史のゼミを2学期連続でとったことも、どこかに残っていたろうか。法曹生活の中で気が付いたら、愈々アメリカ憲法史に惹かれていた。「自分で何とか書き上げたい……」と、始めたのが、2004年の『アメリカの誕生と英雄達の生涯』、"Birth of America, and Lives of its Heroes" である（英雄達とはWashington、Adams、Jeffersonの3代の大統領のことであった）。高校3年のX'mas Eveにイグナチオ教会（当時の四谷駅を降りると、もう教会の尖塔と建物が目に入り、手前には未だ米軍の「かまぼこ兵舎」が並んでいた）で受洗した著者には、（新旧教会の違いはあるが）第1章に見るような、Plymouthに上陸したピューリタンの父祖らの生き様にも（漠としたイメージでしかなかったが）どこか惹かれるところがあったかもしれない。

　一言にいって、アメリカは日本と比べると、ある意味で大変な社会である。その上に更に、raceの問題が乗っている。そこでの法律を理解する

には、先ずそこの社会を知らねばならないが、それには、人間性をより深く掘り下げられる力も求められよう。それも法史となれば、只今現在の社会だけではない。序章の2.が「地上の植物、現憲法と、その根っこ」のタイトルで、また第1編が、「連合憲章と、それができるまでの前史」と題して、そこに遡っているのも、そうした理由からである。400年前の人間生活は直接、十分に知り得ない。だが、伝記などを通せば多少は理解できるし、その生き様なども、少しは知り得る。ほかに、少しでもこの複雑な社会と人間生活理解の足しになろうかと、もう数十年の間（かつてはラジオで米軍放送、今はパソコンで）NPRを、またアメリカでの歴史記録をupdateしてくれるC-SPANを、夜中に聴き続けてきた（それが日常のリズムになって了った）。少しは役立ったであろうか（本書のところどころに出てくる逸話、たとえばObama大統領がインディアンの部族長らを招待する話しなどのソースには、それが混っている。ただし、いまだ史実とまではいかないObama氏については、本書中では殆んど誌さなかった）。そのObama大統領が、この世界最古の民主共和制憲法につき上院議員時代にも述べている。

「原憲法は、南北戦争による修正憲法とともに、驚嘆すべき法典だとは思うが……完全とはいえない……アメリカ文化の、この地に育った当時の植民地文化の、深い欠陥を宿している……つまり、今日もまだ続くこの文化の中にある巨大な盲点を宿している……」（2008年10月27日）

シカゴ大学で憲法を教えていたこともあるObama大統領のこのような確言の裏には、彼の民族的背景だけではない、次のような理解があってのことだろう。

「憲法は過去の法文書（静態的なもの）ではなく、現在・未来にも生き続ける法文書（living document）であると見定め、常に変化する世界の中で理解すべき法文書である（……must be read……in the context of an ever-changing world)」

憲法学者としてのObama氏と、本書でも大いに参照させてもらった

Tribe 氏（Harvard 大）とでは憲法に対する見方でも力点が異ろう。それぞれの立場を理解した上で、外国人による本書では、憲法学者の Tribe 氏とも違う（また Obama 氏の立場からは採り上げを控えられたかも知れない）主体的見方も入れられたと信じている。更に憲法史書には余り書かれていない、**奴隷制度**の初めに遡った歴史的展開や、**先住民族**（American Indians, Native Americans）との 2 世紀半になんなんとする闘争と殺戮史などである（それらを含んだ憲政史であっても、飽くまで客観的な史実の叙述を第 1 に心掛けた）。

　昨今、日本国憲法第 9 条に係る「集団的自衛権」なる議論がなされていた（本書では「戦争遂行権」として、第 8 章 2.の(3)で項を分けて記している）。イギリス国王は、13 植民州（それぞれがイギリスの province であったから、「13 県」といってもよい）宛に各特許状（Charter）を与えるに当り、「そんなに遠い国の、しかもそんなに多くの野蛮な国の傍らで」"……because so remote a country, near so many barbarous nations" と述べて、「防衛戦争権に狙った」、権限を与えていた（……power of making war……, but defensive war alone……）（特許状によるこの限定は厳格で、「（現地の）原住民その他の敵地に攻め込み、破壊するには、そのための正当な理由の上で……」upon just causes to invade and destroy the natives or other enemies……）とも記されていた）。

　一方、憲法が連邦議会（日本国憲法のような「国権の最高機関」という捉え方ではない）に与えた 18 項目に**限定された**授権立法権の 1 つの戦争宣言（立法）権（……to declare War）。議会は、2 度の世界大戦までに 3 度、この立法権を行使してきた。(i)第 2 の革命戦争ともいわれるイギリスとの 1812 年戦争、(ii) Mexico との戦争（1846 年）、(iii) Spain との戦争（1898 年）である（これが、近時のイラク戦争、アフガニスタン戦争では、大統領に対する**戦争〔軍事力行使〕授権決議** Authorization for Use of Military Force〔AUMF〕となっている。本書では、これを 18 世紀憲法

の、「現代アメリカ的解釈・運用の具体例」として挙げた〔第8章2.(3)(イ)〕)。

　一方、アメリカとの対比でイギリスの歴史を辿ると、18世紀のインド、19世紀の阿片戦争、同世紀末近くの南アフリカでの侵略・略取など、植民地支配の歴史で埋められている。1812年戦争で、イギリス王国による北米での支配力を排除できたアメリカは、やがてヨーロッパ諸国からも列強の片隅に置かれるようになった。しかし、そうなってからも、母国イギリスはじめ、列強の真似はしていない。そのイギリスやドイツが、Venezuelaとの債務弁済交渉で実力行使をちらつかせるや、Theodore Rooseveltは、Monroe Doctrine (1823年) の同義語 (corollary) であるとして、国際警察権 (international police power) を唱え、介入している (1904年)。Spainとの戦争で入手したPhilippinesで、人々がやがて独立のため立上ると、4年後には限定的乍ら独立を認めている（この間、Bostonから反帝国主義連盟〔Anti-Imperialist League〕の運動が起こってきている）。もっとも、力を示すこともしており、1907～9年には白い大艦隊 (Great White Fleet) を世界一周の訓練航海に出している。

　W.W.Iでは、1915年月7日に客船Lusitania号がUボートにより撃沈されたことで世論は沸騰した。その開戦論を2年間抑えていたWilson大統領も、1917年4月に「すべての国民に対する戦争」(a war against all nations) をする国、ドイツに対し、「戦争を終らせ……世界を……安全にする戦争」のための開戦を求め、議会に出て行って話をしている。それも、「ドイツ外相Zimmermannがメキシコ大統領に送ったという極秘電報の写しだ……」、とイギリス当局がWilsonに送ってきた。それが、最後の決め手になったとされている（第7章注106参照）。また、F.D. Rooseveltは、就任演説（1933年3月）で、主として中南米諸国向けに「よき隣人政策」(good neighbor policy) を唱え、それ以前に2、3人の大統領がNicaraguaやHondurasなどで（民主化のためとして）していた軍隊の駐屯を元に戻し、1933年には殆どの中南米諸国と一緒に、「主

権を侵さない……」とする Montevideo 条約に調印している。

　一方で、ナチス台頭後の 1937 年には、いわゆる検疫演説（Quarantine Speech）を行い、国際聯盟規約や諸々の国際的規範を守らない無法国家、無頼国家は、「……疫病のように隔離・退治せねばならない……」と訴え、更に 1940 年 12 月の炉辺談話（Fireside Talks）では、アメリカは「世界の武器庫（Arsenal of Democracy）となり、ナチスなどと戦う国々を援けねばならない」、と訴えた。戦後世界の青写真作りのため W.W.Ⅱ中に行った Churchill との会談で、F. Roosevelt は、イギリスがインドの独立を認めるよう熱望し、そう話しもしたが、イギリスは首を縦に振らなかった（インド独立問題が 2 人の間の大きな溝であったことにつき、第 7 章 2.(3)(ト)(d))。

　超大国ということで、日本を含む世界が、その動向を注視するアメリカ。世界で**最も古い成文憲法**を有し、世界の 170 ヶ国の憲法に影響を与えている。そのアメリカの憲法成立事情、憲政史を（Tribe が「第 2 の憲法」、と呼ぶ、これまでの先例〔precedents〕とともに）、著したいと志した。その根底にあるのは、このアメリカという国の成立ちに対し、少しでも正しい知識・認識を広めたい、世界政治への理解を深めたいとの思いである。本書のレベルは、中流以上のアメリカ人の多くが、college の歴史の時間に習ったか、または何らかの機会に（メディアなどにより）一度は聞きかじったことのあるような知識であろう。しかし、そうしたことすらも、我々外国人は往々にして不知のまま、この超大国の次のステップを予想・予断するよう迫られるし、現に多くの人がそうしている。そのような un-informed behavior, consent？ を少くし、アメリカでは連邦政府が、「1830～40 年代にかけて、かつての Texas Republic との間で、こんな風に対応し、それにメディアがこんな反応を示していたのか……」とか、「Cuba とは、Colombia や中米の Honduras, Nicaragua などとは、こんな交渉をしていたのか……」「1930 年代には議会で 4 回も中立法を通し

ていて、それほどまでも孤立主義のうねりに蓋われていたのか……」とかという、あるいはもっと遡って、「そもそも、この国の生い立ちにはこんな事実があったのか……」、という史実を踏まえた判断ができるようにすることを願った。

　憲政史（constitutional history）であり、大統領史（presidential history）ではない（無論、44人の大統領には、少くとも寸言はするようにしたが）。しかし、憲政史として、それなりに意味のある事実を追いかけて書き続けるうちに、（たとえば人間ワシントンなどを描いて）局部的には大統領史に近づいて了った。その意味では（憲政史）「物語りになっていた」といってもよい（それにより、辞典的な無味乾燥さをいくらか紛らわせられた）。

　一方に、極端に言葉寡ない憲法の定めがある。他方に、今日、目の前に見るアメリカ政府が、議会が、最高裁が、現実に生まれ育ってきた。そこに歴史がある。憲政史がある。そのアメリカ憲政史の大きな部分、目に付き易い部分が「イコール大統領史」というのも、強ち不自然とはいえない。言葉寡ない憲法の下で、執行機関としての大統領の姿、形が（立法・司法以上に更に）「増大、増大、増大……」（grew, grew and grew……）を続けてきたことも（Lawrence Friedman）、この国の憲政史の著しい特徴である（200人くらいのpresidential historiansないしpolitical scientistsがいるとされる）。そんな中で振返ってみると、Washington、Lincoln、F. Rooseveltに比較的多くのスペースを割振る結果となっていた（この3人が、大統領史家 presidential historiansによる歴代大統領のトップ3人の格付けと一致したとしても、結果論である）。

　題名のとおり、法律書、憲法の史書を目指していることに間違いはないが、量の点はさて置き、焦点を「質」（局部）に絞れば、歴史でもない、法律でもない、人間的側面、いってみれば「人間学」的記述、描写に嵌り込んでいるところもある。ただし、このように、個人・人間としての描写

もしているにしても、その面でカバーしているのは、僅かな部分、九牛の一毛に過ぎない。本書を振返ってみて思うのは、単なる宗教的動機でも、「人間学」的興味だけでもない。もう１つ、アメリカの政治史から感じる１つの理想、「それを描こうとしてではないか」との思いがある。至る処ドロドロとした闘争史の真只中に、「丘の上の都市」（マタイ伝５章、13節）建設のような、アメリカの建国史ロマンティシズム（American political romanticism）を感じたからではないか、そういってよい。

　本書の完成には八千代出版株式会社、中でも森口恵美子社長と編集部の井上貴文氏に大変助けて頂いた。末文乍ら、記して謝する次第である。

追記（上記の C-SPAN の部分を補足して）

　2012 年 12 月 24 日クリスマス・イヴの翌午前１時近く、目が覚めた。枕元のパソコン（C-SPAN ラジオ）からはアナウンサーが「（元）参謀総長……シンセキ」（新関）というのが分った。その直後、新関氏自身の声。前週火曜（12 月 19 日）に 88 歳でワシントン D.C. の陸軍病院で亡くなったらしい、ダニエル・ケン・イノウエ（ハワイ州選出の下院議員から上院議員と議員を 50 年間勤めた）の追悼式が金曜日朝にワシントンのカテドラルの中で行われたのだった。同じ日系人で、同じようにアメリカで高い名声を挙げた人として、新関氏の追悼演説に耳をそば立てた。

　いつしか目が冴えてきて、後に続く４人の演説すべてを注意深く聞いた。上院多数民主党の筆頭ハリー・リード、元大統領ビル・クリントン、それから現副大統領ジョー・バイデン、そしてバラク・オバマ大統領その人。最後がいわゆる従軍司祭とでも呼ぶのであろう人の追悼と締め括りの祈りの言葉。いずれ劣らぬ雄弁家ばかりで、とても一語一語記憶できていないが、その場では、どれも「成程、成程」とただ唸るのみであった。

　ジョー・バイデン副大統領が言葉の武器を巧みに操って強力に訴えかける雄弁家であることは、2008 年オバマ大統領の選挙終盤戦での応援演説のくだりを聞いたことで知っていた（やはり C-SPAN ラジオ）。追悼演説ともなると、さすがに選挙の応援演説とはガラッと様子が変るが、（個人との深交ゆえの「ダニー」との呼びかけを交えな

がらの）訴えかける強さに加え、深い感情を示す個所がいくつも出ていた。クリント
ン氏の雄弁家ぶりは、つとに有名である。政敵や評論家によってレトリック（rheto-
ric）として、むしろ攻撃されていたことが思い起こされる。

　この 2 人に比べると、初めの新関氏のものは「軍人ゆえ、日系人ゆえの」と思われ
る、「抑えが効いた」ものとして聞いた。誰もが井上氏の（決して彼自らを最上には愛
してくれなかった祖国への）愛国心の高さを、そしてヨーロッパ戦線での勇猛果敢さ
を誉め讃えていた。クリントン氏は、自分がその首に最高位の勲章を掛けたのだと述
べるとともに、戦時中の日系人に対するインターンメント（internment）が不適切だ
ったと話すことも忘れなかった。

　何といっても一番深く心に訴えたのは、大統領その人の言葉であった。それは、型
に嵌ったとか、大統領だから「何か一言言わなければ」とかいうのとは正反対の、一
個人としての小さな身の上話といってよい、心の篭った中味のあるものであった。

　「セネタ井上が上院議員になったのは、私が 2 歳の時、彼が下院議員になったのは、
私が未だ生まれる前の話しだ。当時の井上氏の活動について、それが、我らハワイア
ンにとって（自州代表）のマイ・セネタ（my Senator）によるものであっても、幼い
自分には何も分る話しではなかった。このハワイアン（Obama 氏自身）は 11 歳の時、
本土へ約 1 ヶ月の旅に出た（彼は、ここでメインランドという語に少し力を入れた。
多くのハワイアンにとって、それは憧れの響きでもあったのであろう）。母とその母の
祖母と、姉との 4 人だ。シアトル、Anaheim のデズニーランド（これが大目的の 1
つ）、ワシントン D.C. やグランド・キャニオン……グレイハウンドバスを乗り継ぎ、
乗り継ぎ、行く先々でモーテルに泊まった。祖母の実家、カンザス州の農家にも泊ま
った。まだ何の娯楽もない当時、母と祖母は、夜な夜な必ずといってよいほど、モー
テルのテレビをつけ見ていた。

　丁度、連日ウォーターゲート事件のレポートを映しており、上院の特別委員会の一
員として活躍していたのが正に井上議員だった（なお、井上氏は亡くなるまでの 2 年
間、上院の President pro tempore でもあった）。その時母がいった言葉、『この人た
ちは、この国の建国の大義を守ろうということで、こういうことをしているのよ
……』。それが頭に残った。これが、『自分が政治の世界について知り、もしかしたら、

将来政治の方向に進むことになるかも知れない』、と思う第1の切っ掛けとなった……
日系人としての彼は、アメリカという国で色々な困難にぶつかり矛盾を感じていたこ
とであろう。それは、自分のような異国の血が混じり、ハワイやインドネシアで育っ
た人間にはよく分る。しかし、彼の心は、そんなことに掻き乱されることなく、寛大
で平穏さを保っていた……自分が上院議員になった時も、年も全く違う若造なのに、
同僚として温かく迎えてくれた……」

　現代アメリカを代表する4人の民主党の大物政治家の追悼の言葉が終ると、司祭の
それが続いた。彼は先ず「アイリーン！」と夫人に呼びかけ、自分が井上氏の息を引
取るのを、その右手を握って見とり、また夫人の後に立って祈ったことを述べた。暫
く前、井上氏と一緒にアラスカ出身のある上院議員の告別式に参列した時のエピソー
ドも述べた。それから聖書から2節を引用して、井上上院議員の生き様を、彼が聖書
でいう「死の谷の暗い影を、急ぎ足でも駆け足でもジョギングでもなく、平らな心の
まま普通に歩いて行く……」様子に譬えた。

　2015年　夏

　　　　　　　　　　　　　　　　　　　　麻布の事務所にて　　著者

目　　次

はしがき（共感した American political romanticism）　i
Table of Contents　xiv
凡　　例　xviii

序　　章　……………………………………………………………………… 1
1．アメリカの憲法成立史を振返ってみることの、今日的意義　1
(1)廃墟の中の日本国憲法　1
(2)憲法の原型（genesis）、アメリカ憲法　3
(3)イギリス国王の罪状挙示から　4
2．地上の植物、現憲法と、その根っこ　6
(1)アメリカ建国の歴史と憲政史　6
(2)第2の憲法条文（Second Set of Constitutional Text）、先例　8

第1編　連合憲章と、それができるまでの前史

第1章　植民州連合前史　……………………………………………… 15
1．開拓者らの社会　15
(1)メイフラワー号の運命　15
(2)年季奉公者らの新世界　26
2．旧世界と新世界　30
(1)17世紀の新世界　30
(2)旧世界による法的支配　39
(3)暴徒の町（ボストン）と、たまりゆく現地の不満　46

第2章　連合憲章（Articles of Confederation）　……………… 67
1．結束の必要性と連合の模索　67
(1)急速な（20年間の）感情悪化と通信使　67
(2)共同歩調のための、相次ぐ「諸決議と諸宣言」　74
2．連合憲章、その法律文書、政治文書としての働き　91
(1)連合憲章の紹介　91
(2)批准への長かった道程（連合憲章成立史）　99
3．革命戦争末期から制憲会議まで　107
(1)戦争と奇跡的な勝利を振返る―移行（空白）期の政治―　107
(2)平和条約と、初の連邦法としての北西政令（Northwest Ordinance）　119

目　次

第 2 編　連邦憲法、その成立過程、内容と、南北戦争前までの展開

第 3 章　憲法制定会議と各州批准会議 ……………………………… 143

1．制憲会議（Constitutional Convention）の召集と開催　143
(1)制憲会議の召集　143
(2)制憲会議の開催　148
(3)触りたくない論点とヴァージニア　153

2．制憲会議での討論（debate）　162
(1)合言葉、「自由民の主権」　162
(2)ジョージ・ワシントンと会議　171
(3)作者らの柔軟さと作品の簡潔さ　185

3．各州による批准会議や世論の動きと、成立した連邦憲法の特徴　188
(1)押切った連邦必要論者　188
(2)素人的論評　199
(3)外国人から見ての追加的感想と、憲法の下での試行　205

第 4 章　成立した連邦憲法の内容―三権分立と相互作用の骨格―
……………………………………………………………………… 217

一．成文憲法主義（Constitutionalism）　217

1．連邦憲法の下敷きとその書面化　217
(1)イギリス憲法の流域　217
(2)植民州以来の成文法（法典）化の流れ　221

2．世界初の成文憲法として　225
(1)守り通した共和政体　225
(2)共和制政体の担保、権力分立　230

二．実定法としての紹介　234

1．立法府について　235
(1)国権の最高機関か？　その代表のメカニズム　235
(2)実定憲法が画く連邦議会、その権限の全体像　244
(3)限定列挙主義論と立法制限条文　272

2．大統領（行政府）　292
(1)選挙人団による選出　292
(2)大統領の権限と責任　298

3．司法部について　308
(1)難産だった下級裁判所（永らく抵抗があった連邦司法という考え）　308
(2)白紙のキャンバスに描いてきた絵―下級裁判所と、管轄問題―　317
(3)現在の連邦裁判所法制と実力　324

xi

第5章　憲法の下での、初期アメリカにとっての内外の問題 … 337

一．新生アメリカと憲法の修正　337

1．憲法の下の新生アメリカ　337
(1)新国家建設の現場レポートと人々の生活法　337
(2)第1回連邦議会発議による修正Ⅰ～修正Ⅸまでの連邦人権憲章　363

2．英仏との関係険悪化と、政党政治　386
(1)戦争の危機と政治的対立　386
(2)革命戦士による言論取締法　402

二．憲法の下の連邦の変化　412

1．戦争と変容する（実績をつける）連邦　412
(1)イギリスの横暴と Embargo 法　412
(2)1812年戦争とニュー・イングランド離反の危機　421

2．条約と戦争と領土拡張　443
(1)ルイジアナ買収条約と3つの妥協法　443
(2)高まる南北の軋轢と更なる妥協立法　463

第3編　19世紀後半以降の憲法

第6章　19世紀アメリカの憲法史ハイライト（南北戦争と、人種問題） ………………………………………………………… 493

1．南北戦争と再建期の修正　493
(1)新生児期の終り　493
(2)人種（黒人奴隷）問題と南北戦争　512
(3)修正憲法ⅩⅢ～修正ⅩⅤまで　536

2．19世紀後半の連邦と州の変化、多様性と、法による規律　553
(1)戦後の変化と、再建期の憲政史的評価　553
(2)再建期後の南部諸州を中心に見たアメリカの変化　579
(3)合衆国（その Puritanism と Capitalism）の変容と、その後の修正憲法　607

第7章　20世紀の（現代における）アメリカと、主要な憲法事実 ………………………………………………………………… 637

1．19世紀末から20世紀初頭にかけての連邦と州の変化　637
(1)"Laissez faire" から Progressivism　637
(2)国際化時代と、試される Monroe Doctrine　651
(3)果たせなかった Wilson の理想、国際聯盟非加盟国アメリカ　675

2．西半球の外とアメリカの憲政　684
(1)孤立主義と大恐慌前後史　684
(2) New Deal 時代にかけての法の番人　702

(3) New Dealers による戦争、W.W.II　722

3.　未来への模索と憲法の国際化　756
(1)内外の困難と新 Doctrine　756
(2)超大国への道と 18 世紀憲法の枠　772

第 8 章　現代の憲法問題―権力分立と司法審査の今―　…………　803
1.　憲法が定める三権分立と司法審査　803
(1)スター・チェンバーへの恐怖と警戒　803
(2)司法審査権の歴史と展開　824
2.　実定法と先例集積としての憲法〔権力分立〕　849
(1)立法権（連邦議会）との間の分担・牽制（憲法先例の意味と法的効力）　849
(2)行政権（大統領）との間の分担・牽制（弾劾・独立検察官）（Division of Powers Concerning Executive Branch）　876
(3)戦争遂行権と情報管理権　904
3.　憲法は二元国家をどう規律しようとするか〔州と中央との権力分立〕　934
(1)二元国家制の下での司法審査　934
(2)共和政体の保障を中心とした関係　970

参考文献・引用文献一覧　1001
アメリカ歴代大統領年代表　1002
法 令 索 引　1004
判 例 索 引　1015
事項索引（和文）　1022
事項索引（欧文）　1050

Table of Contents

Forword i

Explanatory notes xviii

Introduction 1

1. Present-Day Significance of Reviewing the Making of the U.S. Constitution 1

 (1) Japan's Constitution in the Post-War Ruin and Ashes 1

 (2) Origin of Constitution and the American Constitution 3

 (3) Listing Offenses Committed by the English Monarch 4

2. The Constitution as a Plant Above Ground and its Roots Underneath 6

 (1) History Prior to Statehood and the Contemporaneous Constitution 6

 (2) Second Set of Constitutional Texts and Precedents 8

Part One : Articles of Confederation and History Thereof

Chapter I—History of the Colonies Prior to Confederation 15

1. Agricultural Society 15

 (1) Story of the Mayflower 15

 (2) The New World of Indentured Servants 26

2. The Old World and the New World 30

 (1) The New World in the Seventeenth Century 30

 (2) Governing by the Old World 39

 (3) Town of Rogues (Boston), Where Irritation was Growing 46

Chapter II—Articles of Confederation and the Revolutionary War; Evaluation Thereof 67

1. Need for Solidarity and Grasping for Confederation 67

 (1) Rapid Deterioration of Sentiment (over Two Decades) and Committees of Correspondence 67

 (2) Concerted Steps: Successive "Resolutions and Declarations" 74

2. The Articles of Confederation; how it Worked as an Instrument and as Politics 91

 (1) Introducing the Articles of Confederation 91

 (2) Prolonged Process Toward Ratification (Creating the Articles of Confederation) 99

3. From Ending the War to the Constitutional Convention 107

 (1) Reflecting on the War, a Miraculous Victory and Politics in the Intermediate Years 107

 (2) Peace Treaty and the Early Days of Federal Law (The Northwest Ordinance) 119

Part Two : U.S. Constitution: Creation, Content and Evolution Prior to the Civil War

Chapter III—Calls for and Holding the Constitutional Convention ······ 143

1. Convening and Carrying-out the Constitutional Convention　143

(1) Calls for the Constitutional Convention　143

(2) Carrying-out the Constitutional Convention　148

(3) Distressing Issues, Especially for Virginia　153

2. Debates at the Constitutional Convention　162

(1) The Slogan "Sovereign People"　162

(2) George Washington at the Convention　171

(3) Nimble Authors; Succinct Work　185

3. States' Ratification Conventions: Public Opinion and Features of the Product　188

(1) Brazen Federal Supporters　188

(2) Amateur Comments　199

(3) Additional Remarks From a Foreigner; Actual Developments　205

Chapter IV—Content of the U.S. Constitution: Separation of Three Powers and Framework of Interplay ··· 217

Subpart One: Constitutionalism　217

1. Documenting the Foundation　217

(1) Basis of English Constitution　217

(2) Codification Since Colonial Days　221

2. World's First Written Constitution　225

(1) Preserved Republican Polity　225

(2) Separation of Powers as Security　230

Subpart Two: Description of Positive Law　234

1. On the Legislature　235

(1) Is it the Supreme Body? Mechanism for Representation　235

(2) Congressional Powers: The Big Picture　244

(3) Doctrine of Enumerated and Limited Power; Provisions Limiting Powers　272

2. On the President (Executive)　292

(1) Chosen by Electoral College　292

(2) Powers and Responsibilities of the President　298

3. On the Judiciary　308

(1) Notion of Hard Labor Creating the Federal Judiciary　308

(2) A Picture Drawn on White Canvas—Inferior Courts and Jurisdiction　317

(3) Current Operation of Federal Courts　324

Chapter V—Problems for an Infant America to Overcome Under the Constitution 337

Subpart One: The Newborn American Constitution and Amendments   337

1. Newborn America under the Constitution   337

(1) Report from the Front Lines, and the Law in Daily Life   337

(2) Amendment I to Amendment IX (U.S. Bill of Rights), Proposed to the First Congress   363

2. Deteriorating Relations with Britain and France; Political Parties   386

(1) Threats from Abroad and Political Disputes at Home   386

(2) Irony of the Alien and Sedition Act by Militant Revolutionaries   402

Subpart Two: Federal Government Under the Constitution   412

1. War and Changing (Achieving) Central Government   412

(1) High-Handed Britain and the Embargo Act of 1807   412

(2) The War of 1812 and the Crisis of New England's Secession   421

2. Treaties, Wars and Expansion   443

(1) The Louisiana Purchase and Missouri Compromise   443

(2) Rift Between North and South; Further Compromises   463

Part Three : Constitution During and After the Nineteenth Century

Chapter VI—Nineteenth Century In the Limelight (Civil War and Race)
.... 493

1. Civil War and Adjusted Reconstruction   493

(1) End of Infancy   493

(2) Race Issues (Slavery) and Civil War   512

(3) Amendment XIII to Amendment XV   536

2. State and Federal Changes in the Late Nineteenth Century; Diversification and Governing Law   553

(1) Post-War Changes and Evaluation of Reconstruction in Constitutional History   553

(2) Changes in Post-Reconstruction Era Southern States   579

(3) Growth of Puritanism and Capitalism, Amendments from XVI, and Other Events   607

Chapter VII—Twentieth Century America and Major Constitutional Events
.... 637

1. State and Federal Changes in the Late Nineteenth and Early Twentieth Century   637

(1) From "Laissez Faire" to "Progressivism"   637

(2) Era of Internationalism and Trial Ground for the Monroe Doctrine   651

(3) Wilson's Unaccomplished Vision: League-of-Nations Non-Member, the U.S.   675

2. Outside the Western Hemisphere, U.S. in State and Federal Polity   684

(1) Isolationism and History of the Great Depression   684

(2) Guardian of Law in and around the New Deal Era   702

(3) War Engaged by the New Dealer　722

3.　Grasping for the Future; Globalizing the Constitution　　756

(1) New Doctrine Griped by Difficult Situations Inside and Outside the U.S.　756

(2) Path as a Superpower Framed by Eighteenth Century Constitution　772

Chapter VIII Contemporary Issues of the Constitution: Divisions of Power and Two-Tier State—Judicial Review Thus Far—　·······························　803

1.　Separation of Powers and Judicial Review under the Constitution　　803

(1) Star Chamber: Memory of Fear and Watch　803

(2) History and Evolution of Judicial Review　824

2.　Constitution as Positive Law and Body of Precedents (Separation of Powers)　　849

(1) Separation and Interplay with Legislature (Congress) (Significance of Precedents and the Binding Force Thereof)　849

(2) Separation and Interplay with Executive (Presidency) (Impeachment and Independent Counsel)　876

(3) Execution of Wartime Power and Control of Information　904

3.　Constitution and the Two-Tier-System State (Separation and Interplay Between States and Central Government)　　934

(1) Judicial Review Under the Two-Tier State　934

(2) Primarily Protecting the Republican Polity　970

Bibliography　1001

List of U.S. Presidents　1002

Table of Fedeial Laws　1004

Table of Court Cases　1015

(Subject) Index (in Japanese)　1022

(Subject) Index (in English)　1050

凡　　例

1.　法令等の表記	法令等は、連邦の法令が殆んどで、州の法令等は例外的である。個別の法令等の表記は、次によった（その他の類似の法令も、これに準ずる表記にした。なお、巻末の法令索引の表示も参照）。 (1)連邦憲法（U.S. Constitution）の表示は、Article I、Section 2であれば、「I、2」とした。U.S. Constitutionでは、Sectionの下のParagraphの数字による区別・表示はなされていないが、本書では筆者限りのものとして、たとえば第3 Paragraphならば(3)とした（I、2(3)）となる。 またAmendmentについては、たとえばAmendment Xならば「修正X」としての表示とした。なお、連合憲章（Articles of Confederation）の表記もこれに準じた。 (2)連邦法等の表示 かなりの数の連邦法に言及しているが、Sedition ActやBankruptcy Reform Actなどの、いわゆるpopular name表示を主とした。タイトル表示（11 U.S.C.§365などの形）は、例外的に付記する程度にした。法令等で文中に完全な表示と接して略式表示をしたものもある。 (3)法令等の条など（articleなど）の表示は、§を付す場合（本文中）、付さないでカッコ内に数字のみの場合、の2通りがある。また条より下の表示は、条とともに、paragraph項、clause号と連記する時には、それぞれ原文に沿って、条、項、号を2(1)④、3(a)(1)などの表示にした。
2.　判例等の表示	多くの判例（殆んどが連邦最高裁によるそれ）が表示されているが、National Reporter Systemの表示により、たとえばGibbons v. Ogden, 22 U.S. 1 (1824)などのように一本槍とし、S. Ct.やL. Edなどのその他の表示はしていない（判例の表記は、判決の頭のページ数を原則としつつも、引用ないし言及するページ数もなるべく加えた）。ただし、極く最新のものは13-1987456のような事件番号によった。
3.　条約の表示	条約についても、Montevideo Convention on the Rights and Duties of Statesのように、いわゆるpopular name表示とした。
4.　裁判所名の表示	出てくる裁判所名も殆んどが連邦最高裁であるが、最高裁判所ではなく、（連邦）最高裁としか表示していない。 例外的に出てくる連邦巡回（控訴）裁判所名の表示はCir.とし、たとえば連邦の第2巡回（控訴）裁判所であれば、2 nd Cir.と表示した。

5. 国名・地名・人名	本書の性格から見て相応な程度で片カナ、または英語による表記とした。

その他、本書では"Continental Congress"をContinentalではなく、Congressの意味に重心を置いて、「大陸会議」の代りに「連合議会」と呼ぶこととした（Continentalの語も、Continental Armyなどのように、恒久的用語としてよりも、寧ろ移行期の用法とされることを参照した）。連合憲章（Articles of Confederation）自身も、集合体として呼ぶのに"United States"や"United States in Congress"（Ⅰ、Ⅱ、Ⅳ、Ⅴ、Ⅷ、Ⅸ、Ⅹ、ⅩⅠ、ⅩⅡ、ⅩⅢ）と、Union（Ⅳ、ⅩⅠ、ⅩⅢ）を使用している。
また各colonyは、母国による行政法上の区画では県（Province）とされていたが、その実体と、その後の歴史とのつながりの2つから「植民州」と呼ぶことにした。

一般に人名は、middle nameは頭文字（1字）のみにし、First nameを先にfamily nameを後にした（ただし、索引は、family nameを先にしている）。
地名は、郡（county）、市町村名を先にし、コンマの後に、州名とした。
法令名につき、若干付加すると、
(1)連邦憲法以外の（各州）憲法の表示も、その各州名を加えるほかは、条文の表示は連邦憲法のそれに倣った。
(2)連邦法の表示には、少数ではあるが、Pub. L.番号の付記をしたものもある。
省庁の表示でDepartmentは、すべてDept.と略記した。
先例への言及では、事件の事実や法的解釈は、少数の事件で比較的詳しく紹介したほかは、できるだけスペースをとらないよう簡略な引用に留めた。
参考文献・引用文献の引用は、参考文献・引用文献の一覧表中の著者名は姓のみによった（なお、Ellisについては、3冊ある中で同一覧表の①～③の表示に従って区別している）。
インターネット上の出典表示は、http://などを除くwebsiteの中核部分だけの表示とした。
第1次と第2次世界大戦の表記はW.W.Ⅰ、W.W.Ⅱの略称によった。
その他、一般に定冠詞theなどは省いた。

序　章

1.　アメリカの憲法成立史を振返ってみることの、今日的意義

⑴廃墟の中の日本国憲法

　敗戦の翌年の全くの廃墟の中、昭和21年11月3日に公布された日本国憲法。なぜかくも早くそれが用意され、どのように用意され（作られ）たか。多くの説明を要しないであろう。それが、米軍などの占領下であるが、内容的には主権在民の、極めて民主的な憲法として作られたこと、多くの点で、アメリカの憲法に酷似していることは、人々の常識であるといってよい。

　㈠天皇制は形を留めたものの、天皇の地位が明治憲法のそれ（絶対的君主）から、**国民の象徴**に変ったこと、その他のアメリカ式の民主的な（その意味で根本的な）変更を経ていることから、旧憲法の改正ではなく、明治憲法とは法的連続性のない「新憲法の制定」であると、一般に捉えられている（明治憲法とは観念的に異質の、「最高法規」といった言葉が〔それも、本家のアメリカ憲法では、条文中の言葉に過ぎないものが［VI, 2］〕、**第10章の見出し**として用いられている）[1]。

　㈡単に出来上ったものが酷似しているというだけでない。その作成の力

1　しかも、最高法規性条文は、第10章の2番目の条文であり、その前にある第97条が、いわば独立宣言中の言葉を略繰り返した**基本的人権の本質**という条文である。

も、アメリカから貰った、といってよい[2]。なぜなら、アメリカから貰わなければ、その大本を尋ねるしかないが、しかし、アメリカ合衆国憲法制定の大本の頃（日本の江戸初期）、そこには、James, I世王もいなければ、権利請願（Petition of Rights）も行われなかった。また、その40年後（柳沢吉保の頃）に、人権憲章（Bill of Rights）に似たものでも作ろうとした形跡がない。せめて、「独立宣言」の言葉だけでも引いてきて、その由来を尋ね、意味を嚙みしめよう、ということであろう[3]。

㈠新憲法としての日本国憲法が、一番の基礎に据えているもの、「……国政は、国民の厳粛な信託による……権威は国民に由来し……」は、「すべての政治的権力と権威の源が国民に在り国民から由来する」という極めて抽象化、観念化された形での、アメリカ建国の原理、民主主義の原理である[4]。

日本国憲法の「……厳粛な信託……」「権威は……由来し……」にせよ、独立宣言の "When in the Course of Human Events……" にせよ、言葉が極めて煮詰められ、高度に抽象化されていることに気付く。2つの間で違うのは、独立宣言の方には、そこに至るまでの荒々しい歴史（今日までのアメリカ史の半分）が、籠られている点である[5]。

㈡注記条文の言葉「過去幾多の試練に堪え」がどんなものであったかは、本書で見る「植民州連合前史」と、その後の憲政史の軌跡がそれを語ってくれる。このアメリカ生れの政治実験は、その後、フランスをはじめ、世

2　第10章、最高法規は、最高法規性を定めたアメリカの連邦憲法VI Legal Status of the Constitution から来ているとされるところ、その第10章の初めの条文97条は、基本的人権の本質というタイトルで、「この憲法が日本国民に保障する基本的人権は、人類の多年にわたる自由獲得の努力の成果であって、これらの権利は、過去幾多の試練に堪え、現在及び将来の国民に対し、侵すことのできない永久の権利として信託されたものである」と謳っている。この見出しと内容との関係は、明治憲法下では誰も考えつかない。正にアメリカでの幾多の星霜を表したもののようである。

3　ただし、自由民主党が2012年4月に発表した「日本国憲法改正草案」では、この基本的人権獲得の由来を尋ねた条文97条は、削除されている。

4　アメリカの連邦憲法そのものには（その前文にも）、このような原理的な言葉も、また日本国憲法第97条のような言葉もない。第97条の言葉の大本は、独立宣言に遡ることになる。

界のあちこちで試みられ、採用され、定着してきた。新憲法の民主主義も、正にこの1つの流れに含まれる。

⑵憲法の原型（genesis）、アメリカ憲法

アメリカ合衆国憲法は、今日では多くの国の憲法の、いわば原型（genesis）として人類の共通財産となっている[6]。そこに定めた政府の組織原理は、世界の殆んどの国の政治組織原理、人類共通の原理ともなっている。

そうなり得たのは、「歴史の必然」といえば、それまでだが、先行した政治思想、哲学思想があった。代表的なものは、(i)ジョン・ロック（John Locke）の社会契約説や、(ii)思想家モンテスキュー（Montesquieu）の権力分立原理の唱導である[7]。

(イ)新生アメリカは、「この政治思想を、人類の実際の生活の中で実現した」、といえる。その実現は、しかし正に戦い取らねばならなかった。それが、18世紀3/4での、アメリカ国（植民州）民によるイギリス王への反乱（Rebellion）、革命戦争（Revolutionary War）であった[8]。

13植民州についてもう1つ知られていない事実、1776年7月の独立宣言に相前後して、ヴァージニア（Virginia）をはじめとする11州が、イギリスから法的に独立するのに必要として、各自の州憲法を制定するととも

---

5 John Adams が、5月15日に用意した前文（後出）と、実際にできた独立宣言の前文とを比べても、この抽象度が、著しく進んでいることが判る。第2回連合議会（2nd Continental Congress）で独立宣言を起草して用意することの決議が通った1776年6月10日（独立宣言そのものを採択するか否かは、20日間の冷却期間を置いた7月1日に改めて問うことの予定も決められた）、5人の起草委員が任命された。王の罪状を糾す荒々しい部分は、最後の18ヶ条に纏められ、Thomas Jefferson の原稿は、Benjamin Franklin, John Adams によるものも含め、議会の審議中に80ヶ所以上修正され、Thomas Jefferson の原文の1/4は、全く元とは変って了ったとされる（McCulloch, p.131）。
6 200周年記念行事として Time 誌が1987年に行った調査では、その時点で、世界の170ヶ国中、少くとも160ヶ国が、アメリカ合衆国憲法をモデルにしていることが発表されている（第4章注3参照）。
7 Montesquieu 地方などの男爵であった Charles-Louis de Secondat は、人民を守るためには、権力と権力とが互いに闘う、権力分立の型にすることの重要さを訴える、三権分立（trias politica）を基礎とする政府組織を、特に司法の独立を、重視したとされる。
8 先行して、17世紀にイギリスでは王に対する（男爵など、貴族が主導して）2度の革命（戦争）が生起している（第8章注3参照）。

もに、一般継受法（reception provisions）を立法し、独立国としての法秩序を整備したことがある。この戦争の結果、アメリカは、13の植民州がイギリスから分離して13の諸国になっただけではない。世界の憲政史で特筆すべき2つのことが実現した。いずれも18世紀末の他国では、未知・未経験の社会制度であり、それら制度の人類初の実験場となった。

(ロ)第1は、上述した共和政体、民主政体への転換であり、それを秩序的に裏打ちする機構、三権分立の政府の確立である。この三権分立を、実際に事実として実現できていた国は（思想としてはいわれたとしても）、その時代のヨーロッパのどこを見回しても、まだなかった。人権思想に根ざした自由、平等などを実現するために必須の組織・機構とされた三権分立原理に基づいた立国である。

第2は、中央政府と各州主権という二重国家の仕組み（連邦制度）を造ったことである。それまでは、13の諸国が単にイギリスと戦うために集った過渡的な、いわば**ご都合連合**に過ぎなかった。それが、1つの政体、連邦として永続的に纏まることができた。制度的な飛躍である。分裂の試練を超えて、今日に至っている。

(ハ)この人類史上初の社会実験は、その後の幾多の困難にも拘らず（矛盾も抱えたまま）、突き進んできた。今日、地球上の政体を見ると、**民主共和国**が、圧倒的な多数となっているが、13植民州の人々が、独立までに過してきた歴史の長さと、その後の第2次大戦までの長さとが、略同じ年数であることを考えると、18世紀後半の転換期に人々が経験した変化の大きさ、その密度が判る。

(3)イギリス国王の罪状挙示から

イギリス王の罪状を18項目にわたり挙げ、それゆえに「創造主から与えられた大義が許し、その命ずるところに従う」、と宣言して戦いを始め、独立したアメリカ。この人類史上初の社会実験を、18世紀後半の新大陸で、なぜ始ることができたのか。

(イ)遡ると、そもそも 17 世紀初頭、新大陸へ渡ってきた彼らが、どんな人達で、どんな政府を作り、その下で、どんな生活をしていたか。イギリス本国とのやりとり、そこでの当局の植民州対応は、どうであったか。被統治民としての彼らは、その当局の対応にどう振舞ったか、そのための司法制度はどうであったか。この辺まで遡ることが必要となる。

(ロ)独立宣言中では、彼らが保護者と仰いできた王と国会により度重なる苦しみなど（repeated injury and usurpations）を受けたと非難しているが、独立宣言に先駆けて、1760 年代後半から 1770 年代初めには、各植民州議会でも多くの決議や宣言が出されている（図表 2）。その上で作られた独立宣言は、建国へ向けた基礎文書の 1 つである。王を非難し、要求を掲げている点は、先行した各植民州議会の決議や宣言と共通するが、厳かに（solemnly）、かつ決然として独立を宣言（declare）した点で、それも、連合としての全体行動という点で、インパクトの次元が違った。

独立宣言と同時に作られた、13 植民州間の緩やかな連合のための初の憲章（連合憲章）（Articles of Confederation）。今の合衆国憲法の直系の前者となり、多くの言葉が、略そのまま連邦憲法にも散りばめられている。その連合憲章とは、どんな内容で、どう運用されたか、またその下で（殊に、革命戦争に勝利した後に）、人々は、将来の体制につき何を考え、どんな議論を重ねたか。

(ハ)更に、これらの結果として、世界で初めての三権分立の政治機構を持った連邦憲法を用意した彼ら。成立の可能性が半分以下だと思われていたこの**条約憲法**草案を、13 州は、何とか批准・成立させることができた。この段階での憲法制定は、連合憲章の批准の時と同じ、1 つの条約交渉でもあり、第 3 章中で詳説するように、大きな州が、小さな州の主張に譲歩・妥協したことで妥結した。その辺りで、どんな妥協がなされ、それが、現憲法のどんな言葉に表され、その後どんな尾を引いてきたか。更に、そうした先史を受けた連邦憲法が、実定法として、コモンローの先例主義（doctrine of precedent）の下でどう展開し、どんな法理を発展させてき

たか。文字の上では一応出来上った連邦憲法。それに血肉を与える連邦最高裁による運用はどうであったか。

㈡明治維新から140年余りの今日、以上の史実を、「今一度、尋ねて見ること」が、「……法的に識ること」が、必要ではなかろうか。Matthew Perry 来航当時は、十分な知識はなかったにしても、その頃（1860年）の姿が、アメリカ建国の歴史、憲法成立が、維新にいたる日本の歩みに大きな影響を与えたことは、間違いない。たとえば、福沢諭吉の作品集中の第1に挙げられていた、**アメリカ独立宣言**を引用するまでもなく、いえる[9]。

2.　地上の植物、現憲法と、その根っこ

⑴アメリカ建国の歴史と憲政史

アメリカの憲政史を語るには、先ず、アメリカ建国の歴史を知らねばならない（向うの法学者、憲法学者の本には、歴史や史実までは書いていない[10]）。しかし外国人にとっては、先ず史実を知り、その上に立って「憲法を語る」ことが必須となる。先行ないし並行して必要なのが、建国後の歴史と史実、また先行する（150年余りの）13植民州の歴史と史実である。

中でも、あの戦争と勝利が、アメリカが建国できた直接かつ最大、最重要な契機となった。宗主国（王）に対し、「権利の問題として、自由かつ独立の国家である」（......of Right ought to be Free and Independent States）と宣言して宣戦布告（独立宣言）し、8年に及ぶ全面戦争を遂行した（ア

9　そこでは、独立宣言をトーマス・ジェファーソンの手になる**独立のための檄言**としている。諭吉は、ジョン万次郎から大統領制などについても説明を聞いていたと考えられる。

10　史実には（何月何日を特定する）時間枠とともに、「どこで起きたか」、の地理的特定も必要、かつ大事なところ、何しろ広大な大陸である。筆者も東、西の沿海部の地に（短期間）住んだことがあるほか、仕事で中西部なども、いくつか訪ねたことがあるが、それ以上のものではない点は、予めお断りしなければならない。

序　章

メリカ人は、これを革命戦争と呼ぶ)[11]。これら史実は、我々外国人が、アメリカの憲政史を真に理解し、理解を心に刻むために、最初に調べるべき原石である。

　植民州の歴史と、開戦前後 10 年ほどの史実の中から、アメリカ憲政史の主柱となる文書が生れ、今日に受継がれてきた。これらも掻い摘んでみなければならない。史実の中心にはこうして生れ、存在する文書群がある。

　(イ)戦いの火蓋が切られてから間もなく、大変な議論と苦労の末、何とか纏めたのが、連合の基本的ルールを定めた連合憲章であった[12]。それまで、碌に集ったこともない 13 の植民州の代表が集って作った。色々な対立を、どう纏め連合を形造るか、どう運営して行くか。そのための初の基本文書である。独立宣言は、大抵の人が知っている。同時期に作られ乍ら、重要性で優るとも劣らない……知る人ぞ……の連合憲章（Articles of Confederation）である。

　(ロ)第 2 に、2 つの政令、土地政令（Land Ordinance, 1785）と北西政令（Northwest Ordinance, 1787）とがある。緩やかな連合の状態で（しかし、宗主国に対し既に勝利を収めていた事実の中で）、連合議会が初めて、中央政府らしい主（導）権を発揮した立法といえる。しかも、合衆国の大西部展開へ向け、将来を設計する基本法文書として意味がある[13]。中でも奴隷制を忌避していた北西政令（Northwest Ordinance）は、南北

11　前注のように、イギリスは、17 世紀に 2 つの大きな革命を経験している。第 1 は、市民戦争（Civil War）とも呼ばれるもので、議会とチャールズ 1 世王（Charles, I）（スチュアート〔Stuart〕朝のジェイムズ 1 世王〔James, I〕の後）とが対立、軍事的抗争となり、議会派を率いるクロムウェル（Cromwell）が勝利した（チャールズ 1 世は 1645 年、一旦は Scotland に逃れたが、1648 年再起した後、死刑に処せられた）。第 2 は、名誉革命（Glorious Revolution）とも呼ばれ（1688 年）、議会の貴族などが、チャールズ 2 世の弟ジェイムズ 2 世の軍を亡ぼし、再び王権を制肘する経過を辿った。

12　1781 年 3 月 1 日に正式成立し、合衆国憲法が正式成立した 1789 年 3 月 4 日に失効した。

13　土地政令（Land Ordinance）は、それまで 13 の植民州が互いに牽制しつつ入植していたアルゲニ台地以西の領土を見据えて発布され、アメリカ全土で二地の測量、表示、登記などを共通化するための措置であった。Northwest Ordinance の正式名称は、"Ordinance for the government of the Territory of the United States Northwest of the River Ohio" で、そこでの共和制の政治体制や、コモンローと人権を基礎にした法秩序を予告するものであった（第 2 章 3 .(2)）。

7

戦争を通して憲政に重要な役割を果した。

㈡最後に、合衆国憲法そのものの制定が来る。正味Ⅰ～Ⅳから成るこの連邦憲法が、かつてモンテスキューが書いたとおりに、Ⅰ．立法、Ⅱ．行政（大統領）、Ⅲ．司法、Ⅳ．各州と連邦という、骨太な条文構成で、権力分立の大原則を明確に打立てた。

合衆国憲法が設計した権力システムは、当時の西ヨーロッパのような**人治**ではない[14]。最高法規性を謳うSupremacy Clauseの下で法の優位（国家の法治性）を宣明した（Ⅳ、2）。**法の支配**原則の明定である。これらの原則を実際に肉付けする連邦最高裁による憲法の解釈・構成に係る文書（先例）群も重要である[15]。

⑵第2の憲法条文（Second Set of Constitutional Text）、先例

「……憲法成立史」と題したが、Laurence Tribe氏の文脈では合衆国憲法に**完成**という意味の「成立」は、ない。

㈠Harvard大学のTribe教授が第2の憲法と呼ぶ最高裁判決。マーシャル（John Marshall）長官（第4代）時代とは違い、今日では、何万件という先例がそこに積み上り、樹齢230年を超える大樹となってきている。合衆国憲法の章（Articles）と条（Sections）などに書かれた言葉（幹）だけではない。合衆国憲法が、とても具体的で日常的な言葉で定め事をしているにしても、その定め事の意味を、時代・社会に合わせて構成し、解釈する作業が必要である。これが、先例主義の下で、一貫して今日に継続する作業である。

14　連合の時代に、人々の反権力意識がいかに強かったかは、たとえば、ヴァージニア州のgovernorの選挙法が、重任禁止の任期1年であったことからも、推察できる（Friedman, p.6）。

15　後にも記すとおり、初期のアメリカ（合衆国）連邦での司法機関としては、13州の司法機関を除くと、最高裁についてほんの短く定めるだけで、そのほかは、全くの白紙の状態、何もないところから新しく生れ、作られるものとなる。

先例主義のアメリカで、最高裁判事らの仕事の大きな部分は、common law lawyer の仕事、つまり「先例学者的」「アメリカ憲法史学者的」、仕事で占められている。屡々数十ページに及ぶ彼らの書く意見（opinion）を見れば、そのことが判る（その中の**判断理由**〔ratio decidendi〕が、法的拘束力ある先例の部分となるが、憲法先例では、**傍論**〔obiter dicta〕中にも、大きなヒントを与えてくれる字句が屡々見つかる）。

彼らが先例を探求して、遠く遡る歴史の中には、(i)憲法史の外延の植民州時代の民俗や司法の実務から、(ii)イギリス国王の法廷（King's Bench）から王と議会との対立・抗争の歴史、時にはスター・チェンバー（Star Chamber）での先例、(iii)更に遡って、マグナ・カルタやイギリス人権憲章にまでに至る例も見られる[16]。

これは、同じ法曹でも、日本の最高裁判事の仕事とは多少異る。9人の判事が、年間数十件のケースしか採り上ないアメリカと、桁違いの事件数を処理せねばならないことに加え、わが国の判例の積み上げは、歴史的にもまだそこまで行っていないし（60年余り）、第一、法史も大いに異る。

(ロ)今日までの何万件かのアメリカ合衆国最高裁判決の集積が、憲法法の塊（body of constitutional law）を形造ってきた[17]。「今日が、その終りの日」、ということはない。これが、合衆国憲法の（終りなき）成立史の意味である。個々の最高裁判決が、数十ページにもわたり長くなるのには、現代の判決でも、初期のマーシャル判決などへ言及する例が少くないように、「先例主義がなせる業」、という面がある。

連邦憲法は、骨太な条文構成の一方で、その周囲には、建国から230年超の間に繁茂した、憲法法の先例集が存在する。これを、憲法前史と比べ

---

16 その意味で、彼らの憲法に対する態度から浮上する憲法の姿は、イギリス憲法（制定法、先例、論文、国会の慣行、および王の特権などの不文法から成るとされる）につながる。少くとも、彼らの知っていたのは、それまで最高特権（prerogatives）だった王が、名誉革命（1689年）以降は、「国会の立法が最高」、に代ったことを踏まえたイギリス憲法史の中の憲法の姿であった。

17 憲法訴訟の請求原因に絡んで、修正XIV以外に一番利用されるという Commerce Clause（I、8(3)）の下での最高裁の事件数は、1900年までで約1400件あるという。

見ると、憲法はいわば幹、枝葉を持った地上の大樹であり、先行した独立宣言や連合憲章は、この合衆国憲法につながる根っこである。その憲法の条文構成は、以下の第4章などに見るように、骨太である。余計な廻り道は、一切していない。憲法条文の1つ1つの言葉は、具体的な史実から、難儀だった経験から生れ、その答えとして、対策として定められた。いわば初期アメリカの政治生活の知恵の凝りである。次の「連合憲章前史」中に見る史実の1つ1つが、連合憲章を経て（またその前の各州憲法を経て）、後の連邦憲法の具体的な条文の言葉に反映し、織り込まれた。

　㈥以下では、アメリカの憲政史を3つに分章して考察する。第1編で見るのは**根っこ**であり、前史である（第1編）。法史を、いや歴史一般を知らずに、法を語ることはできない。本書は、アメリカ憲法の教科書には書いてないような史実にも最小のスペースは割いた[18]。現代のアメリカ憲法法学の泰斗は、そうした史実抜きに、いきなり法律論に入りうる（彼らにとって、史実は、幼児からの知的富財で賄えるからだ）[19]。

　第1編は、以上のようにして、アメリカ憲法論に必要となるミニマムの史実を含むが、本論（第2編以下）中の史実（その史実も飽くまで、外国人の理解のため必要な、という形容詞付きの）については、脚注を活用しての補充も試みた。

　第2編は、著者が「アメリカの新生児期」と名付ける、連邦政府成立時（1789年3月）から、南北戦争直前（19世紀前半）までをカバーする。合衆国憲法そのもの（アメリカ憲法法学の紹介と分析）（第4章）に加え、アメリカの法的な基本を知ろうとする現代人に、必須の法学概論である。アメリカ社会での実践法学編ともなれば幸いである（第5章）。

18　狭い意味の史実だけでなく、アメリカの、アメリカ人の法学者なら必要ないと思うような、憲法以外、ないし憲法以前の法や歴史、たとえば会社法や手続法の初歩のほか、Washington の伝記などにも、多少言及するところがある。

19　ただし、Oliver Wendell Holmes, Jr.最高裁判事でも、「歴史の1ページは、理論の1巻に値する」といっている（New York Trust Co. v. Eisner, 256 U.S. 345, 349 (1921) では、累進性のある連邦相続税法が、州の課税権を侵すとして争われたが、合憲とした。その判決中での言葉。

第3編、第6章～第8章では、最大の危機、南北戦争と、その後の修正 XⅢ～XⅤの制定などを中心とした憲政上の変動とともに、19世紀後半から20世紀、更には現代に至る、連邦と2、3の州での、憲法史と人権史を記述した。中でも、南北戦争（第6章）は、第2革命であり、南部州にあった黒人法典（Black Code）を覆し、憲法の下での新生アメリカの社会・法制度の根幹を変えた。また、第8章では、現代アメリカの憲法問題として、国の内外での問題とともに、アメリカ憲法法学の悩み処を少し掘り下げて（といっても、素人外国人の手で）論ずる（「権力分立と司法審査」）[20]。その中で、多少の先例の分析と理論化も試みた。

最後に、本書のスタンス、2、3の約束事がある。憲法法学書に加え、何人かの大統領の伝記を見る限り、アメリカ人の歴史評は、比較的公平である（ただ、憲法先例の中には、〔殊に、北部州から〕強く非難された Dred Scott 判決〔第6章注67など〕のように、現実に妥協した不当なものもない訳ではない。その割には、憲法法学による先例への批判は、少し弱い気もするが）。アメリカ人の歴史評が**比較的公平**であるとしても、外国人が見るのとは、**着眼点**をはじめ、角度その他が多少違いうる。本書はその意味で、アメリカ人による憲法法学や法政史書とは異なる視点を含んでいよう。なお、文中（近くに重複が多くない限り）なるべく英語での表記を併用するよう心がけた。少くとも、2つの理由がある。

①英語での索引の便など、副題「小辞典」の趣旨に沿う。

②読み方を含め、英語に相当する、少くとも対応しそうな、日本語がまだ確定していない例が少くない。

その他の表記方法は凡例による。

---

20 三権分立秩序を裏打ちする司法審査を、連邦憲法の焦点と位置付け、司法審査に係る法史と、先例の紹介に特に力を注いだ。

第1編
連合憲章と、それができるまでの前史

第1章

植民州連合前史

1. 開拓者らの社会

⑴メイフラワー号の運命

これまで連合（Confederation）を構成する個々のメンバーを13植民州（本国ではcolonyまたはprovinces）と呼んできたが、それがどんな顔をした人達により、どんな政治体制が作られていたかが改めて問われ、答えられる必要がある。彼らと彼らの文化を措いて、国の基本法（憲法）の作り手（maker）は、ほかにいなかったからである。

13植民州のうち最後に、イギリス王ジョージ2世（George, II）から特許状を得て植民州（Province）となったジョージア（Georgia）である（1732年）。最初のヴァージニア（Virginia）（1607年）と比べると、120〜130年の開きが

図表1　13植民州（1732年）

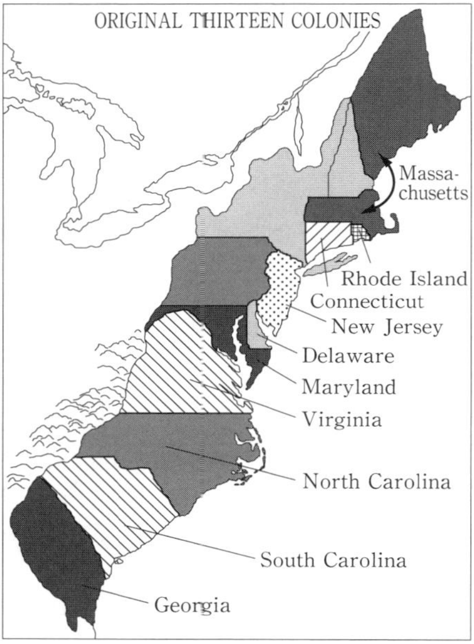

ORIGINAL THIRTEEN COLONIES

Massa-chusetts
Rhode Island
Connecticut
New Jersey
Delaware
Maryland
Virginia
North Carolina
South Carolina
Georgia

15

第1編　連合憲章と、それができるまでの前史

ある（その間、13 という州の数も、また各州・領土の境界も、ずっと同じであった訳ではない）。

㈤どんな人達が移民してきたのか。ピューリタン（清教徒）ら（Puritans）、というのが常識のようになっている。有名なメイフラワー（Mayflower）号がケープコッド（Cape Cod）沖に到着したのは、地表が雪に被われた 1620 年の 11 月であった[1]。ニューイングランド地方（その北東部）の冬は早くて厳しい。

3 本の帆柱、幅 8 メートル、全長 30 メートルほどの木造船に**超すし詰め状態で**乗ってきたのは、カルビン派の（分離主義者〔separatists〕とも呼ばれる）いわゆる Congregational Church（後記）の清教徒を中心とした 102 人と、船員ら 30 人ほどであった（途中港での出入りで変動した）[2]。

江戸初期に当るこの時期、西欧社会での人々の生活は万事厳しかった。加えて、中部イングランドではこれら清教徒らに対するカトリック王ジェイムズ 1 世（James, I）による宗教上の厳しい迫害があった。次いで王位についたチャールズ 1 世王（Charles, I）は、議会と対決した上で軍を動かし 2 度に及ぶ内戦（Civil War）の末（1642〜1649 年）、クロムウェル（Oliver Cromwell）らによって処刑された。その間、清教徒らは一旦オランダに逃れていたが、イギリスやヨーロッパ各国での迫害は容易に収まりようがなかった。「1 つの社会は、1 つの真実の宗教心によって結ばれた団体によって営まれるべきである」、と信じていた彼らは、グループの同一性・一体性を保つには、自分達で新天地を打立てるのがベストと判断した[3]。

1　これらの清教徒を、後に "Pilgrim Fathers" との呼び方も生じた。
2　途中と当座の衣食品に加え、海上や現地でのスペイン、フランスなどとの衝突にも備え、大砲を含む銃火器もかなり積んでいた。
3　John Adams も、Puritan の入植者がイギリス宗教改革の自由を求める精神をアメリカへ受継いだとして称めている（……love for liberty in the English Reformation……credited Puritan settlers……carrying the same spirit to America）（Joseph J. Ellis, *After the Revolution.* p.85）。

16

第1章　植民州連合前史

(ロ)メイフラワー号も、ロンドンのヴァージニア・カンパニ（Virginia Company）による入植地ジェイムズタウン（Jamestown）を目指していた（後記）。だが、季節風で流され（船も破損）、南部への回漕は無理と諦めて、辿り着いたケープコッド湾（Cape Cod Bay）に錨を下ろした[4]（102人のすべてが清教徒ではなく、教会扶助家庭の子供やロンドンの街角などで連れてこられた子供、働き手として雇われた**年季奉公者**の若者などなどが含まれていた）。

(a)彼らは、初めてのアメリカ大陸で早速探検に出たが[5]、12月過ぎから再び船上生活へ戻る。冬の寒さの厳しさのほか、地元民とのトラブル、肺炎や肺病を恐れた（1620、21年の最初の冬を生き延びられたのは53人と約半分がその間に命を喪った）。

ケープコッド湾内で、「飽くまでジェイムズタウン（Jamestown）を目指す」、という人達との間で重大で深刻な意見の分裂が生じた。いわば仲間割れである。清教徒らの**多数41人**は、そこでの共同生活を甘受するとし、政府を打立てることの盟約にサインした[6]。これが1620年11月11日のケープコッド湾の船上でのいわゆるメイフラワー盟約（Mayflower Compact）である。メイフラワー盟約で作られたのが、ヴァージニアのジェイムズタウンに次ぐ、アメリカ最古の開拓地プリムス共同体（Plymouth Colony）であった[7]。

これら開拓者が作った共同体（盟約の言葉で civil body politic）とは？　そこでの規律とは、どんなものであったか。彼らは、「我らのよりよ

4　途中トラブルがあり、普通より多い9週間かかっている。当初は別のもう1隻と2隻での航海を予定していた。もう1隻が参加しなかったのは、船の故障ということで、イギリスの港に立寄り出港を遅らせたが、実は年季奉公船員らとのトラブルが絡んでいた。

5　彼らが陸へ上ったのは9日後の11月20日であった。イギリスのプリムス港を出て、その着いた地をプリムスと名付けていた。雪を掘り返し、地元民の貯えの豆などを奪い、また墓なども掘り返してみた。12月に初めて海岸近くで地元民と遭遇し、そのことで敵対的な関係となる（後に一定の金銭を払って許してもらったよう）。

6　41人の男らがサインした「神の名によって、アーメン」で始まる1枚の文書ものは先ず、「わが畏怖する王James の臣である我々は」、として「神の前に互いに厳かに確約し、自治政府を作る……」などの言葉から成る1枚の文書であった。

い秩序のため、北 Virginia での初の入植目的のため……」とし、その下で「作られる法規に服する」、と誓っていた[8]。アメリカ憲法の原型を考える上で参考となろう[9]。この文書を、現にアメリカの最初の憲法と呼ぶ向きもある[10]。

　㈔北東部の Massachusetts、Boston から北 30 キロ程の Salem に、Mayflower 号から丁度 10 年後の 1630 年、11 隻の船がイギリスから数百人を乗せて着いた。その中に、ロンドンの Gray's Inn にいた弁護士で敬虔なピューリタン信者の John Winthrop がいた[11]。彼らが近傍をあちこち探索した挙句に住居として定めたのが、今の Boston である。

　(a)前年の 1629 年に、それまでの入植者らとその投資家らは、王の特許状を得て Massachusetts Bay Company を構成していた。植民州に宛てた王からの免許状（charter）には（先住民族インディアンなどとの抗争の可能性があるなどの）新世界での実情に照らし、防衛のための戦争権（make defensive war）のみが与えられていた[12]。

　1629 年 3 月、前記のように Charles, I 世王が国会を無視して王の特権による治世としていたことを受け、Massachusetts Bay Company の主

7　Boston の南に隣接する開拓地プリムス共同体（Plymouth Colony）の初期から 31 年間にわたり governor として colony のハードとソフト両面の築造をリードしたのが、イギリス、Yorkshire 出身の William Bradford である。分離派の Scrooby Congregation 教会に加わり、1609 年には John Robinson らに率いられてオランダ、ライデン（Leyden）に移って行ったが、集会としての同一性（identity）を保つため、11 年後に新天地での共同体建設のため Mayflower 号に乗船した。Noah Webster, Julia Child, William Rehnquist などが、Bradford の血をひいているとされる（history.com）。

8　10 行ほどの文書で、41 人全員の名前と一緒に記されている。

9　Bradford は、General Court の議長、裁判官かつ財務官として采配を振るったが、彼の下の Plymouth Colony は、次の Massachusetts Bay Company とは違って、宗旨や宗派に寛容で（いわゆる Bible Commonwealth にはならず）、William Vassall のような長老派や、最後には排除されたが反対者 Roger Williams のような人も、暫くは Colony の中に留った。

10　このサインされたオリジナルは失われたが、17 世紀からの 3 つの（細かな言葉上の違いのある）version が伝えられている。

11　John Winthrop の父も、やはり弁護士で、父、母ともかなり裕福な地元（Groton）の家系で、父はちょっとした名士であった。なお、Honorable Society of Gray's Inn は、ロンドンにある 4 つの Inn（barristers and judges の養成を目的とする弁護士の団体）の 1 つである。

要人物らは、Companyの実体をLondonから現地Massachusettsに移すことを決定し、Winthropらも新世界へと心を決めていた[13]。移住組の中からgovernorとなったWinthropは、移住船団の船中で「キリスト者の慈愛のモデル」（Model of Christian Charity）という題で説教し、次のように呼びかけた。

「移住者は、すべからく強い信仰心を持って新世界へ移り住み、宗教的正義（religious righteousness）を基礎として、そこに人類のお手本となるような『丘の上の都市』を建設しよう……」[14]。

到着後は、あちこち適地を探索した後、やがて彼らはSalemから南30キロ弱のBostonへと移った。

(b)そのマサチューセッツ湾社団（Massachusetts Bay Company）で作られた基礎協定（1629年）は、会社定款に似ていて、共同体の自由民全体から成る[15]。丁度、株主総会のような機関のほか、governorを中心とする取締役会のような感じのcouncilを有したが[16]、イギリスの自治市（borough）のルールに似た内容でもあった[17]。このようにまだ三権の分立

12　Samuel Worcester v. Georgia, 31 U.S. 515, 545 (1832)中でJohn Marshallは "......power of making war is conferred by these charters on the colonies, but defensive war alone......" と記している（第5章注382）。

13　WinthropがCompanyに、そしてMassachusettsへの移住に積極的に係り出したのはこの頃であったが、彼は短い期間に、そのグループの中で頭角を表わした。それまでの投資家らの代表（governor）は、移住組には加わらなかったことから、Winthropが選挙によって代表（governor）となっていた。

14　"city built on a hill" は、マタイ伝5章13、14節にある「地の塩」と「丘の上の光」からとられた逸話で、「新世界での生活は『出エジプト記』のように困難に満ちたものとなろうが、ピューリタンは皆、それを克服し、そこに理想の世界を打ち建て、世の人々から仰ぎ見られるようになるべし……」といった説教であった。

15　Plymouth colonyとは異なり、Massachusetts Bay Companyでは、すべての自由民は、教会の信者団にも加入することが求められた。

16　前者が共同体総会（general court）、後者は補助会（assistant court）と呼ばれた。メンバーの裁きは、general courtにかけられた（Lawrence M. Friedman, *A History of American Law*, 3rd Ed., Simon & Schuster 2001, p.8）。

17　David Konig, Law and Society in Puritan Massachusetts：Essex County, 1629〜1692 (1979) p.23 から "......was basically modeled after government of an English town" を引用している（Friedman, *op. cit*. p.8）。

第1編　連合憲章と、それができるまでの前史

がなく、法規を作るのも、その同じ全体組織、共同体総会が行った。前注15のように、Massachusetts Bay Company では政教一致で、共同体の自由民はすべて教会（Congregational church）に属していなければならなかった。その中では Congregationalists による教会が中心となって統一化が図られた[18]。

　Massachusetts に限らず、新世界での基礎法の多くには、それが、「この**イギリスのわが地方**の法に背反するようなものではありえない……」（……contrary or repugnant to……this our Realm of England……）と書かれていた。基礎法でいう "this our Realm" の法の本質とは何なのか、また、"contrary or repugnant to" が何を意味するか、は誰も答えていないが、彼らが観念していた法の本質とは、**天賦の人権**であり、独立宣言に謳われることになる**社会契約説な原理**ではなかったか。各自が独立した自由な個人が集って自律的な社団を作るに当り、そこでのルールとして会社定款に似たもの、また機関として株主総会や取締役会のようなものができたのではないか。

　中でも、**ピューリタン**としての**宗教上（結社など）の自由**と、それと不可分な表現の自由があったと思われる（そこでの主流は "Congregate" の意味に通じる会派、教会毎の集合体で、殊にその中の長老らの支配を重視する長老派〔Presbyterians〕には、他教会、他会派や分派活動を容認しない厳しさもあった[19]）。

　(c) 1630 年代後半以降、イギリス内戦（civil war）を経て Congregationalists などのピューリタン（Reformed）の中でも長老派

18　1633 年の John Cotton をリーダーとする教義共通化の動きは、1648 年の Cambridge Platform として文書化された。

19　彼らが後にしてきたイギリスでは、17 世紀後半の革命の結果、16 項目にわたる人権宣言（English Bill of Rights）が出され（立法され）、その 1 つとして、ピューリタン臣民らが武器をとって自らを衛ることの権利が宣言されている（後の修正 II の源流の 1 つといえる）。そのイギリスでは、当時**表現の自由**の主要手段であった新聞発行、その他の印刷業を行うには、政府や教会の免許（license）を要した。その関係法が廃止されたのは、名誉革命とイギリス人権宣言より 6 年後の 1695 年であった。

（Presbyterians）の移民数が著増し、新しい考え方の人も増えた（Scotland 人や Ireland 人の多いことも特徴である[20]）。そこで、補助会（assistant court）を構成する司法行政委員ら（magistrates）による裁判の恣意性が問題となり、人々の中に法典化を求める動きが出てきた。コモンローにずっとなじんでいた Winthrop は、法典化に反対していたが、1641年に共同体総会（general court）により Massachusetts Body of Liberties が可決された。

　法典を書くにも、またそれを人々が読み理解するにも、そしてまた、何よりも全員が Bible の読解力を身に付けるためにも、文字教育が必要である。このため、北米で最初の grammar school が Boston で 1635 年に作られている（後記）。更に、教育関係の立法も実に早くから求められ、行われていた[21]。Massachusetts Education Laws of 1642 and 1647 である。1642 年法の第一の狙いと基礎も、宗教の自由を確立すること、そのために皆が Bible を読み書きするとともに、自らが打ち立てた共和政体のルールを理解できるようにすることであった。いきなり学校（場所）を設けた訳ではない。その前には、すべての親に農作業の傍らで子供に読み書きを教えるよう求めていた[22]。

　この古い英語で書かれた「自由権集」（Body of Liberties）の題の長大な法律書は、いわば Boston Magna Carta ともいうべく、スタイルも、それに幾分似たようなところがある（ただ箇条書きの１つ１つには、

20　集団ごとの自治・自律による独立を強調する Congregationalists の気風は、ある意味でアメリカ独立の基礎を作った構造である。その気風は、New England からニューヨークへ、そこからオハイオ川の北西部 Illinois、Ohio などへと広がって行った。

21　アメリカで早い時期に作られた高等教育機関、Harvard、Yale、Dartmouth、Williams などの College は、すべて Congregationalists によって作られているという（wikipedia）。

22　親たちは、しかし、この求めに従わ（従え）なかった。そこでできたのが、俗名 "Old Deluder Satan Act" と呼ばれる 1647 年法である。50 世帯以上の部落は、子供に読み書きを教えることに専念する１人の教師（schoolmaster）を雇わねばならず、100 世帯以上の部落は、Harvard College 進学準備ができるような grammar schoolmaster を雇わなければならない、と定めた。これらは、ある程度力のある家が、その台所を場所として提供して行った（3.nd.cdu より）。

第1編　連合憲章と、それができるまでの前史

1～98 の番号が付されている）。①初めの 1～17 には見出しはなく "Wee doe……religiously……decree and confirme these……Rites, liberties and priveleges concerning our Churches, and Civil State……" という前文から始って、いきなり "No mans life shall be taken away……"（1）とつながっている。②1～17 の後には、司法（民、刑事などの）手続における自由等（Rites Rules and Liberties concerning Judicial Proceedings）、（18～57）が続き、③その後に、より特殊な「自由民（free men）に係る自由」（58～78）が、④次いで、婦人の自由に関するもの（79、80）、子供の自由に関する（81～84）、更に召使の自由に関する定め（85～88）、外国人など（Foreigners and Strangers）の自由の定め（89～91）、家畜の扱いに関する定め（92、93）がある。⑤94 は、死刑法（Capital Laws）として、神（lord god）以外の者を拝むとして有罪となった者や（94 の 1）、（霊と交信するとして）魔女（witch）とされた man or women（94 の 2）など、12 の罪が定められている。⑥教会に関する 1～11 の定め（95）の後、最後の 96～98 は、施行に関する付則である（なお、95 の見出しは "A Declaration of the Liberties the Lord Jesus hath given to the Churches" である）。

　(d)以上の 98 ヶ条の中から気になったほんの数ヶ条を（その中の言葉で）ピックアップしてみた。

　(i)法の適正手続（due process of law）の考え方が既にそこにはっきりと示されている（生命、身体などの保障に絡んだ、"unless it be by virtue or equitie of some express law……established by a general Court……, or in case of the defect of a law……by word of God……"）（1）。

　(ii)二重負罪の禁止条文も見える（"No man shall be twice sentenced by Civil〔教会法との区別〕Justice for one and the same Crime……"）（42）。

　(iii)召使の自由では、その眼や歯をくり抜かれたり、その他で不具にさせられたものは自由となり、更に Court が認める弁償を受ける（……goe free from his service. And shall have......recompense......）（87）。

(iv)動物保護も定められている（......No man shall exercise any Tirrany or Crueltie towards bruite Creature......）（92）。

イギリス国内の戦乱（civil wars）を経て、1691 年 Massachusetts Bay に新たな免許状（charter）が出され、前出の general courts も、王の任命した governor の下で開かれるようになった[23]。1691 年免許状の下では 17 世紀を通して各所で Town Meetings が行われた。

(二) Virginia のことは次に触れるとして、ほかはどうであったか。

前記のように政教一体の支配が行われた Massachusetts Bay Company では、17 世紀末に Salem などで、いわゆる魔女裁判が起きるなど、一徹なピューリタンの弊害も見られた。また他方で、法典化を主張する新参組と、先入植者らとの間のギャップも開き、そこに争いも生じた。その結果、Massachusetts Bay の裁判所から追放処分を受けた新参組の人の中には、New Hampshire や Maine、また Rhode Island や、次に見る Connecticut に新開地を見付ける人も出た。信教の自由を強烈に支持した司祭 Roger Williams（前注 9）は、1635 年に Rhode Island の創始者となり[24]、また Puritan の牧師 Thomas Hooker も 1636 年には 100 人ほどの追従者とともに Massachusetts から出て行って、Connecticut を作った[25]（次の(b)）。

出て行くといっても、未開の地である。人口全体が増加するとともに、インディアンとの土地争いも頻繁に生じた。

23　general courts は、40 戸以上の freeholders から成る町毎に 1 人の代表（Representatives）、120 戸以上の町は 2 人の代表、Boston の町は 4 人という構成で、共同体総会（general court）は、各町の代表から成る House of Representatives、その upper bench としての Council、および governor から成っていた（socialaw.com）。

24　イギリス王がインディアンの土地を採り上げる権限があることを否定していた Williams は、Massachusetts 湾カンパニの共同体総会から追放処分となり、首都となる Providence を作った（shmoop.com）。

25　Hooker は「すべての Puritan に参政権を与えよ」と主張し、Massachusetts Bay でのやり方、即ち、信仰問答を経て公式に入会を認められた "freemen" のみが参政できるシステムに反対していた（britannica.com）。

第1編　連合憲章と、それができるまでの前史

　他の植民州（colony）でも Massachusetts 湾カンパニ宛の免許状で見たように、インディアンとの戦争権が謳われていた。たとえば、前注 12 の判決中では、その言葉が William Penn が王から与えられた免許状中に書かれており[26]（Pennsylvania）、また次記の Baltimore の男爵宛の免許状にも、同様の文言が書かれていた[27]。やがてその一部（10 マイル四方）を首都ワシントン D.C. として連邦に割いたメリーランドは、1632 年に王がバルティモア（Baltimore）のカルバート男爵に、"his well beloved and right trusty Subject Calvert" という言葉とともに与えた、メリーランド・チャーター（Maryland Charter）を根拠にしている。その**メリーランド地方法**にも前(ハ)(b)で見たと同じ言葉が書かれていた[28]。

　(a)現在の Connecticut（州）は、Massachusetts 湾の共同体総会（general court）が、宗教的な分派者ら（Congregationalists）が Connecticut 川の渓谷に出て行って、入植するのを追認した形で認められた。しかし、Connecticut が Massachusetts 湾からすんなりと独り立ちできた訳ではない。その渓谷について領有を主張するニューヨークや、1631 年のイギリス王からの特許状（Warwick 男爵特許状）を有するとする本国人（とその代理人）を入れた、三つ巴の争いが暫く続いた[29]。現地 Connecticut の入植者らが自治権を確立したのは、1637 年になってからである[30]。新たな免許状が出された 1691 年には、Pilgrim Fathers らの Plymonth Col-

---

26　William Penn は Quaker（1650 年代にイギリスで始った Calvin 派 Puritan の運動の中から生れた一派）であった。

27　"……and because in so remote a country, near so many barbarous nations……we have given the power of war" Worcester v. State of Georgia, 31 U.S. 515, 546(1832).

28　"……to be consonant to Reason, and……not repugnant or contrary, but agreeable to the Laws……of this Our Kingdom of England"（Friedman, *op. cit*. p.8）.

29　なお、この特許状中にも注 12 や 27 中で見たと同じような、先住民との間の防衛戦争権が謳われていた。同じ権利は Rhode Island 宛の免許状中にも見られる（……general power to make defensive war……upon just causes to invade and destroy the natives or other enemies of the said colony）。

30　入植地としては、川辺の 3 つの町村、Hartford、Windsor、Wethersfield が主なものであった。（Connecticut 州判事 Henry S. Cohn による「初期（1636〜1776 年）州憲法史」、1988 年 8 月、州 library の website から）。

24

ony は Massachusetts Bay Company に吸収されていた。また、インディアンとの土地を巡る摩擦の中で、Winthrop らが唱えた「丘の上の都市」の理想はその頃までに色褪せていったが、それでもなお、それが多くの開拓者集団で共通の原理想とされていたことに間違いない（history.com、それが、やがては革命（戦争）の原動力になったとする注 77 参照）。

　(b)入植者らが、時を置かずに自分達自身のための基礎法を求めたのは、自然の流れといえる。Massachusetts Bay の共同体と分かれた最大の集落 Hartford の牧師 Hooker は、1638 年 5 月、有力者らが集る中で説教をした。その中で、Hooker は、「基礎法の根拠は人民（people）にある。それは、書面にされねばならず、また選挙民の資格は、広く認められねばならない」、との 3 本の柱を掲げた。その後、Connecticut 自身の共同体総会（general court）が構成されて、年内一杯かけて開かれ、1639 年 1 月 14 日、（3 つの集落の自由民らによる town meeting も係る形で）初の基礎法に当る Fundamental Orders 1 ～ 11 が採択された[31]。

　(c)この Fundamental Orders 中には、「イギリス王（"our dread Sovereign……"）や国会への言及が一切ない。」と断っている。それでは、「誰がorder するのか」、といえば、前文では「Almighty God に従って、3 市の Inhabitants が so order する」、と書いてある。また、反対に、「これが……共和国の最高の力（Supreme Power of the Commonwealth）との言葉がある。最高法規条項（Supremacy Clause）（VI、(2)）の先駆けともいえるその第 1 条は、年 2 回の共同体総会（general court）の開催と、そのうちの 1 回での governor, magistrates などの年次選挙のことを定めていた。これを世界最古の成文憲法と呼ぶ例もあるようだが、Funda-

---

31　これら Fundamental Orders は、1650 年に Roger Ludlow によって bill of rights から始る法典の形に整えられた。

第1編　連合憲章と、それができるまでの前史

mental Orders は、議会により改廃可能であった。

(2)年季奉公者らの新世界

　(イ)メイフラワー号の例からも分るとおり、イギリスから17世紀初めの未開地へ渡ってきたのは、清教徒ばかりという訳ではない。7、8週間かけて危険な大西洋を命がけで渡るには、余程の覚悟がいる（船賃だって馬鹿にできない）。だから、メイフラワー号から10年経った1630年から1660年にかけて、イギリスからアメリカへ渡った者の7割が、年季奉公契約を結んだ男女の若者（indentured servant）だったと聞いても、驚くことはない。

　日本でも同じ頃から、義太夫などの暗い物語でおなじみの年季奉公が、不思議と存在した[32]。共通点は、男女の貧しさである。いずれにも、証文が存在する[33]。そうした大枠の中で、雇う方と雇われる方の事情がマッチして、17世紀アメリカ式の奉公制度ができた[34]。150年後の連邦憲法条文中に、この奉公制度を踏まえた言葉が見える[35]。

　Virginia Company of London も、一方で北米に植民地を開拓する王家

32　江戸時代の年季奉公（出替奉公ともいう）は、その時代の最も一般的な労働の形態のようである。初めは、イギリスやヨーロッパのindentured servantと似たところもあったが、次第に、給金による労働に変ったほか、1年季、半年季、日雇などへと変化したという（吉原遊女「苦界十年二十七明け」）。

33　双方とも、契約の証拠となる証文が存在し、契約に期限があり（期限到来で、自由の身となることを、「証文を巻く」といった）、日本の証文には、遊女屋と親との間の証文もあり、「幕府と領主の法を守ること」、などとも書かれていた。証文には、保証人（請負人）が求められ、また寺請状（寺が檀家であることの証明）が用いられることもあった。ロンドンでも、21歳にならない本人に代り、父親が証文を書いた。

34　制度の中心にいたのが、2本マストや3本マスト帆船の船長、などであった。

35　"including those bound to Service for a Term of Years" 憲法（Ⅰ、2）。つまり、年季奉公者も、選挙人の母数の中に入っていた。

36　Virginia Company of London は、James, Ⅰ世王の Charter により1666年に設立された2つの Joint stock company の1つで（他の1つは Virginia Company of Plymouth）、北米の北緯34度から42度までの開拓を勅許された（もう一方の Plymouth Company は、38度から45度と、一部重複していた。

37　Indentured servant の40％程度しか5年の期間を終えられなかった（ushistory.org より）。

の目的とともに、当時イギリスでの常識、「イギリスは人口過剰」に対する政策の意味も持っていた[36]。初期の植民州では、コレラをはじめ疫病で死ぬ者も多く[37]、慢性的な人手不足状態であった（年季奉公者なども短命者が多く、年季まで奉公しきれない例も少なくなかった）。人手不足なのに、他人を雇おうにも手元に現金を持っている植民州民に珍しかった（農業、商工業、何にせよ日々一杯一杯の生活者が多かった）。

　㈠無一文でロンドンの路上で生活しているような男女の若者を船長が只で船に乗せてやる。条件は、ウエストミンスター区簡易裁判所で認証印付きの証文を作成することだ。万一の時、法廷で証拠能力があることが謳われている。同じ証文でも、手形・小切手の法理が一般化していたロンドンの実務の下では、船長が受取る証文は、転々譲渡ができる流通証券の形をとった[38]。

　新大陸に着いた船長は、大西洋岸のデラウエア湾からデラウエア川を百数十キロ北に遡った、フィラデルフィア港の桟橋奥、レンガ造りの事務所などに入って、地元新聞に広告を出す。

　「こちら船長Jです。只今ロンドンから腕に覚えのある元気な若者を**輸入**して到着しました。種々の職人や見習人で年季の期間も色とりどり。お任せです。連絡はX桟橋の事務所船長Jへ」

　こうして現れた買主と船長と年季奉公者の3人は、フィラデルフィア市役所内法廷へ行き、そこの年季奉公台帳に記帳する。船長は、その買主から現金を受取る[39]。カルビン派の人々のような、信仰のため危険を犯して大西洋を渡った移住者以外に、17世紀を通して新大陸の労働力の多くは、こうした年季奉公労働者に頼っていた。無一文で新大陸に渡ったindentured servantが多い中で、自費で渡った開拓者一家もいた。彼らに

38　"sell legal papers to......needed workers" という言葉が使われている。
39　年季奉公の期間は取引毎に違ったが、普通の成人か成人に近ければ3〜5年。子供だと10年近くなるのが一般であった。年季奉公の期間が終ると、彼らの本来の人生・目的に向けて出発した。開拓者・自作農となるか、覚えた技術で職人となるかである（ただ、上述のように生存率は決して高くなかった）。

第1編　連合憲章と、それができるまでの前史

は1人当たり50エーカーの土地が与えられた[40]。一方、indentured servant も、各自、5年なら5年の年季を終えた後に、同じように50エーカーの土地を貰えた[41]。

(ハ)イギリスでの年季奉公は、未成年者保護の視点からは問題を含んでいて、問題は何回か法廷に持ち込まれていたが、17世紀イギリス枢密院 (Privy Council) は、未成年者の年季奉公をいずれも否定・無効としなかった（江戸初期に、こうした問題を法的に提起し枢密院まで行ったというだけでも、イギリスは日本とは少し異る社会であったと思われる[42]）。

17世紀の半ばにかけてのイギリスでは[43]、証文 (indentured) なしの年季奉公契約を禁じるようになったので[44]、移民の中心はイギリスの indentured servant に代り、ドイツなど他国からの移民も含め redemptioner の形で行なわれるようになった。どこが違うかというと、Redemptioners は、公的機関の関与なしに、しかもアメリカの港に着いて了ってから（上陸許可の出る前に）未来の雇主と交渉しなければならなかったから、遥かに不利な立場であった。

(a) 17世紀後半から18世紀、19世紀初めになると、様相は更に違ってくる。イギリスからの年季奉公に代り、アイルランド、スコットランド、ドイツ、北欧などの若者が大量に斡旋業者に群がるようになった[45]。これら無一文に近い状態で新大陸に来たアイルランド、スコットランド、ドイ

40　これを headrights system と呼び、Virginia Company が1617年から採り入れた (u-s-history.com より)。

41　これは、雇主 (master) と indentured servant との間で予め契約され indenture に記された "freedom dues"（ボーナス）の一部で、ほかに、銃、金銭、衣服、食物などがあり得た。しかし、1660年頃までに大抵のよい土地は大地主によって占められ、年季明けの開拓者は、山地や奥地へと土地を求めるしかなかった (ushistory.org より)。第6章注49参照。

42　エリザベス1世女王の救貧法が作られたのが1601年、江戸幕府開幕の2年前である。

43　その時期、イギリスではチューダ王朝 (Tudor Dynasty) 最後のエリザベス1世 (Elizabeth, I) 死去の後を受けスコットランドのスチュアート家 (Stuarts)（カトリック）のジェイムズ1世 (James, I)（スコットランド王としてはジェイムズ6世）が王位につく。彼はいくつもの暗殺計画を生き永らえて、比較的穏やかな17世紀前半をイギリスにもたらした。

44　アイルランドでも1814の法律では、運賃未払のまま人を乗せることを船長に禁じるようになった。

ツなどの労働者の多くは、船賃を代りに払って貰うのと引き換えに、それを年季奉公で返済していたことである（redemptioners）。彼らと競合したのは、イギリス政府が強制労働のため送った重罪犯人らであった[46]。Redemptioners にしても、公的機関の関与なしに、しかもアメリカの港に着いて上陸許可の出る前に、未来の雇主と交渉しなければならなかったから、indentured servitude より遥かに不利な立場であった[47]。

　(b)そして、18 世紀に入る頃からアフリカ（Africa）からの**奴隷労働の輸入**（importation of slavery）が始る。Virginia などのアメリカ南部州での黒人の奴隷制度の略史は第 6 章 1.(1)(ニ)に記したが、初めは、北米には奴隷制度の法制も慣習もなかった。そのため、最も古く黒人の姿が目撃されたとする 1619 年の John Rolfe の日誌中の黒人 20 人も、完全な奴隷とまでは行かなかった。しかし、上の(イ)で見たような人手不足は、indentured servant による人集めでは賄い切れず、遂に Royal African Company などによる大量移民となった。

　17 世紀半ば頃から、各植民州で奴隷法（slave laws）が次々に作られていった[48]。奴隷の法的地位については第 6 章で記したが、一言でいうと「人」ではない。Virginia は、1650 年法の後も、1667、1682、1705 年と、

45　ペンシルヴァニア州、デラウエア州を中心にドイツなどのヨーロッパから多くの移民の入植があり、彼ら（その子孫や親戚族者ら）は新開地を求めて西へ、アパラチヤ山系の西の麓へと入植していった。"Up and down the coast indentured servants acted as farm and household workers, hewers of wood, drawers of water……were the personal property of their master"（Friedman. *op. cit.* p.43）。

46　1745 年スチュアート朝（Stuart Dynasty）最後の王子ジェイムズ 3 世（James, III）（チャールズ・エドワード、ボニーチャールズ〔Charles Edward, Bony Charles〕とも呼ばれる。永年ノルマンディ〔Normandy〕に暮していた）が、時のイギリス王朝軍と最後の決戦を交えたのが今のインバネスから南西のクロッデン戦場（Culloden Battlefield）である。スコットランド側は完敗するが、何人もが処刑される中で、100 人くらいは、北米への永久追放処分とされている。これより 20 年近く前に、イギリスは犯罪人を植民地へ追放する法律 Transportation Act 1717 を作っていた。

47　その後、1788 年には、Australia の Sydney 湾にイギリスから囚人らを乗せた第 1 船が入るようになる。

48　Virginia の 1650 年法では「ニグロ以外のすべての人は武器弾薬を供給される……」と定め、更に 1662 年法では「……（疑問が発せられたので）本下院（Grand Assembly）は」として、「この植民州で生れたイギリス人のすべての子供（が人であるかどうか）は、ただその女の人種が何かによって決せられる……」と定める。

第1編　連合憲章と、それができるまでの前史

次々に規定を細かくしていっている[49]。

　彼らには、年季明けということはない。そもそも証文の力によって縛り付けられている訳でもない。しかも、生活条件は遥かに劣悪だった。特に重農主義の南部植民州のタバコ栽培の農場主などにとり、奴隷労働はなくてはならないものだった。タバコ農場などでは人影もまばらで苛酷・残虐な扱いも生じ易かった（マサチューセッツなどでも少数の奴隷はいたが、手工業に携り、町中に住む労働者が多く、南部にいる圧倒的多数の奴隷とは違っていた）。

2.　旧世界と新世界

(1) 17世紀の新世界

　(イ)それにしても、なぜ臣民が王に対し謀反を起こし、同胞との戦いが8年近くも続いたのか？　たとえ、それが慣例による常套句になっていたにせよ、演説の初めには必ず「イギリス王に対する忠誠の言葉」を口に出していっていた植民州民であったのに[50]。イギリス王による圧政、酷税の取立てがあれほど酷くなければ、結束も、武力での蜂起もなく、あのままずっと来ていただろうか。John Adams は、革命戦争は、実際にそれが戦われた1775年より20年ほど前から**人々の心の中で**（精神面で）始っていたという[51]。いずれにせよ蜂起したからこそ、曲がりなりにも皆が結束し、13州の連合ができた。連合ができたからこそ、8年間を戦えた。新大陸

49　1705年になると、Virginia 法は奴隷はすべて農場の定着物という感じで不動産とみなすとされる（Friedman, *op. cit.* p.47）。

50　たとえば、North Carolina の1775年4月（Boston 郊外で戦火が切られた月）の governor の「Philadelphia での連合議会への参加が王にとり highly offensive である」とする答礼として governor に宛てた下院での演説の呼びかけの言葉は "To his excellency......esq., captain general, governor, commander in chief......" であり、次の言葉から始っている "sir.-We, his majesty's most dutiful and loyal subjects, ..." 中味は、Boston での事件を悲しむとともに、他の植民州と結合する決定に変りがないことを伝えるものである。Hezekiah Niles, *Principles and Acts*, A.S. Barnes & Co., 1876. p.312.

での革命戦争は、それまでの世界史に例を見なかった類のものであった。

バラバラでは死ぬしかない中で、1つの連合憲章（Articles of Confederation）が作られる。正式批准に足かけ6年もかかったが、とにかく、13植民州による批准手続が完成し、植民州が1つに結合することができた（未発効の間も、イギリスと戦うために事実上の準則〔working rules〕として、憲章は、各州共通の問題を解決する法的根拠となってきた）。

(a)それ以前の状態、即ち13植民州の政治体制をさっと見ておくことは、それが、「合衆国の出発点であった」、という点で深い意味があろう。植民州の中の1番の古株は、ヴァージニアである。ジェイムズ1世王（James, I）が、ロンドンのヴァージニア・カンパニ（Virginia Company of London）に特許状を与えた1607年5月14日の翌年、人々がジェイムズタウン（Jamestown）に入植し、城塞（fort）を築いたことに遡る[52]（それ以前にも何回か入植の試みはあったが、永続しなかった）。永続しなかったことの理由には、疾病、飢饉などもあるが、先住民族Indiansとの抗争も大きい（中でもIndian Massacre of 1622は、移住者社会に壊滅的打撃を与えた[53]。その後、再起したVirginiaは、当時の州域（農地）の広さ、自由民の数と富のすべてで、他の入植州を抜きん出ていた。それだけではない。革命戦争の頃には、州憲法の作成の早さでも、他

51　彼が大統領の座を去ってから18年後の1818年に、当時新大陸でも新参の週刊政治誌Weekly Registerをバルティモア、メリーランド（Baltimore、Maryland）で発行し、その編集長であったHezekiah Niles宛の手紙に、往時を回顧して書いている（革命戦争に至るイギリス王による圧政などを回顧して）。

52　このため、少くとも当初のヴァージニアは、王と本国の未開地開拓による利益動機によっていたこと、かつロンドンに、その統治・指令の本拠があったと考えられる（......was managed, initially at least, from a London home office）（Friedman, *op. cit.* p.8）。なお、この時の特許状はVirginia Company（北緯34度から同41度までの間の100マイル四方の地）と、Plymouth Company（北緯38度から同45度）との2つの投資家グループに与えられた。

53　1610年代までは貧窮、病気、十分な収穫が得られないなどでCompanyから任命されたgovernorは、martial lawを実施、厳しく治めていた。その後は、より多くの移民を必要とするようになり、自費でVirginiaに渡った者には50エーカー（約6万坪）が与えられ、17世紀の20年代に入る頃には存在したとされるHouse of Burgessesでは、新大陸で初めての代表例の立法府制度が行われた。

植民州をリードしていた。また有力者の中には、Puritan と同じ動機で移民してきた者も、少からずいた[54]。

(b)ヴァージニアの例に見るような、**ロンドンのカンパニ**に特許状を与え創設される植民州のほか、**王の直轄植民州**の形や、植民州（の代表）が、王から土地を与えられ創設された Maryland のような例もある（植民州の設立時の統治の源として、(i)特許状を与える、(ii)土地を与える、(iii)王による直接の統治、と３つの形態に分けられる。だが、その後の変遷により、実質的な違いは僅かなものになったとされる）。これに対し、**マサチューセッツ湾共同体**の定款は、植民州民らが自ら作っていた[55]（その後、Province となるための王の特許〔Royal Charter〕は出ていた[56]）。

Massachusetts, Virginia のほか、New Jersey, Pennsylvania や Maryland にも 17 世紀に、主にイギリスから宗教的動機により移民してきていた。いずれの植民州も、ヨーロッパでの宗教的迫害を逃れるとともに、同信のものが集って、自治体を作ろうとした点に共通性がある。このうち Pennsylvania は、1681 年に王家（Crown）から William Penn とその後裔に、現在の Maryland からニューヨークまでの広大な土地を与えたことで始った封建制度的土地所有であった[57]。

(ロ)本国は、13 植民州にどんな政策で臨み、何を求めていたか。

先ず、未開の野蛮国（首刈りインディアンなどのいる）とのイメージが

54　宗教的には Puritan ではなく、英国教会（Anglican Church）であったが、次の世紀になると（1760 年代には）、プロテスタントの Baptists や Methodists が勢力を延ばし、後には英国教会を追い越すようになる。

55　……Charter of Massachusetts Bay (1926) was……modeled after……trading companies……（*ditto*）.

56　免許状（Charter）は、ある意味でその植民州でのすべての土地の権利証の大本の意味を持っていた。王の特許なしで自生した形の Connecticut は、1622 年にイギリス国会（枢密院）に特使を派遣して、免許（charter）の下付を願い出て、Charles II 世王から与えられたことで、正式に１つの植民州（colony, Province）の形が認められた（Henry S. Cohn による前注 30 論文）。

57　Pennsylvania 植民州の立法府の多数を占める Assembly Party の有力メンバーとなった Benjamin Franklin は、1764 年の選挙で敗れた後、ロンドンへ送られる。地元の入植者の権利を、それまでの Penn 一家による Pennsylvania 独特の封建的所有権制度（proprietary regime）でなくするよう働きかけるためであった（Ferling, p.50）。

あった。現地に行くことは、ロンドンの文明の持つ心地よさ、利点を捨て去り、それから切り離されることになると考えた。そこに到着するまでの不便や危険は別にしても、である[58]。それでも移住して行ったのには、前述の Massachusetts Bay Company の数百人のように、ピューリタン迫害から逃れ、この地上に理想の新世界（丘の上の都市）を築きたいとの強い念願からといえる。一方、王家は初めは、広大な原生林の伐採からの造船業などにより財政に寄与すること、王家の台所の足しにすることに力を入れていたには違いないが[59]、その他では、17世紀も末近くになるまで、明確かつ一貫した政策があったようには見えない。

　各植民州民は、いずれも創設の源からして、身分的にはイギリス国民であり、王の臣民（subjects）であった。それを直接統治するのは、王の役所の1つ（時代によって部局名は変遷するが）、植民地局のようなところである[60]。現地の各植民州には王の名により統治権を行う統治者（governor）[61]、統治代理人（多くは貴族やその縁者）がいた。

　(a)マサチューセッツでは、現地入植者の中から選任された議会があり、全体会議（general court）の名で、統治活動全般に係る基本的機関となっていた[62]。そのほか、地元有力議員から成る評議員（council）がいて、その評議員と統治者、その代理人とで構成する小グループ評議員会（governor's council）があった。全体会議に対して、補助会議（court of

---

58　植民地アメリカの未来を最も明るい光で見ていた Benjamin Franklin ですら「……アメリカにとり必要なのは、1ダースの詩人、1人の先生、ラファエルの絵1枚よりも、それらの代りに、ちょっとした機械か器具だ」といっている（Ellis ③, p.11）。

59　デラウエア川の港フィラデルフィアには、当時アメリカでも指折りの造船所群があった（David McCullough, John Adams, Simon & Schuster, 2004, p.79）

60　植民地担当国務大臣兼第一貿易相（Secretary of State for the Colonies and First Lord of Trade）であった。たとえば、革命戦争勃発時の担当は、Legge 家の嫡子で、Devon 州 Dartmouth 地方の貴族であった。

61　governor の地位は、基本的に王の現地代理人である。ただ、Massachusetts では、少くとも17世紀には、植民州民によって間接的に選挙されていた。しかし、そのような地域でも、革命戦争に近い頃になると、イギリスは、王の任命制に切替えた。

62　土地毎に同一ではないが、Massachusetts の場合、全自由民から成る総会（株主総会のような）が重要な議題を扱い、共同体総会（一般法廷）（general court）と呼ばれた（Friedman, *op. cit*. p.9）。

第1編 連合憲章と、それができるまでの前史

assistants）と呼ばれ、行政のほか、司法機能（殊に、上訴事件での）も果した[63]。そのマサチューセッツでも、1639 年に社会の膨張に呼応して、一般的な裁判所制度の萌芽が作られ、それまでの一般法廷は、上告審として機能するようになる（つまり、イギリスの Privy Council〔王の枢密院〕に似て[64]、立法の助言に加え、王による執行の手先から、更に司法機能までも果していた）。

　初期マサチューセッツ湾社団の人々にとり、イギリスの Privy Council が、海を隔てた遥か彼方の歴史というだけでなく、現実に王と議会による迫害と、その後の植民州への圧政の記憶と結び付いていた。マサチューセッツの人々は特に、統治者（governor）と評議員会を通した、王と議会の圧政を強く感じていた[65]。モンテスキューの影響は勿論あるが、マサチューセッツ湾カンパニの原始的政体には、イギリスと同じく三権の区別は曖昧なままであった。しかし、この Privy Council による圧政や現地での寡頭政治を体験したことで、後に見るように、アメリカは、きめ細かく入念な権力分立構造の世界初の憲法を定めるようになったといえる。

　（b）地元でのいざこざやトラブルを処理する必要から、17 世紀初め頃から徐々に、これと思われるような人々（principal men）を判事（judges）とする町の裁判所（Town Courts）が、各植民州に作られていった[66]。マサチューセッツでは、1630 年代後半から司法行政委員ら（magistrates）

63　マサチューセッツであったような、共同体総会、全体会議を意味する一般法廷（general court）と、評議員ら（magistrates）を中心とする補助法廷（court of assistants）とが、ともに単なる司法法廷の枠にとらわれず、立法活動なども行っていた（*ditto*）。

64　Privy Council（王の枢密院）は、一時（15〜17 世紀）は、例のスター・チェンバー（Star Chamber）として、王家に対する反逆者弾圧で力を発揮した歴史がある。

65　1775 年 4 月 18 日には、王の名により 2 人のボストンの有力者 Samuel Adams と John Hancock に対し（死刑に処せられる可能性のある）、反逆罪（treason）を理由に、逮捕状が出されていた。

66　たとえば、Virginia の Westmoreland county では、地元の有力家 Lee の出の Richard Henry Lee は 16 歳でイギリスの Queen Elizabeth Grammar School へやられ、帰国後 25 歳で Westmoreland county の簡裁判事（justice of peace）になり、更にその翌年、下院（House of Burgesses）の議員に選ばれている（1766 年の Westmoreland Resolution の作成、更に後には 1776 年の連合議会では、Lee Resolutions により独立宣言作成の発議者）。

第 1 章　植民州連合前史

による裁判の恣意性が問題となり、法典化が図られた（1.(1)(ハ)(c)）。その過程の中で、議会（Assembly）は、Town Courts の設立や構成に係るようになり、各郡（county）に 1 つの裁判所という形に[67]、次第に組織化された。その County Courts または Town Courts は、司法のみならず、行政（区役所的）機能も果す、重要な政府機関となった[68]。

　(c)上に見てきたように、ヴァージニアとはかなり異るモデルのマサチューセッツ。ニューイングランド地方でも最古の開拓地で、中小商工業者も多かった。勤倹節約で、ピューリタン精神の独立心旺盛な人々の中は、独自の法制作りに積極的な人々もいて、Massachusetts がニューイングランド地方の模範・モデルとされていた面もあったといえる[69]。発足したのは、ヴァージニアより十数年遅れの 1620 年だが、自治の実務と法制では、北東ニューイングランド地方の初期植民州をリードしていた[70]。

　(ハ)このように、新世界の各植民州は、その数も、初めからずっと 13 であった訳でもない。また Massachusetts と Connecticut（後にはニューヨークとの）や Rhode Island、Maine などとの例に見るとおり、各州が、ずっと同じ 1 つの領域だった訳でもない。各地方は、**生い立ち**のみならず、統治方法、統治組織、更には統治法規などが各別である。そのため、不揃

67　最初の郡は、1642 年に作られたというから、初めは、減少するのを食い止めることもできなかった人口が、その頃にはある程度になり、それなりの社会体制の必要が生じていたのである。

68　magistrates による寡頭政治を抑えるため、上記の general court が一般法（基礎法）の定めるところにより、その権能などを定めるようになった（1677 年）。"first Massachusetts codes rose out of political struggle in the colony……among other thing, a desire to limit autocracy……were reactions to the power and discretion of the magistrates……"（注 16 書 p.51）。

69　Friedman は "Massachusetts pattern has been described in detail, because it illustrates……basic……of colonial courts……separation of power was……absent." と書いている（*op. cit.* p.10）。

70　ニューハンプシャ、ロードアイランド、コネチカットなどは、略同じ柔軟な公務処理制度を作っていた（注 16 書 p.10）。また、注 30 の判事 Cohn によると、Connecticut の一般法 the Ludlow Code of Law of 1650 は、Massachusetts Bay のそれに範をとり、"Massachusetts Body of Liberties" と同じ権利宣言（Declaration of Rights）から始っていたとする（その内容は、後に連邦憲法修正Ⅴや修正ⅩⅣ中の「法の適正手続」〔due process of law〕が主である）。

いな面もあったが、近隣を参考にしながら、築いた部分もあり、互いの間に相似性もあった[71]。

(a)我が国では現在でも、**英米法**の語が広く一般化していて、アメリカ（各州）のコモンローと、イギリス法との区別がはっきりしない向きもあろう。17、8世紀になると、尚更、その区別は容易ではない。注で指摘する誤解とは、①植民州の法律が、本質的にイギリスのコモンローと同じであるとする考え方であり、従って、②各植民州の法律が、すべて基本的に同一とする考え、である。

Friedman も、①イギリス法そのものが多様であり、中央の王の法廷による法律のほかにも、多くの地方の法律があり、②ピューリタンによる現地の政治は、イギリス法では不適切な面も多くあり、変更の工夫がなされていた筈である、と指摘する。更に、前注書中で Haskin 氏は、各植民州毎の違いを、次のように述べる。

「各地方が、独自に定着、発展したということで、各々が、個別に、社会・政治組織を展開させた。その定着の年月日も、定着の仕方も、違う。地理的に隔離されていたことに加え、全体を束ねる権威も全く欠けていたから、13の法制が異なる形で発達すべくして、異なる発達をした……」

(b)異なる法制が発達したとの、この結論をサポートする3要因として、次が挙げられている[72]。

①人々が持込んだ、いわゆる生きた民族法（folk law）（イギリス法のうちの、そう呼ばれるもの）への適合、②新しい土地での開拓者の生活に適応する独自に生れ育った規範、③開拓者らの大半がピューリタンであり、自然法に近い考えを持っていたことによる第3の要素[73]。

71　注16書は、G. L. Haskins による論文 "Massachusetts Bay" を引きつつ、2つの一般に広まっている誤解を指摘する（*op. cit*. p.4）。
72　Friedman 注16書 p.4、5。
73　注30の Cohn 判事記事中の Ludlow Code of Law の人権宣言も、「法の適正手続」を定めた上、「個別の場合に、もし法律に瑕疵があれば、神の言葉により……」（……or in case of the defect of a law in any case, by the word of God）と定めている。

上記のような植民州毎の違いを指摘する声がある中で、彼らはいずれも
Puritan が中心となって作った社会という点で共通点がある。共通の信条、
信仰の自由のために、13 植民州がともに手を携え、植民州の違いを超え
て独立のために立上った事実がある。同信の彼らは皆、「丘の上に神の都」
の新天地を築くという信念を抱いてきた[74]。

　(c)しかし、Puritanism には頑なな面もある。15 世紀ヨーロッパで行わ
れていた迷信なども、残っていた。たとえば、Puritan 植民州の Massa-
chusetts での 17 世紀末頃の迫害事件がある[75]。独立後も New England の
祭司らは、経済力の向上を贅沢と同一視し、警告を発し続けた[76]。その一
方で、それぞれの植民州民が、Puritan として共通の宗教的核心を有して
いたことを、独立の原動力として挙げることも可能であろう[77]。

　13 植民州の中のもう一方の雄、大農場主が社会と政治を牛耳っていた
ヴァージニアでは、英国教会（Anglican Church）の支配の下イギリスに
似たようなことが、比較的多く行われ、刑法などは、初期入植時代からの
流れによるイギリスの軍法（martial law）に似たものが行われていた[78]。
罪や罰の具体的な名前などがイギリスと違っていても、初期ヴァージニア
での開拓者が立ち向わねばならなかった色々な困難からすれば、これも不
自然とはいえないであろう[79]。

74　Ellis ②, p.17。独立時の各植民州の者らは、互いに個人的に知り抜いていた（……they
　　all knew one another personally, ……they broke bread together, sat together at countless
　　meetings, ……）といっている。
75　1692 年 2 月から 1693 年 5 月にかけて行われた "Salem witch trials" として知られる悲
　　劇。
76　……had been warning their brethren against the seductive dangers of luxury and
　　prosperity……（Ellis ③, p.32）．
77　New England の摂理的運命に対する 17 世紀 Puritan 的主張（信仰）が革命の原動力に
　　なったと表現する（……seventeen century Puritan insistence on the providential fate of
　　New England……）（Ellis ③, p.18）。
78　同地の 1611 年 Code は、"Laws Divine, Morall and Martil" との名であった（注 16 書
　　p.10）。
79　注 31、73 の Connecticut の一般法（Ludlow Code of Law）中にも、開拓地での色々な
　　危険に対応した militia の訓練や召集、狼退治やインディアンへの見張り義務などの規則が
　　含まれている。

第1編　連合憲章と、それができるまでの前史

　㈡ 1 審としての司法部が整うとともに、統治者（governor）と評議員（council）とが、母国の枢密院まがいにやっていた上訴審としての仕事も、次第に各植民州が設けた控訴裁判所が行えるようになった。各植民州での政治制度の創設・定着が一段落すると、やがて立法、殊に歳出関係法案は、植民州民（男の有産者、自由な入植者）から選出された議会下院（Assembly House）による議決となるが、原型は、全開拓者による共同体総会であった[80]。

　(a)土地毎の違いや、時代的変遷はあるが、マサチューセッツ湾自治集団の場合は、初めは注62のように、共同体総会が、当時の貿易会社（全社員が無限責任を負う集団）の総会をモデルとして運営され、開拓地での諸々の主要議題を決定していた（その基本ルールも、会社定款に範をとっていた[81]）。どんな法（基本ルール）を作るにせよ、植民州民として国王の臣下である間は、イギリス法の基本に相反するようなものではあり得なかった。

　(b)議会の形をとるようになった段階での下院固有の権限として、お金の問題、課税と予算権限があった[82]。イギリスと利害が一番対立するこの問題で、王の統治代理人や評議員の権限と闘うことになる[83]（お金以外のもう 1 つの問題として、民兵〔ミリシア〕という労役の提供義務があった）。

　独立が宣言され（1776 年）、連合憲章が作られるようになると、憲章の完全成立（批准）前にでも、それが事実上の効力を発揮した。憲章の下で

80　この House は、植民州毎にその呼称が同一ではなく、Virginia では、House of Burgesses、そのほか Assembly of Freemen とか House of Delegates、などと呼ばれていた。

81　たとえば、集団には「……1 つの印鑑を決め、すべての決定に、それが捺印・使用される……」などと定めていた。これに対し、注 17 の David Konig は、17 世紀のマサチューセッツ社会を描いた本の中で、メイフラワーのピューリタンらは、マサチューセッツ湾に漂着する前に彼らの組織法につき、会社集団的なものではなく、イギリスの町会（borough）のそれに則ったように変えていたとする（注 16 書、p.8）。9 週間に及ぶ航海の間と、その後の集会では、そのような意見も恐らく出ていたであろう。

82　裁判官を含め、王の統治代理人や評議員の給料は、植民州議会で可決した支出法案によるべしという、「現地の役人の給料は、すべて現地で賄え」、というのが本国の方針であった。

83　1767 年の Townshend Acts（後出）は、同法の 1 つ（最初の）Revenue Act により、イギリスが直接植民州民から取立てる税金から支払う形にした。

各植民州は、お金や人を、拠出する義務があったから、仲間の手前もあり、協力はしたであろう。共同防衛のためのミリシアも、一定規模に保つよう努力し、革命戦争を何とか維持することにつながったであろう。

⑵旧世界による法的支配

㈡法律による本国の新世界支配がどう行われていたかに一言しよう。新世界によるイギリス法継受についての若干の予備知識となるものを箇条書きにしてみた。

①イギリスから系統立って纏まった資料を運んで来られた訳ではない。

②持込まれたイギリス法そのものも、大体1つではなかった[84]。

③初期の植民州の体制では、法的な記録を、体系的に処理する力も乏しかった。

④更に、新世界の開拓者社会には独自の習俗が生れ育つことから、イギリス式では適切ではない面も出てくる（たとえば結婚の習俗）[85]。

(a)約150年間の植民州時代の各地の法の状況を鳥瞰してみよう。初期の統治組織、統治方法は、人々が知り記憶している母国の仕来りに頼った[86]。また、本国でのように、先例集がそこにあって、閲覧できる訳でもない。裁判官にしても、ある程度素人が務めるしかなかった。勢い、当座のルールが必要である。そこで、植民州や各地方で先例集に代るルール・ブックが求められた。たとえば、マサチューセッツでは、1629年にミニ法典が

84　人々は、ロンドンの王の法廷で行われていた法をイギリス法と呼ぶが、イギリス法の多様性を指摘する Friedman は、開拓者が持込んだのは、実際に各地で行われていた多様な法の一部に過ぎないとし、Julius Goebel, Jr.の論文、31Columbia L Rev. 416 (1931)を援用する（注16書、p.5）。

85　正教会（Anglican Church）が司った教会婚が、原則であった（離婚も、教会法廷 ecclesiastic courts が専属的に管轄していた）。アメリカの開拓者社会には、無論、そうしたイギリスの教会制度は持込まれず、結婚は、「世俗的（secular）な civil ceremony により成立する当事者間の契約である」、とされた。意思の合致と **common law marriage の形から成るものが行われていた**（法学的には、それが求められるすべてであるとされた）。

86　ただ裁判所にしても、その頃のイギリスは複雑多岐に分化し、たとえば、錫鉱業についての Cornwall と Devon にあったもののように、驚くほど特殊化していた。Edward Coke は、その本、"*Institute*"中で、種類100を数えているという（Friedman, p.5,7）。

第1編　連合憲章と、それができるまでの前史

作成された[87]。

　(b)これらミニ法典の第1の特徴は、自分達を抑圧している本国のルールとの類似の一方で、それを否定する要素もあった点であろう（18世紀のイギリス社会で「アメリカ」という言葉は、一種の侮蔑語として使われていた）。注73のように、ピューリタン革命の倫理に適った定めも、少からず採り入れられていた。18世紀に入ると、一旦、イギリス法的な要素が却って強くなることもあったが[88]、革命後はその影響は弱まった（trickled）といえる。一方、植民州全体の横に（空間的）拡がる法制としては、各植民州間での反発力（競争意識めいた力）と吸引力の双方ともが働いていた。

　(c)入植から100年以上経ち、移住者から数えて、3代、4代と経つ18世紀半頃の北米各地には、それなりの蓄積もでき、生活のゆとりと、自信を持ったアメリカ人が出てきた。生産（今でいうGDP）も、18世紀を通して目覚ましい勢いで伸び続け、革命戦争前夜（eve）には、ヨーロッパのどの国よりも高い生活水準に達していた[89]。当時の植民州随一の慧眼の持主、45歳のBenjamin Franklinは、このことを、見抜いていた[90]。

　アメリカの成長が目覚ましいことが、本国で知られるにつれ、18世紀に入ろうとする頃から、イギリスの植民地経営は、本腰が入るようになる。1696年に植民地担当の貿易局（Board of Trade）ができ、そこで、植民

87　当初の基本ルール作成時期は、植民州毎に違い（たとえば東ニュージャージーでは1683年）、その名称と作られた機関の呼名も同じではないが、機能的には大差がなく、三権の分立のないものであった。ニューヨークでは17世紀半ばまで、オランダ語が公用されていて、たとえば、1675年のケースでは、原告が英語で請求の趣旨を申述すると、被告がオランダ語で応答した、と記されている（Friedman, p.13）。

88　イギリス憲法の下では、（王が出席する）枢密院で規則（法律）を制定することが少くなかった（その権限ルールが、Cromwellによる革命以来イギリス国内向けでは停止された後も、植民州向けには続行された）。

89　その一方で、貧富の差も拡がったが、全体のかさ上げから、貧しいクラスですら、親や、その先祖よりも豊かな生活ができていて問題をある程度柔らげていた（Ellis③, p.15）。

90　1751年という早くに、彼は、アメリカの成長への揺るぎない確信を抱き、「アメリカの人口が20〜25年毎に倍増し、19世紀中には母国を追い抜くだろう」、と予言していたが、予言が正しいことが、証明される（Ellis③, p.13）。

地の実状を摑み、大まかな数字を把握できるようになってきた。その貿易局資料からも、目覚ましい成長が読み取れた[91]。

　1691 年のマサチューセッツへの特許状には「……300 ポンド以上のすべての争訟につきロンドンまで上訴できる……」、とする司法の定めが1691年に入れられたほか、立法面でも、現地の一切の法規が承認か否定のため（for approbation or disallowance）、速やかにロンドンに送られる必要があった[92]。この本国への上訴は、ロンドンの法廷でもよかった筈だが、枢密院（の特別委員会）の担当とされた[93]。

　(d)全世界の植民地で、１つのイギリス法が統一的・共通的に行われるようにするため、アメリカでの最後の苦情・法的問題も、上記のように、共通手続により母国枢密院へ持込（める）むべきものとしたイギリス。新世界では、到着する帆船毎に流入する新手のイギリス人、イギリスの習俗・イギリス法など、地元で育った考え方・ルールなどとの違い、意見の不一致が起き易かった[94]。イギリスは、そのアメリカでの苦情の受皿として次のような文脈で、海事法廷（admiralty courts）を創設した。

　①財政的な基礎の強化を図るために、植民地との貿易と関税に係る法律（Navigation Acts）を何回も立法し直し[95]、②その中で、専門の司法・行

91　18 世紀前半の半世紀の間の人口は 24 万人から 120 万人へ、植民地からイギリスへの輸出は 1760 年で、1700 年と比べ 165 ％増加、一方、イギリスのアメリカへの輸出は、その倍以上の 400 ％の伸びに近かった（Ellis ③, p.16）。

92　しかし（遠い、コストが高くつくことのほか、気持的な反撥もあり）上訴は稀で、一番よく上訴をしたロードアイランドで、年１件程度であった。一方、立法を review する筈のイギリスの Privy Council はやる気が低く、知識も乏しかったから、大抵のアメリカの法規には、どこか本国からの不一致点があったが（ある調査では 5 ％超という）、殆んど問題にされなかった（Friedman, p.17）。

93　もっとも、当の枢密院は、common law の純血の維持とか、統一性とかよりも、政治問題に首を突っ込むことの方が多かった（Friedman, op. cit. 16）。しかし、1770 年代に入り、ペンシルヴァニアの植民州議会が離婚につき一般授権法を立法したところ、その法律を無効とした（同、p.142）。

94　1676 年に東ニュージャージーで、A に与えられた土地の特許状の言葉には "……to A his Heirs or Assigns forever" となっていたが、遺言による移転を経た後の 1690 年代に、イギリス式の言葉 "to A and his Heirs and Assigns" になっていないからと（and が決定的であると）争われ、陪審は、結局この Sir Edward Coke に由来するイギリス式たわごと（mumbo-jumbo）に従って判断し、A が敗訴した（Friedman, op. cit. p.15）。

第1編　連合憲章と、それができるまでの前史

政機関となる前述の委員会（Board of Trade）を設け、海事法廷（admiralty courts）は、この制度の下に組込んだ[96]。③本国のこの Board of Trade による貿易統制や、海事法廷による没収決定が、植民州の不満を煽り、革命戦争の導火線の1つとなったことは間違いない[97]。

　(ロ)コモンローの世界での法律文書といえば、先例集の報告（law reports）であるが、革命戦争前の150年余りの植民州時代のそれは、略ゼロといってもよい。その後の新生アメリカでも、本格的な law report は、19世紀の10年代までは存在しなかった[98]。一方、法令集として存在していたのは、市町村、郡の条例など、それぞれの自治体の法規（制定法）であり、その他の法律としては、個々の法曹自らが所属する**郡（町）裁判所**での実体法、手続法に係る実務知識だけといってよかった[99]。

　(a)そんな中でも、17世紀アメリカ人の地域社会で "court house" という言葉が占めるウェイトは、我々日本人の想像の域を超えるものを持っていた。そもそも、法と社会との関係が違っていた（日本の江戸初期と同じ頃から色々な法律が、王と議会による独特な共同行為により作られていた）。金持や貴族が、土地保有者の中心であるイギリスとは違い、殆んどの自由民が土地所有者であった17世紀アメリカでは、court house（賃料を払って、有力者の家で開いていた court もあった）は、争訟を裁くだけ

95　Navigation Acts の1つは、アメリカ植民州と貿易できる船を（建造、所有、登録とも）、イギリス船のみとし、かつ、船長と船員の3/4が、イギリス人でなければならない、と規定していた（ヨーロッパ船は、先ずイギリスの港で、税金を支払ってから、その証明を持たなければ、アメリカには入港できなかった）。

96　正確には「再生した」といってよい。リチャード1世王の11世紀初頭、海事・商事法廷が、フランス海岸に近いオレロン島に存在し、海事法典による裁きが行われていた。Oleron 島で12世紀初めから行われた海事法（admiralty law）は、コモンローとは違い、ローマ法に則ったもので、Richard，I世王（ライオン・ハート王）が、その母フランスのルイ7世王妃から受け継いで、創めたとされる。

97　植民州時代、植民州の一般法廷が取扱っていなかった海事は、連邦憲法制定時に、連邦裁判所の専属管轄事項と定められた（III，2）。

98　1810年にニューヨーク（1804年からの先例）、マサチューセッツ、ニュージャージーの3州について先例集が出された。これらの多くは、判事が自ら担当したケースでの opinion などの資料からできているという（Friedman, p.243）。

99　ただし、後になってから記録を整理したと思われる、1865年に出されたマサチューセッツ・リポーツ（1761～1771）がある（Friedman, p.241）。

でなく、村人のための公的な機能を、何もかも果す村役場兼集会場所であった[100]。judge は素人であるが、地域の有力者がなっていた。法律を司るということで、周囲からは一目置かれ、court house がよく利用される1つの理由となった[101]。古い歴史を持ったイギリスの正教会とその教会法（ecclesiastical law）は、Virginia などへのほかは移住しなかったから、イギリスで教会が有した相続法での権限も、アメリカで新教教会へ一応移ったかに見えたが、17世紀後半には、次第に普通の court へ授権されたようになっていた[102]。

　(b) 17世紀の開拓社会アメリカでの衡平法と、コモンローとの関係に一言する。衡平法とコモンローの融合は、アメリカとイギリスで19世紀後半に別々に、しかし略同時に起きたといわれる（後記）。そのこと自体は間違いではないが、アメリカにもイギリスと同じような（よく似た）衡平法裁判所（equity courts or chancery court）があったという事実はない。

　マサチューセッツは、全く衡平法裁判所を設けたことがなく、ペンシルヴァニアも、略それに近い一方、2つのカロライナと、メリーランド、ニューヨーク、ニュージャージーとデラウエアは、制度的には衡平法裁判所（equity courts or chancery court）を持っていたが、衡平法の手続が、コモンローの手続と必ず分離されていた訳ではなかった[103]。ニューハンプシャでは、場合によっては、コモンローの法廷も、**法の厳しさを緩めてよい**（moderate the Rigor of the Law）との立法が、1699年になされていた。

　衡平法裁判所（chancery court）に対する新大陸での反撥には、スタ

100　人々の生活に身近な court house は、アメリカの地域社会で、敬意を持って眺められていた。ほかに比肩するものといったら教会くらいであった。

101　人口800人の Accomack 郡（ヴァージニア）では、17世紀の7年間に、原告、被告などの当事者、ないし証人、または土地の登記人などとして、695人が court house を利用した記録がある（Friedman. *op. cit.* p.18）。

102　イギリスの1696年法の下では、普通の court は、遺言の検認をできないで、教会が独占していた（Friedman. *op. cit.* p.21）。

103　たとえば、デラウエアでは、年4回だけ、コモンローの法廷が衡平法の法廷に変った（Friedman, p.20）。

第1編　連合憲章と、それができるまでの前史

ー・チェンバー（Star Chamber）などに対する記憶が影響していよう。そう考えると、信教の自由に絡むトラブルが特に多かったマサチューセッツやペンシルヴァニアで、chancery court が設けられなかったことと符合する。

　㈣18 世紀半ば頃には、「伸び行くアメリカ、親を追い越す子のアメリカ」、との認識が、本国でも次第に拡がっていたことは前述した。その本国では、1759 年から 1761 年頃にかけ植民地談義が盛んになり、130 を超える提言が出された[104]。この面でも、Benjamin Franklin の存在と彼の発言が目立っていた。フランス・インディアン連合との戦争で、イギリスと植民地側が勝利して終った時、彼は、新大陸でのフランスの権益の処理について、本国での議論が盛んなのを尻目に、（本国も）、「アメリカの伸びを止めることはできない……」といっていた[105]。17 歳で兄の印刷工場（Boston）を飛び出し Philadelphia に辿り着いた Benjamin Franklin。22 歳で地元の新聞（植民州で一番読まれていた）を買収、アメリカ初の tabloid 版紙を発行、1731 年にはアメリカ初の公共図書館（public library）を、また 1743 年には哲学協会（American Philosophical Society）を設立している[106]。

　(a)植民州の司法機能で見逃すことのできないのが、イギリス政府による海事法廷（admiralty court）の創設（1697 年）である。主な狙いは、「植民州が本国が指示するとおり、イギリスと貿易し、関税を払う……」ことの確保である。増大する軍事費などを賄うため、前述のとおり一連の航海法（Navigation Acts）が立法された[107]。

104　その大宗は、「Canada は、ある程度フランスに任せておくことで、植民地アメリカの膨張の歯止めにできる……」、というものであった（Ellis ③, p.17）。

105　他方で、Franklin はイギリス人らに向って、「アメリカの膨張が、短期間でその独立に結びつくこともないだろう。従って、アメリカとの貿易も、今までどおり、ずっと期待していてよい……」とも、気安めともとれることを述べていた（Ellis ③, p.17）。

106　この哲学協会で彼が目的として掲げたのは、新世界の人々が世俗主義（secularism）、化学、人文的理性などを重視するよう、ヨーロッパ世界の啓蒙思想（European Enlightenment）、中でも John Locke の政治哲学をアメリカへ移植することであり、現にそれが Jefferson などにも多大な影響を及ぼした。

1世紀前にクロムウェル（Cromwell）が作った最初の Navigation Act は、対フランス政策が主眼であったが、100年後の今、同法は植民州政策、中でも植民州の貿易統制に主眼が向けられていた。海事法廷の創設は、この Navigation Acts の下で、「植民州民らの義務」、と定められた関税などがイギリス政府に支払われるよう、監視し、確保することにあった[108]。

　(b)イギリス国会は、Navigation Acts が上記の目的に沿って実効を挙げられるよう、植民州向けの新たな手続規定を1760年から導入した。その目玉は、アメリカの6つの港にいる税関吏に、一般（的捜索）令状（general writs of assistance）を出す権限を与えたことである。確かに、ボストンはじめ北米の港では、Navigation Acts を掻い潜った密輸が日常化していた。アメリカの海事法廷は、この手続規定を利用して、関税法の実効性を上げ、法的な裁きをつける舞台装置となった。

　植民州民に対する本国による初めての課税法、Stamp Act は、1765年に施行されたが、直ぐに引っこめられた。多くの植民州が集って、会議を開いて反対決議をした上で、イギリス製品に対するボイコットが発動された。ロンドンの商人が、浮足立ったことから、Stamp Act の廃止に加え、Townshend 関税も撤廃された[109]。ただし、植民州に対する母（王）国の権威を示すためのお茶（tea）絡みの関税だけは、撤廃から除いた[110]。

　(c)アメリカの密貿易者と脱税者を、一般的捜索令状により探知して逮捕し、刑事被告人として王の名で呼出し、一連の航海法の下で裁いたのが、

107　Navigation Acts につき後注134参照。

108　海事とは無関係の Stamp Act（1765年）は、本来の Navigation Acts ではないが（財政問題であり、本来なら Court of Exchequer の管轄）、これを植民州では、海事法廷の管轄とする政令が London で出されていた。

109　Townshend Revenue Act, 1767 を含む一連の Townshend Acts については、第2章注18参照。

110　イギリスでは1760年、22歳の George, III が大英帝国（Great Britain）、アイルランド（Ireland）およびアメリカの諸州（Provinces）の王位についた。当然のことから、Hanover 家出の3人目の大英帝国の王は、遠い僻地アメリカの人々に対し親近感を抱くことなく、ただ冷淡である一方、その不従順さを快く思っていなかった。

第1編　連合憲章と、それができるまでの前史

海事法廷であった[111]。海事法廷（admiralty court）では、船や積荷が、罰金として没収されることに加え、大陪審による起訴手続が不要とされ[112]、代って統治者が任命した判事や検察官役が、起訴を行ってよいことになっていた。

　17世紀中は、植民地にはadmiralty courtも（chancery）も存在しなかった。代りに、王の統治代理人（governor）が、副海事司法官（ex officio vice admiral）を務めていた[113]。そんな植民地で、初めてVice Admiralty Courtが設けられたのが、1696年のNavigation Actsによってである。統治代理人（governor）に、その設置権限が与えられた。この設置権限により海事法廷が設けられたのは、ボストン（Boston）、ニューヨーク（New York）、フィラデルフィア（Philadelphia）、バルティモア（Baltimore）、ウィリアムズバーグ（Williamsburg）とチャールストン（Charleston）の6港であった（うちBaltimoreとWilliamsburgは後からの追加)[114]。植民州の中では、マサチューセッツの海事法廷が比較的重い役割を果していた[115]。

(3)暴徒の町（ボストン）と、たまりゆく現地の不満

　(イ)植民州での海事法廷に対する反撥は、特に強かった（連邦の修正憲法V～Ⅶは、民事、刑事いずれの手続でも、陪審権をいわば不可奪の権利と

111　イギリスの海事法廷は、Londonでは1360年頃から設けられ、以来prizeとinstanceの2部門から成った。prize部門は、王の敵から奪った品（船や積荷）の処分に係る事件で、instanceとは、申立てによる事件で、海に関するすべての事件が含まれた。

112　イギリスでは、1870年の一連の司法法（Judicature Acts）により、陪審制が崩れたが、アメリカではずっと堅持された。その中でアメリカの海事法廷では陪審なしとされた上、イギリス王が任命したMassachusetts植民州統治者（governor）が、判事や検察官などの官吏の人選を行ったから不満は高まった。

113　governorを職務上当然の海事副審（vice-admiral）とし、その治下の管轄域に海事法廷を設ける権能も与えた（Friedman, *op. cit.* p.19)。

114　Vice Admiralty Court Act of 1768により、それまで北米にはNova ScotiaのHalifax 1ヶ所だった副海事法廷を増加させた。

115　ボストン港が新世界の北の要衝としてイギリスとの貿易でも大きなシェアを占めていたことから、1767年にCommissioners of Customs Actで、5人の委員による関税委員会が設けられたのも、Bostonであった。

46

して定めている）[116]。このほか、海事法廷の判事や検察官らは、各自が「没収品の半分または何割かを入手できる」、という慣例になっていた。

(a)イギリスの海事法廷におけると同じく、また死刑執行の刑場におけると同じく、王の権威の印、**銀のオール**が執行官によって運び込まれ、ボストンでも審理の間、法廷に立てかけられ、人民の目に示された[117]。

そのボストンで、後に植民州連合の議長も務めたハンコック（John Hancock）は、Navigation Acts違反の廉により起訴され、船は積荷とともに、没収される運命にあった。まだ30歳台になったばかりのジョン・アダムスが、ジョン・ハンコックのために弁護をした[118]（革命戦争の火蓋が切られたマサチューセッツには、アダムスや、従兄弟サミュエル・アダムス、ハンコックなどのように、共和国精神に燃えた有力者が多く輩出していた）。

(b)一方イギリスは、ボストン港を最重要拠点として、王の軍隊を常駐させ[119]、現地政治にも力を入れていた。イギリスが、ボストンに駐留軍の常駐の必要性を感じて、1768年にそれが実現したのには、その地政学的重要さ以外にも、理由があった。なぜか、「無法者が多く住む町」、との印象をイギリス国会や植民地局などに与える出来事が、それまでにボストンでいくつも続出していた。それが、元々ピューリタンの小商工業者の多いマサチューセッツの町の気質なのか、あるいは、1750年代以降次第に強くなる本国の抑圧的な政策に対し、初期の開拓者らの口に流れる、**プリムス共同体の信条**から反抗精神が強められたのか[120]、いずれにせよ、地元では王党派（loyalists）を上廻る勢いがあった[121]。

116　制憲会議の頃、フランス公使としてパリ在住のJefferson は、人権宣言中に陪審権を是非入れるよう Madison に書いていた。

117　これは、海賊 Captain William Kidd に対し、1701年に London の New Gate 法廷で行われていたと全く同じであった。

118　Hancock の所有船 Liberty が、そもそも本国への登録もせず、かつ西インド諸島などとの無許可貿易を行っていたとして没収手続が行われた。

119　本国の担当相 Hillsborough 卿の示唆を受け、北米司令官 Thomas Gage 将軍は、1768年10月に4連隊を Boston に派遣した。

120　プリムス共同体（Plymouth Colony）につき、1.(1)(ロ)参照。

第1編　連合憲章と、それができるまでの前史

　(ロ)革命戦争への導火線となったと思われる主要な事件が、ボストンとその周辺に集中している……1770年の大虐殺事件、1773年の茶会事件、そしてレキシントン・コンコードでの武力衝突。しかも、これらの事件より前の1760年代にも、法廷闘争が始っていた。

　たしかに、マサチューセッツには、日本でいう志士のような人の輩出が相次いだ。他の植民州などと比べ、とび抜けて目に付く。

　(a)法廷闘争で真先に挙げられるのが、**ボストンの志士**といわれた弁護士ジェイムズ・オーティス・ジュニア（James Otis, Jr.）である。ハーバード出で、ジョン・アダムスより10歳年上のオーティスは、駆け出し時代のアダムスにとり、憧れの存在であった[122]。ハイライトは、オーティスが議会（general court）で行った「海事法廷の手続は、イギリス人の自然権を侵し無効……」、と断じた演説である[123]。

　オーティスはまた、一般的捜索令状の件でも法廷に立って、無効を訴えた。国王名で発令される一般的捜索令状は、国王が亡くなったら、「6ヶ月後に失効する」、と定められていたところ、1760年10月にジョージ2世が死去、その報せが12月マサチューセッツにも届いていた。その後の1761年に、税関史が令状を発したところ、63人のボストンの商人は、その令状が、「イギリス臣民としての自分達の権利を侵している」、として、早速、税関吏P氏を訴えた[124]。法廷での弁論で、Otis, Jr.は、マグナ・カ

121　地元の王党派エリートとして、同じくボストン生れの、Jonathan Sewall（1729～1796）がいた。伯父が、植民州の裁判所所長だったので、ハーバードに行け、彼自身も、ロイヤリスト（loyalist）だった。イギリスのgovernorバーナード（Francis Bernard）の下で、Attorney General（コモンロー国で、政府の法律助言者兼法務長官）を勤めるなどした。1759年に、6歳年下のJohn Adamsと親しくなると、色々な相談や助言をするようになり、アダムスを、反イギリスの傾向から引き戻そうと努力する。

122　数ヶ所で出てくるが、中でも、Otisの演説を聞いたのが、彼の人生の転機（turning point）になったという（McCullough, *op. cit.* p.62）。

123　「……これらすべての謀みの最たるものが海事法廷であります。陪審によることなく、たった1人の裁判官、王によって終身制で選任され、その自ら課した没収金の一定の分け前を懐に入れて帰れるという、その人が、事実と法律の双方にまたがり判断することであります……これでは、われらはまるで、本国にいる大臣の召使いより一段と下の、奴隷以下ではないですか……あの偉大なる憲章（マグナ・カルタの陪審条文のこと）も、言っているではありませんか（略）」（McCullough, *op. cit.* p.61）

ルタにまで遡っただけでなく、一般的捜索令状が、憲法または自然の法に反しているとして、無効を訴えた。アダムスは、またもや魅せられたように、その弁論に聞き入った[125]。

この一般的捜索令状は、それから5年後の1766年にも、税関吏が、令状を携えて商人Mの家宅捜索をしたことから、再びマサチューセッツ人らの攻撃の的となった。商人Mは、オーティスの助言の下で、税関吏が令状で事務所兼自宅へ入ることまでは許したが、特定されてない貯蔵庫内の捜索までは、「……許されない」、と認めなかった。折から、町の人々が大勢集まってきて、M宅を取囲み、大騒ぎとなった。ニュースは、本国へも伝わった。統治人バーナードの事件についての報告を読んだロンドンでは、「ボストンで暴動があった」、との印象を持った。

(b) 200程度の部落から成る Massachusetts Bay では、その中の有力者から governor Bernard が、justice of peace や militia の隊長などを任命していた。また新しく作られた Court of Admiralty の判事も彼の政策、つまりイギリスの政策に迎合・協力する人に、その地位が与えられた[126]（そうした人士の代表が、Adams などの地元民から嫌われていた副知事〔lieutenant governor, Thomas Hutchinson〕であった）。そのアダムス自身も、またボストンでちょっとした町の英雄になった。地元の町（Braintree）から Massachusetts Bay 議会（general court）に出ている議員宛に出した書簡（激励文）が[127]、ガゼット誌に載ったのだ（初め Massachusetts Gazette、40日後に Boston Gazette に）。忽ち、書簡に対する賛成決議が近隣40町村の議会でなされた。彼にまた、前述のように

124　これに対し、統治人バーナード（Barnard）側は、令状はイギリス法の下で完全に合法かつ有効と認められていると主張した（イギリス国会は、念の為、1767年の Townshend 法で、この令状の合法性を確認する形の法律を定めている）。

125　特定性の要件（particularity requirement）を欠く令状を無効として争った、この一般令状に対する闘争の歴史が、1776年前後に相次いで制定された、各州憲法中の一般的捜索令状禁止条文へと、更に後の連邦の修正Ⅳの制定へと、つながった。

126　Adams の Harvard での先輩 Jonathan Sewall も、知事によるそうした Court of Admiralty の判事としての任命を喜んで受けていた。Adams 自身にも、それと似た申出が来たが、それを断っている（Ferling, p.58）。

第1編　連合憲章と、それができるまでの前史

航海法違反で捕えられたジョン・ハンコックの弁護を、1768年にしているが[128]、ボストン海事裁判所でのその弁論で、次のように海事法廷を非難している。

「……陪審によるのでなければ、起訴されないというのが、イギリス法であり、不文の憲法である。本件を、陪審のない海事法廷の管轄であるとして裁こうとするのは、人民の憲法上の権利を一方的に奪うものである……」

(c)こうした実績が記録されていたから、アダムスは、イギリス王の統治代理人から睨まれていた。マサチューセッツ湾議会への代表には出られず[129]、議会は代りに、地元では彼を第1回と第2回の連合議会（Continental Congress）へのマサチューセッツ代表に選出していた（1774年と1775年）。

連合憲章（Articles of Confederation）の前史ともいえるこの時期、オーティスやアダムスによる、「イギリス議会によるStamp Actのような立法は、より高い不文のイギリス憲法に反し無効である……」との主張は、革命戦争の動機を、そしてアメリカ独立の大義を尋ねる上で注目すべき主張であった[130]。

(ハ)以上、北米植民州統治に係る法と人々の生活法との両面で、イギリス議会が18世紀半ばに制定した実定法に注目して述べた。実は、植民州民

127　その中心部分では「どの自由民も、自らの同意なしに、いかなる税に服することもないというのは、憲法の一大基礎原則である。我々はずっと、こう理解してきました……」、と主張していた。これは、イギリスの抑圧に対して立上った、アイルランド（Ireland）でも一世代前にいわれていたことであった。

128　Lexington Concordで最初の交戦があった1775年4月当時の連合議会議長であったMassachusettsのJohn Hancockも、レキシントン・コンコードの前に、サミュエル・アダムスなどとともに、ジョージ3世王により、死刑宣告の対象となることが公表されていた。

129　Adamsは、マサチューセッツ議会（その間、HutchinsonからThomas Gageへ交代した）下院により、1773年にその上院議員に選出された時、統治代理人Hutchinsonが、更に、その翌年再選出された時は、統治代理人Gageが、連続して彼の任命を拒否した。

130　同じように、不文のイギリス憲法のより高い大義を信じ、主張して闘ったマサチューセッツ人の第3例としては、ジョセフ・ウォレン（Joseph Warren）のような人もいた（Niles, 51、p.30〜33 参照）。

らがイギリスから真に受継ぎ、心に刻んでいた法律は、そうした実定法よりも上位の法、またはもっと深いところに流れる（泫の）精神、何世紀にもわたる王との闘いで貴族らが克ち取ってきた正義であった（それが、人民主権の法であり、人民の意思を最高とする法の精神であって、王〔と議会〕による実定法を最高法規とするイギリス憲法とは違っていた）。

彼らが、そこで念頭においていたのは、マグナ・カルタ（Magna Carta）であり、イギリス人権憲章（English Bill of Rights）であった[131]。

Benthamの説いたような実定法とは違った内容とはいえ、それが、アメリカの植民州民らのイギリスから受継いだ法のうちの一番大事な部分、中核であったことは間違いない。だからこそ前章で見たとおり、ボストンの愛国者らは、王と王の代理人らに睨まれながらも、海事法廷がイギリスの不文の憲法に反するとし、また一般令状も、イギリス臣民が天から与えられた権利を侵していると主張していた。

(a)誰もが無意識のうちに、**黄金律**である、と信じて破ろうとしない君主制の時代。フランス、スペイン、ロシア、どちらを向いても、専制君主が国を治めていた[132]。そのような政体が続くと、豪奢な王の宮殿や有力貴族の館は益々、贅沢になる一方で、役人らの間では、不正や腐敗が蔓延りがちになる。イギリス王家も、その家系が、各国王家とあちこち縦横につながり合っていたから、領土、後継問題などに巻き込まれてきた。17世紀には、これに宗教上の争いが加わり、内外で武力衝突と戦争が多発し[133]、

131　アメリカの憲政史にも重要なインパクトを与えたイギリス人権憲章（English Bill of Rights）と呼ばれる立法（憲法の一部）。1689年名誉革命の切っ掛けとなった王の罪状を列挙する中で、「腐敗して偏った……陪審」（partial corrupt……juries）や、反逆罪で裁かれるのに、「資格のない陪審（unqualified……not freeholders）が地立を保っている……」ことも挙げている。

132　その中で、80〜90年前の名誉革命で象徴されるとおり、17世紀後半を通して王の専権に色々と楔を打込んだイギリス国会は、必ずしもすべて王のいうとおりに動いた訳ではなかったが、北米植民州統治についていえば、両者間に利害の対立は余りなかったと思われる。

133　イギリス国内のみでも、クロムウェルらがチャールズ2世を処刑する17世紀前半の市民革命（内戦）、ジェイムズ2世が、フランスに逃亡する世紀後半の名誉革命があった。いずれも宗教上の争いと無関係という訳ではない。

第1編　連合憲章と、それができるまでの前史

18世紀半ばには厳しい財政状態に陥った。

　(b)このような武力衝突と、莫大な戦費の対応に追われる中で、イギリス王と議会は、税収源として植民州に目を付けた。税収を挙げるには、法律が必要となる。長年にわたる王と議会との間の攻防から、専制君主といえども、財源問題への対応は、「自らの器量で」、という訳にはいかない。これには初め、オランダとの海上覇権争いのため作られた航海法（Navigation Acts）が用いられた。付加された関税措置は、様々な貿易品目をターゲットにしていた[134]。

　(c)一方の植民州。連合憲章に先立つこと10〜20年のこの時代。まだ本国から訣別するとの決断があった訳ではなかったが、半世紀余り前の母国での名誉革命のことなぞは、まだ記憶に新しかった。そこで、イギリスの措置に反撥して13植民州間で何らかの連合を模索する動きは出ていたものの、その第1の目的が、独立と定まっていた訳ではない。はっきりしていたのは、植民州の対本国での地位向上であった。

　㈡イギリス本国に向けて1番顔が利いていたのが、Benjamin Franklinであった。二昔前のフランス・インディアン戦争の頃、英国政府から植民地での5長官に並ぶ職の1つ、ポストマスター・ゼネラルに任じられ、更に3年後の1757年から5年間、ペンシルヴァニア州の代理人として、ロンドンに駐在していたこともあった（またフランスのパリでは発明家として名前が通っていた）[135]。要するに、当時としてはアメリカ随一のヨーロッパ通であった。そんな関係で、ボストン茶会事件の頃は、英国国会で英国側の参考人として意見を述べるよう求められ、陳述もしている。

134　Navigation Actsのうち、クロムウェルが作ったのは、政令Navigation Ordinance 1651で、王政復古とともに廃止されたが、チャールズ2世以後も、それに代るNavigation Actsが出され、次第に拡げられた（1660、1673、1696年）。
135　かつて、ボストンの印刷屋で兄の手伝いをしていたBenjamin Franklinの着想の豊かさを示す1つとして、彼の雷の研究など、物理の実験が有名である。初め、印刷工場で年季奉公をしていた彼は、年季途中にフィラデルフィアへ逃げ移って、当時のアメリカで1番発行部数の多い新聞を始めたり（1729年）、アメリカ最初の図書館を設立したり（1731年）、哲学協会を設立したり（1743年）、している。

第1章　植民州連合前史

(a) 1754 年のニューヨーク植民州（New York Province）が決議した計画（Albany Plan）も、対本国での地位向上のために、13 植民州間で連合を結成しようとしたものである（Albany での植民州議会に出されたこの Plan を提案したのも、Benjamin Franklin である[136]）。植民州で本の出版がまだ多くなかった 1736 年という早くに、その頃、彼が英語で**インディアン連合条約**を出版したところ、飛ぶように売れたという記録がある[137]。彼はインディアンの知恵に学び[138]、13 植民州が連合の旗の下で 1 つに纏まることに、早くから積極的であった[139]。そのほか、インディアンの力を利用しようとしていたことも窺える[140]。

(b) Albany Plan は、各植民州が各自イギリス王を載いたまま連合することにより、拡充された自治権をイギリスから与えられる、というアイデアである。各植民州が、ジョージ 3 世王（King George, III）によって任命された 1 人の人・大統領（President General）の下で、1 つに纏まることも定めてあった。これが Albany での議会で承認された。1750 年代

136　かつて、ボストンの印刷屋で兄の手伝いをしていた Benjamin Franklin の着想の豊かさを示す 1 つとして、彼の雷の研究など、物理の実験が有名である。彼がフィラデルフィアで、アメリカ最初の図書館を設立したり、哲学協会を設立したりしたことは前注でも触れたが、1751 年には同じくフィラデルフィアで、後に現在の Univ. of Pennsylvania になる "English Academy" の創設にも携わっている。
137　彼の本「インディアン連合条約」には、何百何十という部族（アメリカ側は、このそれぞれが、国〔country〕であり、国民〔nations〕である、と表現している）が、一覧表として示されている。彼は、1744 年と 1753 年に、イロコイ（Iroquois）部族（国）を訪問し、実質的には部族連合である彼らの政治を見て、「これこそ、各州が手本にしていいものだ」、といったという。事実、彼が Albany Plan を提案したのは、この 2 回目の訪問の翌年で、その時の Albany 議会での討議には、イロコイ（Iroquois）部族代表も出席していた。
138　実際にも彼は、インディアン連合と、中でも 50 の部族連合から成る一大勢力**イロコイ族**（Iroquois）と、接触を重ねていた（第 1 回連合議会〔1774 年、5 月〕にペンシルヴァニア植民州代表の 1 人となっていたが、同植民州を代表して、インディアン外交にも乗り出していた）。
139　イロコイ族の首長は、毛利元就と同じ束ね矢（ただし、**12 本を糸で束ねる**ところまでいくのが違う）の例えを持出してフランクリンに話しをしていた。
140　イロコイの平和法典の 1 つに、「首長は批判され、悪口を叩かれても、我慢しなければならない」があり、フランクリンとともに、Jefferson も、それを盛んに唱えていた。後出の New York Times Co. v. Sullivan, 376 U.S. 254 (1964)は、表現の自由との関係で、現代の公人にも、このイロコイ部族首長についてと同じ、重い負担を最高裁が課したものとされている。

53

第1編　連合憲章と、それができるまでの前史

初めのことで、制憲会議に出されたヴァージニア・プランより30年以上も早かった。

　Albany Planは、決議とともに可決された[141]。それらは、Londonの**植民地局**のほか、植民州の連合事務局へも送られた[142]。しかし、いずれでも**握り潰された**、といってよい。それまでの各植民州の意識としては、自分たちの植民州の中だけの世界だけを考えていたし、Londonの**植民地局**は、植民州がこれ以上強い自治権を王に対し主張することに神経質になっていた（このため植民地局では、ジョージ3世王に決議を上げることもしなかった）。イギリス政府内では逆に、フランスとの領土争いのため、ニューヨーク植民州などに対し植民州兵（ミリシア）の増強を命じた[143]。

　(ホ)イギリスはこの後、財政上の理由による立法に加え、Townshend Actsなど、植民州への支配力を強めるための立法を次から次へと打出す。このActs中には、歳入法（Revenue Act）の外、インド産の茶の競争力を付けるための補償法（Indemnity Acts）[144]、関税委員会法（Commissioners of Customs Act）などがある。これらの一連の立法が、やがて植民州独立への火種となるが、その間には、次のようなことがあった。

　(a)歳入法（Revenue Act）は、関税を定める以外に、税関吏に**一般令状**発行の権限を与える条文を含んでいた。また、関税委員法の下では5人の委員が任命され、委員らはBostonで、全植民州からの関税の取立てのための実施ルール策定に取組んだ。茶など、植民州で生産されていない物資の輸入につき、イギリス以外からの輸入を禁じていたが、一連のTown-

---

141　その第1決議では、現在の惨状を王に訴え出、「今の形ではなく、イギリスと各州連合とが1つの政治連合として、より独立した政治体制となることができるよう……王に請願する」となっていた。

142　この植民州連合事務局でいう**連合**は、1775年に連合憲章の下で13植民州が集って作った連合とは異る。

143　1754年には、イギリス国王と植民州とがともに、同じヨーロッパの強豪フランスとの間で新大陸でその軍事的脅威を身に染みて味わっていた。

144　補償法（Indemnity Acts）は、インド産の茶を一旦、イギリスに輸入する際に、その関税を安くするなどの保護を与えて、アメリカへの輸出に振り向けるメカニズムにより、歳入法での歳入額の一部を補助金に与える形をとった。

shend Acts による締め付けは、特に Boston 町人を激昂させ、回状（Circular Letter）の決議となった（第 2 章図表 2 の⑥）。

(b) Boston が 1769 年 1 月 1 日から始めた輸入停止の動きを受けて、全植民州にイギリス商品の全面輸入停止の動きが拡がった。Boston が、特に治安上問題があるとの見方がイギリス本国で拡がっていたことから、イギリス軍が、同地へ駐留することになって行く[145]。輸入停止の動きを受けて、イギリスは 1770 年 3 月、Boston Massacre と同時期に、Townshend Acts の一部を一旦撤廃にしている（王権の象徴のような茶に対する関税のみを除き）。

㈥ 17 世紀から 18 世紀中葉にかけての北米大陸では、フランスとスペインがメキシコ湾岸のニューオーリンズなどからミシシッピ（Mississippi）川を遡上してきて、内陸部で存在感を日に日に増していた。中でも、フランス王国軍は、1730 年代には、当時オハイオ国（Ohio Country）と呼ばれていた地域にも進出し[146]、あちこちに城砦を築いていた上、1750 年代にカナダからも南下してきて、今の St. Louis から南の Mississippi 川沿いの地に定住した[147]。これに対し、イギリス王室が 13 植民州の形で入植していたのは、大陸の東端、大西洋に沿った地域のみであった。

(a)当初フランス、スペイン、イギリスが領有権でいきなり衝突することはなかった。というのは、新大陸は余りに広大で、ヨーロッパの列強間には、先に発見、かつ占有を続けたものが領有権（title）を取得するという

145　名誉革命の結果できた 1689 年の**イギリス人権憲章**は、平時に王が常備軍（standing army）を持つことを禁じていたことから、この駐留法は、1 年の時限立法となっていた。これらの経験を踏まえ、アメリカの人権憲章にも同じような規定がある（修正III）。なお、**イギリス人権憲章**は、8 つの James, II 世王の悪行を挙げているが、その第 5 に、「議会の同意なく、平時に常備軍（standing army）を集め、維持し……法に反し、兵士らを宿泊させた」がある。

146　オハイオ川北西の五大湖に至るまでの地域で、現在のオハイオ、インディアナ、イリノイの各州が中心となる。

147　St. Louis, Missouri は、13 世紀のフランス王 Louis IX世（第 7 次と第 8 次十字軍に従事した聖ルイ（Saint Louis）、歴代フランス王で唯一、死後にローマ教皇により列聖された）の名に因んでいる。

暗黙の了解ができていた[148]。それが次第に占有の輪が拡がり、互いに重なり合う危険が出てきた。その Mississippi 東岸の地で一触即発の状態が生じていた。

　(b)1750 年代初め、13 植民州の入植の西方、アルゲニ丘陵（Allegheny Plateau）の向うに現れたのが、フランス王の名を戴いたフランス軍と植民者らであった。いくつかの植民州民が、競って入植していた当時のアメリカの西の果て、オハイオ川（Ohio River）沿域の土地所有を巡って武力衝突が 4 回繰り返された。イギリス本国では、17 世紀末前から断続的にフランスとの間で続いている百年戦争の一部ともいえる七年戦争（Seven Years' War）があったが、そのアメリカ版ともいえる。片や、植民州の militia とイギリス王国軍、片や、フランス王国軍・インディアン連合との衝突、French and Indian War である[149]。

　一方、他のヨーロッパもイギリスも、先住民族のインディアンとの間で似たような条約を結んでいた。大雑把な記述ではあったが、互いの土地権の尊重と、売買や譲渡による取得ができることなども、その中で謳われていた[150]。

　(c)最大の植民州ヴァージニアは、植民者らを中心にした民兵（軍隊）の結成も、1750 年代初めと早かった。このミリシア（militia）の中心にスポッと嵌り込んだ人物。それが、ワシントン（George Washington）であった。その時の彼は、不本意乍らも**イギリス軍**輩下の将校として、イギ

148　注 12 事件での判示（at 545）（......that discovery gave title to the governments...... against all other European governments, which title must be consummated by possession）

149　アメリカ大陸では、七年戦争はフランス・インディアン戦争（1754〜1763）と呼ばれ、七年戦争より 1 年程先行して始まった。戦争は、オハイオ川の北西部（当時は、そこも Louisiana と呼ばれていた）、後には New France と呼ばれる、今のカナダ国境近くで行われた。戦争が終わって、**1763 年のパリ条約**が、北米での戦争の終りを処理した。

150　これら先住民族のインディアン諸部族は、注 12 事件中では、各部族毎に独立した独自の法制度を持った主権を有する自治団体と考えられていたから、その間の取引は条約によっていた。チェロキー族（Cherokee nation）とだけをとっても、12 の条約に言及されている（at 539）。

リス本国から派遣された自分より目下の指揮官の命令に従って、フランス軍との決戦に身を挺した。

(d)このフランス・インディアン連合軍との戦いに勝ったイギリスは、軍を今後とも北米植民州に**常駐**させておく必要がある、と判断した。それが、国会が 1765 年に Quartering Acts（Mutiny Acts）を制定する事由となった[151]。

早速同法の下で、1766 年に 1500 人のイギリス軍がニューヨーク港に着いたが、ニューヨーク植民州は、本国の法律の下での費用負担を一旦拒んだため、その間、イギリス軍は上陸することができなかった[152]。このニューヨークの拒否に対し、イギリス国会は、制裁として 1767 年にニューヨーク植民州立法府（House of Assembly）の権限停止を布告した。上記の本国のやり口は、他の植民州民らにも根深い不信の念を植え付けることになった。植民州は、自分達がイギリス王国軍とともに French and Indian War を戦い血を流したのだから、女王が今までよりもより大きな自治、自由を自分達に認めてくれて然るべきだと考えるようになった。しかし現実は反対だった。いわゆる第二百年戦争（Second Hundred Years War）により、すっかり財政的に疲弊したイギリス王制は、むしろ反対の方向に、財政的な締め付けに動いた。イギリス本国が植民州に初めて直接課税した 1765 年の Stamp Act が、正にそれであった。加えて、戦後は 3 人に 1 人の割合でドイツ、アイルランド等イギリス以外からの移民が増え、互いの間の民族同一感が次第に薄れて行った。

(ト)フランス・インディアン連合との戦いで、4 度も危い目に遭っていた

151　戦争の間イギリスは、ニューヨーク植民州（Province of New York）にイギリス軍受入れのための本部を置き、ニューヨークの House of Assembly は、イギリスの宿営法（Quartering Acts）による駐屯の費用支弁に必要な立法をさせられた（その法律は、1767年に期限で失効した）。この法律は、1689 年の名誉革命時、James, II 世王側についた軍の多数派のために当時の議会が立法した 1 年の時限立法、Mutiny Act of 1689 に倣ったもの。

152　後の連邦憲法（United States Constitution）も、連邦議会に対し 2 年を超える軍事費の立法を禁じている（I、8⑫）。なお、このイギリス宿営法は、1773 年の Tea Party 事件を受けて、1774 年にも Intolerable Acts の名で再び立法された。

第1編　連合憲章と、それができるまでの前史

ワシントン（George Washington）は、その間に徹底して悟っていた。独立の"Atlas"と呼ばれた後の第2代大統領 John Adams のように、議会で熱弁を振るう訳ではないが[153]、ワシントンは、植民州が、いずれは王とイギリス国会から独立するだろうことの必然性を、誰よりも強く感じていた。彼のは、それが自らの体験に根付いた確信的なものであった。中でも英仏間での七年戦争（その最尖鋭な前線となった北米大陸での戦争）の渦中にいたことが大きい[154]。

　(a)ヴァージニアの議会下院（House of Burgesses）が、当時のオハイオ地方での守備のため、1連隊（300人）の予算を1754年春に最初に可決し、その連隊長としての体験から始まっていた。4回の会戦を戦い、その都度、命を落としかねない危ない目に遭っているが幸運強く無傷で帰還したことで、地元ヴァージニアの新聞はその武勇を讃えていた（20年後に、**大陸軍**〔Continental Army〕の総司令官として、そのイギリス王の陸海の大軍と戦うことになる）。フランス・インディアン連合との戦いに従軍するうちに、ワシントンには、Ohio 川東岸の肥沃な土地が、「いずれは、自分達、植民州民らのものに」、という強い思いが生じた。実際、当時の Virginia の統治者（governor）の呼びかけでは、フランス・インディアン戦争の veteran らには報奨金代りに、Ohio 川の東岸の肥沃な土地を1人20エーカーずつ分け与えることになっていた[155]。

　(b)ところが、戦いから9年後の1763年、George, III 世王が全"Ohio Country"を、「アメリカ人の入植禁止区域」、と布告したのである[156]。し

153　Adams を "Atlas of American Independence" と呼んだのは、New Jersey からの代表 Richard Stockton であった（Ferling, p.162）。1779年に正式に制定された Massachusetts Bay 共和国憲法を実質的に起草していた Adams であるが（第3章注15、16、25）、その前の1776年には "Thoughts on Government" という小冊子を出していて、その中で共和国においては人民が主権者であること、その政府の目的は、最大多数の最大幸福であること、を明記している。

154　イギリスは、この戦争を通して、植民州を従来のイギリス王の財源として見るだけから、兵力の一端を担わせようとの動きを強めた。ワシントンも、当時の Virginia の統治者（governor）の呼びかけに応じて、1750年代にフランス・インディアン連合と戦った。

155　今の Pennsylvania 南西部、Ohio 州南東部および West Virginia 北西部に当る。

かも、地域を明示しないまま、5000 エーカーのみを、一旦以前の militia 士官に与えるとしていたのに、それも実行されなかった[157]（新大陸のこの Ohio Country に対し、イギリス王国と現地植民州民との間の領有権争いが、潜在的に始っていたし、殊に生来、土地所有意欲が旺盛なワシントンとの間で、それが象徴的であったといってよい[158]）。

（c）父 Augustine の早死により、Adams、Jefferson、Madison などと違って大学にも行けず、法学士でもない Washington は、人前でフランス・インディアン戦の講釈をすることもなかったが、測量士としての実務を通して、「アメリカの西部は、いずれアメリカ人のものであるしかなく、そうなるべきだ」、と思っていた[159]。George, III 世王による布告 Proclamation が知らされた 1763 年。布告にも拘らず、Washington は、Ohio 川の両岸 250 エーカーの入植プランを立てて、50 人の投資家を募り、その実現に着手した。王による布告などにもめげず、Washington は、他の元兵士（veteran）らも誘い、測量隊をつれて現地に入っている。1765 年には、ロンドンの弁護士を通して Privy Council への請願書も出している[160]（彼はそこに、ドイツなどからの年季奉公人〔indentured servant〕を呼んで、入植させる計画であった）。この測量遠征は結局、最終的に彼

156　1763 年に、イギリス王が出した布告は、「東は Appalachian 山脈の麓から西は Mississippi 川まで、北は五大湖から南はメキシコ湾まで」、という茫大な北米大陸を、インディアンの居留地とし、植民州民らの立ち入り禁止とする命令だった。

157　Washington は、これらの王の布告のように、くるくる変わるイギリス本国の政策を、「アメリカに対する悪意ある処分」（malignant disposition）と受止め、「その利益を自ら受ける積りでなければ、誰が未開地を切拓いたり、耕したりしただろうか」、と呟いていた（Ellis ①、p.59）。

158　1747～1799 年の間にワシントンは、200 以上の筆（tracts）の土地の測量をし、37 ヶ所の土地、合計 65000 エーカーを所有していたとする（memory.loc.gov より）。

159　そんな Washington だったが、怒り心頭だったと見られ、初めて「革命」という言葉を使っている。それが、誰よりも早い 1769 年 4 月の George Mason 宛の手紙であった（Ellis ①、p.59）。「イギリスのお偉方らは、このアメリカの自由を奪い云るまでは満足しないようだが、我々は、父祖から受継いだ自由を守り続けるため、何かを、……もしこのまま突き進むときは……最後の手段（dernier ressort）を、とらなければ……」と書いていた（p.60）。

160　Iroquois 族と Cherokee 族 Indian との「条約に反する」として、本国の担当相により却下された（しかし、1770 年に同じ地で 250 エーカーを "Vandalia" として入植するという、イギリス人の計画は認可された。Ellis ①、p.56）。

第1編　連合憲章と、それができるまでの前史

独りだけが、個人として２万エーカー余りの土地取得を決めただけで終った。1774年になりWashingtonは、本国の植民地担当相から、土地を分け与えられるのは、イギリス軍の正規軍人（regulars）に限られることになった、との通告を知らされている。

(d)独立宣言でも決定的役割を果した、後の第２代大統領のアダムスは、海事法廷などでの弁護士活動の中で、Navigation Actsを鋭く批判していた。Stamp Actが出された1765年の（地元代議士へのSir!　で始る）手紙では、彼が言葉遣いに気を配りながらも、自らの法的主張を貫こうとしている様が窺える[161]。

「王へのわれらの忠誠心、議会の上下両院への敬意、そして母国にいる同胞らへの愛……これらゆえに、そこに、われらに対する不親切な気持を見ることは、普通以上に、一層われらの心に響き、傷つける……その議会の最新の措置が、われらの最も大切な基本的権利を奪うものであることに、われらは、最早文句を抑えることができない……だが、われらは苦情を一点に絞ろう。Stamp Actと呼びならわされている例の立法に。……これらの税は高率なうえ、その種類と数がやたらと多く、まだ幼くまばらに点在するだけの、この開拓者社会にとっての大きな災厄となり、人々の生活の基盤を危うくさえしかねません……われら自由な土地所有者らの代表が集る集会の目的も、正に、このような本国の措置がとられないようにするためであり、代表たるsir、あなたには、王への忠誠やイギリスへの帰属を示す一方で、すべての合法的手段により、その実施を止めさせるようにして頂かねばなりません……われらの明確な主張と、権利と自由の回復……われらが、決して奴隷にならない（積りである）ことが、公けの記録として留められ、神からの授りにより、この先の何世代にもわたり、かつ全世界に知らされるように……しなければなりません……」

161　これは、レキシントン・コンコードでの戦いの火蓋が切られる1775年より10年早く、アダムスが、Massachusetts植民州議会（General Court）に出席する地元代議士に送ったものである（McCullough, *op. cit.* p.61）。

（e)このようにして、王やその代理人（governor）と、（議会下院が代表
する）植民州民間の対立は、1770年代を通して、年とともにエスカレー
トしていった[162]。植民州民の対本国感情は、1775年に至る20年間に急速
に悪化した。Navigation Actsの植民州における不評と、イギリス製品の
全体的な不買運動がその始りとなった[163]。その後の急速な悪化を象徴する
ものが、ボストン茶会事件（1773年）であり、その3年前のボストン大
虐殺（Massacre）であったといえる。

（チ)しかし、植民州の議会（Assembly）がいかに抵抗しようと、王の名
で（代理人として）統治する統治者（governor）が最後に"No"といえ
ば、「これが、王（国会）の命令だ！」といえば、臣民ら（subjects）と
しては如何ともすることができない。最後は武力抗争（つまり王に対する
反逆罪となるか、革命を起こすか）しかない。

（a)植民州の抵抗の歴史と現実の中で、植民州民とその代表らが一番の根
拠としてきたのが、母国イギリスの憲政史、その背後に一貫して流れてい
る（と彼らが考えた）、人権などの自然権の観念であった。旧大陸では、
政治哲学者など、一部論者のものに過ぎなかった、そしてイギリスでは、
男爵など貴族を中心にしたものに過ぎなかった、この自然法の思想。

誰もが独立した自営農・開拓者であることの原則の上に立った新世界で
は、この思想が根付く天然の土壌があった。しかも、1689年名誉革命か
ら1世紀も経ていない母国での憲政史の伝承は、まだ彼らの中に生きてい

162　マサチューセッツ湾地方で、ボストン茶会から間もない1774年1月26日に、植民州の
　　統治代理人ハッチンソン（Thomas Hutchinson）から評議会と議会下院に宛てた声明が
　　ある（抜粋）。
　　「これまで、小職と評議会とで行う中で、小職の意見が度々貴職らのそれと食違ってきた。
　　この上院司法部（家事部門）の権能に関し、1771年に陛下に報告し、陛下より本国の枢密
　　院にお諮りになった結果、小職としては、評議員会の多数意見に従うことにした旨をお伝え
　　する……なお、陛下は、通信委員の任命に強い反対を示されたことを特にお伝えする……」
　　（注50書 p.97）
163　印紙税法に（その後も1767年のTownshend Actsに対し）反撥したSons of Liberty
　　と、王党派以外の商人らが、1765年から開戦の1775年まで続けたイギリス製品の非買同盟
　　（合意）があり、1774年の第1回連合も、Intolerable Actsに対し、連合内に非買委員会を
　　設けるなどの対応をした。

第1編　連合憲章と、それができるまでの前史

た。そこでの、**イギリス人権憲章**とも呼ばれる立法内容である[164]。

　(b)新大陸では、これらの思想が、社会契約説的な方向の展開を遂げることになる。各人の人権が天賦のものであって、国の統治権も、その人民に由来し、政府は、人民の**同意の上でのみ、権力を行える**（人民が、自らの意思により政府を選ぶ）、との**共和国の観念**が、加速度的に共感を拡げていって、各種の宣言・決議となり、やがて連邦と州の基本法の原理となって行く。このような思想、政治哲学が広まる植民州で、統治機関として王の統治代理人（governor）と、自由民らの代表から成る議会（Assembly）の2つが併存していれば、互いが深刻な対立・抗争に至ることは、自然の勢いである。Virginia militia の指揮官として、イギリス王国軍の配下で、フランス・インディアン戦争に従軍していた Washington。彼は、約束された恩賞を貰いそこなったが、それら、すべての経験を通して、やがて、"Ohio Country" と呼ぶ内陸部での土地支配を巡り、イギリスと植民州民との間に武力による衝突が生ずることを予測していた。こうした予測から、彼が 1764 年にも近所の同輩 George Mason に宛てた手紙中に「最後の手段」（dernier ressort）という言葉を書いていたことは述べた。自身が大学出でもないことに加え、余り憲法上の議論は得意でもなかったし、したがらなかった彼であるが、植民州のあちこちで行われていた、**王と議会への度々の請願**を、快く思っていなかった。

　本国による課税などに対する抵抗運動は、1760 年代は植民州民らによる不買運動に留っていたが、（イギリスが重視して）従来から軍政下に置いていた港町 Boston で、殊に互いの感情が、高まっていたことは、間違いない。それが遂に、1770 年大虐殺（Boston Massacre）という発砲事件を生じさせた。植民州民らによる抗議の動きと、懲罰措置が繰り返され

164　俗称 Bill of Rights だが、同法のタイトルは、臣民の権利と自由を宣言し、王位継承を決定する法律である（An Act Declaring the Rights and Liberties of the Subjects and Settling the Succession of the Crown）。そこでは 16 項目にわたり、前王ジェイムズ 2 世が悪代官、悪裁判官、悪大臣らの補けを受け、プロテスタントを迫害したことを非難し、議会の同意なしの臣民の権利と自由を奪うことを王に禁じる内容を定める。

る中、1773 年 12 月には Tea Act に反撥して Tea Party 事件が発生した。
Boston 育ちといえる Sons of Liberty の面々などを中心に、実行された。

　Tea Party 事件を受けて、本国がとった追加立法措置は、更にエスカレートしていった。それまでの王国軍の単なる駐留から、金銭を取立てる法案から、その法的強制を命ずる立法措置である。その一環として Intolerable Acts（後出）がある。

　⑴ Washington は、自らの実体験に基づき、本国に「物申す」のに、「請願しても無意味だ」、と考えていた。今の段階で彼が代りにとるべき手段と考えていたのは、**包括的な輸入停止措置**（不買運動）であった[165]。1769 年の Virginia 議会（House of Burgesses）用に、現に彼が準備していた提案がそれである[166]（実際書いたのは、George Mason であったが）。

　⒜ Intolerable Acts が公布された 1774 年、その立法の知らせを受けた Virginia 植民州議会では、イギリスへのレジスタンス・リーダーとして知られるようになっていた Washington がいっていた。

　「ボストンの動機は、アメリカの大義と考えてよい（Tea Party による破壊行為そのものを、容認はしないが）」

　「本国は今や、我々植民州民らから徴税しようとの実務と権利を固めるため、組織的に動いている……」[167]

　Virginia の 1774 年 8 月の会議で、連合議会への Virginia 代表として

165　この輸入停止提案には、彼自身と、他の大農場主を含む、多くの Virginia 人らに対する「お説教」の気持ちも籠っていた（ロンドンの Cary & Company などから、巧妙な手口で買わされ、高い代金を絞り取られ、挙句の果てに借金のために農場を競売されている仲間の経験に基づくお説教である）。その意味では、この輸入停止提案は、イギリス本国に対すると同時に、他の大農場主らに対する提案ともいえた（Ellis ①, p.60）。

166　その提案は、決議された（後出）（Fairfax Resolves）。そこでは、Washington は、会議の議長格ではあったが、自分が、イギリス法やイギリス政治哭に明るくないと認めていて、「優秀な人がそう（イギリスの憲法と法理に反すると）言っている」と述べていた。なお、地元でも学識者として認められていた George Mason は、Washington の庭園のすぐ傍に住んでおり、Washington とは Fairfax Resolves 作成を機に、何回か交流している（Ellis ①, p.63）。

167　上記のように、Washington が、地に足がついた反英的考えを持っていた理由につき、10〜20 年前のフランス・インディアン戦争で、実際に自ら命を捨てて、イギリス軍のために戦った経験が大きい。そこから得た教訓が利いていよう（Ellis ①, p.63）。

選出された彼は、Philadelphia の第 1 回連合議会に出席、Intolerable Acts 反対決議や、輸入禁止同盟支持決議を推進するのに一役買っている[168]。

(b) 1775 年に入ると、Virginia では郡単位で、全域に militia 結成の動きが広まった。そうなると、「全 militia を統率して指揮できる人」、という話しになるが、名声からして、自ら Mt. Vernon の Washington に依頼が来た[169]。

第 2 回連合議会への Virginia 代表選出投票でも彼は、他を引き放した票を集めた。そして、Lexington Concord での戦闘のニュースが入ってきた 5 月、彼は、再び軍服を用意して連合議会の開かれる Philadelphia へ向け出発した[170]。その第 2 回連合議会では、戦火が既に燃え上っていたボストンのある New England 地方からの候補者を抑えて、彼が大陸軍の総司令官として選出された[171]。

(c) 第 2 回連合議会による 2 日間の秘密会を経てのワシントンの選出には、反対は殆んどなかった。ワシントン本人も唯 1 人ずっと軍服姿で、第 2 回連合議会への出席を押し通していた。任命を予期し、かつその先のシナリオ、イギリス軍との戦いを肯定していたとみられる。只、既に現に戦いが行われているのが New England であり、そこの地元の反応を懸念した連

168　彼は、その間に Virginia militia 時代の veteran 仲間で、イギリス軍の士官の職に就いた男から「植民州の動きは、先行き何の希望もない……」などと、翻意を促すような手紙を受取っていたが、その考えには組せず、連合議会出席の後も、Philadelphia の町を去るに当り、昔の軍服に付ける肩章など一式を、新しく購入して、Mt. Vernon へ帰っていった（Ellis ①, p.65）。

169　この 1775 年、第 2 回連合議会では、6 月 14 日、6 月 15 日および 6 月 17 日と立て続けにイギリスに対し立上る（for the defense of American liberty と書かれていた）ための決議をしている。この日付の順序で、「大陸軍の創設」（Adopting the Continental Army）、その大陸軍の総司令官に George Washington を任命（Appointing as Commander in chief……、なおそこには、"by ballot……was unanimously elected" とある）、およびその George Washington に宛てた任命書（Commission）の決議で、「議会による指示、命令に正確に従い、守ること」などと書かれている（history.army.mil より）。

170　彼の出納帳には、その 6 月の買い物として、トマホーク、5 冊の軍事戦略の本、弾丸箱が記されていた（Ellis ①, p.68）。

171　Washington は、第 2 回連合議会への Virginia 代表として選出後も、議会の 4 つの軍事委員会の長を務めている（ditto）。そこでも、唯一人軍服を着用していた。

合議会は、アメリカでは初めてとなる PR 作戦を行った。その1つが、New England 出身議員らに依頼して、一斉にワシントンを褒め称える手紙を地元に書き送らせたことである[172]。議会による選出・任命を受けての彼の答辞を読むと、大男のワシントンが、対人関係では、繊細な神経の持主で、人の噂などにも極めて敏感だった、と推測される[173]。この答辞は、紳士の**エチケット発言**と、捉えるべきであろう。

(x)一方で、何週間もの間「彼がその人だ」との声がずっと支配しており、(y)彼自身も、軍服を着用して議会に出席しており、(z)そうした周囲の声を否定することもしなかった、ことはあるが、他方で、彼が心から自分の資格や能力の足らなさを感じていたことも事実で、彼の妻や弟宛の手紙からそれが読み取れる[174]。確かに、彼が経験してきたのは、砲兵隊でも騎兵隊でもなかった。また、よく訓練された正式歩兵部隊を率いてきたわけでもない。一方、敵は、世界無敵といわれたイギリスの陸海軍であった。

---

172 "......extolling Washington's virtues, talents......a man of great Modesty......" (Ferling, p.144)。

173 ワシントンの発言の要旨は、1つは「私に悪い評判が立たないよう、私が司令官の名誉に値しないことを最大の真摯さをもって、議場内の皆さまに申し上げます」ということと、もう1つは、無給にしてほしいというものであった (Ellis ①, p.70)。

174 義弟 Burwell Bassett 宛の手紙の要旨は、「……今から船出する荒天の海には、恐らく優しい港等はないでしょう……これは、避けたいと願ってきた名誉です……3つのことを以って答えるしかありません。1つは、我々には正しい大義があるとの確信……次は、高い誠実さ……そして、それらが、能力と経験を補ってくれるよう、注意と努力を払うことです……」(*ditto*)。

第2章

連合憲章 (Articles of Confederation)

1. 結束の必要性と連合の模索

⑴急速な（20年間の）感情悪化と通信使

　㈠生い立ちからして別々の各植民州間には、横の連絡・交渉のための機関も、継続的行動も凡そなかった。各植民州には、自由土地所有者の代表から成る議会があったが、各植民州の代表なり、それら議会の代表なりが、「一同に会しようではないか」という声も、それまで一度も提起されたことがなかった（本国の監督官庁も、それを望んでいなかったことは、次記の1765年10月の連合会議に対し、本国がとった措置を見ても明らかであった）。ただ、13植民州が母国の圧政問題で1774年の第1回連合議会よりも前に、一度も集ったことがないというのは、正確ではない[1]。

　㈡各植民州には、自由土地所有者の代表から成る議会があったが、各植民州の代表なり、それら議会の代表なりが、「一同に会しようではないか」という声は、1774年の第1回連合議会より前に、一度だけ提起されたことがあった。1765年10月にニューヨークで、ヴァージニア、ニューハンプシャ、ノースカロライナとジョージアの4つの植民州を除く、9植民州の代表が、**印紙税法反対連合会議**を開いていた[2]。ただ会議の目的が特定

1　反対に母国イギリスからいわれて、共同してフランス国王軍と戦うために集ったことは、1754年の Albany の会議などがある（John Ferling, *A Leap in the Dark*, Oxford Univ. Press, p.7）。

67

第1編　連合憲章と、それができるまでの前史

されていたし、雰囲気もボストン茶会の後に結成され、集った第1回連合議会（First Continental Congress）とは違っていた[3]。

（i）この10年前の会議では、王や議会に対する悪感情も、ギリギリのところまで悪化してはいなかったし、イギリスによる実効的支配も利いていた（注1書〔p.8〕によれば、Benjamin Franklinなどは、そのような集会を通して、植民州が結合してイギリス王の下で1つの連合となることへの期待を抱いていた）。

（ii）これに対し連合議会の時は、ボストン茶会事件を受けて母国の議会筋などが植民州に対し懲罰的措置をとり、植民州全体がそれにどう対抗するかで、本国との関係も、より差迫った緊迫したものになっていた。

対抗するには、無言のうちに、全体的結合が前提となっていた面もある。

（b）時期も早く、かつ初めてのことだっただけに、この印紙税法反対連合会議は、前例のない（当局に反抗的な）ものとしてイギリス本国は勿論、アメリカ現地の代理人ら（governors）からも問題視され、睨まれた[4]。弾圧の手先にいたのは、王の植民州での代理人ら（governors）である。上

2　そこから、会議の名をStamp Act Congressともいう（10月9日〜10月25日）。以下は、呼びかけ人となったマサチューセッツのサミュエル・アダムスらが送った書状に対する、ニューヨークの回答要旨である。
　「わが議会のハウス（house of representatives of this province, ……session of general court）は、他の植民州と我らの置かれた現在の困難な状況について協議し、植民州に対す課税がイギリス国会の措置により減らされるよう、陛下と国会に対する忠義で統一全体代表のへり下った条件につき協議するため……ニューヨークで集合することにつき賛成を表明する……」（Hezakiah Niles, *Principles and Acts*, A. S. Barnes & Co., 1876. p.155, 168）。
3　本書では"Continental Congress"をContinentalではなくCongressの方に重心を置いて、「大陸会議」の代りに、「連合議会」と呼ぶこととした（Continentalの語も、Continental Armyなどのように、恒久的用語としてよりも、むしろ移行期の用法に重点があることを参照した）。連合憲章（Articles of Confederation）自身も、集合体としての連合議会を呼ぶのに"United States"や"United States in Congress assembled"（Ⅰ、Ⅱ、Ⅳ、Ⅴ、Ⅷ、Ⅸ、Ⅹ、ⅩⅠ、ⅩⅡ、ⅩⅢ）と、Union（Ⅳ、ⅩⅠ、ⅩⅢ）を使用している。また各colonyは、母国による行政法上の区画では県（Province）とされていたが、その実体と、その後の歴史とのつながりの2点から、「植民州」と呼ぶことにした。
4　会議の召集を提案したマサチューセッツ植民州議会の議長による回状が残されている。また会議に絡み、10月7日（月）にマサチューセッツ植民州の3人の代表がニューヨークに集合したことを示すニューヨーク側の記録も文書化されている。3人が、マサチューセッツ植民州議会からの任命書を会議に提出したこと、その委任状の文言に似た任命書には、授権内容が細かく記されている（Niles, p.156, 7）。

68

記の欠席した4植民州も代表を送りたかったが、阻止された[5]。一方、イギリスの国会筋には、「代表らを懲罰せよ」、との激しい非難の声が挙がった。しかし、議会が拳を振り上ようにも、植民州からのボイコットの知らせを受けたロンドンの商人達のブーイングの方が威力があった。彼らの声が、印紙税法案を1年で引込めさせたとの見方もある（Ferling, p.52）。いずれにせよ、印紙税法に対する反対運動と、それを受けてイギリス国会が同法を廃止したことが来るべき革命（独立）の予兆となった[6]。

　(c) Pennsylvania からロンドンに派遣されていた Benjamin Franklin は途中から目的を変え、当初の派遣目的（本来は同州の土地所有法制の是正のためであった）とは異なり（第1章注57）、イギリス国会に出席を求められた時にも、求められていた Stamp Act に対するコメントを述べる代りに、植民州の抱いている本国に対する不満を自ら取り次ぐこととした[7]。

　印紙税法反対連合会議は、大きな変化をもたらした。今までバラバラだった各植民州の間に横の連絡が生れた。具体的には、この連合議会の前年1764年に Boston で作られた通信委員会（Committee of Correspondence）である。翌年ニューヨークもこれに倣い、やがて1773年には Virginia が各植民州（colony）の立法府内にこれを設けるよう提案した（history.com）。

　(d)このような流れを経て各植民州の間にも流石に連帯感が芽生え、互いの間で連絡をとり合おうとする動きが多くなる。1768年2月22日に開かれたコネチカット、New Haven の町会（town meeting）では、ボストン町から同町会宛の「製造業育成による経済の振興について」示唆する手

5　これらの4つの植民州の議会はいずれも、その会議での「決定にはすべて合意する」、旨書いて、ニューヨークに送って来ていた（Niles, p.156）。

6　Massachusetts の governor Francis Bernard は、"colonists がこれらによって大いに altered した" と報告し、司令官 Thomas Gage も colonists の行動は、「県（Provinces）の独立性を意味するに等しい」、と述べている（Ferling, p.53）。

7　Franklin が議会に出席してから9日後に法律が廃止された（Ferling, p.51）。

第1編　連合憲章と、それができるまでの前史

紙を受けたものである。次のような、決議がなされた。

「5月31日以降、植民州諸州（British American colonies）で作られた、特にこの植民州で作られた、商品だけを使い消費するよう……また、輸入品に頼らず、かつ無駄使いをやめ、資材を大切に使うように……」[8]

（ロ）印紙税法から5年後の1770年3月になると、いわゆるボストン虐殺事件（Boston Massacre）が起きる。1768年以来、町に駐留していたイギリス兵が、地元民によってからかわれた挙句、町の中心部で群衆に向け発砲し、5人が死亡、6人が受傷する事件である[9]。イギリスに対する感情が急速に悪化した。

植民州民の中には、アルゲニ丘陵（Allegheny Plateau）からオハイオ川（Ohio River）辺まで入植地を拡げる者もいたが、フランス・インディアン戦争で勝利したイギリス本国は、王の布告（Proclamation）により植民州民によるインディアンからの新たな土地取得などを禁じていた（第1章2.(3)(ト)(b)）。1772年にはイギリス総督Gageが更なる布告（Proclamation）を出して、「先の王の布告に違反して、多くの植民州民が王とインディアンとの間の条約の線を超えて入植を続けているが、直ちに立退くよう……」命令していた[10]。

（a）そんな中でも、虐殺事件（Boston Massacre）から3年後のボストン茶会事件と、それを受けてイギリス政府が出した布告や立法が、各植民州民に与えたショックは大きかった。1773年5月10日に王の裁可を得て発効したTea Actに対する人々の反撥はとりわけ激しく、その12月には

8　New Haven町会の委員会の報告を元に、同町会の住人や戸主が一斉にイギリス製品の不買に備えて自家生産できるようにする決議で、そこでいう商品には、馬車、家具、帽子、洋服……装飾品など身の回り品一式、要するに、すべての日用品のリストが続く（Niles, p. 141）。

9　兵士ら数人が逮捕され、Bostonで刑事訴追された。若い弁護士、後の大統領John Adamsが、（地元民が激昂する中で）公平な立場から兵士らの弁護に当った（このためその後、暫く顧客は彼から遠ざかる）（McCullough. p.66）。

10　"……beyond the boundaries fixed by the treaties made with the Indians, which boundaries ought to save as a barrier between the whites and the said nation；……"（第1章注12判決 at 549）。

世に名高い茶会事件へとつながった。ボストン茶会事件（Boston Tea Party）の主導役 Sons of Liberty は[11]、1773 年 12 月 15 日ニューヨークで第 1 ～第 5 の決議を行ったが、いずれもイギリスの息のかかった茶を扱った商人らを非国民とし、村八分にするという内容である。

(b)全面的な武力衝突の可能性が高まり行く中で、対抗措置について協議するために「集ろう」という声が挙がったのは、前年 12 月のボストン茶会に対し、イギリスが Intolerable Acts を制定したことを受けた 1774 年 4 月であった。Intolerable Acts は、強制法（Coercive Acts）ともいい、専ら北米植民州をターゲットにした 4 法と、カナダの Quebec 地方のための施策を定めた Quebec 法から成っていた[12]。13 州植民州の中でも、前年の茶会事件に係ったマサチューセッツを、その Boston の町を、特に懲らしめ、他の植民州を諫める意味で制定された[13]。

(ハ)何もなかったところから一気に「集ろう」「一堂に会して天下のことを話し合おう」となった訳ではない。やはり布石があった。

(a)中でも、10 年前の 1764 年である。その年、イギリスで Stamp Act[14] が作られそうな勢いが明白になり、初期の**通信委員会**（Committee of Correspondence）が設けられた。各植民州議会下院が開かれていない時に活動することが主旨で、民意を代表する影の団体である。これが、植民

---

11 Stamp Act が発布された 1765 年の初夏に、主としてボストンの店主、技術者（印刷工など）が自発的に始めた反英運動で、性質上、対英的運動は地下組織によったが、他の植民州にも組織が拡がった（たとえば、"Sons of Liberty of New York" などのように）。シェリフや警察の中にも同調者が出たので、植民州の統治代理人の中には、一時的に身を隠した者もいた。

12 その Quebec 法も、カトリックの勢力を拡げる目的を持つ点で、ボストンの人々には敵対的であった。

13 その 1 つが、3 月 31 日成立の Boston Port Act と、5 月 20 日成立の Massachusetts Government Act があり、前者は、茶会事件に係る王室と東インド会社に対する賠償の支払がすべて済むまで、植民州によるボストン港の使用を禁じており、また後者は、それまでの Massachusetts Bay Province の特許状（charter）を廃し、王の代理（governor）の権限を大幅に拡げるものであった。

14 1765 年の Stamp Act は、私信を除く殆んどすべての文書、印刷物に、新たな課税を導入するものであった。その後も、常備軍を北米に作るための Townshend Act 1767 年など、1760 年代は、植民州向けの立法が相次いだ。

第1編　連合憲章と、それができるまでの前史

地としての意思統一に向けた組織の基盤作りになった（その後も以前の動きが拡がり、前年〔1773年〕までに13のうち11の植民州が委員会の公式ネットワークに含まれることになっていた）。

　e-mailはおろか、電報もなかった時代だが、この通信委員会が、やがて、イギリスに対し団結して立上る力になったことは否めない。当時の人口150万人くらいに対し、7〜800人の通信員がいたという[15]。彼らの活動の1つは、イギリス製品ボイコット運動、である。せっせと輸入する本国（王）に忠義な商人らのリストを作成・公表するなどである。

　(b) Stamp Actは直ぐに引っ込められたが、七年戦争（Seven Years' War, 1756〜1763年[16]）の戦費の赤字を埋めるためのイギリスによる財源探しは止らずFranklinによるイギリス国会での証言なども参考にし次々に代りの立法を繰り出してきた[17]。先ず、翌年に制定したのがAmerican Colonies Act, 1766（Declaratory Actとも呼ばれる）である。

　「イギリス国会による法律は、アメリカでも本国でと同じ効力がある」、と宣明したもので、本国による植民州総括の基本に係る法律である。この基本ルールに従って、1767年からはCharles Townshend財務相（Chancellor of the Exchequer）が言い出した一連のいわゆるTownshend Actsが立法される[18]。

　(c) こうした経緯もあったので、「集ろう」という声が挙がったのも、**通信委員会**を通してである（その後も以前の動きが拡がり、前年〔1773年〕

15　マサチューセッツだけでも、内陸・僻地など100の下部組織ができ、ボストンから早馬や運河を経て、印刷情報が届けられるようになったという。

16　ヨーロッパの強大国、英仏（スペイン）を主役とする7年戦争（Seven Years' War）は、北米ではFrench and Indian Warとして1756年の宣戦に先行して1754〜1763の間戦われ、本国からの戦力投入を惜しんだフランスの敗北で終った（その結果、1763年のTreaty of Parisにより、イギリスは、北米大陸でフランスとの領土争いに勝利する）。

17　その間、アメリカ植民州に好意的な首相は、ベンジャミン・フランクリンをイギリス国会に呼び寄せ説明させた。首相は、ベンジャミン・フランクリンから「（植民州は）内国税には強く反対したが、輸入税ならば、反対も、それほど強くはなかろう」、との発言を得て、Stamp Act後の立法の参考にした。

18　Revenue Act of 1767, Indemnity Act, Commissioners of Customs Act, the Vice Admiralty Court Act, New York Restraining Actの5法が、それに入るとされている。

72

第 2 章　連合憲章（Articles of Confederation）

までに 13 のうち 11 の植民州が、委員会の公式ネットワークに含まれることになっていた）。移民の出身母国が多様化する中で、13 植民州を通して速やかな意思の疎通ができ、そのための情報共有ができたのには、通信委員会の存在が大きかったが、そのほかに、植民州民らが 1 つの言語に統一し、英語を守った点が大きい。それも、18 世紀世界を通して「一番正式だとされる英語」を喋っていた[19]。こうして、第 1 回連合議会が、当時北米大陸での最大都市であったペンシルヴァニア州のフィラデルフィアで 1774 年 9 月に開かれることになった（第 1 回連合議会が、次の第 2 回連合議会となり、そこで独立宣言〔Declaration of Independence〕が作られ連合憲章が作られた。この 1774 年から 1797 年をアメリカの創始期〔Founding Era〕とする考えがある[20]）。

　各植民州で連合会議への代表選出の動きが始まる中、ニューヨーク植民州では、第 1 回連合議会代表選出のための会議を、植民州議会においてではなく、屋外で開いた市民集会（town meeting）で決めている[21]。それから知りうるように、代表へ授権されたのは最大でも、イギリス商品に対するボイコット（輸入停止）を決議する権限まであった。それが、それまで「王の忠誠な臣民」を自称していた植民州民が、第 2 回連合議会（Continental Congress）前までに示しうる最大の抵抗であった。もっとも、こ

19　New England と南部との間には方言とか訛りとかはあったが、北米では purest pronunciation of the English Tongue が prevail していたという（Ellis ③, p.188）。Noah Webster は、この共有性をイギリスとは違って、アメリカには社会に階層がないことと、識字率の高さとに結び付けていた（Ellis ③, p.189）。

20　「なぜ 1797 年なのか」の説明はないが、建国の父祖ら（Founding Fathers）の中でも突出していたワシントンが、第 1 代 2 期 8 年の大統領職を退いた年に当る。

21　正確には、7 月 6 日の市民集会の決議事項を踏まえ、翌週月曜日に委員会を開催し、5 人の代表を選出した。市民集会での主な決議を拾うと、第 1 決議では、「ボストンの人々は、いわゆるボストン港令により、われら全体のために苦しみを受けている……」第 2 に、「1 つの植民州民の自由に対する攻撃や侵害は、すべての植民州民と、その憲法に対する攻撃である……」第 3 に、「イギリス国会による課税その他の強制のためにアメリカの港を封鎖する行為は、違法・違憲で、植民州民の通商権を極めて侵害するものである……」。第 4 に、「来るべきフィラデルフィアでの第 1 回連合議会における代表は、他の植民州多数と協同して、イギリスからの貨物のすべての輸入を止める決議に合意するよう授権される」。第 5 に、「ボストンの人々を救済するための募金は、直ちに始められる……」であった（Niles, *op. cit.* pp.170–171）。

第1編　連合憲章と、それができるまでの前史

のボイコットはそれなりの効果を挙げた。ボイコット決議が New　England 地方から、ニューヨーク植民州から、更に南の方へと拡がったからである[22]。これに対し、イギリス人一般の対植民州感情は煮えたぎっていたが、Hillsborough 貿易相は当初に比べ、すっかり慎重になって、それまでの法律の廃止に手を付けていた。

(2)共同歩調のための、相次ぐ「諸決議と諸宣言」

　㋑イギリスに対し革命のため立上った 1775 年の第 2 回連合議会（Continental Congress）になると、第 1 回連合議会とはガラッと様子が変り、イギリスに対し革命のために身命を賭して立ち上ろうとういう人が出てきた。その人達からは、1754 年のニューヨーク植民州による決議、Albany Plan は最早見向きもされなかった[23]（20 年の時代変化は、余りにも大きかった）。Albany Plan の文言のうち、唯一つ意味を持っていて、この後、第 2 回連合議会（Continental Congress）で作られた**連合憲章**に謳われたのは、「共同防衛と、その他の重要なことのため…… 1 つに纏って……」の部分だけである[24]。

　20 年後の革命戦争勃発に近い 1770 年代に入ると、殊に、戦争勃発の 3 年以内になると、あちこちで、新たに多くの決議や宣言文が採択される動きが起きた。それらの決議や宣言中の約束が、連合憲章の中にも生かされていること、更に連合憲章と連邦憲法との間に見られる強いつながりを考えると、これらの決議や宣言の文書は、憲法的にも少からぬ意味を有するものといえよう。そこで 1760 年代まで戻って、決議や宣言文を一覧表に

22　1776 年のイギリス向け輸出は、前年比、半分になった（Ferling, p.85）。

23　1774 年 9 月, Joseph Galloway が Albany 議会に提出した決議案は、この Plan を纏めたものとされている。決議案は、イギリスに敵対することを第 1 にしたものではない。イギリス国王への請願の形で、その首長も、国王任命により、イギリスとの連合を基本としている。植民州の横のつながりに目覚めた最初の動きとして評価できよう。

24　1774 年 9 月 28 日に第 1 回連合議会に出された注 23 の Galloway Plan は、Albany Plan とかなりの**そっくりさん**であった（ただし、両方とも、保守的かつ君主制的であるとして厳しい扱いを受け、否定され、1776 年に提案された**連合憲章**との間をつなぐ**かけ橋**とはならなかった）。

第 2 章　連合憲章（Articles of Confederation）

　要約し、（図表 2）示したものが、「独立宣言前の文書一覧」である（これ
により、独立前の権利主張でどの植民州が、活発か、強かったか、が分
る）。

　(a)歴史をほんの少し遡って、一覧表を要約してみよう。1760 年代まで
戻って一覧表を見ると、最も早い公的な動きは、印紙税法と同じ年に見ら
れた。ヴァージニアとマサチューセッツである（文書一覧の⒜、⒝[25]）。
加えて、ジョン・ハンコック（John Hancock）や、サミュエル・アダム
ス（Samuel Adams）らの呼びかけにより開かれた、前述のニューヨーク
での連合会議（前述の Stamp Act Congress）での決議ⓒがある。このほ
か 60 年代には、後述する『ペンシルバニア農民からの手紙』ⓓのほかに、
マサチューセッツ回状（ⓔ Massachusetts Circular Letter）が出されて
いる（文書一覧⒜～ⓓのうち、⒜、⒝は Stamp Act に対する、ⓒ、ⓓは
Townshend Act に対する決議である[26]）。本国のアメリカ担当大臣、Hill-
sborough 卿は、この決議に対し一旦その撤回を求めたが、Province の議
会が応じなかったので、Massachusetts の governor をして議会を解散さ
せた。これに対し地元民らは税関などを襲った。これを受けたイギリスは、
Hillsborough 卿の指示で、イギリス軍 4 連隊を 1768 年に Boston に派遣
し、常駐させた。

　(b)1770 年代に入ると、ヴァージニアとマサチューセッツ以外の植民州
でも同様の動き（決議や宣言など）が多く見られるようになる（図表 2、

25　この 2 つが、イギリス国会による立法の結果としてのイギリス法の効力を否定し、拘束さ
　れることを拒否した最初の声明となった（うち、⒝は Samuel Adams によるもので、4 日
　後に Boston Gazette に載った。Magna Carta からの引用とともに、陪審なしの海事法廷
　を攻撃していた）。
26　Massachusetts Circular Letter は、Townshend Act に反撥した Samuel Adams が起草、
　Massachusetts Province の House of Assembly（General Court）が可決した。New Jer-
　sey、Connecticut、Virginia などの立法府がこれに賛意を表明した。本国のアメリカ担当
　大臣、Hillsborough 卿は、一旦その決議の撤回を求めたが、Province の議会が応じなかっ
　たので、Massachusetts の governor をして議会を解散させた。これに対し地元民らは税関
　などを襲った。これを受けたイギリスは、Hillsborough 卿の指示で、イギリス軍 4 連隊を
　1768 年に Boston に派遣し、常駐させた。

文書一覧の⑦〜⑥の文書)。このうち、⑥のヴァージニア人権宣言（Virginia Declaration of Rights）については次章2.(1)(イ)(a)でも触れているが、同じヴァージニア州内のフェアファックス郡決議⑦（Fairfax County Resolution）について、次の点が注目される。

　フェアファックス郡決議となっているが[27]、ヴァージニア州内の全郡に対する呼びかけに応えて、全郡による植民州議会への働きかけを目指している[28]。連合議会への Virginia 代表として、マウント・バーノン（Mt. Vernon）の大地主で、名声も高かったジョージ・ワシントン（George Washington）が選ばれている[29]。

　(c)文書一覧の Congress の段は、第1回と第2回の連合議会（Continental Congress）、つまり13植民州の代表らによる全体決議という点で、それ以前の植民州や、その代表らによる声明、宣言と比べ、格段の重みを持つ。そのうち、**オリーヴの枝請願**（Olive Branch Petition）については、以下の㈁でも触れている（また下段末の Lee Resolutions は、Richard Henry Lee の提案した「（いつまでも逡巡していないで）この第2回連合議会で**独立宣言書**を採択しよう……」〔Resolved, That these United Colonies are, and of right ought to be, free and independent States, that they are absolved from all allegiance to the British Crown, and that all political connection between them and the State of Great

---

27　他の40以上の郡も、同様の決議を行ったが、フェアファックス郡の決議が、一番具体的かつ激烈な調子であった。ボストン茶会事件に同調し、イギリスへの抗議の意思として、「6月1日を断食と祈りの日とするよう」議会が前月に決議していたのに対し、王の代理人がヴァージニアの議会解散を命じていたので、「それに代る特別会議を開き、同様の働きかけを目指し、呼びかけるため」、この決議がなされた。

28　このフェアファックス郡決議は、先行する多くの諸決議にも言及しつつ、24の決議をしている。そのうち、第20決議では、「木材をイギリス領の西インド諸島へ、またすべての製品をイギリスへ、輸出しないこと」を全植民州が宣言して約束すること、第21決議では、「非協力な町などとは一切の取引」を断つこと、第22決議では、「万一、ボストンの町が政府の圧政に従うよう力ずくで抑えられても、それに拘束されず、生命、身体および財産を守るため、連合の下で一つとなって抵抗すること」、第23決議として、「陛下に対する謙抑かつ義務に溢れた中で、請願と非難の申立書を、連合が用意すべきこと」、を内容としている。

29　ワシントンも10年前の Virginia militia の隊長をしている頃は、人々から指弾される行いもあったようであるが、彼は、そこで気を付けるようになったという（Ferling, p.201）。

第 2 章　連合憲章（Articles of Confederation）

図表 2　独立宣言前の文書一覧

Stamp Act に対し	ⓐVirginia Resolve（1765 年 5 月）
	ⓑBraintree Instructions（1765 年 9 月）
	ⓒDeclaration of Rights & Grievances（1765 年 10 月） Inquiry into the Right of the British Colonies（1766 年）
Townshend Act （1767 年）に対し	ⓓLetters from a Farmer in Pennsylvania（1767 年）
	ⓔMassachusetts Circular Letter（1768 年 2 月）[30] Boston Pamphlet（1772 年） Sheffield Declaration（1773 年 1 月）
州　　　別	
Maryland	㋑Chestertown Resolves（1774 年 5 月） ㋥Bush River Resolution（1775 年 3 月）
Massachusetts	㋬Suffolk Resolves（1774 年 9 月）
New York	㋧Orangetown Resolution（1774 年 7 月）
North Carolina	㋤Mecklenburg Resolves & Declaration（1775 年 5 月） ㋙Liberty Point Resolves（1775 年 6 月） ㋩Tryon Resolves（1775 年 8 月） Halifax Resolves（1776 年 4 月）
Virginia	㋠Fairfax Resolves（1774 年 7 月） ㋷Fincastle Resolutions（1775 年 1 月） ㋨Virginia Declaration of Rights（1776 年 6 月）
First Congress	Declaration and Resolves[31]（1774 年 10 月） Continental Association[32]（1774 年 10 月） Petition to the King（1774 年 10 月）
Second Congress	Olive Branch Petition（1775 年 7 月） Declaration of the Causes and Necessity of Taking Up Arms（1775 年 7 月） Lee Resolutions（1776 年 7 月） Declaration of Independence（1776 年 7 月）

Britain is, and ought to be, totally dissolved.〕との決議である）。

　これらの文書、中でも、独立宣言書は、やがて第 2 回連合議会で成立し、

30　Townshend Acts が出された後、同胞を鼓舞し、Acts に立向かうべく Samuel Adams と James Otis が用意したとされる（Ferling, p.67）。

31　Intolerable Acts に対するもので、10 年前のニューヨークで行われた Stamp Act Congress による決議に似ている。

32　ⓓの文書の作成者 Dickinson によるもので、この期に及んでイギリス王との妥協を探るその姿勢は Adams の怒りを買った。この請願を持って 2 人の使節をロンドンに送ったが、王は引見もせず、文を見ることも拒み、代りに Bunker Hill の戦いの後の 8 月 23 日になって、Proclamation for Suppressing Rebellion and Sedition を出した。王は更に、10 月 26 日開会式での王座からのスピーチで「別の独立した帝国を企てている、この企てを圧しつぶすためには、外国の助力やオファーも考えに入れねば……」と述べた。

77

第1編　連合憲章と、それができるまでの前史

アメリカ憲政史上も最重要な意味を持つ文書の1つとなる。形式的には、憲法そのものとは異るが、実質的な意味では、憲法原理を形造った文書の1つといってよい。

　(d)アメリカ憲政史上で最重要な文書の1つ、独立宣言を決議した第2回連合議会の役割の重さは言を俟たないが、その構成には問題があった。各植民州がすべて正式な代表を送った訳ではない。植民州の中には、王の統治代理人（governor）が、そうした植民州の代表を自分達で選ぶこと自体を禁じた例もある[33]。その第2回連合議会では、Declaration of Independence のほかに2つの文書が決議されて成立している。1つは Lexington-Concord の戦いにも拘らず、王への請願により無事に収めようとするものである。もう1つが、注記の "Declaration of the Causes and Necessity of Taking Up Arms" である。文字どおり、武器をとること、Lexington-Concord で戦わざるを得なかったことの大義（原因）と必要性を訴える文書である。その意味で、本文書は Lexington-Concord の戦いと、その後、足かけ8年に及んだ革命戦争との間の「なぜ？」に答える、その間の虚空を埋める、文書となる。

　㋺フランス・インディアン連合との戦いから20年後の1776年5月、今や連合議会から**大陸軍総司令官**としての任命を受けたワシントンは、ヴァージニア植民州の militia を含む、いわゆる大陸軍（Continental Army）を率い、20年前とは反対にイギリス軍に対し、命がけで立ち向うことになった。しかし、最初の銃撃戦は、ワシントンの居たヴァージニアから何百マイルも遠く離れたボストン郊外、よく知られたレキシントンとコンコード（Lexington Concord）という2つの部落で始った。サミュエル・アダムスとジョン・ハンコックを絞首刑にすべく、極秘裡に捕獲作

33　前の文書一覧中の最後の Declaration of Independence より1つ手前、最後から2番目には、"Declaration of the Causes and Necessity of Taking Up Arms" があるが、その Declaration の前注には、governor による禁止により第2回連合議会が、"constitutionally authorized gathering" というよりは、初めから "an extra-legal, if not a revolutionary, assembly" になったと記されている。

戦を進めていた 700 人の英国軍は、4 月 19 日未明にかけ奇襲をかけた[34]。

(a)だが、奇襲情報は、ボストンの街のボランティア、ポール・レヴェル (Paul Revere)（銀細工師）が使者となり、前夜に早馬を飛ばして、地元の民兵組織に逸早く伝えた。その未明、レキシントン村の共有牧草地に集っていた 70 名ばかりの民兵と、英国軍との間で初めて戦火が交わされた（死者 8 名、負傷者 10 名を出したが、英国側も 20 名余りの死傷者を出した）。英国軍は、次にコンコードの武器庫を襲って、破壊した。対する民兵組織は、時間とともにその数が増え、街道沿いに昼前後には 4000 に達した。ボストンへと約 20 キロの退却を開始した本国軍の死傷者 250 人という大損害は、退却路の長い街道で起きた。民兵ばかりでなく、農民なども、ゲリラ的に本国兵を狙い撃ちにした。

(b)以上の Lexington Concord での戦争は、第 2 回連合議会が独立宣言を何とか纏めた 1776 年 7 月の 1 年 3 ヶ月も前に起きていた。つまり、Philadelphia の第 2 回連合会議での独立に向けての議論が、独立宣言を出せるような程度にまで熟する 1 年以上も前に、事実上こうして戦争が始っていた。連合議会は、300 マイル超離れたところで、それをただ黙認していたことになる[35]。Lexington‐Concord を受けて、地元の Massachusetts Bay の議会（Provincial Congress）は、governor となっていた Gage 将軍の職を免（depose）じた上で、第 2 連合会議に対し、この先の政治の進め方につきはっきりした助言（explicit acvice）を求めた[36]。

34　この命令は、本国の Lord Dartmouth が発していた。John Hancock は、Samuel Adams とともに、第 2 回連合議会への代表として選出されていて、この後 Lexington から Philadelphia へ向っている。また総統兼将軍の Thomas Gage は、一連の軍事的衝突があった後の 1775 年 6 月 12 日に布告（Proclamation）を出していて、その中で本文のように、すべてのアメリカ人に（赦命の約束とともに）降伏を促す一方、この 2 人については、死刑を意味する**当然の罰**（condign punishments）を公言している。波はその中で、今の事態では、「コモンローによる法の支配はストップしている」として（このマサチューセッツ）、Province 内に「軍法（law martial）に拠らざるを得ない」と宣言している。

35　Ellis ①は、この状態を anomalous political circumstance といっている（*op. cit.* p.75）。

36　それにより先の 1774 年 6 月、Gage 将軍は前年の Boston Tea Party に対する懲罰として本国が指令したとおり、General Court を解散（dissolve）していたため、各町の代表 90 人が Salem に集って作ったのが、この Provincial Congress となった（socialaw.com）。

第1編　連合憲章と、それができるまでの前史

　一方、ボストンのイギリス軍本隊は、この後9ヶ月間、ボストンを占領した挙句に、注48のような状況により一旦カナダの Halifax へと去って行った[37]。この間、Philadelphia からボストンに急行したワシントン将軍指揮下の俄か仕立ての大陸軍は、約1万の敵と睨み合って、相手をそこに釘付けにしていた[38]。この期に及んでもなお、植民州民の多くは未だに、「ボストンにいる王国軍は、必ずしも本国（王）の意思通り動いている訳ではない」、と信じたがっていた。ワシントン自身も1775年秋になるまで、王がまさかアメリカでその臣民に対し本格的戦争を遂行しようと考えているとは思っていなかった。

　(c)そのワシントンは、20年前のフランス・インディアン戦争とは作戦面だけでなく、全く違う新しい事態の中で、政治面も含め、様々な問題に直面していた。第1に、未だに王への請願で赦しを乞おうとする連合議会の一部議員がいた。彼はそれら議員に対しては、苛立つ一方で、Adams など、連合議会内の急進派には、「可能なすべての外交努力を払ってほしい」、と希望していた。また、その頃の多くの植民州民らと同じく、戦争が8年も続くとは思っていなかった（イギリス軍の司令官〔Gage から代った William Howe 将軍〕の出方にもよるが、「短期決算で、有利な和平条件を目指せるのではないか」、との期待を打消してはいなかった）。

　この期に及んで人、物、金のいずれもが不十分な上に、準備不足が明らかであった。弾丸、銃火器、食糧、衣服なども恒常的に不足していた。中でもワシントンを一番悩ませたのが、大陸軍の主力が、各植民州の militia から成っていた点であった[39]。彼は、戦争に勝つには、よく訓練され

37　イギリス軍の Thomas Gage 将軍は、「ワシントン？　何者だ。何らかの位階でも持っているのか」といったとされ、これに対しワシントンは手紙で答えている。"you affect, Sir, to despise all Rank not derived from the same Source with your own. I cannot conceive any more honourable, than that which flows from that uncorrupted Choice of a brave and free People-the purest Source & original Fountain of all Power."（Ellis ①, p.78）。
38　イギリス軍が包囲し占領していた Boston の郊外 Cambridge に、ワシントンがその大陸軍とともに、入れたのは、イギリス軍の司令官が、5000人になるかならないかで、碌な武装もなく、**ほうそう**が流行っていて病人も多く、半分が飢えている大陸軍が町に入るのを傍観して見ていたことがある（McCullough, p.27）。

た常備軍が必要で、「militia は、当てにならない」と考えていた。ミリシアにつき権限を有する各植民州議会が、大陸軍の召集に当っていたが、彼らは、連合議会に対し伝えていた。「militia 召集の原則は、アメリカの革命精神と同じ源で、すべてボランティアかつ短期間である」。ワシントンの見る限りの当時の大陸軍は、しょっちゅう入れ替るパートタイマー部隊であった[40]。各植民州議会が、大陸軍の召集に当っていたが、彼らは、連合議会に対し伝えていた。「militia 召集の原則と、源はアメリカの革命精神と同じで、すべてボランティアであり、かつ短期間である」。

(d)政治面では、未だに王への請願で赦しを乞おうとする連合議会の一部議員に対しいら立つ一方で、Adams などの連合議会内の急進派には、「可能なすべての外交努力を払ってほしい」、と希望していた。しかし、ボストン郊外や Bunker Hill で多くの血が流された後の同年秋には、人々の心にそれまでは考えられなかったような大きな変化があった[41]。この一般社会の変化に比べると議会の変り方は、まだ少し遅れていた（その前に第1回連合議会から Boston へ戻った Samuel Adams は、Boston の利益を代弁したことで地元では英雄として迎えられた一方、Dickinson などは、議会内での自らの立場が弱まりつつあることを感じていた[42]）。

11 月には王が「オリーヴの枝請願」を受取ることも断り、「アメリカが謀反（rebellion）の状態にある……」と宣言したとの報せがロンドンから入った。その頃、New Hampshire から連合議会に、「今までの植民州

39　ワシントンから John Hancock 宛の 1776 年 2 月 9 日付の手紙（彼の常備軍と militia との比較論）（Ellis ①, p.77）。

40　ワシントンから John Hancock 宛の 1776 年 1 月 4 日付手紙では「6 ヶ月交代の兵士が……敵陣から小銃の届く範囲で、陣地を守っている……それも、20 連隊以上ものイギリス軍の前で、このように入れ替えをするなんて……」とも書いている（Ellis ①, p.84）。

41　Massachusetts の代表らが第 2 回連合議会のためフィラデルフィアへ戻ってくると、Philadelphia 議会近くの広場で他の代表らが受けたことのないほどの熱烈な励ましの拍手を持って迎えられた（Ferling, p.147）。

42　Dickinson などの和解派（reconciliationists）の背中を 'グサリ' と刺したのが、Virginia 州の royal governor Lord Dunmore の「反乱者を討伐する部隊に加わった奴隷は解放する」との約束であった（Ferling, p.150）。

第1編　連合憲章と、それができるまでの前史

の政体をどうすべきか」との質問状が寄せられ、連合議会はこれに対し、「新政権」の樹立を助言した[43]。次いで王の 10 月議会での宣言、ドイツの傭兵を新大陸に送るというスピーチの内容が明らかになった。Lord North 首相の、「戦争中は新大陸との一切の貿易を禁止する」、という立法提案も伝わってきた。それが丁度、Paine の Common Sense 出版の時である。

(ハ)アメリカ憲政史から見て、この時期に省くべきでないものに、13 植民州、つまり第 2 回連合議会が何らの宣言をしないまま、戦いが始って了った事実がある。

(a)その議会内には、まだまだ、「王に取繕って許しを乞おう」、とする議員がかなりいた。Lexington Concord の後で、しかも Ticonderoga や Bunker Hill 戦の後でもある 1775 年 7 月になっても、まだ Olive Branch Petition（前出）などが提出されている一方で、Henry Lee のように、「1 日も早く独立宣言を出すべきだ」、としていた議員もいた。これを見ても、不統一は明瞭である。実際に交戦が始っているのに、本当に本国から独立していいのか、これまでのことを「惨事」として何とか後始末をして、仲直りをできないか、ぐらぐらと揺れ動き、合議体としての意思の統一の道筋は、未だに見えてなかった。この期に及んでも、王への請願にこだわっている一派もあれば[44]、わずか数日のうちに、強い調子の宣言（Declaration of the Causes and Necessity of Taking up Arms）が出されるといった状況で、摑みようのない状態であった。ワシントンは、「本国に請願しても、意味がない」と強く信じ、もっと実効性のある手段を求めていた（独立派は、Lexington, Concord だけでなく、双方が正面からぶつかり合った Bunker Hill の戦いでも、アメリカが互角か、それ以上の戦果

43　その言葉は "to create a new government that provides a full and free representation of the people" である。これに比べ、連合議会は、6 月にも Massachusetts から同じ質問状を貰っていたが、その時は未だ、「1691 年の王からの勅許状に形式、内容ともピッタリの政体を……」と返事していた（Ferling, p.149）。

44　前出の Pennsylvania の John Dickinson の Olive Branch Petition 参照。

第 2 章　連合憲章（Articles of Confederation）

を挙げたのを見て勢い付く一方、和解派は、ロンドンがより融和的な態度
に出ることを期待した)[45]。

　そんな中で、間違いなくいえることが 1 つあった。何らの実質的な決定
をしないまま一旦解散した第 1 回連合議会（First Continental Congress）
であったが、1 つだけ重要な決定をしていた。1775 年 5 月 10 日という日
を特定して、第 2 回連合議会を召集する決議である。

　(b)それを受けて始った第 2 回連合議会では、議員の顔ぶれの多くは、第
1 回連合議会の時と同じだったが、新顔もいた[46]。それら代表も、必ずし
も自らの出身 Province の法的に十分な手続を経て選出された代表とはい
えず、各 Province からの授権はマチマチで、その範囲も限られたもので
あった[47]。その議会では Massachusetts 湾（Province）の代表 John
Hancock が、議長に選出された（4 月 20 日の最初の交戦から、20 日ほ
ど後のその召集日は、Ethan Allen が、イギリスの要塞の 1 つ Ticonder-
oga を急襲していた日である）。これが、次にアメリカ軍を大いに助ける。
ワシントンの部下 Henry Knox が、年の暮から翌年にかけての冬、その
Ticonderoga 要塞の大砲を Boston へ運んだのだ。ワシントンと大陸軍
は 1776 年 3 月 4 日、Boston の湾と町を見下ろす Dorchester Heights に
大砲を据え付け、眼下のイギリス軍を射程の支配下に収めた。実は、イギ
リス軍の Howe 将軍も同 Heights 攻略を企てたことがあったが、雪嵐に
より妨げられていた。彼らはその後、Halifax、Nova Scotia へと後退す
ることになる[48]。

45　Ferling, p.146.
46　54 人の代表のうち、約半分は弁護士で、また殆んどの議員が大学（college）卒であった
　　（McCullough, *op. cit*. p.85)。
47　New York、New Jersey、Pennsylvania、Maryland、South Carolina の代表らは、独
　　立が議案となっても、賛成票を投ずることは、止められていた。中部から南部植民州の一般
　　の人々も、まだこの年では、独立には消極的であった（*ditto*)。
48　実は、イギリス軍は前年 6 月にも Dorchester Heights などの丘地を占拠する計画を立て
　　ていたが、計画が Boston の町人を通して大陸軍に洩れ、急遽 Bunker Hill に展開した大陸
　　軍との闘いになったという（その戦いではイギリス軍が最終的に Hill を奪ったが、手痛い
　　損失を被っている）（Allen French, *Siege of Boston*, Macmillan, 1911, p.71)。

83

第２回連合議会の第１の議事は、大陸軍を編成し、その大陸軍の総司令官としてワシントンを任命し、発令することであった[49]（この任命は、人柄の判っている同僚の連合議会議員であり、かつ南部が警戒していたMassachusetts 出身ではないことを大きな理由として、軍事委員長のJohn Adams が決めている）。連合議会は、同時にワシントンを支えるべき４将軍、Artemas Ward、Charles Lee、Philip Schuyler と Israel Putnam を任命している[50]うち、３人は死亡ないし辞任。その後任選びも、各植民州の思惑が入り乱れ、1777 年の連合議会を困惑させた問題であった[51]。ワシントンは、６月 23 日には Boston に向けて出発している。

　実際に交戦が始まっているのに、未だに本当に本国から独立して了うのか、合議体としての意思の統一の道筋は、見えていなかった。

　その間にはイギリス側も、North 卿が和解を提案するなどのことがあった（連合議会は、これを John Adams などの軍事委員会〔Board of War〕の諮問どおり、拒否している）[52]。

　㈡一覧表（図表２）の最後に出てくる 1776 年７月４日とされる独立宣言（Declaration of Independence）のことは誰でも知っている。それに比べ、連合憲章（Articles of Confederation）のことは余り知られていない。だが、この憲章が、アメリカ憲政史上で、殊に本書の主題である連邦憲法の直接の前者に当る関係で、独立宣言に勝るとも劣らぬ役割を果した。

49　第１章注 169。なおこの時点で、第２回連合議会に、そのような権限が与えられていたかにつき、Ellis は、「緊急時権限としてやったもので、その理由があったからこそ、可能とされた」と書いている（Ellis ①, p.68）。
50　この第２回連合議会も、また連合憲章の下での連合議会も、人口比例などによる人民の投票と関係ない各植民州が１票ずつの決定権であって、その意味では真の代表制ではないから、議会の決定に正当性がなく、従ってまた、その連合も真の結合ではないとの見方もある（Ellis ①, p.126）。
51　Farling, p.200.
52　Adams は、その頃の North 卿の和解提案検討に当り、連合議会内の情勢を分析している。略同数の３つの意見・グループに分かれると認識していた。
　(ⅰ)心の中では独立に反対している王党派（Tories）、(ⅱ)慎重派で、どちらに就くのも躊躇している人達、(ⅲ)できるだけ早く独立宣言をすべき、と考えている彼のいう "true blue" の人達（McCullough *op. cit.* p.90）。

第 2 章　連合憲章（Articles of Confederation）

13 植民州が曲がりなりにも一本になり、世界の最強国イギリスに対し 8
年間も全力を挙げて戦い抜き、最終的に勝利できたのも、この基本法があ
ったからこそである。

　(a)発議されたのは、独立宣言と同じ頃、つまりワシントンの率いる大陸
軍（Continental Army）が、イギリス王の軍隊に対し、初の生死を分け
た Long Island 大会戦を始めて間もない頃である[53]。この困難な時期に、
連合憲章のほかにも憲政史の上から今日の姿に結びつく重大な行為が更に
なされていた[54]。その 1 つは、多くの州で略同じ時期に各州憲法が作られ
たことは前述した。もう 1 つが、いわゆる継受条文（reception provi-
sions）が作られたことである。1776 年 5 月以降ヴァージニアを含む 11
州が、それぞれの議会で制定している（その要旨は、これまで各植民州で
行われていたコモンローとイギリス王国議会による制定法は、そのまま法
律として継受されるが、独立した植民州の憲法の精神や、人権宣言に反す
るものは効力がないとしていた）。

　(b)この時期ニューヨークほど、大陸軍にもイギリス軍にとっても、大き
な利害のかかっていた戦場はなかった。アメリカの 13 植民州からすれば、
最重要な商業港湾都市であった一方、その街には、イギリス王に忠誠心の
ある王党派（Loyalists）商人らが大勢いて、イギリス軍を歓迎するであ
ろうことが明らかであり、抜群の海軍力を誇るイギリス軍にとっては、水
に囲まれたこの街は、攻略し易いし、戦略的魅力が大きかった。それまで
New England の militia 中心で守っていた Boston を、ワシントンは信頼
する Charles Lee 将軍の手に委ね、自らはニューヨークへ向け急行した[55]。

53　ニューヨークのイギリス軍は、これより先の 1776 年 7 月 2、3 日に、軍艦 30 隻と上陸用
　　舟艇 400 隻で、Staten Island への上陸作戦を行った。8 月 29 日にかけて Long Island で大
　　陸軍を包囲して壊滅的打撃を与える。
54　1776 年で全植民州の人口は、約 250 万人、うち 1/5 の 50 万人が、黒人奴隷であったとい
　　う。
55　この頃までにイギリスとの戦闘の指揮は、各 colony の militia から脱して大陸軍（Conti-
　　nental Army）に、また政策決定権は、大陸軍に命令している逗合議会の手中に完全に移っ
　　ていた（histry.army.mil より）。

第1編　連合憲章と、それができるまでの前史

そのニューヨークで1776年8月末には、いよいよロングアイランド大会戦（Battle of Long Island）が戦われたが、経験を積んだHowe将軍が率いる正規軍と、ドイツHessian傭兵軍とに前後左右から包囲された大陸軍は壊滅の淵に追込まれた。ワシントンは、残った部隊とともに折からの悪天候に助けられて辛うじてEast Riverを渡河、マンハッタン島を北へと逃れた。イギリスは、ニューヨーク占領の作戦目的を9月15日に達成する。

　㈄8月27日からのLong Island大会戦の2ヶ月前、戦争委員長Adamsと打合せのため、ニューヨークからPhiladelphiaの連合議会へ出かけて行ったワシントンは、最早、自分の名誉にかけて最後まで戦うしかないと、覚悟を固めていた。議会に対して、「最大の努力を払って、ニューヨークを守る」、ことを約束している。部下の将兵らには、**アメリカ独立の大義**を強調する訓示をしており[56]、「大義を抱いた将兵であれば、たとえ、少数で訓練不足なmilitiaであっても、イギリスの傭兵とは違う」と、自身に言い聞かせていた。

　㈩1775年中は、混沌としていた連合議会。いやPhiladelphiaの街の空気も同年中ははっきりしていなかった。それらを一挙に変る出来事が1776年初めに起きた。トーマス・ペインの『コモン・センス』がアメリカで出版されたのである[57]。このイギリス人作家による王の権威の否定が、植民州民らの目を開かせた[58]。

　独立宣言と連合憲章とが、略同じ時から作られ始たのは、偶然ではない。トーマス・ペインの言葉を受けて、独立の父祖らが、独立のために必須と

56　Ellis①では"our Glorious Cause"という題の訓示（p.94）。
57　Thomas Paineはイギリス人だが、ジョージ3世を鋭く批判し、1月に出版されたそのCommon Senseは、この年アメリカでベストセラーになった（McCullough, p.97参照）。
58　彼よりも1世紀以上も前にLondonからMassachusettsへ渡った弁護士で宗教家John Winthrop（第1章1.⑴㈩）が訴えた神の国の建設（City upon a Hill）の理想を念頭に、「ここでは、そうした新世界を創ろうと思えばそれができる……こんなことはノアの方舟以来かつてなかったことだ……、新世界の誕生もすぐ間近だ」と書いている（We have it in our power to begin the world over again......hath not happened since the days of Noah until now. The birth of a new world's at a hand......）。

第 2 章　連合憲章 (Articles of Confederation)

考えた 3 つの文書がある。独立宣言、モデル条約、連合憲章、である。独立のための、いわば三種の神器で、独立宣言も、連合憲章も、その 1 つであった[59]。前出の Thomas Paine は忠告していた[60]。

「ヨーロッパ世界の慣行として、独立宣言なしの単なる反抗の形だけでは、どの国からも相手にして貰えないし、イギリスとの和解交渉の仲介もして貰えない……」[61]

(a)その間、9 月 19 日と 1717 年 10 月 7 日に、いわゆるサラトガ会戦 (Battle of Saratoga) が戦われた。カナダから南下してきて、先ず Ticonderoga 砦を再奪取した John Burgoyne 将軍揮下のイギリス軍と Horatio Gates の率いる大陸軍とが 2 度にわたり会戦し、イギリス軍は Saratoga (現在の Schuylerville) へ敗退した (histry.com より)。このサラトガ会戦 (Battle of Saratoga) には、単にアメリカにとっての一会戦に止らない大きな意味があった。これが、次に見るフランスとスペインとの同盟関係を牽き寄せることになった[62]。

Saratoga 会戦での快勝のほかに、このモデル条約を作成しておいたことが、勝利の鍵、フランスとの早期 (1778 年) の同盟条約、軍事条約につながったことは、間違いない[63]。スペインも、フランスとの同盟関係に

59　三種の神器とはこれら 3 つの文書と、3 つの起草のため 1776 年に連合議会がそれぞれ、立ち上げた 3 つの委員会を指す。

60　Thomas Paine's Common Sense 1776 年は、一口にいって、今現に「人口と国力がドンドン膨張していて、今後も膨張する筈のこの大陸が、ちっぽけな島国で、旧弊で、規制だらけの母国を早晩追い抜いて了うだろう……、そして、植民地なんかに止っていられなくて、自らのもっと自由な国を建てるだろう」、これは、**常識だ**、という本である。

61　Thomas Paine の冊子が世に出る直前の 1775 年末に、大陸軍はカナダの Quebec 攻略に手痛い失敗を被っていた (ワシントンの Canada 攻略の進言に対し、Dickinson や James Wilson の反対などで議会の授権が遅れて、冬場にかかったことが一因とされている)。そこで、フランスなどの支援を求めたかったし、Thomas Paine もそのヒントを出していた (Ferling, p.155)。

62　両国ともパリでの接触を通して密かにアメリカへの武器供与などを行ってきたが、サラトガ会戦 (Battle of Saratoga) での大陸軍は、それら供与された軍服を纏い、テントに寝、武器を携行して戦っていた (Spain declares war on......〔schillerinstitute.org〕)。

63　第 2 回連合議会は、早くも 3 月 2 日にサイラス・ディーン (Silas Deane) を秘かにフランスに派遣している。加えて、第 14 番目の植民州として、カナダも独立の動きに加わらないかと、ベンジャミン・フランクリンを頭とする使節をモントリオールへ送っている (McCulloch, p.98)。

第1編　連合憲章と、それができるまでの前史

より 1779 年にはこの戦争に加わり、オランダ（Dutch Republic）も 1780
に参戦した。これによりイギリスは、新大陸だけに注力している訳には行
かなくなった。フランス、スペインによる Portsmouth 攻略などに備え、
国内の防備を固めるほか、外地では砂糖産業の重要性から Caribbean
Sea の West Indies の防衛に半分以上の力を割く必要があった。

　(b)独立宣言、モデル条約は、Paine が忠告していた文書であったのに対
し、第 3 の、連合憲章のような文書は、まだ、ヨーロッパのどこにも存在
しなかった。こうして戦いの火蓋が切られて漸く、恒久の連合（Perpet-
ual Union）を志向する文書（IV）が作られるようになる[64]。独立宣言と
略同じ時から作られ始めた連合憲章（Articles of Confederation）。それ
が、8 年近くの戦いの終結の僅か 2 年前の、1781 年 3 月に、漸く正式に
批准され成立した。植民州中の古顔で、最大のヴァージニアなどの入植か
ら 1 世紀半以上経っていた。その間、13 の植民州は半自治の状態にあっ
た。政治や法務の面では各自がバラバラで、他の植民州からは何の制肘も
受けなかったが、皆が共通的に、**イギリス国王の臣下**であった[65]。この各
自がバラバラな状態から、連合憲章の下では、少くとも 13 植民州が「し
っかりした友好同盟（firm league of friendship）を結び、……共同で防
衛、安全保障、共通の福祉……などに当る」とだけ、定めていた[66]（つま
り、共同防衛条約のほかには、「緩やかな連合」以上のものは謳っていな
かった。統治団体の基本法としては、不満足なものでしかなかった[67]）。

64　この頃（1776 年夏）になると、人々はそれまで自らを colonies（その連合〔confedera-
tion〕）と呼んでいたのを、"states" の連合と呼ぶようになる（history.army.mil より）。
65　人々は、(少くとも公けの場での発言では）演説をするのに、先ず、王に対する崇敬の言
葉から始めるのを習しとしていた。たとえば、1774 年 8 月 1 日（戦争の前年）に Virginia
の Williamsburg で植民州議会が開かれ、全員一致で、イギリスからの輸入禁止措置その他
12 項目にわたる決議をしているが、その決議の始りの言葉は、「我等、王の忠義深い臣民
で、Virginia の自由土地所有者の代表は……」である（Hezakiah Niles, *Principles and
Acts*, A. S. Barnes & Co., 1876, p.272）。
66　共同防衛は、彼らの「宗教、主権、貿易などを含む、あらゆるものに対する武力攻撃に対
し」約束されていた（III）。
67　その理由は、何よりも**政府**に対する不信の念の根深さ、中でも立法府、特に税について
の、根深い嫌悪であった（Ellis ①, p.126）。

第2章　連合憲章（Articles of Confederation）

とはいえ、戦いの火蓋が切られて 1 年後の新世界では、free citizen の privileges and immunities を定めた連合憲章のような文書（Ⅳ）が作られるようになる。こうした、free citizen の privileges and immunities などと定めた文書は、ヨーロッパはおろか、世界のどこにもまだ、存在しなかったし、free citizen といったものもそれまでは大方、観念上の存在でしかなかった。独立宣言（1776 年 7 月 4 日）と略同じ時から作られ始めた連合憲章（Articles of Confederation）。これより先の 1776 年 3 月 2 日、第 2 回連合議会は、母国の命令に反して、アメリカの全港をすべての他国（ヨーロッパ）に対し開港することを決議し、それにより実質的に独立宣言をしたと同じ形になっていた。

　㈥独立宣言により母国に対し独立を宣言したのは、連合憲章がまだなかった時点である[68]。それなのに、13 植民州として既に巨大な一歩を踏み出していた。それも、1776 年初めの数ヶ月間に生じた巨大な変化がもたらしたものであった。3 月 4 月になって South Carolina、North Carolina、Georgia がそれぞれの連合議会への代表に対し、それまでの指令を変えて、イギリスからの独立に賛成票を投ずるよう命じてきた。5 月には Virginia が同じような指示を出してきた。この 5 月中旬までに、その種の指示を連合議会への代表に対し出していなかったのは、New York、New Jersey、Maryland、Pennsylvania の 4 つのみとなり、13 州全体の行方には、母国からの独立を運命と受け止める空気が流れ出した。

　正式な連合前だったのに、その時点で 13 州が、事実上の合同行為に踏み切っていたことを示すものとして、法的に独立を意味する継受条文（reception provisions）を、それぞれが可決していたことがある。最早、「独立は可能」というだけでなく、必然になったことを意味していた。1774 年から 5 年にかけて、多くの植民州で Committee of Safety が設け

68　連合議会が、イギリス軍に追われるまま、また時に軍人らによる反乱の恐れから、大陸軍とともに転々と、その安住の地を移す間に、1 枚の大きな紙に書かれた独立宣言のインクは、にじみ、紙はほつれたため、補修して、ヘリウムガス容器に格納されている。

第1編　連合憲章と、それができるまでの前史

られて、「陰の政府」（shadow government）として王の代理人などから
権力を奪取していた（1760 年代にあちこちで始っていた Sons of Libety
が母体となった例が多い）。各 county 単位の militia がその下につき、そ
れぞれの代表を全体集会に送ることをした[69]。併行して 1776 年に、連合
議会も各州が新しい州政府を作るよう勧めている。連合前だったのに、13
州が、事実上の合同の行為に踏み切ったからこそ、独立も可能だったこと
を意味していた。併行して、各植民州も各自の中で革命を経験していた。

　(a)こうした流れの中で、各植民州でも各自の政治の革命を経験していた。
王の代理人であった統治人（governor）以下の役人を、革命派の人々に
置き換える動きがあちこちで相次いだ[70]。たとえば、連合議会と同じ建物
内にあった Pennsylvania 州議会では、（親イギリスの）Dickinson 議員
の地元ではあったが、次のような激動があった。

　① 1776 年に州の憲法制定会議を開き、新憲法の下で一般恩赦を定める
とともに、新しい行政府を設けて、役人らの総入替えを行った（新しい
governor を、Georgia と同じように、president と呼んだ）。

　② 1777 年になると、上陸してきたイギリス軍に領内を蹂躙されるが、
イギリス軍の力の及ばない所で臨時政府を作り、非常事態法を制定して、
反逆者を罰し[71]、軍需物資の徴用を可能にし、物価を統制するなどしてい
る。更に、連合議会（Continental Congress）ができると、連合、および
自州が発行した債券（bills of credit）を法定通貨に指定している。

　(b) Pennsylvania に限らず、独立宣言と相前後して、あちこちで新憲法
が作られたことは、前記のとおりである。だが、日々の社会生活がある。
革命の混乱の中でも法があり（ordinary course of justice が司られ）、通

69　こうした Committee of Safety の創設でも、Massachusetts Bay がリードし、1774 秋に
　は John Hancock を議長とする会となっていた（wikipedia）。
70　ニュージャージーでは、その年まで governor でいた Benjamin Franklin の私生児とさ
　れる William Franklin が、同年に投獄された。1782 年にロンドンに亡命している。
71　「反逆」（treason）の意味を、イギリス王の側に付く行為、などと再定義し、多くの人間
　を、その罪により私権剥奪の罰にしている（立法府が私権剥奪法〔bill of attainder〕を通
　していた）（Friedman, p.65）。

第 2 章　連合憲章（Articles of Confederation）

用しなければならない。だが、それがどんな法で、誰が司れるのか。そこにいたのは、今まで、イギリス王の側にいて司っていた人達であり、その法たるや、コモンロー、つまり彼らが知っていたイギリス法でしかなかった。これらの人を取替えるのには、一朝一夕では無理である。まして、新しい法律を直ぐ用意することなどはできない。しかも、政治を含めた実際生活は、北から南まで、地域によって同じではなかった[72]。そんな中で、19 世紀初めの頃のアメリカでは、ナポレオン法典が明晰さと安定性の見本とされ、一時は、かなりの影響力を発揮したこともある[73]。

2.　連合憲章、その法律文書、政治文書としての働き

(1)連合憲章の紹介

　独立宣言とは違って、後のアメリカ合衆国憲法と司じような、一応の（13 条の）条文形式をとっている。しかも、アメリカ合衆国憲法と同じように、「州が連合から離脱できる権利を留保する」、との文言（後々、憲政史を通して繰り返し出てくる、**州の分離権**〔right to secede〕についての定め）はなかった[74]。またそれが、合衆国のような統一国家の基本文書として、凡そ体を成していないことも、その時点では問題にならなかった[75]。だが、イギリス王国軍との 8 年にわたる戦闘を通して、ワシントンをはじ

72　New England 州の freemen の 90 ％は参政（投票）権があったが、中部から南部の州では、白人の半分程度がそれを有しただけであった（Ferling, p.26）。

73　Friedman は、例として North Carolina で 1802 年に、Robert Pothier の債務法が翻訳出版されたという（p.66）。

74　分離権（Right to secede）は、理論としては Jefferson などが主張していた（後出）。単なる主張に止らず、Kentucky 決議を出させたりした。後には、南部州がこの主張を掲げ、分離して南部連合（Confederacy）を作り、南北戦争となっている。

75　もっとも、一体性、統一性を保つための定めも存在した。各植民州の自由人らは（乞食、風来坊、犯罪逃亡者を除く）、ほかのどの植民州でも同じ特権と免責を享受できることや、植民州間での判決などが全幅の信用を与えられることの定め（IV．などである。なお、これらの言葉は、後の憲法に受継がれている（IV、2(1)）。

め、将軍らも、多くの政治家らも、この連合憲章ゆえに弱い「中央政府の弱さ」に身につまされることになったのである。結合を表示する唯一の言葉が"United States in Congress"や"Union"である。しかし見方を変れば、百数十年間の程度の結合すらなかった各植民州が、こうした「連合」を表示する基本文書を作成できたことだけでも画期的といえる。

十分な統治機構を定められた訳ではなかったが、結合の性質（程度）についての基本ルールを、2、3述べている。

①各自（each state）が自由・独立の主権者であること（Ⅱ）、

②それらが、相互の利益（防衛など）のため、**固い友好関係を結ぶ**こと（enter into a firm league of friendship……）（Ⅲ）、

③その固い友好関係に資するよう、それぞれの市民がどこへ行こうと（連合内では）、自由に出入りし、商いをし、特権を認められること（Ⅳ、1）。

㈠連合体全体の統治機構として何かを合意して定めることができたか[76]。第1に、執行機関としての大統領的なものはなかった（肩書が何にせよ、特定の個人が、行政の長となって行政権を専有することは、定めなかったし、第一、そういう考えを容れる余地は、全くなかった）。これは判らないではない。そもそも、ジョージ3世王による植民州に対する専横ぶりに憤慨、反抗し、処刑されることを覚悟の上で、人々は革命戦争を始めた訳である。「大統領」、と呼名が変ったところで、人はいつ専横化しないとも限らないという不信の念は、強かった。

(a)結合の結果の中で、統一体の意思決定として権威があるのは、単なる一時的な会議（conference, convention）のそれとは異なる、"Congress"による意思決定としている[77]。つまり、"United States in Congress"と

---

76 各州の統治機構としての共和制（republic）は、当然の前提となっている。もっとも1776年当時、世界の主要国中には共和国は一国も存在せず、人々の記憶にあるそれも、負のイメージの方が大きいCromwellによるもののみで、しかも人々の記憶には、「弱体で短命」（terribly fragile……short lived）の事実があった（Ferling, p.160）。

第2章　連合憲章（Articles of Confederation）

しての意思決定である（Ⅱ、Ⅴなど）。この議会を指すのに、連邦憲法とは異なり、単なる"Congress"ではなく（国王と結び付いたイギリス式の"Parliament"では勿論なく）、"Congress assembled"を用いている（Ⅱ、Ⅴ、Ⅵ、Ⅷ、Ⅸ、Ⅹ、ⅩⅡ、ⅩⅢ）。その後も、早い時期にはこうした呼名が使用されることがあった（連邦憲法になると"assembled"の語は使用されなくなる）。

　その議会（Congress）は、各州の代表議員（delegates）（各州2〜7名宛）が、11月の第1月曜日に集合して成立することになった（Ⅴ、1）。連合全体のための意思決定での最大の問題は、各植民州平等の原理にするか否かであった[78]。連合全体に係る案件での決議では、注記のような抗争の上各州一票の原則が確認されている（Ⅴ、4）。なお各代表は、議会内の討議について司法上無答責とされていて（Ⅴ、5）、それも後の憲法に引き継がれた（Ⅰ、6(1)）。

　イギリスとの和戦の問題や、フランスその他の諸国との間の貿易問題、更には、植民州間の争いなど、連合レベルでの大きな法律問題、生死の問題などは、植民州の単純多数でも決められなくて、2/3の多数、即ち9植民州の合意がなければ、できなかった（Ⅸ、6）。結合の結果としての統一体の意思決定として権威があるのは、単発的な会議（conference、convention）でのそれ、"United States in Congress assembled"としての意思決定である（Ⅱ、Ⅴなど）。

　(b)戦争遂行のプロセスでは、連合全体として重要な意思決定が必要になることが、日常余りにも多くあり得た。そこで考えられたのが、議会の閉会中での（in the recess of Congress）全体のための決定は、各植民州の代表議員1名ずつの13名から成る議会の委員会（a Committee of the

---

77　Congressには、人々の代表が公式的に集る（formal meeting of representatives......）という意味があり、上記のような用語に落ち着いたものと思われる。

78　この原理で纏まるまでには、ヴァージニアやペンシルヴァニアのように歴史も古く、人、物（土地）、金すべての点で他州を圧倒する大州と、デラウエアのような面積、人口とも小さな州との対立抗争が繰り展げられたが、大州が譲る形で各州1票の原則が確認された。

States)、つまり取締役会のような合議体が行う。その委員会のみが、権限を行使できることにした（IX、5）。13名から成る委員会のうち1人を議長に互選するが、この委員1名についても深い不信の念は同じく示されていて、3年の代表議員任期中で1年を超えることができない（IX、5）。上述した各植民州平等の原理にするか否かに加え、連合全体のための意思決定での最大の問題は、連合全体の各州に対する権限の範囲と大きさであった（連合議会と委員会の決定は、各植民州平等での多数決による（X）。委員会の決定も、連合議会と同じく各植民州平等での多数決による。ただし、植民州代表議員による会議での特別多数、つまり9つの植民州の賛成票によることになっているある程度重要な決定については委員会の決定に委ねることができない（X）。

(c)全体としていえる3、4のポイントがある。

第1に、連邦憲法に比較して、憲章は、議会（the United States in Congress assembled）に対する授権（つまり、立法授権）において、更に一段と慎重で、用心深い[79]。

第2に、連合の全体の共同利害に係る、戦争と平和、財政・金融問題など、重要な問題については、他の植民州の同意なしにすることができないとされ、特に戦争については、その州が敵によって実際に侵入されたか、インディアンの部族による侵入決議が知らされたか……しない限り、連合の全体会議（the United States in Congress assembled）の同意なしにはできないとされた（ここでも、初期のイギリス王からの特許状〔charter〕中に認められていた〔第1章注12や27で見た〕と同じ、「防衛のための戦争権」の考え方が受け継がれている）[80]（VI、5）。通貨価値の決定などについても連合の専権である（IX、4など）。連合（全体）としての

79　具体的には、(i)連邦憲法にない言葉 "Each state retain its **sovereignty**, freedom and independence, ..." と謳い、かつ(ii) "......not......**expressly** delegated to the United States in Congress assembled." 「**明示**で授権された……」と、「明示」を入れていることがある（II）。

第2章　連合憲章（Articles of Confederation）

戦争と平和、財政・金融など重要な問題については、前記のように9州の同意がなければならず、かつ委員会に委ねることは許されない（X、但書）。その他の問題については、単純多数で可能である（IX、6）。この規定を見ても、イギリス王支配下の植民州民でのインディアンに関する先行史実が、そのまま盛込まれていることが判る（第1章注12、注156など参照）。

　その他の問題については、単純多数であるが（IX、6）、これらの重要な問題については、前述のとおり委員会に委ねることは許されない（X、但書）。

　(d)第3の政府部門、統一した司法機関は創られなかった。各植民州には、それぞれの土地の裁判制度が、150年近くの間、根を下ろしていた一方、中央政府（連合議会）に対する人々の猜疑心は、その司法機関に対して、特に強かった。しかし、植民州と植民州とが争う植民州間の紛争で一体誰が裁きをつけるのか、という問題はあった[81]。そこでとり敢えずイギリスの上院に倣って、植民州間の争いだけは、連合議会の中に、法廷を設けることにし、対応した（IX、2）。連合憲章の正式批准が纏まらないまま、連合議会が事実上どうにか機能した4、5年の間、この法廷で実際に処理したのは、たったの1件である[82]。

　(e)上記のように結合の度合（中央政府の強さの度合）に差があったにしても、連合憲章と憲法（Constitution）との間には多くの共通点がある[83]。殊に、上記の代表議員による議会の構成とその任免などについての定めが

80　同上のその部分の定めは、"unless such State be actually invade by enemies, or shall have received certain advice of a resolution being formed by some nation of Indians to invade such State, and the danger is so imminent as not to admit of a delay till the United States in Congress assembled can be consulted ; " となっている。

81　植民州間の争いの種は、河川の水利権や航行権、土地の境界以外にも、両植民州に誇る問題で、管轄権がどちらにあるかなど、山積みしていた。権力集中に一切「ノー」の父祖達も、この問題を避けて通れなかった。

82　それも、土地を巡る争いではなく、海事（admiralty）での、ペンシルヴァニアとコネチカット間でのSloop Active号の分捕り（prize）に係るケースであった（Historic Roots of the Judicial Branch〔enotes.com〕より）。

第1編　連合憲章と、それができるまでの前史

ある（Ⅴ）。ここでも注目されるのが、代表や議会に対する深い不信である[84]。各植民州が、単独では（立法）してはいけない5項目が列挙されている（Ⅵ）。各植民州への禁止ではないが、制約的な定めとして、共同防衛（軍）に関する中央と植民州との相互共同管理（相互乗り入れ）、などを定めている（Ⅶ、Ⅷ）。このスタイルで憲章は、憲法に少からず範を示したといえる[85]。

　㈢このように、三権すべてが明確に確立されないままの中央政府が、どのようにして諸問題を処理したのか。独立宣言が作られたのと同じ7月に、この連合憲章の案文が、議員の手元に配られていた。にも拘らず、強い権力（中央集権）に対する一般人や議員らの嫌悪には抜き難いものがあったから、討議・検討で妥協ができ、案文が確定したのは、翌年秋の会期中の11月15日になってであった。

　(a)先ず、お金の問題があった。この連合の一般的財政権で、中央に大蔵省のような役所が作られることはなかったが、大陸軍の戦費（中央政府の予算）と、一般福祉用の支出すべては、連合議会（Congress）の承認する予算によった。また収入は、土地価格に比例する各州分担金によって賄われるとしていた[86]（Ⅷ）。関連して、通貨とコインに係る規律も連合の権限とされた（Ⅸ、4）。

　(b)次に、兵力をいかにして確保するかがあった。軍艦の保有、戦闘への従事、共同防衛のための陸上兵力の動員なども、各州は限られた場合を除

83　たとえば、連合全体に係る案件での決議では、各州一票の原則が確認されている（Ⅴ、4）。また、議会内の討議について司法上無答責とされていて（Ⅴ、5）、それも後の憲法に引き継がれた（Ⅰ、6⑴）。
84　連合全体の事務処理のためには、各州の立法府の定める方法により年毎に任命された代表が（for the most convenient management of the general interests of the United States, delegates shall be annually appointed in such manner as the legislature of each State shall direct……）11月の第1月曜日に集合すると定められている（Ⅴ、1）。
85　これらは、連邦憲法のそれぞれ、Ⅰ、2、Ⅰ、10、Ⅰ、8⑿～⒃、Ⅰ、10⑶などに当る。
86　予算上の難問の第1は、**大陸軍の**維持であったが、疑いもなく連合全体で負担するしかないこの費用の分担でも、代表的な「総論賛成、各論反対」のパターンが展げられ、それがワシントンはじめ、将軍らの不満、嘆きの種であった。

いて、連合議会の同意なしには行うことができない（VI、4、5）。

そのほかでも、後の連邦憲法に引き継がれたと同じ規定を、いくつか定めていた[87]。いずれの州も、連合議会の承認を得ることなしには、外国とだけではなく、特定の他州とも、同盟を結んだりすることが許されなかった（VI）[88]。注目してよいのは、連合には、「他のどんな植民地も参加させない」と定める一方で、「もし、カナダが同意するなら、「同盟（連合）加入をみとめる」、との一条だ（XI）。ただ、ここで**カナダ**というのは、今のケベック州（Quebec）のことであった。終りに、この連合憲章の変更は、全州一致でのみ可能としていた（XIII）。

（c）連合憲章が連合議会に提出された 1776 年度から翌年にかけて、連合議会の座が置かれていたフィラデルフィアは、イギリス軍の手に陥落した（その間、大陸軍の将兵は、数千人のままで推移していた）。

独立宣言と同じ 7 月に、この連合憲章の案文が、議員の手元に配られていたにも拘らず、強い権力（中央集権）に対する一般人や議員らの嫌悪には抜き難いものがあった。各植民州での討議・検討で妥協が成立し、案文が確定したのは、翌年秋の会期中の 11 月 15 日になってであった。本書の視点から重要なのは、各州に主権があるとする一方で、連合（confederation）は、「国家（nation）でも、政府（government）でもない」、との理解がまかり通っていたことである。連合憲章は、先述のとおり、「各州がしっかりとした友好同盟（firm league of friendship）を結び、共同で防衛、安全保障、共通の福祉……などに当る」とだけ定めていた[89]（II、III）。反対に、「いずれの州も、連合の合意のある場合のほかは、他の王国その他の外国と（……with any King, Prince or State……）何らかの合意、

87　それらの規定としては、次が挙げられる。①よく訓練されたミリシアとともに、一定の武器装備を保有すべきこと（VI、4）。②各州は、私略船免許（letters of marque）を出せないこと（VI、5）。③大佐以下の（ミリシア）陸上軍の任命権が各州議会にあること（VII）。

88　連合の信用によるすべての借入れと債務が、連合によって負担され、支払われるべきことも定めていた（XII）。

89　これは、各州主権による中央主権に対する制限というより、仲間内での拘束といえ、背後にあるのは、中央や各州で勝手な約束をされることに対する他州の猜疑心であろう。

第1編　連合憲章と、それができるまでの前史

同盟その他の条約を結ぶことはできない……」とも定めていた（VI、(1)）。

　(d)このような史実を踏まえて見れば、新憲法の下での連邦政治機構が形成された後でも、具体的な案件を巡って州と連邦の間で屢々「どちらにその主権が在るのか」、が争われたことも判らないではない。第8章でも記すとおり、司法審査の中でも州と連邦のどちらに、どの程度（どの部分の）、主権が帰属するかの争いが繰り返された（お金の問題は、一見すると、主権とは縁が遠そうであるが、その問題でも議論は、根本〔州と連邦との間の主権という問題〕へと遡って行った）。

　ただし、一旦、この連合憲章により連合議会に提出され、決定された事柄については、各州はそれに従うことと、連合憲章を守り犯さないこと、この連合が永続するものであること、の3つは謳っていた（XIII）。

　(ハ)主権の問題が特に意識されるのが、条約などの対外関係である。連合憲章の下での連合として最初の条約が1778年、Delaware族インディアンとの間で結ばれた。何しろ、イギリスとの生死をかけての戦いの最中での条約であり、しかも従前からインディアン政策に手馴れているイギリスとは違う。

　(a)John Marshallはこの条約が、「対等な立場で節度ある交渉により結ばれた……」としている[90]。

　インディアンとの間の土地を巡る法律関係の調整に関し、イギリスを含むヨーロッパ諸国（フランスとスペイン）は条約の形で処理してきて、13植民州による連合も、革命戦争後にイギリスとインディアンとの間の条約を承継したとしていた。連合議会（Congress）は、革命戦争中も、イギリスと同盟関係にある対インディアン政策として前注のような条約を結ぶ

90　この条約は、連合憲章が未だ批准・成立していない中で締結されているが、連合としては、Cherokee族と同盟約を結んでいるイギリスとの対立上、その必要が強く感じられていた。その第6条では「合衆国の敵は、事ある毎に合衆国がインディアンを滅亡させようとしているとの悪質なデマを流し続けているが、それが嘘であることを明確にし、Delaware族の子々孫々までの繁栄を念じていること……領土の保全を誓っていることを明確にするため……」などと謳っている。

とともに、そのための連合内での決議も行っている[91]。

(b)アメリカの対インディアン政策は、大きく分けて３つの段階を経ていると思われる。第１が、上記の革命戦争中とその前後の時代で、いわば低姿勢で専ら融和を求めた。1778 年 Delaware 族との条約がその代表である。これに対し、革命戦争後は、それほどの低姿勢を要しなくなった。その後、20 弱の条約が結ばれているが、その最初の Hopewell 条約（1785）では、彼らが今までイギリス王国に対し払っていた尊敬の念と、父親代りの人に対するような従属依存の気持ちを、合衆国に対しても払うよう求めている[92]。

第３は、連邦が発足してからの時代で、一言でいって、インディアンらの法的地位は低下の一途であった。第１代大統領ワシントンの時代は、ワシントン自らがインディアンの族長らとともに戦ったこともあり、まだある程度共感もあったが、Cherokee 族との大会戦で彼らを破った Andrew Jackson 大統領の時代になると、合衆国による条約を無視した形の処遇が行われ続けた。その挙句に、連邦法による東部からの立退きという一方的な措置をとるまでになる（第５章二.2.(2)(イ)(c)と(ヘ)）。

(2)批准への長かった道程（連合憲章成立史）

(イ)独立宣言と略同じ時から作られ、他の 12 州が批准済の連合憲章（Articles of Confederation）。それが 1781 年３月に、８年近くの戦いの終結より２年早く、最後の１州メリーランド（Maryland）州により批准

91　この辺りの事情を連合の議事録から読み取って John Marshall も、第１章注 12 判決中で「インディアンとの良好関係の維持が強く求められていることを示していて、議会の各局毎にインディアン担当官を設けた……」（……early journals of Congress exhibit the most anxious desire to conciliate the Indian nations……）と述べている。

92　前注判決中の John Marshall の言葉では、"……to impress on the Cherokees the same respect for congress which was……for the King of Great Britain." となっている。土地を巡る法律関係の調整に関しては、Hopewell 条約では、"hunting ground" に "allotted" されてされていることにより合衆国との境界としているが、立ち会った族長らは一応理解していたとしても、Cherokee など、インディアンの族長らが殆んど英語を理解していなかったことから、どこまで意図が正しく伝わっていたか不明としている。

99

第1編　連合憲章と、それができるまでの前史

され、漸く正式に成立した。実はその年、ヴァージニアやニューヨークが、オハイオ川北西土地などへの権利主張を漸く放棄した。メリーランド（Maryland）州が要求していた批准条件の1つである。この地で多くの土地を持つ Virginia のような植民州もある一方で、Maryland 植民州などは、そうした土地を全く持っていなかった。13州が連合憲章を批准して1つに纏まれるようになるためには、この土地問題の処理が巧く処理されることが必要不可欠であった。西部土地の権利を巡り、3つの小州、メリーランド、デラウエア、ニュージャージーが連合の権利を主張していた。このうち、2州は妥協し[93]、結局、メリーランドだけが、最後まで妥協を渋っていた[94]。

　(a) Maryland の要求の背景については、後出の Dred Scott 判決が[95]、（憲法でいうテリトリ〔Territory〕とは、**北西政令**時代のテリトリのみを指す、と判断する中で）かなり詳しく説明している。

　①かつて、30歳のワシントンがフランス軍などを相手に戦ったオハイオ川北西部は、連合（Confederation）時代の最後の立法、北西政令（Northwest Ordinance, 1787）中で、**テリトリ**（Territory）と指定されているが、それまでの Indian との抗争の中で、最大の面積を持っていた（と主張する）Virginia 植民州のような植民州もあれば、Maryland 植民州のように、そうした問題の土地を全く持っていない植民州もあった（もっとも、王による1763年の禁止〔Proclamation of 1763〕以来、その権利〔title〕が証明できなくなる植民州民による西部での土地取得は抑えられた）。

　②1787年に作られた憲法（案）には、**テリトリ**の支配権につき、「……テリトリ、その他の合衆国に属する財産に係るすべての処分と、それに必

93　その後ニュージャージーは、1778年11月20日、Delaware は、1779年2月1日に連合憲章を批准している。

94　Maryland 抜きでの連合も考えたが、そんな形になったら、「それこそ、イギリスなどに付け入られることになって大変だ」、との一部識者議員の声が通り、分裂は避けられた。

95　Dred Scott v. Sandford, 60 U.S. 393 (1857).

要な規則などは、連邦議会が策定する……」(......to dispose of and make all needful rules and regulations respecting **territory** or other property belonging to the United States......) と定めていたが (IV、3(2))、連合憲章中にはそうした規定はなかった。

(b)その上で判決は、イギリスとの革命戦争の間、このオハイオ川北西部のテリトリを、誰がどうやってイギリス軍から守ったかの事実も踏まえ、このテリトリの処理問題に対する各州の思惑などにつき、次のように述べる。

① Maryland は、全植民州が共同で出費してイギリス軍から守るべき土地で、その代り将来は（連邦のようなものができたら）、土地を連邦（全体）のものとして（今なら連合へ）、供出 (cede) すべきだと主張した。

②この Maryland の主張に対し、それにより、戦費を調達しようと考えていた中央の連合議会も賛成していた（1780 年 9 月 6 日と、更に 10 月 10 日には、その旨の決議をしている[96]）。

(c)パリ条約により革命戦争が終ったのはよいが、土地供出問題は、寧ろ困難さを増していた。イギリスが領土を割譲した条約の第 2 章 (Article II) では、合衆国とイギリス（主としてカナダ）との国境 (boundaries) を 1 ページ以上にわたる大変な長文により定めていた[97]。

革命戦争で連合、各植民州ともに、多大の負債を抱えていたが、Virginia のような広大なテリトリを持つ州は、テリトリの土地処分により負債を綺麗にすることも、それほど困難ではなかった。

一方、Maryland のような弱小州（テリトリを持たない州）は、革命戦争中に行われた土地の**供出決議**に連邦法の効力を与えようとし、それを否

96　「行く末は、そこにも、いくつかの州を作って……」というところまで、議論されていた。

97　この国境 (boundaries) につき、「……合衆国にとり広大なもので、とても応揚な譲渡 (exceedingly generous) であった」という (Patterson, Clifford, Maddock, American Foreign Relations, *A History to 1920*, Vol.1, Wadsworth, 2010. p.20)。

第1編　連合憲章と、それができるまでの前史

定しようとする州との間で、激しいやりとりが交された。

　(d) 1780 年には、イギリス軍が、いよいよメリーランドのチェザピーク湾に上陸し、村々を征服し出した。メリーランドが、フランス海軍の援助を乞うたところ、フランスの提督からは、「連合憲章を早く批准するよう」助言された。その中で、Virginia 州が、自発的にテリトリを「供出する、それで、革命戦争による全体の負担を綺麗にする」、といい出したことで、事態は一変した。Virginia や New York などの大州が、西部土地を連合に譲渡する案を示したところで、メリーランドも、1781 年 3 月 1 日、漸く批准に踏切った。他のテリトリ保有州も、Virginia に倣うといい出し、憲法制定時に、その供出が実行された（North Carolina と Georgia は、供出を拒んだ）。

　ヴァージニア州議会は、一番の大州、古株の植民州として、以上のような鷹揚さを示す一方、連合憲章の批准、調印でも流石に早く、1777 年内に批准していた（建国に当るこの時期、各〔植民〕州の経済的利害が衝突する中で、大きい植民州の我慢を代表してリードしたといえる）。他の多くの州も、翌 1778 年中に批准した。これで、連合憲章が漸く正式に成立し、最も弱い形乍ら、中央政府としての法的根拠が一応与えられた。8 月には外交部も設けられ、外交部担当大臣（Secretary）も任命された（列強も、連合憲章の成立を前提に、フランスは 1778 年に、新生連合の誕生を見越す形で、またオランダも、1782 年には各種条約を締結した）[98]。

　(ロ)連合憲章の下での中央政権に対する植民州の反感と、目前に迫るイギリス軍による完全な征服への恐怖、大陸軍の敗退と、切迫した事態が続く中で、全体会議での議論は紛糾し、連合憲章の最終案は、開始から 1 年半弱の 1777 年 10 月にやっと決まり、11 月末に批准のため、各植民州へ送

98　ベンジャミン・フランクリン、ジョン・アダムス、アーサー・リーの 3 人は、1777 年 11 月にフランスとの同盟条約交渉に当るため、コミッショナーに任命されたが、アダムスがフランスに辿り着いた 1778 年 3 月より 1 月早く、フランクリンが、フランスとの間で友好通商条約と軍事条約の 2 つを締結していた（その前年 10 月には、北部ニューヨークのサラトガで、イギリス軍が大敗する交戦があった）。

第 2 章　連合憲章（Articles of Confederation）

付されていた。上記のように、1777 年暮までに批准したのが、ヴァージニア州だけだったのに対し、10 植民州は、1778 年中に批准していた。またメリーランドが批准した 1781 年 3 月といえば、ワシントンの率いる大陸軍（Continental Army）が、火力、訓練、作戦能力などにおいて自らを何倍も上廻るイギリス陸海軍を相手に、各地でまだ死闘を続けている時であった。その 7 ヶ月後に、フランス陸海軍による強力な応援の下でのYorktown の会戦で、漸く快勝を収める。

　(a)連合憲章の下での**連合中央政府**の権威について、1857 年の DredScott 判決はいっている。

　(現憲法に)「列記されているような権限を持った合衆国政府といったものは、存在しなかった[99]。そこにあったのは、13 の各別に主権を持つ独立した州が、互いの防護と利益のため、連合ないしリーグを組んだに過ぎず[100]、**連合議会**というのも、そうした**各別に主権を持つ独立した州の代表**らが、**各自同輩として集り**、彼ら（州）が、連合憲章による**連合の決定には服しようと、自ら決定した一定の事項について（のみ）議論し、決定したものに過ぎない**」[101]。

　とはいえ、提案の翌 1777 年から何かにつけ、連合の基本文書として顧みられ、事実上機能していたことも事実である（上記のとおり、フランス、オランダなども、連合憲章の成立を見越して、条約を結んでいた）。

　(b)革命戦争を戦った将軍達を初めとして、連合憲章の上記欠陥に対し不満を抱いていた人は多かったが、これで、アメリカ憲政前史の歯車は、とり敢えず回り出した。連合憲章の批准・正式発足がズレ込む 5 年間の中でも、その不十分さとともに、存在感（必要性）も一段と強く感じられたで

99　......there was no Government of the United States in existence with enumerated and limited Powers（Dred Scott v. Sandford, 60 U.S. 393, 435 (1857)）.

100　......what was called United States, were (13) separate, sovereign, independent States......entered into a league or confederation for ......mutual protection and advantage...... *(ditto*, at p.435).

101　......meeting together, as equals, to discuss and decide on certain measures with the States, by the Articles of Confederation, had agreed to submit to their decision (at p.435).

第1編　連合憲章と、それができるまでの前史

あろう。これらの不満の声の代表の1つが、将軍らのグループであった。
一番の問題点として、意思決定が中々できない中央政府と、その委員会、
そこでの一体的な政治力の不在から、軍資金、食料、弾薬の**補給が、慢性
的に不足し、遅れた**ことである。それでも、連合憲章の下での連合議会は、
大陸軍の召集などの権限はあった（IX、4）。現に John Adams の下の軍
事委員会が中心となりそれを行っていたが、中には、連合議会に対して、
(i)各植民州から税（impost）を集めることや、(ii)外国との通商につき統
一的ルールを設けることなどの権限はない、と強く主張する議員らがい
た[102]。

　1777 年暮れから 11 州が批准し終った 1778 年春にかけて、それまでも、
大陸軍は負け戦に次ぐ負け戦でドン底にあった（折しも将兵 12000〔病傷
者を除く実質では数千人余り〕で、ヴァレーフォージ〔Valley Forge〕
という、ペンシルヴァニア州の西部山間僻地へと退却し、冬籠りをしてい
た）[103]。そのような苦境にあったからこそ、辛酸を舐めたからこそ、妥協
して憲章にサインし、連合に纏まるしかない、との気運も強まったともい
える。

　(c)連合憲章も、憲法と同じように、民主主義などの理念的な言葉は一切
並べていない[104]。**人民主権の共和国であることも謳っていない**。だが、イ

102　通商法の権限を疑問視する人がいたことの咎は、パリ平和条約と同時に表面化した。イ
ギリスの Privy Council が、"Orders in Council" を出し、「アメリカは、もう（外国の扱い
で）イギリスの一部ではない」、と宣言した。それによりイギリスとその属領 West Indies
（カリブ海）の港に入るのは、アメリカ船では不可能となった。当時のイギリスへの公使
（minister）John Adams は、「これ以上、イギリスに迫るためには唯一、アメリカも対抗措
置として通商上の制限を課すことだ」と報告してきたが、この通商上の措置を、13 州を代
表して連合がとれるかには疑問を唱える向きがあった（Ferling, p.263）。
103　冬の Valley Forge での退避行の厳しさは Aaron Burr も、「今でも骨身に染みて残って
いる……」といっている（Gore Vidal, *Burr*, Ballentine Books, 1982, p.113）。なお、それ
から丁度 10 年後の 1787 年 8 月、制憲会議が休日を設けたことで、ワシントンは Gouver-
neur Morris とともに 2 人で現地に行き、Morris が鱒釣りをしている間、独りで往時を偲
んで物思いにふけっていた。
104　戦争の最中に作られており、結合の目的が、共同防衛であることを謳うとともに、外患
罪（treason）に対しては、共同して対処することを定める（III）。なお、反逆罪（trea-
son）が、連邦憲法でも、何ヶ所かで出てくる 1 つのキーワードになっている（第 4 章、第
6 章参照）。

ギリス王国と、その議会による制定法に事実をもって決別した事実は、踏まえなければならなかった。つまり最早、前年まで自らを呼んでいた「我ら、王の忠誠なる臣民は……」でも、「イギリスのアメリカ」(British America) でもない。自由、独立の主権国である。

そこで、第1に連合を、今日のアメリカと同じ（連邦体として結合した）「合衆国 (United States of America)」と呼び[105] (Ⅰ)、第2に、各州（自らを state と呼んでおり、昨日までのイギリスの1つの県〔province〕とは違う）が、自由、独立の主権国であることを高らかに謳っている (Ⅱ)。人民主権の共和国であることを正面から謳った言葉はないが、各州が、1世紀以上にわたり、共和・民主の政治運営を目指してきていた。これを受けて、連合も、庶民の代議員 (delegate) によって運営することを定めた (Ⅴ)。共和・民主制の主権国の同義語ともなる、**人権問題**では、各州の自由民は、他のどの州へも自由に出入ができ、共通する**特権と自由**をどの州でも享受するとしている (Ⅳ)。

㈥略同じ頃、多くの州で州憲法が作られていた（前1.(2)㈤(a)と第3章1.(2)(イ)）。ヴァージニアやマサチューセッツのように、それら州憲法の多くは、憲法の名称に「共和国」(Commonwealth) の文字を冠し、自由、独立も謳っている[106]。ボストン港を抱え、戦争直前の1770年代前半、イギリス本国との摩擦と軋轢で、虐殺事件や茶会事件など、抗争の最前線となったマサチューセッツ。そこには、自らの憲法を不文のイギリス憲法の伝統に結び付けて考えた独立の志士達がいた。

(a)その中の1人が、1772年3月、「ボストン虐殺の追悼会」で、追悼演

105　この呼称 United States of America が、今日の呼称につながったことを考えると、意味は大きい。殊に、Declaration of Taking up Arms（1775年7月）で謳われていた "United Colonies of North America" と比べると前進といえよう（もっとも、"United States of America assembled" を加えて用いられており、恒常的機関ではないかのようなニュアンスがある）。

106　ヴァージニア・プラン（1787年）は、各州が共和政体であることと、その領土が保障されることを謳い⑾、これが、連邦憲法にも採用されている（Ⅳ、ｆ）。Virginia は1776年6月、州憲法とは別に Virginia Declaration of Rights を制定している（図表2の⑧）。

説をしたハーバード出身の元医師ジョセフ・ウォレン（Joseph Warren）である。3年後の1775年にマサチューセッツ湾議会の議長となっている彼は[107]、議会から准将の位を送られていたのに、革命戦争には一兵卒として従軍し、バンカーヒル（Bunker Hill）の戦いで、イギリス軍に殺害されて戦死した[108]。献身的な愛国戦士としてのほかに、ジョセフ・ウォレンの演説に注目する理由は、彼がその中で、イギリス憲法と国体、共和政体などについて、自らの思想を語っているからである[109]。

(b)先ず、「われらの憲法が、そのコピーであるところの……イギリス憲法は、君主制、貴族制、民主制、という3つの形すべてを備えた幸福な複合体である……」「イギリスの立法府も、この3つから成る。法と呼べるためには、このいずれもの賛成が必要であるが、税を課す法律のみは、民主的部門からしか出されえない……それが、イギリス国会下院であり、アメリカでのハウス（House）である……」とした上で、「誰もが否定できない真理は、イギリス臣民が、自らまたはその代表が、同意した場合のほかは、いかなる法によっても支配されないことであり……これが、**イギリス人の自由**の偉大な基礎として、憲法に綴り込まれている……もし、この点が失われるなら、その憲法は、破壊されるべきものである……」[110]。

107　ジョン・ハンコック、サミュエル・アダムスらとともに、政治結社 Sons of Liberty にも参加していた。なお、Warren につき第1章注130参照。

108　Bunker Hill の戦いでは大陸軍は、イギリス軍に多大な損害を与えたが、イギリス軍の第3波の攻撃で弾丸が尽き、ウォレンも、陣地に攻め込んできたイギリス兵に殺された。

109　約半世紀後の1820年8月、コネチカット州、ハートフォードの町の郡裁判所では、112人の従軍軍人の年金資産の登録・確認が行われた（裁判所は手数料を辞退し、手伝いの弁護士らも、それに倣った）。翌日、パレードが行われた後、牧師も参加して、市民らの手による会食の場が設けられ、その席で（その都度の祝砲とともに）10余りの乾杯が上げられた。第1は、アメリカの革命へ、第2が、革命戦争で倒れた兵士へ、第3が、ジョージ・ワシントン将軍へ、第4が、生存従軍軍人、第5が、ジョセフ・ウォレンへ、であった（Niles, *op. cit.* pp.153-154）（なお、ハートフォードは、1814年暮に、アメリカ憲法史でも重要な意味を持つ**ハートフォード会議**〔Hartford Convention〕が行われた町である）。

110　彼の演説はこの後、ボストン虐殺事件の一部始終の叙述と、復讐の炎が燃え上がったことなどから、殺戮に携ったイギリス軍兵士の裁判のことに及び、兵士の殺人罪は免ぜられたこと、この兵士の弁護に当ったのが、ジョン・アダムスで、そのため彼は、一時ボストンで一般の不評を買い、弁護士としての顧客も失ったこと……」などを述べている（「自分は刑事裁判のことは十分に知らないが」、と断っている）。

第 2 章　連合憲章 (Articles of Confederation)

3.　革命戦争末期から制憲会議まで

(1)戦争と奇跡的な勝利を振返る―移行（空白）期の政治―

　(イ)1781 年 10 月 19 日のヨークタウン（Yorktown）戦では、イギリス軍は完全に退路を断たれ、イギリスの将軍コーンウォリス（Cornwallis）と 7000 を超す将兵は、ワシントンとフランスのロシャンボー（Rochambeau）提督に降伏するしかなかった。このヨークタウン戦での敗北は、サラトガ戦とは比べものにならないほどの打撃をイギリスに与え、やがてイギリスは和平の条件を探り始めた[111]。

　(a)思えば、よくこの 5 年余りを持ち堪えてきたものだ。ニューヨーク戦（Battle of Long Island）での敗北は、大陸軍のみならず連合議会をも崖っぷちに立たせた（最早、イギリス軍より永く戦い抜き、イギリスからの独立を遂げることが唯一残された選択肢であった。1776 年末で大陸軍の将兵大半との契約が切れることから、連合議会は、思い切った決議を行って、120 連隊の人集めに乗り出した）。敵将 William Howe は、militia が 6 ヶ月の契約期間を終えて帰郷するこの年末を控えて、New Jersey から首都 Philadelphia まで攻め込むことを目指し、退却するワシントンを一気に追いかけた。

　一方のワシントンは、1776 年末を迎えて辞めて帰る militia の募集のためにも少しでも明るいニュースが欲しかった（「出ると負け」の評判では新規の募集も覚束ないからである）。Pennsylvania と Delaware の新規 militia 募集で、一応の勢力を立て直した彼は、12 月 26 日の夜の吹雪の

111　イギリス首相 North 卿は "Oh, God! It's all over" と叫んだという。その翌年 3 月 20 日、彼は辞任している。後任は、アメリカに好意的で印紙税法（Stamp Act）を廃止した Rockingham 卿で、外相には、アメリカの独立承認賛成派の人がなった（政府は、パリにスコットランドの商人を派遣し、Benjamin Franklin に和平交渉の脈があるかを探らせた）(McCullough, p.267, 270)。

107

第 1 編　連合憲章と、それができるまでの前史

中を Delaware 川を渡り、Trenton、New Jersey、更に 1 月 3 日には Princeton の各イギリス軍前進基地をアタックして、New Jersey の大半を再び大陸軍の勢力下に取戻した[112]。

(b)革命戦争の初期から、Washington も Adams も、フランスの海軍力を味方に付けることが、勝利への鍵となると考えていた。1778 年 12 月、Benjamin Franklin らとともに、駐在代表 3 人のうちの 1 人としてパリにいた Adams は Franklin に迫り、フランス外相宛に 3 人の駐在代表連名で手紙を出している。その中で、「フランスの更なる強力な艦隊の投入以上に、北米でのイギリスの力を抑え込むものはないだろう……」と述べていた[113]。

　ヨークタウン（Yorktown）戦は、物事が正に偶然にも、この予見どおりに運んだ結果であった。敗北の将軍コーンウォリス（Cornwallis）軍の詳しい報せが、1781 年暮れ近くにロンドンに届くと首相 North 卿は、国会の内外で支持を失って失脚した。「どんなことが起きようと、北米のような広大な領地の独立は、絶対に認めない」、としていた George Ⅲ世王も、秘かに退位宣言を用意したとされるが、それを公表することなく、最終的に、和平交渉をすることを許した。こうしてイギリス政府は、Franklin を通して和平の打診を始め、1782 年 11 月予備条約を締結した。

(ロ)独立できたからこそ、その後があり、今日がある。即ち、地上で初めての大共和国（republic）の誕生である[114]。独立と和平は、単にイギリス王（king）と国会（parliament）などの支配・抑圧からの解放を意味しただけではない。啓蒙主義（Enlightenment）の先達ら（John Locke、

112　大陸軍と、その背後の連合議会が遂行した闘いであるが、その大陸軍の構成は、militia（初めは 6 ヶ月の契約などであったが、次第にこの独立戦争の期間という契約に変っていた）と、ある程度の期間の訓練を受けた Provincial-style unit（continentals）とから成っていた（history.army.mil より）。

113　1779 年 1 月初めの手紙で、"……Such a naval force……would……destroy the whole British power in that part of the world." と書いている（McCullough, p.210）。

114　オランダやイタリア、またスイスの Cantons には、共和制に近い形態の都市国家が存在した。

108

Montesquieu) の理想を現実のものとしたこと、人々がそれを己れの生活の中で摑み取ったことを意味した[115]。思慮深い人々にとって、それは未知の実験と、気の遠くなるような困難を秘めていたが、しかし、それをどう実現するかは、人々の手に握られていた。

(a)当時のヨーロッパ国際社会で、新たに一国が独立するためには何が必要であったか。独立宣言（Declaration of Independence)、独立国家としての基本法、そしてヨーロッパ諸国が認め、結んでくれるような条約。この**三種の神器**の例えは注59に記した。旧宗主国イギリスばかりか、スペイン、フランス、プロシア、オーストリア、ロシア、どちらを向いても、君主国ばかりであったが、1777年秋のサラトガ戦での勝利が幸いした。予めそれなりのモデル条約を用意して臨んだこともあり、サラトガ戦から直ぐの1778年にフランスが、次いでオランダは1782年に、独立を正式に承認し、条約を締結した[116]。

(b)対外的な要件のほかに、クリアすべき内部要件があった。前1.「結束の必要性と連合の模索」で見た史実をもう一度振り返ってみよう。独立宣言を出す前にあった出来事で節目となったものである。第2回連合議会に集った13植民州の代表に対する州議会からの授権（委任状）は、州毎にまちまちであった。1775年5月には、連合議会は、レキシントン・コンコード事件でのイギリス軍の死傷者に対する賠償金の支払などの申出とともに、「オリーヴの枝請願」を王に出している[117]（しかも、レキシントン・コンコードは勿論、バンカーヒルの戦いの後であった）。このように、植民州の世論がまだ一本化していない中、懲らしめのために対決姿勢を一段と強めたイギリス国会は、アメリカの船舶などを、「敵船と定義する」

115　「臣民（subjects）から市民（citizens）へ」、この変化の意味は「巨大」（immense）だったと、South Carolina の学者 David Ramsay は書いた（Wood, p.7)。

116　更に Yorktown 戦（1781年）の勝利が、オランダ商人の態度まで変えさせた（......Dutch merchants had no wish to be on the losing side......）（McCullough, p.268)。

117　前出のディッキンソン（Dickinson）の主唱したもので、Adams は、それに激怒していた（McCullough, p.94）なお前 1.(2)(イ)(ニ)参照。

第1編　連合憲章と、それができるまでの前史

ことの、またアメリカのすべての港をイギリス「軍が封鎖する」ことの、法律を決議した[118]。イギリス国会によるこの決議は、1773年のボストン茶会事件を受けて議会が1774年に制定していた法律とよく似た文脈であるが、より決定的な打撃として受け止められた。これを受けた連合議会も、3月23日に初めて**私略船免許**（letters of marque）を大量に発行した。私略船（privateers）により、イギリス艦船を攻撃、拿捕する措置である。しかし、13植民州が纏まって独立宣言を出すためには、対内的な要件、手続が必要である。実際、13植民州のうちのいくつかは、連合議会への代表に、イギリスからの分離・独立のための決議に賛成ないし投票することまでは、認めていなかった[119]。その一方で、4月から7月にかけて、形は様々だが、90超の市町村が、独立賛成の決議を公表する動きに出ていた。市町村の決議中には、連合議会代表に、独立賛成の投票をするよう呼びかけているものもあった[120]。

　(c)そんな中で、注目されたのはペンシルヴァニアの動向、その代表ジョン・ディッキンソンであった（図表2「独立宣言前の文書一覧」の(d)の著者）。クエーカーの教祖筋に当る有力宗教者の娘と結婚していた彼は、夫人の実家の影響で、武力でイギリス王に盾突く形での独立に反対していた[121]。イギリス軍がレキシントン・コンコードで行った殺戮を自らの眼で

118　Prohibitory Act, 1775.この法律とともにイギリスが、ヘシアン（Hessian）（ドイツ）兵など、第三国人を含む戦闘部隊をアメリカへ送り込もうとしていることが知られ、ジョージIII世王は、最早、臣民を「臣民として保護しない」、と理解された。そのことが、植民州民の心を急速に突き動かした。
119　ニューヨーク、ニュージャージー、メリーランド、ペンシルヴァニア、デラウエア、などがそれに当る（ペンシルヴァニアには、クエーカーが多く住み、戦争に反対していた）（McCullough, p.90）。
120　Charlotte Town、Mecklenburg County、North Carolina で開かれた会議で、1775年5月20日に出した独立声明が、アメリカの革命と独立に向けてとられた最初の公的措置とされている（Niles, p.313）。ヴァージニアが直ぐこれに倣った。また、Halifax決議が、その線に沿った声明と代表への授権であったのに対し、ロードアイランドは、議会で独立決議そのものを行った。
121　彼が主張していたのは「戦争は避けるべし」、ということであって、イギリスの政策そのものには反対で、それを非難する『ペンシルバニア農民からの手紙』という寓話本を出して好評を得ていた。

110

第2章　連合憲章（Articles of Confederation）

見ていたアダムスには、ディッキンソンの態度は生半可で[122]、問題にならないと映った[123]。

　1775年にはまだ、人々も議会も決断できていなかった。ところが、翌年の正月、僅か1年前、ロンドンからベンジャミン・フランクリンの紹介状を持って上陸してきた前出のトーマス・ペインの『コモンセンス』が、人々の心に嵐を吹き込んだ。数ヶ月もすると、反イギリスの世論は盛り上り、独立支持派が多数と感じられるようになった。そのようになったところで、アダムスは5月10日に、リチャード・ヘンリー・リーとともに、独立宣言（Declaration of Independence）を起草することの動議を議会に提出した。またしても、激しい議論になったものの、前年とは異なり、5月15日に、決議は満場一致で可決された[124]。

　一方、既に連合議会で25ほどの委員を務めていたJohn Adams[125]。5人の委員から成る連合議会の軍事委員長職にもあった彼にとっての最大の仕事と負担は、既に始まっていたイギリスとの戦争で、ワシントンの大陸軍

122　その後に廊下に出たアダムスは、ディッキンソンに捕って、「君らニューイングランダーが和平を妨害するなら、血の雨が降るぞ……いいさ、我々は、我々独自の道を行くからな……」と詰め寄られた。宣言を急ぐべきだと考えたジョン・アダムスが、そのための決議を議会に出すことの提案をしたことから、ディッキンソンとの間で議場で激しいやりとりとなった直後のことである（McCullough, p.95）。

123　アダムスは、Dickinson に攫まれた時は余り反論せず、そのエピソードを手紙に書き、その中で、ディッキンソンに対する気持を洩らしていた。イギリス側のスパイにより、それがトーリー派の新聞にすっぱ抜かれて公けになった。これを根に持ったディッキンソンは、道でその後すれ違っても、そっぽを向いていたという（McCullough, p.95）。

124　地元フィラデルフィアの市民らもこの可決を歓迎した。今や、丁度1年前とは180度転換して、John Adams は英雄となっていて、街ではその人気に並ぶ者はいない位であった（McCullough, p.110）。1年前のアダムスは、ディッキンソンとの激しいやりとりや、その手紙が新聞にすっぱ抜かれたことで、クエーカーをはじめ、町の多くの人々の反感を買い、フィラデルフィアの町で村八分にされたように感じていた。

125　渦中の人ジョン・アダムスは、レキシントン・コンコードの直ぐ後（バンガーヒルの戦〔6月17日〕の前）、妻アビゲイルへの手紙に、「心から血が流れる」「神さまがお助け下さるように……」「P大佐かW医師に渡せば、いつかは届くから……」などと先ず書いた後、「今、大陸軍として6000人、うちロードアイランドの兵1500人を集められた……」「ニューヨークは、もう港を閉鎖し、税関事務所や弾薬庫を没収した……トーリーらは逃亡しつつある……」、また、5月29日付の手紙で、この町（フィラデルフィア）で見る戦闘精神は実にすごい……！　毎日2000人の兵が集められて……ワシントン大佐が、制服を着て議会に出席……、彼の軍事の経験と力量は大変なものだ……」（6月17日）、などと書いている。

111

第1編　連合憲章と、それができるまでの前史

へ必要な指示をすることであった。

　(d)世の中も、正に 180 度転換していた。ヴァージニア州議会が、その代議員らに指示して連合が独立宣言を出すよう働きかけたのも、同じ 5 月 15 日であった。この後の 6 月 12 日に、リチャード・ヘンリ・リーが、独立宣言起草について動議を出し、アダムスがそれに続いた[126]。今や、独立を志向することに、いや独立宣言を出すことにさえ、誰一人として議場で正面から反対する者はいなかった。しかし、ディッキンソン、ジョン・ウィルソン、ロバート・リビングストン、エドワード・ラトレッジらは、「街の声を聞いてから決行すべし……」と条件を付していた。彼らは、立場を譲らず、翌日からはまたしても、この条件と時期を巡る賛否両論の激しい議論と罵声が議場にとどろいた。彼らは、「さもなければ、連合から脱退する……」とも付け加えた[127]。

　結局、反対派の声が勝り、議長ジョン・ハンコックは、7 月 1 日までの 20 日間を冷却期間とし、決議をとらないとの採決をした。ただ、その間の時間を無駄にしないように、独立宣言の草案だけは、作成にかかることが承認された[128]。こうした途中経過を経て、よく知られた歴史的イベント、7 月 4 日の独立宣言が生れるのである[129]。最後の議論が 7 月 2 日に延ばされた後、漸く纏めることができたのであった。7 月 9 日、ワシントンは

126　独立宣言の起草のため、5 人委員会（アダムス、ジェファーソン、ロジャー・シャーマン、ロバート・リビングストン、ベンジャミン・フランクリン）が設けられた。議会では、Adams は軍事委員会、海軍委員会の長をするなど、今や 26 の委員会に名を列ねていた（McCullough, p.120）。

127　これに対しアダムスらは、「街の人々は、むしろ我々がリードするのを待っている……」「ヨーロッパ諸国は、独立宣言を出せずにいる植民地を独立国とは認めないし、貿易しようともいわない……」と反論した（McCullough, p.118）。

128　同じ頃、建物の別の階では、地元ペンシルヴァニア州議会が、連合への代議員に出すべき指令を巡って紛糾し、遂に、それまで続いてきた植民州時代の議会を解散し、新たな別の議会を誕生させるという大展開が生じていた（another revolution......transpiring......）（McCullough, p.119）。

129　なお、正確にいうと、7 月 4 日にサインしたのは、議長 John Hancock と Secretary の Charles Thompson の 2 人だけであって、Adams を含めかなりの人は、Secretary の Assistant によってキチンと書き直された紙に、8 月 2 日にサインした（McCullough, p. 136, 138）

Boston の前線で部隊を集め、この独立宣言の朗読を聞かせた（history.army.mil）。

㈠独立宣言（Declaration of Independence）の言葉のすべてをここで触れることはしない。

(a)「人類史の中で……」（……in the Course of human events……）で始る雅びた物いいのその言葉は、高度に原理的とさえいえる。続く文言、「人々を結びつけてきた政治的絆を解くべきこととなったときは……」も、正に「革命」を指しているのだが、抽象化され、優雅ささえ感じさせる表現になっている[130]。しかし、その部分での結論は、次のように決然として断固たるものである[131]。

「地上の権力の間で、自然の法と自然の神がお与えくださる独自で、かつ平等な地位を占めるべきとき……人々は、その独立を正当化する事由を宣言すべく……」

筆者が注目するのは、「人類史の中で……」の視点や、「地上の権力……」に「自然の法と自然の神……」を係らせた、その哲学の形而上学的発想である。これが、アメリカの独立を、単に目の前で繰り返されるイギリス王と議会による抑圧と侵害の歴史（history of repeated injuries and usurpations）への反作用としてだけではない……。もっと時代と地域を超えた意義あるものにしている、という点である。この超時代性、超地域性こそ、20世紀以降、W.W.I から W.W.II、更にその後のアメリカ憲法の世界的な第4次波及へとつなげる力の源といえよう。アメリカによる国際社会との係り合い方を規定する「アメリカの憲法的要素」であろう。それが、19世紀末までのヨーロッパ列強による世界との係り合い方（占領、征服、植民地化）との違いとして、アメリカと国際社会との係り合いの仕

---

130 "……becomes necessary for people to dissolve the political bands which have connected them with another……"

131 "…….to assume among the powers of the earth, the separate and equal station to which the Laws of Nature and of Nature's God entitle them, …..they should declare the causes which impel them to the separation."

第1編　連合憲章と、それができるまでの前史

方を規定するアメリカ憲法の原理・価値を裏付けるものの1つであろう（今日でも屢々、「1776年の精神」〔Spirit of 1776〕が同義語のように用いられる）。

　もう一度、前言を繰り返そう。独立宣言は、実質的な意味の連邦憲法の一部を構成する。その基本原理を謳っている部分に当る[132]。序章でも述べたとおり、ここまで原理的で抽象化されているからこそ、日本国憲法の前文に直ぐ移し植えることができた。もし、「独立宣言前の文書一覧」中の諸文書のように、もっと生々しい弾圧や迫害の事実から説き始める文書であったら、そのまま日本国憲法の前文に持ってくることは、できなかったであろう[133]。

　(b)独立宣言が現在の形で文章化されるまでの記録を、簡略化した前(ロ)などの記述を、もう少し詳しく見てみよう。その(d)でいっていた事実を補うと、Richard Henry Lee の出した決議は、各植民州が政治の実権を握り、その構成員の幸福と全アメリカの安全を確保することを呼びかけ、これが、5月10日に全会一致で可決された[134]。この決議には、前文（Preamble）が付されることになっていた。その原稿は Adams が用意したが、Lee の

---

[132]　少し長いが、Abraham Lincoln による1858年の "Fragmentary Writing" からの次の引用を参照。
　　「憲法と連合（Union）なしには、アメリカの今日はない……とはいえ、この2つでさえも、われらの今日の繁栄の第1の原因とはいえない。それらの背後にあって、人々の心にもっと密接で……人々に道を切り拓かせるもの、それが『すべての人々に自由を！』、『すべての人々に希望を！』の原理である……その原理を、……その結果としての『すべての人々に活動と勤勉』を、与えてくれるもの……語るものが、幸運にも、われらの**独立宣言**の中にある。それ（独立宣言）なしでも、イギリスからの独立をしたかも知れない……だが、それなしでは、われらの自由な政府を守り抜くこと、そして今日の繁栄をもたらすことはできなかったろう……それらの言葉は、我らにとっての『黄金の林檎』（apple of gold）だ。独立宣言は、その林檎の周りに飾られた銀の絵である、その林檎を隠したり、壊したりするためではなく、それを飾り、大切に保存するためである……」。

[133]　独立宣言の確定した文書中にはないが、下書きとなった John Adams の前文（Preamble）も、「もっと生々しい事実」を訴えていた1つである（次に、その冒頭の1、2行だけを載せた）。"……excluded the inhabitants of these United Colonies from the protection of his crown ; and ……no answer whatever to the humble petitions of the colonies for redress of grievances and reconciliation with Great Britain has been or is likely to be given ; but the whole force of that Kingdom, aided by foreign mercenaries, is to be exerted for the destruction of the good people of these colonies……" (McCullough, p.108)

114

第2章　連合憲章（Articles of Confederation）

シンプルな決議のようには行かず、賛否の議論が3日間も続いた末に、5月15日になって、漸く決議が通った[135]。

5月20日には、議会建物の前の広場で集会が開かれ、Adamsの前文（Preamble）が読み上げられると、数千人の人々は、同じ建物の2階にあるPennsylvaniaの議会に向って、「Pennsylvaniaにも新しい憲法と立法議会を！」と叫んだ。Virginiaでも、5月15日には議会がPhiladelphiaにいる代表宛に植民州連合（United Colonies）が「独立した自由な国の宣言」をすることの授権を決議していた。

(c)独立宣言自体の最終原稿は、Jeffersonが書いた。なぜそう決ったのかで、JeffersonとAdamsの記憶は一致しない（その場では、互いに譲った、ということも考えられる）[136]。しかし、そう決ってからのJeffersonの仕事は早かった。彼自身が最近手がけたVirginiaの憲法があったこともある。その前にGeorge Masonが用意した人権宣言（Virginia Declaration of Rights）からも、やはり、多くのヒントを得ていたし、更に、PennsylvaniaのJames Wilsonが1774年に出していた、似たようなパンフレットも参照した。どの人も皆、昔からJohn Locke、David Humeなどを読んでいたという共通点がある。そのJeffersonの原稿に、John Adams、Benjamin Franklinなどが多くの修正をしていたほか、Jefferson自身も手を加えていた[137]。

134　決議の一部で"……assume all powers of government……to secure the happiness and safety of their constituents……and America in general"と書いている（McCullough, p. 108）。

135　後に完成した独立宣言の版とは違って、この"Whereas his Britannic Majesty, in conjunction with the lords and commons of Great Britain, has by a late act of Parliament……"で始る前文（Preamble）は、現在残っているそれとは同じではない。しかし、Richard Henry Leeの決議が、まだ多少の和解の余地を残していたのに対し、無条件の独立を唱えていた（McCullough, p.109）。

136　初めて連合議会に参加し、第1回議会からいるAdamsより8歳年下のJeffersonは、会議を通してAdamsが独立への思いを切々と訴えるのを聞いて、彼を"sound head"と思い、"mentor"と思ったという（McCullough, p.117）。また、議会では26の委員会に属し、特に一番肝心の軍事委員会と調達委員会では長をしていたAdamsを、それなりに立てていた（McCullough, p.120）。

115

第1編　連合憲章と、それができるまでの前史

　(d)独立宣言の提案が7月1日に第2回連合議会にかけられて、その後の3日3晩、「独立宣言が論じられた」。というよりも、「独立することについてのすべてが論じられた」、といってよい[138]。1776年7月1日夜10時頃、嵐が窓を叩きつける中、議長ジョン・ハンコックが槌を振り下ろした。リチャード・ヘンリー・リーの独立宣言採択提案が再び声高に読み上げられた。一方で、30隻もの英国の軍艦が、既にニューヨーク港に到着していた。早馬によるその知らせの中で、9時間以上もの議論が続いた（うち2時間以上が、アダムスの賛成演説だった）。翌7月2日に延ばされた会議では、ペンシルヴァニアの7人の議員のうち、ジョン・ディッキンソンら反対の2人は欠席し、3対2で賛成に変っていた。その未明、デラウエアの3人目の議員、賛成者のシーザー・ロドニー（Caesar Rodney）が、全身泥を浴び、ブーツ姿のまま議場に現れた[139]。ニューヨークは、引き続き棄権に回ったが、サウスカロライナも賛成に変っていた。棄権1、反対0で、全13州一致の体面は、辛うじて保たれた。

　(e)独立宣言（Declaration of Independence）の正式な採択は、7月4日に行われた。採択後、実際の調印式は8月2日まで行われなかった。この歴史的な調印式の完成された絵は残っていない。独立宣言の写しは、直ぐに13の植民州へ送付されたが、記録は、55人の連合議会議員のうち、13の植民州の代表の「大多数が署名した」となっていて、中には署名しなかった代表がいたことを暗示している[140]。

　ニューヨーク湾には1200門の大砲、3万の兵と1万の水兵が到着しつ

137　議会で審議中に出された修正も入れ、80ヶ所以上の直し（その殆んどは、ちょっとした字句の修正）であった（McCullough, p.134）。

138　"……everything that could or need be said on the question of independence……been exhausted in Congress……"といっている（McCullough, p.126）。

139　夜中に80マイルを馬を乗り換え、乗り継ぎ、来たのだった（McCullough, p.129）。

140　McCulloughは、実際に署名が行われた8月2日について本当のことは確認できないとしつつ記している。Benjamin Franklinが、どちらともつかない調子で、「これで我々は、皆一緒にかどうか別として……間違いなく1人残らず絞首刑だ……」といった。また背の低いJohn Hancockは、王が眼鏡をかけないでも、自分のサインが読めるよう特大の字でサインしていた（McCullough, p.138）。

第2章　連合憲章（Articles of Confederation）

つあった。アメリカ軍が敗れれば、署名した議員は捕えられ、そうなれば、死罪は免れなかった。ニューヨークの代表は、7月1日、2日と棄権を貫いた。そんなニューヨーク代表であったが、7月9日には独立宣言はニューヨーク植民州議会で承認され、18日にウォールストリートにある市庁舎（シティ・ホール）で公布された。

　㈡足かけ8年に及んだ戦争。戦局は、おしなべて決して大陸軍に有利とはいえなかった。開戦後間もなく、最初の大敗北を喫した Long Island 戦の後もワシントンは、身の危険を顧みずかなり長い間 Manhattan 島に Fort Washington を作るなどして、踏み止っていた。その間、もう少しで全滅の場面（彼自身も捕らえられるか、命が危ういこと）もあった[141]。しかも、1777年9月27日には、首都 Philadelphia も William Howe 将軍揮下のイギリス軍に占領されて了う[142]。ワシントンは、その直後の10月3日、（できれば、前年の Trenton と Princeton への奇襲攻撃よ、もう一度と）イギリス軍の Philadelphia 郊外の宿営地 Germantown を奇襲したが、双方とも略拮抗する犠牲で、成功とはいえなかった。その年から翌年の冬にかけて、内陸奥地 Valley Forge に退却する[143]。

　(a)しかしその後は、参謀やその他の将官の助言も容れて、いわゆるゲリラ的戦法に転換することで戦局をかわし、大陸軍を全滅させずに、戦闘能力を維持したまま戦いを継続した。長びく戦争の中では、いくつかの危機（数回にわたる連隊規模での反乱、個別の戦局、その都度の参謀や将官との意見の喰い違いなど）もあった。1つだけ付記すべきことは、この足かけ8年に及ぶ対外戦争に兵卒として参加したことで、それまでかつてなか

141　それ以前にもイギリスの艦船が East River を閉鎖していたら、ワシントンら一同は、Long Island から逃れられなかったが、天候の悪化がイギリスの艦船の動きを妨げた（McCulloch, p.263）。

142　Howe 将軍は、川岸に militia の陣地が多くある Delaware 川を遡る方法は諦め、Chesapeake bay の Head of Elk に上陸してから進攻していた（history.army.com より）。

143　この冬籠りでワシントンは、militia と continentals との双方を1つに纏めた基礎訓練を行い、オーストリアから来た Frederick Wilhelm von Steuben が、そのための教訓本を作成していた（history.army.com より）。

117

第1編　連合憲章と、それができるまでの前史

ったような共通的経験を多くの兵士に与えたことである。その面で、13
植民州の枠が外れたことである。一方のイギリス軍も、Philadelphia を
占領し続けている状態では（司令官は 1778 年 5 月に Howe から Henry
Clinton に代っている）、新たに参戦したフランス海軍に背後を閉ざされ
ることを懸念し、撤退を始めたため、この動きを衝いた大陸軍との間で、
途中の Monmouth, New Jersey では激しい戦いが行われた。

　(b) Yorktown 戦の僅か半年前に、ワシントンらの将官が待ち焦がれて
いた連合憲章が、漸く批准・締結された。それにより、やっと中央政府ら
しい存在が生れ、戦争遂行の恰好が多少は整った。そして、1781 年 10 月
の Yorktown 会戦で、大陸軍はフランス陸海軍の応援を得て、Cornwal-
lis 将軍の率いるイギリス軍に勝利する。ワシントンは、しかし Yorkt-
own 戦の結果を楽観していなかった。王と議会は、Saratoga での敗戦の
後と同じく、「兵力と財源の続く限り、盛り返そうとするだろう」と、周
囲に警告していた[144]。

　この時、あの Thomas Paine がワシントンの前に現れていった。

　「イギリスじゃ 7 という数字をとても担ぐから……これで戦争は終るし、
終らせたら……」と[145]。しかし、ワシントンは、「この目でサインされた
平和条約を見るまでは信用しない……」と、いってワシントンは大陸軍の
規模を維持したまま、その訓練の手も緩めなかった[146]。

　(c) Yorktown 戦の後、イギリスはそれまでの、たとえば Saratoga 戦
での敗北の後とは異り、Cornwallis 軍に代る新年の補充を送らないまま

---

[144]　彼は、イギリス政府高官の言葉「アメリカが独立した瞬間、イギリスの太陽が沈む……」
　　を引用して、そういっている（Ellis ①, p.137）。
[145]　イギリス国会の会期の長さ、徒弟期間、物品のリース期間などを挙げた上、「この戦争
　　も、1775 年から 1782 年、7 年経ったから……」といった（Ellis ①, p.137）。これに対し、
　　ワシントンは、フランス・インディアン連合戦争の時から見てきたイギリス政府のやり口と
　　自分の体験から生ずる自らの疑い深さを、信じていた。Paine に、「ロンドン発のすべてを
　　信用しない……」と、返事している（Ellis ①, p.138）。
[146]　ワシントンが以前から militia を信用せず、正規軍（standing army）を好んでいたこと
　　は知れわたっていたが、この時期、ワシントンの大陸軍の維持ぶりを見て人々は、「彼はア
　　メリカの Cromwell になるのでは……」と危ぶんだ（Ellis ①, p.138）。

118

第 2 章　連合憲章（Articles of Confederation）

1 年近くが経った。そうこうする中に、Yorktown 戦の結果が決め手となって、やがてイギリスは、先ず翌 1782 年 4 月に、仮の和平条約を提案してきた。11 月にパリで締結している。更に 1783 年 9 月、いわゆるパリ条約（Treaty of Paris）を締結した。イギリスは、その年の 1 月、フランスとスペインとも手際よく予備的平和条約を結び、翌月アメリカとの戦争状態終結宣言を発した[147]。更に 1783 年 9 月、いわゆるパリ条約（Treaty of Paris）を締結した[148]。アメリカと一緒に戦ったアメリカの同盟国、フランス、スペイン、オランダとも、すべて各個別条約により正式な平和条約を締結している。こうして 8 年に及ぶ戦争は終った。Lexcington Concord の闘いの後、武器をとることの大義（cause）と必要性を訴えた第 2 回連合議会の面々も、いや当時のアメリカ人の誰もが闘いが 8 年も続くとは考えていなかったろう。誰もが、当時のアメリカの人口 250 万人の中から 10 万人が大陸軍に従軍して武器をとることになるとは考えなかったろう。略全員が素人の militia であり、しかもその多くは、どちらかといえば下層階級の人が多かった[149]。

⑵平和条約と、初の連邦法としての北西政令（Northwest Oridinance）

(イ)条約の条文 10 章のうち、主なものをピックアップする。

(a) Article I では、「英国の君主は、アメリカ合衆国を自由、独立の主権国家であることを確認する」と謳った上、本条約が、1782 年 11 月 12 日の仮条約を踏まえたものであること、フランスとの条約で和平が決るまで、正式条約の締結がペンディングになっていたことを述べ、今回、条約

147　フランスは、フランスの了解しない条件で、アメリカがイギリスと平和条約を締結することに強く反対していたが、イギリスは、その前の 1782 年 11 月に、アメリカとの間で秘かに予備的平和条約を結んでいた。

148　イギリスとアメリカとの 2 国間の条約の正式名称は、Definitive Treaty of Peace between United States of America and his Britannic Majesty といい、Article I 〜Article X で構成される。

149　"most from lower social order" という（Ferling, p.260）。

第1編　連合憲章と、それができるまでの前史

にサインするイギリス、アメリカ双方の代表者の、現在までのすべての主要な肩書を長文で書き列ね、総則的な事にも触れている[150]。

(b) Article II は、イギリスが割譲した領土についての定めである。この割譲を "exceedingly generous" とする評価を紹介したように、アメリカは、独立宣言時の13州の面積を大きく上廻る面積の土地を手にした[151]。

(c) Article III、Article IV は、Article III がそれまでに大西洋上（Grand Bank と Newfoundland、および St. Lawrence 湾など）での、漁業実績あるアメリカについて、その漁業権の、また Article IV は、双方の債権者（といっても、実際は、イギリス側債権が圧倒的に多かった）による債権の取立てが、法律どおりに行われることの、保障である。

(d) Article V は、イギリス王の臣民らの不動産権に対し、戦時中にアメリカにより収用その他で加えられた侵害の回復を定める。そうした元の所有者らによる、その不動産への自由な立入りと、そこに、12ヶ月以内の間、留ることの自由を定めていた。また第2文以下では、本章に沿って侵害の回復の妨げとならないよう、連合議会が各州を対象とした立法等の措置を採ることを定めている[152]。

(e) Article VI は、双方の国のいずれの人も、この戦争に携ったりしたことにより、何らの危害や負担を課せられることのないことの定めである。

150　対外的に行動する時の連合は、それまでも13植民州の融和を何よりも重く見ていた（対外的な行動の第1は、フランス政府への代表である）。北東部、中部、南部と3人の代表を送ってきたのも、そのような配慮からである（平和条約調印者の時は John Adams〔北東部〕、Benjamin Franklin と、John Jay〔中部〕となっていたが、翌1784年、Jay から Jefferson〔南部〕に代えている）。

151　Article II の記述は、1787年の土地政令（Land Ordinance）がアメリカの国土の測量方法として認めていた方式の1つ、"metes and bounds" 方式のように、特定の地点から方角を定めて順次に線を引いていく、詳細で長い記述になっている。標識としては、Nova Scotia の最北西の角、St. Croix river、the Highlands、St. Lawrence river、Connecticut river などが、主な地点となっている（アメリカの国土の測量方式の1つ "metes and bounds" 方式につき、國生一彦『アメリカの不動産取引法』㈳商事法務研究会、1987年、p.32 参照）。

152　1783年9月3日付の本条約には、Article V について注（note）が付けられている。Higginson v. Mein. 4 Cranch, 415（後の最高裁では 8 U.S. 415 (1808)）。イギリス人の不動産担保権者の請求が、Georgia 州法によっては妨げられないことを内容としている。

120

（f）Article Ⅶは、将来にわたる戦争行為のないこと、Article Ⅷは、イギリス、アメリカ両国民の Mississippi 川航行の自由を、Article Ⅹ は、批准が 6 ヶ月内に行われるべきことを定める。

㈹和平はとり敢えずできたが、戦争で疲弊しきった植民州の公私の経済が、重くのしかかっていた。いや、平和条約が締結された 1783 年より 1 年前（Yorktown 戦から 1 年後）の 1782 年の X'mas 以来、大変なことが起きていた。ニューヨーク（Newburgh、New York）での大陸軍将校らによる反乱計画である。そこで彼らは、「戦争が続いても、解散（disband）するし、和平になっても解隊（demobilize）しない……」との決議をしていた。1783 年 3 月 5 日、それが遂に暴走しかけた時、ワシントンが集会の場に入って行って彼らを慰め、説得して危機は避けられる[153]。

経済での困難は、大陸軍内の不穏な動きだけに留まる訳がなかったし、また国際社会によるアメリカ国家の承認ほど、短時間には解決しなかった。中でも最大の悩みは、通貨問題であった。連合議会の財政の不足金は、1781 年現在で当時の金で 2500 万ドル（現在価値で 3 億 4700 万ドル）に達し、Robert Morris, Jr. がこの苦しい台所を、連合議会の Superintendent of Finance として賄っていた[154]。多くの愛国党員ホイッグ（Whig）を含む市民は[155]、戦いの間に各州や連合議会などが出した紙幣の価値の急落により、多大な損失を被っていた。ニューヨークに 1 つの銀行もまだないことは、救済の途を余計困難にしていた。

（a）歴史的な理由から戦後 3 年以上も経った 1786 年になるまで、13 州の連合は、自らの貨幣制度を確立できていなかった[156]。連合議会も各植民州

153　この後の 5 月にも、Pennsylvania 出身の Veterans らは、州議会に何回も押しかけて兵士としての未払い賃金を要求し、その都度、州議会は Princeton、Trenton、Annapolis と、6 ヶ月の間に 3 回も移動する羽目に追込まれた（國生一彦『アメリカの誕生と英雄達の生涯』碧天社、2004 年、p.140）。

154　Superintendent of Finance は、連合議会が決定して創設した初めての官職とされ、大蔵大臣に近い。

155　植民州時代の愛国党員ホイッグ（Whig）とは、王党派（Loyalists）中心の Tories に対するグループ分けで、第 2 期政党時代のそれとは異なる。

第1編　連合憲章と、それができるまでの前史

もその間、革命戦争の戦費調達に紙幣を大増発していた。このため、自前の貨幣制度を築き上げるとともに、全国的な銀行制度の確立が戦後の急務であった（これらの必要性やシェイズの反乱などを受けて、連邦憲法には、課税、借財、証券、などについての連邦議会の立法権が、1つ1つ列記されている）（Ⅰ、8）。しかし、連邦制が確立しておらず、「連邦政府」がないことが、そのための途を塞いでおり、金融・財政面からも、強健な中央政府を早期に確立することが必要であった。その点の認識では、ワシントンもアダムスも一致していた。ただ、その必要性を叫ぶ強さの度合いでは、ハミルトンほどの過激さはなく、彼とは袂を分っていた。

　(b)財政や外交上の必要だけではない。強固な中央政府容認の姿勢を強めずには置かない事件が起きた。1786年、革命戦争に従軍したダニエル・シェイズ（Daniel Shays）大尉が主導して、マサチューセッツ州内50ヶ所の町で起こした一斉蜂起（反乱）である。西南の役ではないが、多くの復員軍人は浪人化していた。彼らが直面したのは、無価値となった軍票、借金取り、破産、畑や棲み家の競売、などであった[157]。チャールズ・ディケンズの小説に出てくるとおり、借金を払えない者は民事牢に入れられた[158]。連合による約束の軍役退職金は碌に払われていなかったのに、州政府は、赤字を補うために新たな税金を課し始めたから、民意は更に険悪化した。

156　ジョージ3世が、悪名高かった印紙税法（Stamp Act）の前年の1764年に出した「通貨法」で、植民地に対し、一切の紙の紙幣を出すことを禁じていたことが、尾を引いていた。

157　自らも破産したシェイズ大尉は、マサチューセッツに多い小規模兼業農夫であった。

158　民事上の債務不履行を理由とする民事牢は、今から2世紀近く前に廃止されたが、訴訟費用（法廷で課される過料など〔court fines and fees〕を含む）の不払いに対する入牢（to jail）は、30年余り前の次の先例が出されるまで、広く行われていた。Bearden v. Georgia, 461 U.S. 660 (1983)。しかも、この先例は、"willfully" に支払わない当人を除外する言葉遣いであったため（……has willfully refused……, but if……has made all reasonable bona fide efforts to pay……and yet cannot do so through no fault of his own）、その要件の当て嵌めを巡る判定の問題が依然として残り、現在もかなりのものが、過料などの不払いで入牢している（2014年5月2日のNPRは、ワシントン州 Benton County での2013年調査では、軽罪〔misdemeanor offenses〕で入牢中の1/4がこの部類に入っていたという）。

122

第2章　連合憲章（Articles of Confederation）

(ハ) Shays の事件は、制憲会議構想の具体化と、会議の召集決定に拍車をかけた。連合議会が、1787 年 2 月ニューヨークでの連合議会とは別に、その 3 ヶ月後の同年 5 月にフィラデルフィアで制憲会議を開くことを急遽決議したのには、正にこの事件が 1 つの原因となった（連合としての結合が破壊されかねないスペインとの問題もあった。南部州にとって生活の一助である Mississippi 川航行権をスペインの主張に譲歩して制限するか、北東部が求めるヨーロッパでのスペインによる保護をとるか、の問題〔第3 章 1.(3)(ハ)〕があった[159]。シェイズの反乱軍は、1787 年 1 月、州都スプリングフィールド（Springfield）にあった**旧大陸軍**の兵器庫を攻撃するまでに発展した[160]。革命戦争の将軍の 1 人ベンジャミン・リンカーンの指揮する Henry Knox により集られた 1340 名の急拵えの中央政府の軍隊は、反乱軍を撃破し、シェイズ自身は逃亡して終った。

(a) 以上の国内的なことに加えて、対外的にも上記の連合としての結束を破壊しかねない深刻さをもって、困難な選択を 13 州に迫るものがあった。スペインとの関係を含む問題が残っていた。新生アメリカが名前だけでなく、本当の意味で国家として確立され、その尊厳を認められる必要があった。イギリスの私略船（privateers）が、いつまでも革命戦争時のやり口を引きずって、公海上でアメリカ商船を略奪したり、「イギリス王の臣民だから……」と、船員を連行するような真似も止めてもらう必要があった。

　一方、フランスの影響力の大きさといったら、今日のアメリカ（人）の想像できる範囲を遥かに越えていた。何しろ、同盟国フランスの働きがなかったならば、Yorktown での勝利はなかった。1783 年 9 月 3 日、パリ

159　条約（treaty）の承認に上院の 2/3 の特別多数を要件とすることに南部が拘った理由の1 つが、この Mississippi 川航行権で将来、北部州がスペインに譲歩して了うことへの懸念であった（history.state.gov より）。
160　終戦になったかならないかなのに、**大陸軍**は解散済で、これに対処すべき政府には、陸軍大臣もいなかった。急遽、ヘンリー・ノックス（元砲兵隊司令）が、連合議会により戦争担当相として任命され、1340 の兵の募集権を与えられた。

123

第1編　連合憲章と、それができるまでの前史

でイギリスのジョージ3世王の代理人との間で平和条約を結ぶことができたのも、1778年の同盟条約以来のフランス陸海軍の働きと、ルイ16世王朝による（13州の連合が発行する公債の買入れなど）甚大な財政的支援なしにはあり得なかった。今は、その暴落した公債を、「発行時の価格で買戻せ」との要求がされていた。そんな訳で、フィラデルフィア街中でのフランス人の我が物顔の振舞いも、大目に見られた。

　ルイ16世王時代とは全く別の顔を持った、フランス革命政府の恩着せがましい要求に屈しないでいられるように、今や対外的にも強い中央政府の力が求められていた。

　(b)連合憲章の欠陥、弱体な中央政府の問題は、1783年9月、イギリスとの平和条約の関係でも忽ち出てきた。同条約により、戦前のイギリスの債権者による取立て訴訟のための法的な整備などで、連合はイギリスに対し一定の協力を約束していたが、当然のこと乍ら同条文は、各植民州でとても不人気で、義務の履行は、殆んど無視された。イギリス政府は対抗措置として、五大湖近辺の戦前の要塞を保持し続けたし、私略船による掠奪や、アメリカ商船船員（元イギリス海軍水兵などが少なくなかった）の逮捕・連行なども強いて止めさせなかった。それらを奨励しないまでも、大目に見ていたし、重罪犯人をアメリカ植民州へ追放する戦前からの政策の手も緩めなかったということである[161]。

　それにも拘らず、制憲会議召集の決定の速さとは対照的に、1783年にイギリスとの講和条約を締結してから後の4年間は、中央の動きは鈍かった（その頃、ミリシアとして革命戦争に従軍した多くの愛国者らは、それぞれの国元〔植民州〕に戻って了っていた）。

　(ニ)平和条約締結（1783年）から、制憲会議（1787年）までの4年間のアメリカは、いってみれば、虚脱状態のようであった[162]。政治制度でいえ

161　それまで新世界へ送っていただけだったのとは違い、今のオーストラリアにも重罪囚人を乗せた第一船が、シドニー湾に入港したのは、5年後の1788年である。

124

第2章　連合憲章（Articles of Confederation）

ば、そこに在るのは、依然として13植民州の連合であった。その植民州代表が十分に連合議会に顔を出さなくなったのであるから、空白状態である。

　(a)平和条約締結（1783年）から、制憲会議（1787年）までの4年間の状態を纏めてみよう。平和条約調印にも拘らず、現実は、「連合政府が、新体制を目指して動き出した」、というのとはほど遠かった。議員ら文民の方はどうしていたか、というと、（彼らの意識として本来の仕事である）地元の議会での復興案件で忙しく、連合議会に顔を出さなくなって了った。フランスによる非難の恐れ以外にも、委員が集ってこないなどで、平和条約の批准そのものも、延々と空白状態が続いた[163]。平和条約締結によってアメリカ人が得たもの。その第1は無論、平和そのものである。ほかにも一般のアメリカ人、それも東部の海岸沿いの町人を喜ばせる事態が生じてきた。10万人ともいわれる王権派（Loyalists）が革命戦争の成行きを見て、次第にアメリカ国外へ、カナダなどへ脱出して行った。彼らが所有した土地・家屋・事業、それらはいわば落し物（放棄物）として、人々の自由な取得に任された。イギリス国教会系の教会の後には、ピューリタン教会の司祭などが入り、各州憲法の中には、宗教の自由から（母国の名誉革命の結果であるBill of Rights中にもなかった）良心の自由まで謳うことが珍しくなかった。

　財政・経済面での大変さは前段(ハ)にも記したが、事実、暫くの間は不況が、特に北東部の街で、戦後の社会を蓋った。しかし、この不況は比較的短く、イギリスからの輸入額を見ても[164]、1786年までには革命戦争前と変らないレベルにまで戻ってきた[165]。

162　連合憲章には、議員の召集権を定めた条文は一切なかったから、誰も、議員に対し出席命令を出することができなかった。

163　1784〜1787年の間の連合議会への議員の出席状況は悪く、いつも半分程度（30人位）で、定足数に達しないことも少くなかった（Ferling, p.255）。

164　イギリスへの輸出の回復は、報復的な差別をするイギリス商人がいたこともあり、輸入の回復よりは遅れたが、New England商人らの開拓努力もあって、フランス、オランダ、ポルトガル、中国向け輸出などでそれを補えた（Ferling, p.258）。

125

第1編　連合憲章と、それができるまでの前史

　一方、事実上解散状態になった大陸軍で、政府転覆計画を呼びかける秘密文書が将校らの間に回付され、ワシントンがすんでのところで鎮撫したことは上述した[166]。連合議会の方も、その頃、軍人による反乱などの動きを恐れて、ニュージャージー州プリンストン（Princeton）に移っていて、ワシントンにも、プリンストン近くのロッキー・ヒル（Rocky Hill）に来て住むよう求めた[167]。空白状態の中で、筆まめなワシントンが[168]そのロッキー・ヒルから手紙に書いたのは[169]、**ぼやき、こぼし**である[170]。

　ロングアイランドからマンハッタン島への逃避戦記の中でアーロン・バー大佐（colonel Aaron Burr）が、揶揄的に描写していた当時の砲兵隊長ヘンリー・ノックス（Washington の信頼厚く、将軍となり、後に Washington 内閣の戦争相）も、連合憲章に飽き足らなかった一人であ

165　Benjamin Franklin は、1785 年にはパリ公使から帰任して故郷に戻って、いっていた。「どの国に比べても、これほどの繁栄の印しを見たことがない、イギリスの新聞の言っていることは、かなりいい加減な、半分希望的観測も混じった記事だ……」（*ditto*）。

166　ニューヨーク、ニューバーグ（Newburgh）の大本営内で将校らの間で秘密文書が回り、反政府会合を呼びかけたのに対し、ワシントンは、その集会で将校らに、自らも 8 年に及ぶ従軍で体がボロボロになったことを訴え、反連合会議の動きを封じ込めることに成功した。

167　Washington は、ロッキーヒルに 3 ヶ月（8 月〜11 月）駐留した（うち 10 月まではマーサ夫人も）。連合議会への地元議員 John Hart は、何代も続いた粉挽き屋（miller）で、1776 年の独立宣言にもサインしているが、地元紙は、most neglected signer と伝えていた。なお、マーサ（Martha）・ワシントンは、1776 年 1 月のケンブリッジを皮切りに、冬は夫とともに必ず陣地に入っていた。

168　ワシントンは、リード（Joseph Reed）というフィラデルフィアの弁護士（その後ハミルトン）を信任して aide-de-camp とし、手紙の代書も頼んでいたが、これらの aide-de-camp は、信任に応えて後になっても手紙についてのメモを公表していない（Ellis ①, p. 80）。

169　ワシントンは、このロッキー・ヒルからニューヨークのジョージ・クリントン知事に手紙でこぼしている。手紙は 9 月 11 日付であり、パリでの平和条約調印が一般に知られる直前であろう（ニュースがアメリカに伝わったのは、10 月に入ってから）。2 人の政治家・軍人は手紙の前にも会っていた。様々な情報が交換されたに違いない。クリントンが特に知りたかったのは、間もなく訪れる和平に伴う軍人への支給、戦後処理に係る何かの情報であったに違いないが、それに対する答えは書かれていない。

170　「ついこの間も、その問題で委員会の人々と会い、私の従来の主張（初めに約束したように年金と土地を支給することか？）をくり返しましたが……このような問題を国家的視点から決められる議員が集まってないようです……これは、国のために大いに問題なのですが、連合憲章では、あと 7 州の合意がないと、政府の座をどこに持っていくかも決められないのに、南部諸州の代表らは今よりも（この何もなくて、不便なプリンストンより更に遠くの）（北へ）行って了うことに強く抵抗しています……彼らは、決して合意しないでしょう」

126

る[171]。強力な連邦を望む連邦派の一人である政治家モリス知事宛に手紙を出している[172]。

(b)1783 年 11 月には、調印済みの平和条約がパリから実際にアメリカに届き、戦争終了が間違いないことが確定した。その数日後、革命戦争に勝利し、独立をもたらした大陸軍の総司令官ワシントンは、今や国民が救世主のように仰ぎ見ている中で、さっさと自らの手で大陸軍を解散し、田舎に引籠って了った[173]。将校らによる政府転覆計画や、知事や議員宛書簡で示されるような将軍らの不満、強力な中央政府を今直ぐにでも実現して欲しいとの声はかなりあった。それを可能にするのは、「ワシントンしかいない」というのも、大方の見方であった。その彼が、さっさと田舎に引籠って了った（まるで、ローマの Cincinnati のように）[174]。

(c)ワシントンも、次のステージへの移行を必要と感じていた。Cincinnati が去った後のローマには、以前の Senator らがいたが、今のアメリカに残ったのは空白であった。その後ワシントンは、先ず制憲会議への参加し、そこでの成文憲法の制定手続きに携ることに協力した。周囲からせき立てられて、協力したという事実はある。アメリカを初心（独立宣言や連合憲章）へと立ち還らせる空白・虚無状態から、共和制、民主制の本式のレールに乗せることである。ワシントンがしたことは、結果としてマグ

---

171 「大陸軍は、いつも **13 州ミリシア軍**の考え（その限界）を非難してきた……中央による強力な統率を心から望んできた。我々がいつも乾杯でいうとおりだ……樽に箍をはめろ！連合にセメントを流せ！」、Henry Knox の言葉である。
172 「なぜ、君らのような偉い政治家がもう一回集まって、もっといい連合憲章に書きかえようと言わないんだ」。
173 彼の兵士らへの別れの言葉は短いが、次を含んでいた。彼らへ "one patriotic band of Brothers" と呼びかけ、各州 (states) が、兵士らへ年金資金を工面することを強く希望し、各人が各州人としてではなく、合衆国の市民として故郷に戻ることを望んでいた（Ellis ①, p.146）。
174 ワシントンは「文民統制」（civilian control）などという言葉を用いたこともなかったが、8 年前の 1775 年、彼が連合議会から大陸軍 (Continental Army) の司令官 (commander) として任命された時から、ワシントンは「文民統制」（civilian control）などという言葉は用いなかったが、自分の地位がアメリカ市民 (American citizenry) と、それを代表する連合議会に由来することを表明していた。連合議会議長 Hancock 宛に出した多くの手紙が残っているが、それには、要求調のものは 1 つもなく、お願い書の形をとっていた（Ellis ①, p.83）。

ナ・カルタやイギリス人権憲章などから、各州憲法の精神にも沿っていた
し[175]、共和国原理に沿ったものであった[176]。革命戦争後のアメリカの進む
べき（オセアニア共和国の）方向へと導いたことになる[177]。これが歴史的
事実といえる。

　㈭弱い連合ではあったが、かつ平和条約調印から制憲会議までは一段と
影が薄い連合議会ではあったが、未来のアメリカの為になることも行って
いた。土地（国土）の問題である[178]。とり敢えず、お金をかけずに、連合
議会としてできることだった。パリ条約で新生アメリカが得たものは、平
和（勝利）だけではなかった。アパラチア山脈（Appalachian Moun-
tains）の西の広大な新領土が今や人々の前に開かれた。山越えの人の移
動は、Virginia や Pennsylvania から北西の Ohio Country に向っても行
われた。また山越えとは限らない移動が、New England からニューヨー
クの内陸、Vermont にかけて 10 万人近くが移動した[179]。この後、連合議
会が成立させる次の 2 つの政令（Ordinances）には注目してよい。広大
な土地（国土）での先々の国造りの青写真となるものであった。パリ平和

175　1774 年の Virginia Fairfax 郡での決議を踏まえて、2 年後の 1776 年に作られた Vir-
　ginia 人権宣言などは、当時のワシントンの地元での動きであり、彼も最有力者として加わ
　っていた。なおほかに、法の支配を定めるものに、マサチューセッツ州共和国憲法
　（XXX）がある。
176　彼が、こうした憲法主義への基礎的原理をしっかりと踏まえ、それに則って行動したこ
　との元にあるのは、フランス・インディアン連合戦争を通して、（王制下の古式な）イギリ
　ス本国のやり口を身をもって経験したことが大きい（Ellis ①, p.64）。
177　クロムウェルの頃のイギリスの政治思想家 James Harrington（1611〜1677）が「オセ
　アニア共和国（Commonwealth of Oceania）物語」で夢見た国（Utopia）。当時は、法の
　支配はどこの国にもなく、逆に、君主がすべての国を支配していた。「オセアニア共和国物
　語」の更に 400 年前にジョン王がサインしたマグナ・カルタは、（一部とはいえ）男爵
　（barons）らの要求が呑まれ、それまでの歴史としては、稀に見る**王の下での法の支配**が始
　った。法の支配がマグナ・カルタから始まったとされる所以である。
178　多くの植民州は、17 世紀初めのジェイムズ 1 世や、チャールズ 2 世からの勅許によって
　得た土地を、それぞれの領土としていた。州境は、大まかな線で理解されているだけで、18
　世紀には、ペンシルヴァニア植民州とメリーランド植民州との間で争いが激化したため、王
　室の意向を受けたイギリスの測量人らによる線引きがなされた。これが、この先いわゆる南
　北（奴隷州と自由州）の境となった図表 3 のメイソン・ディクソン線（Mason-Dixon
　Line）である。
179　Boston Massacre（1770 年）の頃には考えられなかったことだが、今や新移民 11 万人
　が、そこを開墾していた（Ferling, p.257）。

128

第 2 章　連合憲章（Articles of Confederation）

図表 3　州境を巡るペンシルヴァニアとメリーランドの主張

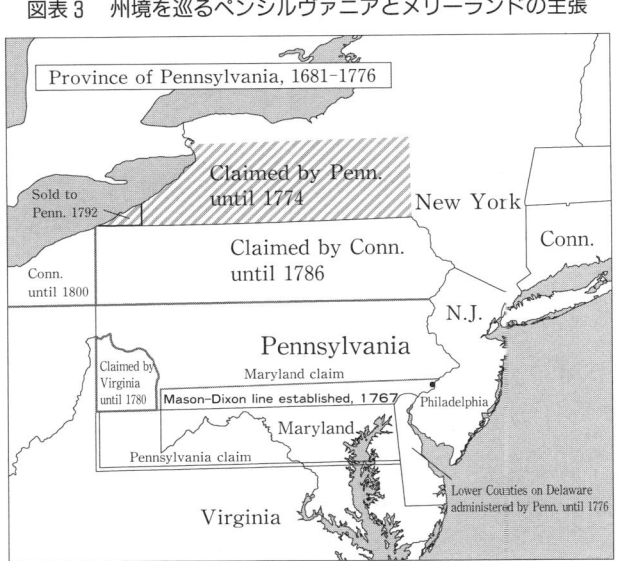

　条約でイギリスから入手した、特にオハイオ川の北西部の土地をテリトリ（Territory）として連合の領土とし、それを売ることで、連合に臨時収入をもたらしうることとなった。オハイオ川北西部を含むこれらの土地は、東はアパラチア山脈から、西はミシシッピ川に至るまで[180]、北は五大湖までの広大なものであった[181]。

　(a)連合の領土（テリトリ）となったそれら土地は、その後、更に民間の土地会社や投機家に譲渡されていった[182]。そこで、まだ連邦が生れる前の1784〜1787 年に、連合議会として連合憲章（Article of Confederation）（Ⅷ）の下で、各州に政令（Ordinance）を発していた。100 ％主権国の各州も、中央権力の決定に従って、西部のテリトリ（territory）の連合

180　当時は、ミシシッピ川が、五大湖まで続いていると信じられていた。
181　これらの土地に接する東側の 13 州の中の 5 州は、戦前からテリトリの一部に入植実績があり、従って土地権を主張していたから、イギリスからクリーンな形で連合に移転したというよりも、隣接州の土地権未処理のまま、移転したといってよい（前 2.(2)(イ)参照）。

第1編　連合憲章と、それができるまでの前史

への帰属と、その行政組織などを明確にした。しかも、そのテリトリを、連合の植民地などではなく、また、元の13州より下位の主権しか有しない下位州としてではない同等の州として、将来の連合への参加を予定した[183]。

　イギリスに対する勝利で、パリ条約により獲得した土地（東西がAppalacian Mountains から Mississippi River までで、Ohio River から北の土地）について連合は、将来の行政区画策定のため1784年にトーマス・ジェファーソンをはじめとする5人委員会を任命していた。その委員会報告が、将来の行政区画の基礎を礎く意味の土地命令（Land Ordinance, 1785）と、次に見る北西政令（Northwestern Ordinance）など、2つの政令の基礎になった（更に源を辿ると、1777年の連合憲章を議論する中に、その萌芽が見られる）。報告では、委員の間に2つの考えが働いていた。1つは、国土地理院的発想で、どちらかというと、George Washington や Jefferson の父がやっていた測量技術・土木技術の仕事である。Jefferson が唱えていたように、この土地を将来の10州用に区分した[184]。もう1つは、内閣府的発想で、西に向って開かれた国土を、将来どう処理、統治して行くかの基礎的ルール作りである。1785年の土地政令（Land Ordinance）が、主に前者の内容であったのに対し、後者に注力したのが、北西政令（Northwest Ordinance, 1787）であった[185]（2つの土地政令も、北西政令1789によって supersede された）。

　(b)北西政令は、西へ向って膨張が予定された独立後の（連合から合衆国

182　会社や投機家が買ったのはよいが、隣接植民地や、その植民州民による権利主張のほか、時にはインディアンによる襲撃などのトラブルがあったため、連合が管理することに落ち着いたものと見られる。こうした中で、パリ平和条約の翌年の連合議会で、土地政令（Land Ordinance 1785）や北西政令（Northwest Ordinance）が制定された。

183　もう1つ大事な点として、そのテリトリ（そこから生れる同等の州）が共和制であるべきこと、その民は奴隷ではあり得ないことも定めてあった（art. 5, 6）。

184　土地政令でのような北西地域の将来像と、その行政組織として、真四角な桝目からなる17の新しい州の候補地とするなどのアイデア（凝り性のジェファーソンなどは、さっさと、10の新しい州の名前まで考えていた）は、連合憲章討議の頃から出ていて、合衆国の将来像の基礎となった。

130

第2章　連合憲章（Articles of Confederation）

への移行期間中〔1787〜1789年〕の）アメリカにとって、最重要な立法
の1つといえる。同じく政令（Ordinance）とはいっても、2年前の土地
政令とは次元が違う。「テリトリでの政府のための政令」、というタイトル
からも知られるとおり、そのカバーする主題と範囲の広さ、影響の重大さ
において、連邦としての立法に比肩する。奴隷禁止条文や、自然権条文を
含んでいることを見れば、普通の連邦法以上に憲法的であったといえる
（その後の南北戦争に至る憲政史が展開する中でそのことが裏付けられ
る）。

　北西政令の方は、まだ連合時代の連合議会が制定したものであったが、
直ぐに連邦への移行があり、結局、合衆国が正式発足後、連邦議会が決議
し直し、就任したてのワシントン大統領が署名して、正式に連邦の法律と
しても成立したという経緯がある。その後の1798年に連邦議会は、奴隷
条項（act.6）を除く同法を Territory of Mississippi にも適用する改正を
行い、更に1805年に Territory of Orleans へも拡げられた。つまり、連
合議会の政令（Ordinance）だったものが、連邦の法律として正式に成立
し、しかも拡張されている[186]。こうして同法は、連邦憲法に先がけて、連
合議会時代に実質的に作られたという意味で、独立宣言に次ぎ、重要な国
家行為となった。

　㈡過渡期での成立史を反映するように、本政令の条文構成も面白い、初
めに14条（sections）があり、次に6章（Article）が続く。第1条〜第
14条が、連合議会の構成員である13州政府を縛る組織法であるのに対し、
後者は、主として新たに組入れられるテリトリ内での人権憲章（1791年

185　北西政令は、正式名称「オハイオ川の北西部合衆国のテリトリでの政府のための政令」
　　"An Ordinance for the government of the Territory of the United States Northwest of
　　the River Ohio" である。
186　発足したての第1回連邦議会は、1789年〜1791年の3年に跨る。2つの大会期と1つの
　　小会期に分かれ、その第1回会期では、司法法（Judiciary Act）をはじめ、初期の体制整
　　備に係るいくつもの重要法を成立させたが、北西政令もその中の1つである。憲法上の新た
　　な権限により可決され、同時に就任した大統領 Washington が、それをサインして、法律
　　となった（1789年）。

131

に成立した修正 I ～修正IXの憲法）に当る。その意味でも、北西政令は建国の基本文書の１つとしての意味を有する。更に、その末章（Article 第6）は奴隷禁止を定める。つまり、18 世紀末より前に奴隷禁止が謳われていた。それを含む第１章～第６章は、「今の 13 州と**将来北西地方に生れ来る新たな州（3～5 州）との間の未来永劫に変らない盟約である**」、と定められていた。つまり "Be it ordained by the United States in Congress assembled, that……" で始る北西政令は、オハイオ川北西部に生れ来る新たな州に対する基本的な組織法であるとともに、人権法としての意味も有した（その意味では、既存の 13 州の連合をも縛る政令であったといえる。それゆえ、南北戦争の際にも、北の Lincoln 大統領の大義にとって、大きな裏付けとしても働いた）。

(a)さて、北西政令本体ともいえる section 1 から 14 の構成を見よう。

北西地方（Territory）は、今は一時的に１地区（district）だが、将来は２地区（district）に分けられうる（第１条）。

第２条は、主にその地方（Territory）での土地について、コモンローによる無遺言相続を中心とした相続法を定める。

第３条では、同地方に連邦議会が任命する統治者（governor）を設け[187]、第４条は、同じく秘書役（secretary）と３人の判事から成る法廷の任命に係る[188]。また第７条は、統治者が、その同地方に立法府ができるまでの間、地方内の簡易裁判所の裁判官、その他の役人を任命することの定めである。

第５条は、統治者とそれら判事の多数とが、いずれかの州の法律を同地方の法律であるとして採用、公布することができること、ただし同地方に立法府ができるまでの効力であることを定め、更に第６条は、連邦議会が

187　任期３年で同地方内に住まねばならず、かつその間、1000 エーカーの土地を与えられる。

188　いずれも 500 エーカーの土地を与えられ、かつ秘書役は、連邦議会が３年以内でも交代させられるが、判事の任期は、イギリスと同じく不祥事がない限り続く終身制（during good behavior）である。

任命権を持つ将官級を除き、統治者が、同地方の militia の長として士官以下の者の任命を行うこととする。

第8条は、同地方内の法の執行について定め、統治者が呼出状（process）の執行を行うこと、またインディアンの土地権の抹消が行われた（……Indian titles……been extinguished）と認められる地区を、他地区と同じように郡や町に区割りすることを定める[189]。

第9条は、1つの地区に5000人以上の自由人が住むようになったら、地区は、自由人500人につき1人の割合で同地方の立法府に代表を送ることができる郡に準じたものとなること（この自由人とは、200エーカー以上の土地所有を要件とすること）を定め、第10条は、その代表の任期2年と、その交代などにつき定める。

第11条は、同地区の立法府が、統治者および上院に当る諮問委員会と、議会（下院）から成ること、それらの定員、その構成、任免、立法方法、立法手続などにつき定める。アメリカの場合は、ポルトガル、スペインなど、他の入植国とは違い、植民州（民）自体が、後に植民者（colonizer）になったとしている。

第12条は、以上の様々な官職に就く者が、就任に当って宣誓を行うべきことと、地区の立法府が1人の代表を選任して連邦議会に送るべきこと、ただしその代表は、同地区が臨時政府の間は、議論に参加しても、決定には参加できないこと、を定める。

第13条は、他の共和国（州）と同じように、すべての地区内の立法は、人権憲章の上に立ってなされるべきこと（……for extending the fund a mental principles of civil and religious liberty, which from the basis whereon these republics, their laws and constitutions are erected）、そ

189　革命戦争後の連邦とインディアンとの関係は一言では表せないが、先の Friedman は、「それでも、当初はまだ対等者（equals）としていたが、次第により厳しくなり、武力により、異邦人（alien）として、また敵国人として、扱うようになった」と、要約している（p.6, 7）。なお、Massachusetts 湾地区での調査であるが、Yasunide Kawashima, *Puritan Justice and Indian : White Man's Law in Mass. 1630-1763* (1986) がある。

の上で、いずれは他州と全く同等の地位での州として連邦に加わるべきこと（……for their admission to a share in the federal councils on an equal footing……）を定め、

　最後の第14条は、以下の6つの章（Articles）が、前述のとおり13州の政府と、新たなテリトリにできる政府との間に契られる、永遠の盟約であるとする。この北西政令（Northwest Ordinance）から見えてくるのは、13州が150年の歴史の後に、革命戦争と独立を克ち得て今日在る姿である。それが今新たな連邦体制の下で1つの纏まりを模索している様である。そこに在るのは、その中で謳っているとおり、「共和制国家」である。その国家に共通する価値基準が、「宗教的・市民的自由の基本原則」である。

　(b) 6つのArticlesのうち、奴隷条文（Article 6）以外のものは、次である。

　第1 Aritcle は、この新領土内での宗教の自由を謳う。

　第2 Article は、①新領土での住民の人身の自由（いわゆる habeas corpus）、②陪審権（trial by jury）、③立法府の選挙を通じた平等参政権（proportionate representation in the legislature）、④刑罰や保釈のルール、⑤財産権の不可侵、⑥財産権に絡んで、契約自由の保護（……no law ought ever……interfere with or affect private contracts……, bona fide, and without fraud, previously formed……）などを定める。

　第3 Article では、教育と学校制度の尊重を謳うとともに[190]、インディアンの財産権の保護も定めている[191]。

　第4 Article は、新領土が将来州に昇格しても、連合憲章の下で連合の一部としての定めに拘束されることのほか、連合の土地権、課税権、水利権などにつき、興味深い定めをしている。第1に、連合（中央）と既存

190　同 Article の第一文は、"Religion, morality, and knowledge, being necessary to good government and the happiness of mankind, schools and the means of education shall forever be encouraged" という。

第2章　連合憲章（Articles of Confederation）

13州との関係を、また連合自らと将来の新州との関係がある。

　第4 Article の下では、新領土内の住民と開拓者は、連合が契約した債務につき、その一部を連合議会の割当どおり既存13州と同じように分担すべく、新領土内での地区の割振りは、そのテリトリが連合議会との間で取決めた期間内に行い、連合議会による領土の処理決定に対しては、新領土のどの地区や新州の立法府も干渉してはならず、また連合（政府）の土地に課税してはならず、不在地主が、住民より重く課税されてもいけないし、ミシシッピとセント・ローレンスに至る航行可能な水路（navigable waters）は、何人にとっても永久に公共のハイウェイとなる[192]、と定めている。

　連合（政府）と北西部との関係についての第5 Article の定めは次である。ヴァージニアは、その譲与分の土地を連合議会に正式に譲渡するとともに、そこに4、5の新州が作られる。最西の州の州域、中間州の州域、東部州の州域について、それぞれの川などを指定して定め（ただし、もう1、2の新州が作られる可能性を残す[193]）。そこでの政府と憲法は、共和制を堅持するものであらねばならず、既存13州のその他の法制度と、法の理念にも沿ったものでなければならない。

　(c)以上のように、実質的には合衆国憲法の一部に相当する内容を持ったこの**北西政令**の時的効力はどうか。憲法制定後、そのまま効力を保つのか

191　この（土着）先住民族インディアンについての1条は、多分に精神規定的な意味を含んでいた（必要に応じ、アメリカの行政区画としての**地区**を設定できる強力な権力を定めた第9条により、インディアンを排除できる余地も存在した）。彼らインディアンは、アメリカが平和条約でイギリスから取得した**この地（オハイオ川以北）**の、彼ら自身の権利を主張し、アメリカの権利に抵抗した。1785年にチェロキー族と連合（中央）政府との間で結ばれた和平協定（Treaty Cherokee）では、相互に捕虜を解放することと、領土につき次のように定める。「チェロキー族の狩猟のためのアメリカの領土内での土地の境界は……とする（色々な河川のほか、テネシー、ナッシュビルなどの地名で区画されている）（第4章）」「もし、本協定が批准された後6ヶ月経っても、この狩猟のための土地に居座り続けるアメリカ人がいれば、その人は、アメリカの保護を失い、チェロキー族の処分にまかせられる（第5条）」

192　この"navigable waters"は、イギリスの海事法のルールであった"tide water theory"から脱出した、アメリカ独自のものであることにつき、第4章、第6章参照。

193　人口が6万人を超えることが原則的な基準と定められている。

第1編 連合憲章と、それができるまでの前史

が疑問となる。この問題は、後に見る Strader 事件のとおり、（少くとも、後半の 6 章〔Articles〕の部分）は否定的に解されている。しかし、テリトリ内での問題の処理、つまり、将来の新州内での三権分立のルールや、ひいては民・刑事法の基礎までも、同政令の前半（第 1 条～第 14 条）の定めが、ずっと行われ続けたようである。しかも、その地理的範囲は、Dred Scott 判決の判旨にも拘らず、北西政令でいうテリトリ（Territory）、そこでの北西部に限られなかった。実際、国土が、北西や南西にどんどん広がるにつれ、次々に新州が生れたが、そこでは、公法・私法とも、分割前のテリトリの（または、そのお隣だった州の）法律をそっくり、そのまま真似をしたともとれる立法を行っていた[194]（第 6 章 2.(3)(ロ)(b)）。

(ト) この Northwest Ordinance の意味は、単なる行政上のそれに止らない大きなものである（13 州に対する**新開地**である北西地区からは、やがてリンカーンのような法律家も生れ育っている）。アメリカの憲法史上で重大な意味を有する西部拡張について、その領土に係る権限が、各州にではなく、連邦政府にある（主権者である）ことを認めた意味を有した。つまり、テリトリからの新州承認、加入についての許可権者は、連邦政府、殊に連邦議会であることを定めた[195]（ただし、連邦法となる前は、連合議会による政令〔Ordinance〕として[196]）。

今 1 つ同法の特筆すべき点として、一旦、連合の領土（Territory）となったアパラチア山脈西部のうち、オハイオ川北西部で新たな奴隷の輸入、所有が禁止されたことがある[197]。同時にこの問題は、オハイオ川北西部に対する奴隷禁止令を出した連邦政府が、13 州にもそれを強制できるのか

194　Friedman は、Illinois Mormon War にも拘ったとされる同州知事（1842～1846）だった Thomas Ford が、「立法府の分裂は、燎原の火の如く……」を引用する一方で、新州の立法が、一般に質・量とも、決して豊かではなかったとし、大部分は、オハイオからインディアナ、インディアナからミシガンとイリノイ、更にウィスコンシンとアイオワへと、真似されて伝わって行ったとする（p.112）。

195　そして、北西政令の時的効力が失われたとしても、更に、州毎に個別の連邦法によって作られたとしても、テリトリとしての枠決めや、新州としての確認基準に、先例として大きな意味を持ち続けたといえる。

という、連邦最高裁で争われないでは済まない疑問に当然結び付いた。奴隷禁止令の問題を巡って、制憲会議でギリギリの闘争が繰り展げられた事実に鑑みると、それ以前にも南部諸州が、本政令をよくもまあ通させたものだと感心させられる[198]。そのことからして本政令も、既に奴隷を所有している（南部諸州の）開拓者に対し禁止を要求するところまでは行けなかった。

㈡この流れの中で、ある事件（奴隷に絡んだ）が起き、Northwest Ordinance そのものの効力が連邦憲法上で争われた。もう１つ後の事件 Dred Scott〔前出〕でも、政令の意味、中でも13州と中央政府の関係について影響力の大きい判旨が示されたが、Strader 事件の頃は、北西部にオハイオ州（1803にテリトリから州に昇格）が既に作られていた[199]。

(a) Strader 事件の事実は、次のようであった。

上告人Ｓらは、オハイオ州民で蒸気船を所有し、船をオハイオ川で運航していた。被上告人Ｇ（原告）は、ケンタッキ州民で、黒人奴隷２人を所有していたが、その奴隷が、Ｓらの船に乗ってカナダへ逃亡した。オハ

196　移行期の時点で見た、連邦と州の力（主権）関係についての考えとして興味深いのは（Taney 長官らの州主権論者寄りの考えではあるが）、前出の Drec Scott 判決の次の考えである。北西政令（1787年）が連合により作られた時点では、「その政令の権威は、13 植民州の代表としての連合が、その権威の源であって、このように、13 植民州が同輩として集り、連合と州の力（主権）関係を含む各種問題について、物事を取り決めていた状態が、連邦憲法が作られるまでの事実状態で、今までの連合を解消するとともに、彼らの独立的主権の一部を連邦に引渡そうとしており（......they were about to dissolve......Union, and to surrender a portion of their independent sovereignty to a new Goverrment）、それにより 13 植民州の人民は、１つの人民となり、また連邦の行為とされる範囲内では、連邦が最高の支配力を持つが、しかし、この政府の権限は、注意深く限定されるべく、......憲法によって明示で与えられていない権限の外では、何らの力も行使することがないものとする......」している点である。
197　「奴隷禁止法がこの時期よく成立したものだ......南部諸州は何もいわなかったのか？」こんな疑問が聞こえてきそうだが、南部諸州は反対しなかった。彼らの儲け頭、タバコの栽培で、北西部と競争されたら大変という問題があった（タバコは労働集約的で、黒人奴隷なしでは成立たなかった）。
198　憲法条文中にはその他テーマでも、個々に揉めるのに事欠かない面があったが、奴隷問題では、特別に秘密会に移行し、その秘密会では、あわや武力衝突、というくらいに激論が交された（強行すれば、70 年後の南北戦争が、その時に起きていた......というより、連邦制を纏め切れなかった）。
199　Strader v. Graham, 51 U.S. 82 (1851).

イオは、Northwest 政令の下で一旦、連合の領土（Territory）に入ってから、更に、州として新連邦国家の一員に加ったものである（ただし、オハイオ川の南東で Virginia から 1 つ越えただけのケンタッキ州が、奴隷州。川を越えたオハイオは禁止州、という違いがあった）。そのケンタッキ州法（1824 年法でその後 1828 年改正）では、船の所有者、船長などが、奴隷の主人の許しなしに、奴隷を乗船させることを**違法**とし、違反した船長などは、奴隷の主人が被った損害の賠償責任があるほか、主人による船の差押え、売却処分なども可能にしていた。2 人の黒人らは、楽器演奏に秀でていたことから、奴隷のオーナーは、彼らがバンドの一員として、日頃から州内やオハイオ州の各都市の酒場などに行って演奏することを許していた[200]。

　(b)原告 G が、ケンタッキ州法に基づき、上告人 S らの船を差押えた[201]。これに対し、上告人 S らは、S が乗船させていた黒人らは、Northwest 令の下で奴隷の所有が禁じられたオハイオ州へ旅行したことにより、**自由の身になった**と主張した。ケンタッキ州ルイスビル裁判所もケンタッキ州最高裁も、上告人 S らの、この Northwest 政令の下での抗弁を認めなかったため、S らによる連邦最高裁への上告となった。オーナーが、裁判所へ提出した証言録取書の記載がある。「……彼らを**生涯奴隷**として大金を払って入手した。私は、彼らが音楽的能力を向上させることを喜び、目的としていて、バンドがその衣食を費ってくれるなら、一銭の収入も要求しないで、好きにやらせてきた……彼らは、正直で気立てもよく、信用していた」

　(c)連邦最高裁は、結論として上告を棄却した。その理由として述べてい

200　Harriet Beecher Stowe の Uncle Tom's Cabin が有名だが、多くの奴隷が命がけでオハイオ川を渡って北の自由州（オハイオ、インディアナ、イリノイ）に逃れた（第 6 章）。
201　アルゲニ丘陵の西の 1774 年の入植地 Kentucky は、元は Virginia の一部とされていたが、1792 年に 13 州以外から最初に州として認められた。一番西の辺に当る分、そのフロンティアは、インディアンとの争いで不安定であったが、1794 年の合衆国軍によるオハイオ地方の Fallen Timbers での勝利で安定化した。

る。ケンタッキ州民や、ケンタッキ州内にドミシルのある黒人らの身分を決めるのは、ケンタッキ州の民意や、ケンタッキ州法である。それを制約する秩序、上の秩序としては、連邦憲法しかないところ、連邦憲法中にもその問題、ケンタッキ州民やケンタッキ州内にドミシルのある黒人らの身分を決定する条文はない。北西政令には、前述のような「既存州と新州間の……**未来・永劫にわたる契約である**……」といった言葉があったが、連邦憲法が発効したことにより、各州間の関係を律する力を失った。それにより、ケンタッキ州内にドミシル（domicile）のある黒人らの法的身分を決定する条文ではなくなった[202]。

　以上のように、Strader 事件は、司法審査の主題にピッタリ嵌るものとはならなかった。しかし、単なる奴隷に絡む船の差押え事件というよりも、1787 年の政令から生れた領土と、連邦憲法との関係を議論することを通して、州と連邦との関係というアメリカの法制に係る大事なポイント、それも生成過程でのそれを、含んでいる。

202　同判文が先例として挙げるのは、Permoli v. First Municipality, 44 U.S. 589 (1845) である。Permoli 判決は、1789 年司法法（Judiciary Act）(25) の下での最高裁の管轄を否定している。その判旨でいうのは、「連邦憲法は、州と個人（州民）との法律関係を規律しない（州民の宗教上の事由を州に対し保護しない）」である。

第2編
連邦憲法、その成立過程、内容と、
南北戦争前までの展開

第3章

憲法制定会議と各州批准会議

1. 制憲会議 (Constitutional Convention) の召集と開催

(1)制憲会議の召集

　㈡三権分立のなかったイギリスでは国会が、弾劾 (impeachment) と称して、議員や政府の役人に限らず、一般人をも裁くことをやってきた[1]。それが、1760年以降にアメリカの植民州に対して矢継ぎ早の立法も行い、圧政を強めた。王も枢密院 (Privy Council) とともに厳しい布告を発布した。独立宣言 (1776年) にあるように (第2章3.(1)㈡)、母国の王と国会による仕打ちに対する植民州民らの我慢の緒が切れ、独立に向け突き進んだのが、8年に及ぶ革命戦争であった (1775〜1783年)。その結果、漸く平和が訪れた。命がけで勝取った自治が実現した。イギリス王は、ここアメリカでは、最早王ではなくなった。実は、植民州での変革は、制憲会議を待つことなく始っていた。その20年ほど前と比べると各植民州の自治の内容に、かなり変化が現われてきていた。たとえば、New Hampshire植民州の議会は、Stamp Act騒動の時 (1765年) にはまだ、沿岸の町からのいわゆるエリート層の人達34人から成っていた。それが、制憲

1　House of Commons Library の 2011 年 11 月 16 日付論文 (Oonagh Gay & Nerys Davies) は、Erskine May の資料 (第 4 章注 4) による "Joint Committee on Parliamentary Privileges in 1998〜99" として "……all persons, whether peers or commoners, may be prosecuted……" とのリポートを載せている。

143

会議の前日 1786 年には、内陸部の農民などから成る 88 人で、階層からして違ってきていた[2]。

　(a)さて、州の長官、州議会などの権力者が、植民州民らに対してその権力を勝手気儘に行使しないだろうか、そうなった時、それに対する制肘はあるのか、安全弁として何かあるか。司法の力に恃むしかない、というのが自然の勢いとなった[3]。共和制の合意（consensus）は、既にできているようであったが、植民州民らがその型として強く推していたのは、あちこちで行われていた town meeting 自治に則った、立法府中心主義であった。司法に対する評価は、王家と密接な関係できた本国のそれは勿論、本国の後塵を拝しているに過ぎない植民州でのそれに対しても、完全な**不信**とまで行かなくても、**低かった**。その一方で、イギリス国会が、王の名の下に彼らに対し横暴な立法を行ったとして、立法府に強大な権力を与えることにも、疑心を抱いていた。裁判官グループと大統領とが、立法府による法律を否定できる制度を含んだヴァージニア・プラン（Virginia Plan）が、制憲会議（Constitutional Convention）の場に提出されたのには、こうした 2 つの矛盾するムードが働いていた（権力分立と司法審査との関係につき後記(2)と第 8 章参照）。

　(b)ところで、連邦政府の司法部が中央で司法権を独立して行使できるためには、それまでの連合憲章の下では存在しなかった、**連邦司法権**の樹立、誰も経験したことがない**連邦制度の下での司法制度**を、どう形成するかに答えなければならなかった[4]。それぞれが主権国家となる 13 州の上に、もう 1 つの主権国家を持って来る。その中央政府の司法部が、それら主権国

2　James Madison は、こうした各州立法府の構成メンバーの平民化による行き過ぎが目に余るとし（……abuses……, so frequent and so flagrant……）、それが連合憲章の不備、不十分さに対する是正要求よりも、もっと強く「制憲会議を早く開け」という声に結び付いたとしている（Wood, p.16）。

3　独立宣言（Declaration of Independence）中に書かれた、ジョージ 3 世王が、イギリスの不文法を破った廉により、「もはや治者（ruler）としての資格がない」、と弾劾する 18 項目中で、その 8 番目には、「植民州の司法権を確立するための法律への同意を拒んだ……」と、いうのがある。

家の司法部の最終判断を更に審理・判断し、場合によっては、これを打破るという、世界がまだ経験したことない実験である。イギリスに対する勝利が次第に確実視されるようになるにつれ、13植民州は、この問題に直面し始めた。

　イギリスから見れば、只の県（Province）に過ぎなかったが、連合憲章では高々と宣言していた州主権（state sovereignty）（III）。それまでの150年の実績と自信に支えられ、それを声高に主張するパトリック・ヘンリー（Patrick Henry）などの州権急進派議員がいた[5]。州主権を制約することに反対する強い与論もあった。にも拘らず、連合憲章の下での連合では余りに弱体過ぎる。**中央を何とかしなければ**、という声が次第に強まった。13の同輩らの集まりでは「烏合の衆」になって了う。「互いの間の通商ルール１つとっても、今直ぐにでも確立することが求められる」といった声である。その反面、中央、つまり連邦議会が勝手気ままな法律を作って「人権を蹂躙しないか」、この種の懸念も当然のように首をもたげた。間接民主主義というコンセプトも、まして政府機関の３権分立という考えも未だ十分に確定していなかったが、一方で「民衆政治」（demo-cracy）といったものへの不信も強かったから（第５章一.1.(1)(=)(b)）、裁判官グループと大統領とが、立法府による立法を否定できる制度を含んだヴァージニア・プラン（Virginia Plan）が、制憲会議の場に提出された（権力分立と司法審査との関係につき第８章と後記(2)参照）。権力への不信の場では、各州対中央の間だけでなく、連邦政府のようなものの中でも、更に三権分立が求められていた。つまり、連邦議会（立法府）（Legisla-ture）や大統領（内閣）から完全に独立した司法府（Judiciary, Judica-

---

4　憲法は、司法部については最低限の定めしかしていない（次章）。この**予め用意された曖昧さ**は、州と連邦間の壊れ易い共存ムードを刺激しないためでもあった（......studied ambiguity reflected the widespread apprehension toward......upset the compromise......）（Ellis ①、p.200）。

5　パトリック・ヘンリーは、ヴァージニア州（Virginia）の有力政治家、連合会議員、ジョン・マーシャル（John Marshall）とは、主義・主張で反対派だったが、マーシャルが、州下院議員に出るにつき応援したとされる。

第２編　連邦憲法、その成立過程、内容と、南北戦争前までの展開

ture）が、それら２府と対等で平等な機関となることの要請（いや、憲法
が定める法の最終判断者という点では、それらを凌ぐ高位のものとして形
を整え、肉付けされることの要請）である。

　㋺実は、連合憲章を変えようとの動きは、その正式成立年の翌 1784 年
には、もう始っていた。極く卑近な問題、ポトマック川の商業航行権を巡
ってである。ヴァージニアとメリーランド（Maryland）間での交渉委員
会で持ち上った。それも、邸園マウント・バーノン（Mt. Vernon）でそ
の年、委員会を開いていたジョージ・ワシントン（George Washin-
gton）その人が切っ掛けを作っていた[6]。その委員会で、「それならば、い
っそのこと全 13 州共通の通商ルールを作成してはどうか……」となり、
それを他州にも呼びかけた[7]。その問題での数ヶ月にわたる各植民州議会
での討議の間に、対象は、商業問題から人権、中央議会の組織、国防など
の問題にまで拡がっていった。

　㈏新たな交渉委員会が 1786 年 8 月に集り、拡大された対象につき用意
した連合憲章の修正案は、より強力な中央政府へ向けた 7 条からなる改正
案文を持っていた[8]。委員会が、これを連合議会に送付したところ、連合
議会は、提案を採択することなく、1 週間後に委員会に返送してきた。そ
の翌月、マウント・バーノンでは実現しなかった通商ルールのための案文
の協議のためとして、代表をアナポリスに送るよう 13 植民州のうちの 9
植民州の名で、招請状を出した[9]（Annapolis Convention）[10]。

　㈐このように、有力者らが、連合議会とは別に動いていた背景には、

6　この Mt. Vernon Conference は、Virginia と Maryland の立法府が 1785 年 1 月に航行権
　の改善のために Potomac Company を設立し、ワシントンがその president になったこと
　で、ワシントンが自らの Mt. Vernon へ双方の代表らを招聘したものだが、各州間で定期的
　に集るコンセプトを initiate したことになったという（mountvernon.org より）。
7　連合憲章の下では、無論、州際貿易が行われていたが、13 植民州は、各自に関税制度を持
　っていた。
8　7 条からなる改正案文の主なものとして次があった。①通商ルール作成権は連合議会にの
　みあり、②連合による課税や公債発行は、13 植民州議会の 100 ％ではなく、それぞれ 70 ％
　と 85 ％の多数で可決でき、③ 7 つの地方に連合議会としての裁判所を設ける、④議員によ
　る連合議会の欠席は罰せられる、など。

「連合議会(つまり、連合憲章の下での組織)の時代は終った」との潜在意識が働いていた。あるいはそれ以上に、13植民州が割拠している目の前の現実の下で、商取引上の不便さが大きかったともいえる[11]。しかし、アナポリスでは、New Jersey、New York、Pennsylvania、Delaware、Virginia の5植民州しか代表が集らなかったため、彼らは、当初予定していた通商ルール作成を行うことは無理だと判断した[12]。8月に始っていた Shays の反乱を含め、丁度その頃いくつもの反乱が各地で起こっており、Annapolis Convention では、13植民州すべてが翌1787年にフィラデルフィアに集ることの、そこで「広く基本法について再考する」ことの提言を、全州へ送付することを決めた[13]。

　(c)アナポリス会議自体が何も実を挙げていないことに加え、連合憲章の改正提議は、そもそも連合議会の専権事項であったから(憲章XIII)[14]、アナポリス会議が決めたこの提言には、正当性の問題があったが、それらの点に目を瞑って、連合議会は正式召集状を発することを決め(ただし、連合議会がこの結論を出すまでに5ヶ月かかっている〔Ferling, p.277〕)、

9　これにより実際集ったのは、James Madison のほか、ヴァージニアと、ペンシルヴァニア、ニューヨーク、ニュージャージー、デラウエアの5州の代表であって、その多くが、強い中央政府の必要を説いていたが、中でもニューヨークの Alexander Hamilton が主張していた。

10　Annapolis Convention の正式名称は、"Meeting of Commissioners to Remedy Defects of the Federal Government" であり、その名からして1つの連邦 Union を目指していた。New Jersey、New York、Pennsylvania、Delaware、Virginia の5州が9月11日～14日に集った。ほかに New Hampshire、Massachusetts、Rhode Island、North Carolina は代表を選び、国元を出発はしていたが、会期には間に合わなかった。

11　"……economic chaos……resulted from interstate rivalries, especially……smaller state, ……Connecticut, fell victim in a contest with a powerful neighbor……New York. By 1785, newspaper essays……in favor of national trade policies were commonplace." (Ferling, p. 258)。

12　その場の5植民州の代表が、そう判断し別の会議の召集を決めた時、更に2つの植民州の代表がアナポリスに向っていて、定足数(7)に達する事が判ったが、一同は、本文の決定のとおりに行動した (Ferling, p.277)。

13　Wharton v. Wise, 153 U.S. 155 (1894) では、Virginia 州が1892年に定めた法律に違反して、州内の Pocomoke Sound で oysters を捕ったとして捉えられた原告が、この制憲会議以前の州間協定 (Compact between Virginia and Maryland) などを援用したのに対し、州間協定そのものの効力は肯定されている。

14　……nor shall any alteration……; unless……be agreed to in a Congress……(XIII)。

第2編　連邦憲法、その成立過程、内容と、南北戦争前までの展開

ここに新時代招来の幕が切って下ろされた。

⑵制憲会議の開催

　㋑こうして開かれた、いわば「最後の連合議会」ともいえるが、構成メンバーなどからも別の合議体、制憲会議（Constitutional Convention）は、5月末から9月半ば過ぎまでの短期間に（ただし、合間の10日間以外休会なしに）、いってみれば一気呵成に、成案にこぎつけた。

　制憲会議以前の問題として、当時のアメリカでの憲法思想がどうであったか、各植民州やその議会においての議論なども参照されよう。一言でいって、独立宣言と略同じ時期に作られた各州憲法の多くが、共和政治と基本的人権を明定していた。つまり、**成文憲法思想**で、連邦より先行していた。また、その下敷きに、社会契約論があったといえる。その1つとして、前述したように（第2章2.⑵㋑）、ジョン・アダムス（John Adams）が中心となって作った、マサチューセッツ州憲法がある[15]。ヴァージニア植民州憲法（Constitution of the Commonwealth of Virginia）と並び、他植民州への影響力が大きく、かつその一部は連邦憲法にも採り入れられている[16]。Massachusetts Bay は、しかし、この州憲法が正式に制定されるまでに4年間も手古摺った。1776からスタートして Provincial Congress が用意した1778年版は、周辺の町村から「真の改革がない」として拒否

15　彼 Adams は、統治体を表す言葉として、ヴァージニアに倣って、ステイト（国）の代りに、コモンウェルス（共和国）（Commonwealth）を採用した。1779年9月1日の州憲法制定会議での憲法は Constitution of the Commonwealth of Massachusetts（Bay）という。州（state）と呼ばない理由には①法律上、イギリスの一部 province に過ぎない、②彼ら自身も、たとえばマサチューセッツであれば、マサチューセッツ湾と呼んでいたことがある。

16　その後、何回も修正を経たが、連邦憲法とは異り、初めから、前文にすぐ続いて、権利章典を持っていた。ペンシルヴァニア植民州憲法からも多くの条文、殊に、連邦憲法修正第1条に当る表現の自由を取り入れている。ただし信教については、「信仰の自由」という言葉ではなかった。1世紀以上にわたるマサチューセッツ湾植民社会での清教徒の他宗教に対する偏狭ともいえる圧迫、弾圧の反省からか、「超越した創造主礼拝の義務として、各自の良心に従って拝む限り、何らの迫害からも自由である」と定めていた。また、いかにもマサチューセッツらしく、「信教は権利であるとともに、義務である」という。この州憲法草稿は、大部分その原型のまま、マサチューセッツの制憲議会によって可決された。

148

されて了ったからである。中でも、西の州境にある Berkshire（今の同county）などが制憲会議の開催と、その会議による憲法案の作成、そして全町村の 2/3 の賛成による制定を要求した[17]。結局、この要求が通り、その手段・方法に沿って 1780 年に進んだのが、Massachusetts 州共和国憲法となった[18]。

　各植民州（Province）の政治が、連合憲章の作成よりも 150 年も先行していたからといって、それぞれが、州としての成文憲法を用意しようという気になったのは、イギリス憲法と決別した年、即ち独立宣言の年以降であった。いずれも、革命戦争（Revolutionary War）勃発後である（ヴァージニア、ノースカロライナやニューヨークは、憲法の中に独立を提言する言葉を謳っていた）。各州憲法成立史を並べてみると、その同時性が浮び上がる[19]。革命戦争前まで自らの政体成立の根拠（基本法）を、イギリス王からの特許状（charter）などとして受止め、ずっとそれに拠ってきた植民州（Colony, Province）民[20]。ジョージ 3 世による治世以外を知らず、自らの憲法を持つには、はっきりとした意識変革が必要だった[21]。その植民州の上に載っていた王冠が、今とれた。もう 1 回、その上（13 州の上）に何らかの**権力を持ってくる**、といわれたら、反対の大合唱しか考えられなかった。

17　その Berkshire County の Pittsfield の村の教会に Harvard を出た 21 歳の Thomas Allen が着任したが、John Locke の社会契約説に傾倒していて、民主・共和の原理を掲げて政治的に活発な司牧活動を展開し、人々からは、「戦う牧師」（fighting parson）と、また伝記作家からは "Jeffersonian Calvinist" という造語で呼ばれている。

18　制憲会議は 1779 年 9 月 4 日に、Samuel Adams、John Adams、James Bowdoin の 3 人をそのための委員に選定し、更にその中から John Adams が起草者に指名された。彼はその前月、長男 Quincy とともに弁務官をしていたフランスから戻ったばかりであった（國生一彦『アメリカの誕生と英雄たちの生涯』碧天社、2004、p.127 参照）。

19　各州の憲法成立年次は、ニューハンプシャ（1776）、ヴァーモント（1793）、ヴァージニア（1776）、マサチューセッツ（1780）、ノースカロライナ（1776）、ニューヨーク（1777）、である。

20　中には、19 世紀半ばまでイギリス王の特許状（charter）のままできた Rhode Island 州のような例もある（第 8 章の注 170, Luther v. Borden, 48 U.S. 1 (1849) 参照）。

21　革命戦争が始まる前の年でも、色々な会議の決議の中で自分達のことを王の忠誠なる臣民（subjects）とか、イギリスアメリカ人（British America〔in colonies〕）と呼んでいる。

第2編　連邦憲法、その成立過程、内容と、南北戦争前までの展開

　(a) 13州の中での一番は、やはりヴァージニア州憲法であった（1776年）。連邦憲法と同じく、その後、多くの改正を経ている。政治組織としては、二院制の立法府と、それまでの王の統治代理人（governor）に代え、行政の首長（chief executive）としていた。当初のヴァージニア州憲法は、イギリスの貴族主義を映した事大主義的な面も強かった。それが、その後の多くの改正で、この反動的要素（ヴァージニアという土地柄や、最古の植民州であることを映した要素）が、少しずつ修正された[22]。他方で、連邦憲法とは違って、その Art. 1 は母国からの独立を高らかに謳い、「人民の意に反する政府は倒しうる」と、独立宣言に似通った文言を含む。主に、ジョージ・メイソンの手によったとされる**人権宣言付き**でもある[23]。この人権宣言（Bill of Rights）は、連邦憲法のそれ（修正第I以下）に大きく影響した[24]。

　(b) 更に、注18のマサチューセッツ憲法作成の経緯につき一言しよう。1779年8月、それまで、Benjamin Franklin、Arthur Lee とともに、3人のフランス弁務官のうちの1人としてパリにいたアダムス（Adams）は、長男クインシィ・アダムスとともにボストンに戻り着いた。帰国して1週間するかしないかのうちに、ケンブリッジ（Cambridge）にあるハーバード大学（Harvard College）キャンパス一隅の教会に集った250人の代表の中から、州憲法制定会議の代表に選ばれた。先ず30人の起草委員の1人となり、更にサミュエル・アダムス（Samuel Adams）などによる3人の小委員会を構成した結果、その小委員会中から、アダムスが起草

22　中でも、①州南東部の大農場主を念頭に奴隷制の上に立って選挙人資格を定めていたのを、修正した1820年、②知事を一般選挙制にした1851年、③西部（ウエストヴァージニア）（West Virginia）の分離を迫られた1861年などの修正が大改正といえる（第6章1.(1)）。

23　George Mason は、ワシントンの邸園 Mt. Vernon の近所でもあり（……his neighbor down the road……）、州内きって政治史、政治学に通じていた。なお、戦争が始まる10年以上前の1764年に、ワシントンがその Mason 宛の手紙で「革命」（revolution）について語ったという（Ellis①, p.59, 60）。

24　人権宣言作成の中心となったのは、ジョージ・メイソンとジェイムズ・マディソン（James Madison）だとされる。

150

者に指名された[25]。こうして「マサチューセッツ共和国憲法（ないし政治体制)」が10月末近く出来上った、憲法草稿を実質的に作ったのは、ジョン（John Adams）である。

㈹一方の連合（Union）の方は、5月14日（月）召集の会議が、5月29日になって漸く実質的に仕事が始められた。所は、11年前に第2回連合議会が集って独立宣言を何とか纏め上げたPennsylvania州議事堂（State House）である。何かにつけ先駆けていた植民州ヴァージニアが、3ヶ月半ほどの制憲会議（Constitutional Convention）の場を、終始リードしていたことはいうまでもない[26]。会議に集っていた多くの州権論者や保守主義者の意図とは裏腹に[27]、会議は、連合憲章の改正の域を実質的に超えることになった。結果的に、新憲法の名にふさわしい連邦憲法成立へと進んだが、その叩き台となったのも、同州から出されヴァージニア・プラン（Virginia Plan）であった。その主要点は次である。

(ⅰ)そこでは、先ず、新憲法ではなく、連合憲章の修正・拡大（......the Articles of Confederation......to be so corrected and enlarged......）という言葉になっていた(1)。これは、州権論者などへの受けの易さを狙ったものであろう。目的は、連邦憲法のそれと略同じ、共同の防衛、自由の確保と一般的福祉（......common defence, security of liberty and general welfare......）である。(ⅱ)各州の声は、それまでの1票ずつから、各州の寄付金額（Quotas of Contribution）ないし自由民の人数比例による割付

25　ただし、憲法が正式に採択されたのは、アダムスが再びパリ赴任の命を受け、フランスへと赴いた後の、1780年6月であった。

26　注29の1787年6月1日付のジョージ・メイソンの手紙は、（議会の前に君に少し話していたplanだが）、「わがヴァージニアが、そのoutlineを紹介する名誉を受けた」（Virginia has had the honor of presenting......）との報告で始っている（Niles, p.306）。

27　Annapolis会議から、この制憲会議までの約8か月の間に、会議が州権論者の手によって反対の方向に引きずられないか、James Madisonらは予め手を打っていた。殊に、制憲会議の開催そのものに慎重であった連合議会が、会議の目的について、「連合憲章の修正のために」（"......for the express purpose of revising the Articles of Confederation......"）としていた中で、会議の目的が遂げ易くなるように、Annapolis会議では、うっかりして招いていなかった重鎮のワシントンに、何が何でも来て貰うことにした。（Ferling, p.277）。

第2編 連邦憲法、その成立過程、内容と、南北戦争前までの展開

け制にする（後のウエストヴァージニア州から、ケンタッキ州に至る広い州域と、多数の大農場主を抱えたヴァージニア州的要求といえた）。

(iii)中央の立法機関（National Legislature）は2院制で、そこへの代表は、各州機関のメンバーにはなれない（3〜6）。(iv)中央の執行機関（National Executive）は作るが、その機関の選任は、（中央の）立法機関が行う(7)。(v)執行機関と中央の司法部（National Judiciary）の何人かから成る、**改正諮問委員会**（Council of Revision）を作る（これがヴァージニア・プランの代名詞となるほど有名な提案で、それにより、中央の立法機関が専制政治的な立法を行うことに制肘を加える）(8)。

(vi)中央に司法部も設ける（州権論者が最も拒否する点であるが、それまで、中央の司法部が欠けていたことにより、各州間の紛議を平和的に処理できなかった連合憲章時代の経験から、各州の希望もあったと思われる）(9)。

(vii)中央の機関は、新州の加盟についても決めるほか(10)、各州が共和国であることを保障し、その領土を保障する(11)。(viii)これによって作られる（修正される）ものを"Articles of Union"と呼んでいる。また、その時まで、連合議会（Congress）が存続されるべきことを定め(12)、そのArticles of Unionの改正のための規定が設けられるべきこと、ただし、それには中央の立法府の同意は要しないことを定める(13)。(ix)各州の三権の担当者は、このArticles of Unionに支持の宣誓をすべきことと(14)、このArticles of Unionの批准手続についての骨子を定める(15)[28]。

(ハ)全国各地から集ってきた五十数名の代議員（delegates）から成る制憲会議。Colonel George Masonから"to a friend in that state"と題された手紙は、その模様（殊に、初めの頃）について、安堵の気持とともに、仲間の態度などを誉める言葉を表している[29]。手紙はまた、全米の目がこ

28　これらのヴァージニア・プラン中の条文で連邦憲法の一部となったものとして、上記の(b)、(c)、(d)などが目に付く。なお、この(d)に当る連邦憲法は、保障条文（Guarantee Clause）とも呼ばれている。

152

の制憲会議に注がれ、「狂おしいほどの期待が寄せられている」とも書いている[30]。

　制憲会議が、各期日に 50 数名もの代議員による討議を経ていることから[31]、ヴァージニア・プランを、そのまま連邦憲法と見比べることには限られた意味しかないが（面影はあっても、条文として、そっくりそのまま残っているものは、多くない）、その重みは、十分に認められる。王からの特許状も 1607 年と一番古く、領土も広く、人口も最多で、政治・軍事面での活躍も大きかったヴァージニア。新国家樹立を討論する場で抜きん出たイニシアティブをとっていたとしても不思議ではない。しかも、現代アメリカの背景となる憲法上の 2 つの原理、共和制（民主主義）と三権分立は、同州の 1776 年の権利宣言（Virginia Declaration of Rights）（注 58、59）と、それに続く州憲法によって既に実定法となっていた。それが、制憲会議でしっかり提案されていた。

⑶触りたくない論点とヴァージニア

　㋑制憲会議（Constitutional Convention）を振返ってみて、注目すべきなのは、会議の期間の短さの一方で、一番の困難な点には殆んど触れていないか、サッと流して終っていることであろう。憲法（統治機構）の骨格をどうするかで、制憲会議で揉めた困難な点の 1 つ、13 州（states）と中央（general government）との関係を直接正面から規律する条文は、出来上った憲法中にはなかった。別言すれば、州と中央のどちらに主権があるのか（双方ともにか、そうとして、その間に主従の関係はあるのか……）、対外的な問題は中央が所管することになろうが、関係が問題にな

29　I have the pleasure to find……many men of fine republican principles.
　　America has certainly……drawn forth her first characters；……many gentlemen of the most respectable abilities……of the purest intentions (Niles, p.306).
30　……their expectations raised to a very anxious degree；(*ditto*)
31　5 月 25 日に 74 人のうちの 55 人の代議員が出席していて、うち 39 人は、連合憲章時代にも代議員であったから、連合憲章の欠点を**いや**というほど経験していたと思われる。

153

るのは、純粋な国内の監理・統治である[32]。この主権論は、制憲会議で根本から議論するには、議論のスケールが余りに大きくなり過ぎることが明らかであった。

もう1つ、容易に連合を分裂に追い込みうる論点である奴隷問題も、表立って出てきたら、正に収拾がつかなくなる議題であった。憲法は、奴隷という言葉自体は使っていないが、連邦議会の立法権に絡んで、3ヶ所でかなり入念な定め方をしている[33]。「入念」の意味は、このアメリカにとっての一番困難な問題を、連邦議会が向う20年間議事としないよう、注記のような二重三重の妥協を憲法に盛込んだことを含んでいる。言い換えれば、「今はお蔵入り」、とした。

(a)この先、色々な問題の度に頭を擡げ、今も擡げ続く人種問題。こうした**問題を先送り**することがよかったかどうかは、歴史の答えに待つしかない[34]。南北戦争のことはいうまでもないが、戦争以前の1820～1850年代にかけて、文字どおり**議会の内外**での乱闘の挙句、何とか成った3つの大妥協（Big Compromise）のような舞台の表裏での激しい闘い（荒っぽくいえば、南部州と北部州との）が闘わされることを含んでいる（第5章二.2.(2)）[35]。

連合憲章の下でのような緩やかな連合（外交、軍事で共同する友好的団体）ではなく、「州の上に連邦」、という二重国家を作るとの方向。それが、議論が進むにつれ、明らかになった[36]。そのことが意味する課題の前に、

---

32 汎米条約の1つ1933年のMontevideo Convention of the Rights and Duties of States 中では、連邦国家は国際法上（in the eyes of international law）、1人として数えられる旨の定めがなされている（Article 2）（第7章2.）。

33 奴隷を自由人（free Persons）に対し、**その他の人**（other Persons）と呼び、①中央の立法府での各州の発言権の大きさを意味する下院議員数の各州への割付けの基礎となる人口数で、自由人に**その他の人**の3/5をかけた数とし（Ⅰ、2）、②現存する州で妥当として、承認しているような人（such Persons）の移民と輸入を、連邦議会が1808年までは禁止することができないとし（Ⅰ、9(1)）、③いかなる憲法修正も、1808年までは、同条に影響を与えることができない、というものである。

34 Ellis②では、一番激しい議論は、「無論、奴隷問題についてである」、とした上で、「彼らは、それを当面の議題から何とか外した」（they managed to take the most threatening and divisive issue off the political agenda……）といっている（p.17）。

そこで起こりうる事態の前に、有力州の政治家などの心はおののいていた。勿論、党派的争いも繰り展げられた。その最大公約数が革命戦争当時から尾を引くフェデラリスト（Federalist）対アンチ・フェデラリストの対立である[37]。この対立がはっきりと出てきたのは、イギリスとの死闘が終って、「さて、この先どうなる？ どうする？」となった時であった。今までのような、緩やかな連合とはどんなものだったか、の疑問が改めて浮上した。

(b)政治体制という面では、無論似たところも多かったが、13州は、地理的位置も、歴史も、1つ1つ違う。そこに自ら利害の対立も生ずる[38]。その最大のものが、経済・社会の根幹に関わる奴隷制度であった。互いに鋭く利害が対立する中で、双方が強い猜疑心を抱いていたことは確かで、いずれか一方が、植民州の上に何らかの権力を持って来ようとすると、それに対する抵抗には抜き難いものがあった。こうして、北と南とで立場が全く異なる奴隷問題は、連邦マターから完全に外された。

イギリスと戦う中で、連合憲章を作成するところまでの結合には踏み切った13植民州であったが、今回そこから更に現憲法へと進んだ。13植民州と中央との関係を大きく変ることになったこの歴史の曲り角も、1世紀近い時を経てみれば、少し客観的に見ることができる。この連邦（合衆

---

35 最終的に、それは70万人の犠牲を出した内戦によって答えられることになるが、あの時、正面から問題に向い合い徹底的に議論していたとしたら、合衆国が不成立に終わっていたのか。兎に角、彼らは、成功の可能性より、危険の方が大きいと見た（……risks outweighed the prospects for success;）。そこで全く意識的に、問題を議題から完全に外した（……they quite self-consciously chose to defer the slavery question by placing……it out of-bounds……）（Ellis ②, p.18）。

36 すぐ隣の Creek Indian 族の脅威におびえる Georgia は、ある程度強い中央を、また New Jersey と Connecticut も突出したニューヨークの商圏を柔げてくれる中央を、そして Massachusetts と New Hampshire は、ヨーロッパの漁業界の圧力に負けない中央の力を、それぞれ期待していた（Ferling, p.283）。

37 Federalist（Federalism）と、第1期から第5、6期まで数えられる政党組織の時代区分の意味につき、第5章注192参照。ここでの Federalist とは、「強い中央政府の推進派」といった意味である。

38 マサチューセッツなどのニューイングランド地方では、各州間の利害が共通することも少なくなかったが（前出のボストン虐殺事件や茶会事件の時のニューヨーク、コネチカットなどの議会による協賛の議決参照）、それらと、南部諸州との間となると、利害が大きく異る。

第2編　連邦憲法、その成立過程、内容と、南北戦争前までの展開

国）結合の性質について、最高裁の Salmon Chase は、述べている[39]。「……結合は、決して純粋に人工的、かつ恣意的に作られたものではなく……共通の源、互いの共感、親近な原理、同種の利害、そして地理的関係から植民州の間に自ら育ったもので……革命戦争の困難によって確かめられ強化され、連合憲章によって確かな形と性質と、正当性を与えられた」と[40]。彼は、更に連合憲章から連邦憲法に至る転換につき述べている。「このようにして、厳かに**永遠のもの**と宣言された連合が、国の緊急事態に対応するのに不適切と判った時、その前文でいうとおり、**より完璧な結合を成しとげるため**……憲法が作られた[41]。この結合の不可分裂性を示すのに、これらの言葉以上のものはない……」。これはしかし、13州の結合の理由にはなっても、二重国家の原理（federalism）を説明するものではない（第8章3.(1)）。

　(c)皆が避けようとしていた第2の難問、奴隷問題。13植民州の盟主として振舞おうとしていた Virginia と、その有力者達のこの問題での態度は、意図的に曖昧かつ微妙であった。Virginia には、South Carolina に次いで2番目の、その人口の60％、30万人近い奴隷がいるという立場があった。しかし、一方では、何かにつけ「1776年の精神」（Spirit of '76）を最も声高にいっていたのも、外ならぬ Virginia のリーダー達であった。つまり、この奴隷問題に関する限り彼らの態度は、自己矛盾、自己撞着の見本のようなものであった。それゆえ、Virginia のリーダー達（Forefathers of Virginia〔FFV〕）は、奴隷制度反対論を口にしていて、北西政令（Northwest Ordinance）で、**北西テリトリ内での奴隷禁止を**

39　南北戦争で連邦を離脱し、別の政府を樹立した Texas 州が、戦後離脱していた間の州当局が行った公債の処分の効力を争った事件で、Texas v. White, 74 U.S. 700 (1869) での話しである。

40　"......never was a purely artificial and arbitrary relation......it began among the Colonies and grew out of common origin, mutual sympathies, kindred principles, similar interests, and geographical relations......confirmed and strengthened by the necessities of war, and received definite form and character and sanction from the Articles of Confederation."

41　"to form a more perfect Union......"

156

定めることとなったのには、Virginia Republican の首領で、100 人超の奴隷を所有し、奴隷たちから "Massa Tom" と呼ばれていた Jefferson の提言が利いていた。憲法を条文毎に確定していくのに最も力を発揮した Madison も、連邦比率 3/5 を定めるのに（I、2 (3)）、忸怩たる思いを吐露している[42]。

(ロ)その汚点を除くと、統治機構の規定においては、連邦憲法は「よくできている」、といえる。ジョージ・ワシントン伝記で著名なエリスも、「連邦憲法のメリットの１つ、それは書きすぎていない（大まかで、余白を置いている）点である」と、その柔軟性・適応性を指摘している（今日まで 27 の修正は、少いと見てよいであろう）。またある評者は、現実の体験（主として革命戦争を挟んだ 2〜30 年間）から生れた文書だ、といった意味のことを述べていた。確かに、**年季奉公者**とか**私略船**とか、具体的に起きた史実に絡んだ条文が少からず含まれている（後出）。その反面、（たとえば共和制なり王制否定なりの、また "Spirit of '76" などの）観念的・抽象的な原理を謳う言葉は少く、３行の前文中の僅かな言葉に、見られるだけである[43]。

(a)この憲政史上の最大イベント、制憲会議に２人の独立の父祖の姿がなかった。あの第２回連合議会 54 人の代表のうち一番情熱的で声も大きかった John Adams は、初代合衆国イギリス公使（minister）として、妻 Abigail とともにロンドンにいた。アダムスとは対照的に普段はむっつり屋のトーマス・ジェファーソン（Jefferson）は、フランスへの公使の１人として Franklin などとともにパリにいた。

1787 年に入るや、祖国での制憲会議の成行きを思い、高ぶる興奮を抑えつつ、自らの考えを走り書きにした Adams は、祖国と Jefferson とに送っている[44]。Adams が Jefferson（制憲会議へのと略同じ）に送った執

---

42 "……it may appear to be a little strained……" といっている（Ellis ③, p.95）。
43 われら人民が、……この合衆国憲法を打ち建てる（We the people……, do ordain and establish this Constitution……）。

第2編　連邦憲法、その成立過程、内容と、南北戦争前までの展開

行機関大統領についての提案に対する Jefferson の反応で注目されるのは、「ポーランド王の下手な真似」（"a bad edition of a Poland king......"）ではないかとする、執行部（executive）に対する彼の強い不信である[45]。これに対し Adams の場合は、むしろ立法府（Legislature）による専横を心配し、「強い執行部でバランスをとるべきだ」、と考えていた。そこには、Massachusetts Bay 植民州の 150 年に及ぶ歴史、そこで見られた少数の magistrates による寡頭政治の経験があった[46]。

（b）一方、制憲会議の模様をパリにいるジェファーソンに詳しく報告していたマディソンは、成案が纏まった後の 10 月に、以下の 2.(2)(ㄷ)に記された（要約的）メモを送った上、次を加えている。

（今回の会議で）次の基礎が築かれました。

①共和制政治の骨組みの上に、執行部には然るべき活力、立法府には然るべき安定、が可能なようにする。

②中央政府と各州政府との間にはしっかりとした線引きをし、全体的・一般的な権限は中央政府に与えるとともに、各州政府がやった方がよいことは、すべて各州政府に残す。

③各地域の利害に対応する。

④大きな州と小さな州の対立を調整する。

マディソンは以上のうち、第 2 点の、「中央と州間の権力分担」を最も難しい問題としていた。

（c）事後報告は次の要約で結ばれている。

44　それは、彼が 8 年前 Harvard 大学のキャンパスの一隅で書いた Massachusetts 憲法と同じ三権分立を基本とする考えで、A Defense of the Constitution of Government of the United States of America と題され、彼が 1776 年に物していた "Thoughts on Government" の流れを受けたものであった（McCullough, pp.374-395）。

45　「4 年毎にくり返し選任され、軍の総帥となり……簡単には降ろせないよ」（......not be easily dethroned......）といっている（McCullough, p.380）。

46　Adams の Jefferson に対する返事が、この違いを明瞭に示している。「君は 1 人に対して心配し、僕は数人（the few）に対して心配している。下院は、多数から選挙されてくるから公平で代表的という点で問題ない。問題は上院だ……」（*ditto*）。

158

いずれも困難に充ちた問題であり、意見の違いを考えると、今回、何とか合意できたのは驚き（miracle）としかいえません。特に、執行部の体制について問題が多かったです[47]。任期と再任問題に絡んで、とりわけ根深い懐疑心が示されました[48]。立法府では（殊に、再任問題などで）否定論が強かったです。権限の幅で一番多く議論されたのが、役人の任命権と、立法府との力関係です……。

㈠制憲会議開催の1787年より1、2年前、まだ**連合**（Confederation）の時代、この先、連邦として一本に纒まれるのか、心配させるような外交案件が残っていた。それも、13州の同輩中の第一人者 Virginia として[49]、他州から余り触れられたくないスペインとの関係の問題である。戦争が実質的に終ってから5年（平和条約から3年）のアナポリス会議（Annapolis Convention）の頃には（前出）、Southwest と呼ばれていた南西部（まだ州としての名もない、後に Kentucky や Tennessee になる広大な地方）に入植者社会が築かれていた。Virginia をはじめとする南部州からの入植が多いこの西部社会（その主流は、農業それも食糧生産であった）が、スペイン（Spain）との間で懸案を抱えていた[50]。

(a)イギリスからは一応独立したものの、新大陸にはスペインという、13植民州より遥かに古顔の地主がいた[51]。そのスペインとの境界の確定と、スペインが河口 New Orleans を押えているミシシッピ川航行権の問題が

47　「1人にするのか、多人数か（結論として、これは余り支持者なし）、任命方法は、任期は、権限の幅は、再任を認めるか、など」という。

48　「どう取決めようと、やがて長期間の再任になりやしないか、それが結局『一生の……』となり、更に世襲制になるのではないか」といったことです（これは、かねてからの Jefferson が口にしていた懸念でもあった）。

49　周りの仲間が皆 Virginia を13州中の第一人者と考えたり、いったりすることに George Washington が反対していた（注 144）。

50　この西部会社は、西と南のフランス、スペインの開拓者社会へと、食糧を売っており、その流通ルートは、オハイオ川（Ohio River）からミシシッピ川（Mississippi River）へ、更に一部は、ミズーリ川（Missouri River）などを利用していた。スペインが、そのミシシッピ川の航行権を、新生アメリカに否定する通告をしてきていた（Banning, pp.66-67）。Kentucky や Tennessee の開拓者ら（settlers）は、John Jay と Don Diego de Gardoqui との交渉で連合議会がどう結論を出すか、固唾を呑んで見守った《しかし、北部州のみでは9州に至らず、連合議会としての条約批准は不可能であった》（Ferling, p.265）。

159

あった。スペイン特使の出してきた条件は、アメリカが向う25年以上ミシシッピ川の航行権を放棄する代りに、スペインは、アメリカをヨーロッパで「もっと独立国らしく扱い、船の入港などを認めよう」というものであった[52]。スペインの条件にはこの他、北アフリカの Barbary Nations による海賊行為からアメリカを防衛してやることが含まれていた。

　川の航行権放棄で一番失うものの大きいのが、オハイオ川北西部を含め、アパラチア山脈の西に人と金を注ぎ込んできた Virginia である。これに対し、ヨーロッパとの貿易の窓口になっていた北東部 New England 諸州は、ミシシッピ川の航行権はどうでもよく、アメリカの商船が、地中海を自由に航行できることのメリットを含むスペインとの国交の正常化の方を早くとりたがっていた。この外交交渉は、連合憲章と連邦憲法との間の狭間の時期に降って湧いた問題であった。スペインによる通告を受けた連合の Congress は、John Jay を派遣して交渉に当らせた。1785年の夏から行われていた John Jay とスペイン特使との交渉は長くかかった。1786年になっても交渉は解決の糸口が見えない一方、連合の内部自体も、複雑さを加えていた。北と南との経済的利害対立の要素が強まる中で強力な中央政府を前提とした基本法を求める動きが起き、その点で、北東部の人士と南部の人士とがこの年遂に合意し、Annapolis 会議を経て、制憲会議を招集することで一致した。

　(b)制憲会議召集で、連合の結合を強化することの必要性で、この時期、中心人物の1人となったのが、Virginia、Montpelier の名家の出の James Madison である。30歳に近くなって連合議会下院への Virginia 代表の1人となった。Madison はまた[53]、この時期に急転換した人の1人

51　Spain は、イギリスとのパリ平和条約で当時の Florida 地方の領有権を（再）取得した。この Florida 地方とは Mississippi 川とその流域を含み、また北緯32°（今の Mississippi 州と Alabama 州の南半分）にまで及ぶと Spain は主張していた。

52　アメリカ人の運航する船は、Boston など北東部の所有が多かった。

53　同州の Patrick Henry は、Madison が連邦上院議員に選出されるのを妨げたため、1789年の開会までには、同州の定員の2人のうち1人（William Grayson）のみが選出されただけであった（millercenter.org）。

であった[54]。初め中央が強くなることに否定的であった彼は、連合議会に課税権（impost）を認めることと、その各州に対する強制権に、当初 No の投票をしていたが、イギリス軍が Charleston、South Carolina から始って南部州を広く荒らし回るのを見ていて、その原因の一部が、連合議会の力の弱さに起因すると判断した[55]。それらのことが、彼を 1786 年までに制憲会議開催の promoter にさせ、また連邦課税権の推進者とさせていた[56]。

　(c) Mississippi 川の船行制限か、スペインとの友好関係か、この選択肢を巡って北東部州と南部とが、互いに相手方を「利己主義」だと非難の応酬を繰り返し、鋭く対立していた。問題は Congress assembled が John Jay に与えた交渉のための訓令である。ところが、アナポリス会議を目前にした 1786 年 5 月 John Jay が Congress からの訓令にも拘らず、Mississippi 川の航行制限を受容れ、スペインと妥協したとの報告が Madison や Monroe など、Virginia の有力者らの耳にもたらされた[57]。しかし結局、連合の Congress はこの条約を批准しないで終った。こうした現状下ではアナポリス会議そのものの成功ばかりか、このままでは統一への動きも瓦解することが確実視されかねなかった。

54　積極的でなかった Madison が、制憲会議の招集に積極的になるまでには、そうした会議から Virginia が、その "power and importance" を "intact" のまま出てこられるか心配していたことがあった、と記されている（Ferling, p.268）。

55　1784、5 年には制憲会議の招集に積極的でなかった Madison に最後に転換を促したのは、ミシシッピ川航行権を巡るスペインとの間の Jay-Gardqni 交渉での危機であったという（Ferling, p.263）。

56　このほか "Newburgh affair"（第 2 章 3.(2)(ロ)）も、Madison の考え方のこうした変化を促した。1780 年代半ばまで、中央の力を強めることに反対だった Madison であったから、1786 年に課税権賛成に回った時も、(Chesapeake 地方のタバコ貿易が、北部州の手中に陥って了うと心配して) 中央が通商立法権を持つことには依然として反対していた（ditto）。

57　その暫く前の 3 月 19 日には、Madison は Monroe から「New Jersey が連合の分担金の支払に応じようとしない……」と聞かされたばかりであった。スペインの条件にはこのほか、北アフリカの Barbary Nations による海賊行為からアメリカを防衛してやることが含まれていた（Banning, p.66）。

第2編　連邦憲法、その成立過程、内容と、南北戦争前までの展開

2.　制憲会議での討論（debate）

(1)合言葉、「自由民の主権」

　(イ)前述のとおり、かなりの数の代議員らは新国家の骨格作りを目的に、それも「無から有を作る」新中央政府組織造りのために、会議に集ってきていた。政府組織造りの点を別にすると、もう1つの大きな基本は、人権宣言である。独立宣言であれほど唱えていた言葉、「自由民の主権」（Spirit of '76）であるが、出来上った文書のどこを見ても、そうした言葉は、踊っていなかった。1つの理由として、自由民の主権の問題は、自由民に一番近いところ、州政府との間の問題という頭があった。ヴァージニア・プラン（Virginia Plan）が叩き台になったが、それを携えて出席したマディソン（Madison）が、その頭でいたし、州憲法とは別に、人権憲章を持っていた彼らヴァージニアンにとって、それが、極く当り前のことであった[58]（11年前にヴァージニア州憲法とは別に、人権憲章を作り上げ、独立宣言より2、3週間早く採択していた）[59]。

　(a)ヴァージニア州憲法の内容の多くは、独立宣言や他州の州憲法でも模倣されているが、このうちの**ヴァージニア権利宣言**は、教本にされ方が、2つの面で著しい。第1は、権利宣言中の多くの条文や言葉が、ジェファーソンが書いた独立宣言（Declaration of Independence）の原稿に殆んど同じ形で生かされたこと。第2は、13州のみならず、その後にテリト

---

[58] ジョージ・メイソン（Mason）が同年5月20日に用意したというヴァージニア権利宣言（Virginia Declaration of Rights）で、1776年6月12日にウィリアムズバーグ（Williamsburg）で開かれた第5回ヴァージニア州議会で採択されていた（図表2の⊗）。

[59] 同権利宣言は、その後、1776年6月29日に憲法の基礎となる法原理を述べたものとして、ヴァージニア州憲法の前文として一体化され、採択されていた（1830年には更に、ヴァージニア州憲法のArticle Iの中にとり込まれている）。これを用意するには、メイソンが1689年のイギリス人権憲章を参照し、マディソンほか数人が、一部の条文作りを手伝っていた。

リから州に昇格して連邦に加盟した9州という多くの州で、それが、州憲法の Article I、ないし人権宣言として模倣されている点である。

(b)教本とされた部分についても2点ある。先ずヴァージニア権利宣言中の短い（1、2行の）前文、「ヴァージニアのよき人民らは、その主権の行使として政府の基本と礎石として、彼らと彼らの子孫に係るこれら権利の宣言をする」、である。独立宣言中には、この前文に続く条文の多くも再述されている。その後ヴァージニア州憲法 Art.I、15へと移行した条文の多くは、また連邦憲法と、その人権権章（修正 I ～ I X）中に、その相似形を見つけることが容易い[60]。

(c) Declaration of Rights でもう1つ教本とされたのは、人民の権利とともに、権利を保持することについての人民の側の義務について謳っている部分である[61]。9州での教本となった。エッセンスを抜き出して見よう。2つの部分からなる。人民に与えられるどの自由な政府、どの自由の恩恵も、（人々の）**正義、節度、中庸、勤倹および人徳**、ならびに**基本原則への不断の回帰**によることなしには維持されず、それらの権利が、同時に**義務でもある**ことの、すべての市民による認識によってのみ、また**法が敬わ**

60　参照価値が高いので、Virginia Declaration of Rights の最初の1～5条のみを紹介する。
　①section 1 は、**人々の平等と権利**という見出しで、各人が、自由・独立で、自然の内在的権利（それらは生命、自由、財産権、幸福と安全の追及が主である）を保有し、彼らが作る社会では、いかなる協約によっても、それらが奪われることがない……。
　②すべての権力は人民にあり、人民に由来し、代官らは、その受託者・召使（servant）として、常に人民に諒とされるような者でなければならない。
　③政府は、これら人民の共通利益、保護と安全のために存在し、そのために形成されるのであって……もし、そうでなくなったならば、その社会の多数派は、何人も反駁できず、かつ奪われることのない権利をもって、彼らがベストと判断するように、そのような政府を改革、変更、または廃止できる。
　④どの人（々）も、共同体のための公共奉仕に対して報酬や特権を受けることはなく、また代官、議員、判事などの地位が相続されることもない。
　⑤立法、行政、司法の三権は、分立・独立であるべく、どの一員も、人民の負担となってはならず、一定期間の後には私生活に戻り、正しい選挙を経た他の人によって代えられ、再び立候補できるか否かは、法律によって決まる。
61　現在はヴァージニア州憲法 I、15 の条文の前文となった部分で、政府側が守るべき連邦憲法中に採り入れられている人権を謳う一方で、権利を保持することについての人民側の義務を強調する、基本的姿勢を示している。

第2編　連邦憲法、その成立過程、内容と、南北戦争前までの展開

れ、適正手続が守られる社会によってのみ、それらの権利も初めて維持され得る。

　自由な政府が、すべての進歩と同じように、知の最大限の拡がりにかかっていること、またこの共和国は、天がこの共和国人民に豊かに施された人々の才能を活用できるよう、そのための効率的な教育システムを共和国の隅々にまでフルに展開できる機会を確保しなければならない。

　(d)独立宣言（Declaration of Independence）中の言葉（特に前文の第1、第2文などのそれ）が、上記(a)（注60）条文（Ⅰ、1～5）によく似ていたことは見た。一方、上記(c)の文言については、他の9州では、長短など多少の違いはあるが、これに似た言葉、似た条文を設けているが[62]、独立宣言（Declaration of Independence）中には、その言葉はない。9つもの多くの他州で採用されたということは、上記(c)の義務の言葉が、アメリカの独立を支えた人々多数の心に響き、共感・共有されていた証といえよう。彼ら（建国の父祖ら）（founding fathers）が、単に天賦の自由と権利を掲げていただけではなく、その保持のために、彼ら自身の努力、**市民的責任**（civic responsibilities）、そして**教育の重要性**、**必要不可欠性**を共感し、明定していた[63]。

　(e)17世紀、18世紀、新大陸へ移住してきたのは、カトリック王の迫害から逃れてきたピューリタンだけではない。連合前史で見たように、年季奉公者（indentured servants）（いわゆる一旗組）が過半を占め、多民族化も進んでいた（第1章）。そうした、いわば混成部隊から成る社会に向って、指導者らは、基本法で**市民的責任**を強く訴える必要があったものとも考えられる。

62　似た言葉を組入れた9州憲法（制定年）とは、マサチューセッツ（1780）、ノースカロライナ（1776）、ヴァーモント（1777）、ニューハンプシャ（1776）、ウィスコンシン（1848）、ウエストヴァージニア（1872）、ワシントン（1889）、サウスダコタ（1889）、ユタ（1895）である。略すべてが、「自由の恩恵や政府の役割は、（憲法の）基本原則への不断の回帰によることなしには維持され得ない」と謳っている。

63　このように、権利としての面と同時に、自由の義務の面を強調するのは、日本国憲法にも見られる(12)。

（ロ）いずれにせよ独立宣言から11年後、今度は、制憲会議への代表委員（delegates）として再びフィラデルフィアに参集した父祖らは、これらの人権の基本原理を、今更憲法に盛込まないでもよいと考えた。それよりも、（成功するかどうかを危ぶみつつも）「兎に角、もう少ししっかりしたリーダーシップの下での国造りを固めなければ」と、約4ヶ月を集中的に政治組織作りの議論に充てた。

（a）制憲会議（Constitutional Convention）は、5月25日にRhode Islandを除く12州の代表55名が漸く集り定数に達して[64]、第1期日（秘密会）が開かれた[65]。会場から、「事務局は日誌をつけて議長に提出するように」という指示が出され、次を決議した。

「もし、仮に憲法の下で連邦（議会）が結成されるようなことになれば、この指示に沿って、議長ワシントンは、日誌その他の記録を保管すべし……」[66]。

この事務局日誌を元にした記録から、討議は、ヴァージニア・プラン（Virginia Plan）を中心として進められたことが知りうる。5月29日の制憲会議議事録では、ヴァージニア議員団から草案を提出するようにいわれていたVirginia governorランドルフ（Edmund Randolph）が、それまでの連合の組織・機構を振返ってから、Virginia Planの提案要旨と警告を述べたと記されている[67]。その中で、Randolphは、会議で皆が考え

---

64 王権派（loyalist）が強く、13州の中でしんがりで合衆国の一員となったRhode Islandは、制憲会議の代表をフィラデルフィアに送ることもしていない（Ferling, p.295）。

65 制憲会議の場所Philadelphiaは、一番北東のマサチューセッツ州からだと、馬に乗り3週間近くかけ、10くらいの渡しを渡る旅である。

66 連邦（議会）の公文書記録についてのFarrand記録によれば、議長Washingtonの質問によりなされた本文のこの決議の結果、これらの文書は、1796年に国務省に寄託され、その後、連邦（議会）の上、下院連名の決議により、1818年、最初の限定印刷にかけられた（Monroe大統領は、この印刷を、時の国務長官John Quincy Adamsに委ねた）。

67 1787年5月29日（火）の記録では、ヴァージニアのランドルフ氏（Edmund Randolph）が15項目の基本提案を行っているが、①2院制の中央の立法府（National Legislature）、②中央の執行者（National Executive）のほか、③その執行者と中央の司法（National Judiciary）から成る評議委員会（Council）が、立法を審査することが含まれている（Avalon Project）。

165

るべき問題として、先ず、「1つの政府が有すべき性質・機能は何か」「その点で、大きく欠けていた連合には、どんな危険・問題があったか」「その是正措置はどうあるべきか」、の3つを挙げた。その上で、特に外国からの侵略、連合内での仲間割れ、扇動、その他の各州が個別では処理できないそれぞれの脆弱性をどう克服するのか、そのためにも、「各州に対する中央政府の優位を深考すべきだ」、としている。

(b)大統領など三権に係る実質的な討議は、5月29日〜9月6日の間行われた。もう1つの提案、連合憲章に近い内容のニュージャージー・プランの議論にも3日かけたが、多数決により葬り去った。

ジェファーソン宛手紙でマディソンが述べていた「制憲会議での激しい意見の対立」、は誇張ではなかった。先ず、中央政府に対する反感がある。中央政府ができると、小州の代表らは「それに飲み込まれて了う、**財産併合（hotchpot）が起きる**」と、騒いだ（彼らの主張は、これまで〔前章の連合憲章時代〕と同じ、全13州による**単純連合**である）。直ぐに葬り去られたニュージャージー・プラン（New Jersey Plan）だったが、その考えに立っていた（小さな州はサッとその支持に集った）。New Jersey Plan は葬り去られたにしても、小さい州と大州との対立抗争は、制憲会議の期間を通して執拗に続き、時には感情的な場面も出てきた（**ののしり合い**が余りも激しくなったため、ベンジャミン・フランクリン（Franklin）が、「牧師による祈禱を上げよう」、と皆に訴えたほどであった）。

(c)小さい州の動きに対し、マディソン（Madison）らがとった作戦は、人民主権（people's sovereignty）を前面に出すことだった。「中央政府といったって、人民全体で選ぶんですヨ！」

これは、憲法草案がやがて、批准のため全13州の議会にかけられた時に直面する反対者に対しても、一番の特効薬に思われた（新憲法により地位を失う議員らに対する納得材料としても含め）。Madison は、連邦憲法成立そのものには熱心に働いていたが、決して中央政府強化論者ではなかった。その点で、同じく連邦憲法成立に熱心に活躍していた中央政府強化

論者の Hamilton とは、明確に違っていた。後に顕在化する違いであるが（第5章）、Madison は、何回も主張していた。

「憲法が、中央政府に何らかの新しい権限を与えるというよりは、これまでも中央政府（つまり連合）に備わっていた権限を、はっきり有効にしただけ考えるべきだ（それ以上のものではないと）[68]」。

(ハ)もっと根本的な対立も完全に消滅した訳ではなかった。「王制でどうか」、と真面目に言い出す輩が、（殊に南部などに）まだいたのだ[69]（いくつかの州が、独立と略同じ頃の憲法中で、連邦憲法の定め（Ⅰ、9(8)、10(3)）と同じく**貴族の称号**（nobility）を禁止しなければ安心できなかった事実もある）。

その年の夏には、新聞記事だけだったにしても、次のような話しが書かれた。「……この国（州）は、いずれ王制に戻るだろう……ジョージ3世（George, III）の次男ヨーク公フレデリック（Frederick, Duke of York）、現在プロシアにいるこの在俗司教を、連合の王に呼ぼうとの企画が進められている……」

しかし、大勢は揺るがなかった。多くの人が求めていた一番の原則、そのために闘い、血と汗を流してきた合言葉、不可奪の権利（unalienable Rights）を持った**「自由民の主権」**。州憲法にあったような共和制ないし**共和国**の言葉はないが[70]、全条文についての4ヶ月にわたる討議の中で、全議員がそれ（Spirit of '76）をベースに議論をしていた。そして短い前文には、"We the people……"と、民定憲法であることを明言している。

(a)一番の対立点は、無論各州の立法府での発言権の大小である。立法府が2つある（bicameralism）草案の下で、具体的には、①大州のいうとおり、下院を各州の人口比例にするか、②上院を各州1票ずつという、連

68　repeatedly insisted……less as a grant of new authority than as a means of rendering effective the powers……, had always had (Banning, p.162).

69　The charters of Freedom at http://www.archives.gov より。

70　連邦憲法中で共和国の言葉（republic）があるのは、連邦が、各州に共和制の政府を保障する（後出の）、いわゆる保障条項（Guarantee Clause）中のみである（Ⅳ、4）。

第２編　連邦憲法、その成立過程、内容と、南北戦争前までの展開

合憲章（Articles of Confederation）時代の実績どおりとするか、の２点である。

　先ず、①の下院がどうなったかというと、６月29日に大州の主張する人口比が通った。この**人口比例**には誰と誰を人口に数えるか、黒人奴隷の問題、**南北問題**が絡んでいたが、Oliver Ellsworth が７月12日に行った提案で妥協がなされた。「自由人（白人）および**その他の人**の3/5を加えた人数」比例と決まり[71]、これが元の文言となっている[72]（Ⅰ、2(2)）。この人口比例は、下院の代表権（発言権）であるとともに、各州が負担する連邦直接税の分担率でもあり（Ⅰ、9(4)）、更に大統領選挙人の人数にも連動するようになっている（Ⅱ、1(1)）。

　黒人奴隷は、そもそも物品ないし財物（property）と同じ筈であった（これを輸入〔importation〕と表現し〔Ⅴ、Ⅰ、9(1)〕、相続、売買、贈与や、更に物品税〔excise tax〕、輸入税〔tax〕の対象としていた）。そのような財物がなぜ、たとえ3/5とはいえ、選挙権を持つ法主体となりうるのか（しかも事実上、選挙権の行使は、奴隷本人ではなく、すべて主人が行っていた）。単なる政治的辻褄合わせ以外に説明はなさそうである。前注のように、南部の利益になる政治的取引であったが、連邦的結合のため北部州が妥協したとしか考えようがない。しかもこの妥協は、政治的取引として北部州にとり高く付いた（南部州の利益に大きくプラスした）[73]。

　(b)この後、連邦は、チャーター・メンバーの13州から、Kentucky な

71　この3/5の比率は、当時 "federal ratio" と呼ばれ、南部州の発言力が増大するのを嫌ったニューイングランドは反対したが、全体を纏める上では妥協しかない、と採択された。その時点の北東アメリカの黒人奴隷に対する一番の基本は、地政学的な理由からのもので、人権や人種平等などの思想的なものではなかった（Matthew Mason, *Slavery and Politics in the Early American Republic*, Chapel Hill, 2006, p.5）。

72　"......free Persons, including those bound to Service for a Term of Years, ...three fifth of all other Persons" というこの条文は、南北戦争後の1866年６月13日の修正（削除）憲法（XIV、2）で修正された。

73　自由人だけだと全体の４割の人口しか有しない南部州が、1790年代を通して下院議員の47％を選出でき、1796年、1800年という大事な年の大統領選挙（votes in electoral college）では、北と全く同等の権利を与えられていた。更に白人の北部への流出を受けて、この傾向は年とともに拡大し、南部州の白人数は30％程度に下っていた。

ど、その周辺地域がテリトリとなり、テリトリが更に州に昇格して、年とともにメンバーがドンドン増加していく（50州の年次別加盟状況につき、図表4〔第5章〕参照）。その都度、連邦議会の奴隷州（南部州）と非奴隷州との間で、激しい政治的駆引きが繰り返された。それを見る限り、いかに理屈に合わない規定とはいえ、この3/5規定は奴隷州（南部州の、見方によっては、その中心ヴァージニア州の）の利益に動いていた[74]。

　次に②上院の問題であるが、小さな州は、連合憲章時代に各植民州が連合議会（Congress）で1票ずつ有したことを挙げ、上院の構成で、各州平等の発言権（各州同数の議員）にするよう主張していた。各州平等原則を死守しようとする小さな州の州権論者らは、この原則は、現在の連合憲章の下で、「我々が現に有する**既得権**だ」、と頑張った。大州の代表らは、下院について人口比例の妥協案が成立したこともあり、上院での代表権（発言権）では、小さな州のいう原則に道を譲った[75]（Washington は、これを州に対する連邦優位の原則の稀薄化と捉えた）[76]。

　(c)以上が**大妥協**（Big Compromise）と呼ばれるものである。後に見るとおり、この上院での各州平等の発言権は、奴隷問題と絡むと、合衆国全体を分裂に追い込みかねない大きな意味を有した。この後、1810年代から合衆国のテリトリの広がり、新州の加盟が続出するにつれ、南部の奴隷州は、自分達が不利にならないよう仲間（奴隷州）が増えることに結び付くよう、奴隷州の新州加盟を最優先政策とした[77]。**奴隷州の数と自由州の**

74　政治的駆引きは、すべて3/5規定を前提にし、ヴァージニア州は最大の当初下院議員数を割り当てられている（Ⅰ、2(4)）。なお、この絡みで、第5章二.1.(2)(ロ)の Hartford Convention of 1814 参照。

75　各州から各2名、つまり（選出方法は除いて）今の法文どおり決った（Ⅰ、3）。

76　議長のワシントンは、投票でも賛否同数で動きがとれず、議論が進まないのを見て、議長を引受けたことを後悔し（……repent having had any agency in the business）、密かに州権論者らをなじっていた（Ellis ① *op. cit.* p.178）。

77　屢述するように、連邦憲法自体には、アメリカの独立の大義は書かれていない。それがあるのは、「連邦憲法と一体として読まれなければならない」、といわれる独立宣言の中である。しかし、連邦議会での発言権・代表権で、実は、独立の大義に結び付くもう1つ大きな利害の問題があった。それはどこにも言葉としては書かれていない（書きたくない）、いわば負の大義、奴隷の連邦比率問題である。

第2編　連邦憲法、その成立過程、内容と、南北戦争前までの展開

数とを上院で同数に保つという連邦憲法には書かれなかった、この最大の**負の大義**によって、合衆国がやがて二分されることになるのである。

大妥協が成立し、一番の対立が解決したことで、議場の空気はぐっと明るくなった[78]。5人の起草委員（Committee of Detail）が選任され、これで、いよいよ条文作りが進められることになった。Roger Sherman は、「何らかの中央政府の樹立が必要というのが、この会場の雰囲気になった」といっている[79]。しかし、起草委員による条文が出来上ってきた8月6日からの逐条検討の場面になると、明るかった雰囲気は夢のように消え、残る5週間の期間内に検討が終るかも危惧された。

(d)逐条討議の段階になって一番揉めたのが、通商条文（Commerce Clause）（Ⅰ、8(31)）と、それに絡み、150年間ずっと植民州が行使してきた航海、貿易などの管理権であった。これにはこの先、農産物（綿花、タバコ）輸出国としての南部諸州の（商工業国の）北部諸州に対する深い不信の念が絡んでいた。南部諸州は、北部諸州が農産物輸出に高関税を課すことを心配し、連邦議会に対してヨーロッパ（主にイギリス）からの工業製品の輸入関税引下げ圧力をかけ続けた。

8月下旬のある会議中に、この通商条文の討議が、更にもっと根深い問題、前(a)で見た奴隷（その通商と輸出入税）の問題と結び付いた[80]。一度、奴隷制度論にまで遡ると、南北対立の険悪さは収めようがなかった[81]。結

78　起草委員の選任と10日間の休暇を決定、その間ワシントンは、Gouverneur Morris とともに丁度10年昔、冬籠りをした Valley Forge を訪れている。Gouverneur Morris が川で鱒釣りをする間、ワシントンは、独り往時を想い、感慨に耽ったという。

79　コネチカット州の代表、Roger Sherman は、その昔 John Adams とともに連合議会にも出ていて、独立宣言には、その起草委員としての意味も込めて署名している。その娘の子 Roger Baldwin は、1839年に、例の Amistad 号事件の被告、黒人奴隷らの弁護士として活躍し、その自由を回復する。その際、Roger Baldwin は、John Adams の息子元第6代大統領 John Quincy Adams に、弁護団への参加を依頼した（國生一彦『アメリカの誕生と英雄達の生涯』碧天舎、2004年、p.361）。

80　結局、奴隷の輸出に対しては非課税とする一方、その輸入については課税を認める妥協ができた。「1人当り10ドル以下」と定める前出の条文（Ⅰ、9(1)の第3文節）参照。

81　一番強硬な South Carolina は、憲法が奴隷を財物（property）であると定義すること、かつ奴隷が北部州に一時連れ込まれても、奴隷所有者は、その財産権を失わないと規定する条文を求めていた（Ferling, p.288）。

170

局、この輸出入税問題には全く触れることすらできなかった。僅かに手を付けられたのは、連邦が奴隷1人当り10ドル以下の輸入税までなら課してよいとの規定である（Ⅰ、9(1)）。1808年までの向う20年間は、肝心の奴隷輸入（importation）に関する（各州法）を禁止する憲法改正をしてはならないこととされた（Ⅴ、但書）。結局、前の(ロ)に記した大妥協（Big Compromise）に加え、この条件とともに、通商（Commerce）の立法権を連邦に認めることとなった[82]（Ⅰ、8(3)）。連邦による各州の共和制の擁護に続く、内乱（domestic violence）に対し「各州を守る」との約束も（Ⅳ、4）、黒人暴動に対して protect することを含意していた(Ferling, p.289)。

(2)ジョージ・ワシントンと会議

(イ)パリ条約の成立がアメリカに伝わって1ヶ月半余の1783年12月初め、ワシントンは、早々と大陸軍の解散式を終えていた。今はリューマチに苦しみ、弟の死で悲しみながらマウント・バーノン（Mt. Vernon）の運営に心を奪われていた。「この国の将来を決する基本文書を策定するこの最重要な会議なので……」多くの議員から「議長に」、（Washington以外に「その人」はない）といわれていたが、中々マウント・バーノンを去る決心がつかなかった。彼の決心を更に鈍らせていたのは、会議の成功のおぼつかなさ、然るべき有力者が欠席するのでないか、などの懸念であった[83]。

(a)しかし、「仮に、断ったりしたら、世論が何というだろうか」。これが最後に、彼の肩を押した。とはいえ、これ（議長）ほど彼にぴったりの役回りもなく、またこの役柄にワシントン以上にふさわしい人物もいなかったし、考えることすら困難であった[84]。実際、討議への参加という点では、

82　これを取引（bargain）といったのは、George Mason であり、その取引により、向う20年間、奴隷輸入の問題を議事としないことと引き換えに、Navigation laws が、（途中で出ていた妥協案、2/3の多数ではなく）議会の単純多数による議決でよい事項の1つに入れられたとする。これに対しては、名だたる宗教家などが、こっぴどくこき下ろす場面もあった。

171

第2編　連邦憲法、その成立過程、内容と、南北戦争前までの展開

ワシントンが最も少ない1回だけの発言者でありながら、会議に正当性を与えたという意味で、彼を会議に臨んだ最重要人物であったとしている[85]。革命戦争はイギリス（王国）からの独立を克ちとるものであると同時に、1つの国、国家、国民（nationhood）を確立する意味を持っていた。これがワシントンの歴史観であった[86]。大西洋に沿ってアパラチア山脈までの縦長の国土ではあったが、元の母国イギリスの広さの4倍という広さを持っていた。しかも13州は、「自らの存在そのものがどうなるかも知れない」戦争の最中も、全体（連合）の利益よりも、150年間続いてきた自州（colony, province）の利益を第一に主張していた[87]。

　(b)その13州の上に連邦政府を打ち立てる案。それにより、連邦が13州

83　大陸軍の総司令官であったワシントンが、初めから全く畑違いの文官の最高位の大統領として、巧く処せる術を身に付けていた訳ではない。反対に、Virginia militia でイギリス軍の命令に従ってフランス・インディアン連合と戦っていた頃の40年前の彼には、軍人としてもいくつかの問題があった（Ferling は、"Washington……learned through painful experience that improper behavior……rob (him) of……public affection" と記している（p.310）。彼がそこでいう improper behavior とは、ワシントン大佐が、何週間も任務を離れて投資可能な土地を見に出かけたり、兵士のことを顧みず、社交にうつつを抜かしたり、自己の快楽を求めたりしたことである。Ferling は、更に "Washington learned from his early mistakes" と書いている（ditto）。大陸軍の総司令官になった頃には彼は、質素な生活で兵士達にお手本になるくらいで、任務を離れることもしなくなった（ditto）。

84　「討議での彼の寡黙は、一面で言葉少なさという天性でもあったが、議事を整理しつつ進行させるために小槌を振る役目は、人の意見に耳を傾けさせた彼には、ふさわしい役目といえた……同時に、ゴタゴタに巻込まれないで、少し距離を置いたところに身を置きたいという彼の好みにも合っていた」（Ellis ①, op. cit. pp.177-178）。"……nearly unanimous consensus……executive would be George Washington, only one man……"（Ellis ②, p.11）。

85　興味深いのは、その間のワシントンの心奥について、Ellis が "What was he thinking?" として、次の探りを入れている点だ。「彼の日記と文通から知りうる限り、彼の心は、会議以外のところをフワフワと浮遊していた。この夏の暑さと湿気についての**こぼし**、大事な馬車の改造、フィラデルフィアが賛成してくれた金の鎖りとビロードの乗馬帽、それから何よりも、マウント・バーノンのこと（あれこれ）……」。無論、ワシントンの名誉のために、彼は「文通の中で仕事のことが出ていなかったり、フィラデルフィアの町中で、大勢の人に囲まれて敬意を表されたりしても、中味のあることは一切喋っていないことがあったとしても、会議が秘密会であったことなど……」を付け加えている（ibid. p.178）。

86　少くともワシントン個人としては、独立を "establish-American nationhood" 運動と見ていた（ibid. p.169）。

87　James Madison は、こうした傾向を危険視するとともに嘆いていたが、その中で彼が気休めに思ったのが、北と南の違いと利害の衝突の大きさの一方で、国土の広大さゆえに、国全体としての不安定性は、いくらか和らげられよう（……spatial dimensions……lessen the insecurity……of the whole……）というものであった（Ferling, p.272）。

に対し命令できる体制。これは、150年以上続いた植民州民らが考えたことのない話しである。この点で、会議が真二つに割れることが心配された。二院制にしたところで、上、下両院とも人口比例ではなく、各州1票ずつなら、連合の時代と何ら変らないが（全体としての意思決定ができなかったこともある）、人口比例となれば、連合の時代とは大違いになる。

「主権はあくまで州にある」、とする州権論者、保守派が過半数を占めていた。彼らにとってこの会議は、連合憲章改正のための会議であり、連邦憲法の制定などというのは、会議の目的を逸脱するもので、反対しかない。誰もが一致して認めていたように、彼Washingtonの存在がなければ、定めようとしている憲法は、たとえ「クーデター」とまで呼ばれないにしても、「違法だ」と決め付けられかねなかった[88]。

(c)勝利将軍の座を、あれほどきっぱりと、身ぎれいな決別の辞とともに去ったワシントン。なぜ、再び政治の渦巻に引き出され、中心となる制憲会議（Constitutional Convention）に参加しただけでなく、議長にまでなる展開となったのか。戦争が終ってから4年後の会議に参加するワシントン（Washington）も、この段階で中央政府がしっかりと樹立されなければ、「革命戦争（Revolutionary War）は、結局、アナーキ（anarchy）と混乱だけに終って了うことになる」と考え、手紙にもそう書いていた[89]。旧大陸軍（Continental Army）の幹部の多くが抱いていたのが、イギリス国会が見せていた気まぐれで専制的な権力に対する懸念というよりも、戦争中いやというほど味わわされた、弱体で、**頼れない中央政府**に対する懸念であった。最大の懸念は、いざ戦争となっても、戦争遂行に必要な強い執行力、それを裏付ける法秩序が欠如しないかであった[90]。

88　ジェファーソンも、後に回顧して元の部下に「もし、ワシントンが1790年暮れに亡くなっていたら、発足したてのアメリカ連邦は、中心軸を失って空中分解していたろう」と書いている（Washingtonはその頃重い肺炎にかかっていた）。

89　彼は、フィラデルフィアに出てきて間もなくパリで注意深く成行きを見守っているジェファーソン（Jefferson）宛に、"……General Government (if it can be called a Government) is shaken to its foundation……it is at an end……unless a remedy is soon applied……"と書いている（Ellis, *op. cit.* p.177）。

第2編　連邦憲法、その成立過程、内容と、南北戦争前までの展開

　(ロ)とはいえ、ワシントンは、自分が連合憲章改正に参画することや、そのための会議が開かれ、自分がその救世主になろうなどとは、夢見ていなかった。それ（憲章改正の話し）は、「たぶん自分の死後になるだろう」と考えていた[91]。しかし、実際は、彼がいなかったら、収拾がつかない討議になっていたかも知れなかった。

　(a)そんな矢先、連合の対外関係を担当していたジョン・ジェイ（John Jay）が、1786年3月最初に、隠居中のワシントンに、「連合憲章を見直そうとする早急な動きがある……」との情報をもたらした[92]。一方で隠居を願い、体力・気力とも、正に隠居していた大農場主ワシントンにとって、再び政治の渦中に引っ張り出され、制憲会議議長となることは想定外のことで余り望んでいなかったことは間違いない。

　ワシントンの強運は有名である。4度にわたりフランス・インディアン連合軍と戦い、その1つでは、イギリスの将軍までが倒れ、彼の乗馬も2頭まで銃弾を受けて倒れていたのに、弾が2発マントの裾を貫いたものの、彼自身は、かすり傷一つ負わなかった。その彼の重い心を、またしても運命が叩いた。1786年8月のシェイズ（Shays）の反乱である[93]（バンカーヒル〔Bunker Hill〕や、サラトガ〔Saratoga〕戦でのベテラン、シェイズ大尉のことは、ワシントンも覚えていた）。

90　ワシントンは、2年前の1785年11月30日にも、同じ州のジェイムズ・マディソン宛に書いていた。「ここで、我々は1つの民族になるか、それを否定するかです。もし、前者というなら、すべての全体的関心事項で、1つの国として振舞おうではないですか……そうでないというのなら、もう茶番は止めましょうよ……」（Ellis, *op. cit.* p.170）。

91　彼にとっての最後の公式の場は、1783年12月22日、その頃、連合議会が置かれていたアナポリス（Annapolis）での送別会（と、その後の舞踏会）である。そこでのワシントンの乾杯の挨拶、「すべてを取り仕切れる強力な力を議会に（与えられるように）」は、一部の代議員をして、「余計なことを……」と思わせたという。また舞踏会では、ちょっとでも彼に触れようと、婦人らが順番の列に並んでいるのを見て、ワシントンはすべての曲を踊った。その翌日、短い別離の言葉を残して私生活へ戻って行った（Ellis, *op. cit.* p.146）。

92　1786年3月16日から往復2回にわたる手紙のやりとりでジョン・ジェイは、「事柄はまことにデリケートですが、もし、この問題が動き出したら、閣下も、『吾関せず』、という訳には参りませんでしょう……」と書いたのに対し、ワシントンは、益々悪化しつつある財政問題などにとりわけ憂慮を深めつつ、「本船を母港にまで、何とか辿りつけることのお手伝いをしてきたこの身が、太洋の荒波に向って再び乗船することは、その任ではありません……」と答えている（Ellis ①, *op. cit.* p.171）。

第3章　憲法制定会議と各州批准会議

(b)ワシントンは、この反乱が誇張ではなく、事の成行き次第では深刻な政治的意味合いを持ちうると見た。そのためワシントン個人はジェファーソンのように、これを**小さな反乱**と呼ぶことなく[94]、少くともヨーロッパ列強の呟き、彼らの意地悪い予言（新生アメリカも」、「今に自壊するさ……」が、現実化するきっかけになりうると深刻に憂えた[95]。

元農民で、無一文の悲しき退役軍人の、これら反乱の指導者らが唱えていたスローガンは、丁度10年前の独立宣言で建国の父祖らが唱えていた思潮と変らなかった（イギリス王の代りに、マサチューセッツ州都Springfield で元革命軍特兵らに対する戦時債の処理などで冷酷な議決をしている代議士を持って来るだけでよかった）。シェイズの反乱は、たじろぐワシントンの気持ちを奮い立たせ、迷いを整理する方向に働いたと思われる。「連合憲章を変え、しっかりとした中央政府を作るための会議に参加する方向」である。

93　マサチューセッツ州は、1784年以来最悪の不況のドン底にあえいでいて、殊に、農民は債務の返済に苦しんでいた。一方、商人らは、以前のように1年後などの作物での支払いを拒み、「金か銀で直ぐに支払え」、と要求していた（州議会も、戦時中の負債を1789年までにすべて払い終えるべく決議していた）。シェイズの反乱は、「ニューイングランドを血の海にする15000人くらいの反乱軍……」などと、事実よりも誇張された形で、ワシントンに伝えられていた。

94　1791年夏、ジェファーソンが遊説のためニューヨークなどニューイングランド地方に出てきたときの話しである。同州のリビングストン（Livingston）長官は、会話の中で、シェイズの反乱の時にパリにいたジェファーソンがいったという、有名な句を引用して冷やかしを入れた。
「自由の樹は、時々血の肥やしをやることで、よく育つですかな」
ジェファーソンは真面目だった。
「私がいったのは、200年間でたった1回この種の反乱があったことを喜ぶべきだということですよ。つまり反乱の前に償いが先ず来るという、われわれの平衡感覚への尊敬の意味です」
「でも、あなたは、今や、シェイズ達にとっての英雄ですね」
「マディソンと私は、ニューイングランドで多くの貧しい男らと面談しました。彼らは、シェイズに誤導されたのです。それと、今の政府に正義があるのか……そんな気持ちで……」
（國生一彦、*ibid* p.170）。

95　1786年10月31日、ヘンリー・ジェイ・ジュニア（Henry Jay, Jr.）宛の手紙で、ワシントンは（この反乱が）「大西洋の彼方の敵の予言を証明することに、……更にもっと残念なことには、人類には（君主によるのでなしに）、人民が人民自らを治める能力が、凡そないことを、このように悲しくも証明することに……」ならないか、と気を揉んでいる様が出ている（……melancholy proof of……our transatlantic foes have predicted……）（Ellis ①, p.172）。

175

第2編　連邦憲法、その成立過程、内容と、南北戦争前までの展開

(ハ)再び公けの場に出ることには、仮に、体力が許すとしても（体力の範囲内でやるにしても）、なお心理的に大きな抵抗があった。

(a)ワシントンの感じていた抵抗の第1は、彼がKnoxに推されて就いていた初代会長を務める「シンシナティの会」であった[96]。新しい政府機構の策定の必要と、旧大陸軍との友情との関係を、「どう整理するか」、考えたのかも知れなかった[97]。次のような話しが先行してあった。パリでこの話しの報告を受けたJeffersonが、ワシントンに鋭く警告していたこともあり[98]、ワシントンも再び公職に就くには、一旦担ぎ上げられて就いた会長を辞めるか、さもなければ、会自体をなくして了わなければと考えていた[99]。しかし、会員らは、ワシントンの説得に耳を貸さず、1784年5月に予定どおり設立されていた[100]。

(b)第2の、より秘められたところでの理由として、折角の名声をひょんなことで穢したくないという思いがあった。連合憲章（Articles of Confederation）の改定作業に加わるのはいいが、仕事の規模が巨大すぎて、「海のものとも、山のものとも、分らない」リスクを負担することになるとも思われた。1787年1月、まだ心が揺れているワシントンを見たヘンリー・ノックス（Henry Knox）は、自らの**読み**をワシントンに打明けている[101]。（連合憲章の）「……軽微な変更だけに賛成の中庸派、いかなる改

96　The Society of Cincinnati は、イギリス軍がニューヨークからまだ撤退する前の1783年5月、ワシントンの部下の砲兵隊将軍ヘンリー・ノックス（Henry Knox）の発意で、従軍将校らによって結成された。理想としたのは、紀元前5世紀のローマの偉人Lucius Quinctius Cintinnatitus の生き方であった。ローマの危機に武器をとるために田舎から出てきて、異邦人らとの戦いの先頭に立ち、勝利の暁には、後事をローマの上院議員らに委ねて、再び農耕の私生活に戻って行った話しであった。

97　結局、彼は初代大統領に選ばれるが、そこで作る内閣の4人の長官のうちの戦争長官（Secretary of War）にKnoxを充てている。

98　会の規則は、一定レベル以上の元将官の直系男子のみを会員に限定していた。Jefferson は、中でも、これをアメリカの共和主義にそぐわない貴族主義、エリーティズムだと攻撃した。

99　一方で彼は、旧大陸軍の将校らとは、「生死を共にして闘い、アメリカの独立を克ちとった仲間」として、強い仲間意識・同胞意識を抱いていた。（Ellis, *op. cit.* p.158）。

100　その結果、会はワシントンにとって、彼が旧大陸軍の仲間に対し抱く深い emotional attachment とともに、生涯その首に巻き付けられた lovable な albatross（悩み事）になったという（Ellis ①, *op. cit.* p.159）。

176

正にも反対の保守・現状維持派、思い切った改正により、強力な中央政府 (energetic national government) を目指す過激派 (radicals)、の3つに分れております。このうち、第3の過激派が勝利すれば、閣下の余生をかけた冒険は償われますでしょう……」。

これに対し、ワシントンも比喩的に答えている。「今の連合政府は火災中の家と同じ……」「もし会議に集ってくる連中が消火一本にまとまるのなら、私も助勢しよう……そうでないというなら、ベストな方法は、焼け落ちるに任せ、誰かがまた新築することを希望するしかないであろう……」

(c)なお、迷っているワシントン (Washington) に前向きな方向性を与えたのは、3月半ばのマディソン (Madison) の言葉だった。情報通の彼が掴んでいる各州代表の出席者リストによれば、(連合憲章の一部を**いじる**程度ではなく) 本格的で徹底した政体改革に傾いている者が**大勢だ**、という。マディソン (Madison) のこの観測は、満更**外れ**ではなかった[102]。会議開始から間もない6月1日、同じヴァージニアの代表ジョージ・メイソン (George Mason) (元大佐) は、州内の友人宛に書いている。

「君に会議が始る前に話したとおり、これは、一大国家的事業だ[103]。2院制で、全体の目的に適した権力を与えられた代表的・民主的な立法府、それに司法部、執行部から成る三権の構想……これが、各州議会の上に立つという。それに対し、好意的な流れが、多数を保持したまま来ている。わがヴァージニアが、光栄にも指導的立場で進んでいる……とてもゆっく

101　「……勝利が確からしいことの結論がなければ、……打って出るべきではありません……」と、ノックスは半ば軍事作戦用語を用いて説明した。1787年、1月14日、1月20日、2月3日、2月25日の、2人の間の手紙のやりとり (Ellis ①, p.174)。
102　歴史小説家 Gore Vidal は、マディソンが優れた説得力・調整能力を持っていたことを述べている。(*Burr*, Ballentine Books New York, 1973, p.242)
103　メイソンは、手紙のP.Sで、「会議について外部と交信することはすべて禁止されている。主題が生の（未消化の）まま出された初めの形と、議論が熟し、調整を経た後との間には大きな違いがありうることから、この禁止はあって然るべきこと」、とも書いている (Niles, *op. cit.* p.306)。

りとだが」。

(d)今更、公務に戻ることの**しんどさ**の前に、なおも逡巡しつつ、マディソンなどが予言する本格的改革の方向に進むことが間違いないのであれば、ワシントンも、ヴァージニア州の他の代表らとともに、これまでの名声を更に、この国家的事業にかけてもいいか、と考えだした[104]。その点での決断さえつけば、彼を措いて、ほかに議長になりうる人がいる訳ではなかった。そのような読みを前提に（ワシントンが懸念するまでもなく）、マディソンやジョン・ジェイ（John Jay）が、共和政体などについてのレクチャーとプロンプタの役を買って出ていた。ワシントンは高等教育こそ受けていなかったが、人々の意見を聞きとった上で全体を纏め、その志向に沿って導いていくために必要な才覚では人並み優れていた[105]。

(e)会議の最大の論点が中央政府と13州政府との関係であることは皆が一致していた。つまり、主権者は誰か？　である。マディソンは、主権が一種の分立、共有のような形になることを考えていた。後に**彼のフェデラリズム**（Federalism）の基礎となる。ただ、彼はそれを折衷案のように見ていた[106]。

マディソン（Madison）とジョン・ジェイ（John Jay）。ワシントン（Washington）にとっての2人のヴァージニア人家庭教師のうち、殊にJay は、州権論者ではなかった。このことは、戦争中痛いほど中央の弱体

104　13州が、もっと強い絆で一本に纏まるべきであり、連邦国家となることが不可欠であるとワシントンが信じていたことを示すものの1つに、彼が総司令官職を辞任して、田舎へ帰るときの意思を述べた13州の長に宛てた1783年6月18日の回状（circular）がある。その中で、4本の柱を今後の指針として述べているが、その第1で、「13州の結びが、解けないような1つの連邦への結合を……」、第4で再び、「各地方が偏見と自前政策を忘れるよう、すべての人々の友好的関係を……」などと書いている（Niles, *op. cit.* p.468）。

105　大陸軍の総司令官として戦う間も、そのような場を無数にこなしてきた（軍事以外にも連合政府の課税権などについてレクチャーを受け、連合政府との交渉に生かすこともしてきた）。制憲会議のためにジョン・ジェイが三権分立を説いたりしていた1787年には、中央が13州を抑え込む連邦制の議論を纏める上でも、その手綱捌きの感覚が少しずつ戻っていた。

106　1787年4月16日のワシントン宛の手紙の中で「何か中間的なものを探し求め……」といっている。なお、いわゆるフェデラリスト誌（No.1～85）には、彼のこの点での思考を示すものが少なくない。

に悩まされ、近くは、シェイズの反乱に心を痛め、進むべき道は１つしか
ないと確信していたワシントンにとって、心地よい一致を得ることができ
た[107]。

　㈡こうして、５月下旬に始った制憲会議。議長席に着いたワシントンは、
口数も少なに全体に目を配り采配を振う。いわば１番の**はまり役**を頼まれ
た役者といってもよい。議事進行以外に、彼が議論の中味に口を挟んだの
は１回きり、それも会議での最後の論点、各州からの下院への選出議員数
に関する最終提案に賛成する弁論であった[108]。

　いつも通り（年老いた分、いつも以上に）慎重に身を処した Washing-
ton であったが、連邦憲法という、いわば不朽の名作（230 年の間有効
に働いてきた）を生み出す結果となった（彼が議長でいなかったら無理だ
ったろうという声は、前に紹介したとおりである）。表立って正面からの
言葉はないが、州政府の上に連邦政府を置くことが基本法の上で定められ、
それが実施されればよいだけにした[109]。（彼は結局、それを実施に移す最
初の８年にも、自らの名誉をかけることになる）[110]。

　(a)制憲会議という新生国家の屋台骨造りの大事な場に、11 年前の独立
宣言起草を手がけた、かつての２人の姿がなかったことは前に記した。ジ
ョン・アダムスとトーマス・ジェファーソンである。この２人の対照的な
性格と、各々が独立宣言（Declaration of Independence）を起草した第

107　Friedman は、「制憲会議の正に最中に、その背後で、債権者層と債務者層との戦いが行
　　われていた……」と書いているが（p.122）、シェイズの反乱は、確かにアナポリス会議の招
　　集の背景になったとは推測されるが、反乱は、スプリングフィールドにある連合の武器庫に
　　対するシェイズの襲撃が打破された 1787 年１月に終っている。
108　人口４万人につき１人であった原案を、３万人につき１人の代表制にした。Ellis は、こ
　　れを、彼が会議に実質的に参加していたことを記録に残さんがために、発言したのではない
　　かと推測する（Ellis ①, p.178）。
109　United States of America と書くが、これはいわば "United" が "States" を（下に置
　　いた）打ち負かしたというのにほかならない。
110　２期８年の任務の終り近い頃のチェロキー国家へ宛てた彼の告別の辞で（1796 年）、
　　Washington は、自らの果したこのレンズのような集光効果（focusing functions……）を彼
　　の後任が果さないと、この連邦の権威を保つことが難しいと記している（Ellis ①, p.239,
　　309、注 76）。

179

第2編　連邦憲法、その成立過程、内容と、南北戦争前までの展開

2回連合議会（1776年）でどのような働きをしていたかは、伝記をはじめ資料も多く、一般にもよく知られていようから割愛するが、ジェファーソンについて、マディソンが綿密な報告をしていた事実と、ジェファーソンが注記の Anas 中で表わした本心の一端、の2つに触れてみよう[111]。

　(b)ジェファーソンは、Anas についての説明文で書いている。彼が、その時代を要約して1番いいたかったこと。それは、「我々レパブリカン（Republicans）の努力がなかったら[112]（つまり、federalist ばかりであったなら）、アメリカは多分、革命戦争を闘った人々の描いたのとは**違った国になっていたろう**、である[113]。その中で彼は、彼なりの、傾聴すべきこともいっている。連合憲章の下での（以前の連合としての）結合では、戦争後にヨーロッパからずっと独立し続けるには不十分であり（"......was found insufficient"）、**更なる連合の絆**（some further bond of union）が必要で、それを前提としている[114]。

　彼が指摘するのは、その先、1つの政府になるのか、それとも内政では別個独立のまま、対外的にだけ1つとするのか、この**更なる絆**で、何を目指すのかでの人々の意見は分れる。「軍の将校だった連中は」（と、彼はフリードリッヒ・ウィリアム・ストューベンとヘンリー・ノックスを特定した）として、2人を誹謗している[115]。ただし、ワシントンについては、評価する言葉を述べている[116]。

111　Anas（注119、124参照）の資料中には、彼自身がワシントンに出した公的意見書（official opinion）の写しがあるという。

112　彼自身が牛耳る政党、ヴァージニア共和党のこと。Washington や John Adams、更に Hamilton などの Federalists とは対極の立場にあった。

113　そこでは、反対派、つまり Federalists らを、王党派（"those of kingly government"）と呼んでいる。

114　この段階での彼の三段論法は、次に要約できよう。①連合憲章は、イギリスの抑圧（aggression）に対する共同防衛のためであり、②そのような同盟条約すべてと同じで、強制力がなく、各州が独立した主権を有するが、③このままだと、ちっぽけなギリシャのように、ヨーロッパの強国の衛星国になり下って了う……。

115　Friedrich Wilhelm von Steuben（1730〜1794年）は、ドイツの貴族で、1777年にアメリカに上陸し、大陸軍（Continental Army）に志願して、一将軍となり、その訓練部門の長となる。Henry Knox は、ボストンで本屋をしていたが、ワシントンの副官を経て、ワシントン内閣の戦争長官（Secretary of War）となる。

180

㊬パリにいるジェファーソンに、地元ヴァージニアの筆まめなジェイムズ・マディソンが頻繁に状況を伝達していた。それが、ここで触れるべきトピックである。私信であり、伝記以上に真実を語ってくれるよさがある。

(a)その１つ、制憲会議ですべての文字が印刷に廻った後の 1787 年 10 月 24 日付のものがある。「９月 17 日までやったことの結末です。私自身の感想も多少述べさせて下さい……」とした。要約は以下である。

「これまで維持してきた各州の連合を大切に守ろう、というのが制憲会議（Constitutional Convention）の心からの一致した願い（sincere and unanimous wish）のようで、分割しようなどという提案はおろか、それを示唆することも排除されるでしょう。しかし、各州が自主的に従うという、これまでの連合の形式では、連合の維持を確保するには十分とはいえず、かといって、武力によって強制すれば、内戦（civil war）になるでしょう。」

(b)マディソン（Madison）は、人権問題で長々と書いたことを詫びつつ、各地域間の利害調整問題について、次のように報告している。

「いくつかの州は、輸出入取引のことも含め、各州が商業取引上の立法で 100 ％の自由を有すると主張する一方（中でも大事な点として、奴隷輸入の自由があり、サウスカロライナ〔South Carolina〕とジョージア〔Georgia〕は、この点で一歩も引かない）、他州は、商業取引立法での各州自由を主張しつつも、中央による一定の統制の必要も想定して、その場合は、**上、下両院の 2/3 の同意を要件とせよ**、とする。また別の州は、商業取引立法での各州自由につき、中央による一定の制限を容認するが[117]、例外として、輸出取引では各州が立法の自由を有するよう主張した。結果

116　（Knox が）「君主に仕える軍の習慣からか大陸軍の解散を告示する前に、自ら王冠を戴く決心を示すようワシントンに促したと聞いている」、といったのに対するワシントンの返事を引用している。
117　この点の代表が、憲法Ⅰ、8 の Commerce Clause の言葉 "with foreign Nations……among several States……Indian Tribes" となり、これらの言葉の解釈を巡って、この２世紀余りの間に実に多くの様々なルールが示されてきたことは、本書のこの先の主要テーマの１つとなっている。

は、成立した憲法（Ⅰ、9(5)）でご覧のとおりである。」

　(c)マディソンは、最後に一番弱った問題として、小さな州による次の強い主張、「上、下両院とも、代表を各州同数にせよ」と、反対に、大きな州の代表による、「人口比例にせよ」につき述べている[118]。マディソン（Madison）は、小さな州の代表に対し、「中央政府も、その権力を人民に基礎を置き、各州から貰うのではない。その分、各州は（大きな州も）今までより権力が小さくなる……」、との考えを紹介したことを、述べた上、「ご覧のとおりの条文となりましたが、多分に大きな州の不満が残りました」、と報告している。

　㈥革命戦争の途中からずっとフランス、パリに駐在していたジェファーソン（Jefferson）。1790 年、前年に発足していた Washington 内閣の国務長官として Washington に迎え入れられるが、帰国すると間もなく、地元ヴァージニアで「1776 年の精神」（Spirit of ’76）を標榜（slogan）に掲げた（民主）共和党（Virginia Democratic-Republican Party）を立ち上げた。彼の共和党が、第 1 期政党システム時代、フェデラリスト（Federalist）を向うに回した一方の立役者となり、後には、その時代の覇者となる（Virginia 民主共和党は、新生アメリカでの第 1 期政党政治の最終的勝利者となり、19 世紀前半の二十数年間にわたり憲政史に大きな足跡を残すことになる）。

　(a)ジェファーソンは、やがて子飼いの新聞屋を使って閣内から Washington 個人に対して、「君主主義的である」と攻撃し始める。

　トーマス・ジェファーソンは、彼が Anas と呼ぶ 3 巻の記録を残している[119]。19 世紀初頭にかけての憲政史の中での政党政治の 1 資料として、Anas への**説明文**から 2、3 引用すると[120]、その中で、ハミルトン

118　マディソンはこれを、「さもなければ、州政府というものを一切止めて了え」（"sine qua non"）というほど、強く主張されたとする。

119　3 巻から成る資料集 Anas は、主として彼がワシントン内閣の国務長官時代を中心に 5 年間ほどの書簡、新聞記事、メモ類を集めたものを、25 年以上後の 1818 年に**説明文**を付して纏めて公表したもの。

（Hamilton）を筆頭に、他の**建国の父祖ら**（多くが反対党のフェデラリストら）をかなり辛辣に批判している[121]。しかし、次の出来事を通して彼のワシントン像をより明確にできたと、ワシントンだけは評価している。

「ワシントンは、彼がアナポリスの連合議会に出ているときに自分（ジェファーソン）に手紙をよこし、更にその後に訪問してきて、シンシナティの会（The Society of Cincinnati）のアイデアで政府を構成することと決別する決心を述べた。だがワシントンは、シンシナティの会からの帰路にもまた立寄り、政府構成の考えは、シンシナティの会の仲間に余りにもしっかりと根を下していて**世襲制廃止**の点以外では、話しを変えることはむつかしかった、と仲間の連中の反対が強固であることを伝え、加えてフランスでの大革命後の成行きを心配しているなどとも語った……[122]」

(b) Anas では、その後のジェファーソンが、1786 年のアナポリス会議（Annapolis Convention）の模様を記し、そこでも、共和国か君主国かの問題（question of a republican or kingly government）はあったが、「共和国を！　という声が圧倒的だった」、とした上、君主国派は、「いずれ内憂外患が起これば、独裁よりはましだ」との理屈により、この国が君主制へ移行することを、期待するだけだとしている[123]。

Anas への（説明）文の冒頭でジェファーソンは、従兄弟で 20 歳年下

120　この**説明文**は、1818 年 2 月 4 日と日付されていて、Anas 中の記録自体は 25 年かそれ以上前のことに関するもので、3 巻も残すこともないが、この**説明文**には、それなりの意味があるとしている。その意味とは、ジョン・マーシャルが、ワシントンの没後 8 年という早くに、ワシントン伝（Life of Washington）をサッと書き上たが、そのマーシャルに対抗する意味である。彼は、ワシントン伝を書くとしたら、「自分を置いてない」と考えていたので、マーシャルが資料として Anas が引用していることを記して、ジョン・マーシャルによるワシントン伝に対して反証する意味がある。よく知られているように、2 人は、従兄弟同志でありながら（ジョン・マーシャルは、ジェファーソンの 20 歳年下）仲がよくなかった。

121　Anas でのジェファーソンの言葉は、「シンシナティの名の下、ワシントンを頭にでき上った（大陸軍での）序列を、そのまま政府の構成に、ずっと残そうという試みについて」となっている。

122　ノックス将軍が、ワシントンを担ぎ出して作ったシンシナティの会に対し、軍隊や従軍の経験がゼロだったジェファーソンが、不快、不信の念を持っていたとしても、不思議ではない。

123　1 つ忘れてはならないのは、（フランス公使としてパリにいた）ジェファーソン自身は、制憲会議にも、その前に開かれたアナポリス会議にも出ていないことである。

第2編　連邦憲法、その成立過程、内容と、南北戦争前までの展開

の後の最高裁長官ジョン・マーシャル（John Marshall）に対し剝き出しの対抗心を曝け出していた。これには自分をだし抜き、建国の父祖として敬愛の的となったワシントンの伝記を出版したことへの、口惜しさもあったと見られる[124]。

（c）3人の前任者が（うち1人は極く短期）余り実績を残さない中で、「憲法に息吹を与えた」といわれるジョン・マーシャル。最高裁長官として最初に迎えた大統領ジェファーソンと互いに馬が合わなかったのには些細な事由もあったが[125]、互いの連邦観、連邦憲法観（憲法の最高法規性の見方）で、根本的に異っていたことがある。マーシャルは、憲法の最高法規条文 Supremacy Clause（VI、2）を含む文字に法的に忠実に職務を行い、殊に Marbury v. Madison 事件で司法審査の金字塔を建て、憲法に生命を与えた。それが、ジェファーソン内閣の威信を傷付けた（と、Jefferson が受止め）、マーシャルを目の上のたん瘤と考える決定的要因になったことは、間違いない[126]（ジェファーソンは、Samuel Chase 最高裁

124　Anas の中でジェファーソンは、「ワシントンの死後、彼の所蔵していた記録類を託されたこの伝説作家は、内容も構成も、ワシントンが望んでいたものとは違った風に切り出し……」とした後で、「その大義のため生きて、そのために死を恐れる瞬間がなかったワシントンが、自殺したのに等しいことになるような風に、あの記録が使われてはならない……だが、残念にもそういう風に使われて了っている……、しかも時期的には、現憲法発足直後の私自身の記録（Anas のこと）と略同じ数年間の記録につき、そのような形になっている。（その結果、ジョン・マーシャルの語りだけからは）、読者は（実は、政府を憲法の線に沿って作り、政府が君主制へ堕落することから守ろうとしていた）共和派レパブリカンらが、ただの**文句言い**の集りにすぎない（イギリス国会の反対党と同じで、何らのしっかりした原理もなく只反対している……）といった錯誤に陥りかねない」と記している。

125　マーシャル（Marshall）が、ジェファーソン（Jefferson）を余りよく思っていなかった理由の1つには、ジェファーソンが奴隷ジョシュア・フィリップを些細な疑いだけで打ち殺したことがあった。またマーシャルは、ジョージ・ワシントンの甥で最高裁判所判事であったブッシュロッド・ワシントン（Bushrod Washington）から勧められて自伝を出すが、その中で、ジェファーソンによる独立宣言の起草につき僅かな紙面しか割かなかった。ジェファーソンは怒り、自ら「逸話集」を出して、これに対抗するなどということもあった。

126　一方、ジェファーソンは、後のアンドリュ・ジャクソン（Andrew Jackson）同様に、三権の間に、憲法の解釈権で高低を認めなかった。Tribe は、（Court の）"views……are no more authoritative than those of the other branches" とする彼の 1804 年 9 月 11 日付アビゲイル（ジョン・アダムスの妻）への手紙を引いている。更に、「アメリカ国家建設の初期、憲法の理解を形成したのは、司法人達ではなく、立法府や行政府の人々であった」といい、一般の理解に言及する（Tribe, *op. cit*. p.265）。

184

判事を弾劾するよう働きかけ、Chase 判事は、アメリカ憲政史上それまでに唯一、最高裁判事として下院で弾劾〔impeach〕された例となったが、その先の標的に、マーシャルが存在していたとされる[127]。

⑶作者らの柔軟さと作品の簡潔さ

(イ)各州による上下両院への代表選出方法に係るルールと、奴隷問題にも絡んだ通商条文の採択見込みが立ったところで (2.(1)(ホ)(c)参照)、最大の未解決点は、執行部（大統領）の選任方法であった。これには、人民による直接選挙か、または間接選挙か（現行の選挙人制度などのような）、各州の立法府または各州統治者による選任か、連邦立法府による選任か、など十指に余る案が出されていた。ここでも最後は、妥協による妙ちきりんな、世界的にも余り例を見ない**選挙人**（electoral college）制度となった（次章二.2.(1)(ロ)）。

(a)それは、選挙人の数に人口比をとり入れることで大州を、その数を各州議会議員と同数とすることで各州立法府を、それぞれを多少ずつ満足させる妥協案である（しかも、「人」に奴隷も含めるプロセスで、連邦比率〔federal ratio〕も守った）。そして、過半数を得た大統領候補がいない場合に、大統領を指名できることで連邦議会にも配慮した（II、1(2)）。更に大統領について弾劾（impeachment）条文が加えられた（II、4）。

(b)このように妥協を重ねながら制憲会議が、大統領選任の問題を何とかそっと仕分け棚に乗せられたら、もう 9 月に入っていた。連続会期が 4 ヶ月にわたったこと、密度の濃い激しい討議が行われたことで、代表らの多

127　Samuel Chase 最高裁判事、独立宣言の署名者の 1 人（Maryland）。人生後半には Federalist 的立場を強め、かつ端的にそれを表明したため、ジェファーソンにより Federalist 攻撃の標的にされ、1804 年暮に下院で弾劾開始決定を受けたが、Aaron Burr 議長の下で議会上院は無罪とした（acquitted）。8 つの訴因のうちの 1 つは、1803 年にジェファーソンがとった措置（前出の John Adams による Midnight Judges Act〔1789 年 Judiciary Act 改正〕により作られた連邦 circuit court を廃し、判事の身分を失わせたこと）に対し、Chase が Baltimore circuit court の grand jury への説示（charge）中で非難を行ったことであった。

くは心身とも疲労しきっていた。9月15日の投票（決定）日が近付くと、1日も早く自州に立戻りたい議員らはポイントを整理した上で、残った条文の体裁を整える仕事を、そそくさとGouverneur Morrisを長とするStyle and Arrangement委員会に託した。その清書された原文は、9月12日に全体会議にかけられた[128]。

㈵成文の形になった案を、一条毎に賛否を問う中で、いくつかのやっと可決された条文もあった。しかし、最大のポイント、州の主権と中央政府との関係を正面から定めるルールは、どの条文でも定められなかった（奴隷制度をはじめ、いくつもの個別の問題が、その代りに激しく闘われた）。結局、州と中央政府との関係の規律は、個別条文で処理するには余りに重かった。下手をすると、巧く着地されられない懸念があった（2年後の修正Ⅹでも、極めて漠とした文言でしか処理されなかった）。

㈹以上の制憲会議を通った憲法草案は、自らの定めるところに従い、各州の批准を経ねばならない（Ⅶ）。その前にどこにも、そのような定めはされていなかったものの、未だに「現に存在する連合議会（Congress）にかけねばならない」のではないかとの説が浮上した[129]（制憲会議が、当初の連合議会が各州に送った招請状の文面とは全く異なり、実質的に新憲法を用意して了ったことからは、殊に、その説が否定し切れなかった）。

しかし、いざ連合議会にかけられた途端、思いがけないほどの厳しい反応が返ってきた。その中には、全体をひっくり返そうとする試みが、そのような動議が、出されなかった訳ではない。この期に及んでもなお、もう1回連合憲章時代に立戻って、各州議会で全く別の修正原案を用意し、それを再度、全体会議にかけよう（憲法正文として採用しよう）とする動議である。エドムンド・ランドルフ（Edmund Randolph）が出し、ジョー

128　Gouverneur Morrisは後日、Timothy Pickeringへの手紙の中で、「この手紙を書いているこの指で憲法は書かれた」と書いている。
129　もっとも、1/3の議員が両方の議員を兼ねている実状からも、この連合議会による承認は比較的、楽観視されていた（Ferling, p.294）。

ジ・メイソン（George Mason）と、エルブリッジ・ゲリ（Elbridge Gerry）が賛成していたが[130]、全体の空気は、最早これを受付けなかった。

(b) 9 月 17 日午後 4 時前、各州代表による決が採られると、すべての口から "Aye" が聞かれた。最後に、出身州へと気が焦る各州代表による締めの会議が召集された。憲法（Constitution of the United States of America）正文を纏め上げられた会議の成果を称えて、長老フランクリン（Franklin）が用意した讃辞をジェイムズ・ウィルソン（James Wilson）が読み上げた[131]。こうして憲法の作成者らは、連合憲章作成の時と比べると、驚くほどの短期間に、しかもその承認した**中央権力の強さ**では、連合憲章とは比較にならないほどの、**思い切った作品**を、仕上げることに成功した。驚きに値するのは、それだけではない。この比較的短文の単純な憲法が、世界の超大国アメリカを、その後の 2 世紀以上にわたって支え動かし通してきたことである。その理由の第 1 に、この作品の**しなやかさ**、その見事なまでの柔軟さがある[132]。

(ハ)憲法正文は、先に動議を出した 3 人を除く、全議員が正式にサインしてその日に確定し、会議は解散した[133]。その後、全議員は、フィラデルフィアの街の酒場、City Tavern で予定されていたお別れ会（打上げ会？）に出席し、別れた。2 ブロック先の印刷工場では、翌朝、各州議会宛に送

---

130 強い州権論者だった George Mason は、思っていた以上に中央政府が権力を握る可能性のある憲法正文が略固まった 8 月 31 日、天を仰いで嘆いた（殊に、人権憲章が含まれなかったことで、懸念を強めていた）。会議が始まる前の 5 月息子に「これから偉大な事業が始まる……」と書いていた彼は、「それをサインするこの右手は、今や切り落された方がいい……」と叫んだという（Ellis ①, p.181）。

131 その中でフランクリンは、「これが……バベルの塔になり、各州はバラバラになり、互いに他州の咳元を切り裂くことになるに違いない、と見守っていた我々の敵ども（英仏などヨーロッパの複数の国のこと）は、この出来事に仰天することだろう……」と結束を呼びかけた。

132 アメリカの法制史家 Lawrence M. Friedman も「……連邦憲法……偉大な政治的巧みさで、驚くほどしなやかにできた……」(marvelously supple, ...with great political skill......) と述べている (p.73)。

133 Edmund Randolph、George Mason、Elbridge Gerry の 3 人に、留保文を付けてサインした。George Mason の留保理由の 1 つが、大統領による恩赦権（Pardon）の裁量の広さであった（第 8 章）。

第2編　連邦憲法、その成立過程、内容と、南北戦争前までの展開

り出されるための、6ページの憲法正文の印刷が始っていた。

　(a)結果としては、連合憲章（Articles of Confederation）の修・改正というより、全く新しい連邦憲法が、誕生することになったが、それだけに各地での抵抗は大きかった。憲法が13州による批准で、ギリギリ必要な数の各州議会の賛成を得て成立したのは、主として1つの説得が利いたからである。（新憲法の下で開かれることになる）「第1回連邦議会では直ぐに、人権憲章を追加するから」、それにより「13州の人民の人権を新しく出来る中央政府からも守るから」、である。

　(b)連邦憲法は、当初の2年間で修正Ⅰから修正Ⅹまでが追加されるという変更を経ているが、今日に至るその後の230年近い期間を入れても、追加・変更は修正ⅩⅩⅦまでであって、「不磨の大典」ぶりを発揮し続けている。これは、アメリカの各州憲法や、イギリスを除くヨーロッパ他国の実例と比べても、著しく珍しい[134]。上記のしなやかさ（supple）も一因とされよう。余計なことで多くを語らず、実務と経験から必要な政府機関の骨格だけを定めて、ある意味で上手に作られている[135]。

3.　各州による批准会議や世論の動きと、成立した連邦憲法の特徴

(1)押切つた連邦必要論者

　(イ)こうして出来上がった憲法正文を改めて確認しよう。独立の大義である民主（共和）主義や、すべての権能が主権者人民に由来するという社会契約説的な理屈を述べた条項はどこにもない。この点、先行した各州憲法

134　ルイジアナ州の9回、ジョージア州の6回をはじめとして、各州憲法は（改正ではない）、別の憲法として何回も作り直しされている。

135　憲法は十分に柔軟かつ適用力があるから、「現代のような急を要する場面に役に立たない」、とされるようなこともない。「常にそこに在って力を及ぼしているという意味では、重力に似る点もあるが、憲法の下では戦争の問題でも議会と大統領が対話することで、権力分立原則の具体的な形を編み出して行くことができる」（Tribe, p.659）。

(State Constitution) とは異なる。たとえば、マサチューセッツやヴァージニアの州憲法には、自由や人権、共和国などの言葉が謳われていた（マサチューセッツであれば、マサチューセッツ湾共和国と呼んでいた）[136]。一方、連邦憲法（U. S. Constitution）には、当時まだかなり否定的ニュアンスも含まれていた democracy の言葉はなく、連邦主権と州権との絡みの1ヶ所でのみ「共和国」「共和制」（republic）が用いられている[137]。それらの理屈的言葉は、独立宣言や更にそれに先行した植民州時代の数多い（決議や）宣言（図表2）に任せたか、と思われる（第2章1.(2)）（それらは、いわばアメリカ合衆国の国家的経験に係る文書として、実質的意味の憲法として考えてよいし、仮にそうでないとしても、憲法を特に価値判断的に解釈する上で、参照価値があろう）。その中で唯一いえるのは、前文中の「我らと我らの子孫に、自由の恩恵を確保すべく……」（to secure the Blessings of Liberty to......）であろう。

(a)この憲法は、各州間や連邦と州との間の関係で主権がどうこうといった大上段なことは定めない（IV）。そこにあるのは、各州民が、他州でも同様の地位を享受するとの特権条項（Privileges and Immunities Clause）（IV、2(1)）と、主として逃亡奴隷の取戻しのためと考えられる、逃亡州民の引渡し条項（IV、2(2)、(3)）といった、実務的なことだけである。

「主権者は人民……」などの社会契約説的な言葉や理屈がふんだんに出てくるのは独立宣言である。しかし、独立宣言は憲法条文ではない。条文ではないが、Tribe もいうとおり、アメリカ合衆国が今日あるのに、独立宣言が決定的意味を持っていることは、何人も否定できない。その政治史だけでなく、法史を考える上で、中枢的な文書であることは、何人も疑いを容れない。憲法史として見た時は、それが憲法解釈の補助的手法として

136　1779年9月1日の州憲法制定会議での憲法は、Commonwealth of Massachusetts Bay という（Virginia 憲法につき後出）。
137　「合衆国は、この連邦を構成する各州すべてに、制度的に共和制の政府を保障し……」と定める（IV、4）。

（文理的な解釈では十分でない目的的、価値判断的解釈で）、有力な参照資料となることも、理解できるのである。事実、先例中の数十頁にわたる判決文には、独立宣言中の句や、先行する諸決議（Resolutions）、諸宣言（Declarations）、更には先行した各州憲法中の言葉が、解釈の補助的手法として援用される場合が少くない。

　(b)連邦の大統領章（II）中の定めに、大統領（President）の重任を禁ずる言葉はない。しかし、上記のような経緯や判断を通してみれば、この憲法が、世界で最初の民主制・共和制を確立した憲法であることに揺るぎはない[138]。アメリカ社会で、権力に対する不信感の根が一般的に深かったことは屢述のとおりである。不信の念は、各州政府組織を決める基本法である各州憲法中にも示されている。それは、権力に対する人権保護章でも、また政府組織の定め方からも、読み取れる[139]。こうした先行史実を踏まえた制憲会議（Constitutional Convention）では、前述のように中央への各州代表の選出方法や、唯一人の最高執行責任者（CEO）の大統領制と、その選任方法について、全体の討議時間の大きな部分を費やしていた。

　㈡さて、憲法正文を確定するという第1段階が終り、焦点は、第2段階の各州議会による批准討議へと移った。出来上った連邦憲法の結論を、イギリス王に対し立上り、独立を宣言した植民州の人々すべてが、快く受容れた訳ではない。全体として、強力な中央政府に対する（いわゆる Anti-Federalists の）根深い警戒心が蔓延していた[140]。全13州のうち2/3の多

138　大統領の3選を禁ずる修正XXIIは、1947年3月24日に提案され、1951年に必要な批准が完了した（本修正が、Franklin D. Roosevelt による4選出馬を受けたものであることは、多言を要しまい。これとの比較で、原憲法に何らの制限も加えられなかったのは、ワシントンが議長をしていたことのほか、彼に対して3期目の続投を求める声が強かったこと、などからも推量できるように、個別の理由によると考えるべきであろう）。

139　独立の頃に11州が作成した州憲法が、2院制の議会を定めていたし、全州が1784年までに、人権憲章（Bill of Rights）をもった成文憲法を作っていた。各州とも、行政職の役人の多くを終身雇用ではない選挙制にし、行政の力を削ることに力を入れる一方（サウスカロライナの2年制を除き、どこも皆1年であったり、また下僚の任命権も少く、ペンシルヴァニア州などは、知事制をやめて了った）、立法機関の議員には宣誓により護憲責任を求めた（VI、⑶）。

数の 9 州の批准（ratification）が成立の要件である（Ⅶ）。批准要件に係る同章は、批准が失敗した時について何ら定めない。連合憲章の批准の時と比べるとずっと短いが、既述のとおり、この批准に 1 年超の時間がかかっている。その間、13 州のあちこちで賛否の渦が巻いていた[141]。両方とも、その中心には各州有力議員がいた[142]。

　(a)各州が先ず注目していたのが、制憲会議開催州で面積、財力ともに優れたペンシルヴァニア（Pennsylvania）州であった。双方の有力者らが、競って新聞やパンフレットを大量に印刷した。演説会も盛大に行われ、中には暴力沙汰に発展する例もあった。そのペンシルヴァニア州内では、制憲会議の結論に対する不満が容易に納まる兆しはなく、12 月 26 日には、アンチ・フェデラリストの暴徒らが、広場で憲法の写しを燃やし、James Wilson らの人形を処刑する儀式を行った[143]。

　(b)次いで懸念されたのが、批准が遅かった Virginia とニューヨークである。ワシントンは、自らの国（Country）Virginia で、特に強く反対している 2 人の旧友 Patrick Henry と George Mason の動向に注意を払っていた[144]。強い中央政府が欠けていることの苦痛を、誰よりも味わってい

140　イギリス王がその大権（prerogatives）を用いて国会（parliament）に甚大な力を振ったように、アメリカの大統領も、中央の議会に影響力を行使するのではないか、といった声が少からず挙げられた（Ferling, p.296）。

141　概していえば、Federalists は大西洋沿いの都市部に多く、Anti-Federalists は、内陸西部の郡（county）などに強かった（Ferling, p.294）。

142　この時点で、ハミルトン（Hamilton）は、私的に批准の可能性を試算し、プラスの要素とマイナス要素とを数えている。プラス面の第 1 は、ワシントン（Washington）が支持していること、新体制により生まれる経済効果、資産家に好評な内容であること、そして連合憲章の下での各州バラバラな体制によるマイナスの経験などである。

143　色々あったが、そのペンシルヴァニア州も、12 月 12 日に 46 対 23 で批准を決議している。

144　1788 年 1 月の 3 人に宛てた手紙で、「豪農の多い南部州の人々が、北東部の真に民主的な人々以上に懸念していることが、憲法を批准することにより貴族制や君主制にならないかであるが……これは誠におかしなこと……」、と批判している（Ellis ①, op cit. p.181）。George Mason は、Washington の近所の住民で、しかも Virginia でも指折りのイギリス政治史、憲政史に通じている人、ということもあったからか、1769 年という早くから、植民州の対イギリスの方針についてワシントンに意見を述べたりしていた（Ellis ①, p.59, pp. 61-62）。

第2編　連邦憲法、その成立過程、内容と、南北戦争前までの展開

た筈のワシントン。批准されることを強く希っていたが、表に出るような
ことはしなかった[145]。批准反対派の先頭にいた仲間のVirginians は、
「Virginia のことを**買いかぶっている**」、というのが、ワシントンの見方
であった[146]。

　こんな中でニューヨークでも、同州のアレグザンダ・ハミルトン
(Alexander Hamilton) が、機関紙フェデラリスト (Federalist) を発行
するについて、Virginia の John Jay と Madison に協力を求めた。全部
で85号まで発行された同誌の多くは、ハミルトン自身のほか、Madison
や John Jay が執筆している。

　(c)小さな農地の兼業農家と中小零細商工業者が多く、次男以下を多く大
陸軍 (Continental Army) の兵士などに出していたマサチューセッツ
(Massachusetts) 州ではあったが、そこでもアンチ・フェデラリストの
感情がかなりあった。「君ら、教育も受け、頭のいい金持ちの弁護士らが、
いわしを飲み込む鯨のように、我々を飲み込んで了うんじゃないのかい
……」などといった、いかにも捕鯨で鳴らしたマサチューセッツらしい議
論が州議会でも聞かれた[147]。town-meeting による直接民主主義が行われ
ていたマサチューセッツ州にとって、有力な反対論の1つとなったのは、
フランスの de Tocqueville の投げかけた疑問であった。「南北2000キロ
で、広大な多種多様な背景をもった13州が、間接的にでも1つの民主主
義を実現できるのか？」[148]

　(ﾊ)年明け早々にペンシルヴァニア州を入れて、5州 (Delaware, New

145　1年近くも、脇の方から働きかけていたとする (……been plotting and cheerleading from the sidelines for nearly a year) (Ellis ①, p.182)。

146　同輩中の第1人者 (primus inter pares) との思い上がりは辞めて、Virginia が意外と弱く、連邦の一員となることで「より多くのメリットが得られる」ことを知るべきだ、と述べていた。1788年1月1日の William Gordon 宛と Thomas Jefferson 宛の手紙 (*ditto*)。

147　彼らが1つに纏まって有力なメディアで持続的に論陣を張り、フェデラリストに対抗するようなことがなかったのが幸いした。

148　このモンテスキュー流の疑問に対し、マサチューセッツ州は答えている。「広大で多様だからこそ、そこに様々な利害があり、対立が生ずる。これは、1つのまとまった与党独裁が、人権にとって脅威となるのとは、反対の働きをする……」

Jersey, Georgia, Conneticut) が批准を終えた。成立に必要な9州に対し、残り4州の中でもその影響力から見て、マサチューセッツ、ニューヨークと Virginia による批准の朗報が待たれた。

(a)そのマサチューセッツでは、議長として革命戦争の台所、連合議会を切り盛りしていた John Hancock 自身が、人権憲章を欠いていることを苦に、心を決めかねていたが[149]、2月6日にフェデラリストら（Federalists）が、人権憲章付の改正案を提案することに同意したことから、議会は、187対168で批准した（同州のほかに、その後6つの州も、人権憲章の付帯決議を付けることの了解により批准ができている）。フェデラリストらは、「New Hampshire 州議会が否決を恐れて3月の決議を延期し」、また「ロードアイランド（Rhode Island）州が10対1で否決した」、とのニュースで懸念を強めた[150]。同様の懸念は、ワシントンの地元に近いメリーランド（Maryland）州でもあったが[151]、4月28日の票決では63対11で批准され、その懸念は無用に終った[152]。

(b)そして1788年7月2日、ニューヨークのフェデラルビル（Federal Hall）に集っていた連合議会の下に[153]、9番目の州、再召集した New

---

149 John Hancock も Samuel Adams 同様、遠くにある中央政権が州権を圧迫することを懸念し、賛否を明らかにしていない中、1788年1月に Samuel Adams が、Hancock の家に来て、深夜まで話し合った末、2人は、批准をサポートすることに決した（Ferling, p. 300）。Federalists らは、また彼による批准支持と引き換えに、副大統領（vice-presidency）の地位を offer した（*ditto*）。

150 制憲会議を初めからボイコットし、最後の13番目の批准州となった Rhode Island につき、ある記事は、「彼らは、遠い地の政府と戦って、やっと自由になった以上、また別の政府の下になぞ入りたくない……」と考えたのだ、という（Alan Greenblatt, NPR. February 20.2013）。

151 Madison は、ワシントンに手紙を書いて懸念を表明している。「メリーランド州で、もし否決なんてことになりますと、いや延期であっても、大変な影響を与えかねませず……」

152 流石にワシントンの地元との密接な関係からか、議会の批准決定を受けて、Baltimore では盛大なパレードが行われたほか、ポトマック（Potomac）川には花飾り船が出て、ワシントンの家のある Mt. Vernon まで航行した船もあった。

153 ニューヨーク市、Wall Street 26 にある Federal Hall。第1回連邦議会の第1会期（1789年3月4日から）と、第2会期がそこで開かれた。1700年に立てられ、かつてはニューヨーク市の City Hall であって、1765年の Stamp Act 反対で13植民州が初めて一堂に会した場所である（実際に出席できたのは、9植民州のみ）。

第2編　連邦憲法、その成立過程、内容と、南北戦争前までの展開

Hampshire 州議会が、批准決定をしたというニュースが届いた（その前に、サウスカロライナが批准決定を済ましていた）。そこにハミルトン（Hamilton）とマディソン（Madison）がいるのに、肝心のニューヨーク（New York）と Virginia の歩みは鈍く、9州の批准決定から2ヶ月後に、やっと批准を見た[154]。いずれも、賛否の差は僅かで、ギリギリの批准決定であった[155]。9番目の New Hampshire 州による批准のニュースが入る前、影響力の大きさゆえに人々がその動向に注視していた Virginia 州の会議には、略すべての有力者が集っていた[156]。しかし、その有力者らは、意見を互いに異にする数でも二分していた[157]。

（c）批准賛成派と反対派の間で、侃々諤々の議論が繰り展げられたことはいうまでもない。最も声の大きい反対派としては、議長の Patrick Henry のほかに George Mason がいた[158]。結論として、Virginia 州は批准賛成に廻ったのであるが、その後の憲法上の最困難事（州と中央政府との関係）を顧みれば、批准会議での反対派が（人権憲章を未だ欠いていること以外に）心配していたことが、強ち「的外れ」とばかりはいえなかった。

Virginia 州憲法の作成者 George Mason はいっていた。「結局、州と中央政府の双方が、人民に対し直接の課税権を持つのじゃないか……このような権力が、永く並立し続けることは考えられない……遅かれ早かれ、州政府の力は、中央政府の中に吸い上げられて了う……」[159]。

154　その Hamilton と Madison とが中心となって、前出の85号までの newspaper essays、"The Federalist" を出している。

155　ハミルトンは、「一般人の数でいえば、反対の方が多かったろう」といい、「13州全体でも同じだったろう」、といっている。

156　Virginia 州の有力者が、1788年当時の合衆国全体の有力者の1/5は占めていた。なお、州の批准にパリ駐在の Jefferson の姿はなく、Washington は、目立つことを恐れて（欠席しても、批准賛成派への影響力では変らないとの計算で）、欠席していた。（Banning, p. 234）

157　会議の参加者160人のうちの賛成派で、Madison だけは、「賛成派の数が最終的に3、4人上廻るのではないか」、と楽観的に構えていた（ditto）。

158　他に Richard Henry Lee, James Monroe、前の governor Thomas Nelson、後の9代大統領 William Henry Harrison の父 Benjamin Harrison などが反対していた。

159　Banning, pp. 242-243.

194

Patrick Henry も、「我々の子孫が『始った時は、州と中央政府の双方が並立していたんだョ』、と聞かされても、何の慰めにもならない……」。（第1回連邦議会を想定して）Madison は答えている。「65人の議員が、全国津々浦々から集まってくるんだョ……とても他の地域の状況なんかまで判らないョ……それらすべてが、最終的には人民の代表という訳だ……」。

　一方、批准が決り、憲法の成立が固った1788年晩夏の Washington の心境は、正直にいって、別の意味で二分していた。重い職責を負わせられることの予感と[160]、Mt. Vernon での生活に対する執着とである[161]。

　㈡各地での根強い反対にも拘らず、9州で批准決定が得られた理由は、大きくいって、「人権憲章を直ぐに定めるから」との修正約束が、一番であった。現代では、**人権憲章を含まない憲法はない**、といわれるくらいなのに、なぜ、現代憲法の母型とされるアメリカの憲法が人権憲章なしで正文として確定されたのか。

　(a)制憲会議（Constitutional Convention）での検討中には人権憲章（Bill of Rights）のないことは余り問題にされていない[162]（討議の最後の段階になって、Madison が議案を提出したことにつき次記）。それが非難を浴びたのは、批准のための各州議会においてであった。たとえば、ヴァージニア州議会においては、このことを理由に、パトリック・ヘンリー（Patrick Henry）が憲法をこき下ろした[163]。リチャード・ヘンリー・リ

160　制憲会議でも各州批准会議でも、またその他の会合や政治活動でも、何がアメリカ革命の意義であるか、1776年の真の大義であるか、大いに議論が分かれていたが、新生アメリカの価値を具現化する人物については、議論の分かれはなかった。（Banning *op. cit*. p.196）。

161　一回の選挙演説も、選挙運動もしなかったが、Washington をおいて、余人はいなかった（Banning *op. cit*. p.196）。

162　ペンシルヴァニア州の James Wilson は、「中央政府は、各州から明示で与えられた立法権しか行使し得ないし、各州憲法中には、既に人権憲章が存在するから、問題ない……」といっていた。

第 2 編　連邦憲法、その成立過程、内容と、南北戦争前までの展開

ー（Richard Henry Lee）も、人権憲章なしの憲法の下でこれからできる（中央）政府を受容れるのなら、それは、「Scylla を Charybdis に取り替えるのに等しい[164]」となじった。

(b)人権憲章が遅れたのは、新国家（中央）の組織をどう作るかで、人々の関心が占領されて（中央への権力の集中を防ぎ、専制を除くシステム作りが先ずやるべきことと考えられていたことにあり[165]）、その意味では、1 日も早く連邦憲法を定める必要を感じていたことがある[166]。加えて、日常で人民に直接接する権力は、州や地方自治体の警察などの役所であり、大事なのは、州憲法ということもあった。

(c)こうした流れを受けて、第 1 回連邦議会下院へのヴァージニア州代表の 1 人となるマディソン（Madison）は、1788 年暮前に、「人権憲章を入れた修正が直ぐにも必要になる」と、法案提出を心に決めていた。そこで、新憲法下の第 1 回連邦議会が始まるや否や[167]、予め用意していた 17 章に及ぶ草案を持って院内を説いて回った（上院で、12 章に纏められる）。

マディソンの努力の効あって、修正憲法案は、原憲法が 9 州の承認を得た前年の 7 月から僅か 1 年 2 ヶ月後の 1789 年 9 月に第 1 回連邦議会で採択された。大統領ワシントン（Washington）は、10 月には批准のため写しを各州に送れている。3/4 の州が、12 章のうちの 10 章を 1791 年 12 月 15 日に承認し、修正憲法は批准された。有力者が多く、しかもそれらが

163　議長の彼は、「小じんまりとした互いによく知り合った各共同体に代って、巨大な政府ができようとしている。我々の自由は、一体どうなって了うのだ。歴史は、人民が不注意でいる間に、少数の野心家によって自由を奪われて了う教訓だらけではないか……」と、演説している（Banning, p.240）。

164　ギリシャのホメロス（Homer）のオデセウス（Odyssey）に出てくるシシリー島とイタリア本土の間の断崖 Scylla と、その傍らの巨大渦巻 Charybdis の例え話し。

165　フェデラリスト 85 号中の No.10、28、41、47、51 中のマディソンとハミルトンの意見。

166　Tribe も、アメリカ憲法史の初めの 1 世紀は、人々の注意が国家組織の問題に集中し、人権憲章（たとえば修正V）ですら、権力乱用を防ぐ視点からの国家組織作りの意味が大きかったと述べる（op. cit. p.1293）。

167　第 1 回連邦議会は、1789 年 4 月〜9 月、ニューヨーク Federal Hall での第 1 会期と 1790 年 1 月〜7 月の第 2 会期、および 1790 年 12 月〜1791 年 3 月の第 3 会期、フィラデルフィアに分かれる。第一代大統領にワシントンを全会一致で選出、第 1 回国勢調査、国務省の設置、司法法の制定など（いずれも第 1 会期）。

略半分に割れて議論の続いた Virginia 州であったが、 9 番目の州、New Hampshire の批准で憲法の成立が間違いない事実となった 2 ヶ月後の 1788 年 6 月 25 日に、承認決議が州の批准会議で成立した。

　(d) Virginia が批准と新しい連邦議会への参加を急いだことの背景の 1 つには、新政府の主都の座を、どこの州がとるかがあった[168]。ワシントンが、いずれ新憲法の下での中央政府の長に就くだろうという安心感もあった[169]。1788 年の秋には Madison が New York の Hamilton などと来るべき新政府の構成、大統領と副大統領について下打合せをし、後者には New England の推す John Adams を支持する相談をしている（Adams は、初代イギリス公使〔minister〕の任を終え、前年 1788 年 6 月に夫人 Abigail とともに Boston 南の自宅に戻っていた[170]）。兎に角、1789 年 1 月の大統領選挙は、69 人の選挙人全員一致による当選であった[171]（同時に、副大統領として十分な数の 34 人の選挙人が、John Adams に投票していた[172]）。4 月 7 日に連合議会は、その secretary を Mt. Vernon に派遣し、当選結果を公式に告知した。

　㈲第 1 回連邦議会下院は、1789 年 4 月 1 日に十分な議員が出てきて、定足数を充たした。この第 1 回連邦議会下院で Madison が占めていた役

168　Madison は、Philadelphia を新主都決定までの臨時として考え、有力ライバルの New York を、その座から蹴落すことに力を注いだ（彼は、以前から Potomac 川縁りのどこかが、南部と将来の西部のためにも望ましい、としていた（Banning, *op. cit.* p.268）。新政府の構成、運営のほかにも、その問題があり、彼は、6 月末以降翌年 1 月にかけ、何回も Mt. Vernon に Washington を訪ねている（Banning, *op. cit.* p.269, 273）。

169　元の総司令官が、「田舎に引籠りたい……」などと呟いているとの話しを聞いた（副官だった）Hamilton は、厳しい調子で、「制憲会議の議長を引受けた以上、あなたは政府を執行することも約束したのです（……pledged）。」、と書き送っていた（Ellis ①, *op. cit.* p. 182）。

170　灯台守が合図をすると、祝砲が鳴らされ、波止場の端には彼の帰国を待って governor John Hancock が差向けた馬車が来ていた。地元紙は、その彼を Vice President か、最高裁の長官かと擬していた（McCullough, p.392）。

171　ただし、ワシントンより多い票をとれないように、念の為の措置も相談した（Banning, *op. cit.* p.273）。

172　Washington が、連合議会により大陸軍（Continental Army）の総司令に任命された時と同じ、全員一致であった。彼が、その結果をまだ知らないかのように装っていた一方、連合議会は、公式告知のための secretary を派遣した（*ibid*, p.183）。

第2編　連邦憲法、その成立過程、内容と、南北戦争前までの展開

割・位置は、大統領の信頼厚い連絡係であり[173]、その点でも議会下院を牛耳っていた[174]。1つは、その時点でのアメリカの政界の有力者（前述のように、その半数が Virginian であった）が、略すべて上院議員になっていたか、または入閣するかしていたこともあろう。就任演説中で、また上、下院への答申中で、大統領（つまり Madison）が強調していたのは、基本原則とか思想としては、「この共和国が万人に平等・公平に対応するものでありたい……」ということであり[175]、また、実務的施策としては、新政府を金銭面で支える中心を、憲法が連邦議会にその立法を授権している（各州政府に対しては禁じている）輸入関税（impost）に置くことであった（Ⅰ、8(1)、Ⅰ、10(2)）。

　(a)憲法が、大統領を含む行政府の構成、権限、任免などにつき寡黙なことは、第4章で改めて見るが、今や議会とともに新政府もスタートさせねばならず、その構成などを急ぎ取決める必要があった。Madison はこの点でも主要な役割を課している。5月18日に、3つの省庁（departments）の設置を定め、その長官の罷免につき、大統領が単独でできるとする内容の動議を提出した[176]。このようにして1789年以降、新政府も議会も、すべて試行錯誤的な形で始った。新生アメリカの政治組織の骨格を固める基本法ができ、正式に成立した（この nation は、世界でも例のない多民族国家であった[177]）。フランスの助けは借りたが、自らの力でイギ

---

173 "……Washington's most influential confidant……, a principal advisor on appointments, ……protocol, ……interpretation of the Constitution……" といっている（Banning, *op. cit.* p. 344）。

174 "……unexampled situation, never replicated in the history of Congress" として、大統領の就任演説と、それに対する下院の答申、更にその答申に対する大統領の答弁、また上院からの初のメッセージに対する大統領の答弁までを、Madison が下書きをしたと記している（Banning, *op. cit.* p.274）。

175 Madison は、この平等・公平につき、専制国家（despotic government）でもある程度の見かけ上のものが必要であるとした上で、「共和国では、これは施策の根幹であろうところ、連邦制にあっては、更にこれが地域エゴとの絡みで地域の特性も考えながら、より一層の注意をもって、取組まれねばならない……」（"……republics, this may be considered as the vital principle of the administration. ……in a federal republic founded on local distinctions involving local jealousies, it ought to be attendee to with a still more scrupulous exactness"）といっている（Banning, *op. cit.* p.275）。

198

リスから独立した年、パリ条約（1783 年）から数えて 6 年後である。

　(b)法典法国（Codification country）でないアメリカであるが、憲法の下で人々の私的生活を規律するコモンローの公式記録としての law reports の方も、まだ出廻っていなかった[178]。法曹らは、自分達の郡裁判所（County Court）の記録を見て、前例に習う外は、頼れる材料もなかった。一般的な法理などについての、先進州ニューヨーク（New York）やマサチューセッツ（Massachusetts）州の記録が利用できたのは、先述のように 1810 年以降であった。そのため多くの州で、19 世紀前半もかなり進む迄は、コモンロー判決の半分程度が、イギリスの先例を引いて下される状態が続いた。乏しい法律文献というこの 19 世紀前半で光っていたのが、ジェイムス・ケント（James Kent）とジョセフ・ストーリ（Joseph Story）である[179]。彼らにより、漸くアメリカ法学（American Jurisprudence）というものが、（イギリスから独立して）形成された。

(2)素人的論評

　(イ)ここでは、ハーバード大学（Harvard Univ.）での憲法学の権威、L. H. Tribe などが述べているような理論中心の精緻な憲法議論ではなく、素人的なコメントから始めよう。先ずいえるのは、憲法が書き過ぎてない。「最低限これだけは」、というところはしっかり書いていて、理念的なこと

176　この問題が出されて初めて、議会内で憲法議論が盛上った。これらの長官は、弾劾によってしか罷免されないとする説、議会が立法により各役所を設置できるのだから、罷免の要件も、議会が定めうるとする説、また関連して憲法の意味は、司法によって決められるべきであるとする説などが出された（Banning, *op. cit.* p.277）。この最後の、憲法解釈で、三権の中で、司法が（他よりも上の）最終的判断権を持つとする考えに対し、Madison は反対している（Banning, *op. cit.* p.278）。

177　第 1 回の国勢調査（1790 年）では、黒人奴隷 70 万人のほか、白人 300 万人超で、その 60 ％のみがイギリス系で、残りはドイツ（9 ％）、Scots（8 ％）、Irish（4 ％）、Dutch（3 ％）などであった（Wood, p.39）。

178　コモンロー契約についての初めてのアメリカでの出版物は、1839 年の J. C. Perkins によるもので、そこには、アメリカでのかなりの先例が引かれていたという（……with copious notes of……decisions……）（Friedman, *op. cit.* p.244）。

179　James Kent は、ニューヨーク州裁判所の chancellor であって、自らの関与した判決からコモンロー・ルールを紹介している（Friedman, p.246）。

第２編　連邦憲法、その成立過程、内容と、南北戦争前までの展開

など、余計なことは一切書かなかった、ことである。独立宣言中のような――たとえば不可奪な天賦の権利（certain unalienable Rights）に言及することがない。これが、（意識的か否かは別として）当時フィラデルフィア（Philadelphia）に集った議員らの態度であった、大体、前文（Preamble）は、たった３行のみである（印刷された全体も、６ページというコモンロー国での基本文書としては、とても短い）。このことは、一面、いわゆるボロを出さない（出すことが少い）ことにつながっている。

　(a)「最低限これだけは……」と、建国の父祖ら（Forefathers）が考えていたのは、三権分立（Separation of Powers）である。18世紀アメリカの政治組織造りの根本原理といえる[180]。しかし、なぜ三権分立なのかや、その理念は書いていない。理念を裏打ちする実務的条文だけをしっかりと書いた政治機構作りの憲法になっている。最大の欠陥、ギラギラと目に付く矛盾として、誰もが指摘できるもの、それが奴隷制度（slavery）である[181]。だがそれも、18世紀末より前での人権憲章（修正憲法Ⅰ～ⅩⅡ）の話しである。奴隷問題では、血と涙をもって語り尽せないほどの出来事がその後もあり、南北戦争（Civil War）の末に、一応憲法の文字上（修正ⅩⅢ～ⅩⅤ）では修正された[182]（第６章１.）。

　(b)「不可奪の権利」（unalienable Rights）の保障実現社会を標榜した

180　モンテスキュー（Montesquieu）が唱えたという「権力によって権力をチェックさせ……（人民の権利を守る）」という原理を、まだ世界のどの国も実現できていなかった。ところが、新大陸では初めから、というより、原憲法に先行した各州憲法からして、また制憲会議（Constitutional Convention）での叩き台となった提案ヴァージニア・プラン（Virginia Plan）でも、それが一貫して普遍的原理として書かれていた。

181　原憲法中には奴隷のみ、それもつれないない言葉で、①下院議員の数と直接税の高を各州割りに決める条文中で「……自由人（free Persons）の数（それには年季奉公者も入る）と、**その他の人々**（other Persons）の3/5の数」を基礎としている条文（Ⅰ、2(3)）、②連邦議会の立法権に対する直接の制限として、そのような人（such Persons）の輸入（Importation）を禁ずる立法を挙げる一方で、１人当り10ドルの輸入税 ten dollars for each Persons、をかける立法は認め（Ⅰ、9、1(1)）、同条のこの部分は、その条文の改正禁止を20年間（1808年まで）と唱うことで、南部諸州の離反を防いだ（Ⅴ、但書のそれらの向う20年間の変更を禁じる言葉）。

182　70万という人命と、その頃かなり発達してきた写真、電報、鉄道などの技術により殺戮のすさまじさを全国民が目前にすることとなった、いわゆる南北戦争（Civil War）を経てのみ可能となったのが、修正ⅩⅢ～修正ⅩⅤの憲法である。

第3章　憲法制定会議と各州批准会議

建国の理念の一方でのこの奴隷制度については、奴隷問題にそっと蓋をかぶせた形の制憲会議や、第1回連邦議会での審議を通して、当時も少からぬ人が悩み抜いた[183]（たとえば阿片戦争〔Opium War〕よりも、数十年も前の世界の話しであるにしても）。50数名の議員が2つに分かれ、閉扉の向うで、制憲会議が分裂しそうなまでに激論が闘わされた。

　奴隷制度とは違うが、知る人ぞ知る、アメリカでの女性の法的地位は極端に低かった[184]。だが目を蓋いたくなるような矛盾点、人権問題が、最終的に奴隷制度に絡むことからすると、原憲法が政治組織造り条文だけに集中したことは賢明というより、現実的なやり方だったといえる。

　(c)近時、アメリカの憲法の影響力が、世界の憲法史の中で急落しつつあると指摘する声がある[185]。そのいうところを要約すれば、かつては、世界の160ヶ国以上の国で憲法が、直接または間接にアメリカの憲法の影響を受けて制定されていた。ところが、その世界の憲法の多くが、新しい20世紀型人権規定を盛り込むなどの改正、再制定をしたことを受けて、アメリカの18世紀憲法の人権条文からドンドン離れて行ったとする。

　これは表面的には正しい指摘といえる。規定の言葉面だけを静態的に比較すれば、確かにそうであろう。しかし法は、どの国の法も、それぞれの歴史を背負ったものであり、その言葉の含蓄も時とともに変化する。最も新しい憲法を読み、解釈する上でも、「かつては、その直接間接の影響を

183　Jefferson と並んで、多くの奴隷を所有していた Washington。後世の評価を何よりも気にしていた彼に、この問題をつきつけた出来事は少くない。①制憲会議に引っぱり出される前の 1785 年、彼に対し（自分の所有する 80 人の奴隷をすべて解放していた）地元のクェーカー（Quaker）Robert Pleasants が直截な手紙をよこした。手紙では結論部分で、Washington の最も痛いところを突いていた（「もし、解放したら、歴史書で、真の偉人として後々まで伝えられますのに」、と）(Ellis ①, op. cit. p.161)。②大陸軍（Continental Army）でワシントンの副官をしていて、彼が息子のように可愛がっていたフランスの Lafayette も、パリ条約前の 1783 年、奴隷解放の実現プログラムを組むよう Washington に励めていた（Ellis ①, p.163)。

184　それが、男並みに引上げられたのは、奴隷解放から遥かに後の、修正憲法 XIX（1920 年）によって、と遅かった。

185　Davis S. Law, Mila Versteeg, "We the People" Loses Appea. with People Around the World, New York U. L. Rev. June, 2002.

第2編　連邦憲法、その成立過程、内容と、南北戦争前までの展開

受け、作られた……」という、元の事実を知ることもまた、重要である[186]。

　㋺憲法の寡黙さにつき、2つの面を指摘することができる。1つは、上述の実務性である。革命戦争（Revolutionary War）の8年を含め、彼らがそれまでに実際に直面したイギリス王（King）や国会（Parliament）に対する不平・不満（grievances）。これに対処するために必要と思ったことだけを、具体的な定めとして書いている。不平・不満（grievances）の原因となった史実は（各州議会などが決議や宣言で問題にはしていたが）書いていない。

　(a)その定め方の具体性は、マグナ・カルタ（Magna Carta）中で男爵らが要求した、それ式の具体性を想起させる、たとえば「男爵が世継なしに亡くなった時に、いくら収めれば、男爵の身分を王に没収されないで済むか……」に対する答えの条文、「王は○○ポンド以上の没収金なしに……承認する」を想起させる。

　もう1つは、困難回避性とでもいおうか。1番難しい問題は、避けている。前に記した、**州と中央の権力間の関係**、がそれである。更に掘り下げていえば、**主権の在り処**について、なるべく議論をしないで済むよう、問題になりそうな言葉を避け、言葉少なに、短く定めたということがいえる。ただ、各州領土への連邦による不可侵を色々な形で定める一方、新州の連邦加盟承認権は連邦にあり、そこでも、州が共和政体を確保することだけは要求している（Ⅳ、3、4）。Tribeは、憲法がたった2条（修正憲法の修正Ⅹと修正ⅩⅠ）で両者の関係を律するほかは、州主権への中央による干渉に僅かに言及しているだけとし[187]、たった1、2行のこれらの条文

186　2つの面から、単純な**新しいもの好き**に付言する。第1は、カナダ連邦憲法は、「最新の人権を取込んでいる」とされようが、その根本的な統治原理も、立憲主義の理念も、お隣のアメリカ憲法に由来している点。第2は、古いばかりか、世界でも稀な人権規定として揶揄されているアメリカ憲法修正Ⅱ（bear arms）。その立法は、イギリス王James Ⅰ世に対する議員らの請願の重要な内容を占めていて、アメリカ独立の動機とも深く結びついている事実である。

187　各州の領土権確保（Ⅳ、3）とⅤ末文（上院での代表権保護）（p.464）。その一方で、合衆国のテリトリについては、連邦議会のみが規則制定権を有するとする（Ⅳ、3(1)、(2)）。

202

が、言葉の数とは比較にならないくらいに、連邦による州権に対する介入制限の文脈で重要であるとする。

(b)人権憲章（Bill of Rights）とセットで提案され、原憲法から僅か1年余りの差で成立した州権と連邦（の主権）の関係を定めるこれら修正憲法（Amendments）（修正Ⅹと修正ⅩⅠ）。2条文は、その中でも、この主題により正面からぶつかって行く姿が見られる条文といえよう[188]。

「憲法の明文によって連邦に与えられた以外の権能、また州に対し禁じられてないすべての権能は、州に留保されている」（修正 Amendment Ⅹ）。

「州が他州民や外国人から普通法（common law）の下で、訴えられる事件では、連邦裁判所に管轄権があるとはいえない」（修正 Amendment ⅩⅠ）。

(c)修正Ⅹの下での連邦と州の権能との関係について Tribe は、述べている。連邦が人権保護のため州に介入する場合に比し、州と中央の権力分立上でより問題があって州権を保護すべきなのが、連邦が州の行政組織に命令を発するなど、連邦による州権への直接介入の場合である。一方、修正ⅩⅠは、州の主権免責（sovereign immunity）を定めるもので、これとはまた、性格が少し違う定めである。

（彼はまた）、州と連邦司法権との関係に触れた、たった1つのこの条文を軸に、主として最高裁が築き上げてきた法の塊り（a body of laws）があると分析している[189]。連邦裁判所はそうした分野の法についても、特定の事項については明示で管轄権を与えていることから（たとえば、海事法〔……all Cases of Admiralty……〕〔Ⅲ、2〕がある）[190]、そこに、先例主義

---

188 Tribe は、このうち州の免責（State Innunity）を定める修正ⅩⅠは、州法問題に関して連邦司法権の行使を抑制することを主目的とすると指摘する（p.465）。

189 成文ではない分、不明確さを伴ういわゆる federal common law について、彼は、「実体法で先例により形成される、連邦法や連邦憲法にないルール」と紹介している（Tribe, p. 466.f.n.1）。

190 ただし、連邦裁判所が海事法（……all Cases of Admiralty……）について具体的な権限を明確に示せるためには、連邦議会が立法で定めることが先決となる。

によって（連邦）コモンローが生ずることは当然の成行きである。しかし、連邦裁判所は本来的にコモンロー裁判所ではない（憲法は、一般的なコモンローについての管轄権を与えていない）から、連邦の司法権が、コモンローの法（federal common law）を創出することに対しては抑制的である[191]。そうでなくても、連邦司法権にはいわゆる一般的な抑制理論（abstention theory）[192]が働く（司法権行使義務の厳格さと、司法審査〔judicial〔review〕〕での抑制的態度との区別につき、第8章2.(1)(ヘ)）。抑制理論の代表的な例として、州法独自の問題での州権の尊重（連邦司法権が余り入り込まない）がある（中央と州との間の権力分立、いわゆる縦の権力分立については、第8章1.と3.(1)で、またこの問題、「適切かつ独立した州法問題」については、第4章二.3.(3)(ロ)で扱う）。

　(d)縦の権力分立を考える時に、州のみでなく、郡市などの地方自治体（municipalities）にも、修正Xの考えが及ぶかを考える必要がある。この点での先例は、二分されている[193]（というより、判示理由では、「いかに」、「どこまでか」が明確に示されてない）。1つのケースでは、連邦法が州権に対し介入できないケースでも、市に対しては介入できる[194]、という。ケースで問題になった連邦法は、通商条項（Commerce Clause）の広がりの中の1つに含まれる、独禁法（Sherman Anti-Trust Act）である[195]。もう1つのケースでは、連邦通商条項の執行が州権に対して控えられるべき例外に当る場合であれば、州内の地方自治体に対しても、同じよ

191　この制約は法理論的というよりも、実務的理由による（ストーリ判事がSwift v. Tyson, 41 U.S.1 (1842)で示していた、どの州の私法でもない、もっと古くから存在する共通的・基本的ルールで、1789年司法法(34)がいっていたlaws of several statesでは、最早各州毎に実際に行われているコモンローの乖離が大きくなって了ったことによる）。

192　州権の尊重の文脈で不文のルールとして最高裁が打ち出してきた一般的な抑制理論（abstention theory）を代表するケースとして①Railroad Comm'n of Texas v. Pullman Co., 312 U.S. 496 (1941)と、②Colorado River Water Conservation Dist. v. United States, 424 U.S. 800, 813-7 (1976)がある。前者がより中心的で、「困難で未解決の州法の疑問があるときは、連邦裁判所は立入ることをなるべく避けるべし」という。

193　これらの多くは、保育園、病院、学校などに対する規制法の絡みでの事件で、その実施主体は、州よりもむしろ郡、市町などの地方自治体になる。

194　Community Communications Co. v. Boulder, 455 U.S. 40 (1982).

うに控えられるべきものとした[196]。

⑶外国人から見ての追加的感想と、憲法の下での試行

　㈦以上、制憲会議の召集、開催から討論の模様までを記し、２つの目立つ寡黙さ（奴隷問題と州と中央間での主権配分問題）を指摘してきたが、結論として出来上った連邦憲法は、「新憲法なのか？」、それとも、「連合憲章の改正であろうか？」。（10月の制憲会議の模様を纏めた）マディソンからジェファーソンへの手紙が、この問いかけの持つ複雑な含蓄と、それへの彼なりの答えを示していた（本章２.⑵㈭）。

　外国人から見ての感想の第１は、この連邦憲法をはじめ、13州の憲法の系譜を受けた（それらの第４次とも、第５次世界的汲及の１つともされる）日本国憲法との対比である。

　㈮先ず、日本国憲法の側から一言してみよう。中でもその第３章「国民の権利および義務」は、修正憲法（Ⅰ～Ⅸ）の血を色濃く受けた内容になっている（第１章、第２章は、日本国に特殊的な定めである）。次いで、第４～６章（国会、内閣、司法）が、連邦憲法のⅠ～Ⅲに対応することはいうまでもない。また第９章「改正」、第10章「最高法規」も、その言葉から見る限り、明らかに連邦憲法のⅤとⅣに由来することが読みとれる。これに対し、第７章「財政」、第８章「地方自治」の各章は、少くとも連邦憲法には形の上で対応する規定がない。しかし規定には、実質的に見ると、「日本独自の理由により」、（殊に、戦前の明治憲法下での経験を踏ま

195　事件では、ブルダー（Boulder）市が、コロラド州憲法で定める**自治市**となっていて、市条例が、州憲法に優先するとされていた。その市条例が、地域で独占的なケーブルテレビ会社に対し暫く支店を増やさないよう定めたことから、訴訟となった。５人の多数意見では、「その（市の）定めが、明確に特定された州としての政策に沿ってなされた、州の主権行為によるとされるのでなければ、……」と述べている

196　National League of Cities v. Usery, 426 U.S. 833 (1976).　そこでは、（連邦労働法の）「その規律が、フェデラリズムの原則の下で、通商条項の力が及ぶ外にあるならば、州に対してと同じく、州の下にある地方自治体にも等しく連邦主義抑制の原則が及ぶことになる」としている。

え）「望ましい」として挿入されたと思われるものもある。ここでは、次の最小限の付言に止める。

最高法規性⑼が、人権保護の働きとどう結び付くのか、その人権規定（11、97）が、自然法的な根源を有するか否か[197]、日本での実証法的解釈（positivism）は、これと分れているようにも見える。第83条「財政処理の原則」は、イギリス、アメリカの流れからいけば、（下院）「衆議院の発議により」となるべきであったという点のほかは、財政民主主義の面から意味があるし、第84条「租税法律主義」も、これまでの我が国の租税民主主義の発達度からいって、必要な規定であったと思われる。第8章「地方自治」中の4条は、**地方自治の本旨**というが、それ自体が何を意味するのか、town-meeting などから始って、国政レベルまで一貫して発展していったアメリカの流れを前提としない歴史からすれば、全体を貫く民主主義との関係がはっきりしない。序章で述べた「対応する史実への言及なしの人権憲章の借用」が、「根なし人権宣言」になりうるのと同様に、地方自治の本旨も、その言葉だけで草の根民主主義との歴史的・有機的つながりなしでは、余り意味のある規定とは思われない（今後、**地方自治の本旨**の意味などは、特に深化されることになろう）。

(b)次いで、連邦憲法（U. S. Constitution）に立ち帰って、印象的なことを述べれば、先ず目を牽くのが、立法権の定め方（Ⅰ）である。連邦議会にのみできることとして、しかも、その連邦議会の立法範囲を、18項目に具体的に限定列挙している（Ⅰ、8）。返す刀で、その連邦議会（Congress）の立法権をもっても立法できない事柄も列挙した（Ⅰ、9⑴～⑻）。更に、各州（議会）（State legislatures）がしてはならないことも、3項目にして定めている（Ⅰ、10）。

そこには、具体的史実に基づいたイギリス国会の仕打ちに対する抜き難

---

197 「……侵すことのできない永久の権利……」⑾とは、法律によっても侵せない最高法規性⑼と結び付いているとの解釈が自然といえる。

い疑念がある。一方の日本は、これを国権の最高機関という、これまた意味が確定されないものの、手離しでよいかのような言葉で形容しているのとは大きく異る。更に、日本にはない局面、立法範囲についての州と中央との二重主権の関係がある（本書でも、**二元主義**として第8章3.で詳説している）。

(c)これらを通していえるのが、この連邦憲法の全体としての強い実証主義（positivism）である。現実に起きた出来事から学んだこの連邦憲法の対処法、個々の事件・事実に対応する上で必要となったルールだけを集約した、という点である。そのため、日本国憲法中には出てこないような、具体的な言葉遣いが随所に見られる。

たとえば、憲法前の時代だけでなく、その成立後も、ずっと各州間でホットな争われ方をした通商（Commerce）の文字が、2ヶ所にわたり（Ⅰ、8⑶、Ⅰ、9⑹）出てくる。また、**通貨価値**（Value-〔Money〕）や**公債**（……borrow Money on the credit of the United States）や**証券偽造**（Counterfeiting of Securities）、そして**破産法**（uniform Laws on the subject of Bankruptcies）などの言葉（⑵、⑷、⑸、⑹）は、憲法制定会議（Constitutional Convention）招集を急がせた背景事情の1つ、シェイズ（Shays）の反乱による影響が大きい。

刑事法でも、公海上の**海賊**（Punish Piracies and Felonies……on the high Seas）や**万民法違反**（Offences against the Law of Nations）に関するものも、史実から来ている。その前後の諸事件を含め、革命戦争時のイギリスの私略船（privateers）によりアメリカ商船が被った危害と無縁ではない（Ⅰ、10）。それに対抗してアメリカが行った自らも私略船の免許を与える行為（grant Letters of Marque and Reprisal）も、立法権として挙がっている（Ⅰ、8⑾）。

(d)上記の意味での実証性を示す条文は、このほかにも逐一挙げるといとまのないほど多くある。中で注目されるのがⅠ、8⑽である。18世紀憲法という古さで、上記のように連邦議会が定義する**万国法違反**（Offences against the Law of Nations）を犯罪と定めている。アメリカの最高裁は、「国際法は、国法の一部である（part of the law of the land)」として、慣習法を援用して判決するくらい、国際主義（internationalism）を前面に出している[198]。当時のヨーロッパ諸国から1日も早く独立国として認められる必要に迫られていたアメリカにとって、この定めを入れることで、国際的に信用を高めることが求められたのであろう。この犯罪を裁くのを、州法（州裁判所）には任せず（委ねず）、連邦法（連邦司法機関）であるとしている（Ⅲ、2(1)）。

　(e)憲法の実証性を示す言葉は、憲法成立後の半世紀の間にも、色々な事件で実際に適用されている。代表的なのが、通商条項（Commerce Clause)（Ⅰ、8(3)）を巡る各州間の、また州による中央に対する、争いであった[199]。この先も、18世紀憲法が、アメリカと世界との位置関係を決めるにつき、国際化時代での現実の政治・政策でどう働くか、興味ある問題である。たとえば、同盟条約なしだが、かつての同盟国間以上に密接な、かつ頻繁な巨頭会談を通してW.W.Ⅱが遂行され、戦後世界の国際秩序作りの青写真が描かれて行った（第7章）。一方、19世紀半ば近く、Majestic Destinyの American Way（第5章二.2.(1)）以来、20世紀初めの T. Roosevelt、W. Wilson の頃までは、中南米のラテン・アメリカ諸国に進出するなどのことがあったアメリカが、F. Roosevelt 時代、モンテビデオ主権条約（Montevideo Convention on the Rights and Duties of States of 1933）に参加し（後出）、それら諸国から軍隊も撤退させている。20世紀世界の国際社会の中で、18世紀の主権観念の下で作られた憲法の言葉が、どこまで適切であり続けるか、一外国人学徒としては強い関心を持たざるを得ない。

198　The Paquette Habana, The Lola, 175 U.S. 677 (1900).
199　Gibbons v. Ogden, 22 U.S. 1 (Weat) (1824)。ニューヨーク州が、内航運送会社への免許権を「連邦ではなく自州にある」と主張したケースで、最高裁は、立法権は限定（列挙）されたものだが、その範囲内では最高法規性（supremacy）があるとした。

第3章　憲法制定会議と各州批准会議

(ロ)特に強くひかれるのが、アメリカと戦争権（power to declare war）（Ⅰ、8(11)）との関係である（第8章2.(3)参照）。

(a)イギリス王の特許状（charter）では、元来が（Indian などに対する）防衛（のための）戦争権だけが与えられていた。19世紀前半に、この防衛権が西半球（南北アメリカ大陸）にまで拡げられた後（Monroe Doctrine）、第26代大統領 T. Roosevelt が、自らを「国際警察権の行使者」と任じ、更にその考えは、第28代 Wilson 大統領による「Democracy 世界の防衛権」へと変容した。

(b)第32代大統領 F. Roosevelt は、就任直後は中南米諸国に対するに、「よき隣人政策」（good neighbor policy）を唱え、前任者らの時代にアメリカ軍を駐屯させていた中米諸国などから軍を撤退させている。また Hitler がチェコスロバキアやポーランドに進攻しても、イギリスとフランスが、それによりドイツに戦争を宣言しても、何回も Churchill に「アメリカは、戦争に参加しない……」と述べていた[200]。しかし、1939年から1940年にかけて彼の第3期政権に入ると、例の「炉辺談話」の中でアメリカを「民主主義の武器庫」とする態度を明らかにする。

(c)アメリカが W.W.Ⅰ と W.W.Ⅱ より前に、憲法の下での戦争を宣言した最後の2つ、Spanish-American War と Mexican War とには、確かに多少、防衛戦争一本槍ではない面もあったが、概していえば、これまで戦ってきた中では共通的に防衛的色彩が見られる。

(d)F. Roosevelt は、ホワイトハウスの夕食に招いた前注のスロベニア系アメリカ人 Louis Adamic に、イギリスとアメリカとの違いなどにつき次のように言っている。「我々アメリカ人は、帝国主義（imperialism）は嫌いだし、反対だ……これは我慢（stomach）することができない……」。

200　夕食後大統領夫人は、Adamic（第7章注285、305）がホワイトハウスに来てくれたことの礼とともに、「大統領は、アメリカがどういう国であるかを、（Churchill）首相に理解させるのに一苦労しています」と述べている（Dallek, p.324）。

209

第2編　連邦憲法、その成立過程、内容と、南北戦争前までの展開

これは、イギリスがインドの解放に「ウン」といわないことや、南アフリカでの第2次のボーア戦争（second Anglo-Boer War）（20世紀初めにかけて農地の焦土作戦までして支配権を手離さなかった）に対する非難であった（第7章2.(3)(ホ)）。

W.W. I 以来、そのイギリスよりもアメリカの国力の方が上廻ってきた。W.W.II 後（殊に、1989年以降）の超大国アメリカの歩みと、阿片戦争（Opium War）などでのイギリスやフランスの行状とを比較するまでもなく、両者の歩みの間には明らかな差異がある（時代の違いとしてだけ片付けてよいか、疑問を残す）。

(ハ)連邦憲法には短いが、力強い前文（Preamble）が付いている。会議の模様を念頭にその文章を振返ると、当事者らが一番苦労し、心を砕いたのは無論、第4章2以下で述べる三権各部の組織、構成である。中でも、**その間の力の配分**と、**互いの作用の交叉の仕方**であった。しかし、短い前文の言葉にも、当事者らの万感の思いが1つ1つ込められている気がしてくる。

(a)先ず、初めの「**われら合衆国の人民は**」（We, the People of the United States）。これには、**欽定憲法対民定憲法**といった単純な図式以上の、もう少し深く複雑な意味が込められている。新憲法制定という考えに対し、強硬に反対する州権論者らがいたことは述べた。中央政府の創設と、そこでの権力誕生に反対する州権論者らに対する**殺し文句**、（連邦も）「すべて人民の意思を基にしているのだから、……」の意味である。

次に最も注目される文言、主文中の動詞「この憲法を……ordain and establish……し」がある。上述の問い、新憲法なのか、憲章の改定かへの1つの答えとなる。この主文を読む限り、合衆国は新憲法を創設した。

その一方で、目的項「より完全な連合を形成すべく」（in Order to form more perfect Union）は、制憲会議（Constitutional Convention）の召集に当って懸念された、保守派・州権論者らによる反撥に向けた言葉ともとれる。何人もの有力者の意識に合わせ、彼らが考えていた表現、**改**

210

正であると思わせる努力の跡とも見える。

(b)前文以外の憲法の言葉の１つ１つにも、前出の奴隷を意味する other Persons など、それまでの歴史が刻み込まれている。その中で、豊富な逸話がある４つの言葉、①「反逆罪」treason（Ⅱ、4、Ⅲ、3）、②「私略船免許」letters of marque（Ⅰ、8、10）、③「私権剥奪」attainder（Ⅰ、10(1)）、④「年季奉公者」(indentured) servant（Ⅰ、2）をとり敢えずピックアップしよう（ほかにも統治者などに名を連ねていた貴族〔nobility〕禁止の言葉も見える[201]）。ボストンの海事法廷（admiralty court）など、植民州で王の名代が裁きを行っていた admiralty のケースは、連合憲章でも、連合議会の管轄としていたが（ⅠX、1）、憲法でも連邦事件 (federal jurisdiction) とされている（Ⅲ、2）。なお、連合憲章中には、ほかにも史実に由来する言葉 "captures"、"prizes"、"piracies" などの言葉が散在している。

(c)①の反逆罪（treason）は、一般的には国または政府に対する裏切りなど、忠誠義務違反を罰する政治犯罪とされる。新生アメリカでは、革命戦争の生々しい経験から、この語がとりわけ話題となり、憲法でも２ヶ所で、それも実体法、手続法の両面から詳しく規定された[202]。それなりの史実があってのことである。革命戦争中では、ワシントンの部下の将軍ベネディクト・アーノルド（Benedict Arnold）の反逆罪が代表的であるが、ほかにもこの犯罪の注意点を浮び上らせる事件は数多い。憲法は、「同一の外形上の行為について、２人の証人による証言がなければ……」（......unless on the Testimony of two Witnesses to the same overt Act......)と、立証方法まで立入って極めて厳密な規定の仕方をしていることが注目される（Ⅲ、3）。

背景となった事実がある。戦の火蓋が切られてから２年余りの 1777 年

201　連邦議会に対する立法禁止条文に加え（Ⅰ、9(8)）、各州に対する禁止条文にもⅠ、10、貴族（nobility）称号の件が含まれるほどの念の入れようである。
202　我が国刑法では、内乱、外患誘致などに分れている。

９月、イギリス軍は、フィラデルフィア（Philadelphia）の街を占領した（連合議会はヨーク市からバルティモア市へと、その座を次々に移した）。占領期間中、市内の王党派（Loyalists）は待ってましたとばかり、イギリス軍に協力した。イギリス軍が退却した後、20人以上が反逆罪を理由に捕えられたが、その中には平和主義者（pacifiers）の**クエーカー教徒**（Quakers）もいた。当時の世論が反逆罪に厳しい中、ペンシルヴァニア（Pennsylvania）州の有力議員で、後に連邦最高裁判事（Supreme Court Justice）になったジェイムズ・ウィルソン（James Wilson）が、２人のクエーカー教徒の弁護に当った。

その時の経験から、10年後の制憲会議で、正に反逆罪条文の起草を担当したウィルソンは同条１文で、その**連邦憲法**を、実体法として厳格な構成要件としたばかりか[203]、証拠法的にも上記に見たように制限的な言葉を入れた（しかも、その罰則を定める第２文で、イギリスでの私権剥奪の故事を彷彿とさせる、**身代限り**の文言を加えた）[204]。

革命戦争勃発から間もなく連合議会は、各植民州に反逆罪を厳しく取締るよう立法を促し、多くの植民州でそのような立法がなされたが、連邦憲法が成立するとともに、それらは廃止された。のみならず、その後は連邦反逆罪は、殆んど立件されることなく来ている。唯一、目に付くのは、第３代副大統領アーロン・バー（Aaron Burr）に対し、ジェファーソン（Jefferson）大統領が行った反逆罪の訴追であるが、ジョン・マーシャル（John Marshall）指揮の下、リッチモンド（Richmond）の巡回裁判所での裁判により免訴となった[205]。

(d)②の Letters of Marque は、いわゆる私略船（privateers）の免許状

203　......shall consist only in levying War against (United States), or in adhering to their Enemies, giving them Aid and Comfort......（III、3(1)）.

204　"......no Attainder of Treason shall work Corruption of Blood, or Forfeiture except during the Life of the Person attainted"。ここで、Corruption of Blood とは、イギリスの歴史上、王に対する反逆罪による私権剥奪で "disability absolute and perpetual" と、"Person or temporary" の２つの刑罰が区別され、その前者に当る刑罰を指しているとされる。

とでもいえるもので、その付与が連邦議会（Congress）の立法権の１つ
として数え上げられている一方（Ⅰ、8⑾）、各州に対しては、これを禁
じている（Ⅰ、10⑴）[206]。革命戦争当時は、イギリス、フランスなど強大
国の私略船が跋扈し、アメリカの武装商船などは殊に狙い打ちにされ、分
捕り合戦の対象とされた。連合議会もこれに対抗して、開戦から間もなく
私略船の免許状発行を決議していた（イギリスとの1812年戦争では、ア
メリカの私略船も、イギリス海軍や民間の武装商船を襲撃したり、分捕っ
たりしている）。

　(e)③の私権剥奪法（bill of attainder）については、連邦議会（Con-
gress）が事後法（ex post facto law）を設けることと併せ禁止される一
方（Ⅰ、9⑶）[207]、各州に対しては、この２つと第３の契約義務を損ねる
法律（Law impairing the Obligation of Contracts）の立法禁止が、定め
られている（Ⅰ、10⑴）。私権剥奪法は各植民州でも（特に革命戦争とと
もに）多く立法されていた[208]。イギリスでの流れと前例を受けたこともあ
るが、イギリス王に忠義立てした（革命戦争に非協力な、サボタージュな
どで）植民州民を懲らしめるための法としてである。

　(f)④の**年季奉公者**は、第１章、1.「開拓者らの社会」の⑵で出てきた
indentured servitude である。これが、憲法では立法府（下院議員）の選

205　アーロン・バー（Aaron Burr）は、ワシントンの部下として大陸軍のケベック攻撃など
　　に従事し、後に第３代副大統領となり、またアレグザンダ・ハミルトンとの決闘、について
　　の訴追、更に本文のとおり Jefferson が起こさせた陰謀の疑いによる裁判など、破天荒の人
　　生を送った。
206　14、5世紀頃からヨーロッパの君主国が、大洋上の敵国や気に入らない国の商船や武装
　　商船、私略船などに攻撃を仕かけ、分捕ることが盛行した（名高いのは、エリザベス１世か
　　ら騎士の称号を贈られたフランシス・ドレイク）。
207　United States v. Brown, 381 U.S. 437 では、私権を奪うことを意味する（本人の死刑と
　　ともに、子孫にも累を及ぼす）この私権剥奪法が、16〜18世紀イギリスで王への謀反罪や
　　反逆罪（treason）などに対する刑罰として用いられたとし、それも、普通の手続によらず、
　　1641年に廃止された、いわゆる糾問主義の Star Chamber などで裁かれたことなどを述べ
　　ている。
208　ニュージャージー植民州で、王の統治代理人となっていたベンジャミン・フランクリン
　　の認知済の婚外子ウィリアム・フランクリンは、父とは反対に、ずっと王党派で通していた
　　ことから、反逆罪で追放され、イギリスでその生を閉じた。

第2編　連邦憲法、その成立過程、内容と、南北戦争前までの展開

出方法に係って出てくるから、単に、「含蓄ある言葉……」では済まされないアメリカの統治制度の根幹に係る意味を持っている。選挙権を有する人間の数を、（年季奉公者を含む自由民）と、その他の人（other Persons）（つまり黒人奴隷）の数に3/5をかけた数とし（非課税のインディアンを除く）、それに比例した下院議員数が各州に割当られると定めている（更に、その議員数は、その州による大統領の選挙人の数を決める）。

㈡この段の締め括りとして、成文憲法、共和国憲法、連邦制憲法、どのカテゴリをとっても世界一古いアメリカ憲法の、外国によるその学習に一言する。ヨーロッパ諸国の君主やその側近らが、懐疑的眼指しで眺めていたにしても、外国にはそうではない市民らもいた（それは、連邦憲法より10年以上前にできた各州憲法についてもいえた）。そのうち、Pennsylvania と Virginia の憲法は、公表後数週間以内にフランス語に翻訳されている[209]。

(a)しかし、本格的に学習され、影響を与えたのは、やはり連邦憲法であった[210]。その意味では、父祖たちは、憲法がなぜ書かれねばならなかったか、憲法というものは、いかに書かれねばならないかを教える、いわば世界的先生であった。その第1の生徒は、フランス人であった[211]。フランス系移民で、Pennsylvania 州からの制憲会議への代表議員の1人として、アメリカ憲法の制定に参加した Gouverneur Morris（前文をはじめ、かなりの部分の言葉を考えたとされる）がパリを訪問した時は、フランスの法学者グループが彼を取囲んで、質問攻めにした。

(b)ポーランド憲法（1791）は、そのフランスより4ヶ月早く、アメリカ

209　Albert P. Blaustein（NYU や Rudgars 大学で憲法学を教えていた）、The U. S. Constitution：America's Most Important Export (govinfo, library. unt. edu).
210　まだ制憲会議をやっていた頃、少くとも批准完了前に、パリの法学校（Lycées de Paris）では、Jacques Vincent Delacroix が、連邦憲法を教えていた（前注 Blaustein から）。
211　1791年の第1共和国憲法の一部となったフランスの1789年人権宣言（Declaration of the Rights of Man and Citizen）の枠外には、Jefferson の手書きのコメントが入っている（govinfo. library unt.edu より）。

憲法そのものに形どって制定された。その他、憲法草案作りに当ってアメリカに相談が寄せられた記録としては、200ヶ国近い。中でもドイツ、オーストリア、ベルギー、オランダ、スペイン、およびポルトガル（それらの法律家）、その他新興国のリーダーがある（古いところでは、ブラジルの Joaquim de Maria が、パリで Jefferson に会っている）。

　(c)当時のアメリカ人も、他国の人も工夫した訳ではないが、結果的に見てアメリカの憲法は、「これ以上巧い方法はない……」と、思われるルートで拡散していった。当時ヨーロッパ各地から多くの人が集まっていたパリに逸早く伝わり、教えられていた（1778年の同盟条約の験があった）。パリからは、ナポレオン法典が、バイエルンなど南ドイツから低地国、ポーランド、オーストリア、イベリア半島に伝播したが、それと同じ流れで、アメリカの憲法も伝わって行った。スペイン、ポルトガルなどに伝わった後、イベリア半島国の憲法が、Simon Bolivar らのようなラテン・アメリカの独立運動家らに、更に伝えられた[212]。上記のラテン・アメリカ諸国の中には、Venezuela、Argentina などのように、アメリカの憲法の連邦制（federalism）の考えも採り入れた例がある。更に、1898年のスペイン戦争後には Cuba、Panama、Philippines、Haiti も、アメリカ式の憲法を作っている。

　(d)以上は、アメリカ憲法の世界的拡散・伝播の第1波、第2波に過ぎない。その後も、第3波以降の伝播がある。ヨーロッパでは旧い政治が大きく動き、新体制があちこちで打ち立てられた1848年以降の諸国の新憲法、たとえばドイツの Frankfurt Constitution（1919年の Weimar Republic 憲法の元となった）などがそれである。この第3波には Austria や Italy への波及もひっくるめて考えうる。

212　1784年という早い時期に Francisco de Miranda は、ラテン・アメリカでの独立のための憲法草案のモデルを探して北米、ロンドンを訪ね歩き、1810年に Venezuela に帰って、Simón Bolívar と協力して、1811年にラテン・アメリカでの最初の憲法を Venezuela、Argentina、Chile で作成した（govinfo. library unt. edu より）。

第2編　連邦憲法、その成立過程、内容と、南北戦争前までの展開

(e) W.W. I の頃の、ないし W.W. I と W.W. II の間の期間の第4波としては、多くのラテン・アメリカ諸国が、彼らの憲法を書き直したことがある（人権憲章が、その分新しくなっている）。Mexico 憲法も W.W. I の頃にアメリカの憲法に範をとって作られている。それらの多くが、連邦制をとっている（当然、アメリカと同じく連邦主義〔federalism〕が論議されていよう）。第5波ともいえる W.W. II 後のアメリカの憲法の伝播も特筆される。西ドイツ、日本、インドなどの重要な国の憲法で、アメリカの憲法の伝播があった[213]。

(f)世界最古の連邦憲法として今日も巧く機能しているように思われるアメリカ。その1つの大きな理由が、その簡潔性、柔軟性であろう。アメリカの憲法を世界に拡めるのに大きな力のあった前出の Blaustein は、アメリカの立憲主義憲法につき、「父祖達が出した知恵がよかった」「秩序と自由のバランスのとれた制度設計をした」として、成功の理由に挙げている。

完全な制度など存在しない。無論、麻薬や銃の問題などを見ていると、それが憲法問題に触れる限度で、制度の意味が改めて問われる。しかし、銃所持の自由を修正 II に定めているからといって、それが「世界に例が乏しい……」とか、「時代遅れでおかしい」とかいうのは、法制度とその元となった史実との関係を考えると、正しいとは思われない。史実に照らせば、十分に意味を持っていると考える。

213　このうち、イギリスによる支配の跡が多く残るインドでは、司法審査（judicial review）が自然と根付いていて、アメリカの先例まで実務上多く参照している。大陸法国や、その系統の法制を受継いだラテン・アメリカ諸国では、司法審査は、多くの場合、憲法裁判所（constitutional courts）を設けることで対応された。

第4章

成立した連邦憲法の内容
―三権分立と相互作用の骨格―

一. 成文憲法主義 (Constitutionalism)

1. 連邦憲法の下敷きとその書面化

(1)イギリス憲法の流域

(イ)英語の Constitutionalism、立憲主義には、憲法が書面化されていることの、成文憲法主義のほかに、ジョン・ロックなどが唱えた「権力が (法的に) 制約される政体」を定める意味がある (その方が大きいともいえる[1])。これから見る連邦憲法も一言で表現すれば、正に **Constitutionalism の憲法**である。この意味での世界初の、人類初の憲法である、といってよい[2]。単に立憲主義の憲法として「世界一古い憲法」というだけではない。1987 年時点では、世界の略殆んどの国の憲法中に直接または間接的に、その似姿が存在するとされた[3]。それでいて、第1編「連合憲章と、それができるまでの前史」で見てきたとおり、今もアメリカ独立の原

1　憲法という法体制が成立した後も、現実社会に呼応して、19 世紀までの Constitutionalism の意味は、立憲君主主義が大きな位置を占めていた。
2　多くの途上国の憲法制定作案を助言してきて、世界の 50 ヶ国余りの国の憲法作成に係った Albert P. Blaustein も、200 年以上も前の "First written constitution" であることを先ず強調している (govinfo. library. unitedu から)。
3　憲法制定 200 周年記念行事として Time 誌が 1987 年に行った調査では、その時点で、世界の 170 ヶ国中 160 ヶ国以上が直接・間接にアメリカの憲法をモデルにしている (nytimes. com/2012/02/07/us/we-tue-people より)。

217

第2編　連邦憲法、その成立過程、内容と、南北戦争前までの展開

動力となった政治哲学を表現する組織法、基本文書としての意味（価値）
を有する。

　権力を法的に制約する法律も、所詮は**政府の手によって作られる物では
ないか**と捉えると、立憲主義の哲学も循環論に陥りかねない。それに対す
る答えが、やはり Constitutionalism の中にある。そこでの憲法は、普通
の法規とは違って、簡単に破ったり、変えたりすることはできない。それ
ほどの基本的なルールであるとの考えである。Constitutionalism の言葉
は、そのような見方、考え方を含意していよう。

　そのようなルールは法律とはいっても、人民の行動を規律する規範など
とは異り、政府組織を縛り、規律することが求められる。本書の流れ、イ
ギリス憲法の流域に引き寄せていえば、その源は13～18世紀の王と議会
を規律した規範に遡ることになる。イギリスの場合どういう訳か、ヨーロ
ッパ大陸諸国とは違って、王と議会（貴族）との関係を規律する規範が、
歴史的に1つの成文の形で纏まっていない。にも拘わらず（細ったり太っ
たりすることがあっても）、かなりはっきりした形で（一部は憲章として）
存続してきている。

　㈡イギリス王と議会の関係では学者としての Albert Venn Dicey と、
国会（下院）の書記だった Thomas Erskine May の本が、それぞれに権
威を与えられている[4]。それらを要約すると、イギリスの不文憲法は制定
法、先例、論文などに加え、May の著書の題のような（議会での）**憲法
慣行**（constitutional practice）に加え、**王の大権**（prerogatives）とか
ら成ると見られる[5]。

　㈢統治機構法としては、不文の慣行が多いにしても、人権規定として見
た場合は、成文の形でも存在するのがイギリス憲法である。それが後に見

4　Thomas Erskine May, Parliamentary Practice (1844). なお、前章注1参照。
5　Dicey は、1883年の本 "Introduction to the Study of the Law of the Constitution" 中
　で、議会の慣行について、厳格な法的な意味のルールと、**仕来り**などのルールと、を区別し
　ている。

218

第4章 成立した連邦憲法の内容—三権分立と相互作用の骨格—

るとおり、アメリカの憲法にも連綿として受継がれてきた。ラニメイド
(Runnymede) 草地で40人の男爵ら (barons) の要求に屈して、ジョン
王がサインし、印章を捺印した有名なマグナ・カルタ (Magna Carta)
(1215年) をとってみよう[6]。そこでは、王が男爵らに今日のアメリカ憲
法修正IVに近い人権の保障を与えていた[7]。

(b)イギリス王と議会の独特の関係の1つに、日本語で**枢密院**と呼んでい
る Privy Council がある。君主、つまり行政、立法、司法の三権を収める
権力に対し諮問・助言する機関である。終始、貴族や（後には上院の有力
者と下院の代表も加え）、司教などから成り、特に法規の1つ、規則に当
る Orders in Council の発行と、（地方公共団体の存否などに係る）王の
特許状 Royal Charters を発行することに加え、最高裁に代る司法的機能
も有した。

枢密院 (Privy Council) というイギリス特有の制度につき、Tribe の
いうところは、アングロサクソン族 (Anglo-Saxon) の制度として
Witan があり、また長い間、非司法の執行的助言者として、王の特権で
ある立法を宣言する人 counsel がいた。ノルマン征服後は、これが**王の法
廷** King's Court (curia regis) となり、中心的統治機関として権力の範
囲と強さを一段と増大させた。この王の法廷がヘンリー7世王の頃までに
執行力を強めた上で、枢密院 (Privy Council) の形をとるようになった[8]。

(c)第1編でも記したように、枢密院は、イギリスの植民地経営に多大な
権力を振っていたことから、王権のシンボルの1つとしてアメリカの植民

---

6 マグナ・カルタは、法王イノセントIII世が介入し、その際に、ジョン王が一旦サインした
 ことを無効にしようとして内戦となるが、1297年ウェールズを征服した王エドワードI世
 が、略その内容を確認するとともに、イギリス国会を経常的な機関として承認することも加
 えた (Frederic William Maitland が後に "Model Parliament" と呼んだもの)。なお、そ
 れ自体、幾度も作り直され、練り直されて伝わっているが、その前者があるとされている。
7 今日も現行法として残るマグナ・カルタ（原文は、イギリスラテン語で書かれ、箇条書き
 の形ではない）と、アメリカの憲法とに共通してある定めは、陪審権に係るものが主であ
 る。
8 Tribe が援用するのは、William Holdsworth, 1 History of English Law 15 (1931) である
 (p.265)。

州民の胸に深く刻み付けられていた。時代とともに大きく変ってきたこのイギリスの Privy Council には、3つの段階があるとされる[9]。アメリカの視点から重要なのは、クロムウェル（Cromwell）による内戦の結果、イギリス国内では Privy Council としての権限の多くを失ったが（1648年）、対植民地で引続き法律の宣言および最高・最終の司法機関としての権限を保持し続けたことがある[10]。

　(d)ここまで、「成文憲法主義ないし立憲主義（constitutionalism）とは何か」、をイギリスの例を見ながら一言してきた。そこでの**憲法**とは「王と国会との関係」のような、国の統治に係る基本的な決まり事、ルール集であった。国家の統治組織に係る法という意味で、たとえば、会社運営に係る組織法との間に共通点がある。国の統治も会社運営も、政治力や経済力という**力**が、力の源泉となる何ものかが、必要である。イギリスのジョン王の場合、意見がぶつかり合う中で最後は、ラニメイド草地で彼を取囲んだ40人余の男爵によりマグナ・カルタのサインに追込まれた。国の統治に係る組織法が動いたといえる[11]（会社でいえば、株主総会で会社が反対していた株主提案が可決されたような）。アメリカの独立も、8年間の

9　ノルマン侵攻前の Witan と呼ばれるもの（司法機能はなく王が法を宣言するのを補けた）、ノルマン征服後の Curia Regis（King's Court）、ヘンリー7世の16世紀初めまでに Witan から大幅に権限を拡大し、三権すべてで王を補佐する機関となったもの、およびクロムウェル（Cromwell）後のその修正型である。その間、16世紀初めまでに Witan から大幅に権限を拡大していた。

10　Privy Council 制度は、植民地としてのアメリカの独立前史に重苦しくのしかかる存在であっただけでなく、後の憲法法制にも影響を残している。1777年のニューヨーク州憲法には改正委員会（Council of Revision）が定められていた。Chancellor（equity court で一番偉い人）とニューヨーク州最高裁の一番偉い人と知事の3人で構成され、機能としてはヴァージニア・プラン（Virginia Plan）の下での同種の機関に似ていて、議会による立法を否定できた（Tribe, p.265）。

11　マグナ・カルタから権利請願、人権憲章と、一本調子に順調につながった訳ではない。むしろ反対に、曲折が多かった。その後も、リチャード2世時代の裁判官の判示に見られるように、14、5世紀には一旦封建制の名残りのような体制が出現するなどの、波乱があったことが知りうる。また、16世紀、中でもヘンリーⅧ世の治世は、王権、王座が安定した時といわれる。しかし、この時期、国会（貴族）も力を養ってきた結果、王権は、最高に強い権利ではあっても、almighty ではない、税の問題では、国会の同意が合法性の要件であるとのルールになり、特に名誉革命以後は、イギリスでも国会が（国会が作る法律が）最高になった。

戦いで勝ったからこそ、各州が予め作成していた州憲法が基本的な各州組織法となり、イギリス王の布告にとって代った。

　以上のような基本的な決まりごとの変更と、その力の源泉とは、憲法にどのように結び付くといえるか。アメリカの憲法成立史、そして近代社会一般での憲法成立史からは、力の源泉は人民であり、人民に由来するものであるとされる。それが、基本的な決まりごとの**正当性の根拠**、となっているといえる。

⑵植民州以来の成文法（法典）化の流れ

　(イ)連邦憲法が、思想や理論を省いた**実務文書に徹**していることは、前章でも見た。それはしかし、連邦憲法の作成者らに思想や理論的背景がなかったことを意味しない。事実は、全く反対であった。しかし、思想や理論を省いた有力な理由が考えられる。それには、連邦憲法の底流に自然の法・不滅の法があり、作成者らがその観念を共有していたことがある。いわば、作成者らの体の中に独立宣言の言葉が流れていたから、文書にするまでもなかった（制憲会議のメンバーの大半が、独立宣言、北西政令、連合憲章などの作成に関与していた事実がある）。その意味で作成者らは、単にそうした観念を共有していただけではない。それぞれの生活史の中で、１個の原理を生理的ないし生物学的に共有していたといってもよい。

　(a)実際、独立宣言と相前後して作られた各州憲法には、独立宣言的条文が含まれていただけではない[12]。その多くが天賦の権利を謳い、自然法（natural law）の下での自然権（natural rights）を謳っていて、そうした個人が集って、「社会契約により国家を創った」、と謳っていた[13]。各植

12　13植民州の中で一番初めにこうした基礎法といえるものが作られたのは、1639年のFundamental Orders of Connecticut であろう。これは、王権からは完全に独立した（民主・共和的）組織法中心であるが、1641年の Massachusetts Bay Body of Liberties は、人権憲章と呼んでよいものであった（いずれも、第１章1.(1)）。また、"Corstitution" の語を用いた最初は、Virginia のそれ（1776年）である。

13　John Dinan, Wake Forest Univ. Founding Era Constitution-Making（nlnrac.org）.

第2編 連邦憲法、その成立過程、内容と、南北戦争前までの展開

民州の憲法の中でも、1776 年に制定された Virginia のそれは、数週間のうちにフランスほか[14]、ポーランド、ドイツ、オーストリア、スイス、スペイン、更にブラジル、メキシコ、アルゼンチン、Venezuela の法律家の手にも渡っている[15]。前注 3 の Time 誌の連邦憲法 200 周年での記事（世界の殆んどの国が直接・間接にアメリカの憲法をモデルにしている、との 1987 年調査）も、統治組織を定めた憲法だけを参照している訳はない、連邦憲法に先立つ連合憲章は兎も角、少くとも独立宣言や（場合により）Virginia 州憲法なども参照しているに違いないのである。これが更に、如上の意味での成文憲法主義を支持する今 1 つの理由となる。いや、単にそれらを参照していただけではない。恐らく、その底流に流れる天賦の人権や、それを支える自然の法・不滅の法の概念にも共感していたに違いない[16]。

(b)アメリカでの憲法の書面化には、彼らが憲法を社会契約として受けとめていたことに加え、開拓者社会特有の理由があった。ゼロからスタートした共同社会で、初期の開拓者は、法令全般について先例の集積を待ってはいられなかったことがある。そのため、コモンロー先例主義によらずに、直ぐ見て読めるルール・法典化（codification）を求めたことがある[17]（Friedman は、イギリスのような徒弟制度で育った専門の法曹がいなかった初期のアメリカ社会では〔19 世紀までも〕、法典化が必要であったと

14　当時のヨーロッパで革命と憲法の中心地であったパリ。その学校（Lycées de Paris）で、まだ制憲会議が終わる前から、フランスの弁護士 Jacques Vincent Delacroix が英語で連邦憲法を教えていたという（govifo. library. unt. edu から）。

15　フランスは、1778 年の同盟条約締結後、これら植民州憲法をパリで印刷・公売していた。それらは Code de la Nature と呼ばれ、Benjamin Franklin がフランスの大臣から 13 植民州憲法のパリでの印刷の許可を与えられていた（govifo. library. unt. edu から）。

16　今日の州憲法（1947 年）ではなく、当初のニュージャージー州憲法（1776 年）には次のような荒々しい言葉も含まれていた（今日のそれでは、第 1 章が 22 条の人権憲章から成る）。「残酷で苛責なき敵にさらされた慨嘆すべき植民州の今日では、秩序の上からだけではなく、人々を十分団結させ、必要な防衛力をフルに発揮させるためにも、何らかの政府（の形を定めること）が絶対的に求められる。」

17　第 1 章 1.(1)メイフラワー号の運命中でも Massachusetts Body of Liberties や Connecticut Fundamental Orders 参照。なお、Friedman, *op. cit*. p.50（「イギリスは不文憲法で間に合ったが、アメリカはそうは行かなかった……」という）。

222

第 4 章　成立した連邦憲法の内容—三権分立と相互作用の骨格—

もいう)[18]。こうした全般的な法典化傾向が、各州憲法や連邦憲法を短期間のうちに作り上げたことの背景にある。

(c)書面化の流れという意味では、(前章で見た)途中駅としてできた**北西政令**を、そこに加えることができる。同政令は、オハイオ川北西部のテリトリ(将来のイリノイ、インディアナ、オハイオの諸州)が将来州に昇格し連邦に加盟する(認められる)について、新州がすべて共和政体となり(……shall be republican)、その旨の恒久的憲法を定めることを求めていた(Article 5)。本書が辿ってきた、**独立宣言**から**連合憲章**から**連邦憲法**に至る道筋は、正にこの書面化の道筋であり、その意味で、アメリカでの憲法成立史は、書面化の極く自然な道程を示している[19]。憲法の書面化の問題を成文憲法主義(constitutionalism)の本質的な要件ないし属性と考えない人が仮にいたとしたら、世界の現実をどう説明するであろうか[20]。そのアメリカでは、独立と相前後して、11 州が成文憲法制定に踏み切ったし、11 州以外の州も、やがて王からの免許(charter)を廃して、成文憲法を制定しているという史実がある[21]。

(ロ)成文憲法主義(Constitutionalism)は、上記のように統治組織に係る基本を定めた**書面化された憲法**、の意味であるが、Constitutionalism という言葉は、以上のような背景からしても、通常は、絶対的君主(王)の司る基礎法とは結びつかない[22]。

(a)革命戦争をしたことでイギリスとの法的つながりが断ち切られ、イギ

18　Friedman, *op. cit.* p.14.
19　Friedman は、イギリス法の継受という面からはそうすべき必然性がなかったのに、革命戦争が始まると間もなく、11 州が相次いで成文憲法制定に踏み切ったことを挙げ、成文憲法作りが、アメリカ社会で広く支持された動きであったことを指摘している(*op. cit.* p.72)。
20　今日の世界で、1 ヶの書面としての成文憲法を有しない国は数えるほどしかない。例外としてイギリス、ニュージーランドおよびイスラエルがある。
21　多くが 1776 年に制定しているが、コネティカット州憲法は最も遅く、1818 年にできている。
22　そのように結びつかない基礎観念として、イギリスの William Blackstone が Commentaries on Laws of England (1765) でいっていた、「王は性善であるばかりか、そもそも悪を考えることができない……」「王が悪を為しえないことは、イギリス憲法の根底にある……」などがあろう。

223

第2編 連邦憲法、その成立過程、内容と、南北戦争前までの展開

リスから独立した新国家アメリカにとっては、成文憲法主義の意味は殊更に大きかった。命がけで勝取った自由な社会を守る新たな基礎法、それも人々に示しうる明文が求められた。それは文字どおり、自らの意志で作る新国家の基礎法、民定憲法であった。作り手自らによる主権在民の法であった。戦争と略同時に、13のうちの11州が、ほぼ一斉に州憲法制定に踏み切っていたことは、この必要性の感じ方を示している。しかも、革命後の人々の間には、成文憲法主義を人民と人民との、また人民と政府との法律関係の基本を定めた社会契約（social compact）として見る流れがあった。「主権者（sovereign）は人民である」ことの共感が、自然の流れとしてできるだけの史実があった。

　(b)纏めると、(イ)で述べた意味での憲法主義の今日的・一般的理解は、三権の分立に加え、「人権憲章も含めた憲法」というものであり、更に、成文化の要請を加えたもの、となる[23]。その底になる思想は、やはり人民主権（popular sovereignty）であるが、連邦憲法が、そうした思想や理論を一切書かずに、具体的な史実に基づいて、必要と感じたルールだけから成ることは前述した[24]。この絡みでの実質的な意味の憲法といえるものに、形式的意味の憲法の、この憲法に加え、憲法成立直前の連合議会で作られた北西政令（Northwestern Ordinance）など、2つの政令と独立宣言などがあり、更には訓示的なものとして、独立前後に作成された多くの決議、宣言（当時の植民州の連合によるもののほか、いくつもの植民州〔議会な

---

[23]　イギリスの憲法が不文法というのは、王と議会との関係など、政府組織の構成などの規定のことであって、人権憲章的な面では、マグナ・カルタに加え、権利請願（1628年）、人権憲章（1689年）など成文化されたものがある。

[24]　前出のフランス共和国憲法についていえば、同憲法の前文が**1789年の人権宣言**（Declaration of the Rights of Man and of the Citizen）を、憲法と同価値を持つものとしており、フランスの Conseil d'État（憲法裁判所類似の機関）も、同人権宣言に反する法令を無効としてきているから、実質的には人権宣言や、その背景思想（啓蒙思想を中心とした）を内包しているといってよい（なお、この人権宣言は、アメリカの憲法修正Ⅰ～Ⅹが下院で可決された日の5日後に作られていることから、それらを参照する機会はなかったとされているが、思想的に共通の土台があることは間違いない。つまり、直接の結び付きは認められないが、十数年前のアメリカの独立宣言から多大の影響を受けていることに間違いはなく、言葉、構成などの上でも、強い類似性が指摘されている）。

224

第4章　成立した連邦憲法の内容—三権分立と相互作用の骨格—

ど〕によるもの）があろう。それらが存在したこと、それらが逸早くフランスに伝わっていたことも、述べたとおりである。

(c)この意味での成文憲法主義や立憲主義の定義に適合するためのルールとしての権力分立と人権憲章の原則には、制度的に簡単に変えられない根強さ、いわゆる硬性が必要となる。改憲手続が安易でないことである。基礎法としての憲法の改正には、普通の立法とは異る、**より高い特別の方式**が求められる。その根拠として、「主権者・人民の考え・思想を示せる」ことの要求である。主権者との距離の近さ、関係の強さなどを支えるものとして、特別な集会、特別な多数、特別な制約などがある。連邦憲法改正に付されていた制限のうち、奴隷問題での制限がなくなった今日でも、連邦議会上院での各州同等代表権を変えることの禁止に、こうした特別な制約の例といえ、民主制とのつながりの根強さを示している（V）。

2.　世界初の成文憲法として

(1)守り通した共和政体

(イ)上記のようなかつての各州憲法の姿はあるものの（各州憲法が何回も作り直されていることにつき次注）、今日のアメリカでは憲法といえば、連邦憲法を指すくらい連邦憲法が、**憲法のアイコン**とされている（これに対し、多くの人々は、州憲法〔state constitutions〕のあることすら知らないという[25]）。いや、アメリカ国内だけではない。連邦憲法の伝統（legacy）は、今日世界の殆んどすべての民主制国家で、憲法のモデル、原型として残っていることは前述のとおりである[26]。

(a)その大きな理由の1つとして（それが連邦憲法であることを除き）、

25　1991年の調査では、約半分の人だけが知っていたという（Friedman, *op. cit.* p.523）。
26　連邦憲法がアメリカの"most important export"であり、その影響力は、世界中で感じられるとするのは、注2のA.P. Blaustein。

225

第2編　連邦憲法、その成立過程、内容と、南北戦争前までの展開

第3章3.(3)(二)で見たように（不磨の大典として）（柔軟性豊かに）（上手に）作られ、一度の作り直しもなく、今日まで来たという点がある[27]。その点で、内容・形式とも、成文憲法主義の要求に応えた憲法としてのメリットを発揮しているといえる[28]。付加的な理由として、建国の父祖達（Founding Fathers）に対するアメリカ社会での著しい尊敬の念がある。その父祖達の手になる原作品ということがある。

　(b)アメリカ国内では、各州憲法に遅れて生れてきたが、当時の世界として見た場合にどうなのか（連邦憲法が、正式に成立して働き出した18世紀末近く、ヨーロッパでの憲法事情はどうであったか）。現在の各国を見廻しても、19世紀半ばより前に憲法または自由権法と呼ぶ基本法を成文として保有していた国は存在しない（その反面、今日では連邦憲法が「古くなった憲法」との皮相的な評価がなされる事もあるのは、屡述のとおりである）。

　(c)憲法は、国家や民族に係るものとして、元来が史的存在であり、絶えず成長（少くとも変化）する基礎法であるが、書面化された憲法では、この「絶えず成長・変化する存在」にそぐわない。そのため、憲法の抜本的改正や、全くの作成し直しが、多くの国で見られる。

　ところが、連邦憲法は例外である。アメリカ国内で見ても、また世界的に比べても違うのである（多くの州憲法が、何回も新しく作り直されるだけでなく、改憲となると、ひっきりなし、が実情である[29]）。

　(ロ)世界初の共和国憲法として、その間、連邦憲法は多大な影響を与えて

27　連邦憲法は、230年間を通して改正はあったものの、取替えはなかった。一方、ずっと一貫して同じ憲法という州は少い（ルイジアナ州は9つ、ジョージア州は6つ、などと別の憲法を作った例が多い）（Friedman, *op. cit.* p.73）。

28　第4代大統領James Madisonは、下院の有力リーダーだった1792年にも書いている。アメリカの連邦憲法は、人類の最も称賛される（政治的）到達点を示すものであり、「もし、このままずっと維持できたなら、法律作成者がその国に残しうるベストな遺産である」（......if it could be sustained, it night well prove the best legacy ever left by lawgivers to their country......）（Banning, p.359）。

29　ニューヨーク州の例として1895〜1937年の間に76回、1938〜1967年で106件、1968〜1995年で46件の改正があったという（*ibid*, p.523）。

きた。世界中で、アメリカ憲法の影響を直接・間接に受けた多くの憲法が制定されてきた（第3章3.(3)(二)の Blaustein の記事参照）。それらは時代を下り、より現代に近い分、いわば「現代的」である。憲法の中の組織法の部門での変化は、そう大きくない。大きいのは、もう一方の部門、人権憲章の部門での変化、近代化である。

(a)人権憲章の現代化は、国連による世界人権宣言（the Universal Declaration of Human Rights）を核として、世界的に拡まったとされている。同宣言は、Truman 大統領がアメリカの国連代表に任命した Eleanor Roosevelt の肝入りで用意されて、UN の第1回総会から採り上げられ、1948年12月10日に正式採択された。世界の憲法の比較においては、アメリカの憲法の修正I以下というよりは、この国連の人権宣言との対比の方が多く行われるが、1世紀半以上若く、遥かに近代的かつ多様な広がりの内容を持った国連の人権宣言であり、そこに、何の不思議もない。

(b) 2012年、David S. Law と、Mila Versteeg が世界の比較憲法調査を発表した。「憲法制定200周年記念（1987年）から1/4世紀の間に世界の憲法制定の傾向が大きく変化した」として、1960年代、70年代には、世界の民主的な憲法の殆んどが、アメリカ憲法をモデルにしていたのに、80年代、90年代には「それが、そうではなくなった」、と結論付けている。そのような経緯から、比類すべき他国の例として彼らが採り上げるのは、カナダ、インド、南アフリカなどの連邦憲法、ニュージーランド憲法などである。カナダ連邦の憲法、Canadian Charter of Rights and Freedoms (1982) には、確かに新種の人権規定が含まれている[30]。のみならず、その限度（公共政策との兼ね合い）についても定めている[31]。

(c)もう1つの比較は、連邦憲法の変ることの少さである。連邦憲法の直

---

30 身障者の人権規定なども入っている。Queen Elizabeth II of Canada によりサインされた Constitution of Canada を意味する Constitution Act, 1982 の一部をなす。同時に、それまでの連邦としての人権法よりも高位の法律とした。その結果、カナダの連邦最高裁が（アメリカの最高裁がするのと同じように）連邦法や各州法を、この新種の人権規定に違反するとして、無効と判示する例も増加している。

227

第 2 編　連邦憲法、その成立過程、内容と、南北戦争前までの展開

後に作られたフランス第 1 共和国憲法の辿った歴史の例がある。連邦憲法
とは対照的に、頻繁な作り直しを経ている（注 33）。当時のヨーロッパの
アメリカに対する予測では、憲法の作り直しどころか、13 州は「2 つか
3 つのグループに分裂するか、君主制に移行して、共和制は放棄される」、
などといわれていた。ところが連邦憲法は、個別条文に係る 27 回の修正
はあったが、それのみで、原憲法が、そのまま今日まで名実とも生き続け
ている[32]。

　(d)アメリカは当初から今日まで、移民社会である（ピューリタンに加え、
数的には、むしろ年季奉公者〔出稼ぎ〕が多かったことは、第 1 章 1.(2)
のとおり）。それだけ、社会の構成要素も多様で、経済、そして政治の変
化も起き易く、事実、その変化も大きかった。その意味では、憲法を頻繁
に作り直す方向に働く力が存在したと考えられる。そうなると、憲法は、
書面に固定化されたものの、変幻極まりない社会や政治に適応するため、
よほどの柔軟性・可変性を持ち合わせていなければならない。確かに、連
邦（Union）が南北に真二つに分裂した時があったし（1861〜1865 年）、
そのほかでも、不断に分裂の可能性を抱えていた。その上で、アメリカの
憲法がなお、少数の改正のみで 220 年超の歳月の変化に巧く応えてきたこ
とも垣間見てきた[33]。南北戦争で分裂した南の 11 州も、共和制を否定し
た憲法を作るようなことはなかった（実際、彼らの作った憲法は、連邦憲

31　"such reasonable limits……as can be demonstrably justified in a free and democratic
　　society" という基準を設けている。他の基準の文言に比べ "demonstrably justified" とか
　　"free and democratic society" という言葉には新味もある一方、どこにそうした基準が見
　　出しうるのか不明な点もある（なお、such reasonable limits には、特に新味はないし、抽
　　象的な基準であることに変りはない）。
32　New York Times の連邦最高裁担当記者 Adam Liptak は、David S. Law と Mila Ver-
　　steeg による New York Univ. L. Review からの引用で、世界では平均して 19 年で憲法を
　　取り替えていて、連邦最高裁の先例が以前より世界で参照されなくなったことを記してい
　　る（nytimes.com/2012/02/07）。それと、アメリカ憲法の古さとを結び付けているが、しかし、
　　新奇な条文の紹介と、先例の引用とでは、意味が同じではない。
33　アメリカの憲法の強い影響の下、世界で 2 番目に古く作られたこの種の憲法としてフラン
　　ス共和国憲法があるが、同国自体が第 5 共和国ということで、その憲法となると、日本国憲
　　法と略同じ、比較的近年（1958 年）に作られ、しかも、既に 18 回の改正を経ている。

法とほんの数語が違うだけであった）。

㈥共和制政体を守り切ってきたこととの絡みで、2つのことが注目される。1つは、連邦憲法に先がけて、各州憲法を初めとして共和制政体へのこだわりを明言する、実に多くの文書が存在することである（近いところから逆に、（前出の）北西政令[34]、連合憲章、独立宣言）。更に、その前にも、共和制への意思表明や人権の天賦性（または人民が主権者であること）などを謳った、独立前の**各種宣言や決議**、がある[35]。人身保護令や、宗教の自由など基本的人権を（テリトリ内での奴隷制度の禁止も）を定めた北西政令が、南北戦争時のサミュエル・チェイス（Samuel Chase）やリンカーン（Lincoln）が奴隷問題について考えるのに、多大な影響を与えたとされる。

前述のように、連邦憲法中には決して多くはないが、共和制への確言がある。連邦議会に貴族制の立法を禁じたり（Ⅰ、9⑻）、また各州が共和制の政体を守るように命じる意味で、各州が共和制を守るよう、それを合衆国の義務としている（……shall guarantee……a republic form of government）（Ⅳ、4）。この連邦憲法による各州共和制政体の維持義務とは、結局各州の自治自律を尊重し、その主権を認めつつ、共和制維持を義務付ける考えといえよう[36]。

34　北西政令では、元の13州の共和制が、そして憲法、法律がそれを基礎として成り立っているところの信仰の自由と市民権が、北西テリトリにも行われることを、謳っている（§13）。

35　北西政令が化粧直しをされて（ワシントン大統領がサインして）1789年連邦法の形をとったこと、初めて連邦政府が主導して新大陸の未開地の処理につき大方針を明らかにしたこと（人口が6万人になったら連邦に州として加入の申請ができること）につき第2章3.⑵参照。なお、新州を対等の地位の州としての加入を定める連邦加入を具体化するための連邦法が、Enabling Act of 1802 として成立し、同法の下で、先ず加入が認められたのも、オハイオ州という州名であった（1800年の連邦法により、オハイオ地方の残りのテリトリは、一旦インディアナと名付けられたが、後に4つの州、インディアナ、イリノイ、ミシガン、ウィスコンシンに分かれて、それぞれ加入が認められている。なお、ミネソタ州の1/3も、元のオハイオテリトリの一部に入っていた）。

36　オ・コンナー判事（O'Connor）が、判決中にトックヴィル（Alexis de Tocqueville）の言を引用している。「アメリカでの共和制への傾倒は、町会や植民州議会でずっと育ってきたもので、その共和制精神は、各植民州毎のものだ……」（Federal Energy Regulatory Commission v. Mississippi, 456 U.S. 742, 789 (1982)）。

229

⑵共和制政体の担保、権力分立

　㋑成文憲法主義（Constitutionalism）（少くともその現代的意味での）の不可分・当然の要素の１つとして、権力分立を扱ってきた。連邦憲法の個別条文と、権力分立との関係については、第８章での詳論に譲るが、ここでは、イギリス憲法の下での権力分立に、一言しなければならない。権力分立というと、独立した司法機関の存在と機能が必須となるところ、イギリス憲法は、この点でも不可解さを秘めてきた。法の専門的素養を有する（広く民衆から支持されて就任するのではない）判事から成る独立した司法部門が（最高裁という名かどうかは別として）、最近までずっと存在しないまま来た。

　⒜Blackstone のような国体観、君主観をもってすれば（注 22）、そのように王から独立した機関に居場所は存在しない。それが、自然の帰結かも知れなかった。また、初期開拓社会（たとえば、Mayflower で来て定着した Massachusetts）の人々も、三権の分立を識らず、彼らが作った統治組織は、general court でしかなかった。会期（session）を分けるだけで、立法もやり、司法機能も果たすという、彼らが母国で見てきた方式以外のものではなかった（第１章 1.⑴㋩）。

　⒝Blackstone の君主観にも拘らず、王が（少くとも上述の憲法主義の意味では）**悪を為してきた**[37]。ジョン王の時代から、王の専横について、（議会の中心的勢力となる）貴族が制肘を加えてきた。その制肘が、王による権力の濫用に対し、ある程度の実効性を示してきた歴史がある[38]（つまり、それら貴族による実力を行使しつつの交渉が、「最高裁の代りを務めきた」、といえなくもない）。

　⒞王の専横に対するものは別として、イギリス議会そのものの専横に対

37　権利宣言（1689 年）で、貴族らは、十数ヶ条にわたり王の悪行を数え上げて、自らの請求へと結び付けている（アメリカの独立宣言も、同じスタイルをとっている）。
38　王（女王）は、議会の両院が可決した法律案を拒めないという不文律もある。

第4章　成立した連邦憲法の内容—三権分立と相互作用の骨格—

し、制肘するものはない。成文憲法が存在しない説明の1つとして、議会が作るもの、「それが、最高法規であり**憲法である**」、ともいわれる[39]。それなら尚更、モンテスキュのいうように、「権力をして権力を制肘させる」メカニズムが、「欠けてはならない」、のではないか[40]（建国当時のアメリカに存在した立法府に対する根深い不信につき上の(1)参照）。議会が「節度を失い、足を踏み外すことはない」、との説明もなされたが、本書の**植民州連合**前史を読む限り、イギリス国会と王は、かなり（植民州民の人権侵害という点で）問題な振舞いを重ねてきた実績がある。

　(d)三権分立を唱えた人としては、モンテスキュー（Montesquieu）が最も有名である[41]。権力（三権）分立という以上、それぞれの権限（権力）が、他の権力とはっきりと異り、区別されることが必要である。それぞれの権力が、**独自の機能**、性質を有する（他人任せではなく、各自が自らの責任で権能を行使する）ことが前提である。そこから、相互の権限（権力）の交錯、干渉が生じ、場合によっては、協働することも起こる。後記のように権力分立は、単に分立ばかりではなく、協働も必要とするが、強制する術があった上での、**協働**である。

　一方、この協働に対して、**権力分立に反する**との批判をする人もいる。確かに、先ずは三権が互いに、**他の権力を抑えることこそ**、が求められる。マグナ・カルタでも、底流には40人の貴族らが武力の行使で王の権力を抑えられることが、実効性を与えた（さもなければ、単なる王の約束で、法的に強制する術はない）。その意味で鍵となるのが、三権の中での司法である。いわゆるオバマケア法（Affordable Care Act）で反対意見を書

39　Albert Venn Dicey（1835-1922）は、イギリスには多くの慣行（conventions）があって、それも憲法の一部を成すという。

40　モンテスキューの思想に強く影響されていた James Madison が、アメリカの憲法を称揚する一方で、「他国民は、より不成功だが、行政府を省に分け、立法府を2院制にするなどの自由国家の第1原理を実現してきているが、わが合衆国は更に加えて、書面憲法と、すべての機関を選挙制にする方法を実現した」と述べている（Banning, p.360）。

41　モンテスキュー Charles-Louis de Second at. bapon de la Brède et de Montesquieu は、民主政治とは、この trias politica の上に乗ったものであるといいつつ、特に、司法の独立を重視した上で、その独立は、**本物**（real）でなければならないとした。

231

いた4人の判事も述べている[42]。「権力分立、即ち組織による防衛（Structural Protections）は、人権憲章などのような華々しさはないが、父祖らは、これが重要であるとして制憲会議に臨んだ（だからこそ、憲法修正によらず、原憲法中にそれがしっかりと盛り込まれた）。」

(ロ)連邦憲法は三権の分立を、短いが、不動の言葉で（全く同じ言葉、shall be vested……と、3回）いっている（I、IIおよびIIIの各§1）。このように、政体（polity）を明確に立法権（legislative power）、行政権（executive power）、および司法権（judicial power）に分離・分割することは、1787の制憲会議まで、世界のどの国の政治でも、行われてこなかった。公権力に対する抜き難い不信。これが、建国の礎を成してきた。それが上の憲法条文の構成に出ている。最も基礎的な中核条文の上で確保されている。

(a) Madison は一方で、立法府の比較優位に賛成しつつ、彼の理論の有力な拠り所であるモンテスキューを援用し[43]、

「三権の各1つが、他と多少とも権力を分有したり、他に干渉したりすることを、禁ずるものではない。反対に禁ずべきことは、三権のいずれかが、すべて特定の人（hands）によって行使されることである……」と述べている[44]。

(b)連邦憲法を見ると、次の2.で見るとおり、相互抑制の一方で、相互交錯、相互干渉ないし協働の規定が随所に定められている。これは、作成者の知恵と経験を裏付けるものといえよう。

42　National Fed'n of Indep. Bus. v. Sibelius, No.11-393 (2012).

43　Federalist No.47.共和政体の下では "……legislative authority necessarily predominates"（Federalist No.51）という一方で、「1つの機関に立法権と行政権が統合されたら（……are united……）、それが tyrannical laws を立法して tyrannical manner で行使するだろう……」という言葉を援用している。

44　Madison が、その作成に実質的に係ったと見られ、また連邦憲法にも大きな影響を与えた Virginia 州憲法（1776年）には、これをはっきり謳う次のような言葉がある（Art 1.§5）"……legislative, executive, and judiciary department shall be separate and distinct, so that neither exercises the powers properly belonging to the other ; nor shall any person exercises the powers more than one of them."

第4章　成立した連邦憲法の内容―三権分立と相互作用の骨格―

(c)しかしまた、立法府には、国家存亡に係る戦争とか通商の決定権限までも（また自分達に出費を強いる課税権も）与えられている。いわば、人民は、「立法府に命を預けた」、ともいえる。そこには、人民の意思を直接代表できる国家機関であるからとの、それなりの理由がある。二院制（bicameralism）をとったのも、人民の意思を「できるだけよく、ぶれない形で反映できる」設計をした積りであったろう。

(ハ)権力分立は中央の三権の間だけではない。今日、世界の何百という憲法を比較する中で、連邦憲法が早くから連邦制（federalism）を採用したことの、その影響が他国でも随所に見られる[45]。連邦と州との関係は、国と県との関係などとはまるで異る[46]。連邦憲法の場合、中央と州の間の、更に各州間での、権力の分離・独立は、明快過ぎるほど明快である。それでも、具体的な個別の問題になると、この関係が屡々争われてきた。憲法制定以来、数万件の最高裁の先例が憲法の言葉を様々に解説し、解釈してきているが、州主権の上の連邦制という礎石ルールは、常に一貫して不動のまま来ている（南北戦争の前に少からず存在し、またその他でも表面化した、各州の分裂騒ぎを乗切ってきた）[47]。

(ニ)連邦憲法、各州憲法とを問わず、アメリカの憲法の国際的影響につき、本書でも2、3か所で触れている。その文脈でいえば、アメリカの憲法は、成文憲法主義（Constitutionalism）の世界的普及に重要な役割を果してきた[48]。しかし、憲法中の人権規定となると、その世界的影響力は次第に

45　California Content Standards では、この影響を受けた例として、South Africa（中央政府と9つの province 政府）を挙げている（California 州教育省〔Dept. of Education〕の site から）。

46　端的な例が、間接民主制の基礎を成す選挙法も州法である（連邦の Voting Rights Act of 1965 は、そのフルネームがいうとおり、その州法が修正ⅩⅤ〔平等権〕の侵害を防喝するための法律である）。

47　2012 年 12 月 27 日 NPR ラジオは「政治に関しては先ず纏まったことがない各州」として、青（民主党）（blue states）州と赤（共和党）（red states）州への分化・分裂傾向が近年強まっているとする。

48　連邦憲法に先んじて 15 の憲法がアメリカで作られていたが、John Adams が中心の起草委員会が用意し、1780 年に成立した Massachusetts 州憲法が、アメリカの Founding Era からそのまま今日まで存続する世界最古の共和制憲法である（前注 13）。

下降線を辿り、21 世紀には急落した (steep plunge)、といわれる。

前出の Law 教授や Versteeg 教授らが、仮にこの調査結果を嘆いているとしても、それは歴史の 1 コマであり、嘆くべき問題ではない。また、アメリカの法曹が、「今、2012 年に憲法を作るとしたら、参照するのは、連邦憲法ではない……」といったとしても[49]、それが、連邦憲法の歴史的・世界的意義を些かも低めるものでもない。

彼らは、連邦憲法成立の経緯はおろか、それができるに至るまでの史実を、Magna Carta やイギリス人権憲章 (English Bill of Rights) が連邦憲法の源であることも含め、十分に知っていて、そういっているのである。紙の上に書かれた言葉だけを比較することは、余り意味がないだけではない。時に、とんでもない誤認に導きうる。最高裁判事 Antonin Scalia も、かつてのソ聯共和国憲法の人権規定が、連邦のそれよりもずっと**まし**なことを、警句とともに議会上院の公聴会で述べている[50]。

二.　実定法としての紹介

連邦憲法前文 (Preamble) について記述したものは、教科書ではまずない[51]。三権のどれかを規定するような意味はないが、憲法を解釈するための根拠としては (判決中で) 屢々引用されてきた[52] (なお、南北戦争時の南部連合〔Union of Confederation〕の憲法の前文〔Preamble〕との

49　最高裁判事 Ruth B. Ginsburg が、エジプトでの TV 面談で、「South Africa か、Canada の憲法 (前出) か、ヨーロッパ人権条約 (European Convention on Human Rights) を推奨する」、といったという (nytimes.com/2012/02/07 より)。

50　2011 年 10 月 5 日に開かれた連邦議会上院、司法委員会に "Considering the Role of Judges under the Constitution of the United States" についての諮問のため Stephen Breyer 判事とともに呼ばれての言葉。「デモと抗議の自由」も定められていることを引きつつも、最後は、ソ聯共和国の人権憲章は、父祖達のいっていた、「紙の上だけの保護」(parchment guarantee) だった」、と述べている。

51　Justia Inc.の行っている、デジタルでアクセス可能な、注釈憲法のデータベースより (Justia Inc. 1380 Pear Ave. Suit 2B Mountain View, Cal 94043)。

52　一例として Marshall 判事は、憲法が州の批准により、また州権を基礎として、法的に成立したのではなく、"we the People" の文字どおり、人々から生じた (emanated from people) としている。McCulloch v. Maryland, 17 U.S. 316, 403 (1819).

対比につき、第 6 章注 80 参照)。

1.　立法府について

(1)国権の最高機関か?　その代表のメカニズム

　(イ)地方自治体と同じように、王の大権 (prerogatives) による特許状 (charter) により作られてきた、新大陸でのイギリスの植民地 13 植民州 (provinces) が、揃って独立を宣言し、自らの政体を造り、政治組織を設けた。そうするに当り、植民州民らの代表は、**18 ヶ条にわたり王を断罪**し、「それゆえに、(天賦の権利として) 独立するのだ」と宣言・声明した[53]。これにより憲法の源が、人民の天賦の権利に遡ること、すべての権力・権威の源 (主権) が、彼ら自身に在り、(代表民主制の) 議会に在ること、を述べている。

　(a)そのことを述べて独立したにも拘らず、革命戦争までの 18 世紀後半のアメリカ人の立法府に対する感情には、若干複雑なものがあった[54]。アメリカの場合、史実に由来する立法府不信に加え[55]、150 年もの間各植民州内で十分に自律して生活してきた事実もある[56]。そこで、連邦政府の中の連邦議会への権力集中も恐れた。それが、どこか遠い中央に新しく作られる代物となると、尚更に不信を抱くことになる。そうでなくても、選挙

53　独立するためには、一方的に宣言しただけではダメで、モデル条約、連合憲章、独立宣言の 3 つを併せ用意することが必要だ、とのトーマス・ペイン (Thomas Paine) による忠言 (第 2 章 1.(2)(ハ)) が利いていたことは前述した。

54　アメリカ国内で 1640 年代から積み上がり、1670 年代に広く根付いていたイギリスの行財政に対する一般的な批判に Madison も、共鳴していたと記す (Banning, *op. cit.* p.39)。

55　Ellis は「アメリカの独立への衝動の核心に、人民が傍にいて監視などできない、遠い (イギリスの) 国会が行う立法への、深い嫌悪の念があった」(a deep aversion to legislation, excepically taxes, ...from government in a faraway place beyond the control and supervision of the citizens affected) と記している (Ellis ①, p.126)。

56　その間に、17 世紀イギリス国会は、弾劾 (impeachment) と称して議員や政府の役人に限らず一般人をも裁くことをやってきたことの忘れ難い史実がある (チャールズ 1 世王がピューリタンをスター・チェンバーの裁判にかけ、迫害・弾圧するのを放置していた)。

毎に変化する多数（transient majority）による気まぐれを恐れたから、立法府も１つではなく、上、下院の２つとした。

(b)そんな訳で、憲法は、連邦議会による立法権につき、**限定列挙主義を**とる（Ⅰ、8）。同条に対するこの限定列挙という見方が、今日までずっと広く支持されてきた[57]。権力に対する徹底した不信の上に権力分立を追求したアメリカ憲法には、日本国憲法にあるような、**国権の最高機関**というような言葉(41)は勿論、考え方は、全く存在しない[58]。

(c)Ⅰ、8 は、連邦議会が立法してよい(1)～(18)の事項を列挙したことに加え、連邦議会が立法してはならない事項も、次に定められている（Ⅰ、9(1)～(8)）。底流に、権力への嫉妬に加え、自由と平等の人権思想がある。たとえば人身保護令状（habeas corpus）を差止める立法である（Ⅰ、9(2)）。私権剥奪法（bill of attainder）や、貴族を設ける法律も作り得ない（Ⅰ、9(3)、(8)）。当時、いくつかの州で行っていた"such Persons"の**移住ないし輸入法制**を変更する改憲禁止がある（Ⅰ、9(1)、次章で詳述する）。ただしこれは、奴隷の輸入問題には連邦（連邦議会）に「口を差挟ませない（特に、奴隷問題では）」、という、この点での各州権力を連邦から独立に保ちたいとの政治思想の表われでもある。更に、連邦議会が立法したすべての法律が、憲法でいう最高法規性（Supremacy）を持った法（law）になる訳ではない。そのルールが、「法の適正手続」（due process of law）を巡る先例により確立してきた（第6章2.(2)(リ)）。

(d)作成者らが先ずしたことは、権力分立の基礎設計に従って、立法、行

57　Dred Scot v. Sanfort, 60 U.S. 393 (1857).「この政府（連邦）の権限は、注意深く限定されるべきで、憲法によって明示で与えられた権限以上に何らの権限も行使すべきでない……」(this Government was to be carefully limited in its powers and to execise no authority beyond these expressly granted by the Constitution......) at 437.

58　**国権の最高機関**の最高という意味も、無論、国の機関として唯一とか絶対とかを意味するものではなく、一般にいわれるとおり、間接民主主義の体制の下では、主権者（国民）に一番近い機関であることの意味と理解されている。首相による解散権（7、(3)、69）、違憲立法審査権(81)などを挙げて、三権分立の原理が働いていると指摘することも相当とされている。アメリカとの違いは、日本との憲政史の違いが大きい。

政、司法、の組織法という実体的な定めを、**3章構成**、としたことである。同じ頭で基礎設計を考えれば、4番目の実体的な定めとして、連邦と各州との権力分掌原則を定める章がこなければならない。ところが、それは十分ではない。理由は、前章（1.(3)）「触りたくない論点とヴァージニア」に述べた。一言付加すれば、この問題はつまるところ、奴隷問題に行き着く（制憲会議をリードしたヴァージニア州は奴隷州の利益代表でもあった）。そこに、この憲法の最も根本的な弱みがある。高い理念と醜い現実との分裂。「にも拘らず、の妥協」により成立した[59]。

　(ロ)比較するまでもなく、各章の構成、長さは立法府章Ⅰが行政府章Ⅱの2倍以上も長い。10条から成り、かつ各条が多くの項でできている。次いで、行政府章（やはりⅢ章の倍以上長いⅡ章）は、4条（Sections）から成り、かつ Article Ⅰ ほど多くはないが、各条がいくつもの項に分れている。司法部章（Ⅲ）は3条で、やはり三権の中で最も短い。まるで、なるべく目立たないで、「議論が終わるのを願っていた」、かのようにさえ感じられる。三権全部合わせても17条と、日本国憲法と比べても長大ということはない。寧ろ、とても短く簡潔にできている。

　(a)憲法（Constitution）の役割は、(i)公権力が人民の権利や自由を制約することに対する規律、(ii)国の政治組織の基本、の2つを明らかにすることだとされる。上述のような制約はあるものの、人民の権利や、自由を制約することができる、**議会による立法権**は、国の政治組織を定める憲法の第1テーマとなり、どの国でも、大抵初めに規定されている。中でも、立法府をどう構成するかは、最重要な規定となる。

　(b)イギリスでは、憲法の一部に当るマグナ・カルタ（Magna Carta）や、1689年名誉革命時の人権憲章（Bill of Rights）は成文であるが、王と議会、王と裁判所との関係など、国の政治組織の根幹に触れた成文はな

59　ただし、公平のため付言すれば、作成者らが奴隷制度を問題にしていなかった訳ではなく、対処しようとしていたことを示すものとして、略同じ作成者ら（連合）による直前の政令（北西政令）がある。

第2編　連邦憲法、その成立過程、内容と、南北戦争前までの展開

い[60]。このイギリスの歴史を踏まえ、憲法の作成者らは、大揉めに揉めた後であるが（前章）、実体的規定の全体の 4/7 のスペースを割いて議会の上、下両院の構成（そこでの各州の発言権の割合）、各州議員の選出比率、その時期と方法、任期を定め、条文の形に纏めることができた。

(c)国は財産を所有し、債務を負うことなどができる1個の法主体である。しかし、法人（corporation）一般と違って、公簿上に登録することはない（国際社会で国としてそれなりの実体を備えたと認められるか否かである）[61]。その国の内部問題である国の政治組織もまた、イギリスの例に見るまでもなく、すべての国で、明文（成文憲法）で決っている訳ではない。そう考えると、連邦憲法は（殊に、あの時代としては）十分に細かく定めをしたといえる。

(d)連邦議会の上、下院が民意をいかに十分に代表できるかで議論の末、憲法作成者らが大筋合意できたのは、各州発言権を、(i)下院では人口比例とする一方、(ii)上院は各州同等の2人宛で決着する**一大妥協**（Big Compromise）に達することができたことによる（第3章 2.(1)(ハ)(c)）。その他に憲法が直接定めているのは奴隷比率である。憲法の規定を纏めてみよう。

(e)奴隷人口の連邦比率 3/5 の比率での算入は、議会下院議員数のほか、同じ比率で、次に述べる大統領選挙での選挙人の数にも算入されるから（そして、実際の選挙権は、奴隷の持主が行使するから）、**連邦比率**は、奴隷人口の多い南部州に有利に働く。加えて、奴隷人口の多い新州の連邦加

60　始めは一院だったので、Model Parliament（Edward，I世王の1295年）の頃から都市（boroughs）の代表には殆んど発言権もなかった。王も入れた3者間の互いの力関係には消長があるが、その間も上、下両院の権限と、互いの関係などを規律する何らの成文もない。実際、イギリス王と立法府の基本的関係に係る次の点などは、不文憲法のままである（Michael Kammen, *Origins of the American Constitution, A Documentary History*, Penguin Books, 1986, p.3）。(i)王は、今でも貴族を自由に作れるし、その範囲や数に制限がなく、(ii)下院議員選出区としての市町村なども自由に作れるし、合併・廃止することもでき、(iii)下院議員の数そのものも、減らすことができる。

61　国際社会での国家と主権の承認に関して、国際法上で参照価値のある定めをしているものに、Montevideo Convention on the Rights and Duties of States, 1933 があり、国家の要件として、①恒久的人口、②確定した領土、③他国との関係を結びうる能力、を挙げている。なお、この条約 Montevideo Convention に関しては、第7章 2.(3)(ロ)(a)、注248参照。

盟により、議会上院の奴隷州グループの勢力が強まる可能性があった（なお、現在は議会上院議員の選挙も、1913年の修正ⅩⅦ、2により下院議員の選挙と同じ基礎になっている）。そのため、新州加盟を承認する連邦議会の決議が、「単純多数のままでよいか」、を疑問視する声が生じ、この要件に関する憲法の定めが、後に問題になった[62]（Ⅳ、3(1)）。

奴隷問題は、制憲会議が各州の発言権の大小を巡って喧々囂々の議論をし、**連邦比率**で大妥協をする段階でも出てきた（Ⅰ、2(3)）。その際、南部州はCommerce Clauseにより奴隷取引が規制されることを懸念する議論も出してきていた。そこでも議論が割れて、サウスカロライナとジョージアの代表は、「連邦から脱退するしかない」、といっていた[63]。これが妥協案といえるのは、奴隷の輸入にだけ連邦による課税を認めていたからである。しかも、合衆国が西方向へ、また南西方向へどんどん膨張するその先を読むと、その傾向は更に増大する可能性があった。次章2.(1)「ルイジアナ買収条約と3つの妥協法」で見るとおり、北と南は新州承認に際し、それを奴隷州として認めるか否かを巡って激しく争った。

㈄各院の議員としての資格は、憲法が各別に定めているが（Ⅰ、2、3）[64]、上、下院ともに共通的なこととして、その院の議員資格、当選の可否などは、単純多数（majority）を定足数とする院の議決によるとする

62　後記の**1812年戦争**時、Rhode Island, Connecticut, Massachusetts, Vermont, New Hampshire のニューイングランド5州は、マディソン大統領の連邦政府と鋭く対立し、一部に連邦離脱の動きすらあった（ハートフォード会議）（Hartford Convention）。同会議の連邦政府に対する要求項目の1つが、新州の加盟承認につき2/3の特別多数とするよう、憲法改正を行うことであった。

63　解決案を出す仕事が、**第2の11人委員会**（Second Committee of Eleven）に委ねられた。記録によると、その委員会の出した案に立って具体化委員会（Committee of Detail）が作ったのが、このⅠ、9(1)の「将来の奴隷取引の規制や、奴隷の輸出への課税を連邦議会に対し禁ずる」立法制限である（habeas corpus停止の制限よりも、こちらが先に定められた。それくらいホットなissueであった）。

64　憲法が定める各院の議員としての資格（Ⅰ、2、3）に更に各院が追加の要件を定められるか（要件が欠けるとして、その議員の資格を否定できるか）については、**南北戦争**時の離反歴を問題とした連邦法につき争われた。
　　数件あるが、Powell v. McCormack, 395 U.S. 486 (1969) 以来、憲法（Ⅰ、2、3）の要件がすべてであり、その他の理由で議員資格を奪うことはできないとすることで固ってきている（これには、イギリス国会や植民州時代の各議会での実務が多分に参照されたという）。

など、各院の**完全自治・自律が貫かれている**ことがある（Ⅰ、5)[65]。各院の構成（議長、委員会、事務局など）、賞罰、日程を含む手続などは、それぞれの院の自治の問題となるが、上院の議長のみは、法文で副大統領がなるものと決っている[66]。副大統領が上院の議長となる（憲法はこれを上院の President of the Senate と呼んでいる）（Ⅰ、3 (3))。また、上院の議長としての副大統領が欠けた時などのための President pro tempore も、院内で選出する（Ⅱ、3 (4))。

　各院の議員の選挙法は各州法である。新たなルールは、各州議会が定めるが、各院の議員の選挙の時、所、方法（times, places and manner......）は、上院議員選挙の場所の点を除き、連邦議会にも、これを変更できる権限がある（Ⅰ、4)。また、各院ともに議事録作成義務があり（......shall keep a journal of proceedings）、公刊（......publish）が原則とされる（Ⅰ、5)。

　㈡各院については、先ず下院は、次により構成される（Ⅰ、2)。

　(a)その州の選挙人資格を充たす選挙民による各州内の一般選挙により隔年毎に選出される 25 歳以上の議員から構成される[67]（3 万人に 1 人以上の代表とならない範囲内で、その人数と直接税は、各州の人口比例による）。この人口は、第 1 回連邦議会中の 1790 年を始期とし、以後 10 年毎の国勢調査により決まる自由民の数[68]、および**その他民**（other Persons）（奴隷）の数の 3/5 の数、の合計とする。その不合理さを前章でも指摘した**下院での議員数の割振り**で、奴隷の人数に 3/5 をかける大妥協は、「3/5

65　(i)少数派による日々（一日毎）の延期（要求）権があるほか（......may adjourn from day to day......)、(ii)欠席議員に対し出席を強制できる措置も決められる（Ⅰ、5 (2))。

66　上院の議長としての副大統領には投票権はない（賛否同数の時の決裁権がある）（Ⅰ、3 (3))。早い時期での例が、1793 年英国との交易を一切中止する法案が出され、賛否がどうなるか、懸念された。決定権を握った副大統領 John Adams が決裁権を行使して、イギリスとの衝突を予防した。

67　2 年という、比較的短い期間に決った背景には、理論的になるべく民意を反映させることに加え、沿革的に、各植民州での大抵の公職が 1、2 年の任期であった例がある。

68　条文の言葉は free Persons で、この数には前出のとおり**年季奉公者**（......those bound to Service for a Term of Years) が含まれるが、other Persons を除く。

妥協」または「連邦比率」(federal ratio) と呼ばれた。条文は、単に free Person というのみで、「選挙人資格を充たす選挙民」という言葉も使用せず、free Person が何であるかを詳かにしていない（それを決めるのはⅠ、2(1)により各州法となる）。「その州の立法府の、議員数の多い方の院の選挙のための選挙人資格を充たす Numbers をもって要件とする」としかいっていない。

(b)当初は、この選挙区が文字通り各州全体の人口比例であった（Ⅰ、2(3)第1文）。その後の人口増により複数選挙区 (district) を設け、選挙区での人口比例になった[69]。複数選挙区 (district) を設けることになると、人口数によってか、それとも選挙人資格を充たす選挙民の数によってか、の問題が生ずる。これは本来的には各州（法）の問題である。この問題で連邦議会が立法したところ、その点が法廷で争われ、「選挙民の数ではなく、人口である」とした先例がある（連邦裁判所は、この本来的な州内問題を扱うことに初め乗り気でなかった）[70]。

選挙区 (district) の区割で、最高裁が遅れ馳せ的に編み出したルールが、各地区毎の人口数が**数学的な平等**を保てないとしても、その差を**実行可能な範囲で最小**（de minimis variance）にするように「各州が、いかに地区割りのルールを提示できるようにするか」であった[71]。

(c)各州が神経をとがらしていた白人と奴隷の人口を確認して集計することは、憲法の定めにより必須となった（Ⅰ、2）。そのこと自体には、誰も文句がある筈もなく、関係法案は、第1回連邦議会（1791年）ですんな

69　議員1人当り人口が等しくなるような意味での人口比例の要請は日本でも志向されているが、アメリカではその根拠は、黒人の区別を取り払った後の修正XIV、2の文言から絞り出されている。Wesberry v. Sanders, 376 U.S.1 (1964).

70　Burns v. Richardson, 384 U.S. 73 (1966) では "……apportioned substantially on a population basis……" といっている。なお、憲法は上記のとおり、州の主体性をベースに選挙民の要件を定めていたが、連邦議会は、この主体性を迂回する形で何回も連邦法により選挙民の要件を引き下げてきている。後出修正XIV、2が絡んでくる。

71　このルール重視の判示例として Kirkpatrick v. Preisler, 385 U.S. 450 (1967) と、同じ当事者による2年後のケース Kirkpatrick v. Preisler, 394 U.S. 526, 530 (1969) がある。そこでは、州の誠実努力（good-faith effort）も要件としている。

第２編　連邦憲法、その成立過程、内容と、南北戦争前までの展開

りと通った[72]。

　上記に先行する当初の議員数は、憲法で直に定めていた（Ⅰ、2(4)）。ニューハンプシャ3、マサチューセッツ8、ロードアイランド1、コネチカット5、ニューヨーク6、ニュージャージー4、ペンシルヴァニア8、デラウエア1、メリーランド6、ヴァージニア10、ノースカロライナ5、サウスカロライナ5、ジョージア3。以上の人口統計により、合衆国の人口自体も、25年前（1776年）の280万人が390万人となる一方[73]、黒人奴隷の数も50万人から70万人と、それに劣らぬ勢いで増加していたことが分る。表からは、黒人奴隷制度が既に南部州の社会体制の一部と成ったばかりか、制度を辞めることが、南部州にとって先行き益々困難になったことが読みとれる[74]。

72　連邦議会で最も迅速に通った法案とされる1790年のCensus法は、地区裁判所毎の執行官を集計人として行われ、この方法の上に立って1840年まで行われた。1790年の人口統計による合衆国の人口局による発表は次のとおり（Ellis ②, *op. cit.* p.102）。

州名	自由人（白人）	自由人（黒人）	奴隷	計
ヴァーモント	85,268	255	16	85,539
ニューハンプシャ	141,097	630	158	141,885
メイン	96,002	538	none	96,540
マサチューセッツ	373,324	5,463	none	378,787
ロードアイランド	64,470	3,407	948	68,825
コネチカット	232,674	2,808	2,764	237,946
ニューヨーク	314,142	4,654	21,324	340,120
ニュージャージー	169,954	2,762	11,423	184,139
ペンシルヴァニア	424,099	6,537	3,737	434,373
デラウエア	46,310	3,899	8,887	59,094
メリーランド	208,649	8,043	103,036	319,728
ヴァージニア	442,117	12,866	292,627	747,610
ケンタッキ	61,133	114	12,430	73,677
ノースカロライナ	288,204	4,975	100,572	393,751
サウスカロライナ	140,178	1,801	107,094	249,073
ジョージア	52,886	398	29,264	82,548
計	3,140,205	59,150	694,280	3,893,635

73　なお、1850年にはさらに大きく伸びて、2300万人となる（平均寿命も33歳から、1850年には43歳へと延びた）。

第4章　成立した連邦憲法の内容—三権分立と相互作用の骨格—

　原（先）住民「インディアン」（Indians）の言葉は、下院議員の選挙人
として（ただし、「課税されないインディアンを除く」の文脈で）（Ⅰ、2
(3)）と、立法府の立法権の１つ、通商法の立法権に絡んで（Ⅰ、8(3)）と、
２つの文脈で使われている[75]。

　(d)一方、課税との関係以外で、インディアンの法的地位（扱い）を明定
する規定はないが、ワシントン内閣では、インディアンをそれまでどおり
外国人とし、それとの関係は（連合の時代に結ばれたいくつかの）条約に
よるとする考え・実務が、確立していた[76]。問題は、アルゲニ台地の西、
ミシシッピ川までの広大な土地に住んでいるインディアンの部族、何万人
かの法的扱いであった[77]。ワシントンは永い時間をかけ将来同化すること
を期待して基本的に彼らの居住区を確保する考えであった[78]（なお、彼の
「告別の辞」により１月早く出された Cherokee 国民に宛てた別れの言葉
につき第5章注172参照）。

　㈭次に上院は、その州議会が選出する任期６年の議員各州２名ずつで構
成され（……Senators……chosen by the Legislature thereof……）[79]、上院

74　Ellis②は、「革命の理念の火は、どんどん細って行くのに、増大する人口と人種構成は、
　　制度改革そのものの可能性をどんどん遠ざけていった」とする (p.104)。
75　対インディアンの正式な役所として1824年に Dept. of War 内に Office of Indian Affairs
　　（現在の Bureau of Indian Affairs. Dept. of Interior）が設けられた。
76　イギリスとインディアンの主要部族との間には多くの条約が結ばれていた。国務長官ジェ
　　ファーソンが、パリから戻って地位につくのが、1790年3月と遅れたため、戦争長官ノッ
　　クス（Knox）が、初めからインディアン問題を担当した。彼と戦争中苦楽をともにした関
　　係にあったためワシントンも、ノックス長官とは緊密な協議ができていた。
77　13州の倍以上の広大なこの地域は、1763年に7年戦争の結果として、フランスがイギリ
　　スに譲渡し、革命戦争でアメリカがイギリスから入手したミシシッピ川の東側の北米大陸部
　　分にケベックを含む。
78　1750年代前半に、自らインディアンとともに、（イギリス軍のため）フランスと別のイン
　　ディアン部族との連合と4回も戦ったワシントンは、インディアンが手強い相手であること
　　を肌に知っていた。一方、当時のインディアンらは、今はワシントンを頼っていた。開拓者
　　らが、容赦なく彼らの土地に侵入してきて、「居住区を奪うのを止めてくれるよう」、懇願し
　　ていた (Ellis, p.212)。その後、40年以上経って、アンドリュ・ジャクソン（Andrew
　　Jackson）は、インディアン戦争（Creek Indian War）により、彼らの居住区を大きく奪
　　い去った。
79　この各州議会による選任の規定は（Ⅰ、3(1)）、1913年成立の修正ⅩⅦにより各州人民に
　　よる直接選挙へと変っていて、それが原則である（第6章2.(3)㈭）。

243

第2編　連邦憲法、その成立過程、内容と、南北戦争前までの展開

で各1票ずつの投票権がある30歳以上の議員から成る。この任期は、当初議員を3区分し、1/3ずつ輪番に回転する仕組みになっている（Ⅰ、3）。

(a)上、下両院の議員数の13州への割振りでは前出の制憲会議で大妥協が成立し、少くとも上院への代表権においては大州も小州もない、**各州平等対等**の結果となった[80]。屡述するとおり憲法は、抽象的で面倒な議論を呼ぶ「各州平等の原則」などを宣明することは避けている[81]。

⑵実定憲法が画く連邦議会、その権限の全体像

(イ)次に立法府の権限に移る。このうち、本来の立法権としての限定授権項目（Ⅰ、8）と、立法禁止条文（Ⅰ、9）、の2つは、次の(3)「限定列挙主義と、立法制限条文」に譲り、ここでは、その他の権限、つまり、必ずしも本来的な立法権限には含まれないが、憲法が連邦議会に特に認めている諸権限につき、一通りサッと窺見する[82]。これらの権限は、三権の間で互いにいわば襷がけ状に、相互牽制のために与えられているものが主であることが理解される。相互牽制の底には、作成者らの反権力の考え方が滲み出ているように思える。

(a)先ず、単に「立法」というが、立法の意味を確定する必要がある。このための手続的要件、「二院制と提出（bicameral and presentment）」が定められている（Ⅰ、7(2)）。この二院制（bicameral）の意味には、**（全く同一の）すべての法案**（every bill）が上、下院を通ることの必要がある。また、他院が承認しない法案は、原院に戻され、議事録に記録された後、再審議に進む（Ⅰ、7(2)）。憲法の定めはそこまでで、各院が異る法案を承認した時のことについては何ら定めがない（各院の規則と慣例の世

80　法文の求める上、下院の議員資格がいつ充たされることが必要かについては、正に各院の自律権の問題であり初め議論もあったが、その後就任（宣誓）時にあればよいとされている。

81　制憲会議でも、将来の新州加盟を認めるに際して「各州平等でいいか？」が正に議論になり、一時、これを否定するニュアンスの言葉が原稿に入ったが、憲法条文からはその言葉は抹消された。

82　これら立法権以外の権限も、理論上は限定列挙と考えられている（Tribe, *op. cit*. p.795）。

界である)[83]。上、下院を通ったすべての法案は、大統領に提出され、大統領による承認とサインを経て[84]、正式成立となる[85]（Ⅰ、7⑵）。大統領が承認しない上、下院を通った法案は、原院に戻され、議事録に記録された後、再審議に進む（Ⅰ、7⑵）。法案（bill）以外の order、resolution、vote についても同じ扱いとなる（Ⅰ、7⑶）。

　すべての法案（bill）は、大統領が法案にサインした時に、正式成立があると解釈されている[86]。この**提出**と**サイン**の裏側として、大統領による拒否権（objections）が憲法で定められている（Ⅰ、7⑵）。立法に絡むこの手続規定も、相互牽制のルールで作られた。正に権力分立の力の場での**相互牽制**の一例である[87]。

　一旦、拒否権が行使され、その理由とともに法案が原院に戻されると、やはり、その理由を議事録に記録し再審議に進む。再審議の上、2/3 の多数でその院を通った時は、法案は他院に送られ、同じように 2/3 の多数で通った時は、それが法律となる（Ⅰ、7⑵第 2 文）。この再審議での手続は、ただの起立や挙手などではない。各議員毎の賛否をその氏名とともに議事録に記入して行う（……shall be entered on the journal of each

---

83　その場合、両院協議会（Conference Committee）が開かれ、調整が図られることになるが（そのための規則として House Rule ⅩⅩⅡ と Senate Rule ⅩⅩⅧ のようなものがある）、いずれにせよ、憲法の定めどおり、最終的に、両院が全く同一の法案を承認しなければならない。

84　大統領が法案にサインするための期間は、日曜日を除き、会期末までの 10 日間である（Ⅰ、7⑵）。

85　最高裁は、この presentment and bicamel の手続規定を厳密に適用し、①後注 107 の MWAA 事件のように、一院のみによる処分により、立法措置と変らない効果を生じさせようとしたとして、また② Clinton v. City of New York, 524 U.S. 417 (1998) で、大統領が一部に拒否権を行使した結果、残りの法案に新法と同じ効果を生じさせる結果になる手続であるとして、法（Line Item Veto Act）を違憲とした（第 8 章 2.⑴㈭参照）。

86　議会が閉会される直前に送られてきた法案は、彼が単に直ぐ、サインしないことにより、事実上の拒否権行使に等しい効果になる（いわゆる pocket veto となる）。Gardner v. Collector, 73 U.S. 499 (1867)。

87　先例は、双方向で拒否権が 2 つの働きをすることを認めている。Wright v. United States, 302 U.S. 583. 596 (1938) では、議会が閉会されることによって、「彼が、**よし**としない法案が法律となる前に、議会がもう一度十分考えられるように」、との働きを述べる一方、連邦議会には、拒否権が行使された法案につき、2/3 の多数によってでも法律を作成すべきかどうか、再度よく考えるためのチャンスを与える。

House......)（Ⅰ、7(2)）。

(b)連邦議会の権限が、三権の他の部門に対する牽制・制約になるという意味で、真っ先に数えねばならないのが、弾劾権（power to impeach）であろう。Tribe もこれを、「部門間牽制に対する究極の表現（ultimate manifestation......on an inter-branch checking mechanism......）であろう」としている（p.152）。なお、弾劾の権力分立に係る記述は、第8章 2.(2)(ロ)で行った。

更に、「1ドルたりとも法律による支払として以外に……」、と定める財政に係る決定権がある（Ⅰ、9(7)）。

イギリス憲政史以来の伝統を受けて、歳入についての強い権限（課税権など）が、特に下院に留保された。先ず、「下院が発議（原案）して審議される」、としている（上院には、賛成権ないし変更提案権しかない）（Ⅰ、7、(1)）。この絡みでは、後記のように課税権が連邦議会の権限の真っ先に数えられている（Ⅰ、8(1)）。上、下院の本来の立法権限に、この財政の決定権限がプラスされている。いわゆる「財布の紐を握っている……」ことの定めである。この力は、執行機関にとり（それに限らないが、特に軍事、外交上）、厳しい制約になる（この財政決定権を、かい潜ろうとする執行機関側の戦術も、編み出されてきた）（第8章 2.(2)）。

(c)連邦憲法が立法府に与えている、財政に並ぶもう1つの強い権限は、人事権（立法府以外の人事に係る）といってよいだろう（多くは明文で、一部は明文からの推認により認められる）。下院は、大統領を含む政府高官に対する**弾劾権**の、唯一の保持者である（Ⅰ、2(5)）。上院は、**弾劾裁判**について、唯一の権限を有する[88]（有罪判決には、上院の2/3の特別多数が必要である）（Ⅰ、3(6)）。上院が弾劾裁判所を構成するには、各自が宣誓を行う。また、大統領に対する弾劾裁判では、連邦最高裁の長官が裁

88　下院の弾劾権（power of impeachment）は、起訴を、上院の弾劾裁判（judgment in cases of impeachment）は、（有罪、無罪の）決定をする力を、意味する。

判長となる（Ⅰ、3(5)）。大統領を含む政府高官に係る、連邦レベルの弾劾で最も多いのが、連邦裁判官に対するもので、大統領に対するものは、南北戦争直後の Andrew Johnson と、近時の William Clinton の2人に対するものだけがある[89]（弾劾裁判について、なお第8章2.(2)(ロ)〜(ホ)参照）。議会の議員らは合衆国の文官（civil officers）には入らない上、下両院によるそれぞれの議員に対する規律権により、制裁される（Ⅰ、5）。

「弾劾」の言葉は、法制史的に生じてきた（制度の法制史的源となるイギリスでは、議会下院は政府の役人に対してだけでなく一般人に対しても〔whether peers or commoners〕弾劾することができる。史的に遡れるのは、14世紀の Latimer 男爵に対する処分であるという[90]）。アメリカでの意味は、公職者に対するその職務に関して、立法府が行う**公的な非難と排除処分**である。公職者による職務上の非違に対し刑事処分ではなく、立法府による手続となったのは（特に、立法府による私権剥奪法禁止の史実にも拘らず）、弾劾の本来の目的が、公職者個人の処罰というよりは、「国民の利益を保護するための措置であるから」という[91]。連邦議会上院は、大公使、領事、最高裁判事、およびその他の連邦法が求める政府高官らの任命につき、賛成と助言の権利を有する[92]（Ⅱ、2(2)）（これらの任命権者は、大統領である）[93]。

89　弾劾裁判で有罪とされた大統領は、まだ1人も出ていない。ジョンソン大統領の場合は、35対19、つまり1票の差で有罪を免れ（acquitted）ている（クリントン大統領は、偽証と司法阻害という2つの罪状につき、各45対55と50対50であった）。

90　House of Commons Library：PDF Standard Note SNPC/02666 Oonagh Gay & Nery Davis, November 6, 2011 より。わが国憲法では、裁判官に対する排除処分でのみ、この言葉が用いられている(78)。

91　Tribe Ⅰ, *op. cit.* p.158.

92　コモンローでは、元来が判事製法律ということで、司法と議会との潜在的な競合が考えられる。司法に司法審査権を与える一方で、判事の選任を議会の承認にかからせた憲法の下で、議会は、この人事権の行使に、大きな情熱を傾けてきた（これは、連邦でも州でも同じである）（Friedman, *op. cit.* p.80）。

93　ここでの法文は、「大統領が任命（appoint）するについての賛成と助言」、となっているが、上院は、その意味を拡大し、上院の賛成と助言で大統領が任命した郵便局長の解任についても、介入しようとしたケースがあり、最高裁は、そこでは大統領の専権と認めた。Myers v. U.S. 272 U.S. 52 (1926).

247

(d)以上とは異り、本来的な立法権の範囲なのだが、行政権または司法部とのチェック・アンド・バランスの絡みで定められているものがある。司法部に対する関係での立法権限としては、下級裁判所（inferior court）すべての設置と、それらの管轄を定める立法とともに（Ⅰ、8(9)）[94]、上訴審としての最高裁の管轄を定めることの立法権がある（Ⅲ、2(2)）。

大統領が立法府から送付された法律（案）に不賛成として送り返したとき、上、下院のうちの該当院は、2/3の多数により再議決することで、それを法律とさせうる（Ⅰ、7(2)）[95]。この事例（再議決）はそれほど稀ではない（次注のトンキン湾事変のWar Powers ResolutionでもNixonの拒否権行使があったが、連邦議会は再議決している）。

もう1つ、事実上、行政権に絡む立法権限として、他国との「戦争を宣言する」（to declare war……）がある（Ⅰ、8(11)）。アメリカ合衆国は、これまでいずれも大統領からの要求で、外国に対し5回公式にdeclare warをしており、うち4回では、事実が先行している[96]。「行政権に絡む立法」といったのには、2つの面がある。1つは、事柄の性質上事実が先行し、そうなると、連邦議会の正式立法を待てずに、大統領が宣言する形（ないし事実先行の形）とならざるを得ない点。第2に、to declare war……というだけで、議会の対外的な行為がどのような形式によるべきか（行政に委ねる部分が多くなること）がある。

94　下級裁判所としての控訴裁判所の管轄を定める法律が整備されたのは、何と憲法成立から80年近く後の1875年であった（控訴裁判所制度が28 U.S.C. 41-46として今の形に近く固ったのは、1891年の改正である。國生一彦『アメリカの法廷で闘うとしたら―日本とどれほど違うか―』八千代出版、2013年、p.16参照）。

95　同条第2文では、その場合の議決は、個別の発声（Nayなどの）により、かつ、それを議事録に留めるべしとしている。

96　議会は、1971年にNixon大統領のトンキン湾での先行行為を牽制する意味で、War Powers Resolutionsを立法した（上、下両院共同決議の形による）（事実が先行してから48時間以内の議会への通知と、60日以内の撤収などの義務を定める）。イラク戦争をはじめ、その後は専らAuthorization for Use of Military Force（AUMF）が用いられている（第8章2.(3)(ハ)）。

(e)更に重要なことは、上院が、外交権でも行政権に絡むことである。条約を締結する（make Treaties）には上院の2/3以上の助言および賛成・同意が必要とされている[97]（II、2(2)）。注記のようにアメリカでは、国際合意（書）（international agreements）一般と、条約（treaty）とを憲法的意味で区別している。憲法（II、2）の要件により「上院の3分の2の多数による同意を必要とするのは、条約（treaty）のみである」とする扱いが、建国以来続いてきている。その他の国際合意（書）（international agreements）にあっては、法律と同じ通常の要件（両院による単純多数承認）による"congressional-executive agreements（CEAs）"のほか、更に、大統領のみで締結できる国際合意（書）"sole-executive agreement"が区別されてきており[98]（後注126）、これに沿う先例もある[99]。実務で圧倒的に多いのは、CEAsとして締結される部類である。

大統領が単独で締結可能なsole-executive agreementの憲法上の根拠としては、①大統領の外交（行政）権の1つとして（また国防や軍事に係る分野では陸、海軍総司令官として〔II、2(1)〕）と、更に②議会の立法や授権、または条約の下での具体的な実施策であるから、ということの2つが挙げられる。このsole-executive agreementについて2点を付記すると、(i)議会は、大統領が単独で締結した国際合意につき、議会への報告を義務付ける立法を1972年に行っている一方（1 U.S.C.§112(b)）、(ii)先例も、議会による大統領へのこの種の授権が合憲でありうることは認めている[100]。この種の授権の典型例としては、Trade Promotion Authority

---

97　ここでいう条約（Treaties）の意味は国際法でいう条約（international agreement）の範囲とは必ずしも一致しない、international agreementの意味は広く、凡そすべての国際（国家）間の合意を（口頭によるものも）含む（再述外国関係法〔Restatement of the Law Third, Foreign Relations Law of the United States〕、§301〔参照〕）。

98　F. Roosevelt大統領時代以降では、すべての国際的合意のうち6％のみが、II、2の手続を経たTreatiesであったという（後注122）。

99　Holmes v. Jennison, 39 U.S. 540 (1840). イギリスとの間の正式条約とは異なる逃亡者引渡し協定の効力が失われたとして、カナダ総督へのHolmes（重罪人とされた）の引渡しを拒んだケース。

249

第2編　連邦憲法、その成立過程、内容と、南北戦争前までの展開

（1990 年代には、fast track negotiating authority として知られる）があ
る。議会への事前通知を条件として、大統領に一定範囲の貿易・通商上の
国際合意の締結権を与えるものである。

　(f)今1つ別の切口は、自力執行力ある条約（self-executing treaty）か、
それとも国内立法をしなければ、効力を発し得ないため、立法を要する
treaty か、の区別である。ただし、この区別は国内的にのみ意味があり、
いずれの treaty でも、国際法上の効力には影響がない。

　一方で条約は、「この国の最高法規である」と定められていることから
すれば（VI、(2)）、外交に絡むとはいえ、正式条約（Treaties）となれば、
単なる行政権による専権で決めてよいこととはいえない[101]。何もかも初め
ての第1回連邦議会では、早速この**上院の助言と賛成**が、「実際どういう
意味なのか」、問題になった[102]。「最高法規である……」との定めの1つの
意味として、注 101 のように、「後の連邦法は先の条約を打破る」とのルー
ルが先例により確認された。また、憲法よりは下位になるから、憲法に
反する条約は、仮に締結されても初めから効力がない[103]。

　関連して、締結済みの条約を破棄するためには何が必要かという問題が

100　J. W. Hampton, Jr. & Co. v. United States, 276 U.S. 394 (1928). 輸入関税率の具体的な
　　上げ下げを一定範囲で授権した立法につき、そこに intelligible principle が示されていれば
　　よいと、授権を認めた。

101　条約は "Supreme Law of the Land" と書いてあることの意味について、Head Money
　　Cases, 112 U.S. 580 (1884) は、連邦法より上位という訳ではないとしている。その連邦法
　　（1882 年 8 月 8 日法 23 Stat. 21）が、外国人の来客1人当り 950 ドルの来客税を課したこ
　　とは Commerce Clause の下で的確であり、かつ uniform であって、同法が条約上の規定
　　に反していたにしても、違憲ではないとしている。

102　（イギリス国王が、枢密院の会議の場で、発令や立法行為をしたことが、頭にあったのか
　　も知れないが）ワシントンは、南部に多い、あるインディアン部族との条約締結で、**上院の
　　助言と賛成**を求めるため、実際に議場へ出かけて行った。ところが、上院は手続のことで、
　　忽ち喧騒状態に陥り、「助言と賛成」どころではなかったので、「不満のうちに退去した」、
　　という（Ellis ①, *op. cit.* p.195）。

103　未だ正面から正式条約（treaty）が違憲無効とされたケースはない。違憲の可能性が指
　　摘された大統領による協定（executive agreement）はある（Reid v. Covert, 354 U.S. 1
　　(1957)）。Goldwater v. Carter, 444 U.S. 996 (1979) は、上院議員 Barry Goldwater らが
　　Jimmy Carter 大統領に対し起こした訴訟であったが（大統領が中華民国（Republic of
　　China）との条約 Sino-American Mutual Defense Treaty を一方的に破棄したことの合憲
　　性を争って）、最高裁は政治問題であるとして、棄却を命じた。

250

ある。「大統領が単独で破棄できるか」の問に答えられる先例はまだ出てない。事実としては、1972 年に締結された大陸間弾道ミサイル条約について George W. Bush 大統領が、2002 年に 6 ヶ月の予告で一方的に破棄したケースがある。

(g)憲法は、連邦議会の立法権に関する言葉として、**法案**（bill）のほか、**命令、決議**または**投票**（Order, Resolution or Vote）も用いている（Ⅰ、7(3)）纏めて、ORV と略称される。この ORV Clause に対しては様々な疑問が投げられた。これら命令、決議または投票が法案（bill）とは違うのか？　上、下両院の決議と、大統領への提出の手続は要しないか？　そもそも作成者らがなぜ、法案条文のほかに、この ORV 条文を設けたのか、その目的は？

結論からすると、ORV は、法案と法的に異る効力のものではなく（あるべきではなく）、また両院の決議と大統領への提出の手続要件も逃れられない、ということである。これまで議会が ORV の R として編出してきたものの中には、「9.11 事件」の後、両院の合同決議 Authorization for Use of Military Force（AUMF）により、大統領がテロ対策として合衆国軍隊を利用することの授権をしたものがある[104]。この 9 月 14 日決議による授権の法的性質も、大統領に一定の授権をするという点で、立法活動の 1 つといえよう[105]。

(h)権力分立図の中で、立法府の立ち位置での問題（行政庁や司法部との相互牽制など）の 1 つが、「立法府は、どこまで他部などへ立法権を委ねることができるか」、**授権立法**の妥当性と範囲の問題である。かつては、

104　AUMF は、アルカイダ（Al-Qaeda）によるニューヨークの World Trade Center などへのテロ攻撃を受けた決議であるが、先行する決議を踏まえている。Nixon 大統領が始めた Vietnam 戦争を受けて 1973 年に上、下両院により合同決議された注 96 の War Powers Resolution が定めた大統領権限の制約の一部を、特定的に解除する（授権する）形になっている。

105　注 96 の 1973 年 War Powers Resolution（50 U.S.C. §1541-1548）は、それまで争いのあった戦争に係る大統領と議会の立法権との境界線を、ある意味で仕切るものといえる（第8章 2.(2)(ヘ)）。

251

最高裁が弾力性の乏しい原則に立っていたこともあった[106]。次第に合理的な態度を示してきている（行政庁の作る規則などに、法の実施細目を委ねるルールがどうあるべきか、を示す1つが、MWAAのケースである）[107]。確かに、安易な委任は、権力分立という国の基本構造、ひいては、アメリカ独立の理念に背くことになりかねず、然るべき抑制が必要といえる。この範囲を画すために、議会が編み出したのが、他部への委任の原則禁止の一方で、議会が原則を示した上で、実務に即した細則を編み出すことを、他部へ委任することは、現代社会の要請に答えるための技術として、必要との考えである（この緩やかな態度は、大恐慌後の1937年以降に多く見られるようになった）[108]。アメリカでは政府が、各種審議会や委員会などを利用する実務が、広く行われてきている。関連する立法として、連邦助言委員会法（Federal Advisory Committee Act of 1972）がある[109]。同法の下で、各種審議会や委員会など、権限委任の性質、限度などを巡って、これまで問題とされてきた（日本でも平成11年頃に各種審議会の憲法上の位置付けから始って、政府による行政・立法上の責任などが制度として問題になったことがある）。委任の絡みで、先述のpresentment and bicamelのような、立法権に係る手続規定を緩和できるかが問われるが、これについては、文理に忠実にこれを守ることが求められた[110]。

　㋺ここでの中心的テーマ、**立法府の立法権限**について、前述のように、

106　この狭量な分立の考えを示したopinionとして第8章注6事件がある。Wayman v. Southard, 23 U.S. 1, 41 (1825) では、Marshall判事は、立法府は、厳格かつ専属的に与えられた立法権については、これを委任することができないが、正常な権利行使（powers-rightfully exercise itself）については、委任してよいという。

107　Metropolitan Washington Airports Authority (MWAA) v. Citizens for the Abatement of Aircraft Noise, Inc., 501 U.S. 252, 272 (1991). （第8章2.(1)㋺(a)）.

108　Misretta v. United States, 488 U.S. 361, 372 (1989) で問題となり、合憲とされたのは、すべての連邦刑法犯について、議会が司法部の判決委員会（Sentencing Commission）に、課刑のガイドラインを定めることを委任した立法である。同Commissionは、Comprehensive Crime Control Act of 1984の一部としての、Sentencing Reform Act of 1984により設けられた。

109　Pub. L. 92-463、1972年の法律で、2008年には917の委員会がその下で活動しており、6万4000人の委員が、50の連邦機関のために助言をしているという。

第4章　成立した連邦憲法の内容―三権分立と相互作用の骨格―

積極的な授権では限定列挙主義をとる一方（Ⅰ、8）、連邦議会がしてはならない項目も列挙している[111]。この8項目の消極的な権限（立法禁止）規定は次である。

(a)各州法の下での奴隷の輸入（Importation of such Person）（Ⅰ、9(1)）に係る各州法を禁止する連邦法の立法を、1808年までの間の時限法として、連邦議会に対し禁止した（Ⅰ、9(1)）（屢述したように、今は過去の歴史である）。このように憲法は一方で、奴隷を「人」（Persons）と呼びながら、他方で輸入と呼んで、物品（Articles）と区別せず、かつ憲法が自由に劣らず大切に思う財産権（Property）（従って取引、契約）の対象とするという、極めて初歩的な誤りを犯している（この食違いが後々、色々な先例で〔悪くいえばいい逃れ的〕抜け穴に使われることになった）。

(b)第2は、人身保護令状の特権（Privilege of the Writ of Habeas Corpus）を停止してはならないことである。ただし、反乱ないし（外敵）侵入（Rebellion or Invasion）で公益上必要ある場合を除く（Ⅰ、9(2)）。"Writ of Habeas Corpus" とは、拘束者（典型的には州法による刑事被告人ら）が、その拘束を連邦憲法に反し違法であるとして連邦法廷に保護令状を求めるものである[112]。いわば人の最後の拠り所を閉ざすような立法行為を禁じたものといえる。今日、アメリカの刑事司法のみならず憲法上でも最もよく出てくる人身保護令状（Writ of Habeas Corpus）の言葉が、憲法中で出てくるのは本条中だけである[113]。この文脈で、habeas corpus

---

110　「移民局（INS）という行政庁による残留許可処分を議会が拒否したことについて、これが、立法権の行使に当るところ、議会の立法行為についての憲法の上記手続規定（Ⅰ、7(2)）が守られていないとして、違憲判断を下した」。INS v. Chadha, 462 U.S. 919 (1983)（後出）
111　憲法（Ⅰ、9）の条文8項目中には、……shall not be prohibited by the Congress……(1) のように、主語を表示する例外的なものもあるが、8項目ともが、連邦議会に対する禁止であることは、Ⅰ、8とのつながり、その他からも正しい理解といえよう。
112　連邦法（28 U.S.C.§2254）でも、この保護令状を停止する法律の立法禁止を特例として定めている。
113　Gasquet v. La Peyre, 242 U.S. 367 (1917) では多くの先例を引きつつ、本条が連邦政府に向けられたものであり、州に対する禁止としては働かないとしている。

253

は、連邦と州間の主権、殊に、その司法権がぶつかり合う微妙なポイントの１つといえる[114]。

(c)第３は、私権剥奪法（bill of attainder）や事後法（ex post facto law）を通してはならないことである（Ⅰ、9(3)）（これらの用語の意味、歴史などは前章でも述べた）。連邦議会の立法禁止を定める（Ⅰ、9）中には、**契約侵害**の立法禁止条文は存在しないが、州に対する立法禁止条文、Ⅰ、10(1)中に存在するから、州による違憲行為があれば、連邦司法によりチェックされる形が用意されている。Tribe は、この契約侵害への禁止を、私権剥奪法、事後法の立法禁止と並べて、立法権をチェックする３本柱（triad）だとしている[115]。確かに、州（の主権）に対する意味での人権擁護の文脈では、この契約条項（Ⅰ、10(1)）は、先例中で大きな役割を果してきた[116]。

(d)第４は、人頭税またはその他の直接税（……Capitation, or other direct, Tax）の原則禁止である（Ⅰ、9(4)）。禁止に対する例外は２つのみで、(i)本条で定める人口調査（census）に基づく人口比例による場合と、(ii)Ⅰ、8(1)の下で、「全国一律（uniform）のルールによる」こと、がある。アメリカの建国の歴史からして憲法は、税に多くの言葉を割いている。連邦政府が発足した後も、注記のように議会が一般人に課税する立法は行われなかった（現在も、対 GDP での課税率は、世界で最も低い方に入る）[117]。その一方で、課税に対する争訟は多い。中でも何が「直接税」

114　一方で、適切かつ独立した州の手続法上の基礎（adequate and independent state grounds）があれば、連邦の司法管轄を否定する理論があるが、habeas corpus による保護令状請求は、それにも拘らず、そうした州の手続法上の問題ではなく、実体的な問題で連邦の司法管轄が否定されないとする。Lambrix v. Singletary, 520 U.S. 518, 523 (1997).

115　(federal courts condemned……impairments of contract) とする（Tribe, *op. cit.* p. 1294）。

116　州に対する立法禁止条文中では、私権剥奪法、事後法、契約保護と、３つ並べて規定しているところ、南北戦争前の先例では、前二者については付帯意見（dictum）レベルに止っている中で、impairments of contract については、1810 年という早くに正面から対州政府の文脈での人権問題で最も有効な武器として使っているとする（*ditto*）、Fletcher v. Peck, 10 U.S. 87.

（direct tax）なのか、が争われた[118]。注記の Pollock 事件が出されると、そのルールを巡って連邦所得税に係る一段と多くの争訟が提起された。そこで、1913 年憲法改正により、人口比例や各州共通のルールによることなく、連邦所得税を課してもよいとするルールが実現した（修正ⅩⅥ）。

　(e)第 5 は、各州からの輸出品（Articles Exported）に対する課税（Tax or Duty）である（Ⅰ、9⑸）。綿花、タバコ輸出が、その経済を支えていた南部州は、この条文に強く固執した。加えて、南部州がこれにより奴隷輸出に対する課税を予め封ずる意図を有していたとの見方については前述した。

　(f)第 6 は、各州の異る港間（……to the Ports of one State over those of another）で、その取引上の規則ないし収入上の規則による差別をつけてはならないこと（Preference……by any Regulation of Commerce or Revenue）、加えて、いずれかの州の港への出入に際して、船に対する何らかの課税（clear or pay Duties……）をしてはならないことの定めである（Ⅰ、9⑹）。航船などの港への出入に対する各州による平等取扱いのための、連邦による立法への統制の 1 つ、といえそうである。このような港による差別は、通商条項（Commerce Clause）の下での連邦議会による立法のほか、州会議の立法によっても生じうるが、最高裁は、連邦議会が合理的に判断する範囲で港毎の扱いを違えた立法をしても、通商条項の下で妥当とした[119]。ただ、これが連邦議会だけでなく、州議会にも適用されるとの主張を否定した[120]。

117　連邦最初の所得税法（Revenue Act of 1861）は、南北戦争時の 1861 年に初めて作られた。それまでは、専ら連邦の物品税（excise tax）としての課税が試みられていた。

118　Pollock v. Farmers' Loan & Trust Co., 157 U.S. 427, 573 (1895) では、Hylton v. United States, 3 U.S. 171 (1796) 以来 100 年間保ってきたルール、土地税（taxes on land）は、直接税（direct tax）であり、「地代なども、直接税ではないとされたケースは 1 つもない」との先例を引きつつ、市債の利息に対する課税は、州の財政権に対する課税となり、人口比例ではないことで、違憲であり許されないとした。

119　Louisiana PSC v. Texas & N. O. R. R., 284 U.S. 125, 131 (1931), Pennsylvania v. Wheeling & Belmont Bridge Co., 59 U.S. 421, 433 (1856).

120　Morgan v. Louisiana, 118 U.S. 455. 467 (1886).

第2編　連邦憲法、その成立過程、内容と、南北戦争前までの展開

(g)第7は、立法章（Ⅰ）中に存在するが、実質的には行政庁に対する制約を定めるものといえる。法律による充当の結果として以外に、いかなる金銭も国庫から引出されてはならないこと（No Money……drawn from the Treasury……）、またすべての公金について、出納帳簿、会計記録などの出入記録の規律正しい整備と、収支報告が常に公表されるべきことを定める（Ⅰ、9(7)）。

(h)第8は、貴族の称号（Title of Nobility）を与えることの禁止と、何らかの公職にいる者が、連邦議会の許しなしに何らかの報酬などを得ることの禁止である（Person holding any Office of Profit……shall accept……Emolument, Office……）（Ⅰ、9(8)）。

(ハ)これらの禁止ないし権限否定規定の次に、更に州権との絡みで見逃すことのできない規定、**州がしてはならない3項目**がある（Ⅰ、10(1)～(3)）。

(a)第1は、連邦（中央）と州という、二重主権者間での基本的関係を示す意味深い定めである。事柄の性質から来るものと、史実に由来するものと、の2つに区別可能である。事柄の性質から来る各州への禁止事項としては、①各州が条約を締結したり、連合関係などに入ること（……enter into Treaties, Alliances, or Confederations）、②私略船免許状（Letters of Marque and Reprisal）を発行すること、③屯税を課し、部隊や平時での軍艦を維持すること（lay……Duty of Tonnage, keep Troops, or Ships of War……）、④通貨などの指定（coin Money；emit Bills of Credit；make any Thing but gold and silver Coin a Tender in Payment of Debts）がある（Ⅰ、10）。

上記①の条約、連合関係などの禁止に関しては、南北戦争時の南部の分離権の主張に対し、最高裁が本条を理由にこれを否定した[121]。再述外国関係法でも、今日、国際関係に関しては合理的例外を除き州権を否定し[122]、

121　Williams v. Bruffy, 96 U.S. 176, 183 (1878).

原則として連邦の専権であることのルールが示されている[123]。史実に由来する州権への禁止としては、②連邦議会に対する禁止（前述のⅠ、9(3)や(8)の下でのそれ）と重複するが、私権剥奪法（bill of attainder）[124]、事後法（ex post facto law）および貴族の称号（Title of Nobility）の創出、の各禁止のほか、契約義務に悪影響を与える（impairing the Obligations of Contracts）法律制定の禁止がある（Ⅰ、10(1)）。

(b)Ⅰ、10(1)の下での禁止に続く第2の禁止が、州による次の輸出入に係る立法である。絶対的な禁止ではなく、連邦議会の同意を要件と定めている[125]（Ⅰ、10(2)）。輸出入につき何らかの公租など（……lay any Imposts or Duties……）を課すこと（これは、州際取引に対し各州が関税などを課税することを否定する意味がある）（例外としては、その州の検査法など〔……inspection Laws……〕を実施する上で必要な範囲内の公課があり、連邦議会に与えられた一般的で広い課税権〔Ⅰ、8(1)〕の例外となる）、それら例外的に各州が課すことができた輸出入についての公租などの純益は、連邦の財務省に入れられるほか（……be for the Use of the Treasury……）、輸出入に係るような州の検査法などは、連邦議会による見直しと指示に従う。

(c)同じく、同意権が連邦議会に留保され、州の権限が否定されるのは（No State shall without the Consent of the Congress……）、外国と条

---

122 再述外国関係法 Restatement of the Law Third, Foreign Relations Law of the United States § 202 (2)など。なお、古典的なケースとして、Taney 判事による判決 Holmes v. Jennison, 39 U.S. 540 (1840) がある（Vermont 州が、殺人罪被疑者のカナダ人を送還しようとしたのに対し、州による送還権限を否定した）。

123 United States v. California, 332 U.S. 19 (1947) では、州の沿岸3マイルの領海内の海底資源であっても、国際紛争の種となりうるし、沿岸から3マイルの領海を含め、海岸は通商と国際関係の大切な場所といえ、その範囲内の海底資源であっても、連邦が州に対し優先的権利を有するとした。

124 アメリカで、この17世紀イギリス的な私権剥奪法（bill of attainder）禁止規定が実際に呼び込まれたのは、Civil War 時の南側についた人に対する立法で、再建期の Missouri 州憲法が、牧師などに奉職するための要件としていた、「南側に協力しなかった」旨の宣誓に対してである。Cummings v. Missouri, 71 U.S. 277 (1867)。

125 輸出入など通商に係る立法・規制権については、次の課税権との絡みで、13植民州の時代から揉め事が多く、連合憲章の下でも連合マターとされ、各州の立法を禁じていた（Ⅸ）。

第2編 連邦憲法、その成立過程、内容と、南北戦争前までの展開

約・同盟など（any Agreement or Compact……）の関係に入ること[126]、屯税を課し（……lay any Duty of Tonnage）、軍隊や軍船を保有する[127]（例外として、侵略されたとか、平時でない危急の時がある）、などの対外関係である（Ⅰ、10(3)）[128]。ここでの外国との条約・同盟などは、"Agreement or Compact"といっており、言葉も違うことが、Ⅱ、2(2)でいう正式条約の締結（make Treaties）との区別の1つの根拠とされている[129]。

　なお、**中央と州との権力分配**という視点から、気を使うことになるⅠ、§10(3)の定めは、その前例が、連合憲章中にある[130]。最後の句（……engage in War……）と、この戦争権に絡んだもう1つの注目点は、イギリス王が付していたと同じ制約条件との間の一致である（防衛戦争を除外していた）。しかも、王によるCharter中の防衛戦争除外の言葉は、「現に侵入されたか、一刻の猶予も許されないほどの差し迫った危険」（unless actually invaded, or in such imminent Danger as will not admit of delay）と、かなり具体的で細かい。つまり、それらの「差し迫った危険要件」がなければ（その判断は、時に微妙で困難であろう）、いずれの州も連邦議会の同意なしに戦争（宣言）をすることができない。

　(d)各州から成る合衆国としての性質上、各州間や合衆国と州との間に法の衝突が生じないようどこまで憲法が明定できるかの問題がある。主権を

126　連邦議会の同意の下でA州とB州間で境界、水流、物流ルートなどで協約（Compact）を結んだ時は、その協約は、主権国家間の条約と同じ効力を有するし、いずれの州や州民もその境界などを否定することができない。Poole v. Fleeger, 36 U.S. 185, 209 (1837)。

127　平時でのmilitiaの維持は、本条で規制されていない。Presser v. Illinois, 116 U.S. 252 (1886)。

128　Toll v. Moreno, 458 U.S. 1 (1982) では、州内在住外国人学生から州外人として高い授業料をとった州立大学の処分が、本条の絡みで違憲とされた。

129　Treaties and other International Agreements : the Role of the United States Senate, Congressional Research Service (CRS), 2001.

130　次のような類似の定めがなされていた（Ⅵ、(1)、(3)）。「……いずれの州も条約、同盟または連合契約を結んではならないし……いかなる協定を外国勢力と結んでもならない」「……輸出入品に対し、いかなる関税その他の賦課をしてはならない……」。

第4章　成立した連邦憲法の内容―三権分立と相互作用の骨格―

有する各州の一般法（うち生活法は、いわゆるコモンローが多い）は、憲法も原則としてこれをそのまま認めるしかない[131]。そのため、各州間の法の衝突は、以前から存在する法理に委ねられる。一方、連邦法と各州法との衝突は、最高法規性を定めた Supremacy Clause（VI、2）により明示で解決されている。以上のような一般的・抽象的法は、衝突法を含め実体法・手続法とも、各法域毎にその主権者の命令として定まっている。これに対し、法の下で個別の事件毎に下される決定（判決など）は、一般的・抽象的な定言とは異り、主権者が直接手を下してこれを執行しなければならない強制要素を有するから、各州間の齟齬は許されない。そこで憲法が、他州判決などの承認・執行については一文を置いた訳である。これが、いわゆる "Full Faith and Credit" 条文である（IV、1第1文）。その第1文は、「他州の判決、記録、司法手続には、すべての州が100％従わなければならない」との定めになっている[132]。

　同様の定めは、連合憲章（Articles of Confederation）中にも存在した（IV）（ただし、制憲会議では第1文だけで、「その趣旨は理解されても、具体化の方法で疑問が残りうる」との懸念から、Madison の提案した第2文が、やや短い形で加えられた）。IV、1の力により A 州の判決は、原則としてどの B 州でも同じ効力を承認され、執行される。例外としてあるのは、A 州の判決（その下にある公共政策）が、B 州の公共政策（public policy）に反するような少数の場合である[133]。

131　以前から存在する法理にも拘らず、憲法は各州の一般法に対し、次の憲法的制約を共通的な要求として定めている。(i)法の適正手続条項（due process of law）（修正XIV、1）（V）、(ii)特権と免責条項（privileges and immunities clause）（IV、2）の保障、(iii)平等保護条項（equal protection clause）の保障（修正XIV、1）。

132　各州が主権国家であったという歴史と基本から、アメリカでは独立の初めから、この各州間の法の衝突を解決する法律（laws of the conflict of laws）が必要であった。独立以前の状態を放置すれば、法廷法の法理（lex fori）により、各州がそれぞれ自前で、自州の法律を適用するだけで、後は各州間の礼譲（comity）の問題ということになって了う。そうならないで済むように、憲法は本条を定めた。

133　Hood v. McGehee 237 U.S. 611 (1915)、Alabama 州の無遺言相続法は、子供により差を設けていたが、それが Louisiana 州法の定めと違っても、Full Faith and Credit には反しないとされた。

第2編　連邦憲法、その成立過程、内容と、南北戦争前までの展開

　それが、各州による立法や公的記録および司法手続（……public Acts, Records, and judicial Proceedings of every other state）が、各州間で全く同じ効力で適用されるようにするための、必要なルールを連邦議会が定めうる（may……prescibe）（IV、1第2文）である。これは、第1文 **"Full Faith and Credit"** 条文の命題を受け、その実効性を手続的に担保しようとの定めである[134]。

　この条項は、いわゆる適用法合意（choice of law）や法廷の選択（choice of forum）などの衝突法（conflict of laws）の問題には影響するものではないとされている[135]。

　(e)いずれの州の州民（ないし居住者）も、他州法の下でも共通の法的扱いを受けられるよう、各州の義務を定めたと見られるのが、IV、2である（その意味では、上のIV、1や、次のIV、3と共通する）。

　Tribe は、**市民**（Citizens）の**特権条項**（privileges and immunities）（IV、2(1)）に係る身分保障を各州間で互いに守ろうと定めることで、このIV、§2は「多州によって構成されるアメリカを1つの国民（one nation）に融合しようと意図したものとする（……help fuse into one nation）」先例を紹介している[136]。ここでいう各州の市民（Citizens）とは、その州の市民権 citizenship の有無には係りなく、どの州でも自州の市民と平等に扱おうとする建前のことで、他州の法律の効力を問題にしている訳ではない（この特権の意味が問われた Dred Scott 事件での問題は、これとは異り、特権の基礎となる**市民権**〔Citizenship〕**の要件**が何か、であった）。このことは、先行した連合憲章の文言が "free inhabitants"

134　連邦議会はこの第1文を受け、かつ必要かつ適切条項（I、8(18)）により補う形で、全国的通用性ある判決、記録、手続などの確立を連邦裁判所などに義務づける立法を行っている（28 U.S.C. § 1738, 1739）。
135　Allstate Ins. Co. v. Hague, 449 U.S. 302 (1981)。Wisconsin 州内の事故で、同州と Minnesota 州のうち、いずれの法が適用されるかで、保険の事故毎の集積（stack）が可能か否かが分れるケースであるが、この衝突法の問題と full faith and credit とは別問題であるとされた。
136　Toomer v. Witsell, 334 U.S. 385, 395 (1948)、更に、彼はこの見方は、開闢以来ずっと変わっていないという（Tribe. *op. cit*. p.1250）。

260

といっていることからも推認できる。また、市民要件として除かれるのは、連合憲章でいっていた paupers, vagabonds and fugitives from justice である[137]。

次の、IV、2第2、3項は、市民（権）を否定され、従って、第1項の下での特権を有しない奴隷に係る各州の扱いを定める（俗に Fugitive Slave Clause と呼ばれる[138]）。

「いずれかの州で、反逆罪、重罪、またはその他の犯罪に問われ、逃れてきた者で、その他の州で発見された者は、元の州の行政当局の要求により、犯罪を管轄する元の州へ移送され、引渡されねばならない[139]」（IV、2(2)）。

「いずれかの州の法律の下で労役に服している者が、その他の州へ逃れて行ったことにより、元の州での役務や労働を免れるような時は、そのような労役を要求できる相手方の請求により、元に引渡されねばならない」（IV、2(3)）。

黒人奴隷は、それ自体では犯罪者ではないが、各州のいわゆる Black Code により労役に服している者になるから（労務契約が強制されるか、擬制され）、このIV、2(3)は、その者を指している。これらの条文を受けて、**1850年妥協**（後出）では、1793年法を更に厳しくした連邦の逃亡奴隷対策法（Fugitive Slave Act of 1850）が立法された[140]。また、南北戦争による奴隷解放後も、元奴隷は、どこかに行くあてもなく、所持金もな

137　Paul v. Virginia, 75 U.S. 168 (1869) も、「他州民だからと言って、基本的人権の点で差別されないことだ」と述べている。

138　Tribe は、第1項の下の市民の特権しか論じていないようであるが、第2項の同規定を受けて、発足後間もない連邦議会で制定された奴隷所有者の財産権保護のための Fugitive Slave Act of 1793 の下では、「各州当局が……13州と北西政令の対象テリトリ内で、逃亡奴隷の持主への引渡しを求められ、また一般人が逃亡に助力を与えることなども禁じられる……」とした。

139　この特権条項（IV、2(1)）と犯罪者などの引渡し規定も、そこに欠けていた労役に服している者の定め以外は、連合憲章中にあった定めに略併行的な文言である。

140　同法の下で起きた逃亡奴隷の引渡し事件 Dred Scott 事件（60 U.S. 393 (1857)）では、心情的に南に近いとされた Taney 長官らによる判決が不当だとして、北部諸州で非難が高まった。

第2編　連邦憲法、その成立過程、内容と、南北戦争前までの展開

かったから、元の奴隷所有者などの農場主に分益小作人 "share-cropper" として雇われるしかなかった。

　(f)中央政府的立場に内在的な立法権限を定めたものとして、次の①〜③がある。

　①それまでのテリトリ（Territory）を新しい州として認知し、連邦へ加入させる権限。ただし、これにより、既存州の権益を侵せないよう、利**害関係州の立法府**（……Legislatures of the States concerned）の同意が要件となっている（Ⅳ、3(1)）。本条は、各州平等の原則の裏付けとなりうる言葉を含む、数少ない規定といえる。19世紀前半に連邦議会で奴隷州と自由州の利益を代表して、新州加盟条件を巡る3つの大妥協が行われた。しかし、共和制の州憲法を用意してくる限り、奴隷州に対しても、それ以上の文句は余りつけようがなかった。この各州平等での加盟原則は、今日では常識のように聞こえようが[141]、制憲会議時、制憲会議内ではむしろ少数意見のようであった。関連して、これは単なる立法ではないが、改憲手続条項でも、「その州の同意なしに、連邦議会上院における州の平等（代表）権を失うことはない」と定められている（Ⅴ）[142]。

　②合衆国自身に属するテリトリや、その他の財産（Territory or other Property）については、その処分権（Power to dispose of）[143]と、それらに係る規則制定権が定められている（Ⅳ、3(2)）。この条項に関して（TVAプロジェクトで）「ダムを建造し、そこで発電された電気のための

141　制憲会議時の原文には、平等の原則を定めた第1文に、次の第2文が付されていた。"But the Legislature may make conditions……concerning the public debt……" しかし、平等を定めた文の否定などとともに、9対2の票決で、現在の単に**加入させられる**式の言葉になった。Escanaba Co. v. City of Chicago, 107 U.S. 678, 689 (1883) では、シカゴ河（Chicago River）の管理権について後から加入した Illinois 州も13州と同じ権能を有するとした。

142　なお、連邦議会がオクラホマ州を連邦に加盟させる時に加盟承認条件として1913年まで州都を**G市とせよ**、としていたが、これに反対するオクラホマ州が法廷で争い、連邦議会が破れた。Coyle v. Smith, 221 U.S. 559 (1911).

143　前出の北西政令によるものを嚆矢として、多くの州が州に昇格するまでの間**テリトリ**として連邦政府により直轄されてきた（現在のグアム）。

262

送電線塔を建てて電気を売却することが、合衆国のその他の財産の処分権に含まれる」、とされた[144]（以下の 3.(3)(1)(b)）。

③すべての州に共和制（republican from of Government）を確保する権限（と義務）の保障条項（IV、4）。この共和制保障条項の第 2 文節の言葉は、「合衆国が各州を……外敵からも内乱に対しても保護する」"......shall protect......against Invasion:......against Violence" となっている。

(g)上記の連邦から州への保障に係る特殊な条項として、連邦議会の限定された積極的な立法権として、ミリシア（militia）に関するものがある[145]。Militia を召集することにつき、連邦と州とが立法権を共同して行使できる定めである。militia を興す（......calling forth）ための定めをした上で、連邦法を執行し、内乱を治め、侵入に反撃することまでが定められている（I、8(15)）。それらの執行のために連邦は間接的に militia を興しうる[146]。

連邦議会は更に、militia を組織し武装し教育訓練することについて、また militia のうちの合衆国の軍役に入る者を統率することについて（......governing such Part of them......）立法権を有する（I、8(16)）。この militia のうちの合衆国の軍役に入る者が、いわゆる国防軍（National Guard）となる[147]。オフィサーの選任と、militia の訓練は、連邦の定める軍訓に沿って、州が行うが、そのための規則を定め、連邦の軍役に就く者にその旨の指示することまでが、連邦の権限となる[148]（I、8 (15)、(16)で

144　Ashwander v. TVA, 297 U.S. 288, 335 - 340 (1936) では、"......electrical energy......construction of a dam in the exercise of its constitutional powers is property...... ; it may install the equipment......" と述べている。

145　ミリシア（militia）の源はイギリスの習慣に遡り、コモンロー、更に遡ればヨーロッパの奥地からイギリスに侵入したアングロサクソンの部族内での慣行にあり、そこでは部族民は自警団のような働きをする義務を負っていたとされる。

146　現在は、10 U.S.C.§ 311 で、militia of the United States が、National Guard と Naval Militia から成るグループと、それ以外の者との 2 つの classes があることを定める（law.cornell.edu より）。

147　Arthur St. Clair 将軍以下の合衆国軍が 1791 年 11 月いわゆる北西部（Northwest）でインディアンに惨敗したことを受けて、合衆国の防衛に必要な連邦のミリシアを大統領が召集できるよう First Militia Act of 1792 が作られ、その後の改正法により今日に至る。その中で、National Defense Act of 1916 が、いわば連邦のミリシア、つまり National Guard を正式に確立したとされる。

militia を call forth したり organize するのは州が行うが、連邦が行うのは、そのために〔ルールを〕"provide for"することである、と定めている）。

　このように、militia に関する連邦憲法の規定は、州と連邦の権限が互いに交錯する形になっており、現実にも前注事件での判示のように、州と連邦の両方の法律で重複するように定められている（ただし、予算などの実務上の理由から連邦のウェイトは高まる一方であった）。以上の連邦議会の立法権に基づいて、実際に内乱や連邦政府に対する反対があると判断したり、それらの是正のため連邦の武力行使を必要と判断し、militia を組織・武装する命令を出せるのは大統領である（II、2(1)）。連邦議会は、その授権のための立法も行っている[149]。なお、連邦憲法から 2 年後の1791 年に作られた人権憲章の 1 つが、ミリシアの維持と内外の混乱に対し防衛する権利と密接に結び付いた、アメリカ社会でも論争が絶えない武器所持の自由権である（修正 II）[150]。

　㊁アメリカの小学校の「社会」のクラス（civics class）で教えられる改憲手続。広い意味では立法権の 1 つに入ろうが、立法権に数えるにしても、極く特殊である。

　(a)改憲手続の開始に関しては、憲法は、これを、**発議手続**と**批准手続**、との 2 個に分けている。連邦議会は、初めの発議手続につき、事実上の主導権を有する。上、下両院の各 2/3 以上の賛成による発議によるか、または全州の 2/3（つまり、34 州）の立法府の申立て（application）により、特別な意思決定機関、改憲会議を連邦議会が召集するか（……call a con-

---

148　Houston v. Moore, 18 U.S. 1 (1820)、Pennsylvania 州法は連邦法の刑罰規定に違反したことを犯罪とし、その手続を、連邦法の定めるところに従うとしていたところ、これが、違憲ではないとされた。

149　Act of 1795 年 2 月 28 日、10 U.S.C. 332 であり、その合憲性を肯定したのが、Martin v. Motto, 25 U.S. 19, 32 (1827) である。

150　条文の言葉は、「自由な国家の存在のために必要なよく訓練されたミリシア（a well regulated Militia, ……security of a free State）、人民の武器所持権（……to keep and bear Arms）は不可侵とする」、である（第 5 章一.1.(2)㊁）。

第 4 章　成立した連邦憲法の内容─三権分立と相互作用の骨格─

vention for proposing amendments……）とした（V）。ただし、改憲会議（article V Convention）召集の例は、そのための各州立法府の申立ても含め、まだない。このように、各州立法府の申立てによる方法を入れ、2 通りの提議方法を設けたことにも、制憲会議の場での Federalist を主とする中央政府強化派と州権論者とが、「鋭く対立した上に、妥協した」様子を見ることができる。本条による改憲可能な範囲には、重大な但書が付されている。

　その 1 つが、他所でも触れた、「奴隷制度に係る変更を 1808 年までの 20 年間禁ずるもの」、である[151]（後出）（もう 1 つは、上院での各州平等権の変更禁止である）。この禁じ手の奴隷制度を変更しようという、いわば最大の改憲問題が、1790 年 2 月、第 1 回連邦議会に提出されてきた。「2/3 の州の立法府の申立てによる」、という正式な改憲手続でも、法案の形ではない。奴隷制度に係る請願の形でしかなかったが、クエーカー教徒らの団体により連邦議会下院に 2 回提出されてきた[152]。発足したてのワシントン内閣に激震を与えたことはいうまでもない[153]。

　実質的には改憲提案に当りながら、改憲手続をとらなかったこの請願の扱い（手続問題）で、議員らの思考はストップした。というのも、手続きの扱い次第では、制度実体の扱いが左右されかねず、下手をすると連邦の崩壊につながりかねなかったからだ。先ず委員会を作り、報告を求めよう

151　制憲会議の場で、この但書を巡ってどんな激しい議論が闘わされたか、後年になって国務省が制憲会議議事録の印刷を決定した折にも、この秘密会の部分の議事録は、除外されている。マディソンも、20 年後に果してどういう法律効果が生ずるのか、はっきりしなかったものの、「不名誉な妥協だが、21 年後にはこの不自然な取引という野蛮（barbarism）さがなくなることは大きな得点だ」、と Federalist No.42 中で述べている。

152　請願の 1 つは、直ちの奴隷輸入禁止を、もう 1 回は、奴隷制度の緩やかな廃止を求めていた。ともに、革命の最長老で、今や病弱な建国の父祖ベンジャミン・フランクリンがサインをしていた。そのため下院も無視できず、激しいやりとりとなったが、マディソンによって巧く収められた。

153　クエーカー団体の中心人物の 1 人 Warner Mifflin（先のジャーマンタウン戦でワシントンと敵将ハウ将軍の双方が対峙していたところ、そこに停戦勧告を提出しに来た男）が、再び大統領ワシントンの面会を求めて現れた。しかし、ワシントンは、この時も彼らしく動かなかった（Ellis ①, p.203）。

265

ということになり、その手続を秘密会で討議する決定がなされた（29 対25）。直接、実体問題の議論となれば、**商工業対農業、高い輸入関税対高い輸出関税**、などと並んで、奴隷問題の倫理、信条で北と南とが激突することが避けられなかった。

そこで、委員会報告でどんな手続案を出してくるかに関心が集った[154]。7項目から成る委員会による報告の第1は、1808年まで奴隷輸入（取引）に係る一切の措置を連邦政府に禁じた憲法の言葉を確認することで、南を安堵させる働きをした[155]。一方、第4項では、その奴隷の輸入（取引）に対する連邦政府の課税権を肯定することで[156]、奴隷の輸入（取引）自体が抑制される方向で、北の立場に理解を示していた[157]。

(b)批准手続についても、原憲法は2つの選択肢を設けていて、選択をするのは、やはり連邦議会である（Ⅴ）。(i)全州の 3/4 の州の立法府が批准するか、または(ii) 3/4 の多数の州での改憲会議による批准手続である。いずれの方式によるにせよ、一旦、全州の 3/4 の州の批准が済んで了えば、残りの州の批准の意味はなくなる。そのため、ずっと昔に成立済の改憲の批准手続が、未だに未済という州もある[158]。これまでに全部で33の改憲提案が提出され、うち批准が得られなかった改憲提案は6である。

提議手続とは異り、批准手続については、たった1回だが、(ii)の改憲会議の利用例がある[159]。その後の憲政史で批准手続については、制憲会議では予想しなかったような1、2の問題が生じた。第1は、普通の法案であ

---

154 クエーカーの1人 John Pemberton は傍聴席で見ていて、北と南の間で何やら「君、僕の背中を掻いて、僕も君の背中を掻いてあげるから……」式の妥協ができつつあるらしいと感じたという（Ellis.②, *op. cit.* p.116）。

155 （……Importation of such Persons……shall not be prohibited……）（Ⅰ、9(1)）.

156 他方で、連邦議会が奴隷**輸出**に課税する立法をすることは禁じている（Ⅰ、9(5)）。

157 第7項でクエーカー教徒らにもリップサービスとして、「正義、人間性と公共のため、連邦政府も、その力の範囲内で努力する」式のこともいっていた（Ellis ②, *op. cit.* p.117）。

158 2013年2月20日の NPR の放送は、4州（Connecticut, Rhode Island, Vermont, Utoh）が、未だに tax に係る修正ⅩⅥの批准をしていないという（それでも、州民は4月15日には連邦所得税を払う）。また、Massachusetts, Georgia, Connecticut の3州は、当初の修正Ⅰ～修正Ⅹを1939年になって、やっと批准したという（Alan Greenblatt 記者）。

159 修正ⅩⅩⅠ、§3がそのことを定めている。

れば、大統領への提出（presentment）と、そのサインが必要であるが、「改憲案が成立するためにも、それが必要か」、である（実質的な見方からすれば、改憲も一種の連邦の立法であることには違いない）。このような理由を掲げて、司法長官が修正ⅩⅠの改憲に絡んで改憲無効を主張したケースが早速出てきた[160]。これに対して最高裁（Chase 長官）は、連邦議会による改憲提議の権限は、大統領の権限から独立したもので、大統領へのpresentment は不要であるとした（サインも不要と考えている[161]）。

　第2は、批准につき向う何年以内と期限を設けることの意味である。連邦議会が批准手続のための期間を定めたことで、その効力が争われた例がある。その後も、州毎の考慮期間を軽視したもので、改憲は無効との主張が否定されたり[162]、この批准のための期間設定は、連邦議会の権限で司法の問題ではないと判断された[163]。いわゆる酒造禁止に係る修正ⅩⅧである[164]。実際 Coleman のケースでは、連邦議会が提出した提案には批准手続のための期間を定めていた。元来、合衆国の酒造禁止法に反対していたオハイオ州民らが、州議会による批准決議を覆そうと、州法で定める州民投票（referendum）を別途行うのに必要な数の署名を集めていた[165]（オハイオ州民らの狙いは、単なる向う何年とかの単純な期限延長ではなく、禁酒法そのものに反対して、法案を潰すことにあった）。

　一方、シンシナティの会員（Society of Cincinnati）で熱心な禁酒法派である弁護士 H[166]は、州民投票（referendum）の差止めを求める訴えを

160　Hollingsworth v. Virginia, 3 U.S. 378 (1798).

161　1861 年に修正ⅩⅢとして提案された規定（奴隷制を禁ずる内容）は、手続的に大統領がサインすることを定めていたが、2 州のみがこれを批准しただけだった（lexisnexis.comより）。

162　Dillon v. Gloss, 256 U.S. 368 (1921).

163　Coleman v. Miller, 307 U.S. 433 (1939).

164　修正ⅩⅧ、§3 の定めがそれである。例の禁酒法改憲である。

165　同州法の下での手続としては、改憲は、同州議会による批准決議から 90 日経たなければ発効しないことになっており、その間に、州民投票（referendum）が行われれば、その結果次第で州議会による改憲の批准決議の効力が否定される可能性があった。

166　Society of Cincinnati につき、第 3 章 2.(2)の注 96 参照。

連邦裁判所に対し起こしていた[167]。その間に、合衆国司法長官は、既に禁酒法を定めた改憲の発効を宣言していた（オハイオ州議会による批准も勘定に入れて、連邦レベルで 3/4 の州に達していた）。結局、弁護士 H の差止め請求が認められている[168]。以上のように Hawke 事件では、批准手続の期限の枠を超えて、改憲手続の基本、改憲についての州権と連邦の権限衝突に迫る問題を提起した。判決中で、裁判所はいっている。「批准手続の中では、州民投票（referendum）が作用する場はない。改憲条項を作る上で、人民による直接投票という形も考えられたが（今の形に落ち着いた）、憲法は、十分明確な定めをしている[169]。」

　(c)改憲条項に但書があることを述べたが、その改憲条項但書中の当初の言葉（Ⅰ、9(1)による）、「奴隷の輸入は 1808 年まで触ってはならない」は、失効した。その前に議会は 1808 年 1 月 1 日発効の連邦法を成立させた。憲法上の期限到来と、この立法により、奴隷の輸入禁止が法的に実現した。しかし、連邦法は、単に輸入（Importation）を禁止しただけで、輸入以外の点で奴隷制度廃止を法定したのは、南北戦争後の修正ⅩⅢ～ⅩⅤによる[170]。

　この改憲条項の但書は、「制定当時の州だけを羈束し、テリトリ（Territory）や、新州を縛るものではない」、ともされていた。リンカーン（Lincoln）ですら、この輸入禁止連邦法の規定により、**州際間の取引**まで規制できる、とはいっていない。しかも、南部州は、色々な脱法手段を

167　Hawke v. Smith, 253 U.S. 221 (1920). これに先立ち、オハイオ州裁判所に州民投票（referendum）の差止めを求めていたが成功しなかった。

168　なお、彼は、同じくオハイオ州の州民投票（referendum）にかけられる予定の修正ⅩⅨ（婦人参政権を認めるもの）に対しても差止め請求をし、それも最高裁で認められている。

169　この最高裁の判示中には、アメリカ憲法史として注目してよい点がある。①人民が立法につき最終的にイエス、ノーをいえるべきであろうが、批准は、本来の意味での立法というより、連邦の提案改憲に対し、**州としての意思を表示する**ものである。②批准手続自体を定めるのは連邦憲法であるが、連邦憲法も、各州と各州人民とが賛成して作られ、そこに効力の源がある。

170　輸入禁止と奴隷制度廃止とは全く別の問題で、Dred Scott v. Sandford (1857) で最高裁は、本条（Ⅳ、2(3)）と最高法規条文（Ⅳ、(2)）とを根拠に、黒人は物品であって、市民権の対象となる人間ではない、と判示している。

使って奴隷取引を止めなかった。

奴隷の輸入禁止に係る憲法規定が失効したことで、今も有効な但書は、「いずれの州も、上院への平等代表権を奪われることはない」だけである。そこで理論上の疑問が、上記の批准手続などの改憲条項を守って行えば、この但書を変え、たとえば「小さな州の代表（上院議員）を2名から1名に減らす改憲は可能か」、である。この疑問に対しては、「憲法の書かれた文字の裏には、書かれないが、**より高い基本法**や**法理念**が存在する、それに反するような改憲はできない」、との議論がなされた。

(d)以上の改憲条項を要約すると、次がいえよう。作成者は、先述のような柔軟さとともに、この憲法の改正にはかなり厳しい条文も用意した。中でも手続を発議手続と批准手続とに分けたことが、安易な改憲に対し抑制的に働いてきたことはいえよう（現に発足から4年で、人権をテーマとして修正Ⅰ～修正Ⅸまでと、州主権に関する修正Ⅹの10章の改正がなされたが、その後、2世紀超の時を経ても、その間の改正は17章のみで、しかも、実質的な修正は少ない）。これらの手続要件は、決して簡単とはいえないが、実現は可能なものである。新生アメリカの基本法が全く固定的というのは、現実的ではないが、憲法の条文はその点で、適切な平衡感覚のものといえよう。

なお、今日までの改正のうち、連邦立法権に係る憲法改正は次である。

①修正ⅩⅥは、連邦所得税についての憲法の硬直性を緩和する意味があった。所得税が直接税となり、各州人口比例でなければならないとのルールである（Ⅰ、8(4)）。このルールが適用されて、身動きならなかったのを回避するため、修正された。

②南北戦争後の再建期（Reconstruction Era）の修正ⅩⅢ～修正ⅩⅤでは、その中の各第1条が、各章が定める修正実施のための立法義務を連邦議会に課している（後出）。

㈻連邦議会の本来の機能、立法権を定めた本体部分（Ⅰ、8）に入る前にもう1つ、**国政調査権**に類似の機能と、それと、対照的な議員特権につ

第2編　連邦憲法、その成立過程、内容と、南北戦争前までの展開

いて一言する。

(a)国政調査権は、日本国憲法とは違い(62)、憲法中に明文がある訳ではない。イギリス国会で行われていたこと、また植民州議会でも行っていたこともあり、国政調査権は、議会の権能を行う上で必要不可欠な行為として、実務上これを認めることが確定していた[171]。連邦議会が始まると直ぐの1792年に、既に国政調査の実施例がある[172]。

その機能も、また広く認められ、評価されている。狭い意味での立法権のため必要とされるもののほか、弾劾や、各院の構成員の資格問題などの準司法的機能を行う上でも認められていて、不服従に対しては、拘留もできるとされている[173]（Ⅰ、5）。

不文法ではあっても、アメリカの場合、国政調査権の持つ政治的な重要性は高い（アメリカの政府機関における手続で、メディアに最もよく出てくることの1つが、この議会の上、下院での参考人招致、証人招致に絡んだものである）。

本来的な立法に関しての国政調査権の先例として認められているのは、(i)現在の事実と法についての調査、(ii)あるべき、または求められている法についての調査、などがある。しかし、大陪審の訴追による以外に強制されることがないとする修正Ⅴや、令状主義を定めた修正Ⅳに沿わなければならない、ともされている[174]。

(b)国政調査権を含む議員による立法活動の大切さから、議員の立法活動

171　Tribe は、これを立法府の立法権に黙示的、または付随的な権限（implicit or ancillary power）であるとする（p.790）。

172　1791年、St. Clair 将軍旗下の1000名が、オハイオ川北西部でインディアンによって壊滅状態にさせられたことを受け、下院に調査のための委員会が設けられた。

173　Anderson v. Dunn, 19 U.S. 204, 231 (1821)。各院は私人に強制でき（each House……has power……）、各院の永い実務によりこれが支えられている（……has support in long practice……）という。McGrain v. Daugherty, 273 U.S. 135, 160, 174 (1926) では、出頭を強制できるとした。

174　国勢調査権の名の下に、立法府が、実質的な強制ができることは、裁判によらない強制となり、イギリス議会による弾劾や私権剥奪法（bill of attainder）を連想させる、とする考えもある。United States v. Lovett, 328 U.S. 303 (1946).

の自由を保障する、いわゆる議員特権が与えられている（Ⅰ、6(1)）。そこでは、いわゆる不逮捕特権（第1文節）と、演説・討論での無答責（第2文節）とが定められている。特権のうちの**演説・討論条文**（Speech or Debate Clause）は、日本国憲法のほか(50)、他の多くの国にも導入されているものである。ただ具体的な定め方、文言の言い廻しなどで、コモンロー国アメリカと日本のそれとは、かなりの違いが見られる。たとえば、第1文節の議員特権条文の例外として議員の逮捕が可能とされるのは、Treason、Felony および Breach of Peace の場合と（Ⅰ、6）、具体的に3つを挙げる（Ⅰ、6）。次に、特権が「逮捕から免れる」ことは日本と同じだが、日本で、「院の会期中……」との定めのところ、「その会期への出席、およびそこへの出入り、ならびに院の演説・討論につき、他のいずれの場所でも訊問されない……」と、具体的になっている。

　条文の文言・定め方での以上の違いの上で、その具体的な解釈を見てみよう。先ず、「逮捕から免れる」は、文字どおり逮捕のみが抑制されるのであって、その他の強制処分には適用がない（なお、議員とは異なり、大統領については不逮捕特権の定めはないが、慣例的に在任中は、逮捕権の行使が抑制されると解されている。しかし、大統領が他の特権、たとえば証言録取や文書提出などの義務を免れないことは、United States v. Nixon 418 U.S. 683 (1974) 等により明らかにされている〔第8章2.(2)、注208〕）。不逮捕特権があるのは、文字どおり Treason、Felony および Breach of Peace についてのみであって（Ⅰ、6の前節）、その他の刑事事件では適用されない[175]。また、19世紀初めまでのコモンローの下では、民事事件の被告としての議員に対しても、令状が執行されていた。実際、民事の「訴状送達（service of a summons）にも服さなければならない」、とする20世紀初めの先例も出されている[176]。

　第2文節の演説・討論特権は、議員による院内での立法活動を、行政庁

175　Williamson v. United States, 207 U.S. 425 (1908)。

第2編　連邦憲法、その成立過程、内容と、南北戦争前までの展開

などが（そんな発言をしたら）「大陪審にかけるゾ！」などと、脅したり、怯ませたりすることを予防しようとするものである点は余り問題がないにしても、「立法活動」（legislative activities）という言葉自体は、日常用語でもなく、その意味・範囲がはっきりしないから、先例によって補充しなければならない。目印として、保護の及ぶ純粋立法的な活動と、保護の及ばない**政治的活動**（political matter）、との区別がなされてきた[177]（国勢調査権による取材中の活動などは、限界線上に位置するといえる）。

⑶限定列挙主義論と立法制限条文

　㈡連邦憲法は、立法府に対して⑴〜⒅項目の立法権限しか授けていない（Ⅰ、8）。既にいくつかの個所で記したように、この説（限定列挙主義論）の立場から見れば、修正Ⅹは限定列挙主義を逆方向から述べた反語（同じことを意味する定め）と、捉えることになる。ただし修正Ⅹは、「その明文から合理的に帰納される連邦議会の立法権限までを、否定したものではない」、との解釈も有力に主張されている[178]。この第2編では、各項の紹介だけにし、立法権限の拡張解釈の歴史（司法審査権との関連）は、詳しくは第8章で記述する。

　㈠立法府の権限につき限定列挙主義で臨むのは、連邦憲法の先駆者である連合憲章ではより端的に見られた（そこでは、全く比較にならないほど、僅かな7項の中味しかなく〔Ⅸ〕、連合憲章が批判される理由の1つとされた）[179]。

176　Long v. Ansell, 293 U.S. 76 (1934) では、上院議員が送達状には「服さない」として争った。先例は、「服する」とする中で、不逮捕特権を、イギリスのジョージ3世王（King George, Ⅲ）時代の第10制定法（1770）に遡って、民事の訴状送達に服するとした同制定法の一節を引用している。

177　アメリカの判決のことであるから、この政治的活動の例として挙げているものも、具体的で、紹介、斡旋、出版（広報や、メディアとの接触）などと、非常に細かく活動を列挙している中で、選挙民との接点としての演説、などの活動には及ばないとする。

178　そのような解釈の1つの足がかりとして、修正Ⅹと、先行した連合憲章中の類似の規定（Ⅸ）の文言の比較がある（連合憲章には、……expressly delegated という、修正Ⅹにはない形容動詞があった）。

第4章　成立した連邦憲法の内容—三権分立と相互作用の骨格—

　制憲会議の初めに提出されたヴァージニア・プラン（Virginia Plan）では立法府の権限を、連合により付託されたことのほか、更に「各州毎では不適切なことや、個別では全体のハーモニーが壊されること……」というふうに個別的ではなく、包括的な授権の形とすることを考えていた[180]。これは、連合憲章が連合（United State, in Congress assembled）に与えていた立法権の定め方にもよく似ていた（IX、1）。しかし、成立した連邦憲法は、これを1つ1つ極めて具体的に定めた[181]（それらが、革命戦争やそれに至る前の連合前史時代に実際にあった事実に由来し、そこでの経験から得られた教訓に基づいていることは、既述のとおりである）。

　(b)屢述するように、作成者らの連邦議会を見る眼は、「国権の最高機関」などという、ナイーヴな姿勢からはほど遠かった[182]。従って、I、8による限定列挙の定め方を巡っては、かなりの議論があり、一挙に、今の形に落着いた訳ではなく、しかも波乱もあった[183]。結局、立法権限を限定列挙する一方（I、8）、前(2)(ロ)に記した8項目にわたり、立法禁止もしている（I、9）。この点で、たとえば当事者の契約内容に干渉し、それを規制するような立法は、憲法条文（I、10(1)）との関係で多く争われてきた

179　殊に、戦いを継続する上で、連合全体（軍事費）のための徴税権がないことなどが、ワシントンはじめ各将軍をして嘆かわせたことは、見たとおりである。

180　"in all ［other］ cases to which separate states are incompetent, or in which the harmony of the United State may be interrupted by the exercise of individual legislation." この Plan 原文に対しても、「これでは、どこまでが連邦議会の権限なのか、はっきりしない……」「こうした形で漠として広い権限を合衆国に与える積りはない……」などの疑問や反対がなかった訳ではない（Banning, *op. cit.* p.160）。

181　包括主義に対し、限定列挙主義をとる連邦憲法の下では、「各州毎では不適切なとか、州毎の個別では有効ではないからといって、それだけで……授権の範囲を拡げ、明定事項以外にも立法できる」とすることは認められない。United States v. Lopez, 514 U.S. 549 (1995).

182　Madison は、厳格な限定列挙主義の主張を崩さなかったが、8月18日にもかなり長い追加事項は出していた。また Benjamin Franklin が9月14日に運河開削権を追加として出すと、関連した法人設立権（a power to create corporations）でも同じ特定性を付け加えるよう求めた（Banning. p.161）。

183　5月31日には、9対1で一旦 Virginia Plan に近かった原文どおりとする決議がなされたが、Madison らは特定の事柄についてのみの限定列挙主義に固執していて、ただ列挙の十分性をどう確認するか自信がなかった（5月31日の決議は、実質的には結論先送りの意味であった）。問題は長引いたが、7月26日にできた Committee of Detail が事項を列挙してきた時は、誰も疑問を発しなかった（Banning, *op. cit.* p.161）。

273

(前注116)[184]。

(ロ)それでは「議会は……の権限がある」との言葉で始る、限定列挙主義の条文に入ろう（I、8(1)〜(18))。このうち**合衆国議会**v.**各州議会**の力の配分の関係では、特に(3)、(4)、(14)、(15)、(18)などが、多くの議論を呼んできた。

(a)第1は財政に係る立法権（I、8(1)）で、これには“taxes, duties, imposts and excises”などの課税権に関することと[185]、合衆国（United States）の**共同防衛**（Common Defense）と**一般福祉**（general Welfare）のための支出に関することの2面がある。2つを統合すれば、「国の財政を処理する権限」(日本国憲法83）に等しいことの立法権である（I、7(1)）（ただし、日本国憲法にある下院の意思の優越のような定め〔同60〕はない)。

“general Welfare Clause”は、憲法前文（Preamble）のほか、同条以前にも、連合憲章（III)、この憲法前文（Preamble）のほか、多くの基本文書中でも使用されてきた。だが、その言葉の定義は確立していない。その前の言葉、**共同防衛**（common defense）と重なり、最低でも、国の警察権“policing power”を含むとするほか、その拡がりは、社会福祉国家的立法にまで及ぶ、とする考えもある。この問題では2点を指摘できる。①I、8(1)本文は、議会の課税権に絡めたgeneral welfareを問題にしていることと、②それが、議会の立法権の意味を補う（拡げる）意味では、かなりの拡がりを持つようになった通商条文Commerce Clauseと競合しうること、である[186]。

連邦による直接税は、人口比例によるべきことのほか（I、9(4))、間

184　例としてProvidence & N. Y. S. S. Co. v. Hill Mfg Co., 109 U.S. 578 (1883).がある。荷主が、ProvidenceからNew Yorkまでの輸送で積荷に生じた損害金を請求したケースで、船主は、州法とは別に船主の責任を限定する1851年の連邦法を援用したのに対し、荷主がその連邦法の効力を争ったが、連邦法は有効とされた。連邦法が同一の問題に関する州法に優先することも確認されたといえる。

185　O'Malley v. Woodrough, 307 U.S. 277 (1939)では、連邦判事の俸給に対する課税も、同人が憲法上で有する報酬の保障規定（III、1）に反しないとされた。

接税であっても、合衆国全体としての共通ルールによるとの一般的な課税原則をも述べている[187]。上記の人口比例と、一律要件に関しては、"Representatives and direct taxes shall be apportioned......"と、合衆国内を通して下院議員の選出と直接税とが同じ比率になるべきことが定められている（Ⅰ、2(3)）。この要件は、平等理念をそのままルールにしたようなものであるが、数学的に厳密に守ることは実際上、困難となる。この要件を充たさない連邦所得税が違憲とされた先例を受けて[188]、修正ⅩⅥが加えられた（1913年）[189]。

(b)第2は、合衆国の信用による借金に係る立法である（同(2)）[190]。原案には"To borrow Money"の後、"on the credit of the United States"の前に"emit Bills"の句があったが、制憲会議の討議を経て最後に削除された（今は、各州による立法禁止規定として、Ⅰ、10(1)中に、"emit Bills of Credit"がある）。合衆国の信用による借金が革命戦争後に必要となり、問題となったのは、南北戦争時である（第6章1.(2)(ヘ)(e)）。その際に制定された法律の1つ、Legal Tender Act（後出）の下、合衆国政府が、財務省証券（Treasury Bills）（国債）を出して、債務の支払に（legal tender として）充当することが、合憲とされた[191]。

186　この点での最初の先例といえる United States v. Butler, 297 U.S. 1, 65-67 (1936) では、本条は単に、taxes, duties などの課税権に関した立法権の意味で、「新たな列挙をしたものではない」、との Story 判事の解説を引いた上で、「Madison 式に、何らの別の立法権の根拠とならないというのなら、言葉のくり返えしに終って了う」として、Hamilton のいっていたように、列挙事項以外にも、立法権の根拠となるとした（ただし、"general" な目的のためであり、"local" な目的では駄目、であるとした）。しかし、その翌年の Helvering v. Davis, 301 U.S. 619 (1937) 事件では、"general" かどうかの判断に、連邦か州かによる区分ではないとして、より弾力的に、議会に委ねる方向に梶を切ったという（同事件は、1935年の Social Security Act の効力支持へとつながった）。

187　この一般的な課税原則は、修正ⅩⅥにより緩められたが、ほかに連邦議会による課税権の否定として、前述の各州の物品輸出に対する課税がある（Ⅰ、9(5)）。

188　Pollock v. Farmers' Loan & Trust Co., 157 U.S. 429 (1895).

189　修正ⅩⅥは、州への人口比率によることなく、かつ国政調査や項目を問題とすることなく、どのような源泉からでも、連邦所得税をとってよいことに改めた。

190　戦争中の植民州の信用による債券の濫発が、シェイズの反乱の引き金となったことを教訓としている（第3章2.(2)(ロ)）。

191　Knox v. Lee, 79 U.S. 457 (1871).

第2編　連邦憲法、その成立過程、内容と、南北戦争前までの展開

(c)第3は、いわゆる通商条項（Commerce Clause）と呼ばれる、外国との通商、各州間での通商、インディアンとの通商に係る立法である（同(3)）。これまでに最も多く州と州との間で、また合衆国対各州間の力の配分の関係で、争われた条項である[192]。この通商条項とその下での先例については、後にも詳述するが、最高裁が州議会による立法を否定するのに、修正ⅩⅣを除き最も多く当て嵌てきた条文が、この通商条項とされている[193]。Commerce の意味につき一言すれば、何かが必ずしも、**物理的に州境を越える必要**はないとされている[194]。

(d)第4は、帰化（Naturalization）に係る法律、および破産関係（Bankruptcies）の法律について、合衆国を通して一律の立法であるべきことを定める（同(4)）。naturalization とは、「外国人（foreigner）を、自国民（native citizen）として採用し、それに特権を着せること」、という（clothing him with privileges）[195]。帰化も破産関係も、植民州時代は植民州以外に規律する主体がないから、合衆国になってからも、初めは植民州の実務・法理を引継いでいた。このため、連邦と州間で厄介な重複（法の衝突）の問題が、殊に連邦発足から暫くの時期は、特に生じがちであった（現在の倒産事件でも、各州のコモンローとしての倒産法〔insolvency law〕がなくなった訳ではないことは、実務に携っていて気が付く点である）。その中でも帰化に係る法律は、基本的に対外関係ということ

192　ここでの Commerce を regulate する law とは、私法（取引法）ではなく、関税その他の税法を含む規制法の意味である。前者（取引法）としての商法などは、19世紀を通してイギリスとの間の相互感化による併行的発展と、19世紀末近くからの国際化（統一西欧化）の影響が大きい（Friedman, p.189）。

193　1900年までに最高裁で否定的に判断されたケース約1400のうち、圧倒的多数が、同条文に触れる州の立法であった（Justia）。

194　Gibbons v. Ogden, 22 U.S. 1 (1824) では、代理人が航海（navigation）は、Commerce に当らないと主張したのに対し、Marshall は、港への出入港での不平等な扱いを禁じた条文（Ⅰ、9(6)）をも引用して、その主張を斥けた。

195　Boyd v. Nebraska ex rel. Thayer, 143 U.S. 135, 162 (1892). この件では、Boyd（後にNebraska 州知事にも選挙された）の父が10歳の時の1844年に、アイルランドから移民してきて、naturalization の手続きをとった筈であったが、その旨の証明書が発行されないままできた。数十年後に、息子の Boyd の当選を争う口述人 Thayer を、Boyd がオハイオ州で訴えた。

で、合衆国の主権に係ることから、連邦成立後は性質上も連邦の専権問題とされ、議会も早くに立法をしている[196]。

(e)第5は、いわゆる通貨主権（外国通貨の価値決定も含む）に係る、また度量衡に係る、立法である（同(5)）。

(f)第6は、合衆国の通貨や証券についての偽造処罰法などの立法である（同(6)）。これらも、革命戦争中の苦い経験（連合による紙幣の濫発）に基づいている（前出）。ここでの通貨主権（合衆国の通貨や証券偽造処罰法などの立法）の意味は、上記のようにアメリカ合衆国通貨のすべての面で、中央に広く立法権があることを意味している。具体的には、①銀行設立に免許を与え、紙幣発行権を与える。②その他のルートで紙幣が発行されることを、すべて禁止する、効力をもつ[197]。

これらの権能は、第1と第2で列挙された課税や財政に係る立法権と綜合して、一国の財政運営上で必要・不可欠なワンセットの権能と考えられる。この絡みで最高裁は、財務省証券（Treasury Bills）（いわゆる国債）による債務の（支払）充当を正当としている[198]。そこで浮上したのが（大恐慌時の）議会の決議による金兌換停止措置により財務省証券中に金約款を定めた政策との間で矛盾が露出されたことであった[199]。最高裁は、一方で、議会が一方的に金約款を無効とする決議をしたのは、違憲であるとしつつ、原告が実際に被った損害金を超える請求をすることは、否定できる（原告が海外での金相場による損害金を主張することはできない）とした[200]。

(g)第7は、郵便局および郵便（馬車）道の設置（……to establish Post Offices and Post Roads）に係る立法権である（同(7)）。当時としては、

196　The First Naturalization Act of 1790 (8 U.S.C. § 1421). ただ、かつての植民州の手続を引継ぐ形が多い。

197　最高裁は、①については、McCulloch v. Maryland, 17 U.S.316 (1819)で、また②については、Veazie Bank v. Fenno, 75 U.S. 533 (1869) で、述べている。

198　Legal Tender Cases (前注191 Knox v. Lee) については第6章注130も参照。

199　合衆国政府は、1933年6月5日の上、下院による決議で、いわゆる金約款（gold clause）を無効化した。

277

第2編　連邦憲法、その成立過程、内容と、南北戦争前までの展開

最も迅速で信頼のおける通信・交通の手段であった。

(h)第8は、著者や発明家へ一定期間の特権を与え (……by securing for limited Times to Authors and Inventors the exclusive Right to…… Writings and Discoveries)、科学や有益な芸術を発展させるための立法である (同(8)) (アメリカが建国の初めから西欧社会に比べ識字率が高く、その後も教育に力を入れてきたことと、1人当り所得でも西欧社会より高かったこともあり、高い識字率をずっと維持したまま近代を経てきたこと、その結果、19世紀末から20世紀初にかけての進歩主義 (Progressivism) の思潮の隆盛や、世界に抜きん出た科学技術 (発明) の進歩があったことにつき、第7章1.(1)(イ)など参照)。

本条は、今のアメリカ合衆国特許法と著作権法を基礎づける。その由来は、いずれもイギリス国会の立法に遡り、合衆国憲法より古い[201]。ただし、イギリスの特許法と著作権法の源が議会と王の特権にあるのに対し[202]、アメリカでの特許法と著作権法は、憲法が議会に与えた権限により、法律レベルで (主題と年限を決定して) 所管庁に権限を付与したものといえる。

200　Perry v. United States, 294 U.S. 330, 353 (1935) では、財務省証券中に "……gold coin of the present standard of value" なる表示がある。本判決は結論として、同決議は違憲であり、財務省証券発行の権能があるからといって、議会が合衆国がした取引上での約束、金約款を破ることはできないとした。その他、次のような目に付く判示をしている。
　①「通貨価値を決める権限がある」、と憲法に書いてあるからといって、同じく書いてある、「国債発行により借入債務を負うことができる」との規定を損う立法権限は、議会にはない (at 331, 350)。
　②Ⅰ、8(2)でいう「合衆国の信用で、借入れができる」は、**人民の信用**を担保しているのであり、借入条件を破ることは、人民の信用に係り、議会に与えられた権限を踰越する (at 351)。
　③合衆国が、憲法の下での取引のための契約を締結する時は、人民が契約するのと同じ、契約上の権利と義務を負うことになる (at 352)。そうした、拘束力ある義務を負うことができるのも、主権者だからである (at 353)。
　④合衆国が、「その同意なしに手続上訴えられない」、というのと、**契約上の拘束力**とは別物である (at 354)。修正ⅩⅣ、4の言葉 "validity of the public debt of the United States……shall not be questioned" は、こうした法理を単に確認したに過ぎない。
201　特許権については Statute of Monopolies of 1624 に、また著作権については English Statute of 1710 に遡る。
202　前注中のイギリス法が、いずれもイギリス国会の制定法であることの説明として、独占権を与えられるのは王だけだが、その王の特権 (prerogatives) を削って、イギリス国会に付与したものいう解釈によるという。

第 4 章　成立した連邦憲法の内容―三權分立と相互作用の骨格―

建国当時から科学重視で発明が盛んであったアメリカで、最初の法律として
てワシントンがサインしたのが Patent Act of 1790 であった[203]。以上の理
由から、アメリカでの特許権や著作権の争いでは憲法問題が付いて回るこ
とがある[204]。前注事件では、Copyright Term Extension Act of 1998 の
下での延長が争われた[205]。

　もう 1 つ、本条でよく争われるのが、州法との絡みである。州法上の同
種の権利との関係であり、その権利に州の主権〔法律管理権〕が及ぶこと
との関係である（A 州内に存在する物には、A 州の主権（法律管理権）
が及ぶのと同じように、A 州内に存在する著作権や A 州内の特許権にも、
A 州の主権が及ぶというもの）。それらの財産権が、仮に連邦の特許法や
著作権法の下で生じていたとしても、その移転の成否を決める法律は、
「A 州法である」、との基本ルールが働くことである。

　(i)第 9 は、下級裁判所の設置（constitute）立法であり、3. で後述す
る[206]（同(9)）。

　(j)第 10 は、海賊、公海上での重罪および**万民法**に反する犯行を定め、
それらを罰する（To define and punish Piracies and Felonies......on the

---

203　更に Patent Act of 1836 により、特許庁 Patent Office を創設した。1836 年～2011 年ま
　　での間に、その特許庁（その後の名称は United State Patent and Trade Mark Office
　　〔USPTO〕）は、786 万 1317 件の特許権を認めてきた。
204　Eldred v. Ashcroft, 537 U.S. 186, 205 (2003) では、原告は、この死後 70 年の延長につい
　　て、憲法の言葉 limited times に反することになるになりとして、"perpetual copyright"
　　（著作権延長法）が、憲法の言葉 "limited Times" に反するほか、修正 I の**表現の自由**に
　　も反するとして争った。判決は、著作権を著作権者の死後 70 年に延ばしたことは、議会に
　　与えられた立法権の範囲内であるとした（原告は、limited Times との絡みで、特に、将来
　　の Copyright だけでなく、既存の Copyright についても延長したことを問題にしていた）。
205　この延長法は、Sonny Bono Copyright Term Extension Act とも呼ばれる。元の合衆
　　国法は、ベルヌ条約、Berne Convention for the Protection of Literary and Artistic
　　Works と同じ、生涯プラス 50 年であった。なお、著作権（Copyright）の期間延長は、
　　1831、1909 および 1976 年にも行われている。
206　III. 1 の法文 "......ordain and establish" の "ordain" の意味には、個々の裁判所を創設
　　することのほか、地区裁判所制度や控訴裁判所制度などを「制度として創設する」という全
　　体的な意味が含まれよう。ストーリ（Joseph Story）判事は、Martin v. Hunter's Lessee
　　事件（後出）で、制度を創設することを連邦議会の義務として（......mandatory upon the
　　legislature......）、捉えている（Wright, *op. cit*. p.38）。

high Seas, ……Offences against the Law of Nations）立法である（同
⑽）。18 世紀世界で、**万民法**に反する犯行に対し（それも、**憲法中で**）刑
罰を定めたのは、異例といってよい[207]。ここでの犯行（Offences）の範囲
は、憲法が連邦裁判所の管轄とした、いわゆる海事法（admiralty and
maritime law）と深く係る（なお、admiralty and maritime law が及ぶ
べき物理的範囲と、それがイギリスコモンローとは異なる展開を遂げたこ
とにつき第 5 章一.1.(1)(ロ)、注 17 参照）。

　制憲会議では、この法文中の言葉 "felonies" と、"the Law of
Nations" が、十分明確でないとされたが[208]、「連邦議会ができてから、
その意味を明確にする」との了解の下で、承認された[209]。本文は、憲法中
で唯一、域外行為（extra-territorial conduct）を対象として合衆国の刑
事司法権を認めているが、"Offence" 以下には、"on the high Seas" が
係らないことから、憲法が、連邦司法に一般的に与えている海事法
（admiralty and maritime）の管轄権（Ⅲ、2）が、「公海でない海洋上の
行為などにも及ぶのか」、が問題となった。これを「及ばない」、としてい
た下級審の考えを否定して最高裁は、他国の水域内で起きたケースで、
piracies や felonies に至らない問題であっても、合衆国の刑事司法権が
及ぶとした[210]。

　(k)第 11 は、戦争の宣言（To declare War……）、私略船（前出）の免状

207　1776 年、アメリカが、イギリスほかのヨーロッパに向って自らの独立を宣言するには、
　　宣言文とともに、その憲法を示し、かつ条約を結べる外交上の知恵と能力を示す必要があっ
　　た（第 2 章 1.(2)(ル)）。このような経緯から、アメリカには、建国の初めからヨーロッパ世界
　　の共通ルール、諸国民の法や慣行を尊重する気風があった。
208　Farrand 記録。168.182。司法部門についての定めのない連合憲章でも、公海上の fel-
　　onies と "piracies" に対しては、連合議会（Congress）が法廷を設けて裁くとの定めがあ
　　った（Ⅸ、(1)）。
209　この了解を受けて立法された連邦法の定義が明確でないと争われたケースで、最高裁は、
　　十分明確であると判示している。United States v. Smith, 18 U.S. 153, 160 (1820)。その中
　　で、1819 年法でいう piracies の定義は、「law of nations によりかなり明確にとらえられて
　　いる」、とした。当時、スペインと交戦状態にあったブエノス・アイレス国の Smith らほか
　　が、乗船していた船につき、piracies の該当行為があったとした。
210　United States v. Flores, 289 U.S. 137, 149-150 (1933).

授与（……grant letters of Marque and Reprisal……）、陸海での捕獲（……Captures on Land and Water）に係る立法である（同(11)）。「戦争の宣言」については、前(2)(ハ)(c)でも触れたし、「戦争遂行権」として第8章2.(3)(イ)でも述べる。"declare war" という文句は、原案では初め "make war" という言葉であり、またその権限も、(i)議会ではなく大統領に与える案、(ii)大統領と上、下院に与える案、(iii)大統領と（下院では人数が多過ぎるからと）上院に与える案、などが出されていた。史実に徴しても、戦争は事実先行型で行われることが多く（なお、この点に深く係る史実は、第6章、第7章中にかなり記載した）、上記の原案も、そのような現実を勘案したものであろう。現憲法も、大統領を陸海軍の総司令官（Commander-in-Chief）と定めている（II、2(1)）。

　事実先行型という性質を持出すことにより、憲法条文が曖昧化することの懸念は、かねてから存在した。Vietnam 戦争を受けて、War Powers Resolution（前注96）が、上、下両院の合同決議として出されたこと（Nixon 大統領により一旦 "veto" されたが、再議決により 1973 年 11 月 7 日に立法として成立している）[211]、9.11 事件を受けて合同決議 AUMF がなされたことについては、第8章2.(3)で記した。

　(1) 第12は、「陸軍を興し、維持すること」（……raise and support Armies）の立法である。ただし、militia ではなく、正規軍（armies, troops）であり、そのための費用は、2年を超える期間のものであってはならない（同(12)）。これも、連合前史中の数々の経験を踏まえている。戦争についての権限で、その憲政史からしてもう1つ見逃せないのは、合衆国には本来の常備軍（standing army）がないことである。兵士を集め、海軍を設け、維持するのは、連邦議会の立法がなければできない（I、

211　中心的問題の1つは、"to declare War" と、"to make War" との違いをどこまで強調するかである。War Powers Resolution の決議に当り議会は、憲法のI、8(11)とともに、必要かつ適切条項（I、8(18)）も強く援用した（McCullough, *op. cit.* p.100）。憲法が合衆国、そのいずれかの**部局や官に与えている権限**を行うために necessary and proper な立法をすることの権限をも与えている、と理由付けている。

第 2 編　連邦憲法、その成立過程、内容と、南北戦争前までの展開

8(12)、(13))。この憲法条文は、制憲会議での 2 つの考えの妥協として設けられた。 1 つは、制憲会議のメンバー中に広く共有されていた認識で、連邦常備軍は、人民の自由と各州の主権に対する耐え難い脅威になるとの考えである。他方は、外国からの侵略に備えるのに、十分な訓練の機会もない臨時の兵士だけでは、「合衆国として危険」との考えである。

　国防省がミネソタ州民から成る連邦予備隊（National Guard）の訓練を海外で行おうとしたのに対し、同州知事 Perpich が国防省を訴えたケースで、最高裁は、「憲法 I 、8 全体を解釈して、連邦議会は州知事の同意なしに、また全国的危機宣言が出されなくても、大統領に授権して海外での予備隊の訓練を行えるよう立法することができる」とした[212]。こうした外国からの侵略に備えるための活動には、そのための予算が不可欠である。憲法は、この 2 つを一文に結び付けて、連邦議会に授権している（ I 、8 (1)）[213]。

　(m)第 13 は、海軍を創設し、維持することの立法である（同(13)）。なお、革命戦争では John Adams が、アメリカに初めての海軍（委員会）を設けることに決定的に働いた[214]。

　(n)第 14 は、陸軍と海軍の統率と規律のルールを作ることの立法である（同(14)）。本章（ I 、8）の上記第(11)～(14)は共通して、一国の**交戦権**の形と実体に係る。一国の交戦権については、これを憲法上の権利と見るか、主権国家としての内在的権利で、憲法以前のものと見るか、の区別がありうる。それとは別に、憲法が交戦権を連邦に与えていることと、植民州から州となった国家主権との関係が説明される必要があるところ、合衆国の交戦権が 13 の植民州から由来（継承）したものではなく、連邦（その前者である連合）が、イギリスとの戦争により直接取得したと説明する考えが

212　Perpich v. Dept. of Defense, 496 U.S. 334, 340 (1990).
213　……power to lay and collect taxes……provide for common defense……of the United States. なお、こうした国防予算を最長 2 年以内としている（ I 、8(12)）。
214　1775 年末には John Adams が軍事委員長をしている連合議会が 13 隻のフリゲート艦の建造の立法を承認した（McCullough, p.100）。

ある[215]。

(o)第 15 と第 16 は、いずれも**ミリシア**（militia）に係る。史実と州と連邦との関係に係るため、前(2)(ハ)(g)でも記述した。うち、第 15 は、**連合の法律**（Law of the Union）を執行し内乱を抑制し、かつ侵入に反撃するための**ミリシア**（militia）召集についての立法である（同(15)）（ここでの、**連合**〔Union〕とは、合衆国のことである）。

(p)第 16 は、militia を組織し武装し教育・訓練し、かつ連邦の軍役につく者に、指示をするための立法である[216]（ただし、**士官**〔officer〕を選任し、連邦の定める軍訓に沿って、militia の**訓練**を行う力を持っているのは、州である）（同(16)）。Militia の制度は、150 年間の植民州時代から更に遡って、イギリスのコモンローとして存在していた。その歴史から、この第 15、第 16 のように、連邦と州の共管を窺わせる定めになっている。軍規・軍訓を定めるのは連邦で、州は、その軍規・軍訓に沿った兵の訓練権を分有すると区別されているが、先例は、連邦と州が互いに交叉して入り込む形で、連邦と州が両方とも、できるとしている。ウィスキー反乱（Whisky Rebellion）（1794）の際、これらの条文の下で議会が立法し、大統領への授権により大統領が militia を召集したのが、最初の実績といえる[217]。

(q)第 17 は、次に係る一切のことについて連邦議会が、その立法権を有

215　United States v. Curtiss-Wright Corp., 299 U.S. 304 (1936) では、議会の上、下院の決議により、大統領に授権されてできた大統領令（南アフリカへの武器禁輸命令）に Curtiss-Wright Corp.が違反したことで争われた。具体的な禁輸措置を、議会がどこまで授権できるのか、性質上授権不可 non-delegable ではないか、とも議論される。このような交戦権につき論ずる中で、Sutherland 判事は、本文のような、"......foreign affairs power......transmitted immediately from Great Britain to the united colonies as an essential element of nationhood......" としている。
216　連邦直属の指揮下の、連邦 militia は、National Guard と呼ばれ、平時は予備役兵（reserve）とも呼ばれる。National Guard 用の militia として召集される地域は、50 州のほかワシントン D.C.、Puerto Rico、Guam、United States Virgin Island である。
217　その法律が、今の 10 U.S.C. § 332 である。また、大統領による召集に従わなかったミリシアが 1 人いて、連邦の指令を争った。Houston v. Moore, 18 U.S. 1 (1820) 事件である（権力分立の問題として第 8 章参照）。

第 2 編　連邦憲法、その成立過程、内容と、南北戦争前までの展開

するとする（同(17)）。先ず、特定の州からの譲与があって、連邦議会がその譲与を受納することにより、そこに、**政府の座**が置かれることになる。その 10 マイル四方以下の**地区**[218]（……exclusive Legislation……over such District…….as may become the Seat……）が上記の座（Seat）、主都ワシントンである。**そのためだけの立法**（exclusive Legislation）とは、**州ではないその地**に、その設計から建築に係る権限のほか、警察権など独自の行政権まで与え、州とは異る法域を設けることを意味する[219]。立法府に与えられた 18 項の限定立法権の最後から 1 つ手前にあるこの(17)が、新生国家アメリカの将来の首府になるべき、この連邦の直轄地（over such District……become the Seat of the Government……）についての定めである。この候補地を巡って、各州やその地区が競って手を挙げた。その候補地の数は、一時 16 を超すなど、余りの競争の激しさに、第 1 回連邦議会は、1790 年の第 3 会期中に何も決られずに会期を終た。それが、最終的にポトマック河畔の現在のワシントン・コロムビア地区（Washington D.C.）に決ったのは、この首府の座の問題と、戦時債の連邦政府引受法案の成立とを取引することで、ハミルトン（Hamilton）とマディソン（Madison）との間に妥協が成立したからにほかならない（"Anas" 中で彼が述べているとおり、ジェファーソンがセットして仲介した夕食会で妥協したからにほかならない〔第 5 章一.2.(1)(ロ)注 183、184〕）[220]。

　候補地が一旦決まると、使用開始日はまだ 10 年先と決められていたが、

218　会期が 3 回に分れた第 1 回連邦議会の 2 回目、1790 年の夏前からの会議では、この連邦の首都の座は、ニューヨーク（Federal Hall と呼ばれる建物）にあった。連邦体制も発足し、人口も独立宣言当時の 200 万余りから 400 万近くになっていた。その連邦の首都をどこにするか、13 州間で鋭く利害の対立する議題に上っていたとしても不思議ではない。この巨大な物的・精神的な利害が絡む問題を巡って、主要州が三つ巴で、かつてのフィラデルフィア、現在のニューヨーク、第 3 の土地を主張して、それぞれ鎬を削っていた。戦争中の連合の負債処理（連邦債の発行と引受）問題と、この連邦の首都問題を絡めたのが、よく知られたジェファーソン・ハミルトン取引である。

219　連合の時代、連合政府による給料などの遅配に怒った軍人らが、連合の議会に押しかけて議員らを罵倒したが、植民州当局も、フィラデルフィア市当局も、何もしなかったことで、議員らが恐慌したことがある。

第4章　成立した連邦憲法の内容—三権分立と相互作用の骨格—

早速ジェファーソンが建設計画に熱を入れ出した。憲法の法文は、「すべての場合に、議会が唯一そのことで立法できる……」としているが、この憲法の言葉を受けて成立した法律では「……すべて大統領が行う具体的な指示どおり……」と定めている[221]。次に、その他の場所（土地）がある。関係州の立法府の同意を得て購入するいくつかの場所（土地）であって、その土地の上に城砦、武器庫、造船所、その他の必須の建物が建つそのいくつかの場所についても、同じ権限が与えられている（第2句）[222]。

　(r)第18は、前記の諸権限を実施するため、またこの憲法が連邦政府に、そのいずれかの省庁、ないし役人に与えている諸権限を実施するため、**必要かつ適切な立法を行う権限**を定める（いわゆる**必要かつ適切条項**）(Necessary and Proper Clause) である（同⒅）（後出㊁）。

　(ﾊ)以上、列記した18項の中で、通商（州際取引）条文（Ⅰ、8⑶）くらい、司法審査に絡んで多く争われた条文はない[223]。単に、州法が、州最高裁の判決や連邦法の効力が、この条文の下で230年近くの間争われ（時に違憲・無効とされ）てきたというだけではない。同条文の解釈幅（議会に与えられたとされる権限の幅）が、次第に広がってきている。それも、実に色々な角度で争われた結果、バラエティ豊かな先例群が存在する。法廷以外に、論文でも熱い議論の対象となってきた。詳しくは、第8章「権力分立と司法審査の今」の3.(1)(ﾊ)などで述べるが、ここで示すのは、大

220　マディソンが、早くからポトマック川（Potomac River）縁を強力に推進していたことは有名で、その小柄な男の割の強さゆえに、"Big Knife" と綽名された。ジェファーソンとマディソンとは、ヴァージニア Virginia 州のポトマック川縁に決ったことで、ヴァージニアの覇権が示されたことを喜んだ（Ellis ②, Brothers, *op. cit.* p.73）。

221　1790年の Residence Act。議会に細目を任せると、またいつまでも纏まらないことを恐れたジェファーソンが法文にも注文をつけ、「すべて大統領……」のような言葉になるよう画策したからという（Ellis.②, *op. cit.* p.207）。

222　殆んどの国の法制と同じくアメリカでも、日本の法制とは異なり、不動産（権）は土地（権）であり、その上の一切の建物、構築物などの所有権は、土地権と別には存在し得ない。

223　1900年より前に同 Clause に係って最高裁に行ったケース約1400のうち、圧倒的多数は州議会による立法の効力に関するものであった（Justia.com は、E. Prentice & J. Eagan, The Commerce Clause of the Federal Constitution 14 (1898) を引用元として挙げている。なお、Tribe は、1887年〜1937年の半世紀で、最高裁が連邦議会による立法を通商条文違反としたケースは8件で、その後の期間は4件だとする（p.810 の f.n.8）。

285

まかなスケッチである。

(a)この Commerce Clause は、単なる憲法成立後の理論的問題であるだけでなく、独立前150年間の13植民州間で問題となったことを踏まえた、歴史的な意味があると考えられる[224]。そう考えると、同じく通商に絡んで、憲法がもう1ヶ所、別の条文で（Ⅰ、10(2)、(3)）、関税立法権を巡り、これを州権から除外し中央政府への分配と定めたのも、理由のあることといえる[225]。

この通商（州際取引）条文と司法審査との関係で先ずいえるのは、アメリカでも、①最高裁が、連邦議会の制定法を違憲・無効としたケースは少い一方、②州議会による制定法を違憲・無効としたケースはかなりあり、更に、③州最高裁の決定を取消したケースも少くない中で、州際取引条文に係るケースの割合いの高いことが目につく点がある。

(b)この Commerce Clause に係るケースと、その法学の歴史、更に、その広がり方は、（人によっても異るが）大きく、4、5の時代に分けうる。

①中央と州の力関係の**手探り時代**といってもよい、憲法成立から19世紀初頭まで（その中で、John Marshall が、最高法規性条文〔Supremacy Clause〕〔Ⅳ、2〕に魂を吹き込んだとされる）。

②次に、19世紀初期から同半ばにかけた、連邦問題（federal question）の中心的テーマ、海事法の管轄（admiralty jurisdiction）を拡げることに絡み、Commerce Clause の解釈が肯定的に利用された時期。

③その後、19世紀中頃から末近くまでは通商条文に係る先例、法学とも必ずしも活発ではなかった時期[226]（その間に人権問題、特に奴隷解放に

224　19世紀半ばにかけ、蒸気船の実用化の拡大とともに自州の水域とそこでの航行権（認可・監督権）などを巡って各州が激しく争った（Friedman はこれを "a kind of commercial war" と呼んでいる〔p.191〕）。ニューヨークとニュージャージー両州の（認可上の）航行権の争いを連邦政府が窘めた形になるのが、Gibbons v. Ogden, 22 U.S. 1 (1824) である。

225　Ⅰ、8(3)は、単に「中央が Commerce を規律（regulate）する……」とするのに対し、Ⅰ、10(2)は、連邦議会の同意なしには、どの州も輸出入への公課を賦課できないこと、またⅠ、10(3)は、屯税の賦課ができないこと、軍や軍艦を保持できないこと、またいかなる国交上の約束や戦争をすることもできないこと、を定める。

絡む修正ⅩⅢ～ⅩⅤがなされ、これを受けた連邦議会が上記の積極的な立法を行ったにも拘らず、先例と法学は、修正ⅩⅢ～ⅩⅤの下での連邦議会への授権を限定的に見ようとした）。いわゆる dual federalism の考え方が旺んだった時代（第8章3.(1)(二)）。

④20世紀の1940年代に近くなるまでは、いわゆる独禁法（Sherman Act）の立法によって、その行過ぎ是正が図られたことはあるが、19世紀アメリカ社会の合言葉ともなった**自由放任**（laissez faire）の風潮が先例の上で力を保ち続けた。この時期最高裁は、通商条文の射程を狭く捉え、「鉱業や製造業を commerce ではない」として、州による立法の自由を大幅に認めるような解釈も示した[227]。

⑤しかし、未曾有の大恐慌という事態で、20世紀前半の終りに近付くと、最高裁もそれまでの態度を大転換させ、連邦議会が、この通商条文の下で産業活動を広く制限することを容認し始めた[228]。これにより、dual federalism の考え方も縮められ、連邦議会は Commerce Clause の下で、広い経済・社会立法権を有するとされた（後出）[229]。

(c)通商権を巡っては古くから各州間で、また連邦と州との間で激しく争われてきた。そのうち、Commerce Clause について外国との通商についての最高裁の解釈をベースに、**黙示の通商条文**（dormant Commerce Clause）という言葉がいわれている。つまり、州が外国貿易に関するような何らかの立法をすることは、連邦議会による通商条文の下での特定の

226　Kidd v. Pearson, 128 U.S. 1 (1888) では、Commerce Clause の下での立法権の範囲について、製造（manufacture）と、Commerce とは別だとし、州法が前者について定めることが Commerce Clause の下で違反とはいえない（アルコールの製造を禁止していた Iowa 州法を合憲）とした。

227　この代表例として、United States v. E.C. Knight Co., 156 U.S. 16 (1895) がある（後出）。

228　この第4期を、その前の第3期から分る分水嶺として NLRB v. Jones & Laughlin Steel Corp., 301 U.S. 1 (1937) が挙げられる。そこでは、複雑な行程により物品を製造し、それを多州に跨り販売している会社の労使関係は、もし労使対立が激しくなれば、全国的影響が生じうるから、これを通商条文により規律し、労働条件を押えている州法を上廻る立法をすることは、連邦議会の権能の1つといえる、としている。

229　Tribe は、それらの経済・社会立法権で、連邦議会に「白紙委任状（carte branche）を与えた」、と述べている（p.863）。

第2編　連邦憲法、その成立過程、内容と、南北戦争前までの展開

立法文言を待つまでもなく、制限されうる、との考え方である[230]。

　同条のいう「外国との、……また州際取引およびインディアンとの通商……についての立法権」のうちの、**外国との通商**（commerce with foreign nations……）の意味は広く捉えられている。取引行程のいずれかの段階で、法域外取引（……at some stage of……progress extraterritorial）があれば、外国との通商に当ると解釈されている[231]。

　(d)最高裁による**黙示の通商条文**的解釈による州に対する立法禁止は、州による立法禁止条文Ⅰ、10(3)で定める外国貿易は勿論、明文で禁止を定めていない**州際取引**（Interstate Commerce）にも及ぶかに見える。一例として挙げられるのが、州際取引について、州が障壁（barriers）を設ける（立法をする）ことの禁止である。州による州際取引の制約立法は、表面上、その旨の制限文言が書かれていなくても、実質的に「負担を課すものである時」は、現に、禁止されうるとしている[232]。第2の例、次注のBendix Autolite では、同州内に所在するか、州内代理人を定めているかしなければ、オハイオ州の**時効法が定める中断ルールが働かない**、とする点で同州法は差別的であり、州際取引を妨げるとされた[233]。**眠れる州際取引条項**（dormant Interstate Commerce Clause）とされるこうした解釈は、確かに、初期の（John Marshall 時代の）解釈（たとえば、Gibbons v. Ogden）よりも拡がっている。

　この州際取引条文（Interstate Clause）が、中央と州との力関係という

230　その考え方の始まりを、Sturges v. Crowninshield, 17 U.S. 122 (1819) に見られるとし、それ以来、140 年間変らないとする考え方がある（Tribe, p.1030）。そこでは、外国貿易の問題ではなかったが、ニューヨーク州が破産法を立法したことに対し、「連邦議会に対する付与の内容か性質が、その立法権を連邦議会に専属的に与えたものと解されるようなときには、憲法は、州による立法を禁じる文言を定めていなくても、禁じたと同じに解釈される……」と判示している。

231　Veazie v. Moor, 55 U.S. 568, 573 (1852).

232　Dennis v. Higgins, 498 U.S. 439, 446 (1991)。州際取引（Interstate Commerce）を連邦が中心になって規律することは、憲法が定めた連邦組織の内在的要請であるからと、その理由を述べている。

233　Bendix Autolite Corp. v. Midwesco Enterprises, Inc., 486 U.S. 888, 891 (1988).

文脈でもクローズアップされる中で、先例主義だけでは、その拡大範囲にも限度がある（最高裁も屡々、「ここから先は、立法を待つしかない」、式のことを述べている。なお、Commerce Clause 中でも "police power" を区別し、これを州権の範囲とする考えや、関連して 3 つの分析手法があることにつき、第 8 章 3.(1)(ハ)、(ニ)参照）。前述のように、19 世紀末近くには連邦議会による連邦制定法をベースに州際取引への連邦の関与・規制が強まった。州際取引法（Interstate Commerce Act cf 1887）[234]や、独禁法（Sherman Anti-Trust Act of 1890）である。ただ、最高裁はむしろ反対に、19 世紀を貫いてきた**自由主義（laissez faire）**の流れに立ち、こうした規制に同調せず、拡大歩調はとっていない。

(ニ) 18 項のうちもう 1 つ、多くの先例法が存在するのが、**必要かつ適切条項**（Ⅰ、8(18)）である。同条項の法文から明らかなのは、この**必要かつ適切**（necessary and proper）が、①連邦議会による立法権に係る前Ⅰ、8(1)〜(17)の各項（限定列挙立法権）のみならず、②憲法が連邦政府（その三権）に与えたその他の権限、の 2 つにかかることである（"government of the United States or......any department or officer......" と広い）。

(a)存在する先例法は、これを大きく 2 つに分けることができる。(i)本条項がなくても、法律や（憲法）解釈として**必要かつ適切な範囲**内ならば、上記の①、②ともに適用されるのは当然であり、新しい意味はないとの考えに立つもの[235]。(ii)その考えを疑問だとし、これだけ争われる法文なら、

234　Interstate Commerce Act は、19 世紀後半の企業の巨大化、殊に州際鉄道の発達、巨大化と、その運賃約款などに対する農村や地方をはじめとする社会の広い範囲での反撥を受けた立法である。苦情の声が高まる中、議会は動かなかったが、1886 年の次の事件での最高裁の判示を受け、立法に踏み切った。Wabash, St. Louis & Pacific Railway Co. v. Illinois, 118 U.S. 557 (1886)。同法はまた、最初の合衆国の規制機関としての Interstate Commerce Commission（ICC）を設けた。州際に跨る鉄道での苦情につき準司法的機能を果した。1903 年に Dept. of Commerce and Labor が作られ、また 1995 年には Interstate Commerce Commission Termination Act により ICC は廃止され、Dept.内の Surface Transportation Bureau となった。

235　Tribe は、マディソン（Madison）がフェデラリスト誌（Federalist No.44）に書いた同旨の論評を引用しつつも、黙示の含意に比べ、明文があることのプラスの意味を指摘している（Tribe, p.798）。

「もっと明確な言葉にすべきであった」、という意見。確かに、「必要かつ適切」の必要だけをとっても、**絶対的に必要・不可欠**の意味もあれば、**有益で必要なこともある**、という風に幅がありうる。目的論的考え方一本槍では、法文の外延を、どこかに定めねばならない、との要請が生じるが、それだけでは、基準が不足する場合がある。その絡みでは、修正Xの言葉も重い[236]。1ついえるのは、州権と中央政府とが、互いに相手との間で権限を争う上で、主として中央政府側が、本条項Ⅰ、8(18)を**自分の土俵**としてきたという点である[237]。

　実際、この必要かつ適切条文を巡っては、2人の政敵間で論争が暫くの間行われたばかりか[238]、その後の最高裁でも、いくつも争われた。論争では、ジェファーソンが、**必要**の意味を真に個別の立法が**不可欠なことを意味する**として、連邦議会による銀行設立が違憲であるとしたのに対し、銀行設立を推進したハミルトンは、この意味を、「個別の立法目的の実現にとって自然の関係（……natural relation……）にあること」、でよいと主張していた（法案に反対したのは、有力下院議員の Madison であった）[239]。

236　ピストルをハイスクールに持込んだ Lopez の行為が、議会による立法 Gun-Free School Zones Act of 1990 に反するかが争われた（先ほど見た）事件（United States v. Lopez）でも、判決理由（「Commerce には、殆んどすべての経済活動が必然的に入ってくるが、しかし、すべての活動〔all activities〕ではない」）の後半部分に修正Xを引き寄せて、同法を違憲としたものとして参照されよう。

237　そこでは Tribe は、McCulloch v. Maryland, 17 U.S. 316 (1819) でのジョン・マーシャル（John Marshall）の言葉を引用している。「その目的が適法で、かつ憲法の範囲内であれば、明らかにその目的に適い、禁じられていなくて、憲法の言葉と精神に則したものならば、すべての手段は是認されうる……」(Let the end be legitimate, let it be within the scope of the constitution, ……all means……are constitutional)（*op. cit.* p.80）。

238　2人の政敵間での論争とは、ワシントン（Washington）内閣の国務長官ジェファーソン（Jefferson）（1793年末に辞任した）と同じ党派の Madison に対する、財務長官ハミルトン（Hamilton）による論争である。論争（issue）の代表としては、（1790年にハミルトンから議案が提出された）第一国法銀行（First Bank of the United States）を巡ってのものがある（議会は、1791年2月25日に免許を与えた）。

239　ジェファーソンの国務長官時代などの書簡等の記録を中心として、彼が纏めた記録 Anas では（前出）、戦時中の州債の償還が、ニューイングランド諸州より遥かに進んでいた南部諸州が、連邦からの脱退もほのめかして、反対していた戦時債の償還で、ハミルトンのいる与党と、マディソンによって代表される南部諸州が、議会を真二つに割って争っていたのを、ジェファーソンが幹旋して妥協が成立したとしている。

(b)１ついえるのは、州権と中央政府とが、相手との間で互いに権限を争う上で、中央政府側が主として、本条を**自分の土俵**としてきたという点である。そこでは必要・不可欠の意味は、最高裁によって有権的に注237記のように解釈された。結論としてジョン・マーシャル長官は、ハミルトンによる第一国法銀行（First Bank of the United States）設立は有効であるとしている。これは、「目的適合的な条件の下で、具体的にどの方法（means）をとるかは、立法府の本来の裁量範囲であるから、司法が立入るべきではない」とする彼の基本的立場につながる。

　(ホ)Ⅰ、8の立法権授権条文のように纏まってはいないが、このほかにも、その数が余り多くないものの、原憲法が連邦の立法府に与えた明示の権限がある。立法権以外に憲法が立法府に与えた権限とは？　Tribe が挙げているのは、憲法が司法部に与えた権限、具体的には海事法（admiralty and maritime）の権限についての議会による立法である（Ⅲ、2(1)）。その下での連邦法は、憲法の範囲内とされる（政治的にイギリスから独立したアメリカは、その後、19世紀前半を通して、交通の進歩などもあり、法的、特に商事〔取引〕法的には、イギリスとの相互関係を却って深めるが、海事法の範囲では、イギリス・コモンローとの違いを際立たせ、意識させることとなった）。

　このほかの連邦議会への授権例としては、事柄の性質そのものが、各州の権限というより、中央の問題（それが、立法府の分野か、行政府のそれかは不分明としても）といえるような、たとえば「アメリカ全体の記念行事」に係るような事柄の立法が含まれよう。これに関しては、Ⅳ、3(2)でいう "……make all needful rules……" も根拠となりうる。

第2編　連邦憲法、その成立過程、内容と、南北戦争前までの展開

2.　大統領（行政府）

(1)選挙人団による選出

　(イ) **21世紀アメリカの大統領**、のイメージで考えてはいけない[240]。「大統領」という言葉を聞いて、現代の人々が想像する姿と、制憲会議や第1回連邦議会当時、人々（作成者を含む）がイメージした姿との間には、大きなズレがある。既述のように、当時の世界に存在したのは君主国のみであって（専横か、英明かの別はあるにせよ）、ヨーロッパ世界からは新生アメリカが「いつまで持つか？」といった懐疑の眼が向けられていた。ヨーロッパ社会だけではない。制憲会議の頃の新大陸でも、君主制に戻ることを1つの選択肢として、真面目な議論をしている人がいた（第3章）。

　そうかと思うと、憲法が成立し合衆国政府が発足したら、今度は、ワシントンの足下で国務長官であったジェファーソンが（新聞屋などを使って）政府を、ワシントンを、「君主主義……」、などと攻撃し出し、イギリスの「George, Ⅲ世王時代のような時代に戻ることの危険」、に対し警世の狼煙を上げていた[241]。

　(a)条文中の大統領の権限を定めた部分はうんと短く言葉少ない[242]（Ⅱ、2）。中でも、立法府の権限列挙主義（Ⅰ、8）との対比では[243]、例示的に

240　Friedman は、20世紀以降の連邦政府のウェイトが爆発的に増大したとする中で、（大統領について）「シーザーの呼名も決しておかしくない（……is not much out of place）」といっている（p.505）。

241　ジェファーソンが、彼の記録集 Anas の要約中で、革命戦争後の政界を、君主主義者と共和主義者とに区分し、「共和主義者の自分達がいなかったら、革命戦争後のアメリカの今日はなかっただろう」、としていたことにつき第3章 2.(2)(=)(b)参照。

242　ハミルトン（Alexander Hamilton）は、連邦議会の権限を定める言葉（Ⅰ）と、大統領の権限を定めるそれ（Ⅱ）、とを比較し、Ⅰでは "herein granted" と、権限が限定されているのに対し、herein granted の言葉がないⅡの下での大統領の権限は、その分、広がりうるとした上で、憲法全体から合理的に解釈してよいとしていた（Madison は反対に、両者の間に差はないと主張していた）。

292

定めたと見られる点が注目される[244]（II、2(1)～(3)）。それは兎も角、合衆国中央政府の執行機関の形を一人制の大統領という1人の人間にしようとの動議は、1787年6月1日にJames Wilsonから出され、制憲会議にかけられた。だが、初代大統領職に就いた1人の人間が、実際にそれをどう演じるか、脚本（憲法）は殆んど書かれていなかった[245]。ワシントンの当時「何事も最初が肝心」という諺がどういわれていたかは不明だが、彼のすることが、将来すべての前例となりうることは分っていた。そのワシントンも、制憲会議への出席者の1人として、今日の大統領の大きさを想像すらできていなかった。「立法権は議会に帰属する」といっても、実際問題として、立法提案の大半は行政府の長、大統領から発されるというのが、今日のアメリカでの現実である。

　制憲会議中の大統領についての討議が行われた日の、ワシントンと議場内の他の議員（作成者ら）との間柄を示すエピソード的なものは第3章でも触れた。執行機関の形をどうするか、殊にどう選任するかは、好奇心も手伝って、一番センセーショナルな問題であるだけでなく、誰もが関心を抱く事柄であることに違いはなかった。この点は、今も当時も当て嵌る[246]。Obama氏が大統領に選出された2008年以来、黒人層は政府に対しより多くの信頼を寄せるようになったとするGallupの調査結果がある[247]。

　(b)強い執行機関に対する根深い不信があるのに、ご当人のワシントンの目の前では、誰ひとり思い切った発言をする者はいなかった。にも拘らず、

243　Hamiltonは、I、1の言葉"All legistative……Powers herein granted……"と、はっきり断っている点からも、単にthe executive power……というII、1と比べると、同じく"shall be vested in"といっても、立法府への授権の方が、限定が強いと読みとる。

244　一方、その後のII、2、3の中では、主なもの（principal articles）のみを挙げたもので、限定ではないとする考えがある（Tribe, op. cit. p.633）。

245　憲法草案を検討する中で、行政府を「大統領の形」にしたことについては、ニューヨーク州の例がヒントを与えたとするものに"To the People of the State of New York"と題したHamiltonによるFederalist No.69がある。その中で彼は、大統領という一人の人間が、4年間政府の執行機関となるこの憲法に比肩するような憲法は、「世界のどこを探してもない」（1人の専権という意味では、イギリス王に似ているとしても、世襲ではないところが、決定的に違う）としつつ、ただニューヨーク州知事も、3年の任期中は、「1人だけの執行機関として専権を有する点で似ている」、と述べている。

第 2 編　連邦憲法、その成立過程、内容と、南北戦争前までの展開

議員らの議論だけは、ダラダラと繰り返されたため[248]、ワシントンご本人も無神経ではないから、随分と微妙な気持であったに違いない[249]。

　周りのアメリカ人が、王などの為政者に対しどんな固定観念を抱いてきたかもワシントンは十二分に理解していたこともあり、憲法の行政府条文中の大統領の**選任と罷免**に係る最終案（II、1(2)〜(5)）が、他との比較で

246　この数年のアメリカ社会の変動についての 2014 年 3 月 5 日放送の NPR、Gene Denby 記事を要約すると、
　(i)世論調査（public opinion survey）によると、黒人と Latino の方が、この国の未来に対し白人よりも希望を持ち楽観的になるという（……kept popping up）、これまでにない現象（unusual phenomenon）が見られる。
　(ii) 2014 年 1 月の Gallup 調査では、白人よりも有色人種の方が、未来を 2 倍バラ色に（……much rosier……）見ているという。これは、「客観的な経済指標（収入の変化）などでは、白人の伸びの方が大きい」という事実とは、正反対の主観的な現象である（殊に Latino の団体である National Council of La Raza の調査では、建設労働者の多い Latino が、このところの不況で、建設プロジェクトが減り続けているにも拘らず）。
　(iii) Harvard 大学の公衆衛生学教授 Robert Blendon（NPR、Robert Wood Johnson Foundation、Harvard School of Public Health の 3 者連合による別の調査を総括した人）は、個人的満足度（life satisfaction）が経済環境より高く出るのは、この種の調査でも多くあるが、今回の個人的満足度調査では、blacks と Latinos の楽観主義は、個人的満足度という個人面に限定されず、国全体の将来への楽観へと広がっているという。
　(iv) National Opinion Research Center の Jennifer Benz は、次のように説明している。「白人と黒人間の考え方の分れは、1987 年以来の大きさである。というより逆転した。今や、黒人の方が白人より 25 ％、より楽観的である。」
　(v)普通、この種の調査では、「あなたや、あなたの家族の社会的な成功のチャンスは？」と訊ね、その回答を基礎データとするが、今回は、ほかに「政府への信頼」についても尋ねたたところ、その回答でも楽観論が見られ、殊に、この政府への信頼の項で、黒人層の間では、2008 年以降高いレベルがずっと維持されている。
　(vi) Obama 大統領が政権に就く前の 2008 年 1 月には白人の多くが Gallup に対し、「国の行方に楽観的」と答えていたが、その 1 年後には 35 ％のみが、同じように応えたに過ぎない（白人が多い Republicans では、この率が 1/3 以下に下る）。
247　"Uninsured Rate Declining Most Among Blacks And Hispanics" の見出しで、sharpest declines among blacks and hispanics と報じている（gallup.com.June 5, 20014 by Jenna Levy）。
248　1 人制の大統領となれば、誰も余人の名を口にすることも、考えることもできなかったのに、誰一人敢えて、それを口にする者はいなかったと、Ellis の伝記は伝えている（Ellis ①, *op. cit.* p.179）。
249　8 月 19 日のヘンリー・ノックス宛のもので、言葉の表面では彼らしく曖昧だが、内心ではワシントンが一段と苛立ちを高めていたことが、その手紙から知りうる。「これだけ色んな考えが出されている今の時点では、これがベストなんでしょうネ……」。また、制憲会議の行方に並々ならない関心を抱いていた、革命戦争時のフランス貴族で、ボランティアとしてワシントンの副官をしていたラファイエット（Lafayette）から「会議について是非知らせて欲しい」と頼まれていたのに対しては、会議がすべて終った後でノックス宛と同じように書いている。「この問題では、私がとやかく言うことなどなく……、運命の子というしかありません……」。（*ditto*）

294

第4章 成立した連邦憲法の内容―三権分立と相互作用の骨格―

不均衡なほどの長文になったことも知っていた[250]。

　㈹制憲会議の議員ら（作成者）は、植民州時代の統治者（governor）
の大抵が、1、2年の任期しか与えられていなかったのと比べ、考えられ
ないような、この案の採択に踏み切った。中央政府・合衆国の執行機関に、
たった1人の人間を就けるというこの第Ⅱ章のことである。その権限規定
は大まかなのものでしかなかった上、1期4年は決っているものの、何回
までが限度、といった定めも全くなかった。

　先ず、その選任方法について見てみよう。この「選挙人」（electors）
の制度については、**時代遅れ**だとか、人民の意思を正しく反映できない恐
れがあり**不適切**だとか、色々いわれてきた。何よりも、投票自体が大統領
と副大統領の区別なしに行われていたため、争いが起き易かったことがあ
る[251]（後注260）。確かに、この点での憲法の規定には、ほかに余り例が
多くない特色がある。この種の批判は今に限らず、制憲会議の当時にも、
当日中にも、あった[252]。

　(a)その1つが、特定の選挙人団がグループとして固定化すると、中で陰
謀とまで行かなくても、取引や不正が行われるというものである。やはり
連邦と州の二元主義にも絡んでいよう[253]。インターネットどころか、電
話・電報や全国への即日配達網もなかった頃の南北2000キロにわたる13
州の話しであるから、選任方法は、基本的に各州任せにせざるを得ない。

250　制憲会議の議長をしていた時から、人々が大統領という言葉で何かにつけジョージ3世
　　をイメージしていることを彼は感じていた（Ellis ①, *op. cit.* p.189）。
251　この点は、修正ⅩⅡ（1804年）により修正された。この修正を、それまでアメリカの憲
　　法上で定めがなかった**政党**（political parties）を認めた条文であるとする考え方がある
　　（history.army.mil）。
252　憲法の作成者が結論として、この選挙人制度を受容れたことには、次のようなことが前
　　提にあったとされている。①選挙人の選出について、各州が似たような選挙区制度を採用
　　し、②被選挙人らが、取引をしない（「一方が、大統領、他方が副大統領となる」、との内輪
　　話しをするなど）、③これで、すんなり多数決をうる人が出ることの可能性は高くなく、④
　　結局、下院が決定することになるケースが多いのではないか。
253　その後、1790年の法律（前出の Residence Act）により Washington D.C. 特別地区が設
　　けられたのを受けて、1961年の修正ⅩⅩⅢにより、Washington D.C. についても選挙人制
　　度が法定された。

295

第2編　連邦憲法、その成立過程、内容と、南北戦争前までの展開

そんな 18 世紀末の話しである[254]。

　(b)独特な仕組みの第 1 として、各州それぞれの立法府が、その州に割当てられた連邦議会の**上、下両院の議員数と同数の選挙人**（elector）を選ぶ[255]（Ⅱ、1(1)）（連邦議会の下院議員数のその州への割当ては州の人口比で、奴隷が 3/5 人として算入されることは前出のとおり）[256]。この選挙人らが、各州毎に集り 2 人（うち 1 人は州外居住人）を選出し（当初は、大統領、副大統領の区別はなく、各選挙人らは、候補者 2 人の氏名を並記する定めであった）、選挙人らが、選挙結果を集計・記載して選出された 2 人の集計表を各人がサインにより証明して、中央政府・合衆国の上院議長へ送る[257]。

　(c)上院議長は、上、下両院議員の面前で証明文を開き、かつ各州投票を集計して全国的な集計を行う。その集計で最大数を得た人で、全選挙人らの過半数に達した人が大統領となる[258]。いずれの投票により決めるのでも、次点の人をもって副大統領とする。もし 2 人以上の人が同数で、かつ選挙人らの過半数の投票を得ている時は、下院が直ちに大統領となるべき人を選出する。この場合の下院の投票は、下院議員の全体数によるのではない。定数も過半数も、議員選出各州毎に 1 票として数えて決める（定数は 2/3 の州）（**連合憲章**の下での連合議会で行っていた各州による**議決方法**と同じである〔Ⅴ、3〕）。以上により選出が確定した大統領は、職務を行う前

254　たとえば、南部のジョージア州の人間は、ニューイングランドのマサチューセッツ州の人間の顔も見たことがなく、話しも聞いたことがない。選挙権の定めなどの選挙法は、今日でも基本的に州法マターである。

255　憲法の elector の言葉に変って、現在広く使われる electoral college という言葉になったのは、60 年近い後の 1845 年の連邦法 3 U.S.C. §4 によってである。

256　ただし、連邦の上、下両院の議員はいずれも、選挙民（elector）にはなり得ない（Ⅱ、1(2)）。

257　この時は、上、下院両院の Joint Session となり、副大統領（上院の議長）が議長となる（なお、もう 1 つの上、下院両院の Joint Session 開催の代表的な場合、大統領による State of the Union Address では、下院議長が議長役を務める慣例である）。

258　2012 年の選挙では、各州選挙人代表らが 11 月 6 日に行われた選挙結果から約 1 ヶ月後に一堂に会して、司祭の祈りで始る確認式が行われ、そこで確認された後、合衆国上院議長へ送られ、年明けの 1 月に院内で厳かにその集計表の認証式が行われた。

第4章　成立した連邦憲法の内容—三権分立と相互作用の骨格—

にTVでの就任式にも出てくるように、「憲法の定める言葉により宣誓」しなければならない[259]。

(d)いずれの投票により決めるのでも、次点の人をもって副大統領とする。そこに次点で同数の人が2人以上いれば、今度は上院が、投票により副大統領となる人を選出するとしていた（II、1(2)）。この大統領選挙に係る憲法条文は、その後の実務上の不都合などを踏まえて[260]、1804年改正の修正XIIにより副大統領となるべき人への投票を大統領への投票とは最初から別に行うことにした。

(e)以上のように憲法の作成者は、大統領を合衆国の執行者、副大統領をその補佐として設けることに決めた。副大統領は、憲法により上院議長職を兼ねる（I、3(3)）。副大統領の代行についても、上院が決する[261]（I、3(4)）。大統領は、一定の時に国からの報酬を受けるが、その金高は在任中増減されることがない（II、1(6)）。大統領と副大統領、その他の合衆国の文官（civil officers）は、陰謀その他一定の犯罪（Conviction of, Treason, Bribery, or other high Crimes and Misdemeanors）を理由とする弾劾により（on Impeachment）職を失う（II、4）（弾劾については第8章2.で詳説する）。

(ハ)情報伝播の質量が、18世紀末の当時と比較にならない今日において、以上の選挙人団による選出方法に対する批判が多いのは、当然ともいえる。しかし、この点の改訂は、27を数えるこれまでの修正憲法によっても実

259　II、1(8)の末文の次の言葉 "I do solemnly swear (or affirm) that I shall faithfully execute the Office of President of the United States, and will to the best of my Ability, preserve, protect and defend the Consitution of the United States." TVでの放映では普通、最高裁長官が司り、大統領は聖書に手を当てて誓うが、William McKinley が暗殺された時の T. Roosevelt のように、最高裁長官が間に合わない場合などでは、その他の人（連邦地裁判事）などが司ることや、聖書以外の本を用いた例もある。

260　1800年の選挙で下院の投票で、同じ党のジェファーソンとアーロン・バー（Aaron Burr）とが各73票ずつのタイになり、同党内の指名ではジェファーソンへの投票が多くなり、大統領になると予定されていたのに、反対党が、態とアーロン・バーを指名・投票したことが直接の原因である。

261　そこでいう臨時の大統領（President pro tempore）とは、副大統領の代行のことである。

297

現できていない（連邦での手続のほか、3/4 の州議会による批准という改憲手続の患らわしさに加え〔Ⅴ〕、各州憲法や選挙法を含む多くの法律の改正によらなければならないことがある）。選挙法が第一義的には州法である中で、連邦憲法は、大統領選挙のための選挙人（electors）選出について、「全国一斉の投票日を決定するのは、連邦議会の権限である」、としている（Ⅱ、1(3)）。

(2)大統領の権限と責任

(イ)憲法は、大統領の権限につき前述のように大まかなことしか定めない（Ⅱ、2とⅡ、3）。権限の列挙は次である。

(a)大統領は、合衆国の陸海軍の総司令官（......Commander in chief of the Army and Navy of the United States）および（実際に合衆国のため召集された）ミリシアの総司令官となる（and of the militia......, when called......)[262]（Ⅱ、2(1)）。また総司令官として合衆国の陸・海軍に対し各種の命令を出し指示を与えることができる（大統領令〔Executive Order〕となる)[263]。

ワシントンが1783年に**大陸軍**（Continental Army）をさっさと解散した後の連合は、丸腰状態に近かった。新生の連邦政府は略その状態のままスタートするかに見えたが、直前のシェイズの反乱（Shays' Rebellion）（1786年）や、その後1791年秋のインディアン・スワニ族などによるセント・クレール将軍（General St. Clair）部隊の全滅というショッキングな事件があり、常備軍 militia の必要性が強く感じられていた（その後、ウィスキー反乱〔1794〕も起こる）。

262　ハミルトン（Hamilton）は、このような軍の最高の位と権限を憲法が定めたのはイギリス国王に由来するが、国王の権限の前では色褪せて見えるという（Federalist No.69）。

263　2013年1月1日に、人々は奴隷解放宣言（Emancipation Proclamation）から150周年になることを記念して祝っていたが、アブラハム・リンカーン大統領は、この宣言を総司令官としての指揮権により本条の下で出したもので、本条でいうとおり、軍人、連邦政府職員以外に対しては働かないとされた（奴隷解放が法律となるのは、彼が暗殺された後の1865年の修正ⅩⅢが発効してからである）。

298

第4章　成立した連邦憲法の内容—三権分立と相互作用の骨格—

　これに対し前出のように、憲法の下で興せるのは2年間だけの正規軍であり、それも大統領ではなく、議会が興せるのであって（Ⅰ、8⑿）、大統領が「陸海軍と全州のミリシアの総司令官……」であると定めたものの（Ⅱ、2⑴）ミリシアを興す権限まであるとは書いていない。大統領には、その権限はないとの解釈が有力であった。そこで第2回連邦議会は、大統領が実際に召集権限を持てるよう立て続けに2つの立法を行った[264]。

　(b)軍の総統としての大統領の権限と**2人3脚の関係**で考えられるのが、議会による**宣戦布告の権限**である（Ⅰ、8⑾）。阿片戦争（Opium War）ではないが、事実は往々にして先行する（アメリカ自身の革命戦争にしてからが、レキシントン・コンコード〔Lexington Concord〕で1775年4月20日の早朝どちらが先に発砲したか確定できていない）。1分1秒を争う現代戦では、大統領が先に命令を下さなければならない場面もありうる[265]。この点で、ベトナム戦争などで、行政府が立法府の権限を侵したとする争いが1つならず生じている（第3者による訴えを含む）。司法は、これに身を乗り出そうとしない[266]。核の時代に「防衛的文脈」が、どこまで**先走り**を許すことになるのか、困難な問題である。もっとも、南北戦争が始ってから間もない事件では、北軍兵士による船の捕獲を「防衛的文脈での開戦例……」と捉え、僅差で合憲とした[267]。

　(c)大統領はどんな問題についても、主要な担当官（principal officer）から、その分担する職務に関して文書により意見を求めることができる一

264　Militia Acts of 1792. 第1法（5月2日付）は、シェイズを念頭に連邦軍としての組織法を、また第2法（5月8日付）は、各州ミリシアを念頭に置いたものであった（ウィスキー反乱の時に、同法の期限切れが迫っていたため、1795年の立法で、その恒久化を図っている）。

265　朝鮮戦争に見られたように、往々にして先行する事実の中で、Vietnam戦争では、上、下両院合同でWar Powers Resolution of 1973（50 U.S.C. §1541-1548）を立法した。Nixon大統領によるvetoを乗り越えて、成立する。しかし、その後も多くの大統領は同法を違憲として、これに従っていない。この法律違反に対し、議会も適切な処置を考えていない。

266　イラク戦争ではブッシュ大統領が議会による宣戦を経ずに開戦したことを咎めて、デラム下院議員ら54人が差止めを求めて訴え出たが、1審で政治問題であるとして、却下されている。Dellums v. Bush, 752 F. Supp. 1141 (1990).

299

第2編　連邦憲法、その成立過程、内容と、南北戦争前までの展開

方、それら担当官らによる合衆国に対する不始末について、赦免や猶予を
与えることができる（……grant Reprieves and Pardons for Offences……）
（II、2(1)）。赦免や猶予など、一般に**恩赦**と呼ばれている行為の大体は、
イギリス王の特権の1つとされている[268]。なお、権力分立の原則の中での
恩赦の問題につき第8章2.(2)(ロ)(a)と(ハ)(d)参照。

　(d)行政府の、つまり執行部の権限（executive power）についての憲法
条文は、前述のように、決して詳しくない（II）。たとえば、内閣をどう
組織するかは、一言も書いていない。初代大統領ワシントンが、4人の閣
僚の人選で大陸軍（Continental Army）でのコネに大きく依存したとし
ても、致し方ない[269]。人事や外交問題の処理（上院の同意と承認）の仕方、
「拒否権の行使は、どのようにするのか……」「国政についての報告の仕
方」等々、……立法府との相互作用でも、憲法は多くを定めていない。上
院の2/3の助言と同意を得て条約を締結することは書いてあるが、その具
体的やり方はどうするのか[270]。同じく、上院の助言と同意の上で、大公使、
領事、最高裁判事およびその他の（連邦憲法で他に定めない）主要な役職
者を任命するが（II、2、3）、具体的なことは法律によることになる。

　(e)関連して大統領は、外国の大公使などの接受も行う。ただし連邦議会

267　The Amy Warwick, 67 U.S.635 (1862)、そこでは、合衆国の封鎖令に反したとしてヴァ
ージニア州内のある河口付近で合衆国（北軍）の兵士が南軍側の船を捕獲した。捕獲された
4船（持主）の起こした訴えである。本件の場合、それが内戦であるという特殊性がどう働
くのかも考えねばならない。判決は先ず事件の特殊性を述べる。① Federal と States sov-
ereignties の co-existence、②人々が双方に忠誠義務（double allegiance）を負うこと
（どの政治家も弁護士もこれまで問題にしなかった問題）。その中で、大統領による封鎖宣言
（……proclamation……blockade）をどう考えるべきか。内乱や外敵侵入ならば大統領の権限
は明定されているが、州と連邦の間に果して "war" が存在しうるのか等。

268　United States v. Wilson, 32 U.S. 150, 160-1 (1833) での John Marshall の判示。

269　ただ、この大陸軍のコネへの依存に対する Jefferson の鋭い批判の目は the　Society of
Cincinnati（第3章注96）に対する批判とも重なり、フランスからワシントン宛に厳しく
こき下ろす手紙を送っている（Ellis ①, *op. cit*. p.159）。その中で Society が "……posed
even greater dangers than he had previously recognized," とか、"……was like a cancer
growing in the heart of the American republic……"、と書いている。

270　Ellis ①, *op. cit*. p.195 は、インディアンとの条約につき上院の承認と助言（"advise and
consent"）を求めに上院に行った時、そこで始った上院内の叫びを交えた議論（それも手
続問題で）の長さに辟易して、ワシントンが退席したことを記している。

300

は、下級役職者の任命についての上院の助言と同意に代て、その任命を、大統領、裁判所ないし各省の長官に委ねられるように立法することができる（II、2(2)）。閣僚が、この「上院の 2/3 の助言と同意を得て」任命されることの対象に含まれることに疑問の余地はない。逆に、その任命に上院が係った役職者を罷免する時、上院の 2/3 の助言と同意を必要とするのか、憲法は特に定めないが、実際に問題になっている[271]。大統領が、議会上院の助言と同意の上で任命した職位者を、大統領が単独で解任することができるのか、の問題である。最高裁は初め、略全面的にこの問いを肯定していたが[272]、後に「連邦議会の意向に、全く拘りないとはいえない」、との判断を示すに到った[273]。

　全く別件であるが（役職保護法なども立法されていない場合）、最高裁は、20 世紀に入ってから議会が嘴を入れるまでもなく、大統領の権限で(郵便局総長を) 罷免することができるとした（なお、その中で、既に失効済みだが、役職保護法〔Tenure of Office Act of 1867〕も、「違憲であった」、と言及している)[274]。

　㈹大統領は、外交上いわゆる**国の元首**（heads of state）である。

271　南北戦争直後のジョンソン大統領（Andrew Johnson）が、戦争長官スタントン氏（Edwin M. Stanton）（事件を複雑にしたのは、スタントン氏が熱心な奴隷解放論者で北部〔中央政治の主流〕の主張に同情的だったことである）を罷免した件である。南部出身で南部に好意的なジョンソン大統領が、政策で衝突するスタントン氏を罷免することを予め想定した議会は、役職保護法ともいうべき法律（Tenure of Office Act of 1867）を通していた。戦争長官の罷免で、決定的に対立していた議会との溝を更に深めたジョンソン大統領に対し、議会は、弾劾の手続をとったが、それ以前の問題、大統領が戦争長官を罷免するのに役職保護法のような法律の下で、「上院の 2/3 の助言と同意を得る必要があるのか」、についての法的な答えが出されていない。この件は、法的な解決ではなく、政治的な泥沼の闘いとなった。

272　注 274 の Myers v. United States, 272 U.S. 52 (1926).

273　Humphrey's Executor v. United States, 295 U.S.602 (1935)、このケースでは、議会が公正取引委員会（Federal Trade Commission）の委員の任期に注文をつけている時に、大統領が、その任期途中で解任できる権限を否定した。

274　Myers v. United States, 272 U.S. 52 (1926). その中で最高裁は、「その解任についても上院の同意を得て……」と定めていた 1876 年法の下で大統領が任命した郵便局長のような役職につき、大統領による単独の解任が無効であると相続人が争って訴えた件で、「大統領は単独で解任できる」、としている。

(a)ジョン・マーシャル（John Marshall）も、まだ一下院議員であった時代に、外交問題では大統領が唯一の機関、代表であると演説している。しかし、外交上の政策判断は、常に一人で決めてよいというものでもない。しかも、条約には、連邦議会が行った立法と同じか、それ以上の効力を与えられる（Ⅵ、2）。憲法の作成者らは、生身の人間であり乍ら、憲法上の執行機関となった大統領の職権のうち、外交権については、無制約に1人だけの判断に任せることをしていないで、**条約の締結権**（......make Treaties......）については、大統領が上院の2/3の助言と同意を得て行うという、綿密な**権力分散設計図**を用意した。条約の締結と外交（相手方との交渉）とは自ら違う。連邦議会上院の2/3の助言と同意という高い壁があることで、予め立法府の意思や、その動向にも目を配るなどの制約が働く[275]。この点で大統領の外交権は、日本国憲法(7)でいう単なる儀礼的な国事行為的とは違う。その分、権力分立の原則が調整されることも生じる[276]。

(b)憲法は、条約と制定法とを並べ、ともに Supreme Law of the Land としている。19世紀末近い先例により、同じ制定法同志ならば、「後法は前法を駆逐する……」のルールが示されている[277]（条約より後の制定法が作られれば、そちらの方が優先する[278]）。条約は、すべての州法よりも優先するから、外交や対外関係に関する限り、中央と州の主権との間の比較の意味は、法形式の面からは小さくなっている。

反対の場合には、もう少し考えるべきことがある。後に成立した条約が

275　条約によっては、その条文の1つに、「……連邦議会の必要な承認を得たときに、発効する……」と定めるが、そのような条文があっても、その条約の対外的な効力は、両国の合意により生ずる。

276　Goldwater v. Carter, 444 U.S. 996 (1979). 上院議員 Goldwater が、中華人民共和国との国交樹立のためとして、中華民国との同盟条約を連邦議会**上院の助言と承認**を得ることなく大統領が破棄したことを、憲法違反（Ⅱ、2）、権限踰越、であるとして訴えたケース。1審は、Carter 氏を勝たせたが、2審でひっくり返った。最高裁は、受理命令（writ of certiorari）を発した上、事件を1審に差戻し、**政治問題**（political issue）として訴えを却下するよう命じた（この件で連邦議会は、特に異議を唱えていなかった）。

277　Chae Chan Ping v. United States 130 U.S. 581 (1889).

278　**優先する**、だけでは誤解を生じかねないが、立法によっては、その条約につき合衆国が不履行をする結果となりうる。

先行する連邦の法律よりは優先する。仮に、その条約に自己執行力があれば、その条約が、該当分野での国内法となる。そうでなければ、条約を執行するための国内法が制定された時に、そうなる。

　自己執行力の点とは別に、憲法（Ⅰ、8）が、連邦議会に立法権を与えた列挙事項以外の事項であっても、条約が成立すると、それに関連して連邦議会の立法権が拡張されることがある。この法理を示した先例では、憲法の列挙事項のうちの**必要かつ適切条項**（Ⅰ、8⒅）により肯定されている[279]。

　(c)憲法は「大統領が陸海軍総司令官である」と謳うが、**戦争の宣言**については権限外である。そのことは、国の執行機関に対する連邦議会による制約という文脈で、外交権に対する制約の問題とともに、前に窺見した。戦争の絡みでは今１つ、中央と州との関係がある。連邦議会が**戦争を宣言する**（to declare War）との定めになっている一方で（Ⅰ、8⑾）、州が戦争をすること（engage in War）が禁じられる（Ⅰ、10⑶）。中央では、大統領と議会との間の分掌のようなものが考えられるが、合衆国が一体となって単一の行動をとる必要がある戦争の場合は、外交の場合と同じく、いわゆる連邦主義（federalism）、中央と州主権との間の二元国家性は後退せざるを得ない。

　(d)大統領は、上院の休会中（during the Recess）に生じる空席につき、次の会期末までの期間、それら役職すべての空席につき任命権がある（Recess Appointments）[280]（Ⅱ、2⑶）。この"fill up all the Vacancies"の"Vacancies"や"Recess"の意味を巡っては、最初の４人の大統領の頃から、既に議会との間で揉めてきた[281]。この**休会中**の意味は、慣例によ

279　Missouri v. Holland, 252 U.S. 416 (1920)では、1916年に合衆国がカナダとの間で締結した**渡り鳥条約**（Migratory Bird Treaty）、が問題となった。

280　条文の言葉は、（上院の）休会中に生じるすべての空席につき……fill up all Vacancies that may happen during the Recess……である。

281　Obama 大統領による recess appointments とされる前年のケース（National Labor Relations Board のメンバー）が争われたのを受けた、2014年１月13日の Los Angeles Times の記事から。

第2編　連邦憲法、その成立過程、内容と、南北戦争前までの展開

るとしても、それが次第に拡げられてきて[282]、時に、その効力を争うこともなされた[283]。この点を巡る大統領と上院（Senate）とのバトル（battle）については、「18世紀末の交通事情と現代とでは違う……」として、この間の変化も踏まえると、意味を拡げることに対し新しい対応が示される兆しがある[284]。

㈥大統領の職務については、なお列挙が続く。

(a)CEOとして自らなすことが原則であるもの。

①**連合の状態**（State of the Union）につき、連邦議会に時々（from time to time）情報を提供するとともに、必要かつ適切（expedient）と思う措置を、連邦議会に助言・推薦しなければならない（Ⅱ、3）。

②特別な場合、上下両院またはその一方を召集することができ、両院が会期について合意に達しなければ、大統領が、閉会の日（Time of Adjournment）を決めることができる（Ⅱ、3）。

③各国大公使の接見をし、

④いわゆる"Take Care Clause"と呼ばれる、法がそのとおり執行されるよう、これを監督する任務（……take care that the Laws be faithfully executed……）、

282　休会（recess）の意味は、本来は、上院の会期と会期の間の期間と考えられていたものが（intersession recess）、1つの会期の間の休会（intrasession recess）にも拡げられるようになった。

283　Noel Canning v. NLRB, D. C. Cir. No.12-1115（2013年1月25日）では、商業会議所（U. S. Chamber of Commerce）の法律事務所が、この"intrasession recess appointments"の効力を争って認められ、（同じ頃、共和党が、制度的に反対している消費者金融庁〔CFPB〕の長官〔Richard Cordray〕の任命もあっただけに）大統領府を困惑させた。

284　NPRの2014年1月13日放送（Nina Totenberg）によると、共和党はObama大統領によるrecess appointmentsを妨げるべく、20日間の閉会（intersession recess）中も、上院が形だけ開会したかのように見せかける工作をした（議事堂に近い議員が独りだけ出てきて、2〜30秒で開会と閉会を宣言する）と伝えている。その間にObama大統領が労働関係調整委員会（NLRB）の3名の欠員を補うため任命したところ、議員らがNLRBの委員を訴えた。前審のコロムビア地区控訴裁判所で議員の訴えが容れられたため政府側が上告して、2014年1月に弁論が行われた。John Roberts長官などは、「その委員の行為は無効かね？」と代理人（訟務長官Donald Verrilli）に質問、Elena Kagen判事は、「最早、議事堂から長期間留守をする理由がなくなった……歴史的遺産では？」と発言。この問題、NLRB v. Noel Canning, No12-1281についてはメディア各社も注目していて、Fox NewsやWashington Postも2014年1月13日付で記事を流している。

304

第4章　成立した連邦憲法の内容―三権分立と相互作用の骨格―

⑤上記の上院閉会中に空席となるすべての役職者の任命がある（Ⅱ、2
(3)）。

(b)外交と戦争について、連邦議会と執行機関との共同作業が求められる
など、権力分立の原理が調整される一方で、連邦議会と執行機関のいずれ
かが（または双方が交叉的に）、その細目の実施を、下部機関に授権する
場合も少くない。最高裁は、この授権許容の基準や範囲の判断で、国内政
治での授権とは違った授権、範囲を示してきたとされる（詳しくは第8章
2.(1)㈡に譲る）。1つの判示は、**孤立主義**が旺んな1930年代の**中立法**立法
の時のことである。大統領が、輩下の組織を使って戦争状態にある他国を
特定していたが、議会が、武器の輸出禁止法を立法するにつき、それら他
国が含まれるよう委任しても、「違法ではない」、とされたほかに[285]、たと
えばWar Powers Resolution、第8章2.(3)(イ)参照。戦闘の場面そのもの
ではないが、軍人の規律に関するルール作りで、議会が細則について大統
領に委任する旨の立法をしたのに対し、普通の国内政治での権力分立の下
での授権の例外ルールとは異る授権を容認している[286]。

　この2.(1)の冒頭で、大統領を（現実の）「シーザー（Caesar）の呼名も
決しておかしくない……」とする見方（注240）、またAlexander
Hamiltonによる言「（何か近いものがあるとすれば）、イギリス王に近
い」を紹介したが（注245）、イギリス王の大権prerogateivesの極く一
部とされる特権、2つに一言しなければならない（いずれも憲法には明文
がない）。

(c)第1は、大統領特権（Executive Privilege）と呼ばれる。イギリス

285　United States v. Curtis-Wright Corporation, 299 U.S. 319-329 (1936) では最高裁長官
は、対外問題（when he acts in foreign affairs......）での授権では、「一般的な授権制約法理
よりは、自由に行動できる……」としている。

286　Loving v. United States, 517 U.S. 748, 772-773 (1996) で問題となったのは、軍の司法法
ともいうべきUniform Code of Military Justice（10 U.S.C. §918 (1)、(4)）で、一般法とは
異る死刑判決の基準を定めるにつき、議会が国内政治問題で委任立法をする時のルールのよ
うに、一定の合理的な基準（intelligible principle）を設けなかったとしても、その大統領
への委任は、「認められる」とした。

第2編　連邦憲法、その成立過程、内容と、南北戦争前までの展開

王の大権とまでいかなくても、アメリカの大統領が一言でいって「大変な存在である」ことは、付言の要がないであろう[287]。この Executive Privilege は、正にその属性を代表する言葉である。といっても、この大統領特権の最も判り易い具体的な発現は、大統領や行政府の機密秘匿権の形で現れる[288]。外交のような秘匿性の高い分野で特にそれが顕著であるが[289]、しかし、それに限らない、広く行政上の機密につき認められる。

　その理由は、一方で、行政上の施策のスムーズな運営に時にそれが必要だからであり、また行政府が立法府、司法部から不当に介入されることを予防する意味があるからである。

　(d)もう1つ王の特権に由来するものとして、詳しくは後述するが（第7章2.(2)(ヘ)、第8章2.(2)(イ)(a)）、大統領（命）令（Executive Order）がある。やはり憲法にこれといった明文はないが、ワシントン大統領以来かなり多用されてきた（Executive Orders の呼名は、20世紀に入ってから固定した）。何もなかった所から出発したワシントンの時代を除くと、南北戦争を戦った Lincoln や、W.W.II を戦った Franklin D. Roosevelt 大統領が多くの Executive Order を出している。

　ワシントンが出した3つの命令は次である。①連合の事務局の役人に宛てた1789年の decree、合衆国の現在の状況についての報告を求めた、②1793年の中立宣言（Neutrality Proclamation）[290]、③ Whisky Rebellion（1794年）の時の militia に対しその鎮圧を命じる Proclamation。

287　もし「突出していなくても、立法権を独占する議会がなお席を譲るほど一番注目される存在である」とする（……if not preeminent……primary even with respect to Congress dedicated role of legislation.）（Tribe, *op. cit.* p.632）。

288　スパイが絡んだケースとして、古くは Totten v. United States, 92 U.S. 105 (1876) がある。20世紀に入ってからでは、大統領が適当な探偵会社の利用内容を機密にできるとした Chicago & Southern Air Lines v. Waterman Steamship Corp, 333 U.S.103 (1948) がある。

289　外交や軍事に関する情報を連邦の訴訟手続規則上での開示ルールに言及しつつ、秘匿権として明示した先例として、更に United States v. Reynolds, 345 U.S. 1 (1953) がある。

290　これを発するにつき "law of nations に基づき friendly and impartial toward the belligerent powers" としたワシントンは、国務長官 Jefferson、財務長官 Hamilton とは相談したが、議会には諮らなかった。Madison は、これを議会の権限に立入るもので、越権であると攻撃した。その後、議会は Neutrality Act of 1794 を立法して権限を与えた。

大統領令の権限踰越問題や、その正統的な利用方法について分析した Todd F. Gaziano による資料がある[291]。それによれば、正統的な権限の利用の根拠として、① Commander-in-Chief としての権限（II、2(1)）、②元首（heads of state）として（II、2(2)、(3)）、③法の主たる執行者（Chief Law Enforcement Officer）として（II、3）、④行政府の長として（II、1(1)）、の4つを挙げている。

(e) CEO としての大統領による閣僚の任命権などに係る、いわゆる Appointment Clause（II、2(2)）につき上の(イ)(d)で触れたが、その大統領から部下への授権・代行に関し、もう1つメディアの賑わしたことのある、**独立検察官**（independent counsel）問題を考察する（なお、第8章 2.(2)(ハ)も参照）。日本では、検察業務は行政庁（法務省）系の役所とされる。コモンロー国での見方は分れている[292]（行政庁の手先としての調査や訴追なのか、それとも、議会による調査権の行使を代理するのか[293]）。モリソン（Morrison）事件の独立検察官でも、任命権は、いわば議会と大統領とにより共有される一方（議会がその地位を法律により設け、大統領が任命をして就ける、いわゆる "interbranch appointments" の1つとなる[294]）、職務の執行は、連邦議会の監督下にあった[295]。独立検察官（independent counsel）を行政庁の機関と想定する立場からは、権力分立原則が脅かされないかが争われた[296]。スカリア判事は（反対意見の中で）

---

291 Todd F. Gaziano, Director for Legal & Judicial Studies, Heritage Foundation.

292 歴史的には（少くとも18世紀のイギリスでは）、刑事訴追も、私人が主に始動させてきた（ただし、司法長官〔Attorney General〕は別に、その訴追を止めさせる nolle prosequi の命令を法廷に出せた。

293 憲法の文言は、「大統領が議会上院の助言と同意を得たうえ……ただし、議会は、下級官吏のうち適当なものは、法律により大統領、裁判所、または各省長官がよいと判断した人を、それらの機関が任命することを授権できる……」である（II、2(2)）。

294 Ethics in Government Act of 1978（28 U.S.C. 591-599）の下では、先ず Attorney Genereal が問題とされる情報につき事前調査をし、同法により設けられる特別法廷（special court）に報告し、必要とあれば、更なる調査のため independent counsel の選任の申立をするように定められている。

295 1999年に、合衆国司法省の下での special counsel に代ったが、それ以前は、監督法である法律（28 U.S.C. §595）の定めにより、所与の案件についての報告を議会へ提出していた。

第2編　連邦憲法、その成立過程、内容と、南北戦争前までの展開

「検察業務が立法府によって行われたことは、いつでもどこでもなかった……」と述べている。大統領による独立検察官の任命は、下級役職者ないし官吏（inferior officer）の任命権問題としても議論されている（II、2（2））。

3.　司法部について

(1)難産だった下級裁判所（永らく抵抗があった連邦司法という考え）

　(イ)司法部についての憲法条文は、前述の行政府についての言葉少い定め以上に更に短く、更に簡単である（下級裁判所について何ら定めないだけでなく、最高裁の判事についても、終身の任期中に減給されないこと以外、何も定めない〔III、1〕）。これは行政府、特にその権限について、憲法の言葉が（目の前にいる議長ワシントンの故で）、少な目であったのとは意味が異る。その中で、憲法上で任期が限られていないことが、司法の独立（judicial independence）の別の表現といえた[297]。憲法自らが国の機関と認め、直接定めていたのは最高裁だけであった。その最高裁ですら、初め民間の建物（Merchants' Exchange）を間借りしていた[298]。

　連邦司法制度の整備は大幅に後回しにされた。第1に、植民州時代の州司法単位だけの永い歴史があっただけではない。イギリス国王と、「国王

296　実際、Morrison v. Olson, 487 U.S. 654 (1988) では、最高裁は次のようにいっている。「裁判所が、弁護士を検察官や弁護人として任命してきた長い歴史からして、連邦裁判所が、独立検察官（特別）（special counsel）の選任権を有したからといって、権力分立との関係で何もおかしなことはない……」

297　制憲会議の場では、そこでの言葉、"……judges, both of the Supreme Court and inferior court, shall hold their offices during good Behavior……" に対して殆んど記録もなかったが、この独立の意味は各州の批准会議で論じられ、ニューヨーク州の Alexander Hamilton は、「この生涯任期（permanent tenure）は、他の権力、中でも立法府の越境に対する障壁として働く……」と、これを支持していた（fic.gov より）。

298　これは、連邦政府がニューヨーク市にあった 1790 年 2 月。最高裁が実際に事実上の発足をした時のことで、政府がフィラデルフィアへ移転後は時期を分て同市の別の建物の 2 つに入居していた。

第4章　成立した連邦憲法の内容—三権分立と相互作用の骨格—

に仕える裁判官」に対するマイナスイメージの永い歴史との連想があった[299]。第2の理由として、州権論者らによる「連邦の権力に対する反撥」、という心情的な理由が働いていた[300]。下級裁判所を中心に、連邦司法の姿をスケッチしてみよう。

(a)最高裁が憲法上の存在であるのに、下級裁判所は連邦議会による立法を待って初めて生れてくるといった具合に、一口に連邦裁判所制度といっても、憲法は両者を区別している（憲法が定める最高裁と、その管轄の詳細については、**権力の分立と司法審査**〔第8章1.(2)〕でも述べる）。現在のように連邦司法機関が、（最高裁などを頂点とする）ピラミッド型の重層構造になっているのは、法秩序維持のために、理論的上も不可欠であることは言を俟たない[301]。

建国の父祖らが、当初から最高裁を作り、それを**最高法規性条文**(Supremacy Clause)（Ⅵ、2）**の番人**にしようと考えたことは、それが、それまでの旧宗主国になかった観念、秩序、機関であるだけに、注目に値する（作成者が、たとえジョン・マーシャル〔John Marshall〕のような垂範者を予期してなかったにしても）。作成者のメリットとして褒められてよさそうである（10年後の北西政令でも、その下でのテリトリ内に設けられる政府の形は、三権分立のないイギリス式になっていた）。

(b)最高裁ですら、前記のように「民間に間借りして」発足した状況下では、下級裁判所が難産だったのも不思議ではなかった。しかし、ウィルソン（John Wilson）の言葉どおり、6人の判事の最高裁だけでは、合衆国

299　イギリスでも名誉革命による人権憲章を経て、更にそれを拡充明確化した1701年法により、裁判官の王からの独立が定められたが、それまでは、身分は王の恣意に従った。そのため、Francis Bacon（Essays ⅬⅪ, of Judicature, 1620）も、裁判官のことを「玉座の下のライオン」(lions under the throne) と呼んでいたといわれる。

300　"Brutus"の俗称で、Anti-Federalist として知られる Robert Yates は、無能でも、間違っていても平気で、人民からも議会からも、いや白日の下で全てのものから独立していられる裁判官が、憲法の最後の有権的解釈をすることに懸念を示していた（fic.gov より）。

301　制憲会議で原案作成委員の1人であったジェイムズ・ウィルソン（James Wilson）は、その理由として単一法秩序の維持の必要と、下級裁判所の分掌（管轄）、の2つを挙げている。

309

第2編　連邦憲法、その成立過程、内容と、南北戦争前までの展開

の法秩序を保つのは現実的ではない。大統領になったワシントンは、植民州の永い前史に捕らわれず、アメリカ全土が、1つの法体系になるよう願い、連邦司法制度を充実させることを重視した。それが、憲法前文（Preamble）でいっている「より一層完全な連邦の形成（to form a more perfect Union）」の実現の1つであると信じ、そのことを願ったが、州権論者が多い有力政治家たちの前で、その考えを表立っていうことは控えていた[302]。なお、上記の司法法（Judiciary Act）は、連邦政府（議会）が実際に動き出してから間もない1789年9月22日に成立し、連邦下級裁判所制度の骨格を定めた[303]。

　(c) 連邦下級裁判所制度としては、第1審の**地区裁判所**（district court）と2審の**控訴（巡回）裁判所**（court of appeals〔circuit court〕）とが必要と考えられるところ、控訴（巡回）裁判所の管轄権を具体的に付与するための立法がなされたのは、何と南北戦争の結果、州権に対し中央（連邦）の力が飛躍的に強化された後の、1875年であった[304]。これは、連邦憲法が「大・公使マターや海事などの専属事件のほか、憲法、条約、連邦法の下でのケースは、連邦裁判所の管轄」、と定めているのに[305]（III、2）、連邦議会は、憲法のこの管轄規定を実施する具体的な連邦法を立法しないまま、永らく来たということである[306]。更に、その一部に上院の William M. Evarts 議員の修正案 Judiciary（Evarts Act）を含

302　1789年1月5日の手紙で「……わが国政治の礎石なので……」と、ジョン・ジェイ（John Jay）宛に書いて、彼を最高裁長官に任命しているが、「……そう思ったから」とまでは、書いていない（Ellis.①, *op. cit.* p.200）。

303　それにより Attorney General 職も創設した。

304　Jurisdiction and Removal Act of 1875 により初めて控訴（巡回）裁判所の管轄権を具体的に定めた（その前の1869年の Circuit Judges Act で、1801年法が翌年に廃止されて以来なくなっていた Circuit Judges 職を設けるとともに、最高裁判事の数を9人とした）（それまでは当初の5人から、一時期6年間で、9人から10人から7人と、変動していた）。つまり、その間は、**連邦問題**で管轄の争いがあれば、裁判所は、直接憲法に照らして判断するほかになく、そのこともあり、その間に何件かが管轄問題で最高裁まで争われた。

305　憲法が連邦裁判所の管轄と定める事項を総括して、一般に連邦問題（federal question）と呼んでいる。連邦問題を具体的に定めるべき連邦法の制定を、連邦議会が永らく放置してきたことは、以下に見るとおりである。

む1891年司法法は、古い巡回裁判所制度に代えEstablishment of the U. S. Circuit Court of Appealsを定めたが、巡回裁判所は1911年までは存続した。

　㈹継子扱いされた連邦の下級裁判所であるが、第2連邦控訴裁判所（2d Cir.）がその1つである、13の連邦控訴裁判所制度から、先ず話しを始めよう[307]。以上の経緯を経て、（連邦議会の立法により変化することがあるが）現在全国13の控訴裁判所に179人の控訴裁判所裁判官（federal appeals court judges）がいる。また全国94の地区裁判所（district court）の判事職（judgeship）は800以上あるが、辞任その他で裁判官だった人の数2600余りとともに、判事の数は常時変化する[308]。

　(a)連邦憲法は、連邦控訴裁判所と地区裁判所（district court）と併せて（連邦の）下級裁判所（inferior court）と呼んでいる（Ⅲ、1）。これら連邦の司法権を司る機関を、「1ヶのsupreme Courtと、連邦議会が授け（ordain）定める下級裁判所（inferior courts)」という風に定めていた。つまり、連邦議会が下級裁判所（inferior courts）を設置（ordain）するかどうか、どう創設・構成するか、どんな権限（独自の管轄権）を決めるかは、州権論者もかなり多数いる連邦議会次第とされた[309]。

　(b)連邦議会が、下級裁判所の管轄権法の立法作業に消極的だったことを述べたが、その前の制憲会議（Constitutional Convention）は、連邦議

306　1875年法（Jurisdiction and Removal Act of 1875）により連邦裁判所の事件が急増し、circuit court judgeが巡回できず、地区裁判所（District Court）judgeが1人で事件を処理するような状況になり、つれて最高裁でも事件処理が数年遅れになるなどで、1789年法以来の大幅な改正となる1891年法が立法された（fic.govより）。
307　アメリカの連邦裁判所の中で、全米を通して大型かつ国際色豊かな商事事件が多く集っているのが、1審のニューヨーク南地区裁判所（S.D.N.Y.）と、その控訴審である第2巡回裁判所（2d Cir.）である。
308　連邦議会は、これら連邦判事（federal judges）の年齢別の平均像を、50歳で就任し、最低15年間はフルタイムで働くものとして画いている。判事年金法にはこれが反映され、65歳までで15年間働くという要件（age and service requirements）を満たした人は、その最終年給（20万ドル弱）の年金を受けられる（28 U.S.C.§371　471など）。最後の年金要件は、70歳から10年間の80歳までなので、"Rule 80"とも呼ばれている。
309　Joseph Story判事らは、下級裁判所を設置すること自体、連邦憲法の下で連邦議会の義務として必定であるとの見解を示していた。

第2編　連邦憲法、その成立過程、内容と、南北戦争前までの展開

会以上にもっと消極的で、そもそも下級裁判所の設置自体に乗り気ではなかった（制憲会議では次注のように初め、「連邦には1つ、最高裁だけあればよい」との議論が有力であった）。その背後にあったのは、150年もの間、なくて済ましてきた中央政府（司法）、中央の権力が自分達の生活領域に口出しすることへの反発である。しかし、権力分立原則に立つ憲法が、「その管轄は、すべてに及ぶ……」（"......Power shall extend to all Cases......"）といっている以上（III、2(1)）、連邦議会が下級裁判所を設けないで1つの最高裁だけで済ませる訳にはいかない。最後は、ウィルソン（Wilson）とマディソン（Madison）の出した妥協案、下級裁判所設置の途を残した"ordain"（権限をもって生じさせる）という言葉が、「まあ、いいだろ」式に通って、上記憲法条文となった[310]。

　(c)憲法により連邦政府が一旦発足した後の連邦議会では、制憲会議に比べ割りに好意的に、下級裁判所（inferior court）を立ち上げる**連邦司法法**（前出）が決議された[311]。第1回連邦議会でのこの1789年司法法の討論中で、ワシントン（Washington）は、議員らの連邦司法制度に対する「潜在的敵意の凄さを感じたようだ」、と伝記作家はいう。それくらいであるから、下級裁判所の管轄（控訴分も含め）規定も、「態と曖昧なまま（intentionally blurred）残された」、と書いている[312]。

310　連邦下級裁判所などは、"unnecessary expense"で、州裁判所を一審とし、「最後は、最高裁に上訴することでいいじゃないか」、との理由で、「下級裁判所の言葉を抹消しよう」、という動議が制憲会議の司法委員会を5：4で通った。そこで、John Wilson と James Madison は、「設置するかどうかも、連邦議会に任せることにしたらどうか」、との妥協案を出して、現在の文言に決ったという。この制憲会議での議員らの主な関心事は、誰がどうやって inferior court の judge を任命するかや、その任期は何年で、報酬はいくらか、などであったとされる（Charles Alan Wright, *Law of Federal Courts*, 4th Ed., West Pub. 1983, p.2）。

311　同じ popular name を持った連邦法（federal law）は8件あるが、司法法といえば、この1789年法を指すくらいのウェイトを持つのが、Federal Judiciary Act of 1789 である。憲法条文（III）の言葉足らずを補い、連邦裁判所法制の基礎を作る重要な法律となった。

312　ワシントン存命中の最高裁は、最高ではないかに見えたが、ワシントンは、それを政治の現実（political reality）と受け止め抗わなかった。その後、ジョン・マーシャルが、ワシントンの忠実な弟子として、連邦司法システムをはっきりと確立する方向へ持って行った（Ellis ①, p.201）。

第4章　成立した連邦憲法の内容―三権分立と相互作用の骨格―

(ハ)以上のような連邦下級裁判所（inferior court）の誕生に至る経緯から、第1回連邦議会は、最高裁の判事（Supreme Court Justices）がかけ持ちでいくつかの地区裁判所に参加する形で形成される、各巡回裁判所（circuit court）を巡回して廻る任務とし、専任の判事を持った控訴裁判所の組織を設けなかった。このように、下級裁判所の管轄問題（司法権の及ぶ範囲）をネグレクトしたばかりか、憲法が連邦問題（federal question）としている事項（III、2）が何かについて、具体的に立法で定めることもしなかった。このため、裁判所は、事件毎に直接憲法の言葉"……arising under……"に「当て嵌るかどうか」、を判断して決めねばならなかった[313]。

(a)結果として、連邦裁判所の十分な組織と、その管轄権法は、前出のとおり19世紀末近くまで立法されず、第1回連邦議会での司法法（Judiciary Act of 1789）も、地区裁判所（district court）と（最高裁判事がかけ持ちの）巡回組織の裁判所の設置は盛込んだものの、連邦裁判所の十分な組織と、管轄事項は、十分に定めなかった[314]。管轄権法は、このように放置されただけではない。地区裁判所の**地域的な管轄権**を定める独自の法規は、今日も一切存在せず、すべて、その所在する州の法令によることになっている。

(b)以上のような連邦司法の軽視、疎遠は目を索くが、憲法とその政府（連邦政府）の下で、司法だけが疎んじられたというよりは、連邦政府全体が、その役割が、軽視されていたというのが正しい。その程度は、今日のアメリカを知る人には想像がつかない位であった（19世紀も1830年代

313　Wright, *op. cit.* p.91 この問題は、"……arising under……"の意味を確定するのと同じで、マーシャルが最初に Osborn v. Bank of the United States, 22 U.S. 738 (1824) で試みた。
314　ここでいう管轄権（jurisdiction）とは、憲法（III、2）が書いているいわゆる連邦問題（federal question）の具体的な規定ことである。いわゆる真夜中判事法（Midnight Judges Act, 1801）は、当時の circuit court に憲法でいう連邦問題の管轄権を与えたが、1年後に反対派のジェファーソン大統領によって直ぐ廃止された。

頃までは、州と連邦のウエイトは、今とは比べものにならないほど違って
いた。それまでの歴史を映して、州や郡、市町村が政治力の中心であり、
立法、行政、司法という法の運用の面でも、圧倒的に強い力を行使してい
た）。

　㊁上記連邦司法法（Judiciary Act of 1789）が作った当初の下級裁判所
は、次である。

　(a)それまでに憲法を批准していた11州に1つずつ、つまり、当時の州
境を管轄地区とする形で、11の連邦地区裁判所（district court）を作っ
た[315]。ほかに、マサチューセッツ州には、Maine とマサチューセッツの
2つの地区裁判所、ヴァージニア州ではヴァージニアとケンタッキの各地
区にそれぞれ1つの裁判所と、（合計15の）地区裁判所を設け、更に、3
つの巡回裁判所（circuit court）を設けた[316]。

　地区裁判所は、1人判事のところも多く、海事事件のほか、合衆国を当
事者とする一定金額以下の事件を扱い[317]（この2つで、大半を占め）、ほ
かに連邦の軽罪事件も扱った。一方、巡回裁判所が扱うのは控訴事件が中
心だが、裁判所の構成は、現在の控訴裁判所である U. S. circuit court と
は異り、地区裁判官に巡回連邦最高裁判事が参加する形であって、地区裁
判所からの上訴事件のほかにも、一定金額を超える合衆国による事件と、
重罪事件を扱った[318]（巡回する最高裁判事にとっては、大きな負担となっ
たが、当の巡回する最高裁判事らの度重なる申出にも拘らず、議会からは、

315　結果として地区裁判所の管轄地域は、その他での立法が特になされないまま司法法
　　（1789）の例に倣う形で州境と一致することになった（例外は、ワイオミング地区裁判所の
　　み、イエローストーン国立公園にも及ぶことで、モンタナ、アイダホ州が少し入る）
　　（Wright, *op. cit.* p.8)。
316　ただし、任命したのは、地区裁判所の judge のみで、John Adams が生みの親となった
　　1801年の「真夜中判事法」で、一時専任の判事が設けられたほかは、巡回裁判所のための
　　判事（circuit court judge）は、すべて最高裁判事の兼任ベースで来た（この古い circuit
　　court は、1911年法により廃止された〔前注書 p.7〕）。
317　その管轄について、州裁判所を排除して（exclusively of the courts of the several
　　States）、「合衆国の各地区または公海における（……upon the high seas）合衆国法の下での
　　すべての犯罪……およびすべての民事での海事事件の問題（all civil cases of admiralty
　　and maritime jurisdiction……）……」などと定める（§9）。

「最高裁判事が巡回をしなくなったら、アメリカ社会の現実から浮いて了う」式の強い見解が永く出され続けていた[319]）。

　結局、控訴を含む固有の管轄を持った連邦下級裁判所のコンセプトと枠組が決ったのは、連邦成立から80年近く後の1875年以後で、更に、連邦最高裁判事の負担を本格的に軽くするため、段階的に古い巡回裁判所を廃止し、新しい巡回（控訴）裁判所を設けるまでの立法を入れると、1911年司法法典ができるまで待たねばならなかった。

　(b) 19世紀後半までの最高裁への上訴は、いわば**権利としての上訴**（matter of right）であり、最高裁は上訴された事件すべてを審理し決定しなければならなかった。この負担の軽減問題に答えたのが、1789年から約1世紀後の**1891年司法法**である。その主な特徴として、常設の連邦控訴裁判所9つを創設し、普通の事件は、そこで終るようにし、古い巡回裁判所と、そこへの連邦最高裁判事の巡回は1911年まで残ったが、上訴事件は新しい控訴裁判所の負担とし、最高裁への権利としての上訴はなくなり、反対に、最高裁が上訴を受理するかどうかを決める制度とした（後出(3)(ハ)）[320]。

　(c) 下級裁判所のうちの代表的な（1審）地区裁判所（district court）

318　その経歴、行動など多くの面で特異な、その意味で、アメリカ憲政史上に残るアーロン・バー（Aaron Burr）（第3代副大統領で、財務長官だったアレクザンダ・ハミルトン〔Alexander Hamilton〕と、ハドソン川〔Hudson River〕で決闘〔dual〕し、打殺した）に対する反逆罪（Treason）の刑事裁判は、そこに circuit ride していたジョン・マーシャルの訴訟指揮で、リッチモンドの circuit court で行われた。

319　1866年の American Law Review（アメリカを代表する法律雑誌）にも巡回廃止論に対する反対説として、「アメリカの司法は、各地方の前線で起きていることと日々接する地区裁判所の judge の感覚を失ったらお終いだ……」式のことが書かれていた（fic.gov.より）。

320　これは、最高裁が憲法ないし重要な法律上の間違いがあると判断するケースにつき、裁量として受理する方式で、手続的には、最高裁が受理の命令を下級裁判所に対し発令する制度になっている（この命令を、コモンローの国々では共通して、writ of certiorari と呼び、インドのように憲法に明定している国がある一方、オーストラリアのように、暗黙のうちに制度としている国などがある。それらの国での命令〔writ of certiorari〕は、下級裁判所のすべての間違いに及ぶことが多く、その広さにおいて、アメリカとは区別される）。

は、現在は上記のとおり全国に 94 ある。下級裁判所の裁判官も、上記の控訴裁判所裁判官と同じく、すべて大統領による任命制である（II、2 のいわゆる Appointment Clause）。彼らも終身制の保障を受け（つまり憲法上での good Behavior の間）（III、1）、ともに Article III Judges とも呼ばれる（死亡、辞任、または〔弾劾〕処分 removal による以外に身分を失わない）。このように、連邦判事の任命が時の大統領によって決ることから、共和、民主などの政党別の選任一覧表もすぐ見られるようになっている[321]。とはいえ、各判事が必ずしも、その選任した大統領の思惑どおりに動かないことも、よく知られている。

　もう 1 つの選任上の問題は、上院の同意が中々得られず、引延し作戦（filibuster）が日常化していることである。連邦破産裁判所の裁判官と連邦裁判官の補佐官として存在する magistrate judges は、大統領が II、2 により任命する連邦裁判官（federal judges）、Article III Judges ではない。

321　上院の慣例として、出身州の上院議員が同意しないと、その特定州に係る地区裁判所や巡回裁判所の判事職への任命は同意されない（senatorial courtesy）。この絡みで、Congressional Research Service の Analyst, Barry J. McMillion による "President Obama's First Term U.S. Circuit and District Court Nominations : An Analysis and Comparison with Presidents Since Reagon" という 2013 年 5 月 2 日付の調査報告がある。2013 年 4 月現在、856 ある連邦裁判職（judgeship）中 85 が空席になっている。先任の大統領と Obama 氏を入れた 5 人の大統領の比較では、Obama 氏時代の 5 年間の任命待ち（大統領による指名から上院の同意までの期間）がその平均値・中間値とも、最長の半年（182 日）を超える日数になっている。

第4章　成立した連邦憲法の内容─三権分立と相互作用の骨格─

⑵白紙のキャンバスに描いてきた絵―下級裁判所と、管轄問題―

(イ)上記により、憲法が連邦議会に委ねていた下級裁判所の設置と管轄は何とか立法された。現在、その権限（管轄）はどうなっているか（憲法中の**管轄**〔jurisdiction〕の言葉〔Ⅲ、2〕がどうやって出てきたのか、制憲会議では、その記録も十分にない）[322]。州裁判所が、一般管轄権裁判所（general jurisdiction court）（特例法で反対を定めない限り、すべての法律上の争訟に管轄権がある）であるのに対し、すべての連邦下級裁判所は、その管轄権が、(i)そのケースが、憲法により合衆国の司法の分野に属するとされているか、(ii)憲法を具体化するとして連邦議会が立法により連邦下級裁判所に与えた管轄の範囲内か、の2つに限定された限定管轄権裁判所（limited jurisdiction court）である（連邦議会が、憲法を解釈し具体化するにつき、連邦議会がむしろ、この管轄権を狭く限定する姿勢をとってきた）。何人も、連邦下級裁判所の門を叩くためには、そのケースが、以上の(i)か、(ii)の要件を充たすことの事実をいわなければならない。この事実は、積極的な主張として示される必要があり、相手が争ったら証明しなければならない[323]。

(a)連邦裁判所の管轄権の第1の根拠は、正法上と衡平法上[324]（in Law and Equity）の次の①～⑦のケースが含まれる（憲法Ⅲ、2のいうこれらが、いわゆる連邦問題〔federal question〕となる）。うち②と、④、⑤のケースでは、「最高裁が1審となる」、と定めている[325]。

①憲法、連邦法および条約の下で生ずるすべてのケース

②大、公使、領事に影響するケース

322　Wright, *ibid* p.2.

323　McNutt v. General Motors Acceptance Corp., 298 U.S. 178 (1935) では、仮に相手が争わず、そのまま判決が出ても、その欠陥は後からでも訴えられるし、裁判所も、問題にしなければならない、という。

324　憲法や1789年司法成立の時点では、まだ、正法上と衡平法上（in Law and Equity）の区別は存在した。

317

③すべての海事事件

④合衆国が当事者であるケース

⑤２つ以上の州間のケース

⑥州と異州民とのケース、異る州民間のケース、別の州法の下での同一州民間の土地に係る争い

⑦州または州民と、外国または外国人との間のケース[326]。

なお、衡平法とコモンローの融合が、アメリカとイギリスで19世紀後半に余り時を置かず、略同時に起きたといわれる。そのこと自体は間違いではないが、アメリカにもイギリスと同じような（よく似た）衡平法裁判所（equity court or chancery court）があったという事実はない[327]。

(b)このように、連邦裁判所の管轄を、憲法がそれと定めている以外に拡げることはできないとのルールは確立している。いわば、中央と州間の司法権の分立であり、この分立・独立のルールは厳しい。これは、連邦裁判所の側に一方的に厳しい規定であって、州裁判所の側からは異る。上記③〜⑤と⑦のケース以外は、受付けることができる[328]。たとえ、③の海事法（admiralty）のケースであっても、争いがコモンローの形で出されていれば、州裁判所が受付けられないことはない[329]。

---

325 この規定が唯一絶対のものか、それとも、連邦議会が連邦法によりこれら（その一部）の１審管轄を下級裁判所にも与えることができるかが問われ、連邦議会は、この疑問に1789年司法法（§11）により肯定的に応え（前出）、「外国人を一方当事者とするすべての訴訟……」と定めたが、ジョン・マーシャルは、これは行き過ぎであるとした。Hodgson v. Bower Bank, 9 U.S. 303 (1809).

326 反対方向のケースとして、当事者のうちの一方（原告）が、外国（イギリス）人であったが、被告の国籍は、連邦裁判所で最後まで問題にならずに終ったケースがある。それが、最高裁で問題にされ、ひっくり返されたのが、前注のケースである。その中で、ジョン・マーシャルは、「……連邦法で憲法の定めを拡げることはできない……」としている。

327 ①マサチューセッツは、全くそれを設けたことがなく、ペンシルヴァニアも、略それに近い一方、②２つのカロライナとメリーランド、ニューヨーク、ニュージャージーとデラウエアは chancery court を持っていた（ただ、そこでも衡平法の手続は、必ずしも制度的にコモンローの手続と分離されていなかった）（たとえば、デラウエアでは年４回だけ、コモンローの法廷が衡平法の法廷に変った〔Friedman, p.20〕）。③ New Hampshire では1699年に、「場合により法の厳しさを緩めてよい」(moderate the Rigor of the Law) との立法が、コモンローの法廷に対しなされた。

328 28 U.S.C. §1251, 1333。州裁判所による競合管轄を排除するには、連邦議会によるその旨の法文が必要となる（copyright, patent, federal tax に係るケースがそれに当る）。

第4章 成立した連邦憲法の内容―三権分立と相互作用の骨格―

　これらの中、①の連邦問題（……arising under……）の範囲は、subject matter jurisdiction の中でも、常に明確という訳でにない。範囲内か否かで争いがある時の連邦裁判所の姿勢は、自らの管轄問題を抑制しながら守っているといってよい。憲法Ⅲによるこの連邦問題（federal question）の定め方としては、(ⅰ)連邦憲法または連邦法の下で生ずる（arising under……）すべての事件と、法によるもの、(ⅱ)大公使などの特別な主体に影響するすべての事件とする区別、(ⅲ)訴訟に従事するその他の主体の方からの定め（合衆国が当事者となっている……とか、２つ以上の州の間の訴訟とか）、という３つの異なる分け方がある。これにつき、Story 判事は、(ⅰ)、(ⅱ)では“all”が頭に付いているのに、(ⅲ)では付いていないとして、(ⅰ)、(ⅱ)の事件では、議会が連邦管轄権法を定めるにつき、１審でも上訴審でも連邦管轄権としなければならないのに対し、(ⅲ)では議会は、その政策判断により上訴審だけで１審は除くとする、などの自由裁量を有する、ことの違いであるとしている[330]。

　(c)時代による変遷もある。前出の海事法（admiralty）の意味が次第に拡がったのも、その１例といえる。admiralty の言葉自体が、激しい対立を呼ぶ歴史を持っていた。連邦の管轄を狭く抑えたい州権論者からは、その範囲をイギリスで一般的な、タイドウォーター説（tidewater concept）、**潮の干満のある所まで**、との主張がなされていた（伝統的に、陪審権を否定してきた海事法の歴史も、管轄を狭める方向に働いた[331]）。しかし、スケールで外洋と大差ない五大湖やミシシッピ川のような輸送路が存在するアメリカでは、この説がやがて狭きに失し、実際的ではないとされるようになる。当初から三権の他部、殊に司法省などの行政府の助力に頼ってきた連邦の司法部が、機構的に強化されだしたのは20世紀にな

329　28 U.S.C. § 1333 (1)を援用し、この法文が、当事者の負担軽減が目的であるとするものに、Madruga v. Superior Court Cal., 346 U.S. 556, 560-1 (1954) がある。これは、共有船の分割請求事件であった。

330　Martin v. Hunter's Lessee, 14 U.S. 304, 331, 334 (1816).

319

ってからである。それには、連邦判事の資質や能力を高めることも必要であった[332]。その中で、次のステップが言及に値する。

(i)各巡回裁判所の代表から成る会合による司法部内の自律性の向上（1922年）、

(ii)連邦議会による合衆国裁判所事務局（Administrative Office of the United States Courts）の設置立法（1939年）、

(iii)裁判官研修場としての Federal Judicial Center の設立（1967年）。

(d)ストーリ（Joseph Story）判事は、司法章（憲法III）でいう下級裁判所の地位と権限について次の要旨を述べている[333]。「憲法第III章の定めは、連邦議会に下級裁判所の設置義務を定めたもので、連邦議会は、すべての連邦問題を連邦下級裁判所の権限内にするよう法律を作らねばならず、連邦問題（federal question）の法律問題の中には、州裁判所では裁けない争いがある[334]。合衆国に属するすべての司法問題（連邦問題）で、最高裁に属さない問題はすべて下級裁判所が裁けるよう、法律を作らねばならない。」

(ロ)下級裁判所の権限（管轄）の広狭は、上記のように憲法に遡って決っているが、ほかにも2つの力が作用する。1つは、連邦議会の立法で[335]、

---

331 大西洋岸にはりついた13州プラス α がすべてであった19世紀前半までのアメリカは、tidewater concept がまだ支配していたが、2つの出来事により、この点での最高裁の考え方が変った。①1845年の連邦議会による立法（沿岸貿易用としての登録と、州際間の輸送に従事する20トン以上の蒸気船につき、海事法を定めた）。②その後の Taney 最高裁長官による判示（The Propeller Genesee Chief v. Fitzhugh 53 U.S. 443）。その中では、連邦海事法法廷を設けた1789年司法法が、何が海事法か、その範囲は、などを決定する専権を、連邦裁判所に与えており(9)、それによれば、タイドウォーター説によるのではなく、航行可能な水域（navigable water）かどうかによって決まる（そこでは、19世紀になりイギリスとの往来が復活して激しくなるにつれて、イギリス式のタイドウォーター説の流入も激しくなったが、そうでなかったら、1789年司法法の考えが、もっと素直に〔早く〕受入れられていたであろうと述べている）。

332 第27代大統領で後に最高裁長官となった William Howard Taft による1914年の American Bar Association（ABA）での演説（fic.gov.より）。

333 （Joseph Story, 19世紀前半の最高裁判事）Tribe, op. cit. p.468以下。

334 例として Martin v. Hunter's Lessee, 14 U.S. 304, 330 (1816) を挙げる。

335 連邦議会は、最高裁の上訴管轄（appellate jurisdiction）についてすら、例外的なものを除き、任意に定めうる "such Exceptions, ……such Regulations"（III、2(2)）。

もう1つは、司法部自身の先例である。

連邦議会が、連邦下級裁判所の管轄を明確化するについて、3つが区別できる。第1は、（民事では）憲法が連邦議会に立法権を与えている主題に係る事件（破産手続、特許と著作権、海事など）、および州裁判所の管轄を否定する意味で個別に連邦裁判所の専属的管轄と定めた上記(イ)(a)②〜⑥である。第2は、憲法が「憲法、連邦法および条約の下で生ずる……(……arising under……)」といっている(イ)(a)①のいわゆる「連邦問題」で、第3が、多州民事件（diversity case）((イ)(a)⑥、⑦）である（28 U.S.C. § 1332)。

(a) 上記の第2では、憲法が「連邦法の下で生じる（arising under……)」としかいっていないので、その意味と範囲が問題となる。John Marshall による先述の Osborn 対合衆国銀行のケースを嚆矢として[336]、最高裁長官などの有力な法律家何人もが、いくつかの解釈を行ってきた[337]。

上記の Osborn 事件での Marshall 長官の読み方が先ずある。「合衆国銀行という法人の設立根拠法が連邦法であるなら、たとえ、その請求原因が州法の下で生じるケースであっても、"arising under" に当り、連邦裁判所で受けてよい」（事実が、たとえ抗弁で出されていても、同じ結論でよい）という。しかし、この考えは「広すぎる」、と、後に修正された。

1875年になって漸く連邦裁判所に管轄権を与えた連邦法ができた（といっても、憲法と略同じ "arising under" の形容句を用い、その、「すべての事件」という表現でしかない）。"arising under" の意味を決めるのに、Marshall (Osborn) 判決の重みが増していたが、同時に批判も浮上した。前(イ)で記したように、州裁判所は連邦問題を含む事件でも大抵は受けることができる。答えが欲しいのは、主として、原告が連邦裁判所に事

---

336 Osborn v. Bank of the United States, 22 U.S. 738 (1824).
337 Wright は、この言葉の解釈が1人1人異るとして、Marshall, Waite, Bradley, Harlan, Holmes, Cardozo, Frankfurter の名を挙げている（*op. cit*. p.91)。

第2編　連邦憲法、その成立過程、内容と、南北戦争前までの展開

件を持込んできた時に、それを受理できるか、"arising under" といえるか、である。

連邦法が、何らかの形で争点に係っていれば、**肯定してよい**とのルールでは、西部州での土地に係る争いすべてが、連邦裁判所の管轄になって了う[338]（このような難点にも拘らず、Marshall 理論に立った事件が、なおも出され続けた[339]）。反対意見が示されたのは、Waite 長官による事件であるが[340]、このほかにも、前注のとおり多くの人が、それぞれ別の意見を述べており、確立したルールを見出せない状態にある[341]。

(b)司法部自身の先例による管轄権の範囲画定問題として、更に、**付随的管轄**（ancillary jurisdiction）ということがいわれる。

初めの頃の先例は、適法に連邦裁判所の門を潜ったケースＡが、連邦法上の争点ａを含んでいる時に、ａに付随して連邦問題ではない州法上の争点ｂがあったとしても（ｂが仮に、同一州民に係る１ドルの事件であったとしても）、Ａ事件として併せて判断できるというルールである[342]。事件では、適法な争点ａは、連邦管轄権の根拠となる、多州民性（diversity）を充たしていた[343]。

その後、この付随性のルール（物件が占有ないし支配下に入ったことを理由とする）について最高裁は、「主たる請求により連邦裁判所の『現実

338　西部州では、殆んどの土地が連邦からの払い下げであり、最初の権原が連邦法に由来するからである。

339　Pacific Railroad Removal Cases, 115 U.S. 1 (1885).　Bradley 判事によるもので、連邦法により設立された Railroad Co.に対する一般（コモンロー）不法行為につき、連邦の管轄だとした。現在は、この問題は連邦法により、次のとおり解決されている「……その株式の半分以上を合衆国が有するのでない限り……管轄権はない……」（28 U.S.C. § 1348）。

340　Romero v. International Terminal Operating Co., 358 U.S. 354 (1959).

341　"……is not easy to state what has been substituted in its stead" といっている（its とは Osborn 判決のことである）（Wright, p.93）。

342　この典型としてライト教授（C. A. Wright）が挙げるケースとして、係争物件が既に連邦裁判所の占有ないし支配下に入っていた Freeman v. Howe、65 U.S. 450 (1860) がある。

343　連邦の執行官 Freeman が、鉄道車輛を差押えたところ、鉄道車輛の担保権者が、州裁判所に別訴を起こし、鉄道車輛の占有を回復できた。Freeman が、連邦最高裁に上訴したところ、最高裁は、既に連邦裁判所の支配下に入った物件に係る争いは、争い自体が州法問題であり、かつ連邦管轄権が実は欠けていて、連邦裁判所での訴訟が受付けられるべきではなかったとしても、州裁判所には管轄権がないとした。

322

の占有ないし支配下に入った物件に直接の関係がある」場合にのみ……」
と、ルールをもう1回、厳格に述べ直している[344]。

　しかし、その翌年、**付随的**という言葉を用いないまま、実質的に付随的管轄権を拡げるケースが示された。そこでは、原告が、（連邦）独禁法による請求を掲げていて、連邦の管轄であることに問題はなかった。これに対し被告は、同一事実から生じた州法上の請求を反訴として出していた。原告の請求が否定された後も、最高裁は、そのまま手続を進めて判決した。要するに、「2つの請求が極めて密接に係っていること……」、を理由としている[345]。

　更に、付随性を決めるのが、それまでの**核となる事実の同一**という基準から、**論理的な依存**があるか否か、とのルールが示された[346]。

　(c)先例による理解は上記のとおりであるが、それとは別に連邦議会には、憲法の範囲内で下級裁判所の管轄を立法する裁量権がある（ただし、この点で議会が限定的な態度できたことは、前出のとおりである）。このように連邦議会の法律によって、下級裁判所の管轄を具体的に決められることに加え、連邦議会は、新たなタイプの下級裁判所（inferior court）を設置する権限も有するから、それにより既往の連邦裁判所の管轄を狭める効果を挙げられる。ただ、野放図にそれをできるかといえば、制約が働こう（第8章「現代の憲法問題―権力分立と司法審査の今―」中でも触れるように、司法審査権は、特に司法権自身と、その範囲や陪審権を守るために活用されてきた前史がある。これに加え、法史を重んじる法秩序の点からも、憲法上の権限、司法権の範囲〔III、2〕を実質的に狭めることはできないであろう）。

344　Fulton National Bank v. Hozier, 267 U.S. 276 (1925).
345　Moore v. New York Cotton Exchange, 270 U.S. 593, 610 (1926).
346　FRCP 13、14 や 20 は、訴訟当事者の併合要件を定めるもので、上記の連邦の管轄権ルールとは別であるが（FRCP で、連邦の管轄権を勝手に拡げることはできないが）、上記の連邦管轄権ルールに理論上合わせる形で拡げられてきている。

⑶現在の連邦裁判所法制と実力

　㈠現在の控訴裁判所（U.S. circuit court）制度の形が固ったのは、1891年に作られた法による[347]。冒頭に記したとおり、司法の分野においても二元国家とはいっても、植民州時代の司法は、一元体制が永く続いてきた。植民州裁判所の歴史（そこでのコモンロー形成の歴史）の長さを比べれば、連邦裁判所法制は、全体の長さの**1/3 くらいしかない**ということになる（なお、現在の控訴裁判所の正式名称は、U.S. Court of Appeals〔for Second Circuit など〕である）。

　連邦議会が、憲法に沿って連邦下級裁判所を設置したり、管轄を定たりするために立法した法典、連邦裁判所法は、28 U.S.C.（ⅠからⅥの6部から成り[348]、その Part Ⅳの第83章が、控訴裁判所の管轄などの規定）である。その取扱う事件の多くが（かつては海事事件と合衆国を当事者の一方とする事件が、その大宗を占めていたこともあったが）、現在では多州民事件（後出）の関係で管轄が生じる商取引のケースなど、日本企業を含む外国企業にも縁がある。

　(a)連邦議会による法制化が遅れたが、現在は、全国94地区裁判所（district court）の上級裁判所としての11（第1から第11までの地区別）の控訴裁判所のほか、国家賠償と国際貿易に係る訴訟など、連邦議会が作った特殊な手続についての新たな裁判所（主として、控訴事件でのいわゆる専門法廷としての位置付けのもの）2つを併せた13である。それらの名称と所在地、管轄地域などは、注347記の28.U.S.C.§41-46で定められている。

　(b)第1から第11までの各控訴裁判所が扱う中には、一般民商事事件を

347　1948 の Judicial Code で rename され、現在の法典 28 U.S.C.§41-46 となっている。うち、§44 (a)が judges の数を定める。
348　Ⅰが裁判所の構成、Ⅱが司法省、Ⅳが管轄と裁判籍、Ⅴが Procedure、Ⅵが Particular Procedure と、手続法も含む。

含む。扱うについての統一的な手続規則として、上記28 U.S.C.と連邦裁判所用のFRCP[349]に加え、控訴裁判所用のFRAP 1968（以来何回か改正されている）がある[350]。連邦法の下での事件や、多州民（民事）事件などの幅広い案件で適用される実体法は、特に連邦法に関係する争点のほかは、所在する50州のコモンローとなる。コモンローを形戈するのは各州裁判所であるが、連邦裁判所によるコモンローの判断には州裁判所も十分に注意を払うから、その意味では連邦裁判所も、**当事者と判事で作る**コモンローの生成・発展に事実上、大きく係っている。州裁判所と連邦裁判所との間には、いくつかの事実上の違いが存在する[351]（中でも大きいのが、連邦の裁判官が前記のとおり終身制であるのに対し、州の裁判官の多くが、数年毎の選挙によって就職する点であろう）[352]。

(c)上記のとおり、歴史の浅い13の連邦控訴裁判所であるが、前(2)で見た管轄による事件を処理し、コモンローの先例作りで連邦控訴裁判所による権威が強まっている。殊に、1960年代以降その重みが著しく増してきた。これには、アメリカの控訴裁判所が各州、連邦とも、**法律審**であることがある（事実の審理は、1審の専権である）。

別言すれば、控訴裁判所の主要な役割の1つが、法の最終的宣言者であり、自らの先例により（判例）法を事実上創造・宣明していることがある（少くとも、控訴裁判所によって分れている先例の一本化に最高裁が上告

349　Federal Rules of Civil Procedure, FRCPのRule 4呼出状（summons）は、6ページの長いもので、4(f)が、海外への送達方法の基本を定めた上で、その(k)(2)で、連邦の憲法と法律に反しない限り（……consistent with……）、**海外企業に対しても送達ができる**、としている。

350　The Federal Rules of Appellate Procedure。初めの頃はたとえば、rehearingについての手続規則なども、各控訴裁判所毎にまちまちだったが、最高裁は、"en banc hearing"について、各控訴裁判所が手続規則を明確に定めるよう命じた（1953）（Wright, *op. cit.* p. 11）。

351　國生一彦『アメリカの法廷で闘うとしたら―日本とどれほど違うか―』八千代出版、2012年、p.19。ただし、連邦裁判所の方が公平かどうか、実際には、少数の目立った例外のほかは、判断が困難とする意見もある（Friedman, *op. cit.* p.279）。

352　未だに任命制をとる少数の州もある（マサチューセッツやメイン州）。その他は特に1850年後に連邦に加盟したカリフォルニアなどの新規参入州は選挙制が多い（Friedman, p.279）。

第２編　連邦憲法、その成立過程、内容と、南北戦争前までの展開

受理命令を出して乗り出すまで、それがいえる）。殊に、連邦コモンロー、連邦実体法（連邦私法）の分野では、唯一の法の創造者である[353]。

　(d) 20世紀の半ば過ぎから、連邦控訴裁判所の事件数は10年毎にうなぎ昇りの勢いで増加を続け、今やアメリカの司法機関による先例作りの中で、13の連邦控訴裁判所が大きな位置を占める[354]。なお、2010年の終結民事事件数を U.S. Court of Appeals のウェブサイトから見ると、3万914件となっている[355]。連邦判事（federal judges, Article III judges）の数を1950年と2013年とで比較すると、控訴裁判所段階では倍増し、地区裁判所段階では3倍になっている。

　(ロ)前一.1. で見たとおり、現代法としての意味での立憲主義（constitutionalism）は、**権力分立原則**の上に立ち、**司法権の独立**を同義語とする。このように、constitutionalism を意義付けるものとしての司法（独立）の意味は大きいが、その機能や範囲には、司法そのものの性質からして限界がある。日本でも似たようなことがいわれるが、中でも（司法）事件性（justiciability）による限界が第1にくる（アメリカの law school で最初に習うことの1つが、この〔司法〕事件性〔justifiability〕である）。司法は、抽象的、仮定的な法律問題には答えるべきではないというものであり、憲法条文の "cases and controversies" が、文理的な根拠とされる（III、2）。ほかに、「助言的意見の禁止」（ban on advisory opinions）との表現も使われている（大統領ワシントンから外交上の意見を求められた時に、ジェイ〔John Jay〕が拒んだのも、その理由による）[356]。

353　連邦コモンロー、連邦実体法（連邦私法）の分野として、はっきりしている例として、海事事件（admiralty and maritime jurisdiction）がある（III、2）。その他の連邦コモンローの分野として、注351書 p.26 参照。

354　20世紀半ば以降の全国の控訴裁判所の事件数は10年毎に何倍かの勢いで伸びた（Wright, *op. cit.* p.12）。

1950 年	1960 年	1970 年	1980 年
2,830 件	3,899 件	11,662 件	36,362 件

355　"terminated on the merits after oral hearing or submission of briefs" の総数。その主な内訳は、次のとおりである（カッコ内は判事数）。2d Cir., 3304⒀, DC Cir., 520⑾, 1st Cir., 965⑹, 9th Cir., 6324⒆.

現代でも INS v. Chadha 事件（第8章注146）では、政府側が「事件性はない」、との抗弁を出したが、最高裁は、事件性があるとして認めなかった。

(a)(司法) 事件性 (justiciability) の有無と、事件性があることの前提の上での**司法権の抑制**とは区別される。司法権の抑制にも、2、3のパターンが知られる。管轄があるのに事件として受理しない。これは、原則としてあってはならないことだが、いくつかの理論の下で、連邦司法権の行使、抑制が認められてきた[357]。その入口での関門が、事件性・争訟性 (justiability) である。争訟性があっても受理しない1つに、三権の他の2部門 (Departments) に対する配慮のようなものがある。William Rehnquist 長官の時の Gore v. Bush は、その理論に反して判断が下された。それなりの批判を浴びた。ほかに Brandeis 判事が述べた**抑制理論** "constitutional avoidance rule" や[358]、"abstention doctrine" などが多くいわれる[359]。

二元国家アメリカの場合、この司法事件性に加え、更にいかなる場合に、連邦裁判所が州裁判所の判決に嘴をいれるべきか、連邦問題が争点に含まれている事件すべてか、それとも制約があるのか、が問題となる。連邦問題が含まれていても、問題の核心が州法になっているケースでは、連邦司法は自らを抑制すべきことが、広く指摘されている[360]。実際問題としてこ

---

356 これは、フランス革命後のフランス政府とイギリスなどヨーロッパ諸国との間のナポレオン戦争 (Napoleonic Wars) に至る前の話しである。生れたばかりの（フランスを大恩人と感じる）ワシントン内閣がとるべき中立策について、ワシントンから意見を求められた John Jay の 1794 年の書簡である。1790 年にはまた、Hamilton が連邦による戦時中の債券の引受けを可能とする法律についての意見を書簡で求めたが、「事件以外には判断しない」、と断っている。

357 権力分立のアメリカに特有の州司法権との関係では、州の管轄との接点と、州法判断によるその州法体系との関係で抑制理論が探られてきた（前出）。

358 Brandeis 判事が述べた抑制理論としてよく利用されるのが、次の(ハ)(b)で見る Ashwander v. TVA である（なお、第7章注 128 参照）。

359 Nat'l Farmers Union Insurance Companies v. Crow Tribe. 471 U.S. 845 (1985) では、Brandeis 判事が述べた抑制理論とは異り、連邦問題の事件として連邦司法管轄があることは肯定しつつも、原告の Crow Indian Tribe を勝たせた元の Tribal Court での救済がないか、それを尽した上でなければ、連邦裁判所による救済は考える必要がないとしている。

第2編　連邦憲法、その成立過程、内容と、南北戦争前までの展開

の質問は、その州裁判所判決が、連邦問題（federal question）（憲法Ⅲ、2）に係る場合以外に、最高裁がどこまで州の判決を審査できるかの司法審査の問題に収斂する。最高裁が、州の立法なり判決を review するルートにも、州裁判所による判決を review する場合と、多州民事件でのように、その州内所在連邦裁判所が行った判決を review する場合との2つがある。

　(b)連邦主権と州主権との関係を正面から扱う憲法の規定は乏しく、この関係は、第8章3.でのテーマであるが、連邦司法管轄の視点からは次の点を考え、以下のように要約できよう。

　①連邦による各州の領土保全（Ⅵ、3）、②連邦憲法改正時にも（上院での）州の平等権を確保すべきこと（Ⅴ）、③連邦と州双方の主権の関係を主題にした修正Ⅹ、および④州が連邦法廷での被告とされることへの制限（修正ⅩⅠ）。これらはいずれも部分的にしか触れていないが、4つ以外に規定はない[361]。

　その中で、連邦裁判所も州独自の司法（憲法）システムと手続法を、最大限に守るべきとする考えがある。その絡みで先例が編出してきたルールの主柱は、**適切かつ独立した州法問題**（adequate and independent state ground）があるか、もしあれば、連邦司法管轄は抑制されるべしという

360　Railroad Commission of Texas v. Pullman Co., 312 U.S. 496 (1941) が、その1つとされている。Texas 州の鉄道局（委員会）による規制が、「Texas 州法の定めるところにより行ない……」となっている中で、次が行われるべきか、その通り行われているか、これらが争われた（Texas 州内を巡る鉄道会社らと、同委員会との争いが素で、その焦点は、Pullman 寝台車の車掌は白人で、そのポーターは黒人という慣行がある中で、ポーターに車掌を兼ねさせていた鉄道会社に対し、委員会がストップをかけたことで、鉄道会社と Pullman Corporation とは、委員会を連邦地裁に Equal Protection, due process of law などの違反として訴えた）。1審、2審が鉄道会社の訴えを認め、委員会命令の差止めを命じたのに対し、最高裁は Texas 州法の解釈の問題であり、Texas 州最高裁に任せるべき問題であるとしている。その中で、同じ 1941 年の先例 Beal v. Missouri Pacific R. R. Corp., 312 U.S. 45 も引用しており、そこでは、類似の事実を素に行政命令ではなく、刑事告発が予定されていて、1審、2審がその差止めを命じていたのに対し「刑事手続きの衡平法による差止めは普通ではない」とも述べている。

361　このうち修正ⅩⅠは、他州民が州（政府）をその同意なしに連邦の法廷に訴えることを制限することを定め、一般に州主権を基礎にするルールとされている。ただし、他州民が連邦法による権利を基礎として訴えている時には、その限界線を引く作業はより困難になる。

ルールといえる。

　上記の**適切かつ独立した問題**のルールとは、一言でいえば、Ａ州裁判所がa事件で判決したケースで法律問題としてはＡ州法と連邦議会による制定法とが係っているという時、もし、Ａ州法の問題が、その連邦議会による制定法とは独立していて、事件の処理に適切であるならば、連邦最高裁は、Ａ事件をreviewすることを差し控えようというものである[362]。

　この**適切かつ独立した問題**のルールを浸食するような考え、たとえば「連邦議会が仮に、『州法事件での州の判決も、連邦最高裁がreviewする』との立法をしたら、reviewすべきだ」といった先例が出された例はない（そうなれば、その州法のその部分は、連邦最高裁の先例が支配することとなり、司法での州主権は失われる）。

　(c)もう一方の極の議論として、連邦憲法の最高法規性からするものがある（IV、2）。最高裁の先例の下で**白のもの**が、州の判決の下で黒になってよいか、条約や連邦議会の法律の趣旨を抹殺するような州の司法判断が出されたままでよいのか、といった疑問である。この点は、南部州のBlack Codeなどの州法の下で人権抑圧があり、州司法がその人権救済に欠ける時、最も鋭く問われることになる（第8章3.(2)）。その意味で、最高裁がこの最高法規性条項（Supremacy Clause）（IV、2）の最後の砦となろう。その砦の長として建国の初めの1800年に、John Adams大統領がJohn Marshallを選任したことが、今日のアメリカにどれほどの足跡を残したことか[363]。

　(d)以上のルールのほかに、州と連邦の管轄が競合するような場合、州裁判所は、自らの管轄を行うのに憲法IIIに拘束されないことに留意する必要

362　Fox Film Corp. v. Muller, 296 U.S. 207, 210 (1935), Coleman v. Thompson, 501 U.S. 722. 729 (1991).
363　Burnsは、かつてNew Dealを受けて最高裁が行った方向転換を、この20年ほどの間に最高裁（John RobertsやWilliam Rehnquist）自身が、元来た方角（保守回帰）に、かつての自由奔放なアメリカに、静かに舵を切ってきたという（*Packing the Court*, James MacGregor Burns, p.245）。

がある。一方で連邦は、「なるべく自制しよう」、との先述の**抑制理論**（abstention theory）がある。インディアン居住区内での事件では、連邦司法は、事件を受付ける前に、インディアン部族による司法審理に十分な礼譲を払うべきとしている。しかし他方で、憲法および法律の下で管轄があるのに、連邦裁判所が行き過ぎた抑制をすることは、「義務違反である」、との批判も加えられる。

　㈗連邦裁判所制度の花形となると、やはり連邦最高裁となる。現在も生き続ける憲法の最高法規性のどこまでが作成者らに由来し、どこまでが先例に帰しうるかは、正確には知り得ないとしても、最高裁の第4代（実質的な初代）長官としてのジョン・マーシャル（John Marshall）の果した役割が、多くの人によって注目されてきた[364]（初代長官の John Jay は、裁判所や弁護士会の規則作りなどでは忙しかったであろうが、事件そのものは多くなく、その間の憲法上の大きな事件としては、州の主権免責〔state sovereign immunity〕が争われた Chisholm くらいだとされている[365]）。この最高法規性を起動させ、三権分立体制に息吹を与えた人としてのジョン・マーシャルに対する讃辞は、随所に書かれている。Friedman や[366]、ワシントンの伝記作家として本書でも度々引用するエリス（Ellis）も、同様の讃辞を呈している[367]。

　(a) ジョン・マーシャルは、長官として、30年以上もの年月（1801〜1835年）活躍し（その間の大統領は6人）、1000以上の判決に列り、うち519で自ら代表して意見を書いている[368]（うち8回のみ、反対意見の側にいた。つまり、全会一致ないし多数意見が多いのが、この時代の

364　初代から3代、1789年から1801までの長官は、John Jay, Edward Rutledge, Oliver Ellsworth である。

365　Chisholm v. Georgia, 2 U.S. 419 (1793). 革命戦争で連合のため物品を納入した A の相続人が、Georgia 州にその代金の支払請求をした事件で、4：1で請求を容認した（この結果を受け、1795年に州の主権免責を定めた憲法改正案の批准が実現した）。

366　中でも、彼が合衆国憲法に息吹を与え、（憲法の最高法規条文を通して）権力の分立構造を「生々としたものに形造った……」、という部分は、他の識者も賛同している（Friedman, *op. cit.* p.83）。

367　Joseph J. Ellis, *Founding Brothers*, Vintage Books, 2000, p.116.

特色といえる[369]）。その間、合衆国の法律を無効と判断したのは、時の大統領ジェファーソンとジョン・マーシャルとが、実質的に対決した歴史的なマルベリ事件１回のみであるが[370]、州議会による立法や、州最高裁判決など州の行為を無効と判断したケースは少くない[371]。ジェファーソンは、彼の記録集 Anas の中でもジョン・マーシャル（John Marshall）に対する対抗心をむき出しにしていたが[372]、マルベリ事件は、正にジェファーソンが、その対フェデラリスト政策として真夜中判事法（Midnight Judges Act）（前出）の下で任命された判事らの身分を奪ったことから、その結果として生じた[373]。

(b) John Marshall の頃とは異り、現在の最高裁は自らが "writ of certiorari" を発した事件について、裁量的にのみ上告を受理する[374]。「裁量的に」といったが、最高裁は Supreme Court Rules を出している（Rule 10 がいくつかの理由を列挙している[375]）。アメリカの最高裁は、ドイツなどに存在するような憲法裁判所ではないが、上告受理理由に、憲法問題が

368　このように、裁判官が各別に意見を書くイギリス方式（seriatim）から、裁判所の意見を１人の裁判官が代表して書く方式（per curiam）に変ったのも（イギリスでは Mansfield 卿が試みたことがあるが、永続きしなかった）、ジョン・マーシャル長官時代である（Friedman, *op. cit.* p.87）。

369　彼が係った主要先例には、Marbury v. Madison、Fletcher v. Peck、Martin v. Hunter's Lessee のほかに McCulloch v. Maryland (1819)、Cohens v. Virginia (1821)、Gibbons v. Ogden (1824)、Worcester v. Baltimore (1833) などがある。

370　Marbury v. Madison, 5 U.S. 137 (1803).

371　ジョージア州の立法を無効と断じたケースとして、Fletcher v. Peck, 10 U.S. 87 (1810) や、Ware v. Hylton, 3 U.S. 199 (1796) がある。後者は、Martin v. Hunter's Lessee ケースに似て、最高法規条文の下では、州法よりもパリ条約が優先するとして、植民州時代の議会の立法の下での州による土地収容を無効としている。

372　ジェファーソンは、与党が多数の議会上、下両院に働きかけて、最高裁のサミュエル・チェイス（Samuel Chase）判事の弾劾手続を始るが、本当に狙いたかったのは、ジョン・マーシャルだったといわれている。

373　ジェファーソンは、与党 Republicans が多数の議会上、下両院に働きかけて、bench から強い Federalist 的信条を吐いていた最高裁のサミュエル・チェイス（Samuel Chase）判事の弾劾手続を始める。John Adams 大統領が前年に残していった同名の法律により設けた circuit court を主とした、連邦司法部を補強する措置に、その判事への任命人事を含め、ジェファーソンが、1802 年の Judiciary Act によりすべて反古にして元に戻して了った。

374　28 U.S.C.§ 1254、1257、2350 参照（"……may be reviewed……" となっている）。

375　受理するための慣行として４人の判事が賛成することがある（law.cornell.より）。

331

殊更に多く掲げられる傾向は同じである[376]。最高裁はこれに対し、必要かつ適切な時を除き憲法問題に触れない（pass upon しない）以下のようなルールを編み出してきている。かつては、巡回裁判所の面倒も見なければならず、連邦最高裁判事の負担は重かったが、古い巡回裁判所制度が廃止され、入れ替えに連邦控訴裁判所制度ができて、連邦最高裁判事の負担も軽減された[377]。

Brandeis 判事が TVA 事件で示した constitutional avoidance rule は、次のいずれかであれば、Court は憲法問題に立入らないとする。

① upon the constitutionality of legislation in a friendly, non-adversary, proceeding……（紛争性の欠如ないし薄弱さ）

② a question of constitutional law in advance of the necessity of deciding it（憲法問題に立ち入らなくても解決可能）

③ a rule of constitutional law broader than is required by the precise facts to which it is to be applied（必要を超える幅広い憲法問題）

④ a constitutional question, although properly presented by the record, if there is also present some other ground upon which the case may be disposed（憲法問題も存在するが、その他の法律によっても解決可能）

⑤ the constitutionality of a statute unless the plaintiff was injured by operation of the statute（問題となっている法律によって実害が生じていない）

⑥ the constitutionality of a statute at the instance of one who has availed himself of its benefits（当事者自らがその法律から利益を得てい

376　最高裁は、1981 年期には、4280 の上告申立てに対し 313 件を実体的に処理したが（注 310 書 p.14）、近年期は、100 件に満たない件数しか処理していない。

377　Judge's Bill of 1925 により、上告理由を限定する一方、裁量的な上告受理命令（writ of certiorari）中心の制度とした。なお、1789 年司法法は、最高裁判事の構成を、Cheif Justice プラス 5 人の Associate Justices の 6 人としていた。その後 1869 年に現在と同じ 9 人になるまでに、その数には、6 回の変遷があった。その間、Justice らによる Cir. Court への巡回義務は、101 年間も続いた（usgovinfo.about.com）。

る）

⑦Even if "serious doubt[s]" concerning the validity of an act of Congress are raised, the Court will first ascertain "whether a construction of the statute is fairly possible by which the question may be avoided."（連邦法の有効性に重大な疑問もあるが、解釈の仕方によっては、問題が避けられる）

(c)司法審査については第8章で正面から採り上げるが、日本の司法審査とは異り、ここでの司法審査には州最高裁の判決に対する司法審査が含まれる。これは、連邦の司法権の範囲を定めた憲法（III、2）と最高法規性を定めた憲法（VI、2）による帰結であるが[378]、1789年司法法によってより具体的な管轄が決められた。

それによると、連邦最高裁へ上訴できるのは、連邦問題についての州裁判所の決定についてのみである[379]（法25）。3.(2)(イ)で見たように司法審査においても、このように二元国家的側面が観察される。外交、軍事といった分野では、州の主権が、事項の性質上やや後退することになるが、そのことが先例による司法審査面にも反映されている。一方、中央と州とが共管で重なり合う通商、課税、衛生検査などの分野では、州最高裁の判決に対する異議申立てとして、憲法問題が提起され易いといえるだろう[380]。

(d)管轄があるのに事件として受理しない。これは、原則としてあってはならないことだが、いくつかの理論の下で、連邦司法権の行使、抑制が認

378　なお、合衆国のだけでなく、「すべての州の立法府および行政と司法部門の官吏すべても、憲法を支持する旨の宣誓と確認に縛られる……」（VI、(3)）との規定が根底にある。
379　連邦問題（条約）が絡んでいても、事件は「州法の問題であり」、「連邦の管轄ではない」、として頑張っていたVirginia州の司法に対し連邦の管轄を認めたのが、Martin v. Hunter's Lessee (1816) であった。これに似た刑事事件が、Cohens v. Virginia (1821) である。ワシントンD.C.内でのlotteryの販売を有効とする連邦法の下で、Virginia州でlotteryの販売をした行為を犯罪としていたCohens兄弟が、その法律の下で起訴され、有罪判決を受けていたのを、最高裁は、管轄があるとして上告を受付け、逆転無罪とした（連邦法の州法に対する優位を述べている）。
380　Tribeはこのような二分法ではなく、中間に第3のカテゴリとして人権条項（特に南北戦争後の修正条項）を分けている (p.964)。

第2編　連邦憲法、その成立過程、内容と、南北戦争前までの展開

めらてきた[381]。その入口での関門が、事件性・争訟性（justiciability）である点は前述した。争訟性があっても受理しない理由の1つに、三権の他の2部門（Departments）に対する配慮のようなものがある。Rehnquist長官の時のGore v. Bush, 531 U.S. 98 (2000)は、その種の理論にも拘らず判断を下したが、それなりの批判も浴びた。

㊁本章でアメリカの連邦政府三権の組織法を述べる中で、日本などとの比較で司法権がかなり大きなウェイト・役割を占めることを見てきた（本書でも行政府以上のスペースを割いてきた）。1つには、訴訟社会（litigious society）といわれるアメリカで、憲法解釈に絡む争いが多く裁かれていることがあり、それなりに世間の注目を集めてきたことがあろう。いわゆる**政治問題**原則（political question doctrine）については、第8章2.(1)(ト)でも再説するが、そこでの選挙区割事件で[382]、最高裁は、司法権行使の抑制をせず、これを争訟性ありとして処理した。

(a)とはいえ、アメリカの最高裁判断が政治的な影響と無縁ではなかったことは、BurnsのPacking the Court（注363）に見るように、アメリカの多くの識者がかなり指摘していることではある（なお、Obama大統領自身の憲法観と最高裁人事に対する考え方につき、第8章注189、191参照）。独立後に初めて誕生した連邦司法、その裁判官の身分保障、そこで下される最高裁判断に対する批判は、この200年間絶えることがない[383]。殊に、司法積極主義（judicial activism）に対する左右からの批判はかなり存在する（人種問題では、Dred Scott v. Sandfordが辛辣に批判されたし、また第二次大戦中の日本人の強制収容〔internment〕を巡る事件に

381　権力分立問題で、アメリカ特有の州司法権との関係があるが、この面では、州の管轄との接点と、州法判断によるその州法体系との関係で、連邦司法の抑制理論が探られてきた（前出）。

382　Baker v. Carr, 369 U.S. 186 (1962). 州選挙法による区割が、憲法に反するとした。その中で、いわゆる**政治問題**原則（political question doctrine）に、反駁していっている。
　「我々はpolitical casesは扱わないが、ある政治上の行為が憲法の許容域を超えているかどうかを真面目に争うケースを『争訟性なし』とはしない……」（……cannot reject as 'no lawsuit' a bona fide controversy……）（at 217）。

対しても批判が向けられた[384]）。更に判事らの仕事ぶりに対する一般人の評価は、この 30 年で一貫して低下傾向にある[385]。

(b)最後に、アメリカの司法についていわれることのある（主に）州の司法の腐敗問題に軽く触れておこう。中でも、19 世紀末近くのニューヨーク州の司法の腐敗は、Friedman にも出てくる[386]（親族を管財人などに指名したなど）。

　その頃のニューヨーク政界の腐敗の中で、ニューヨーク州裁判所（supreme court）の 2 人の判事（後に、最高裁の判事になったベンジャミン・カルドーゾ〔Cardozo〕の父など）が、弾劾の候補とされた（候補とされたカルドーゾ判事は辞任した）。その多くが、タマニホール（Tammany Hall）と関係していたとされる[387]。

(c)もう 1 つ、法律文献の整備の点で、各州にそのための官職も設けられ、公式の law reports 作成が始ったのは、19 世紀 10 年代、20 年代であろう。それにより、漸く各州のコモンローが、ある程度信頼のおける形で公表され、広く利用できるようになる。また、連邦最高裁のリポートは、1804

383　20 世紀になってからでも、主なものとして、次の 3 つの動きがある。
　(i) New Deal 時代の F. Roosevelt による法案 Judiciary Reorganization Bill of 1937（第 7 章 2.(2)(=)(d)）、
　(ii) 1950 年代に Brown v. Board of Edu.後に南部州で起きた、local school の問題に対する連邦司法権を排除しようとする立法の試み、
　(iii) 1960 年代のいわゆる Warren Court の判決に対する Warren 長官弾劾のためのキャンペーン。
384　Korematsu v. United States, 323 U.S. 214 (1944)と同日に下された決定、Ex Parte Mitsuye Endo, 323 U.S. 283 (1944) では、habeas corpus による injunction を認めている。
385　2012 年付 New York Times では、3/4 の人々が、最高裁判決を政治に影響されているとし、最高裁の判事らが法律に（忠実に）沿って判断していると答えているのは、8 人に 1 人しかいない。更に、1980 年代では、「判事らの仕事に対し肯定する」との答えが 66 ％であったのに対し、2000 年には 50 ％、現在は 44 ％に下った、とも記している。
386　Friedman, p. 281. なお、Gore Vidal の歴史小説「1876」も、当時の連邦政治（大統領の選挙人団での広範囲での買収）と、ニューヨーク州、市の政治の汚職を描いている。
387　19 世紀末近くのニューヨーク（州と市）の政界で、民主党系の団体タマニホール（タマニ社）（Tammany Hall）。その頃、ニューヨーク州選出の連邦下院議員 William M. Tweed がボスであった。F. Roosevelt も 1920 年近く政界入りした頃は、Tammany Hall に悩まされたが、その後 8 年ほどの党務活動を経て、1929 年のニューヨーク州知事選では、Tammany Hall の支持も得て当選している。

第 2 編　連邦憲法、その成立過程、内容と、南北戦争前までの展開

年から出されるようになった[388]。各州の弁護士も、イギリスのリポートや、ニューヨークなど他の州のリポートを参照しなくても、答弁書などが書けるようになった。とはいえ、先端的な法律問題などでは、ニューヨーク州や、次いでマサチューセッツ州のリポートは頼りにされることが少くなかった時代がかなり続いた。

388　リポートは、殆んどが法律審である控訴審のそれである。Washington D.C 地区の circuit court 判事であった William Crauch が著し、その中で「……これで屈辱的に外国の司法に従わなくても、我々独自の common law が立上って行く……」と記したという（Friedman, *op. cit.* p.242）。

336

第5章

憲法の下での、初期アメリカにとっての内外の問題

一． 新生アメリカと憲法の修正

1． 憲法の下の新生アメリカ

(1) 新国家建設の現場レポートと人々の生活法

　(イ)前第4章までで、1789年に正式成立した合衆国憲法（連邦憲法）について、その成立過程、内容につき概観した。本章では、その憲法の下で新生アメリカがどんな風な**滑り出し**をしたか、**初期憲政史**の姿を探り、次章で憲政史のハイライト「**南北戦争と、人種問題**」を尋ねる。

　(a)連邦憲法が成立し、その下で合衆国が誕生した。以後、19世紀前半のアメリカを一言で表す言葉は、**成長・増大**である。この半世紀の間に領土（空間）、国力（人口）、経済（GDP）の3次元とも、4倍、7倍という驚異的な伸びを示した。他に類例を見ない。領土についていえば、インディアンらが数千年間も住み続けてきた土地、フランス、スペイン、イギリス、メキシコが領有していた土地を、奪取し、併合し、開拓し、定着し、買取りしである[1]。このような領土（空間）の急激な膨張で、先ず道路と運河の開削が求められた。道路といっても、雨が降っても泥濘まない、常用の馬車専用道路である。アメリカではこれが、1815年の第1次運輸革命で実現した[2]。この領土の拡大を端的に表す言葉、それはSouthwest Ordinanceによって生まれたTerritoryである[3]。13州の中でもNorth

第2編　連邦憲法、その成立過程、内容と、南北戦争前までの展開

Carolina からの入植者が多かったこの地には、独自の州を設立しようとの気運がずっと存続していた[4]。

　人々は経済の伸長を信じ、新大陸（といっても、大西洋沿いの当初の13州が中心）には、21世紀初めの中国を思わせるくらい改革開放の気が漲っていた。このように、19世紀前半までの新生児期のアメリカを一言で表すとすれば、「フロンティア精神」「無限の広がり」であった[5]。成長・増大のこの時期、南部の黒人奴隷の労働から生み出された綿は、世界市場へ奔流のようになだれ込み、イギリスとニューイングランド地方では、それが産業革命のアクセルとして働いた。南北戦争の2年前、South Carolina からの上院議員が行った院内演説がある（第6章注37）。奴隷廃止論の旗頭であったニューヨーク州からの上院議員 William Seward に対抗したもので、その議論のエッセンスは、「南部が綿花を売るのを3年間止めたら（南部は一発の大砲も打つことなく、刃を抜くこともなく）、北部州を含め全世界が南部の足下に跪くだろう」、というものである。同議員は、南部社会がいかに安定して素晴らしい社会であるかを強調している[6]。

1　憲法前に生れた最後の（時の）大統領 Zachary Taylor は、1850年に驚嘆の声をもって自らの半生を振返った。革命戦争でイギリスから取得したミシシッピ川以東の土地で2倍以上になった合衆国の領土（1812年戦争でその取得を固め）。それが、フランスのナポレオン（Napoleon）からの買収（Louisiana Purchase）により更に倍増していた。その後も、テキサス（Texas）併合やメキシコ戦争を経て、発足時13州の8倍になった（James McPherson, *Battle Cry of Freedman*, Oxford Press, 1988, p.6）。
2　大陸での物資の輸送には、1815年までは、下り専門としては筏のような flatboat か、さもなければ帆船であったが、同年の「運輸革命」で、今まで天候次第ですぐ通行不能になった泥道が舗装された上、運河開削も始った（これらには州、私企業、そして連邦政府も参加してきた）（McPherson, *op. cit.* p.1）。
3　正式名 "Territory South of the River Ohio" で、Northwest Ordinance による Northwest Territory に対応する。1790〜1796年の間に存在し、その年に Tennessee 州となることで消滅した（元は North Carolina 州が戦争中の債務の弁済として連邦に譲渡した土地〔Washington District〕である）。
4　そこには住民が、1792〜1776年に Watauga Association という、また1784〜1789年には State of Franklin という自治体を作っていた。この Southwest Territory で governor をしていたのが、革命戦争中は大陸軍の Paymaster で、制憲会議では North Carolina の代表の1人でもあった William Blount である。
5　GDP が7倍になったからといって、すべての白人が潤った訳ではなく、貧富の差が拡大し、それまでの職人らの中からは、多数の貧しい白人（poor white）も生じた（McPherson, *op. cit.* p.7）。

338

第5章　憲法の下での、初期アメリカにとっての内外の問題

(b)明るさの反面の闇も大きかった[7]。Andrew Jackson によるクリーク・インディアン（Creek Indian）の征服（1813〜1814）に代表されるインディアン征服の歴史が、19世紀後半までも継続された。戦争では負けなかったものの、イギリスの存在の巨大さ、過大さが、外交上だけでなく、内政（財政）上にも影を落としていた。連邦政府の収入の90％は、外国からの輸入税に頼っており、輸入品の90％が、イギリス（とその属領）からのものであった。財務長官 Hamilton が、仕事で一番先にチェックしたのが、そのイギリスからの輸入が、そして輸入税が、確保されることであった[8]。これに対し、アメリカを一人前の国として認めようとしないヨーロッパに不満を抱いていた Madison は、新生アメリカと友好通商条約を締結しようともしない外国、殊にイギリスが、アメリカに対し相応の敬意を払うことを求め、そのためにも、輸入税率引上げを強く主張していた[9]（後注320、321）。まだ生成途上の**フランス共和国革命政府**も、外国からの輸入税を引上げる法律を通さないよう、今は国務長官の Jefferson などを通して働きかけていた[10]。

(ロ)19世紀初めを告げたもう1つの出来事は、前出の運輸革命である。1815年の道路運輸革命（前出）に次ぐ第2次運輸革命は、蒸気機関の実

6　"The greatest strength of the South arises from the harmony of her political and social institutions......harmony gives her a frame of society, best in the world......such as no other people enjoyed on the face of the earth." これは South Carolina 州からの上院議員 James Henry Hammond が、南部社会を King Cotton と賛美した1858年の演説の一部である。

7　Mississippi 州などの綿畑と、その付属小屋などでの黒人奴隷の生活実体は牛馬に類し、その中には、目を覆いたくなるものもあるが、その憲政史的（人権）記述は次章に行う。

8　対戦国であったイギリスからの輸入が、1786年には戦前のレベルに戻っていたこと、またイギリス向け輸出の落ち込みを他で補えたことにつき第2章2.(2)(ニ)参照。

9　ワシントン大統領が第1回議会へ提出する教書の原稿と、それに対する議会の答弁書の原稿との両方ともを代理作成していた Madison は、その中で、「アメリカの通商が、他国への危い依存にならぬように……」との警告を鳴らしていた（Banning, p.337）。なお、Madison の対英関税引上げ法案は、Hamilton の強い反対で、1790年、1791年と、議会で立続けに否決されている（Banning, p.336）。

10　Washington は、このようなフランス情勢に関する Jefferson 報告を、議会に提出していた（その報告中で Jefferson は、イギリスとフランスの対米外交を比較し、イギリスが、未だにパリ条約の定めをいくつも履行していないのに、アメリカは、「それに対し、何もしていない」、と難じていた）（Banning, p.337）。

339

第2編　連邦憲法、その成立過程、内容と、南北戦争前までの展開

用化が中心である。それによりアメリカ社会は、イギリスの後を追いかける形で、産業革命（しかもイギリスとは違って直接**大量生産、大量消費型の産業革命**）時代に突入し、足早に通過して行った[11]（これらの産業革命と、そのための社会革命を推進した1つが、短命だったWhig Partyの1830年代の政策である[12]）。足早な通過を可能にしたのが、当時の世界でもずば抜けて高いアメリカの識字率であった[13]。その背景にはMassachusettsを中心にNew Englandで特に強かった父祖らの教育熱心があった[14]。そのMassachusetts方式の他州への拡大があった[15]。

　(a)土地、森林資源、水力資源が、イギリスとは比べものにならないほど豊富だったことも、幸いした。更に教育制度が、イギリスよりも近代的である点も、プラスに働いた。新大陸では、大きな地域的広がりをもって（殊に、ニューイングランド地方では入植から程なく）定型化・組織化された公教育制度が発達していた[16]（第1章注22）。若者の識字率や合理的

11　ヨーロッパとは違って、労働者が、（大量生産に不可欠な）機械化に対し拒否反応を示さず、機械の導入が比較的スムーズに進んだことがある。他の西欧諸国より半世紀近く、産業革命に入ったイギリスであったが、**大量生産型産業革命**の点では、アメリカに先を越されたといえる。1851年ロンドンでの世界産業博覧会を見学したイギリス人は、今や世界で第2番目の高い工業生産に達したアメリカに目を瞠り、1854年には、議会がアメリカに産業調査団を派遣するまでになった（McPherson, p.17）。

12　Whigsは近代的な市場経済を志向し、そのためには技術工の育成、産業向けの金融システムが必要とし、禁欲的プロテスタンティズムに根差した公教育の確立と充実が大切だと主張していた点で、伝統的価値を重んじ平等な農民層を支持基盤とするDemocratsと対照的であった（注382）。

13　1750年代にはNew England地方の識字率は男子75％、女子65％で、その他の地方より遥かに高かった（chesapeake.eduより）。就学しなかった黒人の識字率は、無論10％程度であったが、それを入れても、1850年代で、アメリカ人の4/5は読み書きができた、これに対し、イギリスと北西ヨーロッパが、2/3、南と東ヨーロッパは、1/4であった（McPherson, p.20）。

14　American Educational History Timelineによれば、Boston Latin School（最初のLatin Grammar School、ある程度の家庭の子弟で、教会、政府、法曹などの人材育成を目指していた）が1635年に、またHarvard Collegeが1636年に設立された（eds-resourses.comより）。

15　Franklin, Massachusetts生れで、妻がNathaniel Hawthorneの妻と姉妹の関係であったHorace Mann（1796〜1859）は、同州の初代長官（State Board of Education）、連邦下院議員（Quincy Adams死去後の欠員として）などを務める。その間、普遍的な公教育の拡充を唱え、Whig Partyから強い支持を受ける。彼の推進した師範学校（normal schools）制度は、宗教色の強いcolony時代の同州の教育法、Deluder Satan Act（第1章注23）などと決別したsecular educationであったが、多くの州で追従する例が見られた。

第5章　憲法の下での、初期アメリカにとっての内外の問題

思考が、イギリスより進んでいた。

その New England の中でニューヨーク州は、五大湖までの運河開削に血道を上げ、州の後押しを受けた運河会社により、1850 年までに 6000 キロメートル近くが掘削された。五大湖やミシシッピ川で蒸気船の航行が盛んになるにつれ、イギリス古来の海事法（admiralty law）から抜け出す必要が出て、**海事**の意味が次第に拡げられたが[17]、海上交通の関係者らは一様に、admiralty の新しい定義を歓迎した。海事法（admiralty law）は、憲法により手続法的には連邦管轄とされる一方、実体法として見ると、商人法（merchant's law）の 1 つであるから、世間のニーズに応え、時代とともに進歩する面がある。古くからの tidewater のアイデアに捕らわれていたイギリスとは異り、アメリカの海事法は、五大湖やミシシッピ川などの大河にまで適用が拡げられた。

(b)貴族や僧正などの身分がない没階級社会で（南部州の中には、Virginia のようにイギリス国教会系の教会と宗教社会が根を下ろした所もあったが、そこでも、革命戦争の間にピューリタン教会の勢力下に入った例が少くない）、しかも、17 世紀前半から教育が比較的広く普及し出したアメリカでは、生活に密着した小さな発明も少くなかった[18]。蒸気機関の実用化という打ってつけの出来事も、この時期に生じた。広大な国土（しかも、平坦地が多い）のアメリカにとってほど、蒸気機関の有難味の大きい国はない[19]。ほどなくして陸の蒸気機関車が活躍を始めると、蒸気船の運河への華々しいデビュの時は終り、運河会社は、法人設立の主役の座から

16　colony 時代の伝統を受け継いで、第 1 代から第 4 代の各大統領はじめ、建国の父祖らは、皆一様に教育の重要性を認識し、かつ奨励した。ワシントンも、彼の**告別の辞**中で、宗教と道徳が不可欠であること、司法法廷での宣誓から宗教的倫理感が失われたら、「一切の社会の歯車が、どうなって了うか」、と問いかけた後、それらの基礎として、知識普及のための一般的教育制度が重要なことを訴えている。

17　イギリス由来の admiralty を "ebb and flow of the tide" に限るとする "tide water theory" と、それから脱皮したアメリカの先例につき、Peyroux v. Howard, 32 U.S. 324 (1833) 参照。なお、水利権（riparian rights）一般につき第 6 章 2．(3)(ロ)(c)参照。

18　黒板（black board）は James Pillars が 1801 年に、また実用的な最初の万年筆（fountain pen）は Lewis Waterman により 1884 年に、それぞれ発明・制作された。

341

第2編　連邦憲法、その成立過程、内容と、南北戦争前までの展開

下りたが、1850年までに1万5000キロメートルだった鉄道の延長は、1860年までに3万3000キロメートルと倍以上に延びた[20]（そして、1861年には蒸気機関以上の文明の利器、電信による通信が実用化される）。この時代の鉄道会社は、好きな土地を手当り次第、手に入れられた。各州司法も、農民や中小の商工業者らの土地所有者の利益よりも、鉄道会社や道路会社、運河会社の利益を大切にした。

　(c)アメリカの法秩序の中で、この時ほど強制収用法（law of eminent domain）が活発に使われた時はなかった。強制収用には、**正当な補償**の支払が必要となる（修正Vの下では、正当補償〔just compensation〕なしの強制収用は、人権〔財産権〕の侵害になる）。連邦の発足に先んじて制定された基礎法としてのNorthwest Ordinanceには、財産権の保護の定めとともに、強制収用が合法であることと、公共の強い必要性（public exigencies）の要件とともに、完全な補償（full compensation）のルールが明らかにされている（Article 2）（そこには、徴傭〔services〕についても並記されている）。またこの時代に、強制収用での**相殺原則**という、あるトリックめいた方式が考え出された[21]。

　上の(イ)で触れた馬車用の道路の最初の代表が、Cumberlandから今のPittsburgh（当時はフランスの砦Fort Duquesne）までの当初のCumberland Roadであった[22]。

　(ハ)19世紀前半のアメリカはまた、**自由奔放（laissez faire）の時代**[23]、

19　蒸気機関（steam engine）の発明は、古くは1679年のイギリスの陸軍技士 Thomas Savery によるとされるが、アメリカで鉄道用に実用化されたのは、1830年代初めニューヨークの Peter Cooper 製の蒸気機関車が、Baltimore and Ohio Railroad で走らせた実験である（当時、別ルートの新しい運河の開削が完成に近付きつつあり、Baltimore 港は交通上の要衝としての力を失いかけていた）。

20　これは、当時の全世界の鉄道路線延長の総計よりも大きかった。中西部の集積地シカゴには、15の鉄道路線が集中し、3週間の旅だったシカゴ・ニューヨーク間は、2日に短縮された（McPherson, *op. cit.* p.12）。

21　Friedman は、**相殺原則**（doctrine of offsetting）が広く通用していたという（*op. cit.* p.125）。収用により受ける利便性による経済的価値を、予め土地代から差引いて支払えばよい、という原則である。

342

第5章　憲法の下での、初期アメリカにとっての内外の問題

事業家、企業家（entrepreneur）が天駆ける時代であった[24]。先ず、運河会社による運河と、道路（馬車用）会社などによる森林開拓と有料道路の建設があった[25]。時代に即した事業家らの力とエネルギーを束ねる団体法、会社法の創設（近代化）が求められていた。運輸革命、産業革命による大量生産と大量広域物流。それを可能にするための経済的基礎として、上記の自然資源、人的資源に加え、かつて無いほどの豊富な産業資本が求められた。州や市町村当局、金持ちや外国の投資家が、州の銀行免許を申請して、この必要に応えた[26]。この時代の憲政上の問題は、主に、憲法が言葉少なに定める三権それぞれが、実際にどうあるべきか、政府組織の問題であった[27]。これに対し、黒人奴隷やインディアンの人権に限らず、人権一般を問題にするところまでは、まだ行ってなかった（なお、インディアンに関し、二.2.(2)(イ)(c)と第6章2.(3)(ニ)(f)、(チ)参照）[28]。同時に存在したもう1つの大きな基本問題、それが古顔の州政府とできたばかりで新顔の連邦政府との憲法上の関係であった。その中で、団体法、会社法の創設が連邦の仕事か州固有の権限か、といった争いも持ち上がった。

22　この区間は、Potomac 川（当時の航路の終点）から Ohio 川までを結ぶもので、"stage-coaches, commercial wagon traffic……heavy……carrying grain……to markets in the East……manufactured products to the West" と記している（freepages.geneology.rootweb.ancestry.com）。

23　19世紀の30年代までにこの自由奔放（laissez faire）は、非公式ではあるが、確立したアメリカ的スローガンになっていたという（……entrenched itself as an established feature of an unofficial American creed……）（Ellis ③, p.28）。

24　19世紀アメリカで、契約法は、その重要性という面で特別の位置につけ、それは近代法の代名詞でもあった。ある意味で「19世紀は契約の時代」といえる（Friedman, p.402）。殊に憲法が、「契約義務を損ってはならない」、と国に対し命じていたアメリカで、そのことがいえる（Ⅰ、10(1)）。

25　この頃、turnpike と呼ばれる馬車専用道が初めてお目見えした。

26　軍を解散し総司令官を辞めて田舎に帰った George Washington は、ヨーロッパの記者に問われて「アメリカが "……a bustling, energetic place……"」で、"Roads and bridges were under construction, rivers were improved" とした上で、結論として、"……foundation of a great Empire is laid" と答えている（Ferling, p.258）。

27　Tribe の場合は、「最初の1世紀間……」といっているが、その1世紀での「第1の問題は、組織のことであった」としている（……was understandably characterized by a pre-occupation with structural issues）。Akhil Reed Amar の言を引いて、人権憲章（Bill of Rights）でさえも、「人民の権利との文脈でよりも、政府組織（governmental structure）の問題として、議論された」、という（p.1293）。

343

第2編　連邦憲法、その成立過程、内容と、南北戦争前までの展開

　(a)何もかも前例のない中で、州と中央（連邦）との関係や距離にしても、具体的な問題が起きてみなければ、憲法学的に十分固ったとはいえない。州と連邦との微妙な距離と関係を示すこの時代の具体的な問題が、第1と第2の、2つの合衆国銀行（Bank of the United States）のような法人設立の免許（立法）権を巡る問題[29]、そして州際関税問題であった。いずれも、司法（審査）の対象とされ、それ自体の線は画された。しかし、州と連邦との間で最大に燻り続けてたのは、（章を改めて見る）奴隷問題であった。この問題ばかりは、争われたというより、州と連邦との双方を巻き込んで最大に燻り続けていて、そのスケールは、司法（審査）の域をも超えていた（次章）。

　奴隷問題は後廻しにして、憲法の下での鉄道事業、銀行事業などに係る新生アメリカの法制、州と連邦との権限関係を短く述べる。発足したての連邦政府に比し、圧倒的に力を有した州政府の、この時代での動き方を要約してみよう。背景には、産業社会の期待がある。民間の"laissez faire"のかけ声に唱和しつつ、力の足らないところを、**補助金**や様々な**免許（特権）**（franchise）で助けてくれる、その期待であった[30]。その後、大手に成長した鉄道会社や運河会社も、この時期に免許された。こうした

28　Johnson v. McIntosh, 21 U.S. 543 (1823) では、John Marshall が、インディアンには主権はなく、居住権（a right of occupancy）だけがあるとしている。もっとも、その約10年後の Samuel A. Worcester v. Georgia, 31 U.S.515 (1832)では、金鉱脈が発見された土地のインディアンの所有権を null and void とした Georgia 州法を違憲とした（ただし、Georgia 州政府は判決を無視し続け、インディアンらは、今の Oklahoma 州へと涙の中に落ち延びて行ったという）(Friedman, p.387)。この件で、John Marshall は先行事件 Fletcher v. Peck, 10 U.S. 87 (1810) での自分の判示を悔やんでいたという。インディアンとアメリカ合衆国および各州との関係につき、Worcester 事件で Marshall は、次の基本的考えを示した。インディアンとアメリカ合衆国との法律関係は、イギリスがインディアンと結んでいた条約に基づく関係を承継したものである。他のヨーロッパ諸国は、その法律関係に入ってこれないし、また、互いの土地権とも別個のものである。彼は、土地権は占領と買収（conquest and purchase）により、（各州ではなく）合衆国が取得できることを認めていた。

29　Jefferson の伝記作家すべてが一致して、初期のアメリカの対外通商政策を巡る彼や Madison と Hamilton との 1790年の冬中通しての対立が、やがて合衆国銀行を巡っての対立で頂点に達するようになった、と見ている（Barning, p.337）。

30　Friedman は、人々の利便向上の前で、補助金や利権の横行が大目に見られ、その絡みで、安易な投資と信用供与がなされたとする（*op. cit.* p.125）。

344

政府の動きに、人々も、総論では強く反対していなかった[31]。ただし、laissez faire の放任には、行き過ぎの危険も伴っていた[32]。反対が出たり、政争の的となったのは、各論（鉄道をどこに通すか、どの郡に駅を設けるか、料金はいくらにするか、原料石炭の流通ルートをどちらにするか、など）であった。同時に、次々に力をつけ、寡占化する Pennsylvania Railroad や Baltimore & Ohio のような各鉄道会社や、Erie Canal や Annapolis & Potomac Canal Company の運河会社などが、州からの新たな利権や、免許を巡って互いに鎬を削っていた。つまり、この分野では各州の権益が圧倒的に強かった[33]（連邦が鉄道会社に係る立法をするのは、Baltimore & Ohio が初めて列車を走らせてから約30年後の1862年である[34]）。それまでは、南のカリブ海（Caribbean Sea）から中米の陸路を太平洋側に出て、更に海路を北上して行っていた California などの西部アメリカ。そこと、大西洋岸の13州から内陸へかけての諸州とを、1つに結び付ける手段が開かれた[35]。

laissez faire の一方で、こうした州政府による民間事業（特に金融、インフラ事業）への強い関与（involvement）があったが、この風潮は、

31　この時代の自由と独占を求める奇妙な取り合わせは、多くの州内鉄道事業、水上航行事業が独占の免許を得ていたことに示される。

32　その咎め（彼は、これらを酔払いの水夫〔drunken sailors〕のようにという）は、1837年不況で来たという（Friedman, p.132）。

33　連邦議会による立法は、基礎となる1862年法（長い popular name だが、略称 Pacific Railroad Act）で（Lincoln 大統領によるサインによる）、その後の1863〜1866の各年に同名の法律が作られている。

34　Pierce 大統領の Secretary of War だった Jefferson Davis は、1853年に連邦議会から「大陸横断鉄道」の諮問を受け、「北回り」と「南回り」の plan を報告していた（1855年）。しかし、南部州が拒否していて、後にその拒否を撤回した central route に決定するまでには時間がかかった（1860年）。連邦法は、主として、鉄道会社に土地を譲渡し補助金を与えることを内容とした。この central route を、東は Omaha、Nebraska からの Union Pacific 鉄道が、西は Sacramento、California からの Central Pacific 鉄道が、各担当した。これは、それまでに開拓者らが通った Oregon Trail に近く、西の山脈では Sierra Nevada Mountains が、西の Prairie ではインディアンの所有権が障害であった。

35　1854年の4月初め、将来の Central Pacific 鉄道の主任技師、27歳の Theodore D. Judah は、故郷のニューヨークを後にして船に乗り Nicaragua で太平洋側に出て California に行っている（cprr.org）。

第2編　連邦憲法、その成立過程、内容と、南北戦争前までの展開

1837年の不況により、州政府が少からず損失を被ったことで、一旦は休止符が打たれる[36]。

(b)お金の問題、銀行業でも、アメリカは長い間、主として州権と州法の下で行われていた[37]。金融はある程度、中央政府が統一的に行なう必要があるとする考えは[38]、南北戦争までは少数派であった[39]。信用創造を含む銀行業の免許権について、中央と州とは、法廷で大々的に争っている。中央政府が、国法銀行（National Bank, NA）を設立できるか、という連邦議会の法人設立権の合憲性を巡る争いでもあった。第4章でも触れたように、制憲議会の席上Madisonが、連邦議会の法人立法権を追加提案していた事実はあった[40]。しかも、彼の考えは、法人の目的などを数え上げることで、連邦議会の法人立法権限を、厳格に限定することの方に重心があった。

㈡以上のような成長と増大、運輸革命、そしてlaissez faireの時代を迎えて、憲政にはどのような展開があったか。HamiltonとMadisonの2人は、かつては協調していたこともある。一時は、地元Virginiaの力が中央に奪い取られるのでは、と慎重に構えていたこともあったMadisonであるが、制憲会議の前後には、イギリスやスペインと対抗するため

36　Friedmanは、James Ely Jr., Railroads and American Law (2001) Ch., 1を引きつつ、ミシガン州憲法（1850）や、その他の北部州の憲法は、州政府が民間の株式を取得することを禁じたとする（p.121）。

37　前章で見た憲法条文では、「通貨を鋳造し、その価値を規律する……」ことを、連邦議会の立法権の1つとし（Ⅰ、8⑸）、「いかなる州も、信用証書を発行（emit　bills　of　credit……）してはならず、債務の支払いに、金・銀以外のものを使用してはならない」と定めていた（Ⅰ、10⑴）。

38　シェイズの反乱（Shays' Rebellion）時の、マサチューセッツ州議会での決議は、「債権者寄りだった」、として評価されなかったが、大勢を左右することはなかった。

39　連邦議会に財政金融についての立法権限を与えた憲法の条文に沿って、Hamiltonの主唱により、First Bank of the United Statesが、1791年に私的な資本も加えて20年の年限で設立された。1811年、その期限切れとともに、Second Bank of the United Statesが設立されたが、後に廃止される。

40　その提案は、同日のBenjamin Franklinによる提案、運河の開削権についての立法提案と一体化して出された。Madisonは、法人一般の設立ではなく、地元のPotomac Companyによる運河開削権を行うための法人設立という風に、限定して考えていた（Banning, p.162）。

第 5 章 憲法の下での、初期アメリカにとっての内外の問題

にも、ある程度の力のある新中央政府の樹立に積極的になり、批准運動に力を尽した。一方、Madison の地元 Virginia には、Patrick Henry や George Mason などの州権強硬派がおり、Madison も、それに対抗して憲法批准のための世論形成を働きかけた。このため、New York で批准のための啓蒙誌 Federalist を出していた Hamilton の誘いに応じて、その執筆にも参加し、後には John Jay などの力も借りて、共同執筆者のようにまでなっていた。

　(a) しかし、いざ州主権対連邦権の対立構図となると、Madison と Hamilton の間には、本質的な違いがあることが、はっきりしてきた。1790 年がその年であった[41]。Madison は、Jefferson と同調して Hamilton とは 180 度反対の立場へと、州民主共和党（Virginia Democratic-Republican）の立場へと、はっきりと変化したとされる（Madison と Jefferson は、1791 年末までにはワシントン政権に反対する意思で協調することに一致し〔Banning, p.294〕、「用意周到にポピュラー・レジスタンスをしよう」と結束していた[42]）。1790 年 1 月、Hamilton が第 1 回連邦議会に財政報告をした。これは最後の連合議会が前年 9 月に要請していたものである。この財政報告に Madison が反対するのを見て、それまでの 2 人の間の経緯から、Hamilton が吃驚する。この戦いは、federalist が多数を占める議会が、革命戦争中の公債による負債の解消につながる合衆国銀行設立法案を 1791 年 2 月 25 日に可決したことにより、Hamilton の勝利で終った（なお、この問題と公債問題との処理を首都の場所決定と引き換えに妥協した経緯につき、後記 2.(1)(ロ)参照）。

41　Madison と Jefferson は、1791 年末までにはワシントン政権に反対する意思で協調することに一致し（Banning, p.294）、「用意周到にポピュラー・レジスタンスをしよう」と結束していた（Banning, p.334）。

42　1790 年 1 月、Hamilton が第 1 回連邦議会に財政報告をした。これは最後の連合議会が前年 9 月に要請していたものである。この財政報告に Madison が反対するのを見て、それまでの 2 人の間の経緯から、Hamilton が吃驚する（Banning, p.334）。
　財政問題を巡る 2 人の対立は、Jefferson によるあの有名な仲介により解決するが、1791 年 Madison は、再び Hamilton の案（今度は合衆国銀行の設立）に反対する（Banning, p.294）。

第2編　連邦憲法、その成立過程、内容と、南北戦争前までの展開

　(b)財政問題を巡る2人の対立は、Jefferson によるあの有名な仲介により解決するが、1791年 Madison は、再び Hamilton の案（今度は合衆国銀行の設立）に反対する（Banning, p.294）。一方、Hamilton の方は、港町ニューヨークの代表らしく、都会派、強力な中央政府派であった[43]。Hamilton が、彼の「製造業者報告」(Report on Manufacturers) 中で考えていた新国家の経済財政政策の柱として必要とする銀行は、イギリスの Bank of England 式の、半官半民（政府保有率20％）の、経済と財政の両面で広い業務範囲を持ったものであった[44]。Hamilton は、銀行設立をテーマとした報告書を1790年12月14日に議会に提出していた（直前には、各州の戦時債の返済に充当するため物品税（excise tax）法案も提出していた）。上院は、翌年1月までに難なく通って、下院に下りてきていた。この段階で Madison は、銀行設立法案反対の大烽火を打上げた（記録では、その翌日、丸一日中、反対討論をしていたという）。第4章でも触れたように、制憲会議（Constitutional Convention）の席上 Madison が、連邦議会（Congress）の法人立法権を追加提案していた事実はあった。しかし、彼の考えは、法人の目的などを数え上げることで、連邦議会の法人立法権限を、厳格に限定することの方に重心があった[45]。彼の議論は、経済・財政論から始まって、最後は、銀行に係る法律論、それも憲法論を集約したものであった[46]。（なお、紙幣発行権〔Ⅰ、8(6)〕との関係

43　その Hamilton は、Lexington-Concord 事件より前に既に "The Farmer Refuted" を著わし、「1830年までにはアメリカは、ヨーロッパを脅威に感じないほどの力をつけているだろう」といった意味の意見を述べていた（Ferling, p.317）。

44　資本金1000万米ドルは、新国家に出廻っていた coin の総額を上廻り、当時アメリカに存在した3銀行の資本金の合計の4倍で、一般の貸出需要に応える窓口として十分な存在となることが考えられていた（Banning p.325）。

45　その提案は、同日の Benjamin Franklin による提案、運河の開削権についての立法提案と一体化して出された。Madison は、法人一般の設立ではなく、地元の Potomac Company による運河開削権を行うための法人設立という風に、限定して考えていた（Banning p.162）。

46　1971年2月1日の討論で、彼はいっている。「憲法による法人設立のための授権は、包括的なものではない（……not a general grant……leaving the general mass in other hands）。その下で、銀行設立の授権まで読み込むことは困難である。」つまり、「法人設立のための権限の殆んどは、other hands（州主権）にある」との考えである（Banning, p.326）。

348

での銀行設立免許権につき第4章二.1.(3)(ロ)参照）

(c)連邦議会が、法人設立免許の立法権を有するか。この問題は、制憲会議での議論で終った訳ではなかった。憲法は、連邦議会の立法権につき州からの授権による限定列挙主義をとっていた。法人設立免許の言葉が列挙されていない中で、連邦議会が、私人が中心になって作る国法銀行（National Association, NA）に法人格を付与して、中央銀行を設立できるか。これが大きな論点となった。それには、より根本的な立場の違い、連邦推進派と州主権派との争いが絡んでいる。

　合衆国銀行を巡る最初の法廷闘争として Second Bank of the United States 事件がある[47]。そこでは、連邦推進派が勝った。推進派の相手は、ジェファーソン流の農本主義的な南部政治家と、既に簇出していた州法銀行、private banks であった。底流には同じく Jefferson 流の個人自由主義的（libertarian）思潮と結び付いた金融での絶対的自由主義（laissez faire finance imperatives）があった[48]。最初の中央銀行に当る First Bank of the United States 設立（連邦議会の立法による免許）を巡っては、法廷闘争まで行かなかったが、ジェファーソンとマディソンも、南部州の多くの人士同様、強く反対していた。

　19世紀に入って、First Bank が既に（設立から20年経って）免許切れで消滅していたので、通貨と信用の混乱は続いた。殊に、イギリスとの1812年戦争直後は、中央政府が、財政上の後始末で苦しんだ（アメリカ初の恐慌とされる Panic of 1819 につき二.1.(2)(ホ)(b)と注325参照）。しかし、その後の、いわゆる高揚期（Era of Good Feelings）（後出）になると、信用復活の動きが出たので、連邦の立法権を前提に、第2合衆国銀行

47　McCulloch v. Maryland, 17 U.S. 316 (1819) は、第2合衆国銀行の行員 McCulloch 氏に対し、Maryland 州が課した州税支払義務の履行を求めたケース。John Marshall は、連邦議会が法人設立についての立法権を有することを肯定し、Maryland 州最高裁の判決を覆した。
48　他方で Stephen Girard, John Jacob Astor, David Parish などの資本家や商人らは、資本市場での育成や野放図なインフレ抑制のために国法銀行の復活を求め、やがてこれに賛成する John C. Calhoun や Henry Clay などと手を組むことになる。

第2編　連邦憲法、その成立過程、内容と、南北戦争前までの展開

(Second Bank of the United States) が作られた[49]。1816 年に折角作られた第 2 合衆国銀行であるが、その後、政争の的となっただけでなく、注記の訴訟も起こされた。その合憲性は、最高裁判決により、一旦確定されたが、1832 年の選挙で、免許更新反対キャンペーンを張っていたジャクソン大統領が再選されたことで[50]、最終的には潰された[51]。

　(d)連邦議会は、ゼロから新政府の財政や基本政策作りに取組んだ。Hamilton 財務長官は、その第 1 回議会の第 2 会期の初めに、新生アメリカの将来の産業構造を見据えた、第 3 報告（いわゆる「製造業者報告」）を議会に提出した[52]。輸入関税を、そこそこの率に据え置く一方で、アメリカの幼い製造業に一定の助成金（bounties）を与えることで、「この国の経済の足腰を鍛え上げねばならない」というものであった。

　製造業者報告は、一方で、それなりに評価され、決議として成立する（19 世紀半ばにかけて、Henry Clay などが受継ぎ、19 世紀 2〜30 年代に盛んに唱えられる "American System"〔後出〕につながっていく）。

　しかし、民主共和党や南部州は強く反対し、Hamilton と Madison とは、この報告でも鋭く対立する[53]。2 人は、関連する問題、対イギリス政策でも意見が合っていなかった。Madison は、Jefferson と同じく、アメリカが関税その他で厳しい政策をとり続ければ、先進工業国イギリスも、

49　これには、1812 年戦争の前後から、アメリカの経済が、南部州の農業中心から、工業化や流通金融業化経済の方向に向ったことがある。

50　連邦議会が、1836 年に切れる銀行の免許更新を立法していたのに対し、草の根民主主義を掲げる大統領ジャクソンは、拒否権を行使していた。こちらは、州権と連邦との対決というのとは少し違っていた。北東部商工業団体の勢力と、（草の根）民主主義をスローガンとした Andrew Jackson と、その後押しをした南部農場主を中心とする政治勢力との対決といってよかった。

51　この Second Bank of the United States（1791 年設立）は、First Bank of the United States と同じく 20 年の免許で、連邦議会により 1817 年に中央銀行として作られたが、1832 年に、その免許更新が 2 大政党間での政争の的となり、1832 年に私立に変更後、1841 年に解散した。

52　Report on the Subject of Manufacturers. なお、Hamilton の初期合衆国の経済秩序のための報告としては、(i) Report on Public Credit と Report on Manufactures（1790）、(ii) Report on a National Bank（1790）、(iii) Report on the Establishment of Mint（Coinage Act of 1792）が中心的なものである。

350

より自由な貿易政策をとらざるを得なくなるだろうとしていたのに対し[54]、Hamilton は、先進工業国がいずれは、後発工業国を力で抑え込んでくる、と異なる見方をしていた。連邦（中央）発の合衆国銀行設立の動きに対しては、前述のように、州権派が、連邦議会の法人設立免許立法権を争っていた。その間に州は、多くの州立銀行を作っていた[55]。平等が原則のアメリカ社会では、数多くの民間銀行に免許を与える必要があった。一般授権法ができてからは、更に、その数が著増する[56]。その結果、数多くの弱小銀行が作られ、いわゆる内部者銀行（insiders' bank）の現象が見られた[57]。銀行業についての一般授権法の先駆けは、ミシガン州の銀行自由法である（1837 年）。ニューヨーク州は、翌年これに倣った[58]。一般の会社のための一般授権法（general enabling act）に相当する。

(e) この時期（1793～5 年）、主要な町では Democratic - Republican Societies が作られた（それまで、半ば侮蔑的に用いられていた民衆の政体〔demo-cracy〕という言葉が、新生アメリカを本来的に意味する言葉として、むしろ肯定的に発せられるようになった）[59]。このような団体

53　1792 年 1 月 1 日の Henry Lee に宛てた手紙で、Madison は書いている。「Hamilton は、一般福祉条項（general welfare clause）を根拠にして、製造業を育成することを正当化しようとしているが、連邦政府の権限は、その拡張を企むチャンピオンによってさえも、限定列挙権限に限られてきた。それなのに、方法ばかりか、目的までが無制約ということになるのであったら、こんな書物は火の中に投げ込んで了え！」（……parchment had better be thrown into the fire at once）（Banning, p.344）。
54　イギリスからの輸入に対して、ほどほどの関税を支持していた Hamilton に対し、Madison は、特に反英的措置の立法（屯税などの）に熱心であった。
55　初めから州の政治と深く結び付いた銀行業では、民間銀行に免許を与える州も、株式を取得するなどしてきたが、州の決定どおりやってきたことで、銀行業の実際は州毎に少しずつ違った。Friedman も、①支店銀行制を主にするペンシルヴァニアやヴァージニア、②免許制の銀行業を温存するテネシー州やイリノイ州、③産業（農業）振興のための政策銀行業を重視するサウスカロライナ州などの区別を挙げている（op. cit. p.123）。
56　McPherson によれば、1820～1840 年の 20 年間に銀行の数は 3 倍、その資産は 5 倍に増え、1849 年から 1860 年の 10 年余りではその数、資産とも更に倍増した（p.26）（後注 78 も参照）。
57　弱小・閉鎖的で、預金・貸出し先とも、少数の内部者というスタイルの insiders' bank は、未だにアメリカのいくつかの州で見られる。
58　1846 年の New York 州 Constitution は "……general laws and special acts about corporation may be altered……" と定めていた（Article 8.§1）。

第2編　連邦憲法、その成立過程、内容と、南北戦争前までの展開

(Societies) が最初に出現したのは、主都 Philadelphia で 1793 年 6 月で
あった。自作農、機械工、芸術家、弁護士、医師など幅広いドイツ系移民
のメンバーなどから成る German Republican Society と、Democratic
Society of Pennsylvania の 2 つである。この動きは忽ちのうちに 13 州に
拡がり、1794 年末には Maine 州から Georgia にかけて 42 の Society が
できていた[60]。

　自らの役目を「公民権や政治への理解を深め、政府の腐敗を監視するこ
と……」とした彼らは、当時、フランス・パリで進行中のフランス大革命
(French Revolution) と、その後のジャコバン党（Jacobin Club）に大
いに心を寄せていた。これを自らが戦った革命戦争の延長線上に在るもの
と見、親近感を抱いていた。反面で、彼らは Washington 内閣の財務長
官が考えている合衆国銀行設立や製造業者報告、物品税の賦課などに反対
で、「Washington 内閣は、アメリカ独立の原動力となった『代表なくし
て課税なし』の大義に背いた」、などの非難の声を挙げていた。元来が、
すべての党派活動を嫌っていた Washington 大統領が、こうした活動に
対し嫌悪を覚えていたのは自然の成行きで、彼は、1794 年 11 月ウィスキ
ー反乱の鎮圧を終えたところで、それを振り返って議会で演説したが、そ
の中でこうした Society を批判した。

　しかし、これらの Democratic-Republican Society も 1796 年頃には、
ほぼ全国で衰退し、姿を消していた。これには大統領による非難に加え、
革命後のフランスでの政治が恐怖政治（Reign of Terror）と呼ばれるよ
うになったこと、そのフランスがイギリスと生死をかけて戦っていること、
その煽りを受けて、アメリカ自身もフランスと「半戦争」(Quasi-War)
の状態まで行ったことなど、ヨーロッパでの状況も影響している[61]。

59　後に Mormon 教のリーダーとなった Elias Smith も、この言葉、demo-cracy を「もっ
　　と誇りを持って使おう」と演説したという（Wood, p.718）。
60　Facts on File History Database Center (fofweb.com).彼らは自らのイメージを、Sons of
　　Liberty や通信委員会（Committee of Correspondence）からとっていたほか、フランスの
　　公使 Edmond Genêt も、団体名に "democratic" を入れるよう推奨したとされる。

352

㈩連邦（中央）政府による法人設立権という憲法問題を離れて、州政府による法人設立（立法）が、どのように行われていたか、新国家建設の現場レポートと、人々の生活法として見てみよう[62]。それまでの**会社**とは、現代でいう事業会社（business corporation）と法的に同じではない。

(a) 19世紀前半までのそれら企業の大半は、本来的に限られた命のパートナーシップ（Partnership）の形をとった[63]。ほかには、事業信託（business trust、別名 Massachusetts trust）や、ジョイント・ストック・カンパニ（joint stock company）があった（後者は、パートナーシップと同じだが、その出資金は、譲渡性を有する証券に表象されるのが普通）。

しかし、個人が無限責任を負うこの形では時代の求めに応ずることはできない[64]。現代でいう法人（corporation）が求められた。それも、誰でも自由に設立でき、理論上は、永続できる法人である。当時は、法人は、その始りから（本国の王による有期の）特許、独占と決っていた。注記のように150年の間、王による特許が殆んどであったが、少数乍ら、王に代って法人に特許を与えていたのは植民州であった[65]。連邦政府成立後のアメリカの各州でも、19世紀前半までは、州議会が個別立法を行って、道路、運河、鉄道の各会社や、銀行、保険会社などの法人設立が行われた[66]。

61　Virginia Democratic-Republican Party を作り、リードしていた Jefferson や Madison は、この Democratic-Republican Society を宥恕（condone）も、非難（denounce）もしていなかった（*ditto*）。

62　法人設立（立法）は基本的な法秩序に係ることとして、アメリカの各州では憲法でこれを定めている（Friedman, *op. cit*. p.137）。

63　人類は、いつ頃会社を発明したのか。この方面の先鞭をつけたとされるイギリスでは、一般に利用されだしたのは、19世紀後半から末近くにかけてである。それまでは、どうしていたかといえば、パートナーシップないしそれに類する、たとえば、joint stock company などの任意団体（unincorporated association）を通して経済活動を行っていた……、「個人事業主」の全盛時代だったということができる……、イギリスの破産法（BA 1914）は元来……個人のみが対象となっていた。会社は法人格を有するという意味で、個人の集合であるパートナーシップとは全く異る。いわば、人間を越える存在であり、その意味で制度（institution）であり、機関である。このような特徴を持った者に、王の勅許（charter）によってのみ創造できた。

64　1800年以前には、大陸には教会、慈善団体、地方公共団体を除いて、法人は先ず存在しなかった。

第2編　連邦憲法、その成立過程、内容と、南北戦争前までの展開

　(b)この法人設立免許問題でも、王国イギリスと、世界で最初の共和国ア
メリカとでは、著しい違いがあった。イギリスでは、「例外的にのみ与え
られるべし」とされていたものが、アメリカでは、申立てがあったものを
(議会は)「すべて平等に扱うべし」との原則論が唱えられ、各州政府は、
免許を多発した。開発熱が一段と高まった19世紀に入ると、第1次運輸
革命とも相俟って、免許件数は、うなぎ昇りに増えた。非営利法人(教育、
文学、慈善団体)などについては、18世紀末近くにも、一般授権法
(general enabling act)ができ、設立の容易さ、手数料の安さなどの便益
を与えていた(charter の書式を予め用意するなど、今までのテーラー・
メイドに代る定型化による)。営利法人についても、事実上同法に近い扱
いが行われるようになったのは、19世紀も少し経ってからであり、20世
紀前半までは事業会社(団体)の大半は、パートナーシップであった。

　(c)1840〜1850代には、州議会の議事が設立特許の立法で手一杯になり、
営利法人についても一般授権法立法への流れが各州で自ら生じた[67]。一般
授権法の成立は、人々が初めて広く企業を興し、開発に乗り出すことを容
易にした。それが、laissez faire で社会全体が改革開放気運でいる中では、
民間が州政府と州政府以下(都市など)に期待する1番の協力策(仕事)
であった。

　こうして、一般授権法としての法人法が各州法の重要な一部となり、多

65　ニューヨーク市が、王権時代の1730年から(1870年まで)特許法人であったことを挙げ
　ているほか、18世紀中を通して本国から特許された法人が、州内で335あったのに対し、
　植民州による免許は、僅か7件、連邦政府発足直後の1796〜1800年の間は、銀行、運河会
　社、道路会社、橋梁会社などで、181件であったとしている(Friedman, pp.129-130)。

66　運河の開発では、1807年という早くに提案(1817年建設開始)、1825年に開流したニュ
　ーヨーク州によるいわゆる Erie Canal が各州の垂涎の的となった。資金不足の各州が国土
　開発(Internal Improvements)としての連邦予算と立法に群がったが、Henry Clay らの
　American System を信奉する連邦議会人が登場する1820年代までは、道路予算なども大
　きなものにならなかった。

67　こうした一般授権法(general enabling act)は、誰でも法律の要件に沿うことにより
　(後は届出るだけで)法人設立を一般に可能にする。ニューヨーク州法(Law N. Y. Ch. 47,
　1811)の例では、製造会社に20年間の生存期間を持った法人設立の自由を与えていた。こ
　のニューヨーク州法は、多くの州で真似された(Friedman, *op. cit*. p.135)。

くの州憲法中に法人（corporation）章が設けられるようになった[68]。これには連邦政府というものが、1830年頃まで、殆んど一般の人々と接触がないだけでなく、法人（会社）社会とも無縁な存在だったことがある。州と中央の力関係の振子は、今では想像できないほど反対方向に振れていた[69]。

(d)一定の形式を整えていさえすれば、自由に法人を設立できる。各州による一般授権法としての法人法の考え方、政策傾向は、熱狂的な勢いで進んだ。それは、運河開削のための運河会社の設立について先ずいえる。開発が進められ、道路ができ、鉄道が走りなどすることで、その政策効果は、実際に、企業一般の利益に、また多数を占める農民や中小商工業者の利益になり、広く歓迎された。こうして、法人設立の自由主義は、19世紀前半の**新生アメリカでの官民関係方程式**の定数の１つとなった。

一般授権法による法人設立は、運河、鉄道などの開発関係と、もう１つ銀行設立関係が先行した。銀行設立での自由主義も、開発関係と同じように、州経済の実力向上のため、州民のため、よい政策とされた。こうして銀行や開発会社関係で始った general enabling act の利用は、すべての営利目的の法人・会社のための一般授権法へと波及して行く。イギリス王による勅許は、一般授権法とは違って、個別審査であり、それなりの苦労があったのに、今はそれがなくなった[70]。

---

68 1860年から1900年の間で、法人法を議論しない州憲法会議が開かれたことはない、という（Friedman, p.390）。

69 州政府が開発の前面に出ていて、連邦の存在が微弱だったことの例証は、当時の大動脈とされたペンシルヴァニア鉄道に対する同州の所有、ジョージア州によるウエスタン・アトランティック鉄道所有などの鉄道事業への圧倒的な州の支配関与にみられる。これらは、鉄道時代が到来する前に各州が行っていた道路、運河掘削、河川通行などの事業への関与の延長ともいえる動きであった。また、この時代の初めには、「銀行事業は国（州）のもの」、と決めてかかる風潮があった（ditto）。

70 「これらの個別の勅許会社（chartered company）のための国会への請願書は、専門の弁護士を雇わなければ作れないほど、長大で複雑なものであり、時間と費用もバカにならなかった。国会の審議に伴う負担や、その本来の政治的作用に及ぼす影響も、問題であったと思われる。傍論ながら、国王の勅許には、時に莫大な献金が王室に納められる必要があった」（Friedman, p.130）。

355

(e)一般授権法としての法人法の考え方は、一旦設立された法人は、「定款に反しない限り、自由に活動してよい」というものであったから、法人（会社）のマネジメントでは、法の明文に触れない範囲で際どい経営をする者も少からず出た。

法人に絡んだ不祥事が増えるにつれ、法人性悪説的考えも出て、「開発で社会のために役立つ」式の素朴な法人思想は停止し、州によっては、州憲法で法人活動に規制を加えようとする動きもでてきた。企業活動に概して好意的で寛容であったかつての社会一般に変化が現れたのは、19世紀後半であり、これまでとは別の意味のlaissez faireが叫ばれるようになる。そのため世紀末にかけては、Sherman Anti-Trust Actなどの立法により、政府の助力の下で実質的な自由と平等を取戻そうとした。

一般授権法により、定款作成が私的に行われるようになっても、アメリカでは、19世紀前半までの免許時代の名残で、目的条文を厳格に解釈することが、20世紀初めまで行われてきた（いわゆるultra viresの時代）[71]。

こうした先例は一方で、定款の厳格解釈の動機ともなり、マネジメントに対し法人プロパーの利益を守るよう公正さを求めた。その代表が忠実義務（fiduciary duty）基準である。

(へ)以上、19世紀初めからの州民らの生活に絡んで、新しく大量に出現した法人という存在の描写をしてきた。そうして見ると、一般法人設立は、憲法以前の法的発明といえる[72]。

(a)法人法はさておき、この時代の各州政府（州議会）の立法志向は、Friedmanが指摘するように、**財産権保護重視**が当っていよう[73]。例とし

71　法人（Corporation）が、第三者との対外的な取引（Contract）ができる範囲で、それが社員（株主など）の意図を示す定款などの基本文書の定めを超えるとき、その効力を巡る考え方で、取引（Contract）の効力を制限できるとするもの。

72　パートナーシップや法人も、性質が許す限り、修正I以下の人権憲章の下での保護を受けるメリットがある。両者の関係につき、筆者のロースクールの先生の言がある。「自分達が若い頃（第2次世界大戦前）は、人々が企業を興すのに半分以上はパートナーシップの形を使ったもので、コーポレーション（法人）は少数だった。」なお、非個人に対しては制限されうることにつき第8章注523参照。

て、刑法の中でも、窃盗などの財産犯が重く罰せられたとする[74]。当時の州政府の予算規模も、今では理解できないほど小じんまりしたものであった。州の収入源としては、土地税、連邦は輸入税に頼っていた[75]。こうした背景の中で、日本では想像し難いほどの手数料主義（fee system）が支配していた[76]（地方道の使用に始って、結婚届出、訴訟での裁判官への手当まで）。

ほかにも、イギリス向けの輸出品の仕様や検査などは、植民州時代の伝統をそのまま引継いで、州政府だけが行っていた。植民州時代と変ったのは、それが、イギリス本国による規則によるのではなく、州の規則によるようになったことである（20世紀以降の今日では連邦の法規によることが多くなったが）。州民の生活に関係が深い、その他日用品の規格から度量衡などまでを規律するのも、州法であった[77]。

（b）この(1)「現場レポート」の初めで、19世紀前半のアメリカを一言で表す言葉を「成長」と書いた。先ず、農産物を主とする各種産業の成長が在り、流通が、道路革命・運輸革命の形でそれに応えた。世紀中端近くな

---

73 彼は3つの面で、それら立法の目的がそこにあったとする。①濫開発の世の中で、自然保護の面を持った立法の例として、マサチューセッツの川魚保護のため、夜のやり漁を禁じ、その違反を見つけて訴え出た人には、1匹当り50セントの罰金が、そのまま懐に入る。②州境での検疫法にしても、検疫検査を民間に委託することで、公衆衛生目的と同時に、検疫検査費用収入に結びつけ、③木造建築が殆んどの当時、火災予防法も、大切な立法の1つであった。

74 Friedman が指摘していない点として、碌に人員も抱えていない州政府や議会が、細かく日常生活の万般にわたるルールを定めていたのも、当時の人口が今とは桁違いに少なく、人々の生活が、互いに他の州民の目の届くところで営まれていたことがあろう。これらの法律を見ても分るように、規則に反しても、州役人が目を光らせている訳ではなく、報奨制の下での罰金が手に入る民間人同士の相互監視に大きく頼っていた。このような考え方は、私略船（privateers）による捕獲品（prize）の分捕りや、海事法廷（admiralty）の裁判らによる、罰金の分配などにつらなるものがある。

75 Friedman の指摘では、マサチューセッツ州の1794年の予算（21万ドル余り）は、今の小さい下水道区の予算に匹敵する程度だったという（Friedman, *op. cit.* p.128）。

76 彼は、ちょっと変った手数料主義に似た、年6ドル以下の税収入しか収めていない人に、道路工事などの4日以内の労働を提供すべく義務付けていた1831年ミシシッピ州法のやり方を挙げている（Friedman, *op. cit.* p.128）。

77 Friedman は、じゃが芋、らっきょう、塩、木材ものや、消費者保護的色合いのする、オイルの品質に係るものまでの具体的な、マサチューセッツ州法について触れている（p. 126）。

357

第 2 編　連邦憲法、その成立過程、内容と、南北戦争前までの展開

ると、産業資本の蓄積は、法的には州法（法人法）、中でも一般授権法（general enabling act）の整備によって裏付けられ、各地での資本市場（株式、証券）の誕生、銀行の増加が可能になった[78]。連邦政府が、中央としての企画、立案、統計などで総括することがまだ殆んどなかったこの時代、各州がバラバラながらも、注 25 に見るワシントンの答弁が示すとおりアメリカは全体として、以上のように「成長、成長」、で来れた（無論、経済が、一時的に slump に陥る期間はあったが）。これには、国土や人口の増大が好意的に働いたことがあろう。運輸革命からの、更には全体的な産業革命の時期とも重なった、ラッキーな面もあったろう[79]。

　多くの州を跨ぐ道路、運河、そして鉄道網の建設、これらを総合した国土開発・国土改良（Internal Improvements）は、合衆国のスタートとともに起こり 19 世紀の後半までも持続した国家プロジェクトといえる。初期の Erie Canal の開発などは、ニューヨークという州政府の力によったが、1806 年には最初の National Road, Cumberland Road が連邦法により着手されるようになる。

　(c) 1803 年の Louisiana Purchase により Mississippi、Missouri、Ohio の三大河川の全流域が合衆国の一部と化すや、この国土開発を巡る議論は、憲法上の、そして根本的な立法上の、議論として闘わされた。1790 年という早くに製造業者報告を出していた Hamilton のような Federalist が、概して国土開発に積極的であったのに対し、Jeffersonian の Republican-Democrats は、それが「大きな（中央）政府」につながるとして、反対していたことは推測がつく[80]。連邦財政は、南北戦争前まで一般的にずっと無税で運用していて、緊縮財政の Jefferson 内閣の下でも、Cumber-

---

78　1848〜1856 年の間に、銀行数は 5 割伸び、その信用残高は、2 倍に伸びた。繊維工場はフル稼働し、California の金鉱山からは、月に何万ドル相当の金が産出された（McPherson, p.189）。なお、前注 56 も参照。

79　先行した金融恐慌の後に起きた 1848 年のヨーロッパ各国での政治的動揺期には、階級闘争などで流血の惨事となったが、アメリカでは、1857 年の恐慌の時も、取付け騒ぎなどはあったものの、一滴の血も流れることはなかった（McPherson, p.190）。

358

land Road 法案が成立するのに、財政上の妨げはなかった。ただ Republican-Democrats の下でも、憲法問題として、国土改良（Internal Improventments）のための連邦議会による立法が一体可能であるのか、可能であるとして、それは一般福祉条項（general welfare clause）によってか（Ⅰ、8 (1)）、または「その他必要かつ適切条項」（necessary and proper clause）によって認められるのか（Ⅰ、8 (18)）、という法律論があった。やがて、憲法の権威 Madison が大統領になるや、John C. Calhoun の出してきた、より控え目の国土開発法案も veto されることになる[81]。

(ト) 19 世紀初めから中頃にかけて、好調な経済を謳歌できた州と連邦であったが、憲法法制の下で、互いの関係が問われた大きな問題が、いや新政府として「いの一番」に解決すべきことが、そこに存在した。戦時債の連邦政府による引受け法案と、州と連邦によるその分担問題である。更に、政府が引受けるにしても、その「(評価) 基準時をいつにするか」、もあった。実は議会は、この問題、戦争以来堆積している連邦と各州の債務の負担を軽くすることを、第 1 の課題として考えていた。この問題に答えるべき財務長官 Hamilton に対し、議会からは、1790 年 1 月を期限とする課題として Report on Public Credit が求められていた。そのため、Hamilton の下の財務省には、人も金も十分につける予算を承認していた[82]。財務長官 Hamilton が引受け法案を強力に推し進める一方、下院野党のリーダー Madison は、憲法論に遡って、引受けに反対していた[83]。

(a)戦時中の莫大な軍事費を賄うのは、外債発行によりフランスなどから

80　連邦議会による立法は、Cumberland Road を承認しただけでなく、Hamilton らは、全国的な国土開発必要説を自ら説え、そのために必要なら憲法を改正して、連邦議会による立法権に、「国土開発のための資金と建設」、を加えるよう主張した（同じ Republican-Democrats の保守派によって反対される）（h-net.org）。

81　Henry Clay や John C. Calhoun が出してきた Second Bank of the United States の利益の中から一定金額を国土開発に当てようという Bonus Bill of 1817 である。

82　他の省にはないような comptroller 職と assistant secretary 職を設け、国務省と戦争省の clerk を足した数の 8 倍の数、30 人の clerks を雇うことを認めていた（Ferling, p.315）。

359

第2編　連邦憲法、その成立過程、内容と、南北戦争前までの展開

借入れるか、輪転機を回して紙幣を大量発行するか、の2通りがあったが、連合議会は、（後者）「易きについた」。結果は、戦後の超インフレ（hyperinflation）である（連合議会は、これを税金で吸い上げようとはしなかった——できなかった）[84]。

　連邦政府による戦時債の引受け法案での争いは、総論では（どの州がいくらか、などの各論に対する意味での）、1ドルを100セントで引受けるか、それとも貧窮した退役軍人などから額面1ドル当り50セント、20セント、5セントなどで掻き集めた現所持人からは、その取得価額にするか、である。Hamiltonの提出した政府案が、連邦政府肝入りの第1合衆国銀行により、買上げ価格が1ドル100セントであることは前述した。これに対し、JeffersonやMadisonは、社会的正義、公正さの点から、「差を付けるべし！」と主張していた（discrimination resolution）。結果は、このdiscrimination問題で、下院はその決議で反対し、Madisonらは、みじめな敗北を味わうことになった。

　(b)戦時債の引受け問題が大揉めに揉めたのには、上記の総論（第1合衆国銀行の設立問題と密接に絡む）と、もう1つの各論、各州毎の分担問題があった。戦時債は、独立という**共通の善**のための出費であったのだから、最終的に各州で分担するのは仕方ないとしても、個別の州毎の負担をどうするかである[85]。下院での討議は、1790年2月23日に始まったが、4月末近になっても、未だ意見がまとまらない状態であった[86]。

　この債務引受けの各論は、角度を少し変れば、州対連邦の対立というよりは、各州間の分担を巡る問題であり、それを連邦議会がどう調整するか

83　使途別を問わない全体的なものとしての戦時債の残高は、連邦分（4040万米ドル）と、各州分（2500万米ドル）、ほかに外国向け（1170万米ドル）とに分けられる（Ellis ①, p. 204）。

84　彼らは、その権限があるかも疑っていたが、何よりも、そんなことをして人々がイギリスに対して立上った10年前の二の舞になることを恐れた（history.state.gov.より）。

85　パリ条約（1783年）から7年経つ間に、州毎に残高が変ってきていた（Virginia等、南部を中心とする州は、その間により多く返済していた）。

86　Hamiltonの案に反対のMadisonは、4月22日にそれまでの記録で、最長のスピーチをした（Banning, p.319）。

第 5 章　憲法の下での、初期アメリカにとっての内外の問題

の問題である。それまでは、連邦政府のような責任のある中央政府が存在しなかったが、連邦政府ができたので、新中央政府分も含め、各州（植民州）が負っていた債務をどう調整するかの調整は、連邦政府が行わねばならない。そこに、注 182～184 に見るような Jefferson による仲介プロセスが生じたのであった。

　(c)先述の**合衆国銀行**問題が、この問題から丁度 1 年遅れで、1791 年の 2 月～ 4 月に、再び議会を真二つに分けた。提唱者 Hamilton によれば、連邦債購入に充てさせるなどで、債務処理に民間資本の力の一部も借りようというものであったが、合衆国銀行という法人設立は、連邦の立法権を前提とするものであった。

　合衆国銀行法案には、Virginia 州など南部が反対していた。法人設立免許立法権は州権の重要な一部であるとして、反対の先頭に立っていたのが、国務長官 Jefferson と、下院のリーダー Madison であった[87]。Hamilton としては、Madison の反対は想定外だった。というのは、Federalist の共同執筆者としての Madison は、連邦対州の力のバランスで、連邦の力が州の力によって覆される危険を強くいってきたからである。1783 年には新生の連邦が、戦時中の植民州の債務を「引受けるべきこと」、それもその 4 月の時点では、Madison が先頭に立ってその「債務証書の所持人が、転売人か否かに拘らず一律に……」といっていた[88]。その長い演説の中で、Madison は憲法論、中でも連邦の立法府への授権立法権（Ⅰ、8）について、法人設立権の性格論から展開し、連邦への授権は限定されたものであり、残りの立法権は州に留保されている（憲法の基本からして、そこに疑問があれば、その答えは、憲法を批准した各州人民の判断が最終的なものとなる）と主張した[89]。

87　Hamilton は、物品税（excise tax）法案に直ぐ続いて、1790 年 12 月 14 日に連邦議会に合衆国銀行設立に係る提案を出している。上院は難なく通って、1 月 21 日に下院に送られてきたが、そこで Madison は、再び丸 1 日のスピーチをするなどして反対し、法案は滞留した（Banning, p.325）。

88　Hamilton は、そうした Madison の発言のことをよく知っていた（Banning, p.294,295）

361

第2編　連邦憲法、その成立過程、内容と、南北戦争前までの展開

　次いで、個別限定列挙条文が当て嵌るものがあるかを問い、銀行法人を設立することは、連合憲章中の同じような文言に由来する憲法の**福祉一般**（general welfare）条文でいう general welfare のための立法には含まれず（Ⅰ、8⑴）、**金銭の借入れ**などにも当らないとした上で（Ⅰ、8⑵）、唯一、当て嵌め可能性があるのは、**必要かつ適切条項**（Necessary and Proper Clause）（Ⅰ、8⒅）だが、ここでの「必要かつ適切」とは、「目的のため必要不可欠な」ことだけを意味するとした。

　(d)制憲議会での Madison が憲法解釈として、連邦議会にも州と並んで法人設立権があると表明していたのは、前述したとおり（主として Commerce Clause の下での）、運河開削会社などを念頭に置いたものであった。法人設立権につき、彼はいう、「……それは、他の権能を行使するための副として、簡単に他から引出してくるべき権能ではない……はっきりと独立した、実質的な主権の行使であり、憲法の明文に拠るのでなければ、与えられたと考えるべきではない……銀行法案は、この与えられてもいない権能であり、条文の潜脱となる」[90]。

　銀行法案は、最終的に下院を通ったが、ワシントンは、地元 Virginia 出身者3人が声高に反対して、その旨の意見書も出してきていた法案に直ぐはサインせず、Hamilton と2、3回話し（veto 文の下書きの話しを含め）もした。これに対する Hamilton も、憲法解釈に係るもう一方の論文を用意し、反対者らにも送っている[91]。2月25日、最終的にワシントンは法案にサインした[92]。

89　(……not a general grant……a grant of particular powers only, leaving the general mass……)（Banning, p.326)。
90　なお、これらの Madison と Hamilton のやりとりは、その後の先例を通して少からず引用されてきた（Banning, p.327)。
91　その中で、もし目的が、いずれかの限定された権能に明確に含まれ、かつ、憲法のいずれの定めにも反していないものであるならば、その権能は、中央政府の権能の範囲に含まれると考えるべきである、としている（Banning, p.328)。
92　大統領就任後に New England の視察旅行により見聞を拡めていたワシントンは、その点で単なる南部州人としての Virginian ではなかった。南部では見られない光景（紡績工場や造船所）を目にし、合衆国全体の繁栄の先を何となく描いていた（Ferling, p.317)。

第 5 章　憲法の下での、初期アメリカにとっての内外の問題

⑵ 第 1 回連邦議会発議による修正 I 〜修正IXまでの連邦人権憲章

　(イ)1750 年代後半から独立までの 20 年余りの新大陸では、母国の枢密院（Privy Council）による植民地向け規則と、王と議会による法律（実体法と捜索令状などの手続法）の制定により、人権状況の悪化が進んだ[93]。その意味では、独立から直ぐにでも人権憲章が作られてもよさそうであったが、漸く自治を獲得した独立国の人々が、憲法により規定しようとしたのは、 1 にも 2 にも、初めてできる**合衆国の統治機構**であり、そこでの権力分立の構造であった。

　(a)一方、この憲法案につき、13 州による批准が可能になったのは、主として、「憲法を直ぐ修正して、（中央）合衆国政府に対する人権保護も憲法上で定めるから」、という有力政治家らの説得であった。こうしてできたのが、要旨以下のとおりの修正 I 〜 X である（うち、人権保護に係るのは I 〜IXである）。無論、手続的には、憲法の改憲条項（V）に従って採択された。

　実は、**人権憲章**を憲法に、「初めから入れて了おう」、というドタン場の動きもあった。制憲会議記録（Farrand）によれば、会期終了日前日の 9 月 12 日に Madison らが、「州憲法を見て作れば、何てことはない……数時間で作れるから……」と、人権宣言を加える動議を出したが、否決されている。否決の理由として、こんなに遅くなってから、議論の種（各州の批准会議での）をまた増やしたくない、そもそも、連邦には人権宣言で防衛しなければならないような人民に対する直接の権能は与えられてない、などがいわれている。

　(b)このような経過を経て、**連邦の人権宣言**は結局、この制憲会議ではな

93　第 2 章中にも出てきた、マサチューセッツ湾地方での例として、①住民の選挙によっていた governor が、イギリス王の任命に変ったり、②その governor に、海事法廷の副判事選任権を与えたり、③ボストンの税関吏に、一般令状発行の権限を認めたり、更に、④その海事法廷では、住民の賠償権が否定されたりしていたことがある。

363

第2編　連邦憲法、その成立過程、内容と、南北戦争前までの展開

く、憲法施行後の第1回連邦議会に提出され、1ヶ月ほどのスピード審議で、可決成立した[94]。こうして人権憲章は、現憲法と略同時にできたのに近い[95]。

　憲法成立後は、連邦政府による人権抑圧が対象となるが[96]、その連邦政府は、まだ産声の段階にあり、まだ姿形が整ってもいない連邦政府の、権力行使を理由とした人権状況は生れる状況ではない（奴隷問題も州法の問題であり、連邦は口出しを禁じられていた〔V〕）。制憲会議が、人権憲章を追加で挿入しスピード審議する提案を拒んだことも、分らないではない。多くの州は、10年以上前から独自の憲法（人権憲章つき憲法）を保有していた。州憲法とは別に、**奴隷法（slavery law）**を制定した州もあり、いくつかの州は、連邦政府レベルで奴隷の人権を問題にすることを拒否していた。新大陸に来てからでも、特有の制度と人権史が150年以上を経てきており、その中で、新生の中央政府が奴隷問題を含めた人権状況を変えることは簡単ではない。

　㊁憲法の人権保護規定は、修正I〜IXによる人権憲章だけではない。他にも、前章で見た人権に係る憲法規定がある。私権剥奪法の禁止や、人身保護令状（writ of habeas corpus）などの権利保護規定（I、9）、州権に対する保護規定としての契約（義務）の不可侵の定めのほか（I、10(1)）、他州も等しく尊重しなければならない州（市）民特権（……all Privileges and Immunities）も定めている（IV、2(1)）[97]（これに似た、もっと

94　Madison は、下院議員選挙での自らのスローガンに、人権宣言を内容とする改憲を掲げて当選していた。修正提案としては成立しなかったが、Madison の修正提案にはもう1つの条文があった。「修正憲法は、州も侵すことができない……」（……shall not be infringed by any state）という定めである。しかし、これは上院で拒否された。

95　作成や審議の時期では2年ほどの差があったにしても、批准手続の最終まで入れると1年と離れていない。

96　人権憲章（修正I〜IX）は、後述のとおり、州政府ではなく、主として連邦政府に対する保護を定めたものと理解されているが、その限りでは人権保護の実定法であり、その文言が第1の法源となる。しかし、このような実定法がなくても、自然法的な視点からの保護が働く、人権憲章は、人権を確認し、解釈する足場を与えるに過ぎないとする、Akhil Reed Amar のような考え方もある（Tribe, *op. cit.* p.1296）。

第5章　憲法の下での、初期アメリカにとっての内外の問題

具体的な規定が連合憲章中にもあった〔IV、1〕[98]）。

　(a)私権剝奪法の禁止や、人身保護令状などの権利保護規定が、連邦議会に対する立法禁止の場所に定められているのに対し、契約（義務）の不可侵は、州に対する立法禁止の場所に定められている。

　その一方で、A州での犯罪や労役義務からの逃亡者に対するB州による引渡し義務も定められている（IV、2(2)、(3)）。この条文が、特に黒人奴隷を標的に多く使用されてきたことも、屢述するとおりである[99]。修正

図表4　1790年合衆国国勢調査（人口）表

州名	自由人（白人）	自由人	奴隷	計
Vermont	85,268	255	16	85,539
New Hampshire	141,097	630	158	141,885
Maine	96,002	538	none	96,540
Massachusetts	373,324	5,463	none	378,787
Rhode Island	64,470	3,407	948	68,825
Connecticut	232,374	2,808	2,764	237,946
New York	314,142	4,654	21,324	340,120
New Jersey	169,954	2,762	11,423	184,139
Pennsylvania	424,099	6,537	3,737	434,373
Delaware	46,308	3,899	8,887	59,094
Maryland	208,649	8,043	103,036	319,728
Virginia	442,117	12,866	292,627	747,610
Kentucky	61,133	114	12,430	73,677
North Carolina	288,204	4,975	100,572	393,751
South Carolina	140,178	1,801	107,094	249,073
Georgia	52,886	398	29,264	82,548
計	3,140,205	59,150	694,280	3,893,635

97　本条が、IV中の他の条文と同じく、150年間バラバラの独立の政体できた13州を、ワシントンが標榜していたように、1つの国民（one Nation）に鋳り上げる意味を持っていたことは前述した。

98　このためIV、2(1)は、制憲会議でも殆んど議論もなく認められている。連合憲章でいっていた**州境を越えての出入りの自由**や**商業活動の自由**（……free ingress and regress to and from any other State……all the priviliges of trade and commerce……）などの言葉を引きつつ判決して、それがIV、2(1)と同旨の定めであることを述べたものとしてSlaughter-House Cases, 83 U.S. 36, 75 (1873)（Miller判事）がある。

99　本書でも屢述するDred Scott v. Sandford, 60 U.S. 393 (1857)がそのようなケースの代表といえる。

365

第2編　連邦憲法、その成立過程、内容と、南北戦争前までの展開

憲法Ⅰ～Ⅸが成立した後の司法による運用（先例）でも、こと黒人奴隷に関する限り、アメリカの人権状況は極めてひどかった。修正憲法成立の前年の1790年の国勢調査からも知りうるように、黒人奴隷は、南部に集中していたから、南部で特にそれがいえる[100]。また肝心の司法機関による救済でも、裁判官、検察、陪審の全員が白人という状況では、その手が十分差し伸べられる訳もなかった。南部州は、建国から間もなく John Marshall が連邦司法権を力強く確立するさまを見て、彼がそのうち南部州に特異な奴隷制度（slavery）をも、同じような文脈で俎板に載せるのではないかと心配していた[101]。しかし Marshall 自身、南部州出身の奴隷所有者（slaveholder）であった上、連邦の結合と安泰が、奴隷問題をそっとしておくに架かっていることをよく承知していた[102]。

　(b) A州の市民権（state citizenship）を有する人aが、白人ならばB州に逃亡して行っても、A州市民としての特権や合衆国連邦市民権（national citizenship）をB州でも有するとされるが（Ⅳ、2(1)）、aが奴隷だった場合、憲法の番人の最高裁が、このⅣ.2の定めにどう答えたかである。問題は典型的に奴隷aについて、かつ Fugitive Slave Act に関して起こった[103] 前注 Dred Scott 事件でのもう1つの捻りは、奴隷aが、未だA州に昇格する前の（Missouri）テリトリからの逃亡奴隷であって、**北西政令**（§14と art.6）が正に関係していたことがある[104]。これらの逃

100　この表からも知れるとおり、Virginia の奴隷数が全体の4割超えで断トツに多かった（Ellis ②、p.102）。

101　この奴隷問題が、連邦政治に与えた深刻な影響につき、後出二.2.(1)(2)の3つの妥協（Compromises）（1820～1850年代）参照。

102　Andrew Jackson の2期8年間に任命された6人のうちの4人がそうであったように、最高裁判事の大半は、南部の slaveholder か、北部州の中でも奴隷制度に「理解ある」者であった。この時期、南部民主党が大統領職も議会の多数をも圧えていたことも、そうした指名・任命を可能にした（Banning, p.52）。

103　Pennsylvania 州は、1826年による改正で、北部諸州と実質的に同じ内容を定めていた（An Act for the Gradual Abolition of Slavery, 1788）。同州の逃亡対策法などの、憲法条文（Ⅳ、2(2)）の下での合憲性と、捕獲者の刑事責任を問題にした Prigg v. Pennsylvania, 41 U.S. 539 (1842) で、Taney 長官らによる最高裁は、州法を連邦法（Fugitive Slave Act of 1850）に反するとした。

第5章　憲法の下での、初期アメリカにとっての内外の問題

亡奴隷の捕捉義務を定めた連邦法の fugitive laws に対し、これを負担と考えた北部諸州のうちコネチカット、マサチューセッツ、ミシガン、メイン、ニューハンプシャ、オハイオ、ウィスコンシン、ヴァーモントは、これに対処する州法（personal liberty laws）を立法していた。

　奴隷を捕えに来たある南部州の奴隷のオーナーが、これらの逃亡対策法に倣った改正後の Pennsylvania 州法に違反したとされた事件があるが、最高裁は、捕えに来た持主を有罪とした州裁判所の判決を取消している。北部諸州も、決して奴隷廃止論1本に固まっていた訳ではないが[105]、こと奴隷問題に関しては、南部州と北部諸州との間には大きな開きがあり、その距離は縮まらなかった[106]。

　(c)南北戦争後の再建期（Reconstruction Era）では、後に見る修正ⅩⅢに続いて、修正ⅩⅣの憲法改正が、いずれも憲法の定め（Ⅴ）に従った手続により制定、批准された。Dred Scott 事件（州民権も合衆国市民権も否定した）のような法的な捻れに答えるため、その修正ⅩⅣは、**合衆国内で生れたか、合衆国に帰化したすべての人**に、合衆国およびその住居州での市民権があることを謳うことで、市民の特権条項を人種に係りなく、すべての人に拡げることとし[107]、かつ連邦議会にその具体化措置を定めることを義務づけた（後記）。

　(ﾊ)修正Ⅰ.「連邦議会は、宗教の樹立に関する法律や、その自由な実施

104　独立から約10年後に作られた北西政令が、せめて合衆国の（当時の）テリトリ内だけでも奴隷制度をなくそうとしたのには、当時のアメリカの南北を通して見た平均的な奴隷感が表われていたといえよう。

105　北部諸州の廃止論が、Puritan の信教と深く結び付いていたのは間違いないが、北部諸州の教会が、すべて廃止論者で占められていたと考えるのは、重大な間違いであるという（......be a serious mistake......abolitionists as having captured Northern churches......) J. G. Randall, *Lincoln the President*, DA Capo Press, 1997, p.88.

106　合衆国として独立した1776年の全人口約250万人のうち、約50万人の黒人奴隷がいた。連邦議会の議員中でも、Virginia の代表で奴隷を有しない者はゼロで、特に Jefferson と Washington は、各200人宛くらいの奴隷を有した。これに対し、北部人による奴隷の保有数は少なかった（ただし、奴隷貿易は手広くやっていた）。後に廃止論を唱え、議会へのクエーカー教団体による請願の著名人となっていた Benjamin Franklin も、2人の黒人を家事に使っていた（McCullough, p.132）。

107　その居住場所が何州か、またテリトリかに拘らなくなった。

を抑える法律、表現または新聞の自由を矯める法律、もしくは人々が平和裡に集会すること、または被害の回復のために、政府に請願することの権利を抑える法律、を作ってはならない」

上記の文言を追って行くと、自由権として次の区分が可能であり、一般にも、このように区別・説明される（この①を Establishment Clause, Free Exercise Clause などとも呼ぶ）。

①宗教団体設立と礼拝などの宗教活動（establishment of religions, ...free exercise thereof......）

②言論・表現の自由とメディア（プレス）の自由（......freedom of speech......press）

③平和裡集会の自由（peaceably to assemble......）

④権利回復を求める請願権（......to petition......for a redress of grievances）

この④の自由権が、イギリスの権利請願（Petition of Right, 1628）や人権憲章（English Bill of Rights）の流れを受け、また植民州時代の王に対するいくつもの請願を踏まえていることは、English Bill of Rights 中の言葉との同一性からも知られよう[108]。

(a)ピューリタンが、宗教上の自由を求めて建国したアメリカ。その人権宣言の中心が宗教、言論の自由であるのは当然といえる。「連邦議会が、宗教上の自由、言論または出版の自由を奪う一切の立法をしてはならない」と定めた修正Ⅰは、米国社会の最も本質的な政治原理を謳う法文といえる。**連邦議会**は、とはっきり断っており、本章も当初は、他の修正章と

108　なお、修正Ⅰの Free Exericise Clause に沿った先例として、Sherbert v. Verner, 374 U. S. 398 (1963) が、また修正Ⅰの Free Exercise Clause のための連邦法として、Religious Freedom Restoration Act of 1993 (42 U.S.C.§ 2000bb〜) がある。なお、イギリス人権憲章が、アメリカの独立宣言と同じように、王の悪行を先ず列挙してから、王が臣民の諸権利を侵さないよう約束することを求め、立憲君主制の方向へ押し進められたのに対し、同じイギリスの権利請願では、初めから権利の保護を請願するだけの形になっている。なお、イギリスの人権憲章（1689 年）は 1701 年の Act of Settlement により補われている（スコットランドでは Claim of Right Act）。

同じく、連邦政府だけに対する制約を定めたものとの理解であった（Ⅰ
～Ⅸの修正章すべてが、一律にそうといえるかは疑問もあるが、州に対し
ての適用を否定したケースとして、19世紀前半の2つが挙げられる[109]）。
州に対しても適用があるとしたのは、20世紀も半ば近くになってからで
ある[110]。

(b)そのようなアメリカであったが、18世紀末の内外の緊張と国内治安
状況から、言論統制法のようなものの必要性が感じられた。連邦法が立法
され、修正Ⅰとの関係で大きな政争の種となったが、同種の立法が今日ま
で生き永らえた（Alien and Sedition Acts of 1798)[111]。この時期、同法が
必要とされたより詳しい理由は、次の2.(2)でも見るとおりである。その
後も、同法の流れと見られる立法が続き[112]、いわゆる9.11事件を受けた
2001年の第107議会（2001年10月）では愛国者法[113]などにより一定の要
件の下で司法当局がe-mailをのぞき見る可能性と範囲を拡げた（第8章
2.(2)(チ)）。

(c)修正Ⅰの表現の自由を巡って最高裁が多くの判断を示すようになるの
は、20世紀以降である[114]。その判断理由（ratio decidendi）から、我が
国でも広く知られるようになった**事前抑制禁止**や**事後抑圧**（subsequent-
punishment）の法理としての**明白かつ現在の危険**（clear and present

109　Ogden v. Saunders, 25 U.S. 213 (1827). 不遡及効を定めたNew York州の倒産法につい
　　て、違憲ではないとした。広く代表例としてよく引用されるのは、Barron v. Baltimore, 32
　　U.S. 243 (1833) である。
110　Everson v. Board of Education, 330 U.S.1. (1947). ニュージャージー州内の私立学校の
　　父兄が公立学校生徒への公共交通負担分の費用の払い戻しを違憲として訴えていたのに対し、
　　修正ⅩⅣを経由してではあるが、修正ⅠのEstablishment Clauseの州への適用を初めて認
　　めて判断している。
111　4つの法律から成り、その中の言論条文（speech provision）は1801年に廃止された。
　　同法の系統は、いわばアメリカの戦時（非常時）立法の中心的なもので、今日も現行法であ
　　る。
112　更に同系統の立法として、第1次世界大戦中のEspionage Act of 1917, Sedition Act of
　　1918があり、更に20世紀後半に入ってからForeign Intelligence Surveillance Act of 1978
　　(FISA)がある。
113　9.11事件後は、それを受けた決議、Authorization for Use of Military Forceによる立
　　法がある。また、多くの単行法から成るいわゆる（USA) Patriot Act（Pub. L. 127-56
　　2001年）は、このFISAの要件を緩和する修正を行っている。

danger）などが生れている[115]。電子媒体が一般化した今日では、表現の自由も改めて新しい角度から見ることが求められることのほか、国際関係の緊張対立の高まりを受け、新しい規制立法も要求されている（前注111）（第8章2.(3)㈡）。

　㈡修正Ⅱ.「自由な州（国家）の安全に必要な、よく統制のとれたミリシア（Militia）と、人々が武器を保有し、かつ携える権利は、これを侵すことができない。」

　見るとおり、修正Ⅱの文言は、ミリシアに関する前句に、（個人の）武器所持自由の後句が続く。

　(a)この文体からは、2つの句が互いに密接に結び付いているのと同じように、2つの意味も互いに密接に結び付いているものとの推認が働く。確かに歴史的には、両者間に密接な関連が存在した。イギリスでの武器所持の自由もまた、イギリス人（そしてアングロサクソン族〔Anglo-Saxons〕）に伝統的なミリシア制度と密接に結び付いた権利とされてきた。アメリカでは、連邦政府による銃規制に対し、ライフル銃保護団体（NRA）などが、時にこのような伝統も援用して反対している。しかし、「銃の保有がミリシアを育成・常備するためにのみ肯定される」、との主張は、斥けられている。最高裁は、修正Ⅱの銃保有の自由をミリシアの育成・常備とは別の、「独立した個人の保身上の権利」、として肯定してい

114　20世紀前半のケースとしての Near v. Minnesota et rel. Olsen, 283 U.S. 697, 716 (1931) では、名誉棄損などの多い新聞発行人に対し Minnesota 州当局が訴えて発行を差止めさせるなどのことができる不利益を定めていた州法を、「表現の自由に対する事前抑制システムを使おうとする上告人は、違憲に係る推定を覆す重い負担を課せられる」として違憲とした。

115　20世紀後半のケースとしては、① Bantam Books v. Sullivan, 372 U.S. 58, 70 (1963)、② Organization for a Better Austin v. Keefe, 402 U.S. 415, 419 (1971) がある。①は Rhode Island 州が、18歳より年下の青少年の教育上よろしくない本などの内容をチェックするための委員会を設けたことなどを不服として、州外の出版社が訴えたのに対し、これを非公式の事前検閲（informal prior censorship）であり、修正ⅩⅣに違反するとした。また②では、上告人の「シカゴ市 Austin 地区を良くする会」が配布したパンフレットにより誹謗される惧れがあるとして、パンフレット配布の差止めを Illinois 州裁判所へ申立てたのに対し、事前抑制（prior restraint）のための重い負担が果されていないとして却下した。

る[116]。かといって、アメリカの武器所持の自由が、ミリシア制度と全く別個・独立でないことは、修正Ⅱそのものの文言が明示している（実際、革命戦争を闘った大陸軍〔Continental Army〕は、〔植民州〕連合が徴兵した兵士ばかりではなく、各植民州のミリシアに加え他の雑多な混合軍であったことは広く記されている[117]）。

革命戦争終了後10年以上経って成立した憲法の直ぐ後に設けられた人権憲章、その**表現の自由**に次ぐ2番目の憲章が、なぜこの**銃保有の自由**でなければならなかったのか。修正Ⅱが重視される理由には、注108記のイギリス人権憲章と、更に武器所持の自由がイギリス人（そしてアングロサクソン族）古来の権利であるとする歴史的な背景が大きそうである。

(b)宗教団体についての修正Ⅰと武器保有についての修正Ⅱ。この2つと略同じ自由権が、名誉革命の結果生まれたイギリス人権憲章（English Bill of Rights）にそっくり定められている[118]。王がプロテスタントの武器を取り上げることに対し反抗する文脈での保障文言である点が、アメリカ人権憲章（修正Ⅰ、Ⅱ）に比べて、より特定的である[119]。イギリスとは違って（殊に19世紀初め頃までの）新大陸では、各植民州に対する王の特許状（charter）に謳われていた "……so remote a country, so near so many barbarous nations……" のとおり、武器は、個人・家庭の防犯上必要と言われる。対インディアン、対スペイン人（メキシコ）やフランス人、

116　District of Columbia v. Heller, 554 U.S. 570 (2008).

117　Gore Vidal は、ワシントン（Washington）が、寄せ集めの大陸軍にチャールズ川（Charles River）ほとりで規律を教え込む様子を画いている（*Burr*, Ballantin Book, 1973, pp.49-51）。

118　イギリス人権憲章は、16項目を挙げていて、カトリック（Catholic）王ジェイムズ2世（James, II）の行状を難じている。その中で、第6項目で、「プロテスタント（puritans）の良き臣民の幾人かの武器を取り上げ……（一方で、法王派は違法にそれを所持しているのに）（……several good subjects being Protestants to be disarmed……）」、といっている。日本では、君主に対する臣民の正当防衛権という根拠づけは余りなじみがなく、日本人の感覚とは、かなりかけ離れているかも知れない。

119　そこでは、7番目に「Protestants の臣民も、その防衛のため然るべく武器をもってよく……」（……may have arms for their defence……）として、王による迫害に対する正当防衛の一場面くらいに捉えているところがある。

そして対野獣などで切実性の高さが挙げられている。かといって、アメリカの武器所持の自由が、ミリシア制度と全く別個・独立でないことは、修正Ⅱそのものの文言が明示している（実際、革命戦争を闘った大陸軍〔Continental Army〕は、〔植民州〕連合が徴兵した兵士ばかりではなく、各植民州のミリシアに加え、他の雑多な混合軍であったことは広く記されている[120]）。

(c)修正Ⅱが、対連邦政府での自由権だけを定めたもので、「州に対しては力がないのではないか」、の疑問があったが、これにはこの自由権が、州により侵害されることの恐れが十分考えられた一方で、コモンローに伝統的なこの武器所持の自由の内容と、それを具体的に規律する立法権が、州から連邦へ移って了うことへの反発がある。前述のとおり最高裁は、近時の判決で、州と連邦との関係でも、やはり答えを出している[121]（最高裁が、ミリシアとは切離した形で、武器所持の自由を認めていることは上述した）。

㈭修正Ⅲ．「いかなる兵士も（no Soldier shall……）、平和時には主人の同意なしに、また戦時には法律の定めによるのではなしに、いずれの民家にも駐屯することができない」

(a)本条もその源流は、1世紀近く前のイギリスに、ジェイムズ2世（James, Ⅱ）時代の権利章典（1689年）に、辿りうる。革命戦争直前にイギリス軍が駐屯していたNew York植民州では、イギリス議会が定めた駐屯法（Quartering Acts, 1765, 1774）[122]に対し、当然のこと乍ら、強い反感があった（第1章2.(3)参照）。特に、それが有事の時に召集されるmilitiaではなく、常備軍（standing army）であったことが議論を呼び、

120　Gore Vidalは、ワシントン（Washington）が、寄せ集めの大陸軍にチャールズ川（Charles River）ほとりで規律を教え込む様子を画いている（*Burr*, Ballantine Books, 1973. p.49～51）。

121　McDonald v. Chicago, 561 U.S. 3025 (2010) で、この修正Ⅱが連邦だけでなく州政府の行為にも適用され、それを規制することが示された。

122　うちQuartering Acts 1774年は、ボストン茶会事件を受けたイギリス議会による一連の報復立法（いわゆるIntolerable Acts）の1つ。

革命戦争の要因を拡げた[123]。その後の事件や判決は生じていないが、常備軍に対する否定的見方は、本修正章に改めて示された。

(b)両国の間では逆に、王（君主）制の下での王の大権と共和制の下での大統領の権限との違いを明確に示すものがある。イギリス人権憲章（English Bill of Rights）の第6項目に定められていて修正憲法にないのが、「王が常備の軍隊を興こし、維持することの禁止（違法）」である（アメリカの憲法では大統領に軍隊を興す権限は定められていない）（注203）。

一方、州に対しては、平時の常備軍の禁止条文がある（Ⅰ、10(3)）。他方、**共同の防衛に当ること、2年の予算範囲内で軍を興こし維持すること、海軍を維持すること**、などでは、連邦議会に対し立法権を与えている（Ⅰ、8(12)、(13)）。

(ヘ)修正Ⅳ.「人民は、その人身、住居、書面および身廻品（......to be secure in their persons, houses, papers and effects）につき、不当な捜索と差押えに対し守られるべき権利を侵されることはなく（......against unreasonable searches and seizures......）、また捜索されるべき場所、および逮捕されるべき人ないし差押えられるべき物を特定した、それなりの理由による宣誓書によって支持された令状（Warrants）以外は、いかなる令状も発せられることがない」

(a)いわゆる令状主義を定める条文である。日本国憲法の言葉（35）と、この条文の言葉との酷似性を指摘することができる。実際、日本国憲法制定から間もない頃の日本では、そのような指摘とともに、同条を実質的には刑事訴訟法の規定であると紹介する向きもあった[124]。しかし、イギリスでの憲政史と、それを受継いだアメリカ憲政史を辿った後では、この内容

123　この反感には、イギリス人権憲章の第5が、王による常備軍の召集などに対する定めであったことと符合する。もっとも、ほかに、法文の言葉が、**所有権の侵害**を許すことになる（同意なく人の住いを占拠し、所有権が否定される）との誤解もあったという。

124　アメリカでは、これを家事事件、民事事件などの手続や税務訴訟手続に使うことはできない、とされているという意味で、これが実質的には刑事訴訟法である、との理解は可能である。

第2編　連邦憲法、その成立過程、内容と、南北戦争前までの展開

が単なる刑事訴訟の手続を定めた法と見るだけでは足りない。人権憲章の
１つ、中でも信教や表現の自由とともに、その中心的規定であるとの認識
が正しい。

　(b)独立後の各州憲法中の同旨の規定や、この修正IVができたのには、そ
れなりの歴史がある。先述のとおり、1760年代のイギリスは、ボストン
（Boston）などの税関吏（customs officers）に一般令状（general writ
of assistance）の発行を可能にする措置をとり、そのことが、植民州で**令
状の特定性**を要求する議論を巻き起こした[125]　（第１章２.(2)(ニ)）。ボストン
での前史を引きついで、前記の不適当な捜査とならないための要件は、捜
査官の宣誓した令状請求書に対し、裁判官が発行する令状によって行うこ
とであり、捜査官は、令状を請求するための要件として、**相応の実体的な
理由**（probable cause）を示すこと、とされる[126]。

　(c)修正IVについての「州政府を対象にしたものではない」との議論に対
応して、南北戦争後の修正XIV（1.第２文）が制定された[127]。

　本修正XIVに関する20世紀前半以来の先例により、違法な捜査から結
果した事実については、その証拠能力を否定する、いわゆる**排除ルール**
（exclusion rule）が発展してきた。公権力により乱用されがちなことが、
その主な理由である。

　繰り返しになるが、これらの人権憲章は、連邦政府との関係での人権保

---

[125]　James Otis, Jr,（John Adams より10歳ほど年長で Boston の先輩弁護士）は、1761年
　　の冬に、植民州議会の評議員法廷（bench in the second-floor Council Chamber of the
　　Province House）で、このような writs は、イギリス法の下では有効かも知れないが、イ
　　ギリス人の自然権（natural rights）を侵すがゆえに、無効であると激しく弁論した（Mc-
　　Culloch, *op. cit*. p.62）。

[126]　この理由は、確定した事実による必要はないが、相当な注意力のある人が、疑わしく思
　　う事実でなければならない、とする先例が20世紀初めより確立していて、Illinois v. Gates,
　　462 U.S.213 (1983)では、捜査官による判断は、「全状況を総合して……」なされることでよ
　　い、とされている。

[127]　修正IVと修正XIVとの間にある文言の違い（次の修正V中でいう、大陪審への言及がな
　　い）のこともあり、その後も、同じような議論を呼んでいたが（州政府への準用を否定した
　　例として Wolf v. Colorado, 338 U.S. 25 (1949) があったが）、Mapp v. Ohio, 367 U.S. 643
　　(1961) の先例変更により、この準用を肯定している。

護であり、規律・規制であるが、最高裁が、州以下の政府による州民や他州民の人権に対する問題行為に、すべて目を瞑っていたという訳ではない。原憲法から、通商条項（Ⅰ、8(3)）と特権条項（Ⅳ、2）とによる保護を及ぼすようにしてきているほか[128]、同じく、各州議会に立法を禁じている事後法、私権剥奪法（Ⅰ、9(3)）および州による契約侵害の禁止（Ⅰ、10(1)）の3つの条項を利用しても、一応の保護を与えてきた。しかし、司法（最高裁）による原憲法条項のみの解釈と運用では限界があった。契約侵害条項の適用が明らかに狭く解釈されたりした例がある[129]。

(ト)修正Ⅴ．「陸海軍、もしくはミリシアにあって、戦時または公けの危険のある実際の役務に従事中の場合のほかは[130]（……cases arising in the land or naval forces, or in the Militia, when in actual service in time of War or public danger……）、**大陪審**（grand jury）による送致ないし起訴（presentment or indictment）がなければ、何人も重大な罪、またはその他の**破廉恥罪**（capital or otherwise infamous crime）に問われる（……held to answer for）ことはなく[131]、また同一の犯罪について、2回害を加えられることもないし（……twice put in jeopardy……）、いかなる刑事事件でも、自分自身に対し不利な証言をするよう強制されることもなく（……compelled……be a witness against himself……）、法の**適正手続**によ

128　Ⅳ、2は、「各州の市民が、他州でも市民としての特権と免責のすべてを保障される」、と定める。この州際での特権と、免責条項の及ぶ範囲に係るケースとして、① McCready v. Virginia, 94 U.S. 391 (1877) や、② Hudson County Water Co. v. McCarter, 209 U.S. 349 (1908) がある。①は、Maryland 州民の上告人が、Virginia 州の浅瀬に牡蠣を養殖したことが、同州法に反するとして、500ドルの罰金に処せられた。上告審では、浅瀬利用権は財産権であって、特権と免責条項の問題ではないとし、上告を斥けた。②のケースでは、他州民も New Jersey 州法（1905年）の下で、同州民が有すると同じ水利権を有するとした。
129　Ogden v. Saunders, 25 U.S. 213 (1827) では、ニューヨーク州の倒産法の一部が、連邦破産法に反せず（契約侵害にならず）、有効な法とされた（注106参照）。
130　これらの軍事法廷とその上級法廷でも、その判事は合衆国の官吏として「憲法の手続に従って任命されている必要がある」としている（Ⅱ、2）。Ryder v. United States, 515 U.S.177 (1995).
131　infamous crime の意味について Green v. United States., 365 U.S. 165 (1957) は「1年以上の懲役または禁固……」と実質的に違わないものとしており、重罪（felony）とも違わない理解である。

第2編　連邦憲法、その成立過程、内容と、南北戦争前までの展開

らないで、生命、身体、財産を奪われたり（……deprived of life, liberty, or property……）、適正な対価なしに、公共のため収容されることがない」

　(a)いわゆる**法の適正手続**（due process of law）条文である。前半の第1文では、それを起訴前の手続について定め、第2文では、裁判そのもののルールとして定める。規定の源は、王や政府が、イギリス臣民の生命、身体、財産を奪ってきた場面に係る重大な史実にある（**大陪審**も、法の適正手続の語も、マグナ・カルタに遡る[132]）。そのほか、実質的に刑事訴訟手続法の分野に属する、二重の危険（double jeopardy）と、自己負罪の禁止、も定められている。以上のように、3つの保護が定められている。

　(b)第1に、連邦刑事事件での**大陪審**（grand jury）の権利が謳われている。刑事事件と大陪審という文脈は、イギリス史から更に古くギリシャ・ローマへと遡ることができるが、建国前の新大陸での制定法上は、ニューヨーク植民州議会での立法例が記録されている[133]。法文は、「陸海軍、もしくはミリシアにあって、戦時または公けの危険のある実際の役務に従事中……」の場合を明確に除いている。除かれるのは、**大陪審による起訴**手続である。「役務に従事中……」であっても、「**法の適正手続**」まで除かれる訳ではないが、**法の適正手続**による手続上の保護は、弾力的（flexible）であるとされる[134]。軍隊の場合には、また次の修正VI章の定める**法の適正手続**の適用による弁護人への権利（right to counsel）はない[135]。

132　マグナ・カルタは、当初のラニメイド（Runnymede）草地で作られたものから何回も追加され、拡大されてきているが、その元は、1100年のヘンリー1世王（Henry, I）の下での盟約にある。王が教会と貴族の権利を侵害しないことを述べた自由憲章（Charter of Liberties）が、文字どおり書面に写され、伝えられてきたとされている。イギリスではこの大半が、19世紀後半に（特に、1863年や1872年の法律で）廃止されたが、1759年のWilliam Blackstoneによる条文化による第39条中で、「その同僚の法的判断、またはこの国の法律によるのでなければ……」（英語では）（……but by lawful judgment of his Peers, or by the Law of the Land.）は、イギリスでもまだ残っていて、それが陪審の源と考えられている。

133　同植民州下院（Assembly）が1683年に通したCharter of Liberties and Privilegesでは、"grand Inquest……"と呼んでいる。

134　Middendorf v. Henry, 425 U.S. 25 (1976) では、軍の実情（exigencies of military life）が特別な必要性を上廻る時は、「緩められうる……」（subject to relaxation）としている。

(c)次の**二重の危険**と**自己負罪**（double jeopardy, self-incrimination）
は、同じく刑事訴訟手続法の分野に属するルールであるが、ともに憲法上
で保障されている。二重の危険は、イギリスでもルールとして均一、明白
なものがなかったが、Coke と Blackstone により、**確定判決についての
防衛方法として**認められるようになった（アメリカでは、植民州毎にルー
ルは、必ずしも統一されていなかった）[136]。自己負罪禁止のルールも、法
文の言葉以上の解説は、専門書に委ねる。イギリスの刑事事件での法文の
言葉としては、被疑者に加え被告人にも適用されてきた。アメリカ植民州
では、被疑者に宣誓を強いるような負の歴史は余りなかったようであるが、
独立時の 11 州憲法のうち、6 州で自己負罪禁止ルールを定めており、連
邦憲法中にも入れるよう求められていた[137]。

(d)最後に、**法の適正手続**および**正当な補償**の原則が定められている
（due process of law......just compensation）。法の適正手続が、アメリカ
の人権規定中でも最も中核的なルールとされることは、付言を要しまい。
実際、「法の適正手続の定めのない国は、世界の文明国ではない」、とする
のに等しい判示をするものも見られる[138]（詳しい議論は専門書に譲る）。
正当補償原則（just compensation）を前提として、国（州）や連邦によ
る強制収用権（power of eminent domain）がある。このような権能の根
拠について、これを、国などの主権から流れ出る不文のルールである、と
の考え方がある。ただし、Northwest Ordinance 中には、「公益のため、
完全な補償（full compensation）とともに私人の財産を取ったり、一定
の役務をさせたりすることができる」、との規定がある（act 2）。また 19
世紀前半くらいまでは、前述のように、専ら州による開発と、それに伴う

135　Ex Parte Quirin, 317 U.S. 1, 40 (1942). dictum で「解釈により除されるものと、考えら
　　れる」（......deemed excepted by implication......）といっている。
136　Madison の原案の文言は、現行の法文とは違っていた。
137　ここでも、Madison の原案の文言に、更に "......in any criminal case......" が加えられ
　　た。
138　"......comports with the deepest notions of what is fair and right and just......" との句
　　が Solesbee v. Balkcom, 339 U.S. 9, 16 (1950) から引用できる。

377

補償の原則（just compensation）が盛行し、連邦による行使例は乏しかった[139]。

　(e)以上見てきた修正Ⅰ～Ⅴが、基本的人権を定める人権憲章の中でも、正に一番の中心的規定であろう。**建国の父祖ら**（Founding Fathers）が制憲会議の前後を通して唱えていた「公権力からの自由と人権擁護」は、行政府（刑事訴追など）など、主として執行機関からのそれであったとしても[140]、（父祖らの）人権擁護の精神を映し[141]、立法府（連邦議会）を含むより広い公権力に対する**宣言的**な定め方をしている[142]。

　(ﾁ)修正Ⅵ．「すべての刑事訴追（……all criminal prosecutions……）にあっては、被疑者（……accused）は、その犯行が行われた州の法によって予め定められた地区別の公平な陪審（impartial jury）による迅速かつ公開の裁判を求め、訴追理由と性質（……nature and cause of the accusation）を知らされ、反対証人と対決する（……be confronted with……）権利を有する一方、自らの側の証人をうるための強制手続を求め、かつ自らの弁護のため弁護人の助力を得る権利も有する。」

　「すべての……」刑事訴追（……all criminal prosecutions……）とは、50州とワシントンD. C.および合衆国のテリトリ内での刑事訴追事件すべてを含む意味である。このように、この修正Ⅵも、刑事訴訟手続法的色彩の強い規定である。前修正Ⅴ章とは異なり、この修正Ⅵの下での刑事訴追

139　19世紀前半の強制収用も、州が自ら行ったというよりも、運河などの公共目的のため、私企業が代行する例がかなり多かった（Friedman, *op. cit*. p.124）

140　ただしJohn Adamsは、立法府による専横というaristocracyの方を、むしろ用心していた（第3章1.(3)）。

141　人権憲章中のルールは、連邦議会が立法した法規の中味に対すると同じように、立法のプロセスをも規制する。ゆえに修正Ⅴのルールなどは、「連邦議会での証言でも働く」、とするものにBarenblatt v. United States, 360 U.S. 109, 112 (1959) がある。

142　修正Ⅰのみは "Congress shall not……" と、禁止の形をとっているが、修正Ⅳや修正Ⅴでは、人や人権が主語になっている。（なお、父祖の1人のジョン・マーシャル〔John Marshall〕は、マルベリ対マディソン事件で、「人（王）ではなく、法の支配する国である」ことを強調している（Marbury v. Madison, 5 U.S.137 (1803) "……government of the United States has been emphatically termed a government of laws, and not of men……"）。

段階では、軍隊の場の身柄拘束であっても、弁護士の付添と助力を受ける権利がある[143]。

(リ)修正Ⅶ.「係争物の価格が20ドルを超えるコモンローの訴訟（……suits at common law……）では[144]、陪審による裁判（……right of trial by jury……）を受ける権利が確保され、かつ陪審により一旦こうと裁かれた事実は、コモンローのルールによる以外（が認める以外）は、合衆国のいずれの裁判所においても、再び裁かれることはないものとする」

(a)これは、民事訴訟法上のルールを定めたものである。民事訴訟実務は、各州での古くからの仕来りによることが多く、マチマチだった（ただし、事実の発見は、陪審の専権であり、裁判官に権限がない点は、各州共通原則となっている[145]）。制憲会議で本章草案の提案があった時、以上のような仕来りから「一本のルールに纏めることは無理であろう」と、反対があった。このため、修正Ⅶは、"right of trial by jury" を保障するという、たった1行の骨太なルールとして出された。

(b)Seminole Tribe 事件（後出）中の意見（opinion）では、この修正Ⅶが（植民州ではイギリス本国とは違って、陪審制度に対する好意的評価が高く、人権憲章中でも重要な条項とされていたことから）、「州権派（Anti-federalist）らの支持を得られるよう採用された」とされている[146]。そんな訳でこれが、何らの質疑もなしに通った[147]。

143　Miranda v. Arizona, 384 U.S. 436, 469-473 (1966).

144　この "suits at common law" の意味は、「衡平法による裁判」に対立する。衡平法による裁判とは、衡平法によってのみ成立し、強制可能となる権利に係る。これに対し、suits at common law は、正法上の権利が確認され強制される手続をいう。Parsons v. Bedford, 3 Pet. 433, 437 (1830).

145　Railroad Company v. Fraloff, 100 U.S. 24 (1879) では、乗客の手荷物の価値が、基本を超えていたかどうかは "……is a question not of law for……court……but of fact for the jury……their determination……upon the evidence……is not subject to reexamination……" といっている。

146　Seminole Tribe of Florida v. Florida, 517 U.S. 44, 164 (1996)

147　現在、民事陪審の実務は、連邦、州のいずれでも実務家（裁判官、弁護士、陪審員ら）による団体や会合などにより、各種の申合せや規則が作られ、それに則って行われている（他にも ABA などもモデルルールを提出している）。

(c)イギリスでの陪審の評価は、余り芳しくなかったことを窺わせるものに 18 世紀初めイギリスの思想家 David Hume のコメントがある。確かにそれまでのイギリス（ウイリアム 1 世王〔the Conqueror〕によるノルマン侵略からジョージ 3 世までの 700 年間）では、保安官・警察官 (sheriff) が陪審を選んだり、sheriff 自らが成ったり、王が都合のいい人を任命したりした、ということがあった[148]。

(d)第 2 文節は、アメリカの民事訴訟での陪審権の判断の不可争性 (indisputability) を述べる[149]。Re-examination Clause とも呼ばれるこの第 2 文節は、陪審権そのものを定めた第 1 文節に比べ、その「重要さにおいて**ひけ**をとらない」ともいわれている[150]。

(ヌ)修正Ⅷ.「過大な保釈金 (excessive bail) や、過大な罰金 (excessive fines) を要求、ないし課すこと、または、残酷かつ異常な刑罰 (cruel and unusual punishment……) を課すことがあってはならない」

(a)この「過大な保釈金 (excessive bail)」は、イギリス権利章典 (Bill of Rights, 1689) 中の同様の条文に遡る定めである。先ず、第 1 の過大な保釈金 (excessive bail) の禁止は、「何が過大か」、が示されていないことから、やや唐突である。このように、唐突な疑問が出されるような定めになったのには、イギリス法上の保釈金 (bail) ルールを巡る理解に食い違いがあったためともいわれる。13 世紀のイギリスでは、保釈金 (bail) による釈放の適用が無限定ではなく、一定の犯罪でのみ、保釈金による釈放が認められていたに過ぎなかった。アメリカでは、そのような区別なしに、本修正Ⅷが設けられたから、上述のような疑問が出たとい

148　Timid juries, and judges who held their offices during pleasure, never failed to second all the views of the crown (David Hume's *History of England* から).

149　一審の審理（陪審により裁かれた事実）は、控訴審では、原則立ち入ることができないし、従って、先ずひっくり返されることがない。

150　Parsons v. Bedford ケースでの言葉 (at 447)。"……more important (……in as much as) ……discloses a studied purpose to protect it from indirect impairment through enlargements of reexamination……under the common law" この法廷による事後の介入は特に植民州当時の上級審、ロンドンの Privy Council で多くあったとされる (Tribe, *op. cit.* p. 624)。

う[151]。最高裁は、この修正Ⅷが修正ⅩⅣの due process of law clause を経由して、州に対しても働くとしている[152]。

(b)制憲会議では "cruel and unusual punishment……" について、一方で残酷な（cruel）の定義が不明確であるとするものと、理想的な考えだけでは、「刑事司法は片手落ちになって了う」、との2つの対照的な反対論が出されていた[153]。

制憲会議の討議ではまた、**尋常でない刑罰**（unusual punishment）には、恣意的かつ不均衡な刑罰（arbitrary and disproportionate punishment）の意味が含まれる、との解釈も示された。

(ル)修正Ⅸ.「ある権利が、この憲法中で人権として数えられているからといって（enumeration……of certain rights……）、その他の権利が、人民により保有されていること（……retained by the people）を否定したり、損ったりするものではない」

(a)修正Ⅸのこの言葉は、（言葉と言葉の間に隙がないかを厳密にチェックするコモンローの素養ある人同志の）制憲会議での次の議論を彷彿とさせる。1人が、「人権を個別に列挙することで、列挙されていない人権が否定される可能性があってはならない」、というと、他方が、「すべての人権を洩れなく挙げることなど不可能だから、特定の人権を意味する言葉を多数並べることも已むをえない」という。

先例中でも、この2つの見方と同じ角度の議論が少からず示されてきた。その絡みで、修正Ⅸでいう「この憲法中で人権として数えられていない、その他の権利」に係るとされる権利を定めた連邦法と同じ主題の州法とがぶつかり合っても、その連邦法は、必ずしも州法に優先しないとの少数意

151　law.justia.com より。

152　Louisiana ex rel. Francis v. Resweber, 329 U.S. 459 (1947). Robinson v. California, 370 U.S. 660 (1962)（Arguendo として働く程度という）。

153　いわゆる torture が、これに当ろうが、死刑（death penalty）が cruel か否かについては、多くの議論が容易に参照しうる。なお、Furman v. Georgia, 408 U.S. 238 (1972) では、何が cruel and unusual かにつき、4つの基準が示されている。

見が、避妊薬使用権を巡るケースで、やや注目を浴びた[154]。

(b)以上の連邦人権憲章（修正Ⅰ～Ⅸ）は、連邦政府に対するもので、各州に対するものではないとする考え方が、早くから出ていることは述べた[155]。ただ、そこでの判示は、財産権に係っていたことが大きな要因であるとし、人の身体の自由権などに係る別件では、州政府としても流石に侵すことのできない基本権だ（更に、州際特権と免責条項（Ⅳ、2(1)）との絡みでも問題とされうる）として、両者を区別している[156]。注記のケース（Corfield）にはしかし、2つの点で限定が付く。(i)Ⅳ、2の下での特権（Privileges and Immunities）を、論争の的となり易く、議論の多い自然権（natural rights）として構成したと見られること、(ii)最高裁の先例とはそぐわないことである。現に、修正ⅩⅣの各州による批准完了後2年以内に、2つのケースで最高裁は、この（Privileges and Immunities）を自然権的に構成する考えを、明文で排斥している[157]。確かに、修正Ⅰ～Ⅸなどの保障が、専ら連邦に対するものであって州権に対する保障ではないとすると、憲法の下での人権擁護が心配なだけでなく、州毎に人権状況にバラつきが出る可能性があり、問題である。このようなことから、20世紀半ば過ぎに刑事訴訟法的な保障条文を中心に、最高裁の立場が変る（第8章1.(1)(ヘ)の Warren Court 時代）。

(c)以上の連邦人権憲章（修正Ⅰ～Ⅸ）には、いわゆる社会権、生存権や、

154　Griswold v. Connecticut, 381 U.S. 479 (1965) では、医師などが、避妊薬（contraceptive device）の使用に係り、Connecticut 州法に違反したとされたのに対し、被告人らは、避妊薬使用の自由権を侵すものだ、として違憲を主張した。最高裁は人権憲章の明文にはないが、7：2で right to privacy を人権として認めた。ただ2人の判事は、Connecticut 州法を明文で定められていない right to privacy を理由に無効とする修正Ⅸの解釈には、付いて行けないとした。

155　Barron v. Baltimore, 32 U.S. 243 (1833) では、バルティモア（Baltimore）港の機械の一部を所有していた Barron は、市長が行った工事により財産権を失ったとして、修正Ⅴを援用して争ったが、ジョン・マーシャルは、「修正Ⅰ～Ⅸの人権憲章は、州政府以下を縛る条項ではない……」とした。

156　Corfield v. Coryell, 6F. Cas. 546 (1825).古い制度の巡回裁判所での最高裁判事によるもの。

157　Paul v. Virginia, 75 U.S. 168 (1869), Downham v. Alexandria Council, 77 U.S. 173 (1870).

他国の憲法でその後謳われるようになった現代風の人権は、謳われていない。その１つ、教育権（education）についても同じである。ということは、教育権、逆にいうと国の教育義務は、次の修正Ⅹにより各州に残された（reserved to the states）と考えることになる。現に教育は、州政府の行う重要な仕事となっている（第８章3.(2)(イ)(e)(f)）。

(ヲ)以上の修正Ⅰ〜Ⅸは人権憲章（Bill of Rights）と呼ばれ、連邦憲法中でも、統治機構を定めるⅠ〜Ⅲと並ぶ双璧のような規定である。以下の３章、修正Ⅹ〜ⅩⅡは、人権憲章そのものではないが、便宜上この個所で記すことにした。

(a)修正Ⅹは、「この憲法により合衆国に授権されたか（......delegated）、または各州に禁じられたか（......prohibited）していない権限（powers）は、それぞれの州または人民に留保されている」（......are reserved to the States respectively, or to the people）と定める。その前の修正Ⅰ〜修正Ⅸと同じく、1791年に批准されている。

既述のように、修正Ⅹと次の修正ⅩⅠは、いずれも、中央政府と州との関係を示す条文であり、正面から議論するのは、第８章などに譲る。その中で修正Ⅹは、制憲会議までの合衆国での中央と州との関係についての一般の人々の理解をそのまま映して、文字どおりの意味を定めたもの（それにより、「新たに作られる中央政府が、何か追加の権限を主張したりしないか」、という懸念に応えた）と理解されている。

この文言の意味が問われるのは、主に通商条項（Commerce Clause）（Ⅰ、8(3)）など、憲法の個別条文の授権の範囲を拡げようとする解釈の文脈においてである。連合憲章にあった言葉、「明示で（授権された）」（expressly）が欠けていることが、拡張解釈の側からは、１つの拠り所とされる。しかし最高裁は、連邦への立法権（Ⅰ、8）の個別授権条文の拡張解釈に修正Ⅹを直接援用することに対して比較的渋い態度で、逆に修正Ⅹから州主権を呼び込む方向の態度を採ってきたとされる[158]。

(b)修正ⅩⅠは、「合衆国の司法権（......Judicial power of the United

第２編　連邦憲法、その成立過程、内容と、南北戦争前までの展開

States）は、合衆国のある州の市民が（Citizens of another State……）
（またはある外国の市民が）他の州に対し起した訴訟につき、それがコモ
ンローであれ衡平法であれ、及ぶものと解されてはならない」、と定める。

　修正ⅩⅠは1795年に批准された。修正ⅩⅠで第１に頭に浮かぶ（互い
に主権者である）連邦と州との関係については、第８章3.(1)に譲る。そ
の他でも、その言葉が意味するところはもっと広い筈であるが、本条文の
一番端的な意味は、連邦司法権を州主権に対して限定するものといってよ
い。修正ⅩⅠにより最も屢々起こされる訴訟は、Ａ州の知事やその他の
官吏が、Ａ州法をｂに強制することが、合衆国憲法に違反するとされた
ものであった。こうした連邦憲法上の争いが、連邦問題として連邦裁判所
の管轄となることは、憲法法により明確である（Ⅲ、2）。その憲法の定め
により実際に提起された1793年の事件により、被告のGeorgia州は勿論、
他州の多くも仰天して声を挙げた[159]。新憲法下で初めての事件で、それも、
「人から指図は受けない」と主張していた州（の主権）に、連邦裁判所が
どう対応するかに注目が集っていたからである[160]。

　その事件での判決を受けて、アメリカ社会は、早速連邦議会の場に修正
ⅩⅠの改憲提案法を提出し、新憲法が定めたばかりの改憲手続の下で、あ
っという間に、必要な3/4の各州議会による批准・可決もできた。（修正
ⅩⅠの改憲提案法が次の議会の会期で成立し、1795年に批准され手続が

158　Tribe, *op, cit.* p.860.ただ彼も、修正Ⅹが独立して連邦の立法権を制限する理由になるの
　　かについては、最高裁の態度は固っていないという。なお、John Marshall は、修正Ⅹの代
　　りに、必要かつ適切条文（Ⅰ、8 ⒅）を用いて、通商条項の下で連邦議会による中央銀行設
　　立の立法権が認められうる（Second Bank of the United States についての Mc-
　　Culloch v. Maryland, 17 U.S. 316. 372 (1819)）。
159　Chisholm v. Georgia, 2 U.S. 419 (1793). では、革命戦争中に Georgia に対し納めた商品
　　代金の支払を求めて、業者の相続人が連邦裁判所に訴え出た。Georgia 州は、州の免責主権
　　（state immunity）を主張して応じなかったところ、最高裁は、「ある州と、他の州民との
　　間の訴訟については、憲法（Ⅲ、2）上で、連邦裁判所が管轄権を有する」、として原告を勝
　　たせた。
160　この時代、まだ判決は、イギリス式に各判事が別々に書いていたが、その１人、John
　　Jay 長官は、「州の免責主権（state immunity）は、憲法Ⅲ、2 の前で制限される」と判示
　　していた。

384

第5章　憲法の下での、初期アメリカにとっての内外の問題

終ったことで[161]）他州民 b は、A 州の同意がなければ、A 州を連邦裁判所に訴えることができない（改憲前に既に A 州を連邦裁判所に訴えていたら、どうなるかの遡及効の問題があり、注記のケースはその点も争った）[162]。

修正ⅩⅠにも拘らず、連邦議会は、修正ⅩⅣのような州に直接向けられた人権規定違反の場合、連邦憲法条文（Ⅲ、2）の管轄の下で、「連邦裁判所の管轄を肯定する立法をすることができる」、との考えが有力である。

(c)修正ⅩⅡは、各州毎の大統領などの選挙人（elector）による選挙（投票の仕方、集計）方法などの規定を、原憲法（Ⅱ、1）から変えるものである。1804 年に批准手続が終ったこの憲法修正までが、原憲法成立からそう間を置かずに成立している（次の修正ⅩⅢは 1865 年成立、と間を置いている）。ただ、この修正ⅩⅡも、1933 年に成立した更なる修正ⅩⅩにより、再び大きく変更を被っている。

本修正ⅩⅡは、1800 年の選挙結果を受けて[163]、各選挙人（elector）が2 票ずつ投票できた原憲法とは異り、各選挙人が、大統領と副大統領とに各別に投票する定めにしたものである。いずれの職に就いても、獲得票数で1 位であっても、過半数の得票数ではない時は、連邦議会下院（大統領につき）、または上院（副大統領につき）での選挙となる[164]。

1870 年選挙では本修正の下での別の問題が出てきて、その争いを防ぐため、議会は法律で「選挙人（elector）による選挙結果は、その州の知事が州印とともに証明する……」ことを必要とした[165]。本修正に続く、南

161　この批准手続きの終了は、1798 年まで大統領によって告示されなかった。

162　本修正ⅩⅠから後のケース Hollingsworth v. Virginia, 3 U.S. 378 (1798) では、最高裁は、同修正ゆえに管轄権がないことを理由に、事件を却下している（しかし、1789 年司法法⑬の下では管轄権があるとしており、そうなると、同法が逆に違憲だったということになりうる〔www.constitution.org〕）。

163　1800 年の選挙では、Jefferson と Aaron Burr とが同数となり、原憲法の規定により、議会下院による指名選挙に委ねられた。

164　たとえば 1824 年の選挙では Andrew Jackson が John Quincy Adams を選挙人の数でも、獲得票数でも上廻ったが、議会下院の選挙の結果、Adams が大統領に選出されている。

385

第 2 編 連邦憲法、その成立過程、内容と、南北戦争前までの展開

北戦争後の修正 XⅢ～ⅩⅤ、およびその後の修正ⅩⅥ～Ⅹ ⅩⅦについては、次章で列記することとする。

2. 英仏との関係険悪化と、政党政治

(1) 戦争の危機と政治的対立

　18 世紀末から 19 世紀初めにかけた新生国家アメリカは、(1)「新国家建設の現場レポートと人々の生活法」で見たように、類例のない成長力に恵まれていた。その反面、国造りのために克服すべき難問も多く抱えていた。先ず、何もかも前例がない世界ということがある。

　(イ)新生アメリカは、憲法が創出した**合衆国**として、連邦政治という実験に乗り出した。成立に 13 州の批准（ratification）を要した連邦憲法は、**条約憲法**（treaty constitution）の 1 つと数えられている[166]。これは、13 のミニ国際社会を抱えたまま、1 つの国を発足させた（連邦政府という国際聯盟に近い新しい組織を作った）のに等しい（しかも、元の 13 州も、新しく加入する州も平等原則によるとした）[167]。連邦政府（議会）は、南北戦争までは殊に、本当の国際社会と 13 州の、両方に対応しなければならなかった。この問題にタックルしようという意欲があるかないかを見るという意味での第 1 回連邦議会での構成では、Anti-Federalists はまだ下院で 15 ％、上院で 10 ％を占めるだけであった。

　(a) 13 州との対応はさておき、（どんな「省」をいくつ設けるかなどの）連邦という中央政府内部の新実験はどうであったか。中央政府だけの問題

165　3U.S.C. § 15.

166　European Union（EU）は、いくつもの条約（European Union treaties）を経てきた国家連合であるが、2004 年 10 月 20 日に調印された Treaty establishing a Constitution for Europe は批准が済んでいない。

167　北西政令（Northwest Ordinance）Article 5（……on an equal footing with the original States……）。

第5章　憲法の下での、初期アメリカにとっての内外の問題

に移ると、憲法は行政府として大統領を制度化したのみで（II）、内閣（Cabinet）とか閣僚（minister's secretary）の語を一切書いていない。誰かが憲法を根拠として解釈構成することが必要となる。

第1回連邦議会が立法するいとまもなく、ワシントン内閣が発足した[168]。ワシントンは、4つの省の長官には、総司令官時代の人事の**こつ**と、Virginia と連邦政界での人脈を生かして、任命をした[169]。屢述のとおり当時は、州政府以下の行政当局が現実社会で力を振っていた[170]。すべてが1から振り出しの1789年の新内閣の動きも鈍かったが、立法府での議員の集りはもっと酷く、ニューヨーク州からの議員が決ったのは、議会が始って数週間後であって、それでやっと批准済みの11州全部の議員らがニューヨークに集ったことになった。第1回連邦議会は、開会から間もなくの1789年7月21日に、憲法の下での初の Dept. として外務省（Dept. of Foreign Affairs）を確立した（同年9月、国内〔主として、州と中央、州際の〕問題にも対処する必要が生じ、Dept. of State への変更法が成立している）。その Secretary は、Vice President, Speaker (of the House), President pro tempore に次ぐ、大統領を除くと第4位の職位者となる。議会が最優先に扱っていた「財務省（Treasury Dept.）を設ける法案」を通せたのは、夏が終わろうとする頃であった。ワシントンの頭の中の国内政治としては、多分、自らの農場のある Virginia 州政治がどうなるか、

168　アメリカでも、メディアなどで時たま使用されることはあるが、内閣（Cabinet）という用語は、憲法、連邦法、連邦の規則（Code of Federal Regulations）のいずれでも、使われていない。使われている用語は、各省 "Executive Departments" と、その頭（Principal Officers）までである（II、2）（修正XXV、4）。しかし、各省の頭を、一般に Secretary と呼んでいて、その呼名の方が、拡まっている。

169　Ellis, *op. cit.* p.197 では、**偉大な委任者** と題して "civilian adaptation of his military staff" と記している。現在の政府の "Executive Departments" は、連邦法が定める（5 U. S.C S 101）が、Washington が、議会上院の助言を同意を得て任命したのは、国務長官 Jefferson、財務長官 Hamilton、戦争長官 Knox, Attorney General、Edmund Randolph の4人である。

170　学校、衛生、警察、消防……何をとっても、すべて州政府か、それ以下の市町村が行政当局となり、今のように、多くの連邦法の下で、連邦政府があれこれ所管し、カバーするというようなことはなかった。

387

かなり気になっていたに違いない。8年間の在任中に、他の三権、特に立法府との関係では、議会による立法に、2回拒否権（veto）を行使したのみで、逼迫した財政問題の処理以外では[171]、国内政治で口を開くことは殆んどなく、合衆国銀行のように、連邦議会内が割れている問題でも、自身が、議会との間で攻防を繰り展げることなど、全くなかった。僅か4つという当初の連邦政府の省庁の数を見ても、行政の中心は州政府以下にあった（連邦政府（議会）が1798年にDept. of Navyを設けたのを除けば、次に省庁が新設されるのは、1849年に11代Polk大統領の下での内務省〔Dept. of Interior〕である）。

(b)ほかに、彼が心配もし、関与もしようとしたのは、イギリスおよびフランスとの外交関係など、国際社会との関係であった（フランス革命が起こり、ナポレオンが登場したことなどによる、英仏間の戦争が原因で、アメリカは、革命戦争〔Revolutionary War〕の旧戦友フランス〔formerly ally France〕とイギリスとの間で板挟みの苦境に追い込まれていた）。

新生アメリカの舵取りを任されたワシントンにとって、前例がないことから来る困難があるにしても、建国の父祖らが作り上げた、「個人の自由と平等の大義に則った国の基本法」が、そこに在った。彼が、その「大義の実現に向ってひた走るだけ」と、心に決めていたとしても、不思議ではない[172]。

ワシントンが「幸福な演技者の舞台」（次注の**回状**参照）と呼んだ新大陸には、ヨーロッパ人の尺度から見たら何倍、何十倍もの土地と自然が広がっていた[173]。誰もが、**けち**なことは考える必要がなかったし、第2期を終るに当って、国民への**告別の辞**と略同時期に、ワシントンが出した「チェロキー国民に宛てた辞」の中でも書いているように、行く先には、「豊かな土、優しい大気（richness of the soil and mildness of the air）が展

171　その間、財政の方をどうしていたかというと、Hamiltonがその長官に任命される前に、議会ではMadisonが輸入品に5％の税（impost）を課す法案を用意してきた（Ferling, p. 312）。

第 5 章　憲法の下での、初期アメリカにとっての内外の問題

がって」いた[174]。彼がチェロキー国民に向け呼びかけた唯一の途とは、彼らが「狩猟生活を止め、定住農業に従事し、何世代にもわたり、アメリカ人社会へ次第に同化（assimilate）して行くこと」であった。とはいえ、次第に追い詰められるインディアンとアメリカ人の武力衝突は、殊にその境界の Northwest と Southwest Territory では、止むことがなかった[175]。まだ連合議会（Continental Congress）時代の 1784 年にも、前線警察部隊（Frontier Constabulary）が設けられていた。ワシントンの下での新政府では 1789 年に War Dept. が設けられ、その Secretary Knox がインディアン問題も担当した。その後、迫害の時期を経てこの同化政策（assimilation）が、そのままアメリカの対インディアン政策の基本となる。

　(c)ワシントン一人ではない。人々は、概して希望に胸をふくらませ、バ

172　第 2 期目の任期満了を 6 ヶ月後に控えて、1796 年 9 月に公願されたワシントンによる "Friends and Citizens" の呼びかけで始る小文（告別の辞）は、正にワシントンが、この一念を核に据え、8 年の公職に当ったであろうことを推測させる。その中で、当時は三選禁止法もなかったので、ワシントンは国民に向って、先ず自らを再び候補と考えないよう頼んだ上で、「今や皆さんを一国民としてまとめられる政府の一体性が何より大切であります……」として、愛国主義の義務を説き、「団結し、アメリカ人であれ」と呼びかけている。
　「わが政治体制の基礎は、その政府の成り立ちを決定し、変更する権利が国民にあること……」とする一方、「その考えそのものから、**確立した正しく強い政府に国民一人一人が従うべき義務が生ずる**」と説いた。この告別の辞は、連邦議会で毎年、彼の誕生日にその朗読式が行われている。
173　人々が、革命戦争が略間違いなくアメリカの勝利に終りそうだと思い始めた 1783 年夏、ワシントンは、戦いの万一の再開に備えて、大陸軍（Continental Army）の訓練を続ける一方、**各州知事への回状**を送って、その中で述べた（1783 年 6 月 8 日）。
　「この広大な大陸の唯 1 人の主人・持主として（……as the Sole Lords and Proprietors of a vast tract of Continent……）最も羨むべき地位についたアメリカの市民たち……は、完全な自由と独立を得ました……これから先は、摂理（Providence）が、人間の大きさと幸せの展示のため特にデザインしたと思われるこの晴がましい舞台での演技者（……Actors on a most conspicuous Theatre……）となるのです……」（Ellis ①, *op. cit*. p.145）。
174　Talk to the Cherokee Nation（1796 年 8 月 29 日）、ミシシッピ以東の諸所のインディアン部族の代表としての、チェロキーに対するアメリカ人（その**棟梁**）からの呼びかけであった。彼が政権を去るにつき、アメリカ人がやがて、広大な領土を隅なく支配し尽くし、先住民インディアンの居場所がなくなってしまうことに、配慮したのである。1754 年頃にインディアン部族を味方として、また敵として戦ってきて、彼らの生活や能力を十二分に識っていたワシントンは、彼らの行く末を心から心配した上で、「たった 1 つの解決策に行き着いたので」として、インディアン部族が、これに「賛成してくれるよう」呼びかけている。
175　これらインディアン部族の動きには、イギリスの砦部隊（garrison）や商人ら（traders）の嗾けによるものがあり、1788 年にはアメリカの前線部隊に casualties が生じたという（history.army.mil）。

第2編　連邦憲法、その成立過程、内容と、南北戦争前までの展開

ラ色の未来を画いていた。そこでの合言葉は、「誰もがやりたいことを自由に！」であり、実際この時ほど、フランス語の“laissez faire”が、アメリカ社会で人々の口の端に上った時はない。**万人企業家の時代**といってもよい。しかも、政権を握っているのは、アメリカ独立物語の中の、「偉人中の偉人」、ほぼ万人が認めるワシントンである。そこでの政府の役割は、連邦は勿論（連邦政府はまだ小さな掘立小屋の程度でしかなかった）、州政府でさえも、余計な口出し・干渉をしないことであった。ただ必要だといわれれば、助成金や奨励策を講ずればよい。事実、新生アメリカの人口は、ヨーロッパからの移民の急増とともに急カーブの伸びを示し、農業をはじめ、各種産業での経済活動も勢いを増していた。革命戦争の恩人・戦友国のフランスとの貿易は急増し、フィラデルフィアの街は、フランス人で溢れ返った[176]。

　(ロ)無論、バラ色の未来だけを見ていればよい、という訳にはいかない。あれだけの長い戦いの後であるから、大変なことの筆頭として、その後始末（お金の問題）があった。滑り出しは、8年もの戦争中に連合政府が抱えることになった膨大な負債をどうするかである。そう考えたワシントンは、1789年9月、ハミルトン（Alexander Hamilton）を財務長官に任命する前に、新生合衆国が連合時代から引継ぐことになる財務資料、つまり借入金の元帳などを自ら具に見た[177]。

　(a)注記のような事由で財務長官に就任したハミルトンは、早速1790年1月に連邦議会に財政報告を提出した[178]。彼のプランは、これらの全負債

176　フランスは、1775年暮れには貸与とも贈与とも不明のままアメリカに武器などを与えていたほか、公債買入れその他で200万ドル（当時の価値で）を貸付けていた。新生合衆国が、銀行家、James Swan の助けも借りてこの連合時代の債務を完済したのは1795年であって、1790年代前半は復興資金の借入のため、一番の金融市場オランダへの完済を優先し、そのため利払いなども停止せざるを得ない状況であった（history.state.gov より）。
177　ワシントンは、連合時代の財務上の記録すべてを取寄せて見て、その債務の巨額さにびっくりした。彼は、自ら問題に取組んでみたが（英雄的〔heroic〕な努力を払った、と記されている）、「自分は、この種問題の処理に向いていない」、と悟って、元の大陸軍時代の副官であった Alexander Hamilton を財務長官とし、すべて一任することにした（Ellis ①, *op. cit*. p.204, 205）。

を一本化して、新生合衆国が引受ける（つまり、13州が分担して負担する）というものであった。そのために、新生合衆国が発行する債券を、「新設する国法（中央）銀行にも持たせる」という彼の案は、合理的であった（この案が公表されるや、当時の外国銀行が付けていた合衆国の格付けが、「ピン！」と上ったことや、国内商業活動が活発化したことからも、評価できた）。だが、連邦議会での審議の方は、そうはいかなかった。大揉めに揉めた上、南部諸州（サウスカロライナ以外の）が強く反対したことは、前記のとおりである[179]。

(b)ハミルトンが、連邦議会の反対派や13州中の州権論者との間で大論争を巻き起こした問題としては、(i)前述の負債肩代り問題と、(ii)790年12月の中央銀行（20％を合衆国が保有する）設立計画（連邦議会の免許立法による国法銀行〔national bank〕の形[180]）に加え、更に、(iii)その1年後に彼が提出した製造業報告があった[181]。

革命戦争中の負債処理法とともに、ハミルトンの肝入りによる同銀行設立法が1791年2月に連邦議会に正式に上程されると、前出のように、ジェファーソンやマディソンが大反対の合唱の声を挙げた[182]。ジェファーソンはまた、革命戦争の負債、連合債券額面1ドルを1ドルで買い上げることにも強く反対していた[183]。Anasの説明文で、ジェファーソンが要約し

178　その中で、合衆国の内外負債を5250万ドル、各植民州が背負った負債を、2500万ドルと記している（注83）。
179　特に強力に反対したのが、これにより、商工業・金融業に長けている北東部州が、将来的に南部の農業州を大きく引き離す国家像が到来する、と考えたヴァージニア（Virginia）である。そのスポークスマンとしてのマディソン（Madison）の強硬な反対があった。
180　今日のアメリカ人から見れば（とりわけ外国人は）理解し難いことかも知れないが、反対派の間では、「国法銀行イコール連邦の政府機関」、と認識する向きが生じた。そのため、人々（殊に州権論者ら）は、これを連邦最高裁（その種の唯一の存在）を作るのになぞらえるほど、強い心理的抵抗を抱いた。
181　1791年秋のReport on Manufacturers.
182　1791年2月に、この唯一の国法銀行（National Bank）の設立法は議会により可決され、ワシントンのサインを待つのみとなったが、ワシントンは躊躇した。ジェファーソン、マディソン、ランドルフの3人のヴァージニア人が、「**法人の設立（立法）権**は、**州固有の権限である**」とし、別々に意見書を提出してきたからである。ジェファーソンは、「イギリスの銀行がいかに非民主的であったか、いかに汚職や腐敗を生んだか……」、などとも書いていた（Ellis ①, *op, cit*. p.205）。

391

第2編　連邦憲法、その成立過程、内容と、南北戦争前までの展開

ているところからすると、発足早々のワシントン内閣と議会が直面したこの2つの難問を、彼が救ったことになっている[184]。前年3月帰国したばかりのジェファーソンによる「この危機を救った」説明は、Anasの日誌的記述のとおりなのであろう[185]。

　(c) Anasの記述で、ジェファーソンが解決策を斡旋するのに必要な「甘味料」といっていたのは、憲法の定めを受けた**首都選定問題**であった[186]（Ⅰ、8⒄でいう such District）。ジェファーソンはAnasに詳しく記している[187]。

　「3つのグループに分かれて動いていた南部州のうち、2人が案を変えて、南部州を一本化することになり、ハミルトンも、公債や合衆国銀行問

183　公債引受問題（Assumption）での彼の言い分はこうである。「戦争中の最大の困難事は戦費である。兵士達への給与、商人への軍需品代金の支払……紙幣の支払いだけで足りず、合衆国が、可及的速やかに支払うとの約束の下で、支払債務証書（公債）が発行された……戦後、多くの人々は、生活苦からこれらの証書（公債）を手放した、それも半分、5分の1、いや更に10分の1の値段で……ハミルトンの財政再建案は、連邦公債を新たに発行し、これらの連合時代の公債を、すべて額面どおりの価格で買取るというもので、極めて悪平等なものである……」（Anasの説明文から）。
184　説明文は、特に力を入れて、「発足から1年足らずの新政府が、暗礁に乗り上げるのを救ったのは、自分である」、と書いている。（ジェファーソンが、ワシントン内閣の国務長官をしていた頃の記録を中心に収録したAnasについては、第3章、第4章でも触れた）。その中で、革命戦争と連合の時代の大半をパリにいた彼は、部外者の気楽さからか、財務長官ハミルトンの処理を冷笑しつつ、その処理方法が、共和主義の理想に反するとし、厳しく批判している。
185　……ある日（1791年の2月頃であろう）、私がワシントンのお宅に行こうとしたら、丁度向うからご本人が歩いてきた。ワシントンは、私と肩を並べてお宅の方へ向け歩いたが、その前を過ぎてまた戻ってきて、30分くらい、その前を行ったり来たりした。その間、彼は、議会内の対立が危機的な状態になっていて、債権者州（南部州）が怒って、連邦脱退も懸念される……と述べた。そして「この危機を乗り切るためには、閣内が一致して当ることが大切で、幸いハミルトン法案が否決されたのは、僅差であるから……」と、私が私の友人らへ働きかけてくれれば、可決が可能になろう、「そうなれば、再び政府の歯車が廻り出そう……」といった。そこで、「私は、財政問題は素人だし、話しも聞いていないが、発足したての連邦をここで頓挫させてはならない、と私も思うので、明日にでも私の宅で夕食会を開き、友人の1〜2人を招き、そこでハミルトン氏とも打ち解けて話せれば、そして、連邦の存続と2つを秤にかけて、『どちらが大事か』、もう1回考え直させれば、妥協点も見つかるでしょう……」と述べた。私は続けていった。「ただ、南部州が、この苦い薬を飲み下すには、何か**甘味料**がほしいですネ……」。
186　この首都選定問題で、北部州が南部州に譲歩するのと引換えに、財政問題の処理で協力しようというものである。それまでに13州は、それぞれの思惑により、首都選定問題を巡り、色々な動きをしていた。

392

題で恩恵を受ける北部州に、銀行の株式2千株を引受けさせるのと引きかえに、首都選定への北部州の同意をとりつけることができ、問題は決着した」。

　発足したてのワシントン内閣が立往生して了う中で、賛否両論で真二つに割れた議会下院の反対派の多数派工作の中心にいたのがマディソンであったことは、記したとおりである。Madison の政治姿勢は、Jefferson がパリから帰国したその年に 180 度の転換を遂げていた（**1790 年の大転換**と呼ばれるが、前に見たとおり、彼の政治姿勢は、初めから Hamilton のそれとは違っていた）。1790 年春の財政問題の処理方法と債券買取り、1791 年春の**合衆国銀行設立**、さらに 1792 年春の**製造業助成金問題**と、ハミルトンの施策すべてに対し、真向から対立するようになっていた。

　(ﾊ)財政問題の後始末のほかにも、いくつかの難問が新生アメリカ政府を待ち受けていた[188]。何よりも、政界内部の対立激化がある。合衆国の建国（1788 年）から 12 年間は、フェデラリスト（Federalist）政権が続いた（ワシントンや Adams も、一応 Federalist とされていたが 2 人とも、党派活動には批判的であった）。対立に拍車をかけたものに、南部と北東部との経済的利害の対立があった。

　(a)(民主) 共和党が、Virginia など南部州の利益代表の面が強いのに対し、Federalist は、北東部に確実な強い地盤があった。工業が盛んな北部は、地場の揺籃期の製造業をイギリス、マンチェスタ（Manchester）などの工業との競争から守るため、高い輸入関税を定率するよう求めていた（ただし、Hamilton は、高い関税率は、却ってトータルな収入を押し下

187　憲法上で議会の立法権の 17 番目に上っていた首都の決定は、多い時は、16 もの案が出て収拾不能といわれていたが、「ハミルトンによる財政問題の処理方法に対する議会での議決を引っくり返す」、との約束と引き換えに、ヴァージニアが推すポトマック河畔に決定することで北部州が妥協することが、この時の夕食会の席上、ハミルトンとアディソンとの間で取引された。

188　第 1 回連邦議会の第 3 会期もすべて終了後の 1791 年 10 月の少し前、オハイオ川地方の西では、インディアンとの戦いで、ワシントンのお気に入りのセント・クレール将軍以下約 1000 人が死傷した。それもまだ、「些細な」といえるくらいであった。

第 2 編　連邦憲法、その成立過程、内容と、南北戦争前までの展開

げると見ていた）。

　南部州は、高い輸入関税に反対する一方、綿花やタバコのイギリスなど
への輸出関税を安く定めるよう、それぞれ連邦議会に働きかけていた。
Hamilton が、**製 造 業 報 告** 中 で 提 案 し て い た 製 造 業 へ の 補 助 金
(bounties) 支給に反対するジェファーソンらは、「国内の製造業が保護さ
れると、弱体化する」と警告していた。

　(b)その生い立ちから合衆国は、憲法の規定で人頭税その他の直接税の賦
課を禁じていた（Ⅰ、9(4)）。どんなに財政難でも、南北戦争までは、1
ドルの所得税も課（立法）していない（「**直接税**といえるか」、は争いがあ
った不動産税を除く）。これに対し憲法は、間接税の形でとられる物品税
(excise tax) 賦課を連邦議会の立法権の1つに数えている（Ⅰ、8(1)）。
初期の財政難のこの時期に、連邦議会は苦しい台所を賄うため、ウィスキ
ーに物品税（excise tax）をかける立法を行った。ウィスキー税は、それ
までに連邦政府が課した、唯一の内国税の物品税であった。何が直接税
(direct tax) で、物品税（excise tax）との違いは何か。この点は、当初
から一義的とはいえず、争われた[189]。

　1792〜1794 年に、物品税に起因したウィスキー反乱事件（Whisky
Rebellion）が、ペンシルヴァニア西部周辺で起きていた[190]。1 万 2000 の
民兵が、アルゲニ（Allegheny）台地を越えて進軍し、反乱は 12 月に平
定された[191]。ウィスキー反乱事件は、ハミルトン（フェデラリスト）主導
の施策に対するジェファーソンら共和党による、形を変えた反政府運動で
もあった（ジェファーソンは、反乱農家や過激分子などに同情的な言葉を

189　Hamilton v. United States, 3 U.S. 171 (1796). 馬車への課税立法につき、Hamilton が、
　　これを excise tax としていたのに対し、Madison は、直接税であるとして、違憲を主張し
　　た。最高裁は、直接税を課税することに対する制約は、議会の本来の権限としての課税権の
　　例外となるもので、便宜に分類すべきでない（"……not……conveniently apportioned……"）
　　として、これは excise tax であると判定した。
190　ウィスキーの製造は、フィラデルフィアから何百キロも西の、ペンシルヴァニア西部に
　　集中していて、物品税法違反者は、数百マイル離れたフィラデルフィアの連邦裁判所まで出
　　頭しなければならなかった。1794 年 7 月に執行官（U.S. Marshal）が令状を執行しようと
　　現地入りすると、怒った農民らが、アルゲニ郡の合衆国執行官宅を襲撃した。

394

かけ、反抗を助長していた)[192]。

(c)第 1 期ワシントン内閣の内政上の第 2 の難題は、国の元首から数えて 3 番目に偉い国務長官のジェファーソン（Jefferson）の動きに見られた。先ず、政党的対立の走りとしては、アメリカ政治史でいう**第 1 期政党組織時代**が始っていた[193]。前述のように、1792 年秋から始った**第 2 回連邦議会の第 2 会期**は、政党戦争（party War）の舞台となっていた。ワシントン政権で財務長官をしていたワシントンの元副官ハミルトンが中心の多数党フェデラリストと[194]、（民主）共和党（そのリーダーがヴァージニアを本拠地とするジェファーソンとマディソン）、という二大政党の対立図が形成されつつあった[195]。

---

191 アメリカの憲政史で、一度だけ、現役の大統領が総司令官として乗馬して軍を率いるところまで行ったのは、ワシントンが憲法の文言に従ったからであろう（II、2(1)の第 1 文）。ただし、体力の衰えていた彼は、州境の辺りで馬を下りて留り、その先は、Hamilton が軍を率いて行った。

192 反乱事件の平定とそのための挙兵で、フェデラリストは、当然のことながら満腔の喜びを味わった。反対の極として、ジェファーソンの反応は、「健全な農民による民主主義的意見表明への過剰な軍事力による弾圧」というものであり、その意味で、8 年前の「シェイズの反乱の時の繰り返しである……」というものであった。

193 フェデラリズム（federalism）（ないしフェデラリスト）の語に、時代と文脈により異なる意味に使用される。少くとも 3 つの意味に区別可能である。①制憲会議と、その各州による批准会議の頃、主としてハミルトンやマディソンが、各州による批准を働きかけるため寄稿していた記事フェデラリストの意味、この文脈での反対派（主に、州権派でもある）をアンチ・フェデラリストと呼んだ。②1790 年代のワシントン内閣、殊にその 2 期目（いわゆる第 1 期政党組織時代）の、ハミルトンを活動家とするフェデラリズム（政党活動は嫌ったが、ワシントンやアダムスも心情的には**強い中央**を支持していた）。ジェファーソンはその途中で国務長官を辞めてヴァージニアに帰り、（民主）共和党を作って、在野活動（反ワシントン内閣のキャンペーン）を活発させ、二大政党対立の図式が明確化した。第 1 期政党組織時代に当る。③フェデラリズムの第 3 の意味は、憲法解釈上の立場としていわれた（第 7 章）。専ら政治的立場としての上の①、②とは次元を異にする。

194 第 1 期政党組織時代は、ワシントン内閣発足から間もない 1790 年代初めから、一般に 1820 年代初めまでとされ、上記のフェデラリスト党と共和党との対立時代をいう。しかし、1800 年以降は、フェデラリスト党の勢いは周落し、共和党の一党支配となった。その（民主）共和党も、1820 年代にアンドリュー・ジャクソン（Andrew Jackson）の率いる（草の根）民主党（主に南部）（grass-roots Democrats）と、Whig Party（主に北部）とに内部分裂した。この第 2 期政党組織時代は、19 世紀半ば過ぎまでの期間をいう。

195 制憲会議での批准賛成派の 69 ％が、この第 1 期政党組織時代のフェデラリストに参加、一方批准反対派の 94 ％は共和党に参加したとされる。中でも、両者の間で熱い議論となったのは、商工業国か、農業立国か、中央に強い政府か否か、戦時中の債券を連邦が肩代るか否か（そのために中央政府が銀行を設立できるか）などである。

第2編　連邦憲法、その成立過程、内容と、南北戦争前までの展開

　この時期は民主共和党が政党として体を成し、制憲会議の頃から存在した Federalists に対峙した時期と一致する[196]。その中心的道具となったのが新聞である。先に、Adams が政治論文を連載していた Gazette of the United States を利用して、Hamilton は Jefferson と National Gazette との関係を取沙汰した。これに対し、Madison と Monroe が、Jefferson を庇うためプレス・キャンペーンをした。それが、民主共和党系の "National Gazette" であった。内閣の2人の長官が、それぞれメディアを使って相戦う様を見て、世人は、政党政治の始りを目の当りにした[197]。発足したての第1回連邦議会は、New York と Philadelphia とで3つの会期に分割して開かれた。その第1回連邦議会は、流石に多くの案件をこなしていた。ナポレオン戦争が始る頃の第2回連邦議会（1791年秋から1793年春）の第1会期は、またガラッと変った。立法案件をこなすというより[198]、党派形成が進み、議事の基調に、党派的動きが定着した期、といってよい[199]。

　(d)上記の第1期政党組織時代が始まるや否や、メディアを手先に使って相互に相手方を攻撃する政治活動は本格化した。政党色を前面に出した新聞は、批判の矛先に対する攻撃の手綱を緩めなかった。Federalist の活動家 Hamilton が、財政再建問題と合衆国銀行設立のことで、1790年以降、憲法制定当時の協力者 Madison と袂を分ったことは前述した[200]。一方に、

196　その時期に Madison は、「速やかに完全な政党になりつつある立法府の一方のリーダーとし」、て New England 地方への旅行から戻ったと記す（Banning, p.361）

197　1792年9月12日に、Madison は National Gazette 上で、**政党についての公正な論評**（Candid Statement of Parties）として、次のように要約した（Banning, p.362）。「Federalists といっても、大半は君主主義者でもなく、共和的自由の友であった……。連邦政府が始った1788年以降は、その Federalists が、金権と結んで自らの力を強くし、相手を弱めようとしている。その対立政党は、共和政治を守ることを基本とし、連邦のすべての地域、職業の人々と共にいて、共和政治の友として、共和政治の敵と対峙し、人々の承認を得た形で、連邦が運営されるよう見守ることを、自らの使命と考えている……」（Banning, *op. cit.* p.362-363）。

198　第2回連邦議会の第1分会期につき、大きな立法案件はないという（……saw little in the way of major legislation）（Banning. p.345）。

199　代って、第2回連邦議会の第2分会期は、党派的争いの舞台となった（……was a theater for party war）とする（Banning. p.363）。

第 5 章　憲法の下での、初期アメリカにとっての内外の問題

そのハミルトンが応援していた「合衆国ガゼット」（U. S. Gazette）があり、他方に、共和党色の濃い「ナショナル・ガゼット」があった[201]。後者は、ジェファーソンとマディソンが主宰する（民主）共和党の新聞として、1791 年 10 月 31 日から隔週で 2 年間、フレノウ（Philip Freneau）の名で発行され、批判の矛先は、ハミルトンとワシントンに対し向られていて[202]、辛辣な言葉で攻撃を繰り返していた[203]。

　1791 年 11 月 4 日には前線（西部）部隊（St. Clair 将軍）が約 1000 人のインディアン連合部隊に襲われ、600 人以上が死亡するという惨事があった（注 188）。問題を重視した議会は委員会を立ち上げ、憲法の下での初めてとなる連邦議会による行政府に対する徹底した調査に乗り出す（第 4 章注 172）。その翌 1972 年、第 2 回連邦議会では、初めて本格的な連邦 militia 法が作られることになる[204]。前注 3 と 4 で見たように Southwest アメリカでは、元来が別の国として独立性向が強かったが（Louisiana の

200　Hamilton に「君主的志向がある」、と Jefferson らが非難したのには、全く理由がなかった訳ではない。1794 年、アメリカで過ごした元フランス王国の外交官 Talleyrand は、Hamilton を誉めそやしたが、新興国アメリカが共和国になったことから、ヨーロッパ君主国の威信を保ちたい意図の下、Hamilton をその立役者にしようとの考えがあった、とされている。

201　Madison の Princeton 大学での知己フレノウ（Philip Freneau）は、Jefferson が Madison を通して接触した時、Jefferson の誘い（国務省で働く）を初め断っていた（Lance Banning. *The Sacred Fire of Liberty*. Cornell Univ. Press. 1995, p.340）。

202　ジェファーソンとマディソンが主宰する新聞の矛先は、Hamilton だけでなく、大統領ワシントンにも向いた。今や一部の新聞は、ワシントンを「アメリカのシーザー」とまで渾名しだした。ワシントン大統領との関係でのジェファーソンの二枚舌について、「ご用心下さい。懐に蛇を大切に仕舞われていますが、彼（he）は今や、刺し殺そうとしています……虚栄心から彼は、自分が後継人であると考えていますが、この偽善者を信じてはなりません……」とワシントンに忠告する無名の手紙を引用している（Ellis, p.129）。

203　National Gazette は、フェデラリストを政敵として刊行された（ジェファーソンは、そのころフレノウを、国務省のフランス語翻訳官として結構な給料を払って雇っていたが、間もなくマディソンとジェファーソンが、フレノウを編集長にして、このナショナルガゼットをやらせていることが、判明した。国務長官という政権の中枢にいる人間が、政府の雇人を編集長とする新聞を使って、政権を攻撃するというユニークな事例となった）。

204　Militia Acts of 1792 の下での兵士は各州のミリシアであるが、緊急の場合に大統領に権限を与えた。その事変に対処するのに必要とされる州につき、相応のミリシアを召集するなどである（これは、中央政府直轄の army に対する各州の根強い反対によるギリギリの妥協とされる）（historyarmy.mil）。同法の下で西部 Army（Legion）の長となって、1794 年に Ohio Valley の Fallen Timbers でインディアンに大打撃を与えたのが、Anthony Wayne である。

397

第2編　連邦憲法、その成立過程、内容と、南北戦争前までの展開

土地をスペインから奪取しようとする企てもあった)、注4の Blount の
ほか、James Wilkinson, Aaron Burr など、それらの人物による独走は、
いずれも連邦政府によって抑えられた。

　㈡目を外に転ずると、新生アメリカのヨーロッパ世界での地位は、まだ
まだアイルランド（Ireland）並であった。その中で、1793年2月、英国、
スペインは、既にジロンド党革命政府のフランスに対し開戦していた[205]。

　(a)英国とフランス。18世紀末の世界の二大強国が今、互いに生死を懸
けて相戦っている[206]。その二大強国の争いに巻き込まれないで、いずれの
側からも一定の距離を隔てていること、この中立が新生アメリカにとり、
2期目に入ろうとするワシントンにとり、何よりも重大であった。ワシン
トンは、イギリスによるフランスに対する開戦から時を置かず、1793年
4月22日に中立宣言を公表していた。憲法は、中立宣言のような行政
(外交) 行為についても寡黙である[207]。一方的な意思表示のような行為で
条約とは違うが、条約になぞらえれば、「上院の助言と同意を得て」、とな
ろう[208]。連邦議会は、ワシントンの中立宣言に法的サポートを与えるため、
間もなく連邦法 Neutrality Act of 1794 を制定していた[209]。

　(b)フランス大革命以来、ルイ16世（Louis, ⅩⅥ）王時代のような親密
さがなくなっていたフランスとの関係。かねてフランスの反対していた

205　1793年2月1日、英国はフランス（執政官政府）との戦争を正式に宣言した。いわばヨ
　　ーロッパの覇権をかけた戦争となった。そのフランスとアメリカとの間には、1778年の軍
　　事同盟条約がまだ生きていた。
206　1778年という早くにイギリスはフランスの船を攻撃し、McCullough は、「アメリカの
　　革命戦争がヨーロッパでの権力闘争に火をつけた」としている（*op. cit*. p.203）。
207　この中立宣言は、憲法の下での戦争宣言が連邦議会の専権であることから（Ⅰ，8⑾)、
　　その連邦議会の専権を実質的に損うような、その他の人の行為を禁ずる意味があった。
208　ワシントンは、憲法の文字に忠実に上院に出かけて行って、余り満足できなかった以前
　　の経験により、今回はこの国家の一大事につき、閣僚会議で各自に意見を書いて出すように
　　求めた（Ellis①, p.211）。
209　フランスの対英宣戦布告 1793年2月（その知らせがアメリカに届いたのは、4月1日)
　　から法的な問題の第1は、1778年の同盟条約との兼ね合いであった。中立法は、この同盟
　　条約の有効論から生じうる混乱に対処する意味があった。戦時における中立国に係る万民法
　　に違反したアメリカ人に対し罰則を加える一方、他国の武力による害からも保護しないこと
　　を宣言していた。同法は、その後も何回か改正を経ている（18.U.S.C.§960（1976))。

398

第 5 章　憲法の下での、初期アメリカにとっての内外の問題

Jay's Treaty を、アメリカが調印したことを知った革命政府は、アメリカに対し厳しい態度に変った[210]。アメリカ商船がイギリス海軍によって受ける扱いと同じ扱いを、フランス海軍も、アメリカ商船に対してとる（互いの敵国との間の輸出入取引に係っていたら、敵対的に扱われる）と通告し、これがまた、閣内（国務、財務、戦争の各長官と司法長官〔Attorney General〕の 4 人）の不協和音に輪をかけた[211]。とりわけ、親英派の財務長官 Hamilton と親革命、親フランスの国務長官ジェファーソンとの対立が際立っていた[212]（彼によるジェイの条約に対する批判と非難は激烈であった[213]）。熱狂的なフランス・ファンのジェファーソンは[214]、アメリカが Jay's Treaty を結ぶことは、1778 年の米仏間軍事同盟条約との兼ね合いで、法律上問題があると主張していた。中立宣言を出していても、条約国であることから来る対仏関係は残るとし、公式の対応ではなく、非公式な処理を主張していた（彼が 1793 年 12 月末に国務長官を辞めて行ったのは、こうした政策への反対を示す意味もあったと見られる[215]）。

　ワシントンの中立政策にも拘らず、その中立を無視する外交官が現れた。1793 年 4 月、フランス革命政府からの大使として**市民ジュネ**（citizen

---

210　第 1 に、フランス海軍による洋上でのアメリカ商船の拿捕、第 2 に、外交上での XYZ 事件などの、いやがらせ的な行為があった。これらに対し、Harrilton は、対仏宣戦布告を主張していた。

211　外交面での一番の対立点は、親仏か（アンチイギリス）、親英か（アンチフランス）であった。イギリスとの間では、革命戦争後のパリ条約で片付けられなかった問題や、未履行のままの条約条文が残っていた。

212　ジェファーソンは、ワシントン内閣の国務長官をに早々と 1793 年末に辞任して田舎に帰った後、ワシントン内閣およびワシントンとハミルトンに対する個人攻撃をエスカレートさせていた。

213　攻撃の先頭に立っていたもう 1 人に "Aurora" 誌（フレノウが書いている「ナショナル・ガゼット」の後継新聞である）による Benjamin Franklin の孫、Benjamin Franklin Bache がいた。Bache's Aurora の 1796 年 10 月 17 日号では、ワシントンの退任の発表を大っぴらに祝い、「直ぐにくたばって了えば……」などと悪態をついた。Ellis は、「イギリス軍の砲弾がワシントンにできなかったこと、ワシントンの心臓を貫くことを、この種の悪口雑言が成し遂げた」という（Ellis ①, p.231）。

214　合衆国銀行法案が下院で揉めていた 1791 年 2 月に、ジェファーソンは、フランスの革命政府が直ぐに確固たる政権としての基礎を固めることを希望し、2 月 4 日には George Mason に、「そのことに、自由なヨーロッパの運命がかかっている」と語っている（Banning, p.338）。

399

第2編　連邦憲法、その成立過程、内容と、南北戦争前までの展開

Genêt）が南部に上陸してきた[216]。港町で受けた歓迎ぶりなどから、アメリカ人は、「フランス革命政府の大義に共感している」、と考えた彼は、**ジュネ事件**の名でセンセーションを起こすなど、今やワシントン内閣にとって迷惑千万な存在となった[217]。

　条約交渉などの外交面の展開の結果は、二.1.(2)で見るとして、外交問題の渦中での国内世論と国内政治（党派的対立）について一瞥してみよう。Jay's Treaty に対しては、案の定、厳しい世論が沸き立つことになった[218]。イギリスによる言いがかりを恐れた内閣が、交渉について箝口令を敷いたため、疑心暗鬼になった下院は Madison などが、ワシントンに情報開示を要求したが（1796 年）、ワシントンは、大統領特権（Executive Privilege）を楯にこれを拒んでいた[219]。

　Madison の見方は、こうであった。「ワシントンは、悪い取り巻きによって健全な忠言から切り離されており、取り巻きらは、彼らの**反共和、反憲法**の野望を遂げるため、**この条約**により、イギリスを味方に付けようと

215　Alexander Hamilton も、その後 1 年余りして 1795 年に財務長官を辞めて（主因は〔bastard と呼ばれていた〕自らの出自だったともいわれている）、出身地元の New York 州で弁護士として、また New York 銀行設立などにも係りつつ、言論による活発な政治活動を継続し、John Adams 内閣の政策や、1800 年選挙などに、少からぬ影響を与えたとされる。

216　Edmond-Charles Genêt は、ワシントン内閣の中でも、彼から最も反対の極にいた筈のハミルトンの助言により、本国の革命政府の急な政変から（ギロチンのリスクから）免れ、アメリカでその生を全うしている。彼は、初め首都フィラデルフィアへは行かずに、10 年ばかり前の革命戦争中の南部の激戦地サウスカロライナ、チャールストン港に 4 月上旬に上陸し、偽装海賊船（privateers）の装備のためなどに、ふんだんに資金をばらまきつつ、フランス大革命の新派を募りつつ、フィラデルフィアまで 4 週間かけて、ゆっくりと街道沿いに北上してきた（McCullough, *op. cit.* p.444）。

217　ジュネは、アダムスが第 2 回フランス派遣時代に、フランスやヨーロッパのアメリカ革命戦争への同情を得るため、翻訳に使ったことのある、フランス外務省通訳官エドメ・ジュネの子であった。その彼が、今やフランスの革命精神、自由、平等のセールスマンとして派遣されてきた（単に偽装海賊船で英国海運に打撃を与えたり、1778 年の仏米条約に沿って、アメリカが軍事的協力をするよう働きかけるためだけではなかった）。

218　史実として見た場合、外交官としても法曹としても、当時のアメリカを代表するような Jay が、高飛車なイギリスとの話しを纏めるため、「ベストを尽くして交渉した」、との評価が可能であろう。

219　ワシントンは、Jay's Treaty については、文書を上院には提出しながら、下院にはその提出請求を拒んでいる。理由は、上院は外交につき権限があるが、「下院には、その権限がない」というものであった。

した……」。Madison は、新聞などを利用するとともに、条約の下で必要となる支出に関する下院の予算権を楯に、条約義務（の履行）を拒む方法に注心した[220]。Madison が条約交渉内幕の開示を求めて行った演説中の憲法論は、彼ほど憲法制定に深く係った議員もいないだけに、興味深い[221]。しかし 4 月初めになると、世論も院内意見も動いてきたことと、既に承認済みの他の予算に係る案件で、上院が対抗措置をとりかねないことから、対立も腰砕けとなり、下院でも 4 月 30 日には予算の可決成立が得られた。

(c)フェデラリスト対（民主）共和党間の政争が年を追って激しさを加える中で、憲政の最初の試練は、ワシントンの告別の辞が公表された 1796 年秋に来た。第 1 期の任期切れ時にも、Hamilton に依頼して告別の辞を用意していたといわれているワシントン。第 2 期の終りを前に、アメリカ国民に「次の選挙では、自分は候補者とはならない」、とのメッセージを送った[222]。記事の発表で世の中は、まるで 100 m 競走の合図がされたようだった[223]。Adams か Jefferson か。人類史上初の、**政党間での民主的選挙**が行われるのか。それが、どう行われるか。その試練である。衆目の一致したトップ 2 人は、どうしたか[224]。1793 年には早々とワシントン内閣の国務長官職を抛り出して、地元ヴァージニアに帰ったジェファーソンは、この選挙に備えて、準備を着々と整えていた（なお、Aaron Burr は、ジェファーソンをさして「選挙（"electioneering"）の達人」とまで呼んで

220　彼が利用した方法が 2 つあった。先ず、Jay への指示を含む条約交渉資料への議会への提出を求める決議（これは、ワシントンが、提出を断っていた）(p.382)。次に、地元 Virginia 州議会が選出して連邦上院に送った議員に働きかけて、条約の Article XII（アメリカの船舶と輸出入取引および屯税などに係る定め）を停止し、条約への反対を表明する方法（ただ、ワシントンがこの動きを無視して、1796 年 2 月 29 日に条約の有効宣言を出したことにより、Virginia の意思は無視された）(Banning, p.381)。

221　要点として、条約は、大統領と上院との共同作業によって成立し、最高法規の 1 つとなるが、憲法は、下院にも条約に関係するような、**通商、戦争宣言、軍の召集**などの立法権限を与えている。「ゆえに、条約承認は、実質的に下院の立法権に係り、それに諮ることが必要である……」という (Banning, p.383)。

222　9 月 17 日には、Boston の新聞 American Daily Adviser が内側のページ一面に "G. Washington, United States" の、サイン付の "Friends and Citizens" と題された**告別の辞**を記事にした。

223　……as if a hat had been dropped to start the race" (McCullough, p.462)。

第2編　連邦憲法、その成立過程、内容と、南北戦争前までの展開

いる）。これに対し Adams は郷里には帰ったものの、選挙戦には表立って参加しなかった。代って両陣営による激烈な新聞合戦が戦わされた。

　選挙の結果は、全国集計に何ヶ月もかかって、翌年2月になって漸く Adams の勝利が判明した[225]。これで、一応の決着を見る（Adams は結局1期だけに終ったので、アメリカの憲政は、初めの12年を除き、その後ずっと、ジェファーソンの率いた共和党政権の流れが続くことになる[226]）。その告別の辞の中で、アメリカの初代大統領ワシントンが、国民（それまでの13州の人々）に「（イギリスで蔑称であった）アメリカ人」と呼びかけていることは注目に値する[227]。

⑵ 革命戦士による言論取締法

　㈠第2期の任務終了とともに、後任大統領 John Adams に後を託したワシントンが、憧れていた田舎 Mt. Vernon へ帰って行く一方、Adams が、1797年3月4日に第2代大統領に就任した[228]（就任演説で、アダムスは共和政治への忠誠を誓った。混乱を引継ぐ第2代大統領によるリパブ

224　かつて、あれほど互いに肝胆を照らし合った Adams であったが、12月31日の Jefferson 辞任の報に接したときの、妻 Abigail への手紙で、Adams は他人にはいわないようなことまで書いている。「色々と勿体をつけながらも公正さに欠けたり、己れに偏屈にこだわるなど……」と評価し、「僕は別れについて気持ちを整理できていたので、泣くことはない……」"......his want of candor, his obstinate prejudices......partiality in spite of all his pretentious......have......reconciled me......that I will not weep."（McCullough, p.448）

225　大統領選挙での Adams の実績は、1788年は、ワシントンの69に対し、34、1792年は、Adams 77、Clinton. 50、Jefferson 4、Burr 1、であり、今回は John Adams 71、Jefferson 68、Thomas Pinckney が59であった（McCullough, p.393, 439）。

226　ジェファーソン、マディソン、ジェイムズ・モンローの3代、各2期ずつ8年の合計24年。その後ジョン・アダムスの長男ジョン・クインシ・アダムスが1期のみで、再び共和党の世の中が定着する（ただし、先述のように、共和党そのものが割れて、第2期政党システム時代に入る）。

227　告別の辞を意図した長文（A4でぎっしり6ページ）の公開書簡の中で、「諸君らは、愛国的誇りと言ってもよい喜びと共に、自らを1つの国民「アメリカ人」と呼べる……皆が、略1つの宗教、習慣、政治原理を共有し……また、1つの大義で戦い勝利し……共働して独立と自由を勝ち取った人々である……」としている。

228　John の妻 Abigail は、ワシントンが、困難で激しく重い職責の大統領職を離れたがっていたのは、「全く理解できる」とした上で、自分の後に、「古い樫の木」（an old oak）を見ることを喜んだ、と記している。

402

第 5 章　憲法の下での、初期アメリカにとっての内外の問題

リカン向けのメッセージとして適切である）[229]。第 2 代大統領アダムスは、内政、外交とも難局の時代に就任した[230]。アダムスが引き継いだ共和国は、今やヴァーモント、ケンタッキー、テネシーを加え 16 になっていた。ワシントンは、4 人の閣僚を南、北からそれぞれ 2 人ずつの組合せにしていたが、Adams は、その内閣の閣僚をそっくりそのまま引継ぎ[231]、それにより閣内不統一もそのまま引継いだ[232]。その分、自らの苦労に拍車をかけた。しかも、副大統領が、反対党党主ジェファーソン（Jefferson）とあって、その苦労は並大抵ではなかった[233]。

　(a)アダムスがワシントンから引継いだ最大の問題に、外患である。英仏が戦っている。一方のイギリスとは、アメリカの革命戦争の後始末が本当の意味でまだ済んでいない。他方は、アメリカの革命戦争の大恩人フランスである（それが今や、自身の革命で様変りしている）。この両者の間の困難な舵とりであった[234]。巷では、フェデラリストと共和党系の新聞が、

229　1787 年に「合衆国憲法を擁護する」と題した討論会を主導していた Adams は、John Fenno が Philadelphia で出し始めた州の新聞に、フランスの宗教戦争に対し否定的評価を下した"Discourse on Davila"という名の長い連載物を書いた。その中で、次々に立憲政治を確立して行くイギリス憲政史と比較しながら、イギリス式の立憲政治の方に好意的な評論をしていた。そのようなこともあって、Jefferson などからは、「反動政治家」、と目されるようになっていた（Banning, pp.338-340）。

230　ジェファーソンは、去り行くワシントンを指して、「いい時に辞めて行くよ。この先は、問題が爆発する……」(is fortunate to get off just as the bubble is bursting……) といっている（McCullough, op. cit. p.476）。Banning も、「ワシントンは、不運な Adams に危機を残して去った」(……left the hapless Adams with a crisis)、と言っている（p.385）。

231　国務長官ティモシィ・ピカリング Timothy Pickering（マサチューセッツ州）、財務長官オリヴァ・ウォルコット Oliver Wolcott（コネチカット州）、戦争長官ジェイムズ・マッケンリ James McHenry（メリーランド州）、司法長官チャールズ・リー Charles Lee（ヴァージニア州）。主要な役人が、すべて大統領とともに交代するという仕来りも、まだ成立していなかった。

232　このうちチャールズ・リーを除く 3 人は、最も右寄りの、ハイフェデラリストといわれる人達つまり、フランス嫌い、英国晶屓。親ハミルトン、反ジェファーソンであった。

233　Jefferson が、熱心にフランス革命に賛同していたのと対照的に、Adams は、フランス革命が見せ始めた過激さに警告を発する一方、イギリス式の二院制議会の長所を慇懃する意見などを発表していた。

234　第一共和制フランスを統治するジロンド党（ブルジョワジ共和主義）の 5 人、後には 3 人のジャコバン（山岳）党（平民大衆による急進派）の執政官は（その後、再び穏健派 5 人）、全アメリカが、イギリスの高圧的交渉とその内容に怒って、拒否したかったジェイの条約を、フランスが現に戦争をしている英国との「同盟条約である」と難癖を付けた。

403

第2編　連邦憲法、その成立過程、内容と、南北戦争前までの展開

それぞれ扇動的な記事を流していた。Adams は就任から3週間後の3月25日に、連邦議会が特別会期のため集合するよう、議会に依頼状を出した[235]。

(b)その間にも洋上では、革命政府が警告していたとおり、フランス海軍がアメリカ商船を攻撃・拿捕し始め、それが、またアメリカの世論を沸き滾らせた。5月16日に議場に立った Adams は、アメリカの名誉とともに、その中立を守る決心を表明した。その傍らで、議会に対しては、海軍力の増強を求めた。一方、ジェイの条約（Jay's Treaty）の内容を喜んでいるアメリカ人などいなかったから、イギリスとの外交でも世論は沸騰していた。Adams は、議会での演説の後2、3日して Charles C. Pinckney、John Marshall、Francis Dana の3人をパリで革命政府の外相 Charles-Maurice de Talleyrand-Périgord との交渉のためフランスに派遣することにした[236]。

ところが、フランス革命政府は、特使らとの面会を断った上、いわゆる **XYZ 事件**の名で知られる、芳しくない取引話も仄めかさせた[237]（XYZ 事件には背景がある。革命戦争と略同時の1775年後半からフランスは密かに武器などをアメリカへ送り始め、アメリカ側はダミー会社を設立して、これを受容れた。これが貸与なのか贈与なのか不明のままで来たことが、1つの原因となる[238]）。夏に出発した特使らと Talleyrand との**やりとり**

235　依頼状の中では「合衆国の安全と安寧の要請に答えるべき手段と知恵を求めて……」と記していた（to consult and determine "on such measures as their wisdom shall be deemed meet for the safety and welfare of the United States"）（McCullough, *op cit*. p. 478）。

236　Catholic の司祭であった Talleyrand は、その暫く前まで、2年余りの間 Philadelphia に追放されていた（McCullough, p.486）。

237　Talleyrand は、15分間だけ面会をしたが、その後は、XYZ という暗号名3人の代理人（secret agents）を通して、Adams が議会でフランスに失礼なことを喋ったとして、金銭の支払を求めた（McCullough, p.495）。

238　この時期、Paris の Louis, XVI世宮殿にはアメリカから Benjamin Franklin, Arthur Lee, Silas Deane の3人の公使が伺候していたが、この問題に絡んで Arther Lee は、Silas Deane による処理に問題があると告発し、やがて連合議会（congress）は Deane を呼び戻（recall）していた（history.state.gov より）。

404

が知らされたのは、1798年3月になってからであった。フランス革命政府が、アメリカの外交団に対して作出した**XYZ事件**の詳細が公開されるにつれ、全米で対仏悪感情が爆発した[239]（やがて、それが**半戦争**〔Half-War〕の状態へ導くこととなった）。ジェイの条約（Jay's Treaty）以来、フランス（France）共和国がとってきた度重なる反米的措置に対し[240]、アメリカも、フランス革命政府によるアメリカ船の拿捕などに対抗して、フランスの物資の海上輸送をする船舶に対する押収（連邦）法を作った[241]。海軍が、フランスの属領の西インド諸島からの（from West Indies）物資を海上輸送をしていた船舶に対し差押え拿捕を行った1つの事件では、その拿捕が違法とされた[242]。

　(c)扇動防止法の4法案は、アメリカ憲政史初期の異色立法の1つとされる。アダムス（Adams）と、その与党フェデラリスト（Federalists）らが、国内外での事態の悪化を避けるためにとった措置の1つであった[243]。

　扇動防止法が想定した憂慮される事態の1つとして、フレノウやGallatineなど、外国人が主筆の新聞が政権攻撃の先頭に立って、過激な共和主義を鼓吹していたことがある。首都フィラデルフィアなどでは、外国人

239　フランス移民とアイルランド移民の多くがサポートする共和党であったが、1798年には、フランスと共和党の一部との間に反逆の共謀も取沙汰された（Banning, p.385）。

240　1798年、いわゆるXYZ事件で、フランスとアメリカ間の外交関係は決裂寸前になった。パリの外交団から送られた事件の第5暗号文の解読が完了したのは3月12日だった。3月19日、アダムスは、漸く議会に文書を送った。彼は、その内容をできる限り短く、穏和にした。「外交団による交渉がダメだったことを報告して、万一、攻撃される場合を考え、前年に議会に対し求めた軍備のための措置を急ぐ必要がある……」、そんな内容であった。

241　"Half-War"といわれる理由の1つが、Adamsによる議会への報告（フランス海軍による洋上でのアメリカ商船に対する行動についての）を受けて、議会が立法した法律 An Act further to protect the Commerce of the United States（1798年9月7日）である。大統領に対し、フランス領に向かう船を押収すること、そのために必要な私掠船（privateers）免許を与えること、などの権限を与えていた（Ellis②, p.57）。

242　この絡みで、大統領（その下の海軍）が連邦法を逸脱する命令を発したとして、行政府の行為を違憲無効としたのが、Little v. Barreme, 6 U.S. 170（1804）（第8章注193）である。連邦法が「フランスやフランスの属領に**向けた**輸送……」（bound to or for......）と定めていたのに、海軍長官が、本文での差押えを肯定する命令を発していた。

243　Adams内閣は、万一の場合に備え、5万人の**予備役召集法**も通していた（Banning, p.386）。

第2編　連邦憲法、その成立過程、内容と、南北戦争前までの展開

が多過ぎる状態を是正すべきとの声も挙がっていた。内乱予防の見地から、それら外国人の活動を抑えるための措置が求められていた。そこで、連邦議会に上程されたのが、前一.2.(2)(ハ)でも言及した**扇動防止法**（Alien and Sedition Acts）である。1798 年、議会の多数派フェデラリストらが、言論統制法などの4法案を通し、成立した。

　その1つ、外国人追放法は、外国人による市民権取得に必要な居住期間を今までの5年から14年に延長したほか、大統領が危険と判断するような外国人を、国外追放にすることができるとしていた[244]。

　(d)扇動防止法の外国人追放法と対を成すもう1つが、**言論統制条項**である。これには、外国人だけでなく、共和党員の多くもたじろいでいた。というのも、「法秩序への違反を扇動すること」に加え、すべての人に、「連邦議会、大統領、連邦政府などの役職員への誹謗を禁じ」、ていたからである[245]（この内容は、いわゆる**事前抑制**〔preliminary restraint〕となり得、1791 年の連邦憲法修正Ⅰでいう、**言論の自由**を抑圧しかねなかった[246]）。

　異色立法とはいえ、準戦時体制下でのことであり[247]、有力フェデラリストの中でも多くの良識あるといわれた人達は、法律に賛成票を投じた。ワシントンも農場から、「今や遅きに過ぎたが……」と、賛成の意思を表明

244　同法により Freneau、Callender、Franklin Bache、Gallatine などの新聞屋が刑事訴追された。国務長官ピカリング（Pickering）は、新聞屋のフレノウなど、多数の外国人を国外追放したがっていたが、アダムスは、同法の下で外国人の国外追放を1人も行っていない（ジェファーソンらは「アダムスはやるぞ」と姦しく叫んでいたが）。

245　原文は "……write, print, utter, or publish……any false, scandalous, and malicious writing……against the government of the United States, or either house of the Congress of the United States, or the President of the United States with intent to defame or bring them……into dispute"

246　最高裁が修正Ⅰを判断して、preliminary restraint のようなルールを打出すのは、20 世紀に入ってからである。なお、同法は、それまでの名誉棄損罪に係る一般法の改良点として、「真実の証明があれば、免責される」ことをも定めていた。

247　新生アメリカが中立宣言をしていたにも拘らず、フランスとイギリスが無理難題を吹きかけてきて、対英関係に次いで対仏関係も険悪になる中で、1798 年夏が、外国に対するこうした愛国的熱狂のピークとなり、同年の選挙では、Federalist 党がかなりの大勝を収めた。この状況下で、Virginia 州民の中には州の分離をいいだす者もいた（Banning, p.386）。

406

第5章 憲法の下での、初期アメリカにとっての内外の問題

してきた。

　扇動防止法 (Sedition Acts) は、ベンジャミン・ベイチェがやっていたような、共和党系で政府攻撃用の新聞 "Aurora" の取締りを目的としたが、それには、十分に基礎が固まったとはいえない新生アメリカの国内社会を、フランス革命の在米分子が、メディアを通して扇動することへのフェデラリストらによる用心があった。実際、Alien Acts が標的と考えていた外国人の一部 Gallatin などは、法案の通る前に国外に逃亡する一方、ジェファーソンの子飼いのような新聞屋 James Thompson Callender と Bache などは逮捕された（いずれも、ジェファーソンが大統領になるや、直ぐ釈放されている）。

　(e)ジェファーソンやマディソンら共和党の有力者が4法に強く反対していたのはいうまでもない。この後、これらの法律が違憲であり、建国の掟に反するとの、ジェファーソンのメディアを経由しての攻撃は、益々激しさを加えた。彼らは、また Sedition Act などに対する一般の不人気を1800年大統領選挙と議会選挙に抜け目なく結び付けた[248]。

　Republicans などによる反対を何とか乗り越えて連邦議会を通過させたものの、これがアダムス (Adams) 政権に大きな負荷となったことは疑いの余地がない[249]。アダムスが同法の事実上の発起人となったのも、歴史の皮肉といえる。なぜなら、彼こそ、革命戦争に至るまでの連合議会での最も熱烈な独立の主導者であった。にも拘らず、こうなった背景には、アダムス内閣が前内閣からの中立政策を引継いだものの、議会の内外では、フランス革命政府の態度に憤慨して、強硬姿勢も辞さないとする声がフェデラリストなどに強かったこともある（New York 州の弁護士ハミルトンなどの声も大きかった）。この運命の皮肉について、次を付言できる。

248　実際、1800年選挙により、共和党が大統領の座を射止めるとともに、議会選挙でも大量当選し、後に長く続く Virginia（民主）共和党の世を出現させることになった。

249　注247のように、双方の板挟みの窮地に陥り身動きならない中で、アメリカがとった自衛手段との釈明もなされる（国内的にも止るところを知らない騒擾の中で、ジェファーソンとマディソンが主導して、一大反対運動を繰り広げた）。

407

第 2 編　連邦憲法、その成立過程、内容と、南北戦争前までの展開

　（ロ）ジェファーソンの息のかかった新聞による政府攻撃は、扇動防止法に対する彼による反攻の狼煙の打上げに過ぎなかった。政治の舞台での本格的な反抗が、思わぬところから、思わぬ形で表面化した[250]。Virginia 州の西隣りで、6 年前同州の後押しで、合衆国への加入を認められたばかりのケンタッキ州議会が 1798 年 11 月、連邦議会による同法の立法を糾弾する決議を行ったのだ。いや、「行わせた……」といってよい[251]（ジェファーソンが、自らそれを秘かに書いていたからである。アダムスは、これを「**ジェファーソンによる**ケンタッキ州議会決議」と呼んでいた[252]）。

　（a）ケンタッキ州議会決議の基礎にある憲法思想が、いわゆる**無効化論**（nullification）である。連邦議会の立法を、各州が独自に（いわば彼らの自然法に照らして）判断し、**無効と宣告できる**、という考えである[253]。ただ、ケンタッキ州議会が、ジェファーソンの働きかけで実際に出した決議は、ジェファーソンが薦めていた無効化宣言までは含んでいなかった（次の連邦議会で、同法を廃案にするよう各州に呼びかけ、求めていた）。この「各州は、各州が違憲と判断した連邦法の立法を無効と宣告することができる」との考えは、南北戦争で南部が拠り所とした**分離権**（right to secede）に通じる主張でもある[254]。ジェファーソンは同じ頃、彼の右腕ジェイムズ・マディソンにいって、ヴァージニア州議会でも同様のヴァージ

250　「思わぬ形」とは、「部外者から見て」の意味であり、次注のような動きはジェファーソンと Madison としては、Virginia 州が、これまでも屡々行ってきた連邦政府に対する反対運動の 1 つに過ぎない。

251　Kentucky 州と Virginia 州をその舞台にしようとして、そのための州議会決議をそれぞれ用意したジェファーソンと Madison。ジェファーソンは、Kentucky 州へ、Madison は Virginia 州へ、それぞれ決議の原稿を送ったという（Banning, p.387）（Banning は、この作者についての秘密は、1809 年 John Taylor が記事にするまで保たれたという）。

252　McCullough, *op. cit.* p.521.

253　実際、ジェファーソンはその中で先ず、「各州が中央政府に無限定の服従をすべきかで、いくつかの州は、別の考えをもっており、統一されていない」と書いた。（"……several states did not unite on the principle of unlimited submission to their General Government"）（Banning, p.387）。Kentucky 決議の原稿の中で、ジェファーソンは更に、これまでの連邦議会による法案の中で、憲法による授権を連邦議会が踰越したと彼が考えた法律名を 1 本 1 本、名指しして、その中には、「人権憲章に真向から反する……」ことから、違憲無効な法律があると数え上げている。

408

ニア決議を出させている[255]（確かに、この問題ではマディソンよりジェファーソンの方がずっと積極的で、ジェファーソンによる Madison に対する働きかけの方が目に付く[256]）。

(b)革命戦争を推進した第2回連合議会では「革命を支えるアトラス(Atlas)」と呼ばれていた Adams。大統領となった Adams は、見てきたとおり、不運にもワシントンから危機を引き継いだ。それも、内政（党派対立）と外交（英仏双方との関係悪化）の両方である。その中で、ワシントンに倣って戦争だけはなんとか回避しようとしていた。その彼が、扇動防止法の立法を余儀なくされた。当然、予想されたとおり、共和党の、そして Jefferson, Madison の、強い反対運動が起きた（2人は、Kentucky州と Virginia 州議会に働きかけて、扇動防止法の**無効化運動**へつなげようとした）。

2人による無効化運動を振り返って見て、次の要約ができよう。

①彼らは、州議会を使って憲法上の連邦の正規の機関である大統領や連邦議会の権威を否定させようとした。

② Jefferson も Madison も、法の有権的最終判断者を人民、ないし人民に一番近い各州議会にあると考えていた。

③その意味では、新生アメリカを作ってきた独立の流れに背くものだが、そのために他州の力を集合しようと多数派工作とした[257]。

④最大の力を持つ Virginia 州だが、他州の賛同は得られなかった。そ

---

254 他州も、ケンタッキー州議会決議に同調するよう呼びかけたジェファーソンは、その呼びかけの中で、それら各州こそ（司法ではなく）、この**盟約（compact）の当事者**として、その下での権限の行使の是非を判断できる人なのであって、compact の申し子に過ぎない連邦議会などが、判断者ではない、と書いた（Banning, p.387）。

255 Jefferson は、7月2、3日に Montpelier に Madison を訪問、2人で共同して Sedition Acts に反対してパンフレットなどによる大々的なキャンペーンをすることで一致した。これを、2人の**協力の最大の柱**（capstone）と呼んでいる（Ellis ②, *op cit.* p.199）。

256 Banning は、「評論家は Madison の "greater caution" を伝統的に強調してきた」と書いている（p.387）。

257 そのことは、Jefferson が自分の作った原稿だけでなく、その原稿を元に、Kentucky 州議会が実際に行った決議も添えて、他州に対し賛同を求めていたことからも判る。

409

第2編　連邦憲法、その成立過程、内容と、南北戦争前までの展開

れどころか、7州は、積極的にKentucky州とVirginia州を非難する決議を送っている。

(c) Madisonは間もなく（そして何回も）、自らのとった行動を悔いることになる。他の7州が、Kentucky州とVirginia州とを非難した理由は、そのような決議が、折角、連邦として一本に纏まった国を、元の連合時代のようにバラバラにするものだ、ということにあった[258]。これに対しJeffersonがKentucky州のために、「我々も、問題ある立法すべてにつき、その都度、分離の理由を考える訳ではない……」との、更なる反論を用意したが、Madisonは、賛成しなかった[259]。それはさておき、その際にMadisonが考えた違憲論（修正Ⅰの下での表現の自由擁護論）は、扇動防止法や、その後の破壊活動的言論に対する同種立法を巡る、諸々の違憲論に示唆的な面も持っている。

(d) 同法は、このように国論を二分した。守りに立った現職大統領ジョン・アダムスにとって、4年後の選挙は気がかりではあったが、英仏との緊張関係は、それに構っていられないほど差し迫った状態が続いた（新生国家アメリカにとっての、未経験な外交問題の解決・処理に忙殺される毎日で、初の本格的国政選挙に身を入れている余裕は、全くなかった）。

一方のジェファーソンはAdamsの下で副大統領をしている4年間、Adamsとその内閣から、実に見事に距離を置いていた[260]。一般に不人気な施策など不都合なこと、マイナスになりそうな一切の事と、自分は係りがないようにしていた。新税、扇動防止法、常備軍等々は、すべて「Adamsの故だよ」といわんばかりの素振りをしていた[261]。

258　これらの7州は、Virginia州決議とKentucky州議会決議に反対する決議をするとともに、それを両方の州議会に送付している。また別の3州は、反対の決議はしたが、それをKentucky州議会などに送ってはいない。残りの4州は何もしなかった。

259　しかし、Madisonはその当時も、また1800年になってからも（自分がその作者だとは明かさないで）、Virginia州決議がいわんとしたことを、更に修正して提示し、反論しようとしていた（Banning, p.390）。

260　"……as Vice President, had so effectively separated himself from Adams and his administration that he could be held accountable for nothing……new taxes, the Alien and Sedition Acts, the standing army……"（McCullough, p.544）。

410

第5章 憲法の下での、初期アメリカにとっての内外の問題

(ハ)Washington が政界を去り、巨大な空白が生まれることになる 1796
年選挙で McCullough は、(主として Adams と Jefferson の間で)「100
m 競争が始った……」と書いていた。また(Jefferson による?）
"electioneering" が始った、"stormy session" が来る、などとした上、
「史上初めて、大統領と副大統領とが、互いに競っている……」「2つの政
党も、未だかつてこの国が経験したことのない "vitality" と "ven-
geance" を持って相戦っている……」とも書いている[262]。

(a)本書では、**新生児のトラブル期間**（当初の2〜30年）および W.W.I
以降は、例外的に**政治の世界**にもかなりの目を向ている。前者は、二大政
党による政党政治の始りなど、憲政史に与えた影響の大きさからである[263]。
果せるかな、1800年の総選挙は、180度の政変という結果をもたらし、発
足から12年後の新生合衆国の政治は、初の政権交代を成し遂げた[264]。

　今日では珍しい現象ではなかろうが、史上初めての、憲法の規定どおり
の民主的な選挙を通した政権交代である[265]。これで Adams 政権は、結局
1期だけで終って了う。アメリカの憲政は、初めの12年を除き、ジェフ
ァーソンの率いた共和党政権の流れが、その後ずっと続くことになる[266]。

261　Adams の副大統領時代の誤り（上院議長としてよりも、上院議員であるかのように積
　　極的に自ら発言していたこと）を見ていた Jefferson は、殆んど発言もしなかった上、自ら
　　儀礼に重点を置いたルール、Senate Mannual を作成して、常時出席しなくてもよいことに
　　していた（McCullough, p.535）。"……as Vice President, had so effectively separated
　　himself from Adams and his administration that he could be held accountable for
　　nothing……new taxes, the Alien and Sedition Acts, the standing army……"（McCullough,
　　p.544）。
262　しかし、John Adams による郷里の Abigail 宛の手紙では、夫妻は選挙前から共和党の
　　Jefferson の優位を感じ、敗北を "foregone conclusion" だと考えていた（McCullough, p.
　　535）。
263　2013年6月1日放送の NPR "court prepares to write new chapters……" では、19 世
　　紀フランスの批評家 de Tocqueville の "Democracy in America" から次の句を引用して
　　いる。"every political issue in America ends up as a legal issue"。
264　この、フェデラリストからジェファーソンらの共和党への政権移行前の、1796 年から
　　1800 年選挙までの4年間、プレス・キャンペーンをはじめとする反 Adams 運動で、
　　Jefferson を裏で支えたのが、Madison であった。かつては、Hamilton とも手を組んで憲
　　法成立に力を尽し、Federalist 誌でともに論陣を張った Madison であったが、Jefferson が
　　パリから帰国した1790年に、その政治姿勢を180度転換させたといわれる（Ellis②, *op.
　　cit*. p.54-55）。

411

第 2 編　連邦憲法、その成立過程、内容と、南北戦争前までの展開

　(b)正反対の主張を持ち、何もかも鋭く対立ししていた共和党への、この政変が一片の流血の惨事もなく、第 2 革命や反革命もなしに平穏裡に実現したことは、19 世紀初頭のヨーロッパ世界の眼には**驚異的出来事**として映った。旧宗主国イギリスを含む列強は、それでなくても、「13 州が、いつ仲間割れし、分裂するか」、といった眼で見守っていた（政変があったのに、君主制ではない統治形態を維持したまま継続できているアメリカに対し、世界が半信半疑の目を向けていた）。

二.　憲法の下の連邦の変化

1.　戦争と変容する（実績をつける）連邦

⑴ イギリスの横暴と Embargo 法

　(イ)革命戦争は公式的には、1783 年のパリ条約で終ったことになっていたが、実はまだ片付いていない問題が山積していた。**戦争の余燼が燻り続けていた**[267]。ワシントン内閣による素早い中立宣言などの措置も、旧宗王国に対しては何の効目もなく、イギリスは引続き、大洋上でアメリカ商船を襲い、数千人の船員ら（全員が未だイギリス生れの）を大々的に捕まえ、

265　ジョン・アダムスは、第 2 期大統領の座に対して、果して何らの工作もせず、淡々として控えめだったのだろうか？　マカロックの伝記では、そういう像しか浮かんでこない。アーロン・バーの目を通して見ると、異なる像が浮かんでくる。少くとも、第 2 期を失ったことに無念さは抱いていた。息子のことなどを理由に、ジェファーソンの就任式に欠席している（McCullough. *op. cit*. p.564）。

266　ジェファーソン、マディソン、ジェイムズ・モンローの 3 代、各 2 期ずつ 8 年の合計 24 年。ジョン・アダムスの長男ジョン・クインシー・アダムスが 1 期のみ、再び共和党の時代に入る。

267　前記の水兵の強制徴用のほか、アメリカに譲った筈の五大湖周辺のいわゆる北西部を（そこの城砦を）イギリスが未だに押さえていたし、その辺りのインディアンを秘かに焚きつけて、戦いを仕掛けさせていた（と信じられた）。アメリカからイギリスに対する条約に基づいた未解決の請求には、イギリス軍が連れ出して行った奴隷に対する補償金や、1793、1794 年中に捕獲された 250 隻に及ぶアメリカの商船についての賠償問題があった。

不足するイギリス海軍水兵として強制徴用（impress）することを行い続けた[268]。

　(a)ヨーロッパで戦乱の嵐が吹き荒れ、その災禍がアメリカの商船団などに及ぶ中で、アメリカの世論は、外交方針を巡って割れた。だがワシントン（更に、1797年からはアダムス）は、幼児期のアメリカは、兎に角、隠忍自重して**戦争を避けるしかない**、と心に決めていた。Jeffersonなどは反対していたが、飽くまで中立を標榜しつつ、イギリスとの新たな条約交渉に乗り出した[269]。そのため、（少し遡るが）ワシントンは、元国務長官で最高裁長官のJohn Jayをロンドンに派遣していた[270]。調印後放置されたままになっていたパリ条約の実施、中でも北西部領土の処理などである。それまで、イギリスで侮蔑語となっていた「アメリカ」（"America"）。そのアメリカに「勝った」、とはいわせたくないイギリス。その間の交渉は難航した。イギリスの内閣は、アメリカがフランスとの軍事同盟条約を失効させた上、その貿易を止める（対仏禁輸措置を採る）よう要求していた。結果的にJayの条約の線で何とか纏まった[271]。アメリカの革命戦争を

268　中立宣言（Proclamation of Neutrality）が国際（公）法上認められるためには、宣言国が国際社会から独立国として承認されていることが前提となる。

269　第2期ワシントン内閣の財務長官ハミルトンがこの条約交渉を主導していた。ワシントン内閣第2期の初めのこの時期、連邦議会上院では、英国との交易を一切中止する法案が出され、賛否同数であった。決定権を握ったアダムスは、事態の悪化を心配し法案を否決した。下院を事実上取り仕切っていたマディソンは、下院の予算審議権を手掛かりに、外交に対する下院の関与を最大化する議論を展開した。

270　John Jayの最高裁長官への選任も、囂々たる非難を浴びた。Madisonは、その選任を悪魔的選択（diabolical choice）と呼んだが、この不人気な人を選択したことで、難攻不落のワシントンにも、少しは不人気の粉がかかるだろうといい、Aurora紙のBacheなどは、「ワシントンが、弾劾されても、裁判が進められないための選任だ」、と書いていた（Ellis①, p.227）。

271　13年前のパリ条約と同じく、"His Majesty"（イギリスの元首）の言葉で始まるTreaty of Amity, Commerce and Navigation。外交家としても名を馳せ、初代最高裁長官となったジョン・ジェイ（John Jay）の名をとって「ジェイの条約」（Jay's Treaty）で知られる。28章から成る条約は、単に、その妥協に至るまでが難行だったというだけでなく、Treaty of Amity, Commerce and Navigationという名に反し、イギリス側に一方的な有利な内容が多過ぎたため、後世からも低く評価する向きが多い。しかし、イギリスとの対決を、これで10年余り先送りし、「新生アメリカにとって大事な平和の時間を稼いだ」との評価もできる。

413

第2編　連邦憲法、その成立過程、内容と、南北戦争前までの展開

支援し、パリ条約で和平の纏め役を果たしたフランス。そのフランス革命政府が、この条約（交渉）に対し憤ったのは無理もない。ジェファーソンやマディソンらの共和党の面々も、フランスとの軍事同盟条約がまだ失効していないと主張し、反対運動を繰り展げた[272]。

　(b)両国間の食違いの大きさから、交渉は1年以上かかって1795年5月漸くジェイからの密書がワシントンの下に届いた[273]。ワシントンは内容を最上級の秘密扱いとしていたが、忽ち議会の内外に洩れ、反英論の共和党新聞にもすっぱ抜かれた[274]。何よりも共和党を怒らせたのが、イギリスの対仏政策に対してアメリカが一切文句をいえないとする一項であった。更にイギリスは、アメリカ人の船員に対する強制徴用の廃止を約束しようともしなかった[275]。こうして見ると、イギリス国王をはじめ、イギリスの国会議員から庶民の多くに至るまで、元の植民地を対等の国として扱う気にはなっていなかったことが分る[276]。

　共和党に対抗するフェデラリスト側では、ハミルトン（その頃、ワシントン内閣の財務長官を辞めて、ニューヨーク州に戻って売れっ子の弁護士となり、ジェファーソンと同じく自由の身になっていた）が、条約の上院

272　形の上では同盟条約は継続していたが、双方は、1800年のMortefontaine条約により、形式上も完全に終了させた。

273　密書から明らかになったイギリスの条件は、「アメリカは、アメリカ国民が戦前イギリスに対し負っていた債務を支払い、イギリスに最恵国待遇を与えるのに対し、イギリスもアメリカ船の代償を支払う。イギリスは、6つの城砦を明け渡す。カナダとの国境確定のための委員会の設置を決める……」などであった。

274　ワシントンが条約調印まで全上院議員に箝口令を敷いていたのに、数日後には、条約案全文がフィラデルフィア・オーロラに出された。共和党の主張するところでは、条約は、アメリカ独立の恩人フランスとの軍事同盟を事実上破棄する非道なものであった。ジェイの条約について、アーロン・バーは、「アメリカの綿花を、我が国の船で運べないなんて、国辱的だ。まるで、植民地時代へ逆戻りだ」といっている。

275　他の条約案文には、憲法に係る一項として、アメリカ人、カナダでのイギリス臣民とともに、イギリス人にも北米大陸間での自由な往来を保証し、インディアンにも通商の自由を認めた条文があった（Ⅲ）。これが後に、アメリカで**移民と国籍法**（Immigration and Nationalization Act of 1952〔1965改正〕）の§289ができる切っ掛けになったことがある。

276　Yorktown戦で米仏連合がCornwallisの率いるイギリス陸海軍を降伏させた時Benjamin FranklinがMadisonにいっている。「これで、革命戦争は成し遂げた、だが、独立のための戦争は終っていない……」。

414

第5章　憲法の下での、初期アメリカにとっての内外の問題

通過のため、議会外で大活躍をしていた。結局、期間を10年と区切ったジェイの条約は、憲法の定める上院の2/3の票を何とか確保して、批准された（II, 2(2)第1文但書）。このような内外情勢の中で、かつての革命を支えたアトラス（Atlas）は、1期のみで退陣し、以後共和党大統領（それも皆 Virginia 州出身の）の時代が24年間続くことになるのである。

(c)小さな連邦政府を目指す Jefferson が巨大な債務を抱えることを非常に嫌っていたことは、容易に想像がつく[277]。彼は連邦の財政が基本的に関税だけで賄えることを踏まえ、ウィスキー税などの物品税も廃止した上、銀行借り入れなども必要ないとしていた。ただしかし、Louisiana Purchase は、見送るには余りにも話がよ過ぎた。Jefferson は、オランダ市場で公債を出したほか、イギリスからも金塊を借りた。加えて、イギリスとフランスとの間にいわゆる Napoleon 戦争が始り、洋上封鎖や捕獲などが行われるようになると、この関税一本槍は忽ち大幅な不足に直面した[278]。

(d)1790年代、Vermont, Kentucky, Tenneessee が州に昇格し、1803年には Ohio も州として連邦に加盟した。その間、大統領による内閣の人事がどのように行われたか。John Adams が、ワシントンの任命した閣僚をそっくりそのまま受け継いだことは述べた。Jefferson も、党派自体が Federalist から Democratic - Republican へ変ったにも拘らず、かつ Democratic-Republican 党内からの叫びにも拘らず、Midnight Judges Act による司法裁判官の人事のほかには、John Adams の行った人事を大幅に変えることをしなかった[279]（これが、大幅に変えられるいわゆる

277　彼は、財務省長官（Secretary of Treasury）に任命した Albert Gallatin 宛の letter 中で、それを「革命をフイにし、借金と汚職にまみれたイギリス人の生涯に戻ることを意味する……」と警告していた。

278　そのことを、Jefferson の頃は "State of Nation" と呼んでいた教書中で述べている（let. rung. ni より）。

279　それよりも、Jefferson は Federalist の中から常識派の人が Democratic-Republican へ転向する人も出ることを予期しており、現に John Quincy Adams などは、正にその例となった。

415

第2編　連邦憲法、その成立過程、内容と、南北戦争前までの展開

"spoils system" になるのは、第7代 Andrew Jackson 大統領の時である）。

　㈹この期間 10 年のジェイの条約の失効が迫っていた。共和党のジェファーソンが、1800 年に続き 1804 年の選挙を制したその翌 1805 年である。Jefferson は、条約の延長・更新のため交渉はしてみたものの、1807 年 3 月に受取ったイギリス側の用意した条約案を見て、怒り、かつ失望した[280]。彼は、条約案（Monroe-Pinkney Treaty）を上院に提出することさえ拒み、交渉を頓挫するままにさせた[281]。

　(a)交渉済の Monroe-Pinkney 条約案のジェファーソンによる前記のような握り潰しから間もなく、イギリスは、アメリカの艦船への攻撃と、アメリカ人船員の強制徴用を再開した（数千名というアメリカの船乗りを強制徴用〔impress〕した）。何百隻ものアメリカの艦船が被害を被った。1807 年 6 月、何の用心もなしに自らの母港があるチェザピーク（Chesapeake）湾を航行していたアメリカのフリゲート艦チェザピーク号（U.S.S. Chesapeake）は、イギリス海軍の軍艦レオパルド（Leopard）号からいきなり砲撃され、接近され、乗船されて、降伏した[282]。

　(b)これに対しジェファーソンは、「戦争よりも有効な商業的解決策がある。有効な反撃ができる」、と考え、そのための立法措置を実施した[283]。アメリカ合衆国国内に向けたイギリスとの禁輸措置である。ところが、こ

280　水兵不足で困っていたイギリスは、ナポレオン戦争を有利に進めることとアメリカを怒らすこととを秤にかけて、戦争能力を高めることの方を重視した。強制徴用を止めることを拒み、かつアメリカが中立国としてフランスとの貿易を続けることを認めないこととの絡みで、私略船による略奪行為も止めなかった。

281　Monroe-Pinkney Treaty of 1806 は、国務長官 James Monroe と元駐イギリス大使 Thomas Pinkney がロンドンで交渉していた。

282　チェザピーク号の水兵 4 人が、イギリス海軍から脱走してアメリカ海軍水兵となっていたとして捕えられた（うち 1 人は、後に絞首刑に処せられた）。

283　Non-Importation Act of 1806（正式名称は、Prohibition of the Importation of Certain Goods and Merchandise from the Kingdom of Great Britain）は、イギリスの横暴を止めさせ、主権国家としての新生アメリカに対する尊敬を払わせ、その中立宣言を承認し、それに従わせることの間接強制を狙って 1806 年に成立した。同法は、すぐに翌 1807 年制定された Embargo Act によって代替された。

416

れはイギリスを苦しめる代りに、アメリカ人民自身（アメリカの貿易州）を苦しめることになった[284]。中でも New England は、連邦議会が 1806、7 年に各州に課した輸入禁止措置による打撃を略一手に引受けざるを得なかった。このため 1808 年選挙では、フェデラリストがかなり勢いを盛返した[285]。

　(c)もう 1 つの驚きは、それまで州権の前で微弱に見えた連邦政府が、急に強力な措置をとったことだ。しかも、州権論者である筈の Jefferson や Madison が、共和党の長年の主義主張である、**弱い中央政府**に正反対の措置をとっていたことであった。これらのことから禁輸措置は、ジェファーソン大統領在任の最終日、1809 年 3 月 1 日に解除された。しかし、政治の流れの大勢は変らなかった。1808 年選挙は、フランス寄りの共和党と、その首領マディソン（Madison）が制していた[286]。

　(ハ)政権の座に就き、第 4 代大統領となるマディソン（Madison）は、とても小さく、おまけに風采が上らなかった。だから、彼が喋り出すまでは、皆が彼を馬鹿にし、存在すら無視されることがあった。ところが、一旦、彼が口を開き、ジェファーソンと同じその小声に、人々が耳を傾け出すと、「何という巨大な、頭でっかちの小人であろう」と目を丸くした。彼もジェファーソン（Jefferson）流の共和主義（徹底した反君主的）思想の持主であった[287]。第 1 期ワシントン内閣の初め、彼が Hamilton の施策、連合時代の公的債務引受と、合衆国銀行の設立に強硬に反対し、政権を立往生させたことは前述した。

284　Embargo Act of 1807 などによるジェファーソンの考えは、立法の抜穴と、一部アメリカ商人の不服従により、そして何よりも、イギリスの船主が**アメリカ船主の商権を荒らす**、とのアメリカ国内の不満により、失敗に終った。イギリスへの外交的な制裁よりは、むしろ国内での経済的問題の方が大きかった。

285　反戦気分が一番濃厚であったマサチューセッツ州では、1814 年選挙で知事も州議会（下院）も、フェデラリストが当選した。

286　1807 年の輸出禁止法（Embargo Act）が不評を買っていたにも拘らず、1808 年選挙では、民主共和党の彼の盟友 Madison が、Federalist の Charles C. Pinckney と、Independent Republican の George Clinton に圧勝した。

第 2 編　連邦憲法、その成立過程、内容と、南北戦争前までの展開

　(a)イギリスの新生アメリカに対する家父長的態度が元来気に入らなかっ
た Madison、その彼が政権に就いたからといって、アメリカとイギリス
との関係改善が進むとの期待はなかった。飼犬に噛まれた形のイギリス、
ジョージ 3 世王。彼の無念や、アメリカに対する上流貴族社会の憎悪・蔑
視は燃え続けた[288]。ナポレオン（Napoleon）の敗北を受けて、イギリス
では、「アメリカを懲らしめよ」、との世論もあった[289]。しかし、ナポレオ
ン戦争中の重税と、アメリカとの貿易復活を求めるイギリス商人らの声に
も押されがちであった。更に、アメリカに対しフランスとの禁輸を要求し
たり、その船員を強制徴用する理由も最早なくなっていた。一番にやり易
かったのが、インディアンにアメリカとの条約に反して事件を起こすよう、
唆し武器を贈与することであった。元の宗主国として、現地の情報に通じ
ているイギリスは、仲間内でガタガタしている新生国家を痛めつける種に
は、以前から事欠くことはなかった[290]。独立したアメリカが中立宣言を出
していたにも拘らず、イギリスによるフランスとの貿易禁止令に従ってい
ないとして、アメリカの「沿岸を封鎖する」との国王勅令を通知し、世界
最大最強のイギリス海軍を用いてアメリカの港々を封鎖した[291]。

287　第 1 期ワシントン内閣の時の第 1 回連邦議会で、大統領としてのワシントンを何と（ど
　んな敬称をつけて）呼ぶかで、活発な議論が交された。その時の彼の発言が、その思想を示
　している。Adams が大統領閣下（His Excellency President）を提案した時に、下院での
　演説で、「我々が単純に、共和的に振舞えば振舞うほど、この国の尊厳さ、ありがたさが身
　につく……」(the more simple, the more republican we are in our manners, the more
　national dignity we shall acquire) と述べた（McCullough, p.407）。

288　この見下した態度につき、1812 年戦争後、とりわけゲント（Ghent）条約の交渉でも、
　まだ改まらなかったし、対外的政治面では、アメリカによる中立宣言を無視して枢密院令に
　よりフランスとの貿易を禁止したこと（実質的な同盟条約破棄の要求）、それが、公海上で
　の非道で、一方的なアメリカ商船の拿捕と、アメリカの船員に対する強制徴用（まだアメリ
　カ人〔その大半がイギリス系〕の大半は、イギリス生れであった）のような形をとって現れ
　たこと、など前述した。

289　ナポレオンに対する勝利で、次は「生意気なアメリカをやっつけろ」「打ちのめせ」との
　国内の世論もあった。

290　イギリスは、パリ条約でアメリカが約束した、アメリカの（主として Virginia の
　Jefferson のような大農場主の）債務者が、イギリスへの借金を完済していないことを理由
　に、五大湖周辺の要塞を明け渡しておらず、イギリス軍は、その地方のインディアン、
　Ohio Tribes を嗾けていた（encouraging……to defy Washington's efforts at accommoda-
　tion）(Ellis ①, p.226)。

418

第 5 章　憲法の下での、初期アメリカにとっての内外の問題

　(b)イギリスとフランスの間の板挟み状態にあって、Washington 以来の中立を何とか守ってきたアメリカ。1810 年 5 月に議会は、Macon's　Bill No.2 を通した[292]。その時点での洋上では、フランス海軍によるアメリカ船の拿捕の方が、イギリス海軍によるそれを上廻っていた。

　このような理解の上で Madison は、11 月 2 日にイギリスが 90 日以内にアメリカとの貿易制限を撤回しなければ、1811 年 2 月 2 日を期してイギリスを non-intercourse 国と布告すると公表した。1811 年 7 月になると、Madison は、更に議会を招集し開戦に備えるよう求めた。議会は 1812 年 1 月になって常備軍の兵力を 1 万人から 3 万 5000 人にし[293]、かつ 1 年兵 10 万人の召集を定めた法を決議した。ジェイの条約（Jay's Treaty）(1795) により、一旦はイギリスとの関係を取繕ったアメリカであったが、アメリカの独立のための革命戦争は、前記のように本当の意味ではまだ終っていなかった。少からぬ数のアメリカ人は、この時代、1812 年戦争をカナダ国境に跨る北東部（Northwest Territory）の Indians をも巻き込んだ戦争だと考えていた[294]。Northwest Territory から更に隣の Indiana Territory のアメリカ人住民らは、Indian 部族の背後にはイギリス政府がいて、カナダからも部族支援ルートが確立していると認識していた（イギリスが、1783 年パリ条約の文言に反して、北東部の城砦を放棄していなかったこともある）。Madison 大統領は、アメリカにはカナダを

291　イギリスは、ナポレオン戦争の時期に軍艦 600 隻にするなど、その海軍力を大幅に増やしており、それまで国内でも例のない、水兵の**徴兵制度**も導入していた。

292　同法は、イギリスとフランスとの貿易再開の可能性を認めるとともに、若し、いずれかが（アメリカのような）中立国との貿易制限を撤回したら、アメリカは、90 日以内に他方とも交易を再開するというものであった。それより前の 1810 年夏、フランス外相 Cadore は、若しアメリカがイギリスとの交易をストップしたら、Napoleon が 11 月 1 日に拿捕を撤回する政令を出すだろうと述べていた。

293　ただし、紙の上の兵力と実働人員との間に大差があり、開戦前夜の実働兵力は、6744 人が 23 ヶ所に分駐していた（Wood, p.674）。

294　いわゆる Northwestern Indian War を終らせた Battle of Fallen Timbers を受けて Treaty of Greenville of 1795 が締結されたが、Indian は、アメリカから 2 万ドル相当の（毛布その他の品）を受取るだけだったのに、Ohio 地方の略すべての土地をアメリカに譲渡していた。それ以来、この地方での Shawnee 族は、なおも侵略を続ける白人から土地を奪回すべく、族長 Tecumseh などが連合を組織していた（Wood, p.575）。

419

併合する意思はないと述べていたものの、1812年6月には国務長官James Monroe がイギリス政府に対し、「アメリカ軍が一度カナダ地方を占領したら、それを放棄することは困難になろう……」と述べたりしていた[295]。

　(c)イギリスとアメリカがズルズルと嵌り込んだ1812年戦争の真の原因は何だったのか。十数年前の Washington や Adams とは違い、Madison が割合強気だったこともある（その頃と比べて、アメリカの国力も増進していた）。意外なポイントとしては、「心理的な原因」、複合心理（complex）の問題がある[296]。我慢ならなくなって、イギリスに対しアメリカが拳を振り上げた、とでもいえようか[297]（アメリカが建国以来初めて、憲法の定める手続を踏んで宣戦布告をした）。そこに至ったのには、イギリス人によるアメリカに対する、ことある毎の**あざけり**も働いていたといってよい。それだけに戦争の第3段階、1814年秋から1815年初めにかけて、大陸の3ヶ所の戦いで自国が勝利を収めると、「全アメリカ国民が高揚期（Era of Good Feelings）に入った」、というのも理解できる[298]。この対外的難局で、あの13州間のいざこざと、党派間の抗争は、一時的に雲散霧消して了う。

　経済的事情も見ておこう。新興国アメリカ側には、イギリスへの依存度

295　"......difficult to relinquish Territory which had been conquered......"（Wood, p.676）.

296　新生国家を成して間もないアメリカ人らの、昨日までの宗主国イギリスに対するコンプレックスである（他方、対照的にイギリスには、アメリカを自国の属領視する逆のコンプレックスがいつまでも残っていた）。

297　これを、アメリカの史上最もおかしな戦争（strangest war）としつつ、1793年2月にフランス革命政府がイギリスに対し始めた戦争の中の一部（a part of the larger war）であるとする。更に、これを「攻撃でも、自衛でも、スポーツでもない、形而上学的（metaphysical）……ギリシャによるトロイ戦争のように名誉のための戦争であった……」とする一方、場合によっては、「自由な政体のための最後の実験を葬り去りえなかった戦争」（......may terminate in the destruction of the last experiment in......free government）であったとも形容している（Wood, p.659）。

298　それが、1814年8月のニューヨーク州北部での敗戦……ホワイトハウスを含む首都ワシントンの焼打ちから間もなくであっただけに、尚更である。今の国歌「星条旗よ……」が唱われ出したのは、イギリス・インディアン連合軍を敗ったこの時期の戦闘と結び付けられている。

第5章　憲法の下での、初期アメリカにとっての内外の問題

の大きさを嫌い、脱却したい志向があった。ところが、アメリカ綿花の8割、タバコ、その他農産物の5割が、イギリスからの買付けに頼っていた（無論イギリスは、全品イギリス船による輸出しか認めなかった）。アメリカにとっては、かつての同盟国フランスとの貿易は、貿易多角化の見地からも欠かせなかったし、そのための船幅の拡充が急務であった。優先度の高いアメリカの施策の1つが、商船隊の拡充政策であった。その商船建造は、1802年から1810年の間に倍増するという急進ぶりであったが、これは、宗主国気分が抜け切れないイギリスの気に入らなかった。

　(d)次に、パリ条約（Treaty of Paris）でイギリスから譲渡された筈のオハイオ川（Ohio River）以西の北西部開拓地の問題があった[299]。そこの土地を巡っては、未だに開拓者とインディアンとの間に絶え間ない抗争があり、連邦政府の直轄事業を妨げた（インディアンの存在を、カナダ国境の防壁の1つと考えているイギリスは上述のように、そのインディアンに秘かに武器などの供給をしていた）。

　以上を要因に、次のようなイギリスの行為が相重なり、1812年戦争の原因となったといえる。

　①商船新興国アメリカの商船建造の頭を抑え込み、

　②連邦政府がイギリスから取得したオハイオ国での土地の実効支配に協力せず、

　③フランスとの貿易禁止令をアメリカにも一方的に強制し、実力行使に出たこと。

⑵ 1812年戦争とニュー・イングランド離反の危機

　(イ)ジェファーソンの後を受けて、1809年春に就任したマディソン大統領とそのブレーンらは、イギリス側の弱点を衝くことで比較的有利に戦闘

299　1789年の北西政令（Northwest Ordinance）が、連邦政府が同地方をアメリカの国土として有する権限を法的に初めてはっきりと謳っていたことにつき第2章3.(2)(ヘ)参照。

421

第2編　連邦憲法、その成立過程、内容と、南北戦争前までの展開

を運ぶことができると考え、開戦に積極的であった。つまりカナダを攻め、また西インド諸島を押えれば、殊に、西インド諸島問題では、イギリスの輸入が大きなダメージを受けようから、それらを材料に、イギリスとの有利な和平交渉が展開できると考えた。連邦議会の一部にも、強硬論が挙っていた。しかし、マディソン大統領の強硬姿勢には、ニュー・イングランド（New England）地方分裂の危険、五大湖周辺のインディアンとの戦闘激化というマイナス面もあった[300]。

　(a)新生アメリカが、この時期に直面した困難。それはイギリスとの関係断絶という。外交問題に止らなかった。全州間に一大不和の原因を作り出した。北（東）部ニュー・イングランド5州分裂の危機である（奴隷問題を契機とした南北戦争〔Civil War〕のような南部諸州による連邦分裂ではなかったが）。ジェファーソンがイギリスに対して行ってきたEmbargo法は、北東部の中央政府に対する感情を険悪化させ、ニュー・イングランドによる怨嗟の声を挙げさせた。その後、Embargo法は、一旦廃止されていたが（1809年）、対象国をイギリスとフランスとし、より刺激の少ないNon-Intercourse Actという言葉の法律に代っていた[301]。それでも、Madisonと共和党政府に対するニュー・イングランドの反感は高まりこそすれ、衰える様子はなかった。

　(b)その間、前首相の暗殺を受けて代ったばかりのイギリスの新首相Liverpoolは、事を荒立てたくないとの考えで、政府の方針にも変化があった（以前は、1805年に失効するJay's Treatyの更新のための条約交渉で見たとおり、高圧的態度であったし、アメリカ中西部に十分強力なインディアン国を建設するプランに固執していた）。ナポレオン戦争中に出されていた中立国などに対する厳しい干渉（海上封鎖や禁輸）を内容とする

300　彼らインディアン諸部族は、自らの生存への脅威が増大した地を祓い清めるため「**悪霊の子孫ら**を払い除けねばならぬ」、として部族大連合を組んだ上、密かに武器を供給してきたイギリスと同盟を結んで、新生アメリカのmilitiaを脅かす勢力を示していた。

301　イギリスからの（主として工業製品の）輸入を停止させたことは、（工業化の進んだ）北東部における国内工業の成長を助けた面もあった。

422

勅令（Orders in Council）を止めさせた。だが、マディソン（Madison）は、そのニュースがアメリカに届く前に、法定の手続を踏んで戦争宣言を発していた[302]。合衆国による宣戦布告権が憲法の下では連邦議会にあることは、第4章で見たとおりである（I、8⑾）（マディソン大統領が本件でとったステップは、流石に憲法作成の中心的人物らしく憲法に沿っていた）。

　(c)こんな訳で、イギリス軍当局は戦争に対し備えてもいなかったし[303]、アメリカも十分その積りになる前に宣言に踏み切った[304]。その後、マディソンは1万2000人の連邦軍を3万5000人にするよう議会に立法を働きかけたが、否決された[305]。しかも、北（東）部ニュー・イングランド5州は、連邦政府との政治的対立、マディソン（Madison）大統領に対する反感から、この戦争に対し徹底した非協力（ミリシアなどの兵力や資金負担の拒否）を決め込んでいた。Federalist が力のあるニュー・イングランド（New England）地方は、マディソンによる連邦徴兵法の導入提案を、「連邦政府による州主権の侵害であるとして糾弾すべし」、との声を高めただけではなく[306]、前出の Non-Intercourse Act による依然として一番の被害者であったから、更に、もっと過激な方策も探っていたといわれる[307]。

　(ロ)1812年戦争が遂に火蓋を切ると、政府はまた禁輸法を復活させる一方、イギリス海軍は、ニュー・イングランドを含む大西洋沿いの各港を封

302　先ずイギリスによる被害を訴えた文書を連邦議会に送った（1812年6月1日）。これを受けた議会下院は、戦争の宣言を79：49で決定、上院も19：13で同意し、6月18日にマディソン大統領はサインした。アメリカが憲法の下で行った初めての戦争宣言である。
303　陸軍は、イベリア半島などでまだ戦っており、海軍も、ヨーロッパ大陸各地の封鎖のため分散していたので、参謀本部は、北米司令官には（主としてカナダ南部の）防衛を第1にするよう命じていた。
304　イギリスが25万人近い正規軍と、実際に就役している軍艦600隻以上というのに対し、大陸軍兵士は7000人を下廻り、海軍にも16隻の軍艦しかなかった。
305　ミリシアは、第1に、兵役は任意で給料は低く、不人気であった。自州以外のところで兵役に就くことも拒んでいた。
306　今やその勢いが凋落していたものの、下院のフェデラリスト39人は、1人も賛成票を投じないで、この1812年戦争を"Mr. Madison's War"と呼んだ。
307　同州知事は、密かにイギリスとの単独和平も探っていたともいわれている。

第 2 編　連邦憲法、その成立過程、内容と、南北戦争前までの展開

鎖した。ニュー・イングランド（New England）による秘密裡のハート
フォード会議（Hartford Convention）はそんな中で開かれた。1814 年
に 5 州が集り、憲法を手直しして、連邦作りの基本ルールを変えようとす
る試みとなった[308]。これには、ニュー・イングランド（New England）
地方が、目先の封鎖問題に加え、連邦政治の先行きについて、長期的に危
機感を抱いたことがある。

　(a) 1814 年 10 月から翌年 1 月にかけて開かれたハートフォード会議は、
1 年 4 ヶ月続いた 1812 年戦争の、正に終盤の時期に重なったが、次のよ
うな改憲施策を考えていた[309]。

　① 60 日を超える禁輸命令は違法・違憲とする。

　②攻撃的開戦、新州の承認、外国貿易の禁止の 3 つは、連邦議会の 2/3
の特別多数を要件とする。

　③ 3/5 の連邦比率は止める。

　④大統領の再選を禁止する。

　⑤大統領は、前任大統領出身州とは異る州からに限定する（ヴァージニ
アによる支配への措置）。

　(b) 3/5 の連邦比率（federal ratio）が将来の連邦政治で、南と北との対
立点となることは、北部州でも十分に分っていたが、制憲会議では妥協を
優先させた。今改めて、その問題に手を付けようとした訳である。この南
と北とのバランス問題、自由州と奴隷州の数とを同数にすることは、二.
2.(1)「ルイジアナ買収条約と 3 つの妥協法」で見るとおり、その後の連邦
の政治運営でも、連邦議会上院が政治を行う上での要となってきた。北部
州から見れば、それが、連邦議会（Congress）が南部州の盟主のような
ヴァージニア共和党（Virginia Republicans）に牛耳られっ放しの状態を

308　Hartford Convention of 1814、マサチューセッツ、コネチカット、ニューハンプシャ、
　　ロードアイランド、バーモントの代表がコネチカット州ハートフォードに集り、秘密裡に 3
　　週間協議した。
309　連邦議会が採り上げてくれることを、100 ％期待していた訳ではなかったとされている。

424

第5章　憲法の下での、初期アメリカにとっての内外の問題

生んだ上、共和党の大統領が2代、16年間続き、更にその先も続く様子を見せていることの元凶であると思われた。フランス（France）からの**ルイジアナ買収**から後、南西部のテリトリから新州として連邦に加盟する奴隷州の数が多くなりうる予想の中で、商工業中心の北部州は、このことで危機感を強めた[310]。背景の1つとして、最終的には憲法に書かれなかったが、北部州のように独立当時からの州も、これら南西部のテリトリから新州として連邦に加盟してくる州も、全く平等の地位（equal footing）ということがあった[311]。

　(c)連邦比率（3/5）の固定化、その下での二大政党と南部勢力の拡大で、ニュー・イングランド5州のフェデラリストらは、連邦の先行きに対し警戒感を抱いた。北部工業州が、先行き経済的に行詰まるだけでなく、政治的に抑圧されうる懸念である。南北戦争より半世紀近く早く、ハートフォード会議（Hartford Convention）では、分離権（right to secede）が真剣に検討された。しかし、連邦議会と大統領に対する公式な申し入れとしては、連邦離脱の話しはせず、連邦比率（Federal Ratio）の規定（Ⅰ、2(3)）を削除することと、連邦議会の立法権規定（Ⅰ、8）に関すること、の2つの改憲案に留めようということになった。このうち、連邦議会の立法権については、新州加盟承認、宣戦布告、および貿易制限の3事項について、2/3の特別多数決を必要とすることである。これらの提案をするため、3人の代表をワシントンに送った[312]。

310　この時代、（黒人）奴隷の問題は、まだ倫理的というより、地政学的な意味が大きかった。その中で、自由州（Free States）の黒人の漸増などにより本質的な解決を求める気運は、ニュー・イングランド（New England）5州からニューヨーク（New York）、ニュージャージー（New Jersey）など、中東部の州にも拡がりを見せ、本格的な解決を求める兆しも現れていた。

311　北西政令（Northwest Ordinance）中には、その旨の定めがあったことにつき、注164および第2章3.(2)(ヘ)参照。

312　この時のニュー・イングランド5州の連邦離脱に向けた意思統一が、どの程度まで検証が進んだもので、政治プロセスとして、どの程度まで強固になっていたのかについては、2つの見方があるようである（兎に角、完全に1本に纏まっていなかったといえるし、実効的な意思統一は、できていなかったともいえよう）。

425

第2編　連邦憲法、その成立過程、内容と、南北戦争前までの展開

(d)ニュー・イングランドの人々が、こうした改憲の提案をもって（分離のような荒っぽいことではなく）連邦の主都に向ったが、皮肉にも彼らが到着するころに丁度、連邦政府代表 John Quincy Adams らの交渉団によるイギリスとの和平合意成立が伝えられ、1812年戦争が終了する結果、ニュー・イングランドを苦しめた封鎖などの戦時措置も解除されることになった。このため、ニュー・イングランドは、連邦政府に対し振上げた拳を引込めるしかなかった[313]。

ハートフォード会議でのニュー・イングランド5州による決議の裏付けとなったとも見られる理論、それが**分離権**（right to secede）である。アメリカでは南北戦争以外にも1回ならず、この「州による連邦からの分離」、の動きがあった[314]。憲法上この意味の分離権（right to secede）のようなものが、州権として定められている訳ではないし、解釈上も否定されている[315]。そこで最高裁がいっているように、「分離権は一種の革命権である」という意味で、敢えて法源を辿るとすれば、独立宣言に行くことになる。初めにも述べたように**独立宣言**も、実質的な意味の合衆国憲法の一部を構成すると考えれば、また独立宣言が、自然法による**自然権**を肯定するものと考えれば、分離権や革命権も肯定できる余地がある。

㈻アメリカが初めて憲法の定めどおり（Ⅰ、8⑾）、戦争を宣言（declare War）した1812年戦争について、色々なことがいわれる[316]。しかし、筆者から見れば1812年戦争は、革命戦争の続編であり、第2幕で

313　1812年戦争を終らせるための Treaty of Ghent 1814 は、アメリカが最重量級の代表、John Quincy Adams 以下3人を、イギリスが指定したベルギーのゲント会議（当時はオランダの一地方でイギリス領）に送り込んだのに対し、イギリスは、次官補1人を派遣し、専ら本国から指示を出して対応した。

314　いきなり分離ではなく、無効化決議を州議会で先ず行ったのが、1798年フェデラリスト政権の時代のジェファーソンとマディソンによるケンタッキ決議とヴァージニア決議である（前注 251〜254）。

315　Texas v. White, 74 U.S. 700 (1869) は、Texas 州のほかに合衆国も実質的に当事者となったケースで（憲法の定め（Ⅲ、2）により連邦の管轄（federal jurisdiction）となる）、最高裁は、「一方的な分離（unilateral secession）は違憲である」とした。「ただし、革命または人民の同意により（……revolution or consent of the people）分離が成功することがあるのは否定しない」、と述べている。

426

ある[317]。

(a)革命戦争はイギリスの負けで終ったことになっていた。しかし、イギリスは（王が、議会が）、「本当に負けた……」とは思いたくなかったし[318]、第一、そんな風な思いは、我慢できなかった。だからこそ、上述のように、アメリカを独立国とも思わないかのような勅令を出し、洋上で武力を行使し[319]、更にカナダとの間の緩衝地帯にするべく、五大湖周辺の城砦を温存してその地方の部族に武器を密かに供与していた。

一方、アメリカ人の中も、こうしたアメリカを侮蔑したような態度、それが十数年も続くことに我慢ならない者がいた。Madison 自身もずっとある思いを抱いてきた[320]。連邦憲法が成立し、連邦政府が正式に発足した直後に彼がいっていることを要約すると、次のようになる[321]。「アメリ

---

316 Jasper M. Trautsch, "Mr. Madison's War" or the Dynamic of Early American Nationalism, Early American Studies Vol.10 Nr.3 Fall 2012 (p.630).は、もう１つの見方として、1809〜1812 年にかけてのアメリカの政治情勢についてのエリートから一般人までのナショナリズムを分析し、Jefferson と Madison が正面からの戦争は避けつつも、1803 年から後は、特にイギリス嫌いのアメリカ主義 Anglophobic American Nationalism を推進し、一般人も選挙で、その主義を推進した共和党に票を投じたとする。

317 Clifford L. Egan, Origins of the War of 1812, U. of Houston, 1974 (p.72) は、アメリカの 19 世紀歴史家の Henry Adams などは、その原因を主に海事問題と国民的誇り（名誉）に求めるとしている（……attributed to maritime factors and American national honor……）。

318 チャーチル（Churchill）が、1812 年戦争を回顧して、「この戦争の後イギリスは、それまでのように、アメリカに対し見下した態度をとるのを止めた」といったという。マディソンも、ヨークタウン戦（Battle of Yorktown）の直後のベンジャミン・フランクリンの言葉「革命戦争はこれで終っても、独立のための戦争はこれからだ……」を、屢々引用した。

319 パリ条約後も、アメリカの大使アダムス（Adams）に対しそれなりの対応をしなかったことや、ジェイの条約での交渉の仕方、その内容など、ほかにもこれらの見下した態度は存在した。

320 1789 年 5 月 4 日という早くに、彼は、議会でイギリスを指していった。「奴らは、我々に商業の手縄をかけ、我々が独立した目的も、あわやのところで没にされるところだった」"That nation had bound us in commercial manacles and very nearly defeated the object of our independence." なお、彼が第 1 回連合議会（1789〜1791 年）の頃から旧宗主国イギリスに対し、より高率の関税をかけるよう議会でも演説し、そのための法案も提出していたことは（Hamilton の反対などで通らなかったが）前述した。Lance Banning. The Sacred Fire of Liberty. Cornell Univ. Press. 1995 (p.300)。

321 いずれも、1789 年 4 月の議会での演説（Banning, p.497 n.13, 16)。アメリカと商業条約を結ばない国には差別的関税をかけるべきだ（n.13）。今や下院は、税収を上げることに集中し、ヨーロッパ勢に復讐する決意を証明してやるべきだ（n.16）。

第2編 連邦憲法、その成立過程、内容と、南北戦争前までの展開

憲法は、これまで我々を馬鹿にしてきたヨーロッパの連中が、我々に然るべく敬意を払うようになるためにも作られた……殊に、我々の商業活動を傷めつけるようなことを盛んにやってきているイギリスに（他のヨーロッパの連中も含め）、それと判らせるような、決然とした措置が必要である……」。

(b)共和党の Madison によるこのような挑戦的スローガンは、一部の人がイギリスに抱いていた気持にマッチしたかのようであった。宣戦布告から数ヶ月後に行われた選挙で、Madison は勝利を収め、彼の大統領第2期が始った。しかし戦局は、次第に実力に優るイギリスが優位になる。何といっても、イギリス海軍力の優位は絶大で、アメリカの港々を封鎖したし、1814年8月には上陸して、Maryland 州、Bladensburg でアメリカ軍と会戦する一方、首都 Washington を襲った。この攻撃により、ホワイトハウスも焼打ちにされ、Madison は逃避せざるを得なかった。

(c)しかし、広大な大陸のことである。ホームグラウンドの強みもあって、同年中頃には、戦闘能力をかなり向上させたアメリカ軍は、1814年秋から1815年初めにかけ、有利な戦局も展開できた[322]。一方、遠征地での戦闘となったイギリスは、七年戦争の時のフランスと同じように、地元インディアンの勢力、中でも "Red Sticks" と呼ばれた Creek Indian 族を味方に取込む作戦で臨んだ（そのため、武器その他の大量の物資を贈与していた)[323]。北部のカナダ国境と、南部のメキシコ湾岸でアメリカを脅かしたイギリスは、1814年4月に Pensacola, Louisiana に拠点を築いていたが、その後 Andrew Jackson が、New Orleans に急拵えの要塞を築き、1815年1月の有名な会戦で、イギリス・インディアン連合に圧勝した[324]。

---

322 1814年の Fort McHenry での戦いの中から愛国歌 "Star-Spangled Banner" が生れ、準国歌として現在広く唄われている。

323 イギリス、アメリカ、カナダの三方が、大きな怪我もなく終らせられた1812年戦争であったが、「一番の敗者は、インディアンではないか」、といわれている。彼らは結局、今のオクラホマ州の一部の留保地（Reserve）に囲い込まれて了い、北緯49度から下の新大陸は、完全に合衆国の独占する結果となった。

第5章　憲法の下での、初期アメリカにとっての内外の問題

Jackson は、その後も（1818年を中心に）、Florida、Alabama、Louisiana にかけての合衆国対スペインとの対決や、インディアンや逃亡黒人らによる合衆国に対する抗争を征伐するため、Florida に攻め入っていた（First Sominole War）（後注 412～416）。

　(d) 1812年戦争は、合衆国が初めて憲法の定めるとおりの手続（to declare War）を経て戦われたが、これという大義のない戦いであったため、戦争開始から1年半の1814年になると、両軍とも領土拡張などの実利もなく、目標のない戦いに倦み飽いてきた（開戦の一因となった、ナポレオン戦争ゆえの海上のトラブルも、そのナポレオンが敗れ、1814年4月に退位したことにより、原因が失われていた）。イギリス国内世論の一部は、「アメリカを懲らしめろ！」と叫んでいたが、イギリスが高圧的な態度であれ、条約（Treaty of Ghent）交渉に臨んだことは前述のとおりである。独立から20年余りしか経っていないアメリカにも、1812年戦争は体力的に応えた。新生アメリカを初の恐慌 Banking Crisis of 1819 (Panic of 1819) が襲っている[325]。全体の悪化に輪をかけたのが、アメリカ特有の事

324　前任の大統領 John Quincy Adams は、インディアンの既得権を守る政策をとり、（西部からの圧力で）政治的に不利な立場に置かれたが、Andrew Jackson は対照的に、第7代大統領となってからも、南東部アメリカに残っていたインディアンに対し厳しく対応し、ミシシッピ川の西へと追いやった。

325　ナポレオン戦争直後からの状況を3段階分けて見ることができよう。
　(i)戦争中は、政府は州の免許による private bankers が行う融資と、そこから生ずる紙幣の洪水に依存した。戦後は、戦争中の金・銀などの採掘不足からヨーロッパ世界を通しての超デフレと、国土荒廃から来る生産力低下が有り（主としてイギリスがそれを補った）、その一方でイギリスの工業製品はまだ力のないヨーロッパのほかに北米にも大量に輸入した。アメリカの農産品もヨーロッパに進出した（綿、小麦、トーモロコシ、タバコ）。この農産品の輸出の盛況を見て、アメリカでの土地ブームに拍車がかかった。
　(ii)州の免許による private banker が、この土地ブームに対応してどんどん融資を伸ばす一方で、それらの banker は、"laissez faire" を唱え、中銀などによる融資規制などを排除する姿勢を示した（一方で、中枢となるべき First Bank of the United States は、1811年に免許延長立法が不成立となり、その期間を終えていた）。
　(iii)そのため1817年には、Second Bank of the United States が設立されて、民間の余剰資金が関税、物品税などとして国庫に入ってきたが、州法銀行が濫発した銀行 notes は、それを受容れた同行が、州法銀行からの正貨での取立ての手を緩めていたため、Second Bank of the United States の資産構成は速いテンポで悪化した。Monroe が大統領となり、Second Bank の社長も更迭されて引き締め政策がとられると、土地投機にどっぷり漬かっていた全国の州法銀行は悲鳴を挙げ、恐慌へと入って行った。

429

情、中西部から西部に向っての過激な土地投機の反動である。恐慌は、1921年一杯まで居据わった。土地投機といっても、今日の規模の比ではない。2つの車輪がそれを走らせてきた。連邦による土地放出と、もう1つは、それまで続けてきた歯止めのかからない紙幣の発行、濫発である。

(e)終ってみるとしかし、1812年戦争は、国内にアメリカ憲法史上で特筆すべき結果を生み出していた。これで13植民州の殻がいわばとれ、1つの新生国家としての**ナショナリズム**が生れてきたことである。**運命の皮肉**とはいえ、Hartford Convention の参加者（多くの Federalist）は、今や、アメリカの非国民と烙印を押されかねなかったが、このナショナリズムの波を頭で受けたものといえた。「国家の存亡時に、反逆者、分離主義者として振まった」、と映ったことが大きい。ずっと落ち目で、坂を転がり続けた Federalist は、これで、事実上党派としての命脈を喪い、18世紀末から19世紀にかけての世界で、政党間の対立を軸にした政治が行われていたという、今日的な姿が一時的になくなることになった[326]。

今や怖いもののなくなった第1期の Republican Party にとって、Madison 大統領は、というよりも、誰が大統領になったにせよ、党の（党内各 Committee の）いうなりになる存在に近かった。これは各 Committee 毎の自己中心的利益主張をもたらし、党派内の対立抗争を結果した（Wood, p.664）。

(f)1812年戦争がもたらしたのは、それだけではない。戦争と貿易封鎖の期間を通して、10年近く続いたイギリスからの輸出ストップ（舶来品の消滅）は、それだけで国内産業を起こさせる巨大な力となっていた[327]。こうした新興の羊毛工場などの誕生の仕方も、イギリスやヨーロッパ大陸

326　それ以来、民主共和党は、いわば一党独裁のような形（one and only party）となり、大統領候補なども、党内の sectionalism, factionalism で決るようになる。

327　1808年前まで、15軒しかなかった紡績工場（cotton mills）が、1809年末には87軒に、その後も中小工場が、北部、殊に New England で猛烈な勢いで増加して行き、1808年から1812年の間に Rhod Island と南 Massachusetts だけでも、36の紡績工場と41の羊毛工場が立上った（Wood, p.702）。

とは違っていた。大金持ちや貴族の大地主が資本家になって始めたのではなく、いわば畑の傍の小屋で（家内工業的に）、下流社会から幅広く拡がって始った。そうした例が多いのが、この時期のアメリカ工業誕生の特徴であった[328]。

　上記のように、アメリカ国内産業が興隆してきたことで、社会全体の身分観が変わってきた。18世紀中は、建国の父祖たちは、たとえそれが当っていても、「自分はいやしい家の出で……」などということは口にせず、表に出さないようにしていた。ところが19世紀の2、30年代になると、むしろ本人も周りも、「成上り者」を意味する"upstarts"、"arrivists"、"parvenus"という言葉の使用を控えようとしなくなった[329]。彼らは、一時代前の尊大ぶった古臭い教養などを鼻にかける連中を（それは概してFederalistsと呼ばれる人達の中に多かったが）揶揄し、自らと共和主義（Republican）との合致を見出しがちであった。革命戦争の頃はまだ、民衆の暴走にもつながりかけない主義として侮蔑的（pejoratively）に使用されていた言葉"democracy"が、今は自らの政体を名付ける単語として、それのみで使用されるようになってきた（一.1.(1)(=)(d)参照）。同じ民主共和党でも、スローガンとしての、Jeffersonian democracyからJacksonian democracyの時代への変移である[330]。

　(g)今やその施策を推進し易くなったMadison。その施策たるや、（彼が反対し）Federalistが以前唱えていた政策の多くと重なっていた。第2合衆国銀行設立、工業品輸入関税の引き上げ、連邦政府を中心とした国土発展のための運河掘削、道路開発などである。それらは次の"American

---

328　1810年で見ると、合衆国の繊維製品の全生産の90％が家内工業（family household）からであった（Wood, p.704）。
329　例として、建国の父祖の1人Hamiltonは、とても自らの出身を人前で口に出すようなことはなかったが、作家Washington Irvingは、Bostonの成金商人の夫人が、以前に行商人の恰好をした自分が、いかに物を売り歩いていたかを得々と話した、ということを述べている（Wood, p.715）。
330　フランスの政治家・政治評論家Alexis de Tocquevilleがアメリカを旅行したのが、この頃から後の1831年であり、その観察文ともいえるのが、Democracy in America（De la démocratie en Amérique）である。

431

System"（"American Way"ともいう）の幕開けを告げる政策となった[331]。Madison 大統領が Bonus Bill of 1817 を veto により葬り去って、連邦政府による国土開発（internal improvements）の議論は一旦静まったかに見えていたが[332]、ニューヨーク州の Erie Canal のメリットを脇目に見た他州は、州の力で色々試みた後に、資金力からしてニューヨーク州のようには行かないと知るや、次第に連邦政府に対する陳情を強めた。Henry Clay が推進する American System は、正にこの意味での国土開発計画の推進であり、Quincy Adams や Monroe 大統領の下での戦争長官の Calhoun らも協力者であった。そこで、失策に終った Bonus Bill of 1817 に代って連邦議会に出されてきたのが、General Survey Act of 1824 である[333]。同法の下で取りかかられるインフラの第 1 が、National Road という訳だが、前任の 2 人の大統領の下では、そうした方面への投資は期待しようもなかった。

　(h) Monroe 大統領の時代になって、最高裁も丁度、注記事件（Gibbons v. Ogden, 1824）でのように、連邦政府の立法権限（Ⅰ、8）を「その他多勢」として広く捉える考えを示した。Monroe 大統領は、同法の下での予算の 1/3 を早速 National Road の先駆けとされる 1 つ、Chicago Road 開発のための測量費などに充当した。発足以来、四半分の 1 世紀の間、影の薄かった連邦政府が漸く力を付けてきたのが、この時である。

331　Hamilton の 1791 年の Report on Manufacturers（注 33）を、nationalism が盛んになってきたこの時期の American System の先駆けと見る考えもある。

332　Bonus Bill of 1817 は John C. Calhoun らが提案し、議決された。Second Bank of the United States の収益の一定割合を国土開発（西部との交通など）に当てようとするものである。しかし、Madison 流の憲法の文言の厳格解釈（strict constructionist interpretation）により veto された。しかし、積極派からは、最高裁による判決、Gibbons v. Ogden（連邦の interstate commerce clause の下で、連邦議会に航行規制立法権を認めた）や、明文で禁じられない限り連邦議会の立法法を広く認めた McCulloch v. Maryland などの判示が好んで援用された。

333　同法には、20 年前の Enabling Act of 1802 や Cumberland Road 開発のための 1806 年法に書かれていたのと同じ、国土開発目的の言葉が並んでいた。(public) transport roads……navigable waters canals であり、"of national importance, ……commercial or military point of view, or……transportation of public mail" として、その意味が強調されていた。それらのための測量の法律が同法という訳である。

第5章　憲法の下での、初期アメリカにとっての内外の問題

　American System が盛り上る中、Madison はまだ元気ではあったが、Virginia の先輩らに倣って2期で辞めるべきだとして、同郷同党の後輩 James Monroe が出馬できるよう道をつけた。その 1816 年選挙では、(1812 年戦争に対し消極的な姿勢だったことも災いして) Federalist 党が事実上壊滅状態であることが公けに明らかとなり、Monroe は楽に勝利を収められた[334]。

　㈡共和国連邦が始って 20 年の政界を振返ってみよう。まだこの時期、人々は合衆国市民という意識よりも（序でながら、この "U.S. citizen" の語は、南北戦争後の修正XIV、1 によって初めて造られ、口の端に上るようになった）、Virginian とか、New Yorker とか、という意識の方が強かった[335]。そこに、1816 年選挙までに 6 州が新たに加わっていた。Vermont、Kentucky、Tennessee、Ohio、Louisiana、Indiana である。

　変ったのは、合衆国を構成する州の数だけではない。ニューヨーク州の人口が Virginia 州を抜いて、最大の 29 選挙区を擁するに至った。以下、各 25 選挙区ずつの Virginia と Pennsylvania、22 選挙区の Massachusetts、15 の North Carolina と続いた。議会下院議員の数もまた、当初の 106 人から 185 人になっていた。1816 年に議会で可決された Compensation Act は、1789 年以来ずっと日当 6 ドルと決められていた議会下院議員 1 人当たりの手当を引上げ、年俸 1500 ドルとした[336]（1 日当り約 12 ドル）。いや、単に議会下院議員の数が増え、歳費が増えただけではな

334　Monroe の第 2 期選挙の年（1820 年）には、Federalist 党が壊滅状態になり、ワシントン大統領以来初めて、事実上の単独候補のまま大統領に選出される（MillerCenter of Public Affairs, "American President"）。

335　各州も独自に政治を行っていたが、女性でも（独身で土地所有の）投票権があったのは、New Jersey 州のみであった（それも 1807 年に廃止されている）。北部州で自由な黒人数が 2 番目に多いニューヨーク州でも、その僅か 16 人だけに投票権が認められていた（1826 年）（mydd.com）。

336　1812 年戦争の直後の財政疲弊の中でのこの値上げに対し、全アメリカが未だかつてない（フランスとの quasi War、1812 年戦争……などのどれに対するよりも）、反対の大合唱の声を挙げた。既に退任していた Jefferson が、「議員手当が少いことは、公務員が堕落しないための良薬である」式のことをいったので、彼の民衆の中での人気は向上した（Wood, p.719）。

433

第2編　連邦憲法、その成立過程、内容と、南北戦争前までの展開

い。今とは違ってこの時代は、下院議員の出入り（rotation）が極端に激しかった（1916年の修正XVIIまでは、直接選挙は下院議員だけで、連邦上院議員は各州立法府が選んでいた）。Compensation Act後の1816年選挙で、特に新旧議員の入れ替えが激しかったのは理解し易いが、その他の年の2年毎選挙でも、たいてい1期か2期で変って了う例で、議員の半数は、次の会期で入れ替わっていた（ワシントンD.C.と地元との往復には何週間もかかるなど、議員の負担も大きかった）。

　(a)その頃までに、実質的には唯一の実力政党となっていた民主共和党（Democratic-Republicans）。1824年に、この政党を2つに割った男が現れた。1812年戦争などでの勇猛な戦いぶりで名を挙げた（フランスのAlexis de Tocquevilleが「……激しい気性と平凡な才能……だが20年前での戦闘ゆえにのみ大統領になった男……」と評していた[337]）Andrew Jacksonである。Jacksonといえば、それまでのJeffersonian Democracyに対し、より平民的で（学校・教育などを、どちらかというと重視しない）粗野な"Jacksonian Democracy"の語と結び付けられる[338]。実際、彼が一番名を挙げたのは軍人としてであった。1801年、34歳でTennessee militiaの隊長（commander）、大佐になり、1802年にはmajor general（準少将）になっている[339]。この時、彼が党を割って作った民主党（Democratic Party）に真向から対立したのが、Jacksonをとても嫌っていて、そのためにWhig Partyを創設したHenry Clayであった。こ

337　Michael A. Leden, Tocqueville on American Character, Macmillan, "a man of a violent temper and……moderate talents; ……enlightened classes of the Union……always opposed him. ……was raised to the Presidency, ……solely by the recollection of a victory……"という（biography.com）。

338　Jacksonは、1829年3月4日の就任式後のホワイトハウス晩さん会（パーティー）に、一般庶民を制限なしに招いたため、ハウスの内外が大混乱となったとされる。彼はまた、大統領として初めて暴力を振るわれている（1833年5月6日にAlexandriaでRobert B. Randolphから）。また1835年1月30日には初めて、大統領暗殺未遂事件の対象となっている（イギリスからの移住者で、失業中のRichard Lawrenceがピストルを発射しようとしたが、2回とも発射しなかった）。

339　JacksonにはTennesseeを独立した州として連邦に加入できるように活躍していた下功績もあったとされる（wikipedia）。

434

第 5 章　憲法の下での、初期アメリカにとっての内外の問題

れで、いわゆる第 2 期政党時代がスタートする。

　(b)アイルランドの農村から渡米してきた両親の 3 番目の子 Andrew は、18 世紀終わりの頃は、まだ南西テリトリ（Southwest Territory）と呼ばれていた Tennessee 州で育ったが、14 歳の時母も亡くし、孤児となっている。その後、正式に習ったわけではないものの、当時の辺境での土地問題などを扱う弁護士として仕事をするようになった。1796 年に新生 Tennessee 州の州制憲会議に列席した後、州上院議員にも選ばれている。1812 年戦争までは Tennessee 州 militia の司令官として Shawnee 族酋長 Tecumseh の率いる Red Stick Creek Indians などとも戦った。その時、Jackson の下で連隊長として実際に戦闘行為を指揮していたのが、Jackson より 2 代後の大統領となる William Henry Harrison であった[340]。

　Monroe が退任した後の 1824 年、Jackson は、その大統領選挙に Tennessee 州から推されて出るが、政敵 Henry Clay に遮まれて、大統領の座を Quincy Adams に獲られてしまう（後注 381）。捲土重来を期した 4 年後の 1828 年には Jackson が Quincy Adams に大勝するが、そこでも彼は、Whig Party を率いた Henry Clay と議会で対決しなければならなかった。

　(ホ)「第 2 の革命戦争」とも呼ばれたこの 1812 年戦争。単にヨーロッパ諸国に対し**新生アメリカ**の存在を改めて印象付けただけではなかった。世界一強大な軍事力を持った元の母国に勝利した事実に、それまで共和制を夢見ながらスペインなどの圧政下に跪いていた中南米の植民地を、一斉に独立運動へと立ち上がらせた。折から就任した Monroe 大統領は、この

340　Indian の Shawnee 族の酋長 Tecumseh らは、1810 年 8 月 Harrison の隊に近付き、会談となった。その席で Tecumseh は、（どこの部族も、単独で土地を売ることはできない、として）Fort　Wayne　Treaty は無効であると主張した。Tecumseh は更に、アメリカが Treaty の無効を認めなければ、イギリスと同盟を結ぶとも述べた。1811 年 11 月 6 日早朝、Tecumseh ら Indian は、Tippecanoe 川辺で Harrison 隊を急襲した（Battle of Tippecanoe）。この戦いで Harrison は有名になり "Old Tippecanoe" の綽名が付くようになる。その後の 1812 年戦争では、彼は 1813 年に Battle of Thames の指揮をとり、そこで Tecumseh も戦死し、Indian 連合はバラバラになる。その後、1828 年に Harrison は、Colombia への大使となり、そこで Simón Bolívar に民主制をとるよう強く勧めている。

435

第2編　連邦憲法、その成立過程、内容と、南北戦争前までの展開

1812年戦争後の**高揚の時**（Era of Good Feelings）に正に乗っかった[341]。この高揚期のアメリカの国民的ムードを、前記のとおり一種の"Nationalism"と見ることができる。150年以上もの間、植民州毎の社会に固まっていたアメリカに、新憲法から20年、1つの纏まった国民意識が芽生え始めたのは事実であった。精神的高揚は、内と外の両方に向うことになる。

　James Monroe までが、いわゆる建国の父祖ら（Founding Fathers）とされる。彼は、革命戦争（Revolutionary War）に1人の officer として参加し、Battle of Trenton で負傷している。Virginia で生まれ育った彼は、連合議会（第2回）の代表もしていた。Virginia に多くいた Anti-Federalist の1人で、Virginia 州の憲法批准会議では、William の父 Benjamin Harrison らとともに、批准反対の立場を表明していた。しかし連邦政府発足後は、上院議員、Virginia 州 governor、フランスへの大使などを経験した後、Madison 大統領の下で1812年戦争時の国務長官（1811〜1817年）や戦争長官（1814〜1815年）をしていた[342]。Monroe 大統領の2期、8年（1817〜1825年）を代表する言葉は、Era of Good Feelings であるが、その間の1819年には、恐慌（Panic of 1819）が起きている。

　(a) Louisiana Purchase を受けて13もの新州が、合衆国の一員として入ってくる一方、ナポレオン戦争が終ってみると、スペインが列強としての力を落としていた。中でもラテン・アメリカでの**帝国**としての地位を失ったことがはっきりしてきた。これを機に、ラテン・アメリカ諸国が立上ったことがある[343]。これらの新独立国は、国際社会へデビューする足がか

341　Monroe が、いかにこの**高揚期**に乗っかったかを示すのが、彼の第2期大統領選挙出馬での選挙結果である（彼の231に対し、John Quincy Adams の1、であった）。
342　Monroe は Jefferson に法律を習ったこと、フランス公使をしていて、フランスの過激派（Jacobins）的思想に抵抗を感じなかったことから、同じ Virginia の大親分のワシントンとは、互いにしっくりしなかったようで、フランス公使として Louisiana Purchase を手掛けていたが、2年で更迭させられている。

りとして、アメリカによる承認を見据えていた。これに対し、Monroe 内閣は（特に Adams は）、それらの国々が、スペイン王国から「果して完全に独立できたか」、を見届けたいと慎重だった。というのも、フランスがブルボン王朝復活のための協力に絡め、スペインの旧植民地戦争を助ける姿勢を示したこともあり、スペインは、反独立戦争を遂行する姿勢を失ってなかった。

　一方、イギリスは（自国もその一員である伝統的なヨーロッパでの）、「君主制の諸国につくべきか」で、初め方針が割れていたが、中南米向けの貿易がアメリカとの貿易を上廻るようになっていたことから、新独立国を再奪回しようとするスペインなどに反対することに決した。一方、ロシア皇帝 Alexander, I 世が主唱したロシア、プロシア、オーストリアの神聖同盟（Holy Alliance）は、フランスとスペインの後押しをする側に回った。イギリスの外務大臣 George Canning は、「アメリカもイギリスと手を組んで、ラテン・アメリカでのフランス、スペインによる戦争に反対しないか」、と誘ったが、アメリカは慎重であった。その文脈の中からQuincy Adams が提案した、「より鮮明に、アメリカの中立を表明するべき……」との方針が決定され、声明を発することになった。その意味ではMonroe Doctrine は、Adams Doctrine ともいえる[344]。

　(b) American Way とも呼ばれる American System に象徴されるNationalism。それをサポートする要因が地政学的、領土的にも重なった。アメリカ国の内外で**高揚期**にピッタリな状況が出現していた。**American Way** を象徴する２つの政策として、いずれも懸案であった、高い輸入関税と合衆国銀行の免許がある。その第２合衆国銀行の免許立法が、関税率20〜25％という高率の関税法とともに、1816 年の連邦議会で可決され、

343　1822 年の戦いで、Argentina が Hose de San Martin をリーダーとして、Chile が Bernardo O'Higgins により、Venezuela が Simón Bolívar により、それぞれ独立を遂げていた。

344　web.archive.org. より。

第2編　連邦憲法、その成立過程、内容と、南北戦争前までの展開

成立した。これで国内的には Madison が道筋をつけた "American System" が走り出した[345]。他方、国際面では中南米に、産業構成からアメリカとの補完関係が少くない貿易相手国が生れ、アメリカ工業の成長を大きく助けることになった。この時期、大統領 Monroe と、国務長官 John Quincy Adams（Monroe の後にアメリカ憲政史上、最初の親子で2代目の大統領となる）とが[346]、ヨーロッパ諸国向けに Monroe Doctrine を打出した。この西半球に対して彼らの干渉を許さない姿勢を示すとともに[347]、これら中南米の独立国に対しては共和国の先輩として、援助の手を差し延べることを明言した。Monroe から次の Quincy Adams 大統領の時代は、確かに西半球に独立・共和の嵐が吹いた時であった。Peru や Bolivia の大統領から Gran Colombia の大統領をしていた Simón Bolívar が、Latin America に誕生した新しい共和国の連合を作ろうと、1826 年に Congress of Panama の組織化を呼びかけ、そのための会議が同年 Panama City で開かれている[348]（その多くが、スペイン王国に対し立上って独立した国々による、「1つの連合体にしよう」、との試みであった）。

345　"American Way" ともいう。その1つの面は、国土総合開発計画といってもよい。この時期の代表的な開発案件として、運河で当時世界一となった Erie Canal、国道で Cumberland Road がある。

346　"Manifest Destiny" の信奉者でもあった John Quincy Adams は、1819 年に今日のアメリカ合衆国の国土拡張に大きな役割を果した。特に Spain との間で Adams-Onis（または Transcontinental）Treaty を締結し、いわゆる Oregon Territory への拡張権を取得したことが大きい。彼はまた学問、芸術の振興にも力を尽した。

347　1823 年 12 月 2 日、Monroe が議会への教書中正式に示した。ナポレオン戦争が終った後の 19 世紀初め、ヨーロッパ列強が互いの権益争いの延長として、南北アメリカ大陸に入ってきて拡張主義の争いをしないよう、南北アメリカ大陸の平和と、国々の独立を侵さないよう要求する。この方針は、2世紀近く略そのままアメリカの対ヨーロッパ外交政策の基本として変らず来たとされる。その中心部分で、「ヨーロッパ諸国が、彼らの system をこの半球に及ぼそうとする試みすべてを、アメリカの平和と安全への脅威と考えることと宣言する（……declare that we should consider……as dangerous to our peace and safety）」としている。

348　集ったのは、(i) Gran Colombia（今日の Colombia, Ecuador, Panama および Venezuela）、(ii) Peru, United Provinces of Central America（Guatemala, El Salvador, Honduras, Nicaragua と Costa Rica）、(iii) Mexico であった。チリ（Chile）と United Provinces of South America（Argentina）は、Bolivar の影響力の大きさを恐れて参加しなかったし、Empire of Brazil は、現在の Uruguay を巡って Argentina と争っていたため参加せず、孤立主義（isolationism）の Paraguay も参加しなかった。

アメリカは、Bolívar に圧力をかけて、会議に招待されていたものの、南部州が参加に反対していた上、連邦議会で予算や人事が認められなかったことにより、参加することができなかった。南部州が反対していた理由は、やはり奴隷問題であった（これら Latin America の諸国は、奴隷制を非合法としていた）。一方、イギリスは、observer の資格で参加し、これら Latin America 諸国との貿易量を更に増加させた。

　㈧共和国連邦が始って 30 年の政界を振返ってみよう。まだこの時期、人々は合衆国市民という意識よりも（序でながら、この "U.S. citizen" の語は、南北戦争後の修正XIV、1 によって初めて造られ、口の端に上るようになった）、Virginian とか、New Yorker とか、という意識の方が強かった[349]。そこに、1816 年選挙までに 6 州が新たに加わっていた。Vermont、Kentucky、Tennessee、Ohio、Louisiana、Indiana である。

　変ったのは、合衆国を構成する州の数だけではない。ニューヨーク州の人口が Virginia 州を抜いて、最大の 29 選挙区を擁するに至った。以下、各 25 選挙区ずつの Virginia と Pennsylvania、22 選挙区の Massachusetts、15 選挙区の North Carolina と続いた。議会下院議員の数もまた、当初の 106 人から 185 人になっていた。1816 年に議会で可決された Compensation Act は、1789 年以来ずっと日当 6 ドルと決められていた議会下院議員 1 人当りの手当を引上げ、年俸 1500 ドルとした[350]（1 日当り約 12 ドル）。

　いや、単に議会下院議員の数が増え、歳費が増えただけではない。今とは違ってこの時代は、下院議員の出入り（rotation）が極端に激しかった

349　各州も独自に政治を行っていたが、女性でも（独身で土地所有の）投票権があったのは、New Jersey 州のみであった（それも 1807 年に廃止されている）。北部州で自由な黒人数が 2 番目に多いニューヨーク州でも、その僅か 16 人だけに投票権が認められていた（1826 年）（mydd.com）。

350　1812 年戦争の直後の財政疲弊の中でのこの値上げに対し、全アメリカが未だかつてない（フランスとの quasi War、1812 年戦争……などのどれに対するよりも）、反対の大合唱の声を挙げた。既に退任していた Jefferson が、議員手当が少いことは、公務員が堕落しないための良薬である式のことをいったので、彼の民衆の中での人気は向上した（Wood, p. 719）。

439

第2編 連邦憲法、その成立過程、内容と、南北戦争前までの展開

(1916年の修正ⅩⅦまでは、直接選挙は下院議員だけで、連邦上院議員は各州立法府が選んでいた)。Compensation Act 後の1816年選挙で、特に新旧議員の入れ替えが激しかったのは理解し易いが、その他の年の2年毎選挙でも、たいてい1期か2期で変って了う例で、議員の半数は、次の会期で入れ替わっていた（ワシントン D.C.と地元との往復には何週間もかかるなど、議員の負担も大きかった）。

　(a)その頃までに、実質的には唯一の実力政党となっていた民主共和党（Democratic-Republicans）。1824年に、この政党を2つに割った男が現れた。1812年戦争などでの勇猛な戦いぶりで名を挙げた（フランスの Alexis de Tocqueville が「……激しい気性と平凡な才能……だが20年前での戦闘ゆえにのみ大統領になった男……」と評していた[351]）Andrew Jackson である。Jackson といえば、それまでの Jeffersonian Democracy に対し、より平民的で（学校・教育などを、どちらかというと重視しない）粗野な "Jacksonian Democracy" の語と結び付けられる[352]。実際、彼が一番名を挙げたのは軍人としてであった。1801年、34歳で Tennessee militia の隊長（commander）、大佐になり、1802年には major general（少将）になっている[353]。この時、彼が党を割って作った民主党（Democracy Party）に真向から対立したのが、Whig Party を創設した Henry Clay で、Jackson をとても嫌っていた。これで、いわゆる第2期政党時代がスタートする。

351　なお、Michael A. Leden, Tocqueville on American Character, Macmillan, "a man of a violent temper and……moderate talents；……enlightened classes of the Union……always opposed him. ……was raised to the Presidency, ……solely by the recollection of a victory……" という（biography.com)。

352　Jackson は、1829年3月4日の就任式後のホワイトハウス晩さん会（パーティー）に、一般庶民を制限なしに招いたため、ハウスの内外が大混乱となったとされる。彼はまた、大統領として初めて暴力を振るわれている（1833年5月6日に Alexandria で Robert B. Randolph から）。また1835年1月30日には初めて、大統領暗殺未遂事件の対象となっている（イギリスからの移住者で、失業中の Richard Lawrence がピストルを発射しようとしたが、2回とも発射しなかった）。

353　Jackson には Tennessee を独立した州として連邦に加入できるように活躍していた下功績もあったとされる（wikipedia）。

第5章　憲法の下での、初期アメリカにとっての内外の問題

(b)アイルランドの農村から渡米してきた両親の3番目の子 Andrew は、18世紀終わりの頃は、まだ南西テリトリ（Southwest Territory）と呼ばれていた Tennessee 州で育ったが、14歳の時母も亡くし、孤児となっている。その後、正式に習った訳ではないものの、当時の辺境での土地問題などを扱う弁護士として仕事をするようになった。1796年に新生 Tennessee 州の州制憲会議に列席した後、州上院議員にも選ばれている。1812年戦争までは Tennessee 州 militia の司令官として Shauwee 族酋長 Tecumseh の率いる Red Stick Creek Indians などとも戦った。その時、Jackson の下で連隊長として実際に戦闘行為を指揮していたのが、Jackson より2代後の大統領となる William Henry Harrison であった[354]。

Monroe が退任した後の1824年、Jackson は、その大統領選挙に Tennessee 州から推されて出るが、政敵 Henry Clay に遮られて大統領の座を Quincy Adams に獲られてしまう（後注381）。捲土重来を期した4年後の1828年には Jackson が Quincy Adams に大勝するが、議会で彼が対決しなければならなかったのは、Whig Party を率いた Henry Clay であった。

(c)革命戦争では、パリ条約でイギリスとの和平が実現するまでに8年近くかかったのに対し、1812年戦争は、2年と1/3年で終っている。1812年戦争のいわば副産物として、多くの中南米諸国が新生国家として独立するきっかけになったことは前述したが、それまでヨーロッパの君主国の支配下にあって、その政治的変化に影響を受け易かったそれら諸国のアメリカを見る目が変化していた。単に、一時的に**アメリカを見直す**というので

354　Indian の Shawnee 族の酋長 Tecumseh らは、1810年8月 Harrison の隊に近づき、会談となった。その席で Tecumseh は、（どこの部族も、単独で土地を売ることはできない、として）Fort Wayne Treaty は無効であると主張した。Tecumseh は更に、アメリカが Treaty の無効を認めなければ、イギリスと同盟を結ぶとも述べた。1811年11月6日早朝、Tecumseh ら Indian は、Tippecanoe 川辺で Harrison 隊を急襲した（Battle of Tippecanoe）。この戦いで Harrison は有名になり "Old Tippecanoe" の綽名が付くようになる。その後の1812年戦争では、彼は1813年に Battle of Thames の指揮をとり、そこで Tecumseh も戦死し、Indian 連合はバラバラになる。その後、1828年に Harrison は、Colombia への大使となり、そこで Simon Bolivar に民主制をとるよう強く勧めている。

441

第2編　連邦憲法、その成立過程、内容と、南北戦争前までの展開

はない。アメリカを民主共和制世界の先駆者と見て、自らも政体を変えていこうとする効果を意味した。そのアメリカは、1823年に出した上記Monroe Doctrineにより、この半球に他のヨーロッパの強大国が介入してくることを排除する姿勢を示していた[355]。

　1812年戦争後はしかし、白人らが高揚の時（Era of Good Feelings）を迎える一方で、南部奴隷州での黒人奴隷に対する制度的支配が益々強化された[356]。奴隷州と自由州の線引き問題が国内政治にいよいよ重苦しくのしかかってきていた。加えて、インディアンに対する追立ても激化した。更に、北東部ニュー・イングランド（商工業州）とヴァージニア（Virginia）以南の奴隷州（slave states）（農業州）との間で建国以来意識され、議論されてきた経済構造の違いが、更により一層鋭い利害の対立となって浮上していたし、国土の拡張とともに、インディアンに対する追立ても激化していた。

355　Monroe Doctrineは、前注347のように西半球におけるアメリカの対外政策を宣言（declare）していた。これは無論、戦争の宣言（declare War）とは違うから（Ⅰ、8⑾）、閣議決定だけで、しかも、議会に対する教書の形をとっている（Ⅱ、3）。その後、半世紀余り経ってからアメリカはスペインに対し戦争の宣言をしている。その時は、正式に憲法どおり議会の決議が行われている。

356　大統領に対する当時の手当がホワイトハウス内の使用人の分にまで及んでいなかったので、Monroeも、何人かの黒人奴隷をVirginiaからワシントンに連れて行った。大統領辞任後の彼は、州憲法会議（Virginia's constitutional convention）に出席して問うている。「奴隷制度は、Virginiaがまだcolonyの時に始った。その後colonyの立法府は、一旦その廃止法を可決したが、本国によって否定された。この史実に立って我々は、彼らを自由にし、連邦からの資金支援により、彼らをアフリカへ向け出国させるべきではないか」。なお、1816年には、Henry ClayやAndrew Jacksonをメンバーに含むAmerican Colonization Societyが設立され、数千人の自由にされた黒人を1820～1840年にわたりLiberiaへ送還する事業が行われたが、Monroeもそれに関係している（Liberiaのcapitalは、Monroeに因んでMonroviaと名付けられた）。

442

第5章　憲法の下での、初期アメリカにとっての内外の問題

2.　条約と戦争と領土拡張

(1) ルイジアナ買収条約と3つの妥協法

(イ)時代は少し戻って、Napoleon からのルイジアナ買収（Louisiana Purchase）により、1803 年に旧ルイジアナ地方（Louisiana Territory）を加えたアメリカ合衆国[357]。それまで（パリ条約でイギリスが和平の条件として差出した）**ミシシッピ（Mississippi）川の東**までであった領土は、ルイジアナ買収条約によって、更に川西の平原へと一大拡張できることになった[358]。ルイジアナ地方買収時、1803 年のアメリカは、建国時のアメ

図表5　ルイジアナ買収条約による領土の拡張

357　買収前からの川の東の広大な土地には、北から（かつての Ohio Country と呼ばれていた Ohio 川北西地域の）Ohio、Indiana、Illinois のほか、Mississippi、Alabama などの諸州が、1820 年の Missouri Compromise 前に、新州として連邦に加盟を認められていた。

358　買収により更に、南はメキシコ湾から、北は今のアメリカ・カナダ間の国境まで拡がり、面積は、イギリス、フランス、ドイツ、イタリア、スペイン、ポルトガルの合計面積より広く、革命戦争でイギリスから獲得したアルゲニ台地からミシシッピ川の東までの領土でも、元の 13 州を足したものと同じ位の広さであった。

443

第 2 編　連邦憲法、その成立過程、内容と、南北戦争前までの展開

リカから見ると成長著しかったとはいえ、ヨーロッパ世界から見ると、人口もアイルランドと略同じの、まだ駆け出しの国際的に影の薄い国家であった。しかし、そのアメリカにとり、殊にその北東部にとって、ルイジアナ買収は、この先、テリトリ内から多くの奴隷州（slave states）が加盟してくる可能性を意味した。それによって将来、議会上院での奴隷州対自由州（free states）同数のバランスが崩れ、自由州に不利に傾く可能性を意味していた[359]。

　(a)この買収条約と土地獲得を、誰もが憲法上何ら問題ないと疑問を抱かずにいた訳ではない[360]。それら新州の加盟問題は別にして、連邦下院ではフェデラリストらを中心に土地獲得自体を問題視し、その領有権が不明確なことなどを採り上げて反対する声が強かった[361]。ジェファーソン（Jefferson）自身、合衆国大統領の権限でこれを行うことは無理と考えていた。その行為自体、彼やマディソンが引張る共和党の主義・主張（弱く小さい連邦政府）にそぐわない行為でもあった。（しかし、連邦議会では最終的に僅差で通った）。

　(b)世界史の中でも並外れて巨大なこの土地取引には、当事者の思惑外のことも働いていた。かつてフランスが先占していた領土であるが、イギリスとの七年戦争の間に、やはり先占権を主張していたスペインに押えられ、和平条約ではスペイン領を認めていた。その後、ナポレオンがスペインから買取ったことになっていたが、スペイン側は、条約の正式調印を先延ばしにしていて、国際法上での権利移転は未済であった。ナポレオン（Napoleon）が急に売る気になったのには、彼のこの半球での王国樹立

359　ジェファーソンは、これだけ国土が広がれば、アメリカ人が、**100 世代後**でも十分に住める広さだと考えていた（McPherson, *op. cit.* p.9）。

360　このように国土を倍増させ、アメリカを西部（内陸国家）化させることで、大西洋沿岸13州による建国、そこでのイギリス王に対する革命と共和制の精神が、損われはしないかという懸念である。それには、New Orleans などにいる大勢のラテン系民族のことがあった。いずれも、これまで君主国の民スペイン人、フランス人である。

361　領有権が不明確だった一番の原因として、1809 年のフランスとスペイン間の Third Treaty of San Ildefonso があり、その中に付されている条件の不明瞭さと、境界を明示していないことがあった。

第5章　憲法の下での、初期アメリカにとっての内外の問題

計画が挫折したことが大きい[362]。ただ、これは一番直近の理由に過ぎない。大きく見れば、フランスも（Louisiana で）、スペインも（Florida で）、色々な意味で新大陸に係っている余裕はなかった（だがフランス側も、タレイラン〔Talleyrand〕外相は売却に反対していた）。ジェファーソン（Jefferson）も、彼の指示を受けてパリに行っていたロバート・リビングストン（Robert Livingston）も、想定していたのは、ニューオーリンズ（New Orleans）とフロリダ（Florida）の一部を併せて、1000 万ドルでの買収プランであった[363]。

　(c) ニューオーリンズとフロリダではなく、南はメキシコ湾から北は今のアメリカ・カナダ間国境まで拡がる全ルイジアナ・テリトリを「**15 百万ドルで売る用意がある**」、とフランスの財務相から 4 月 11 日に打明けられたリビングストンが吃驚したのはいうまでもない。彼をはじめアメリカ側が、吃驚しながらもこの話しに飛び付き、即決に動いたことは、4 月 30 日にはもう、分厚い条約集と付属文書にサインしていた事実が雄弁に物語る[364]。

　そこで、初めに浮上していた連邦憲法上の権限の問題に戻れば、条約の締結という点で、大統領（President）が上院（Senate）の 2/3 の賛成と同意を得て行うことになるし（II、2 (2)）、領土の拡張と同時に財政支出を要する点で、下院（House）の発議により可決される必要があった（IV、3、I、9 (7)）。その手続を踏めば、正に適法となる。

　(d) Louisiana Purchase のほかに、もう 1 つ大統領としての Jefferson

362　カリブ海（Caribbean Sea）のサン・ドミンゴ（Saint Domirgo）で、史上初の黒人による革命が起き、その後のフランス（France）との戦争で、サン・ドミンゴが勝利し、独立するという、**西欧世界にとり衝撃的な事**が起きていた。今までのようにカリブ海からの砂糖の輸入が展望できない中では、フランス（France）にとってのニューオーリンズ港（Port New Orleans）の利用価値が激減していた。

363　新生アメリカは、革命戦争中に増高した対外債務を 1790 年代にすっかり払い終わって、オランダ市場での起債も可能となっていたので、代金支払の一部は起債によって賄った（history.state.gov より）。

364　それまでの経緯があるから、買収条約は先行する 3 回の San Ildefonso 条約絡みの多くの条約や文書に言及した、かなり面倒で、長く複雑な証書（deeds）のようなものである。

445

第2編　連邦憲法、その成立過程、内容と、南北戦争前までの展開

の実績に一言しよう。第4章で見た1808年問題である。憲法が向う20年間の改憲を禁じていた（〔Ⅴ〕）、奴隷取引（importation of such Persons）禁止を抑制できる期限である（これが、South Carolina と Georgia を連邦に留まらせるため、ギリギリの妥協として定められていたことは前記のとおりである）。

　期限に備え、早くも1805年には法案が出てきていた。引続き奴隷の輸入を認めるが、憲法上許される最大の1人10ドルの輸入税（Ⅰ、9(1)）を課そうという法案や、更に、翌1806年には輸入税を課す妥協案ではなく、輸入取引そのものを禁止する法案も出されていた。その法案は、1807年春にかけ上、下両院で大いに揉まれた上、3月に両院を通過した（これで、連邦が立法により奴隷輸入を禁止することとなった[365]）。

　(ロ)ルイジアナ買収（Louisiana Purchase）は、それまでのアメリカの国土を2倍にした。買収の対象となった Louisiana Territory からは、13の広大な新州が生れ連邦に加入してくることになる[366]。国土が西に向って拡大し続ける国土の管理・保全も重要な仕事になってきた。一.1.(1)「新国家建設の現場レポートと人々の生活法」で見たとおり、通貨や金融が州政府と州法の規律に委ねられていたため、既に色々な面で限界が身に染みて感じられていた。Whig 党は、「経済の問題は、無責任な state banks の野放図な仕振りのゆえだ」と非難し、しっかりとした国法銀行（national banks）の制度確立と、中央銀行的な第2合衆国銀行復活の必要を呼びかけていた。そのためにも、中央政府がしっかりとした執行体制を整え、行動できる必要があった。それには、新州を含め合衆国全体の一本化を図り、強力で安定的な政治体制が求められた。

365　1808年1月1日に発効した Slave Importation Act。しかし、現実には、Texas、Florida などを通っての陸上からの、または密輸船による、密輸が行われ続けた。
366　広大な旧ルイジアナ領土は、現在の州名で行くと、東側に、北からミネソタ、アイオワ、ミズーリ、アーカンサス、ルイジアナ、西側に、ノースダコタ、サウスダコタ、ネブラスカ、カンザス、オクラホマ、更にその西側に、モンタナ、ワイオミング、コロラド、の13州すべてを包み込む面積であった。

446

第 5 章　憲法の下での、初期アメリカにとっての内外の問題

(a) laissez faire 資本主義を試し鍛えたのが、1819 年から 1821 年にかけての恐慌（Panic of 1819）である。根底にはヨーロッパ情勢がある。フランス大革命後のいわゆるナポレオン戦争（Napoleonic Wars, 1803～1815）の間、アメリカの産業は農工業を通して潤った。しかし、その終結で事態は一変した[367]。こうして、新生アメリカを初めての恐慌 Banking Crisis of 1819（Panic of 1819）が襲った。この恐慌をくぐり抜けた合衆国経済は、イギリスとの 1812 年戦争前のヨーロッパ（イギリス）に拠りかかった植民地経済体制から、独自の資本主義経済へと成長する。

　この恐慌による経済への打撃に拍車をかけた 2 つの要因があった[368]。西部土地への過大な投機と、それを支えたルーズな州法銀行の乱立、それらによる紙幣（bank notes）の濫発である。これらは、一党独裁的存在となっていた Democratic-Republican 中の、Jefferson が党に引き込んで増やしたかった議員（John Quincy Adams などの new Republican）らによる American System の政策に沿って拡大した面もあった。その政策に沿って、そこでの元締め、中央銀行的存在の Second Bank of the United States のための法律が、1816 年に立法されていた。しかし、この Panic of 1819 が、そうした new Republican による政策の流れを変えた。American System への進行と Era of Good Feelings の流れは終り、憲法の厳格解釈、南部 King Cotton 信仰（前注 6 ）の復調、Jacksonian ナショナリズムの勃興へと移って行った。

367　基礎的財政の窮乏は、内政面での困難だけで止まらなかった。地中海を荒らしている北アフリカ諸国、いわゆる Barbary States（Algiers, Tunis, Tripoli, Morocco）などの私略船（privateers）が、今や独立してイギリス王国の保護から外れたアメリカ船を狙い撃ちにするようになった（アメリカは、この絡みで Tripoli とは 1801～1805 年に、Algiers とは 1815 年～1816 年に戦っている）。

368　Panic of 1819 の第 1 原因は、アメリカが、経済的にもイギリスからの自由を獲得したものの、ヨーロッパでの不況の影響に対し何の防波堤もなかったことに求められる。先ず、アメリカから戦災に蓋われたヨーロッパ大陸への農業的輸出の急増があり、それによって一段と火が付いた西部土地への投機熱があった。第 1 合衆国銀行の免許更新工作の失敗とともに、金融秩序のコントロールが失われる中で、州法銀行の増設、それらによる無秩序な信用膨張が続いた。この流れの中で、第 2 合衆国銀行が 1817 年に設けられたのはよかったが、その政治的理由で選ばれた頭取は、信用膨張の加速を増大させる源となった。

447

第 2 編　連邦憲法、その成立過程、内容と、南北戦争前までの展開

　(b)テリトリからの相次ぐ新州加盟が、この面で連邦議会（殊に、州権に直結する上院）に与えた政治的インパクトは大きかった。早速、国政レベルでの南北の妥協法が俎上に上った。ミシシッピ（Mississippi）河口からカナダ（Canada）までの広大な買収領土と略同じ広さの、ミズーリ・テリトリ（Missouri Territory）と呼ばれた土地の一部（1821 年に Missouri 州となる）の処遇に絡んで[369]、1820 年**ミズーリ妥協**（Missouri Compromise）として知られる法律が下院を通った。

　それら、やがて 13 の新州となる広大なテリトリ内での互いの間の境界線の多くが、1 つの緯度線で南北に区切られている[370]。この緯度線 **Mason-Dixon Line**（図表 3）は、自由州、奴隷州が毎回ガタガタしないための一種の棲み分け図として、皆が、つまり連邦も州も、尊重する了解ができつつあった。

　(c)ミシシッピの河口に近い New Orleans から 1000 キロほど遡ったセントルイス（St. Louis）などを中心に、人々の安住が進んだミズーリ（Missouri）州であるが、争いの焦点として浮上した。この緯度線による乱れを巡って、自由州、奴隷州双方が納得するような線引き案が求められた。ミズーリでは、ほんの一部の州境が緯度線の南に鍵型に出ているだけで、大半はこの緯度線の北にあるのに、奴隷州とされていたが、そこに至る中央政治の舞台での奪い合い、争いが、**ミズーリ妥協**（Missouri

---

369　1812〜1821 年の間の呼名 Missouri Territory の広さは、現在のミズーリ州とは全く異なる。Louisiana Purchase による Louisiana Territory と略同じの、遥かに広大なテリトリである。そのうちの一部に当たるミズーリ州は、川の中流の西岸沿いにあるところから、ルイジアナ買収領土の中でも、川の東岸沿いのテリトリの次に、連邦へ編入され易い部分にあったといえる。この辺りは、フランス・カナダ人が、七年戦争（French and Indian War）の前後から川伝いに南下して定住していた。インディアンの部族（Indian tribe）の名前でもあるミズーリは、セント・ルイス（Saint Louis）近くで、ミシシッピに合流する川の名でもある。

370　まだ植民州時代の 1760 年代、メリーランドなどを中心とする植民州間の境界争いが起きた。そこで、イギリス王室が行った測量で基準とされた線が、北緯 36 度 30 分の線（いわゆるメイソン・ディクソン線）（**Mason-Dixon Line**）である。奴隷州と自由州の数を奪い合う中で、1 つの目安とされてきた。ミズーリ州は、この北緯 36 度 30 分の線より北に拡がる部分が大きいが、社会的・経済的には南部州で、それが厄介な争いの素となった。

448

Compromise）に至る経緯である。

　マサチューセッツ（Massachusetts）州は、自州北部をメイン（Maine）州として独立させ、自由州として連邦議会に編入するのと引換えに、Missouri 州を奴隷州と認めることの連邦法案を用意し[371]、それを1819 年に連邦議会下院で通した。この連邦法案中の条件に反対した奴隷州は、ミズーリ州加盟の条件として、議会下院を通っていた同州憲法の内容（注 371 記）の修正を連邦議会上院で要求した（上、下両院協議会が設けられたが、協議は成立しなかった）。

　(d)自由州、奴隷州ともの工作により、次による一応の**線引き**が議会で成立した（合衆国の西進に合わせ、合衆国内の法制として奴隷社会をどう位置付けていくかの問題である）。その間の 1819 年 12 月に、アラバマ（Alabama）州が奴隷州として州への昇格が認められたことと、下院が1820 年に更にミズーリを奴隷州として編入する法案を通したことを受けて、上院がそれらを含む包括法案を出し、Clay の提案によりそれが成立した。これで、ルイジアナ買収後の自由州、奴隷州間の争いの第 1 ラウンドは収拾され、その先は、テリトリからの新州加盟がある都度の将来の成行きに任された。

　(e)結果として、**1820 年ミズーリ妥協**の呼名で知られる法の内容は次のようになった。①メインとミズーリとの双方の加入を認める、②ミズーリ州を除き、いわゆるメイソン・ディクソン線（Mason-Dixon Line）から北は奴隷制を排除する。

　1820 年**ミズーリ妥協**は、新生アメリカが南北戦争に至るまでに重ねた3 つの妥協（連邦議会での立法案件）の最初となった[372]。南と北、自由州

371　法案はミズーリが、州への昇格のため用意すべき州憲法中の黒人奴隷に関する条文に要求を付けていた。黒人奴隷の更なる州内輸入を禁止するとともに、現在の黒人奴隷の子は、25 歳に達するとともに自由人とすることを求めていた。これに対し、Missouri 州は加盟のためと、自州の立場とをつなぎ合わせたような条文を 1820 年に作成して提出し、それがHenry Clay による解釈で辛うじて連邦議会を通った（第 6 章 2.(2)(ト)(g)）。連邦発足直後の第 1 回連邦議会に相次いで出されたクエーカー教団体による 2 つの請願が求めていたように、法制上の問題として、奴隷輸入禁止と、奴隷制度そのものの廃止、の 2 面がある。

449

第2編　連邦憲法、その成立過程、内容と、南北戦争前までの展開

と奴隷州とが、何とか1つの連邦の形を保ったまま妥協しようと、徹底的に知恵を絞った**政治的な取引**の結果であった[373]。

　(ハ)1810年代に一旦纏まった条約を結んでいたものの、何万人もの開拓者、一旗組が、西へ、オレゴン国へと、奔流のように移住する中で、新大陸の北西部での緊張が高まった。当時のオレゴン国（Oregon Country）は、多くのアメリカ人にとって北緯54度40分のアラスカまでを意味していた。John Tyler大統領は、オレゴン国を占拠していたイギリスに、北緯49度線を北のカナダとの境界線とする提案を出したが、イギリスは提案を蹴り、コロムビア川（今のオレゴン州、Portland、Oregon）辺りでの分割を逆提案してきた。

　(a)1844年大統領選挙は、「54度40分！　さもなくば戦争を！」が代表するような沸騰する国論と、きな臭い予兆の中で「全オレゴン国を！」をスローガンにした民主党のPolkが大統領に当選した。イギリスはその後、1846年になって49度線での区分に同意した。南のMexicoとの間で険悪な状況になりつつあったアメリカ側も、これで妥協した[374]。

　高揚期の大統領Monroeの下で2期8年、国務長官を務めたJohn Quincy Adams。彼はMonroe Doctrine（1823年）の実際の作者であり[375]、しかも一時期、ある意味でManifest Destinyを推進していた。

　John Quincy Adamsをも、「明白な運命論」（**Manifest Destiny**）の信奉者と呼ぶことがある。しかし、Manifest Destinyには、初期のピュー

372　ミズーリ妥協の結果、1820年のメイン州、1821年のミズーリ州の編入により、両方の州の数は各11となり、以後1836年に旧ミズーリ・テリトリからの奴隷州アーカンサス（Arkansas）州の加入が認められるまで編入争いは休止した。

373　ミズーリ州憲法（1820年）は、自由になった黒人（freed Negros）とヒスパニック（mulattoes）の（州内居住を認めない）州外追放を定めていた。連邦憲法の下で、これが問題にならない筈はない。最後まで連邦議会上、下両院の間で揉めた。妥協法案のミズーリ加盟承認法案には、条件として、「憲法は、合衆国市民の有する特権を損うような法律を一切みとめるものではない」とのHenry Clayの但書を付して、何とか連邦議会を通過した。

374　Oregon Treaty of 1846.これにより遠隔の地、北米大陸でアメリカがCanadaを併合しないかと常々懸念していたイギリスも（そのためにインディアン国の独立を後押ししてもいたが）、国境を安定させることができた。

450

第 5 章　憲法の下での、初期アメリカにとっての内外の問題

リタンが唱えた「丘の上の都市」のような理想も含まれなかった訳ではない。いってみれば、漠とした幅広い主張の束にすぎず、1つに纏まった信条や教則ではない（第 1 章 1.(1)(二)(a)）。19 世紀 Manifest Destiny には、拡張主義（expansionism）の名で知られる、土地所得欲的な面も強かった。信条に結びつけるとしたら、当時の多くのアメリカ人の生活信条とでもいえる「アメリカ式例外主義」"American exceptionalism" である。広大な大陸をアングロ・サクソン系が独占して享受することの信条といってもよい。John Quincy Adams のも、Manifest Destiny というよりは、「北米大陸はアメリカ一国だけでカバーすべきだ」、というアメリカ式例外主義に近い 19 世紀前半の**大陸主義**（continentalism）と呼ぶ方が正しい。Adams は、単にこの大陸主義を唱えただけではなく、モンロー大統領の国務長官として、その実現にも力を尽した。

(b) その John Quincy Adams（以下、Quincy Adams）が、Adams - Onis 条約によりスペインから Florida を入手しただけでなく、Mexico との間の南の国境を、太平洋岸に至るまでも明確にさせた[376]。ヨーロッパがナポレオン戦争（Napoleonic Wars）に巻込まれていたことで、この西と南へ向けたアメリカの拡張に対するヨーロッパ各国の抵抗には自ら限度があった。そんな中で、Adams はイギリスとの 1817 年、1818 年と相

375　Monroe Doctrine は、「アメリカは、これまでもヨーロッパの列強間の戦いに係らなかったし、これからもそうする積り（政策）はない。しかし、この半球での動きについては、アメリカは明白なこだわりを持つ」、と述べた上、"with the governments who have declared their independence, and maintained it, and whose independence we have, on great consideration, and on just principles, acknowledged, we could not view any interposition for the purpose of oppressing them, or controlling, in any other manner, their destiny, by any European power in any other light than as the manifestation of an unfriendly disposition towards the United States." であるとして、"......powers should extend their political system to any portion of either continent, without endangering our peace and happiness : nor can any one believe that our Southern Brethren, if left to themselves, would adopt it of their own accord. It is equally impossible, therefore, that we should behold such interposition, in any form, with indifference." としている。

376　Adams–Onis 条約は Transcontinental Treaty of 1819 ともいわれる。正式名は Treaty of Amity, Settlement, and Limits Between the United States of America and His Catholic Majesty.

451

第 2 編　連邦憲法、その成立過程、内容と、南北戦争前までの展開

次ぐ条約締結により、大陸北西部でも一応の境界を確定させていた[377]（それにより、対 Canada だけでなく、対イギリスの外交関係も改善した）。これらの条約によりイギリスとアメリカは、五大湖からそれぞれの艦隊を撤収することに合意した（1794 年の Jay's Treaty の時もこれを実現したく、アメリカは議題に載せようとしたが、イギリスが拒否していた）。

　アメリカ側の代表、フランスへの大使 Albert Gallatin とイギリスへの大使 Richard Rush とによりイギリスとの間で結ばれた 1818 年の合意で、西部でのイギリスとアメリカ間の境界を確定させた後、（ただし、Oregon Country は、向う 10 年間、双方が入会うこととした）残るは、北東部の Maine と New Hampshire との境界となったが、これは Webster-Ashburton Treaty, 1842 まで待たねばならなかった。

　一方、彼が Florida をスペインから入手した経緯は、1803 年の Louisiana Purchase にまで遡る。その時点で、いうところの Louisiana の東部（つまり Florida）の境界がはっきりしていなかった[378]。加えて Seminole 族などのインディアンによる暴動が頻発していて、後には第 1 次～第 3 次 Seminole War も行われたが（次の(2)(イ)(c)）、ナポレオン戦争で国力が衰えていたスペインに代り、Andrew Jackson 将軍が 1818 年にそれらを鎮圧したということもあった（この Andrew Jackson による冒険は、アメリカ国内では非難を浴びたが、John Quincy Adams は、これを擁護していた）。

　Monroe 内閣の国務長官であった John Quincy Adams は、Mississippi 川から Perdido 川までの西フロリダ（West Florida）が元来、Louisiana の一部だったと主張するとともに、暴動や反乱続きの東フロリダ（East Florida）についても、スペインがアメリカに譲渡するよう、さもなけれ

377　Rush-Bagot Treaty of 1817, 1818 により、うち 1817 Pact により、イギリスとアメリカは五大湖の軍艦などを互いに撤去することに合意し、条約により、北緯 49 度線での国境を確定させた。
378　1783 年のパリ条約で東と西の Florida は、イギリスが一旦スペインに返還したことになっていた。

ば、Seminole 族などが East Florida の北隣の Georgia 州に被害を及ぼすのを防ぐようスペイン外相 Don Luis de Onis に要求し、迫った。結局スペイン外相は、西フロリダの領有権を放棄し、East Florida についても、無償で譲渡することに同意した[379]。

(二) Quincy Adams が、Monroe の後の第 6 代大統領となった 1825 年は、高揚期がすっかりアメリカ大陸に根付いていた。政治的には、後には Henry Clay などが結成した Whig Party の有力メンバーとなり、彼は Monroe 大統領まで 3 代続けて大統領を出した Virginia 民主・共和党から離れた。彼のとった施策も、地場産業の育成強化のための輸入税率の引き上げ[380]、道路、運河などの国土開発、大型天文台などの研究施設の設置、芸術の推奨など、American System に沿ったものに満ちていた。ただ、Quincy Adams は、1828 年選挙では 4 年前の選挙の時から彼に対する遺恨を抱いたと見られる Andrew Jackson と、その追従者らに大きく敗れ、父の John Adams 同様、彼も、1 期のみの大統領で終った[381]。

その彼が、1824 年選挙で大統領に選任されたのは経緯があった。1824 年選挙では一党独裁に近い Democratic-Republican Party の 4 人 (Clay, Jackson, Quincy Adams, William H. Crawford) が争う中、Henry Clay は最下位であった（なお彼は、1832 年と 1877 年にも Whig Party 候補として出馬したが[382]、1832 年にも 1877 年にも Jackson に敗れ、1844 年には、Democratic Party の James K. Polk に敗れている）。残る

---

379 アメリカは引きかえに、それまでの暴動などでアメリカ人がスペインに与えた損害賠償として 500 万ドルを払った (history.state.gov より)。
380 彼の時代の輸入税率の引き上げが、アメリカの産業の育成強化にはなったことは間違いないが、それが Andrew Jackson 大統領時代の South Carolina 州による無効化運動を起こす有力な原因となった。
381 彼は、部下の取巻きなどを作らず、いわゆる政治家肌とは違っていた。加えて、1824 年選挙では、獲得票数でも選挙人の数でも、Andrew Jackson の方が Quincy Adams を上廻っていたが、過半数に達していなかったため、下院での決定に委ねられ（修正 XII）、Andrew Jackson と肌が合わなかった下院議長 Henry Clay の工作で、彼 Adams の当選が決っていた。その Henry Clay を自らの国務長官に任命したことで、Andrew Jacknow 一派は、「2 人が共謀した」と騒ぎ出し、その時からの遺恨がずっと残ったとされる。

453

第2編　連邦憲法、その成立過程、内容と、南北戦争前までの展開

　3人の中では、獲得票数でも選挙人の数でも、Andrew　Jackson の方が Quincy　Adams を上廻っていたが、過半数には達していなかった。このため下院での決定に委ねられたが（修正ⅩⅡ）、その結果、Andrew Jackson と肌が合わなかった下院議長 Henry　Clay の采配により、彼 Adams の当選が決まったものである[383]。

　一方 Andrew Jackson は、Whig Party の Henry Clay など、一部の識者（殊に、前述のような elite）からは、余り評価されなかったものの（前注 351）、（de　Tocqueville のいうように、20 年前の武勲のせいかどうかは別として）一般の人々の受けは悪くなかった。反対に、学問や芸術の推奨などは、軽んじる方であった、その Andrew　Jackson の大統領時代の終りとともに、アメリカの第1期政党時代（First Party System Era）もまた、終りを告げていた。彼を担ぐ Democrats に対し、彼と敵対していた Kentucky の Henry　Clay, Sr.らが中心となって National　Republicans らが集り、Jackson を暴君に見立てて "King　Andrew" と呼び、これに対して立上る人という意味での "Whig"、そこから Whig Party と名乗るようになっていた[384]。Jefferson が Virginia での民主共和党に入ることを期待していた Quincy　Adams もやがて、この Whig　Party に入り、Henry Clay と一緒に American　System を推進することになる（Tyler 大統領の時の議会が可決した、「tariff の収入の一部を全 States に分配す

382　Whig　Party は、自らを Jeffersonian だとする Andrew　Jackson に対し、「近代化に逆行する馬に騎った危険な男」（dangerous man on horseback）だと決め、Henry Clay などが中心となって、1831 年に結党に着手した。Jackson らが連邦政府の強大化に反感と不信の念を抱いていたのに対し、Henry Clay らの Whig　Party は、1828 年から 1832 年にかけて高関税法案を通した。政党としての纏まりは弱かったが、New　York　Tribune の編集長 Horace Greeley などの強力なメディアを味方に付けていたことで、まだ救われた。しかし、全体としては、西部州（Democrats が強かった）の数が増えるのにつれ、Democratic Party に比べ劣勢の度を拡げた（Democrats が強いアイルランド・カトリック系やドイツからの移民の増大も、この傾向を助長した）。なお、注 12 参照。
383　その Henry Clay を自らの国務長官に任命したことで、Andrew　Jacknow 一派は、「2 人が共謀した」と騒ぎ出し、その時からの遺恨がずっと残ったとされる。
384　革命戦争（Revolutionary War）時、王党派（Loyalist）の Tories に対し、共和制を目指して立上った Whigs に因んでいる。

第 5 章　憲法の下での、初期アメリカにとっての内外の問題

る」内容の、似た名前の Distribution Act of 1836 も、やはり Clay が主導した）。それらの動きにより、19 世紀前半のアメリカには再び近代的な形の二大政党が互いに牽制、競争する形のアメリカ政治を取戻す。

　(a)何しろ広大な土地である（更に、時代とともに益々広大の一途を辿った）。荒涼とした大陸では、どれだけの土地を所有しているかよりも、その土地に何人が住み付き、耕し、文化の燈が灯っているかが肝要であった。その意味で、初期のアメリカのこの種の法律ほど、この大陸の人々に対する気前のよさを示した法律はない。その法律、Distributive Act of 1841 (Preemption Act) は、連邦の土地の占拠者（squatters）毎に、160 エーカー宛を安く払い下げる法律であり、Homestead Act (1862)（第 6 章 2.(3)(イ)）の先行法ともいえた。占拠者（squatters）といえども、命がけで大洋を渡ってきた者である。彼らが、荒野に居を求めたとしても、現代社会での占拠とは意味が違おう[385]。

　Henry Clay や Quincy Adams らが推進していたのは、アメリカの製造業を興し、国土を豊かにすることであった[386]。この線に沿って Henry Clay は、John C. Calhoun と共同して関税法 Tariff Act of 1816 の成立にも尽力した。彼ら Whig Party は、高い関税、価格の高い輸入品（その大半がイギリス製品）の状況にする代りに、人々（中でも、南部や西部の planters ら）の悪感情を和らげるため、関税収入と連邦の土地売買により潤った国庫から資金を放出して、国内のインフラ投資を増大させる方策をとった[387]（こうした施策を金融面から支えるためには、合衆国銀行の確立が必須だと判断された）。ただし Henry Clay は、American System は

385　これらの法律は新移民に対し、彼らが西部の広野へ行き、そこで定着することを奨励する効果があったから、人手不足の Eastern States は反対していた。そこで、政府による土地譲渡代金全体の一定割合を各州にも分配することとし、それにより Easten States も納得させた。Homestead Act ができてからは、Distributive Act of 1841 も利用が下火になり 1891 年に廃止（repeal）されている。

386　議会下院議長だった Henry Clay は、議員らが皆、イギリス製の洋服（broadcloth）ではなく、アメリカ製の homespun を着るよう、1809 年 1 月に Kentucky 州議会下院に決議を出している。

455

推進していたものの、アメリカの地理的拡張主義（それが、一部で“Manifest Destiny”の意味だと理解されていた）には反対で、Mexican-American War に反対する一方、スペイン統治下の Latin America 諸国が独立することを歓迎していた。Quincy Adams の大統領時代にかけて、アメリカは、これらの諸国の独立をすべて承認（recognize）している。

　(b)多様な理解のされ方をしていた Manifest Destiny の言葉であるが、Manifest Destiny の言葉、観念を抽象的に較べてみても仕方がない。大事なことは、その言葉、観念の下で「何が行われたか？」、史実を見比べることである。上記の意味の Manifest　Destiny つまり拡張主義は、Adams の次の Andrew Jackson 大統領の時に生じた白人による原住民族インディアンに対する徹底した攻撃、怒りと悲しみというインディアンの史実として残った。そこでの基本となる考え方は、「Mississippi 川の東には住まないでくれ」と、その居住土地から追立てることであった[388]。

　この頃になると Manifest Destiny は、ピューリタン的な理想とは余り縁のない、明らさまな拡張主義になっていた。南部民主党（Democrats）の殆んどは、この Manifest Destiny を推していた（彼らは、Jefferson のような農本主義、農業地を西へ西へと拡張する形の国力増強、それによる国内経済の増大と高度化を求めていた）。

　一方、北部に多い Whig Party が求めたのは、現在の国境の中での工業化であった。なぜなら、国土の拡張は、容易に奴隷制度の拡張に転化しか

387　この基本的な施策 American System の、少くとも 2 点で Henry Clay は、Jackson 大統領と正面から対立した。(i) 1 つは、Henry　Clay が推していた Kentucky 州を通って Ohio 川に至る Maysville　Road 計画が大統領によって veto されたこと、(ii)もう 1 つは、Second Bank of the United States である。Jackson 大統領がその存続を否定したことは他でも述べた。

388　Andrew Jackson 大統領は、1830 年にいわゆる Indian Removal Act of 1830 を成立させた。これによる移住で、多数の原住民族が死亡したとされている。Louisiana Purchase は、成功しそうもなかったインディアンに対する同化政策（assimilation policy）を諦めかかった合衆国に、Mississippi 川の西に拡大な土地をもたらし、インディアンだけが住める別世界を彼らに示せることを可能にした。

第5章　憲法の下での、初期アメリカにとっての内外の問題

ねなかったからである。

(c)南部 Tennessee 州の民主党出身である Andrew Jackson 大統領に対しては、南部州が皆、Adams 時代に引き上げられていた輸入税率を引下げ修正してくれるものとばかり思っていた。それなのに Jackson は、税率を 1828 年関税法の高さのまま据え置いた。このため南部州、中でも South Carolina 州が、**無効化**（nullification）運動を起こした[389]。ただし、その後に Jackson も、Compromise Tariff Act of 1833 により税率を下げて行き、やがて元の 20％まで戻すという手直しを行った。これは、South Carolina 州による Nullification Crisis を避けるため、纏め役の Henry Clay と South Carolina 州からの上院議員 John C. Calhoun によって提案され、南部州が怒っていた Tariff of 1832 年と、その前の Tariff of Abomination (1828) の下での保護主義的高率を修正したものである。実は、同じ 1820 年代だがそれより早く、無効化運動は、Georgia 州でも起こしていた[390]。Georgia 州は、州内にいる Cherokee 族の土地権を無効化する州法を制定したが、これが Cherokee 族と連邦との間での先行した条約に違反し、無効であるとの訴訟が起こされ、違憲判断が示されていた。その後の 1845 年に就任した民主党の Polk 大統領は、翌年に（南部）民

389　South Carolina 州の無効化は、同州からの上院議員 John C. Calhoun が主唱した。連邦法による Tariff Act of 1828 を「南部州を害し、北部州を利する」として、連邦憲法に反するとした。これに対し、上院議員 Daniel Webster は、州主権と連邦の権威との問題は、やはり憲法上で明らかにされていると反論した（VI、2、III、2）。South Carolina 州の無効化運動に対し、大統領 Jackson は、声明（Proclamation to the People of South Carolina）を出すとともに、強行するようなら、合衆国が軍隊を出してでも抑圧する姿勢を示したため、South Carolina 州側が改めた。

390　Worcester v. Georgia, 31 U.S. 515 (1832). インディアンとアメリカ合衆国および各州との関係につき、この Worcester 事件で Marshall は、次の基本的考えを示していた。「インディアンとアメリカ合衆国との法律関係は、イギリスがインディアンと結んでいた条約に基づく関係を継承したものである……他のヨーロッパ諸国がその法律関係に入ってくることはできないし、また、互いの土地権とも別々のものである……」。彼が認めていたのは、土地権は占領と買収（conquest and purchase）により（各州ではなく）合衆国が取得できることまでである。しかし、Georgia 州はこの判決に従わず、Jackson 大統領も州に同情的で放置していたところ、その間に前注の South Carolina による無効化事件が発生し、Jackson も Georgia との間で仲介に入り、州法は廃止された。しかし、Georgia 州は、違憲判断を無視して相変らずインディアンを追立てたため、彼らは最終的に、いわゆる「涙の道」（Trail of Tears）を辿って州外へと去って行った。

457

第2編　連邦憲法、その成立過程、内容と、南北戦争前までの展開

主党の念願であった関税の引き下げを行い、輸入品の価格を手に入り易い
ものにするとともに、南部による輸出の増大を助けた[391]。

(d) Jackson 大統領は第 2 期の終り近い 1836 年、「土地売買は、すべて
gold か silver が支払われなければならない」、とする大統領令 (EO)、
Specie Circular を発した[392]。これが、1837 年にアメリカを再び panic に
陥れた大きな切っ掛けだったといえる。Jackson 大統領は、引退するこ
とにして 3 期目の大統領選には出馬せず、副大統領の Martin Van Buren
を推した。民主党の指名を受けた Martin は、Whig 党が指名候補を一本
に絞り切れなかったことから、大きくリードして当選した。ニューヨーク
州で生まれ育った Martin　Van　Buren は、第 2 期政党時代の民主党
(Democratic Party) を実質的に立ち上げた人としても知られるが、アメ
リカ憲政史で初めて、オランダ系移民の子供として初めてのアメリカ生れ
の大統領となった彼の母国語は、オランダ語であった (Jackson 大統領
までが、イギリス人として生まれたアメリカ人の大統領であったのに対し、
イギリス、アイルランド系以外から出身の大統領となった)。Martin は
Jackson の置き土産、Panic of 1837 と戦わねばならなかった (その意味
では、貧乏くじを引いた)。

(e) 4 年後の 1840 年選挙で Van Buren は、Old Tippecanoe の愛称を持
つ William Henry Harrison の前に敗れる。前回は候補者を纏めきれな
かった共和党 (Whig Party) であったが、有名軍人を候補として推して
きたのであった。Virginia 州でかなりの名門の家に生れた Harrison であ
るが、特記事項を短く 2、3 挙げると、(i) 68 歳で大統領に就任としたこ
とで、Ronald Reagan を除くと、最高齢で大統領となったこと、(ii) 就任
後 32 日目に肺炎 (pneumonia) で亡くなっていることである[393]。彼自身

391　法案は、1842 年に Whig 党が法制化した "Black Tariff" を引き下げ、修正するもの
　　で、法案の俗称 Walker Tariff は、財務長官 Robert J. Walker に由来する。
392　Jackson はまた、Second Bank of the United States に預けられていた連邦政府資金を
　　引揚げたことでも、金融界にショックを与えた。その後の 1834 年 3 月、Henry Clay らの
　　音頭で連邦上院は、26：20 で大統領に対し叱責 (censure) 決議を行っている。

458

第 5 章　憲法の下での、初期アメリカにとっての内外の問題

は、1791 年に連邦軍（First Infantry）に入り、インディアン（North-west Indian Confederation）との間で、1794 年の Battle of Fallen Timbers を戦った。1798 年に軍を辞めた後は、John Adams 大統領により Northwest Territory の Secretary に命じられ、同 Territory を North-west Territory と Indiana Territory とに分割する動きに係り、1801〜1803 年に、その Indiana Territory の governor となっていた。当時の最辺境の地の governor としての彼は、1809〜1811 年にかけて Indians と Tippecanoe River のキャンプ地で戦う。更に、1812 年戦争ではイギリス・インディアン連合軍と戦い、その際、インディアンの部族長 Tecumseh を倒したことで、インディアンを略壊滅させた。その後、Ohio Territory に戻った彼は、新しく州になった Ohio から連邦下院（1816〜1819 年）と上院の各議員（1825〜1828 年）に選出されている。1836 年大統領選挙では Van Buren に敗れるが、1840 年選挙では逆に、彼が勝利して第 9 代大統領になっている（彼の孫の Benjamin Harrison も、第 23 代大統領となっている）。

　(f) Jackson 大統領については、de Toqueville による当時のアメリカ人インテリによる評価を紹介したが（注 340）、大統領史家（Presidential Historians）による評価も、決して高いとはいえない（第 8 章 2.(2)(ヘ)(d)）。彼の spoils system と、Indians の追い立てについては、本書（次の(2)(イ)）でも触れているが、多少のバランスをとるため、この 2 点につき少し補充する。(i) spoils system の点では、彼の大統領就任演説では、公務員の有期任命（rotation in office）ということを述べている（実際に彼の就任した時は、ワシントン大統領以来ずっと、その役についてきた者がかなりいたことがある。しかも、彼の支持母体の民主党からは、現実に色々

393　Whigs は、戦勝将軍の Harrison を民主党対抗馬として押し立てて勝利した。彼の父 Benjamin Harrison は独立宣言（Declaration of Independence）にサインしているほか、第 1 回と第 2 回の連合議会に Virginia 代表として出たり、Virginia の governor（1781〜1784）をしていたが、連邦憲法の批准に反対していた Virginia の有力政治家 4 人の中の 1 人であった（biography.com）。

459

第2編　連邦憲法、その成立過程、内容と、南北戦争前までの展開

な要求が出てきた結果、公務員の 20％は入れ替えざるを得なかった）。(ii)彼の第 1 回教書（1829 年 12 月 8 日）では、インディアンの移住法（Indian Removal Act of 1830）について、「移住は "as cruel as unjust" であるから、voluntary でなければならない……だが、今のところに残るのであれば、彼らはその（各州）法に従わねばならない……」と述べていた[394]。

㋭折角纏まった**ミズーリ妥協**（Missouri Compromise）（1820 年）であったが、南北対立の解決策としては短命で、自由州と奴隷州のバランスに影響する問題が次から次に出現し、切っぱ詰まった状態が直きに戻ってきた。中でも、新たに大きな問題を突き付けていたのが、**テキサス共和国**（Texas Republic）である。1836 年に共和国内で革命を起こして Mexico からの独立を宣言し、政権を握った。

その後は、メキシコ（Mexico）に対する戦闘と、その勝利がある。テキサス共和国を含んだアメリカ合衆国とメキシコとの間のメキシコ戦役（Mexican War）（1846～1848 年）の歴史がある。この戦役でのアメリカ側の一方的勝利の結果を受けて更に浮上したのが、増大した国土に対するいわゆる**南西部区割り問題**（Southwest Division）である。

(a)Texas 共和国は、早速アメリカ合衆国へ新州加盟の希望を出した。共和国政体の国が、共和国精神に基づき建国し、民主主義をこの地上に拡めることを標榜する合衆国の一員に自ら加わりたいといってくること（合衆国の方から併合するなどではなく）。これは、連邦政府から見て連邦憲法の精神に合致した歓迎すべき動き、といえた。他方で、それが、直ちにもう 1 つの巨大な奴隷州の加盟を意味することから、北部 Whig 党を主に、Texas 共和国を直ちに併合することに対する懸念が表明された[395]。

1844 年大統領選挙の（南部）民主党内候補者選びは、土壇場で Polk が Van Buren に迫り勝っていた。これに対し対抗する Whig Party では、

394　Andrew Jackson's First Annual Message to Congress. The American Presidency Project（presidency.ucsb.edu より）。

第 5 章　憲法の下での、初期アメリカにとっての内外の問題

Kentucky 州の Henry Clay が現職の Tyler 大統領を破って候補となっていた。どちらが当選したにしても、在任中の大仕事と目されたことの第 1 が、ペンディングになっている「Texas 共和国の併合を認めるかどうか」であり、第 2 は、イギリスと合衆国とが入会状態になったままの、Oregon Country の問題であった（これまた、奴隷制の拡張に結びつきうることから、民主党は、とりわけその拡張に熱心で、Polk の選挙スローガンもそれを柱としていた）[396]。

　(b) Texas 共和国の併合の点を含め、国境紛争などのため、その 2 年後、独立から 10 年後の 1846 年 4 月に起こったのが、Mexico との間の Mexican-American War である[397]。アメリカ合衆国によるテキサス共和国の併合（1845 年）後（同じく Mexico 領であった Alta California が、一時独立して出来た、カリフォルニア共和国も含めたアメリカ合衆国側と）、メキシコ共和国との間の「メキシコ・アメリカ戦争」(Mexican-American War) は、ルイジアナ地方から更に西のテリトリの、広い範囲で戦われた[397]。その勝敗にかけられた領土はテキサスに加え、今のニュー・メキシコ、カリフォルニアを含むが、そのいずれも、人口が Mexico 自体に比べ遥かに少なかったことから、次述のようなアメリカ側からする人種問題の心配は大きくなかった。

　Texas 共和国では、Mexico との国境の一部が不明確なまま、合衆国からアメリカ人多数がなだれ込むように入植・移民してきて、やがて 1836

395　Whig 党だけでなく、民主党内でも奴隷問題が分裂の火種になる可能性があったため、Andrew Jackson 大統領と、Martin Van Buren（次の大統領）は、Texas 共和国の申出を断っている。ところが、1844 年大統領選挙では Van Buren に対抗して奴隷州の併合を積極的にキャンペーンしていた Polk が民主党の大統領候補として選ばれることになった。Polk は選挙後、南の Texas 共和国併合問題を北の Oregon 分割問題と結び付け、一体としての処理に成功した。

396　Polk は、南部と西部の 15 州で勝利を収めた。これに対して Clay は、ニューヨークを除く北東部 11 州で勝利したが、選挙人選挙で Polk に大幅に敗れた。選挙では、背景に奴隷制の問題と、もう 1 つ関税（引き下げ）問題があった。

397　メキシコは、1812 年戦争でアメリカがイギリスに勝利したことで刺激を受けた組に入る。1821 年に漸くスペインからの独立を勝ちとっていたが、国情、政権ともまだ不安定で、国力の充実には未だ間があった。

461

第2編　連邦憲法、その成立過程、内容と、南北戦争前までの展開

年に親米勢力が革命を起こし、Mexico から一方的に独立を宣言していた
（Mexico は、新政府も、その独立も、認めていなかった）。これらのため
に起こったのが、10 年後の 1846 年 4 月の Mexican-American War であ
る[398]。

　アメリカが多くの戦線で Mexico に対し圧勝するにつれ、北東部の民
主党からは、「この際、全 Mexico を併合して、地域一帯の紛争の種をな
くして了え！」との声もあった[399]。しかし、問題はもう 1 つ別の、人種の
違いであった。それも、その数たるやアメリカのそれと大差がなかったか
ら、下手をしたら逆に飲込まれる可能性もあった。South Carolina から
の上院議員 John C. Calhoun が議会で行った演説、黒人奴隷が各州法の
下での財物（property）であり、連邦が介入する余地はないが正にこの
声を代表していた。それは、Manifest Destiny の主義としての不明確さ
を示した。そこでは、白人優位主義という南部の公理、人種的偏見の前に、
「丘の上の都市」の考えは姿を消していた[400]。結局、Mexico は Alta
California と Nuevo Mexico をアメリカ合衆国に割譲して和平を実現す
ることになる[401]。アメリカは、それ以前の領土の 1/3 の広さの領土を新た
に取得することになる）。ただ、この Guadalupe Hidalgo 条約の結果、
新たに拡大された合衆国の南の国境に沿ってインディアン（Native

398　メキシコ共和国とアメリカ合衆国（一部カリフォルニア共和国も）との間のメキシコ―
　　アメリカ戦争は、アメリカによるテキサス共和国の併合（1845 年）後（1846 年 4 月 25 日
　　～1848 年 2 月 2 日の間）、ルイジアナ地方から更に東のテリトリの（テキサスに加え、今の
　　ニュー・メキシコ、カリフォルニアとメキシコを含む）広い範囲で戦われた。

399　このような声には、人種の多様性を加えることで、奴隷制度を切り崩す一手段としよう
　　との考えが含まれていた。

400　Manifest Destiny の言葉もこの時作られた。メキシコ戦争に対する賛否は、正に党派的
　　対立をそっくり映していた。Whig 党員は、南北州とも反対し（下院議員の John Quincy
　　Adams のほか、Abraham Lincoln も反対した）、一方、国土の拡張で奴隷州を増やせると
　　踏んだ Democrats は、両手を挙げて賛成した。

401　アメリカの一方的な勝利で Guadalupe Hidalgo 条約による和平が成立した。主な条件
　　は、合衆国が 325 万ドルの債務を引受けることに加え、メキシコに 1500 万ドルを支払う、
　　それと引き換えに旧カリフォルニア（Alta California）と新メキシコ（New Mexico）を
　　取得する。そのいずれも、人口が Mexico に比べ遥かに少なかったことから、上述したよう
　　な人種問題の心配は大きくなかった。テキサスも譲渡を受けた（リオ・グランデ〔Rio
　　Grande〕を国境とすることにメキシコは合意）、などであった。

462

第 5 章　憲法の下での、初期アメリカにとっての内外の問題

Americans) が侵入してくること (incursions) の思いを生じた。

　(c)以上のように、北に向っては「オレゴン国すべて！」が、また南に向っては「Mexico 国の全部を！」が、中途半端な妥協に終ったことについては、Manifest Destiny に対する国民的支持が今一つだった（……slight in support……）と説明する考えがある[402]。

　(d) Mexico 戦争後の Southwest Division 問題は、Missouri Compromise のような、一本の法律案で片付けられる状況ではなかった。アメリカの南北州が分裂するのを何とか避けるため、**1850 年妥協**（1850 Compromise）と呼ばれる 5 つの法律案による新たな解決策が考案された。つまり 1850 年妥協とは、Southwest Division の処理法案のことである。予想される多くの新参州を篩い分けるための、複雑に絡み合った方法のことである（南北戦争を避けたかったがための処理方法であったが、「南北戦争を単に先延ばししただけ……」との批判されている[403]）。Texas 共和国が早くも、1837 年には合衆国へ州としての加盟を申出ていたが、第 8 代大統領の Van Buren は、これを受けなかった点は前述した。

(2) 高まる南北の軋轢と更なる妥協立法

　(イ)第 9 代大統領 William Henry Harrison が在任僅か 32 日で急死した後[404]、副大統領 John Tyler が昇役した。Virginian の Tyler は、多くの同郷人らと同じように College of William and Mary を出ていて、ある

402　歴史学者 Frederick Mark, Manifest Destiny and Mission in American History, Harvard Univ. Press, 1963. Mark は、Manifest Destiny が John Quincy Adams から始って 1/4 世紀の間びっこをひいた（……limped for a quartor century）という（p.215）。Mark は、また Adams のリーダーとしての、政治家としての不適格さをいうとともに、彼の New Englander としての奴隷問題に対する姿勢が、Manifest Destiny とは相容れなかったことが根底にあるとしている。

403　McPherson, p.71（……only postponed the trauma）.

404　Harrison は、"Battle of Tippecanoe" などにより軍人として殊勲があり尊敬もされていたが、政治問題では Whig Party、中でも Clay の言に耳を傾けた。この正副大統領の組合わせから、選挙のキャンペーン用語 "Tippecanoe and Tyler Too" という響きのよい合言葉を流行らせた。

第2編 連邦憲法、その成立過程、内容と、南北戦争前までの展開

意味で生粋の Virginian、つまり奴隷制度法を固守することを含め（連邦憲法の下での連邦の権能は厳しく解釈すべし、とする）、強力な州権論者であった[405]。副大統領から昇格した元軍人の Tyler が、大統領の座を占めてからも依然として Whig Party の政策に正面から反対し続けたことで[406]、政治家のいうとおりに動いてくれるだろうという **Whig Party** の計算は完全に外れた[407]。

　(a) Tyler 大統領と Whig Party との間には、「奴隷制度と州権」、という根本的な2つの基本線で、深い溝が横たわっていた。この開きは早速、関税法案の取り扱いを巡って表面化する。これには、Jackson 大統領時代に、妥協策として Distribution Act of 1836 の下で「関税収入の一部を、各州に平等割合で分配していたこと」、が絡んでいる。中でも Tyler 大統領が、Clay ら Whig Party が提出し、議会が可決してきた（その利益の一部を分配する予定の）合衆国銀行法案を2つとも veto したことによる衝突がある。Whig Party は大統領を、党からの除名処分にした。更に、その1年後、Tyler 大統領が関税法案をも veto したため、Whig Party 主導の連邦議会下院は、Quincy Adams を chair とする委員会に「**大統領弾劾法案**」を提出した（連邦憲法の下で初めてとなったこの弾劾法案は、しかし、下院を通らなかった）。

　このように Tyler は、憲法上の定めである大統領の veto 権を、初めて

405　Whig Party としては、南部州の票を確保するために副大統領に選んでいるが、Tyler は Virginian 特有の州権論者で、連邦下院議員としての15年間も Whig Party の方針に反し、強い連邦政府につながる法案にことごとく反対していた。

406　副大統領としての権限が問題とされた。憲法の文言は、(大統領の死去などにより)「その Powers……などが副大統領に devolve する」(II、1 (5)) となっているため、この初の事態で議会筋からは Tyler は、「相変わらず副大統領なのだが、ただ権限だけは大統領のそれを行使できる」との解釈・主張が出された。これに対し、Tyler は、「自分は名実ともに大統領である」、と主張した。この違いを巡る争いは、Harrison 大統領が32日という短い間だったが、閣議の決定をそのままに受付けて決定していたことから一段と先鋭化した（反対者は Tyler を "His Accidency" などと呼んだ)。

407　独立宣言 (1776年) 当時に「暴君 (tyrant) と戦う人」、という意味でいわれた American Whigs に由来する Whig Party は、1833年に Andrew Jackson の Democratic Party に対立する Party として設けられ、Harrison、Tyler、Zachary Taylor、Millard Fillmore の4人の大統領を生み出したが、1860年には解散した。

第5章 憲法の下での、初期アメリカにとっての内外の問題

大幅に（政治的に反対するために）用いた（それまでは、憲法上で疑問がある時などに veto したのが主であった）。しかも、折り合いがよくなかったのは、単に Whig Party とだけではなく、Democrats らの政党ともよくなかった。このため、大統領が閣僚を指名しても、上院の承認を得ることができないという、普通は余り生じない事態が生じた[408]（II、2(2)）。

(b)内政に比べると、（西と南への）**拡張主義**（expansionism）の Tyler の外交は、もう少し見ごたえがある。第1が、州としての Texas 共和国だったものの、併合である（これを Jackson と Van Buren は、奴隷問題などで、「更なる争いの種になるから」、と拒んでいた）。その前に北部方面でも Tyler は、Webster-Ashburton Treaty of 1842 により、カナダとの国境関係を東西ではっきりさせ、懸案を落着させていせた[409]。Texas 問題では Tyler は、国内の世論の醸成等のため持久作戦をとった。政治的に色々な動きを重ねて環境を整えて行った。その上で Texas に対しては、Mexico との間で万一のことがあったら、合衆国軍を出動させるとの密約までしていた。これらを行うために Tyler が考えたのは、上院の 2/3 という厳格要件（II、2(2)）による Texas 共和国との条約批准の方法に代えて、議会の上、下両院の合同決議（Joint Resolution）による方法であった[410]。Tyler は、この Texas の連邦加入と、そのための合同決議（Joint Resolution）による当面の政治問題の収拾と引き換えに、第2期の選挙には出ないことを発表・約束した。この発表は、今まで Demo-

---

408　財務長官候補としての Caleb Cushing が、3回承認を拒まれたとする（wikipedia）。

409　Webster-Ashburton 条約は、主としてカナダ国境でそれまでのイギリスの北米領土と、アメリカとの間をはっきりさせるもので、Tyler 内閣の国務長官 Daniel Webster と、イギリスの Ashburton 卿との間でサインされた。主には、Maine と New Brunswick との境、Lake Superior と Lake of the Woods との境、西の方では、Treaty of 1818 で残っていた不明点 Rocky Mountains の西限などを明確にした。その他では、公海上での奴隷交易の廃止（イギリス法は、1834年をもって海外 colony での奴隷制度を廃止していた）、重大犯罪による国外退去処分（extradition）などの取決めである。

410　その合同決議（Joint Resolution）は、それまでの他の州と「対等の地位で Texas を受け入れること。人口が確定するまでは、議員の数を2名とする」、との短い内容である。その日付は、Texas がこの決議に合意した 1845年12月29日である（avalon.law.yale.edu）。

465

cratic Party 内で波乱の的であった Texas 併合問題に代り、大統領候補
問題を急浮上させ、そのための番狂わせも生じさせた。即ち、「Texas に
侵入し、併合する」と言明するなどで、Texas 併合には熱心だったが、
それ以外ではほとんど注目されていなかった第 3 の候補 James K. Polk
が、大統領に 2 回目の挑戦をする同じ Democratic Party の Van Buren
を負かして大統領候補となった。しかも本選挙でも僅差ではあったが、
Whig Party の候補 Henry Clay を破って 11 代大統領の座を射止めた。

(c)初めから「1 期だけしか出ない」と言明していた Polk は、主に
Tennessee 州で育ち、Univ. of North Carolina を出て弁護士から政治家
となった。その間、下院議長、Tennessee 州 governor などをこなしてい
る。急に浮上して大統領になった Polk ではあったが、その名は、憲政史
の上でかなり高い位置に留められている。理由の 1 つが、イギリスとの間
で境界をよりはっきりさせつつ、国土を北西に拡張させた Oregon Terri-
tory の処理である（以下の(ロ)(b)）。今 1 つが、議会に憲法上の立法権（to
declare War）を行使させて（I、8 (11)）、Mexican-American War を
戦ったことである。それにより、太平洋に至るまでの広大な大陸の南西部
をアメリカのものとした。結果的に Oregon Territory を、反奴隷の北西
部と南部の奴隷社会との半々にすることで、両方をバランスよく拡大させ
たといえる[411]。

かつてない領土の拡大に対する感慨とともに、約束どおり一期で辞めて
行く Polk 氏が振返ったのは、ミニマムの編成しか維持していない合衆国
軍が味わった、幾度にもわたる苦難、即ちインディアンとの、中でも
Creek 族、Seminole 族などの南東部族インディアン（Southeast
Tribes）との長い闘いの歴史である。主なものだけを数えても、第 1 か

411　Polk 大統領については「忘れられていた大統領（forgotten President）として見直す動
　　きが一部にある。南部を喜ばせた彼の施策として関税引き下げ（Walker Tariff of 1846）
　　がある。彼はまた、U.S. Naval Academy と Smithsonian Institution の創設に係り、Wa-
　　shington Monument を造るための地鎮祭も行っている。

第5章　憲法の下での、初期アメリカにとっての内外の問題

ら第3までの Seminole Wars と呼ばれるものがある。1812年戦争と南北戦争との間の年月に合衆国によって戦われた最大の戦争であった。

(i) First Seminole War は、1817年に Andrew Jackson が、連邦議会の大半が非難の声を挙げる中で、兵士約3000を率い West Florida へ攻め入った事件である[412]。この事件は、Quincy Adams が Jackson 将軍の勇み足を弁護し、自らスペインと交渉することにより Adams-Onis Treaty の締結をすることによって収拾した。しかしその後、新テリトリに入った入植者らが、インディアンを排除するよう連邦政府に圧力をかけたため再び戦われ、Florida 半島の真中に Seminole 族らの居留地 (reserve) を設けることになる Treaty of Moultrie Creek (1823) 締結により、一段落する。

(ii) Second Seminole War (1835～1842年)。Treaty of Moultrie Creek の下で暫くの間、フロリダ地方にかけて平和が保たれていたが、インディアンらが次第に居留地 (reserve) 内で生活苦に苛まれるようになった処で、Jackson が大統領となり、かつ連邦議会が Indian Removal Act of 1830 を通した。これにより Seminole 族も、Mississippi の西岸の地へと移住させることになった[413]。この革命戦争に匹敵する8年という長さの Second Seminole War こそが、Seminole 族との、いやアメリカ・インディアンとの間でアメリカ合衆国が戦った最大で最長の、戦いであった。その間に、アメリカ合衆国軍の戦死者は1500人以上となった。その

412　Andrew Jackson が Seminole 族らの領土に攻め込んだ今1つの理由は、北隣の Georgia をはじめ、合衆国からの逃亡黒人の多くが、Seminole 族インディアンらの下で住んでいたことがある。その Negro Fort の逃亡奴隷を捕獲して連れ戻すことも、攻撃理由の1つとされる (u-s-history.com)。この戦いで、Jackson は1818年にスペインの城砦 Pensacola を占領している。

413　1832年、Seminole 族の主な酋長らは、合衆国の担当官に呼ばれて Ocklawaha 川の渡し (Payne's Landing) に集り、かなり強力に、Mississippi の西岸への移住の約束をさせられていた (Treaty of Payne's Landing)。この条約により、酋長らは、その Mississippi の西岸を検分した上で、「よければ、3年内に移住する」と約束していた。条約は1834年4月、連邦議会によって批准された。3年の約束の期限は、合衆国側の計算では1835年であった、その前年1834年には、一旦閉ざされていた、その地域に睨みを利かす Fort King も再開され、合衆国の担当官 Wiley Thompson も任命され、武力を背景に説得に当っていた。

467

第 2 編　連邦憲法、その成立過程、内容と、南北戦争前までの展開

理由として、合衆国の対処方針が不統一で一貫せず、揺れがひどかったことが挙げられている[414]。しかも悪いことに、双方の間に不信の念が高まった。他方、Seminole 族の主な酋長らの間でも対応が分かれて、仲間内で抗争が生じるなどのことがあった。移住約束の期限切れを迎え、事態が逼迫する中で、合衆国軍は方面隊の増強をした[415]。

　もう 1 つの特徴として、戦争が長引く中で、双方が「不意打ち」「暗打ち」などの策略を繰り返すことになり[416]、相互不信の極みに達したことがある（その間、殆んどの Seminole 族は、Oklahoma 居留地へと移住し、1842 年に戦争が事実上終わっていた。しかし、かつてのようにインディアンとの間で、何らかの協定が結ばれるということはなかった）。

　(iii)第 3 次戦争（Third Seminole War）（1855～1858 年）。この第 3 次戦争は、第 2 次戦争の生き残り Seminole 族で Florida に残っていたインディアンに対する掃討作戦のようなもので、最後に残った Seminole 族は、200 人程度にまで減少した。

　(ロ)まだメキシコ戦役の最中から 1850 年にかけてこの**南西部区割り問題**で、何人もの議員が切口の違う 5 つの案を出してきていた（中心となるのが、妥協の名人、Whig Party の Henry Clay と "popular sovereignty" のアイデアを考え出した民主党の Stephen A. Douglas であった）[417]。どの

414　"……duplicity of the U.S. ……tactics marred……relation……"（flheritage.com より）。なお、そこでは、この Second Seminole War を "usually referred to as the Seminole War proper" とし、"the fiercest war" としている。

415　その 1 つの 1835 年 12 月、Seminole 族は、Francis L. Dade 大佐の大隊 110 人が現地に向かう 5 日間の行軍の後を密かにつけて、これを奇襲攻撃した（Dade Massacre）。その同じ日に酋長 Osceola らは、Fort King も襲い、司令官 Wiley Thompson らを殺害した。この後、色々な司令官が入れ替わる中で、どの司令官も Seminole 族に大打撃を与えられないまま、1837 年の X'mas を迎えた時、Zachery Taylor 大佐の軍が、大きな犠牲を払いながらも、Lake Okeechobee で辛勝し、終結に導くことができた。

416　この間、3000 人の Seminole 族が 4 人の将軍（交代）と 3 万人の合衆国兵士と戦った（flheritage.com）。

417　「1850 年妥協」のスポンサーとなった中心議員 3 人として、いずれも革命戦争の間に生まれた上院の Henry Clay（ミズーリ妥協でも立役者であった）、**上院の** John C. Calhoun、および Daniel Webster の名が挙げられる。Clay と Webster が連邦主義者（Federalist）なのに対し、South Carolina の Calhoun は、無効化運動の旗振りをした位で、分離主義的立場であった。

第 5 章 憲法の下での、初期アメリカにとっての内外の問題

法案も、それぞれに中心となるスポンサー議員が、ギリギリで何とか議会を通りそうな工夫をこらしていた[418]。この点を Mexican-American War 前からの大統領史として窺見してみよう。

1845 年、Polk 大統領は Texas 併合を実現させるため、あれこれ施策を巡らせる中で、Mexico との戦闘開始に備えて、生粋の合衆国軍人（career officer in the United States Army）で Seminole War を終結に導いた Zachary Taylor 少将旗下の軍を、Rio Grande に前進させていた[419]。翌 1846 年 5 月、そこでの戦闘が起こるや、Taylor は Mexico との本格的な戦闘に備えて Mexico 国へ攻め入り、Battle of Palo Alto や Battle of Monterrey など、あちこちの戦いで勝利した。このメキシコ・アメリカ戦争は、アメリカが史上 2 番目に憲法の下で宣言して戦った戦争である（第 1 次大戦以前に合衆国が宣言した戦争としては、ほかに **1812 年戦争**と Spanish-American War〔1898〕とがある）。

(a) 1803 年にも、Madison などが（特に対イギリスで）ナショナリスティックな考えを唱えていたこと、またその後の 19 世紀前半のアメリカで「明確な運命の時代」（Age of Manifest Destiny）思想が流行ったことは前述した[420]。**Manifest Destiny** には、一種の**拡張主義**ともいえる要素が

418　今日的表現によれば、**ねじれ**（下院は共和党、上院は民主党が支配）状態が続いた中で、民主党を罵倒する演説をした共和党の Charles Sumner 上院議員は、直後にその議場で下院の Preston Brooks により杖で 30 回以上も殴り付けられる事件が起きている（McPherson, p.150）。なお、小学校では何十年にもわたり、この時代の上院議員の有名な演説の暗誦が行われている（たとえば Daniel Webster による妥協法のための演説）。（McPherson, p.71）

419　Taylor は、それ以前にもかなりの軍歴がある。主なものとして、(i)イギリスとの 1812 年戦争（大尉）、(ii) Black Hawk War of 1832（大佐）。これは、Illinois と Iowa の境を流れる Mississippi にそそぐ Rock River が合流する場所を巡る争い（1812 年戦争でイギリス側について戦った Black Hawk も、今や 60 名だけに減ったが、一族を率いた）。(iii) Second Seminole War（1835〜1842 年）（前出）。なお、彼は大統領になってから、イギリスとの間で中米での権益取得での相互抑制を定めた Clayton-Bulwer Treaty of 1850 の交渉をさせていた。

420　Manifest Destiny の時代とは、一般に 1812 年から 1860 年までをいっている。国内的な社会心理としては、黒人奴隷蔑視で、南部共和党の人にこの親派が多かった。前出の 11 代大統領 James K. Polk が始めた Mexican War に対し Whig 党は、これを "Mr. Polk's War" と呼び、その戦争の議会による正式な宣言に反対していた。

469

第 2 編　連邦憲法、その成立過程、内容と、南北戦争前までの展開

あり、Polk 大統領が Mexican War を宣言したことも、それと無関係ではない[421]。「大陸主義」（Continentalism）思想とも呼べるものが、国民の間でかなり広がっていたといえよう[422]。

　政治には全くの素人の Taylor だったが[423]、戦功によりその名が全国的に響いていたことにより、前大統領 Polk が任期を終えて 3 ヶ月後に亡くなると、Whig Party に説得され担ぎ出された。その 1848 年大統領選では、戦勝将軍として人気の高い Tayler が一挙に勝利し、第 12 代大統領となる（Whig Party としては、第 9 代 Harrison 大統領に続く軍人〔将軍〕の担ぎ出しである）。

　時あたかも、いわゆる "Crisis of 1850" の最中で、1850 年妥協によって合衆国の南北分裂を回避するための最後の努力が、議会筋を中心に行われていた。彼が大統領選挙戦で副大統領として組んだ（組まされた）のが、ニューヨーク州 Buffalo の弁護士、Millard Fillmore である。しかし、就任から 1 年と 4 ヶ月の 1850 年 7 月に Taylor が急病死して了ったため、Fillmore が第 13 代大統領に昇役する[424]。Fillmore は、反奴隷派ではあっ

421　Illinois 州からの新人のホイッグ（Whig）党下院議員 Abraham Lincoln も、この時「メキシコ人によってアメリカ人パトロール隊員の血が流された……」、とする Polk 大統領の説明に対し正確な情報を求める決議を提出している（McPherson, p.48）。

422　アメリカの拡張主義とは、大西洋から太平洋までの北米大陸を領有することが、そこでの Anglo-Saxons の運命（単に実現可能というだけでなく、実現すべきもの）として与えられているとの考え。Indian などの制圧、メキシコ戦争などの動機とも結び付けられている。これには、イギリスなどが、未だに新大陸の（主に）西部を領有しないか、という心配に対する防御的な面もあり、その点では、この半球にヨーロッパが介入してくることを許さない Monroe Doctrine の裏返しという面もあった。これと、国内での主義・主張とは必ずしも同じ線引きとはならず、実際、大陸主義的な Manifest　Destiny をサポートしていた John Quincy Adams は、奴隷制度の改革者でもあった。民主党の James K. Polk 大統領は、Manifest　Destiny 推進派であったが、北部のホイッグ（Whig）党（その後共和党〔Republican〕に分裂）は、奴隷州の数の増加につながることの懸念を 1 つの主因として、Manifest Destiny には反対していた。

423　Tayler 一家は、素は Virginia の名家だったが、彼の幼少の頃に、一家は西隣の Kentucky へ移住していた。1808 年に United States Army の officer となった彼は、1812 年戦争で大尉として活躍、その後も、Indian との戦争である Second Seminole War などで、その名を全国的に有名にした。

424　大統領としての Fillmore は、国務長官 Daniel Webster と相談して、合衆国海軍・外交使節団として Commodore Matthew C. Perry の艦隊を日本に派遣し、日本に開港を迫り、それを実現させている。

470

第5章　憲法の下での、初期アメリカにとっての内外の問題

たが漸進主義であり、当面の流血や戦争を回避することに力を注ぎ、Mexico 戦争で得られた広大な Territory の処理については、反奴隷の Wilmot Proviso（注 428）に反対して 1850 年妥協（Compromise of 1850）を支持した。その後、黒人奴隷制度問題でも何とか分裂しないで耐えてきた Whig Party であったが、Kansas-Nebraska Act of 1854 を境に、遂に耐え切れなくなって分裂した。1852 年、Fillmore は、新設の American Party から大統領候補に選ばれて 2 回目の大統領職へ挑戦をするが敗れ、その結果、短かった Whig Party 時代も終了する[425]。選挙で勝利したのは、民主党候補の Franklin Pierce で、第 14 代大統領の座を射止める。

　(b)以上のような大統領史を経る中で、南北の区割問題はどのように処理をされてきたか。連邦議会は、それら 5 つの法律案を最終的に纏まった一本の「1850 年妥協」（1850 Compromise）として付き合わせた。この調整段階で南北対立の厳しさは、10 年後の戦乱を暗示していた[426]。

　①第 1 法律案では、新生テキサス州（Texas State）が、①隣接するメキシコ領、ニューメキシコ・テリトリ（New Mexico Territory）への領土権の主張を諦め、②ミズーリ妥協の線（北緯 36 度 30 分）から北の領土についても主張を取り下げる代りに、③エル・パソ（El Paso）などを、その領土に含めることが認められる。

　②第 2 法律案は、カリフォルニア（California）を「北緯 35 度線で南

425　この American Party は、その頃 Ireland などのカトリック国から増大する一方の新移民に対し危機意識を抱いた、いわゆる "Know-Nothing" 運動と結び付いている。当初（1845 年）は、Native American Party の旗を掲げたが、後には逆に、Indian を公職から排除することとして、単に American Party と呼ぶこととなった。

426　妥協法案は Henry Clay を長とする 13 人の委員会が 1 本に纏めた。ニューヨーク州からの上院議員 William H. Seward（Lincoln 内閣の国務長官）は、Clay などによる妥協法案を「奴隷制度は不公正で、時代錯誤の死に体である」と攻撃した。彼は「社会の歩みを逆行させることはできない。……奴隷制度を否定できなかった憲法が、（北西政令により）テリトリ内では奴隷容認を除外しているだけではない。万人を平等とする憲法よりも「より高い法」、神の法（the law of God）がある……現在の南北分裂の危機は正に、この問題を要として回っている」と述べている（McPherson, p.73）。

471

第2編　連邦憲法、その成立過程、内容と、南北戦争前までの展開

図表 6　1849 年から 1850 年にかけてのアメリカの州とテリトリ

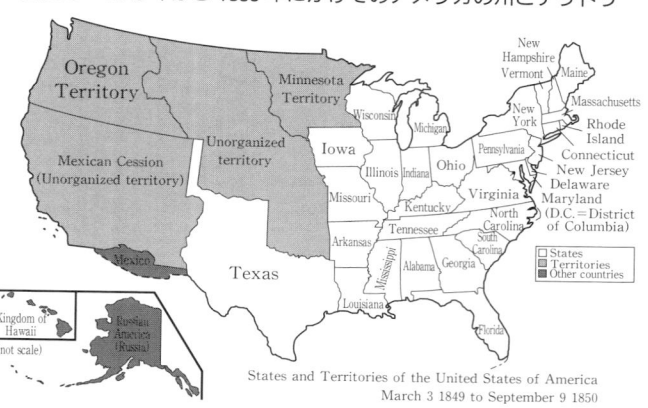

States and Territories of the United States of America
March 3 1849 to September 9 1850

北の 2 つに切り、南を奴隷州とする」、との条件での現地からの加入提案を連邦が否定した上、南北に長く続くカリフォルニアを 1 つの自由州として連邦に加入させる[427]。

　③第 3 法律案は、ユタとニュー（新）・メキシコに係る。①ユタとニュー（新）・メキシコの北部は、北緯 36 度 30 分のミズーリ妥協の北側にあったが、奴隷州としての加入増大を推進する南部州は、人民主権論を振りかざすことで、原案にあったウィルモット但書（Wilmot Proviso）が挿入されるのを何とか防いだ。②北緯 36 度 30 分により南北を切り分ける原則を明確に再確認するウィルモット但書（Wilmot Proviso）は、ユタ（Utah）とニュー（新）・メキシコ（New Mexico）とを将来の自由州として切り分けるものであったが[428]、南部州は、それを「将来州民の意思に

427　北の勢力が強い連邦議会によるこの California 州の処理は、南部にとって大きな打撃として受止められた。上院の John C. Calhoun は、これで「2 つの部分のバランスは回復不能な形で破壊され……南部州は、Union に名誉と安心感をもって留まることができない」と述べた（McPherson, p.72）。

428　Wilmot Proviso こそは、南北戦争の直近の要因の 1 つとして数えられている。提唱者は、メキシコとの戦いから得られる領土すべてに、一律に奴隷制を禁止するこの但書（Proviso）を、グアダルペ・ヒダルゴ条約（Treaty of Guadalupe Hidalgo）にも挿入しようとしたが、通らなかった。

472

第 5 章　憲法の下での、初期アメリカにとっての内外の問題

よって、奴隷州に変ることのできるテリトリとする」とのいわゆる人民主権論（popular sovereignty）修正案を連邦法案に入れさせた[429]。

④第 4 法案は、いわゆる**逃亡奴隷引渡法**（Fugitive Slave Act）である。南部州がそれを通過させることに成功したことが、南北を通して 1850 年妥協で獲得した最大の成果とされた[430]（同名の 1793 年法の強化法である）。Fugitive Slave Act が強化される事が知られると、州の南隣りの奴隷州 Kentucky 州などから大勢の奴隷が Ohio 川を渡って Ohio 州などに逃げてきた[431]。

　最後の第 5 妥協法案は、**首都**（Washington D. C.）での奴隷取引（輸入と競売〔オークション〕取引）禁止を決めるものである。

　(c) 1850 年妥協では、Utah と New Mexico の処理を巡る第 3 法律案を除くと、ある程度初めから結論が見えていた。結論の見えない Utah と New Mexico での問題を人民主権（popular sovereignty）の理論で処理を付けたアイデアマン、少くともそれに大きく力を貸した人が、Illinois 州からの民主党（Democratic Party）上院議員 Stephen A. Douglas であった。つまり 30 年余り前にやっと纏まった Missouri Compromise による妥協の線（北緯 36°30′線で分割する）に代る妥協を生み出した人である。元来が、議会の両院合同テリトリ委員長（House and Senate Commit-

---

429　これを州民の意思が、すべての州政府の権威の源であるとする**人民主権説**（popular sovereignty）と呼んで、出してきた。この主権説は本来は，Thomas Hobbes, John Locke, Jean Jacques Rousseau らの唱えた思想的なものだが、憲法制定時に広く支持されていて、その作成者らの多くも依拠していたとされる人民主権論（theory of popular sovereignty）によれば、州や連邦の政府は、人民の代理に過ぎなくて、政府機関に主権があることは否定されるという。領土が急拡大する 19 世紀前半のアメリカでは、将来の新州の奴隷を巡る立場で、自由州と奴隷州の妥協を図る説として（将来決定する）中間的決定としての意味を有した。

430　**1850 年妥協**の第 4 は、同名の 1793 年法を強化した**逃亡奴隷引渡法**（Fugitive Slave Act of 1850）である。強化点の 1 つが、連邦の治安当局者すべてに、逃亡奴隷の以前の（奴隷の）主人への協力を義務付けたことであり、特に、一般人にも夜警団への参加（join a posse）を義務づけた。これは、北部自由州の一般市民を猛烈な反感に駆り立てた。

431　この時 Cincinnati で弁護士をしていたのが、未来の第 19 代大統領、熱心な廃止論者の Rutherford B. Hayes である。これらの逃亡奴隷を弁護する仕事は、彼の個人的な奉仕精神に応えるとともに、彼の北部共和党内での受けにもプラスし、政界を目指していた彼にとって、悪いことではなかった。

473

第2編　連邦憲法、その成立過程、内容と、南北戦争前までの展開

tees on Territories）をしていた彼は、合衆国西部に強い関心を抱いていた[432]。そんな彼が、行方に立ちこめる暗雲、奴隷問題による連邦の亀裂を心配して、Mexican War の頃から考え出したのが、人民主権（popular sovereignty）、つまり問題を各州内に閉じ込めることで、連邦問題から切り離そうとするものである。

　1850年妥協（Compromise of 1850）でも、既に上院での議論をリードしていた Douglas であったが、4年後の Kansas-Nebraska Act 中に、正に自らの人民主権（popular sovereignty）論を採り込んだ。しかし、彼の救国の意図、創意工夫にも拘らず、法案に対しては、北部州、中でもそこの奴隷廃止論者らから轟々の非難が浴びせられた。その Stephen　A. Douglas が、1860年の大統領選挙で民主党（Democratic Party）の候補に選ばれながら、Lincoln に敗れたことは前記のとおりである（一方の Lincoln は、Kansas-Nebraska Act により Whig Party から空中分解してできた新共和党〔Republic Party〕から出馬してきた）。

　(d)その存続期間が僅か20年余りと、短命の同党について纏めると、Whig　Party のスタートは1834年、ジャクソニアン民主党（Jacksonian Democrats）に反撥した反 Jackson 運動、具体的には Andrew Jackson による居丈高なスタイルに反撥して生れた。それは、Second Bank of the United States の否定であり、インディアン部族に対する条約上の権利の否定であり、最高裁判決 Worcester v. Georgia (1832) の無視である。このように積極的、肯定的な理由から生れたのではなかったこともあって、Whig Party は、綱領にしても支持層にしても、政策的ないし思想的に一

432　こうした彼の立場と関心から、彼が発案した立法には、領土の更なる拡大に関係した Pacific Railroad 法、Homestead Act とその関係法、テリトリの政府組織に関する法があった。彼はまた、Texas の併合や Oregon Country の拡大にも積極姿勢で、Manifest Destiny を自らの信条とし、正にそのための権化となっていた。1858年の Illinois 州民主党（Democratic Party）からの上院議員選挙では、Lincoln を破ったが、2年後の大統領選挙では逆に Lincoln に敗れた。短い躯だがとてもエネルギッシュで、その点でも Lincoln とは対照的な上、「運命のいたずら」とでもいおうか、やがて Lincoln 夫人となる Mary Todd にも、一旦は求愛をしている（history.com）。

第5章　憲法の下での、初期アメリカにとっての内外の問題

図表7　13 州以外に後に連邦に加盟した 37 州の加盟日、順番とテリトリ区分

	州名	加盟日		州名	加盟日
14	Vermont	March 4, 1791	33	Oregon	Feb. 14, 1859
15	Kentucky	June 1, 1792	34B	Kansas	Jan. 29, 1861
16	Tennessee	June 1, 1796	35	West Virginia	June 20, 1863
17A	Ohio	March 1, 1803	36	Nevada	October 31, 1864
18B	Louisiana	April 30, 1812	37B	Nebraska	March 1, 1867
19A	Indiana	Dec. 11, 1816	38B	Colorado	Aug. 1, 1876
20	Mississippi	Dec. 10, 1817	39B	North Dakota	Nov. 2, 1889
21A	Illinois	Dec. 3, 1818	40B	South Dakota	Nov. 2, 1889
22	Alabama	Dec. 14, 1819	41B	Montana	Nov. 8, 1889
23	Maine	March 15, 1820	42	Washington	Nov. 11, 1889
24B	Missouri	Aug. 10, 1821	43	Idaho	July 3, 1890
25B	Arkansas	June 15, 1836	44B	Wyoming	July 10, 1890
26A	Michigan	Jan. 26, 1837	45	Utah	Jan. 4, 1896
27	Florida	March 3, 1845	46B	Oklahoma	Nov. 16, 1907
28	Texas	Dec. 29, 1845	47	New Mexico	Jan. 6, 1912
29B	Iowa	Dec. 28, 1846	48	Arizona	Feb. 14, 1912
30	Wisconsin	May 26, 1848	49	Alaska	Jan. 3, 1959
31	California	Sept. 9, 1850	50	Hawaii	Aug. 21, 1959
32B	Minnesota	May 11, 1858			

注：順番の数字に付した A は、**北西政令**の対象地域、B は、**ルイジアナ買収**対象地域

色という訳には行かなかった。奴隷制度と連邦との関係の抜本的な処理に迫られた 1850 年代初めには、急速に支持を失い、1854 年の Kansas-Nebraska　Act による妥協では、それまで南部にも、ある程度いた支持層（Cotton Whigs）が、民主党に鞍替えしたことを受けて、支持を失った。そこで、いわゆる "Conscience Whigs" が中心となって、新共和党が作られた（history.com）。このように、新しいテリトリ獲得と州への昇格の可能性が浮上するたびに、結局は、奴隷制度に対する賛否が改めて問われた。南部州民らは、それが生業に係ると思い必死に抵抗し争った。

　テリトリの拡大と、それに伴うこの点での人々の思惑を再び要約すると、広大な土地である**ルイジアナ買収**の結果として、1820 年前後から 1840 年代にかけて 13 州が新たに連邦に参入するとともに（原始州の 13 を除く。

475

第2編　連邦憲法、その成立過程、内容と、南北戦争前までの展開

全州の連邦加盟順序と年次は図表5のとおりである）。ルイジアナ買収に次いで、**Texas 共和国問題を含むメキシコ戦争**（the Mexican War）により、更に大量な数の州が誕生すると、その都度、南北間の次の（恐らくは最後の）獲得競争、奴隷州、自由州間の争いが続いた。

　それらの結果としてあるのが、この **1850 Compromise** であり、奴隷制度を軸にした国土の区割りが一応完了した。California が自由州とされたことで、悲劇的な気分になった南部の分離主義者 Calhoun のような人もいたが、**1850 Compromise** で逃亡奴隷引渡執行の強化、という実をとったのは南部であった[433]。

　(e) Louisiana Purchase による巨大な領土の取得が、次の13州の新州誕生につながったことを述べた。この時期の大統領 James K. Polk 氏ほど、その（1期だけの）任期中にアメリカの領土の拡張を経験した大統領はいない。Texas の併合、Mexican War の前にイギリスとの間でも、沸騰する国論を背景に強気に交渉し、それまでイギリスとの共同占有という曖昧な形だったいわゆる**オレゴン国**（Oregon country）を、アメリカの単独領有として決着させた[434]。

　一連の買収、併合の都度、奴隷州と自由州とが、議会上院での多数派工作を巡って鎬を削ったが、中でもメキシコ戦争前に行われたテキサス・テリトリ（Texas Territory）の併合は、この意味で双方の利益代表による南北戦争の練習試合のようなものといえた。その度を超えた広大さゆえに、テキサスをどう切り分けるかでは、一段と熱い闘いが繰り展げられたから

433　California は自由州とされたものの、その頃の California には、Utah や New Mexico 以上に多くの奴隷がいた。また同州から出た上院議員が全くの南部寄り（doughface）であったから、McPherson は、California が連邦上院でのバランスをそれほど左右しなかったとする。そして、1851年に南部で出された「この25年で、今ほど奴隷制度が不安定になったときはない……」との評を間違いだとしている。彼は反対に、1850 Compromise の1つとしての**逃亡奴隷引渡法**による執行の強化こそ、分裂への亀裂を更に深めた原因であるとする (p.77)。

434　イギリス、カナダとの戦争一歩手前の激しい交渉による国境確定では、世論は北緯54度40分までを要求していたが、北緯49度でイギリスと妥協することで、カナダとの国境を確定し、イギリスの2/3の広さの国土を増加させたとする (McPherson, *op. cit.* p.47)。

476

第 5 章　憲法の下での、初期アメリカにとっての内外の問題

である（この闘いでの中心的熱源は無論、奴隷に依存するテキサス政界である）。結論として、それを一端収めたのが、1850 年妥協である。新生テキサス州が上記(イ)①に記したように、ニューメキシコ・テリトリへの領土権の主張を諦める内容で法律化された[435]。

（f)後に Whig Party の Henry Clay などと張り合うことになる James K. Polk は、North Carolina、Charlotte 郊外の農家の子供 10 人の長男として生れた。父母は、Scots-Irish 系で、父は農業の傍らの測量士をしていた（家族はその後、当時まだ Southwest Territory から州になって間もない Tennessee 州に移り、Polk 自身は学校に行かず、家で教えられた）。1823 年に Tennessee 州議会議員に当選した Polk は、同州から連邦上院議員選挙に出ていた Andrew Jackson を応援し、以来ずっと彼の支持者となる[436]。その後の Polk は、5 期連続で連邦下院議員に当選、下院歳入委員長に当る Ways and Means Committee の chair の後、下院議長（Speaker of the House）の座に就く（歴代大統領として初めて）。その後、1839 年に同党として初めて、民主党が Tennessee 州の知事の座を失ったため、Polk が出馬することになり（下院議員を辞めて）、その知事選を勝利する[437]。

1844 年大統領選挙での Polk は、民主党大会で副大統領としての指名を期待していたが、上位予定者らが明確な優位を占められない中で、Polk が大統領候補の dark horse として浮上した挙句に、最後に勝馬となった[438]。その Polk 大統領の任期の最終日 1849 年 3 月 3 日に、彼のデスク

435　テキサス政界を納得させるために連邦は、1000 万ドルの合衆国 10 年債券（利率 5 ％）を同州へ支払うべく、その法律を 1850 年 9 月 5 日に成立させている（なお、この債券の一部につき、南軍が勝手に処分したことに伴う事件が、（後出の）Texas v. White, 74 U.S. 700〔1869〕である）。

436　翌 1824 年、Jackson は民主党の大統領候補として出て、選挙人（electoral vote）の投票では多数を占めたが、3 位になった Henry　Clay が、Jackson を嫌っており、2 位の Quincy Adams 支持に回り、下院の決定で John Quincy Adams に敗れる。

437　一方、Jackson の次に大統領になったのは Jackson の副大統領であった Martin Van Buren であるが、Van Buren は、2 期目の 1840 年選挙では Whig 党の William H. Harrison に敗れている。

第2編　連邦憲法、その成立過程、内容と、南北戦争前までの展開

の上に廻ってきた法案。それが、代表的な南部州権派の彼が最も嫌がる、「連邦政府強化」と見られても仕方のない、合衆国内務省（Dept. of Interior）設置法案であった（18世紀末以来、初めての省庁増設であった）。

(ハ) Manifest Destiny 信奉者の視野に入っていたのは、新大陸だけではなかった。未曾有の土地を入手した Polk 大統領も、それで「お終い」とは考えていなかった。Mexico との条約で California と New Mexico を取得した1848年、彼は次の狙いを Cuba に定め[439]、スペインの大使（minister）に「島を1億ドルで買取りたい」と申出させている[440]が、1848年大統領選挙で、Whig 党の Zachary Taylor が当選するに及んで、島の取得話しは暫く立消えとなった。しかし、Manifest Destiny 信奉者らは、これで諦めた訳ではなかった。

(a) ここに Cuba の金持ちで、カリスマ性のある軍人 Narciso Lopez がいた。彼による革命の試みがスペイン当局に事前に洩れ、1848年にニューヨークに逃れてきていた彼が、在米の Cuba 出身者らを中心にボランティア兵を集めた上、Jefferson Davis のところに来た。Jefferson Davis は、自らリーダーとして乗り出すことは断ったが、代りに友人の Robert E. Lee につないだ[441]。その Lee にも断られた Lopez は、ボランティア兵だけで、自ら事を起こそうとしたが、それを知った Taylor 大統領によって

438　その民主党大会で上位予定者らとなっていたのは、Van Buren、James Buchanan、John C. Calhoun などであった。Polk は上位者らが接戦しているのを見ていて、自らの支持者らには、「Van Buren の可能性がある限り、Van Buren に入れるよう」話していたが、上位者らの間の調整がつかず、Van Buren の支持者らは、結局 Polk の支持に回った。Polk は、大会を経験して、なるべく他の人にもチャンスを与えるべきだと思い、（大統領に当選したら）「一期だけで止める」と宣言して就任している。

439　彼は、"I am……in favor of purchasing Cuba and make it one of the States……" といったという。これに対し、メキシコ湾を「自分達の池」と見たい南部は、両手を挙げて賛成していた。上院議員 Jefferson Davis などは、「Cuba を我々の側につければ、奴隷州グループを増やせる……」ともいっていた（McPherson, p.104）。

440　この申出は頭から拒否されたが、どっちみち Manifest Destiny に反対で、かつ Wilmot Proviso を支持している Whig 党が多数での下院では、通りっこない話であった（ditto）。

441　Jefferson Davis は、後の南部連合（Confederate States of America）の大統領、また Robert E. Lee は、初め Virginia militia の司令官から後に Gettysburg での南軍の総司令官。

差止められた。

　Lopez が革命（独立）のためスペイン王国軍相手に奮（苦）戦する様を見た南部州では、Taylor 連邦政府の「冷たい仕打ち」に対し囂々たる非難を浴びせたが、連邦政府は、（メキシコ戦争の英雄とされている）Lopez や、Lopez に人手や資金集めで協力した Mississippi 州知事 John Quitman など、数人を中立法違反で起訴した[442]。John Quitman は、初め Mississippi 州の militia を動員して連邦政府に対し抵抗する構えを示していたが、後に自ら逮捕に応じた。しかし、New Orleans で開かれた裁判では、陪審は、結論を 1 つに纏めることができない hung jury となったため、連邦政府は、他の事件の起訴もすべて取下げた[443]。

　(b) 1851 年にも、再び一連隊規模のボランティアが集められ、Cuba に進攻したが[444]、スペイン側は、これに呼応して Cuba 国内で武力抗争を計画していたグループを先ず潰した上、アメリカからのボランティア連隊も亡ぼし、Lopez を含む 160 人を処刑のためスペインに送った。彼らが出港した New Orleans にこのニュースが伝わると、一部の群衆は New Orleans 市内のスペイン領事館やスペイン人の商店を襲撃した。

　1852 年の大統領選挙では、南部州を中心とする民主党は過激な Manifest Destiny を信奉する "Young America" 派閥を中心に、Cuba を主な目的とする拡張主義を掲げ、彼らが支持する Franklin Pierce が当選すると、"Pierce and Cuba" などのプラカードをかかげ松明行列をして祝った[445]。Pierce は 1853 年、再度スペインから Cuba を買入れる計画に秘か

442　この中立法とは、1930 年代のそれとは異なり、1793 年に大統領 Washington による中立宣言（Proclamation）を受けて制定された Neutrality Act of 1794。憲法（Ⅰ、8 ⑪）が戦争宣言権を議会の専権としたことを裏付ける意味での立法。平和な他国に対する軍の動員を禁じていた（ほかに Neutrality Act of 1818 もある）。

443　これに反対の New Orleans の地元新聞は、「世論こそ法律だ……」(public opinion makes a law……) と書いた（McPherson, p.106）。

444　彼らは、スペイン語の filibustero（海賊に近い意味）から、"filibusters" と呼ばれた。なお、歴史家 Robert E. May は、この時期の南部の動きにつき、「南部の夢、カリブ海帝国」(Southern Dream of Caribbean Empire) を著している (*Athens GA* : U. of Georgia Press, 1989)。

第2編　連邦憲法、その成立過程、内容と、南北戦争前までの展開

に手を貸し、John Quitman を唆した。

　(c)そうした Pierce 政権も一期だけだったが、歴史に残る2、3の出来事があった。その1つが、彼の国務長官（Secretary of State）William L. Marcy が主唱して作られた "Ostend Manifesto" で、半分力づくでスペインから Cuba を買い入れようというものであった。もう1つとして、前大統領 Fillmore 時代に計画が始まっていた合衆国艦隊による日本遠征と条約の締結がある[446]（この遠征のための動機の1つが、中国に対する阿片戦争（Opium War）で味を占めたイギリスが、更に同様の手口で極東（日本）を侵略するのを防ぎ、対抗する狙いがあったとの見方がある[447]）。

　南部民主党を一様に動機づけていたのが、奴隷州としての新州 Cuba の獲得である。**1850年妥協**や先行した**ミズーリ妥協**で、Texas から New Mexico への領土分割、California 州の自由州としての仕分けなど、彼らの不満は募っていた。1854年5月、環境整備として先ず中立法（newtrality law）停止決議が議会上院の外交委員会に提出された。

　しかし、大統領 Pierce は、Kansas-Nebraska Act（南北戦争の直近で、その最有力原因となったとされる法律）の議会通過に全力を挙げ、それに政治生命をかけていたため対応し切れず、Cuba 遠征をストップさせた。また、彼の足元でも民主党内の Young America（拡張主義に熱心な当時の人々が始めた）のような活動は、1854年選挙で北部州での共感を得ら

445　Franklin Pierce 内閣の戦争長官（Sectetary of War）をしていたのが、後に南部州合衆国の大統領となる Jefferson Davis である。彼は、工兵部隊（Corps of Topographical Engineers）に命じて全国地勢調査をやらせ、南回りの大陸横断鉄道の路線を主唱していた。

446　ペリー提督（Commodore Matthew C. Perry）は、武力を背に居丈高な交渉を考えていたが、Pierce と海軍長官（Secretary of Navy）James C. Dobbin は外交交渉を指示した。この結果、結ばれることになるのが1858年の安政（の仮）条約である。

447　Anton Chaitkin, US-Japan Treaty of Amity and Commerce、その中で "Matthew C. Perry wrote" として、"When we look at the possessions in the East of our great maritime rival England, and at the constant and rapid increase of their fortified ports, we should be admonished of the necessity of prompt measures on our part. Fortunately the Japanese and many other islands of the Pacific are still left untouched by this unconscionable government......" と引用している（schillerinstitute.com）。

れず、1854 年選挙では民主党の足を大きく引っ張り、議員数を（91 名から 66 名へと）激減させた。

㈡合衆国 United States からの分離権（right to secede）。アメリカ人の何人かは、これが奪われることのない州固有の権利であるとして繰り返えし唱え、試みてきた。建国それ自体を、イギリス王国からの分離（secession）と考えていたこともある。分離権は、州が連邦政府の法律の効力を認めない**無効化論**（nullification）とも近い[448]。各州が**自ら下す法律判断の方が正しい**、と主張する。ウィスキー反乱、ケンタッキ決議（Kentucky Resolutions）、ヴァージニア決議、ハートフォード会議などのほか、1820 年代にも South Carolina と Georgia 両州によるものがその主張例である。

(a)そして、1850 年にかけてアメリカがヨーロッパ列強の一翼に名を連ねるとともに[449]、また領土の最後（と人々が考えたであろう）の膨張による南北の区画割りが終ったのを機に、この**分離権論**、**無効化論**の鎧兜で身を固めた分裂の動きが南部州の人々の間で、その不気味な鎌首をもたげ始めていた[450]。この不気味な動きの鎌首は、最後の一歩手前というところで踏み留っていたといえる（10 年後に、本当の分裂が起きることを予測していたかは別として）。その分裂を辛うじて止めていたのが、**1850 年妥協**という訳である。これが、「1850 年妥協（1850 Compromise）は、南北の分裂を単に 10 年間分先延ばしにしただけ」、といわれる理由である。

448　Kentucky Resolutions の実質的著作人であった Jefferson は（彼の主張する言論取締法反対（無効）の意向が通らないようなら）「自治権を諦めるより（rather than give up the rights of self-government）、連盟から分離する覚悟である」（……determined to sever ourselves from the union……）と、Madison に書き送っている（McCullough, *op. cit.* p.521）。

449　ルイジアナ買収から半世紀近く経ち、アメリカは今やヨーロッパ世界で、イギリスを抜き、ロシア、フランスに次ぐ人口を擁するまでになっていた。

450　crisis of nullification として知られる動きの代表が、South Carolina 州による無効化議決であり（1828 年）、州議会による無効化条例（Ordinance）の制定と、副大統領 John Calhoun が、出身州のこの動きを公の場で支持したことなどで、大々的になった。South Carolina 州が militia を召集して連邦軍に対し備える一方で、大統領 Jackson は、連邦議会に軍動員に必要な立法を促した。

第2編　連邦憲法、その成立過程、内容と、南北戦争前までの展開

（b）ギリギリの妥協で南部諸州が踏み留った 1850 年であったから、早くも 4 年後に手直しに追込まれた。たった 4 年前に漸くのことでバランスがとれたかに見えた **1850 Compromise** と、その土台を成していた**ミズーリ妥協**（Missouri Compromise）（1820 年）の双方（Mason-Dixon Line を南北の境とするとの合意）が破棄されかねない事態となった。

　その結果が、第 3 の妥協（Compromise）ともいうべき、**カンザス・ネブラスカ法**（Kansas-Nebraska Act）（1854 年）による線引きである。カンザス・ネブラスカ法（Kansas-Nebraska Act）は、その名のとおりカンザス・テリトリ（Kansas Territory）が、カンザス州とネブラスカ州として合衆国の一員となれるための要件を定める法案であったが、Kansas は最終的に自由州としての加盟となった[451]。

（c）Kansas-Nebraska Act はまた、民主党と Whig 党の対立抗争という第 2 期政党システムに終止符を打ち、第 3 期政党システム時代をスタートさせたという点で、憲政史上の意味が大きい。同法案の取扱いを巡る意見の対立は、基本的に Mason-Dixon Line を南北の境とするとのミズーリ妥協を破棄し、新たなルールに変更しようとするもので、その線引きとは、「将来 Territory から昇格する、その州の州民の意見（popular sovereignty）によって奴隷州か自由州かを区分せよ」というもので、実質的には連邦議会上院の支配権を巡るルールの争いであった。この対立の大きさ、深刻さで、1828 年以来辛うじて割れずにきた Whig 党が、自壊してアイデンティティを失い、第 2 期政党システムは破綻した[452]。

　第 3 期政党システムの時代では、ホイッグ（Whig）は、中心をより北部州に中心を移した（新）共和党（Republican Party）と、南部州を中

451　テリトリの運営につき主権と責任のある連邦政府としては、この**中西部の中の中西部**（真中）で、南北に連るテリトリに中西部大陸鉄道（Northwestern Transcontinental Railroad）を通し、人々の大量移住・大量定着を促し、一大農業ランドを開発することを企画していた。

452　1854 年選挙で民主党は、北部出身者が 91 人から 64 人に激減した。同時に、Kansas-Nebraska Act の成立を遮めなかったホイッグ（Whig）党は、（新）共和党（Republican Party）となり、2 年前とは反対に、大幅に議席を伸ばした（McPherson, *op. cit*. p.110）。

心とする（新）民主党（Democratic Party）に分裂し、この先の政治を
二分して争うことになる[453]（それまで、南部州の Whigs のリーダーの殆
どは奴隷所有者であったのに対し、Daniel Webster など北部州 Whigs の
リーダーは、都市商工業者や、その代表などの層から選出されていた[454]）。

㈱尖鋭化した北と南の争いが先ず舞台としたのは、ミズーリ妥協
（Missouri Compromise）線上（北側）に位置するカンザス・テリトリで
ある[455]。

(a)同テリトリでの奴隷問題での妥協を探る中で、「将来の州民の意思に
委ねる」よう求める人民主権論の**ポピュラー決定**（popular sover-
eignty）案が出された[456]。南北戦争前の Kansas Territory や Nebraska
Territory の状況に一瞥しておくことは意味があろう。それらの西部土地
は、連邦政府が「……併合し、奪取し、買取し……」で増やしてきたもの
であり、そこには、東の Kentucky や Tennessee の方から殆んど無一文
でやってきて住み着いた者らが大勢いた。無権利移住・無断居住者、いわ
ゆる "squatters" である。連邦議会は先に、Distributive（Preemp-
tion）Act of 1841 で、彼ら squatters の権利を事実上認め、廉価で土地
の所有権（title）を与えることにしていた[457]（その要件は、後の 1862 年

---

453 Whig 党から生れたこの新共和党を Grand Old Party "GOP" ともいう。この第 3 期政
　党システムの時代の共和党と民主党が、アメリカ政治の今日での二大政党につながってい
　く。
454 カンザス・ネブラスカ法に集約されたような南北の利害の衝突を、Whigs は耐えること
　ができなかった。北の多くがこの新共和党に入り、南の多くは短い生命に終った新党
　American Party に参加した。
455 当時のネブラスカ・テリトリ（Nebraska Territory）は南北に長く、南の一部がカンザ
　ス・テリトリ（Kansas Territory）とされた。この肥沃な地域には、早くから企業家、政
　治家、フロンティア活動家が一斉に目を付けていて、農業の育成と、そのために必要な鉄道
　計画が話題に上っていた。インディアンからの譲渡土地を含んだ同地域をテリトリとする法
　案を 1852 年に連邦議会が通したことで、南北間の椅子とり競争の号砲が鳴っていたといえ
　た（McPherson, *op. cit*. p.121）。
456 このように、鉄道（Northern Transcontinental Road）を通し、その利用客、中でも農
　業人口を誘致する案は、当時の中西部政治家の常套手段であった。しかも、アメリカ建国の
　精神に一応沿うかのように、**ポピュラー決定**をスローガンに掲げることは、政治家にとり格
　好のスタイル・行動といえた。現に、この案を出してきたのも、後にリンカーンと大統領の
　座を争って敗れた、イリノイ州の Stephen A. Douglas 上院議員（民主党）であった。

483

第2編　連邦憲法、その成立過程、内容と、南北戦争前までの展開

の Homestead Act〔第6章2.(3)(イ)〕と略同じであった）。この連邦議会
による Preemption Act の立法からも知りうるように、Kansas, Nebras-
ka には東部から大勢の「一旗組」が押寄せ、住み始めていた。そこが奴
隷制か否かまでは決めるまでに至らず、将来の衝突、争いの種として温存
されていた。時の大統領 Pierce は、いわゆる "doughface"（奴隷制に反
対を唱えない北部州人）であった[458]。そんな彼が、Kansas を戦場に変え
た Kansas-Nebraska Act にサインをする破目になる[459]。彼も、連邦の上
に立昇る嫌悪な黒雲を払いのけようとはするが、巧く行かなかった（現実
に目の前で Kansas での撃ち合いも始っていた[460]）。

　Kansas-Nebraska Act がなぜそんなに揉めたのか、Mississippi 川か
ら Missouri を経て西の Rocky Mountains まで拡がる大草原 Great
Plains（prairie）が人々のお目当てであった。Chicago、Illinois と来て、
California に抜ける鉄道の要衝として、早くから考えられていた[461]。しか
も、そこが Mason-Dixon Line（36°30′）の北にあることが、一層問題を
複雑にしていた。Kansas Territory や Nebraska Territory は、ミズー

457　連邦はそれと同時に、道路鉄道等のインフラ用に使うことを条件として、各州にも50万
　　エーカーの連邦の土地を与えていた。また squatters に譲渡した土地代金の10％は、後か
　　ら連邦に加盟してきた州に与えた。
458　これが、民主党が彼を候補に選んだ有力な理由の1つであった。
459　Pierce の伝記の要約でも、彼が Kansas-Nebraska Act にサインしたことにより、"……
　　prompting a bloody conflict over Kansas slavery status" としている（biography.com）。
　　Pierce は、Concord, New Hampshire で生れ育ち（Nathaniel Hawthorne とクラスメート
　　であったという）、メキシコ戦争に従軍して、後に Whig Party から大統領候補として担が
　　れる Winfield Scott の下で準将（brigadier general）になっていたから、1852年の自らの
　　大統領選挙では、元の上官 Winfield Scott を相手に戦ったことになる（1844年の大統領選
　　挙では、番狂わせ的に出現した民主党の Polk 大統領のために働いた）。
460　Kansas での武力闘争のため北からやってきた John Brown と、隣の Missouri から大量
　　になだれ込んだ奴隷制支持派との対立を見て New York Tribune 紙の Horace Greeley は、
　　当時の流行語 "Bleeding Kansas" を使い始める（history.com）。同誌は、Kansas が南北
　　戦争でも最大の被害を被ったとしている。
461　このように、鉄道（Northern Transcontinental Road）を通し、その利用客、中でも農
　　業人口を誘致する案は、当時の中西部政治家の常套手段であった。しかも、アメリカ建国の
　　精神に一応沿うかのように、**ポピュラー決定**をスローガンに掲げることは、政治家にとり格
　　好のスタイル・行動といえた。現に、この案を出してきたのも、後にリンカーンと大統領の
　　座を争って敗れた、イリノイ州の Stephen A. Douglas 上院議員（民主党）であった。

484

リ妥協（Missouri Compromise）からすれば、本来、北（自由州）に属す筈であったが、南部州は奴隷州の拡大を必死に画策していた。そこで同法により、その地を「将来の地元民の決定に委ねる」、という新ルールに従わせることに無理矢理持ち込んだ。同時に、あたかも暗黙の分割、妥協のように、その地を北の Nebraska と、南の Kansas という 2 つの部分とに区別した[462]。このような流れを経て、1856 年選挙で、民主党は、彼の代りに（後の歴代大統領史の中でも最も評価の低い）James Buchanan を選ぶしかなかった。

(b)「将来の州民の意思に委ねる」、よう求めた**ポピュラー決定**（popular sovereignty）法案が出された。議場では、南北の論者が机を叩いて自己に有利なようにと議場で論争しただけでなく、文字どおり乱闘した（屋外でも規模の小さい、南北戦争より程度の軽い、南北沈争があった）。カンザス・ネブラスカ問題での悪しき（よき？）前例として、1850 年妥協中の一項（ユタ〔Utah〕とニューメキシコ〔New Mexico〕を上記のポピュラー決定〔popular sovereignty〕としていたこと）があった。

一方の北が、カンザス・ネブラスカは、ルイジアナ買収（Louisiana Purchase）の一部であり、1850 年妥協中の一項（ミズーリを除いて北緯 36 度 30 分の線引きが確立している）で、「既に決着済みである」、といったのに対し、他方は、「ユタとニューメキシコは、ルイジアナ買収の一部ではない」、と反論した。

これに対して北の論者は、ミズーリ妥協以前の問題を持出した。（ユタとニューメキシコの）「元の主権者メキシコは、奴隷禁止法のある国だったではないか」、との反論である。対する南部は、「ミズーリ妥協は、1850

---

[462]　Pierce は、北からの轟々の非難の中で同法にサインしたが、その日は丁度 Boston まで逃れてきていた奴隷 Anthony　Burns が、Pierce 政権下の連邦保安官によって Fugitive Slave Act の下で捕縛されたその日であった。

[463]　実際、最高裁はミズーリ妥協が違憲であるとの判決を、直ぐ後に出している。Dred Scott v. Sandford, 60 U.S. 393 (1857).（なお、Pierce の次の大統領 Buchanan が、この事件での最高裁による判決内容に影響力を行使したことにつき、第 5 章注 19 参照）

第2編　連邦憲法、その成立過程、内容と、南北戦争前までの展開

年妥協で既に否定された」との解釈や、「ミズーリ妥協は、そもそも違憲の筈だから、最高裁で決めてもらおうじゃないか」、とも主張した[463]。カンザス・ネブラスカ法は、ある意味でミズーリ妥協（Missouri Compromise）の**南部による巻き返えし**といえる。上院を通過したものの、下院では文字どおり、議員同志掴み合いの格闘の末、3ヶ月近くかかって漸く通った。

　(c)法律が漸くできたにはできたが、これで争いが収った訳ではない。小さな市民戦争（civil war）が起きていた（ある写真では、奴隷反対派の6人がカンザスの村で大砲の周りに立っているのが写っている）。他州から奴隷反対派と賛成派の双方が、多人数を繰り出してカンザス・テリトリになだれ込んだ[464]。

　それまで北と南とでまったく意見を異にしつつも、同じ党に属していたWhig党の分裂が決定的となったのは、このカンザス・ネブラスカ法（Kansas-Nebraska Act）通過の1854年である。Whig党の分裂でできた（新）共和党（Republican Party）からは、数年前まで無名に近かったアブラハム・リンカーン（Abraham Lincoln）が頭角を現わし、1860年大統領選挙に出馬してくる[465]。そのLincolnが当選すると、連邦から分離する（secede）と表明する南部州が出た。彼の南北戦争での第一の大義は、当初は、南部州による分離主義を否定して連邦を維持することであったが[466]、1年しないうちに、**奴隷解放**の大義にとって代られた[467]。

464　テリトリである今のうちから、将来の州としてのポピュラー決定を有利に運ぼうと、特に選挙の時は、東隣りのミズーリ（Missouri）州から入ってきて投票する者が多く出た。

465　1860年の総人口は約3200万人、うち400万人が黒人奴隷であった。また、都市人口も、1810～1860年間で田園地方の3倍の速さで伸び、全体の6％から20％までに達していた（McPherson, *op. cit.* p.9）。

466　南部州による分離主義の主張が、ケンタッキ決議とヴァージニア決議と共通することにつき前250参照。

467　弁護士をしていた彼に、奴隷解放の法理論的な力を与えた1つが、古くは北西政令（Northwest Ordinance の Article 6）であった。Whig党の新人から共和党議員となった彼は、連邦政府は奴隷制度を癌（cancer）のようにテリトリから取除く権利と義務を有すると主張し、それを党の方針とし行った（McPherson, *op. cit.* p.129）。

第 5 章　憲法の下での、初期アメリカにとっての内外の問題

　(d)以上見てきた 19 世紀前半のアメリカ。連邦を形成してから半世紀余りの新生児といってよいこの時期は、一言で「成長と増大の時期」、に違いないが、憲政史として見ると、やはり、連邦形成当初の時期に避け難い問題が表面せざるを得なかった時期といえる。抽象的には、「州主権と連邦主権との関係」、である。それが、具体的に争われた。1 つは、18 世紀末の Kentucky 州議会や Virginia 州議会での決議が象徴した、分離論 (secession) である。もう 1 つは、1830 年近くに起きた Georgia や South Carolina 州での無効化論 (nullification) である。

　主権問題は、こうした理論的争いで終った訳ではない。社会のもっと深い処、人々の（南部州の）生活そのもの、奴隷制度を巡って起っているといえた。連邦議会でも 19 世紀半ばにかけて、この問題が合衆国を二分しかねない勢いで争われた。それが新州の区割り法案とそのための 3 つの妥協法案であった。

　以上、新生児アメリカとして、一方での経済面では目覚ましい成長を遂げながら、政治面の憲政史としては、通らなければならない関門があった。しかしここまで、その困難な道を何とかくぐり抜けてきたといってよい。この時期は、一言で「成長と増大の時期」、に違いないが、憲政史として見ると、やはり、連邦形成当初の時期に避け難い問題が表面せざるを得なかった時期といえる。抽象的には、「州主権と連邦主権との関係」、である。それが、具体的に争われた。1 つは、18 世紀末の Kentucky 州議会や Virginia 州議会での決議が象徴した、分離論 (secession) である。もう 1 つは、1830 年近くに起きた Georgia や South Carolina 州での無効化論 (nullification) である。

　主権問題は、こうした理論的争いで終った訳ではない。社会のもっと深い処、「人々の（南部州の）生活そのもの、奴隷制度を巡って起っている」、といえた。連邦議会でも 19 世紀半ばにかけて、この問題が合衆国を二分しかねない勢いで争われた。それが、新州の区割り法案とそのための 3 つの妥協法案の積み重ねであったが、結局は、南北が戦うことを防げな

487

かった。

　以上、新生児アメリカとして、一方での経済面では目覚ましい成長を遂げながら、政治面の憲政史としては、通らなければならない関門があった。しかし、その困難な道を何とかくぐり抜けてきて、今日のアメリカがあるといってよい。

　㊁かつては（ヨーロッパ人が新大陸に来る前は）、アリューシャンからフロリダ半島まで5000万人の人口があったともされるアメリカ先住民族（American Indians〔Native Americans〕）、（第6章2.(3)注434）。もっとも現在でこそ、全国部族連合（NCAI）が、American Indians の一本化を示しているが、かつては何百という部族（tribe）ないし部族連合（confederated tribes）に分れて、大陸に拡がっていた（各 tribe は bands に分れて、bands はまた family groups に分れていた）。

　ここではアメリカの憲政史に関して、この American Indians を3つの大部族連合にして一言する。(i) Northeast Tribes、(ii) Northwest Tribes、および(iii) Southeast Tribes である。

　(a) Mayflower で大海原を越えて来た人々が出会ったのが、Massachusetts Bay 地方にいた Massachusetts 族である。その人口も、天然痘（small pox）の流行で、1633年には略全滅したとされる[468]。同じく Northeast Tribes の1つ、Connecticut に居た Pequot 族は、1637年にイギリス商人との争いから Pequot War を招来し、奴隷にされたり分割されたりした。やや南に下った大西洋沿岸、Virginia, Maryland に居たのが、Jamestown など初期 Virginia の住民との間で1630年代にかけて戦争を繰り返していた Powhatan 族である。

　(b) 中西部（現在の Ohio から Indiana）にかけた Northwest 辺の先住民としては、Miami 族や、やや南の Kentucky にかけての Shawnee 族が

468　他にニューヨークから北部には、St. Lawrence 川沿いに Iroquois 族がおり、17世紀には毛皮取引などを行っていた。更に北の Maine, New Hampshire に居た Abenaki 族は、カナダへ退いた（以上の情報〔(a)～(c)全体〕は、learner.org より）。

第5章　憲法の下での、初期アメリカにとっての内外の問題

いる。この両族とも、Taylor 将軍などが出てくる Battle of Fallen Timbers（1794 年）で合衆国軍に敗れた。その後は落ち目で、1820 年代にはかつての先住地を略すべて合衆国に譲渡し、やがて居留地（reserve）、今の Oklahoma 州の一部へと去って行く[469]。更に西の太平洋岸から Cascade Range や Rocky Mountains にかけて、アメリカ人らが付けた名であろう、Coastal Tribes、Western Interior Tribes、Great Basin Tribes などがいた。

　(c)最後の Southeast Tribes でも、いくつか聞き覚えの Tribes 名が並んでいる。先ず、North と South の Carolinas と Georgia に居たのが、Cherokees である。その後、金鉱脈が見つかった Georgia では、居住地の権利を巡って州当局と法廷で最後まで争い、先住民らが勝利したのに、1838 年に事実上、追い立てられている。彼らが Oklahoma へ落ち延びて行った様が涙の行軍（Trail of Tears）として知られている[470]。その Georgia 州から Alabama 州にかけて大きな存在だったのが、1812 年戦争の時を中心に戦さを重ね、Andrew Jackson 将軍らの合衆国軍に敗れた Creek 族である。他に、Chickasaw 族、Choctaw 族などもいた。しかし何といっても、第 1 ～第 3 Seminole Wars を戦っていて、この地方での有名な先住民は Seminole であり、これについては、上の(2)(イ)(e)でも触れた。

---

[469]　Oklahoma の語は、"okla" と "humma"、合わせて「赤い人」(red　people) という choctaw の言葉に由来する。Indian Removal Act による強制より前からその辺りに住んでいた一族として、United Keetoowah Band (UKB) of Cherokees がいる。
[470]　Jackson 大統領の時の Indian Removal Act of 1830 による。なお、Samuel Worcester v. Georgia, 31 U.S. 515 (1832)（第 1 章注 12 参照）。

489

第3編
19世紀後半以降の憲法

第6章

19世紀アメリカの憲法史ハイライト（南北戦争と、人種問題）

1. 南北戦争と再建期の修正

⑴新生児期の終り

　㈵本書では、アメリカ憲政史（American constitutional history）の現代に至るまでの全期間のうち、憲法（連邦政府）発足直後から19世紀半ばまでの半世紀余りを新生児期としてきた[1]。これを前第5章では、政治、社会、経済の面で最も重要で注視すべきイベント、(i)イギリスとの1812年戦争、(ii)政党対立のドラマ、(iii)領土の拡張、の3つとして、窺見してきた。そこでの連邦政治の対立軸となり、更なる対立激化に綾をかけていたのが、奴隷問題（slavery）である。南北戦争の導火線となった[2]。そこに至る前哨戦として、前章では3つの妥協法を見てきたが、以下は、その綜合クライマックス、南北戦争（civil war）（1861～1865年）の記述である。本章では、そのほか南北戦争後の金ピカ時代（Gilded Age）と、それに続く進歩主義時代（Progressive Era）（1880年近くから1910年代頃まで）の憲法史を辿ることとする。

　(a)新生児アメリカを二分し、その生死をかけた戦いとなった南北戦争で

1　TribeによるCommerce Clause（I、8⑶）に係る憲政史区分について以下の2.⑵㈵参照。

2　戦争前のアメリカ社会で「最もはっきりと判る**最下層民**」(most visible American pariah)、それが黒人奴隷である（Friedman, *op. cit*. p.154）。

493

第3編　19世紀後半以降の憲法

あったから、その前哨戦がない訳はない。連邦議会での、殊に州権がそのまま反映され易い上院でのバトルは、既に**ミズーリ妥協**（Missouri Compromise）法成立時から2、30年に及び繰り展げられてきた。その末期、カンザス・ネブラスカ法（Kansas-Nebraska Act）の成否を巡っては、その前線州（当時のテリトリKansasなど）で流血の惨事も起きていたことは、記したとおりである[3]。一般人を巻き込んだ流血の惨事も起きていた。それも、南部社会内部で無数に行われていた、不服従奴隷に対するお仕置きによってではない。

　(b)自由な黒人を誘招して奴隷ブローカーに売渡す悪辣なグループもいた。中でも映画やテレビになるなど全国的に有名になったのが、ニューヨーク州Saratoga Springsで、1808年に自由な黒人の子として生れたSolomon Northupである。奴隷であった彼の父Mintusは、その主人Henry Northup大尉が1797年に同州Roeselare郡に登録した遺言により自由になっていた（Northupらは、その元の主人の性を名乗っていた）。

　Solomonは結婚し、3人の子供を設け、大工、ヴァイオリン弾き、畑仕事、線路工夫などをして生計を立てていたが、1841年に外で出会った2人の白人に言葉巧みに騙され、誘拐された。殺し文句は、「ワシントンD.C.のサーカス団でヴァイオリン弾きを募集していて、いい収入になるから……」であった。奴隷売買が自由であったワシントンD.C.地区へ連れて行かれ、そこで睡眠薬を飲まされ、自由人であることの証明書も取り上げられて了った挙句、逃亡奴隷だとしてブローカーに売り飛ばされて了う。その際ブローカーは、Solomonが2度と自由人だと主張して自分らと言い争わないよう、Solomonを徹底的に（死の間際まで）打ちのめす。その上でSolomonは、手足を数珠つなぎにされた40人の黒人とともに

3　McPhersonは、このカンザス・ネブラスカ法と、Anthony Burns事件こそが、南北戦争への導火線として「決定打となった」、と記している（p.121）。

Potomac 川から船に乗せられ、奴隷売買のメッカ New Orleans へ、悲歌の言葉さながらに "Sold Down the River" の終着地へ、と送られる。

　それ以降、3 人の主人の間を転々と売買され、虐げられた生活の12 年間を送った Solomon であるが、Solomon は、他の奴隷と違って読み書きができる強みがあった[4]。そこで、秘かに父の元の主人の甥の Henry B. Northup（弁護士からニューヨーク州の司法長官になっている）へ手紙を送り、解放への手がかりを摑む。Louisiana 州の Red River 畔の綿花畑から救出され、解放された Solomon は[5]、その12 年間の Louisiana 州での奴隷生活の記録を一冊の本にして出版した[6]。自由州のニューヨーク州は、Solomon が誘拐される前年に Henry Northup 司法長官の働きかけなどで成立させた州法の下で、Solomon を救出する計画を作り、彼自らが救出作戦の責任者となっていた。一部 Solomon の口述筆記の形のこの本は、1840 年に出版され、3 年間で 3 万部が売れた[7]。

　(c) Soloman Northup のことは知らなくても、もう 1 人彼によく似て奴隷世界と自由世界、双方の生活を送り、それを伝記的に出版した黒人（African-American）がいる。アメリカ史に関心のある方なら多くが知っている。Frederick Douglass (1818～1895) だ[8]。彼は、8 歳の時 Baltimore の船大工の手伝いとして 7 年間貸し出され、そこで読み書きを覚える。しかし、その後は Maryland 州近在でも悪評の高い農場主に貸

4　Solomon より少し前の黒人の傑物 Abraham Galloway は、北軍にも参加、黒人の解放運動に携ったが、illiterate であった（ただ、David Cecelski というよき理解者、補助者に恵まれた）(housedivided. dickinson. edu)。

5　彼が 12 年間の囚われの身から再び自由を得た日から間もない 1853 年 1 月 20 日の New York Times は、その間の彼の一部始終を記事にしている (docsouth.unc.edu)。

6　2013 年 9 月 22 日の New York Times の Michael Cieply 記者の記事では、本の名は "Twelve Years a Slave"、New Bern, N. C. で、Solomon 本人による口述と、一部補助者による文章化というもので、それを元にして映画も作られた Fox Searchlight Pictures により映画も作られた。黒人奴隷自らの体験談として、「白人の作者 Harriet Beecher Stowe による作品 "Uncle Tom's Cabin" などとは全く違う」とする評がある。

7　黒人の有力リーダーで、後に Lincoln 大統領とも交っていた Frederick Douglass も、Solomon の本を読み自らの新聞 "Liberator" に、「30 年間、人間として生きた後に、12 年間、馬や驢馬と同じ「物」として扱われ……、考えてもみよ……」、とコメントを書いている (web.archive.org)。

し出され、そこでは、彼は「心身共に痛めつけられた」と書いている（broken in body, soul and spirit）。18歳の正月に脱走を計画し、20歳で逃亡に成功した。ニューヨーク市から更にNew Bedford、Massachusetts に逃げてきた。Solomon との共通点（強み）として、読み書き能力がある（生来読書好きなこともあり、自伝を3冊も出しているところからすると、恐らく Soloman 以上にその能力があったろう）。New Bedford では、教会その他の奴隷廃止論者に接する機会の多い処にも出入りした。その中の1つの Society で、白人の奴隷解放運動家 William L. Garrison と知り合った Douglass は、その言語能力を買われて Massachusetts Anti-Slavery Society の3年講師の職を与えられる。その後Douglass は、イギリスにも講演の旅をし、見聞を広めた。ただし、尖鋭的な Garrison が、既存の教会も、政党も攻撃していたのに対し[9]、Douglass の方は、温和な解放運動を説いていた。Harriet B. Stowe らが、Douglass と Garrison との間を取り持とうとしていたが、Douglass が終いには、南北戦争の果実である修正ⅩⅤまでも攻撃（denounce）し出したため、2人の間は断絶したままで終った。

　(d)南部州での悲惨な話は枚挙のいとまがない。1851年、Virginia の奴隷 Anthony Burns は Boston に逃れてきて、とある織物工場に職を見付けた。だが、彼はうかつにも Virginia にいる弟に手紙を出し、それが主人の目に入った。連邦の逃亡奴隷法の助けを求めた主人に応えて、連邦保安官は Burns を捕えた。Boston 市民は黙っていなかった。地元の自警団

8　Soloman とは違って、彼の場合は母が奴隷の身分であったから、生地 Maryland 州の法律により奴隷とされた（父は、母の主人〔master〕であった白人だったろうとされている）。Douglass の名は、イギリスの Sir Walter Scott の作品 "Lady of the Lake" の主人公からとって、彼が自ら付けたものだという。David W. Blight, North Central College (Docsouth.unc.edu)。

9　1851年、Syracuse、New York での講演で Douglass は、自分は憲法が Pro-slavery document であるとは思わないし、憲法の連邦制の下で現に今あるメリットをサポートする。「そうでなくなったら、南部州の元奴隷らは救われないだろう、」とも述べている (pbs.org)。Douglass はまた、南北戦争中に Lincoln 大統領に協力して、20万人の黒人を北軍兵士として recruit している (Dennis Speed, 2014年4月、Schillerinstitute.com)。

が行動を起こし、保安官の1人が死亡するまでの事件となった[10]。この Burns 事件を機に New England 諸州は、連邦の逃亡奴隷法に対抗するための、今まで以上に強力な州法、人身自由法 (personal libety laws) を定めている (第5章一.1.(2)(ロ)(c))。

(e)これは、南部州の話しではない。北緯40°に位置する首都 Philadelphia での話しである。1838年5月14日 (月)。その朝 "Pennsylvania Hall" が落成した。有志 (奴隷廃止論者〔abolitionist〕や、その他のインテリ階層など) が集り、1口20ドルずつを出して合資社団 (a stock company) が作られ、4万ドルが集められてできたものであった。ビルの落成式では[11]、奴隷制度の悪 (evils of slavery) をなくすための前大統領 Quincy Adams のメッセージも読み上げられた。そして今、建物の中で「反奴隷女性全米大会」(Anti-Slavery Convertion of American Women) が早速開かれていた一方、建物外には群衆の怒号と罵声が渦巻いていた。Maria M. Chapman と Angelica G. Weld が登壇して、3000人の聴衆の前で話している間、外の群衆は、一段と大声で叫び、窓に向って石を投げ付けた。火、水曜日とこんな状態が続いた後、17日 (木) の夕方には、暴徒化した群衆の前に市長 (Mayor) が乗り出し警察も呼ばれたが、午後9時頃には、火の手があがり、手の付けようがない状態で、たったの4日の命で、Hall は焼失して了った[12]。

更にもう1つだけ、やはり奴隷捕獲人 (slave catchers) によって引き起こされたこの時期の痛ましい犠牲事件に付言する。Margaret Garner は、1856年に Kentucky から Ohio に4人の子供を連れて夫と逃れた。奴隷捕獲人が彼らを捕獲しようとした時 (奴隷でいるよりは、天国に行かしてやろうと)、彼女は、1人の娘の咽を持っていたナイフで刺して殺し、

10　自警団のメンバー数人が騒乱罪で大陪審により起訴されたが、裁判所は、些細な手続上の理由で却下した。Pierce 大統領以下の連邦政府の面々も、Boston での陪審裁判では、勝訴が見込めないとして手続をストップした (McPherson, p.120)。
11　1階は本屋と委員会室、2、3階は、ホールになっていた。
12　NPR による Philadelphia のストーリー (pbs.org) より。

第3編　19世紀後半以降の憲法

その弟も同じように殺そうとした。Ohio 州の司法当局は、その彼女を殺人の疑いで身柄を拘束しようとしたが、連邦保安官は逃亡法を発動して、Margaret を Kentucky の持主に返した[13]。

㋺戦争そのものについて語ることが目的ではない。また**合衆国軍（北軍）**、つまりは連邦軍（Union Army）を組織し[14]、この難局を乗り切った大統領アブラハム・リンカーン（Abraham Lincoln）について語ることも目的ではない。触れるのは、南北戦争直前、その最中、または南北戦争後の出来事で、憲政史上見落すことのできない1つの史実である。

その前に1つ。一体戦争は、南北の分裂は、防げなかったのだろうか、がある。3つの妥協について見てきた（第5章二.2.(1)(2)）。Missouri Compromise (1820)、Compromise of 1850、そして最後の妥協、Kansas-Nebraska Compromise (1854)。それらの立法で、議会人（Henry Clay, John C. Calhoun, Stephen A. Douglas など）の活躍を見てきた（その間、議場では摑み合いの乱闘もあった）。直前の大統領についても、史家による低い評価とともに、Franklin Pierce (1853〜1857) による調整について窺見した。その論調で行けば、もっと直前で、もっと南北分裂、開戦に近い大統領。それが第15代大統領 James Buchanan, Jr. である[15]。案の定、大統領史家（Presidential Historians）らによる評価は、最低である[16]。

(a) James Buchanan が低い評価しかされないのには、それなりの理由

13　なお、その持主が一家を New Orleans の買主へ売り飛ばしたところ、New Orleans へ向う船が転覆し、子供らは、自由の身になったという（McPherson, p.121）。

14　アメリカの建国をもたらした理由からして、連邦軍（Union Army）、常備軍（Army）はずっと2万5000人以上は認められていなかった。つまり最小限のものという考え方である。Lincoln は北部州に呼びかけて、90日間の militia 7万5000人を召集したが、問題は、将校（West point 卒）と騎馬兵の大半が南部出身で、戦時下では南部に付いたことであった。ただ砲兵隊だけは、北部州出身が多かった（また北部兵力の1/4は、ドイツ、アイルランドなどからの移民一世であった）（historymet.com から）。

15　歴代大統領の中で唯一人 Pennsylvania 州（南北の境界線、Mason-Dixon Line に近いが、一応その上〔北〕）の出身である。

16　大統領歴史学会が2006年2月18日に発表したマイナス評価で上から10人の大統領のリストがあり、その No.1（最悪）が James Buchanan である。理由は、やはり南北戦争を「回避しなかったこと（failing to avert……)」とされている（web.archive.org）。

がある。そもそも、彼が大統領になれたのには、他の人よりもラッキーな要素が多くあった。前出のように、不評の Franklin Pierce が民主党の支持を受けられず、またその前の大統領、Whig Party の Millard Fillmore が、新生の、そして短命に終わった American Party（Know-Nothing Party）から出馬する一方で、議会の外交委員長、大使など、ずっと外交畑にいた James Buchanan は、直前も、ロンドン駐在大使としてロンドンにいた。その James Buchanan に出馬のお鉢が回ってきた[17]。その大統領選のある 1856 年より前に、南北分裂を象徴する 2 つの出来事が起こっていた。1 つは、隣の Missouri 州から大量流入した武装グループが、Lawrence、Kansas で、そこに来ていた北部人のリーダーらを襲ったこと。もう 1 つは、他所でも触れた議会内の殴打事件である（第 5 章注 408）。

(b)渦中の地、Kansas-Nebraska。北の Nebraska と Kansas とに二分されることになる、その Kansas Territory では、Topeka の町に反奴隷主義者（Free-Soilers）らがテリトリ政府を樹立していたのに対し、奴隷制支持者らは、Lecompton の町に独自の政府を樹立していた。Kansas が州に昇格して連邦の一員となれるためには、住民多数の賛成を得て憲法を定め、それを連邦に提出しなければならない。これに備えて Buchanan が任命したテリトリ政府の governor は、Mississippi 州の Robert J. Walker であった。

Lecompton の住民らの支持の下で作られた Lecompton Constitution が住民らの投票にかけられると、Free-Soilers らは投票をボイコットしたが、それを不問に付したまま、Buchanan は Lecompton Constitution の承認を連邦議会に働きかけた。Kansas 州加盟承認法案は、下院は通ったものの、上院では北部民主党 Douglas らの反対で立往生となった。（一

17　同じ民主党内で、彼とその運を争ったのが、Stephen A. Douglas であった。なお、Buchanan は駐英大使の間に、Cuba を奴隷州として獲得しようとする Ostend Manifesto 作成にも係っていた。

第3編　19世紀後半以降の憲法

方の Buchanan と、他方の Douglas との）民主党内の主導権争いは、この奴隷制をめぐる全国的な争いの代理戦争の様相を呈し、1857年から1860年までも止むことがなかった[18]。しかしその中で、Buchanan は、南部による分離の動きを止めることを拒んでいたことで北部から、また南部の分離権を否定したことから南部から、ともに嫌われ、彼の State of the Union Address も、不評に終わっていた。

　更に、もう1つの「偶然の一致」（coincidence）があった。彼の就任2日後に悪名高い（notorious）Dred Scott 判決が下され、最高裁長官 Roger B. Taney が、「合衆国のテリトリ内での連邦議会による奴隷禁止立法権を否定」していた。これは、南部州民らを喜ばせただけではなく、当の James Buchanan 大統領の耳にも心地よく響くものであった（Franklin Pierce と同じで、彼も "doughface" として知られていた[19]）。

　(c)以上に窺見したのは、南北戦争直前の憲政史上の一コマ（いわば、その Buchanan 版）である。そうした中で生じた、憲政史上の文脈で重要と見られ、本書の主題として記すべき史実の1つが、現に生じてきた武力抗争と、それへの対処である[20]。問題は、前任者 Buchanan がホワイトハウスを去る前に起こっていた。Fort Sumter を除く、南部にあったすべての武器庫と砦が南部勢力により奪われて了っていた。そちらの連邦の部隊

18　Douglas との間のこの代理戦争は、Buchanan が大統領になった後も続き、彼はその職の強みを生かし、Illinois 州やワシントン D.C. などの郵便局長らの任免などで、Douglas 派の排除に努めた（wikipedia）。

19　テリトリ内の奴隷制度について Buchanan は、このケースでの最高裁判示を重視していた。そこで彼は、判決前にも最高裁判事の1人 John Catron に手紙を送り探りを入れている。Catron は、Buchanan が希望した、「テリトリ全部に及ぶような広い原則論を打出すように」、との申入れに対して、そこまで行くのは難しい旨の返事をするとともに、もし Buchanan が、同じ Pennsylvania 州出身の判事 Robert C. Grier に声を掛けて、多数意見に転向させられれば、「広い原則論を打出すことも可能になろう」と返事したことから、Buchanan は Grier 判事にもその通りの手紙を出し、その結果、多数意見で広い原則論を打出すところまで行っている（原告 Scott のケースに限らない一般論として、「テリトリでの奴隷制を制約する Missouri Compromise を違憲とする」判示になった）。こうした経緯を踏まえ、Lincoln は1858年の下院内の演説で、Buchanan、Taney、Douglas、Pierce らを、「共謀して奴隷制をテリトリに広めようとした」と非難演説を行っている（wikipedia）。

500

の 1/4 は、Texas militia に降伏していた。その後の 1860 年 12 月 3 日、Buchanan は第 4 回目の教書を議会に送っており、その中で「この分裂の責任は、専ら北部人が南の奴隷制に節度のない介入をしたことにある……彼らが、その違憲的でお節介な立法の試みを中止しないならば、南部州は……努力した上で……革命的抵抗をすることも正当されよう……」と述べている[21]。なお、この教書から 35 日後、財務長官 Howell Cobb は、「大統領と自分との考えが相容れない」として辞任している[22]。このような嵐の前に大統領に就任していたにしては、James Buchanan のやり方はすべて、微温的であり、厳正さを欠くものであった。両北分裂に対しても、「分離（secession）は illegal だが、それに対して戦争までするのも、illegal である」"going to war to stop it was also illegal" という考えを示していた。

　(d)憲政史上の文脈で重要と見られ、本書の主題として記すべき史実の一例は、現に生じている武力抗争への対処である。Lincoln はいわゆる Executive Orders を矢継ぎ早に出さざるを得なかった[23]。中でも 1861 年 4 月 15 日に出した部隊の撤収と議会の緊急召集がある[24]。彼にとっての問題は、憲法（特に人権憲章）が停止されるような非常事態下での法律の状態である。たとえば、大統領 Lincoln は、**人身保護令状**（Writ of Habeas Corpus）の**停止**を命じていた[25]。憲法の規定には違反するが、戦

20　1860 年の 10 月にも連邦軍司令官 Winfield Scott は、（11 月の選挙について）Buchanan 大統領に予告していた。「もし Lincoln が当選したら、少なくとも 7 州が分離（secede）するだろう」、また「それら 7 州内の武器庫や砦を守るため、今から連邦軍をそちらへ増派しておいた方がよい……」（「といっても、連邦議会がずっと連邦軍の予算を抑えてきたために、人員も武器も回せるのは殆んどないが」、と）。

21　"......blame for the crisis solely (who) on "intemperate inte=ference of the Northern people with the question of slavery in the Southern States.. ...after......used all peaceful......means to obtain redress, would be justified in revolutionary resistence to......the Union" (American Presidency Project, December 3, 1860, presidency.ucsb.edu より)。

22　New York Times, December 14, 1860 Correspondence, Resignation of Secretary Cobb.

23　大統領令（Executive Orders）は、Lincoln の時の 1862 年から正式にナンバリングして記録されるようになった。なお、Executive Orders については、第 7 章 2.(2)(ヘ)参照。

24　議会が召集された後、彼は、Executive Orders により既に実行された軍への命令などを議会が追認するか、それとも大統領として北軍への指示を辞めさせるか、の選択を求めた。

第3編　19世紀後半以降の憲法

時下の非常事態が理由である。

　戦時下では表立った交戦に加え、様々な抗争が行われる。南北の境界線上の Maryland 州では、地下組織による抵抗もあった[26]。北軍に捕えられた南部派の州民が、Baltimore の連邦法廷に人身保護令状（Writ of Habeas Corpus）を 1861 年 4 月に請求して、その事件となった[27]。

　(e) 5 年にわたる戦争の期間、またその直後の数年間、連邦の行政（大統領）と立法との、また司法との関係がどうであったか（北と南の亀裂がそれらにどう力を及ぼしたか[28]）、中でも司法、殊に最高裁は、どうしていたか[29]、Prize Cases や Texas v. White（注 101）などの戦中戦後のケースにつき後に垣間見る。

　ここまで、連邦憲法を建国の基礎文書の中心的なものとして、9 割方その説明に終始してきた（これに次ぐものとして**北西政令、連合憲章、独立宣言、様々な決議書や宣言書**、にも触れてきた）。一方で、憲法、殊に連邦憲法には、「**成立した**ということはない」、とも述べてきた。そこでの念頭にあったのは、第 2 の憲法条文（Second Set of Constitutional Text）

25　憲法は人身保護令につき、連邦議会の立法権に対する制約として、「（Rebellion か Invasion により公共の安全のため必要なときを除き）停止されてはならない」と定める（Ⅰ、9 (2)）。本文の令状停止は、立法に先行したことで違憲である（なお、大統領が 3 月 3 日にサインした 1863 年の令状停止法は、戦争の終了とともに廃止された）。南部に近い首都は治安が悪化し、議会も開けないような状態だったので（議会は漸く 7 月 4 日に開かれた）、その後の 7 月 17 日に、議会に法案が出されたが、その前に議会は、大統領がとった行動を擁護する決議案も提出していた。

26　バルティモア（Baltimore）では警察部隊などが反乱し、バルティモア市は軍政下におかれた。

27　同連邦裁判所に巡回に出ていた最高裁の Roger B. Taney は、注 25 の憲法上の理由に加え、「裁判所によらない、軍による民間人の逮捕と無期限の拘束は、許されない」と決定していた。Ex Parte Merryman, 17 Fed. Cas. 144.

28　憲法学者を含む朝野の法曹の大半が、非常時下での大統領の措置を擁護する論戦を展げる中で、大統領は、7 月議会にメッセージを送った。その中で Merryman 事件を念頭に、「すべての法令の中のたった 1 つ、人身保護令状が行われないからと、それを避けるために、国全体が粉々になってもいいのか？」と書いていた（McPherson, *op. cit.* p.289）。

29　この時期の後半に、Taney 長官を含む 5 人の判事が退くことになり、後任判事が Lincoln 大統領により任命されたことで（殊に、南部寄りの Roger Taney 長官から Salmon P. Chase に代ったことで）、最高裁は、アメリカ（憲政）史上、**最大の変身**を遂げた（most sweeping judicial metamorphosis in……history）といわれる（McPherson, *op. cit.* p.841）。

とも呼ばれる数万件に上る最高裁先例であり、それにより不断に形成される憲法ルールであった。

(f)今１つ重大な憲法ルールと、それを生み出した史実に触れなければならない。それが建国から70年後に生じた、アメリカ憲法史中、最大イベントの南北戦争であり、その折の（緊急）ルールである。その前後の期間を含めた南北戦争下には、戦争下なりの憲法ルールが必要となり、それが探し求められた。

２つの視点を指摘したい。そこに至る19世紀前半（第５章）の史実と、戦争後の再建期（Reconstruction Era）の10年余りを入れた半世紀余りの史実を一体としてみる必要があることと、主戦場となった南部11州（Confederacy、Confederate States of America）は勿論、北部州のみならず、全米33州（戦争直前に州となったOregonを入れて）にも、戦争が多大の影響を与えたことである。しかし、（当時の価値にして40億ドルという奴隷資産のいわば没収を受けた）南部の視点から見た事の重大さ深刻さは、他州の想像の及ぶところではなかったことである。

ミシシッピ河畔で育ったマーク・トウェイン（Mark Twain）はいっている[30]。

「『今年は紀元何年』という言い方は、世間一般は、それでいい。だが、南部では『南北戦争何年』というのだ[31]」。

その戦いは、ナポレオン戦争と第１次大戦との間の西欧世界全体の中で戦われた中で最も大きく、かつ凄惨な戦いであった。1830年代にかけての北部では、奴隷制度を「撲滅すべき悪」とし[32]、「社会を浄化しなければならない」とする強い道徳的義務を訴える宗教運動も起こっていた[33]。

---

[30] 本名はサミュエル・クレメンス（Samuel Clemens）（1835～1910）で、St. Louisから北に川を１時間ほど遡ったHannibalの町で生まれ育った。

[31] 彼は、その理由を、「何世紀にも跨る制度を根こそぎにし、国と社会生活の半分を変革した……それほど大きな意識枠を占めているからだ」、と説明している。McPherson 前文viii、McPhersonは、５万冊以上の本が出版されるなど、「アメリカ史の中で南北戦争ほど語られ書かれている史実はない」、ともいう。

第 3 編　19 世紀後半以降の憲法

(ハ)新生アメリカの憲政上最大の危機、それは 19 世紀半ば過ぎに襲って
きた。突如としてというのではない。危機の萌芽は独立宣言当時から存在
した。その意味では、「1 世紀後に爆発した」といえる。その間、この萌
芽は消えてなくなることがなかった。アメリカの大義がある以上、いわば
一生付いて回る宿病、恥部であった[34]（Lincoln が、これを癌〔cancer〕
と呼んで徹底的に憎み嫌ったことにつき前章注 456）。

(a)その病の症状は、アメリカ社会の至る所に潜んでいた。至る所に出て
きた。アメリカの政治を左右する根本的なところ、外交、人事などに憲法
上の決定権を有する連邦議会上院にも潜んでいた。連邦議会上院では、**各
州 2 名宛の代表制**、**各州による平等発言権**が、憲法上のルールであった
（その上に、**不文のルール**、奴隷州と自由州の数を同じとすることが、建
国以来行われてきた）。そこに、Louisiana Purchase に伴い生まれてくる
合衆国の新たな州とテリトリを巡って、より多くを奴隷州としてとり込み、
このバランスを変えようとの南部州による工作が行われた。奴隷州の南北
の線引き（いわゆる Mason-Dixon Line）によって分けるのが、前出の
ミズーリ妥協（Missouri Compromise）である。その例外を作ろうとの
駆引きの中から、更に、1850 年妥協（1850 Compromise）などが作られ
た（前章二.2.(1)）。

32　北緯 41 度から北の北部 New England の住民ら "New England Yankees" らの間に起き
　た "Second Great Awaking" と稱する宗教運動があった。

33　この人々の考えでは、人は皆、神の前で平等であり、黒人の魂は、白人のそれと同じ尊さ
　をもっているのに、その黒人を奴隷とするのは、人間として最も忌むべき罪で、「憲法が認
　めているから……」といっても、**自然法（Higher Law）の違反**に外ならないとの訴えであ
　る（McPherson, *op. cit.* p.8）。ただし、北部の教会が廃止論者（abolitionist）一本で固ま
　っていたというのは間違い、とすることにつき前章注 103 参照。

34　独立宣言発表の年 1776 年に Fragment on Government を著して、William Blackstone
　の common law に関する権威ある本 Commentaries on the Laws of England を酷評したイ
　ギリスの実証主義・功利主義者のジェレミ・ベンサム（Jeremy Bentham）は、同じ年イギ
　リス政府が、自らは表に出ないでジョン・リンド（Lind）に、独立宣言反論書を書くよう
　委嘱していたが、その反論書に寄稿した。その Short Review of the Declaration の中で、
　自然法と、その下での自然権思想を嘲笑うとともに、「もう一方の手は、奴隷解放をしない
　でいるくせに、よくも、他方の手で自然権と書かれたところにサインなどできるものだ
　……」と書いていた。

(b)国土が尚も拡張を続ける中でも、衆目が一致して有望視し、一番に目を付けた土地がある（西部フロンティア活動家が、その声高な代表といえる）。当時のカンザス地域（Kansas Territory）であった[35]。そこから、36°30′での線引きに代えて、別の法案が考え出された。妥協のためのPopular sovereignty rule、Kansas-Nebraska Act（1854年）による。妥協法案の都度、それらの成立に絡んで、毎回、政争が激しく繰り展げられたが[36]、このKansas-Nebraska Actの成立を境に、Whig Partyは遂に完全に空中分解し、北部共和党が誕生した。しかし、こうした線引き争いは、まだ連邦の箍が嵌められていなかった新憲法前の1787年の北西政令（Northwest Ordinance）の時から、つまり連合の時代から、実は既に始っていたともいえる[37]。

奴隷解放論者（abolitionist）と奴隷主義論者との争いは、単なる政治論争で終らなかった[38]。カンザス・ネブラスカ法（Kansas-Nebraska Act）による妥協に至るプロセスでは、カンザス・テリトリ（Kansas Territory）内で小市民戦争（civil war）があり、両派が大砲まで担ぎだして武力抗争をするということがあった（第5章二.2.(2)）。南部連合では

35　Kansas Territory. 今のKansas州の何倍ものテリトリ。その地域の大半がMason-Dixon Lineの北側にあったことは、テリトリの分割その他で問題を一段と複雑にし、Kansas Territoryを合衆国のテリトリとした1852年には、再び南と北の間で抗争が激化した。なお、Mason-Dixon Lineにつき第5章注361参照。

36　新しいテリトリを公認する時、その線引きをどこにするか、それによって、いわば白と黒（奴隷容認テリトリ）とが分られる。テリトリが州として承認される時のことまで予定した闘争となる。また、カンザス・ネブラスカ法（Kansas-Nebraska Act of 1854）では、Mason-Dixon Lineより北の新州についての争いで、白になる筈のテリトリについても、南は「将来、州によるその州民の自決に委ねよう」、という**州民主権**（popular sovereignty）**のルール**を主張して、妥結を図ろうとした。

37　連邦の箍が嵌められてなかったこの時代、奴隷問題は各テリトリの、各州の問題でしかなかった筈だが、北西政令では、オハイオ川を明確な境界とし、その北西部のテリトリ（後のイリノイ、インディアナ、オハイオ〔Illinois, Indiana, Ohio〕の各州）を将来の白（奴隷解放）州としていた。

38　人々がKansas Territoryに目を付けていたのには、肥沃で良好な農耕地としての外に、Californiaと東部、中西部を結ぶ鉄道の要衝地となると見ていたこともある。このように、北と南とが争った奴隷州のテリトリの線引きの一番の理由は、経済的なものであって、思想とか倫理とかではなかったことは、第5章の3つの妥協（Compromise）を巡る政界の動きを見ても、明らかであった。

第3編　19世紀後半以降の憲法

"King Cotton" という標語が、北（合衆国）からの独立を鼓舞する意味を込めて流行っていた。もし、南部が綿花を北に送らなければ、New England の産業は壊滅するだろうし、イギリス、フランスも、南部の綿花が欲しいから独立に味方するに違いない（King Cotton Diplomacy）。こうした文脈で、南部では綿花が単なる物としてではなく、"King Cotton" として、いわばトランプの Joker のように使われていた[39]。

　(c)生活のすべてがそれにかかっていた南部州。奴隷容認というよりも、奴隷不可欠論に立って、制度を死守すべく、継続的、組織的に動いた。制憲会議（Constitutional Convention）で、徹底的にその主張を押し通し（しかも、憲法改正を禁ずる条文を憲法自体の中に盛込むことにより〔V〕、1808 年までの 20 年の期間は、制度を云々する途すら塞ぐとともに、逃亡奴隷の各州間での引渡し義務をも、憲法に定めさせた（IV、2(3)）。

　思いがけないところから問題が出された第 1 回連邦議会（1789～1790 年）では、（殊に、South Carolina と Georgia が）連邦脱退を振りかざして、それを議題として採り上げることに抵抗し[40]、南北戦争勃発に至る前の 2、30 年間には、議会の外では戦争一歩手前の実力行使をするとともに、連邦議会内でも掴み合いの喧嘩の中で、3 つの大きな妥協を成立させた（Sumner 上院議員が Brooks 下院議員に院内で杖で 30 回以上殴られる事件につき、第 5 章注 408）。

39　ニューヨーク州からの上院議員で、奴隷解放論者（abolitionist）である William Seward に対し、前章注 6 のように South Carolina 州からの上院議員 James Henry Hammond が南北論争を挑んだ 1858 年 3 月 4 日の演説がある（teachingamericanhistory.org）。その中で、南部の力の源を King Cotton にあると断じ、また南部こそが、「よりよい世界」であり、そこの保守主義こそが、アメリカ憲法の精神をリードしているとしている。

40　1790 年 2 月、始ったばかりの連邦の第 1 回議会に、奴隷の輸入を直ちに禁止するよう、クエーカー教徒の団体「社会の友の会」が陳情を出した。このように、奴隷制度については、奴隷住民の権利、自由（開放）の問題と、奴隷の新たな輸入禁止の問題、とがあった。この陳情は、翌日には「ペンシルヴァニア廃止協会」の名による第 2 の陳情となった。輸入の禁止のみならず、奴隷制度そのものの廃止、つまり奴隷解放を求めていた。そして、「憲法が 20 年間の改正禁止を定めていることは、奴隷開放政策で連邦議会が立法することに何らの妨げとならない。なぜなら、憲法の福祉条文が連邦議会に適切な措置を講ずる（provide for……general welfare）権威を与えているから……」と主張していた（Ellis ②, p. 111）。

（d）もう一度 Buchanan から Lincoln への交代時期にまで遡ってみよう。1860 年 11 月 6 日、Lincoln の当選が決った[41]。South Carolina が 12 月 20 日に分離を宣言、他の 6 州がそれに続いた。そして、1861 年 2 月、彼らは Confederate States of America を結成していた。この動きを何とか食い止めようとする元大統領 John Tyler や Kentucky からの上院議員 John J. Crittenden などによる努力も払われた。連邦議会の上、下院でも無論、分離州を元の鞘に収めるべく努力はなされたし、最後のそうした試みとして、Peace Conference of 1861 が 2 月にワシントン D.C. で、100 人以上の leading politicians を集めて行われた[42]。こうして Buchanan は 1861 年 3 月 4 日に Lincoln、つまり反対党、新共和党（Republican Party）から出てきた初めての大統領に後事を託して去って行った。

㈡奴隷とは何か。アメリカの奴隷法は何を定め、奴隷制度をどう規律していたか。アメリカ（主としてその南部州）社会の中で、18 世紀中に独自の成長を遂げていたのが、他に類を見ないこの奴隷制度である。見てきたとおり、アメリカには 17〜19 世紀を通して大量の年季奉公者（indentured servant や、後には redemptioner）が移住してきた（第 1 章 1.(2)）。初め、これら年季奉公者に係る法制度らしく見えたものが、皮膚の色で区別されてドンドン特化し深化して、**独特の制度**（peculiar institution）となった[43]。これが、奴隷が制度化する歴史を 1 コマにしたもので

41　Lincoln は、Stephen A. Douglas (Democrat)、John C. Breckinridge (Southern Democrats)、John Bell (Constitutional Union Party) に勝ったのである。彼は北と西でのみ支持されていた（南部 15 州のうち 10 州で彼の票はゼロ、その 996counties 中、たったの 2 counties で彼は勝っただけであった）(wikipedia)。
42　1861 年 2 月 4 日に Willard Hotel で開かれたが、その時点で King Cotton の 7 州 (Deep South) は既に、各自が分離決定 (ordinances of secession) を用意して、Montgomery, Alabama に集っていた。Tyler 元大統領が開会の辞を述べている時、彼の孫娘が Montgomery で分離の旗を振っていた。Old Gentlemen's Convention と揶揄されたこの会議であったが、兎に角、131 人の元大物政治家が集って来ていた (wikipedia)。
43　Friedman は、奴隷法制を、生活方法 (a way of life)、社会制度 (social system)、文化 (culture) などと呼ぶ。彼はまた、de Tocqueville を引用して、時とともに南部の奴隷所有者社会は、「恐怖の王国」(kingdom of fear) になっていったとする。その恐怖とは、北の恐怖、自由な黒人の影響からの恐怖、廃止論者からの恐怖、そして最終的な人種戦争 (race war) の恐怖、であったとする (p.156)。

第3編　19世紀後半以降の憲法

ある。もう2コマ、3コマ増やして見たらどうなるか。

(a)奴隷（制度）化のスピードは、そのVirginiaでもゆっくりと始った。北米大陸に初めて黒人（Negroes）が姿を見せるのが、John Rolfeの1619年の日誌中の「あるオランダ人が20人のNegroesを売った……」との記事である[44]。それから約半世紀後の1671年で、Virginiaの人口4万人に対しNegroesは2000人（5％）だったという記録がある[45]。その記録によれば、「現地は何よりも労働力が不足していた」、とある。それなのに、この黒人輸入の少さを見ると、奴隷の制度化がVirginia社会に根付いていたとは思われない[46]。更に、この人手不足を埋めるのに黒人奴隷ではなく、年季奉公者（indentured servant）（第1章1.(2)）が当てられた理由として、Fonerは、王立のVirginia Companyが、乞食や犯罪人などの「好ましからざる輩」（undesirable elements）を国外に追放する方向でイギリス政府に協力していたからだと記している[47]。

(b)しかし、Virginiaでの入植が進むにつれ、人手不足は益々差し迫ったものとなり、これに目を付けたロンドンの商人らは、1672年に王立アフリカ会社（Royal African Company）の免許を得て、1698年まで（27年）の独占期間に、10万人の黒人を運んだとされる[48]。Fonerによれば、その結果としてVirginiaでの黒人奴隷の数は17世紀末ではまだ6000人程度であったが、猛烈な勢いで増えていって、革命戦争前にはVirginia

---

44　John Rolfe (1585～1622) は、イギリスのNorfolk生れの無名のイギリス人であったが、1606年のVirginia Companyによる入植団に加わって入植し、Virginiaで初めてイギリス（世界）に通用するタバコ産業を育てた。

45　Philip S. Foner, History of Black Americans, from Africa to the Emergence of the Cotton Kingdom（testaae.greenwoodより）。

46　前注Fonerによれば、ヨーロッパからの入植者を大々的に呼び込むため、1630の現地コインには、「イギリスには人手はたっぷりとあるが土地がなく、Virginiaはその反対！」という言葉が打刻してあったという。

47　最期のScotland王子Prince Charles Edward StuartがCulloden草地で敗れて、うち1000人以上が罪人としてアメリカへ送られたが、その後の18世紀末に近くなると、罪人はAustraliaへ送られることが多くなる。

48　イギリスでの名誉革命（1689年）以降、こうしたアフリカ貿易での独占が廃止されたため、Royal African Companyによる奴隷貿易も大幅に縮小した。

508

の人口の約半分（47％）の20万人を占めるまでになったという[49]。以上を要約するように Foner はいう。「黒人奴隷が制度として確立するのは、1660年代であったろう」（それまでは、年季奉公者〔indentured servant〕としての地位であった）。彼は、この絡みでは南部の歴史、殊に黒人奴隷の歴史に詳しいとされる Ulrich B. Phillips (1877～1934) を引用している[50]。「彼らが北米大陸に着岸した時は、彼らの "maritime seller" の手中にある奴隷 (slaves) であったが、しかし、Virginia の buyers に引取られた時の彼らは、"not fully slaves" の状態であった……なぜなら、そこにはまだ、（law とか custom といった）そのための institution が存在しなかったから」。

　㊋上で「皮膚の色で区別されてドンドン特化し深化して、独特の制度 (peculiar institution) となった」と述べたが、要約すると、先ず「年季明け」というものがない、無期限の（生涯の）(life long) 奉公 (servitude) ということがある。つまり、己れ自身の人生がない。そこから主人（奴隷所有者）(master) の所有物となって了ったということがある（第1章 1.(2)㊁(b)）。まだ law reports のない17世紀半ばの（制度化が始った）Northampton County、Virginia での先例であるが、Johnson v. Parker (1654) がある[51]。

　(a)南部では、一切の人権 (legal rights of man) は皮膚の色で止った。しかも、この独特の制度に関する北と南の違いは拡大する一方で、双方の関係は悪化の一途を辿った。19世紀初頭には特に南部のあちこちで、こ

49　黒人奴隷は、いわゆる tidewater 地方に集中し、West Virginia では人口の5％程度に過ぎなかった。

50　Ulrich B. Phillips は、20世紀前半の著名な歴史家。南部の大農園と奴隷問題 (plantation and slavery) に詳しく、大農園は利益を上げていたが、全体として農園の収益は1860年頃には頭打ちで、仮に civil war がなかったとしても、奴隷制度はブラジルでの例のように、自然のうちに衰退に向かっていたとする (conservapedia)。

51　原告の Anthony Johnson が、元奴隷の John Casor の引渡しを Parker に対し求めた事件で、John Casar の抗弁「約束の年限8年間が過ぎたから」にも拘らず、Johnson の取戻し権が認められている。つまり、indenture による年限が否定されて、無期限の奉公義務が肯定された（この事件での原告も黒人で、元 indentured servant であった）。

509

の「恐怖の悪夢の現実化」ともいえる事件が少からず起った[52]。

　南部の奴隷法制を、最小限、見ておく必要があろう。ほかでも記したが、奴隷は民法上は、不動産（ないしその定着物）と同じ扱いがされていた[53]（Virginia 法〔1708〕、Kentucky 法〔1798〕、Louisiana Territory 法〔1806〕）。だからこそ、憲法による正式な奴隷解放に先行して、実質的な奴隷解放に当る（農地の）没収法（Confiscation Acts）が早々と作られた（後出 2.(1)(イ)(b)）。所有する農場のうちの a 筆を売却しようとする農場主 A は、1 本の譲渡証書（deed）を作成・交付することで、そこにある鶏、豚などと同じく、奴隷小屋とその中の奴隷全員も処分したことになる[54]。

　(b)財産法を別にしても、もっとひどい扱いがなされていた。たとえば、① Louisiana Territory の 1806 年法（Black Code）は、「奴隷は、**主人およびその家族すべて**に対し、**無限の敬意義務**、**絶対の服従義務**があり、すべての命令に従わなければならない……」と定め、② Texas 州刑法（1856）は、「主人は、奴隷の生命、身体に影響がない範囲で、その服従義務を履行させるために必要と考える、どのような仕置きをしてもよい（……may inflict any punishment……）」と定め、また③ South Carolina のある判事は、奴隷の法律上の地位を、次のような露骨な言葉で表現していた。「奴隷は、Magna Carta にも、コモンロー（common law）にも縋ることができない（……can invoke neither……）。彼が服しているのは唯一、主人との盟約（compact）であり、主人の専横（despotism）である」[55]。

52　最も有名なのは、Nat Turner によるものである（1831 年）。Friedman も、多くの事例があることを"immense"と記しているが（p.154）、奴隷に関する文献は、膨大かつ増加の一途であり、ここでは個別には立ち入らない。

53　これらの（植民）州法では、夫が亡くなると、妻がその奴隷を当然に取得するという**寡婦権**（dowry）が認められていた。

54　Virginia 法（1794）は遂に、奴隷所有者が債務の弁済のために奴隷だけを売却することを禁じ、その他一切の財産（all other personal property）とともにでなければ、処分できないとしていた。

(c)他方ではしかし、奴隷について多少の権利を定める制定法が、南の
10州でも作られていた。前出の Louisiana 法 (1806) では、(鞭打ちなど
を除く)「残虐な罰」(cruel punishment) を犯罪と定め、Louisiana 州の
改正法 (1825) では、残虐な扱いにより犯罪とされた主人に対しては、裁
判所がその奴隷の売却を命じることができたし[56]、然るべき食事と衣服を
与えることを、主人の義務と定めていた州は6州あった。更にいえば、主
として北部での話しであるが、奴隷取引に対する社会の嫌悪があった。殊
に Pennsylvania 州では、18世紀にそうした動機からクエーカー教徒を
中心とした社会運動があった (第1回連邦議会への請願問題として前述し
た[57])。これらの運動に対して、いや、そうした運動があればあるほど、
南部の恐怖は煽られ、高まった。

(d)しかし、新たなタイプの移民流入が本格化した世紀半ば以降は、南部
による抵抗や南北政界の妥協を凌ぐ巨大な変化が社会・経済面で起きてい
た。それは工業化、都市化ともなり、北と南の差の拡大に一段と拍車をか
けた。元から大きかった教育、職能などでの違いも、更に拡がった。

原則として文盲な黒人奴隷は別としても、南部では、白人の20％も同
じく文盲で、その子供の1/3は、年に3ヶ月しか学校に行っていなかった。
これに対し北部、殊に New England では、95％が読み書きができ (当
時の世界最高)、子供の就学率も高かった[58]。実際、19世紀前半の北部は、
人口増も世界の平均の6倍、イギリスの4倍という速さで、他をリードし

---

55 Ex Parte Boylston, 2 Strob. 41, 43 (S. C., 1847), (Friedman, p.162).
56 問題は、上記 Louisiana 法 (1806) 中で述べた Black Code との釣り合いから、裁判所が
   どこまでこうした制定法どおり法を執行したかであるが、Friedman はいくつかの南の裁判
   所は正直に処理したとしていて、State v. Jones, 5 Ala. 666 (1843) など数件の資料を引用す
   る (p.163)。だが、これらは例外的で、多くの残虐行為が罷り通っていたとも記している
   (p.164)。
57 やはり Friedman の (Merrill Jensen, The New Nation〔1950〕からの) 引用であるが、
   1785年ニューヨーク州の John Jay と Alexander Hamilton は、次の解放運動を助けてい
   る。"Society for the Promoting of the Manumission of Slaves, and Protecting such of
   them that have been or may be liberated" (p.154)
58 McPherson, pp.20-21, 40.

ていた[59]。

　移民数の増大と、その出身国の変移と相前後して、西部テリトリの一体化（鉄道、鉱山などの産業から、製造業までの幅広い工業化）の波が起きた[60]。この社会・経済の大きな変化が、連邦政府の政治にも大きな影響を及ぼした。それによる政治のうねりはまた、連邦憲法を根幹とする法秩序の上から下までを激しく揺さぶった[61]。南部の農園の大半が、ロンドンのBrown Bros.などの金融資本の抵当にとられていた。彼ら金融資本は、この奴隷制度を含む南部社会の法秩序の受益者として、その存続・拡大を狙っていたから、南北分裂をむしろ歓迎・助長していた。そこには外国、中でもかつての宗主国からする妬みも働いていた[62]。

⑵人種（黒人奴隷）問題と南北戦争

　(イ)各州法（憲法、民法、刑法など）が奴隷をどう定義し、どう扱っているを垣間見た。南部社会の恐怖と、その政治への撥ね返りを見た。南北激突の起爆剤ともいえた黒人奴隷（その人権）を、憲法はどう扱っていたか[63]。あちこちで触れてきたが、要約してみよう。ここでの視点は、人々の人権、また黒人奴隷の人権を、州政府による侵害から保護する上で連邦憲法が、何を、どう定めているかである。

59　McPherson, p.9.
60　同じ中西部北（かっての Ohio Country）の 3 州（Ohio、Indiana, Illinois）でも、その北半分と南半分とでは、かなりはっきりと二分されていた。住人らの元の出身州、文化、生業（産業）、交通手段からして違っていた。これら北部州民らは、北東部 New England から Erie Canal によって来た "Yankees" で、北東部アメリカを顧客とした酪農経済を営んでいたのに対し、南部州民らは、穀物、豚、ウィスキーを 3 本柱とする、いわゆる "Butternuts" の民であって、その流通は、オハイオ川、ミシッシピ川に依っていた（McPherson, p.31）。
61　「19 世紀半ばと世紀末とでは、アメリカ法が革命を経た社会でのように変化した」（Friedman, p.253）。
62　ロシアの外相 Gorichakov が、1862 年に Lincoln 大統領宛に出したとされる書簡では、「アメリカで Union の結合が瓦解しつつあることを、イギリスは喜んでいる……」との一節の後に、「ロシアだけが、アメリカの盟友であり続ける……」との言葉がある（この時、Alexander, II 世皇帝はロシア艦隊をアメリカに派遣し、イギリス、フランス艦隊による南軍への援助（北軍による南部の港封鎖を突破させるのを）、牽制している。Dennis Speed、2014 年 4 月（Schillerinstitute.org）。

512

第6章　19世紀アメリカの憲法史ハイライト（南北戦争と、人種問題）

(a)憲法は一言でいえば、黒人奴隷を人とは見ていない。物のカテゴリである（前出）。先ず、憲法改正に関する条文中で、これを**輸入**（importation）と表現し（Ⅰ、9 (1)、Ⅴ）、奴隷所有者による相続、売買、贈与や寡婦権の対象、更に輸入税（tax）の対象としていた[64]。憲法上で人（人間）ならば、他州内にいても**市民**（citizen）としての身分保障と特権（privileges and immunities）を失わないが（各州間での特権と身分保障条項〔Privileges Clause〕〔Ⅳ、2 (1)〕が働き、A州の**人**ならば、B州でも人としての特権を侵されない）、黒人奴隷は人ではないから、**市民**（Citizen）としての特権を有さず、各州間での憲法上の特権と身分保障条項（Privileges Clause）（Ⅳ、2 (1)）の適用はない。

(b)反対に憲法は、俗にいう**逃亡奴隷条項**（Fugitive Slave Clause）を用意した。市民（権）を否定された奴隷は、A州からB州に逃れて行っても、捕えられて元の奴隷の持主に引渡されねばならない（Ⅳ、2 (3)）（この点は、indentured servant のように、いずれかの州の法律の下で労役に服している者が、元の州での役務や労働を免れようとして、他州へ逃れて行った時と同じである）。これらの憲法条文を受けて、それまで（植民州）法だけの問題であった奴隷問題に係る連邦法が立法された。州主権の問題である奴隷問題には、連邦には一切口出しさセないとしていた南部が認めた皮肉な例外としての、**逃亡奴隷対策法**（Fugitive Slave Act of 1850）である[65]。

63　アメリカ人の生活に直接影響を及ぼしているのは、州以下の政府であり、規律するのは、州法や市町村条例である。州政府の権力行使、それが人権にどう関係するかを見るには、州法以下の法規に当ることになる（殊に連邦法が多くなった今日とは違い、当時はそれがすべてであった）。黒人奴隷についても同じである。

64　ただし、黒人奴隷輸入の自由に関する州法に対する改憲制限は、憲法上の期限が切れる1年前、1807年に連邦議会で輸入禁止立法が作られた（前出）。

65　同法は一言でいって、逃亡奴隷を憲法の**人身保護令状**（Writ of Habeas Corpus）の適用外とし、人間扱いしないことを可能にする。同法に先行する代表的なケースとして、ほかでも触れた Prigg v. Pennsylvania, 41 U.S. 539 (1842) があった。逃亡奴隷（女）を捕えた持主が、奴隷禁止州の法律により起訴・有罪とされたのに対し、最高裁が、連邦法（逃亡対策法）の下では無罪であるとして、これを覆したケースである。

513

対策法は、南、北州が連邦議会で**1850年妥協**をしたことを受けて、同妥協の一部（南部から見て最大のメリット）として作られた[66]（実は、憲法条文を受けた対策法〔Fugitive Slave Act〕は、既に1793年2月の第2回連邦議会で作られていた。1850年法は、1850年妥協を受けて、それを大幅に強化したものである）。

(ロ)以上が、独立宣言中で自然法（the Laws of Nature）を謳い、それを信じて独立した父祖らの奴隷に対するルール、母国イギリスからも大いに嘲笑われたルールであった。具体的な事件発生で、憲法のこの露骨な矛盾・欠陥は、目で見える形で浮上する（その1つが、最高裁の汚点に数えられる前注Dred Scott事件である[67]）。

A州に居住していた人aが奴隷だった場合、B州に逃亡して行ったとき、A州市民としての特権や**合衆国市民権**（national citizenship）は認められるか、自由州とテリトリに2年ずつもの間居住していたことはaの（奴隷）身分に影響したか、憲法の番人最高裁が、特権と身分保障特権条項（Ⅳ.2）および**北西政令**（1787）をどう解釈するかである[68]。答えは、奴隷は「憲法のいう“citizen”ではないから、合衆国市民権としての特権と身分保障条項（Privileges Clause）（Ⅳ、2(1)）の適用はない」というものであった[69]。

(a)問題は、典型的に奴隷aについて、かつFugitive Slave Actに関し

66　1850年法は、北部議員が挿入しようとした逃亡奴隷による人身保護令状の申立てと、その自己証言権と陪審権を否定し、連邦保安官（U.S. Marshal）に1000ドルの罰金による威嚇とともに、逃亡奴隷捕獲への協力を義務付けるなどした。1850年代には、捕えられた奴隷のうち332人が持主の支配に戻ったのに対し、11人のみ、自由の証明が認められた。1850年妥協を巡る立法の駆け引きに憤慨したWilliam H. Sewardは、陰謀があったと攻撃していた（McPherson, *op. cit.* pp.178–179）。

67　Dred Scott v. Sandford, 60 U.S. 393 (1857). この件での最高裁裁判官（当時7人）のうち5人は、奴隷所有者であり、また既に80歳の長官Taneyは、自らの奴隷は解放していたが、南部が黒人の共和国になることを防ぎたい、と考えていた（McPherson, p.173）。なお、彼は、以前はAndrew Jackson時代の財務長官として第2合衆国銀行を潰す仕事もしていた。

68　第2点に対しては先例があり、Kentucky州からちょくちょくOhio州に旅をしていた奴隷でも、それによって自由を得ることはない、引き続きKentucky州法（不動産法）に服する、としていた（Strader v. Graham, 51 U.S. 10〔1851〕）。

第6章　19世紀アメリカの憲法史ハイライト（南北戦争と、人種問題）

て起こった。事件でのもう一捻りは、奴隷aが、未だA州に昇格する前のテリトリからの逃亡奴隷であって、1787年北西政令（§14とArt.6）が関係していたことがある（第2章3.(2)参照）[70]。これらの共通的基礎として、奴隷に対する先述の**州主権の原則**がある。一方で連邦最高裁は、最高法規条項（VI、(2)）の下で州奴隷法を審査すべきでありながら、他方で、連邦政府も州政府も、**ともに主権者である**、という憲法上の大原則の存在も確認している（修正X、修正XI）[71]。

　注記のケースは、正に逃亡対策法（Fugitive Slave Actの合憲性）が争われたものだが、その中で最高裁は、連邦と州の二元主義の法理を述べつつ、同法の合憲性を肯定した[72]。

　(b)連邦の逃亡対策法の下で、法律上奴隷捕獲への協力を強いられていた北部諸州のうち、コネチカット、マサチューセッツ、ミシガン、メイン、ニューハンプシャ、オハイオ、ウィスコンシン、ヴァーモント（Connecticut, Massachusetts, Michigan, Maine, New Hampshire, Ohio, Wisconsin, Vermont）は、連邦法Fugitive Slave Lawへの対策として、各別に州法（personal liberty laws）を立法し、州の官憲らの義務軽減を

69　Dred判決は、テリトリ（Territory）内での奴隷の所有を禁じた北西政令（Northwest Ordinance）を違憲・無効（Void）だとした（at 435）。判決はその前に、IV、2(1)でいう'citizen'と、前文でいう'people of the United State'とは同義語であって、共和制の我が政体の下での「主権者たる人民」（sovereign people）のことであると述べた上で、奴隷については、"We think they are not, and……not included, and were not intended to be included, under the word 'citizens' in the Constitution……"といっている（p.405）。

70　1787年北西政令Northwest Ordinanceは、"There shall be neither slavery nor involuntary servitude in Territory……"と定めていた（art. 6）。Dred Scottは、ミズーリ妥協法（Missouri Comprise Act）に言及し（p.433）、更に北西政令にも言及したが（p.441）、判決は、そこでのテリトリとは、北西政令制定時のテリトリ（Territory）だけを意味するとした。その後、合衆国に編入されたMissouriなどは、Territoryに入らないとしている。

71　この考えを判示したAbleman v. Booth, 62 U.S. 506, 516 (1859) では、「……両主権は、ともに同じ領土上で行使されるものの、各自の分野の中で、互いに全く独立別個に行為する（……both exist and are exercised within the some territorial limits……are yet separate and distinct sovereignties acting separately and independently of each other……）といっている。Tribeはこれを、「並存的連邦主義」（dual federalism）と呼ぶ（op. cit. p.862）。

72　Taney長官による判決は、Wisconsin州最高裁判所が黒人奴隷Boothについて出した同州法の下での人身保護令状は、合衆国の法律に基づいてBoothを捉えている合衆国官吏Ablemanに対しては、何らの効力もないとした。

515

第3編　19世紀後半以降の憲法

定めていた[73]。

　(c)連邦発足からかなりの期間、連邦政府は独自の機関を持たず、そのための予算も人員の裏付けもないまま、殆んど形すら整えられなかった。いわゆる法の執行機関（警察権や執行吏などの行為）も、州に委ねるしかなかった（たとえば当初の連邦刑法なども、その執行を各州執行機関に授権・委任していた）。その中で逃亡対策法（Fugitive Slave Law）は、逃亡奴隷を捕獲するための連邦保安官の出動を定めていた。この文脈での連邦から州への授権・委任について、最高裁は余り問題を見出すことなく違憲の主張を斥けている。ただ、連邦議会が立法により州の役人に授権・委任したことの行為を強制できるかという文脈では、否定した例もある[74]。

　(d)前出の歴史家 Phillips は、W.W. I 前のアメリカで、それまでの世間一般の理解を大きく変える見方を始めた。「奴隷制は悪だけではない。彼らをアフリカの野蛮な生活から救い上げ、キリスト教化し、保護し、文明化した……」。彼はこの結論を出すのに、いくつかの大農園（large plantations）の原資料に当り[75]、master らが、その実生活中で奴隷に対し kindness と benevolence をもって接していたことを示したうえで、「奴隷制は "a mild and permissive institution" であった」と締め括った。これに対し、1960年代になると、いわゆる新廃止論歴史家（neoabolishonists historians）が盛り返してきたが[76]、やがて Phillips と、その反対陣営のいずれに対しても批評がなされるようになった。即ち、「いずれ

73　逃亡対策法（Fugitive Slave Act）の施行前から、北部州民による黒人奴隷の逃亡を助ける動きもあり、Wisconsin 州を含む北部自由州にはかなりの黒人奴隷がいたが、1850年に1793年連邦法が強化されると、新法による捕獲の急増が、それら自由州と黒人奴隷にパニックを起こさせた（1850年10～12月だけで、3000人がカナダに逃れ、オンタリオ州の黒人奴隷の人口は1850年中に倍増して1万1000人になったという（McPherson, *op. cit.* p.81））。
74　Priggs v. Pennsylvania, 41 U.S. 539 (1842) では、州の役人が逃亡奴隷を連邦の役人に引渡すことの授権・委任を可とする一方、Kentucky v. Dennison, 65 U.S. 66 (1861) では、連邦議会は、逃亡奴隷を州外へ追放することを立法により州知事に強制できないとしている。
75　こうした大農園（large plantations）の一例として、conservapedia は、"A Jamaica Slave Plantation"（1914）を挙げている。
76　このような neoabolishonists として U.C. Berkeley の Kenneth M. Stampp がいる。

も事例を多く集めることで、『奴隷制が奴隷に何をもたらしたか』という概念的答えを見出そうとしてきたが、正しい答えは、個々の農園から農園へと、各事例の間には大きな距離があるということだ」とした[77]。

㈢南北戦争（civil war）は、上記の憲法の露骨な欠陥を修正した。それにしても果して、これ（70万人の命の喪失）は避けられなかったのか。Buchanan 大統領に対し向けられている史家の厳しい眼について触れた[78]。Dred Scott 判決への係り、Kansas Territory との係り（殊に、その Lecompton Constitution を押し通そうとしたこと）も含め、彼による議員買収の噂や全般的汚職の蔓延で、弾劾の可能性を含め Covode Committee が設けられたことなど[79]、そして何よりも、South Carolina 州が分離をした 1860 年暮れから翌春にかけての南部州への対応（無為無策）を見ると、この評定は動かないといえる。Dred Scott や Ableman 事件のような非人道的な結論に対応するため、南北戦争後の**再建期**（Reconstruction Era）に、修正ⅩⅢに続いて、修正ⅩⅣと更に修正ⅩⅤが、憲法の定める手続（Ⅴ）に従って制定、批准された（次段）。

①中でも、修正ⅩⅣが、合衆国内で生れたか、合衆国に帰化した人すべてに、その居住州での市民権があることを謳うことで、人種に係りなく、すべての人に市民としての特権条項を拡げることとし、かつその具体化措置を、連邦議会による立法義務とすることで、Dred Scott 事件のような奴隷問題に答えただけでなく、様々な人権抑圧の結果を生むことのある刑事事件への対応を用意した。

②しかし南部州では、北部主導による**再建期**（Reconstruction Era）

77　このような批評をする歴史家として、2 人とも Northwestern Univ.で教えたことのある George Fredrickson（1934～2008）と、Christopher Lasch（1932～1994）の共著による *Historical Perspective on Slavery, Racism and Social Inequality* や、*Resistance to Slavery* などがある。

78　CTV. Cal U.S. historians pick Top 10 Presidental Errors、February 18, 2006, Associated Press。Buchanan を worst 10 の No.1 に挙げている。

79　Covode Committee は、1860 年春に Pennsylvania 州からの下院議員 John Covode が発議して自ら chair となった委員会。奴隷廃止論者の彼は、当初（1854 年）は Whig であったが、1856 年に新しい Republican Party に加わっている。

517

第3編　19世紀後半以降の憲法

を経た後に、再建（秩序）の**揺れ戻し**（Redemption）があった。それにより、南北戦争70万人の犠牲の上に築かれた新しい規範の多くは空洞化させられ、元の黙阿弥に近い事実状態に低下した。しかも、その元の黙阿弥状態は、1950年代か1960年代頃まで、1世紀近くも続いた（後出）。

　南北戦争そのものの記述は、以下の(ﾍ)(c)に要約したほかは割愛したが、憲政史に影響を与えた意味のあるミニマムな事実について一言すると、メリーランドからルイジアナまで、南部を主戦場として正味4年に及んだ南北戦争（civil war）は、**史上初の近代戦争**の様相を持ち、鉄道、電信、蒸気軍船、**大量の火器**を用いた**大量殺戮**が行われたため、基本的に工業化の進んだ北に有利といえた。

　(a)戦いは、南部がサウスカロライナ（South Carolina）にある孤立した合衆国の要塞フォート・サムター（Fort Sumter）を攻撃したことで火ぶたが切られた。いずれも奴隷労働による綿花栽培を主産業とする南部7州が、初めに南部連合（Confederate States of America）を結成した。その後この連合に、メイソン・ディクソン・ライン（Mason‐Dixon Line）に近い4州が参加した[80]。南部連合は、Alabama州のMontgomeryで、連合の憲法制定、連合独自の議会の構成、臨時の大統領と副大統領の選任など[81]、すべてを僅か6日間で行った[82]。

　(b)Mason Dixon Lineに近い4州は間もなく北の合衆国軍に占領され、合衆国軍は更に南部州を海上封鎖した。戦局は人的、物的資源で南を上廻った合衆国軍優位の中で進み、南部州は物的にも社会的にも、徹底的に破

80　南部連合の副大統領 Alexander Stephens（かつての Whig 党では Lincoln の友人）は、"Cornerstone Speech" として知られるスピーチにより、南部による分離の考え方の基底には、「黒人が白人より肉体的、哲学的かつ倫理的（physical, philosophical, and moral truth……）に劣るという世界史上の真実がある」、としている（McPherson, p.244）。こうして、Confederates の初めの7州は、South Carolina, Mississippi, Florida, Alabama, Georgia, Louisiana, Texas で、後に参加した4州は、Virginia, Arkansas, Tennessee, North Carolina である。

81　短命に終ったこの南部連合で、唯一その大統領となった Jefferson Davis は、West Point 卒の軍人で（自身も slave‐owner である Kentucky の農家出身であった）、Mississippi 州からの上院議員、合衆国の Secretary of War などを経ていた。

518

壊された。戦局の初期、Mexico 戦争での安易な勝利の記憶があり、南北の将軍とも、積極的な攻撃に打って出ることが多かったが、僅か 10 年余りの間の軍事科学の進歩もあり、双方の将軍とも新たに、その戦略を南北戦争そのものから学ぶしかなかった[83]。この戦争の間、北部合衆国 (Union) のために目覚ましい働きをした黒人リーダーがいた。1.(1)(イ)(c) で触れた Frederick Douglass である。彼は、この戦争を奴隷制度という悪を滅すための十字軍による聖戦 (morale crusade) だと見た。自らの立場を生かして、多くの黒人兵士を募り、また 2 回にわたって Lincoln 大統領への助言者 (advisor) としても働いた[84]。

　南部連合の誤算として、(南部の綿花を必要とする)「ヨーロッパが介入してくれる」、があった[85](しかし、南部を独立国として承認した国は 1 国もなかった。イギリスにもフランスにも介入〔参戦〕論者はいたが、多数派とはならなかった[86])。リンカーンが、共和党の過激派とは違った漸進主義をとったことも、南北の境界に近い Maryland などの border states や Dept. of War などを味方に引き付ける方向に働いた。

　(c) civil war について詳しく語るのが本旨ではないが、南部 (Confederacy, Confederate States of America) の軍隊 (Confederate Army)

82　この憲法は 1 ヶ月後に正式採択されたが、連邦憲法と違うのは、前文 (Preamble) にあった言葉 "welfare" と "a more perfect Union" とを削ったこと、"We the People" の後に "……each state acting in its sovereign and independent character" を加えたことの、2 点だけであった（また、奴隷についても、連邦憲法のような言葉を濁したい方ではなく、"slave" といっている)。

83　当時の West Point の卒業生が習ったのは、ナポレオンのスタッフの 1 人（スイス人）だった Antoine-Henri Jomini の翻訳本程度で、余り尊重もされてなかった（Grant は「読んだことがない……」といっていた）(McPherson, p.332)。

84　David W. Blight, North Central College (docsouth.unc.edu)。

85　前注 39 の "King Cotton Diplomacy" 参照。

86　南部は、彼らの大義である**州権の神聖**にヨーロッパの一部が、殊にイギリスが、好意的な態度を示し、味方してくれるであろうと期待していた。2013 年 10 月 25 日の C-SPAN 放送は、歴史家 Webster G. Tarpley による記事として、北軍による南部の港に対する封鎖をイギリス、フランスの軍艦が破ろうとしたのに対し、ロシア (Alexander II 皇帝) がこれとは反対に、Baltic Fleet と Pacific Squadron をアメリカへ向け移動させ、イギリス、フランスへ最後通牒 (ultimatum) を出すとともに、イギリス、フランスの軍艦の動きを牽制したということを伝えている。

第3編　19世紀後半以降の憲法

について一言。Pierce 大統領の下での戦争長官で、後に南部の大統領となった Jefferson Davis や、南軍の主力の1つ、Confederate Army of Northern Virginia の司令官だった Robert Edward Lee が、U.S. Military Academy at West Point の出身であることは他所でも触れた。Robert E. Lee が指揮をした Confederate Army of Northern Virginia や Joseph E. Johnston 揮下の Army of Tennessee などの部隊は、すべて 1865 年 4 月中旬には降伏し[87]、Confederate cabinet も、5 月 5 日の最後の閣議をもって解散・消滅している（Jefferson Davis は 5 月 10 日に捕えられているし、南軍の中心となった Northern Virginia Militia を率いて善戦し、最後は南軍全体の指揮をとっていた（独立宣言を発起した Richard Henry Lee の血筋に当る）Robert Edward Lee も、軍人として突出した才能と人気を持ってはいたが、1865 年 4 月 9 日に Appomattox Court House で Grant 将軍に降伏した）。

　その間、延べ 100 万人近い将兵が南軍で働き、10 万人近くが戦死し、16 万人以上が病死したとされる。これらの南軍は、すべて 1861 年の 2、3 月に開かれた南部連合の暫定議会（Provisional Confederate Congress）の立法により急拵えで作られた（Provisional Army of the Confederate States〔PACS〕）。つまり、3 月 4 日に Lincoln 大統領が新任式を迎えるまでに、多くの分裂の事実が先行していた。4 月 12〜13 日には Davis 大統領の命の下、南軍の司令官 P.G.T. Beauregard 将軍の軍が、Charleston、South Carolina の湾口 Sullivan Island にある Fort Sumter を砲撃し、Robert Anderson 大佐以下の守備隊を降伏させていた[88]。

　(d) 数ある戦闘の中でも、Tennessee 州の Lookout Mountain と Missionary Ridge を中心に戦われた 1863 年 11 月下旬のチャタヌーガ戦

87　Richimond, Virginia の古文書保存所が破壊されたため、正しい数字は得られないが、南軍は、その本来の目的・意義からも、戦術的にも専守防衛の筈だったので、Robert Lee が Confederate Army of Northern Virginia を引連れて Maryland 州へ入り、Antietam Campaign をしたことに対し、兵士らは反撥したという（civilwar.org）。

520

第 6 章　19 世紀アメリカの憲法史ハイライト（南北戦争と、人種問題）

（Battle of Chattanooga）が注目される。この戦闘での南軍の大将は、Robert Lee と並んで南軍全体の参謀格でもあった Braxton Bragg である。この戦闘で勝利したことにより、北軍は、鉄道の Chattanooga 分岐点での南軍による接収を終らせることができた。そこで、北軍の William Tecumseh Sheman 将軍が、軍を Tennessee 州内から引揚げ、Atlanta 方向に力を注げるのを可能にした（Sherman 軍は、そこから Savannah 攻略のための「海への進軍」〔March to the Sea〕を行えることになった[89]）。この重大な局面となった Tennessee 州の Stone River と Missionary Ridge での 1862 年の暮から翌年の正月にかけての戦いで、南軍は敗退することになったが、そこで総大将 Braxton Bragg から、その方面の防衛を命じられていたのが、元 Kentucky 州からの連邦上院議員で（Buchanan 大統領の下で史上最年少の副大統領に取り立てられていたが、再び上院議員となっていた）、今は南軍に属し、1862 年 4 月の Battle of Shiloh の戦功で准将（major general）になっていた John C. Breckinridge である。

　戦争勃発後、南軍に走ったため、これまた憲政史上例を見ない「合衆国に対する反逆罪（treason）」として上院から追放されていた。ここ南軍でも Breckinridge は、命令を受けたのに酔っぱらっていて遅れたことが Stone River での敗退につながったとして、Braxton Bragg により異動

88　1860 年 12 月 20 日に South Carolina が連邦から分離する中で、Fort Sumter に立てこもった Anderson 守備隊長に対し、Buchanan 大統領は補給のため商船 Star of the West を送ったが、South Carolina 知事と militia が砲撃したため、船は引き返さざるを得なかった。翌 1 月 11 日には South Carolina の governor が守備隊の降伏を要求したが、Anderson は拒んだ。歴史の皮肉で、Beauregard 将軍も Anderson の West Point での教え子の 1 人であった。
　Lincoln 大統領が就任すると、密使を現地に送り実状を探らせる一方で、交渉については、Washington D.C. で南軍からの条件申出を待つ姿勢をとった。その間、現地では 2 日間にわたり攻撃があり、部下の総意で応戦を続けていた Anderson も、これが限度と判断して、4 月 14 日正午で降伏した（historynet.com）。
89　"……forced the Confederates back into Georgia, ……paving the way for Union General William Tecumseh Sherman's Atlanta Campaign and March to Savannah……"（historynet.com）。

521

第3編　19世紀後半以降の憲法

させられていた。しかしその後、彼は再び軍の重要な任務につき、更に後にはDavis大統領により南の戦争長官に任じられている。Davis大統領以下の南軍が降伏した後も彼は、Cubaからイギリス、カナダと逃亡生活をしていたが、1868年6月Andrew Johnson大統領がすべての南軍軍人を恩赦にしてから、故郷のKentuckyに戻っている。

　㈡戦争後の**再建期**（Reconstruction Era）に、修正ⅩⅢに続いて、修正ⅩⅣと更に修正ⅩⅤが制定、批准されたことを述べたが、この時期は正に、合衆国憲政史上の一大転換期であった。特に黒人に対する法的な人権保護制度創設の点で画期的であった。そのことを示すのは、以上の修正憲法に止らない。Civil Rights Act of 1866 (42 U.S.C. § 1982)、4つのReconstruction Acts of 1867, 1868、3つのEnforcement Acts of 1870, 1871、の各立法である。更に、Civil Rights Act of 1875もGrant大統領のサインにより法律となる[90]。

　憲法上、それほどの重大な意味を持っていた南北戦争の大義につき、窺見しておこう。そこに、多くの議論があるのは無論のこと、北と南では、今でも正反対の見方もなされうる。事実による検証が、必要かつ適切といえる。

　(a)リンカーン（Abraham Lincoln）も連邦議会も、1861年夏頃までは、戦争の目的を唯一、「共和国連邦体制の保持」と考えていた。しかしその後、双方とも一致して、「奴隷解放」を第1目的とするようになった[91]。この**南北戦争の大義**をよりよく示すため、リンカーンは1863年正月、遂に正式な**奴隷解放宣言**（Emancipation Proclamation）を出した[92]。大統領令（Executive Orders）である奴隷解放宣言の効力は、第4章注263

90　このうちのCivil Rights Act of 1866の下で連邦議会が私有物（private property）を処分する場での差別を禁ずる立法をしたとしても、同法は、抽象的に合衆国民としての平等を定めたものとして合憲とされている。Jones v. Alfred H. Mayer Co., 392 U.S. 409 (1968)。しかし、Civil Rights Act of 1875の下で生じた5つの別々の事件を束ねたCivil Rights Casesでは、連邦議会は私人に対する差別を禁ずる法律を作る権限はないとされた。
91　奴隷解放宣言についてLincolnは、正式な宣言を出すまでに、南部の準備の必要などに合わせた漸進主義の必要を考え、正式宣言を延ばしたり、予備宣言を出したりしていた。

522

第6章　19世紀アメリカの憲法史ハイライト（南北戦争と、人種問題）

に記したとおり、軍人と連邦政府職員だけが、それにより法的に縛られる。少なくとも北軍兵士にとって、それは（奴隷を南部の奴隷所有者から「解放せよ」との）命令を構成した（この奴隷解放宣言は、英仏による参戦や仲裁をしようとの動きの出鼻を更に挫いたとされる）。

　このProclamationのいうとおりに奴隷解放を行うには、反対に近いことを定めていた憲法条文を書き改めねばならない（第4章二.1.(1)(ロ)(e)など）。アメリカ人は、この期に及んで初めて憲法改正を、それも手続的や形式的規定ではない、基本的人権という実質的規定の改正を考え、それを口に出して云うようになった（父祖達の書いた、「神聖にして犯すべからず」、と思っていた憲法の書き換えである）。

　(b)当初、北軍の**第1の大義**は、奴隷問題ではなく、33州から成った**連邦の一体保持**とされていた。それが、南部州に進駐して奴隷らの生活を現実に見、触れるにつれ変化した。奴隷問題で一番訴えたものの1つに、奴隷所有者による逃亡奴隷捕獲のための新聞広告があった[93]。中でも、奴隷の家族関係を引き裂くようなやり方を窺わせる広告に、廃止論者の心を打った[94]。更に戦局が進むにつれ、**奴隷解放の大義性**が高まり、解放宣言が北部州と北軍内とで広く歓迎され、共通意識が強まった（その点、士官の大半と、兵率の1/3が、奴隷所有家族とされていた南部とは異っていた[95]）。こうして開戦1年後には連帯感が高まり、北部のムードは、まる

92　Lincolnは、「戦争は奴隷解放とは違う」とする将軍がいること、それら将軍の心境のことも、よく承知していた。一方で反対に、前戦で事実上奴隷を解放する別の将軍の行為もあり慎重に進めていたが、1862年7月に遂に、宣言を出す考えを閣僚に話していた（McPherson, *op. cit.* p.504）。

93　熱心な廃止論者（abolitionist）の1人Theodore Weldは、新聞広告などを主体とした記録を1839年に出版していた。たとえば、逃亡奴隷の捜査協力を呼びかけたこんな広告がある。「彼はサヴァンナ方向に逃げたかも……そちらの方に子供らがいるときいている……」また奴隷売り出しの広告がある。「24歳の女奴隷（ニグロ）売ります……ほかに8歳と3歳の子供ら、……一括でも別々でも……」。

94　Harriet Beecher Stoweが出した小説Uncle Tom's Cabinは、正に、この家族分裂という心を裂くテーマで、その運命に出会う奴隷家族の物語である（その資料は、少からずWeldの記録出版から取ったとされている）。なお作家BeecherがLincolnと面会する機会があった。その時Lincolnから、「あなたが、この途方もなく巨大な戦争を引き起こした、小さな小さな女性ですね……」と、いわれたという。

523

第3編　19世紀後半以降の憲法

で違ったものになっていた[96]。その中で共和党議員らは、共通して「奴隷の運命を離れて、この国の運命は考えられない……」と考えるようになっていた[97]。このように政治家も、実際に戦争を闘った兵士らも、一様に、戦争の一番の原因（大義）を、**奴隷制**と見るようになった点で、一致した。

　(c)しかし、このような心情的要因が、果して70万人が命を落す一大戦争を生むであろうか。奴隷制度が戦争の最大要因であったことは、上述したとおり歴史と事実が示しているが、制度のどのような面が要因となったのかと問われれば、やはり、奴隷制度の「社会・政治・経済的な面だった」、と考えられる[98]。経済面の代表は、南部農業州での綿花・タバコの栽培である。労働力のコストがゼロに近い奴隷制度であったからこそ、南部農業、特に集約度の高いタバコの栽培がずっと続けられた[99]。政治面では、この南部農業州の社会・経済面の利益を反映させ、どこまで南部寄りの政策を作って行けるかである。それには、連邦議会での政治に黒人人口数を加える憲法の**連邦比率**（federal ratio）**3/5**を保持しなければならなかったし（第4章二.1.(1)参照）、テリトリから州への昇格で、奴隷州の比率を下げてはならなかった。

　(d)「奴隷制度は、州主権の問題で連邦に嘴は入れさせない」、が南部州にとっての憲法上最大の論拠であったが、時代の流れが、北部共和党に有利に展開して行く中で、南部は、2つの論点を掲げて必死の反撃をした。

95　奴隷10人以上を保有する家庭で白人男子が1人しかいない場合、南部州では兵役が免ぜられたが、これも、その他の家庭出身の南軍兵のモラル低下につながったとされる。

96　奴隷解放論者（abolitionist）の旗手とされたWendell Phillipsは、1年前には生命の危険を覚悟しないでは首都ワシントンにさえ行くことができなかったが、（1862年3月）そこへ行き、それも議会に行き、大統領と議員の前で演説した（McPherson, *op. cit*. p.495）。

97　急進派の議員George W. Julianは、1862年1月14日で、「この反逆の源も命も、奴隷にある……これが真実だ！」とスピーチした（……this rebellion has its source and life in slavery……）（*ditto*）。

98　従ってTaney長官も、アメリカ国内の奴隷制度問題から離れたところでは、奴隷がアフリカへ帰ることも含め、「その自由である」、と判決している。それが、映画にもなったU. S. v. Amistad, 40 U.S. 518 (1841) 中でのことである。

99　19世紀半ばの世界の綿生産の3/4を南部農業州が支えていたし（アメリカの輸出の3/5は綿であった）、10年毎に倍の生産性になったという、その生産性向上のスピードも、他に例を見ないものであった（McPherson, p.39）。

524

南部州にとっての憲法上の最大の論拠、州主権の問題とは別に、2つの論点があった。1つは、分離主義（secessionism）である（分離主義の憲法上の理論と、最高裁がそれを原則的に、否定していたことは前出のとおり）[100]。前出の Salmon Chase 長官も、南部側に着いた Texas 州政府が、その間に行った行為の効力が問題となったケースで、**そもそも論**として州の分離権を否定している[101]。

　もう1つは、憲法が保護する「財産権は不可侵」というルールに絡む（修正V）。奴隷州は、州の主権として、州内では奴隷に対する不可侵の処理権を有し、州内や奴隷州間で奴隷を自由に売買（取引）しても、連邦は介入できない、という[102]。更に、南部州で法的に保護されている所有者の奴隷に対する所有権は、奴隷が自由州へ逃れていっても追求力があるし、連邦（従って自由州）は、「その追及を妨害できない」、というものである[103]。

　(e)南部州の憲法論に対し、北部共和党は憲法と、その他の建国の基本文書中に謳われている人類普遍の原理を法的根拠とした。加えて、リンカーン（Lincoln）や共和党は[104]、北西政令やミズーリ妥協（Missouri Compromise）（1820年）による線引き（たとえ、それが憲法上の説明に過ぎ

100　州は、自らの判断で、連邦の法律が間違っていると思えば、その連邦の行為を無効化できるとする "nullification" とも近い考えで、ジェファーソンとマディソンによるケンタッキ決議とヴァージニア決議も、その考えに沿って作られた。Tribe は、州と連邦との関係で、「連邦議会が放棄することが許されない連邦全体としての責任がある」とし、憲法も、連邦議会の同意を得てならば、州も行える行為（I、10⑵）（たとえば輸入税の問題など）と、絶対的に州に対し禁じられている行為（連邦議会の同意があっても為しえないこと）（たとえばI、10⑴の外国との同盟など）、とを区別して定めていることを挙げている（p. 1246）。

101　Texas v. White, 74 U.S. 700 (1869), "when......Texas became one of the United States, she entered into an indissoluble relation. All the obligations of perpetual union...... attached at once to the State." といっている。

102　「解放宣言で自由になった黒人が南部州の町や村に溢れ出したら、彼らの欲望のままに、女、子供は叩き殺されるから」(butchery of women and children, ...scenes of lust and rapine......)、北部が憲法論で「奴隷を自由にすべし」といい、「憲法が定める財産権保護を与えない」というのなら、「南部州は脱退するしかない」。これが南部州の論理であった (McPherson, *op. cit.* p.560)。

103　Tribe も酷評組に加担している Dred Scott v. Sandford, 60 U.S. 393 (1857) は、この州の権利を裏書きするような判示をし、南部では歓迎される一方、北部州の人々を怒らせた。

第 3 編　19 世紀後半以降の憲法

ず、法律の力がなかったにしても）などが、「連邦議会の立法権を羈束する」、とも主張した。散々揉めたが、結局成立しなかった連邦議会での Wilmot Proviso（1846 年）も援用した[105]。また、南部のいう憲法論「分離主義」（secessionism）は、憲法前文（Preamble）中で謳われている（連邦の）**より完璧な統一**"a more perfect Union" を否定する理論であり、憲法で定めた反逆罪（treason）に当るとも主張した[106]。

　憲法上で南部の論点を打破しない限り、北の奴隷反対派は、政治力で争うしかない。それには、テリトリからの新州編入で自由州の比率を増やせなければならない。この点、北部共和党は、南北戦争前に下院の多数をとり、政治的に優勢を確保していた（新州の連邦編入工作で、奴隷州の割合いを下げる力を強めた）。

　そこで南部州では、上院での南北州同数のバランスが更に崩れるようなことがあれば、奴隷制（そして南部農業）が、連邦により「やがて崩壊させられる」、との不安が高まることにつながった。

　(f)以上の経緯を経て、リンカーンが大統領に就任する直前の 1861 年 2 月 4 日、南部は分裂し、それに先立ち**アメリカ連合州**（南部連合）（Confederate States of America）を結成していた[107]。南部 7 州は、先ず 7 州内にある連邦の城砦を攻略した。これに対し、退任する（南部寄りの）ブキャナン（James Buchanan）大統領は、現地司令官に何の抵抗も命じな

104　（アメリカの政党政治についての時代分けとしてその**第 1 期**、**第 2 期**につき前述したが）、この時期、第 2 期の 2 大政党、ホイッグと民主党とがともに既に分裂済みで、ホイッグ（Whig）党は、北部の共和党がその主な後継党となっていたが、その主因は、奴隷制をめぐる Kansas-Nebraska 法妥協での党派内対立であった。

105　Wilmot Proviso は、Pennsylvania からの下院議員 David Wilmot が、メキシコ戦争のための支出法案の審議中に出した動議で、「仮に、この戦役によりメキシコから領土を獲得し、その入手した地域をテリトリに組入れる時には、そのテリトリには、奴隷は存在してはならない」との付則であるが、採択されなかった。

106　共和党は、この見解を 1860 年の綱領で公けにしていた。

107　南部 7 州では、いずれも州の分離権（right to secede）を主張して、議会でその旨の決議（ordinance of secession）を通している。選挙での Lincoln の勝利というより、北部の 60％を占めた共和党の勝利が、南部 7 州をこの早々とした分離に走らせたとする（McPherson, p.232-233）。

526

かった[108]（Jefferson Davis は、交渉団を Washingtcn D.C.に派遣して、南部にあるすべての連邦の城砦を放棄するよう申入れようとしたが、Lincoln は誰にも会わせなかった[109]）。彼らは、アメリカ連合州としての憲法を作ったが、内容は、連邦憲法の丸写しであった[110]。つまり、憲法原理を争う戦いではなかったことを示す[111]。奴隷制度以外に、南部に分裂を迫る何か原理的なものがあったのか。連合州の独自の思想を強いていえば、**州主権の絶対**（absolute state sovereignty）（殊に、州の奴隷法制に対して連邦の介入を許さないとする思想）ということになろう[112]。一方、大統領としての Lincoln は、奴隷制度を含め自分が就任式で誓った言葉（憲法護持）どおり考え行動しようとしていた[113]。そこには、Lincoln が南北戦争中に Frederick Douglass（1.(1)(イ)(c)）と知り合ったことで、「白人と黒人との間に大きな違いはない」との確信（......conviction that there was

---

108　James Buchanan の考えは、Dred Scott 判決がある以上、南部州は、分裂する必要も理由もない。他方で、南部州に連邦に留まるよう、「連邦議会が軍事力を用いることは許されない」、というものであった（なお、彼は、日本の慶長使節団が咸臨丸で日米友好条約の批准書を持参した時に、夫人を亡くしていたため、娘とともにホワイトハウスで使節団を迎えた大統領である）。

109　1861 年 2 月 11 日 Lincoln は、1/4 世紀の人生を送った Springfield 駅から列車でワシントンへ向った。その時点で、既に南部の分裂を踏まえていた鉄道会社（Great Western Railroad Company）は、社内に特別な厳重警戒を命じていた（J.G. Randall, Lincoln, DA CAPO, 1997, Part Ⅰ, p.274)。

110　南部州の憲法は、"The United States" の言葉を抹消し、"Ccnfederate States" に直しただけに近かった（Jefferson Davis 以下の政府の役人らは、その憲法に改めて宣誓をし直した）。Friedman も、「憲法原理を争う戦いでは全くなかった」とする（*op. cit.* p.257)（......was never really an attack on the idea of a Constitution......)。

111　憲法原理を争わないのであれば、分離主義（secessionism）は、最高裁により否定されている（革命となる）から、南部としては、その批判に反駁する必要が出てくる。南部の大統領 Jefferson Davis は、北部の論者などが、南部の分離（secession）を、「革命」（revolution）と呼んでいたのに対し、「我々は、自らを救うために連邦を去ったのであり、それを革命というのは、暴言だ」（abuse of language）といった。また南部の国務長官は、1861 年にヨーロッパ諸国などに向って、「我々は、我々の社会組織を破壊しようとする革命（revolution）から由緒ある制度を守るため、新しい国家を作った。つまり我々のは、反革命（counterrevolution）である」と説明した（McPherson, *op. cit.* p.245)。

112　南北戦争時の南部の代表 Jefferson Davis による「……自由、平等、そして州の主権を取戻すため……」に武器をとらざるを得なかったとの主張は、双方の憲法と矛盾するものではなかった。もっとも、北の詩人（William Cullen Bryant）は、「彼らのモットーは、liberty ではなく slavery だ」と皮肉っている（James McPherson, *Battle Cry of Freedom*, Oxford Press 1988. 前文)。

第3編　19世紀後半以降の憲法

no Important difference……）を抱くようになっていたこともある[114]。

　㋭南北戦争に絡んで、一言触れなければならない問題がある。

　(a)現在の West Virginia 州の話しである。新しい州の誕生には憲法条文が絡んでくる（Ⅳ、3）。このシェナンドー渓谷（Shenandoah Valley）西の 34 郡は、同じ Virginia でも東の Virginia とは色んな点で違っていた。Virginia 州の白人の 1/4 が住んでいながら、奴隷数も、奴隷所有者数も、東 Virginia からは数段に少なかった。住人らは、東 Virginia の大土地所有者らが牛耳る州中央の不公平な予算の割振りに、積年の恨みを抱いていた[115]。事は建国のチャーターメンバー中最大の Virginia 州の命運を左右しかねなかった。4 月 17 日に付議された分離のための Virginia 州条例で、西部 Virginia 州からの議員 31 人中、南部に付こうと投票したのは、5 人のみであった。6 月 11 日、西部 Virginia 州の中心都市 Wheeling での会合では、東 Virginia からの分離はもう当然の前提で、議論は、「今か？　それとも後でか？」に絞られた。

　(b)最大のネックが、憲法の言葉、「いずれかの州内で、新州をうち立てることは、その州の立法府の同意なしには、できない……」であった（Ⅳ、3）。南部に付いている Virginia 州が、そのような、北寄りの西部 Virginia 分離に同意をする訳がなかった。そこで、6 月 20 日 Wheeling 会合では、（州都 Richmond にある政府は、偽の政府だとして）独自に

113　Lincoln は、個人的には根っから奴隷制度を憎み、嫌っていた（……had a strong moral judgment against slavery……was bred in the bone……）（Randall, Part Ⅱ, p.126）。しかし、彼は Frankfurt Commonwealth 紙の編集者 Albert G. Hodges 宛の 1864 年 4 月 4 日手紙で、"……If slavery is not wrong nothing is wrong……yet I have never understood that the Presidency conferred upon me an unrestricted right to act officially upon this judgment and feeling……" と書いている。

114　Presidential Historians Discuss 10 American Presidents (learnoutloud.com).

115　古い選挙区割ゆえに、州議会への議員の割付けが少なかったことが大きい。奴隷に対する物品税課税の評価額が、市場価格の 1/3 に据え置かれた一方、道路、鉄道への予算配分は、彼らが「水辺の貴族」（tidewater aristocrats）、と綽名していた東 Virginia に偏っていた。地元新聞は、「これまで、Cotton States 全体が北部から苦しめられていたというが、我々が東の連中から苦しめられていたのに比べれば、大したことじゃない……」と書いていた（ditto. p.298）。

528

「Virginia の奪回政府」(restored goverment) を作った。現に、州政府の役人となっているすべての人の任命は、無効だったとし、新たに governor 以下、すべての州政府役人を任命し直し、Lincoln は、新しく就任した governor を Virginia 州政府代表として承認し、新しい Wheeling の州議会が 2 人の連邦議会上院議員を選任し、連邦議会上院は、彼らを迎え入れた。

(c) Wheeling での 8 月の州議会では、これまでの Virginia 州からの Kanawha 地方の州としての独立問題で、熱くて長い議論が行われたが、最終的に分離独立の州民投票によることとし、そのための日取り (10 月 24 日) も決定された。これらすべての事態の推移は、**北軍** (Union Army) が**南軍**を追い出した上、その地域へ進駐したことがサポートした（これなしには、West Virginia 州の分離・独立はなかった）。Union Army が、進駐した理由にはほかにも、そこを大動脈、Baltimore and Ohio 鉄道と Ohio 川とが通っていることがあった。

㈹連邦成立以来の半世紀余りの時の流れを考えると、この戦争の第一の意義は、やはり、アメリカが革命戦争で掲げたお題目、「天賦の自由と人権」と、人種（黒人奴隷）問題との間に「突きささったトゲ」を抜くための戦いであったといわざるを得ない。

(a) 南北戦争は内戦 (civil war) である[116]。一方で、史上初の近代戦として、大量の死傷者と南部地域全体の破壊をもたらした[117]。その間、連邦政治は、少くとも形の上では南部州の上にも存続し、奴隷解放宣言が布告されていた。1860 年の連邦議会選挙では、それまで上、下両院で多数であった民主党に代って、共和党が多数を占めた。いずれの政党も、奴隷制の

---

[116] この間も、ヨーロッパからの移民 8 人のうち、7 人は北に入り、また南から北へ転入する白人の数は、北から南への転入の、2 倍であった。

[117] 直接の損失として南部州連合 (Confederate) は、20 億ドルの赤字を被った上、インフラがほぼ壊滅状態となった（南部州の富の 40 ％が失われた）。このほか、奴隷を解放したことによる旧奴隷所有者の被った直接の財産上の損失が、その時代で 40 億ドルとされる (news-reporter.com より)。

問題だけでなく、その他の切実な（主として北と南の）経済的利益を代表していた[118]。共和党のうちでも、温和な漸進主義を掲げるリンカーンが同年の大統領選挙を制した。漸進主義ではあったが、一部議員が南部州との交渉用に奴隷制の永続を含む改憲提案を含んだ中途半端な提案を用意した時、彼は、その提案で南部州と妥協することを拒んだ[119]。1862年の連邦議会選挙も行われ、その時は、奴隷存続派の民主党が若干勢力を伸ばした（このため、2年後の修正XIIIの憲法改正法案の下院通過は、1864年選挙が反映される1865年初めまで待たねばならなかった）[120]。

　(b) Lincoln は、離反中の南部州の1州でもいいから、1日でも早く連邦に戻したいと思っていた。彼の提案内容が、いかに緩やかなものであったか、その「10％プラン」（1863年）が示している[121]。それは、先ずLouisiana 州に向けられた[122]。更に Lincoln は、「他の南部州でも何とか」と、同じ方式で Arkansas と Tennessee にも声をかけた。Lincoln のプランにより選出された Louisiana 州からの議員が連邦議会に出てくると、

118　20世紀初めの一部の史家は、輸入関税や商工業政策についての北と南の経済的利益の対立を、人種（黒人奴隷）問題と並ぶ南北戦争の大きな要因と主張している。他方で、北の商工業化、都市化、小規模乍ら高集積・高効率の農業と、労働力コストの低さにも拘らず、南の農業生産性が低かったがゆえに、互いの補完関係に注目する意見もある。南北の経済的利益の対立を最も鋭く表わしていたのが、当時のイギリスその他（その属領）からの輸入関税率の問題である。ヴァージニア共和党から民主党と、南の政権が長らく続いたことから、その間、輸入関税は何回も引き下げられて1857年には、1816年以来の最低線になっていた。

119　New York Tribune のコラムニスト Horace Greeley なども、「中途半端な妥協は不可能」とする社説を出していた。一方（1860年11月9日）、連邦議会の上、下両院は、すべての妥協案を篩にかけるため、それぞれの特別委員会を設け、委員の1人、John J. Crittenden が、南部に大幅に譲歩する内容の改憲提案を提出した。上院の13人委員会は、Lincoln の助言を聞き、全員これに反対票を投じた（McPherson, *op. cit.* p.254）。

120　民主党からは、ニューヨーク州とニュージャージー州の知事が当選し、Illinois 州と Indiana 州議会でも、多数の民主党議員が当選し、連邦議会下院議員でも、34人の増加を示した。一方で、これが全体として南部寄りの（奴隷解放派でない）民主党の勝利を意味したものではないとする（McPherson, *op. cit.* p.561）。

121　南部連合派の抵抗を考えに入れ、州選挙民の10％だけでも、連邦への忠誠宣誓書を出し、かつ、奴隷解放を廃止することを条件に復帰を認めよう、というのが Lincoln の案であった。

122　Louisiana には、ヨーロッパや、北から移住した弁護士、医師、企業家などを中心に南部連合に組することに反対する人士がかなりいた。彼らは、南北戦争中は一時、州から逃れていた。

急進共和党で占める議会は、彼らを議員として参加させることを拒み（議員としての資格、当選の可否などは、その院の議決によるとする、院の自治・自律がある〔Ⅰ、5〕）、代りに「選挙民の多数が連邦への忠誠宣誓書を出すこと」、などを内容とする修正法案（Wade-Davis Bill）を議決した（これが、Lincoln により pocket veto される）[123]。

(c)当初から連邦を離脱した7州は、すべて深南部（Deep South）州であった。南軍による Fort Sumter 攻撃後、更に4州が加わったものの、奴隷州の中でも Delaware, Maryland, Kentucky, Missouri の各州は加わらなかった（これらの州の多くに、北軍が進駐したこともある）。北の海軍は、大西洋岸とメキシコ湾岸を封鎖したことに加え、ミシシッピなどの西部河川に展開していた南軍の水上部隊を殲滅した（1861～1862年）。有名な1863年7月の Pensylvania 州 Gettysburg 決戦は、Robert E. Lee 将軍率いる南軍が、いわば全力投球して戦ったが、北の陣地を占領できずに終った。その間、Mississippi 川の要衝 Vicksburg の包囲戦を最終的に制した Grant 将軍以下の部隊も、東部戦線に加われるようになった。

1864年には、William T. Sherman 将軍も Atlanta から更に東の大西洋岸までの間に存在する南軍施設などを破壊しながら進軍。やがて Ulysses S. Grant 将軍が全北軍の指揮をとり、主要な要衝を抑えて補給路も確保した。一方の南軍は、首府 Richmond から南の Petersburg に後退した後に、その Petersburg から更に南に布陣している North Carolina 軍との合体を目指したが、南軍の総司令官 Lee は、Appomattox Court House での戦闘を最後に戦局を判断し、1865年4月9日の朝、降伏した。

(d)南北戦争の総決算をしてみよう。連邦分裂の事態をなくし（連邦を回復し）、奴隷制度をなくした。我々は、一言で「奴隷制度をなくした」で片付けられるが、黒人ら（特に南部社会で奴隷であった黒人ら）にとっては、南北戦争（そこから生じた奴隷解放宣言〔Proclamation of Emanci-

---

123　pocket veto につき注143と第4章注86参照。

第3編　19世紀後半以降の憲法

pation]）の意義は、アメリカの革命戦争（独立）の意義に比すべき重み
を持っていることを理解する必要がある[124]。戦時下の 1862、3 年の南部
（Maryland から Louisiana まで）には北軍の進軍に合わせて数十万とい
う黒人奴隷が姿を現した。この時期、いくつかの言葉遣いが新たに生れた
が、その 1 つが、こうして突如現われ、難民となった黒人奴隷を指す
contrabands である[125]。こうした contraband 対策として先ず、彼らが
日々生活していけるよう助ける必要があり、1865 年に Lincoln が作った
Freedmen's Bureau がその窓口となった[126]。

　そのこと以外に何があるか。卑近なことのようだが、人々が「自らを呼
ぶ、その呼び方」、が変った。戦前は、アメリカ合衆国の United States
は複数単語だったが、戦後は、それが 1 つの共和国を意味する単数単語と
して使われるようになった。戦前は、連合時代からの尾を引いたかのよう
に "Union" という単語もよく使われたが、戦後は Nation（National）
がよく使われるようになった[127]。

　(e)より本質的な変化がある。ほかでも屢述したとおりの、連邦の力の伸
長、州権を上廻る成長である。南部の意見を聞く必要のない 1861～2 年、
連邦議会は第 1 回連邦議会（1789～1791）と並ぶくらい多くの重要法案を、
次から次へと通して行った。

　戦前は、連邦政府が普通の市民に接することがあるとすれば、郵便配達

124　King 牧師は 1962 年 9 月 12 日にニューヨーク市内のホテルでニューヨーク州知事
　　（Rockefeller）主催のパーティーに招かれ、この Proclamation of Emancipation を独立宣
　　言（Declaration of Independence）と並ぶ人類の比類なき遺産であると呼んでいる（New
　　York State Education Dept.）。
125　contraband のほかに、南の奴隷に理解のある北部州人 copperheads、南で一旗挙げよ
　　うと戦後に北部からやってきた北部州人 carpetbagger など、C の付く言葉が 3 つある。
126　正式名称は、Bureau of Refugees, Freedmen, and Abandoned Lands.（Dept. of War）。
　　1500 万食を用意したほか、黒人のための教育にも役立ったとされる。
127　Lincoln の演説が、そのよい例を提供する。1861 年 7 月議会での演説では、Union を 32
　　回、Nation を 3 回使っていたが、Gettysburg 演説では、Union という言葉は 1 回も使わ
　　れず、代って Nation を 5 回使っている。
128　Revenue Act of 1862。同名の 1861 年法は、初めての所得税を課しただけでなく、その
　　所得税を累進制とした。また物品税も従来のウィスキー、タバコだけから、その対象を大幅
　　に拡げた。1862 年法は戦いの長期化が見込まれたことによる立法。

532

夫くらいであったが、今や連邦政府は、①自由になった黒人のための初の社会福祉庁を設置し、②直接（所得）税法を成立させ[128]、新設されたIRSを通して、アメリカで初めての直接（所得）税を市民から取立て[129]、③人々を徴兵し[130]、④全国共通通貨を印刷・造幣するようになるとともに、国法銀行制度を確立した[131]。

　戦時の必要性に応えるためなされたのが、連邦政府に合衆国紙幣（United States Notes, いわゆる greenback）の発行権を与えた Legal Tender Act の立法である。これにより北の合衆国に、政府借入や税収への依存を減らすことができた[132]。一般人も、それ以前の債務をいわゆる green back で返済してもよいこととなったので、その点を巡り、債務者、債権者間で争いが生じた[133]。

　建国の歴史からして、それまで所得税を課してこなかったアメリカである。当然のこと乍ら、財政も逼迫していた。その結果、上述のような連邦法が作られた。画期的な出来事である。財政とともに、両輪のもう1つが、連邦銀行制度の確立である。連邦議会は、1863年2月25日にJacksonian 民主党の反対を大幅に上廻る票数で、National Banking Act を成

129　合衆国始って以来の所得税を課すことに伴い、日本でいうと、財務省**外局**に当る合衆国の収税局 "Internal Revenue Service"（IRS）を設けた（1862年）。

130　Enrollment Act, Civil War Military Draft Act とも呼ばれる（1863年）。20歳〜45歳の男子につき徴兵制度を定めた（アメリカでは革命戦争後は初めて）。その前の Militia Act of 1862 に代るもので、ニューヨーク市では同法に対する反対運動で暴動があった（New York Draft Riots）。

131　**第2合衆国銀行**の廃止から南北戦争前までは、全国レベル、連邦レベルでの通貨と、それを創出する金融機関は存在しなかった。戦争は、全国銀行制度（National Banking System）**発明の母**となった。

132　Legal Tender Act of 1862 は、現在も、Federal Reserve System の下で通貨となっている、いわゆる green back を初めてアメリカの法定通貨とした連邦法である。なお、州政府は、紙幣などの "bills of credit" を発行することが禁じられていた（Ⅰ、10(1)）。

133　Friedman は、同法に関する判断で最高裁が史上最大の右往左往をした（......most spectacular flip-flops）として、Hepburn v. Griswold, 75 U.S. 603（1869）から、翌年の Legal Tender Cases, 79 U.S. 457（1870）への変貌を挙げている（p.331）。Hepburn v. Griswold では、同法が修正Ⅴ（財産権の保護など）に違反するとされたのに対し、Legal Tender Cases では、合憲とされた。なお、Legal Tender Cases は、Knox v. Lee（第4章注191）と Packer v. Pavis の2件が併合されたケースである。また、この合憲判断は、10年余り後の Juilliard v. Greenman, 110 U.S. 421（1884）で、更に広く支持された。

533

第 3 編　19 世紀後半以降の憲法

立させた[134]。

　(f)連邦政府の力の伸長は、連邦発足時の 3 省（国務、財務、戦争）および Attorney General から、戦中の IRS、農業省に加え、この時期に司法省も新設されたことによっても示される[135]。連邦政府の中でも目立って力を伸ばしたのが、次段で見る**修正憲法**の下での連邦議会である。それらの修正憲法が州政府に対して必ず実施・強制されるよう、修正憲法 XIII から修正 XV の 3 章中の各 1 条が、連邦議会に必要な立法を命じている。1875年と遅くなってからではあるが、連邦議会が、連邦控訴裁判所制度をキチンと設ける法律を作れたのも、戦後の連邦の力の伸長によるところが大きい[136]。

　戦前の連邦政府が、いかに小じんまりとした金のかからない所帯であったか。政府収入の 90 ％近くが物品税だけで（それもタバコとお酒の）占められていた。しかも戦後、再び戦前の財政に近い状態に戻り、1868 年～1913 年の間、連邦の財政全体が物品税だけで廻っていた[137]。

　一方、19 世紀の各州以下の政府は、その収入を、主に不動産税によっていた[138]。収税について、州憲法の多くが徴収原理を定めている。2 大原理ともいえるものが、公正さと、州内を通しての共通性（fairness and uniformity）である[139]。

134　同法の下で国法銀行は、資本金の 1/3 まで合衆国債を保有することの義務を負う一方、その国債の 90 ％までの銀行券を発行できることになった。

135　Lincoln が政権に就く頃の連邦財政は、その前後 1858～1861 年の 4 年間、連続して赤字を記録していた。そこで、輸入関税を数回引き上げるとともに、1861 年 8 月 5 日に、一定以上の所得者に絞って、合衆国始って以来、初めての連邦所得税（federal income tax）法を成立させた（Revenue Act of 1861）。

136　1875 年、連邦議会は、連邦裁判所の管轄も大きく拡げた。また、州裁判所からの移送制度も確立した（The Jurisdiction and Removal Act of 1875）。

137　なおその政府収入は、1873 年に 1 億 1300 万ドル、1893 年に 1 億 6100 万ドルだった（Friedman, p.428）。

138　やはり Friedman は、州政府の収入の 72 ％、市町村の収入の 92 ％が、不動産税であったとする。ただし、18 世紀末には眞に不動産に対してのみであった不動産税が、次第に他の有形、無形の財産にも拡げられたとする（Friedman, *op. cit.* p.430）。

139　Pennsylvania 州憲法、1873 年（Article IX, §1）、North Dakota 州憲法 1889 年（Article XI, §16）。

第6章　19世紀アメリカの憲法史ハイライト（南北戦争と、人種問題）

(g) Friedman も注 266 のように、「19 世紀半ばと世紀末とでは、アメリカ社会は革命を経たかのように、変革した」といっているが、現代（後世）史家などの眼ではなく、当時の人々が南北戦争と、その大義をどう評価していたか。アメリカ憲政史上重要な南北戦争の事実を知る上で鍵となる戦時下の 1864 年選挙を見てみよう。共和党は、Republican Party の名称ではなく、National Union Party の名称を掲げて全国的な選挙戦に臨んだ（この絡みで、現役大統領の Lincoln は、副大統領候補に元民主党〔Democrat〕の Andrew Johnson を選んでいる）。議会選挙では、名前を変えなかった各州の支部も入れて、共和党が連邦議会の 3/4 を制して圧勝した。この圧勝度は、全国レベル、連邦レベルとも、4 年前での北部州内での共和党の圧勝度に比肩するほどであった。一方、大統領選挙でも、1832 年以降、再選を果した大統領がいない流れの中で、Lincoln の再選となった（1864 年までに**前線での投票法**を設けていた 19 州について見ると、兵士は、圧倒的にプロ・リンカーン〔Lincoln〕であった）[140]。

(h) 本章のこの 1.(1)(2) の巨大なテーマ、それが黒人奴隷（African-American slaves）と、その解放、そのための南北戦争、であることは間違いない。ただし、本書では、努めてその法律面、特に憲法学的ないし憲政史的な面に絞った（初めにお断りしたように、戦争そのものについて語るのは、何百冊とある、そのための歴史書にお任せした）。戦争の結果、修正ⅩⅢが成立（1865 年 12 月 18 日）。これで、憲法上で奴隷制度は失くなった（その後の南部州での Jim Crow 法については、2.(1)(ハ)(a)と 2.(2)に見るとおりである）。

　しかし、黒人と白人、この人種（race）問題は今日でも厳存する。しかも、外国人から見て一様に "blacks" として片付けているが、アメリカ社会の中に入ると、決して一口には片付けられていない様が判る。

140　一般投票を入れた選挙人の獲得数でも、212 対 21 という圧勝であった（McPherson, *op. cit*. p.804）。

535

NPR は、３つの階層が区別されていることを伝えている。第１の階層、それはアフリカやヨーロッパからアメリカに来て間もない blacks である（彼らが、どちらかといえば、それぞれの社会のエリート黒人である蓋然性はあるとしても[141]）。第２の中間層が、Jamaica などから来た黒人、いわゆる Caribbean らと呼ばれる blacks である。そして第３が、地元アメリカの大地で生れ育った blacks である[142]。

⑶修正憲法ⅩⅢ〜修正ⅩⅤまで

㋑原憲法では間に合わなかった人権憲章（Bill of Rights）（修正Ⅰ〜Ⅸ）の制定。第１回連邦議会での審議で、その改憲提案法が実現した。世界に冠たる 18 世紀末の啓明憲法。しかし、２つの欠陥が明らかであった。修正Ⅰ〜Ⅸでの言葉、「**連邦議会は……してはならない**」「**合衆国**のいかなる法廷においても……」とかが示すように、それらの規範は、第一義的に中央政府に対するもの、連邦の機関を縛るものであった。少くとも、そういう理解が支配的であったことは前述した。もう１つ、それらの修正の大きな汚点として、奴隷制度を如何ともすることができなかった。人権一般が、とりわけ奴隷制度が、すべて州（法）の問題であり、連邦憲法の人権宣言（修正Ⅰ〜Ⅸ）も、連邦政府が奴隷制度に容喙することを否定していた（南部の奴隷所有者らの代議員も含めて、建国の父祖らは流石に、**奴隷**という言葉は使っていないが）。

⒜この汚点が憲法の正文の上で取除かれるには、リンカーン大統領の下

141　2014 年 8 月 9 日の Gene Demby による NPR 記事は、NewsOne の Donovan X. Ramsey 記者の報道として "Africa Summit" のためワシントン D.C.に集った blacks と、たとえば Georgia 州の Morehouse College の卒業生に話しかけるのとでは、Obama 大統領自身が全く違う態度を示すことを伝えている。

142　このような３つの階層分けの例として、前注記事では political scientist の Greer が行ったというニューヨーク市交通局での勤務状況調査を挙げている。そこでは、Christina M. Greer が、そうした異なる扱いに対する可能な説明として、「アフリカから来たばかりの黒人は、異国での生活ということで、自らも厳しく律した目的や条件を持っているであろうし、Jamaica などから渡ってきている黒人にしても、それに次ぐであろう……」としている（npr.org）。

で、南北戦争終了を迎えるまで待たねばならなかった。本書では、南北戦争を1787年の制憲会議に次ぐ第2制憲会議であるかのように、憲法上の最重要イベントの1つと見る。憲法230年余の歴史を通して、その人権規定が、この時1回だけ纏って追加（制定）された。つまり、戦争の勝利が、その瞬間だけのものでなく、国の最高法規として永続効果を有するという意味で、この戦争には憲政史上、憲法会議に相当する意味が与えられる。

Lincolnは、1864年、圧倒的多数で再選された。1864年選挙で同じく圧勝した連邦議会共和党は、南部に対し「奴隷の一挙解放」という厳しい要求の法案を用意したが、漸進主義をとるLincolnは、共和党急進派が用意した法案（Wade-Davis Bill）を事実上ストップした[143]（前出）。

(b) Louisiana州の連邦復帰では、共和党急進派と厳しく対立したLincolnであったが、両者とも、1つの確信で一致していた。連邦憲法改正の必要である。復帰を認められた南部州が、いずれ再び、民主党の以前の世界、奴隷制度擁護に、帰っていかないとも限らない。そう考えて、1864年には憲法改正の動きが起こり、急進的改革派が連邦議会の多数を占めていたことで、その足場が整った1865〜1870年の間に、修正XIII〜XIVの3条を成立させた。

先ずできたのが、（黒人奴隷に限らず）凡そ一切の奴隷制度を合衆国内で禁止する修正XIIIである（1865年）[144]。修正XIIIは、奴隷制度そのものを否定した点で、理念上の大きな一里塚となったが、これだけでは抽象的な制度変更しか浮上しないので[145]、更に一歩前進して、奴隷であった黒人

---

143 憲法上の拒否権（Ⅰ、7(2)）ではなく、いわゆるpocket vetoという。会期末近かったので、それにサインしないことで拒否したと同じ効果になる（McPherson, *op. cit.* p.712)。

144 修正XIIIの原案が、連邦議会下院で承認された1865年1月31日は、ちょっとした感動の場であった。1862年選挙で選出されて今回任期切れで辞めていく（lame ducks）民主党議員も入れ、2/3の多数に、僅か2票多い投票結果がアナウンスされると、議場と傍聴席には暫くの間、**どよめき**が治まらなかった。1864年までは、黒人が議会のgalleriesに入れるようなこともなかっただけに、傍聴席で喜びに泣いた者の多くが黒人であった。1865年には、White Houseの社交会にも黒人が入れるようになったし、Lincolnは3月4日、自身の第2期の就任式に有名な黒人のリーダーFrederick Douglassを招いている（McPherson, *op. cit.* p.480)。

第3編　19世紀後半以降の憲法

にも**合衆国市民としての法的地位**を与えた（1868年、修正XIV）。その先の、黒人奴隷に政治的発言力を与えるための参政権を定めた修正XVの成立は、少し遅れて1870年に成立した[146]。既に見たとおり、彼らの参政権は、3/5という奇妙な**連邦比率**で定められていたが（I、2(2)）、この修正により、建国の父祖らが定めた連邦比率（federal ratio）が削除された。

　こうして、1864年暮れから1865年にかけ、Louisiana, Arkansas, Tennesseeの3州が北の支配下に入り、新しい法秩序の下で再建されることになった。修正XVの成立を受けて、1870年には、初の黒人下院議員に2人が、翌年には、初の上院議員が選出されてきた[147]。これが、再建期の後（南部でいう取戻し期〔Redemption Era〕）に、20世紀後半まで**尻つぼみ**となることは、この1.(3)で見るとおりである。

　㋺修正XIII～XVを通して、次のことがいえよう。

　①いずれの修正章も、それらに実効性を与えるために、連邦議会に対する立法権付与文言（条文）が必ず定められている（言葉を代えれば、連邦議会に立法を義務付けている）[148]。

　②憲法はそれまで、州と人民との関係で**州民としての特権条項**だけを定めていた（IV、2(1)）。つまり、A州民のaは、B州に行っても（……in several states）、A州でと同じ特権を州民として有することを保障することにより、連邦全体としての共通性を保つことを狙っていた（黒人奴隷に対しては、この州民の特権条項が及ばないことを、Taneyの最高裁が

145　とはいえ、早速シンボリックな行事が行われた。1865年2月1日（議会下院が、修正XIIIを提案し、可決した翌日）、ボストンの弁護士John Rockは、最高裁での黒人初の弁論資格者としての宣誓をしていた（McPherson, p.840）。

146　除かれたのは、税金を支払っていないインディアン、南北戦争で旧連合側についた政治家などである（修正XV、1、2）

147　これまでに137人の下院議員と8人の上院議員が連邦議会に選出されている。

148　修正XIIIは、1864年連邦議会上院で、すぐに2/3の多数が集ったが、下院では、1862年選挙で数を増やした民主党の存在があることから、93対65と13票不足して成立しなかった。この後の下院で、奴隷制度廃止を南部11州の連邦復帰の条件とするほか、連邦への忠誠宣誓の比率を高めることなどを内容とした**Wade-Davis法案**が確認決議された（McPherson, *op. cit.* p.706）。

538

第6章　19世紀アメリカの憲法史ハイライト（南北戦争と、人種問題）

Dred Scott 事件で明らかにしていた）[149]。そこには明らかに、修正ⅩⅣでいう「合衆国市民」（Citizens of the United States）という言葉のみならず、その観念自体が欠けていた（つまり、制憲会議での作成者らには、まだ「合衆国」という言葉が実感を持って湧いてこなかった）。

(a)修正ⅩⅢ～ⅩⅣは、明文をもって連邦議会にいわば**特命**を与えていた。その文言により、対人民との関係を規律する上で、州政府を超える圧倒的な力を中央政府（議会）に与えていた。これが、南北戦争がもたらした、州と中央との間の力の変化である。

焦点は、奴隷問題解決であっても、人権保障など広い範囲に適用可能な変化である。そこから、この3章（南北戦争修正章）の1つの意味として、連邦議会の立法権の拡張を見る考え方がある[150]。これまで、連邦憲法中の人権絡みの規定で、「州に対する立法命令・禁止でもある」、とされたのは、人身保護令状（Writ of Habeas Corpus）に係るもののほかは（Ⅰ、9(1)、(2)）、私権剥奪や契約上の権利保護に係るもののみであった（Ⅰ、9(3)、10(1)）（連邦〔議会〕に対するものとしては、修正Ⅳなどもあった）。

(b)その背景には、①各州とも共和制なのだから、人権保護は、人民の代表（各州立法府）が行うべく、しかも連邦憲法より先に作られた各州憲法が、その中で人権憲章を規定してきている[151]、②それらの州憲法違反があ

149　同判決の受けが一般にもよくなく、殊に北部州で激しく非難されたことは前述したが、New York Tribune（1857年3月8日）は、「この5人の奴隷オーナーらと、2人の北部の奴隷賛成者ら（……five slaveholders and two doughfaces……）による判決」と侮蔑した。共和党は、同判決には先例としての拘束力が認められないとし、1860年選挙の暁には、最高裁のメンバーを入れ替え、「この inhuman dicta をひっくり返す」と宣言していた（McPherson, op. cit. p.177）。

150　最高裁もこのことを、Fitzpatrick v. Bitzer, 427 U.S. 445 (1976) でいっている。次の2点が注目に値する。①修正ⅩⅠが認めたとされる州主権（免責特権）も、修正ⅩⅣ§5の下での連邦議会による適切な立法により制約されうる。②修正ⅩⅣ自体が、州主権に対するかなりの制約を含んでいるが、その実施のために必要かつ適切な立法につき、他の文脈では「ノー」であっても（この市民権法などでは）、州を被告とする立法が可能である（at 446, 451-456）。

151　逆に、各州が共和制であり、かつ連邦憲法により連邦が共和制を各州に保障（guarantee）するよう義務付けていることが（Ⅳ、4）、州が人権憲章に服する根拠となるとのWilliam Rawle のような考え方もあった（Tribe, op. cit. p.1296）。

539

第3編　19世紀後半以降の憲法

れば、各州の司法部が法の番人として働く、③修正XIV、5のような条文、「連邦（議会）が然るべき立法により本章の定めを強制できる……」を作ると、中央が各州立法に干渉する口実を与えかねない、などの理由がいわれていた。

(c)南北戦争の結果として、修正XIII〜XVが制定され、対人権立法を各州に委ねていただけの従来の原則から、各州立法府を超える立法権を連邦（議会）に与える形になった。各章は、いずれも、連邦議会に然るべき立法を命じているが、それに応えた連邦議会の立法で最も名高いのが、前注90の一連の**公民権法シリーズ**（Civil Rights Acts）である[152]（それらの法律が、政府や役人に対する差別禁止に止らず、市民間の取引法上でも効果を験わし、ある程度社会全体により受容れられるようになるには、約1世紀後の**公民権運動**〔Civil Rights Movements〕を待たねばならなかった）。

(ロ)それまで80年間、中身の濃い改正のなかった原憲法。その中身の濃い、重い改正が、この時たった1回だけ成立した。州政府に対する（戦勝者北が支配する）中央政府の力が、グッと伸びた。その意味で南北戦争の憲政史上の意義は、前(イ)リンカーンによる奴隷制度撤廃のとおり革命的な大きさである（アメリカ憲政史における「建国の父祖ら」〔founding fathers〕の尊厳は、彼らの作品である憲法に、その後も、見るべき実質的な改正が行われていない事実が物語っている[153]）。上記のような重くて実質的な改正（修正XIII〜XV）が相次いで行われたことのほか、ずっと継子育ちできた**連邦控訴裁判所**制度も、この時連邦議会によりやっと立法

152　これらの Civil Rights Acts の主なものとして① Civil Rights Act of 1866（1870年に Enforcement Act に編入）、② Anti-Peonage Act of 1867 のほか、③ Civil Rights Act of 1877,④ Ku Klux Klan Act of 1871 があり、①の中には、連邦初の住宅政策法としての Fair Housing Act と呼ばれるものが含まれていた。ただ、罰則規定を伴わず、永らく実効性がないままにきた。

153　これまで、27の改正があるが、多少とも実質的な意味の改正といえるのは、修正XVII（上院議員の選出方法を民主化した）、修正XVIII（禁酒法）とそれを廃止した修正XXI、修正XIX（投票権での性別禁止）、および修正XXIV（税の不払者に対する投票権否定禁止）くらいで、その他は、条文間の不具合・不備などを是正する形式的・手続的な改正である。

540

された（1877年妥協の2年前、1875年）。司法省（Dept. of Justice）など、内閣をはじめとする連邦の政府機構も、前出のとおり、新設、増強が相次いだ。

(a)修正XⅢ～XⅤの目的に沿って、連邦議会がこれらCivil Rights Actsシリーズの立法を行ったが（Civil Rights Actsにつき、なお次の2.(1)(ロ)参照）、立法を受けた最高裁は、やや長いスパンで見た時にどうしたか（南北戦争中、およびその直後のケースは別に見ることにするが）。最高裁は、政治の世界の方向付けとは寧ろ反対に、南北戦争以前の線を保とうとする傾向を示した[154]。この面で最高裁は、20世紀初め（の大恐慌時）まで、州権に対する連邦（議会）の立法による介入に対し、むしろ抑制的な判断を示していた。

(b)大恐慌以降、この態度に変化が現れたが、変化の背後には**実質的な平等**に軸足を移して、法の目的を見る価値観の変化が指摘されている[155]。面白いことに、連邦議会も戦後の立法熱が冷めたかのように、それから3/4世紀の間、この手の立法をしなかったばかりか、既に立法していたものの（それも、最高裁が違憲とした訳でもないのに）、廃止立法まで行った[156]。これは、大恐慌からこの方、連邦議会が通商条項（Commerce Clause）（Ⅰ、8(3)）の下での立法をとめどなく広げてきたことや、それに対し、

154　Civil Rights Cases, 93 U.S. 130 (1876)。この変った見出しのケースは、United States v. Harris, 106 U.S. 629 (1883)などの5つの同種の事件を一本に束ねたもので、初めの2件では、皮膚の色を理由に原告らが宿泊することを、後の2件では劇場へ入ることを、被告が各拒んだことが、Civil Rights Act of 1875の§1、§2に反すると主張され、もう1件の被告メンフィス鉄道に対するケースは、ロビンソン夫婦に対する特定の客車への立入りを拒んだことを理由とする同種の事件である。これらの修正条項が、国（州）による行為からの自由や権利を保護しようとするのに対し、連邦議会の立法は、私人の行為まで規制するものかどうかというのが、5件を通しての一番のポイントであった（下級審では違憲かどうかで裁判官の意見が分れていた）。

155　メディアの表現の自由、宗教団体の自律、プライバシーと人格権など、より特定された領域を除き、それ以外の一般的経済活動では、政府の力による民間の取引への介入、調整が許されるとする法理が生れたとする（Tribe, pp.14-16）。

156　修正憲法XⅢ～XⅤが連邦議会の立法権強化の面で果した役割は、少くとも一時的に「歴史上の関心に止まった」（……merely historical interest）。例として、選挙権保護に係るEnforcement Actの廃止などを挙げている（Tribe, *op. cit*. p.922）。

第 3 編　19 世紀後半以降の憲法

最高裁も緩やかな態度で臨んできたこととの間で、目を引く対照をなす。

㈡それでは、修正憲法ⅩⅢ～ⅩⅤを逐条毎に見ていこう。前述のように
リンカーン大統領は、戦争が始って 2 年目の 1862 年 9 月に事前（仮）の
奴隷解放宣言を出していたが[157]、修正憲法が、この大統領令（Executive
Orders）としての宣言を憲法的に跡付け、法形式的に 2 段階高めた。

修正ⅩⅢは、法案が 1865 年 2 月 1 日に両院を通り、全州の中でも一番
多くの奴隷を抱える奴隷州ジョージア州が、27 番目の州として 12 月 6 日
に批准して、正式成立した[158]。修正ⅩⅢは、奴隷解放を宣言し、奴隷制度
の禁止（abolition of slavery）、奴隷身分の否定（自由・解放）を定める。
修正ⅩⅢは、それだけでは宣言的効果しかないが、南部の白人に与えた衝
撃は大きかった。

(a)その§ 1 は、"Neither slavery nor involuntary servitude......shall
exist within the United States......"と、**奴隷**（slavery）という単語を使
ってはっきりと、これを**連邦**の制度全体として禁止したいわゆる**奴隷解放
法**である[159]。当時、約 4 百万人といわれた奴隷が、これにより解放された。
本文の言葉は、1787 年の**北西政令**（Art. 6）の言葉を、そのまま踏襲して
いる。連邦議会の討論では、英語としての奴隷"slavery"の意味に二義
はないとして、アフリカ系奴隷だけでなく、メキシコ人や中国人のクーリ
エ（coolie）にも及ぶとされた（原憲法中では、これが、"such Per-
sons"と、言葉を濁していたのは見たとおりである）。

157　Preliminary Proclamation of Emancipation で、それまでに北部（言論の士などの間）
　　で盛上っていた解放運動、議会による立法の動き、軍の将軍による措置などを受け、大統領
　　は宣言を出すことが国内的な意思統一のほかヨーロッパ向けの効果もあると判断した（南軍
　　に加勢しようとする勢力の出鼻を挫く意味もあった）。この事前の宣言は、南部（南軍側）
　　に 1863 年 1 月 1 日までに合衆国（北部連邦）に戻らなければ、その州の奴隷はすべて解放
　　すると声明していたが、その間に戻った州がなかったので、1 月 1 日に正式の解放宣言が出
　　された。
158　上院は 1864 年 4 月 8 日に通過したが、下院は 1865 年 1 月 31 日に通った。また当時は、
　　36 州が、連邦加盟を認められていた。
159　原憲法の言葉使いからすると、この**連邦内**というのは、"in any state"でもよいところ
　　だが、南北戦争を経た今は、"within the United States, or any place subject to their
　　jurisdiction"となっている。

(b)修正ⅩⅢ、1は、この宿年の最大難問を合衆国から法的に取除くことを狙っている。政府は勿論、私人も、他人を奴隷の法的身分に落すことはできない。理屈の上からは（私人もすべて修正ⅩⅢのいうとおり行動するとすれば）、これで経済社会活動からも差別をなくし、奴隷が、日常生活上も平等な扱いを受けることも夢ではなくなる[160]。

§2は、これを実効あらしめるべく連邦議会に立法を義務づけた。だが、どのような実効ある立法か、「奴隷は……存在してはならない……」という§1の言葉からは見えてこない（注152参照）。単に、**法律観念的な解放**をもたらしたとの解釈に終りかねない。実際、その後の南部社会が"equal but separate"として行ったのは、法律上の差別（discrimination）ではない。日常生活上での分離（segregation）という、実際上の差別である。

(c)司法の現実も黒人らに厳しかった。私人間でも平等に扱うようにと、議会が§2の下での立法により義務づけた1865年連邦法は、19世紀後半の一連のCivil Rights Casesで違憲とされた（前注154）。私人が黒人を日常生活上、事実上、不平等に扱っても、合法である（修正ⅩⅢに反しない）ことは、20世紀の入口でも最高裁により再確認され、是認された[161]。

以上の法理がひっくり返される（overrule）ためには、20世紀後半の**アフリカ系アメリカ人らによる第2の公民権運動**（African-American Civil Rights Movement）の時まで待たねばならなかった[162]（その間は、ほかにCommerce Clauseの助けを借り乍ら、多少の救済が見られただけであった[163]）。

160　しかし、Bailey v. Alabama, 219 U.S. 219, 240 (1911) 参照。時期的に次注のHodgesケースと、その次のJonesケースとの間に当る本件では、労働契約をして賃金の一部を受取った者が、労働をしない場合、その受取った金の2倍の罰金を課す（半分は雇主、半分は州に入る）としていたAlabama州法を、雇主、労働者の自由を間接的な強制により侵害するとして、違憲とした。

161　Hodges v. United States, 203 U.S. 1 (1906). 連邦議会が、その立法により民間人に対し（州法による）差別を禁止できるのは、「人aが、人bの意思に完全に屈従させられる状態が必要であり、単なる身体的な力や妨害で、殊に契約の効力により、人aが人bに屈従せられたからといって、奴隷化されたとはいわない」とした。

第3編　19世紀後半以降の憲法

㊗修正XⅢが、奴隷制度を消極的に否定しただけなのに対し、1868年に批准が宣明された修正XⅣは、合衆国市民の要件を“all Persons born or naturalized in the United States……”とすることで、解放後の黒人奴隷を含む万人につき、**平等の原則**による**出生主義**のルールを定める。それにより、①1人1人の奴隷が、合衆国市民（Citizens of the United States）の資格を否定されるようなことがなく、②いずれの州も、この合衆国市民としての特権（privileges and immunities）を侵してはならず、また③法の適正手続によらずに、その生命、自由または財産を奪ったり、法の下の平等を否定したりする（……deprive……of life, liberty, or property, without due process of law; ……equal protection of the laws）法律を立法、執行してはならない（No State shall make or enforce any law……）、と保障する（第2文）。

　(a)§1（第1文）が、正に、その合衆国市民権（およびその所在州の市民権）をそこでの出生か、そこへの帰化（naturalization）により、すべての人に与える定めである。その第2文では、その平等な擁護を各州に義務付け、法の適正手続なしにこれを奪うことを禁止している（これまでの修正Ⅴの連邦政府に対する命令の言葉が、各州に対する命令として、ここに繰り返されている）。（定義もされていない）**合衆国市民権**（citizens of the United States）という言葉を、さりげなく出してくることにより、§1は、これまでの州と連邦との関係を大きく動かす結果となった。この**合衆国市民権**との言葉は、戦前は、それほど使われたこともなく、その意味

162　Jones v. Alfred H. Mayer Co., 392 U.S. 409, 441 7.78 (1968). 前注のHodges事件をoverruleした。修正XⅢの下で連邦議会は、単に、「何が奴隷の印であるか」を定められるだけでなく（1/16の血、などという州法に限らず、社会生活上の扱いの差別でも）、白人が買えるものを同じように買い、同じ生き方をできることを確実にするための立法をすることもできる。

163　Heart of Atlanta Motel Hotel Inc. v. United States, 379 U.S. 241, 258-259 (1964) では、モーテルでの人種差別を規律した連邦議会の法律について、「それが、州際通商に悪影響があるかも、また対策として採られた方法が妥当かどうかも、連邦議会が、合理的な立法調査に基づいて、**実質的な効果原則**（principles of substantial effect）に則って立法した限りは、肯定してよい」とした。

も曖昧なままであった。近い言葉としては "national citizenship" がいわれていた程度であった。それが§1によると、合衆国市民権が先ずあって、州の市民権は付随的であるかのようにも読める[134]。こうして§1は早速、Dred Scott 判決の覆えし（overrule）を命ずることとなった[165]。

§1に前出の第2文が入れられたのには、不承不承に修正XIVを呑んで連邦に復帰した南部州では、「奴隷状態は事実上よくならないだろう」との推論があった[166]。連邦政府が保護・干渉できるための法的根拠がなければならないと、この第2文で、連邦議会が州に（§5を経由して）特権の不可侵を命じることを肯定することになった[167]。「州が……奪ってはならない」（No State shall......）とする修正XIV、§1の第2文でいう（特権を持った）**人**（Person）とは、本来は自然人を指すが、財産権や自由の不可奪は、法人にも当て嵌る[168]。

(b)ところで、「合衆国市民としての特権」（Privileges and Immunities of Citizens of the United States）でいう、（原憲法中でも使用されていた）**特権**とは何なのか。よく引かれるのが、1823年のワシントン判事の

---

164 Tribe は、個々の州民に対する州の主権が、§1により一部連邦に移ったといい、この絡みで、Dred Scott v. Sandford, 60 U.S. 393 (1857) の次の判示部分に注目する（*op. cit.* p. 1298）。「この国に輸入されたアフリカ人の子孫で……奴隷として売買された者は、仮に、その州の市民権（の欠落）が不問にされたとしても、合衆国市民権の存在が前提条件となる連邦裁判所への提訴は不可能である」（......could not bring suit in federal courts, even if their state citizenship was unquestioned......）（同判決は、アフリカ人の子孫には、州の市民権も否定されるとしていた）。

165 ほかに州権に対する連邦法の優位を論じた文脈では、（前出の）Slaughter-House Cases, 83 U.S. 36 (1873) がある。「奴隷解放の公式法制にもかかわらず、連邦の更に突っ込んだ措置なしには、実際の状態がそんなに変わることはない……」という。また Selective Draft Law Cases, 245 U.S. 366 (1918) では、憲法の定め（I、8(11)〜(16)）を綜合すると、連邦には（州の militia 法の徴兵制度と違う）徴兵制度での広い立法権があり、それは、修正XIVを含む憲法に反するものではない、がある（なお、徴兵制度については第5章注202参照）。

166 "notwithstanding the formal recognition......of the abolitior of slavery, the condition of the slave race would, without further protection of the Federal government, be almost as bad as it was before" といっている（〔前出の〕Slaughter-House Cases, 83 U.S. 36, 70 〔1873〕）。

167 Tribe p.1298 前注の判示に沿って「連邦政府が保護・干渉できるようにした」という。

168 Smyth v. Ames, 169 U.S. 466, 522, 526 (1898) では財産の不可侵を、Grosjean v. American Press Co., 297 U.S. 233, 244 (1936) では新聞の自由の不可侵を判示している。

545

第3編　19世紀後半以降の憲法

言葉、「正にその性質からして、すべての自由主義国家の市民に、本来的に備わっている基本権といったもの……」（……in their very nature, fundamental……）とされている[169]。その中味とともに重要なことは、この基本権が「連邦だけでなく、州に対しても守られる」という点である。この自然法的考え方は、最高裁判事多数の考えとは一致しないが、修正XIVの提案・作成者、下院議員 John Armor Bingham は、この考えをベースに、修正XIVの文言を考えたとされる[170]。

このような財産権や自由は、無制約ではない。人は、公共の福祉（アメリカでは public policy や policing power）によって、「多少の制約を甘受すべし」、とのルールがある。この文脈では、議会が制定した法は、**公共の福祉**に沿っていることの一応の推定が働くから[171]、これを争う側が、その均衡を崩すべき負担を負うとの判示がある[172]。

この修正XIVは、単に州当局に対する争訟でのみならず、私人間の争いでも、請求の根拠としてよく主張され、その意味で、憲法全体の中で最も利用されることが多い条文である[173]。同修正はまたは、このような私人（民間）の法廷闘争を通して、時代とともに、実に多くの分野で新しいルールや特別法の塊りを生み出してきた[174]。いわゆる、**実体的・経済的意味**

169　Corfield v. Coryell, 6 F. Cas. 546, 551, No.3230 (C.C.E.D. Pa. 1823〔同判事の巡回裁判中の判示〕)。

170　Bingham は議会での答弁で、「修正 I ～修正VIIIの下で、連邦に対し保障された基本権も加えたものが、修正XIVにより、州に対し保護される」と述べている（Tribe, *op. cit.* p. 1299）。

171　Erie R. Co. v. Williams, 233 U.S. 685 (1914) では、契約内容（賃金をいつ、いかに支払うか、などの）が、公共の福祉により制約され（"subject to……interest of public welfare"）ると主張して、それを違憲だと争う人の方が、その点の立証負担を負う（burden is on him who attacks it）とした。

172　Abie State Bank v. Weaver, 282 U.S. 765 (1931)。州法により設けられた預金保険制度は、こうした policing regulation であり、一応の合理性があるという。

173　たとえば、注記168の Smyth 事件では、Union Pacific 鉄道の株主ら（Massachusetts 州民ら）が、同鉄道会社や Nebraska 州鉄道委員会などに対し、差止め請求などの訴えを起している。

174　その文脈で要となる言葉は "liberty" と "equality" であり、中でも、現代的社会状況の中で、次注のような各方面の契約の自由（freedom of contracts）が、最も広く拡張・深化された。

の**適正手続法**（economic substantive due process）ともいわれる[175]。

(c)§2は、原憲法の下での立法府構成条文（Ⅰ、2(3)）に対する修正であり、特に奴隷（原憲法でいう such Person）の因数についての連邦比率の3/5（federal ratio）を廃止し、各州人口比例での平等な（非課税インディアンのみが除かれている）代表（間接民主）制を定めた。21歳以上の男に何らかの意味でこの権利が否定されるか損なわれた場合、大統領はじめ連邦のすべての公職の選挙および州の選挙で、その州の選挙人の数を計算するための基礎数の計算は、その権利が否定された人数をマイナスした数をベースとする。

本条（修正ⅩⅣ、2）の第2文（But when……以下の）の意味は、余り直接的とはいえない。それもその筈で、黒人の選挙権を正面から定めた修正ⅩⅤの改正が（辛うじて）実現するその前の、当時の政治的妥協を示すものである[176]。

(d)§3は、南北戦争の経験を踏まえて定められた。合衆国に対する内乱、反乱などに参加した（……engaged in insurrection or rebellion）**人**すべてに対し、すべての被選挙権（連邦と州の公職に就く資格）をはじめ、連邦議会の上、下院の議員や大統領の選挙などの選挙人となる資格をも否定する。ただし、議会による2/3の決議により、それをひっくり返せることも定める。ここでの**人**（Person）とは、宣誓した上、そうした連邦または州の公職に先に就いていた者である。

(e)§4は、内乱、反乱（Insurrection or Rebellion）との絡みで、合衆国の債務につき正反対の、2つのことを定める。内乱、反乱などを抑える

175　変化する経済社会の実情に合わせて実質的な**契約自由**の意味を探る作業である。労働法、価格統制法、競争規制法、運輸業法、環境保護絡みの規制法、銀行、保険その他一定の範囲の法人活動の規制法などである。

176　黒人を含めた全人口比例選挙権に対しては、北部州の代表も含め、必ずしも一致して首を縦に振っていた訳ではなかった。しかも北部州は、南部州の選挙人数が一挙に増えることにより南部州の発言力が急増することを恐れた。そこで、黒人の選挙権を否定する州があることを前提に、その州の有選挙権人口は、選挙権を否定された黒人の数と同じ率だけ減少して、計算するというルールにしたものである。

ため、役務についた者への年金支払（payment of pensions and bounties）分も含め、合衆国による公的債務で、法律によるものの効力は、間違いなく保持される一方、内乱、反乱などを助けるためや、奴隷を解放したことに起因する損失に絡む公的債務は、非合法であって、合衆国も各州も、これを負ってはならない、と命ずる。

　(f)§5は、修正XIV、1を実施するための立法権を連邦議会に与える。修正XIVの内容が、適正手続保障を中心とした修正V（連邦議会に対する命令となる）と殆んど同じであることから、その間に何らかの違いがあるのかが問われる（ただし、修正Vには陪審権の保障も規定されている）。無論、時代が（背景が）違うといえる（修正XIVが、奴隷解放が明定された後の、その実効化のために各州に向けられた規定であるのに対し、修正Vの時には、奴隷問題はタブーになっていた）。

　修正Vは、「連邦議会は……」で始る、修正I以下の並びで規定されているところから、文理的に、修正I以下との分担の中で読み、他の多くの保障の1つとして、**適正手続**だけを保障しているようにも見える（対する修正XIVでは、他の保障との並列がないことから、同じ適正手続の保障でも、すべての人権保障で権力行使を公正にするよう求めている、との理解が可能である）。そのためか、修正Vの下でのルールを、修正XIVが広げる解釈結果も見られる。たとえば、**平等保障の基準**（standard of equal protection）の構築などでである（このように、修正XIVの方が包含性がより広いと解されるゆえかどうか、文言上の差が乏しいこの2つの修正章の間では、連邦に特有なケースを除いて、実務上は修正XIVを根拠に、救済を求めるケースが圧倒的に多い）。

　㈠修正XVは、その§1で、**人種**、**皮膚の色**、または以前奴隷であった身分（on account of race, color, or previous condition of servitude）により差別してはならない範囲で、すべての合衆国市民に選挙権を与えるよう命ずるとともに[177]、§2では、これらを実施するため、連邦議会が立法権を有するとする[178]。

第6章　19世紀アメリカの憲法史ハイライト（南北戦争と、人種問題）

　共和党が圧勝した1868年選挙の後に漸く、最後に改憲に必要な批准が得られるようになった修正ⅩⅤは、上記のように、**人種**と**奴隷**のみに絞って、選挙権を制限することを禁じる[179]（南部が絶対拒否したかっただけでなく、北部でも黒人〔negro〕に選挙権を与えることへの反対は強かった）。しかし、北部州と連邦は、離反した南部州が連邦に復帰できるためには、連邦の大義として、また南北戦争の大義として、黒人選挙権を保障することを条件としていた（連邦議会は先行して、ワシントンD.C.と、テリトリ内での黒人選挙権を定める立法を行い、そのための改憲も俎上に昇っていた）。

　このように、修正ⅩⅢ〜ⅩⅤは、今日までの憲法の修正27回のうち、例外的に基本法の原理に係り、これを変えた。歴史的に大きな意義を持つ。これら3章が、南部州の咳に力づくで押し込められたものの、1世紀以上経った後に振返ってみると、南部州（過激派）は、それを胸の奥から吐き出していた[180]。

　(ト)当初の**人権憲章（修正Ⅰ〜Ⅸ）**は、連邦政府向けの規定で、各州政府を覊束するものではない、との先述のBarron事件などを受けて、この再建期に成立した修正ⅩⅢ〜ⅩⅤ。

　(a)最高裁によるその解釈・運用が待たれたが、最高裁が渋い態度をとったことは、記したとおりである。中でも注目されたのは、修正ⅩⅣがいう適正手続条項（due process of law）、特権と免責条項（privileges and immunities）（「どの州も、**法の適正手続**なしにそれらを奪えない」とす

177　修正ⅩⅤ、2が、議会に立法を命じていたにも拘らず、そのための連邦法の立法は大幅に遅れ、Voting Rights Act of 1965が漸く成立した。また奴隷の選挙権を平等と定めた1860年代でも、"sex"の言葉は入っていない（婦人の選挙権が与えられたのは1920年になってからである）。

178　といっても、選挙法そのものと、選挙権の登録法などは、州法の問題である（Ⅰ、2(1)）。

179　識字（教育）、財産保有、税の支払などによる制限まで取払った、universal male suffrageとは異る。

180　この3章を呼び込んだ公民権法上の争いで「違法、違憲な手続で強制されたもので、無効……」との主張を崩さなかった。

549

る）の解釈・運用であった。最高裁が、修正XIVの文言の形式的解釈と思われる区別により、州による私人間での人権の保護を、修正XIVから外したのには、幻滅を感じた人が少なくなかった[181]。加えて、法の適正手続を人権の防波堤にしている修正XIVの言葉の解釈として、州が、それなりの手続（process）法を定め、それを守っている限りは、連邦司法による修正Xの下での州主権への介入余地が限られることが示された[182]。

(b)マグナ・カルタ（Magna Carta）やイギリス人権憲章（English Bill of Rights）が、王と貴族の対立に発したのに対し、ここでの対立は、一般市民と連邦政府や州政府に加え、私人（白人と黒人）間の対立という違いはある。しかし、この人権憲章が、マグナ・カルタやイギリス人権憲章の系譜に属し、（王による）「抑圧と強奪（repeated injuries and usurpations）に対する保障」（独立宣言）から流れ出た、同じ思想系に属することは間違いない。最高裁は、1884年のあるケースで「……法とは、権威者の単なる行為としての意思の表明ではない……それゆえ、私権剝奪法、苦役・労働罰などを課す法は、法の適正手続でいう法ではない……」と述べている[183]。

(c)読者は既にお気付きかと思われるが、この憲法、特に人権憲章には、普通含まれない条項がある。人権憲章に財産権の保護条文が含まれることはあっても、契約の保護までは普通余り見ないが、その契約（自由）の憲法（人権憲章）上の保護である。確かに、契約違反を経済社会の基本に反する憲法違反としなければ、古典的な人権のカテゴリ、財産権の保護が完

181　例として、In re Slaughter-House Cases, 83 U.S. 36 (1873) がある。Louisiana 州が食肉の衛生管理のために、市場を管理する独占会社を作ったのに対し、修正XIVを援用して「同じような職、労働、能力を有する人々の**特権**を奪った」と訴えられた。判決は、修正XIVが（出生による）合衆国の市民権と、現実にそこ（州内）にいることによる州市民権とを区別していることを指摘した上で、修正XIVは、「前者に関する保護のみを定めた」とした。

182　これに対しては、"due process of law" の law は、公平で正義に適ったものであらねばならないとする判示もなされていた。Murray's Lessee v. Hoboken Land & Improvement Co., 59 U.S. 272 (1855).

183　Hurtado v. Cal. 110 U.S. 516, 531 (1884). California 州 Sacramento 郡で、殺人罪に問われた原告が、同州刑法と刑事訴訟法とを、修正Vと修正XIVに反すると主張したケース。

全とはいえないことも真実である。現に 19 世紀後半のこの時代、そうしたケースが現実に生じてきた。それも、人権憲章の中心となる**人身の自由**と**財産権**との対立の場面である。そこでは最高裁は、法の**適正手続**の意味を（正しい法として）、実質的な衡平の意味として読んだが、にも拘らず、この相克の多くを財産権者（元奴隷所有者）の側に有利に解決している[184]。

㋑以上見てきたように、修正Ⅴと修正ⅩⅣとの間には、一方が、18 世紀末近い法学および人権感覚で連邦政府に対する規律、他方が、19 世紀半ば過ぎの（宿痾の奴隷問題に一応基本的メスを入れた後の）人権感覚による州政府に対する規律という違いがある。つまり、奴隷制度ほど悪性な人権否定はなく、またそれが専ら問題になったのも州法（州政府）の下であったから、その意味で正に時代の要求に応えた。State の語を繰り返す修正ⅩⅣには、連邦政府だけでなく、州政府も含め、人権を広く公権力から保護しようとする姿勢が出ている。同時に修正ⅩⅣ中で定める、**州政府**に対する財産権の保護は、新種の人権保障とはいえない。財産権の保護を抽象化した契約自由の保護は、原憲法で既に定められていた（Ⅰ、10(1)）。

(a)その契約自由の保護につき憲法では、"No State shall……pass" と、「契約義務を損う法（law）を通してはならない」と定める（Ⅰ、10(1)）[185]。これは、取引社会を支えている経済の根本原理、**契約自由**の結果の保護である。規制一般に強い抵抗があるアメリカでは[186]、特に公法による規制を抑制すべき基本原理をいっている。共和制（社会契約）の源流、自然法

184　（前出）Slaughter-House Cases, 83 U.S. 36（1872）では、Louisiana 州の屠殺工場法を修正ⅩⅣの下での契約自由を侵すものではないとし、多くの州民の屠殺契約の自由を奪う結果を合憲としている。しかし、Louisiana 州での保険法に係るケースでは、New York 州の保険会社と New York 州内で締結された保険契約が、すべての点で同州法に完全に沿ってなかったとして罰金が課せられたが、修正ⅩⅣに反するとされた。Allgeyer　v. Louisiana, 165 U.S. 578 (1897).

185　"pass" といっているところから、ここでの Law は、先例法を含まないとの理解で一応よいものの（契約法は、一般には、州の最高裁判所の判断が最終であるが）、契約義務を害するような州の裁判所の判断は、この憲法条文に反すると考えられている。Jefferson Branch Bank v. Skelly, 66 U.S. 436 (1861) 参照。

第3編　19世紀後半以降の憲法

(natural law) の観念が背後に流れているということがある[187]。19世紀末から20世紀初めにかけて、こうした自然法の伝統に沿って"laissez faire"に棹をさした先例が主流となり、最高裁による修正XIII〜XVによる人権保護の姿勢は、やや後ろ向きで、契約自由の保護を寧ろ優先したかに見られる。

　他方で、例外的なケースもないことはない。契約義務を損う法ではなく、同じくI、10(1)で州に禁じている事後法の立法に関してであるが、先例のルールは、そのケース限りのものであるから、事後法立法の禁止に当らないとした[188]。州法の下で既に与えられていた契約上の権利を、その契約上の権利の授与が州憲法に反していたとして、無効と判断されたとしても、連邦憲法に反したとはいえないとした[189]。

　(b)このように20世紀の大恐慌の頃までは、最高裁が、経済的自由権の名の下で、特に契約自由の保護の名により、連邦法や州法の効力を問題とするケースが多く、その傾向が続いた。大恐慌の頃になると、再び変化が生ずる。その理由につきTribeは書いてないが、1つは、アメリカ社会が色々な意味で、大きな変動に見舞われたこと、自然法の伝統では、割切れなくなったことが考えられる（社会学的分析が必要）。現に、19世紀末近くからは、それ以前のアメリカに残っていた農業社会の牧歌的心情が細っていった中で、次段で見るような、州際取引法、独禁法などの、いわば**経済法**ともいえる立法がなされるようになった。

186　アメリカで、ヨーロッパよりは遅れがちながら、労働関係法ができた後のケースであるが、労組に参加しない約束を迫った雇主に罰金を課したKansas州法は、修正XIVに反するとされた。Coppage v. Kansas, 236 U.S. 1 (1915).

187　Tribeは、17世紀、18世紀アメリカを通して、そこに自然法の伝統があり、憲法の背後にも、**より高い法**の観念が流れているとする（p.1336）。

188　Ross v. Oregon, 227 U.S. 150 (1913). I、10(1)は、州の立法権に対する規律として働くが、州の司法判断は、立法とは異なり、事後法立法の禁止に当らない。

189　Long Sault Development Co. v. Call 242 U.S. 272 (1916). 原告（法人）の免許立法（1907年New York州法）の合憲性についての争いから、同法を廃止した1913年法を違憲と主張する争いとなったケース。

552

第6章 19世紀アメリカの憲法史ハイライト（南北戦争と、人種問題）

2. 19世紀後半の連邦と州の変化、多様性と、法による規律

(1)戦後の変化と、再建期の憲政史的評価

(イ)既に見たように、奴隷問題に対しては修正XIIIが制度的な終止符を打ち、修正XIVが解放された奴隷に市民権を与え、修正XVが選挙権を与えた。これら3つの修正条項は、牛馬と同じに扱われていた黒人に人間性を取戻し、公民権まで与えることで、彼らを正に「解放した」。だが、それは紙の上だけであった。言葉の上だけの解放に終った。なぜそうなったのか。

(a)この時期、人々は新たな問いに直面した。「南北再統一のため何をなすべきか」「その根拠法は何か」。今までの法制に、憲法に、その**解**はなかった[190]。アメリカは、法と事実、憲法と政治、が2つの方向に揺れ、一致しない異常な状態、一種の非常時にあった。この解のない時代が、1865年から1877年の、いわゆる再建期（Reconstruction Era）と、それに続く権力の取戻し期（Redemption Era）である。その間に改憲が行われ、修正XIV〜XVができたアメリカ。再建（Reconstruction）とは、1861年に連邦（アメリカ合衆国）から分離（secede）していった南部11州の再建の意味である。それには、それらの州が先ず、（心から奴隷制度を否定して）合衆国に復帰する必要があった。ところが、再建が成るのか成らないかの1877年妥協（Compromise of 1877）以降、早くも、その揺れ返しがきていた。南部による**権力の取戻し（権力奪還）期**（Redemption）である。現実に妥協したLincolnが緩やかな条件（10％プラン）を示し、

---

190 1865年4月11日、Lincolnは、ホワイトハウスのバルコニーから、勝利に湧く人々に語っている。「南部11州政府や、Jefferson Davisの政府をどう扱うのか、そのための権限ある機関はない……」（その聴衆の1人に、暗殺者John Wilkes Boothがいて、「演説も、これが最後さ……」と仲間に呟いていた〔McPherson, *op. cit*. pp.851-852〕）。

553

第3編　19世紀後半以降の憲法

少しでも早く、1州でも早く、復帰させる案でいたことは前述した。Lin-coln が存命していたら、再建期は「もっとスムーズに行っていたろう」との意見もあるが、憲政史としては先ず、北部共和党が南部にどう交渉し、これに南部が、どう反応していたかを知らねばならない[191]。

　復帰を認めるための条件は、無論、やがて連邦憲法修正ⅩⅢ～ⅩⅤとなったものと同じ内容、即ち、奴隷制度廃止の受容れである。再建期、北部共和党が南部に「これだけは……」と最低限求めた奴隷解放[192]。それが、連邦憲法修正を必要とすると受止められたのには、前述のように人権憲章（修正Ⅰ～Ⅸ）が、一般には連邦政府だけを縛ると考えられてきたことがある。そこで（南部）州政府も、黒人を含むすべての人につき人権憲章（修正Ⅰ～修正Ⅸ）上の保護を尊重すべきであるとして、これを集約的に定めた修正ⅩⅣのような法文が適切で、全州が、殊に南部がそれを呑み、守ることが必要だと考えたことがある。ところが、これら黒人奴隷を社会の平等な一員として、隣人として受容れることに対する南部11州の拒絶反応にはすさまじいものがあった[193]。

　それだからこそ、南部人士は恐ろしい勢いで、再建期の法制をすべて覆えそうとする、**取戻し期**（Redemption）に入っていった[194]。そして、以後ずっと100年近くの間、南部では、白人による黒人に対する元のままの扱いが続くのである[195]（Voting Rights Act が成立するのは、20世紀後半、

191　修正ⅩⅢ～ⅩⅤが南部州の咳に詰め込まれた（……were rammed down the throats……）とするのは、Friedman, p.257 である。

192　修正ⅩⅢ～ⅩⅤが、南部の咳に押込まれ（……rammed down the throats……）、高圧的な態度で批准させられたため、1世紀以上経っても、少数の頑固者（diehards）は、「すべての手続が違法であった……」と主張していた（Friedman, *op. cit*. p.257）。

193　黒人に対する世人の嫌悪は南部だけでなく、中西部の Illinois 州でもあった。同州上院議員（事実上の奴隷解放を意味する Confiscation Act の発案者 Lyman Trumbull）ですら認めている。「解放はすべきだが、町に来て貰うのは困る」、という気持だといっている（McPherson, p.507）。

194　再建法（Reconstruction Acts）は、修正ⅩⅣの承認のほか、黒人に選挙権をフルに与え、南部連合のリーダーだった人間が公職に就くことを禁じる州憲法制定を求めていたが、たとえば Arkansas 州は、1868年憲法で、それら南部連合のリーダーの公職禁止を定めていたものの、1874年憲法ではその規定を廃止し、以前のエリート公職者を復権させている（Friedman, *op. cit*. p.260）。

第6章　19世紀アメリカの憲法史ハイライト（南北戦争と、人種問題）

1965 年になってである）（第 8 章〔3.(2)(ハ)〕前注 176、178 参照）。

　(b)リンカーン大統領が連邦議会との相互関係で、南部 11 州の再建のためにとった次の特異なコースは言及に値しよう。即ち、反逆していた南部州の 1 つでもが、事実上北軍の支配下に入り次第、その州の再建を行うことにし、1861 年と 1862 年に没収法（Confiscation Acts）にサインしていたが[196]、同法の下で、1862 年には先ず手始めに Washington D.C. の奴隷、次いで合衆国のテリトリでの奴隷につき、奴隷解放の措置をとるとともに、連邦軍（北軍）への編入も認めた。

　1862 年春からは、既に北軍の占領下に入っていたテネシー、アラバマ、ルイジアナに、中央の息のかかった再建政府を（Lincoln 大統領が直轄するような形で）順次樹立して行き（共和党急進派は、それらを合衆国の州として認めないと声明していたが[197]）、加えてサウスカロライナでは実験的に、元奴隷に土地を与える改革も行った（これは、Lincoln の暗殺事件で中断した）[198]。

195　時は 1965 年 8 月、所は Mississippi 州 Jefferson County, Fayette City の ice house（電気のない家の人々が氷を買っている）。白人客が来ると、黒人は列を譲って直ぐ先頭に行かせ、郵便局長（postmaster）は、黒人宛の手紙等に Mr., Mrs. などが付いていると、それをボールペンで消していた（Justice in the Segregated South）。NPR, 2013 年 5 月 3 日、Barbara Van Woerkom による。

196　Confiscation Act（1861）の成立後、邦軍の将軍 2 人が、Missouri 州と South Carolina 州で、相次いで地主（奴隷主）の土地を没収し（奴隷を不動産権の一部とみなす州法につき前出　参照）、事実上の奴隷解放をするということが起きていた。Lincoln はその時点では、同法の実施が南部を驚かせ、反逆を強めさせるとして、取消したり、司令官を更迭したりした。彼が、1861 年に Mason-Dixon Line 近くの Delaware や Maryland について考えていたのは、連邦政府債による 20 年くらいかけた有償の土地没収と、その土地を、黒人らの入植地とする形の（合衆国とは別の）、新たな法域での奴隷の居住、解放であった。

197　Louisiana 州は、南部州の中でも北部の求めていた州憲法の制定で早かったが、連邦議会共和党の急進派は、保守の巻き返しを懸念していた。もっとも、Louisiana Purchase 以前、ラテン系民族の支配下にあったことから、Louisiana 州の奴隷は法的にも婚姻が可能で、Black Code も制定、合衆国のテリトリになってからの 1806 年に制定された。その中味も、他の南部州よりは緩やかであった（一定のお仕置以上の罰を犯罪とするなど）（Friedman, p.163）。

198　Illinois 州出身の Lincoln も、黒人らが中南米などに移民して入植する colonization を提唱することが、1862 年選挙で、共和党を浮揚させるのに役立つと考えていた（彼は、この考えと、その線に沿った project の idea を 1862 年 8 月 14 日に、ホワイトハウスに招いた黒人リーダーらとの座談で話しているが、Douglass らの黒人リーダーらには大変不評であった）（McPherson, p.508）。

555

第3編　19世紀後半以降の憲法

　一方で、反抗勢力が強い南部州は、合衆国軍（北軍）の軍政下の統治に置いた（その下での選挙では、元奴隷の投票権を確保、反対に旧連合の指導者らの公職は否定された）。1862年の議会選挙で急進共和党が勢力を伸ばすと、軍の力と黒人の組織を使って、南部諸州の旧勢力を排除する勢いは一段と加速し、南部社会の改革を推し進めようとした。

　再建法制で目指したのは、奴隷制度（slavery）なしの南部社会再建である。施策として打出したのは、南部州に初めて、(i)一般の公立学校を作る、(ii)養護施設を作る、(iii)(筬棒に安く抑えられていた) 土地税を上げる、(iv)民生安泰のため、鉄道と運河計画を作り、財政支援をする……などであった。これらの施策を、個々の南部州の出方を見ながら実践して行くことであった。

　(c) 4月15日、大統領が暗殺されると、連邦議会は憲法の定めにより（II、1(5)）、副大統領を昇格させるための立法をして、アンドリュー・ジョンソン（Andrew Johnson）が大統領に就いた[199]。その結果、南に同情的とされたジョンソンと、連邦議会との間で史上稀に見る激しい**立法**対**行政**の対立、いがみ合いが生じた。彼は早々と、「国民の統一はもう成った……。奴隷解放は終った……」とする宣言を出し、連邦議会による再建法などに拒否権（veto）を行使した[200]。この時の立法と行政の対立で注目されるのは、Johnson の次の大統領となる、まだ議員になりたての Rutherford B. Hayes（後出）を中心とする共和党議員らと、Johnson との対決であった。Johnson のやり方では、元奴隷の黒人らが南部でどういう扱いをされるか、その安全の保障はなかった。一方、Hayes らの立場は、Freedmen の安全に対する適切な措置がとられた上でないと、南部州の連邦復帰は認めるべきでないというものである。こうした動きの立法上の焦

199　Booth（当時の Maryland ではかなり知られた芝居の男優）とその仲間は、大統領 Lincoln のほか、副大統領 Johnson、国務長官 Seward の3人の暗殺計画を立てていた。Seward も重傷を負わされているが、Johnson は襲われることがなかった。
200　その一方で、南部州の軍人や戦前の指導層の多くには恩赦を与えた。

556

点となったのが、1866年6月に上下両院を通った修正XIV法案と、それと同時に可決された公民権法案（Civil Rights Act of 1866）であった。1866年の連邦議会選挙で、（北部州では）急進的改革派が躍進し、連邦議会の2/3以上を占めると、議会は憲法に従い（I、7(2)）、大統領の拒否権を上廻る再議決により、一連の再建法を成立させた[201]。

㈡それなのになぜ、奴隷制度に本当の意味での終止符を打つことができなかったのか[202]（Lincoln大統領も連邦議会も、一旦は、それを戦争の大義であるとしていた解放が、単に〔憲法の〕言葉の上で終って了ったのか？）。再建（復興）期（Reconstruction Era）につき、一言しなければならない。

アメリカの歴史での固有名詞「再建（復興）期」は、南北戦争後の国の建直しの時期12年間（1865～1877年）を指す。「復興」というと、建物や街の復興を考えがちだが、ここでは、**黒人の人権回復**の意味が大きい。その基本、出発点となったのが、「復興法」である[203]。その中身は、南部諸州にもう1度、**連邦**と**連邦憲法**（中でも修正XIII）への忠誠を誓わせ、南部を法的に再建する、再建法制に合意させることである。

(a) 12年間の復興期を大まかに次のように分けることができる。① Lincolnの死を受けた、1866年選挙までの期間のJohnsonによる微温的改革

201　彼らは、「南部州が必要としているのは、徹底した改革だ。南部州の白人大地主らの頭を叩き直さなければ、制度の改革は実現できない。我々の血は何のために流されたのか、何のため莫大な戦費を負担したのか……」として、南部州の連邦復帰の条件を"all loyal male citizens"の選挙登録を要件とする法案を用意していた（McPherson, *op. cit.* p.708）。

202　Lincolnは、北軍が勝利するまで解放宣言（Emancipation Proclamation）を出すことを先送りしていた。1862年8月22日のNew York TribuneのHorace Greeleyの解放社説には公開文を送って、「私の最高の目的（paramount objective）は、連邦を救うことであって、奴隷制度を守ることでも、破壊することでもない……1人の奴隷を解放しなくても、連邦を救うことができるのであれば、またすべてを解放することで、または何人かだけを解放することで、連邦を救うことができるのであれば、私はそれを行う……」と書いた（p. 510）。

203　1867年7月19日成立の正式名"An act to provide for the more efficient Government of Rebel States"。ジョンソン大統領により拒否権を行使されたが、同じ日に上、下両院が2/3超の多数で再議決して成立した（州の違法な処分に対するWrit of Habeas Corpus条文〔28 U.S.C. § 2254〕を含んでいた）。

第3編　19世紀後半以降の憲法

時代[204]。ジョンソン大統領が急進派の改革法案（復興法）に反対すると、急進派議会が大統領を**弾劾手続**にかけた時期（僅か1票の差で、**有罪の裁判**には至らなかったが）。②1866年の議会選挙と、1868年の大統領選挙を受けた時代（選出されたGrant大統領は、急進派共和党が一段と多数を占めた議会に同調して、南部の改革を強力に推進した）[205]。③大統領による改革が、連邦議会の立法により裏打ちされた時期（1871～1875年）[206]。立法の中には、4つの強制法（Force Acts）がある。

(b)共和党急進派は、大統領選挙の年、1868年にGrantを大統領候補に選んでいた[207]。彼は、Edwin M. Stantonの復帰に賛成したりしていて、選挙で圧勝した[208]。Stantonは、戦争中に黒人の解放をしたり、戦争長官としてジョンソン大統領の南部寄りの政策に反対していた人である。

戦争中の1862年から黒人の解放努力をしていたGrantの大統領時代。連邦議会は、1871年に、手始めとして南部6州の再建状況を改めて調査することとし、調査団を派遣した[209]。この調査結果からは、いわゆるKu Klux Klan（KKK）によるものを主とする多くの残虐事件や反再建の陰謀などが明らかとなった[210]（1872年の調査団報告書[211]）。一方、元奴隷の黒人らは、1865年11月24日にCharlestonのZion教会での集会に参加

204　Johnson大統領は、その時点で、まだ南部が批准を済ましていない修正XIVを、「南部が批准しなくてもよい」との発言をしていた。

205　Ulysses S. Grantは、1869年から1877年まで2期大統領を務めた。その前の1854年、アルコールに絡んで一旦軍役から退いたが、1861年復帰後は、不言実行の有能な将軍として頭角を現した（p.395）。

206　この時期10州が軍政の下に置かれた（一番の狙いは、黒人が名簿に登録され、自由に投票できることであった）。

207　再建を実質的に進めたGrant大統領の2期8年の特徴として、軍政の実施のほか、内務省（Dept. of Interior）、司法省（Dept. of Justice）および法務代理人（Office of Solicitor General）共同して法（中でも前出のForce Acts）の執行を強化したことがいえる。修正XVの改憲手続が進められたのも、この時期であった。

208　1865年4月19日、Grantは、ホワイトハウスの棺台に取り縋って「世間体を構わず泣いた」"unabashedly wept"と記されている（McPherson, p.853）。

209　南部6州はSouth Carolina, North Carolina, Georgia, Mississipi, Alabama, Floridaで、調査団は上、下両院から21名が参加、調査対象（方法）としては、州知事、元知事、KKKのリーダー、元南の将軍などを含んでいた。

210　Ku Klux Klanは1865年にTennessee州、Pulaskiでのveteran兵士の集りに端を発したとされるが、急速に暴力行為に走る団体へと変化した。

し、連邦議会の上、下両院宛の請願書を採択している[212]。

　肝心なことは、元黒人奴隷が修正XⅢ～XⅤの権利（中でも修正XⅤの選挙権）を本当に行使できるようにすることである。もっとも、連邦憲法（修正XⅢ～XⅤ）には、北部にとっての頭の痛い問題があった。連邦比率（黒人人口を3/5に数える）の廃止は大義である一方で、それが、南部の人口（代表権）を増大させる点であった。

　反再建の陰謀などを抑止するための柱として、3つのForce Acts（Enforcement Actsとも呼ぶ）が立法された[213]（Force Actsとは、この3法にCivil Rights Act of 1875を加えた4法を指すこともある）、Ku Klux Klanの活動抑制を主目的とする1870年法、1871年法、Klanの活動抑制により的を絞った第2のKu Klux Klan法（1871）である[214]。

　(c) Grantは、これらの州での反逆や不穏当な動きをForce Actsにより抑圧しようとしたが、南部11州（その大農場主を中心とする勢力）が、北部（合衆国）のいいなりになる期間は終ろうとしており、1876年選挙では、軍による監視や、司法省による摘発を受けつつも、黒人の選挙権の行使を事実上困難とするような強迫、暴行、殺人などが横行した。

　南部は、グラント内閣のウィスキーや税関に絡んだ汚職問題を採り上げ攻撃していたが、中でも1876年の大統領選挙の腐敗は、特に有名であ

211　南部州連合側の人士による差当りの抵抗は、北部（中央政府や共和党）の腐敗・汚職攻撃であったが、次第に暴力的抵抗へと加速して行った。南部州の選挙での暴力、腐敗の横行は、当時**アメリカのメキシコ化**（Mexicanization）という言葉がいわれ、心配された位であった。1871年には、グラント（Ulysses S. Grant）大統領が合衆国陸軍などを派遣して、武力で鎮圧する場面もあった。

212　Memorialと呼ぶpetitionで、奴隷解放と、Freedmen's Bureauの創設に対し連邦政府に感謝を述べるとともに、"……strong arm of law and order be placed alike over the entire people of this state, ……"と望んでいる（State Convention of the Colored People of South Carolina）。

213　1870年法も1871年法も、略同じ長いpopular nameを有する。"An Act to enforce the Right of Citizens of the United States to vote in the several States of this Union, and for other Purposes".

214　このKu Klux Klan法とは、Force Actsの1つCivil Rights Actの§1983で、南部州では黒人奴隷への法的保護を進んで行わないで、それを何らかの州法のゆえにし、合法を装う州当局などの行為に対する民事責任を定めたもので、今でも現行法として42 U.S.C. §1983がある。Wilson v. Garcia, 471 U.S. 261 (1985).

559

第3編　19世紀後半以降の憲法

る[215]。1876年の大統領選挙の結果は、いくつかの選挙区で腐敗の疑いとともに、票の確定自体が争いとなっていた[216]。大統領選挙人団の判定では、民主党の Tilden の票が多数であったが、議会下院の委員会は反対の判断をし、民主党が委員会判定に妥協した結果[217]、共和党の Hayes が勝利したこととなった[218]（南北戦争前の第3回目の南北州間の妥協法 Kansas-Nebraska Act of 1854 を機に、それまでの Whig 党が共和党に、また民主―共和党が民主党に、変っている〔第5章二.2.(2)(ホ)〕）。

　議会選挙では、上院は、共和党が17名多い一方、下院では、民主党が共和党を74上廻っていた。その中で、南部州を中心とする民主党は、南部の権力奪回のための取引で妥協した（歴代の大統領の中には、初めから「1期しかやらない」と宣言してなった人が何人かいるが、Hayes もその1人であった）。

　(d)最も腐敗したとされる1876年選挙を受けて、共和党の Hayes と民主党の Tilden がその選挙結果を争い、Compromise of 1877 の妥協が行われた。その咎めは、その後の連邦憲政史に長く尾を引く汚点となって残ることになる。これは、Hayes が大統領選挙での popular vote で Tilden に負け、かつ選挙人（electoral college）の票でも、不正を理由に連邦議会下院による決定に委ねられたことに始る。同 Compromise の柱は、民主党が Hayes の大統領職を認める代りに、共和党は北軍（Union

---

215　次のような会話がある。「8万ドル出せば、サウス・カロライナの選挙人団を買えるんだが……」「ルイジアナの選挙人団管理局 W 氏は……？」「聞くところでは100万ドル現金でだ……」Gore Vidal の歴史小説 1876、Ballantine Books, 1976。

216　オハイオ州の共和党知事だった Rutherford B. Hayes は、いわゆる popular vote（総数）では、ニューヨーク州知事で民主党の候補だった Samuel J. Tilden に敗れたが、選挙人票の確定が微妙だったため、争われていた Louisiana, Florida などの20の選挙区での結果が、議会の委員会（Congressional Commission）の判定に委ねられ、委員会が Hayes を勝たせたため、史上最少の差で当選した（whitehouse. gov）。

217　American Presidents, Key Events in the Presidency of Rutherford B. Hayes, Miller Center, University of Virginia.

218　この下院の委員会による決定は、憲法が定めた選挙人によるものではない。議会下院が特に設けた委員会（Election Committee）による。Hayes は、popular vote で48％余り、選挙人の数では164と、Tilden の184を大きく下回っていたが、あちこちの州での不正（軍隊の出動を要した暴力や汚職）を理由に、その票の判定が争われた。

『アメリカの憲法成立史』正誤表

本文中に下記の誤りがありました。訂正してお詫びいたします。

頁	箇所	誤	正
19	f.n.12	注 382	注 390
79	末行	acvice	advice
87	上から 7 行	1717 年 10 月 7 日に	1776 年 10 月 7 日に
161	f.n.55	Gardqni	Gardqui
175	下から 5 行	軍特兵	軍将兵
304	f.n.284	Kagen	Kagan
495	(c)の 1 行上	1840 年	1854 年
496	下から 8 行	Douglass	Garrison
504	上から 6 行	注 456	注 467
504	f.n.33	注 103 参照	注 105 参照
506	末行	注 408	注 418
555	f.n.196	邦軍	連邦軍
582	f.n.272	次注	注 274
586	下から 4 行	である連邦	である。連邦
606	下から 5 行	条項を活用	条項の活用
608	末行	それ認め…	それを認め…
627	下から 7 行	法例	法令
658	上から 3 行	彼以前	以前
690	上から 4 行	1 つの	1 つ
787	(ト)の 2 行目	上院議員としてで出て	上院議員として出て
801	下から 3 行	Federal	Free
899	(ヘ)の 7,8 行	大統領としての 4 年…足かけ 最悪期に当った	大統領としての足かけ 4 年…最 悪期に当った
905	上から 12 行	とした許され	としたら許され
943	f.n.394	米国人の	黒人の
951	上から 7 行	のみでる	のみである

Army）をすべての南部州から引揚げることを柱とする。この Union Army の南部州からの総引揚げにより、それまで南部州を治めていた共和党系の州政権は全滅した。

その後の空白を即座に埋めに入ったのが、南部民主党（Southern Democrats）である。しかも、こうして決った Hayes の大統領職の座は、南部民主党が、その後も 1876 年選挙の不正をいい続けたから、決して居心地のよいものではなかった。実際、その後の南部は、民主党の一党支配となった。それにより南部州の殆んどで、黒人の公民権剥奪法制（disfranchisement constitutions）が次々に採決された。この 19 世紀後半の南部での反動（Redemption）の効果・影響は深く甚大で、その後南部州での民主党の一党支配は、1960 年代までも永く続いた（人種平等など、すべての前向きの施策は、F. Roosevelt の時代までお預けの状態となったといえる[219]）。

(e) 奴隷制度の解決を妨げたもの。それが南部による**揺れ戻し**（Redemption）である。そのための妥協、それが共和党と民主党による、**1877 年妥協**（別名「腐敗した取引」〔corrupt bargain〕ともいわれた Compromise of 1877）である[220]。アメリカ憲政史上でも、最も汚れて不明朗とされた大統領選挙直後の妥協である。選挙の不明朗に乗じ、南部は、この妥協により**揺れ戻し**の実現を図った（この Compromise を受け、Hayes 大統領が 1877 年に南部から最後の軍を引揚げ、再建期〔Reconstruction Era〕は正式に終ったとされる）。

1877 年妥協の内容（残った資料が不十分ではっきりしないといわれる

219　修正ⅩⅤが原憲法にあった3/5の連邦比率（Ⅰ、2(3)）をなくし、黒人も一人前の人として数えられるようになった上に、各州の公民権剥奪法制（disfranchisement constitutions）により、南部の白人が、北部州に比し１人当り実質的に過大な代表比率（electoral college bonus）を得たことで（実際には、黒人の権利をはく奪しておきながら、憲法上は選挙人の数に入ることで、より多くの議員数の割当てを得られた）、この民主党の一党支配は、制度的に固定したものとなり、永続性を与えられた。
220　1877 年妥協（Compromise of 1877）には、1876 年選挙での共和党大統領 Hayes の勝利を民主党に呑ませることのほか、早くに連邦軍が進駐し改革を行った、South Carolina, Florida, Louisiana の３州での共和党支配を温存することが含まれていた。

561

第3編　19世紀後半以降の憲法

が）、につき4つを挙げる説がある[221]。①連邦軍の南部からの引揚げを中心とする"home rule"の復活、②少くとも1人の南部民主党代表を連邦政府の閣僚として入れる、③Texasと南Pacificを通る鉄道の建設[222]、④南部に対する財政支援。

　(f)南部による**揺れ戻し**努力の中心は、黒人の社会内での力を抑え込むことに絞られた。南部州は、もはや奴隷ではなくなった元黒人奴隷に対する元持主の実効支配を回復・確保すべく、策略の限りを尽した。南部州がそのために用いた代表的な手法、それがいわゆるJim Crow法で、再建期の1865年に、すべての南部州で作られていた[223]。同法により南部州は、次第に黒人奴隷に対する実効支配を強め、その移住、労働（雇用）、ひいては財産権などまでも、規制するようになっていった[224]。

　㈥**1877年妥協**（Compromise of 1877）は、**再建期**（Reconstruction Era）の終わりを告げるものであった。連邦の方針に沿った復興を目指した**再建期**（Reconstruction Era）が挫折したのには、(i)連邦政治力に限界があり、（奴隷制死守を柱とする）南部社会の固い（保守の）岩盤を砕

221　もっとも、①は、Rutherford B. Hayesが選挙中から公約していたことだし、②は、約束がなくてもありうることだとした上で、③、④は、全く行われなかったとの見方が示されている。

222　ところが、Texasと南Pacificを通る鉄道の建設には、その少し前の1865年に設立されたSouthern Pacific鉄道が既に当っていた。結局、同社が南部を抑え、後に設立した会社を吸収合併したという見方が、正しいようである。なお、鉄道建設を巡っては1850年代初めから、南と北が既に熾烈な競争を繰り展げていた。1853年にNebraskaテリトリに関する法案を出したOhio州出身下院議員Stephen A. Douglasは、南部の上院議員らから、金銭を要求されたという（なお、Douglas自身は、シカゴからMobileへの鉄道建設に関与する中で、シカゴに所有する自身の不動産が大幅な資産増をしたという）（McPherson, *op. cit.* pp.121-122）。

223　南部を主に、戦前に見られたのはBlack Codeであったが、再建期の終りから揺れ戻し期に、その大幅な手直しが行われたほか、それまではなかった州でも、制定された。その内容は、黒人の定義から、財産法、家族法までの広範なものである。たとえば、1/8の血が混じっている人を黒人と定義していたTexas州刑法（1856年）がある一方、Indiana州憲法（1851年）では、黒人の州内への移住を禁じていた⒀。オハイオ川北西部の3州（Indiana, Illinois、Michigan）などは自由州だったが、川南の奴隷州と隣接しているところから、影響を受け易く、いわゆる混血結婚禁止法（anti-miscegenation laws）を持っていた。

224　たとえばMississippi州では、黒人の元奴隷には、農地の所有権が否定され、元奴隷は、農場で農場主に雇われて働くもの、とする法律や、また白人の当事者に対する訴訟での証言能力を否定されていた（Friedman, p.382）。

き、浸透することができなかったこと、(ⅱ)南部の白人らが、権力奪還（Redemption）のために暴力的手段も辞さなかったこと、の2つが挙げられる[225]。

(a) **1877 年妥協**よりも早く、1870 年までにすべての南部州が、連邦への復帰を果していた。戦争中の連合（南部）（Confederacy）の指導者ら、トップ 500 人の追放はあったものの、それ以外の南部人は、すべて政治活動に復帰できていた。

1877 年妥協により、（それまでにまだ権力奪還ができていなかった）一部南部からの北軍の撤退も実現した。連邦軍全部の引揚げとともに、南部に来ていた北部州人（南部人らによって"carpetbagger"の蔑称で呼ばれていた）の多くも、北へ帰って行き、南部の復活派白人らが、要職などのその後の空白を直ぐに埋めた。つまり、南部の（揺れ戻し）**権力奪還者**（Redeemer）である。それと同時に、戦前勢力の流れを汲んだ南部民主党（Southern Democrats）が、次第に力を増して行き、ほぼすべての州で、実権を取り戻した[226]。南部州は、北部州比で過大な比率で議会に代表を送れていただけではない。民主党の一党独裁が永続することで、年長ルール（seniority rule）の支配する議会内の支配権を手中に収めるようになった（委員会その他で、その長を占めるなど、多くの点で有利さを発揮した）。大統領ラザフォード・ヘイズ（Rutherford B. Hayes）はしかし、連邦の復興法を廃止しようとの試みは防いだ[227]。

北部州で将校の資格を得た後弁護士となり、Kentucky 州から Ohio 川を渡ってすぐ北岸の街 Cincinnati で弁護士活動していた Hayes は、奴隷

225　NPR が放送した Joseph Shapiro 記者による FBI's Cold Case Initiative（2013 年 5 月 18 日）では、1950〜1960 年代の未解決重大事件 112 件につき、FBI がどこまで真剣に捜査を行ったかを検証する、公民権運動の活動家による追及を報じている（連邦議会は 2008 年に、Emmett Till Unsolved Civil Rights Act により、捜査のために年間千万ドルの予算を割付けていた）。

226　南部諸州といっても、独立当初 13 州のメンバーであったのは、4 州（ヴァージニア、サウスカロライナ、ノースカロライナとジョージア）のみで、残り 7 州は、憲法の定め（Ⅳ、3）により、その後、加入が認められた州（テネシー、アーカンサス、テキサス、ルイジアナ、アラバマ、ミシシッピの各州）である。

解放主義者（abolitionist）であり、戦前にはKentuckyなど南部から逃れてきた（強化された連邦法〔Fugitive Slave Act of 1850〕の下で自由州Ohio内でも逮捕された）黒人を弁護する仕事も多く手がけ、その方面でも名を挙げていた。そうした実績から、彼は先ず共和党の推薦により、Cincinnati市政府の役人City Solicitorとなる。その後、再び北軍の将校としてCivil Warに従事した彼は、銃弾を受けたものの一命を取りとめた。その間にOhio州の代表としての連邦下院議員候補とされていたHayesは、1865年の選挙で当選する。その後Ohio州知事の座に就くため下院議員を辞めていたHayesは、一旦民間弁護士業に戻った後、1875年、再び州知事に選出されると、早くも翌1876年の大統領選挙で共和党候補として白羽の矢を立てられた。ニューヨーク州からの民主党の候補Tildenとの大接戦の末、**1877年妥協**（Compromise of 1877）によりGrantの次の大統領に就任する。

　大統領としての彼が第1に手掛けねばならなかったのが、皮肉にも、彼が議員として熱心に推進していた再建（Reconstruction）の終結であった。議会が北軍駐留のための予算を否決する中で、南部から北軍を総べて引き揚げざるを得なかったことであった。南部との融和の一方で、新しく成立した修正ⅩⅤの下での黒人の公民権に対する南部の反発を抑える。これがHayesの大きな目標であったが、Hayesによるこれらの努力は報われなかった。彼の任期中も、またその後も、南部は引き続いて（1890〜1910年頃まで）、人種分離（racial segregation）と、そのため前記のJim Crow Lawの俗称で知られる、各州新憲法体制を築くことに力を傾けていた。

　(b)白人による南部の**権力奪還**（Redemption）は、広い勢力を保ってい

227　Hayesは、南部州を占領していた北軍を撤退させ、1877年に、再建期が終了したことを公式に宣言した（American Presidents, Key Events in the Presidency of Rutherford B. Hayes, Miller Center, University of Virginia）。南部民主党が多数を占める連邦議会は、1879年に軍事費予算法を可決したが、KKKを抑え込むためのForce Actsを廃止することの付則つきであったことから、Hayesはそれをvetoした。

たKKKを中心とする一部白人らによる暴力沙汰なしには、考えられない[228]（KKK以外の団体としてWhite League, Red Shirtsなどがある）。共和党候補に票を入れそうな（主として）元奴隷、千数百人が殺害されたルイジアナ州の1872年選挙では、双方が、ミリシアや警察隊を自らの陣営に引き込もうとする中で、KKKなどの団体が、ニューオリンズの役所を占拠したり、共和党の知事を叩き出したりした（後注332事件）。

　ミシシッピ州や、ノースカロライナ州やサウスカロライナ州でも、似たような事態があった。こんな中で、黒人の連邦議員は、減少し乍らではあったが、少しずつ当選し続けた。しかし、1901年になると、連邦議会への黒人の代表も完全にゼロになり、元の木阿弥（全員白人）に戻っていた。1877年妥協の年にHayesが早速直面したのが、大鉄道ストライキ（Great Railroad Strike of 1877）であった。同年に、各鉄道会社は1873年以来の不況対策として、何回かにわたり従業員の賃金切り下げを行っていた。そこで、7月に先ず、Martinsburg、West VirginiaでBaltimore and Ohio Railroadの従業員がストを決行し、これが素早く他社での動きに伝わった。West Virginia州知事の要請を受けたHayesは、連邦軍の投入を決め、現実にもその投入が行われたが、その時のWest Virginiaでは大騒ぎにはならなかった。しかし、別の所、Baltimore、Marylandのストが暴動に発展した。それがPittsburgh、Pennsylvaniaにも飛火し、そこから更にChicagoやSt. Louisにまで拡がった。このためHayesは、Winfield Scott Hancock将軍（1812年戦争時のWinfield Scott将軍〔Virginian〕とは異なる）に、全州の状況のコントロールを命じた[229]。

　(c)政治が腐敗する間に、南部の民主党からは人民党（People's Party）が分裂した一方、1890～1908年にかけて民主党は、南部11州の多くで、

228　修正XIVの批准が宣言され、更に修正XVの成立した後、南部州での黒人の投票妨害や生命を脅かす事件が多発したことに対し、1870～1875年に「強制法」（Enforcement ActsまたはForce Acts）が制定されたことにつき注214参照（違反者に対し、500ドルの罰金を課すなどを定めていた〔その罰金は、被害者に払われる〕）。

第3編　19世紀後半以降の憲法

黒人や貧困白人の**公職選挙資格を実質的に否定するような州憲法**（dis-franchising constitutions）を次々に採用していった[230]。こうして、折角70万人の流血の上に築かれた筈の**建国の理念の憲法化**（修正ⅩⅢ〜ⅩⅤ）は、1877年までに実質的に骨抜きにされ、死文化されて了った[231]（そんな中でも、修正ⅩⅣをその趣旨に沿って解釈して、黒人に救いの手を差し延べた判決もある[232]）。南北戦争というと、犠牲の大きさが先ず指摘できるが、歴史家は、その犠牲に比べた成果の乏しさを指摘する。黒人も含めた人々の復興努力（Reconstruction）にも拘らず、その後のアメリカ社会（特に南部諸州）での黒人の実質的な地位向上につながらなかったと、低い評価しか与えられていない[233]。確かに、政治は停滞し、コネの世界が定着していた。

　(d) Hayes が傾注したのが、政治の腐敗を少くすることであった。彼は、そのための行政組織の公正化、効率化に力を用いた。その第1が、Andrew Jackson 大統領以来すっかり定着して了ったかに見られた、政権毎に全高級官僚を入れ替える spoils system を離れること、代りに行政組織を効率化するルール、いわゆる効率主義（meritocracy）を築くことであ

229　この事件では、連邦軍の兵士とストライカーのいずれにも死傷者が出なかったが、州のmilitia の側と、それと対決したストライカーの間には死傷者が出たとされる。また鉄道会社は賃金の切下げを止め、労働条件の改善をせざるを得なかったとされる（digitalhistory.uh.edu）。

230　修正ⅩⅤの手前、正面切っての差別はできないが、各州法である選挙法は、選挙人資格ないし登録要件として人頭税、識字テスト、居住要件などを加える方法を採用した。なお、disfranchising constitutions につき、以下の 2.(2)参照。2013年6月17日のケースでは、Arizona v. Inter Tribal Council of Ariz., Inc. No. 12-71. で、最高裁は、州民権を独自の方法で立証することを求める州法を、7-2 で違憲とした。

231　修正ⅩⅢ〜修正ⅩⅤは、1930年代の末頃までの間、死文のようであった（Tribe, *op. cit.* p.1352）。

232　Strauder v. West Virginia, 100 U.S. 303 (1880). 当時黒人が jury になることを禁じていた West Virginia 州法の手続により有罪とされた黒人 Strauder は「修正ⅩⅣは、正にこの West Virginia 州法のような人種差別的立法から黒人を守る権利を与えた。同法は、Equal Protection Clause に違反する」と主張して、それが認められた。

233　Friedman も（「風と共に去りぬ」などの大衆文学の例のように）「復興物語りの多くは、南部白人が書いたこともあり、復興の約束は守られなかった……として、それら復興の約束に対する否定的見方が支配的である」という（*op. cit.* p.382）。

566

った[234]。この試みに対しては、しかし、身内の共和党の中からも背反者が出た。1860年代に Lincoln の穏健主義に飽き足りなかった北部共和党急進派の代表的な1人（連邦下院議員をしていて、Quincy Adams により連邦地裁判事に任命されていた Alfred Conkling の息子）の Roscoe Conkling（ニューヨーク州からの上院議員で、上院の商業委員長〔Senate Commerce Committee Chair〕）と、彼を中心とする共和党の強硬派（Stalwart）らである。

調査の結果、非効率が蔓延していると報告された Conkling のお膝元のニューヨーク港税関の粛正に手が付けられた。税関長をしていたのは、Hayes の2代後に大統領となった Chester A. Arthur であったが、Hayes は Arthur など3人を頸にした（この粛清に対し抵抗した Conkling らは、その後任人事に必要な上院の承認を与えなかった）。この問題は、Hayes が閉会中の任命権（recess appointment）（II、2(3)）を行使したことで、何とか凌いだ。皮肉なことに、Hayes がその実現に注力していた官僚効率化法ともいうべき Pendleton Civil Service Reform Act of 1883 は、Chester A. Arthur が大統領の時にそのデスクの上に廻ってきて、彼がサインして、漸く成立している。

ニューヨーク港税関と並んで、Hayes 内閣が改革の手を付けたもう1つの19世紀アメリカ政治を代表する腐敗事例は、合衆国郵便（United States Postal Service）に関係した Star routes (fraud) scandal と呼ばれるものであった。西部や東部の郵便配達網で、下請業者と当局との間で行われていた広範な癒着、それによる汚職であった。この問題は、Grant 大統領時代の1872年と1876年にも、議会による調査が2回行われていたが、1872年の調査活動自体、自らを腐敗から切断することができなかったとされている。Hayes 内閣も、この問題に手を付けたものの、議会での民

234　Hayes は公務員が選挙運動やその他の政治活動に携ることを禁ずる大統領令（Executive Orders）を出している（wikipedia）。

第3編　19世紀後半以降の憲法

主、共和の両党ともが、何らかの形で、汚職に係っていたため、思うように進められなかった（更に、Hayes の後の James A. Garfield 大統領の下で 1881 年にも行われている）。

(e) 19 世紀前半にアメリカ人の間で Majestic Destiny の信仰が拡まり、アメリカ大陸での拡張主義（expansionism）へと結び付いたことを前章二.2.(1)で見てきた。南北戦争から間もないこの時期、この拡張主義は、間違いなくアメリカに金ピカ時代（Gilded Age）をもたらし、進歩主義の時代（Progressive Era）（1890〜1920）へと続いて行って、その間、アメリカの経済力は増大し続け、生産の増大が国内消費を大きく上回ったから、19 世紀末にかけて、海外市場の重要性が一段とクローズアップされた（history.state.gov より）。（今でいう GDP は、1866〜1898 年の間に倍増した）[235]。この時期の拡張主義、大陸主義（continentalism）の棹尾を飾る出来事が到来した。Russia による Alaska 売却オファーである。北方の巨人 Russia は、アメリカがまだ 13 植民州の時代から北米大陸（Oregon Country）にかなりの足がかりを有していた（財政さえもっと豊かであったら、イギリス、スペイン、フランスなどとの闘いがもっと激しく繰り広げられていたろう）。中でも、近接していて天然資源も豊富な Alaska には熱い思いを抱いていた。しかし、クリミア戦争（Crimean War）（1853〜1856）が Russia の財政を一段と苦しくし、この Alaska の売却方針を固めさせた。アメリカに買ってもらうことを選択した1つには、ライバルのイギリスに極東での足がかりを与えない消去法があった。南北戦争前にもアメリカへの打診を仕掛けていたが、戦後の 1867 年に 720 万米ドルでの売買が成立していた（その Alaska は後に Yukon での金鉱脈の発見などもあり、1959 年にテリトリから州に昇格した）。

(f) Hayes 大統領時代にも中南米に係る外交交渉がなされていた。半世

235　Gilded Age (1865〜1893) からの国力増進につき、国務省のサイトが示し、それを、運輸革命と産業革命による生産性の大幅アップと、移民（労働力）の潤沢な供給とが結びついた結果としている。

紀前の Monroe Doctrine の典型的な発現例ともいえる。

(i)第 1 は、1878 年に Argentina と Paraguay との間で、国境紛争によりパラガイ戦争（Paraguayan War）が起きた時である。Hayes は、仲裁に乗り出し、紛争地（Gran Chaco）を結果的には Paraguay に与えている。

(ii)第 2 は、その頃 Colombia の領有とされていたパナマ地峡（Isthmus of Panama）での運河計画に係る。フランスによるそれ以前の Mexico への野心などを見ていた Hayes 大統領は、「この地域でのいかなる運河計画も、ヨーロッパ勢がアメリカの関与なしに進めることを許さない……」といった趣旨の声明を出している[236]。

(iii)その Mexico との間で、アメリカ自身にも 1870 年代を通して悶着がなかった訳ではない。その頃 Mexico からは無法者のグループなどが Texas 州境を脅かしており、Hayes 大統領も一旦は、連邦軍の出動を命じるが、Mexico 大統領 Porfirio Diaz の抗議を受けて協議し、「互いに相手国の迷惑にならないよう国内を治め、整備する」、ことの合意がなされた。

(iv)中国人移民の件ではほかでも 1、2 触れているが、この問題での合衆国の対応は、この時期かなりの幅を持って揺れ動いた。(x) 1868 年の Burlingame Treaty を上院が承認したことで、一旦は無制限の移民の流入があったが、(y)（前出の）Panic of 1873 が生じると、「不況は中国人移民の故である」と、条約承認に対する非難の声が高まった。更に、その後の San Francisco での大鉄道ストライキ（Great Railroad Strike）（前出）に際しては、反移民暴動が起きた上、第 3 の政党 Workingman's Party まで生まれる始末だったため、議会は 1868 年の Burlingame Treaty を

236　事実はどうなったかというと、フランス人 Ferdinand de Lesseps が企画して 1880 年にそのための会社は設立されたが、乱脈経営により破産。1902 年にアメリカは、Colombia と交渉、パナマ地域を独立させる一方で、破産した運河会社の資産を買収し、1914 年に運河計画を完成させた（britannica.com）。

廃し、代って、Chinese Exclusion Act of 1879 を制定した。(z) Hayes は、条約を一方的に廃止することは不法だとして、Exclusion Act の方を一旦は veto している[237]。

(v)インディアンの各部族に対して、Hayes は心から同化を願い、そのための政策を推し進めた。しかし、彼が「よかれ！」と思って行った彼らに固有の部族入会権に代る土地分割、割付け制度は、一部のインディアンに歓迎されなかったばかりか、個人所有と化した土地の多くが、白人の土地投機家の手に渡る結果となって了った。そんな中で、一部誤解に基づくインディアンとの間の戦いが Hayes の在任中に3回も行われることになった。(x) Nez Perce との戦い（1877年）、(y) Bannock 族の決起（1878年）、そして(z) Ute 族との衝突（1879）である。

(vi)最後に、これは外交そのものという訳ではないが、外国との交易に係る通貨の問題がある。その原点にあるのが、Hayes の前任者 Grant 大統領の時の Coinage Act of 1873 である。共和党の Hayes が推していたのは、銀貨の鋳造を中止し、ドルの金本位制に戻ることで、それを裏付ける方向の措置であった（これに対し民主党は、その支持基盤である南部農民などの喜ぶ通り、目いっぱいの銀貨の鋳造をスローガンにしていた）。この問題は、双方の妥協法案 Bland-Allison Act が1878年に上、下両院を通って、一応の着地点を見出した[238]。

(ニ)戦争中の司法はどうであったか。連邦最高裁は、また各州司法や州最高裁は、その間どう機能できていたのか。南北戦争を、アメリカ史を通して最大の憲法上の危機とする Friedman も、戦争中の司法についての具体的な記述は余り行っていない。ただ、法の支配が全く失われて了った訳

237　この問題では結局、Hayes の閣僚らが中国と交渉し、中国が移民を減らすよう努力することを内容とした Chinese Exclusion Act of 1882 が Hayes の辞任後に成立している。

238　Missouri 州からの下院議員 Richard P. Bland と Iowa 州からの下院議員 William B. Allison の共同提案となった同法は、月当りの銀貨の鋳造を2～400万ドルに押さえて bimetal を認めようというものであった。Hayes は、その法律でも「正直者が報われない……」として veto している。

ではなかろう。

(a)南北戦争は、文字どおり連邦を破壊し、真二つに分割した。だが、連邦憲法は壊れなかった。壊れなかったばかりか、（二分した）南部州の誰も、憲法を咎めたり、貶したりする者はいなかった。彼らがしたのは、南部州がそれまで何回となく「そうするゾ！」といっていた**合衆国からの脱退権（right to secede）**を実行したことである。憲法は、（連邦憲法に**そっくりさんで**）自分たちのものを作った[239]。

連邦憲法の方も壊れないで残るとともに、意義深い3章（修正ⅩⅢ〜修正ⅩⅤ）が加わった（今日までの唯一の実質的な、最大の憲法変更である）。とはいえ、南部州の白人は、黒人に投票権を与えない工夫をし続けて、修正ⅩⅤが働く余地は、ドンドン狭められた（「憲法上で選挙権が与えられたといっても、修正ⅩⅤなどは、博物館の展示文みたいなものだ」とのコメントもある）[240]。南部州の Black Code を一括りにすることは、やや荒っぽいが、一例としては、（州憲法を読んで、その意味を説明できなければ、選挙権が否定された）Mississippi 州や、South Carolina 州での識字テスト（literacy test）がある。また Oklahoma 州など、別の州憲法は、いわゆる "grandfather clause" を持っていた（1866 年時点で、直系の祖先が選挙権を有したか否か、それとの血のつながりを要件とする[241]）。

(b)最高裁も、黒人をこの状態から救うのには力不足で、新たに創出された憲法の文字と法にも拘らず、再建期（Reconstruction Era）後の南部州の黒人は、現実に相変わらずの地獄社会に生きるしかなかった（この辺りの、社会面の出来事を伝える記事は、我が国でも少なさそうであり、本書では記述しない）。法制面でいうべきことは、19 世紀後半から 20 世

239　分裂から、連合の結成から、憲法の制定まで、すべてで、4ヶ月しかかからなかったという（McPherson, p.257）。
240　......nothing but a piece of paper on display in a museum (Friedman, *op. cit.* p.524).
241　最高裁は、この祖父条項を違憲としたが、それも、20 世紀に入ってから漸くである。
　Guinn v. United States, 238 U.S. 347 (1915).

第3編　19世紀後半以降の憲法

紀前半を通して、アメリカの刑事司法制度が全体として、憲法改正にも拘らず、黒人に正義を与えるようになっていなかった点であろう。表向きの主義・主張とは別に[242]、検事、警察をはじめ、裁判官[243]、陪審、すべてが白人で占められていた。1つだけ付け加えれば、白人による不法行為に対し、黒人奴隷には訴訟による救済の道が閉ざされていた。奴隷州の州法が、そのような場合の彼らの証言能力を否定していたからである。前1.(1)(イ)の Solomon Northup も解放された後で、自分を誘拐して売り飛ばした2人の白人を訴えた（自由州であるニューヨーク州の当局者の中にもそのための支援者がいた）。しかし、決め手になる彼自身の証言が法廷に出せないため、2人は遂に有罪とされることはなかった（そのうち、Solomon は行方不明者となり、暗殺説も唱えられている）[244]。

　とはいえ、司法（中でも連邦司法）は、そして最高裁は、やはり黒人にとり、社会弱者にとり、味方として考えられる数少ない機関といえる。

　(c)戦争中に言論の自由が問題になったケースとして、Ohio 州民主党の Clement L. Vallandigham による**軍事法廷から最高裁への上告受理申立て事件**を一瞥してみよう[245]。1862 年末から 1863 年にかけて、民主党員などの戦争反対者は、北の自由州 Ohio 州にもかなりいて、Vallandigham もその一員であった[246]。彼らは、新聞などで声高に政権を批判するだけでなく、「正義に反する軍から脱走」するよう呼びかけるチラシを、北軍兵向けに大量に配っていた[247]。連邦政府と合衆国軍にとり、同じように困っ

242　1870 年の Enforcement Act は、「連邦法制や、憲法の下での人権を否定するような主義主張をする特定グループに属さない」、と宣誓することを、連邦陪審に義務付けていた。

243　黒人を最高裁判事として任命したのは、1967 年の Lyndon Johnson 大統領による Thurgood Marshall が初めてである。

244　この事件は、先の誘拐の実行行為がニューヨーク州とワシントン D.C.のどちらで行われたかの（管轄）問題で争われ、ニューヨーク州とワシントン D.C.とを行ったり来たりしたこともある。

245　後の F. Roosevelt 大統領は、初期の飛行士で反戦活動家の Charles Lindbergh の反戦活動に対し、Vallandigham の故事になぞらえて、非難している（Dallek, *op. cit.* p.225）。

246　Vallandigham のように戦争に反対していた北部民主党員（Democrats）は、共和党員ら（republicans）から"Copperheads"と綽名されていた。

572

たことは、Ohio 州の並びの Indiana 州と Illinois 州でも、民主党内の反戦論者、Copperheads が州議会の多数を占め、休戦と和平会議を呼びかける決議をしていただけではなく、共和党の知事配下の州兵を、州議会の命令下に移そうとしたことである[248]。こうした反軍活動を鎮圧するため、Ohio 州の守備に当った合衆国軍司令官 Burnside は、特別刑法に当る布告を出した。①反逆罪（treason）を拡大した内容を犯罪行為と定め、②刑罰には、死刑ないし追放を含み、③手続的には、彼の傘下に新設する軍事法廷によることとなっていた。件の Vallandigham は、自らの反戦キャンペーンの舞台として宣伝効果が大きそうな、Burnside 司令官布告による**軍事法廷**を利用しようと考えた。このため彼は、Burnside の部下などが警戒する真只中での公開討論会で、大々的に反政府演説をした。反逆罪の現行犯として Burnside の部下に捕えられた Vallandigham の有罪判決は、5月16日に Burnside によって正式に確認された。

本件の核心は、Vallandigham が軍事法廷から連邦裁判所から、更に最高裁へ上告受理申立てを行ったところから始る[249]。Vallandigham は、最高裁への上告受理申立ての理由として、「軍事法廷には管轄権がない」などを述べていた[250]。最高裁は結論として、自らの管轄を定めた憲法自体の定め（III、2）と、1789 年司法法の条文全文を引用して、最高裁には事件の「管轄権がない」とし、上告受理申立てを却下し、結果として Val-

---

247　Grant 将軍は、脱走が流行ったため、いくつかの連隊（regiments）の解散を余儀なくされている（McPherson, p.595）。
248　この州議会と知事との対立で、財政的に行詰った知事は、連邦の（War Department）金庫から超法規的措置として、25 万ドルを引出して貰い、凌いでいる（McPherson, p.596）。
249　Ex Parte Vallandigham, 68 U.S. 243 (1863).
250　彼の上告受理申立ての理由は、①憲法自体の定めに反する、②1863 年 3 月 3 日の合衆国軍の動員法に反する（適用対象を合衆国軍の軍人の軍務中の行為に限っている）、③立件された行為は、合衆国の憲法や法律のどこにも反逆罪として認められていないし、Burnside は、このようなケースで管轄を決められる権限を有しないなどからなる。このほか Vallandigham は、連邦裁判所に憲法上の人身保護令状（Wirt of Habeas Corpus）の申立ても行っているが、連邦裁判所は、「人身保護令状の停止が法的に決定している」として却下されている。しかし、戦線から遠い北部州の、「連邦裁判所がちゃんと機能しているところで、人身保護令状の停止があってよいのか」との批判は聞かれた（McPherson, *op. cit.* p.597）。

landigham の宣伝目的は果されなかった。

問題は、Lincoln がどう対処したかである。というのは、Vallandigham に対する事件は、北が守ろうとしている「人権（表現の自由）を侵害し、破壊するものではないか……」、との批判の声が挙っていたからである。Lincoln は、逮捕を新聞で知って困惑し（……embarrassed……）、今となっては、Burnside 判決に拘ったり、影響力を行使することよりも、「そっ」としておくことの方が、事件を鎮静化すると判断し、Vallandigham の刑を禁固から（南部への）**追放**にすること（banishment）に留めた。その上で Lincoln は、この処置につき説明している。「彼の行動は、言論の自由に名を借りた合衆国軍の切崩しであった。 1 人の脱走兵を銃殺する一方で、大量脱走を煽っている男の身を自由にすべきであろうか」。こうして Vallandigham は、 5 月 25 日には、合衆国軍の休戦の旗を持った騎馬隊に付添われて南軍に引渡された（南軍は、それを不承不承受取った[251]）。

(d) Vallandigham のケースでは、最高裁は、自らの管轄権を否定することで政治的な困難を回避したが、戦争が始って間もない次の併合事件で最高裁は、いくつかの憲法問題に対し答えている[252]。事件に関係している 4 隻の船のうち、 2 隻（Amy Warwick と Crenshaw）は、南（Virginia、Richmond）に登録された Virginia 州民所有の船舶であった。これらの船舶は、戦争が始って間もない 5 月から 7 月にかけて、沿岸の洋上で合衆国軍に属する船舶によって捕獲された。そこで、Virginia 州民の所有者らが、その船舶などの返還と、損害賠償を求めて訴えた[253]。

事件では、Lincoln が、南部州に対して海上封鎖を宣言していたことで、次の法律的な問題があった。① Virginia 州民で、中立的な立場の市民は、

251　この後 Vallandigham は、Ohio 州民主党の知事選挙に出たことになっている（McPherson, *op. cit*. p.597）。

252　Prize Cases, 67 U.S. 635 (1862).

253　Amy Warwick, 67 U.S. 635 (1862).

第 6 章　19 世紀アメリカの憲法史ハイライト（南北戦争と、人種問題）

合衆国軍による南の海上封鎖の効力を否定できるか、合衆国軍は、そもそも、南の海上封鎖をする憲法上の権限があるか、②仮に、権限があるとしても、合衆国軍令の出ていることを知らない中立的な立場の市民を捕獲することが有効か、③内戦（civil war）は、以上の問題で、合衆国大統領や連邦議会に、外敵と戦うのと同じ権限を憲法上与えるか。

　長大な判決であるが、次の理由により、結論として、合衆国軍による船と荷物の捕獲は違法であり、没収決定は破棄され、船と荷物は、持主に返されるべきであるとした。(i)連邦議会は、大統領が 1861 年 3 月 4 日以降に発していた、すべての決定を 1862 年 8 月 6 日になって確認し、承認する法律を成立させたが、(ii)それが事後法となり、特別に遡及効があるのかについては、同法からは明らかでなかった。(iii)連邦議会が Civil War が存在すると決定したのは、法律より早い 1861 年 7 月 13 日の立法行為によってであり、その前には、仮に civil war が war であり、「war があれば、事後法も許される」、との先例に譲っても、連邦議会による立法より前に、大統領が発した本件の命令には当て嵌らない。この事件は、余りにも膨大なので、詳細に立ち入ることを控えるが、南北戦争についての合衆国憲法上での扱いについて、参照すべき議論を含んでいる[254]。

　(e) 5 年にわたる戦争の期間、またその直後の数年間、連邦の立法との、また司法との、行政（大統領）の関係がどうであったか（北と南の亀裂が、それらにどのような力を及ぼしたか[255]）、中でも司法、殊に最高裁は、ど

254　判決は、連邦と州の主権併存の議論に加え、連邦議会の会期が始る前に出された大統領命令に係る争いは、前例がないとしつつ、封鎖（blockade）と、討賊破りに関する国際法に、その解決の根拠を求めている。このほか、次のような論点がある。①判決は、"insurrection is not war" といっており、南北戦争は、反乱の 1 種であり、憲法が定めている「議会が宣言すべき戦争ではない」、と見ている。②連邦主権と州主権との併存関係の下で、今まで、人々が自らにも問うたことがなかった質問、「どちらに、いくらずつの忠誠を誓うべきか」に拘る、③内乱が内乱でなく、正しい州主権の行使であったとなったら、連邦の行為は、どう評価されるのか。

255　憲法学者を含む朝野の法曹の大半が、非常時下での大統領の措置を擁護する論戦を展げる中で、大統領は 7 月、議会にメッセージを送った。その中で Merryman 事件を念頭に、「すべての法令の中のたった 1 つ、人身保護令状が行われないからと、それを避けるために、国全体が粉々になってもいいのか？」と書いていた（McPherson, *op. cit.* p.289）。

575

うしていたか[256]。こうした視点から、いわゆる Civil Rights Cases や Prize Cases や Texas v. White などの戦中戦後のケースを垣間見ることとする。最高裁を第1審として訴え出た次のケースについて一言すると[257]、求められていたのは、憲法（Ⅲ、2 (2)）と[258]、1789 年司法法の条文どおり、再建期の Texas 州が原告となり被告が、1864 年末期限の合衆国債の支払を合衆国から受取ることの差止め、その合衆国債を、再建期の Texas 州へ引渡すことであった。本件合衆国債は、Texas が連邦のテリトリとして、次に 1850 年に州として合衆国に参加するに際し、連邦との境界線確定で Texas 州が妥協する条件の1つとして、連邦から戦前の Texas 州に与えられていた。

しかし、戦前の Texas 州は、南部連合につき、連邦を脱退した。その間に、合衆国債は、連邦を**脱退した Texas 州軍事委員会**の手に渡った。軍事委員会は、その一部を物資調達のため、White 氏に譲渡した。

被告 White 氏らの抗弁には、原告である**再建期の Texas 州**は、その訴訟追行に必要な代理権を証明していない、Texas 州は、連邦から脱退したために、再建期の Texas 州も、連邦裁判所での訴訟を追行する資格を失っている、などがあった。

(f)事件に絡む憲法上の争点には次がある。

Texas 州は、州として連邦に加わった時から今日まで、法的に同一体か（南部連合に加わったことにより、再建期の Texas 州は別法人の時代を経ていないか）。最高裁はこの点について、「憲法は、州が連邦から脱退することを認めていない……、脱退のためにとられた州内のすべての法的措置は、何の効力もない」とした上、次を述べている。

---

256 この時期の後半に、Taney 長官を含む5人の判事が退くことになり、後任判事が、Lincoln 大統領により任命されたことで（殊に、長官が南部寄りの Roger Taney から Salmon P. Chase に代ったことで）、最高裁は、アメリカ（憲政）史上、**最大の変身**を遂げた（most sweeping judicial metamorphosis in……history）といわれる。McPherson *op. cit.* p.841。

257 Texas v. White, 74 U.S. 700 (1869).

258 なお、1789 年司法法（Judiciary Act of 1789）も、同じ定めをしている⒀。

このような経緯があるため、Texas州は、New York Tribune に、「戦前の知事の裏書きによる移転以外に、この合衆国債の移転の効力は認められない……」、との広告を出していたのであり、White氏らは、それを承知で、債券を戦争中に取得している。

Salmon Chase 長官による多数意見は、歴史に基づいて連邦（合衆国）の性質、そこでの各州の結合の強さ（不可分性）、を述べた上[259]、①合衆国のメンバーとしての各州には分離権はない、② Texas は、連合には後に参加しているが、合衆国の不可分性のある団体の一員となったことに違いはなく、それにより再び分離して単独の州となる余地はない、③ゆえに、そのような無意味な行動をとろうとした州（政府）が行った（譲渡などの）行為も、何らの効力もない、と結論している。

(g)先に Legal Tender Act と、その下での先例３件に言及したが（注132、133参照）、それら先例を通した憲法解釈の流れを追記すると、Hepburn 事件では、Hepburn 夫人が、Griswold に Legal Tender Act が発動する５日前に振出していた約束手形の支払を greenbacks を提供したのに対し、Griswold は、paper money による支払を拒んで訴えた。このような事実に対し、最高裁は 4-3 の多数で、前述のような、違憲判決を下していた[260]。憲法の明文は、"to coin Money"（Ⅰ、8(5)）とあり、"paper Money" は、そこに含まれないというのが、大きな理由であった。司法と法の執行に力を入れた Grant 大統領は、この不都合な結果後から１年後の 1869 年の司法法により、２人の判事を新たに任命し、最高裁判事の人数を９人に増やした。それを受けた Legal Tender Cases（注133）では、5-4 で同法が合憲とされた。

259　それゆえ、Texas州が合衆国の１つとなった時、Texas は「觧くことのできない結びに入った（……entered in an indissoluble relation）」、とした。「永久の結合義務のすべて（all the obligations of perpetual union）……が、その瞬間に、Texas州に成立している（attached at once to the State）……」、といっている。
260　Hepburn 事件での Salmon Chase 長官の手堅い解釈を、彼がその前に、戦費確保の責任がある Lincoln 内閣の財務長官をしていたことに結び付ける見方もある。

(h)法律論とは別に、生の人種（race）問題で一言。アメリカ社会で人々が（白人が黒人を、黒人が白人を〔殊に警察官〕を）互いにどう感じ、見ているか、受止めているか、である。第1に、互いの恐怖心（fear）がある。それは、両者が未だに（法律上ではない）社会的に多分に分離している（segregated）ことにも、一部理由があろう。先日（2014年8月9日）も、Ferguson、Missouri で黒人少年が警察官に撃たれて死亡し、そのために地域で騒動が起きている。23年間ワシントン D.C. で警察官をしていた黒人（H氏）が、こうした問題に対し警察側からコメントしている。外国人が憲政史を知る上で参照されうるコメントである。「地方自治体の当局者の多くが、黒人などが多く住む自らの自治体のことをよく理解していない。そのため、彼らを恐れ、銃を頼りにするようになる」[261]。記者が、「黒人などが、不当に逮捕されつつある状況に遭遇したことがあるか……？」と質問したのに対しては、そうした場面に駆けつけた時の状況を注記のように話した[262]。黒人（H氏）による警察側からのコメントでの注目点は、「自分は African-American なので、こうした黒人の男のことも知っているし、怖くもないから、銃などによらず、口で話すことができる」と締め括っている点であろう[263]。

　白人の警官が、怖さゆえに銃を頼りがちになるのとは反対の角度から、

261　"They're misinformed and……frightened and afraid, ……so the gun is their friend……" NPR, Tanvi Misra, 2014年8月13日のリポート（npr.org）。なお、H氏は、初めは巡査として、後には community relations officer として、program development, education, crime prevention の責任者にもなっていたという。

262　「現場には、2番目か3番目に着いた。連中はサイコロ、お金を放り出して逃げたが、うち1人が警官に捕まった。男は抵抗しなかったが、警官は「お前逃げるんじゃないヨ……」と男を殴り始めた上、署へ連行していた。署内ではデスクに手錠で固定するなどの手続中も、警官は男を嘲り続けた（was taunting……calling him names）。最後に25ドルの過料を払って出て行く際に、男は警官の顔を殴り付けた。その途端、全警官が彼の上に飛び掛かり、公務執行妨害罪で逮捕した。問題は、そこでの警官の同犯行報告書である。そこには、「男は何の理由もなく警官を殴った」としか書かれていない。警官が逮捕から連行まで、ずっと彼のことを殴ったり、嘲り続けたとは一言も書いていない。その場にいた5人の警官が各自、供述書を作成した。H氏はいわれなかったが、やはり作成して提出した（独りだけ警官による嘲りのことも記載した）。検察官から電話がかかってきて、そのとおりの事実を話したところ、検察官は、警官の証言が互いの間で違っているから、これは法廷で事件にはできない、といわれた。

NPR は、Ferguson の黒人一般が警官をどう見ているかを、伝えている。「彼らは、自分達黒人が白人の何倍もの割合で逮捕等されている日常的事実を、余りにもよく知らされている」。1 日後に NPR は、「この問題を既に連邦治安当局が調査の対象にして動いている」、との司法長官 Eric Holder のコメントを載せている[264]。大統領も、司法長官からの報告を受けて、「今は誰もが感情を高ぶらせ、反対の立場にいるが、『我々は皆アメリカ人』という意味で、1 つの大家族だ……法の下の平等、公けの秩序、平和な抗議……等の共通価値を共有している」と述べている[265]。

(2)再建期後の南部諸州を中心に見たアメリカの変化

(イ)筆者は、アメリカ憲政史の**新生児期**を長短 2 つに分けた[266]。短い方の新生児期は、連邦政府発足（1789 年）から 30 年間（中途半端な勝利のままだった**革命戦争**が、**1812 年戦争**を経て、真の意味で終り〔勝利し〕、イギリスがアメリカを本当の意味で独立国として扱うようになるまで）。長い方は、連邦政府発足から 19 世紀半ば過ぎの南北戦争（とその再建期）まで、の 70 年余りの期間である。この第 2 の期間の終る頃までに、アメ

263　ほかにも次のようなことを喋っている。African-American ではない警官は、黒人の男のことを知らないし、加えて、射撃訓練で使うボール紙の的は、どういう訳か決って黒人になっている。白人の両親なら、レストランで食事しながら、息子に「警官にはどう対応したらいいか」、などと教え込む必要は感じないが、自分達は違う。

264　ある市民（26 歳の男）は、ハンドルを握っていて、パトカーが来ると、いつも「トラブルにならなきゃいいが、と祈るヨ！」という。NPR の David Schaper 記者は、同時に Newsweek や New York Times からの話しとして伝えている。「アメリカでは 1990 年代に入るや、警察の装備をより強化することに乗出した。それまでの麻薬作戦の応用として、警察が国防省から機関銃何万丁、弾薬 20 万箱、数百台のお古の装甲車やヘリを譲り受けている……」

265　"……Now is the time of healing……" などともいっている。なお、Jay Nixon 知事とも連絡しており、知事は、「当局の態度も少しずつ変わって行くだろう……」と述べたとしている（Scott Newman、2014 年 5 月 14 日 npr.org）。

266　アメリカの憲政史での、「新生児期」といった表現が、筆者によるものだけかどうかは、確認できていないが、Friedman は、「1850 年から 1900 年の間に、アメリカ法は、革命的変化を遂げ……その期は、初めと終りでは、全く別のものに見えた……」といい、それを、「フロンティアの死」、と呼ぶ。これも、筆者が本文でいう、「無限の天地」の喪失に近いか（Friedman, *op. cit.* pp.253-254）。

第 3 編　19 世紀後半以降の憲法

リカのいわゆる西部（無限の可能性）も終った。建国の父祖らがいっていたような、「無限の天地……」（可能性）の世界観からの決別である[267]。

　(a)「新生児期」といった観念を不用にして、合衆国憲法後の新生アメリカの憲法史を時代分けすることも無論、可能であろう。また、その他の区分けの試み、たとえば、経済学的な区分などもあり得よう。そんな中で、先例の傾向による、つまり最高裁が連邦議会による立法権を広目に認めたかどうかにより、憲法史を区切る方法もあった。Tribe は、そのような方法で、次の 3 段階に（三権の中で、殊に州の主権に対する関係で連邦議会の通商（Commerce）に係る立法権につき）分けている。①初期の Gibbons v. Ogden, 22 U.S. 1 (1824) から Interstate Commerce Act の成立（1887 年）まで[268]。② 1887 年から大恐慌（Great Depression）の 1937 年まで。③大恐慌（Great Depression）以降。

　(b)上記の Tribe による区分は、先例主義（コモンロー）の国での憲政史の方法としては、真当なものであろう、ただし、あくまで通商条項（Commerce Clause）を主にした区分である。上記②の時期では、修正ⅩⅢ～ⅩⅤにより規定上、連邦議会の州主権に対する権限が大幅に拡げられたのに、最高裁は、連邦議会による立法を却って狭く、厳しく解釈するようになったとする。元黒人奴隷の人権規定（修正ⅩⅢ～ⅩⅤ）が、必要な改正手続を踏んで批准されたにしても、合衆国政府による南部諸州に対する強制力が（連邦復帰の条件として例外的に）働いていたと見れば、その辺りを最高裁判事が多少勘案したか、とも考えられる[269]。

　(c)憲政史区分としては、筆者は合衆国政府の**新生児期**と、その後とに分

267　たとえば、ワシントンの**告別の辞**（前章注 174）参照。
268　これは、John Marshall による憲法の通商条項（Commerce Clause）文言に忠実な解釈で、それを拡げたものではない（Tribe は、actual holding を "a narrow one" といっている〔p.808〕）。
269　Friedman は、戦前と戦後とで憲法で変ったのは、修正ⅩⅢ～ⅩⅤのみであり、それも、多くの文言は、特定の事実に結び付いているが（……tied to specific consequences of……War）、個別の文言の中には、「とても幅広いものがある」として、「合衆国市民の特権」の付与を挙げている（p.257）。

けた上で、その後のうちの、19世紀後半から現代に至るまでの期間を、大恐慌前と、大恐慌後とに区分する考えを推したい。新生児期を連邦発足から1865年までとったとしても、新生児期は、同年以降から現代に至るまでのアメリカ憲政史と比較すると、はっきり区別できる印しがある。州政府の（州法の）世界（正確には、それにプラス、町村と町村法の世界）でしかなかったそれまでのアメリカが[270]、「連邦法（逗邦政府）が物をいう世界」、になった。そのことによる区別である[271]。このことを具体的に示すのが、Jurisdiction and Removal Act of 1875である。第1の、連邦裁判所の管轄の点では、1789年司法法が必ずしも憲法（Ⅲ、2）の定めどおりの言葉だけで、幅広く認めていなかったものを、拡大する一方、第2の、州裁判所から連邦裁判所への移送の範囲も、連邦裁判所の管轄拡張に合わせて可能性を広げた。司法権の拡大には総じて渋い態度で来た連邦議会も、この時期には、連邦裁判所の管轄を拡げることにより、全国的統一に少しでもプラスすることを優先した。

　㈠ここでは、南北戦争を境に、「連邦法（連邦政府）が物をいう世界」になって行ったアメリカで、州政府（州法）以下が、それも南部州が、法的にどう変化したかを垣間見ることとする。南部社会のトータルな破壊とともに訪れたのは、中央政府（とりわけ連邦議会）の地位の向上、その権限の増大である。連邦議会は、修正ⅩⅢ～ⅩⅤの憲法を実施するため、州に対する立法権限を与えられるとともに、その立法義務も課せられていた。しかし、それら立法を受けた最高裁の姿勢がどちらかというと、州権寄りであったことは、見たとおりである。

　(a)連邦を二分しての法と社会秩序の破壊、中でも全面的に奴隷制度の上

270　Fieldmanも、この区分に沿った考えの中で、1788年のニューヨーク州法、「貧者をサポートするのは、市町の役目である……」を引用している（*op. cit.* p.150）。
271　これをよく示すのが、19世紀後半の鉄道会社、運河会社に対する規制の多くが連邦の手に握られたことである。Chicago, Milwaukee, and St. Paul Railway Company v. Minnesota, 134 U.S. 418 (1890) では、Minnesota州の鉄道倉庫管理委員会が料率などの規制をしていたが、最高裁は、Minnesota州の管理委員会法を違憲としている。

第3編 19世紀後半以降の憲法

に成立っていた南部社会の荒廃、その価値観の喪失は、巨大だった（Samuel Clemens についての注30、31 参照）。その空白に代って、この時期に現れたのが、未開の天地であった西部の合衆国化、即ち合衆国領土への編入、テリトリ化である（第5章二.2.(1)）。同時に押寄せた移民による人口増大、大都市の出現、工業化の波であった。別言すれば、資源とか成長が見渡す限り続くという（未開であった西部がまだこれから手が届くようになる）世界観であった。だが、この世界観も、独立から19世紀の2/3ほどで終り、やがてこの希望に充ちた未来志向の世界も終った[272]。

　(b)戦前の南部はしかし、消失した訳ではなかった。どっこい生き返ってきた。南部民主党（Southern Democrats）。白人至上主義（white supremacism）を信じ、数百年にわたって奴隷制度を築き上げ、維持してきた南部社会。このような南部を教化しようとの、北によるプログラムを実行しようとした再建期（Reconstruction Era）も、1877年妥協（Compromise of 1877）とともに、名実ともに終わっていた。それとともに、いや、即座に、元の南部社会が権力の空白を埋めた。その妥協に先行した史上最悪の不正と汚職にまみれた1876年選挙を見てきた。大妥協により共和党の Rutherford B. Hayes が大統領の座に就いたことを見てきた。南部社会は、彼が大統領の座を占めることを認めるのと引き換えに、南部州に残っていた北軍部隊の総引き揚げを実現させた。それとともに、共和党知事などによる南部州での政治を終らせた。

　(c)西部（無限のフロンティア）が終ったからといって、19世紀後半のこの時代は、暗黒時代にはならなかった。反対に、**金ピカ時代（Gilded**

272　Friedman は、この19世紀後半のアメリカ社会の特徴を描くのに、次注も入れて、3人の言葉を引いている。①フロンティア史を中心にしたアメリカの歴史家 Frederick Jackson Turner のエッセー、「アメリカ史におけるフロンティアの重さ」からで、「フロンティアは、もう終ったのだ」との認識が描かれているという。② 19世紀半ばまでは、エネルギッシュに立向う時代（西部を開拓しろ、金持ちになれ、上り調子に乗れ）だったが、その後の半世紀は、「空は狭まった、人生は椅子取り競争、その競争もゼロサムゲーム、皆が上り階段を行くのではなく、競争して分割するもの、その社会に変った」との Willard Hurst の言句。

Age）と呼ばれるような成長期に入っていった。新生アメリカが、革命戦争より遥か以前から地道に用意し実行してきた高い教育（識字率）が、豊かな資源と結び付いていた。それにより、暫く前から興っていた産業革命の恵沢を十二分に捉えられるようになっていた。この時期の、重工業を含めたアメリカ産業の高度成長には、目を瞠るものがあった[273]。企業の規模も、忽ちの間に増大した。今や、青空市場でいられなくなったWall Streetの証券取引所には、イギリスはじめ、ヨーロッパの資本家の投資マネーが奔流のように入ってきた。

　(d)外国人は、これらをどう見ていただろうか。親戚筋がアメリカのあちこちにいた（増えだした）ヨーロッパの人々が、興味を持って見ていたことは、間違いない。ある外国（フランス）人の文明史家は、「アメリカがギルド社会化、グループ社会化した。団体参加型の社会になった……」といい、その例証として、労働組合、経済団体、産業組合、農業組合、……などがすさまじい勢いで勃興したこと、を挙げている[274]。トックヴィルがいわんとしたのは、それを単に、ギルド社会、グループ社会、などの社会学的団体化現象として抽出しただけではなく[275]、（法社会学的に）排他的な要素を顕出した、とも理解できる[276]。

　資本家の投資マネーが集り、経済力が次第に集中して行く19世紀後半に、大いに用いられた法的仕組がトラスト（trusts）である。そうなると、各グループは更なる経済力増大への剥き出しの欲望を抱くようになること

273　鉄道の延長路線の長さは、1860～1880年の間に3倍増に、更に1920年には、その倍に増えた。鉄道の成長とともに、鉄鋼業、石油鉱業、砂糖産業、農機具産業、などの巨大化とともに、トラスト（trusts）の形成が、あちこちで起きた。

274　本文に要約したのは、de Tocquevilleがいったという言葉である。「……すべての年令、職業、気質の違いを通して、アメリカ人は、恒久的に団体を作り続ける。宗教団体、真面目なもの、つまらないもの、大小さまざまな……」（Friedman, p.254）

275　移民の社会から成り立ってきたこの国に、1875年に初めて移民規制の動きが、それも連邦法が作られた（Page Act of 1875）。最終的に、1924年に割当制（quota system）を採用した。

276　これまで、**全く自由な移民の国**、アメリカのその連邦議会が、この時期の後半には、たとえば、中国人などに対する排斥法を立法したことに見られるように、典型的な行為として、移民制限法を作ったと断じている（Friedman, p.255, 263）。

583

第3編　19世紀後半以降の憲法

から、一定のルールや、権威により制御することが求められる。そのルールや権威が連邦法であった。

(ﾛ)以上と関係があろうか、政治家や政府の役割に対して人々が期待するものが、戦前と戦後とでガラッと変化したとされる。戦前は放っておいても、企業が、野心家が、先頭に立って自然（西部、鉄道、運河）を切り拓いてくれ、政府は必要な所、時にのみ、出動すればよい、それが人々の期待であった。しかし戦後は、強くなり過ぎたグループや団体の力を調整し、やりたい放題をやらせないよう、規制することが求められだした。余計な開発を押えることが期待される方向である。変化したことの１つは、世の中の、殊に南部社会での停滞である。奴隷制は、憲法の法文では禁止されたものの、南部州は、その代表的な権利、選挙権を権利阻害・権利剝奪（disfranchisement）により奪っていた。その上で、戦前にあったと同じような白人至上主義（white supremacy）社会を事実上作っていた。1871年にGrant大統領が、Force Actsの下で南部州に連邦軍を送ってKu Klux Klanらを逮捕すると、彼らの力も一旦は弱まったが、1870年後半になると、新たな団体が台頭してきて、暴力と殺人を繰り返した[277]。

北部共和党が多数を占める議会でも、世紀末にかけて南部での権利剝奪（disfranchisement）のニュースなどが新聞などを通して入ってくると、委員会（Committee of Census）を設け、南部州での代表制の機能がいかに損われているかや、それをいかに改革すべきか、検討することになった。ただ、南部への投資を増やしたい北部州の中からは、融和を第１にと考える人もいた。再建期（Reconstruction Era）の間に失われた南北の、殊に元北軍の兵士と南軍の兵士との間の、融和を第１に考える動きである。

277　南部民主党（Southern Democrats）の「軍部」（military arm）ともいわれたこれらの暴力団（paramilitary groups）は、White League（Louisiana）とか、White Liners、White Camelliaなどの名で知られ、これら団体の台頭による第２波の暴力の嵐は、1000人以上を殺したとされる。中でも、1873年のColax、Louisianaでは、双方の集団による衝突が100人を超える殺戮につながった（後注332、343のUnited States v. Cruikshank (1876)は、この事件に係る）。

584

その人々には、元黒人奴隷のために、それを損ってまで、体を張ってまで、働こうとする気はなかった[278]。

(a) "laissez faire" を合言葉にしてきたアメリカ大陸で、この時期初めて、**州際取引規制法**[279]、**独禁法**[280]が連邦議会を通過した。このことから、企業の巨大化もまた、大きな脅威として広く人々に感じられるようになったことを知りうる[281]。19世紀後半のアメリカ社会における特色ある現象は、いろいろな社会階層の人々が、広く法の力を身に付けることの必要をより強く感じるようになり、また、実際に自ら法律を身につけようとするようになったことである。それが、19世紀末にかけてのアメリカの法社会学的変化であるといえよう[282]。しかも、単に出来合いの法律の受手としてポーズしているのではない。もっと積極的な法律の作り手としてのポーズである。参加型である。そのため、連邦議会も各州議会も、ロビーは、自らに有利な法律を主張するグループの代表で溢れるようになった[283]。このグループ化、集団化にしても、単なる「社交」とか「集り」を目的としたものではなかった。労組にせよ、産業団体にせよ、農協にせよ、大事なことは、経済的利益を磁力として集っていたことである[284]。

278　特に、後注 United States v. Cruishank (1876) の判示があってからは、「救済は、州と連邦の司法へ方に求めて……」、が議会の態度となり、この面での立法意欲は萎えたとされる。
279　1887年2月4日の Interstate Commerce Act (24 Stat. 379). それまでは、政治とは密着しつつも、経営については自由放任できた鉄道事業。その運営が、同法により細かく規制されるようになった。料金の公正や統一、定額で公表制をとること、規制のための連邦の機関 (Interstate Commerce Commission) を設けたこと、などである。
280　トラスト規制のための Sherman Anti-trust Act (1890)。
281　ただし、Friedman は、同法の立法理由に、**経済力集中に対する経済学的な恐れ**、を読みすぎることには反対だという。中小グループが、他グループに対抗するために主張し、それに沿う形で作られた、もっと現実的な（利害による）法律だとする（……part of the same general battle of all against all……）(p.256)。
282　イギリスの法律が、一部エリートのための法であったとすると、この時代のアメリカの法律は、中産階級を中心とする、幅広い各層の人々から求められるものとなった。どのグループも、自らの関係法（その立法）に力を及ぼそうとした。
283　議会は、「それらの主張を羅列した計器がギッシリ詰まったコックピットになった」という。その上で、この時代を特徴付ける法規として、1870年代のインディアナ州などの（鉄道会社や倉庫会社から、農業の自主性を取戻そうとするための）、農業州を中心とした農業グループによる立法、1890年代の各種職能工（配管工、馬蹄鉄工、薬剤師、産婆、理髪師など）による各種資格免許制度法、の2つを挙げている (Friedman, *op. cit.* p.255)。

第3編　19世紀後半以降の憲法

（b）これら前出のグループ化、集団化は、一夜にして急に生じたものではない。南北戦争前という早い時期から存在した。それも大企業だけではない。職人らの組合にも、農協にも存在した。違ってきたのは、その幅、スケールと力こぶの大きさである[285]。各グループ、団体毎の利害のかけ方が大きかった（stakes were high……）。これらグループ同士の力のせめぎ合いで、最大の武器は上でも述べた**法律**である。こうしてアメリカでは（殊に、この時期に入ってからは）、中間層という大衆も、法律を必要とし、それを使いこなそうとした[286]。このような条件の下で生れてきたのが、団体同士の利益衝突である。A団体による連邦議会、州議会での主張と、B団体の連邦議会、州議会でと主張との、それぞれが用意する法文と法文とによる争いである。

（c）この時期から、俄かに、ある意向を持った人々が、注目を浴び出した。ロビィスト（lobbyist）である連邦議会、州議会への働きかけの対象（議員）への、媒体となった[287]。そのロビィストでも、グループ化する中で、注記のような法的枠組が生じていった[288]。この**グループ化し法化した条件**の下での騎馬戦は、得てして力の強いトップグループ同志の、または準大

284　Friedman, p.254（……Key importance were groups that centered on economic interests……）。

285　Friedman の言葉では、……what changed was scope, scale and intensity となる（p. 255）。

286　この例として、1870年代の中西部の農民団体は、Granger laws などの立法を実現することで、それまでに鉄道会社や穀物倉庫会社が彼らから奪ったものを取戻した。これを「好日を得た」と表現している（……organized farmers had their day）（Friedman, p.255）。

287　アメリカでのロビー活動を表す lobbying は、1820年にはもう言葉として使われていた（上院議員が下院議員に働きかけようとして、下院のロビー〔chamber〕で働いたという）。ロビィスト・リーグ会長 Deanna Gelak, Lobbying and Advocacy.com によると、古くは、連邦議会のロビー（hallway）で、議員が、同僚に働きかけたのが始りとかいう。ワシントンのウィラードホテル（Willard Hotel）のロビーに、グラント（Grant）大統領が現れるのを人々が待ち受ける光景が、シンボルのようによく知られている。

288　アメリカでの lobbying についての法的なミニマムの知識として、次の2点が適切であろう。①表現の自由（修正Ⅰ）の下での保護がありうること。② Lobbying and Disclosure Act of 1995（2 U.S.C. §1601）と、その後の改正である Honest Leadership and Open Government Act of 2007（下院と上院の事務局で登録しないと、5万ドルまでの罰金に処せられる）によって規制されること。

586

第6章　19世紀アメリカの憲法史ハイライト（南北戦争と、人種問題）

手グループ同士の間の闘いとなるが、互いの潰し合いになるよりも、結果的に強い者同士の妥協、集団Aの利益と、集団Bの利益との妥協、となりがちである。更に現在のアメリカでは、ロビィストに単に「立法に影響を与える程度」だけの存在に止らない。法律案を用意するのもロビィスト、ということがある。中には、それが一字一句成立した法律の言葉となるくらいである[289]。

　こうしたパイの分捕り合戦から外れていたのは、最下層のグループ、力の弱い農民、借地農民（share croppers）の階層（その多くが、法律上は奴隷から解放された黒人〔freedman〕ら）であった。

　(d)再建期に南部諸州に北部から押し付けられていた各州憲法は、1890年代前後まではそのまま残っていた。その間、新憲法の下での黒人の市町村政府役人への就任数は、1880年代まで上昇の勢いを保ったが、どの南部州でも知事就任までは届かなかった。こうした中で南部諸州は、市町村レベルでの黒人役人の出現を拒もうと、州憲法、各州法の立法にとりかかった。南部民主党（Southern Democrats）の白人らは、修正XIIIなどの手前、戦前の奴隷制そのものを復活させることは最早できなかったが、それに代わる措置、各州憲法上の疎害条文による剥奪（disfranchisement）を選んだ[290]。黒人の投票に対する疎害、剥奪は、初めは荒々しい暴力を伴っても行われていたが、その後は、立法、殊に各州憲法の改正（制定）によって行われた[291]。

289　2013年11月11日のNPRは、ロビィストが文字どおり法律文を作成した例として、いわゆるDodd Frank法の反対立法を挙げている（Citigroupのロビィストが作成した原文85行のうち、70行が手付かずのまま法案となって提出されたという）。

290　Wilmington Insurrection (Massacre) of 1898は、再建期後のWilmington、North Carolinaで起きた一種のクーデター（coup d'État）ともいえる。つまり1500人以上の白人による人種暴動で、市役所、黒人新聞社などを襲撃、破壊し、当選したばかりの市長以下の役員を追い出した。救助を求められた市のmilitiaも連邦予備軍も、何の手助けもせず、却って何人かの黒人に危害を加えた。更に、助けを求められたWilliam McKinley大統領は、これに応じなかった（wikipedia）。

291　南部諸州で1890～1908年にかけて行われた各州憲法の制定や改正である（state disfranchising constitution）。

587

第3編　19世紀後半以降の憲法

　これらの動きを象徴するのが、"disfranchising（または disfranchisement）constitution"の流れである。南部11州のうち10州が、1890年〜1908年の間に憲法を新しいものに取り換えたが、そのすべてで人頭税（poll tax）か、識字率テストか、選挙権実績（grandfather clause）かのいずれか、またはそのいくつかを、選挙権の要件としていた（たとえば、Florida州では、poll tax 支払いを要件とする1885年新憲法を成立させていた）。そればかりか、Mississippi州憲法が争われたケースでは、これが違憲ではないとされた（以下の(ト)(e)注325参照）。ところが、こうしたテストで選挙権を篩い分けられ阻害され、剥奪された人々こそ、つまり小作農民や零細商工業者の中にこそ、エートス（ethos）的には、却ってアメリカ社会の価値観（たとえば、連合前史時代から受け継いできた個人の自由・独立を尊ぶ倫理観）を受継いできた人がいる可能性があった。

　(e)いわゆる Gilded Age（金ピカ時代）（1865〜1893）が到来していた。工業の発展、拡大する移民の流入、更なる鉄道開設の要望と、それが実現する Gilded Age が訪れたのは、前出の Hayes 大統領の頃である（この時代名の名付け親は、Mark Twain とされる[292]）。その時代の中で、鉄や石油の分野で途方もなく富んだ人が出現した。Andrew Carnegie、John D. Rockefeller などである。

　1880年、Hayes は James A. Garfield が大統領選挙で勝利したのを見て喜んだ[293]。Garfield に人事などで助言・協力を申出ている[294]。Hayes は、更に4年後に Cleveland が大統領に選ばれた時にも、党は違ったが、あまり悪い気はしていない。しかし、何よりも彼が喜んだのは、北軍でともに戦い、政界でも同じ共和党で後ろ盾になってきた William McKinley

---

292　Mark Twain と Charles Dudley Warner とが、1873年に *Gilded Age: A Tale of Today*、を出版し、その小説の中で Mark Twain らは、人々の強欲（greed）と、止るところを知らない投機欲、政治の腐敗（political corruption）を中心に、この時代を風刺した。なお、Warner は、National Institute of Arts and Letters の初代会長を務め、その後、亡くなる前には American Social Science Association の会長もしていた。また、Mark Twain も Hayes のために応援演説はしたが、南部民主党政権を望んでいた。

第6章　19世紀アメリカの憲法史ハイライト（南北戦争と、人種問題）

が、政界で順調に力を付けていることであった。

　(f)当選した Garfield が大統領職に就くよりも早く、その数 10 万といわれた連邦の公職への採用を求める者（political office‐seekers）が Garfield の元に押し寄せた。4 年前に Hayes 大統領が手掛けようとした、法の定めによる任命と、効率化に沿った行政改革。そのための立法と、実行が、Garfield にとっても第 1 の仕事となった。彼がこうした office‐seekers の 1 人であった Charles J. Guiteau によって 4 ヶ月後（7 月）にピストルで撃たれて亡くなるまでの短い期間、彼はこの行政改革と行政効率化のための法案成立に全力を尽した（そのための Pendleton　Civil Sevice　Reform　Act は前出の通り、1883 年に後任の大統領 Chester　A. Arthur によってサインされて成立する）。

　Garfield の暗殺により、彼が（running mate）副大統領に指名していた Arthur が第 21 代大統領となった[295]。ニューヨーク州共和党（の集票）

293　1879 年に Ohio 州議会は、共和党の Garfield を連邦上院議員に選んでいたが、これは、John Sherman（北軍の将軍 William Tecumseh Sherman の弟）との間で、Sherman を大統領候補に推薦するのと、いわば交換条件であった。その後、大会前に Garfield 自身をも大統領候補に推す動きが共和党内から起こり、党大会では一時、Grant、Maine 州からの上院議員 James G. Blaine、そして Sherman の四つ巴の形となった。その中で Garfield が Ulysses S. Grant らを破った。こんな訳で、対民主党との決戦では苦戦が予想されていたが、Garfield は、民主党の推す元北軍の将軍 Winfield Scott Hancock に勝った。

294　Hayes と同じ Ohio 州出身の Garfield もまた、自ら進んで civil war に参戦し、北軍の準将（major general）にまでなっている。しかし、Garfield は同時に政界（共和党）からも声を掛けられ、1862 年に Ohio 州から連邦下院議員に選出された。彼は、軍との二股を掛けることを嫌っていたが、その間に Lincoln 内閣の財務長官 Salmon P. Chase と知り合い、その影響の下、北部共和党の急進派に共鳴するようになり、政界に身を投じることにした（その後、9 回連続して下院議員を務めた）。

295　9 人兄弟の 5 番目であった Arthur は、苦学しながらニューヨーク州弁護士となり、Erastus D. Culver の率いる事務所に入っていて、その事務所が後に Culver、Parker and Arthur と名付けられた。Culver は、Virginia の奴隷所有者（slaveholder）が 8 人の奴隷（うち 6 人は幼児や未成年者）を連れて Texas に向うための乗り継ぎ地としてニューヨーク市に来た時に、別の黒人が原告となって、その 8 人のために起こした人身保護令状（Writ of Habeas Corpus）請求訴訟の代理人として John Jay（18 世紀に活躍した John Jay の孫）とともに、Superior Court of New York City で活躍し、保護令状を得ている。この事件が Lemon v. New York, 20, N.Y. 562 (1852) で、New York Court of Appeals も、1860 年にその決定を確認した（なお、この件で New York Court of Appeals は、「実定法で定める以外には、奴隷は存在できない……」との意味の、イギリスの先例 Somersett v. Stewart, 98 ER 499 (1772) に依拠している）。

589

マシーン（Conkling's machine とも呼ばれた）をバックとしてきた彼は、その負のイメージと戦わねばならなかった。そのため、彼自身、Hayes 大統領によってニューヨーク税関長の職を奪われていたということはあったが（2.(1)(ハ)(d)）、Hayes、Garfield と続いてきた行政改革に注力した。まだ学生の頃から Henry Clay の率いる Whig Party に思い入れ、民主党の James K. Polk などに反対する政治的活動をしていたこともある Arthur であったが、健康上の理由もあり、1 期だけの大統領で終っている。

　㈡前章一.1.(1)の**新国家建設の現場レポート**で**人々の生活法**を覗見した。そこで見たのが、コモンローのアメリカ化（Americanization of Common Law）である。しかし、それ以上に印象的だったのが、de Tocqueville もいうように、アメリカが広く一般人にとっての法化社会として育ってきた事実であろう。この時期、殊に 20 世紀にかけて Theodore Roosevelt らは、独禁法などの執行に力を入れていた（保守の温床のような Virginia 州でも 1902 年の州憲法の下で、鉄道運賃の規制に乗り出していた[296]）。独禁法の文脈では、州法と連邦法との衝突も生じ易いが、最高裁の従来路線（州権への配慮と礼譲〔deference and comity〕）は、かなりはっきりしていた。最高裁は、州法と連邦法との衝突の文脈で Sherman Act 違反が主張されるケースでも、「軽々に衝突をいうべきではない」と、慎重であった[297]。

　さて、コモンローのアメリカ化は、いつ、いかに、行われたか。**連合議会**という政治の中心にいて、革命戦争を主導したのは、John Adams や Jefferson、Madison などの法曹（lawyers）であった。州憲法（state constitutions）や連邦憲法（federal constitution）の文言を、一句一句

296　そのための主体として State Corporation Commission を設けた。連邦の FTC に相当し、独立した行政機関とされる。

297　Rice v. Norman Williams Co, 458 U.S. 654 (1982) でも、「同法は広く価格競争を求めるものの、ある州法（以下の法令）に多少競争抑制的効果が懸念されるからといって（...... might have an anti-competitive effect）（直ちに）違憲無効とされるべきではない……」といっている。

考え、作ったのも、彼らである[298]。

(a)議員らの多くが法曹であった連合議会。共通素養としてあったのが、コモンロー（Common Law）の知識、教養である。しかし、彼らはロンドンにある4つのInnsで徒弟（apprentice）として育った訳ではない。新世界（開拓地）のコモンローで育った。西部開拓が進行するにつれ、西部で新州が設立されるにつれ、町村の形が整うにつれ、この共通素養が、統治の現実、政治の必要とともに、西へ南へと拡がって行った。この共和国は、法曹なしで済ますユートピア共和国のような行き方はせず、コモンローの知識、教養は、人々の実生活の中で必需品のように絶えることなく求め続けられて行った。

初めての連邦法としての**北西政令**（Northwest Ordinance）にしてからが、**18世紀末近くのフロンティア**、オハイオ川の北西テリトリに、コモンローを実質的に基礎にした法制度を早くも決定していた[299]。そのテリトリに接する南西部には、フランスやスペイン系の人々の生活があり、その文化、法律が拡がっていたから、これは正に、アメリカ法の形をとったコモンローの西進、南進といえた。

(b)独立直後からのコモンローは、前章の**人々の生活法**の見出しの下で、また植民州時代のコモンローは第1章で垣間見たが、それらの基本部分にある（アメリカ法の形をとった）コモンローとは、一本どんな形、内容であったか。アメリカ憲政史を見る中で、この生活法の基本ルールに、一条の光を投げかけることが無意味とは思われない。

概していえば、独立宣言の年に各植民州で前述のような**一般継受法**（general reception law）が定められた。彼らから見てのイギリスの法律

298　もっとも、Jeffersonの場合、司法審査権に対し、消極的考えを表明していたことのほか、コモンロー裁判官に対する批判的態度や、コモンローそのものに対する曖昧さ（ambivalence）から、三権分立の統治機構に関する考えなどもJohn Adamsなどとは違うとされる（……for all this ambivalence toward common law and its judges……）（Friedman, *op. cit.* p.67）。

299　たとえば、その§2は、無遺言相続での相続人間の分配法をコモンロー・ルールにより規定している。

第3編　19世紀後半以降の憲法

の継受が、独立宣言と相前後した制定法化の中で明文で謳われた。ただ、継受法の言葉は、州毎に一様ではない。イギリスでのコモンローを、略そのまま受容れた古い代表州としての Virginia がある一方[300]、ニューヨーク州は、複雑な曲折を辿った後、1788年法により、「翌年5月1日以降は、いかなるイギリス法も本州 (State) での法とはみなされない」(……no British law shall operate or be considered as Laws) と定めている[301]。先例主義 (doctrine of precedent) で貫かれたコモンローの継受・移植では、先例の基準時を何日で切るかが問題となる。さもなければ、一体いつの先例 (法) が、移植されたのかを決めることが困難となる[302]。

(ホ) 19世紀前半と後半 (南北戦争の前と後) とで大きく変ったものに、各州内での三権相互の関係、中でも州議会と州最高裁との関係がある。世紀前半には、そもそも、州最高裁が州議会の法律を審査して否定すること自体、殆んどなかったのに対し、後半では、(連邦裁判所に倣って) 州最高裁も、州議会の法律を違憲・無効とする事案が急増し[303]、19世紀末には、その勢いが一段と加速した[304]。

(a)州最高裁の勢力が強くなることを欲しなかった州議会の政治家 (法律

300　Virginia の1776年継受法は "common law of England, all statutes or acts of Parliament……prior to the 4th year of the reign of King James the first……" と対象を定めていた (つまり、170年前までの法律を継受していた)。同じ1776年でも Delaware Constitution は、「common law of England、これまでに本州で実務上採用されているその制定法 (statutes law) で、憲法と人権宣言中で示された人権、特権に反しない限り……」としている。

301　Friedman, *op. cit.* p.68 は、これを Elizabeth G. Brown, British Statutes in American Law, 1776-1806(1964) p.69-75 からの引用とした上で、「誰も正確に、イギリス法のどれが現行法でいうところの British law に含まれるか、断定できない」としている。

302　Kentucky 州は1807年法で、「1776年7月4日以後のイギリスの (先例の) law reports や law book は、本州内で引用されたり、依存されたりしてはならない」、と定めた (Friedman, *op. cit.* p.68)。

303　Virginia 州では、南北戦争前までの240年余りの間に、全部で35件の立法につき違憲審査し、うち4件を違憲としたのに対し、1861〜1875年間では、1ダース以上が違憲と判断された。アラバマ州最高裁は、同州の新しい1865年憲法を無効とまで判断したし、ミネソタ州では、1860年代には13の州法が違憲とされたのに対し、1885年から1899年の間では約70の州法が違憲と判断された。これらの現実をとらえて Friedman は、州レベルで立法府 (州議会) と司法府 (州最高裁) とが競い合って、勢力を誇示しているように捉えている (*op. cit.* pp.266-267)。

第6章　19世紀アメリカの憲法史ハイライト（南北戦争と、人種問題）

の素人）の方は、時代の変化に合わせて必要となった司法の充実や、制度改正をすることに冷淡であった。州司法制度改革のため多少の立法は行ったものの、州内の管轄が重複したまま放置していた[305]。

　その結果、19世紀半ば以降の人口が急増したことと、社会の変化により事件数が急増した。裁判官は、事件数の多さに加え、管轄の重複に悲鳴を挙げることとなった（かといって、連邦司法への負担が減った訳ではない。連邦裁判所の管轄の範囲を拡げ、州からの移送理由も拡げた1875年司法法により、連邦裁判所の事件数も鰻登りとなっていた）。今日、アメリカの訴訟事件の解決で、和解が90％台の高い比率に達することがよく紹介されているが、これは、19世紀後半以来の州裁判官が、その事件数の多さに悲鳴を挙げた（手続が遅れに遅れた）結果と考えることもできる。

　(b) 19世紀後半の州立法府と司法部との関係の1つとして、州裁判所が州議会の法律を違憲・無効とする事案が増えたことを述べた。もう1ついえるのが、州の裁判所による司法判断の形式主義と、州議会による州憲法の頻繁な修・改正、それも細部にわたる拘り（constitutional technicality）がある。前者（事案が増えたこと）については、19世紀後半に修正XIVによる**法の適正手続**（due process of law）違反事件が増えたことは間違いないが、もう1つの増加要因として、この形式主義と細部への拘りが挙げられる[306]。この州議会の動きは、見方によっては、立法府による司法部に対する反撃ともとれないことはない[307]。

304　そこから、彼はこの傾向を "……taste for power was intoxicating to some state tribunals" と記している（p.266）。

305　Friedman, *op. cit*. p.291 では、"lay politicians did not want to appoint a czar for the courts of their states……overlapping jurisdiction was perfectly acceptable……" といっている。

306　Friedman が例として引いている Indiana 州では、19世紀中に修正 I（言論の自由）を理由に違憲判断された事例がゼロなのに対し、8つの法律が、事後法（ex post facto law）、ないし契約義務を損うとして違憲と判断された。これに対し、19世紀中の11の立法が、州憲法の形式的な（「いかなる法律もその法律名を示すだけで、内容となる法文全部を示すことなく改正することはできない」、と定めていた）規定に反したとして、違憲と判断された（Friedman, *op. cit*. p.267）。

593

第3編　19世紀後半以降の憲法

(c)中央政府や州政府内の三権分立の関係から、アメリカ特有の二元政府の面（州（主権）と連邦（主権）との関係）に目を移してみよう。連邦憲法成立前後の連邦と州の関係につき大きく纏めれば、次がいえる。

19世紀の20年代くらいまでは、連邦（中央政府）は、憲法に沿って輪郭はできたものの、実体は、掘立小屋に近かった[308]（最高裁が、一時民間の建物に入居していたことにつき第4章二.3.(1)(イ)）。連邦政府の省庁としてあったのは、財務、国務、軍（戦争）の3省庁で、その働きも、今日の連邦政府とは桁違いに狭い範囲に限られたものであった。

これは、想定外のことではない。人民が"my country"と呼んでいた州の方は、植民州として連邦成立までの歴史（古いものでは160年以上）を人民とともに生きている。一方、連邦は、人民の生活とは（物理的にも）離れた遠い所の存在で、しかも1789年がその誕生年であった。

(d)しかし、19世紀の20年代までに新州の加盟が続々と認められ、そのための法案が、可決・承認された上（第5章二.1.(2)(ロ)の注353）、本章末で見るとおり、Utahのような州も、紆余曲折はあったが、加盟が認められている。それらは、歴史・地理からして、当初の州の歴史・地理と大きく違っていたが、連邦議会が求めた条件を整えた上で、加盟の承認条件をクリアしてきた。19世紀半ばになると、更に南北戦争が戦われたことにより、矢継早な変化が起こった。前述のような新たな連邦の省庁が設けられ、そのための連邦政府の予算と収入で、必要な立法措置もとられた（前1.(2)(ヘ)(e)、(f)）。

一旦連邦に加盟したとなると、歴史・地理が、どんなに大きく違っていても、州としては対等である（連邦議会上院に2名の議員を送れるし、連邦議会下院議員も人口比例である）。中央政府（殊に連邦議会）と各州と

307　細部まで成文法化することで、裁判所による司法判断の余地をできるだけ狭めようとしたといえる。

308　イギリス王国軍により焼き打ちにされた）ホワイトハウスも、今とは比べものにならない建物が憲法成立前後の10年後に一応できた状況であった。

第6章 19世紀アメリカの憲法史ハイライト（南北戦争と、人種問題）

の力関係にも自ら変化が生じてくる。すべての個別例を見られる訳ではないが、力関係の変化を次の2つのパターンで見てみよう。

南北戦争で敗けた南部11州に対する中央政府の力関係で、それら各州の憲法史にどんな事象が生じたかといえば、連邦に加盟を希望する新州候補（テリトリの自治政府）に対し、連邦が要求する条件は、アメリカ憲政史上の原理・原則に沿うことである。これには、歴史の全期間を通して、共和制・民主的な憲法の採用があるほか、南北戦争前までは、その州の奴隷法制、社会の基礎構造が実際どうなのかが大問題であった（連邦議会(殊に上院)のバランス事情から決められ、決定に中央政府が政治的に介入しうることであった）。

(ヘ)どの州もクーデタを経験した州はないが、兎に角、何回も憲法をとり替えている。もっとも、南部諸州は、再建期に合衆国（北軍）の要求条件に沿う憲法に替えた後、熱りが冷めた頃（即ち再建期が**1877年妥協**で終ると）、再び別憲法を採用しているから[309]、憲法の数も、その分2回多くなっている。

(a)これら南部諸州の憲法は、近隣州のそれと互いに共通するところが多いほか、州と連邦との関係に直接触れるという訳ではないが、次の傾向を共有していた。

①新しくなるにつれて長大化したが、別言すれば、長大化は、硬質化でもあり、柔軟性を乏しくした[310]。②（州議会に対する根深い不信を表わす）立法禁止条項の多さが目立つ[311]。不信の1つが、産業界との癒着であ

309　連邦議会は、再建期（Reconstruction Era）に南の再建法として、1867年に3つの法律（Acts）を制定しているが、それら南部諸州に（合衆国）の州として、復権する条件のエッセンスとしては、修正XIVを承認（批准）すること、採用する州憲法に、元奴隷の選挙権を定め、それが連邦議会の認める内容であることと、南軍（南部政府）の高官だった人の被選挙権を否定すること、があった。

310　長大化、長文化の理由として、州議会に対する不信を挙げ、州議会の仕事の方は削らないのに、その会期の数を少なくした（……meet less often……）という（Friedman, *op. cit*. p. 261）。

311　1854年改正のロードアイランド州憲法は、恩赦の権限を立法府から取り上げ、州代表（governor）へ移した。

595

第 3 編　19 世紀後半以降の憲法

る[312]（その頃の花形産業であった鉄道産業に加えて、サイロ業・倉庫産業など[313]）。③複雑な長文の中に、元奴隷の投票権の行使を事実上難しくするような定めを入れる。④新しい憲法や改正憲法の多くが、立法府の権限を縮小し、会期を短く、少くする一方で、当初、厳しく制限していた州代表（governor）の権限を増やす方向である[314]。⑤立法府権限の縮小理由としては、利権・ロビー活動への反発などが挙げられる。

　(b)各州が他州（隣州や分割前の州）の模倣第一できた中で、上記①や②の傾向は、南部州だけの、それも再建期だけの傾向というだけではない。より広く、北東部や中西部の州の憲法改正の折にも生じていたし、また期間的にも、19 世紀後半一般の傾向として見られた。

　その中で、比較的古くから連邦への加盟が認められていた南部諸州では、**再建期、揺れ戻し期**と、毎回作り直しはしたものの、揺れ戻し期になると、南部 11 州のうち 10 州が投票権剝奪（disfranchisement）条文の州憲法になっていたことは既述のとおりである。しかも最高裁も、そうした南部に加担した[315]。人種差別以外の点では、新しい州憲法は、殆んど古い条文の焼き直しであった。中国人の移民労働に対する反感と恐怖が起こり、人種差別的な移民規制内容を持った州憲法が出現したのも、この時期を初とする。1878 年のカリフォルニア州制憲会議での議論が、反感と恐怖を代表とする例といえよう[316]。市町村レベルでの反感と恐怖は、もっとひどかった[317]。

312　それらの産業が、農業州を経済的に潤す大きさに比例して、州の政治への影響が大きくなると、利権に対する懸念と不信が大きかった。
313　たとえば、イリノイ州憲法（1870）は、穀物サイロ産業規制のための長大な条文を持っていたし、ネブラスカ州憲法（1875）では、鉄道産業の料金規制をする周到な定めをもっており、ペンシルヴァニア州憲法（1873）も、イリノイ州憲法を真似て、鉄道線路の州内通過につき規制していた。
314　メリーランド州は、1851 年の憲法改正で州代表（知事）の任期を 1 年から 4 年に延ばしたという（Friedman, pp.261-262）。
315　Giles v. Harris, 189 U.S. 475（1903）では、Alabama 州憲法中の黒人の登録を阻害するような条文が、Oliver Wendell Holmes, Jr.判事により合憲とされた。
316　根強い人種差別、外国人嫌いの議論が沸騰し、規定としては、アジア版苦役（Asiatic coolieism）禁止の形をとった（Friedman, p.263）。

第6章　19世紀アメリカの憲法史ハイライト（南北戦争と、人種問題）

(ト)南部社会の代表としてよく出てくるのが、Mississippi 州の綿花畑で働く黒人らの姿ではないだろうか[318]。Mississippi 州は、州内の奴隷数の増加が凄まじく、南北戦争直前の 1860 年には、白人の数を上廻るようになっていた[319]。彼らの（憲法的）人権状況、南北戦争の前後を通してのその変化については、上の 1.(3)でも垣間見てきた。

　再建期後の南部社会による巻き戻し期（Redemption Era）での Ku Klux Klan などの行為のほかにも[320]、公民権運動の中の 1950 年代、60 年代にも、南部で多くの人命が犠牲になっている。いずれも、黒人である。中でも Mississippi 州は、未だに犯人が判明しない未解決事件が、Alabama 州と並んで最も多い。半世紀を経た今も、連邦議会は、この**未解決公民権事件**を解きほぐすための措置をとっているが[321]、解決への困難は、著しく増している[322]。

　(a) Mississippi 州は、これまでに 1817 年憲法、1832 年憲法、1868 年憲法、1890 年憲法、という 4 つの憲法を制定している（この 4 番目が、現行憲法となる）。この間、州の憲政は大きな変化を経てきたおり、それぞれが、その節目の時に制定され、時の政治情勢の変化を映したものとなっ

317　木造建物での洗濯屋の開業を禁じた 1880 年のサンフランシスコ条例と、その下での事件 Yick Wo v. Hopkins, 118 U.S. 356 (1886) が挙げられる。

318　同州は、奴隷制度廃止の修正XIIIを 2013 年 2 月になって漸く批准したことで、話題を蒔いた（npr. org/blogs/itsallpolitics/2013/02/20/172495803）。

319　Mississippi 州などの綿花畑では、黒人奴隷 20 人に、白人男子 1 人の割合での監督体制ができていた（彼らは鞭打ちをはじめとする強力で、広い懲罰権を持ち、かつ行使していた）。南北戦争で、白人男子が兵役にとられると、身の危険を危惧した農村の主婦からは governor 宛に、奴隷 20 人に 1 人の割合で、白人男子を残すよう請願を出している。

320　United States v. Harris, 106 U.S. 629 (1883)、KKK に対する訴訟に関して、普通の殺人や暴行に対する刑事法を連邦議会が立法することはできないとした。

321　注 225 で見た Emmett Till Unsolved Civil Rights Act of 2008 は、人種的動機により 1970 年前に生じたこの種事件の捜査と解決のため、FBI に年間 1 千万ドルの予算を付けたが、Emmett Till Justice Campaign 団体では、「不満足な成績……」しか得られていないという（NPR. Joseph Shapiro, 2013 年 5 月 18 日）。

322　前注 NPR 記事では、こうした事件について調査している、2007 年発足の Cold Case Justice Initiative という運動グループがあり、FBI が、「……どこまで真剣にやったか……を調査・集約している。大半が未解決のまま何の手掛りもなく、まだ記録として 20 件だけが残っている」と記している。

597

第3編　19世紀後半以降の憲法

ている[323]。その中で、1868年憲法、1890年憲法が、南北戦争の前後に行った憲法制定であることは想像がつく。1817年憲法は、Mississippi州がテリトリから州に昇格して、連邦への加盟が認められるのに付き、作られた（当時としては、最西部の僻地で、テリトリの人口は、1万にも達しなかった）。Mississippi州の当時の州域は、現在の州南部1/3だけの、今よりずっと小さい面積であった（北の2/3は、それぞれChoctaw IndianとChickasaw Indianの支配下にあった）。2つのIndian部族によるこれら支配地域の合衆国への譲渡は、1820年、1830年、1832年の3回に分けて行われ（彼らは、それにより、今のArkansasとOklahomaへと移転して行った）、合衆国は、これらの地域の土地を開拓者らに分配した。

　(b)Indianが立退いて空けた全州域の2/3を占める州北の地域へと押寄せた開拓者らの本流は、やがて、新しい州憲法制定の要求となった。こうしてできたのが、1832年憲法である。同憲法は、Choctaw IndianとChickasaw Indianの2つの部族の市民権を、彼らの居住区域を更なる西部に築くことを条件として、受容れた。開拓者らは、州の役人の任期を1、2年とするなど、頻繁に人民のお墨付きを得ることを求めた。1832年憲法のその他の主な眼目としては、①投票権（選挙人資格）に財産（土地）所有権を要件としない、②裁判官への採用は一般の選挙によることとし、③決闘の禁止、④奴隷解放を立法することの禁止、⑤奴隷所有者は、新たに州内に奴隷を輸入することはできるが、奴隷業者の州内営業は禁止する、などがあった。

　その一方で、ChoctawとChickasaw Indianらの土地だった農地は、略すべて綿花畑になっていた。

　(c)南北戦争の結果、Mississippi州は、戦火のためすっかり荒廃する一方で、奴隷は解放され、選挙権も与えられ、Mississippi州でも、一時は、州以下の政府の実権の大半が、元奴隷の黒人に握られた（いわゆる再建

323　John R. Skates, Univ. of South Mississippi, History of Mississippi の website。

期)。こうして作られたのが、1868 年憲法である（憲法が、初めて州民投票にもかけられた）。次の点を列記できる。①黒人男子の投票権を定め、②州内全域に広がる公立学校制度を定めた。③結婚した女子の財産権の保護も定め、④ govenor の任期を、2 年から 4 年に延長する、⑤治安判事（justice of peace）より上の裁判官は、すべて governor の任命制にする。

(d) Mississippi 州の現行憲法となる 1890 年憲法について、注 323 の Skates 教授は記している。「Mississippi 州の再建期（Reconstruction）は、1875 年に終った。白人の多くが、政治の世界から黒人を駆逐しようと考えていた。1890 年夏、Jackson 市 Old Capitol の憲法制定会議に（唯一人の黒人を含む）人々が集ってきた。……選挙権での文字テストと、人頭税（literacy test and poll tax）とが最大の議題で、激論が交わされた。その文字テストというのが、やり方が、普通は不公正で（usually unfair）、黒人を締め出すのに使われた[324]（1 人 2 ドルの人頭税は、かなりの白人からも選挙権を奪っていた）。1890 年憲法は、人民投票にはかけられていない。この 100 年余りの間に、無数の改正が行われた結果、今日の 1890 年憲法は、元の姿を殆んど留めていない[325]。」

Mississippi 州の 1890 年憲法について 1、2 付言すれば、多くの州の憲法と同じく前文（Preamble）では「神への（祈り）呼びかけ（Invocation）」の言葉が中心で（......grateful to Almighty God, and invoking his blessings on our work, ...）、15 章から成る。その構成中で眼を索くタイトルは、Article 1. 権力分立の原理、Article 2. 州境、Article 3. 人権憲章、Article 4.～6. が三権に当られた後、Article 7. 法人（Corporation）、Article 8. 教育、Article 9. Militia、Article 10. 刑務所、

---

324 Friedman はこれを "......local officials would know how to make good use of those provisions" と記している（*op. cit.* p.264）。

325 実際には、白人から成る選挙管理委員会による識字率テストが、黒人を排除するのに大きな効果を主として発揮していたのに、最高裁は、Williams v. Mississippi, 170 U.S. 213 (1898) で「文字テストと人頭税（literacy test and poll tax）とが、ともに違憲ではない」、としている。

第3編　19世紀後半以降の憲法

Article 11．防波堤など、である。

　(e)次に、川を挟んで Mississippi 州と隣り合わせの Missouri 州の憲法を覗き見してみよう。そこでは、1840 年代にモルモン教徒（Mormons）らを迫害し、州外へ追立てる運動があった[326]。

　Mississippi 州と似て、Missouri 州憲法も、1820 年版、1865 年版、1875 年版、および 1945 年版の 4 つの憲法時代を有する。このうち 1865 年版と 1875 年版は、それぞれ南北戦争後の再建期の憲法と、取り戻し期の憲法であることは、年次から想像がつく。問題の 1820 年版で焦点の奴隷条文がどうなったかというと、"free negroes and mulattoes" は「州外へ排除する」と定めた。これには、連邦議会や北部州の一部から異論が出されたが、Henry Clay による解釈、「同条文の句は、U.S. citizen の特権・免責条項を損うような立法を許容するものではない……」を了解して承認された経緯にある。なお、1865 年版より前の 1861 年に州憲法会議が開かれて、南部連合への参加（連邦からの脱退）を決めているが、1820 年憲法は、そのまま維持していた。

　4 つの憲法時代といっても、南北戦争後の再建期の 2 回を除くと、正味「2 つの憲法と時代があった」、といってもよい。第 2 の憲法時代を形造る 1945 年憲法は、1942 年に州民投票（initiative つき referendum）にかけて制定が決った（同州は、20 世紀初めに行った 1875 年憲法の改正により、州民投票の必要を規定していた）。

　1942 年の動きは、改革派州民が、州政治の腐敗に我慢がならなくなって起こし、現行憲法となった（この 1945 年憲法の後も、1962 年、1982 年と、州民投票の動きがあったが、州民の多数の賛成は得られていない）。

326　南北戦争に至る 30 年の間、南北間では新州加盟問題で三大妥協が図られたが、その最後、Kansas-Nebraska Act（1854）の時には、議会内で大乱闘が行われたと同時に、カンザス・テリトリには東隣の Missouri 州から多数の奴隷制度論者（border ruffians）が入り込み、北部州から来た廃止論者との間に、前述したような、ちょっとした市民戦争があった（第 5 章二.2.(2)）。その時に Missouri 州民らがいっていたのが、「我々があの Mormons を叩き出した、あの時と同じように、廃止論者を叩き出せ！」であった（McPherson, *op. cit*. pp.146-147）。

現行憲法の1945年憲法は、Mississippi州憲法と略同じ構成の13章から成る（たとえば、第1章で人権宣言とともに、共和制の基本原理を定め、第2～4章が三権といった具合で、かつ法人〔Corporation〕章もある）。現行憲法は、これまでに60回以上の改正手続を経てきたが、改正の中には、州内で意見が大きく分れ、議論が喧しかったものや、他州や連邦政府で問題にされ、メディアの論評の種になったような内容のものがある[327]。

（f）Kansas Territory が州になるために用意した Lecompton Constitution について触れた（1.(1)(ロ)(b)）。実は、同憲法（案）は、用意された4つの草案のうちの第2の憲法草案（第1の1855年 Topeka 草案に次ぐもの）、であった。奴隷制に同情的（doughface）な Buchanan 大統領が連邦議会に提出したのは、この Lecompton Constitution の方からであった[328]。同 Territory の議会（そこでは、奴隷所有者の代表が多数を占めていた）は、それを1857年に用意していた（注19に記したとおり、その1857年には、Buchanan が大統領として影響力を行使したとして、その公正さが争われた Dred Scott 判決が出されていた）。これに対し、Topeka 草案の方は、同 Territory への奴隷の輸入を禁じていたから、将来的には自由州を目指していたといえる。

Lecompton Constitution が承認のため連邦議会に提出されると、連邦議会のいわゆる Southern Democrats が、これを支持する一方、Stephen A. Douglas 議員などの Northen Democrats は、これに反対票を投じた。そのため、同 Territory の連邦加入は遅れることになり、その間の1858年1月、今度は住民多数の票を得ていた第3の Leavenworth Constitution（反奴隷制）が、更に1859年には、同 Territory 議会の今は多数を

327　1993年改正のギャンブルの合法化、2004年改正の同性婚否定のほか、人幹細胞の製造研究の開禁（2006年）、公用語としての英語の指定（2008年）などである。

328　同 Territory 内の入植者数では、free-soilers の方が上回っており、彼らはこの Territory 議会での偏向に抗議して、Topeka 草案と Lecompton Constitution 草案との選択を問う投票をボイコットしていた。Buchanan 氏が同 Territory の governor に任命していた Robert J. Walker は、自らは奴隷制擁護者ではあったが、Lecompton Constitution が余りに偏っているとして、governor を辞任していた。

第3編　19世紀後半以降の憲法

得た free-soilers の代表らが立案した Wyandotte Constitution が各可決
された。結局、第4の Wyandotte Constitution が正式な州憲法として採
択され、Kansas は、1861年に第34番目の州（自由州）として連邦に加
盟してきた。

　㈩南部諸州憲法における以上の変化（例）と、最高裁による先例の動き
とを重ねて（主に州権対人権の図式で）見てみよう。先例は、修正XIVに
係る重要なものである。

　(a) Louisiana 州の屠殺工場に与えられた免許を、実質的には1000人以
上の酪農家（屠殺人）らが、自分達の「州民としての特権の否定になる」、
として争った Slaughter-House Cases の事実については、前に紹介した。
その事実をもって、「Slaughter-House 事件で、生業から締め出された
……」、と独占を非難した彼らの訴えに対し、最高裁は、5：4の否定的判
決で答えた[329]。

　酪農家らが出した修正XIVの主張（生業を継続することの**合衆国市民と
しての特権**〔privileges of the citizens of the United States〕）に対して
も、冷たい返事を出している。1つの理由として、修正XIVの定める「州
が奪ってはならない合衆国市民の特権」、として最高裁が考えていたのは、
専ら元奴隷の黒人の人権であったことが大きい[330]。もう1つ（後出）の
United States v. Cruikshank 事件では、黒人の人権（生命）が侵された
ケースであったにも拘らず、最高裁は救済を拒み、「修正XIVは、州民に
対する規定ではない……」とされた[331]（侵害者に対しては、刑法によって

329　Slaughter-House Cases, 83 U.S. 36 (1872).

330　Tribe は Slaughter-House Cases で5：4の多数意見を書いた Samuel Miller 判事の議
　　論につきいう。修正XIVで専ら焦点を当たのは、「合衆国市民の特権」の確立であった（……
　　speak only of privileges and immunities of the citizens of the United States, and does not
　　speak of these of citizens of the several States……）。IV、2の特権条項で初めから定めら
　　れていた特権が、自然権という地下水につながっているのとは異なる、としている（p.
　　1304）。

331　「立法理由の重点が、元奴隷の黒人らの自由と、彼らの人権を、今まで彼らを迫害してき
　　た連中から確保することにあることは、何人も否定しえない」、という。Slaughter-House
　　Cases, 83 U.S. 36, 71 (1873).

602

守るしかない結果となる)。

　それらの考えの根底にあるのは、元奴隷の黒人以外の人権も、無論、修正 XIV の特権の対象となるが、「厳格解釈が必要」との立場である。「人種を理由とした、ニグロに対する以外でなされた州の差別行為が、修正 XIV の対象に入ってくるかについて我々は、用心深くせざるをえない」と締め括っている[332]。修正 XIV、1 の第 2 文の、このような理解・解釈が、その 3 年後のケースと合わせて、折角の**合衆国市民の特権**の意味を、大きく損ったことは間違いない[333]。

　(b) 人権憲章一般は、1833 年の Barron v. City of Baltimore, 32 U.S. 243 (前出) 以来、連邦政府に対するもので、「州政府以下の政府に対するものではない」、とされてきた。その先例から 40 年後の今 (1873 年)、Slaughter-House Cases により、**修正 XIV の下での合衆国市民の特権**も、州 (の立法権) に対する制約として働かないとされたことになる。

　合衆国市民の特権の中味は、それにより大きく薄められた (各州議会が立法したことに対し、連邦は、修正 XIV をもってしても、干渉できない結果に略なった)。南北戦争を経、その後の再建期を経て、しかも北部州共和党が、力こぶを入れていた修正 XIV であるにも拘らず、19 世紀後半の**合衆国市民の特権**は、「憲法の言葉の上だけ」という形で推移した。

　Slaughter-House Cases でのコメントでも見るとおり、最高裁の経済 (規制) 法に対する判断は、大きく分けて、経済的には (別言すれば、結果において) 保守的な一方、法的な面で (手段・方法としては)、司法 (審査) 権の行使としては、大胆過ぎることがある[334]。そのため、進歩主

332　United States v. Cruikshank, 92 U.S. 542 (1876). このケースでは、1873 年 4 月にルイジアナ州の C 郡の公民館 (前年の知事選挙後に共和党、民主党ともが、それぞれ勝利宣言をした後で、郡の警察官などの州の職員らの任命をそこで行う予定の場所) に黒人らが集っていた。民主党がそこを実力行使により占拠することを防ごうとの意図である。そこを、武器をもった白人ミリシアが襲った。黒人らが降伏した後であったにも拘らず、100〜200 人が殺された。
333　「修正 XIV、1 の第 2 文が名前だけの中味のない立法に化けて了った……」(......reduced the clause to a vain and idle enactment......) との反対意見を引用 (Tribe, *op. cit*. p.1309)。

第3編　19世紀後半以降の憲法

義（Progressivism）から攻撃されることが多く、New Deal 時代後半に
なるまでアメリカの左翼とは、いがみ合いの関係にあった。

　(リ)その流れが変るのが、19世紀末から20世紀の30年代にかけて（大
恐慌前まで）の先例の変化である。変化の原動力となった言葉は、別にあ
った。同じ修正XIV、1の第2文の第2節の言葉（州は）「法の適正手続
なしに……奪ってはならない」という "due process of law" である。

　(a)その変化を支えたのが、次の自然法的思想である（従って、17、8世
紀から存在した）。契約自由（I、10）を核とした思想、私的自治は、「い
かなる政府によっても侵されてはならない」、とする植民州時代から各地
に存在した思想と共通のものである。

　"of law" の "law" を、単なる形式的な法律ではなく「実質的に正義
に適った法……」の意味に解釈する萌芽は早くからあった[335]。1855年に
は、明らかに最高裁が修正Vの法の適正手続条項中に、"rationality, non
-oppressiveness, and even-handedness" という実質的要件を読み込むよ
うになり[336]、その流れの中で、**法の適正手続**を、王（政府）による抑圧と
略奪に対する Magna Carta の保障になぞらえる判示も出てきた[337]。

　1890年代に入ると、この傾向（折角、作った修正XIVの**特権条項**
(Privileges Clause) の代りに、州立法府の権力に対する人権の防波堤と
して、**法の適正手続**を充てる考え方）は、より明白になり、今日に至る。

　(b)以上の結果、修正XIVの法の適正手続条項 (Due Process Clause)

334　(......conservative tenor......economy; ......radical tenor judicial power......much of the
　　American left was at war with the Supreme Court off and on......) (Friedman, p.259)
335　Tribe は同旨の主張として Robert E. Riggs の "Substantive Due Process in 1791"
　　Wisc. L. Rev. 941 (1990) を援用する (p.1333)。
336　Murray's Lessee v. Hoboken Land & Improvement Co., 59 U.S. 272, 276 (1855).「法
　　の適正手続とは、どんな手続でも OK というのとは違う。その好みどおりに立法しても、
　　それは適正ではないという意味で、行政、司法だけでなく、立法権をも縛るものである
　　……」。
337　「法とは、立法府による権力の行使以上のものであり、その中味が問題になる。だからこ
　　そ、（憲法は）私権剥奪法立法の……などを除いているのだ……」という。Hurtado v. Cal.,
　　110 U.S. 516, 531 (1884)。

は、修正Ⅰ～Ⅸで定めている宗教・表現の自由以下の各種自由に対する州による侵害に対する保障として、一方、修正Ⅴ中の法の適正手続条項（Due Process Clause）は、修正ⅩⅣ、1の最後の文章中の**平等保障条項**（Equal Protection Clause）に対する保障として解釈・構成し[338]、これを**実質的（法の）適正手続**（substantive due process）と呼ぶことで、主に契約自由（Ⅰ、10）を侵害するような、州の立法などに対して用いることが、多く見られるようになった[339]。

　そのような先例と評論の展開の中に見えるのが、「この国は、我々が合意して造ったものだ」、という**社会契約説的国家観**であり、憲法思想である。こうした思想は、常にすべての先例（判断理由〔ratio decidendi〕ではなく、かつ傍論〔dictum〕の基とさえなってなかったとしても）、18世紀末の憲法発足以来、先例主義（コモンロー）の中に、脈々として流れている。

　(c)こうした最高裁の先例も、見たとおり、元奴隷の日常生活を変えるところまでは行かなかった。再建期からの反動として、19世紀後半の南部諸州での元奴隷の黒人に対する事実上の人種差別は、時代が下るほどむしろ強くなり、反対に白人優位政策を反映したものになっていった[340]。この種の新しい州憲法の法文による差別は、いわゆる分離主義（separatism）による差別（discrimination）と呼ばれる。黒人を"separate but equal"として、社会生活（学校、食堂、病院、バスなどの多くの場

338　Bolling v. Sharpe, 347 U.S. 497 (1954). Korematsu v. United States, 323 U.S. 214 (1944).

339　Tribe は、この先例の展開が、17、8世紀の植民州時代に遡るアメリカ社会の自然法的自由権思想によるものであるとする2、3の論文を引用している（p.1336）。① Edward S. Corwin, "The Higher Law Background of American Constitutional Law, 42 Harv. L. Rev. 149, 365 (1928-29)", ② Bernard Bailyn, The Ideological Origins of the American Revolution 55-93, 175-98 (1967), ③ Gordon S. Wood, Creation of American Republic, 260 -65, 282-91 (1969).

340　たとえば、その先端を切ったテネシー州憲法（1870）では、白人と黒人共学の学校への州の助成禁止規定（XI、12）、白人と黒人間の結婚などの禁止規定（XI、14）、が挙げられ、1895年のサウスカロライナ州憲法中にも、それを真似た禁止規定が見られる（Friedman, p.264）。

第 3 編　19 世紀後半以降の憲法

所）の上で、白人から事実上分離して了うやり方である[341]。

　"Separate but equal" の憲法的意味を纏めてみよう。連邦憲法の修正
ⅩⅢ～ⅩⅤ、が、既に厳存していたにしても、19 世紀末近くの南部諸州
では、この分離政策を形の上では、修正ⅩⅣ、Ⅰの第 2 文、第 2 節（その
特権条項）に違反していないと考える容認論もあった。アメリカでの成文
憲法主義（共和制、天賦の人権、社会契約、民主主義）の精神に明らかに
背くものの、元奴隷・黒人の 1 人 1 人の市民権、投票権を定める成文法そ
のものに反する規定ではないとの考えである[342]。

　(d)再建期の終りとともに略同時に出した 2 つの先例（上述の Slaughter-
House Cases〔それ自体は、白人の酪農家らに対する否定判決〕と Crui-
kshank 事件〔注 332〕）により、最高裁も、修正ⅩⅣ、Ⅰの特権条項の稀
薄化に手を貸す結果となった[343]。その最高裁は、19 世紀末頃からは、実
体法的な**特権条項**に代り、手続法的な**法の適正手続条項**を活用の法理を展
開してくる。しかし、南部の黒人分離主義州法に対し、それが適用される
ようになるまでには、Brown v. Board of Education（1954 年）を待たね
ばならなかった。

　このように、憲法や法律を作ったからといって、社会的状況が変るもの

341　分離主義（separatism）による差別（discrimination）は、1950 年代の African-Amer-
　ican Civil Rights 運動の新たなうねりによって修正されるまで、アメリカ社会（南部）でず
　っと続く。
342　King 牧師による 1962 年ニューヨーク市内のホテルでの演説中で彼は、黒人の公民権確
　立を未だに拒んでいる南部の白人社会につき述べている。
　　「19 世紀後半から 20 世紀半まで、南部による連邦政府の権威に対する浸食が進んだ（Fed-
　eral government corroding……authority）。今日でも国全体の過半（数が進もうとしている
　方向）に「ノー」といえる拒否権（veto power）を持っていて、その挑戦の鉄のカーテン
　を（独自の）法としている……」（第 8 章 1.(1)(=)(b)注 27 参照）。
343　Cruikshank 事件では、連邦だけでなく、州政府に対しても、修正ⅩⅢ～ⅩⅤは適用さ
　れるが、（黒人に襲いかかって殺害した）**個人などを対象にしたものではない**、とした。こ
　のケースでは、1873 年 4 月にルイジアナ州の C 郡の公民館（前年の知事選挙後に共和党、
　民主党ともが、それぞれ勝利宣言をした後で、郡の警察官などの州の職員らの任命をそこで
　行う予定の場所）を、民主党の実力行使により占拠されるのを防ごうとして集っていた黒人
　らを、武器を持った白人ミリシアが襲った。黒人らが降伏した後であったにも拘らず、
　100～200 人が殺された。この Cruikshank は、最高裁先例の中でも 1857 年の Dred Scott
　ケースと並んで、先例の中の汚点とされ、悪評が最も高かった。1966 年になり、漸く修正
　された（United States v. Cecil Price et al. 383 U.S. 787）。

606

でないことは、我々も経験上よく知るところであるが、再建期の南部諸州でそのことが正に示された。北の手によって指導され、行われた憲法上の改革を含む奴隷解放が、修正XⅢ～ⅩⅤが、真に社会の隅々まで行きわたるのには、約100年の年月を要した。ワシントン（Washington D.C.）で作られる法律は、中央による司法審査という強力な統制があり、法的には**最高法規性**を有するが、南部諸州や西部州にとって、中央は物理的には遠い存在である。日常生活では古くからの**人種分離主義**の方向に流れたということであろう[344]。

⑶合衆国（その Puritanism と Capitalism）の変容と、その後の修正憲法

　㈑我々外国人によるアメリカ憲政史の考察で「そうか！」と思わせてくれるものがある。州という政治組織が連邦制に対して持つ重みと、特異性である。州という政治組織が連邦制に対して抱いてきた反撥・抵抗といってもよい。植民州時代の初めからの、**400年に及ぶ歴史の光の中で**、それを眺める必要である。そうして見て初めて、南北戦争の結果の大きさ、「連邦の力が、州の力をいかに目覚ましく上回って伸長したか」、が改めて認識される。その一方で、州以下の地方政府が、依然として日々の人間生活を支配している、その力の圧倒的強さも、よりよく理解できる。

　㈎南北戦争期を通して、それまで（高揚期〔Era of Good Feelings〕にも）実現しなかった思い切った措置がとられた。中央政府組織の強化、拡充である。その中の、財政金融面の措置や改革など、これまで紹介してきた（1.⑵㈬(e)）。もう１つ、連邦の州に対する連邦の力の伸長を後押しする措置が、その時期にとられていた。広大な**連邦土地**（public land）の、

344　法的な問題に行くその遥か手前（時間的には直ぐ）に、中央の政治やマスコミ上で問題とされ、叩かれるという社会的審査がある。従って、そうした分離主義であっても、余り極端なことはできない一方、以上のような南部諸州が、新しく作り直した州憲法を見る限り、そのような中央の事実上の社会的な統制が十分に利かない社会状況が、19世紀末には起きていたと考えることもできる。

各州への無償譲渡である[345]。1862年の2つの連邦法が、関連する法的措置を代表する[346]。その1つ、自営農家法（Homestead Act）は、賛否を巡って憲法問題も含め、南北戦争前から激しく闘われてきた[347]。西部での多数の自営農創設が、連鎖的に南部州での奴隷制度維持にマイナスになることを恐れた南部民主党が、反対運動を繰り展げたほか、連邦の土地を、貴重な財源としてずっと温存しておきたい財政論者も、反対していた[348]。

(b)**南北戦争**の連邦（北）による勝利で、遂に実現したHomestead Actの骨子は次のようである。21歳以上の男子（必ずしも元兵士〔veterans〕である必要はない）で、土地を専ら自らの定住と生活のため必要とし、現に5年以上定住した人は、連邦政府から160エーカーの土地の特許状（a patent）を得て、完全な所有者となる資格を取得する[349]。対象となる土地の定格は、広さ1 sectionの1/4か、それ以下の未開拓の土地である[350]（洪水地域や砂漠は除かれる）。60万人が新たに西部へ入植するようにしたこのHomestead Act of 1862は、20世紀前半までに140万人ほどの入植者を作り出したが、その分、インディアンらにとっての自由な土地が、更に減少させられることを意味した。

(c)もう1つの土地譲渡は、定住者に対するものではなく、各州への譲渡である。それ認めたのが、Morrill Act of 1862であって[351]、州が、州立

---

345 これまでも、新州としての加盟が認められると、連邦政府から持参金（dowry）として土地が与えられることはあった。

346 残る2つの1862年連邦法は、(i)西部での農業振興を狙ったDept. of Agriculture Actと、(ii) Pacific Railway Actである（これにより、東西から来た大陸横断鉄道が1869年につながった）。なお、Lincolnは、南北戦争前に南部州が要求していた南回りではなく、北回りのルートで決定している。

347 この連邦（制定）法の名前と、普通名詞として使われるhomestead lawsとは区別される（後者は、landlordとtenant farmerとの関係を規律する私法である）。

348 Lincolnの前任大統領Buchananは、1860年に同法に対し拒否権（veto）を行使している。

349 同法は、定住農業とは関係のない、鉄道会社を初めとする投資・投機家によっても利用されるなど、色々な弊害が出てきたこともあり、最終的に1977年に廃止された。

350 1 sectionとは、1マイル四方の土地区画で、6マイル四方の1 townshipを、36に区切ったものである（國生一彦『アメリカの不動産取引法』㈳商事法務研究会、1987年、p. 30）。

大学（colleges）を設立し、農業に付随して工業技術も教えることを推奨し、それを補ける土地譲渡となることを主旨としていた。Morrill Act のための運動は、1850 年代に Illinois 州などで始っていて、1857 年にも連邦議会に提案されていたが、南部出身の Buchanan 大統領は好意的ではなかった。Lincoln 大統領になって法案はサインされた。1860 年の国勢調査を基礎として、各州の上・下院議員の総数に比例した大きさでの譲渡となり、議員 1 人当り 3 万エーカーの割合によった。

これら 2 法に先行した連邦による大がかりな土地の譲渡として、1850 年法による、シカゴ（Chicago）から Mobile までの鉄道建設と、その両サイドの地域開発のための Illinois, Alabama および Mississippi の 3 州宛の土地の譲渡もある[352]。鉄道建設は、この第 1 段階（東部から Illinois 州など中西部までの建設完了）から僅か 10 年後の 1860 年代に入ると、太平洋岸までの全米規模を目指して進められた。これには、前章で触れた Jefferson Davis の大統領報告（1854 年）と、それを受けて第 34 連邦議会が行った 1862 年法以降の諸立法が、その動輪の役目を果たした[353]。

(d) 南北戦争と相前後して出現した目立った**法制度上の変化**として、前(イ)で触れた連邦所有土地の大量放出のほかに、合衆国としての単一で統一的な通貨制度、中央銀行制度の法制、の 2 つがある（これらが南北戦争中に試みられたと聞いて[354]、その遅さに驚く人もおられようが、Andrew Jackson が Second Bank of the United States of America を廃止させた

---

351 Morrill Land‐Grant Acts として、Morrill Act of 1862 (7 U.S.C. §301 et seq) と Morrill Act of 189 (Agricultural College Act) (26 U.S.C. §417) の 2 つがある。

352 なお、シカゴ（Chicago）から Mobile までの鉄道建設に係る利権につき注 222 参照。

353 第 34 連邦議会は、Davis 報告書を受けて、Pacific Railroad and Telegraph に関する Select Committee を設け（1856 年）、"for the purpose of aiding in the construction of a railroad and telegraphic communication from……Missouri and Iowa……to some point on the navigable waters of the Pacific ocean" として、前出の 1862 年法を提言している（cprr.org）。

354 通貨制度と中央銀行制度の欠落は、戦争前の大不況（1857～8 年）で、既に身に染みて感じられていた。Whig 党は、特に「State Banks しか存在しない中で、その無責任な仕振り」を問題にし、しっかりとした National Bank が必要なことを指摘していた。**第 2 合衆国銀行**復活の呼びかけも聞かれた。

第 3 編　19 世紀後半以降の憲法

ことや、後継銀行設立の途を閉ざしたことは、前述した）。連邦議会は、戦争中の 1863 年に**国法銀行**（National Bank）の法制度（**National Banking System**）を創設・法定した[355]。これにより、19 世紀半ばの南北戦争時代まで（2 つの合衆国銀行の時代を除くと）、ずっと州法銀行だけできたアメリカの金融制度・銀行制度を、時代に追いつけるものにしたといえる[356]。南北戦争時代になって戦争の費用を費うため、初めて連邦議会も、自らの紙幣（notes）を発行した（いわゆる **greenbacks**）[357]その後、この通貨問題・金融制度を主要テーマとする政治政党 Greenback Party も生れた）。再建期（Reconstruction Era）が進んだ 1869 年 5 月 15 日には、遂に Promontory, Utah で、東と西から来た 2 つの大陸横断鉄道工事がつながる[358]。その頃からアメリカは、Mark Twain らがいい出した**金ピカ時代**（Gilded Age）へと入る（第 7 章 1.(1)(ロ)）。その後の政界は、共和党の Ulysses. S. Grant から Rutherford B. Hays から James A. Garfield へと続くが、そのかなりの期間、政界は汚職と腐敗に覆われるのである。

　(ロ)アメリカ人の研究者もいうように、独立から第 2 次大戦までの期間をもってしても、植民州時代の初めから革命戦争までの長さをまだ凌ぐことはできないのが、アメリカ憲政史の時の流れである。

　(a)アメリカを特徴付けるこの時間的と空間的の 2 つの二元主義、州と連

355　National Banking Acts of 1863、1864 は、国法銀行制度とともに、財務省（Dept. of Treasury）の中に、Office of Currency Comptroller（OCC）を設けた。

356　それまで紙幣は、州法銀行が発行していた。その裏付けとしての意味もあって、1862 年には（前出の）法定通貨法（Legal Tender Act）が制定された。

357　1862～1871 年に発行された。First Legal Tender Act of 1861 に基づき、裏面に "Legal Tender notes" ともいう言葉、"for All Debts Public and Private......And interest on the Public Debt; And Is Redeemable On Payment of All Loans Made To The United States" と、印刷されている。

358　合衆国がまだ大西洋岸に沿った 13 州だけの時代から、G. Washington をはじめとする Founding Fathers らは、大陸全体を視野に入れた版図を画いていたが、中でも Jefferson まで、ルイス・クラーク探検隊（Louis and Clark Expedition）を派遣して、今の Oregon 州太平洋岸までを探索させたほか、Cumberland Road（Baltimore, Maryland から St. Louis まで）の建設を発令している（1806 年.）。

610

邦との関係について、外国人の目で見た時、2つの視野が拓ける。①植民州時代の13州は、400年の歴史で確かに重みを持っていようが、その13州に対し50州もある現在のアメリカは「違う国家」、「違う社会」になったといえるのではないか（別言すれば、それらを合衆国の**テリトリ**にする時、そこから更に州として承認するにつき、同化の視点からどんな条件があり、どんな条件が課されたのか[359]）。②移民の国アメリカであるから、州と連邦というような法制などの上部構造などより、もっと根源的なDNAの違いを見なければならないのではないか（社会の気質の根本から別の国家、別の社会になって行くであろうし、そうなっているのではないか）。

　(b)しかし他方で、同質化、「右へ倣え！」の傾向も強かった[360]。西部でも、南西部でも、A州の隣のテリトリがB州に昇格すると、またはA州が分割してB州ができると、殆んどの場合、B州はA州にそっくりの州憲法、その他の組織法を作っているし、公法がそうならば、私法・取引法（コモンロー）も、隣のA州のそれが滲み出したように、同じものが自ら通用するようになってきていた[361]。そんな中で、かつてのVirginianなどの植民州民が、planterとして更に奥地へと入植していた。またG. Washingtonがイギリス軍のEdward Braddock将軍に従ってフランス・インディアン連合軍と戦ったOhio川辺のNorthwest Territoryはどうなったかというと（連合議会が1787年にNorthwest Ordinanceを制定していて、いずれTerritoryから州への昇格、連邦加入が間近いことは予想できたが）[362]、連邦議会は、1802年に次の立法を行っている。そのタイトル

359　連邦としての同化、一体化、共通化を狙った規定は、共和制など、基本的な点で2、3あるが（I、9(8)、IV、2、4、修正V）、決して多くない（第4章）。

360　人々がすべて移動の民、互いに未知の人であったという実情からして、警察も裁判所もなく、裁判官もいない西部でも、契約法や不法行為法の基本ルール（common law）が守られていたのは不思議ではない（Friedman, *op. cit.* p.273）。

361　最果ての西部でも、California州は1850年の州憲法で「合衆国憲法と、この州の憲法に反しない範囲のイギリスのcommon lawが、この州での法律として採用される」との章（Ch.95）を設けた。

611

は、"……Act to enable the people of the Eastern division of the North-west Territory of the River Ohio to form a constitution and state government, and for the admission……into the Union, on an equal footing……" である。つまり、そこでは州（主権国家）としての成立、憲法の採択、連邦議会への加盟、この3つの要件が、1個の行為として連邦議会によって立法されていることが判る[363]。

(c)以上、憲法史という縦（時間）軸の中と、州と連邦という横（領土）の関係との双方で、異質と、同質化、という、互いに相反するかのような2つの傾向を窺見した。地理的（空間的）と文化的（法的）違いにつき一言付け加えると、大陸の東と西とでの違いがある。その1つが、人間生活にとり不可欠の大きな要素、水利権（riparian rights）である。水の表面と水辺の利用権のうち、一般の人間生活に関しては、(i)水辺の土地所有権（境界）の問題と、(ii)取水権の問題、とがある。いずれもコモンローに由来する。

取水権については、降水量に恵まれた東部、中西部、南部での河川沿いの地主は、イギリスと同じような平等な（有限の）取水権を有したが[364]、西部州の乾燥地帯では、この水利権は否定されざるを得なかった[365]。

公有水面に接している水辺の土地所有権（境界）は、やはりコモンロー

362　更に、1800年に東部 Territory と、西部の Indiana Territory とに区分され、東部 Territory の人口が「6万人になったら、州に昇格する」との定めのある法律が可決されている（Lalor, John J. "Ohio" Cyclodaedia of Political Science……, New York）。

363　この立法（Enabling Act of 1802）は、その後の合衆国の国土開発・改良（インフラ造り）のための "Internal Improvements" 第1号法制となり、かつ北西部（Northwest Territory）からの最初の州を作り出した。第1条で、the people of the Eastern division of the Northwest Territory of the River Ohio に、彼ら自らのための constitution and state government を造ることを authorize すること、彼らの好む名前を付けてよいこと、連邦議会への加盟が認められることを定め、第2条では、その領土の境界線を metes and bounds 式に具体的に示している。

364　これを riparian rights と呼ぶこともある。

365　そこでのルールは "first come, first served" にやや近い "prior appropriation doctrine" と呼ばれた。19世紀のこの doctrine は、いわば公有地に属する筈の水利権を一般に無償で提供していたのに等しく、一種の補助金のような働きをしていた（Friedman, p275）。

に由来して低水位線（average low water mark）までとされている[366]。以上とはやや性質が違う水の表面の利用権として、州（立法府）が航行可能（navigable water）と宣明した河などの航行権がある[367]。

(d)同一州内でも、より細かい不文法での差別化も生じた。南北戦争後、**取戻し期**の南部諸州での例のように、州が連邦憲法や連邦政府のいうことに、それほど気を使わないやり方が盛んになると、今度は州内の市町村がそれを見習って、「ここでは何百年となくこれでやってきている……他所とは違う……」と言い始めるようになる（そのため、市町村議会による条例の立法を規制する州憲法ができるようになる）。

(ハ)このような時系列で見た、いわば縦の多様性（変化）と、50州という横の多様性（変化）とが綴り出す複雑な法的現象を前に浮上する疑問の数々。それらに対する短答があるとしたら、**アメリカは連邦国家であると同時に州国家である**、ということであろう[368]。今日のように連邦の力が前面に出る時代でも、一般市民の公私の生活は、殆んどすべて州法秩序の中にある。

(a)そのような州国家としての法制史で、1つの節目を指摘することができる。人々の生活法でもあるコモンロー（common law）について語る多くの人が、必ず、その入口で言及する**衡平法（equity）と正法（law）の区別**、である。（民事手続上で）両者の区別が一体化されたのは、19世紀半ば近かった[369]（元来、衡平法は13州のすべてで十分には行われていな

366　13州の場合、この低水位線から下の部分は、水面に接している水辺の土地所有者のtitleに属する。一方、低水位線と高水位線の間の部分には、titleとは関係なく、州警察権（policing power）が及ぶとされる。

367　navigable watersと宣明されると、そこには上記の海事法（admiralty）が適用になる。この実体法、海事法が適用されると、法廷も海事法廷で、その手続によって行われる。なお、この適用範囲について、イギリス法がtidewater theoryをとっていたのに対し、地理的な事情が異なるアメリカでは、1789年司法法（Federal Judiciary Act of 1789）では航行可能（navigable waters）かどうか、即ち"on waters……navigate from the sea by vessels of ten or more tons……"が、基準とされた（§9）。

368　アメリカでの国際紛争（internaional disputes）の訴訟をするとなると、普通の国内訴訟が2次元チェスをするようなものであるのに比べ、3次元チェスをするようなものだとする。David J. Levy, International Litigation, ABA, 103, foreword.

第3編　19世紀後半以降の憲法

かったことにつき、第4章二.3.(2)の注329参照）。この区別が、しっかり
と生きていたそれ以前の時代にできた連邦憲法では、従って、「連邦の司
法権が、All cases in law and equity に及ぶ」と定めている（III、2）。
よく引用されるように、ニューヨーク州民訴法の改正があり（丁度、合衆
国が Texas を併合したことなどの経緯を経て、メキシコ戦争が戦われた
1848年）[370]、その他の州での民訴法改正の合図、触媒となった。

　(b)この後、コモンローのご本家のイギリスでも、1870年代に数次にわ
たる国会の立法（Judicature Acts）があり、衡平法（equity）と正法
（law）との一体化が行われた。つまり、アメリカの法改革の方が、イギ
リスの先を行っていた。これには、150年の歴史がある植民州での実務は、
総じて簡略なものであったし、イギリス本国の実務より簡略なそれが、引
き継がれていたことに加え、法律を business の使い易いように簡略なも
のにしようとの方向付けが、イギリス以上に働く社会状況が存在したこと
があろう。

　㈢二次元構造の憲法を含めた複雑な法秩序のアメリカでの法的現象とし
て、州や町村以下までの州の憲法を含めた立法活動の盛行については上記
で触れた。19世紀後半は、州の制定法のみならず、市町村条例に至るま
で、その制定が盛んに行われた。法典化運動以上に、それら州以下の制定
法の方が、法の変化を実現する上で大きな力を発揮した[371]。しかし、こと
私法においては、法典化がアメリカの西部への膨張を助けた。

　(a)衡平法（equity）と正法（law）の一体化に象徴される19世紀アメ
リカの法典化（codification）運動は、発祥地 New York でこそ、苦難の

369　その目印とされるのが、前出の David Dudley Field が中心となって作ったニューヨーク
　　州民訴法（Field Code）で、その§62は次の大胆な言葉で始まっていた。"......distinction
　　between actions at law and suits in equity, and the forms of all such actions and suits
　　heretofore existing, are abolished, ..."
370　いわゆる Field Code は、19世紀後半に大半の州で採用された上、1870年代のイギリス
　　国会による Judicature Act of 1873 などの、一体化のための法律にも取り込まれた。
371　Friedman は、アメリカでの法史の上での法典化（codification）運動は、敵役とセット
　　になって登場する相対的なものであるとする。その敵役として、New York の James C.
　　Carter（New York 市弁護士会〔ABCNY〕の創立者の1人）を挙げている（p.302）。

614

途を辿ったが、他所では違った。荒野の中に明日からでも法廷を作らなければならないといった感じの中西部から西部などの新州では、法典化が手取り早い法源として、遥かに容易に採り込まれて行き、拡がった。加えて、少なからぬ新州に、多少なりとスペイン、フランスなどの大陸法（civil war）の継受があったことも、法典化の方法による法の明確化、明文化の方向に働いた。

(b)しかし、それらの新州でも、法律が毎日のように使われるにつれ、時とともに、法典の意味が次第に変化して行った。というのは、それらを実際に使う人間（法曹）が、コモンロー流の古い教育で育っていたからである。たとえば、法典州といってもよい California 州の生きた法（living law）も、法典のない州の実務と余り変らない結果になった[372]。

社会の多様化を反映しながら、これら実務法の変化を実現する上で、その実行者となったのが、組織化されたエリート・ローイヤの団体である[373]。殊に、法の共通化・統一化の上で、その働きがよく知られる。民間の lawyer と、回転ドア（revolving door）で往来する官僚（アメリカの連邦政府職員）の任用方法につき、Jackson 大統領以来の spoils system があることは前述したが、19 世紀末近い 1880 年代には、先行した汚職の盛行に対する反省などから、メリット主義（meritocracy）の考え方が有力となってきた（そこへ、1881 年に政府職員への任用に対する不満を抱く人間による Garfield 大統領暗殺事件が生じた）。

1882 年中間選挙では、任用制度改革を訴えた民主党が議席を押えた。その中で、Ohio からの民主党上院議員 George H. Pendleton が、meritocracy を前面に押し出した改革法案を提出すると、共和党の John Sher-

---

372　彼は、またそこでの法典（Code）には、「common law の可能性を残しながら明文化をする」という、大陸法での法典とは別の意味があり、それが後に American Law Institute（ALI）による再述法（Restatement of the law）を生む切っ掛けとなったともいう（Friedman, p.304）。

373　ニューヨーク市弁護士会（Association of the Bar of the City of New York）（ABCNY）は、1870 年に、また全国的拡がりを持つ ABA（American Bar Association）は、1890 年代に設立された（Friedman, p.305）。

man などもこれに賛成した。その結果、年明けに Pendleton Civil Sevice Reform Act of 1883 が成立し、今日も公務員（制度）法の骨格を成している（暗殺事件が、成立を決定づけたといわれる）。

　(c) 19 世紀後半を通して、**全米規模での商取引**が、多くの人の日常となるにつれ、商取引法の共通化・統一化が強く求められるようになった（各州毎の日常法の違いは、細かな規則めいたことが主であり、法の基本には係らないにしても、実業家にとっては落し穴となり得、気を付けるべき面倒な違いとなる）。しかし、19 世紀中は、各州による独自性主張の力の方がまだ強く、最も呼声の高い商取引法においての統一化も、19 世紀末から 20 世紀初めにかけて漸く陽の目を見ることになる[374]。この 1890 年代から 1920 年代にかけて、次章の初めで見るように、進歩主義（Progressivism）の時代が到来すると、全米規模での商取引の活発化により、商取引法の共通化・統一化が進められる一方で、社会と経済の組織化、団体化も進んだ。人々の眼、注意は、巨大産業グループ、トラスト（trust）と、その独占力に集ってきた。

　(d) この 19 世紀末に、またもや Virginia の名家の流れを汲む大統領、Benjamin Harrison が登場してきた[375]。Harrison は、第 9 代大統領 William Henry Harrison の孫に当る[376]。つまり、William の父、独立宣言のサイナー（signer）の 1 人で、第 2 回連合議会への Virginia 代表や、

374　この流れに属する 7 つの統一法（Uniform Laws）とその発表年として次が挙げられる。いずれも National Conference of Commissioners for the Uniform State Laws（NCCUSL）が作成している。これらが Uniform Commercial Code（UCC）の先駆けとなった。Uniform Negotiable Instruments Law 1896、Uniform Warehouse Receipts Act 1906、Uniform Sales Act 1906、Uniform Bills of Lading Act 1909、Uniform Stock Transfer Act 1909、Uniform Conditional Sales Act 1918、Uniform Trust Receipts Act 1933.

375　歴史の中で唯一人、4 年の間隔を置いて 2 回大統領になった Grover Cleveland の、その第 1 期と第 2 期の間の 4 年間を務めたのが Benjamin Harrison である（なお Cleveland については、その第 1 期も含め、次章の冒頭で扱うことにしたから、Benjamin Harrison が本章の、19 世紀最後のアメリカの大統領、23 代大統領となる）。

376　1794 年の Battle of Fallen Timbers で功名があり、"Old Tippecanoe" と呼ばれていた軍人の祖父とは対照的で、背も低かった。

Virginia の governor をしていた同名の Benjamin Harrison、の曾孫に当る。その彼は、Presbyterian（第 1 章 1.(1)）の熱心な信者でもあった。しかし一家は、彼の父の代に Virginia から Ohio に移り、そこで農業に携っていたことから、彼も同州で育ち、教育を受けた。卒業後は Ohio 州弁護士をしていたが、Whig 色の濃い家庭環境の中で生まれ育ったことから、1856 年に共和党（Republican Party）ができると同時に同党に加入し、途中で南北戦争に従軍したほかは、再び法曹として働き、更に仕事の関係で隣の Indiana 州での政治活動に入って行って、Indiana 州からの連邦上院議員時は、2 つの委員長の要職も務めていた[377]。その Benjamin Harrison が、1888 年大統領選挙に出た。当初の共和党内での候補は多く、第 1 回目の投票では Sherman がトップを占め[378]、Harrison は No.4 であった。党は 4 年前に Cleveland と接戦だった Pennsylvania 州からの James G. Blaine を押していたが、そして casting votes を握っていたのも、その Blaine 一派であったが、やがて Harrison が浮動票を一番集め易い候補であると考えた Blaine らが、Harrison を担いだため、9 回目の投票で彼の指名が決った。

(e)大統領としての Benjamin Harrison の政策の柱を内政・外交とに分けて列記してみよう。1889 年 3 月 4 日、彼は議事堂の東柱廊（East Portico of the Capitol）で就任演説を行ったが（大統領の演説で史上初めての生録音が残されている[379]）、その中で大企業に、より深い心遣いを求めている[380]。Sherman 議員によるいわゆる独禁法が議会で成立したのは、

---

377 Committee on Transportation Route to the Seaboard（第 47 議会）と、Committee on Territories（第 48、49 議会）(1881～1887 年) で、その間の大きな問題は、共和党の高関税主義の下で毎年かなりの余剰の出る tariff の資金を、民主党の低関税主義を跳ね除けて、どこまで維持し続けつつ、共和党の重点政策である国土開発（Internal Improvements）に廻し続けられるか、であった。

378 いわゆる Sherman Anti-trust Act of 1890 の生みの親、Ohio 州の John Sherman（Sherman 兄弟は 4 人とも有名だが、中でも civil war での将軍 William Tecumseh Sherman は、北軍の将軍として活躍した。なお、James G. Blaine は、Garfield と Benjamin Harrison 双方の内閣の国務長官になっている。

379 presidentbenjaminharrison.org.

第 3 編　19 世紀後半以降の憲法

この翌年であった[381]。アメリカの先導で世界的に法の共通化が見られる分野が存在するが、憲法に次いで今一つの分野、それが独禁法である。世界で最も古く 19 世紀末近くに、アメリカは独禁法を法制化している（ヨーロッパでは、1957 年のローマ条約中に初めて同分野の規定が見られた）。第 2 次大戦前に独禁法の法制を有したのは、アメリカ以外では隣国のカナダのみであった。その意味で、これはアメリカの法的発明であり、憲法に次いで、独禁法こそ最もアメリカ的な法制の一つといえる[382]。現在は、国連加盟国 191 のうちの 100 ヶ国、つまり経済的に自立する殆んどすべての国が同法制を有し、アメリカは、そのうちの多くと相互協力協定を結んでいるが、20 世紀末以来この相互協定の意味が違ってきた。各国当局がアメリカに真剣に協力するようになったという[383]。同法の共同提案者（Massachusetts からの上院議員）George Hoar は、同法がアメリカ建国以来の経済上の信条、"laissez faire" と哲学的に反するものではない、と説明したが[384]、同法の基本原理をどう捉えるかを巡っては、20 世紀に入って後も争われている[385]。

380　If our great corporations would more scrupulously observe their legal limitations and duties, they would have less cause to complain or the unlawful limitations of their rights という一節がある（barteby.com）。

381　Harrison と共和党の大統領指名を争った John Sherman は、前述のとおり有名な「Ohio 州からの 4 人兄弟」の 1 人である。Hayes 大統領の下での財務長官となり、その間に同法案の作成をリードしている（その後、McKinley 大統領の下での国務長官も務めたが、大統領との、特にスペイン戦争などでの対外政策での意見の不一致から、開戦から 4 日後に辞任したとされる）（history.state.gov）。

382　Sherman Anti-trust Act of 1890 (15 U.S.C. §1 et seq) は、第一義的には、事業の反競争的行為を禁じようとして立法されていたが、反競争的行為の禁圧以上に、事業が結合して反競争的環境を作り出す trust の法理を利用した行為の方に、より焦点を当ることになった。

383　2005 年 12 月 WSJ 記事は、これを海外からのアメリカの司法当局への協力の伸長として描く。日本の 2005 年改正を真っ先に採り上げ（罰則の強化、公取委への強制捜査権付与、捜査協力者への司法取引制度の導入）、次いで 3 年前に EU がアメリカから強くいわれて同様の制度を導入したこと、第 3 に、同年イギリスも史上初めて価格固定行為を刑法犯化したことを採り上げている。

384　"......[a person] who merely by superior skill and intelligence......got the whole business because nobody could do it as well as he could was not a monopolist."

385　たとえば、Spectrum Sports, Inc. v. McQuillan, 506 U.S. 447 (1993) がある。

第6章　19世紀アメリカの憲法史ハイライト（南北戦争と、人種問題）

　Harrison は同法の執行に特に熱心という訳ではなかったが、独禁法絡みの初期の事件で、石炭供給上で共謀していた業者らを政府が訴えた注記の事件では、Harrison 内閣も原告となり、勝訴している[386]。Tennessee 州内の裁判所では、Sherman 法ができたばかりで、「それに該当するか否か、はっきりしない」としていたのに対し、二審では、その行為が inter-state commerce に当ることに問題がなく、従って連邦議会がその立法した Sherman 法によって規律できる問題であるとした。兎に角、同法がアメリカ社会（殊に経済界）に与えたインパクトは大きい[387]。

　独禁法以外の内政の柱としては、関税（tariff）問題、通貨問題、公民権（特に黒人）の実効化、インディアンの問題、森林保護などがある。第1の関税（tariff）問題の勘所は上述のとおり、共和党の十八番、「高関税で余剰金を（各州への分配金も含め）国土開発（Internal Improvements）に廻す方式」である。1888 年大統領選でも、これが最大の争点の1つとなり、Ohio 州からの共和党下院議員、関税委員の McKinley が中心になって高関税を推進してきた。これに対し、現職の民主党 Cleveland 大統領は、産業界を敵に回すことを知りつつも、正面からその引下げを政策に掲げていた。

　(f) Benjamin Harrison が力を入れた国内政策の第2に、金（貨）以外に銀（貨）も認めるか否か、の通貨問題があった（もう1つ、挙げられうる問題として公務員任用問題もあって、現に政争の具とされていたが、彼はこの問題では、Theodore Roosevelt と、その前に South Carolina の governor をしていた Hugh S. Thompson とを、Civil Service Committee に任命して対応した）。19 世紀末のこの時期、世界的にデフレ傾向に

386　注記の事件では Harrison 内閣も原告となり、勝訴している。それが United States v. Jellico Mountain Coal, 46 Fed. 432, 1891 である。

387　100 年以上経つ 20 世紀末近くになっても、Spectrum Sports のように基本的なルール（その解釈）を巡って最高裁まで争われている。"The purpose of the [Sherman] Act is not to protect businesses from the working of the market; it is to protect the public from the failure of the market. The law directs itself not against conduct which is competitive, even severely so, but against conduct which unfairly tends to destroy competition itself."

619

第3編　19世紀後半以降の憲法

ある中で、西部の共和党と南部民主党とは銀（貨）の導入を声高に叫んでいた。Harrison の財務長官 William Windom も bimetallist の1人だとされ、Harrison も、これ（bimetallist position）に同情的とされていた。この時、Sherman 議員が Sherman Silver Purchase Act of 1890 を出してきたので、Harrison はそれにサインする。結果として、その後のアメリカの金の保有高は、第2次の Cleveland 大統領時代まで、一貫してずっと減り続けた。

(g) Harrison は黒人の公民権で、南部州で相変わらずこれに実効を与えていない現状を憂い、その是正を強く議会などに働き掛けたが、上院での抵抗は強かった。加えて最高裁も、いわゆる Civil Rights Cases の判決中で、「修正XIVは私人に対する規定ではない」として、黒人原告らの訴えを斥けていた[388]。Harrison が力を入れていた第3の政策といえるものに、国有林（保護）立法（National Forests legislation）がある。以前に鉄道会社などに対し応揚に払い下げていた土地（森林地）を、国（Interior Dept.）の管理下に戻し、公共保留地（public reservations）とする Land Revision Act of 1891 である[389]。Harrison の第4の政策の柱としてはインディアン政策がある。彼が大統領選挙に出る前年 1887 年に、Dawes Act（General Allotment Act of 1887）が成立していた。これは、Arthur

---

388　Civil Rights Cases は、異なる下級審の5つの事件を纏めた Civil Rights Cases, 109 U.S. 3 (1883) で、その syllabus では、"The 1st and 2nd sections of the Civil Rights Act passed March 1st, 1876, are unconstitutional enactments as applied to the several States, not being authorized either by the XIII th or XIV th Amendments of the Constitution." といっている。

389　19世紀前半の合衆国の西進時代を通して、Homestead Act of 1862 や、その先行法が開発を助けたことを見てきた（(3)(イ)(a)）。19世紀後半に入っても、鉄道会社をはじめとする、会社や一部の裕福な個人などが土地を安く買い漁る動きは止まず、そうした傾向に迎向するかのように、Timber Culture Act of 1873 や Desert Land Act of 1877 が可決されて行った。空地取得者の特権を認め、これに対し安く払い渡す法律である。一方、こうした政策とは別に、Lincoln 大統領は、1864 年に "Yo-Semite Valley and Mariposa Big Tree Grove" の土地を公園用として California 州へ払い渡す法律にサインしているが、一般的立法、General Revision Act of 1891 が成立して、連邦が土地保全方向へと転換するのは、Harrison 大統領の時である。同法成立から間もなく、Harrison 大統領は、Yellowstone Park, Wyoming の傍に、初めての forest reserve を設けた。

620

大統領が進めていた個人による近代的な土地所有制度をインディアンの間にも導入しようとするものであったが、結果として、彼らの土地権を奪うことにつながった（後注430）。同化政策を基礎にインディアン固有の土地制度に楔を打ち込むことを狙っていたが、これが必ずしも好結果と結び付かなかったことは前述のとおりである。その中で1890年には北西部のインディアン、Lakota Sioux 族の間に呪術師 Wovoka が現れ、Ghost Dance が流行った。ワシントン D.C.の連邦政府の高官らは、この Ghost Dance の意味を宗教（邪教）的にではなく、反乱の印と翻訳・理解し、合衆国軍を派遣する措置に出た。インディアンとの間の最後の大規模軍事作戦とされる "Battle of Wounded Knee" が行われ、多数の Sioux 族が殺戮されることになったが、Harrison も、同化政策の中の一過程としか見ていなかった。

（h）Harrison の持味として、彼の対外的積極策がある。Hawaii や Samoa など太平洋諸国にまで触手を伸ばした[390]。中でも一番の特色は、西半球（Western Hemisphere）国家群のリーダー格を目指し、中南米諸国に集会を呼び掛けたことである。1890年1～4月の3ヶ月をかけて、アメリカのワシントン D.C.の OAS ビルで行われた First International Conference of American States である。もっとも、こうした汎アメリカ国家群会議のアイデアは、Harrison 自身のものというより、彼の内閣の国務長官で、Garfield 大統領の国務長官もしていた James G. Blaine が、その頃（10年近く前に）出していたアイデアである。元来、国威発揚が好きなタイプの Harrison は、Blaine のこのアイデアが気に入った。そこで、上記の会議となったが、Harrison の外交の基本にある家父長的（patriarchal）な考え方（U.S.-guided Panamericanism）と、中南米諸

390　フィジ諸島（Fiji Island）の北東に位置する南太平洋のサモア諸島（Samoa）。アメリカも、Harrison 大統領の時に遅まきながらこの赤道の直ぐ南の諸島の一部の領有権を巡って、ドイツとイギリス（New Zealand）と三つ巴の争いに入った。3つの勢力による Samoa Conference でも、Harrison はアメリカ寄りの一部酋長と組んで、一歩も引かない姿勢を示した。その結果、一部は今日も、アメリカの保護領として存在する。

621

第3編　19世紀後半以降の憲法

国の、中でも Argentine や Chile などとの間の、不協和音は最後まで収まらなかった[391]。結果として、開催そのものの意義や、手続的な実績のほかには、実のある成果を上げられなかった[392]。

　Hawaii Island の合衆国への併合については、地元民（地元政府の一部）などの要望に沿ったものだと指摘する記事もあるが、1993年になって Clinton 大統領がサインし成立した議会による立法・お詫び決議（Apology Resolution）がある[393]（なお、この立法を受けて、これが、単なる「お詫び」ではなく、原住民の土地権を残したものであるとして、請求がなされている[394]）。併合問題についての "Blount Report" が 1893年に出されており[395]、それによると、Harrison 大統領の任期も終り近い1893年1月、Sanford B. Dole などのアメリカ人らとヨーロッパ人の何人かとが中心となって、それまでの王制を倒したというのが事実のようである、その後、現地から出されてきた併合計画に大統領 Cleveland は、乗らなかった。むしろ、一旦は王制を復活させる試みも考えられている。いずれにせよ、Harrison 大統領が残り任期1ヶ月という時に、併合計画に沿った立法を議会に働き掛けたが、議会（上院）は決議せず、問題はCleveland 大統領に持ち越され、Blount Report が出された次の年に、それとは全く逆の見方をする "Morgan Report" が大統領 Cleveland に出されてきた[396]。併合決議は Cleveland 大統領によって一旦は撤回されてい

391　1879～81年に生じた Chile による Peru と Bolivia に対する領土上の争いがあり、Chile はその時の Blaine の仲裁方針に反撥していて、それが尾を引いていた。

392　関税同盟（customs union）の結成はできなかったが、一連の貿易上の合意（commercial and trade agreements）は結ばれた。手続的な実績といえるものに、持続的な性質の事務局（permanent secretariat）の設置がある。これが後に Pan American Union を経て、今日の Organization of American States（OAS）となる。

393　Apology Resolution は、上、下両院が 1993年11月23日に行った決議（Pub. L. 103-150）で、Clinton 大統領が同日にサインしている（2012年12月に亡くなった Daniel Inoue も、2人の共同提案者のうちの1人である）。

394　Hawaii et al. v. Office of Hawaiian Affairs, No.07-1372 (2009).

395　Blount Report は、Hawaii での王制転覆事変調査のため、Cleveland 大統領によって任命された Georgia 州からの元下院議員であった James H. Blount が Committee on Foreign Relations のために 1893年に行った報告である。

622

第6章　19世紀アメリカの憲法史ハイライト（南北戦争と、人種問題）

たが、Morgan Report を受けたその5ヶ月後の 1898 年 7 月 7 日の再度の
決議により、併合が決められた[397]。

　(i)**法化社会**の原型が姿を現した 19 世紀後半のアメリカ。その大本にあ
る1本の道筋、幹線は変らずにいた。法的ハイウェイとは、**建国の父祖ら**
が追求した法的革命、連邦憲法の下での法制のことである。屡述のとおり、
それは世界で初めての共和制憲法となった。19 世紀後半のアメリカは、
この幹線から無数に伸びた支線によって形成された。上記のように、州法
以下の段階でその後、色々な変化が起こってきていたが、この幹線は、当
初（開通）から1世紀近く経っても、しっかりと不動のまま何千、何百と
枝分れした法秩序全体、つまり法化社会を支えていた。修正XⅢ～ⅩⅤを
除き、大きな実質的な改憲もなく、ミニマムの補修と管理（repair　and
maintenance）で維持されてきたことである。

　㈱以下では、そのハイウェイの補修と管理としての、修正ⅩⅥ～ⅩⅩⅦ
について述べる。これらの 12 章は、修正XⅢ～ⅩⅤとは違い、技術的な
いし事務的な修正内容のものが多く、連邦憲法の背骨となる原理に係るよ
うな実質的な修正ではない。憲法の維持・管理上必要な修正が中心である。
多少原則に係るような修正でも、建国の父祖らが見落としていたような、
または1世紀近い実際の運用の中で、必要ないし合理的と考えられるよう
になった改正であった。

　(a)修正ⅩⅥは、進歩主義（Progressivism）を掲げる Wilson 時代に即
して、所得に対する直接税（direct taxes on incomes）に係る自由な立法
権を連邦議会に認めた。「自由な」とは、原憲法に定めていた2つの制約、
①各州の「国勢調査を基とした人口比例」（Ⅰ、9(4)）、②直接税一般につ

396　Blount Report とはまるで反対の視点から、反対の結論を出した Morgan Report は、
　　1894 年 2 月 26 日付の U.S. Senate Committee on Foreign Relations による報告である
　　（Alabama 州からの上院議員 Morgan による）。
397　これは Nevada 州からの上院議員 Francis G. Newlands による決議で、その前に王制か
　　ら共和制に変っていた Republic of Hawaii を、アメリカの Territory とするもので、その
　　政治体制を Hawaiian Organic Act of 1900 で補っている（1959 年に州に昇格されている）。

623

第3編　19世紀後半以降の憲法

いての制約、「合衆国を通して共通一律のルール」（Ⅰ、8(1)）の定める制約からの自由という意味である。

(b)いかなる源泉からの所得であれ、課税権を与える本修正ⅩⅥも、やはり1つの先例により触発されて成立している[398]。その先例では法廷の意見が5：4と分れたが、財産（property）に対する合衆国一律の課税を直接税であるとして違憲とされた。この先例より10年ほど前、南北戦争時の同じような課税では合憲判断が下されていた。一方で憲法は、一律共通の物品税については問題がないとしているのであり、このPollock事件のルールには困難が潜んでいた。

そのこともあり、本修正ⅩⅥが批准を終たのは1913年であるが、その間に実質的にPollockケースと余り違わない事件で、Pollockとは反対の判断が相次いだ[399]。直接税ではなく、物品税（excise tax）のカテゴリに当て嵌ている。本修正ⅩⅥが成立したことにより、こうした司法判断の**揺らぎ**による不安定さを取り除く事ができたといえよう[400]。その意味では、本修正が理に適った修正といえた（ただ本修正ⅩⅥは、人民からの直接かつ強力な徴税権を連邦議会に与える分、中央対州の分権の構図で、中央に強力な力を与えた修正であった）。

(ハ)20世紀に入って、それまで1世紀余りの憲政史の中から必要性が感じられていた改憲が行われた。その第1陣が修正ⅩⅦ～修正ⅩⅨである。

(a)修正ⅩⅦ（1913）は、連邦議会上院議員について各州2名宛の選出という建国以来の基本ルール（更に、その6年の任期、議員1名当り1票の決定権）をしっかり確認・維持しつつ、その選挙・選出方法につき民主化

398　Pollock v. Farmers' Loan & Trust Co. et al. 157 U.S. 429 (1895)、158 U.S. 601 (1895)。Farmers（法人）の持分についての利益に対する連邦の課税が、「直接税（direct tax）であるから、違憲である」と主張されたケース。

399　Nicol v. Ames, 173 U.S. 509 (1899)、Knowlton v. Moore, 178 U.S. 41 (1900)、Patton v. Brady, 184 U.S. 608 (1902).

400　Brushaber v. Union Pacific Railroad, 240 U.S. 1 (1916) では、Pollockの先例が正式に否定され、また連邦所得税が修正Ⅴの適正手続に拠らない財産の没収に当らないし、Ⅰ、8(1)の下での物品税（excise tax）、即ち間接税にも当らないとされた。

624

の度を進めた。その点で、実質的な内容のある修正である。原憲法では「州の立法府が選出した上院議員」、となっていたのを（I、3(1)）、州民が直接選出する方式にし、選挙の方法は、今までの方法と同じく、各州法の定めるところによるのだが、選挙民の資格を州議会の下院議員のための選挙権資格と同じにしたほか（修正XVII、1）、上院議員への州の欠員が出た場合の処理についても定めた（同、2）。なお、それによれば、州の行政府が選挙を告示することになっているが、その期間が余りなければ、但書の定めにより、州の立法府が行政府（governor）に授権することにより、governor がつなぎの期間の上院議員を任命することができる。

　(b)修正XVIII（1919）は、短期間ではあったが、全米的な禁酒を法定したことで多くの話題を呼んだ。禁酒を国是にしようとのこうした全米的な運動が実際に連邦政治の段階、連邦の立法行動にまで高められた。何がその背景かと問えば、やはり（アメリカの）ピューリタン精神ということになる[401]。

　修正XVIII、1は、アルコール類の製造、販売、輸送、輸出入（manufacture, sale or transportation of intoxicating liquors）を禁じる、いわゆる禁酒法の定めである。1919 年に批准が完了した。修正XVIII、2は、連邦と州の双方が、この禁酒法のルールを立法できると定める。これによる連邦法は 1919 年に成立した[402]。修正XVIII、3は、改憲のための各州の批准につき期限を設けた。制限つき改憲手続の例として、同修正は、連邦議会により各州へ提案されてから 7 年の期限を定める(3)[403]。

　修正XVIIIは、1935 年に修正XXIにより、また関連連邦法は同じく修

401　一方で、社会全体のコセンサスを映していなかった面もある。そのため、飲酒が日常茶飯事という人々の生活にとっては却ってマイナスの面が大きく、犯罪（マフィア）の増加にもつながった（1 つは、法案が出されたのが第 1 次大戦中で、穀物のアルコール転換を抑える意味もあった）。

402　National Prohibition Act (Pub. L 66-66, 41 Stat. 305). 委員長 Andrew Volstrad の名をとり Volstead Act とも呼ばれた。

403　このため、本修正XVIIIについては、その内容（禁酒問題）よりも、改憲手続に関し記述されることが多い（その 1 つとして、前述の Hawke v. Smith がある）。

正XXⅠ関連連邦法により、廃止される。これで十数年の禁酒時代が終了する。

(c)修正XIX（1920）は、いわゆる婦人参政権の法条である。連邦ベースの法的実現である。市町村ベースでは、約1世紀早い19世紀前半から大きな問題となっていた。これが黒人奴隷の参政権より半世紀遅れで（少くとも法律上）20世紀も第1次大戦後に、漸く実現したことは時折り意外事として指摘される。この男女差で見るアメリカ社会の政治面での保守性の説明の1つは、アメリカが開拓者社会であるということであろう[404]。

(ト)以下の修正XX〜修正X XⅦは、これまでの2章に比べ、より形式的・手続的な改憲である。

(a)修正X X（1933年）は、1〜6（うち、5.6.は改正手続きのこと）から成る。本修正の§1.の主眼は、正副大統領の仕事始め（任期期間）の定めにある。それは選挙日（11月の最初の月曜日）の翌年1月20日、現在と同じである。同時に上、下両院議員の任期を1月3日とした（いずれも〔前任者の〕任期の終了日として〔……terms……shall end……〕定められている）。

憲法が成立して最初の大統領ワシントンは、3月4日になって漸く就任式をしている[405]。一方、議会の上、下両院は、12月の第1月曜日を召集日としていた（Ⅰ、4(2)）。この差を小さくするとともに、第2の目的として、少くとも年1回の連邦議会の会期のために十分な期間をとれるよう、

---

[404] Minor v. Happersett, 88 U.S. 162 (1875) では、原告 Virginia Minor が市民権の1つとしての憲法上の特権（privileges or immunities of citizens）（IV、2）を根拠に参政権を主張したのに対し、判決では参政権（right of suffrage）は（修正XIVの成立前も、その後においても）「必ずしも特権に含まれないとし、参政権を「Missouri 州法が男性にのみ限っていても、違憲とはいえない」とした。これも、修正XIVの下での州権に対する特権（privileges or immunities of citizens）の連邦による保護を拒んだという点で、前出の Cruishank ケースに並ぶ。

[405] あの頃は13州からの選挙結果集計が集めたり、議会の召集通知をするなど、すべての交通・交信に時間がかかった。69人の選挙人全員が Washington に1票を入れ、John Adams は34票を獲得していた。最終の連合（大陸）議会は、全国集計が判った翌年2月開かれ、選挙の正式決定を伝えるため Mt. Vernon に議会の Secretary、Charles Thompson を使者として立てている（Ellis ①, op. cit. p.183）

1月3日に集合することにより、実質的な審議の実効を挙げようとするための、......shall assemble である（§2）。

(b)修正ⅩⅩⅠ（1933）は、上記の修正ⅩⅧによる禁酒法を廃止するものである。

(c)修正ⅩⅩⅡは、1951年に批准が完了した。前述した大統領の重任を2回までに限る改正である[406]。

(d)修正ⅩⅩⅢは、1961年に成立したもので、連邦政府の座（seat of the Government of the United States of America）のコロンビア地区（District of Columbia）についての大統領選挙人の選出ルールである。憲法の規定により創られた同特別地区は、普通の州とは違い（どの州法にも規律されない）、連邦法により直接規律される（Ⅰ、8(17)）。州であれば、その州議会の上下院議員数の和がベースとなるが（Ⅱ、1(2)）、原憲法には定めがなかったワシントンの同特別地区について特則を定めることで、その穴を埋めた。

(e)修正ⅩⅩⅣは、1964年に成立したもので、アメリカ合衆国でのすべての公職についての選挙権で、人頭税など（poll or other tax）を納めていないことを失格要件とすることを禁止する定めである。納税実績や財産の状況を選挙権に結び付ける州の法例には、永い歴史がある[407]。このような歴史的背景から本修正ⅩⅩⅣが、**第2の公民権運動期**とされる1964年に成立したのは理解できる。直接の対象は、上記のとおり連邦での選挙である。

しかし州の選挙についても、連邦議会は、財産税や人頭税の納付により差別することを（連邦法により）差止められる[408]。しかし、人頭税（poll tax）の支払を選挙権の要求とし、女性には人頭税（1ドル）の支払義務

406　Franklin D. Roosevelt は、大恐慌中の1932年選挙で民主党から出馬し、Herbert Hoover を破って初当選、1933〜1945年の死去まで、4期13年その職にあった。

407　多くの植民州で財産税の納付を分水嶺としてきた。人頭税はそれに比し歴史が短く、南北戦争後の再建期の南部11州で黒人の選挙権を実質的に否定するために設けられた。

408　Voting Rights Act of 1965 (42 U.S.C. §1973h).

第3編　19世紀後半以降の憲法

がないことを理由とし選挙権を否定していた Georgia 州法は、修正XIV（平等条項）に違反しないとされた[409]。

その一方で、差別とはやや異なる、州内の選挙区の区割りが不当で違憲とされたケースもある（区割りのような問題でも、政治問題原則〔political question doctrine〕による司法の抑制〔abstention〕は必ずしも必要ないとした）[410]。この絡みでの連邦法は、連邦の選挙での登録には連邦所定の統一書式を使用することを義務付けている（書式に無い項目などを加えることを防ぐ意味がある）[411]。

(f)修正XXV（1967）は、大統領、副大統領の空席対策としての改憲である。大統領が辞めさせられるか、死亡または辞任した場合（removal, ……death or resignation）、副大統領が大統領に昇格することを憲法上に明定するために設けられた(1)[412]。§2は、副大統領が空席となった場合の対策である。大統領が指名し、上、下両院によって確認される必要があるとする。

§3は、大統領が自ら執務することの不能を上、下両院の各議長に(to……President pro tempore of the Senate and the Speaker of the House……) 書面で宣言する時、彼が再び反対のことを書面で宣言するまで、副大統領が臨時の代行大統領としてその職に当ることを定める。

§4は、大統領自らが自分の職務執行不能を書面で宣言しない（できない）場合に備えた規定であり、副大統領および連邦議会が立法により定めた各省などの長官らの多数（a majority of……principal officers……）が、上、下両院の議長にその旨の書面を送付することで、直ちに副大統領が代

409　Breedlove v. Suttles, 302 U.S. 277 (1937). 近い先例として 2013 年 6 月の Arizona v. Inter Tribal Council of Ariz., Inc, No. 12-71, がある。

410　Baker v. Carr, 369 U.S. 186 (1962)（なお、political question doctrine につき、第 8 章、2.(1)(ホ)、(ト)参照）。

411　National Voter Registration Act of 1993. また関係法と関係連邦政府機関として、Help America Vote Act of 2002 (HAVA) と、Election Assistance Commission (EAC) が細則を決めたりなどしている。

412　先述のように Lincoln 大統領の時代は、議会がそのための決議をしている。

行大統領（Acting President）となる一方、大統領がそのような職務執行不能が存在しないことを、上、下両院の議長にその後書面で宣明することで、大統領は、職務を回復する。

ただし、副大統領および連邦議会が立法により定めた各省などの長官らの多数が、その後4日以内に上、下両院の議長にその（反対の）書面宣明をする時を除く。それらの場合、大統領の職務執行不能問題は、連邦議会が、その後（48時間以内に）最終的に決定する。（会期）中か否かで、その間の期限が各別州に定められている。この議会による決定は、2/3の多数決である。

(g)修正XXⅥ、§1は、合衆国での公職選挙のために必要な年令要件を18歳と定める。同§2は、そのための立法権を連邦議会に与える。1971年に批准され成立している。

(h)修正XXⅦは、連邦議会の上、下両院議員の報酬（請求権）に一定の保護を加えるものである。次の下院議員選挙の時を待つことなく変更されることがない。1992年に批准され、成立している。

㋤さて、以上のように整備され、型造られてきたアメリカの法的ハイウェイの上を、19世紀後半からの新参州は、どう進んで行けたであろうか。南北戦争から後も、社会の進歩とともに、全国レベルで連邦法が規律すべき分野が拡がるにつれ、州法と連邦法とが競合することが多くなる。その中で、南部の古参州などは、植民州時代を入れると、400年近い歴史を持っていることから、中央政府の権威をもってしても、連邦が、「細かいルールまで命令することは無理」、という場面もあったであろう。そうなれば（例外も、「この程度なら大丈夫」、ということになれば）、比較的歴史の新しい西部の諸州でも、州の独自性を主張してこよう（連邦憲法で謳われている大義、**社会契約**に沿った主張として）。

(a)この文脈で前述の南部州（Mississippi など）での州憲法の例のほかに、もう1つの例を挙げることとし、モルモン教（Mormonism）の盛んなユタ（Utah）州憲法（1895年）について、一瞥を加えよう[413]。モルモ

ン教徒らは、初め Mississippi 州、Missouri 州から Illinois 州などにもいたが、それらの土地で迫害を受け、Utah 州へと移ってきた[414]。

そのモルモン教に係る Utah 州憲法の問題は、論理的に相反する 2 つのルールが併存していることであろう。建国の宗教哲学ともいうべき、ピューリタニズムに沿って、**多重婚**や、婚姻秩序を破壊するようなその他の行為を、厳しく禁止しようとするルールが厳存する一方、人権憲章の第一（修正Ⅰ）として、宗教団体設立と、宗教行為の自由、国家と信教の分離のルールがある。更にアメリカでは、相続が必要的に法廷での手続を経るとされるのに（イギリスでは、教会法や教会での手続であったことは、前述した）、モルモン式では、独特の社会組織（多人数家族）から成る親族法・相続ルールを公認している、などの違いもあった[415]。

(b)ユタ・テリトリが、モルモン式ルールを守ったまま、ピューリタンの国（連邦）に、信教の自由を楯に新州として加盟しようとしても、そのまま迎えられる筈がないことは、明らかであった。事実、連邦議会の議員らの中には、多重婚自体と、多重婚に伴いうる様々な好ましからざる実体（奴隷的搾取など）を、猛烈に嫌う議員も多数いた。そして、遂にエドモンズ（Edmunds）法が制定された[416]。Edmunds 法に対しては、連邦憲法の事後法の禁止（ex post facto law）に触れるとして争われたが、最高裁は、婚姻の時ではなく、現在の共同生活状態が違反に問われていると解釈

413　同州憲法の最終成立と、州としての設立から約 1 世紀を経たが、その間とそれまでに 7 回の新しい憲法が作られた。

414　この大盆地（Great Basin）、現在の Ogden 市近くにイギリス系の毛皮猟師 Miles Goodyear らが部落を築いたのは、1846 年とされている（当初は Captain James Brown に因んで Brownsville と呼ばれていた）。1847 年、それを Mormon 教徒らが 1950 ドルで買取ったとされる（en.wikipedia.org）。

415　Latter Day Saints（LDS）教会、即ちモルモンの教えは、すべての人が、1 つの家族のように一体化することを求める。しかし、19 世紀初めの Second Great Awaking（注 32）から生じたとされる Congregationalist（第 1 章 1.(1)(ハ)(c)）の 1 つで、Churches of Christ の牧師もしていたことのある Garfield などは、これを「人倫に背くもの……」として、就任演説中でも強く非難していた。

416　Edmunds Anti-Polygamy Act of 1882 は、多重婚そのものだけでなく、それを主唱するような行為をも**重罪**（felony）と定めた。ほかに、多重婚者の公職（陪審員その他の公職）への被選挙権の喪失も定めた。

して、事後法（ex post facto law）の問題ではないとしている[417]。

(c)こうした連邦の動きを受けて、ユタでは、再建期の南部連合（Confederacy）の要人らと同じように、すべての主要な公職に就いている者が、総入れ替えさせられた。メキシコ戦争がアメリカの勝利で終った1848年の翌1849年、ユタは、先ず**テリトリ**としての承認を求めかけたが[418]、テリトリでは、「連邦政府の干渉が多くなる」と、独自の憲法草案を用意して、州としての加盟の申請をした[419]。

しかし、南北戦争前の折からの連邦政府の対奴隷問題の政策に加え[420]、Edmunds法が制定された後であり、州としての加盟は論外とされたが、テリトリとしては認められ、かつ代表も、交渉者であったモルモンのリーダーが指名された。

(d)その後もユタは、7回新しい州憲法を制定し直して加盟を試み、却下されている。条件がすべて整ったとされたのは、多重婚禁止条文を盛込んだ1887年から2番目後の州憲法制定によってであった。それが1895年の現行憲法の原憲法となる。原憲法には、国家と信教の分離ルールも盛込まれた。最古の同種憲法とされる1776年ヴァージニア憲法の流れを汲んで、現連邦憲法の同種条文の原型となった条文も入れられている[421]。

(ﾘ)以上のストーリは、ユタ（デセレット）がテリトリから州へと認めら

417　Murphy v. Ramsey, 114 U.S. 15 (1885).
418　**ユタ**の名前は、後に連邦から付けられたもので、彼ら自身は、モルモンの教本でいう蜜蜂（honey bee）の意味の、**デセレット（Deseret）**と呼んでいた。モルモンの人々は、初めミズーリ（Missouri）とイリノイ（Illinois）に多くいたが、宗教上の迫害から逃れるため、1847年に、まだアメリカ合衆国のテリトリでもない（メキシコ領とされた）ソルトレイク谷（Salt Lake Valley）へと移住してきた。
419　モルモンの教え以外あり得ないという点では、本来的に、政治と信教の分離とは相容れない筈であるが、この1849年の州憲法は、「いかなる宗派も特別扱いは受けられない」と定めていた。
420　**1850年妥協**（Compromise of 1850）（前出）が行われていたが、その中で、奴隷州（南部）を宥める必要があり、非奴隷州としてカリフォルニアのみが州としての加盟が認められ、ユタとニューメキシコは、それぞれのテリトリで、将来の人民の選択にゆだねる popular sovereignty rule 条件となっていた。
421　ユタ憲法の現条文にはヴァージニア憲法と同じ言葉「人権の確保と自由な政治の永続のためには、基本原則に繰り返し立ち帰ることが必要である……」がある（Ⅰ、27）。

れるまでの一部始終である。この物語（1849〜1895年というかなりの期間）を通して我々は、その過程が、13植民州による連邦形成や憲法制定の過程とは異ることを感じる。独立から間もなく連邦に加盟したケンタッキやオハイオなどの物語とは異なる建国物語りである。それが、アメリカ合衆国の一部となる憲法史の多様性の増加を否定しない。

　(a)最後にもう1州、Texasに一言しよう。Kennedy暗殺から50年、この28番目の新州には、「テキサス共和国」だったという過去だけではない注目点がある。政治・経済その他で、Virginiaが新生アメリカで有していたのに比べられるほど、実績を示している。先ず政治では、この半世紀の間に3人の大統領を生み出し、（序列2位や3位という有力）上、下両院の議員なども複数輩出している。また、共和党が圧倒的に強く、その地盤として突出した独自性がある。経済でも、かつてのcowboyと石油だけではない。先端的企業も多く進出し、Fortune 500社のうちの52社が本社を州内に構えている。一口にいって今やTexasは、同州がこの半世紀にそうであったように、いやそれ以上に、巨大州（mega state）、前衛州（vanguard state）としてその名を響かせ、全米でも突出した州として成長し続けるであろう[422]。

　(b)本書の第1章を飾った連合前史は、間違いなく今日のアメリカ憲政史の礎石であろう。しかし、連合前史だけでアメリカの憲法がある訳ではなく、それが憲法成立の礎石のすべて、という訳ではない。また、前史だけで、**現代に生きる憲法の意味**が成立したともいえない。先例を縦に（時系列的に）辿る先例主義（doctrine of precedent）によって憲法は、時代の政治、社会、経済の動きとともに変化し、常に生成途上にある。更に、それにもう1つ外から別の要因が加わっている（230年の間に、13から50へと、国〔州〕が増えた、「アメリカならではの特色」がある）。

422　2013年11月17日のNPRは、州の旗から「1つ星州」（Lone Star State）と呼ばれる同州を、全米の道しるべ、北極星North (pole) starと位置付けている。

第 6 章　19 世紀アメリカの憲法史ハイライト（南北戦争と、人種問題）

　(c)「西部」が、アメリカ人の心象から消える 19 世紀後半から世紀末にかけて、アメリカ人の間には、土地を中心とした「家産を守ろう」、安全に「子孫に引継いで行こう」とする社会気運が強まり、古いコモンローの法理、将来権（future interests）の考え方が、不動産の相続から信託を通した相続へ応用されるようになった。世代信託（dynasty trust）の法制度が利用され[423]、その絡みで、相続税をできるだけ小さくしようとの工夫も考え出された。南北戦争後には、専門の信託会社も簇出するようになった[424]。これら家産維持のための trust とは違い、慈善信託（charitable trust）制度が法的に認められるようになるのには、ニューヨーク州法の下での法廷闘争が示すとおり、時間がかかった[425]。ニューヨーク州がこの状態であったから、同州の私法から多大な影響を受けてきていた Michigan 州など、中西部や、Virginia 州など南部州でも同様である。慈善信託（charitable trust）に対しては、いわゆる「死の床からの遺言」に対する古くからコモンロー特有の、その真正さを詮索する歴史があり[426]、厳しい法制に傾いていたのである[427]。

　(d)「西部」がアメリカ人の心象から消える 19 世紀後半にかけては、**先住民族 Indian** が完全に追われ、閉じ込められた時期でもあり[428]、「涙の行

423　しかし、余りに込み入った将来権で「長期にわたる権利を作ることも、取引の安全を脅かす」、と考えられた。1880 年代の終りにかけて、永久性の対抗ルール（rule against perpetuities）が考案された、生者間（inter vivos）での将来権は、21 年を最高とすることとされた。

424　この信託法とその実務でも、ニューヨーク州が先頭に立ち、多くの他州に影響を与えた。1871 年には、Westchester County Trust Company に対し同州免許が与えられている（Friedman, p.316）。また Massachusetts 州では、その厳格な運用ルールが第三者の取引の安全を脅かすと攻撃されながらも、家産を浪費から守る spendthrift trust が考え出された（Friedman, p.317）。

425　19 世紀末近い時のニューヨーク州知事で、Ulysses S. Grant の後の大統領を目指していた民主党（NY Tammany）の Samuel Tilden の遺言信託は、巨大遺産を「ニューヨーク市図書館に」、というその効力が法廷では認められず、遺産は親族のものとされた。

426　いわゆる「死の床からの遺言」（deathbed gifts to charity）に対し、その効力を否定する法制（いわゆる mortmain statutes）を用意していた。

427　元来の statutes of mortmain は、13 世紀イギリスの Edward, I 世王が行った立法である。臣下らが教会に遺産を渡すことになる遺言などの行為を、Magna Carta 中に 1 条を設けて禁じ、国の収入源を確保しようとした。ここでの mortmain statutes は、死の少なくとも 1 ヶ月前の遺言でなければ、寄附を認めないとするものである（Friedman, p.185）。

633

第3編　19世紀後半以降の憲法

軍」の僅か10年余り前の1866年には、ダコタ・インディアンの中の一族Sioux族を中心としたインディアン連合軍が、2年間も合衆国西部守備隊を相手に有利なゲリラ戦を続けたため、合衆国政府内でホワイトハウスやWar Dept.が動揺し、遂にSioux族らの土地権を一旦は確認する形で和平に漕ぎつけた事実がある。しかし、その後の鉄道路線の延長と入植者の増加でインディアンの安寧は長持ちしなかった[429]。中でも悪名高いのが、Wounded Knee Massacreとして知られる事件である（(3)(=)(f)）。1890年暮にSouth Dakotaで起き、Lakota部族らの約300人が虐殺された（うち1/3のみが成年の男子だとされる）。この事件でLakota族を攻撃したアメリカ合衆国陸軍の第7騎兵連隊（U.S. 7th Cavalry Regiment）に対し、最高位の勲章Medals of Honorが20与えられたが、これに対し、2001年にはインディアンの諸部族全国組織の団体National Congress of American Indians（NCAI）が非難の声を上げ、処分を撤回（rescind）するよう求めている。

　(e)インディアン（Indians, Native Americans）の法律上の地位が極めて特殊であることは認めざるを得ない。彼らは、それぞれの民族、部族（nations, tribes）などに属し、それら部族らは、各自が主権を有するとして、イギリスと、次いで合衆国との間に条約を締結していた。初期のGeorge Washingtonの時とは異り、その後の合衆国と各州は、インディ

428　第7代大統領Andrew Jackson時代にインディアンに対し連邦法（Indian Removal Act）により、Mississippi川の東岸から大西洋沿岸にかけての東の地域での居住を禁じた。Mississippi川の西岸から西部にかけても、その後、数十年もの間、いわゆるIndian Warsが行われ、その度に、合衆国への土地の譲渡を内容とする条約を締結することを余儀なくされたインディアンは、「1880年頃までに完全に打ち負かされ（……thoroughly defeated）、涙の行軍（tearful trail）の中、Mississippiの西の地方（Oklahoma）へと追われて行った」という（Friedman, p.387）。2013年12月2日のNPR, Greg Allen記者は、FloridaのOkeechobee湖の周辺に少数のSeminole族が生存していることを伝え、その由来を、第3次Seminole Warsの末期（1858年）に、合衆国軍に捕えられた100人以上の兵士とともに人々が強制的にOklahomaへ送られる途中、ある港でPolly Parker（女）以下の5、6名が脱走し、何百マイルを行軍してFloridaに戻って、その子孫が生存したとしている。

429　2013年11月18日のNPR放送は、Sioux族を率いたRed Cloudの綽名を与えられた男の少数の子孫が、今でも孤立したPine Ridge Reservationで、貧しく暮らしていることを伝える。

アンとの信義と条約を必ずしも守らなかったが、黒人に対する分離政策とは反対に、インディアンに対する原則を、強制と任意の双方による**同化政策**（assimilation）として来た[430]。19世紀末近くには、流石にインディアンとの戦いは下火になり、人々の気持ちにも余裕が出てきた。そんな中、21代大統領 Chester Arthur は、インディアンの教育資金のための立法を議会に要請し、一部は実現している（1884年）。一方、南北戦争後に入植団や新移民らが西海岸にまで進出して行った過程では、途中の大渓谷（Great Basin）、大草原（Great Plains）で、インディアンと合衆国軍との間で何回も Seminole War のような Indian Wars が戦われ（第5章二.2.(2)(イ)(e)）、中には前出の Wounded Knee Massacre 事件のような虐殺も行われた。そうした中で彼らとの条約は、殆んど有名無実化しているが、現代でもインディアンらは、未だに合衆国との間のかつての条約の効力の下での「各部族民としての地位を保ったまま、合衆国の市民権も有する」、という複雑で特異な法的地位の民族であるといえる。

　(f)そんな合衆国も、1960年代後半からは Indian 固有の文化と言語の保存を助ける施策を採るようになった。そればかりか、連邦議会は Indian 部族民らに対するお詫び決議（Apology Resolution）を2009年4月30日に行っている[431]。初代大統領 Washington は別として、Barack Obama 大統領は、これまでの大統領の中でインディアンとの間で、最も友好的な関係をもたらした大統領と言えよう。次注の Cladoosby NCAI 会長によれば、この3代の大統領の中で、Clinton 氏の8年間の任期中に

430　その線に沿った Dawes Act of 1887 (General Allotment Act) により、部族毎に居留地を設定した（*ditto*）。この Allotment System は改革、近代化のようにも受け取られるが、結論として、彼らの土地が低価で白人の土地投機家に譲渡され、部族らの生活は、更に圧迫されることにつながった。この過ちに気付いた政府は、Franklin D. Roosevelt の時、合衆国に登録しない部族に対しては、U.S. Indian Reorganization Act of 1934 により、彼ら独自の自治を認める方向に切替えた。2013年12月2日の NPR, Greg Allen 記者は、Florida の Okeechobee 湖の周辺に少数の Seminole 族が生存していることを伝え、その由来を、第3次 Seminole War の末期（1858年）に、合衆国軍に捕えられた100人以上の兵士とともに人々が強制的に Oklahoma へ送られる途中、ある港で Polly Parker（女）以下の5、6名が脱走し、何百マイルを行軍して Florida に戻って、その子孫が生存したものとしている。

第 3 編　19 世紀後半以降の憲法

は 1 回、George W. Bush 大統領在任中はゼロ回なのに対し、Obama 氏になってからは 5 年間に 5 回、NCAI 幹部らをホワイトハウスに招待している（そのうちの 1 回では、Obama 内閣の閣僚全員も出席したという）。アメリカでは毎年 11 月が、「インディアン遺産の月」（Native American Heritage Month）とされているが、Obama 大統領は 2013 年 11 月中旬にも主なインディアン部族長らをホワイトハウスに招待してインディアンサミットを開き、次のように挨拶している[432]。

「正義と部族の主権のために立上り、質の良い医療と経済的な平等を増やし、部族の土地を確保するようにしよう。これが我々の出発点だ……」

前注記事によれば、Obama 大統領の下で、インディアンの健康保険を永続的なものとする法律や、性犯罪被害者となったインディアン女性の救済を強化した法律なども成立しているから[433]、大統領の言動は内容を伴ったものといえ、Cladoosby 会長が記者に対し述べていることも裏付けられる[434]。

431　前出の Native Hawaiians らに対する「お詫び決議」（1993 年）に倣った形の "Apology to Native People of the United States" である。そこでは、"the United States, acting through Congress……recognizes that there have been years of official depredations, ill-conceived policies, and the breaking of covenants by the Federal Government regarding Indian tribes……apologizes on behalf of the people of the United States to all Native Peoples for the many instances of voilence, maltreatment, and neglect inflicted on Native Peoples by citizens of the United States." との言葉も見える（blogswsj.com）。なお、W.W.II 中の Japanese-American である合衆国市民に対するお詫び決議と賠償法も、1998 年に Reagan 大統領によるサインにより成立している（第 7 章 2.(3)）。

432　2013 年 11 月 21 日 NPR, Celeste Headlee 記者による記事で、インディアンによる全国組織 National Congress of American Indians（NCAI）の会長 Brian Cladoosby 氏とのインタビューから。

433　この 2 つの法律とは、それぞれ 2013 年に大統領がサインして成立した Indian Health Care Improvement Act と、1994 年成立の Violence Against Women Act の reauthorization law である（女性のインディアンにとって、男がインディアンでない場合、インディアンの tribal court に管轄権がなく、救済が事実上困難であったのを是正する措置）。

434　同記事内では、Cladoosby 会長は Obama 大統領の実績を讃えた上で、更に次を述べている。
「Christopher Columbus が新大陸に漂着した時、大陸には約 5000 万人のインディアンがいたが（アラスカ、アリューシャンを含む）、1890 年には 25 万人と、絶滅に略近いところまで減少した」（イギリスの George, II 世王が 1755 年に、インディアンを殺した人には、1 人当たり何ポンドかの賞金を与える旨の布告を出したことが尾を引いたという）。

636

第7章

20世紀の（現代における）アメリカと、主要な憲法事実

1. 19世紀末から20世紀初頭にかけての連邦と州の変化

(1) "Laissez faire" からProgressivism

　(イ)アメリカは比較的にいって、自由経済、自由競争の社会である。建国の理念から、その後の成長期を通してその精神（ethos）が流れ、支配していた。だからこそ世界初の自由・平等を謳った憲法が作られ、逆に憲法と、その下の法制度もがまた、自由競争を促してきた。広大な**西部**（の可能性）が19世紀半ばまでも続いたことが、自由の契機を永く持続させたことも考えられる。19世紀から20世紀に入って、その間の人口が当初の300万人から7600万人に増えても、また最早、西部が失われても、その傾向は続いた。

　自由社会では、力の強いグループ（利益集団）が政治を動かし法律が作られる。アメリカでの会社法、契約法、そして不法行為法は、ある意味でヨーロッパの国々より発達したといえる。その一方で、貧民法などの社会福祉の分野の法律の進歩は、他の（ヨーロッパ）諸国より比較法的に見て、遅れていた。

　再建期（Reconstruction Era）後（**1877年妥協**から後）の最高裁の先例は、前章で見たとおりである。修正ⅩⅢ～修正ⅩⅤが成立して奴隷制を禁じ、黒人に市民権、投票権を与えた筈であった。更に、それら3章中の各1条が、それら修正憲法の規定を州法の下でも肉付け、実効を挙げつつ

637

第3編　19世紀後半以降の憲法

実施されるように、そのための立法を連邦議会に義務付けていた。連邦議会による立法はなされたが、その解釈・適用で、最高裁は総じて消極的な態度であったことを見てきた。そのような態度が、1880年以降ずっと大恐慌まで続いたことも述べた。

　(ロ)司法から眼を更に展ずると、この19世紀末近くから20世紀初頭のアメリカ社会は、一般に**進歩主義時代**（Progressive Era）とされる[1]。**進歩主義**（Progressivism）とは何か。「物事を、合理（主義）的に考え、科学を信じ生きよう」、とする態度のことである。社会生活にその考えが及ぶと、それまでよりも余計、世の不正に目が向けられるようになる。汚職や腐敗を拒み、弾劾するようになる。自由主義の一方で、社会生活から一切の不合理を除去しようとするようになる[2]。

　(a) de Tocqueville が暫く前、1830年代のアメリカ社会についていっていた**グループ化**の記事を紹介したが（注274）、彼がそこで19世紀を通して続いてきた自由社会の "laissez faire" とともに指摘していたのは、力の強いグループが政治を動かし法律を作り、自分達の集団利益を守り伸ばそうとする姿勢であった[3]（前章2.(2)(ロ)(d)）。その文脈で考えると、集団の結成を強く後押しした力も、19世紀経済に頑強な根を張っていたアメリカの精神、"laissez　faire" の延長と見ることができる[4]。その laissez faire の精神も、19世紀末近くの度重なる不況を受けて、流石に衰え、変

1　この時期、アメリカでは特に発明家が続出している。Thomas Alva Edison、Nikola Tesla、Whitcomb L. Judson、August Schrader、William Painter、Granville Woods、Arthur Lovett Garford、John Froelich などである。

2　19世紀末から20世紀初めにかけての進歩主義（Progressivism）の影響下で、アメリカでは「優生学」（eugenics）が流行った。30ほどの州では、犯罪者、浮浪者が結婚することを禁止する法律を作ったなどのことがある（注18、19参照）。

3　立法府と司法との間の措置の応酬を見ても、連邦議会が立法したもの（A法）を最高裁が否定すると、間もなく議会は、最高裁が受容れ易いように変更したA'法を立法し、それが合憲と判断されるといった例が1つならず存在する。その1つが、鉄道工事などでの工夫の事故につき鉄道会社に（軽減した）責任のルールを定めた Federal Employers' Liability Act, 45 U.S.C. §51 et seq. (1908) である。同名の1906年法の修正版である。

4　アメリカの精神、"laissez faire" は、社会主義政党がアメリカにおいて成長してこなかった史実、とも関係していよう。

638

化を見せてきた。

　グループ化の中でも、多くの人々から敵視されたのが、経済的な利害を共通にする大企業が集団を結成したトラスト（trusts）である。連邦に初めての独禁法（反トラスト法、anti-trust law）が生れたことは、前出のとおりである。Progressivism は一転して、そのような力の強いグループから取り残された**弱者**にとって、新しい味方ともいえる動き、発想、存在となった。

　(b)しかし、こうした衰え行く力は、転換点の一歩手前にピークを迎えるものである。laissez faire を標榜してきた経済と経済団体の力も、同じであった。**再建期**（Reconstruction Era）後に訪れた、（Mark Twain らがいい出した）いわゆる**金ピカ時代**（Gilded Age）の出現である[5]。更にこの金ピカ時代（Gilded Age）を、精神的に乗り越えよう、止揚しようとの志向が現れた。それが、**進歩主義（Progressivism）**の姿勢であったとも捉えられる。アメリカ社会が**南北戦争**後の復興を遂げ、発展する中から生れた志向といえる。1890 年という早くに、アメリカに出現した一連の独禁法、反トラスト法などこそ、進歩主義時代のアメリカの法的発明である[6]。

　(ハ)南北戦争後、世紀後半から 20 世紀にかけては、再建期（Reconstuection Era）から**金ピカ時代**（Gilded Age）へと移り行くが、南部州ではその間、1877 年妥協（Compromise of 1877）から、反動・取戻し期（Redemption Era）を経て、世の中がすっかり元に戻り、南部民主党

5　1869 年大陸横断鉄道がつながり、東海岸から西海岸まで全米が鉄道で結ばれた（今まで、馬車で 6 週間かかったのが、鉄道で、6 日で行けるようになった）。アメリカの鉄鋼生産高は、イギリス、ドイツ、フランスを足したものを、上廻るようになった。1870 年代、1880 年代と、アメリカ経済は、その歴史の中で最高速度の成長を示し、20 世紀に入る前に、1 人当りの所得は、ドイツ、フランスの 2 倍、イギリスの 1.5 倍となっていた（Friedman, p. 253）。

6　なぜ 1890 年という早くにアメリカに Sherman Anti-Trust Act のような法律が、しかも産業界の利害に敏感な議会上院によって、作られたのか。19 世紀末近くからアメリカに出現した一連の独禁法、反トラスト法などを説明するのは、南北戦争後のアメリカ社会の成り立ちという以外にない（なお、次の(c)参照）。

(Southern Democrats) の手に握られたことを述べた（第6章2.(1)(ロ)
(d)）。King 牧師はいっている。「南部は連邦に挑戦して、今でも独自の法
の壁を構築し、自らを囲って了っている……まるでアメリカの中に存在す
る1つの外国だ……」（第8章注27）。

　(a)その一方で中央では、取戻し期以降から19世紀末にかけて、いや、
20世紀前半の大恐慌までもの間、共和党政権が続き、汚職と腐敗が蔓延
った。そんな1880年代の政治の世界に、一徹な堅物男が登場する。
Grover Cleveland である。Grant の後の Hayes、Garfield、Chester
Arthur……更に、20世紀初めの Harding、Coolidge、Hoover……など、
共和党の大統領が続く中にあって、Woodrow Wilson 以外に唯一の民主
党の大統領、それが Grover Cleveland である（序でながら、なぜそのよ
うに共和党施策〔大統領〕が続いたのか。1つの答えは、やはり戦争にあ
った。〔勝者〕北部共和党の余韻とでもいえようか。南部民主党の力が盛
り上がりかけると、共和党は、「あの戦争を忘れたのか！」を意味する
"bloody shirt！" と叫んだのである）。しかも彼は、史上唯1人、大統領
職に2回当選し、就任している[7]。再建期、取戻し期、そして**金ピカ時代**
(Gilded Age) を通して、Hayes、Garfield、Authur と、いずれも南北戦
争 (Civil War) で北軍 (Union Army) の将校などとして従軍した経験
の持主である。その中で、Cleveland だけは、自らは従軍しないで、でき
たばかりの新法 Conscription Act of 1863 の下で設けられた、「代理人制
度」を利用している。以上4人のうち、Hayes、Arthur、Cleveland は、
他の多くのアメリカの大統領と同じく、弁護士が本来の職業であった。
New Jersey で生れ、その後ニューヨークで幼少期の大半を過ごした
Cleveland。父方は、1635年にイギリスから Massachusetts Bay へ移住
してきた初期ピューリタン (Puritan) 移民で、彼の父も長老派 (Pres-
byterian) の牧師であった（収入は乏しく、9人兄弟の5番目の Grover

7　1884、1888、1892年の3回、一般選挙 (popular vote) で多数を制したが、当選したのは
　1884年と1892年の2回であり、第22代と第24代大統領となった。

第 7 章　20 世紀の（現代における）アメリカと、主要な憲法事実

は経済的に苦労しながら、奨学金などにより何とか College に行った）。

　(b)弁護士としての彼は、仕事に打ち込み困難な事件を解決して名を挙げた。弁護士の傍ら、早くから民主党一点張りで公職を目指した。ニューヨーク州内の地区検察官などに立候補し、検察官選挙では共和党の対抗馬に敗れたが、Erie County の執行官（sheriff）職に当選し、その地位に就いた[8]（多くの州で、これらの職位は選挙により決められる）。

　政界の腐敗は、このニューヨーク州の北西端エリー湖（Lake Erie）に面した Niagara Fall 近くの Buffalo の町にまで及んでいた。共和、民主両党が馴れ合い政治を行う中で、民主党の一部に、これを是正しようとの動きがあり、堅物らしい Cleveland に打診が廻ってきた。こうして彼は、1881 年暮の Buffalo 市長選挙に出て勝利する。市長になって最初のテスト・ケースは、市の清掃事業だった。市議会が 10 万ドルの落札者を無視して、42 万ドルの入札者を落札者と決定していたのである。そうしたやり方が今まで通っていたが、Cleveland はこれを否定（veto）し、そうはいかないことを示した[9]。Buffalo 市の汚水処理システムの低価での実施を再び申出て彼は、ニューヨーク州議会にも認められた。これらのことで、堅物 Cleveland の名声は広まり、僅か 1 年後、民主党は次に彼をニューヨーク州の知事候補に選定した。知事選で地滑り的に勝利した彼は、1883年ニューヨーク州知事に就任する。就任から 2 ヶ月で、彼は 8 件の予算法

8　執行官手数料として弁護士時代にひけを取らないほどの収入を挙げた。その頃の地元新聞では、ある死刑囚の逸話に絡んで、執行官として立ち会った Cleveland のことを、「まさか、この人が将来大統領になるなどとは思わなかったろう……」として、この地位を振出しに、彼 "Big Steve" が、市長（Mayor）から governor（Albany）から、最後に大統領職（Oval Office）に辿り着くまでの一過程を回顧している（2008 年 3 月 27 日、Buffalonian）。
9　インターネット（wikipedia）では歴代大統領 44 人が、任期中に何回 veto（拒否権）を行使したかが一覧表で見られる（pocket veto を内訳で示している）。4 期 13 年の任期の F. Roosevelt が流石に 635 回と多いが、それに次いで、Clevaland は、22 代大統領として 414回、24 代に 170 回と最多である（それも hundreds of......bills という）。その中には、大統領としての人気を考えたら、とても行使を思い止まるような Civil War の退役軍人（veterans）への年金補助法案がある。また近いケースとして、Texas 州の干ばつ時の農家への種籾資金 1 万ドル支給法案の veto もあった。

641

第 3 編　19 世紀後半以降の憲法

を否定（veto）した。その第 1 が、ニューヨーク市高架鉄道の運賃を 5
セントに引き下げるという法案であった。こうした Cleveland のやり方
をニューヨークの Tammany　Hall が黙って放置しておく訳はなく、
Cleveland と Tammany Hall との間に激しい政治闘争が繰り広げられた
が、Cleveland は、T. Roosevelt などがいた会派のサポートを得て、何
とか州議会を乗切った。

　(c) 1884 年の大統領選挙の時が近づく中で、Tammany Hall との間の相
変わらずの対立にも拘らず、民主党内では有力候補として Cleveland の
名が浮上してきた。Cleveland にとってラッキーだったのは、本命の筈だ
った共和党の対立候補、James G. Blaine（Garfield と Arthur の 2 人の
大統領の下で国務長官をしていた）に、8 年前の（鉄道との癒着）話しが
蒸し返されたことだ。そのため共和党から多くの離反者を出し、
Cleveland に予想しない票が入った。

　1885 年春、大統領職に就いて第 1 の仕事、閣僚の任命で、彼は前任の
共和党大統領時代の（特に問題のない）閣僚すべてをそのまま任命し、
Andrew Jackson 以来の仕来り、（spoils system）に別れを告げた。その
後は、民主党からの圧力で次第に共和党の前任者との入れ替えを行ったが、
その際にも本人の merit 中心に判断した。農業界や、それを受けた議会
が、世紀末にかけて laissez faire 経済の是非を求める声を強め、やがて
Cleveland 大統領は Interstate Commerce Act of 1887 や Sherman Anti-
trust Act of 1890 などの法律の成立に力を貸すことになる。こうして癒着
や腫瘍を切り拓いた彼が残した積極的な業績 2 つを挙げると、1 つは、そ
れまでの利権のナンバーワン、鉄道との関係がある。鉄道会社が取得した
まま、着工しないで放置していた路線の免許を取り消すとともに、西部の
茫大な土地を没収し、再び合衆国の手に取り戻した。もう 1 つは、海軍が
契約していて、問題があるとされていた軍艦建造契約の解除である。

　(d)大統領としての政策で特色を示したものを挙げると次がある。

　(i)通貨政策では、インフレ（南部農民、民主寄り）対デフレ（北部商工

業・金融業）に二大分すると、Cleveland は、民主党ながら反インフレ、つまり金本位体制維持派で銀貨鋳造に反対していた。

(ii)関税政策では南部農民、民主党寄りといってもよい[10]（低率関税を支持した）。

(iii) Cleveland は、外交政策では徹底した不介入主義者（non‐interventionist）で通していたが[11]、皮肉にも、彼の第1期の1年後にスペイン戦争が起こる。

(e)国内では、他にも次のような対応をした。

(i)公民権（Civil Rights）は、南北戦争後の修正XIII〜修正XVに拘らず、20世紀半ば過ぎまで大した歩みが見られないことを述べたが、Cleveland も、この問題に対しては多くの北部州人らと同じく、「この国では再建期は失敗した」、と冷めた目を向けていた。新たに黒人を公職に就けることはしなかったが、Lincoln 時代からの黒人の公民権運動家 Frederick Douglass を Recorder of Deeds として再任している[12]。

(ii)中国人移民排斥問題では、彼は一般の反対感情には乗らなかったが、中国人が同化を拒んでいるとの認識の下、国務長官 Thomas F. Bayard が進めていた Chinese Exclusion Act と Scott Act を議会に推奨した[13]。

(iii)対 American Indians の政策では Cleveland は、元来が融和的同化

10　この時期、合衆国の年間収支は関税収入だけで黒字になっていたため、Cleveland は47％からの関税引き下げを支持したが、議会では「アメリカの産業はまだ十分に育っていなくて、高関税でないと危い」、との意見が北部州を中心に強かった。40％への関税法案は、1887年に下院でも何とか通ったが、上院で頓挫した（wikipedia）。

11　その1例として Nicaragua canal treaty ともいえる、Taylor 大統領の国務長官だった John M. Clayton による Clayton‐Bulwer Treaty of 1850 の下での計画に合衆国が乗り出すことを拒んだ（イギリスが領有する Honduras〔今日の Belize〕などを通して、カリブ海と太平洋とを結ぼうとするもの）。その後アメリカは T. Roosevelt 時代にフランスから Panama Canal の権利を買収する。

12　Frederick Douglass は、1874年に頭取に就任して間もない Freedman's Savings Bank、が、また彼の最後の黒人解放用の新聞 The New Era が、いずれも破産して困窮していた。Hayes 大統領は、彼をワシントン D.C.の登記局長（Recorder of Deeds）にし、生計を立てられるようにしていた。

13　Chinese Exclusion Act of 1882 は、Cleveland の前任の大統領 Chester A. Arthur 時代に成立した。また Scott Act of 1888 は、Virginia 州からの共和党下院議員 William L. Scott が用意した法案で、一度合衆国を出た中国人の再入国を拒む内容である。

643

（assimilation policy）を支持し、大統領就任演説（inaugural address）でも、Native Americans の権利の尊重を謳っていたことから、Dawes Act of 1887 の成立に力を入れた。ただ同法に対しては、Indian 部族長会は賛成していたが、住民らの多くは反対していて、結果は、Indian にとって不幸なものに終っている（前章注 430）。彼の前任者 Arthur 大統領は、Indian との条約を破って Dakota Territory にある Crow Creek Indian らの土地を入植者らに開放したが、Cleveland は、就任後にこの処分を取消し、連邦軍を出動させて条約の履行を監視させた。

　(f) Cleveland の第 2 回目の大統領就任 1893 年から間もなく Panic of 1893 が見舞った。不況に輪を掛けたのが、前任大統領 Harrison を苦しめていた国庫からの金の流出であった。Harrison が bimetallists らと妥協し、Sherman Silver Purchase Act of 1890 を成立させ実施していた銀貨併用策の覿面な負の効果である。Cleveland は、対応策を求めるため臨時に議会を招集した。その結果、一部の銀貨併用論者（Silverites）の強硬な反対を押して、下院は銀貨併用策の廃止法案を通した。上院では Cleveland 自身の民主党（労働者・農民ら）の更なる強い抵抗があったが、そこも何とか通った。これで Harrison 大統領時代に行われていたアメリカの銀貨併用制度の時代は終るのである。

　民主党と共和党とが鋭く対立してきた今 1 つの問題、関税制度でも Cleveland は、上記のように McKinley が推していた 1890 年の高関税を引き下げ、代りに 4000 ドル超（今の価格で 10 万ドル）の所得者に一律 2％の所得税を課すことにした[14]。1893 年はまた、不況と同時に一大ストライキが始った年でもある。Massillon、Ohio の地方政治家 Jacob　S. Coxey が率いた "Coxey's Army" という名の失業者集団が、ワシントン

14　これを行ったのが、Wilson-Gorman Tariff Act of 1894 である。この法案も、議会、特に上院で強く抵抗され、600 超の修正を経た。なお、Wilson-Gorman Tariff Act of 1894 により引下げられた関税は、McKinley 大統領に代ると、Dingley Act of 1897 により再び税率が引き上げられている。

に向け行進したことで世間の耳目を集めた（スローガンの１つに、失業者対策として要求している National Roads Program〔第５章一.1.(1)(ヘ)(d)〕の実施があった）。更に 1894 年 6 月には、Pullman Company の従業員 12 万 5000 人によるストライキにより、合衆国の交通の大動脈網がストップし、経済が麻痺することが起こった（指導していたのは、後の American Socialist Party のリーダーとなる Eugene V. Debs である）。このストに備え、自らの憲法解釈により Cleveland 大統領が、合衆国軍を投入したことは他にも記した[15]。

(g) Cleveland 大統領は、その第１期時代に Hawaii 王国との自由貿易を支持し、中でも石炭などの補給のため、Pearl Harbor の開港について同国と協定を結んでいた。その後の Harrison 大統領の４年間に、アメリカ人やヨーロッパ人の子孫らが、Committee of Safety、Hawaii を造って実権を握り、合衆国との併合を狙い、王制の腐敗などを理由に（共和制の正当性を根拠に）、1893 年早々に、その時 Queen であった Lili'uokalani を倒した。

Cleveland 大統領は実情を調査させるため、James Henderson Blount を派遣したところ、「人民は併合を望んでいない」とする Blount 報告が出てきた。そこで Cleveland 大統領は、Harrison が退任直前に上院に提出していた併合条件法案を撤回させた。しかし、翌年には身内の民主党までもが併合を要求し出したので、Cleveland 大統領は身を引かざるを得なかった。一方で Cleveland 大統領は、Monroe Doctrine の強化を志向していた。イギリスが、イギリス領 Guiana と Venezuela との境界を巡って Venezuela との間で争いを始めるや、積極的に間に割って入り、パリでの国際仲裁を行わせるように動いた（仲裁判断は 1899 年に出ている）。

15　In re Debs, 158 U.S. 564 (1895)。合衆国が、Pullman Company の従業員 12 万 5000 人のストライキの差止め（injunction）を求めたのに対し、最高裁は全員一致で、ストライキ差止め命令を、妥当かつ可能と判断した。なお、Debs が当事者となった事件では、他にも最高裁まで行ったケースがあるが、これは Espionage Act of 1917 違反という、性質の異なる事件である。Debs v. United States, 249 U.S. 211 (1919)。

第3編　19世紀後半以降の憲法

㈡政治面ではその頃、Progressivism を映した禁酒法、婦人参政権のための改憲など、様々な動きが生じてきていた。Cleveland 大統領から1つ飛んで、企業寄りの筈の共和党員ながら型破りの Theodore Roosevelt (T. Roosevelt) は、ある意味で、Progressivism の流れに乗った政治家であった（大統領を経験した後の1920年に共和党内の大統領候補指名選挙で破れると、党を飛び出して、自ら進歩党〔Progressive Party〕を作っている）。Progressivism は、このように、政治の世界の現象（政治改革への動き）としても捉えられるが、より幅広い、文化的うねりといえる。

(a)1世紀続いた高い所得水準に支えられて、科学的で合理主義的な思考形式が、人々の間に次々に浸透していった。**革命戦争**時代からヨーロッパ諸国以上の**識字率、就学率**（殊に、北東部州で）を示していたアメリカ人が、19世紀にかけ、自然に起こした**文化的うねり**、といってもよい[16]。

科学、技術、芸術、文化などでもヨーロッパ諸国をリードできることの、アメリカ人の**自覚と自信が表れた**、ともいえよう。やがて廃止されるにしても、たとえ一時にせよ、禁酒主義のような制度が法的に実現（憲法改正と、その下での連邦法の制定）したのも、こうした思考の変遷と、文化の流れがあったからこそである[17]。

(b)進歩主義の時代（特に、19世紀末にかけて）、科学主義の下で前記のように優生学（eugenics）が流行した[18]。優生学の影響下で、多くの州が民法で結婚や断種（sterilization）に関するような規制的要件を定めるようになった[19]。その背景には、かつて多く行われていた、公けの登録のない common law marriage が廃れたことがある。それに代り、多くの州で

16　1860〜1890年の30年間に、建国から1860年までの10倍、80万件の特許（patent）が取得された。

17　禁酒は、キリスト教の諸会派から広く支持されたが、キリスト教とは離れた一般社会でも、西部の酒場（Saloon）に因んだ Anti-Saloon League が、その絡みで最初に出現した一般の集団活動運動となった。その中心には、科学的な基礎を意味する Scientific Temperance Federation と呼ぶ団体などもあった。

18　州が、州民の結婚や子の出産に強く関心を抱き、州法で関与するようになったとする（Friedman, p.375）。

19世紀末までの間に、公式結婚（formal marriage）の制度と法律が作られた[20]。これには、移民流入とともに加速された都市化、工業化社会実現と、その結果としての社会生活面の影響もあろう（単純に、進歩主義だけの影響ではないともいえよう）。その一方で、注19の North Carolina 州に見るように、当局により強制的に断種手術を受けさせられる犠牲者も出た（同州は、かつて同じような法律のあった30州中で唯一、その被害者への弁償法を制定した）。

(c)進歩主義（Progressivism）は、T. Roosevelt より1つ前の、William McKinley 大統領の下で醸成された[21]。やがて、それが政治改革の面で現われると、**禁酒法**や、前段で見た連邦憲法改正のほかにも、多くの州で憲法改正などが見られた。連邦憲法改正としては、この時期に「民主化の度を進めた……」とされる上院議員の選出方法変更もある（前出修正XVII）。**婦人参政権**も、「遅まきながら……」かも知れないが[22]、兎に角、**連邦レベル**で実現したことが大きい（修正XIX）（いずれも前章2.(3)(二)）。

(d)州政治での直接民主主義を目指した手始めとして、1902年の Oregon 州の実験がある。現在、California 州を始め、中西部から西部の多くの州で行われている、いわゆる**国民投票制度**（referendum）である[23]。大西洋岸の13州など、古くからの州の多くでは不採用だが、全米では、半分

19　結婚前5年以内に一定以上の刑罰を受けたり、貧民施設（poor house）に入っていた男や、男女のいずれかが伝染病に罹っていれば、結婚を許さないと定める Indiana 州の法律（Laws, Art. 15）。2013年7月25日 NPR は、1929〜1974年に断種法（sterilization law）が行われていた North Carolina 州で、7600人が、無理に手術をされたと伝えている。
20　19世紀後半になると、新たな移民流入の波が生じ、都市化、工業化、多民族化で、アメリカ社会が変ったことが原因と考えられよう。多くの州で、結婚を公的登録制（marriage license）とする一方、いくつかの州では、common law marriage 制度そのものを廃止した（Friedman, p.374）。
21　William McKinley 大統領は、南北戦争で北軍兵士として戦った最後の大統領である。
22　ニュージャージー州の憲法は、50ポンド以上の有産の男女住民（inhabitants）に選挙権を与えていたが、1807年に婦人参政権は取り消されて了っていた（Friedman, *op. cit*, p. 72）。
23　"referendum" とは、いわゆる "initiative" による提案も含め、選挙権のある人々すべてが、それに賛否を表明して、立法活動に参加する行為。

647

第 3 編　19 世紀後半以降の憲法

の州で採用されている。一般の人民に決定権から、その発議権まで与える、この initiative, referendum の急速な制度化は、アメリカ憲政史上注目される[24]。

　前章 2.(2)(ト)で見た Missouri 州の例もそうであったが、その中には発議権（initiative）付のものと、「単なる賛否の表明だけ」、のものとの区別がある。憲政史上注目される第 1 の理由は、それが、一般社会による代議制政治に対する不信の裏返しでもありうる点である。根底には、政界腐敗がある。California 州では、1911 年にこの initiative, referendum に加え、recall の 3 本が導入された[25]。当初は、一般の人民や、そのボランティア・グループが主導したが、近年は California 州でも、法人筋や利益集団（special interest group, corporation）による利用が増えている[26]。

　(e)上記のように、国民投票（referendum）の背景としては、19 世紀末の政治不信がある。その始まりには、政治汚職摘発など、国民的運動の幅広い拡がりがあった。アメリカ人なら誰でも知っている、**政治汚職**を指す単語 "muckrakers" は、Theodore Roosevelt が初めて演説街頭で使ったとされる[27]。それにしても、政治汚職摘発の拡がりの背景には、科学心の高まりや、批判精神の活発化がある。一般の能力の高まりなくしてはできない。一般の知的能力の向上は、教育制度の充実などのアメリカの歴史に支えられ、殊に 19 世紀初めから、ヨーロッパを凌ぐ所得向上により支えられている。その結果、人々の態度が科学的、論理的になり、世間一般

24　referendum も initiative も、公民権の 1 つとなり、選挙権のある人すべてに認められた。initiative は、一定数の選挙民の署名による提案が議案となり、referendum により決することを求められる。

25　"recall" とは、選挙により公職に就いた者を、その任期満了前に失職させる措置である。たとえば "California 州の場合" 有権者の 5 ％により請求することができる（PLSI 473）。

26　California 州広報 website によれば、1912 年から 2010 年までに、1600 件以上が発議された。内 352 が、**initiative つき referendum** の要件を充足し、うち 118 件が、可決された（内、州憲法改正に係るものが 52）。主なものとして、1978 年の固定資産税の上方制限、2008 年の同性婚否定などがある。ただし、後者は、2013 年に再び覆された。

27　Roosevelt はそれを、単語 "muckrake" が使われていた 17 世紀イギリスの文人 John Buynan の 1678 年に出版されたキリスト教に根ざした寓話、「天路歴程」（Pilgrim's Progress）からとってきたとされる。

第 7 章　20 世紀の（現代における）アメリカと、主要な憲法事実

の知識水準も上って、社会・経済、政治問題を科学知識に基づいて、合理的に処理しようとする傾向が強まったことがあろう[28]。知識重視の風潮の中で、社会全体が教育に一段と力を入れるようになった。太平洋戦争前年の 1940 年で、50 ％以上が、高卒以上の学歴だったといわれている。

　(ホ)ヨーロッパの列強が、**軍事力増強競争**（arms race）と、海外領土拡張・市場獲得競争に狂奔している 19 世紀末から 20 世紀初めにかけても、アメリカは比較的に孤高（isolationism）を守ってきた。ヨーロッパのどの国とも、ワシントンのいっていた、「面倒な同盟」"entangling alliances" を結ばず、ひたすら自らの国造りを進めていた。それら列強が、西半球の Latin America 諸国に対し、再植民地化などの手出しをした時にだけ、Monroe Doctrine の亜流（corollary）の**国際警察権**に言及する程度であった。

　進歩主義の時代（Progressive Era）を迎えていたそのアメリカは、1890 年代から 1920 年までの 30 年間に、国内に巨大な工業化社会・都市化社会を造り出せた。このことが、ヨーロッパの列強比でも精神的・物質的に国力を増強し、目覚ましく進歩させていた。その結果、進歩主義時代の終り近い第 1 次世界大戦 World War Ⅰ（W.W.Ⅰ）の頃には、いや、既にその前の Spanish-American War により、その版図を太平洋にまで拡げるかに見えた時でさえ、1812 年戦争を終えた頃と比べ、国際的に遥かに大きな影響力を持ちうる国となっていた。

　(a)この Progressive Era のうちの 1890 年代後半から、20 世紀の入口までのアメリカの国政をリードしたのが、Spanish-American War を戦った共和党の William McKinley である。かつて北西部テリトリの一部であった Ohio 州出身の弁護士 McKinley。南北戦争が始ると、17 歳の Mc-

---

28　こうした傾向に沿って、この時期実現したものとしてほかに、食品衛生法のような連邦法（Pure Food and Drug Act of 1906）や、少年裁判所に当る新法廷を設けるための州法が作られたのも、この時期である。なお、広報刑主義だけではなく、教育刑思想に根ざした juvenile court は、1899 年の Illinois 州、Cook County、Chicago での創設によって始ったとされる（Friedman, *op. cit,* p.457）。

649

第3編　19世紀後半以降の憲法

Kinley は二等兵として広募し、勇敢に闘った。戦後は法律科に進み、Ohio 州出身の連邦下院議員となり、頭角を現した。その後、出身町の近くで、Ohio 州弁護士として開業した。34 歳で州知事を 2 期務めた後、世紀末の不況期の 1 つに当った 1896 年の大統領選挙で、Nebraska 州出身、民主党の William Jennings Bryan（後の Woodrow Wilson 大統領の国務長官）を破り、勝利した[29]。次いで、1900 年選挙でも勝利する。

　(b)彼の在任中の足かけ 5 年は、1896 年頃の大不況の底から始って、急速な経済回復の時期に当っていた。下院議員時代に委員会で関税政策をずっとやってきた経験を武器に、McKinley は、南部農業州には不評だったが、アメリカの製造業保護のため積極的な関税引き上げを行った。アメリカの関税史の中でも最も高率の関税法を成立させ、経済の立直しを図り、成功する。その関税法を武器に、他国との関税引下げ交渉を行い、いくつかの協定を纏めて、アメリカ産業の海外市場開拓を助けた。McKinley は、1900 年には注 30 の金本位法を成立させ、ドルの価値を安定させることで、金融業や製造業に対し好意的な政策をとった[30]。結果的に McKinley 時代は、次の T. Roosevelt 時代とは正反対に、かつてない速さで産業界での団体（trusts）結成の動きが盛んになった[31]。

　(c)いわゆる独禁法とされる Sherman Anti-Trust Act of 1890 が作られたこの時期、連邦政府が産業活動の規制を始めたものの、本格的な訴追に至るようになるのは、2 代後の Taft 大統領の時代までの期間が必要であった[32]。しかし、速効性は今一つであった。同法の言葉自体が、たとえば "restraint of trade......" 1 つとってみても、意味の広い曖昧なものであっ

29　この勝利には、高校で John D. Rockefeller と同級だった、同じ Ohio 州出身の businessman で、上院議員の Marcus A. Hanna による支援が大きかった。
30　Gold Standard Act of 1900 (31 Stat. 45). 南部州寄りの、やはり弁護士をしていた民主党の William Jennings Bryan は、McKinley の対抗馬であったが、1896 年選挙では、農産物価格の上昇につながる「紙幣と銀を併用せよ」、とする案を推奨し、デフレになり易い金本位制に反対の演説をしている（Cross of Gold Speech）。（enotes.com より）。
31　アメリカでは、初期の動きを反映して、今日でも独禁法のことを「反トラスト法」"anti-trust law" と呼んでいる。しかし、Rockefeller などの実業家の雄は、trust を作ることから、**やり方**を変えて、直ぐに持株会社方式などに移行した。

650

たし、最高裁も、その点を捉えて（たとえば製造業は、通商〔commerce〕ではなく、連邦議会の立法権の範囲内ではないとして）、独占を容認するような判決を出している[33]（なお、Sherman Anti-Trust Act 絡みのケースにつき第8章3.(1)参照）。彼の有力な政友 Hanna とは違って[34]、McKinley は、trusts を「善」とは見ていなかったが、そのメリット（アメリカが不況から脱し、上昇気流に乗せるために、プラス）の前に、目を瞑っていた。その独禁法（Sherman Anti-Trust Act of 1890）の生みの親の John Sherman は、1897年 McKinley 大統領により国務長官（Secretary of State）に任じられていたものの、外交政策を巡って、中でも Sherman が Spain との戦争に強く反対していたなど、大統領との間の意見の違いが大きく、開戦から4日後に抗議のために辞任している。

(d) 19世紀末には1893年、1896年と、頻繁に不況期が訪れた。その中で、William Jennings Bryan が代表する民主党（Democrats）は、注30のように、金のほかに銀も併用してインフレを起こすことにより、経済を上向かせようとしていた。

⑵国際化時代と、試される Monroe Doctrine

(イ) McKinley 在任中の最大の課題は外交、中でも重要事は、スペインとの戦争（Spanish-American War）である（1898年）。戦争はアメリカの裏庭の池、カリブ海のキューバでの事件に起因したが、短期間とはいえ、そこに止まっていなかった。1812年戦争を含め、それまで北米大陸でしか戦ったことのないアメリカ軍が、初めて西太平洋（フィリピン、グアムなど）にまで遠征した。戦争が拡張されたこと、その必然性や Monroe

---

32　この連邦法による trusts 規制より1年早く、Michigan, Kansas, Nebraska の3州も、anti-trust 州法を成立させていた。

33　United States v. E.C. Knight Co., 156 U.S. 1 (1895)（後出）.

34　McKinley と Marcus A. Hanna との2人の結び付きは、アメリカの産業界と共和党の結び付きを強める意味で一言に値する。その頃の新聞の漫画では、看護師 Hanna に手を引かれた身障者 McKinley が、事業団体（trusts）を訪ね歩く姿を描いていた。www.whitehouse.gov. より。

第3編　19世紀後半以降の憲法

Doctrine との関係については[35]、訝しく思う人もいるに違いない[36]。折しも、Boston で反帝国主義連盟（Anti-Imperialist League）運動が起こり、全国的組織ができていた（1898 年）。多少の戦争準備行動や、スペイン側の出方に対する反撃はあったにしても、McKinley が、特に戦争に積極的だったという記録はない[37]。憲法の定めるとおり、議会が戦争を宣言して始っており、憲政上では特に問題となっていない。いずれにせよ発火点は、Cuba に、その独立運動にあったといってよい。

　Monroe Doctrine との絡みと、もう 1 つ、W.W. I や W.W.II におけるアメリカの政策とのつながりを見る上で、Spanish-American War の経緯は、正しく分析しておくことが適切であろう。この戦争を機に、アメリカが国際政治（World affairs）のプレイヤーとして登場したといえる[38]。

　(a) Cuba 独立（革命）への支援は、19 世紀半頃に既に存在していた（第 5 章注 433、434）。議会図書館の website によれば、この時期の Cuba を巡り双方に次のいい分があった。Cuba のスペインからの独立の動きは、ラテン・アメリカ諸国の独立の動き（1820 年代）を受けて、1868～1878 年に、一旦燃え上った。その後、1892 年に再び独立の動きに火がつき[39]、今度は、拠点を、アメリカ国内に置いていたこともあった。そのアメリカの砂糖産業が、Cuba でいう十年戦争（Ten Years' War）の後から、大

35　火種が Cuba にあり、かつ Cuba のスペインからの独立の動きと、それを抑圧しようとするスペインへの武力行使だったという意味で、Monroe Doctrine に沿った行動だったとの評価も可能である。

36　Monroe Doctrine は、内閣ないし行政庁の声明であり、後の行政庁を拘束するものではないが、アメリカでは一般に、同主義がその声明以来、「半世紀以上にわたって守られてきた」、と評価する声もあった。

37　1898 年 2 月 15 日、Havana 港でのアメリカ軍艦 U.S.S. Maine 号上で爆発が起き、沈没につながった。3 月 28 日にアメリカ当局は、爆発の原因が、地雷（mine）によるものと断定したが、その前の 3 月 9 日に、議会は、軍事費 5000 万ドルの法案を可決していた（www.loc.gov から）。

38　John T. Bethell, Harverd Magazine, 1998 年 11～12 月号、"Splendid Little War" は、新秩序の始まり（commencement of a new world order）との副題になっている。

39　ニューヨーク市で最初の一般紙 2 つ、William Randolph Hearst の "Journal" も、Joseph Pulitzer の "World" も、その紙面をスペインによる現地での残虐行為で充たしていた（注 38 の Harvard Magazine より）。

652

量の資本を現地に投下し、大規模開発を行っていた。しかし、アメリカ政府が国内（ビート）砂糖産業保護のため関税を上げた結果、Cuba では再び独立の動きが活発化した。一方、アメリカ資本は、独立の動きを後押しする中で、スペインとの戦争を望んだ。

　(b) McKinley の前任の Grover Cleveland 大統領は、1895 年にも中立宣言を出していたが[40]、状況が変化して行く中で、翌 1896 年には、「スペインが、Cuba での事態を改善しなければ、介入もありうる」、と声明していた。スペインはアメリカ合衆国との戦争を望んでいなかったので、Havana 港内でのアメリカ軍艦 U.S.S. Maine 号の謎の爆破がなければ（250 人超のアメリカ人の死がなければ）、戦争は避けられていたかも知れなかった。

　1897 年に就任した McKinley は、「Cuba 問題では前任の Cleveland の政策を引継ぐ」、としていたが、「スペイン外相が彼を貶した」とする新聞記事が伝わったこともあり、Cleveland 大統領以上に開戦に積極的になっていたところに、2 月 15 日、Maine 号事件が起きた[41]（the "Maine Explosion" 1898）。1898 年 4 月には、開戦決議が議会で承認され、更にColorado 州からの上院議員 Henry M. Teller が、「Cuba の政治が専制にならないように、アメリカが干渉する（すべき）」とも解されるような修正決議（Teller Amendment）を通した[42]。その時、Cuba 革命を支援するとして、民兵団を組織して Cuba に向ったのが、それまで海軍省の次

40　1895 年 12 月、イギリスが Venezuela と自らの属領との境界を巡って紛争を仕掛けたときにも、Grover Cleveland 大統領はイギリスに対し、「……この大陸では、わが国の法令がすべてなのだから……」と、強い警告を発していた。"......United States is......sovereign on this continent......its fiat is law upon the subjects......"（注 38 Harvard Magazine より）。
41　この時、McKinley がスペイン宛の最後通牒（ultimatum）を送るのに時間をとっているとして、イライラしていた Theodore Roosevelt は、「エクレアチョコレートほどの骨もないんだから！」といったという（注 38 Harvard Magazine より）。
42　アメリカは介入するが、Cuba の独立を侵さないとする決議。なお、1901 年に Orville Platt（Connecticut 州）上院議員は、「Cuba 人の生命、自由、財産が侵されそうになったときは、Cuba の独立のため介入できる」と、Teller 修正決議に、更なる文言を加えた。それが承認されている（Teller and Platt Amendment）。

653

第3編　19世紀後半以降の憲法

官補をしていた Theodore Roosevelt であった[43]。アメリカ軍の力により、両国の戦闘行為は 6 ヶ月で終了する。

　1898 年 12 月 10 日パリで、スペインとアメリカとの間の平和条約が調印された。(i) Cuba を独立国とする（アメリカ軍は、その後も Cuba に暫く留った）。(ii) スペインは、Philippines を 2000 万ドルでアメリカに譲渡する。スペインは、Puerto Rico と Guam をアメリカに引渡す（なお 1898 年に、白人らにより王制が倒された国 Republic of Hawaii は、アメリカにより併合され〔annexed〕、そのテリトリとなった)[44]などの項目が盛り込まれた。

　(c) こうしてアメリカは結果的に、（海洋により）本土から遠く隔れた Philippines、Hawaii, Guam と Puerto Rico を併合し、テリトリとする形となった[45]。McKinley 大統領の下でのアメリカは、初めて太平洋国家となっ（東洋との関与を強め）た。その**スペイン戦争（Spanish-American War）**の余恵は、もっと目に見えない形で外にもあった。国民的統一の気運である（黒人兵士も多く戦争に参加していた）。1812 年戦争で合衆国に初めて芽生えたナショナリズム（nationalism）。南北戦争で一旦 2 つに引き裂かれていた国民感情が、奴隷問題のしこり、人種の壁を超えて、「統合しよう」というナショナリズムが、このアメリカに生れ（復活し）てきた。

43　McKinley の大統領選挙を熱心に応援した T. Roosevelt が、McKinley に海軍省の次官補のポストを望んだ時、McKinley は「彼は喧嘩好き過ぎるから……」(……is too pugnacious……) と渋りつつ、嫌々ながら任命したとされる。その T. Roosevelt が呼びかけた民兵団にボランティアとして集ったのは、Texas のカウボーイ、彼の Harvard での友人ら、ニューヨークなどにいた Ivy Leaguers、football や basketball の選手らなど、雑多であった。新聞は彼らを、"Rough Riders" と呼んだ。

44　19 世紀後ボストンなどから多くのアメリカ漁船が半捕鯨のためアリューシャン、カムチャッカ伝いに西太平洋に進出していた。また商船は、ハワイを経由して東アジアに向う中で、ハワイ人らは、アメリカとの貿易にかなり依存するようになっていた。しかし、南部民主党は異人種を理由にハワイ併合に反対していて、Grover Cleveland も、併合の動きが出た 1893 年に、強く反対していたことがある（第 6 章 2.(3)(イ)(g)）。

45　開戦そのものにも反対していた Harvard 大学長 Charles William Elit などの学者や Mark Twain などは、T. Roosevelt や Hearst らのような帝国主義者の成せる業であるとして、パリ平和条約の批准にも反対していた（注 38 の Harvard Magazine より）。

McKinley は、しかし、後任の T. Roosevelt とは違って、それまで帝国主義者（imperialist）とか、主戦論者（jingoism）、などの名で呼ばれたことはなかった[46]。Cuba 革命の時に、世論にせき立てられたかのように彼が出した声明も、**中立的介入**（neutral intervention）、という声明であった[47]。

スペイン戦争を受けた 1900 年選挙では民主党の Bryan 氏が、その McKinley を「帝国主義者」だ、と非難した。しかし、不況から脱出したこともあり、Cuba 革命を助けてスペインを圧倒した共和党の McKinley を、与論は広く支持し、McKinley が選挙に勝利した。意気軒昂に第 2 期目を滑り出した McKinley 大統領であったが、ポーランド移民の子で 1893 年不況で失業し、無政府主義に染まっていた anarchist により暗殺された[48]。

(d) さて、**スペイン戦争**（Spanish-American War）後の Cuba はどうなったか。スペインはパリ条約により Cuba に対する主権を放棄した。海軍省にいて戦争の実質的な推進者の 1 人となっていた T. Roosevelt は、彼が集めた Rough Riders は、どうしたか。半世紀余り前のアメリカ人（南部人）らは、そして Polk 大統領や Buchanan 大統領は、Cuba を「第何番目かの州に！」といっていた。しかし、その Cuba がスペインからも（アメリカからも）独立した[49]（だが、独立した Cuba には汚職と独裁の政治が待っていた）。スペインはパリ条約により Cuba に対する主権を放棄した（だが、独立した Cuba には汚職と独裁の政治が待っていた）。

46　T. Roosevelt は、Boy Scout からこれまでに Chief Scout Citizen の称号を与えられた、たった 1 人の人とされ、その Scout に主戦論精神（jingoism）を持込んだとされた。

47　しかし、世論はもっと**好事**の感じで、数ヶ月前に潰れかかっていた "Journal" を買収した 35 歳の Hearst は、好戦的な記事を山盛りにして、忽ち発行部数を急進させていた。その彼は、「新聞こそ世論だ。新聞が立法を決め、戦争を宣言する」と、1898 年 9 月に書いている（注 38 Harvard Magazine より）。

48　19 世紀には、1865 年の Lincoln に次いで、1881 年の James A. Garfield と、2 人の大統領の暗殺があった。今回も、周囲と警護担当者とは暗殺を心配し、Buffalo での博覧会参加に反対していたが、McKinley は耳をかさず、かつ厳重な警備を嫌っていた。

49　もっとも、連邦議会はスペイン戦争前に Teller 修正決議（Teller Amendment）や Platt 修正決議（Platt Amendment）をしていたから、それが防げなかったとの見方も成り立つ。

655

第3編　19世紀後半以降の憲法

　大体、スペイン戦争は6ヶ月の戦いである。スペインも早くの講和を望んだが、アメリカもそれ以上に、戦争のための戦争をするようなことはなかった。その意味では合衆国は、その昔にイギリス王から与えられた特許状（charter）中で定められていた通り、「防禦戦（defensive war）についてのみの授権」、の考えから大きく外れるようなことはなかった[50]。代りに T. Roosevelt が注目したのは、半世紀以上前に Adams が作成した Monroe Doctrine であった。ただ、その間のアメリカ合衆国の成長と、世界との関係の変化を映して、彼は、「Monroe Doctrine の同義語（corollary）として、国際警察権」（international police power）を唱えた。つまり、アメリカが、少くとも「西半球世界の警察官となる」、そこで、「法と秩序のために働く」といい出した。

　international police power は、イギリス王から与えられた上記の自国のための防禦戦（defensive war）の遂行とは異る。自国に限らず広く、アメリカが Doller Diplomacy を用い権益を拡げようとしている中南米 Americas での、国際的な法秩序を破ろうとする者に対しての、実力行使の是認を意味しよう（攻撃的な侵略戦争を否定する点では、共通性があるが）。仮に、これに同じ拡張主義のレッテルを貼るにしても、半世紀余り前に Cuba 革命の手助けをしようとした南部の拡張主義者らのいっていたところとは、些か違う。むしろ、1世紀半以上ずっと遡った1639年代のピューリタンの理想（自分達が）、「丘の上の都市の建設者として、人々に見られても恥じることのない生き方をしたい」との考えに近い。Winthrop がその説教、Christian Charity で唱えたものに近い（第1章1.(1)(ハ)）。

　そうだとすると、T. Roosevelt がいう**国際警察権（international police power）**は、他国の領土を侵略・併合する**拡張主義**とは、はっきりと区別され、それを否定するものでなければならない。実際、彼は**介入主**

50　第1章1.(1)、殊に(ハ)、(ニ)や、注11、注27参照。

義（interventionism）ではあったとしても、拡張主義（expansionism）をはっきりと否定していた。彼がアメリカのための優れた戦略的見地を示した例として、彼による日露戦争での交戦両国間の調停がある。彼が設定した Portsmouth、New Hampshire で行われた会談の結果に対し、歴史家が称賛の声を寄せている[51]。

　(e)スペインがアメリカに割譲した Guam、Puerto Rico、Philippines については、アメリカはこれを独立させることなく併合した（annexation）。それにより、そこの住民は、合衆国市民となることとなった（修正 XⅢ、§1）。また、そのための連邦法も作られた[52]。その Philippines では、1899 年にアメリカ軍人との衝突があり、住民らは、独立国の地位を求めて Philippines-American War に立ち上った。この戦争は、スペイン戦争よりかなり大きな犠牲をアメリカに強いた。その間の 1901 年、アメリカは Philippines を独立させる方向に方針を変え[53]、その結果、1946 年に Philippines は独立国となった（前(イ)で述べた Anti-Imperialist League は、その発生のきっかけが、正にアメリカによるこの Philippines 併合に反対することであった。）。

　(ロ)1901 年 9 月、McKinley 大統領がニューヨーク州、Buffalo で暗殺されると、副大統領の Theodore Roosevelt（T. Roosevelt）は、妻らとともに、直ぐ列車で現地に向った。彼はその Buffalo で、連邦地裁判事立会の下、大統領就任の宣誓をする。男性的でカウボーイ的な外見の彼。活発で、兎に角多才な人である。文芸、狩猟、環境問題、社会問題と、多方

51　彼はこの和平工作により Novel Peace Prize を与えられたが、歴史家 George E. Mowry は、"excellent job of balancing Russian and Japanese power in the Orient, where the supremacy of either constituted a threat to growing America" といっている（wikipedia.org）。

52　Jones-Shafroth Act of 1917（Pub. L. 64-368）は、Puerto Rico 内に上、下二院制の議会も設けるべく定めていた。Puerto Rico 人を合衆国市民とし、一時、合衆国の大統領による任命制であった現地の総督（Resident Commissioner）を選挙制にし、人権規定を設けるとともに、現地上院（Senate of Puerto Rico）も設けていた。

53　合衆国政府内に島嶼局（Bureau of Insular Affairs）が設けられ、そこが Philippines Organic Act of 1902 の下での以降の責任に当ることになった。

657

面に関心を持ち、話題の多さでは、余人に引けをとらず、多彩な生活・活動をしてきた（父方は、17世紀オランダ系移民の系統である）。

　(a)大統領となってからの彼は、彼以前よりも更に一段と、その憲政上の大統領の意味を増大させたかに見える。20世紀に入ってからの大統領の姿形の増大には著しいものがある。大統領の発言が標語化されるようになったのも、彼の時代辺りからである。彼自身も、その活動から多くの標語を生み出した大統領の1人といってよい。北部州とか南部州とかいっていた**南北戦争**前のアメリカはいうに及ばず、20世紀に入ってからの大統領の姿形の増大には著しいものがある。McKinley と T. Roosevelt とが、インタビューや写真撮影の機会を増やすなど、相次いでメディアに親近な姿勢をとったこともあり[54]、アメリカ国民の間に（茶の間の人として）大統領が話題に上るようになった。T. Roosevelt も前任の McKinley と同じく、それまでの大統領とは違ってメディアの応対にも気を配った。今日と同じように、ホワイトハウスが、アメリカでの毎日の大衆向けニュースの中心となったのも T. Roosevelt の時からである[55]。

　これは単に、アメリカ国民がメディアを通して見た大統領の姿形の大きさを変えただけに終っていない。アメリカの政治に占める大統領（個人）の姿形、発言力を大きく変えたといえる。憲政史の記述が、大統領史（Presidential History）に近似性を持ってきたともいえる（もっとも、アメリカの連邦政府成立時の第1代大統領ワシントンについても、それに近いことがいえたが、ワシントンの場合は、特別であるともいえよう）。

　その一方で、T. Roosevelt も、大統領の姿・形が20世紀アメリカ社会

54　2006年3月15日付の Robert Rouse による American Chronicle 誌では、T. Roosevelt によるものを、93年前に行われた「大統領による最初の記者会見」として記事にしている。
55　雨の日にホワイトハウス外の柱廊の陰で肌を寄せ合っている記者たちを見て大統領が、ホワイトハウス内に一室を用意し、そこで開くことにしたのが最初の記者会見となった。その後も、夫人の Edith は口数が少なかったが、子供たちを含めた家族の話題と、それらとの接触が、大統領に対する記者たちの近親感をより強めるトランプカードになった。最初の記者会見から93年を記念した Rouse, Robert による記事につき前注（American Chronicle 誌 1966年3月15日）（histclo.com より）。

でかつてないほど一般向けに増大しつつあることを感じていた。彼が自ら
の大統領の座を指して「役所で1番偉い人」"bully pulpit" と呼んだこと
は広く知られている。1番目につく公人、つまり「国民に対し方向を示し、
皆がそれに耳を傾ける人」今日的な存在を指している。

(b)大統領としての T. Roosevelt は、共和党政治を進歩主義（Progres-
sivism）の時代にふさわしい方向に引張るべく働いたともいえる。
"Square Deal" を国内政治向けのスローガンとして掲げた[56]。彼が目指し
ていたのは、(i)自然保護、(ii)企業規制、(iii)消費者保護、などであった。中
でも、一般受けのした具体的標語として、**事業者団体撲滅**（trust bust-
ing）があった[57]。これを掲げて彼は、前任者の時代に一段と強まってい
た業界団体の巨大化に対し手を入れた。この文脈では、金持ちの家に生ま
れ育った Roosevelt は、大衆の立場を考え行動した、**社会改革派**の1人
だったということもいえる。派手な性格行動を通して、メディアや大衆に
訴えた彼は、1904 年の選挙で大量得票して、自力当選の大統領となった[58]。

(c)一方、外交面での彼の立場はどうであったか。対外政策でも "Speak
softly and carry a Big stick" という標語を生み出している[59]。
Panama Canal 計画があった中南米で、外部勢力（ヨーロッパ）が動く
ことに特に敏感になっていた。1902 年 Venezuela の債務不履行に対して
イギリス、ドイツ、イタリアが連合して海上封鎖を行おうとした時（特に
ドイツの Kaiser Wilhelm の動機を懸念していた）、彼は、逸早く Hague
の Permanent Court of Arbitration（1899 年設立）に申立てるよう強く
奨めた。その背景には、彼のいう Monroe Doctrine、国際警察権があっ
たといってよい。彼が、Ivy Leaguers なども交えた民兵団 "Rough

---

56 「ゴマカシなしの政治」とか、「普通の市民が損をしない世の中」、を意味する。
57 このため、trust-buster とも綽名されている。
58 この選挙での圧勝の仕方は、1820 年の Monroe 大統領以来のものであった。また、副大
　統領から上って、次の選挙で大統領に当選した例としても、アメリカ憲政史上初めてであっ
　た。
59 西アフリカの土着の箴言 "Speak softly and carry a Big stick, and you go Far" からと
　ったとされている。

第3編　19世紀後半以降の憲法

Riders"を組織して、Cubaに赴き、対Spainの独立戦争で闘ったことが、その文脈につながるかは、興味ある問題といえよう。

　1904年選挙で大勝したRooseveltは、1905年Monroe Doctrineの解釈として、「もし、この西半球（Western Hemisphere）の1ヶ国でもが、政治、経済面で不安定になり、そこにヨーロッパの列強がつけ込むようなことがあれば（……so unstable as to be vulnerable to European control……）、合衆国は、国際警察権（international police power）を行使する……」と声明した[60]。これを指して、**アメリカの帝国主義**、という人もいるが、彼はこの解釈を、Monroe Doctrineからの**当然の帰結**（corollary）だと説明する。アメリカ憲政史上も画期的な解釈・声明といえる[61]。同じProgressivesではあったろうが、次の大統領Taftと比べると、2つの点で外交の進め方が違っていた。即ち、(i)なるべく上院の関門をくぐらないで、executive agreementで済まそうとしたし、また(ii)対外的な力を背景とした平和的交渉（realistic……peace through strength）を得意としていた。

　(d)いずれにせよ彼は、19世紀末までのアメリカがとってこなかったような、次の対外政策を実施した。これらが、世界が見る合衆国の顔を大きく変たことは、間違いない。①**パナマ運河**の**開削工事プロジェクト**を、フランスから買取って、完成させた[62]。② 1907～1909年に**白い大艦隊**（Great White Fleet）の世界一周航海を命じて、行わせた[63]。③**日露戦争**

60　international police powerをexercise するのは、"……in flagrant cases of such wrongdoing or impotence"だといっている。

61　これは直接的には、1902年のイギリスとドイツによるVenezuelaに対する封鎖に対する非難として出されたものであった（McKinley大統領が、Cuba革命に関して遂行したスペイン戦争の正当性を理由付ける考え方とも同じ線上に並ぶとも、考えられる）。

62　それ以前の1903年にもPanamaをColombiaから分離（secede）させるのに力を貸しているが、運河開削は、スペイン戦争時アメリカ海軍の戦艦Oregon号がCape Hornを廻って71日かけて漸くManilaまで航海できたことも1つの誘因となっていた。

63　大統領令で世界1周に出た16隻から成る大艦隊は、すべて白く塗られていた。遠洋での任務遂行能力を意味するblue-water navyを示すことが、1つの狙いだとされた（日本に対する示威の意味もあったとされる）。横浜のNew Grand Hotelのロビーには、その当時の来航の様子を映した写真が展示されていた。

660

第7章　20世紀の（現代における）アメリカと、主要な憲法事実

の**和平仲介**もしており、この件では、ノーベル平和賞も得ている。

　その解釈には幅があるものの、**国際警察権**声明や、**白い艦隊**の派遣など
の行動を見れば、W.W.Ⅰがヨーロッパで始った 1914 年にも、Roosevelt
が、Wilson 大統領のやり方を**生温い**、ドイツに対して「もっと厳しい対
応をとるべきだ」、と主張したこととの、つながりが見えてくるような気
がする。殊に、ドイツによるベルギーでの残虐行為が伝えられると、
Roosevelt は、Wilson を優柔不断だとして、強く非難した。1917 年には、
Cuba 革命の時（世間が Rough Riders と呼んでいた）と同じように、彼
が、W.W.Ⅰのためのボランティア部隊を興そうとしたが、Wilson は、
その受容れを断っている。

　㈥以上に見るように、国内、国際とも、その政治活動・政策で多彩だっ
た T. Roosevelt。彼による Progressive Party の立上げは、その徴表と
いえる。彼に対する政治的評価は、その存命中、「並」の域を大きく出な
かった。それが、20 世紀後半になって変化し、今では一般的に、アメリ
カの大統領 5 人の中の 1 人に数えられる（それまでは、Franklin D.
Roosevelt の影に隠れていた面もある）[64]。「南北戦争後から下降線を辿っ
てきた大統領職の重みを、再び上昇させた」、と評価する向きもある[65]。

　筆者の見方としては、アメリカを世界政治の舞台へと引き上げた
Spanish-American War を実質的に遂行して行った T. Roosevelt と、
「民主世界の兵器庫」を任じつつ、World War Ⅱ（W.W.Ⅱ）を遂行して
行った New Dealer の F. Roosevelt とは、1 つの線でつながっていると
も思われる。それは、植民地主義ではなく、また西欧的帝国主義でもない。
国際社会のクラス指導者（monitor）指向であり、その基本には、かつて
国王から防衛戦争だけを授権されていたことが、また「丘の上の都市」建

64　歴史評論家 Henry Brooks Adams は、「それまでは、彼の姪の夫、Franklin D.
　　Roosevelt の影に隠れていた面もある」、といっている。
65　Yale で歴史を教えていた John M. Blum による "The Republican Roosevelt" 中の言と
　　して、2011 年 10 月 22 日の New York Times の記事。

661

設を目指していた建国前後の精神的伝承が、映されている。アメリカの政治的ロマンティシズム（political romanticism）ともいえよう。

(a)その T. Roosevelt と（狭い政友という意味よりは）親しい友人でもあった William Taft 大統領の時代に移ろう。Harrison 大統領から始って McKinley や T. Roosevelt の各大統領からいくつもの役職に任用されていた William Howard Taft。憲政史上で唯 1 人、大統領と最高裁長官の 2 つの位についた。元来が Massachusetts の名家の Taft 家であったが、彼の父 Alphonso Taft も、やはり共和党の政治家で Ulysses S. Grant 大統領の下で Secretary of War と Attorney General を務めていた。その父が Ohio 州 Cincinnati へ移り、William の生活も、Ohio 州で始った。Taft には、これまでの大統領とは違って学者肌なところもあった（そんな彼が、初代 Philippines 総督として赴任する間に、日本にも立ち寄って、天皇陛下に拝謁している）。

T. Roosevelt は彼を捕えていっている、「若し、君が 3 人いたら、1 人は裁判所に、1 人は Dept. of War に、もう 1 人は外交（Philippines）に赴いて貰いたいところだ……」。Cincinnati で法曹生活を始めて間もなく、Ohio 州の官職に就いた後、32 歳で合衆国の Solicitor General に就いているかと思うと、新設の第 6 巡回裁判所（Court of Appeals for the Sixth Circuit）裁判官に就いている[66]。Spanish-American War of 1898 と、その後の Treaty of Paris により、アメリカがスペインから Philippines の譲渡を受けると、McKinley 大統領により、Philippines の民政官に命じられて、1901〜1904 年、その職に就く[67]。

66　彼の任命は、上院により 1892 年 3 月に承認されている。その後、1896〜1900 年、Univ. of Cincinnati の憲法学の教授職にも就いている。

67　その間、大統領が変って、友人の T. Roosevelt から最高裁裁判官の職を offer されたが、そして元来、彼が最高裁裁判官の職を欲していて、その事を Roosevelt にも話していたし、それでこの申出にもなったのだが、彼は現職を大切に思い（compulsive dedication to the job at hand）、その時もその後も、数回断っている。Roman Catholic Church 用の土地を Vatican から買取って現地人に提供するなど、人気が高く、現地人を見捨てることが忍びなかったことも一理由とされている。

第 7 章　20 世紀の（現代における）アメリカと、主要な憲法事実

　(b)大統領選挙年の 1904 年、Roosevelt は Taft を Philippines とも縁の
ある Secretary of War に任命するとともに、「将来、必ず最高裁裁判官
の職にも就けてあげるから」と、またもや約束している（Taft は見返り
に Roosevelt の大統領選挙サポートを約束）。そのように多くの官職の
offer に恵まれた Taft であったが、何といっても言及が避けられないも
のに、1905 年の Taft-Katsura Agreement（Taft-Katsura Memoran-
dum）（桂タフト協定）がある。アメリカ合衆国が、日露戦争（Russo-
Japanese War）後の東アジア情勢を巡って日本政府の要職者と意見交換
を行った、そのメモである。

　面白いことに、アメリカの歴史学者などの側からは、これによりアメリ
カが日本の東アジアでの出鼻を挫く働きがあったとの見方がなされている
のに対し[68]、韓国の学者などの中には反対に、「アメリカが韓国を裏切っ
て（特に、彼らのいう独島を）、日本に売り渡した」との見方をする例が
ある[69]。いずれにしても、日本とアメリカ、ともに、それまで孤立主義の
立場（isolationist）をとってきたこの 2 国は、20 世紀の到来とともに、
世界の実力者として急に躍り出た。前注 68 の Tyler Dennett は、この
Agreement（Memorandum）を合衆国の外交史上も注目すべき Execu-
tive Agreement（国際的合意の 3 分類の 1 つ）だとしているが、これに
異論を唱える歴史学者もいる（まずは、3 つのポイントから成るこの
Agreement を一読されることがお奨めである）。

　(c)このように法律学者、外交官、政治家と多彩な Taft であったが、1
つの巡り合わせで第 27 代大統領になった。T. Roosevelt は、Taft の志
が法律家にあることを知っていたので、1906 年にも再び最高裁判事の椅

68　歴史学者 Tyler Dennett は、これを "President Roosevelt's Secret Pact With Japan"
　と呼んでいるという（wikipedia）。
69　そうした見方をするアメリカの歴史学者の例として Tyler　Dennett（後に一時 Williams
　College の President）がいる一方、韓国側の学者の例として wikipedia が挙げる Ki-baik
　Lee, *A New History of Korea*（Harvard U. Press, 1984）のほか、論文もインターネット
　上で見うる（dokdo-takeshima.com）。

663

子を offer したが、Philippines 問題とガップリ組み合っていた Taft は、またしても断った[70]（これが最高裁長官の椅子ならば、違った返事になっていたろう、ともいわれる）。巡り合わせというのは、Taft が最高裁長官の椅子を断った後に T. Roosevelt が、翌 1908 年の大統領選挙に Taft が共和党候補として出たら、勝てるのではないかと考えたことがある（Taft 夫人も、かねてから夫のホワイトハウス入りを熱望していた）。この間も Taft 本人は、Philippines 問題と Cuba 問題の解決にかかりきりになっていたことに加え、1907 年には Hay-Bunau-Varilla Treaty of 1903 により[71]、アメリカがいよいよ Panama Canal Zone での運河建設にかかることになり、Taft は、この Panama Canal 建設の監督に集中し出した。

(d) その Taft が一転、大統領選に出て、当選した。大統領となった Taft は、総じていえば T. Roosevelt と同じく、進歩主義（Progressivism）に属したが、T. Roosevelt 以上に独禁法違反の追求に本腰を入れた[72]。その議会に対する基本的態度が、"policy of harmony" と呼ばれた彼は、総じて政治家的発想よりも理論的発想により行動していたといえよう。行政の効率化でも T. Roosevelt とは違って、政治とは切り離して考える傾向があった。関税問題も、まさにその 1 つであったし、法人（所得）税（corporate income tax）でも同じで、本気でその導入に取り掛か

70　Taft は Philippines 産の砂糖と tobacco のアメリカへの関税引き下げを進めたが、これは T. Roosevelt の政策とは反していた。T. Roosevelt が Dominican Republic との条約を正式の treaty によらず、executive agreement で済ませて了ったことでも、2 人の意見はぶつかり合った（Taft は上院の承認を得るべきと考えていた）。しかし、これらの問題で Taft が辞任を申し出たのに対し、T. Roosevelt 大統領は受付けなかった。

71　Philippe-Jean Bunau-Varilla は、フランス人教師・軍人で、T. Roosevelt にも接近し、Panama の Colombia などからの独立に影響があり、またスエス運河を創った Ferdinand de Lesseps が進捗させた計画、Panama 運河工事にも携わった。

72　Taft は、trust-buster の名の付いた T. Roosevelt ほどには、口先で大企業（big business）を攻撃することはしなかったが、彼の下での Justice Dept.は、4 年間に Sherman 法の下での反独禁訴訟（antitrust suits）を 90 件行っている（T. Roosevelt の時は、8 年間で 54 件）。その一番が、大企業 U.S. Steel を被告としたもので、しかも訴訟では（Taft は知らなかったが）T. Roosevelt も共同被告とされていた。それが、2 人の永年の友人関係にひびを入れたとされる（wikipedia）。

った。ずっと黒字で来た連邦財政が赤字に転落していたこの時期、就任から幾日でもなく、彼は臨時に連邦議会を召集した（1909年）。その結果が、法人所得に一律1％の税を課すという Corporation Excise Tax Act of 1909 となった[73]。

　もう1つの結果としてできたのが、（前記の法人所得税法を含む）Payne-Aldrich Tariff Act of 1909 である。同法は、2つの反対する勢力の声をそれぞれ反映した、矛盾する内容を持っていた（ニューヨーク州からの下院議員 Sereno E. Payne の法案が、Dingley Act of 1897 以来、高停りしていた関税率を引き下げようとしていたのに対し、Rhode Island 州からの上院議員の Nelson W. Aldrich は、その反対を試みていた）。もう1つ、同法案では度重なる関税率を巡るゴタゴタの収拾策として関税委員会（tariff board）の設置と、その答申を踏まえた合理的な関税率処理を求めていた。そこで大統領 Taft は、直ぐに関税委員会の委員の人選を行っている。

　Taft は、共和党全体のために同法をサインして成立させたが、Payne-Aldrich Tariff Act が、まるっきり妥協の産物で、イデオロギー的にも進歩主義とは正反対のものであったから、それが大統領 Taft に対する批判となった[74]。この Payne-Aldrich Tariff Act を巡る共和党内の混乱と意

73　アメリカは、南北戦争時に一時的に連邦所得税を導入したが（1861～1872）、大半の時期、関税と物品税（excise tax）のみで済ませてきた（1894年の Wilson-Gorman Tariff Act（注14）の時にも、2％の所得税を法人にかけていたが、修正ⅩⅥ前のこともあり、違憲と判断された（Pollock v. Farmers' Loan & Trust Co. (1895)）。1909年に連邦議会は修正ⅩⅥの成立を見越して、法人の所得に excise tax を掛ける立法をし、以来多くの立法で法人の所得を対象とする連邦税が一般化する。
　Taft は1909年6月16日のスピーチで、新しく法人に課税するための理論を開陳している。"I therefore recommend an amendment to the tariff bill imposing upon all corporations and joint stock companies for profit, ……an excise tax measured by 2 per cent on the net income of such corporations. This is an excise tax upon the privilege of doing business as an artificial entity and of freedom from a general partnership liability enjoyed by those who own the stock." (presidency.ucsb.edu)。Taft 大統領のこの法人課税理論は、2年後の最高裁によって確認されている（Flint v. Stone Tracy Corporation, 220 U.S. 107 (1911)）。争点の第1は、「法人法は州法であり、州によって与えられた法人格に連邦が課税するのは不当」というものであった。

第 3 編　19 世紀後半以降の憲法

見の対立は、遂に党を割るところにまで達して、共和党は進歩主義者 (Progressives) と Old Guards とに分かれた[75]。そのため、翌 1910 年の中間選挙では民主党に敗退し、更に 1912 年大統領選挙でも、民主党の Wilson に道を譲る結果となった (princeton.edu)。

（e）Taft 大統領は、連邦予算の編成手続きも今風に変えている。以前は各省が財務省 (Treasury Dept.) に提出した予算案が、次に連邦議会に行っていたが、Taft は、これを大統領府に先ず提出させ、そこで調整・カットすることを行った（今日の姿に近く、Taft はこの絡みで、T. Roosevelt による Keep Commission を更に本格化したと思われる Commission on Economy and Efficiency を設けた[76]）。世紀の変わり目のこの時期の連邦財政が、アメリカ合衆国としてはむしろ例外的に赤字だったことも、Commission が生れてきた理由であった。これにより、対 Congress での大統領の予算編成上の交渉力が強まったとされ、次にその力を逆に議会の方に引き寄せたのは、Congressional Budget and Impoundment Control Act of 1974 によってであった[77]。なお、ここでの Impoundment とは、大統領が議会の付けた予算を「不用だ」、として棚上げして了うことで、Jefferson 大統領が 1801 年に海軍用の gunboat のための 5 万ドル予算を、「Mississippi 川航行の状況が悪化していないから」、として不使用にしたのが始まりとされる[78]。

74　進歩主義論者は、こうした矛盾する内容の定めが法律となることは、大統領が遮むだろうと期待していたが、大統領が、Payne-Aldrich Tariff Act の作成途中で口を出さず、影響力を行使しなかったことで、Taft を非難した。一方、行政と立法の機能分離を厳格に考えていた Taft は、こうした議論に賛成していなかった (princeton.edu)。

75　Wisconsin 州からの上院議員 Robert La Follette は、Taft のいる共和党を日乾しにするため、National Republican League を立ち上げた (ditto)。

76　この Commission による作業の中から、数年後に Budget and Accounting Act of 1921 が立法され、同法により Bureau of Budget が財務省 (Treasury Dept.) 内に設けられることになる。

77　Congressional Budget and Impoundment Control Act of 1974 は、議会の上、下両院内に各常任の予算委員会を設け、その事務局も設けるとともに、会計年度を 7 月 1 日から 10 月 1 日に移した。この議会による予算権の強化は、Nixon 大統領による Impoundment への対抗措置から生れた (bancrcft.berkley.edu)。

第 7 章　20 世紀の（現代における）アメリカと、主要な憲法事実

　Taft 大統領については 10 の逸話とか 15 の逸話という website がある（ここでは採り上げる余裕がないが、1 つだけいえば、それまで議事堂（Capitol Building）内で行われていた最高裁の法廷を、三権分立の見地から今のように、「文字どおり建物からして分離」させた）。

　(f)最後に外交政策に一言すると、"Dollar Diplomacy in the Americas" が有名である（Taft 大統領は、これを "substituting dollars for bullets" と呼んだ）。1905 年に、1 代前の大統領 T. Roosevelt が、Monroe Doctrine に新しい息吹を入れていたが（前(ロ)(c)）、Taft 大統領の Dollar Diplomacy は、T. Roosevelt のこの理論の延長線上にあるようで、少し毛色の違う政策といってよい。

　Dollar Diplomacy というからには、経済的な backup が主であることに違いはない。もう Panama Canal の建設が始っていたから、そこでのアメリカの stake を安泰に保てる平和が特に必要だった。また何処よりも先ず、Caribbean と呼ばれる中米諸国（Americas）に目が向けられた。それとともに、東アジア（East Asia）諸国、主として中国をも射程にしていた[79]。民間金融機関による中南米などへの融資（借款）を合衆国が保証する制度がその典型であり、Taft 大統領と国務省（State Dept.）の Philander C. Knox 長官との 2 人のコンビが、この政策を推進した[80]。Taft 大統領は、T. Roosevelt とは違って、基本的に平和的手段を好んだが、にも拘らず、この Caribbean と呼ばれる中米アメリカ諸国（Americas）では、Roosevelt 式手法にものめり込んでいた。現地の政情不安で、Nicaragua で反乱が起きていた 1912 年、Taft 政権は反乱組に加担し、

78　Train v. City of New York, 420 U.S. 35 (1975) では、議会の意図を frustrate するような予算の不使用（impoundment power）は違憲であるとした。
79　中国では既に、イギリス、フランス、ドイツにより中国全土に鉄道網 Huguang to Canton Railroad を建設するための Consortium が結成されていた。Knox は、面倒くさがるヨーロッパ勢と交渉の末、その金融に J.P. Morgan & Co.を加えることを認めさせたが、これは後に、計画自体が潰れる（answers.com）。
80　この Dollar Diplomacy の嚆矢・典型ともなるのが、1819 年に連邦議会が行った Liberia 共和国への贈与である。Taft 大統領は第 1 回教書（1907 年 12 月）中で、Liberia 支援の特別な意義に触れた後、1912 年には 40 年ローンを供与している（state.gov）。

667

第 3 編　19 世紀後半以降の憲法

合衆国軍を送り込み、現地税関などを占拠した上、Knox がアメリカの銀行家らを集め、関税収入を抵当にした新政権への融資を奨励した（その後は、この反乱政権自体が 2 つに割れる紛争となり、結局、合衆国軍は 10 年以上も現地に留まることになった）。似たようなことが Honduras や Haiti でも起こった。そこでも、ヨーロッパ諸国による介入を排除するため、合衆国軍の駐留が行われた。そうした国々での政治・経済の安定を図ること、それが正に Dollar Diplomacy だという訳であった。Taft 大統領は、これらを Monroe Doctrine だとする一方で、ヨーロッパとの紛争は国際仲裁によって解決すべきだとし、国際仲裁制度（arbitration as setting international disputes）の確立にも力を入れた[81]。更に、T. Roosevelt とは違って、Taft はこの手の外交努力を行う上で、国内的にはまともに上院の扉を叩いて行った（ただ、彼は、上院が自らの持つ Treaty-making process という大権〔prerogatives〕を用いることに極めて執着心が強い〔extremely jealous〕ことを十分に理解していなかった）。

㈡アメリカに珍しい多党化時代が到来したかと思われた 1912 年選挙。

その 1912 年選挙は、アメリカの憲政史上でも稀な、**四党候補者間での争い**、となった。その選挙を制したのは、その前に Princeton 大学学長から New Jersey 州知事をしていた（schoolmaster of politics の綽名の）民主党の Thomas Woodrow Wilson であった。T. Roosevelt も、この 1912 年選挙に（間をあけた）3 期目を目指して挑戦したが、共和党が現職の William Howard Taft 支持に廻ったため、別の党派 Progressive Party を立ち上げて出馬する破目になった[82]。進歩党（Progressive Party）の立上げは、時代的のみならず、政策的にも、彼の本領といえる。

81　Taft Arbitration Treaties of 1911 はしかし、上院の承認を得られず発効しなかった。

82　その際、Wisconsin 州 Milwaukee での選挙キャンペーン中に、暗殺されかかったことがある。その時彼は、「こんなことじゃ、**アメリカへら鹿は殺せないよ！**」といったことから、同党は Bull Moose Party とも呼ばれた。

第7章　20世紀の（現代における）アメリカと、主要な憲法事実

(a) T. Roosevelt が Progressive Party の党名で返り咲きを目指した1912年選挙は、民主、共和の両党のほかに、もう1つ、アメリカ社会党（Socialist Party of America）がデビューし、多党化現象を見せた。Socialist Party of America が1901年にできると、20世紀の1910年頃までは、かなりの支持を得ていた（中でも Eugene V. Debs は、大統領選挙に5度も続けて立候補し、1912年選挙では、6％余りの支持票も得ていた。しかし、1918年の Ohio 州内での反戦演説では Espionage Act of 1917 違反を理由に逮捕され、10年間の懲役と、終身にわたる公職資格剥奪を言い渡された[83])。

同党は、ある程度の支持を得て、World War I（W.W.I）に対しても強く反対していたが、やがて、そのスタンスが攻撃の対象とされることも多くなった。その消長に更に響いたのは、1917年のロシアのボルシェヴィキ革命（Bolshevik Revolution）である。1919年の Communist International 誕生につながり、党内分裂を呼ぶ力となった。そのアメリカ共産党は、新大陸の広大な天地（資源）、その高い工業技術力、古いヨーロッパ式の階級のないことなどから、マルクス主義からは独立した史観を正当化できるとしていたが、これは、Stalin から「正にアメリカ式例外主義である」として、厳しく批判されていた[84]。

(b)アメリカに珍しい多党化時代が到来したかと思われた1912年選挙を征した Woodrow Wilson には、4年前までの共和党（Republican）大統領だった T. Roosevelt と1つの共通点があった。進歩主義（Progressivism）である[85]。大統領就任後、議会に最初に送った立法要請を見ると、

83　Debs v. United States, 249 U.S. 211 (1919)、同判決の理由中では、Debs の演説は、彼が用心して避けていた認定、「騒乱を起こさせる意図があった」はされなかったものの、W.W.I への反対の考えを単に表明していただけではなく、「徴兵忌避をすすめていた」と判断された（その中で、同年の Schenck v. United States, 249 U.S. 47 も援用されている）。なお、同意見中で Espionage Act of 1917 の合憲性も確認されている。

84　「アメリカ式例外主義」（American exceptionalism）につき第5章二.2.(1)(ハ)(a)参照。2008年大統領選挙で共和党の John McCain 候補は、民主党の候補 Barack Obama 氏を攻撃する1つの材料に、Obama がこのアメリカ式例外主義を「信奉していない」、としていた。

第3編　19世紀後半以降の憲法

T. Roosevelt の場合が、事業者団体規制（trust busting）のための諸立法であったのに対し、Wilson の場合は、幅広い進歩主義的政策のための各種実施法であった。

　実際、彼が大統領の座に就いてからの第1期目2年間には、ヨーロッパで既に第1次世界大戦の火の手が上がっていたが、Wilson は、その火の手を避けて、全力を挙げてアメリカの主要な進歩主義的政策実現のため突き進んだ（彼は、頻繁に自ら議会に出席して、直接立法府へ働きかけた点で、歴代大統領の中でも、大統領として抜きん出ていた）。彼が実現させた立法は数多いが、主なものを経済政策と、社会・政治政策とに分けて列挙してみよう。

　(c)経済政策の実現措置ないし立法としては、次がある（①と④は、金融制度に係るものとして共通項といえ、また②、③は、いずれも、競争政策に係るものとして纏めることができる）。①連邦準備制度（Federal Reserve System）創設のための Federal Reserve Act[86]、②公正取引委員会（Federal Trade Commission）設立と、その根拠法 Federal Trade Commission Act[87]、③反競争制限法（Clayton Antitrust Act）の立法[88]、

85　なお、Franklin D. Roosevelt も、共和党の一部までを含む New Deal Coalition を作ったが、中でも進歩主義的共和党（Progressive Republican）の議員との協調が目に付く（Dallek, Franklin D. Roosevelt and American Foreign Policy. pp.70-71, 74 など）。

86　Federal Reserve Act of 1913 (Pub, L. 63-43)。本名の Popular name は、ずっと長い。連邦準備制度（Federal Reserve System）を創設し、一般に「米ドル」と呼んでいる Federal Reserve Notes を発行する。すべての国法銀行（national association）は、連邦準備制度（Federal Reserve System）に加盟することとされている。

87　Federal Trade Commission Act of 1914 は、Wilson 大統領が採用した手法で、Roosevelt のような**団体潰し**に、正面から敵対する代りに、州際通商での不公正取引（unfaire methods, acts and practices……）を禁止することで、自由市場につなげようとする。同時に公正取引委員会（Federal Trade Commission）の創設を授権した。

88　Clayton Antitrust Act of 1914 (Pub. L. 63-212) (15 U.S.C. §12〜27, 29 U.S.C. §52〜53) は、trust やカルテル形式を禁止することを主眼とした Sherman Act 1890 とは角度が違う。後者の適用を逃れるために企業は、カルテル（cartel）を作らないで、合併による巨大化の途を選んだ。Clayton Antitrust Act は、そうした動きも含め、反競争の動きを芽の内に摘むことを主目的とし、Sherman Act 1890 の法制を補うものとして立法された。また、Clayton Antitrust Act of 1914 は、大恐慌時に Robinson-Patman Act of 1936 (15 U.S.C. §13(a)〜(f)) により、価格差別などによる反競争的動きを、広く抑止するための改正を経ている。

④ Federal Farm Loan System（連邦農業信用システム）創設のための Federal Farm Loan Act[89]。

(d)社会・政治面での主な措置や立法として次がある。①１番大きいのは、改憲運動により修正ⅩⅥ（前出）と、その下での改正連邦法を実現させ、建国以来のアメリカ法制上の盲点、所得税法を確立したことである[90]。②任期の終りに近い 1920 年に、もう１つの実質的かつ実体法的な改憲、婦人参政権を与える修正ⅩⅨを成立させた[91]。③ Progressivism の看板政策の児童労働規制法と[92]、鉄道労働者に１日８時間労働の原則を打ち樹てる Adamson Act を成立させた[93]。

㈥ T. Roosevelt と Wilson とは、党派も反対だし、性格、政策、その他でも対照的なところが多くあったが、共通点が１つある。ともに 20 世紀（の初め）の舞台に立っていた。州権に対し、連邦政府の力が急成長、急拡大したこの時期は、単に連邦の力の増大が目を牽くだけでない。やがて世界大戦、世界恐慌など、社会的、国際社会的にも大変動が生じつつあった。つまり、その舞台とは最早、西半球ではない。世界であった。いずれも強い政府、強い執行力なしには対処できない出来事である。しかも、

89　Federal Farm Loan Act of 1916 (Pub. L. 64-158)。20 世紀初めのアメリカの人口の大多数を占める農村家族の生涯計画と、その金融上の施策については、T. Roosevelt 時代から委員会を設けて調査していて、Taft 大統領、Wilson 大統領と受継ぎ、本法となった。Federal Reserve System と同じく地域別に 12 の銀行（Farm Loan Bank）と、全国に数十の、協同組合的な金融機関 Federal Farm Loan Association とを作った。

90　修正ⅩⅥによる改憲を受け、Wilson が力こぶを入れたのが、合衆国の歳入問題である。このため、John Adams 以来、初めてとされる大統領自らが議会に出ての演説を、この時もしている。その成果としての Revenue Act of 1913 は、関税を大幅に引下げる一方、南北戦争以来初めて連邦所得税を導入した（累進制だが、人口の１％程度の人が、所得の最低１％相当額の税を払うことになった）。

91　歴代のホワイトハウスの主の中でも、最も女房孝行（uxorious）とされていた Wilson であるが、元来は、余り婦人参政権に熱がなかったとされる。それでは、「政治家として問題だ」と悟って、変身したといわれる。

92　児童労働による製品の州際通商を禁じる立法の合憲性を巡り、最高裁の先例で揺れていた Keating Owen Act of 1916 である。

93　私企業である鉄道会社の州際労働者によるストライキを回避するため、Georgia 州からの下院議員 William C. Adamson が提出し、1916 年に成立した。会社が法廷でその効力を争う中、労働者は、更にストライキを構えていたが、同法を合憲とする先例が出て、ストライキは中止された。Wilson v. New, 243 U.S. 332 (1917)。

議会で討論・票決している暇のない事態がある。それが、そして主役を演じる大統領の姿が、世人の目を牽き付けた。こうして、大統領の座が、自ら連邦の力の増大の中心となり、核となる。T. Roosevelt も、既に、それを感じていたに違いない。いや彼は、積極的に新世紀を感じ、それにつき計画し、演じもしていた（スペイン戦争、パナマ運河の買収、白い大艦隊……）。

　(a) Wilson も、この基本的な時代的特徴を認識していた。彼が 2 年半近く前から始っていたヨーロッパでの大戦を前に「世界から戦争を失くすための戦争」を宣言したことの背後には、力の増大した（しつつある）連邦政府が、合衆国の存在があった[94]。アメリカの憲政史を学ぶ者は、19 世紀、20 世紀と、時代とともに中央（連邦政府）の姿と力が、州に対してドンドン増大して行くのを目の当りにして、Friedman の言（……grew, grew and grew）に、「成程」と感心させられる。連邦政府の中でも、特にその執行者・大統領の姿である。その姿と力の増大ほど著しいものはない。

　そんなところから「憲政史」の副題の本書でも、この第 7 章では殊更、大統領史、複数大統領伝記に近い姿、形をとりつつある。しかも、T. Roosevelt がホワイトハウスの一部を開放したように、大統領自身がそのことを意識し、親メディアのポーズを採り始ていた。

　(b) 連邦政府の司法部門・最高裁も、連邦の力の増大に与った筈である。憲法事件の著増は、当然のこと乍ら、最高裁の権威を高める。加えて、アメリカ憲政史を通して、平和が脅かされる時代には、John Adams による Sedition Act をはじめ、共通してその手の連邦法が作られてきた。その絡みのケースも増える。W.W. I の最中にも Wilson は、いくつかの言論取締法を成立させている。その下での、いわゆる「赤狩り騒動」（Red Scare）事件（Abrams v. U.S. など）で、最高裁が、それら言論取締法を

94　1913 年に成立していた修正 XVIの下で、同年にも連邦所得税法が成立していた。Wilson は、W.W. I を遂行する上で、War Revenue Act of 1917 を成立させ、アメリカの憲政史上初めて、所得税が連邦の財源の No.1 となって浮上した。

合憲としたことは前に見た。その先例に見るように、最高裁は、世の中の動き（感情）に歯向うことには、（臆病といわないまでも）概して慎重過ぎるくらい慎重である。

W.W. I 中での例が、Abrams 事件（1919 年）であったとすると（注112）、W.W. II での先例としては、日本人の連行と隔離（internment）に係るいくつかの事件がある。更に、その後の冷戦（Cold War）時代にも、いわゆるマッカーシー旋風（McCarthyism）が吹き、その時は、連邦、州ともに、政府が非米、反米活動の摘発に走り回ったが[95]、このマッカーシー旋風の中の事件でも、最高裁の慎重さを示す先例も出ていた[96]。

(c)前章 1.(2)の**人種問題**で、**黒人奴隷解放**の実体を見てきた。**進歩主義**の時代が到来した今、進歩主義の旗手でもあった 2 人の大統領、T. Roosevelt と Wilson は、どのような眼で少数民族（minority）を見ていたか。

T. Roosevelt のインディアンに対する見方は、**首刈り族**的見方に捕らわれていた。「オーストラリア（Australia）の土着民族（natives）と対比して、アメリカ大陸のインディアンは数も多いが、それよりも、恐るべき野蛮な連中だ」(most formidable savage foes……) と述べている[97]（ワシントンも、フランス・インディアン戦争中に実際に遭遇して、その目で見ていたこともあるが、彼らの生活を遍く知っていた点が異る）。Virginia 出身の Wilson は、選挙公約中で黒人らの権利伸長を取り入れていたが、実際の政策は、これと違っていた[98]。却って、首都 Washington D. C.での人種分離（segregation）を推進したとされる[99]。

---

95 Friedman は、こうした国を挙げての反共運動は、他国、たとえばイギリスよりも、もっと極端に行くとしている (p.535)。

96 Dennis v. United States, 341 U.S. 494 (1951) では、共産党（American Communist Party）の 11 人のリーダーが、国防法のような The Smith Act に違反したとされて訴追された中で、最高裁は、同法を合憲とした。

97 ヨーロッパ人によるアメリカ大陸での土着民族の征服と、アフリカ大陸での征服とを比較すると、アフリカの黒人の方は、人口が減少したり、部族が絶えたりすることなく、「ヨーロッパ人の方が飲み込まれて了う」、と述べている (Thomas Dyer, *Theodore Roosevelt and the Idea of Race*, LSU Press, 1992, p.186)。

673

第3編　19世紀後半以降の憲法

(d) Wilson による国内政治を要約すると、以上の人種問題が表象するように、南部（Staunton, Virginia）出身の民主党員らしい特徴が挙げられる。前任の共和党出身の McKinley や、殊に 4 年前の T. Roosevelt とは対照的である。一言でいうと、都市の商工業者、そのつながりでの Wall Street の金融機関を向いた政策というよりは、農家や農村寄りの政策である。具体的には、McKinley、Roosevelt の両大統領の下で、最高の率にしてきた輸入関税を、大幅に引下げた（これには、民主党内にも反対者がいたが、共和党や、そのロビィストらを「企業と結び付いた……」と、国民に直接訴えるキャンペーンで攻撃することで、必要とされた Revenue Act of 1913 などを通した）。関税引下げによる歳入減は、前述のとおり、修正XVIの成立により可能となった弾力的な連邦所得税法（Revenue Act of 1913）により対応するようにした。

(e)もう 1 つの特徴として、通貨金融政策が挙げられる。農家や農村は、農産物価格を高く保つため、伝統的に銀貨と紙幣の併用を望んできた。彼らは、金本位に固執する銀行を敵視し、その背後にいる Wall Street の金融機関を（政治と結び付いて、金融問題を自分らの有利に進めているとして）憎んでいた。Wilson 大統領は、この金融を Wall Street の金融機関の影響から切り離し、前出の Federal Reserve System という、政府が関与する（中立的な）ものにした。他方で、中央集権の批判を避けるため、地域毎に 12 の Federal Reserve Banks を設けた[100]。農家や農村寄りの政策では、もっと正面から、農家や農村の経営改善を手助けする施策を行った[101]。更に、農家や農村に前出の Federal Farm Loan Act of 1916 で、金融面からの裏付けを行った。

98　Weiss, Nancy J (1916). The Negro and the New Freedom; Fighting Wilsonian Segregation. Political Science Quarterly, Vo.l84, No.1.

99　......was only too eager to promote segregation (Friedman, p.525).

100　ただ、実際には、ニューヨークの Federal Reserve Bank のウェイトが圧倒的に大きくなることは防げなかった。

674

第7章　20世紀の（現代における）アメリカと、主要な憲法事実

⑶果たせなかった Wilson の理想、国際聯盟非加盟国アメリカ

　㈠第1期4年間を、専ら国内の改革に向け、稀に見るほど多くの、かつ重要な、新しい制度の創設で実績を挙げた Wilson 大統領。1916年選挙を僅差で勝利して1917年初め、その第2期が始った。選挙でのスローガンは、「戦争に巻き込まれないアメリカを！」、"He kept us out of War" であった（W.W.I が1914年に始っていた）。こうして、Wilson 大統領は、一部の世論がドイツに対する「開戦」を激しく叫ぶ中、2年以上、大戦に巻き込まれることを抑えてきた[102]。また、周囲の声にも拘らず、戦争準備に向けた措置をとっていなかった。モンロー主義（Monroe Doctrine）の長い伝統の下、有力な反戦論者もかなりいた[103]。

　(a)世論のバランスという点では、開戦論者と反戦論者の間に、Wilson も含めた**自由国際（法）論者**、といえる人たちがいた。割れていた合衆国内の与論にも拘らず、議会は1917年4月、遂に戦争を宣言する決議を可決した。ドイツによる国際（法）違反事件が相続き、世論のバランスが崩れた結果ともいえる[104]。

　最初、アメリカ人の多くは、この戦争を遠い別大陸での出来事、「対岸の火事」と見ていた。しかし、綿その他の農産物の価格は暴落し、ニュー

101　The Smith-Lever Act of 1914 で、Georgia 州からの Michael Hoke Smith 上院議員の提出による。農協のような団体を通して、知恵と資金の双方を提供することを内容とする。協同組合組織の団体を主に、そこへ、州立農業大学から技術情報などを提供し、その事業化で、州と連邦が分担して資金的支援をする。

102　彼は、選挙の前の8月、固く中立を守ることを宣言した。「この困難な時に当り……言葉だけでなく、実際にも中立で、かつ行動のみならず、思想でも公平であらねば……」と国民に呼びかけた。彼はまた、助言者 Edward House 宛の手紙で「摂理（Providence）は、きっと我々が展げられる以上の、もっと深い計画をもっておられよう……」といっている（Faith Jaycox, *Progressive Era*, Infobase Pub, 2005年, p.406)。

103　反戦論者は、移民の出身国別に見ると、主にアイルランド系、ドイツ系、スウェーデン系に多く、また輸出に絡む南部農家などに多かった。

104　ナポレオン戦争の時と同様、イギリスは、ドイツに対する海上封鎖（blockade）を有効に活用した。その時と同様に、ドイツへ向うアメリカ商船は、イギリス海軍に捕獲などされた例もあった。ドイツも1917年初めに、イギリスへ向うすべての商船に対して同じく封鎖命令を出し、潜水艦 U ボートによる無差別攻撃により、それを実行した（これには、アメリカの反応に対する、ドイツ当局の甘い誤算があったともいえる）。

675

第3編　19世紀後半以降の憲法

ヨーク証券取引所が、5ヶ月間閉鎖を余儀なくされるなど、経済へのショックは大きかった。Wilson 内閣は、それでも初めは、戦争当事国への融資を一切禁止していた[105]。これが、イギリスなどに対する打撃となったため、1914年10月に解除した。

　(b)もう1つ、世論の均衡を破ったもの、議会に戦争宣言を出させるに至ったもの（それどころか、決め手となったもの）、がある。「怪文書かも知れない……」、とされる電報である。ドイツの外相 Arthur Zimmermann による駐 Mexico ドイツ大使宛の秘密電報とされる電報を、イギリス当局が「入手した」として、1917年2月24日に Wilson 大統領に送ってきた事実である。「大統領が、参戦に踏み切る決定的理由になった」、とする考えがあり、かなり広く信じられている[106]。この電報を受けて、翌月旺日（2月26日）午後には、Wilson が議会の上・下両院の合同会議で話しをすることになった。

　(c)そして4月2日、Wilson 大統領は遂に議会で、「世界を民主主義にとり安全にするため……」（......to keep the world safe for democracy）「戦争を終らせるための戦争……」、の開戦を告げ求める演説をしている[107]。議会は4月4日に、宣言を決議した（下院で50人、上院で6人の反対票があった）。彼が以前とは違って、「世界を民主主義のために安全にする……」（......make the world safe for democracy）と議会で述べたことを

105　従来の国際慣行上は、中立国が戦争当事国へ資金を貸し付ける自由は認められていた。
106　新聞王 William Randolph Hearst が、件の電報の写し（この電報の写しは、「ホワイト・ハウスの然るべき筋から入手したコピーだ」、という）を手に、密かにワシントンのホテルの一室にいて、Washington Tribune の編集長、Blaise Delacroix Sanford と話している。2人の会話は、Hearst から始まる。
　「スパイからの情報では、電報は、もう1週間ほども、ロンドンに止っていた……つまり、このワシントンで作られたのでなければ、そこで作られた……」。「Zimmermann ではないとすると、誰が書いたんでしょう？」「Attorney General の Thomas W. Gregory だという話だ……Zimmermann、Gregory またはイギリス……誰にせよ、この電報だと、メキシコ大統領が、更に日本にアプローチして、我々に対する戦いに誘い込むように、求めている……Gregory は、大統領に盛んに開戦を働きかけているが、幸い大統領と、他の閣僚は動じていないようだ……」(Gore Vidal, *Hollywood*, Ballantine Book, 1990, p.3)（ここでの Hearst は、20年近く前の Hearst とは少し違う人物であるかのように描かれている）。

676

もって、Monroe Doctrine と T. Roosevelt とを結び、更に今日（Obama 大統領による対 Syria 政策など）に至るとする 1 つの見方がある[108]。

開戦に当り、アメリカは、イギリスともフランスとも、正規の同盟条約を結ばなかった（関連勢力〔"associated power"〕とだけ称している）。つまり、戦争当事者からは半歩、身を引いた姿勢での参加である。そこから、その後の彼が主唱した **14 ヶ条**（"Wilson's Fourteen Points"）へと、つながって行き[109]、更に、戦後の恒久的な平和維持メカニズムのための機構作りへとつながって行く。

(d) Wilson は、1914 年の Mexico、1916 年の Haiti, Dominican Republic、1917 年の Cuba、1918 年の Panama など、中南米諸国の国内政治に結構介入している。殊に、Nicaragua には長期間、米軍を駐留させ、その大統領選挙に影響力を行使している（この中南米諸国への介入政策は、F. Roosevelt 大統領になって直ぐの就任演説中の、"Good　Neighbor Policy" の下、修正された[110]）。

T. Roosevelt の「国際警察権」（international police power）から F. Roosevelt の「民主主義の武器庫」（Arsenal of Democracy）とをつなぐ 1 本の連結線上の人、それが Woodrow Wilson であり、彼の**介入主義**

107　その中の 2、3 の文節を引用する。（ドイツによるこの戦争を）「すべての国家に対する戦争であり……（a war against all nations……）人類に対する挑戦である（……challenge is to all mankind）」「武力による中立は（2 月 26 日には、そういっていたが）、無理なことが分かった……（……armed neutrality……appears, impracticable,）……国際法が予定しているような形の公海上の見える相手からの攻撃ではない……」「それゆえ、議会がこれらの行為を、合衆国と、その国民に対する戦争行為に他ならないと宣言し、防衛のため総力を挙げて戦い、この戦争を終らせるよう……求める」（I advise that the Congress declare…）（First World War.com.より）。

108　伝記作家 A. Scott Berg、Wilson、2013 年（2014 年 1 月 3 日放送の C-SPAN）。

109　**Wilson の 14 ヶ条**（"Wilson's Fourteen Points"）は、1918 年 1 月 8 日に議会に対し語りかけたもので、Walter Lippmann が用意したとされる。その最後の 1 条が、恒久的な平和維持機構に係る提言である。

110　F. Roosevelt による Good Neighbor Policy の基底に、彼が Groton 校で受けたキリスト教的教育があることは述べたとおりであるが、彼の Good Neighbor Policy を就任演説で見ると、国際政治の問題として「……アメリカは自らを敬い、それゆえに他（の権利）も敬う。隣人、即ち世界の隣人との約束を守り、その義務を守る隣人、国民になろうではないか……」と訴えている（First Inaugural Address〔www.bartleby.com より〕）。

677

第3編　19世紀後半以降の憲法

(interventionism) である。Wilson は前述のように、中南米に軍隊を出して現地の政治に介入しようとした。それが、彼のいう世界の民主化のためのアメリカの役目（mission）であった（事実、Wilson は大統領としての演説中で、"Manifest Destiny" の言葉を用いたたった1人の人である）。

　(e)アメリカが世界大戦に参加するとあって議会は、行政府各部の形を変えることを含め、大統領の権限を大幅に拡げる法律 Departmental Reorganization Act of 1917 を成立させている。戦時体制下の産業と金融業を補助するため、その名も War Finance Corporation という機関も 1918年法により創設した。この大戦を戦うために Wilson は、徴兵制をはじめ、多くの戦時立法措置をとっている。1世紀以上前に、第2代大統領が係った**扇動防止法**（第5章一.2.(2)）の線に近い[111]、2つの法律 Espionage Act of 1917, Sedition Act of 1918 も成立させている[112]（このような経緯から同法は、当初、U.S. Code の Title 50〔War〕として編成された[113]）。同法による検閲条文の立法への取込みは成功しなかったが、この Sedi-

---

111　Espionage Act of 1917（現在は War の 50 ではなく、Crime の Title の Pub. L. 65-24）(18 U.S.C. § 792 et seq.) は、Thomas W. Gregory などの推進により、Trading with Enemy Act とともに立法され、多くの条文は 1912 年に廃止された。Wilson 大統領が参戦のかなり前の 1915 年 12 月から立法の必要を訴えていたが、アメリカが W.W. I に参戦した直後の 6 月に、原案にあった検閲条文（新聞の censorship）を外して成立した（翌年の Sedition Act により、更にかなり改正された）。その立法のための考えは、先行した Defense Secrets Act of 1911 に、更にその前のイギリスの Official Secrets Act に、由来している。合衆国軍の作戦を妨げたり、敵軍を助けたりする意図の下で情報を伝達することに対し、死刑などの刑罰を定めていたほか、戦争当事国への軍艦の譲渡を禁じる条文も含んでいた（これが後に、W.W. II 前に F. Roosevelt 大統領が行おうとしたイギリスへの軍艦譲渡による支援を、法的に阻害する要因となった）。

112　新法の下で、大統領により敵性外国人狩りの職務を授けられたのが、Alien Enemy Bureau 局長の J. Edgar Hoover であった。同法の下で、現在の明らかな危険（clear and present danger）の法理により、徴兵制反対の印刷物を出したユダヤ人の Schenck が、修正 I の下でも有罪とされた（いわゆる "Red Scare" 事件）。この Schenck v. United States, 249 U.S. 47 (1919) や、Abrams v. United States, 250 U.S. 616 (1919) では、同法は合憲とされた。ただ、その後の Brandenburg v. Ohio, 395 U.S. 444 (1969) の下で、同じような立法が合憲とされる可能性は低くなったとされる。

113　Espionage Act of 1917 (Pub. L. 65-24) (18 U.S.C. § 792 et seq.) は、Thomas W. Gregory などの推進により、Trading with Enemy Act とともに立法された。

678

tion Act of 1918 の下で合衆国の郵便当局は、少しでも反戦的な印刷物などの郵送を拒否するようになった[114]（4 党併立の戦いとなった 1912 年選挙では、Socialist 党の Eugine Debs や、ドイツ系、アイルランド系のアメリカ人の有力者も、何人かが逮捕され、ソ聯などに送還されていた[115]）。徴兵反対のチラシを印刷した Socialist Party of America の書記長 Charles Schenck は、同法違反で起訴された。事件は最高裁で全員一致で、有罪が確定された。同法が修正 I の下での freedom of speech を侵さないとの判断であった（Schenck v. United States, 249 U.S. 47 (1919)）。Wilson は一方で、国民の戦闘意識や愛国心を高めるための情宣活動のための役所 United States Committee on Public Information を作り、検閲などもやらせた[116]（その反面、T. Roosevelt の 4 ヶ師団のボランティア民兵団による参戦申出を断っている）。

　(ロ) Wilson が、**League of Nations** の提唱者の中心にいたことは知られているとおりで、間違いない[117]。1918 年 1 月 8 日に発表された彼の **14 ヶ条（Fourteen Points）**（前出）中に、その骨子が画かれていた[118]。これに対し、イギリスの Lloyd George 首相も、フランスの Georges Clemenceau 首相も、冷端な反応をしていた。後者は、「そんな理想主義的なことをいったって……」という感じであった[119]。しかし、敗色の濃かったドイツは、これに飛び付いている[120]。

114　Sedition Act of 1918 (Pub. L. 65-150) は、前年の Espionage Act of 1917 の適用範囲を拡げた。そこでは、Postmaster General が適用郵便物を拒めるとしていた。1920 年に廃止されている。

115　その送還に当り、当局は Immigration Act of 1918 を立法し、活用した。

116　その他の役所として、後の大統領 Herbert Hoover を頭とする「肉なし日」とか、「小麦なし日」を設けるなどした Food Administration や、Harry Garfield を頭とする Federal Fuel Administration がある。

117　League of Nations (1919-1949) は、Geneva, Switzerland に本部があった。W.W. I 終戦のための Paris Peace Conference で議論され、1919 年 6 月 28 日のヴェルサイユ条約 (Treaty of Versailles) と同時に、その規約 (Covenant) が承認されて設けられた。**国際紛争を、交渉と仲裁により解決する目的**で、disarmament と collective security を、そのための主な方策としていた。League of Nations Covenant が作られ、それに基づき設立された。

第3編　19世紀後半以降の憲法

　(a)パリ平和会議のため Wilson は、その在任中ヨーロッパに行った初め
てのアメリカ大統領となった[121]。しかし、パリでの会議で Wilson が直に
感じた、ヨーロッパ世界の歴史と現実は、そんな甘いものではなかった。
しかも、肝心の Wilson が病気になったため、平和会議は、フランスの
Georges Clemenceau が彼に代り中心となって進められた。そのため、条
約に盛り込まれた内容は、Fourteen Points とは凡そほど遠い、いや全く
違うものとなった。

　一方、**Fourteen Points** のことを前広に知らされていたドイツ人らは、
パリ平和会議の結果を知って「これは、違うではないか……！」と大いに
怒った。それが、その後のドイツ民族主義、社会主義を一定方向に導いた
一原因とも見られている。しかし、理想主義的平和を呼びかけた Wilson
は、1919 年にノーベル平和賞を与えられたばかりか、その 14 ヶ条が、民
族自決を呼びかけていたことから、世界の思わぬところで、独立運動の火
を点ける結果となった[122]。

118　Wilson の 14 ヶ条（Fourteen Points）が、理想主義的色彩を帯びていることは、その条
　　文や前文からも読み取れる。前文は、「今後、和平交渉が始まったら、それはすべてオープ
　　ンにし、互いに領土のやりとりはゼロにし、公正と平和を求める……」という文章で始って
　　いた。また、その条文のいくつかは、次のようである。公海上の航海の絶対自由（II）、経
　　済障壁の排除（III）、軍備の縮小（IV）、植民地だった地域の処理では地元民の利益を第 1 と
　　する（V）、残る VI～ XIII で、個別の国の領土などの処理について触れた後、XIV で、「国の
　　大小を問わず、すべての国は、政治上の独立と地域の自主性を皆が保障する目的による盟約
　　の下で、広く諸国民の作る共同体（general association of nations）の一員となる」、とな
　　っている（avalon. law. yale. edu より）。
119　フランスの Georges Clemenceau は、「神さまだって 10 ヶ条だったのに！」といったと
　　される。イギリス財務省の顧問のような形で Versailles 会議に出席していた John Maynar-
　　d Keynes は、Wilson を評して「（Lloyd George もそうだが）物事をよくわかっていない
　　し、物わかりが早くも、柔軟でもない。これほど鈍い、第一級の政治家は、余りいないので
　　は……」といっている（John Maynard Keynes, *The Economic Consequences of Peace*,
　　MacMilliam, 1923, Ch, III〔available online〕）。
120　Baden 公国の Maximilian 公（ドイツの大臣）は、1918 年 10 月に、この条件により直
　　ちに休戦にするよう Wilson に手紙で申入れた。しかし、パリ条約が全く別の条件になった
　　ため、大臣も、ドイツ国民も大変怒り怨みを残したという。
121　1918 年 12 月 13 日フランスの軍港 Brest に到着した Wilson は、ローマの執政官から皇
　　帝になった Augustus の再来として、また彼の演説は、キリストの**山上の垂訓**に次ぐものと
　　して、熱狂的に受容れられた。
122　その 1 つが、朝鮮民族の独立を叫んで、1919 年 3 月 1 日に行われた、いわゆる三一運
　　動、Samil Movement である。

第7章　20世紀の（現代における）アメリカと、主要な憲法事実

(b)ここから先が、憲法の定める条約の批准問題である。**Versailles条約**の下での**国際聯盟規約**（League of Nations Covenant）は、Wilsonによる提唱にも拘らず、連邦議会上院の批准に必要な2/3の壁を超えることが遂にできなかった。世論を盛り上げようと、Wilsonは、全国遊説にも乗り出したが、その間、病気で寝込むこともあった。しかも、民主党員の中にも有力な反対論者がいた。上院の情勢を分析すると、3つに分れていた。(i)国際聯盟と国際聯盟規約を強く支持する一部民主党議員、(ii)いかなる修正も受付けない前提で、聯盟規約を支持する議員、(iii)多数を占めていた共和党議員で、留保（reservation）付きでなら聯盟規約を批准してもよい、というものであった[123]。

Wilsonの病は、その職務に影響した。それにより、国際連盟規約の批准ができなかったばかりか、戦後処理もスムーズに行かず、兵士らへの処遇も、不十分なまま残された。加えて、戦時中の物不足の影響を受け、諸物価から農地までが高騰した。ストライキや、大都市での人種間抗争も頻発し、1918年中間選挙では、共和党が多数を占めることになった（しかもWilson自身の健康状態が、1920年大統領選挙の出馬を許さなかった）。

(c)Wilsonの主唱した国際関係対処策は、彼の**理想主義**の色彩を帯びていた。T. RooseveltとWilsonとは、ともに**進歩主義者**（Progressivists）でもあった。科学を、未来を、合理的な考えを信じ、すべての面で改革に乗気であった。20世紀初頭のアメリカ自体に、多少とも理想主義の色合いがあったことも、否定できない。この合理的な考え、理想主義の1つの端的な現れが、先述の**全国禁酒運動**（National Prohibition）である（1919年）。更に、1910年には、性的欲求のため女性の州境を越えた取引を犯罪とする法律が作られた[124]。州法レベルでも、性的犯罪の厳格化

123　多数には達したのだが、2/3の多数には達しなかった中で、一番の問題は、国際聯盟規約X章（Covenant Article X）の解釈問題であった。読み方によっては、「国際紛争の解決手段を連邦議会ではなく、国際聯盟が決することになりうる」、との解釈になり得た。これには、アメリカの立場から、殊にMonroe Doctrineの信奉者らからは、神経質にならざるを得ない点があって、上院の強い抵抗につながった。

第3編　19世紀後半以降の憲法

の線に沿った立法が、多くの州で相次いだ[125]。この傾向の底には、人間の中に潜む動物的欲求に対し、社会が一定の防護手段を設けなければならない、とする進歩主義者が支持した**優生学**（eugenics）に共通する考えがあった。

　(ハ)ところが、1920年頃から、この合理的な考え、理想主義的傾向に変潮が生じた。はっきりとした潮目をつけて、社会は、合理的な考え方一辺倒、それ一本槍から、その反対方向へと転換した。それは国際関係でいえば、Wilsonによる国際聯盟加盟努力の挫折と時を同じくしていた[126]。こうして、中立を標榜していたWilson大統領も、世論に押されるようにしてアメリカをW.W. Ⅰに踏切らせた。大戦を遂行した後の、Versailles条約後のアメリカの憲法秩序に生じたものは何だったか。確かに、彼の14ヶ条が追い求めていたような理想的な方向ではなかった。その反対の気分、**孤立主義**の殻であった。大戦後のアメリカ社会を広く蓋った気分も、この孤立主義であった。

　(a)それまで、南北アメリカ大陸などの外の世界とは一線を画し、理想主義的な国際関係構築を夢見ていたかのようなアメリカが（仮にそうでないとしても）、中米アメリカの改革派に手を貸すなど、多少とも積極的に国際関係に係って行こうという風潮があったにしても、それは消えていた。W.W. Ⅰに参戦した1917年には、多くのアメリカ人は、「これで民主的かつ平和な世界秩序が打ち立てられる……」、と希望して子供をフランス戦線に送っていた。しかし、戦勝国がVersailles条約でドイツに押付けたものは、**国際聯盟規約**とも、その有力な源となったWilsonの**Fourteen Points**の精神とも、かけ離れていた。平和友好とは正反対の、**仕返し的**

124　The Mann Act of 1910。これは、姦通罪などの伝統的コモンロー犯罪とは別に、連邦法による性的犯罪の規律である。

125　Progressive Eraの産物の1つとして、Chicagoでは、ルーテル教徒などの主唱するMorals Courtが作られて、姦通罪などの犯罪を厳しく立件した。

126　1920年3月19日に国際聯盟条約の承認案についての最終的な妥協案までが、議会上院で壊れたのには、妥協を排斥するWilsonの頑なな態度もあった。

な内容であった。

　会議に出てきたドイツ代表も、ドイツ国民も怒ったし、新しい世界秩序作りに眼を開かないヨーロッパに対しては、アメリカの識者も大いなる失望と、不信を抱いた。その後に、アメリカ社会を蓋うように拡がったのが、**孤立主義**（isolationism）の風潮である。

　(b)困ったことの最後に生じたのが、国際聯盟加入という Wilson によるアメリカの夢が壊れたことであった。これは、Versailles 条約の中味がどうであれ、国際聯盟規約によって理想的な国際関係作りがカバーされ、補正されると考えていた彼にとり、世界にとり、痛恨事であった。その後のアメリカには孤立主義が定着し、議会は、次の 2.(3)(ロ)で見るように、1935、1936、1337、1939 年と、1930 年代に 4 度にわたり、**中立法**（Neutrality Acts）を成立させた。一方、ヨーロッパでは、正にナチス・ドイツが勃興し、台頭し、巨人のようになり、フランスなどの国々が悲鳴を挙げた時代である。しかし、孤立主義がしっかりと根を下ろしたアメリカには、建国以来の基本的態度（大統領ワシントンのとっていた外交政策に近いもの）が戻っていた。

　中立法は、すべて Franklin D. Roosevelt（F. Roosevelt）大統領の時代である。W.W.I 後の世界的大恐慌の中で生じてきた。それ以前には、Wilson による W.W.I（1917 年参戦）があり、McKinley 大統領による、半年ほどの間のスペイン戦争（1898 年）の時代があった。**第 2 の革命戦争**と見ることができる **1812 年戦争**を除くと、アメリカ議会が今日までに対外戦争を宣言したのは、メキシコ戦争、スペイン戦争、W.W.I、W.W.II の、4 回である。うち 2 つは、国際社会秩序を揺るがす世界大戦であった。

　(c) Wilson 大統領は、W.W.I で、「戦争をなくさせる戦争」をモットーに、参戦した。彼のいう **14 ヶ条**（Fourteen Points）を掲げ、それに沿った戦後処理で世界をリードしようとした。しかし、彼自身の健康問題や、彼がリードしようとしていた国際聯盟規約（League of Nations Cove-

第3編　19世紀後半以降の憲法

nant）の文言を巡る議会の懸念を消すことができなかった[127]。

　それにより、アメリカ自らが、国際聯盟に加盟することができず、14ヶ条の理想を実らせるチャンスを摑むことができなかっただけではない。国際聯盟規約を承認できず、アメリカ自らが、国際聯盟に加盟できなかったことを境に、アメリカは今一度かつての、というよりは「研ぎ澄ました意識」の、**孤立主義**（isolationism, non-interventionism）に立ち帰って行った。

2.　西半球の外とアメリカの憲政

(1)孤立主義と大恐慌前後史

　㈠ 20世紀初頭でのアメリカの最も基礎的な数字を見てみよう。20世紀のアメリカは、更に人口的に大爆発を続ける一方、面積的に初めて「増加なし」、の時代を経験した。Philippines の独立を入れれば、むしろ史上初めて、その面積は減少した。数字以外でも、20世紀アメリカは、大変化を経ている。それを一言でいえば、科学技術の変化（進歩）と、それに裏付けられた、社会生活の変化である。それが、「内なるアメリカ」を変えていた丁度その間に、世界も変化を遂げてきた。というより、アメリカは、その世界の大変化に係り、時にはそれを主導した（これを、「Monroe Doctrine にも拘らず」というのか、それとも、「Monroe Doctrine の当然の帰結（corollary）として」というべきなのか）。

　(a) 20世紀は間違いなく、「アメリカと世界との係り」が、変化した世紀であった。その予兆としての**スペイン戦争**が戦われたにしても、変化の最

127　Presidential Historians Discuss 10 American Presidents では、A. Scott Berg が Wilson の進歩的政権（progressive politics）がいかに21世紀にまで及ぶ「時代を画するものであったか」を述べるとともに、彼を "First Academic President" であったとしている（learnoutloud.com）。

684

も端的な表れはW.W.Iであった。その10年以上前に「Monroe Doctrineの当然の帰結」としての**国際警察権**がいわれていた。中南米では**Monroe Doctrine**を掲げて、というより、その意味を少し逸脱した恰好で、アメリカが実際にいくつかの行動もしていた。しかし、一旦、中南米を離れ、もっと大きな世界、大洋を距てたヨーロッパの問題となると、どうであったか。Wilson大統領が、W.W.I参戦を決断するのには、2年半かかった（しかも、連合国側と正式に同盟条約を結ぶことはしなかった）。

W.W.Iに漸く参戦したアメリカは、更にその後のヨーロッパ（国際）政治にも係ろうとし、身を乗り出し、建国以来なかったことだが、アメリカの現職大統領が初めてヨーロッパの地を踏んだ。それが、W.W.Iの後始末のパリ会議である。これも、19世紀末までのアメリカと比べると、目に見える変化といえる。

(b)太平洋戦争（W.W.II）については後に見ることにして、先ずは、20世紀初めのアメリカ国内に目を向よう。1920年選挙は、共和党のWarren G. Hardingが制した。その後、共和党政権が3代、12年間続いたことを、民主党アメリカがW.W.Iに参戦したことに対する反動、後遺症として見る考え方もある[128]。それは兎も角、Hardingとその共和党政権が、Wilson時代のW.W.I戦争の後始末を付けたといってよい。多くの問題が山積する大戦争の後始末には、それなりの時間と労力が必要である（Hardingは、諸々の統制を廃止し、所得税を引下げ、関税を引上げ、連邦予算制度を整備した）。

前任のWilson大統領時代の反動で、Hardingは就任前に、「今、アメリカがなすべきことは、国際関係の中に埋没することではない……戦勝国の地位を維持することだ……」と演説している。彼の在任中には、経済も

---

128 Georgetown Univ.のMichael Kazin, 1920s Culture and Society (2014年1月2日C-SPAN放送)。

第3編　19世紀後半以降の憲法

戦後不況から脱し、好況期を迎えた。新聞は、彼の共和党的な「小さな政府」スローガンを誉めそやした[129]。そうこうするうちに、政界には汚職と腐敗がはびこりだした。Harding は1923年夏、軍艦と列車、自動車などを乗り継ぎ、（大統領として初めて）Alaska, Canada を訪問した。しかし、旅行の日程はきついもので、しかも以前から健康を害していたこともあり、帰国後、San Francisco, California で肺炎で倒れ、死去した。

　(c)任期途中で亡くなった Harding の後の政権を、Massachusetts 州の governor から副大統領になっていた、共和党の主義に徹底した Calvin Coolidge（1923〜1929年）が引継ぎ、再び翌1924年には目前の大統領に当選・昇格した（II、2）。Coolidge についての定評は、「英雄的実行（力）よりも、お人柄」であった。「万事途轍もない今の世の中で、ずっと下降線を辿ってきた大統領の威信を回復した人……」という[130]。Harding と同じく小さい政府をモットーにした彼は、そもそも口数も少なく、休暇村での逸話が残っている[131]。

　(d)大恐慌は、Coolidge に次いで、やはり共和党から出た Hoover 大統領の時（1929〜1932年）に、既に始まっていた。ヨーロッパからの恐慌の波及を受けた Hoover は、「課税を減らしつつ公共事案を増やす。しかも、連邦予算をバランスさせる」、と声明していた。クエーカー教徒の Hoover 大統領は、理系の鉱山学科卒だったことから、オーストラリア、中国（中国では、義和団事件の真只中にいたこともある）、その他の国々

129　そのスローガンというのは、"Less government in business and more business in government" である。汚職と腐敗の蔓延で Harding は、商務長官 Herbert Hoover に「君ならどうする？　国のため、党のため。事実をさらけ出すかい？」と問うた。Hoover の答えは、「公表しなさい」だったが、Harding は、色々な反響を考え、できなかった（www.whitehouse.gov より）。2013年12月29日の C-SPAN は、Warren G. Harding 大統領時代は、彼の急死により2年余りで終ったが、その死後に公的（司法省などの行政機関での）汚職の噂と、私的な（女性問題などの）醜聞が大きく浮上したと伝える。

130　伝記作家 Amity Shlaes は、Presidential Historians Discuss 10 American President の中で、"quiet President that presided over America's prosperous gilded age" と評している（learnoutloud.com）。

131　Walter Lippmann は、1926年に Coolidge の才能は、「何もしないが……それが有効になる……そんなところにある」（……talent for effectively doing nothing……）といった。

686

での鉱山開発などに携る一方、自らも、鉱山会社の設立や、イギリスとオーストラリアに跨る Broken Hill 社を含む、鉱山会社の経営に乗り出し、40 歳前には一大成金になっていた。その一方で、W.W. I が始るや、人道的活動にも携わっている。

　大恐慌というと、直ぐ浮かぶのは、Franklin D. Roosevelt（以下、F. Roosevelt）の名であるが、実は、New Deal 政策（殊に、第 1 期のそれ）のかなりのものは、Hoover 大統領が手がけたか、手がけ始たものであった。最もよく知られているのが、1932 年に Hoover 大統領が W.W. I の時の先例に倣って創設した Reconstruction Finance Company（RFC）である。ほかにも困窮農家の救済法、各州への補助金措置などの法案を議会に提出している。

　(e) Coolidge, Hoover の 2 人の共和党の大統領は、Wilson の大統領時代などに行ったアメリカ軍による中米やカリブ海諸国（Caribbeans）などへの駐留を止めた。1928 年 Coolidge 大統領は、駐メキシコ大使だった J. Reuben Clark によるいわゆる Clark Memorandum により、中南米に対するヨーロッパ諸国の介入には動くとしても、アメリカが自ら中南米諸国に介入する根拠とはしないとした[132]。次いで、Hoover 大統領もニカラグア（Nicaragua）とハイチ（Haiti）を訪問し、それらの国の内政への不干渉を表明した。

　(ロ) Harding, Coolidge, Hoover と、共和党の大統領が 3 代続いた 12 年間、虎視眈々とその座を狙っていた人がいた。F. Roosevelt である。何不自由ない家庭の独り子の彼は[133]、一面で周囲に気を配り、人に和し易く、

132　Clark Memorandum は、「Monroe Doctrine は汎米大陸内だけに限られないが、第 1 義的には、中南米をヨーロッパによる介入から守る文脈で働く。それ自体でアメリカと中南米諸国との間を律する（アメリカがヨーロッパに代って介入してよいという）ルールではない。」というもので、Monroe Doctrine に T. Roosevelt の Corollary 解釈とは異なる解釈があることを示している。
133　彼は 3 歳の時から、イギリス、フランス、ドイツとヨーロッパに何回となく家族旅行をし、各地で一流の人士と交流する家族の中に加わっていた。またハイドパークの家では 5 歳〜11 歳まで、彼にフランス語とドイツ語を教えるヨーロッパ人の女性教師が付いた。

第3編　19世紀後半以降の憲法

人の期待に背かないようにする努力家であった。幼少から少年期を通して受けた教育、キリスト教的博愛が、その心の基盤を形造っていた（注110）。他面で、野心家であり、早くから「大統領になってみせる」と、同僚にも言明するほどの自信もあった。これにも、自らの周囲、両親の期待に背かないようにしたいとの動機が働いていたといえる。

　この2.「西半球の外とアメリカの憲政」に係るアメリカ側の資料を覗き見るについては、そこにF. Rooseveltが占める位置の大きさを見逃すことはできない。憲法上で必ずしも規定が詳しくない連邦の力が、中でも大統領の力が、20世紀中に飛躍的に増大してきたことを見てきた。それを体現したかのようなF. Rooseveltの政界へのデビューを見てみよう。

　(a)小児麻痺というハンディキャップにも拘らず、1920年の民主党全国大会で副大統領候補として指名を受けた彼は、その後、妻の伯父T. Rooseveltの足跡を追うことに弾みを付け、政治家としての力量を一段と増大させた。そのF. Rooseveltが未曾有の大恐慌に立向かうことになったが、その対策に臨むにつき、そもそも彼はどのような思想、考えを持った人であったかを覗見するため、その成人するまでの前出のGroton校以外の道筋も、もう少し詳しく見てみよう。

　彼はアメリカ、殊にニューヨーク州の上流階級がmansionを多く構えるHudson River Valleyの舘で育った。"Roosevelt"という名前自体が、ニューヨーク州の上流階級に何人かいる**オランダ系移民**の名であるが、彼の父Jamesも、ニューヨークでの事業で、そこそこ成功していた[134]。夫妻の間の独り子として生れたF. Rooseveltは、当時のアメリカ社会での最も恵まれた境遇の中で成人したといってよい。

　(b)後に大統領になったT. Rooseveltの姪Eleanorと結婚したことで、F. Rooseveltは、このT. Roosevelt（その頃、ニューヨークの警察本部

134　裕福な商人Warren Delanoの娘である彼の母Saraも、それなりの家柄の出であった。幾つかのヨーロッパの著名な血統との血のつながりを空でいえ、またMayflower号の移民の何人かを、血のつながりのある先祖としていた。

688

長から、州知事になっていた）に憧れるようになる。以来かなりの間、F.
Roosevelt は、妻の伯父の強い影響を受けて人生コースを歩むことになる。
というより、伯父の歩んだとそっくり同じ人生コースを辿ろうとするよう
になる。

T. Roosevelt が副大統領に立候補した 1900 年に彼は、Harvard 大学校
内で、父が属していた民主党ではなく、伯父のための共和党の旗を持って
運動した。しかも直ぐ翌年、McKinley が暗殺されたことで、その伯父は
大統領になった。その後は、White House に何回か伯父を訪ねて、伯父
からパナマ問題、議会の話などを聞いて恍惚としていたという。

Harvard, Columbia と進んで弁護士になった彼は、伯父のように政治
家になろうと心に決めた[135]。この段階での彼には、しかしまだ T.
Roosevelt のような型破りの独自性は見られない。むしろ、周囲の期待や
要望に沿った動きしかしない人といってもよかった[136]。

(c)そんな彼に、ほどなく向うから立候補の申出が舞い込んできた。ニュ
ーヨーク州上院議員の座である。1910 年の州議会選挙で彼は、地元の民
主党から 55 年ぶりに共和党の議員候補を制した[137]。2 年間のニューヨー
ク州上院議員としての任期中、彼は古い民主党を牛耳るタマニ (Tam-
many) のボスに対抗して、進歩主義 (Progressivism) を掲げ、やがて
連邦上院議員の選挙方法規定の改憲運動にも力を発揮した（修正 XVII
〔1913 年〕)[138]。

135　1907 年、彼のいた法律事務所の同僚は、彼から「いつまでも法律をやって行くつもりは
　　ない。最初のチャンスを摑んだら公職に就きたい。大統領にだってなれるチャンスは十分あ
　　ろう……」と聞いている (p.6)。
136　しかし、Dallek は、これを F. Roosevelt の仮面に過ぎなかったと見る。表面的に周囲
　　へ和合するかのような仮面の下に（それは、終生彼のもう 1 つの顔ではあったが）、ありき
　　たりのものに反撥し、それを打破しようとする性向があった。それが、後の New Deal 時
　　代での様々な実験へとつながって行ったと見る (Dallek, op. cit p.7)。
137　民主党地方組織は本気というよりも、共和党の大統領として有名な Roosevelt（その甥）
　　の名をチラシに出すことのアイデアに引き付けられていた（何しろ Hyde Park のある Dut-
　　chess County からは、1856 年以来、共和党議員だけがずっと当選していた）。
138　それまで各州立法府が選出していたその州からの連邦上院議員を、その州民による直接
　　選挙とした（第 6 章 2.(3)(ホ)(a)参照）。

689

第3編　19世紀後半以降の憲法

　進歩主義を掲げる若手の民主党員ということで、Wilson 内閣からは2、3の地位のオファーを受けたが、T. Roosevelt の足跡を辿りたい F. Roosevelt は、同じく海軍省の次官補（Assistant Secretary of Navy）を選んだ[139]。彼が海軍省の職を選んだといっても、登山道の石段の1つのに足をかけたに過ぎなかった（T. Roosevelt と同じく、そこに2年、というのが目標だった）。次のステップ、ニューヨーク州知事かニューヨークからの連邦上院議員かを狙って色々と画策したが、Tammany Hall 勢力による厚い壁の前に成功しなかった。

　(d)若き F. Roosevelt は、なかなかの好戦派でもあった[140]（1つは、伯父 T. Roosevelt の歩みを真似たい願望もあった）。そんな訳で、宗教的信条で絶対的平和主義、政治姿勢で孤立主義に立っていた政府部内の2人の上司、海軍長官 Josephus Daniels や国務長官 Bryan のやり方に対して、大きな不満を感じていた。こんな F. Roosevelt であったから、W.W.I については、初めから強く参戦を唱えていた。Lusitania 号沈没事件で Bryan 長官が辞めた時も、「Daniels は辞めないのか」といって憚らなかった。それから2年近く、Wilson 大統領が漸く参戦に向けて舵を切った。1917年4月19日 Wilson 大統領が議会に戦争宣言を要請してからは、Wilson や Daniels との間に基本的対立がなくなった Roosevelt は専ら、海軍省で戦争遂行のための仕事に没頭した。

　T. Roosevelt のかつての後姿を求めて、中でも、自らヨーロッパの前戦で実戦に加わることを熱望していた彼にとって、皮肉なことに1918年6月、3年間かけて努力してきた Tammany との関係改善が実り、ニューヨーク州知事選候補としての打診を受けた。しかし、彼はそれを辞退し、そのこと（代りにヨーロッパの前戦に行きたいこと）を Wilson 宛の手紙

139　F. Roosevelt は幼少期から父のヨットで、また後には自らのヨットで、カナダ沖の大西洋をクルーズするのが好きだっただけでなく、Groton 校時代から、世界やアメリカの海軍の歴史書や、写真集の蒐集もやっていた（Dallek, *op. cit*. p.7）。
140　W.W.I の前から、「もし、戦争が起きたら、rough riders を組織して戦いに出かけなければ……」といっている（Dallek, *op. cit*. p.8）。

にも書いている。

1918年夏、前線でも実戦でもなかったが、短期のヨーロッパ行きがやっと実現した。1ヶ月後、海軍省に戻った彼は、文官から海軍軍人となるため海軍省を辞める決心をした。しかしその10月、戦争は終っていた（戦後も、海軍省の仕事ということで、彼はパリに出かけ、平和条約会議も見学した）。

(e)この Versailles への往復が、F. Roosevelt の考え方をガラッと変えるきっかけとなった。好戦的でタカ派的考えからの転換である。Wilson と F. Roosevelt とは Boston 港に帰り着くが、同じく国際社会の主役として活躍することを目指すにしても、アメリカが果す役割について、彼が船中で聞いた Wilson の次の言葉が響いた。

「アメリカが加盟しなければ、世界の人々の胸は張り裂けるよ。だって無心（公平）で、信頼できる国はアメリカくらいしかないと、世界中が皆思っている……」。

この会話の後、Boston の街を埋め尽くした20万人の市民を見、そこでも国際聯盟について熱っぽく語りかける Wilson を見、人々の歓呼を見た F. Roosevelt の考えは、今や昨日までとは違っていた。

「もう T. Roosevelt のやったような、武人的言動や論理ではない……建設的政策の国際公約ができる政治家こそ、この先求められている……」。

W.W.Ⅰ の終了は、直ちに彼の政治生活への復帰を意味した。引続きニューヨーク州知事ないし連邦上院議員候補としての出馬の機会を狙う時代が、1919年、1920年と続いた[141]。その間、Wilson の理想主義とは一致しなかったが、より現実的に考え、「国際聯盟はアメリカと世界の理に適う」との論拠に立って、彼は機会ある毎に、Wilsonian の立場と国際聯盟を

141　彼が好戦派から Wilson の影響を受けて、いわば国際派に変った頃、日本との太平洋上での対決を意識した本が2冊アメリカで出版されている。(i) Walter Pitkin, *Must We Fight Japan?* (1921)、(ii) Hector Bywater, *Sea-Power in the Pacific* (1922), (Dallek, *op. cit.* p.16)

擁護する演説を行うようにした。現実的の意味は、それが、「今世界中で起きているすさまじい軍拡競争を回避し、戦争による紛争解決、ないし実力により他国を侵略しようとする道を封ずる方法である」との考えを意味した[142]。

(f)そうこうしているうちに、幸運な巡り合わせが来た。1920 年 5 月 Chicago での民主党全国大会（Democratic National Convention）で、大統領候補に立ったニューヨーク州知事 Alfred Smith の副大統領候補として指名の可能性が浮上したのだ[143]。その 1920 年選挙では、民主党は共和党の Harding, Coolidge のコンビに大きく敗れたが、民主党の Wilson の有力後継者として全国的に名前が売れた F. Roosevelt のムードは悪くなかった。

その後 8 年間、この 2 人による 2 代の共和党大統領時代を、彼はいわば雌伏することになる。しかし、その翌 1921 年に彼を襲った小児麻痺は、彼の政治家としての再起を不可能にしたかに見えた。その間、小児麻痺と戦い乍らも、次々と知事候補や大統領候補の選挙対策本部長など地味な役目をこなした彼は、その 8 年間で養った民主党内での実力と、1920 年以来の全国的知名度を生かして、1929 年念願の、ニューヨーク州知事に当選した（T. Roosevelt と同じコース）。その段階で、彼は 1932 年大統領選挙に打って出る決意を固めていた。

(ハ)憲法法学の面から、20 世紀に連邦政府の姿・形が、飛躍的に増大した。その増大した連邦政府の姿・形の中でも、一段と、その力と存在感を印象付けたのが、20 世紀の大統領であった（McKinley, T. Roosevelt, Wilson など）。しかし、連邦議会により成立させた法律の数に加え、年

142　1923 年、彼は雑誌 "Asia" に「日本を信用すべきか」(Shall we trust Japan?) を寄稿し、日本がワシントン条約を守るだろうと強く信じ、アメリカ人に古い不信から脱却するよう書いている (Dallek, *op. cit.* p.16)。

143　副大統領の選挙運動は、普通は適度な、余り目立たないものだが、Roosevelt のは違っていた。全国各地を巡り、多いときは 1 日 13 回も演壇に立った。そこで彼が喋ったのは、Wilson の提唱した国際聯盟を中心とした国際協調であり、進歩主義であった（......spoke tirelessly for international cooperation and progressivism）(Dallek, *op. cit.* p.13)。

間 20 件を超える大統領令（Executive Orders）を活用した F. Roosevelt を置いてほかに、この力と存在感の象徴によりふさわしい大統領はいない[144]。

それだけではない。TV 時代を先取りしたかのように、有名になったラジオの前での炉辺談話（Fireside Chats）を通して、彼は国民の前に、アメリカの政策を切り盛りする自らの姿を印象付けた。この意味で、正に**20 世紀大統領**の姿・形を演出した。Hoover 大統領に引続いて、大恐慌と本格的に戦ったその F. Roosevelt 大統領の憲政について述べよう。

民主党の F. Roosevelt 大統領の就任式は、1933 年 3 月 4 日に議事堂東柱廊（Portico）で行われた。その頃、ドイツではヒットラーが総統の座に就く一方、アメリカではヨーロッパと同じく**大恐慌**が猛威を振るっていた。取付け騒ぎのため、就任式当日は大半の州で銀行が一斉閉店していた。一方、中西部（Midwest）では映画でおなじみの犯罪グループ（criminal gangs）による銀行強盗（bank robberies）が流行っていた[145]。

(a) F. Roosevelt は、就任演説で **New Deal** について語った。先ず「自分は、真実を直視し、正直に語るから……」と、国民に大統領の指導力への信頼と、服従を求めた[146]。彼は、すべての困難は、「幸いに、物質的なものに過ぎない。それも、農産物などの物質が本当に不足している訳ではない。市場人らが仕損っただけだ……。金貸しや両替商が、古いやり方だけに安住していたために、失敗した。……」と語り、「再び求められるのは、働くことの素朴な喜びである。しかし、倫理だけでは足りない。金持ちと組んでいた政治家や高級官僚が放り出した後を引取って、政府が代っ

144　大統領が強大な権限を持つにつれ、その責任も重く、広くなりうる。そこから、イギリス王の特権に由来するとされる不文の行政府特権（Executive Frivileges）が認められてきた。それには、大統領令（Executive Order）の発令があるほか、立法府、司法部からの命令（writ）の 1 つとしての subpoena などに対し、三権分立の原則から一定範囲で服しないことを容認するルールがある（第 8 章 2.(2)）。

145　Hoover がボスを務める FBI から "public enemy No.1" と指名された銀行強盗 John Herbert Dillinger, Jr.は Indiana 州 Indianapolis 出身であった。

146　この演説内容は、www.bartleby.com による。

第3編　19世紀後半以降の憲法

て、直接働く場を作り出すことが必要だ……」「連邦、州、地方が一体と
なり、全国的規模で合理的な計画の下に、色々な事業を推進して行く必要
がある……」と語った後、「以上を推し進めるに当っては、金融事業への
十分な監督体制を用意しなければならない」、と結論付けた。その上で、
翌週日曜日（3月12日）には、「ですから皆さんも、安心してお金を元の
銀行へお預け下さい……」と、ラジオを通して全国約6000万人の人に最
大に平易な言葉で語りかけた（最初の炉辺談話）（Fireside Chats）。この
新任大統領の直の呼びかけは、驚くほどの効果を発揮した[147]。

(b)この国の**大恐慌時代**に政治の中心が、州から連邦へと地滑り的に移動
した様を窺ってみよう[148]。Wall Streetで株式市場が崩落した1929年。大
恐慌が、アメリカ経済に与えた衝撃の大きさは、いうまでもない[149]。この
国の史上初めて、内から外へ向う**逆移民**の動きが記録された。次の選挙
（1932年）で人々は雪崩を打ってRooseveltに、民主党（Democratic
Party）に、投票した[150]。それが、政治的にいかに大きな衝撃であったか
は、この後、1933～1969年まで30年もの間、ずっと民主党の政治（同党
が上、下両院の多数を占めた）のままで来たことでも、分る[151]。

(c)F. Rooseveltは就任後の100日間、その総力を**大恐慌**と戦うために
充てた。大統領F. Rooseveltが亡くなるまでの約13年の間に、州の力と
の対比で、連邦の力が更に劇的に増大するとともに、その連邦三権の中で

147　Walter Lippmannは、「なにもかも、誰をも信用できなかった国民が、今や政府と同胞
　　に対する信頼を取り戻した」と、またColumbia大学教授Raymond Moleyは、「大統領
　　は、この国の舵を取った、船首を180°回して前進させた」といった（Dallek, p.35）。
148　Friedmanは、これをstampede to the centerと表現している（p.507）。
149　3つの動きがあった。移民が、元の出身国へ戻る。既に定住していたアメリカ人が、
　　Australia, Canada, 南アフリカなどに移住する。国内の移動（主に南部や中西部南から、
　　西部や北東部の都市へと）。その中で、"Okies"という言葉も生まれた（元来は、インディ
　　アン居留地とされていたOklahoma出身者の意味だが、Arkansas, Texas, Missouri州出
　　身者にも拡げて使用された）。
150　対抗馬は、新旧の間で史上最も疎遠になったといわれる共和党Herbert Hoover大統領
　　であった。
151　この民主党は、政党組織第3期でいう、1828年頃のJacksonによる南部（草の根）民
　　主党とは違う。

694

第7章　20世紀の（現代における）アメリカと、主要な憲法事実

も、大統領の地位が一段と上昇した。何しろ、その就任式の日（3月4日）は、取付け騒ぎの真只中であったから[152]、翌日を銀行休日と宣言した。就任年の1933年から一連の、いわゆる"New Deal"経済政策が実施に移された[153]。連邦議会も大規模予算と、それを裏付ける各種法案を、次々と成立させて、大統領の政策を助けた。

　3月9日～6月16日までの間に、緊急銀行法（Emergency Bank Act）をはじめ、アメリカ憲政史始って以来の多数の法案を提出し、すべて通している。こうした彼の最初の立法の1つが、アメリカ社会が銀行に対する信頼を取戻せるようにするための、いわゆる**銀証分離**を定めたGlass-Steagall Actである[154]（同法を含むBanking Act of 1933で設けられたのが、預金保険制度と、その実施のための連邦預金保険公社Federal Deposit Insurance Corporation〔FDIC〕である）。

　(d)便宜のため、よく行われている大恐慌の区分、第1期（1933～1934）と第2期（1935～1938）、に従って見てみよう。その前年1932年にも大きな変化が起こっていたが、第1期（1933～1934）では、**社会法**と呼ばれる分野の法令の出現が特徴的である。大規模予算を裏付ける法案と、執行された事業としては、先ずHoover政権が手がけたものの継続事業としてのFederal Emergency Relief Administrationの再生がある[155]。特に、大恐慌前後の変化で最も象徴的な立法としてアメリカの**社会保険立法**の草分け、Social Security Actが注目される[156]。また、民主党の伝統的地盤、

152　彼の言葉「唯、恐怖そのものを恐怖せよ！」（"only thing we have to fear is fear it-self"）は、その就任式のものである。

153　このNew Dealの間に、連邦政府の借入は、GDPの16％（Hoover時代）から40％（1933年以降）へと、倍以上に増えた。New Dealについては、いくつかの説明があるが、John Maynard Keynesによる、いわゆる**ケインズ経済学**に親和的な政策と考えられている。

154　Glass-Steagall Actは、Banking Act of 1933（特に、いわゆる銀証分離を定めた4条が重視される）の同義語的な意味も与えられている。Virginia州からの上院議員Carter Glassと、Alabama州からの下院議員Henry B. Steagallの提出による。

155　1932年Hoover大統領によって作られていたが、1935年にEmergency Relief Appro-priation Act of 1935によりWorks Progress Administration（WPA）（WPAプログラムの中心的役所となる）へ改組されて、第2期の本格的展開へと移行する。

695

第3編　19世紀後半以降の憲法

南部州の農業保護にも力を入れていた Roosevelt は、農業調整庁（AAA）を創設した[157]。

　彼が最も力を入れていて、かつ好評だった事業は、地方の公共物保存工事のため、25万人の若年失業者を雇用した Civilian Conservation Corps（CCC）であった[158]。既存の政府機関にも新らしい息吹が与えられた。進歩主義の時代に生れた消費者庁のような Federal Trade Commission に、農家を含む持家助成措置をやらせたり、Hoover 大統領が作っていた RFC を通して、州や市町村に20億ドルの補助（貸付）金などを供与し、公共事業を興させるとともに、鉄道やその他産業への金融公社として強化した[159]。

　(e) F. Roosevelt が新機軸を編み出したのは、以上の機関作りと、そこでの事業執行だけではない。競争政策について法律（NIRA の Title I）の授権の下、大統領令を活用するという、新手の立法手段をとり込んだ面もある。競争政策についても、不況と闘わねばならない産業の立場も考えて、Sherman Act や、更に Clayton Act 式とは違うアプローチをとった。公正な協定ならば、ある程度の共同行動は容認する法律である[160]。

156　大恐慌は、海を渡り世界に広がったが、当時の先進国で、まだ19世紀的 "laissez faire" の思想が支配していたアメリカほど、社会立法が貧弱な国はなかった。それだけに、New Deal 諸法は、保守派にとっては、**革命**ともみなされた。しかしその中の、Social Security Act of 1935 の１つをとっても、当時の西ヨーロッパの同種の法と比べると、まだ控え目な内容でしかなかった（Friedman, *op. cit.* p.561）。

157　Agricultural Adjustment Administration (AAA) は、Agricultural Adjustment Act of 1933（別名農民救済法〔Farmer Relief Act〕）により設けられた。Agricultrual Marketing Act of 1929 により作られた Federal Farm Board (1929 年) が、その先行者と見られている。同法はしかし、United States v. Butler. *et al.*, 297 U.S. 1 (1936) により、修正 X に違反するとされた。

158　CCC は、1933 年から 1942 年まで、公共事業の中心的主体となった。未熟練若年労働力を活用して、地方の国有地などで、30億本の植林、800 の国立公園建設などを行った。

159　Federal Trade Commission Act of 1914 (15 U.S.C. §41 et seq.) を、Clayton Act と併用して、競争促進のために活用した。殊に、Federal Trade Commission には連邦規則 (CFR) 作りでの権限が与えられた。なお、カルテル形成を禁圧することを主眼とした Sherman Act of 1890 の下で、企業はカルテル (cartel) を作らないで、合併による巨大化の途を選んだ。Clayton Antitrust Act of 1914 (Pub. L. 63-212) (15 U.S.C. §12~27, 29 U.S.C. §52~53) は、そうした Sherman Act of 1890 の法制を補い、反競争的動きを広く芽の内からも摘むことを主目的とした立法である。

NIRA法の下で、Interior Secretary の監督する Public Works Administration（PWA）が作られた（1933年6月16日 Executive Order 6174 によっている）。この PWA が、当時の価値で33億ドルの支出を行った。法律 NIRA の Title I は、最高裁から違憲とされたが[161]、大統領は更に、同法の Title II の下での景気振興策としてアメリカ史上最大の、公有の公社 Tennessee Valley Authority（TVA）を作った[162]。

（f）F. Roosevelt はまた、大統領の権限をフルに発揮する中で、毎月数件ずつのペースで大統領令（Executive Orders）を多発して行った[163]。その中には、この時期に関係深い、危機を乗り切るためのものがある。1933年4月5日の Executive Order 6102 は、深刻なデフレの克服策として、すべてのアメリカ人の所有する金を財務省へ引渡すよう求め、その価格を今までの1オンス20ドルから35ドルへと引上げた。4月20日の Executive Order 6111 では、関連（根拠）法令を列挙した上で、その法令目的を達成するため、外貨の隠匿を禁じている。このほかの立法では、F. Roosevelt 大統領は、「禁酒法を廃止する……」、との公約を守り、修正XXI による改憲とともに、廃止法も通している。また、公約を守るため、連邦予算の削減も行ったが、これは、この時期の危機対策全体として、むしろ逆行効果とされ、不評を買った。ほかに、対 Indians（Native Americans）政策では、それまでのアメリカの同化政策を再考し、彼ら独自の社会、生活を取戻す方向の立法を考えた（そうした立法としては、

160　そのための法律、National Industrial Recovery Act of 1933 (NIRA) を立法した。

161　最高裁は、NIRA の Title I を通商条項の下での議会の立法権を踰越しているとして、全員一致で違憲とした（同法には severability clause が付けられていた）。Schechter Poultry Corp. v. United States, 295 U.S. 495 (1935). James MacGregor Burns, *Packing the Court*, Penguin Books 2009, p.141 は、その中で、不況と New Deal が**公私の契約の聖域**を侵すことを正当化するとの考え方に反対した（……encroachments upon the sanctity of private and public contracts）ことを指摘する。

162　Ashwander v. Tennessee Valley Authority, 297 U.S. 288 (1936) については、constitutional avoidance rule との関係で前述したが（第4章二.3.(3)㈡）、なお、第8章1.も参照）、TVA 法の下で**連邦政府**が電力を送配電することを違憲ではないとした。

163　www.presidency ucsb.edu では、John Quincy Adams から Barack Obama までに出された Executive Orders の一覧表が見られる。

第 3 編　19 世紀後半以降の憲法

Indian Reorganization Act (1934)、Oklahoma Indian Welfare Act (1936) があり、これらは Indian New Deal とも呼ばれる）。

㈡大恐慌の第 2 期（1935〜1938 年）は、F. Roosevelt の大統領としての第 1 期と第 2 期に跨る。その間の中間選挙（1934 年）では、民主党が 9 議席を増やし、更に、彼自身もまた第 2 期の大統領選挙（1936 年）で大勝利を収めた。その 1936 年議会選挙では、共和党や民主党保守派も勢いを盛り返したが、恐慌状況が続いていたこともあり、議会が Roosevelt に協力する場面も少なくなかった。1936 年選挙の結果を受けた F. Roosevelt が、民主党以外、特に進歩的共和党（Progressive Republicans）から幅広い支持をとりつけ、**大連合**"New Deal Coalition" を作ったことで、第 5 期政党組織時代とも呼ばれる状態を作り出した）。

(a)大恐慌の第 2 期（1935〜1938 年）に入り、F. Roosevelt による大統領第 2 期の New Deal 政策としては社会立法とともに、公共工事を興すことが多くなった[164]。そこで、多数の失業者を仕事に振り向けるため、連邦の役所の改組を含め、公共工事を実施することが一段と盛んになった[165]（第 1 期が大量の立法で特徴付けられるのに対し、第 2 期の立法そのものは、多くなかった）。その結果、失業率は、F. Roosevelt が大統領就任時の 25 ％から、1937 年の 14.3 ％まで下った（その後、W.W.II が始まると、2 ％を切るまでに至った）。その実施に当っては、前注 155 の経緯により改組されていた Works Progress Administration（WPA）が重要な役割を果し[166]、New Deal を代表する中心的な役所とされた。

(b)この時期、次注に見るような、それまでのアメリカには存在しなかっ

164　1937 年には、それらの実施のため、United States Housing Authority, Farm Security Administration などの役所が設けられ、翌年には、Fair Labor Standards Act of 1938 が立法された。

165　John Maynard Keynes, General Theory of Employment, Interest and Money も、第 2 期以降の不況脱出策で参照された。

166　その役所の下で、1943 年までの 8 年間に、延べ 850 百人の雇用を創出し、65 万マイルの高速道路を建設するなどの工事を行った。ニューヨーク市に滞在したら、F.D.R. 高速道を通らない人はいないであろうし、大抵何回か利用している筈の La Guardia 空港、Lincoln Tunnel, Triborough Bridge などが、この WPA のプログラムで作られた。

698

第7章　20世紀の（現代における）アメリカと、主要な憲法事実

た**労働関係社会立法**がなされた。（Robert Wagner 上院議員の発意による
別名「Wagner 法」といわれる）。西欧での労働関係立法とは異なり、こ
れらの法律は、概して規制色がそれほど強くないが[167]、アメリカでは初め
てとなる**集団交渉権**（collective bargaining power〉を有する**労働組合**
（labor union）についての定めと、そこでの**最低労働条件**などを定めてい
た[168]。それでも、ヨーロッパ諸国との比較でのアメリカでの労働組合は、
一般に激しい戦闘的姿勢が弱いとされる（アメリカにはイギリスでの労働
党〔Labor Party〕のような政党も生れてこなかった）[169]。

　しかし、第2期の段階では、財界も含め広く支持を集められた第1期と
比べ違う様子が出てきた。保守派が F. Roosevelt 大統領を激しく攻撃し
出したが、F. Roosevelt 大統領は、Wagner 法（後ㅂ）を好感した労組
の支援に助けられた。

　㋭ここで、F. Roosevelt 大統領が、アメリカ憲政史のそれまでの伝承
を破って、3期目に出馬した様に一瞥を加えよう。前出のように憲法は、
大統領職の被選挙権につき、一定の要件を定めてはいるが（II、1）、回
数については、特に定めなかった。

　(a)彼より以前は、どうであったかというと、George Washington が、
3期目に候補となることを固く拒んで以来（1796 年）、2期で辞める例が
不文律のようにずっと続いてきた。これまで Ulysses S. Grant と、
Theodore Roosevelt のみが、間を空けてではあるが、3期目の出馬を試
みている。いずれも果たせず、かつ非難も浴びた。そんな中、Franklin

167　アメリカの労働関係社会立法が、このように規制色の弱いものとなった理由の1つとし
　　て、司法審査があろう。連邦最高裁による司法審査が控えていることが、これらの立法動向
　　に大きく働いたケースがあるという（……judicial revew……awescme power of American
　　Courts, was a decisive influence on the American social history）（Friedman, *op. cit.* p.
　　427）。
168　"Wagner Act" としても知られる National Labor Relations Act of 1935 が、この集団
　　交渉権を認め、その下で、**労働関係調整委員会**（National Labor Relations Board）が設
　　けられた。
169　"……American unions seemed to lack the militant edge of their European counter-
　　parts." といっている（Friedman, p.427）。

699

第3編　19世紀後半以降の憲法

Roosevelt は長期的に、民主党内で有力候補者の芽を、早くから摘んできた一方で、短期的には、問題の1940年、3期目の選挙のために入念な作戦を練っていた。彼の集票マシンが一番強い Chicago に民主党大会を持ってきたことと、大会当日での、その場の雰囲気を一定方向に動かす入念な下準備である。こうして民主党代表に選ばれた彼は、共和党代表との選挙戦で、第1に、「戦争への不参加」をアピールし[170]、史上初めて3選を遂げた[171]。

(b) 3選を遂げた F. Roosevelt は、この後、更に驚異的な第4期まで当選する（後出）。彼が New Deal 政策のため、画期的な立法を含む活動をしたのが第1期であり、第2期は、最高裁との戦いに多くの力を傾けた。第3期、第4期は、アメリカとしての世界戦争に本格的に取組んだ時期に当ったといえる。1940年選挙を制して、前人未到の第3期に入るが、彼の前注170のような不戦の公約にも拘らず、そこに待っていたのは、W. W. II であった。大戦を遂行した連邦憲法と、その下での F. Roosevelt の対応については、次の(3)「New Dealers による戦争、W.W. II」で見ることとした。

(c) 第4期が始って僅か2ヶ月ほどで病に倒れるまでの、前後13年に及ぶ彼の任期を振返ってみよう。「人々が生きるための経済の力」「パンの力」は偉力を発揮した。その約束が、F. Roosevelt に政権の座を与えた。議会が民主党から共和党に少し傾いても、幅広い New Deal Coalition を形成し、その他の議員の中からも、積極財政に好意的な（pro‑spending）賛成者を生み出した。第1期、第2期の中心的な成果といえるのが、前段で見た公共工事と、そのための WPA などの連邦の役所であり、

170　徴兵されそうな若者の聴衆に向って、"you boys are not going to be sent into any foreign war" と呼びかけていた。

171　彼がどの程度、アメリカが世界大戦に巻込まれることを容認していたか。彼は、ドイツや日本などの枢軸国のやり方に、かねてから否定的価値判断を示していた。その点で、孤立主義者から批判を浴びたことはある（1940年12月29日に炉辺談話で、アメリカの役割を「民主主義世界にとっての武器庫」、と語っている）。

第7章　20世紀の（現代における）アメリカと、主要な憲法事実

Social Security Acts や、労働関係法を含む広い意味の社会立法であった。

　この間のアメリカは、急速に行政国家としての基礎を整え、変貌して行ったといえる。それだけに（最高裁内部を含め）混乱があった。この種の社会立法と、連邦政府自体が手を下して行った公共工事は、そして行政国家化は、明らかに19世紀アメリカ社会の精神（ethos）"laissez faire" とは、アメリカの憲法の基礎をなす思想とは、異質の要素を含む。この新しい精神（ethos）ゆえに、New Dealer による立法については、前出の Ashwander v. TVA などの多くの違憲訴訟が提起され、そこで**違憲判断**も下される結果となった（次の(2)「New Deal 時代にかけての法の番人」）。

　(d) Franklin Roosevelt は、George Washington, Abraham Lincoln と並ぶアメリカ憲政史上の三大 Presidents の1人とされている。その第4期は、W.W.II の遂行に力をとられた面はあったが、12年超の任期中、大半の情熱と努力を傾けて大恐慌と戦った。その間の New Deal 用立法は、殆んど実施され、アメリカは、20世紀後半に向け以前とは違った連邦国家、行政国家として伸長するようになる。

　Roosevelt の1944年選挙と、彼の健康状態について一言。永年の喫煙癖もあり、その頃62歳の彼の状態は「悪い」、の一言に尽きた[172]。戦争中のメディアは、言論統制（彼による言論統制とは、自身の健康状態と、従軍報道に係るそれ、との2つがあった）など、彼の締め付けに反対していたが、労組の厚い支持もあり、Roosevelt は、第4回目の選挙にも勝利した。

　第4期目の選挙中の公約で、見落せない柱が1つある。国際連合（United Nations）への支持表明である。20年前に、彼は、国際聯盟への熱心な支持を表明していた（前出）[173]。同じ民主党の Wilson と国際聯盟

172　当選はしたものの、Roosevelt は、健康状態のために就任式を議会の議事堂（Capitol Building）前では行えず、ホワイトハウスの芝生上で行った。

701

第 3 編　19 世紀後半以降の憲法

とが辿った不運なコースにも拘らず、彼が、第 4 期目の選挙でそう公約していたことは、刮目してよい[174]。もう 1 つ、第 4 期目の特記事項として、メディアから、「親ソ聯（pro-Soviet）で、親共産党」、との攻撃が絶えなかった副大統領 Henry A. Wallace を、Harry S. Truman（ミズーリ州からの上院議員）にとりかえた（後出）。

⑵ New Deal 時代にかけての法の番人

（イ）Kennedy, Nixon から後の大統領の時代、軍事費を中心に、連邦予算の桁外れの膨張があったことは間違いない。だが、それは 20 世紀後半の話しである。それまでの 20 世紀前半で見れば、Franklin Roosevelt 時代に、連邦予算の画期的な拡大があったことも、また前記のとおり事実である。それにより、大恐慌と戦った訳である。ここでは、20 世紀前半の、それも大恐慌の年月を中心とした、憲政史を主に語ろうとする。

（a）アメリカ法制史の著作で著名な Friedman は、20 世紀の憲政を、「中央の権力が、増大に次ぐ増大を遂げた時代……」としていた（前 1.⑵㈡）。その反面、「州も昔ながらの重要性を失うどころか……」、人、物、金の面で膨張したことを述べていた（後注 181）。少し遡って、19 世紀末から 20 世紀にかけての州憲政に、もう一度寸言してみよう。契約法、不法行為法など、人々の日常生活法は、略すべて州法である。19 世紀アメリカで発生した社会生活の様々な問題を解決するのに、これら契約法、不法行為法などがヨーロッパとの対比でも発達し、アメリカが得意とする法制度の 1 つとなった[175]。

　一方、19 世紀後半から 20 世紀初めのアメリカは、法制度以外の多くの面でも、更に大きく様変りした。枚挙にいとまがないが、農業国から世界

173　F. Roosevelt は、20 年以上前の 1920 年選挙の時に、副大統領候補として国際聯盟支持の演説を 800 回以上している（Dallek, p.83）。

174　枢軸国（Axis Powers）を倒すため、1942 年の第 1 次ワシントン会議に結集した 26 ヶ国の集団に対し、彼は、この United Nations という名称を付している。

一の工業国への発展が、その１つといえる。その間、人口は更に増え続け、（20世紀後半であるが）３億人以上となった。その間のアメリカは、「対外的に一貫して１つの顔を見せ、１つの政策を表明している」、というのとは少し違っていた。２度の世界大戦の間には、Naziドイツがチェコスロバキアに進攻しても黙認するなど、一旦は自らを、深い**孤立主義**へと閉じ込めていた（後出）。

(b)少し先走って、20世紀を通して見ると、そのアメリカが世界大戦に自ら踏み切り、W.W.IIを経て、世界経済の担い手となる。更にその後も、旧ソヴィエト（Soviet, U.S.S.R.）との冷戦を経て、世界の超大国へと、その存在感を増大させた。これには、その間の世界政治・経済の変化とともに、科学技術の進歩（自動車、航空機、コンピュータ等々に見られる）と、高度工業化社会への変貌も要因となった。これらを可能にした底力が、第１章での連合前史を通して見てきた、建国の父祖ら（Founding Fathers）の教育熱心に由来し（後注209）、高識字率と、早くからの公教育の普及がそれを示す。そして世界の中でも最高所得水準が永く続いたことにある。

このような超大国への成長と、その世界戦略上の地位を支えるため、アメリカの憲政史上何が起こらねばならなかったか。連邦司法の力の増大、それによる政治の世界への関わりの増大がある。20世紀最後の大統領選挙（2000年）では、この変化を示唆するような事件が起きていた[176]。こ

175　契約法では、たとえば物品売買での担保責任（warranties）法理に相当する詳細な補充ルールを設けていて（UCC 2-312、313(1)〜(4)、314(1)、(2)、315など）、それが殆んどの州で採用され、実定法となっている。また American Law Institute（ALI）が出している Restatement でも、1998年には不法行為法が Restatement 3rd に達し（2000年）、中味も製造物責任と、多数当事者間の責任の振分けに係るものなど、よりきめ細かい内容の再述になっている。これらはすべて、19世紀から（つまり進歩主義の時代に）始って、20世紀半ば過ぎにかけて成熟してきた。

176　最高裁の事件簿に、Gore v. Bush の名が２回も出てきた。Florida 州内での（全体から見れば）少数の票の集計のやり直しが争われた。最高裁は、**政治問題への不介入**の伝統や先例にも拘らず、事件を受理した上で、「12月12日までに集計のやり直しを命ずることは、修正XIVの Equal Protection Clause に反する」として、5：4で、**集計のやり直しを認めない決定**を出している。Bush v. Gore, 531 U.S. 98 (2000).

703

第 3 編　19 世紀後半以降の憲法

れは、「三権の中での司法」という文脈のみではない。本来の連邦権力からはほど遠い、選挙法という最も州法的な問題でさえも、連邦が最終の決定を下せるし、下した事実を示している。これは、13 植民州で作った元の体制、旧来型の二元国家システムを、少くとも部分的には、止めざるを得ないこと、その意味では 18 世紀憲政からの卒業を意味している。

(c)確かに、20 世紀後半から 21 世紀になっても、連邦憲法は全く変っていないし、改憲すら、この数十年間行われていない。殊に、この半世紀間をとると、**50 州による連邦**という形も変っていない。その意味の**連邦政治体制**は、既に固まってきている。Jefferson や John Marshall の時代がそうであったと同じく、今でも理論上は、各州は連邦政府に引けをとらない主権者（sovereign）であり、「連邦の主権は、各州主権に由来する」、との考え方も有力である（修正 X）。

前述のとおり、日常の生活法（契約、不法行為、犯罪、生死、結婚、離婚、相続などの実体法）、および訴訟の手続法はすべて州法であり、不動産法、建築基準法などの商取引法や規制法も、州が作り、実施している。幼稚園から大学までの教育、福祉、保健所、消防、警察などの各機構作用も、すべて第一義的には、州以下（市町村）の財力、人力、知力で営まれ、その法律によって規律されている（連邦の大学、つまり国立大学はない）。加えて、各種職能団体も、前述したようにすべて州単独である（連邦の宅地建物の資格も、弁護士その他の資格もない）。

(ロ)以上のすべてにも拘らず、連邦政府の変りようほど、目覚ましいものはない。独立の初めから、殆んどすべての政府機能を州の財力・人力に頼り、「州政府お任せ」できた連邦政府。その台所にしても、18 世紀中は、輸入関税に 90 ％以上と大きく依存。その後も、タバコとウィスキーに対する物品税だけで、財政の 9 割を賄ってきた連邦政府（南北戦争時に初めて**連邦所得税制度**を導入したが、その後、W.W. I の頃までは、再び廃止されていた）。その連邦政府が、今では、兆ドル単位の予算を動かしていて、州政府が、逆に多くを中央政府に頼るようになっている。人間、物資、

704

情報が、物凄い高速で州境を往来する**文明の高速度化**とともに、**連邦政府の巨大化**は、**更に加速**した。それらを、いずれかの州が個別に規律することは、略不可能というものである。

(a)三権の中でも、連邦政府のこの急速な巨大化を略一人占めしている権力がある。それが行政府、大統領の座である。大陸軍（Continental Army）の総司令官時代から、ワシントンが人から、「そう思われないように」「そう見られないように」、意識して距離を置いてきた**最高権者**の座である[177]。Washington の用心深さからすると皮肉なことであるが、人々の眼は、メディアの報道は、今や大統領の座の巨大化にばかり行きがちである。イソップ物語（鼠と壁と北風さん）ではないが、その大統領の座が、Bush と Gore のどちらに行くかを決めたのが、注 176 の先例であった。

(b)憲法（制憲会議の人々が頭に描いていた憲法）との乖離の大きさでは、大統領の座に加え、立法、司法をひっくるめた連邦政府全体の、州政府に対する成長・増大こそ、1 番想定外の成行き、といえるのではないか。Friedman は、20 世紀を中央政府の時代とし、「連邦政府、中でも大統領の力が、連邦政府の中でも輪をかけた勢いで伸びた」、としている[178]。確かに、前段で見た 3 人の大統領（McKinley、T. Roosevelt、Wilson）も、本段で見る F. Roosevelt も、その発した大統領令（Executive Orders）(EO) の量、質において、その執行した予算の金額においても、1 人変る

177　ワシントンの大陸軍が、まだ大陸の各地でイギリス王国軍と戦っている最中にも、連合議会や植民州政府要人の間には、共和政体が軍による独裁に堕落して了った 2 つの先例、ローマのシーザーと、Oliver Cromwell の New Model Army を持出して、不吉な予言をする者がいた。常備の正規軍を好むワシントンが、militia のゲリラ戦の巧みさに、「軽蔑の言葉」を発したことがあったが、一部の批判者は、聞き逃さなかった。「militia こそ共和主義的で、常備軍（standing army）とは違う……」と、暗にワシントンの考え方をイギリス式であると、批判せんばかりの陰口を利いていた。当時の人々の語彙の中では、"standing army" は、Charles II 世王が興そうとして、イギリス人権憲章中でも指弾された**悪行**か、または George III 世王が、アメリカ人を抑圧するためニューヨークに駐留させた部隊のように、悪者の代名詞的に使われていた（Ellis ①, *op. cit.* p.138）。

178　これを、人口爆発、連邦予算による財政規模の爆発、などの計数と並べて裏付ける一方で、連邦の力を誇示した史実の 1 つが、禁酒法をもたらした改憲（1919〜1933 年）であったとし（修正 XVIII と XXI）、決して成功したとはいえないが、連邦政府以外には、「手をつけることすら、できなかったろう」という（Friedman, *op. cit.* p.505）。

705

第 3 編　19 世紀後半以降の憲法

毎に、大きな飛躍を示している。

　(c)各州と連邦との力関係が、憲法成立時と比べて、様変りするようになった 1 つの原因が、上記の科学技術の発達にあり（人々の生活上で）、州境の意味が極めて小さくなったことにあるのは間違いない（運河、鉄道に始って、自動車、飛行機、電報から電話、インターネット時代への移行）。しかし、科学、技術だけでは説明がつかないし、科学、技術的説明が目的でもない。**最高法規性**（Supremacy）の文字（Ⅵ、(2)）と、それを解釈・運用してきた人々によって作られてきた法的、憲法的理由により、今も作られつつある局面があるのではないだろうか。

　(d)憲法法学という面からの Friedman の 20 世紀の描写は、より**スケッチィ**になる。1 つには、基礎となる事実（史実）に、「皆の知識があるから」、ということであろうと推測できる[179]。もう 1 つは（彼が批判されているように）、何らかの彼の個人的傾向として、**19 世紀の描写に力こぶが入って了う**のかもしれない[180]。彼の sketchy な描写では、20 世紀アメリカの憲政は、どのように要約されているか。1 つは、中央の権力が「増大、増大の連続であった」と表現し[181]、それを（アメリカは）「今でも紙の上では、連邦共和国で……20 世紀に入ってからでも、テリトリから最終の州として加盟するにも、古株の州と全く同等の資格で加盟してきた」と記している[182]。

　他方で（だからといって）「州が重要性を失ったどころではない……」（……are far from unimportant……）とし、人々の私生活全般を規律するのは、州主権に基づく州法であることを証左として挙げる。中でも、彼が

179　……main political events……are familiar enough（Friedman, *op. cit*. p.503）

180　彼が、19 世紀の描写に心を奪われていたのは間違いない。「本書の多くは、19 世紀末までのアメリカ法の生成・発展に関心があった……だが、それが終わってみたら、それから更に、100 年以上の歴史があった……」と正直にいっている（*ditto*）。

181　20 世紀初めでも、アメリカ（……central, national power）はまだ "grew and grew and grew" であった（p.504）。

182　20 世紀に入っての新州は、Oklahoma, Arizona, New Mexico, Hawaii, Alaska の 5 州である（第 5 章図表 4）。

「州主権が働く場」として挙げているのは、(i)人々の生活法と、(ii)その争いを裁く司法法、の2つである。その分野では、世紀の初めにそうであったのと全く変りなく、19世紀末においても、20世紀においても、州法一本の流れのままで来ているのである。更に、依然として、州と州以下の市町村レベルで作られている、民生に密接した建築基準法からクリーニング店、幼稚園に至るまで、何千何百という諸規則類がある（それらが、教育委員会を設け、学校を運営し、警察、消防の機能を維持している[183]）。

(e)「州法が人々の生活を規律する」といっても、以下のような変化が、州境の法的意味を変え、州法秩序の重みを大きく変えて了った。人々は昔のように、法令による州毎の異なる規制（その最大のものは、奴隷州と自由州の区別であった）を意識しなくても、毎日の生活で不便しなくなった[184]。州や市町村の人、物、金の面での成長・増大がどれほどのものであろうと、この間の連邦政府の膨張（連邦政府の予算、政府役人の人数など）に匹敵するものは、存在しない。その間の連邦政府の憲政には、大恐慌時の緊急立法のような、また、W.W.IやIIのような、ドラマティックな増大ストーリーが含まれている。大恐慌（Great Depression）は、確かに20世紀に入っての、憲法的に大きな1つの節目である。大恐慌を境として行われた Franklin D. Roosevelt 大統領による **New Deal** は、たしかに1つの憲法的な挑戦であった。しかし、それすらも、1つの節目に過ぎない。大戦や冷戦時代を経た今日の予算規模は、Kennedy, Nixon などの大統領ですら、想像できなかったような数字に達している。McPherson が挙げていた19世紀前半の物流革命、運輸革命を遥かに上回る規模と質の、経済・社会革命があった（ある）といってよいだろう。

(ハ)このように現代では、**州境**といったものがゼロに近い。憲法は、**通商**

---

183 州や市町村は、今日でも、19世紀初めに雇っていた以上の公務員を雇い、それ以上の予算を使い、その頃を遥かに上回る、規則や条例を司っている。

184 この意味で、州法が微力になったことを Friedman は、電波管理、鉄道、経済団体（trusts）、食品の安全に関する規則（p.506）などの規制法令で指摘している。

（Commerce）のうちでも、**州際**（interstate）的なものの規制は、州ではなく、連邦議会が立法により規制するよう、授権している（Ⅰ、8(3)）。経済・社会革命が起こり、法的意味が変ったことで、この連邦法による規制の意味が変ったであろうか。州と連邦の関係の憲法的な意味については、次章で詳しく見ることにするが、次の要約が可能であろう。連邦法が規律する場が増大することは、間違いないし、実際にそうなってきており、その分、州法による規制と競合することは避けられない。そこで生じる、州法と連邦法との衝突解決の憲法的基準は、それが**州際通商（Interstate Commerce）**か否かである。それを最高裁がどう捌くかである。

(a)しかし、州境による規制の違いがゼロに近い状態が、いきなり到来した訳ではない。経済・社会革命による変化は、19世紀後半、中でも**発明ラッシュ**が起きた19世紀末にかけて**ドッ**と生じた。この急激な変化に法律が合わせるのには、苦渋に満ちた歴史もある。A州による進歩的な立法に対し、B州（その社会、殊に産業社会）が反対を重ねてきた（残念乍ら、保守的な最高裁判決がB州的な法治に加担した例として、児童労働の問題があった[185]）。

南部州では、歴史的に低賃金、劣悪労働環境などがより強く残っていたから、繊維産業などが北部州に工場を建てたのでは、まともに競争ができない。そこで、北部州は、連邦議会に助けを求めることになる[186]。

これら20世紀初めの連邦議会の法律に対し最高裁は、大恐慌前のケー

---

[185] 北部州は南部州に先行して児童労働に対し厳しい法制で臨んだが、南部では、対応にタイムラグがあった。その間の北部州の働きかけで、連邦議会が厳しい法制を立法した。その合憲性が争われたケースで最高裁は、その法律を違憲とした。Hammer v. Dagenhart, 247 U.S. 251 (1918)。連邦議会は翌年、児童労働をさせている企業の製品に対し10％の物品税（excise tax）を課す立法をしたが、最高裁はこれをも再び違憲とした。Bailey v. Drexel Furniture Co., U.S. 20 (1922)。更に、この絡みでよく引用される例としてLochner v. New York, 198 U.S. 45 (1905)がある。

[186] 20世紀初めの児童労働条件を決めた連邦法は、1928年に一旦、最高裁で憲法上の契約自由の原則などに違反するとされた（上記Hammer v. Dagenhart事件）。連邦議会は翌1919年、別の手を使ったが（正面から児童労働を禁止する代りに、児童労働による製品に10％の物品税をかける）、最高裁はこれをも、「実質は児童労働を禁止するもので違憲だ」とした（上記Bailey v. Drexel Furniture事件）。

スで、大勢として保守的な態度をとっていた。いわゆる社会立法が、「企業主の契約の自由を侵す」として、その効力を否定していた。州の主権への配慮もあったろう。移行期での最高裁の保守主義は、単に連邦の立法に対してだけではなく、多くの州法にも違憲のレッテルが貼られた[187]。19世紀を通してアメリカ社会をずっとリードしてきた**価値観**、"laissez faire"から進歩主義（Progressivism）期を経由した、20世紀の、殊に大恐慌とNew Dealerらによる新しい価値基準へ移行するためには、最高裁も含め、この混乱期を経なければならなかった。New Dealについては以下に見るが、これを「アメリカでのフランス大革命」になぞらえ、それくらいの大変革、殊に、アメリカの保守主義にとっての大変革だったとの見方がある[188]。

　(b)上記は、各州バラバラな規制の中で、連邦議会がより先進的な立法で厳しい規制を試みる一方、最高裁が、少し前の時代の**エートス**（ethos）で統一するルールを示した事例である。ただし、最高裁のエートス（ethos）も、また州最高裁の判断も、常に安定して1つというのではない[189]。いってみれば、この時代は、多くの人にとり、また連邦最高裁自身にとり、判断、予見が難しかった時代であった。

　それが、自らの首を一方向に向って一挙に振り切る事態が訪れた[190]。変化の潮目は、1930年代後半に現われた。**大恐慌**を境に、契約自由の憲法

187　労働時間を制限したニューヨーク州法が、契約の自由を侵すとして、違憲のレッテルを貼られた代表的なケースが上記 Lochner v. New York 事件である。

188　以前（1985〜2000）Pepperdine 大学の学長をしていた政治評論家 David Davenport は、その著書 "New Deal and Modern American Conservatism, Hoover Press", 2013 年中で、Hoover 大統領のような新保守主義を F. Roosevelt の New Deal（彼は、それをアメリカにとってのフランス大革命に当るとする）と対比し、価値感としては前者がアメリカ式の liberty を、後者がヨーロッパ的な equality を第一義に据えるとする（2013 年 12 月 31 日放送の C-SPAN より）。

189　Lochner ケースと前後する Muller v. Oregon, 208 U.S. 412 (1908) では、洗濯工場で働く主婦の 1 日の労働を 10 時間と定めた州法を、違憲ではないとした。

190　ワシントン州の最低賃金法を合憲とした、West Coast Hotel Co. v. Parrish, 300 U.S. 379 (1937)。Adkins v. Children's Hospital, 261 U.S. 525 (1923) を覆し、Lochner 先例の時代は終りを告げたとされる。

第3編　19世紀後半以降の憲法

上の保障（Ⅰ、10(1)）を理由とした、この古典的・19世紀アメリカ的 laissez faire 判決は、やがて影をひそめるようになる。その意味では、前記の移行期は、やがて、大恐慌による TVA などの New Deal 事件判決へと変って行くまでの、最高裁の姿勢の移行期のことである。

更に、連邦最高裁は、2つの世界大戦でも、また別の次元かも知れないが、一方向に向って首を多く振ることが見られた（他の多くの国でも、似たり寄ったりの事象が存在するのかも知れないが）。**冷戦**（The Cold War）時のいわゆる McCarthyism、その後の Vietnam War、イラク戦争時に、この種の力が更に連邦最高裁に働き続けたといえよう。大戦や冷戦を通したこの時代、少数派（minority）や異分子が受けた試練に、司法の助けは余り力強くなかった[191]。

㈡ここでの主題「New Deal 時代の法の番人」に入ろう。この時代の司法について、後に**司法の変容**として指摘されるような事象が起こっていたとされても、不思議ではない。前後の先例を比べれば、確かに大きな変容が見られるからである。見てきたように、Lochner v. New York 事件、Hammer v. Dagenhart など、保守的エートス（conservative ethos）の判断が、それまで多く出されていた。しかし、New Deal 時代になると、注 190 の West Coast Hotel でのような判断も示されるようになった。

(a)最高裁判決に対する 20 世紀初めの一般の受け止め方は、芳しくなかった。殊に、労働界でそれがいえる。19 世紀後半に結成されていたが、New Deal で大統合され、1つの社会的勢力となった労働団体の全国組織、AFL[192]や CIO[193]での受けは、ひどく悪かった。試練の時は、やはり大恐慌時であった。New Deal を推進すべく、F. Roosevelt と民主党（Demo-

---

191　1950 年の McCarthyism 時代について、連邦最高裁は、初めとても臆病であった（......in the 1950s, ... was at first, extremely timid）（Friedman, *op. cit.* p.535）。

192　AFL（American Federation of Labor）は、古くは 1886 年の Ohio 州 Columbus 市での職能工組合が始り。20 世紀初頭では、略すべての組合加入労働者をその傘下に収めた。現在（1955 年以来では AFL-CIO と一体になっている）は、1100 万人以上の労働者が加入する。公民権運動とも深く係ってきた歴史がある。

cratic Party）が議会で立法した New Deal 実施法が、次々と「違憲」、と宣言された[194]。中でも、NIRA（前出）法が標的にされた。Hughes 判事の言葉を借りると、同法が大統領に与えた労働関係規則の改廃権は「無制約過ぎる」（unfettered……）とされた[195]。

　(b)最高裁判決に対する不評と、その修正を要求する政治力の中心は、大統領や民主党議員に移った。違憲と宣言されなかった New Deal 法にしても、やがて将来否定され、次世代のための公共工事も、「また、否定されかねない」、と危惧した。彼らが槌音高く建設したトンネル、橋、TVAのダムや、送電線などが、いずれ取り壊される恐れがあった。

　彼らは、「最高裁を何とかしなければ……」、との考えに至る。F. Roosevelt は、Jefferson など他の多くの先人達のいっていたと同じセリフを繰り返した。「民主的な選挙で選ばれ、人々の意見を反映した政府がいうことを、一部の役人が圧殺してよいのか……」。F. Roosevelt が大統領職に就いていた時の最高裁は、9人の判事が全員、Republicans の大統領による任命で、保守派が多数を占めていた。もっとも、最高裁判決すべてが、そうだった訳ではない。アメリカ本来の契約自由を制限した法律を、「大恐慌（Great Depression）は緊急事態である……」がゆえに、違憲としなかった例もある[196]。

193　CIO（Congress of Industrial Organizations）は、New Deal と略並行的に、AFL から一部分裂する形で 1935 年に出発した（AFL の職能組合主義に対する反発が分裂の主因といわれている）。1938 年に集約化された。黒人組合員に対しても、AFL よりは融和的だったとされる。

194　New Deal 法の中心的な National Industrial Recovery Act も、Agricultural Adjustment Act も最高裁により、その効力を、相次いで否定された。前者は、Schechter Poultry Corp. v. United States, 295 U.S. 495 (1935)、後者は、United States v. Butler, 297 U.S. 1 (1936)（いずれも前出）である。

195　大統領は記者会見で、「合衆国政府は、経済政策で立案権がないというのか……」といったとされる（James MacGregor Burns, *Packing the Court*, Penguin Books, 2009, p.142）。

196　かなりの数のケースで、約定通りの競売の実施を制限した州法を 5：4 という賛否数で、有効としている。その 1 つとして、Home Building and Loan Association v. Blaisdell, 290 U.S. 398, 435 (1934) がある。そこでは、「緊急事態（emergency）は、授権された（立法）権を拡大も縮小もしないが、その適用の場面を提案する」として、契約自由を制限することを禁ずる憲法の定めも、文字どおりの「数学的厳格さによるのではなく（no……）like a mathematical formula……）、個別の場合に適合した解釈が可能……」とした。

711

第3編　19世紀後半以降の憲法

(c)とはいえ、最高裁判決についてのブラック・マンデー"Black Monday"という言葉もあるくらいで、最高裁は、1935年3月25日にはRoosevelt大統領に対し、3件の"No！"を突きつけた（うち1件は、前出のNIRA法を違憲としたSchechter Poultry Corp.事件である）。これらは、しかし小手調べに過ぎなかった。翌1936年に入ると、AAA法（前出）の下でのprocessing taxが違憲とされた[197]。直ぐ続いて、Guffey Coal Actを違憲とするCarter判決が出た[198]。Carter Co.のケースでは、石炭は、実際に大部分が州外に売られ、州外へ輸送されていた。しかし、最高裁は、連邦が地方産業の分野にまで立法して干渉することに反感を覚えていた。

(d)1936年選挙で地すべり的な大差で再選されると、Rooseveltは、問題の本格的処理を考えた[199]。New Dealer立法を容易に受付けない最高裁の改革である[200]。法案では、9人の判事のうちの、既に70歳プラス6ヶ月以上の6人につき、Roosevelt大統領が、同数6人の判事を新たに任命できることになる筈であった[201]。

法案（the Bill）は、議会を通らなかったが、その間に、最高裁の中でも変化が起きていた。保守色の強い4人の同僚の影響下で、それまで多数派（5人）意見に投じていた中間派判事Owen Robertsが、サイドを変え、New Deal法案賛成の側に廻った[202]。大統領は更に、異例の4選を遂

197　U.S. v. Butler, 297 U.S. 1 (1936)（前出）.
198　Carter v. Carter Coal Co., 298 U.S. 238 (1936)。なお、Guffey Coal Actの正式なpopular nameは、Bituminous Coal Conservation Act of 1935で、政府が設けたBituminous Coal Commissionにより石炭価格を設定し、石炭産業を救おうとした。しかし、労組（United Mine Workers）と激しく対立していたWest Virginia州のCarter Coal Co.は、同法がBituminous Coalに絡んで、親労組政策を折り込んでいることに反撥し、上告受理申立をしていた。この点で最高裁は、石炭産業は、議会の立法権が及ぶ州際通商とは関係のない、地方産業であるとした。
199　議会内でも、いくつかの改革法案が出ていたが、Rooseveltは、司法長官（Attorney General）Homer Cummingsと綿密な打合せを重ねた（Burns, p.144）。
200　**裁判所詰め込み計画**（court-packing plan）として世に有名な試行である（注195書のタイトルともなっている）。
201　Judiciary Reorganization Bill of 1937。この法案に対し抗議の嵐（a storm of protest……）が起きたとしている（Friedman, *op. cit*. p.548）。

げたため[203]、その間に9人の判事のうち8人が死亡し、彼が任命した新たな判事に交代した。それにより最高裁の判事もまた、最終的に民主的な選挙で選ばれた大統領によって任命されるというルールが、今一度はっきりと示された。彼が任命した判事には12歳の時のウィーンからの移民、Harvard Law School 出の Felix Frankfurter も含まれる[204]。同時に示されたのが、「僅か1票の差」ではないが、国の最重要ルールで、その結論を 5:4 で引っ繰り返すことができる事実である[205]。

　㈱ Roosevelt が、その第1期、第2期を通して連邦政府を率いて大恐慌と戦い、W.W.IIを経て、更に20世紀後半に向って力強く伸長するアメリカを導くことができたのは、連邦議会が関係法案を可決し、積極財政支出を決裁した賜物である。その文脈では連邦議会も、憲法上の限定列挙立法権をフルに使ったといってよい。もう1つの賜物は、政府の巨大化である。積極財政支出の予算から、各州へ巨額の分配金が支給された。正に、州の上に君臨する連邦の姿であり「州から連邦へ」の力の推移を示す形である。

　(a)**州から中央へ、連邦政府へ**。20世紀憲政を1語で表す言葉として、この**力の移動・集中**があった。連邦政府の三権、大統領も連邦議会も、そして連邦裁判所も、皆その力を増強させ、形を増大させた。力の推移の時期は、New Deal と略同じ時から、20世紀半ば過ぎまでが目に停るが、これら州から連邦への力の推移、連邦の君臨は、単に社会立法や労働立法

202　Owen Roberts がサイドを変えたことにより、New Deal 法案の下で生まれた National Labor Relations Board が合憲とされた。National Labor Relations Board v. Jones & Laughlin Steel Corp, 301 U.S. 1 (1937).

203　4期目の初め、1945年4月12日に死去している。

204　William H. Taft 大統領の戦争長官や Woodrow Wilson 大学の教授、パリ条約会議顧問なども務めた彼は、American Civil Liberties Union (ACLU) の結成にも力を藉した。いわゆる司法抑制論 (judicial restraint) を唱え、また先例重視の立場を明らかにした。

205　Obama 大統領ほど、権力分立の中での司法の重み、この "one vote" の重みを、十分に理解してホワイトハウスに入った大統領は余りいない (……Few presidents……scrutinized the Constitution and the powers of its judicial "third branch" more closely……) (Burns, p.245)。

第3編　19世紀後半以降の憲法

の面だけに止らなかった。たとえば、伝統的な州（地方）の権能、縄張り
であった筈の分野、警察や学校教育、保健衛生でも、連邦の存在が増大し
たことがある。そうした分野にまで連邦が入り込み、財政や人の面で強い
支配力を及ぼす現象が生じた。

　(b)州権の伝統的な2つの分野で、連邦がいかに主なプレイヤーとして出
現してきたか、刑事司法と教育行政面での変化に次で触れてみよう。元来
は、200年の歴史を誇る各州警察機構に頼らざるを得なかった刑事司法の
仕事であったが、犯罪の広域化（時には国際化）に対応し、州境での捜査
の限界を補うため、連邦の機関FBIを新たに設けたのは、Hoover大統
領であった[206]。このような経緯から、FBIの仕事の重心は、(i)対外関係を
含む犯罪[207]、(ii)全米に跨る事件の捜査、(iii)警察行政についての中央での企
画・立案、(iv)各州への予算配分で、それが、第2次大戦後は凶悪犯罪の増
大で忙しくなる[208]。

　(c) John Adamsの伝記などからも窺えるように、アメリカの公教育は、
イギリスよりも早くから広く一般化した、斬新なシステムとしてスタート
していた[209]。しかも、ボストン市内の小学校という具合に、その中心は、
市町村以下の自治体によるものであった（その意味で、初期の**救貧法**〔社
会保険法〕などと共通点がある）。

　今日でも公教育は、第一義的に市町村が管掌しているが[210]、その分野で
も、いくつかの方法で連邦が乗り出してきた。1946年に貧困家庭の子供

206　連邦司法省の外局としてのFederal Bureau of Investigation (FBI) は、1931年に
　　Hoover大統領が、そのための委員会に諮り、その答申を受けてできた機関である。
207　いわゆる、2013年4月15日のBoston marathon bombing caseなどが、その典型とい
　　える。
208　FBI予算のためできた法律の1つが、Law Enforcement Act of 1961 (22 U.S.C. § 2346c)
　　である。Panamaでの犯罪捜査の支援のための支出などを可能にした。
209　旧世界での、より高い社会階層に比べても、ずっと進んだ教育……（Educated up to a
　　far higher standard than those of a much superior social grade in the Old World……）
　　というJournal of Economic History, 14 (1954), 377-8を引用する（McPherson, p.19）。
210　学校財政、カリキュラム、教員資格、採用から生徒の規律のことまで、各州法が細かく
　　規定している。

714

向けの学校給食（School Lunches Programs）に係る法令と、その予算配分で連邦が州に手助けを始た。1944年のGI Bill of Rightsでは、帰還兵らに大学進学を助ける制度を発足させた[211]。

旧Sovietが1957年に人工衛星（Sputnik）打ち上げに成功すると、慌てふためいた連邦議会は、アメリカの威信をかけた立法により、科学技術教育予算を大幅に増やして、これに応えた。これらを踏まえて、1979年に教育省（Dept. of Education）が内閣の中に設けられた[212]。

(d)以上に列挙した連邦法の新しい分野（労働、刑事捜査、教育、衛生など）は、憲法が定めた連邦議会の立法権のどこに位置付けられるのであろうか。前文（……establish Justice, ……promote the general welfare）や、Ⅰ、8(1)の同じgeneral welfareなどが足がかりになろうが、この時期の最高裁はそれ以前と位べ、前述のように憲法が定める連邦議会の立法権（Ⅰ、8など）の限界についての詮索を、それほどしなくなった（連邦議会がCommerce Clauseの下で立法する事項につき、これが典型的にいわれている）。たとえば、19世紀アメリカでは考えられなかったような、農作物の耕作制限法が違憲ではないとされている。独立のモットーの中に聳えていた柱の1つ、建国の理想、**自由土地所有者による耕作の自由**が、ある意味では否定されている[213]。

(ハ)Franklin Rooseveltが、諸々のNew Deal施策を打つためには、何よりも、議会での民主党が世論の後押しを受けて、法律を通さねばならな

211　同法（Pub. L. 78-346）は、W.W.Ⅱに90日以上携わったことのあるveterans（G.I.s）に、低率の住宅ローン、開業ローン、奨学金やそのローンを供与するとともに、1年間の失業手当を支給した。その後のKorean Warその他のWarsのほか、平和時の軍役にも拡げられ、数百万人の受益者を潤し、結果としてアメリカ経済の向上に結び付いた。9・11後は更に、Post-9/11 Veterans Educational Assistance Act of 2008も立法されている（new G.I.Bill）。

212　南北戦争後の1867年に作られたOffice of Educationは、20世紀後半の1972年に、一旦Dept. of Health, Education and Welfareに改組された。それが、その後のDept. of Education Organization Act of 1979により、2つに分かれて現在に至っている。

213　Wickard v. Filburn, 317 U.S. 111 (1942). オハイオの農夫が、別にマーケットに売るためではなく、個人が食べるために、割当て外の小麦を耕作したが、逓邦法違反（耕作を制限した連邦法は合憲）とされた。

715

第 3 編　19 世紀後半以降の憲法

かったが、もう 1 つ彼が、実に多くの大統領令、Executive Orders (EO) を活用したことを述べた。

(a) EO は、本来的に大統領が政府の各役所に向けた指示であり、法律の実施要項のようなものと考えられる。大統領による Executive Orders の憲法上の根拠は明確とはいえないが〔II、1⑴や大統領の宣誓を挙げる人もいるようだが、II、3 の末文〔第 1 と第 2 文節とも〕ではなかろうか[214]〕、F. Roosevelt による一例として、Executive Order 6102 を見ると、(「1933 年 3 月 9 日法の§2 により改正された、1917 年 10 月 6 日法の§5 ⒝の授権により……」として[215]) 根拠法を詳しく示している。Executive Orders といった名前と内容は、20 世紀初めまでは固まったものではなかった[216]。Executive Orders とは言葉は違うが、実質的に近似のものとして、directives, notice, determination, proclamation, memorandum などがある。それぞれ、多少の分野の違いとか、ニュアンスの違いを持って使われている[217]。George Washington も、就任年の 1789 年から EO を出している。

Executive Orders に係る先例の初めは、1952 年に出された。そこでは、その Order が、「法律を実施したり、意味を明らかにしたりする……以上のことをしている」として、無効とされた[218]。

Executive Orders とはやや局面が違うが、やはり**行政府**対**立法府**の対立の文脈で、後出の（インド人留学生）ケース Immigration and Natu-

---

214　筆者の考えでは、いわゆる Take Care Clause "……shall take care that the Laws be faithfully executed" にも "and shall Commission all the Officers of the United States" にもその根拠が認めうる。

215　その根拠法とは、An Act to provide for relief in the existing national emergency in banking, and for other purposes である。

216　1907 年から国務省 (Dept. of State) が、Lincoln 大統領時代の 1862 年に遡って、ナンバリングを付し始めた。

217　このうち、Truman 大統領の下で始った National Security Directives は、大統領の外交と安全保障上の forum とされる National Security Council (NSC) の助言と同意により出されるもので、法律と同じ効力 (full force and effect of law) を有するとされる。

218　Harry S. Truman による Executive Order 10340 につき、Youngstown Sheet and Tube Co. v. Sawyer, 343 U.S. 579 (1952).

ralization Service v. Chadha では、下院が単独で（しかも時期を失して）、出入国管理局の決定をひっくり返したことが、違法とされている[219]。

(b)上記1952年の先例からも知りうるように、20世紀後半になって、Executive Orders の範囲、内容を巡って批判されたり、その効力に対して争われる事例が多くなった（その乱用が、三権分立の基本にも触れかねないだけに、場合により、それに値いする批判がある）。

Roosevelt が W.W.II 中に出した EO の中には、日系アメリカ人とドイツ系アメリカ人の拘束に係るものがあったが（Executive Order 9066）、最高裁は、この EO に絡んだ日系アメリカ人らに対する戒厳令（curfews）の発令を合憲とした[220]。また、別件での最高裁は、政府の行為に strict scrutiny の法理を当て嵌めているが[221]、それでも、結論は合憲だとされている[222]。同じ Truman 大統領が出した Order でも、1948年7月26日の Order 9981 は、合憲と判断された[223]（軍内部での人種差別を取り払うものであったが〔後出〕、それでも、その効力を争う人がいた）。

(ト)連邦政府の三権のすべてが、大統領も連邦議会も、そして連邦裁判所も、皆その「力を増大させ、形を増強させてきた」、と記したが、憲法訴訟の洪水の中で、連邦最高裁も、とび抜けてその姿、形を増大させたとい

---

219 Immigration and Naturalization Service v. Chadha, 462 U.S. 919 (1983). (第8章)
220 Hirabayashi v. United States, 320 U.S. 81 (1943)、Yasui v. United States, 320 U.S. 115 (1943) も同日の同様なケースである。
221 New Deal の立法の合憲性が試されたケースの1つ、United States v. Carolene Products Co., 304 U.S. 144 (1938) の判決の note 4 でいわれていた、そこで初めて紹介された基準だとされる strict scrutiny を初めて適用したのが、この Korematsu v. United States、323 U.S. 214 (1944) で、この Executive Orders 9066 の効力を争ったが、最高裁は、これを6-3で合憲とした。
222 Truman 大統領による EO で前注218以外に、最高裁から違憲・違法とされた Executive Orders は、Clinton 大統領が1995年に出した EO 12954 の、2件のみとされている。その件では、EO が National Labor Relations Act (NLRA) に違反しないか争われたが、Court of Appeals for the District of Columbia は、NIRA によって Order 12954 が否定されるとした（政府は上告を試みなかった）(www.thelegality.com) Bldg, Const/Trd. Dept., et al. v. Allbaugh, Joe, et al, No.01-5436 Court of Appeals for the District of Columbia.
223 憲法（I、8 (15、16)）による議会の立法権とのかね合いが問題とされた。United States ex rel. Lynn v. Downer.

717

える。

(a) Friedman が**憲法（constitutional law）の時代到来**、という 20 世紀。その中味を少し分析してみよう。単に、憲法訴訟の洪水が起きたというよりは、訴訟一般の数が、猛烈に増加したといってよい。背景として、法律事務所の巨大化の流れ、法曹人口の爆発も並行して起きたことがある[224]。量的な増加・膨張だけではない。女性の著しい進出が見られるようになった[225]。更に、世紀の 2/3 後半に入ると、いわゆるマイノリティ（minority）（黒人、アジア系、ヒスパニック系）の法曹人口が増大し、公民権運動でも先頭に立つとともに、law school の教壇、弁護士会、法廷、法律事務所にも、そうした人々が目立つようになった[226]。

(b) これだけの法曹人口の増大・爆発が生ずるには、それなりの原因がある筈である。訴訟数、事件数の爆発である。20 世紀になって増大した事件の種類といえば、**製造物責任**（product liability）に代表される新しい種類の **20 世紀型不法行為**と、その法律（law of torts）である[227]。

20 世紀型不法行為の代表格は、正に 20 世紀から始まった社会問題、「車の事故」である。20 世紀半ばまでの間に、この新しい不法行為法のルールが様々に展開して行った。その 1 つ、初めに触れた製造物責任法訴訟に戻ろう。それまでの、「当事者性（privity）を欠く」との抗弁に対し、ニューヨーク州最高裁が、20 世紀初めに**当事者性**（privity）の壁を破る判断を示した[228]。不法行為法による責任追及訴訟の爆発は、製造物に係る当

224　全米の法曹（弁護士）数は、20 世紀に入った時点で 10 万人、世紀末には 100 万人に達したといわれる。

225　1905 年に、Philadelphia の弁護士 1900 人のうち 3 人だけが女性であったが、世紀末近くには、弁護士の 4 人に 1 人が女性になった（Friedman, p.538）。更に、law school 学生の半分以上が女性となっている今、やがて法曹人口も、女性が過半の時代が来よう。

226　American Bar Association（ABA）は、1912 年に 3 人の黒人弁護士の入会を承認したが、これが、委員会の独断だと判明し、取消しの努力が払われたが、そのままとなった。その後は、黒人弁護士を排除するようになった。それを機に、黒人弁護士（法曹）のみの会 National Bar Association が新たに作られた（Friedman, p.541）。

227　今日式の全国流通ネットワークが存在しない 19 世紀中は、製造物責任が大々的に事件となることはなかった。

事者性（privity）の壁を破るルールによってのみ、推進された訳ではない。当事者性には初めから欠けることがないのに、以前は訴訟沙汰にならなかったような専門分野でも[229]、人々は裁判所に訴えるようになった[230]。

(c) 20世紀初頭にかけての製造物責任と並ぶ、もう1つの不法行為法の柱が、19世紀中頃から増えた各地の道路や、鉄道建設などの開発事業に伴う労働災害事件であり、そこでの雇主の責任負担を制限するルール"fellow-servant rule"である。19世紀前半に、イギリスで生まれた[231]。古くは、それがアメリカでの鉄道や鉱山開発業などでも取り入れられて[232]、ルールに則った先例も出ていた[233]。しかし、20世紀初めに立法された労働関係制定法（**災害法**）は、この古いコモンローロールを修正することとなった。連邦議会は、1906年に鉄道路線での労働者を対象とした補償法を作ったが[234]、それでも、イギリスやドイツなどヨーロッパの国々は、この種の労働関係立法でアメリカより先行していた。

228　後の連邦最高裁判事となる Benjamin Cardozo は、「製品が見知らぬ消費者の手に流通して行くことを知りながら、潜在的に危険な製品を流通においた製造者は、その消費者に対し直接の義務を負う」とした。McPherson v. Buick Motor Co., 217 N.Y. 382 111 N.E. 1050 (1916)。

229　いわゆる医療過誤（medical malpractice）、弁護士過誤などを巡る訴訟実績により、そのことが次第にはっきりしてきた。

230　専門の分野でサービスを受けるには診療契約など、当事者関係が必要となるこの種の法的責任追及は、従って法理的には、契約違反による責任追求訴訟と重なる。

231　fellow-servant rule とは、B に雇われていた工夫や人夫 A が、仮に怪我をしたとすると、A による B に対する損害金の請求は、（当時の）不法行為法のルールにより決せられる（認められる）。それが、同じ B に雇われていた別の工夫 C に落矢があったとすれば、当時の（コモンローの）fellow-servant rule により、雇主の B は責任を免れる。

232　開発のための企業の勃興期のアメリカで、fellow-servant rule が用いられたのには、社会が（法廷が）、開発を優先し、雇主に寛容になりがちであったこともあろう。19世紀不法行為法で、fellow-servant rule とともに雇主側の防御（defense）に用いられたのが、危険引受論（doctrine of assumption of risk）である。20世紀に入ってからの連邦**災害法**は、この2つの法理、fellow-servant rule と assumption of risk とは一線を画し、工夫などの労働者が損害金の請求をしやすいような途を拓くとともに、雇主の責任限定も図っていた。

233　Farwell v. Boston & Worcester Rr. Corp., 45 Mass. (4 Met) 49. 1842 年のケースである。

234　最高裁で違憲として否定されたが、連邦議会が1908年に成立させたその修正版は、否定されずにきている。Federal Employers' Liability Act of 1908, 45 U.S.C. § 51 et seq。一方、ニューヨーク州が、1910年に成立させた同様の州法は、ニューヨーク州最高裁によって1911年に否定されたが、同種の Wisconsin 州法は否定されず、同年に支持されていた（Friedman, *op. cit*. p.516）。

第3編　19世紀後半以降の憲法

(チ)以上述べてきたように、アメリカ社会では、社会生活上生じた損失を、不法行為法（tort law）を中心にした**訴訟制度を通して回復しよう**、とする傾向が強かった。これは、訴訟という、普遍的ルールと土俵によって当事者間で解決しようとするもので、手続法の修正（たとえば、19世紀後半のコモンローと衡平法の融合）にも助けられながら、また実体法の面では古いコモンローからの先例主義による不断の変化を通して、社会の歪みを是正しようとする。

(a)他の国ならば（社会主義国などでは特に）、社会に生ずるこうした様々な事故に対応するために特別の立法や準立法の方向に行くか、または行政庁が指図し、指示し、規律し、対応しようとする。そうした役所、規則、公的監視、などに依存するドイツやフランスなどの諸国と比べると、アメリカではこれが、個人の訴訟イニシアティヴにより大きく拠りかかることになる。立法よりも司法に、議会よりも判事に、解決を求める傾向である。その分、司法制度への負担も余計にかかる。弁護士、陪審など司法制度全般に加重がかかることになる。

これは、比較憲法学的にいうと、三権の間での機能分担の違いということもできよう[235]。結果として、この方法は最終的に最高裁の判断に重みを与え、権威を高めてきた。また、上の(ト)で述べたようなインフラとしての法律制度を、中でも他人の法的責任追及のシステムとしての実体法を、それらヨーロッパ諸国より発達させ、かつ独特の発達を遂げさせることとなった。以上のような結果としての事件の増大が、20世紀に一大膨張を遂げた前述のアメリカの法曹人口の増大を支えているといえる。

(b)事件の争点は窮極的には、すべて憲法問題につながりうるし、現につ

235　Friedman は、他のいずれの**コモンロー国**も、いや、いずれの国も、社会的事象から生ずる利害の調整を、不法行為法事件に「これほど大きく依存して行っている国はない」、としている。「他国では、"a more central, comprehensive solution" を、"policies" が "carry out" するのに、アメリカでは未だに、不法行為法事件に依存している」と記している（p.522）。そして、1つの理由として、「アメリカでは、政府というものが、本来的に断片的存在（fragmentary nature）できた。その根底には、政府というものに対する、頑固な抵抗感があり、その深い流れがある」、という。

720

なげられている。これが、また憲法訴訟を一段と賑やかにしている。日本とは異り、連邦憲法とともに州憲法が存在し、それぞれのレベルで憲法訴訟が盛んに闘わされている。州憲法レベルではまた、前述したように、**絶えざる（改正ではない）新憲法の制定**がなされる（もっとも、20世紀に入って、各州によるこの新憲法制定の動きは、やや休止方向である）[236]。

憲法訴訟ということになると（連邦では特に）、人種に絡むケースが大きなウェイトを占めることになる。その中の**花形的**ケースが、いわゆる**公民権訴訟**、事件（civil rights litigation, cases）である。

(c)南部の黒人を中心とするアメリカ社会での有色人種と、その憲法問題については、第6章でも覗見したが、議会の立法そのものにも、人種問題が指摘できる[237]（20世紀後半のアフリカ系アメリカ人を中心とする公民権運動および公民権訴訟については第8章3.(2)参照）。前出のStrauder v. West Virginia (1880) のようなケースもあったが[238]、南部の黒人にとって司法による救済は、長い間、「絵に画いた餅」、に過ぎなかった。その救済は殊に、州裁判所では絶望的といえた。絶望した南部黒人が叩いたのが、連邦裁判所の扉である。

1909年に、いわゆる全米有色人種向上協会NAACPが設立されると、同協会は問題の有効な解決手段として、多くの訴訟を選んだ[239]。投票権の付与についての**お爺さん条項**（grandfather clause）と、最高裁が、それ

236　20世紀に入ってから連邦に加入した5州（前出）を入れて、20世紀に新憲法を制定した州の数は、12州と少なくなってきているが、しかし、州憲法での**改正運動**は、引続き盛んで、ニューヨーク州を例にとると、改正数は、次のように推移している。1895～1937年の間で76回、1938～1967年の間で106回、1968～1995年の間で、46回（Friedman, *op. cit.* p.523）。

237　有色人種に絡んだ問題として、大戦中に日本人をinternment campに送るための立法措置、Civil Liberties Act of 1988, 50 a U.S.C. § 1989 bがある。

238　Strauder v. West Virginia, 100 U.S. 303 は、黒人に陪審員資格を与えない州の刑事訴訟法を、刑事被告人に対する関係で初めて違憲と判断した。その後、20世紀に入ってからも、この先例は確認されている（Washington v. Davis, 426 U.S. 229 (1976)）。

239　National Association for the Advancement of Colored People, NAACP は、政治的、社会的、経済的、および教育上の平等権の実現と、人種に絡んだ差別をなくすことを目的とする。

第 3 編　19 世紀後半以降の憲法

を違憲としたケースのことは、前に紹介したが、判決が出されたのは、
NAACP が活動を始めて数年後の、1915 年のことである。

⑶ New Dealers による戦争、W.W.II

　㈑「国際関係も重要だが、先ず家の中をきれいにしなければならない。」
就任演説中で、彼はこう語っていた[240]。その結果が、前⑴で見た彼の恐慌
対策であり、その恐慌対策の急進ぶりに対する最高裁の反応が⑵であった。
その F. Roosevelt の対外政策。それがこの⑶でのテーマとなる。

　「国際政策での私の信条は、互いに合意した義務を忠実に守る、**よき隣
人政策**（good neighbor policy）から出ている」、就任演説で F.
Roosevelt はこう述べていた。彼は、この就任演説の翌 1934 年に、その
policy を実際の行動で示した。Wilson や Harding の、彼より先任の大
統領らならば、介入していたであろうような政変が生じ、Cuba で（Eike
Fuhrken）Batista や、ドミニカ共和国（Dominican Republic）で Tru-
jillo などの独裁政治家が台頭するなど、Wilson や Harding の、彼より
先任の大統領らならば介入していたであろうような政変が生じてきても、
彼は介入しなかった[241]。

　(a)生れつき頭もよく、**進歩主義時代**のアメリカの裕福な家庭の子が受け
られるベストの教育に加え、Groton 校で**キリスト教の博愛精神**を心に植
え付けられて育った F. Roosevelt[242]。周囲の人々、両親の期待に沿おうと
する一方で、他方で平俗に反撥し、**ありきたり**のものに飽き足らず、それ
を打破しようとする傾向があった。Dallek は、これが前例のない未曾有

240　"Our international trade relations, ……vastly important, are……secondary to the
　　establishment of a sound national economy……I favor……the putting of first thing first."
　　(Dallek, p.23)
241　これら独裁政治に対しても介入しなかった 1 つの理由として、彼ら独裁者の出現が、そ
　　れ以前のアメリカ軍の駐留に対する一種の反動と見られた面があるという（frankenstein
　　dictators）（en.wikipedia.org より）。しかし、第 2 の理由として、Monroe Doctrine の T.
　　Roosevelt による corollary 解釈を帝国主義的主張だとする見方もかなり強く存在するか
　　ら、F. Roosevelt もそのことを十二分に理解していたとも考えられる。

722

の恐慌の中で後に彼が、次々と New Deal の実験的手法を編み出したこ
とにつながったとも見ていた。

「頭のいい人の考えはよく変る」ともいわれる。確かに、F. Roosevelt
の基本的外交方針ほど、幅を持って動いた例も少ないのではないか。第1に、
彼の海への、海軍への憧れがある。それは、妻の伯父 T. Roosevelt への
傾倒の印でもあった。そこから、W.W. I 当時、自ら海軍軍人として前線
に行きたいと、腕を扼していた彼。焦燥感を持って海軍長官 Daniels や
Wilson 大統領に対し、海軍力の強化を訴えていた。

(b)他方で、パリ会議から帰国の船中で Wilson の国際聯盟への熱い思い、
ヨーロッパや国際社会のアメリカに対する信頼と、アメリカがその期待に
応えるべき人類史的義務感……などを直接聞かされ、いつの間にか、熱心
な国際聯盟論者になっていた F. Roosevelt でもあった。

これらを経て、1920 年頃から本格的な政治の世界に入った彼が、それ
以降、Wilson の理想主義とは違った現実的立場からではあるが、国際聯
盟を、軍拡競争の回避を、提唱してきたことは、見たとおりである。ただ、
機を見るに敏な彼は、1932 年大統領選挙への出馬を決めるや、孤立主義
(isolationism) が支配する今のアメリカで、国際聯盟主義、平和的で積
極的な国際関係主義の姿勢を見せることは得策ではないと悟り、そうした
主張を維持することを辞めている[243]。

(c) Wilson による「戦争を未来永劫に終らせるための戦争」の W.W. I

242　彼は、Massachusetts 州の寄宿制のエリート中学（12～18 学年）、エピスコパル派の経
　　営する Groton School で、校長の Endicott Peabody からの教え（恵まれない人への献身的
　　な支援など、キリストに関する教え）が、「深く心に残った」、と述べている。Groton の校
　　長 Peabody は、（より恵まれない人への）クリスチャンとしての義務を、単に抽象的に教
　　えただけでなく、時事問題（たとえば、中国領土の統一とか、フィリピンの独立など）の討
　　論をさせた（時事に関する主な雑誌は、すべて図書館に備えさせていた）。しかも、F.
　　Roosevelt ほど、この校長の教育に熱心に応えた生徒はいなかったという（Dallek, p.4）。
243　2 月の演説で、「今日の国際聯盟は、Wilson が言っていた国際聯盟から変わってきてい
　　る……」として、最早、支持しない姿勢を示していた。今は孤立主義の代弁者の 1 人となっ
　　たらしい新聞王 William Randolph Hearst は、自らの新聞の一面で Roosevelt を、「国際
　　主義者（internationalist）だと攻撃していた（Dallek, p.19）。

と、その後の国際聯盟（League of Nations）の結成にも拘らず、世界は、その後20年程で再び世界戦争W.W.IIへ入っていった。この国際聯盟による体制のどこに問題があったのか。答えは、理論上も、実際上も、簡単至極である。「アメリカの参加が欠けていた……」。

W.W.Iが終ってみて、誰の目にも明確に明らかになっていたこと、それは、アメリカが世界の最大最強国となったことであった。そのアメリカが、結局、参加しなかった。その結果、国際聯盟体制は、Versailles条約体制の弱点をカバーすることができず、W.W.Iを生じさせた近代ヨーロッパ世界の論理を上廻ることができなかった。

(d) Versailles条約体制の下で国際聯盟が頼るべきだったのは、Great Powerであった。それ自体には軍事力がないLeague of Nationsであったから、Great Power (s) が代用する形しか考えられなかった。定義がある訳ではないが、19～20世紀のヨーロッパ外交史に詳しいとされたイギリスのAlan J.P. Taylorによれば、Great Powerの要件とは、"test of strength for war"をパスすることだという[244]。ところが、最大のGreat Power (s) を欠いたまま、他のPower (s) 同志が相争い、相戦うという図式が出現した。そのような出現を予防する仕組み自体は、国際聯盟自体も用意できていなかった[245]。国際聯盟条約につき、最後の妥協のチャンスがあったのに、Wilsonは、やや頑なに上院との妥協を拒んできた。それを契機としてアメリカは、**孤立主義**（isolationism）外交に転じたかに見えた。あれから20年、現在のF. Rooseveltの姿勢変化は、民主党内に多かったウィルソン主義者ら（Wilsonians）を怒らせた[246]。

---

[244] Alan J.P. Taylor (Fellow of British Academy 〔FBA〕), Struggle for Masterly in Europe, Oxford Clarendon, 1954. P XⅩⅣ.

[245] こうした平和機構のアイデアは、古くは、1795年のImmanuel KantによるPerpetual Peace; A Philosophical Sketchに見られる。世界国家ではなく、諸国家間の友好を通して平和を維持しよう、との考えである。この考えに沿って、西ヨーロッパ世界では、"Inter-Parliamentary Union" (IPU) が1889年に作られていた。Wilsonの顧問としてのEdward M. House大佐とWilsonとが、熱心に推し進めたのが、こうした流れに沿ったLeague of Nations (LN) の構想であった。

第 7 章　20 世紀の（現代における）アメリカと、主要な憲法事実

(ﾛ)確かに、アメリカを対外関係に巻込まないよう諫める 2 つの要因があった。W.W. I での大きな犠牲・負担と、「死の商人」(merchant of death) のレッテルを口にして、武器輸出に反対する North Dakota からの共和党上院議員 Gerald Nye などの政治力である。しかし、Groton 校での教育が身に染みていた F. Roosevelt 大統領の表明した政策は、次に見るとおり孤立主義とは違っていた。

(a)彼の大統領就任演説中の**よき隣人政策**（Good Neighbor Policy）とは差当り、中南米（Latin America）に向られていた。彼のいう Good Neighbor Policy の "Good Neighbor" とは無論、聖書ルカ伝 10 章 30 節以下の有名な譬え話し「善きサマリア人」に由来している[247]。

この地域 Latin America の国々は、丁度 1 世紀ほど前に、宗主国スペインなどから独立していた（その独立の動きは、前述のように**1812 年戦争**で、アメリカが再びイギリスに勝利したことによって大いに刺激された結果であった）。その後、当時の Monroe 大統領と、国務長官 John Quincy Adams が **Monroe Doctrine** (1823) を編み出したこと、Theodore Roosevelt 大統領が、その亜流として、**国際警察権**の行使を唱えたことも前述のとおりである。

この Good Neighbor Policy に沿って、F. Roosevelt は、数十年に及んだ Haiti での軍の駐留を自ら止めるとともに、Cuba と Panama とは新条約を締結して、それまでの保護領的な地位から解放しただけでなく、更に、就任年（1933 年）の 12 月、Latin America への一方的な政治的介入を禁止する内容のモンテビデオ**主権条約**に調印・加盟した[248]。

(b)アメリカの孤立主義（isolationism）は、中南米との関係だけに限ら

246　しかし、Hearst が California 州と Texas 州の民主党を、プロ F. Roosevelt に振替えてくれたことの実利には変えられなかった（*ditto*, p.19）。
247　イエスに対するその前の質問に対し帰ってきたイエスの答え、「主を……そして隣人を、自分自身のように愛せ」を受けて、更に、「私の隣人とは？」と質問したのに対する答え。
248　Latin America 諸国とアメリカによる Montevideo Convention on the Rights and Duties of States は、調印から 1 年後の、1934 年 12 月 26 日に発効した。

725

第 3 編　19 世紀後半以降の憲法

れない。それ以外の国との国際関係でも基調的な方針といえた[249]。更に折からの大恐慌に核心的問題といえる国際金融でも、F. Roosevelt は、**不干渉主義**（non-interventionism）ともいえる対外姿勢を示した[250]。1933年 5 月に、Roosevelt に会って、金融会議（World Economic Conference of 1933）について打ち合わせをするため、イギリスとフランスの首脳が、ワシントンに来ていた[251]。特に自国通貨の速やかな安定策が求められていたフランスは、金の兌換を前提とする会議の実現を急いでいた。

一方、国務長官 Hull も別の方法によるドル、ポンド、フランの強化策（硬貨化）を提案していた。ところが Roosevelt は、7 月 3 日、「ドルの交換性を縛る一切の取決めを拒否する」と、会議への不参加を含む一方的な声明を出し、交渉中の金融会議をいわばブチ壊して了った[252]。この Roosevelt 声明により、イギリスとフランスの政府は度を失った。一方、これを見て、台頭しつつあった Nazi Germany は喜んだ。こうして、アメリカの孤立主義は金融政策で、その色合いを一段と、はっきりさせることになった。

㈬ 1930 年代のアメリカでは、Gerald P. Nye 上院議員が外交委員長（Foreign Relations Committee Chairman）として、4 本の連邦中立法（Neutrality Acts）を相次いで通過させた。背景には、確かに前出の**孤立主義**が見られよう。Nye 委員会による 1934〜1936 年の世論調査結果からも、またベストセラーとなった本の評判などからも、アメリカが W.W. I

249　この時期の潮流としては、**孤立主義**（isolationism）から**不干渉主義**（non-interventionism）、更に反戦的な立場などがあり、その 1 つに、反戦主義に傾く有力政治家や将軍などによる団体 America First Committee が、1940 年 9 月に結成されている。

250　この時期の潮流としては孤立主義（isolationism）から**不干渉主義**（non-interventionism）、更に反戦的な立場などがあり、その 1 つ反戦主義に傾く有力政治家や将軍などによる団体 America First Committee が、1940 年 9 月に結成されている。

251　その前に、Hoover 大統領が London Monetary and Economic Conference を開くことに同意をしていた。F. Roosevelt 自身も、英仏首脳の訪米時に、議事自体には反対はしていなかったとされる（www.conservapedia.com）。

252　Hull 長官も面目を失ったし、Roosevelt 自身も、Wall Street で数少いサポーターであった James P. Warburg の離反を招いて了った。

に参戦したことに対する否定的考えが国内で支配的であった[253]。その1つの理由として、あの参戦は、「銀行家と軍需産業によって誘導された」との見方が、拡まっていた。同じ民主党の先輩、Wilson による国際聯盟の発議に賛成し、支持をしていた F. Roosevelt であったが、議会内に漂っている孤立主義の空気の中で、国務長官 Cordell Hull と同じく、自身も慎重さを決めた（ただ、彼は Nye 上院委員長に対して「法案につき事前に打合せの機会を与えるよう」求めることで、大統領の感覚に沿った立法にしようと努力していた）[254]。

(a) 4本の中立法は、いずれも孤立主義と不干渉主義（non-interventionism）に徹していた。いずれも国際社会での紛争当事者を、"aggressor" と "aggressed" という呼名で呼んで、白と黒とに色分けする Theodore Roosevelt 時代の**国際警察**権的態度とは違い、双方を分け隔てしない "belligerents" で呼んでいた。大統領 Roosevelt と国務長官 Hull は、中立法には反対していたものの、民主党そのものは、立法に乗気であった（議会の情勢からは、大統領の拒否権を上回る 2/3 の可能性は薄かったものの、1936 年選挙を控えて大統領は、世論、中でも南部の批判を気にかけていた）。

① 1935 年法（Neutrality Act of 1935）は、すべての戦争当事者に対し一律に**貿易停止**（embargo）の対象とする、6ヶ月期限の法律で[255]、**戦争当事国**の船舶に乗船する「アメリカ人の人命を保障しない」とも定めていた。

② 1936 年法（Neutrality Act of 1936）は、1935 年法を向う 14ヶ月間延長するとともに、戦争当事者に対する貿易停止（embargo）に加え、

253　Roosevelt 自身も、世界中が歩兵以外を認めない（1人の兵士が身に付けられる武器だけに削減する）軍縮を考えていた。英仏などが、それをドイツに提案し、ドイツが拒んだら、ドイツに対する貿易を輸入入とも封鎖する案、そのため各国が軍艦を派遣する案である（Dallek, p.103）。

254　Dallek, p.102 (......an opportunity to consult the draft of any legislation......).

255　大統領は、この貿易停止（embargo）をすべての当事者ではなく、選択可能な法文にするようロビー活動をしたが、果せなかった。

727

第 3 編　19 世紀後半以降の憲法

融資も一切禁じていた。

　③1937 年法（Neutrality Act of 1937）は、期間を無期限とし、アメリカ船に対して、戦争当事者のための輸送を禁ずるなど、内容の制限も更に厳しくしていた[256]。ただし、大統領顧問からの依頼のあった場合に（実際にはイギリスとフランスに）、例外として武器等の現金売りが自由にできることを認めていた[257]。

　ここまでの Roosevelt 大統領は、中立法や Johnson Act of 1934 の制約にひっかからないで[258]、イギリスなどへの支援ができる合法的方法の検討を周囲の者にも命じていた（自ら、それらの法律の改廃に動くことは嫌がっていた）[259]。

　(b)既に顕著になっていた Nazi ドイツの西ヨーロッパへの脅威を踏まえた 1939 年法（Neutrality Act of 1939）は、先行する 3 つの中立法とは、些か違っていた。この 1939 年法は、これまでの段階で「敵味方を区別しない今の中立法は、役に立たない……」としていた Roosevelt 大統領が、議会の孤立主義者を説得して成立させた（この年ドイツが、チェコスロバキアに、次いで 9 月にポーランドに侵入したのを受け、イギリスとフランスが、ドイツに対し戦争を宣言していた）。1939 年法（Neutrality Act of 1939）は、アメリカ人の紛争当事国船への乗船禁止ルールを続けたほか、アメリカの船舶が紛争海域へ入ることも禁じた。1937 年法を大筋で延長したほか、それまでの英仏に限り認めていた前注 257 の、「現金払い・持

256　日本の支那事変（1937 年）は、大統領 Roosevelt の目には侵略と映っていたが、戦争宣言がなかったので、日本への飛行機輸出についてのみ、"moral embargo" と称して、法的ではない制限を課した。

257　一部で大いに評価された、いわゆる "cash and carry" で、イギリスやフランスの船が、代金を支払った物資を自国の船で運ぶことを許す。「店頭での現金客の持帰りは自由」というのが、その説明である（これは、2 年の期限とされた）。

258　Johnson Act of 1934、Foreign Securities Act の Ch.112（12 U.S.C. § 955）は、債務不履行国の合衆国内での債券発行を禁じている（提案者 Hiram Johnson 上院議員は、イギリスは同法の下で default ではないとしていた）。

259　（……was loath to fight for……repeal or revision of these laws……）という（Dallek, *op. cit*. p.74）。

728

帰り」"cash and carry" という例外の適用を、英仏以外の国にも拡げた。1935 年法や 1937 年法は廃止され、戦争当事者に対する貿易制限 (embargo) は止められた（これら 4 本の中立法とも、W.W.II の始った 1941 年になって、実質的に廃止されている）。

㈡ F. Roosevelt も就任時、まず国論のようになった**孤立主義**や孤立主義ムードに押されていた。立て続けに成立する中立法（Neutrality Acts）に、面と向かって反対姿勢をとることのないよう、注意していた[260]。

加えて、F. Roosevelt は前述のように、経済・金融まで引っくるめて独立して行動できるよう、イギリス、フランスが呼びかけた世界金融会議にも背を向けている。

ヨーロッパ情勢が急を告げた 1930 年代後半、孤立主義に押されていたのか、F. Roosevelt が、ナチス・ドイツと英仏などとの間で、仲介の労をとろうとした形跡はない。その彼が、妻の伯父、T. Roosevelt がいっていた**国際警察権**（International policing power）に親近な考えを示すのは、検疫演説（1937 年）や炉辺談話（1940 年）の頃になってからである。アメリカが連邦法により武器の輸出入を一切禁ずる措置をとる一方で、F. Roosevelt は、台頭してきたナチズムとともに、日本による支那への侵略を快く思っていなかった（日本とドイツ、イタリアなどは、1930 年代後半、反共産主義のいわゆる Anti-Comintern Pact による同盟関係に入った）[261]。

(a) 1936 年の選挙で、有利な党勢を背景に再選された F. Roosevelt は、1937 年 10 月、シカゴ市の祝賀会で、いわゆる**検疫演説**（Quarantine Speech）をして、「世界の平和を乱している、伝染病のような、集団主義

260　中立法の相次ぐ成立には上院議員 Gerald Nye らによる、すべての武器輸出を原則廃止にしようとした死の商人（"merchants of death"）に対する反対の動きがあった。一方で Roosevelt は、歩兵だけにする軍縮も考え、次官補の William Phillips には、その旨話していた（注 259）。

261　国際共産主義者同盟は、既存の国家秩序を破壊するものであるとして、1936 年に先ず、ドイツと日本が、その翌年、イタリアも参加したが、その対抗する先と、その方法、範囲などが不明確なままの条約であった。防共協定とも訳される。

第3編　19世紀後半以降の憲法

を退治しよう……」、と訴えた[262]。彼はその**検疫演説**の中で、そうした無法国家が守るべき規範として、国際聯盟規約と並べて、Briand-Kellogg Peace Pact[263]や9ヶ国条約についても述べた[264]。

　しかし検疫演説の後も、Rooseveltは、いわゆるミュンヘン合意（Munich Agreement）には加わらず[265]、1938年頃までは、ヨーロッパ問題に対し、まだ距離を置いていた[266]。ドイツがチェコスロバキアに進駐しても、「アメリカは、黙認する」、としていた[267]。アメリカは、ドイツがイギリスやフランスと戦争するようなことがあれば、イギリス、フランスを背後からサポートはするが、アメリカ自らが"stop-Hitler bloc"に参加

262　「侵略者を（疫病者として）検疫せよ」とのタイトルの演説で、Rooseveltは、国名を出していないが、「戦争宣言なしの戦争により他国の領土を侵略する国際的無法者どもを、世界の平和維持のため叩かねばならない」、としている。国際的な法の無視者として、国際聯盟規約、Briand-Kellogg Peace Pact、9ヶ国条約などに違反して軍拡競争をしている国と呼んでいる。

263　Briand-Kellogg Peace Pactは、1928年に調印され、1929年から発効した。54ヶ国という多くの国が最終的に参加したことのほか、①アメリカ上院が85対1の圧倒的多数で批准したこと。②アメリカのKelloggと、フランスのBriandが中心となって纏めたものであるが、そこに、ドイツを加えた3ヶ国が最初に調印しており、③国家間の紛争解決手段としての戦争を、国際法上違法とする、④国際聯盟規約とは別個の平和維持のための条約、別個の国際法である、などの注目すべき点を有する（しかし、実際にはドイツなどの調印国が、「戦争宣言なしの戦争」を始めていた）。

264　9ヶ国条約（Nine Power Treaty）は、1922年アメリカ、ワシントンD.C.で調印された、中国の領土統一に係る条約。ドイツは入っておらず、当事国は、アメリカ、イギリス、日本のほか、フランス、イタリア、オランダ、ポルトガル、ベルギー、中華民国。この背景には、ヨーロッパの列強と日本が、武力により中国の領土を切り分けするのではないか、との心配をアメリカが、有していたことがある。日露戦争や、遡っては、日清戦争当時、更に阿片戦争当時のイギリスとの関係でアメリカが主張していた、中国の領土についての"Open Door Policy"を曲げないようにと要求し、懸念を表明していて、日本の支那に対する「21ヶ条の要求」（Twenty-One Demands）1915年などのことがあった。1917年には条約により、またLansing-Ishii合意により、度重なる表明をしていた。

265　Munich Agreementは、1938年9月30日にミュンヘン（Munich）で、当のチェコスロバキア（Czechoslovakia）不在の場で、ドイツ、イギリス、フランス、イタリアの4強で結ばれた。ドイツ系住民、約3百万人が住むチェコスロバキア内Sudetenlandの処理に関して、ドイツ軍が進駐するというものであった。

266　ヨーロッパ情勢が急を告げた1930年代後半でも、F. Rooseveltが仲介の労をとった形跡はない。彼の検疫演説（1939年）や炉辺談話（1940年）では、むしろ、T. Rooseveltの言っていた国際警察権（international policing power）に親近な考えを抱いているようにも見える。

267　Munich Agreementの数週間後、Rooseveltは世界中の人々の安堵、「ホッ！」と一息（"mass of mankind"の"universal sense of relief"）を感じ、自分もそれに合唱したという（Dallek, p.171）。

することはないと表明していた[268]。

(b)しかし、Hitler が Poland に侵入した 1939 年には（アメリカの憲政史上では、この Poland 侵攻をもって W.W.II の始期としている）、Roosevelt とイギリスの海軍大臣 Winston Churchill とが著しく親しくなり、定期的に秘密会議を繰り返すようになった。会議での Roosevelt は、Wilson 後のアメリカに孤立主義の考えが広く受容れられていることを考え、Churchill に何回も、「アメリカは戦争には参加しない」と、いい続けていた[269]。そんな中で Roosevelt は、頭を使い続けた（彼は、自由で豊かな発想、思いつきの持主で、"March of Dimes" とか[270]、彼が流行らせたキャッチフレーズも少くない）。軍需物資による支援も、1940 年以前は、秘かに**中立法**の下での武器輸出禁止条文の廃止を議会に働きかける一方で、その間に考え出したのが、**前出の現金引取方法**（cash and carry）であった。

(c)1940 年の大統領選挙で勝利した彼の第 3 期は、正に世界大戦 W.W.II のための期といえた。1940 年に入ると、ドイツは、デンマーク、ノルウェーに続き、オランダ、ベルギー、ルクセンブルグにも侵入し、次いで、フランス・パリを攻略したため、孤立主義に傾いていたアメリカの世論も流石に変ってきた（日本も同じ年、フランス領インドシナに進駐・侵略していた）。

268　ヨーロッパで戦闘が開始された 1939 年の前年の 1938 年には、その予兆的な出来事がいくつかあった。①8 月末 Winston Churchill が Neville Chamberlain に手紙を送り、チェコスロバキアをドイツの侵略から守るため、イギリスとフランスは、アメリカやソヴィエトを含めた同盟を結ぶ方向にあるといい、②アメリカからの駐パリのフランス大使 William Bullitt が、9 月初めのある碑の除幕式で、「アメリカは、チェコの問題では、フランスと和戦を倶にする……」式の演説をしており、③その数日後、Roosevelt が、アメリカが "stop - Hitler bloc" に参加するだろうとの考えは、100 ％間違いだと声明し、④12 月には Roosevelt は、蔣介石に 2500 万米ドルの借款を与え、フランスが、大量の飛行機をアメリカから買い付けることを確認した。

269　彼は、アメリカの中立性を "……the U.S. would remain neutral" と表現する一方、「防衛の第一線である」（first line of defence）のイギリスとフランスへの、「軍需物資の支援に徹する」と、いっていた。

270　F. Roosevelt の発想により、1938 年に設立された一般法人。小児麻痺などの予防のため妊婦の健康対策などに取り組む。

第3編　19世紀後半以降の憲法

　この世論の変化を鋭く捉えた F. Roosevelt は、世論に乗る形で**炉辺談話**で訴えた[271]。そうしておいて、孤立主義と中立法の下での武器輸出禁止条文に真向から対抗する形で、先ずイギリスとの協定を結ぶことで、大規模な軍需物資による支援に踏み切った。そのために彼がとったのは、中立法の下での武器輸出禁止条文を実質的に無力化する措置である。太平洋戦争開始の丁度1年前である。

　国内経済回復は足踏みしていたが、彼の**民主主義の兵器庫**政策の下で、軍需産業が盛況を呈し始めたこともあり、失業率は下ってきた[272]。

　(d) 1940年9月、世論の変化を見届けた彼は、中立法の下での武器輸出禁止条文に真向から歯向かうだけでなく、Hague Conventions of 1907 に反するとの指摘がなされていた協定を、イギリスと結んだ[273]。この協定では、アメリカが中古軍艦をイギリスに譲渡するのと引き替えに、イギリスの海外拠点のいくつか（Bermuda や Newfoundland）で、アメリカ軍が基地を利用できることとし、基地に居たイギリス軍を、ヨーロッパの前線に回せるようにした。1942年には、軍需産業の盛況による工業生産が記録的な伸びを示すことになる。しかし、一方で、石炭や鉄道産業でのそれを中心に、労組によるストライキが頻発し[274]、工業生産の足を引っ張る状態は、1944年までも続いた。逆に、労働力不足が足枷となりつつあった。

　(e) 太平洋戦争が始る半年ほど前の1941年3月には、孤立主義の勢いが衰えつつあった議会に働きかけて、Lend-Lease Act of 1941 を通過させ

271　彼が**民主主義の兵器庫**（Arsenal of Democracy）という言葉を作り出したのが、1940年12月29日の炉辺談話であった。

272　Roosevelt は、Hitler を倒すには、米英仏の大幅な空軍力充実が必至と見ていた。英仏当局から彼のところに入ってくる情報は、ドイツ空軍を過大視したものであったが、それをベースにしていた。彼の1万機計画に対しては空将が、「いずれ時代遅れになる……」と反対していた。Roosevelt は「そのときはイギリス軍に使って貰えばいいさ……」と反論していた（Dallek, pp.172-173）。

273　パリの陥落のニュースで、アメリカ社会も、流石にショックを受けた後であった。そこで彼は、協定、Destroyers for Bases Agreement を結んだが、世論や議会も、彼の政策を支持する方向に動いた。

274　この時期、ストライキを巡る労使間の交渉は、労働関係法の定める手続・方式によるのではなく、国民的問題として、その舞台をホワイトハウスに移して行われた。

732

た[275]。前年、イギリスが選挙活動中のRooseveltに頼み込んでいた武器輸出取引を可能にするための、いわば資金手当法が成立したのである[276]。軍需物資の供給には、新たに設置された管理委員会（National Munitions Control Board）のlicenseを必要とする制度とした[277]。議会は更に、Lend-Lease Actの下で1945年までの5年間に、500億ドルの支援を行うことを決めた（イギリスが主な先であるが、ほかに中国とSovietも加えられた）。

㈹アメリカとして外国に対し戦争を宣言できるためには、連邦議会上、下両院による立法手続きによらねばならない（Ⅰ、7(2)、Ⅰ、8(11)）。更に、莫大な戦争予算は、下院の先議条件に従う（Ⅰ、7(1)）。それらにも増して、政治的に大変な方法が条約の締結である。イギリスなどと正式に軍事同盟を結ぼうとしたら、上院の2/3の多数による助言と同意を得なければならない（Ⅱ、2(2)）。

確かに、憲法上に条約の定めはある。しかし、条約によらない大統領による**事実上の同盟**行為であれば、憲法上の問題とはなりにくい。アメリカは、イギリスとの間では、この後、1941年1月から互いの参謀議長以下が頻繁に会合して戦略を練るなど、同盟条約なしの「事実上の同盟」を結成した。その後、大戦中を通してイギリスのほか、フランス（亡命）政府、ソ聯、中国（蔣介石）を含む5ヶ国首脳会議を含め、アメリカ、イギリス、ソ聯の3首脳による主要会合を23回も重ねている[278]。このように、条約

275　このLend-Lease Act of 1941の下でのローンによる支援は、返済義務のないものであった。

276　1941年中の引渡し分の注文、1万4000機だったものを、2万6000機にする依頼。Rooseveltは、これに直ぐ応じた（Dallek, p.252）。ただ、イギリスが、10月発注分の20億ドルの支払資金が「ない」、というと、Rooseveltは「まだ破産していない筈だ……」と信用しなかった（Dallek, p.253）。

277　1935年の上、下院の合同決議の下で国務省に設置された。国務、戦争、海軍、財務、商務の5長官から構成される。

278　その中には、最初の3巨頭会談となった1943年11月末のTehran, Iranでの会談、戦後処理の最終図面を画いた1945年2月のYalta会談、それを受けて対日処理までを決めた同年7月のPotsdam会談がある。また、戦後計画については、1944年7月のBretton Woods会議や、同8月の国連設立のためのDumbarton Oaks会談があった。

第 3 編　19 世紀後半以降の憲法

による同盟ではないが、頻繁に軍事上の会合を重ねることで事実上の同盟
に代えることは、20 世紀になって「宣言なしの事実上の戦争」があちこ
ちで始められたのと、どこか共通性があるといえる[279]。

　(a) 1930 年後半も、ナチズムの台頭に対抗する方向ではなく、それとは
むしろ反対に、連邦議会は前述のように、中立法の定めを強化・特化する
孤立主義の色合いを強め続けた (1935、1936、1937 年)。Roosevelt が特
定の国と同盟条約を正面から結ぼうとしても、とても上院の承認を得られ
る状況にはなかったといえる。そこで、Roosevelt がとったのは、パリの
陥落などを受けて、世論が変りかけたのを捉え[280]、事実上の強固な同盟関
係を実現することであった。戦争行為以外のどんな援助も行う、最も強固
なこの同盟関係に必要なのは、予算の承認と相手国との密接な意思疎通で
ある。前者は、議会の普通決議によって得られる。密接な意思疎通として
は、広範な協力関係を作り上げ維持するために、W.W.II 中に 33 回も首
脳会談が行われていたことは前記のとおりである。

　(b) Roosevelt が前出の Destroyers 合意を Churchill と結んだのが、軍
事協力の最初であった。第 3 期目の大統領選挙を勝利した Roosevelt は、
その翌 1941 年 3 月、Lend-Lease Act を成立させた[281]。同法は、その年
の 12 月、真珠湾攻撃によりアメリカが正式に W.W.II に参加し、法律名
も An Act to Further Promote the Defense of the United States となっ

279　中でも 1941 年 8 月の会議では、いわゆる**大西洋憲章** (Atlantic Charter) を締結し、連
　　合国を中心とした戦後世界秩序についての青写真を作る第一歩となった。Roosevelt は、こ
　　のような外交会議と併行して、アメリカ政府内では綜合的な大戦遂行計画を立てさせ、その
　　計画の下で必要となる manpower、予算、工業生産などの計画を立てさせていた (日本に
　　よる真珠湾攻撃の 4、5 ヶ月前である)。
280　1939 年 9 月に始まっていた西ヨーロッパでの W.W.II は、1940 年 5 月にナチス・ドイツ軍
　　がフランスとオランダ、ベルギー等を蹂躙して占領し、西ヨーロッパでは、イギリスのみ
　　が、ドイツ軍を引受ける状態が出現していた。ロンドンにいるアメリカ対し Joseph P. Ken-
　　nedy からは、「イギリスの降伏は避けられない」、との公電が入っていた。
281　その間、1940 年 7 月に大統領の Proclamation により作られていた Office of Economic
　　Warfare が、大統領の Order で Economic Defense Board に、更に 1948 年の Executive
　　Order で Office of Economic Management (OEM) になり、ゴム会社、石油会社、金融会
　　社などの支配権を握ることになった。

734

た。

　これで法律上の心配をすることなく、イギリスに対し巨額の資金を供与できるようになり[282]、イギリスは、アメリカの工場から直接大量の航空機や戦車などを引取れるようになった（アメリカが、かねてより打ち出していた方式、**現金〔引取持帰り〕**〔cash and carry〕方式である）[283]。

　6 月にドイツがソ連に進攻すると、Roosevelt は、この Lend-Lease Act の下での「戦闘以外は、どんな援助も！」の方針（"all aid short of war"）を、特にイギリスを主に（後には、ソ連にも拡大適用することを）打ち出した。1939 年 10 月に、U ボートとアメリカ海軍軍艦との交戦で11 人の死者を出すと、丁度、中立法の修正を審議中の議会は、僅差ではあったが、上、下院でアメリカ商船の武装などを内容に含んだ修正法を承認・成立させた。1941 年 9 月、アメリカ軍艦 Greer が U ボートにより先制攻撃を受けたとされる事件で Roosevelt が出した大統領令（EO）、「出会ったら撃て！」"shoot on sight" との方針決定は、限定条件の下であるが、真珠湾攻撃より 3 ヶ月前にアメリカ自身の戦闘行為を認めたものといってもよい[284]。

　(c) Roosevelt が、いわばイギリスと「一心同体」といえるほど協力し、イギリスのために尽していたことを示す一例として、アメリカ軍が日本軍の進攻からフィリピンを守り切れないと知らされた 1941 年の X'mas イヴ

282　第 3 期目を目指して前年 11 月まで「一兵たりとも欧州には送らない」、との選挙運動をしていた彼としては、これが、その時点でできる最大限であった。

283　前出の Destroyers for Bases Agreement は、その名のとおり、アメリカがもう使っていない駆逐艦 50 隻をイギリスに与える代りに、アメリカが Bermuda などのイギリスの基地を使用できるようにすることの合意で、軍艦は、Churchill イギリス海相（1940 年に首相）が、その供与を Roosevelt に強く求めていたものである。

284　U ボートによる攻撃が先行していたとしても、F. Roosevelt は言明をしなかったが、その前 3 時間半近くの間、Greer はイギリス空軍と連絡をとり合いながら、その U ボートを追跡していたし、第 2 発目の攻撃は、Greer による depth bombs であった（上院海軍軍事委員長で**孤立主義者** David I. Walsh の要求に応え、海軍の Harold R. Stark がその旨の報告書を提出している）。その報告書をベースに、当時の New York Times の記者 Arthur Krock が 1941 年 10 月 16 日に、「大統領に対する立法府のチェックの重要性」と題する記事を載せている。

第 3 編　19 世紀後半以降の憲法

の逸話がある。彼が、その合衆国軍を「一旦、東南アジアの他所で戦って
いるイギリス軍の指揮下に組込んだらいいじゃないか」と、その旨命令し
かかったところ、国務長官 Stimson が職を賭して反対したので、
Roosevelt も直ぐにそれを引込めた[285]。

　その一方で、Roosevelt は、イギリスとイギリス人を指してこうも言っ
ている（相手は、スロベニア系アメリカ人 Louis Adamic である）。

　「彼らは、彼らと彼らの世界観について我々（アメリカ人）がどう考え
ているか、分っていないんだ。彼らにいわせれば、『それは違う』という
かも知れないが、我々の世界観の方がずっと客観的だ。アメリカには伝統
的に、**イギリス嫌い、イギリス憎し、イギリスへの不信**がある。革命戦争
に始って、1812 年戦争も経験してきているが、それだけじゃない……イ
ンドの解放に反対していたり、南アフリカ問題だってあるだろう[286]……勿
論、アメリカ人にも色々な考えの人がいるが……しかし、国全体としてい
えば、我々アメリカ人は、帝国主義（imperialism）は嫌いで、反対だ
……これは我慢する（stomach）ことができない。この違いが、両国の間
の困難な問題だ。[287]」

　(d) こうして Roosevelt は、間に**現金取引方式**を挟む形でつなぎを入れ
つつ、世論の変化とともに莫大な軍事援助をイギリス、フランス向けに行
ってきた。1930 年代後半からは、ソ連、中国向けにも 1939 年修正中立法
や、1941 年の Lend-Lease Act を利用して、本格化させた。中でもイギ
リスに対する支援は無制限というのに近い。1936 年頃から 5 年越しで、
イギリスの Churchill（1939 年まで海軍大臣だったのが、1940 年からは、

285　そのような事実が公けになったら、議会内で大騒ぎとなり、Roosevelt は切羽詰った立
　　場に置かれたろう（Dallek, p.322）。
286　ボーア戦争、殊に第 2 次ボーア戦争（Second Anglo-Boer War）（1899〜1902 年）を
　　Roosevelt が不快がっていたことを意味する。イギリスは、農民に対しては焼土作戦を、ま
　　た市民には集団収容による対抗措置をも採り入れた。
287　ホワイトハウスの夕食会に招かれていた Louis Adamic はこれに対して答えた。「真珠湾
　　の 1 週間前に、私もそうした気持ちの違いを述べた手紙を受取りました……戦争が終わって
　　も、この気持ちの違いの問題がとても大きいことに変りがないでしょう」（Dallek, p.324）。

第7章　20世紀の（現代における）アメリカと、主要な憲法事実

首相となっていた）が Roosevelt との間で築いてきた親密な個人的つな
がりが実を結んだといえる（偶然にも Churchill の母は、嫁に行くまでア
メリカ、New York の女性であった）[288]。節目の 1941 年も、アメリカに
とっての前線ヨーロッパで新たな動きが起こった。ドイツのソヴィエトへ
の侵入である。これを受けて Lend-Lease 法のソヴィエトへの適用も決
定された。

　アメリカがイギリスを含め、どの国とも同盟条約を結んでいた訳ではな
いし、その後も W.W.Ⅱの全期間を通して、結んだ国は１つもなかったこ
とを述べた。条約の締結には、上院の 2/3 の多数という高いハードルがあ
る（Wilson の国際聯盟条約が、それを超えられなかったことは、余りに
も有名である）。それにも拘らず、ヨーロッパでの大戦遂行のため、大統
領は、大統領直属の新たな機構、統合参謀本部（Joint Chiefs of Staff）
を設けていて、これが、イギリスの統合参謀総長と早くから作戦会議を持
っていた[289]。

　以上はすべてヨーロッパの話しであるが、アジアではどうであったか。
ヨーロッパの情勢とは別に、当時の一般のアメリカ人の（そして
Roosevelt の）認識では、「ヨーロッパやアメリカとは別の、外の世界と
いう感じのアジア」。そこでも、1941 年 7 月、日本が仏領インドシナへの
侵攻を拡大させるなどで、情勢が急を告げ出した。これに対し Roosevelt
は、「強力な力の行使を背景に、短兵急に交渉しよう」と考えた。対日石
油輸出禁止令を出して、日本への石油供給の 95 ％をカットさせた。一方、
Greer 号事件から 2 ヶ月後の 11 月には、アメリカ軍による世界規模での

288　2013 年 12 月 25 日の C-SPAN 3 で、チャーチルの曾孫（Great-Grandson of Winston
　　Churchill）に当る Randolph Churchill による "Winston Churchill's American Mother"
　　との講演を放送していた。Churchill の母 Jennie Jerome を通して、「母方の祖先には革命
　　戦争に従事したものが 3 名いること、また Churchill の祖母の血統には、Iroquois-Indian
　　の血も混ざっているらしいこと、更に Mayflower 号で Cape Cod 湾に到着した 102 人の中
　　にも 3 人の遠い先祖がいるらしいこと」を述べている。
289　1941 年 1 月 29 日〜3 月 27 日にワシントンでアメリカ、イギリス、カナダの参謀総長に
　　よる会議（ABC-1）を第 1 回とする。

737

第3編　19世紀後半以降の憲法

戦争遂行計画の最高機密（事実上の作戦会議）が明るみに出、その戦略が一般に知らされるハプニングが起きた[290]。

　㈠日本との開戦について、アメリカ側からの資料を覗いてみよう。資料の1つとして、その統合参謀本部長になった George Marshall は、「日本との交渉でもっと柔軟な態度で臨むよう……」、1941 年の夏以前に国務省に申し入れていた。それなのに、記録によれば、Roosevelt 大統領と国務長官 Cordell Hull は、中国からの全面撤廃と将来行動の制約を含む、**包括的な条件**を日本に突きつけて交渉をしていた[291]。この点で Thomas Fleming による 1987 年の American Heritage 誌への寄稿 "The Big Leak"（注 290 の Rainbow Five として新聞に洩らされていた事実に対するコメント）は[292]、大統領 Roosevelt によるアメリカが、日本を居たたまれなくして攻撃へと追い込んだというシナリオで、示唆的である。

　(a)寄稿 "The Big Leak" は、「日本を嗾け、アメリカに対する攻撃に踏み切らせること……」が、大統領 Roosevelt にとっての本命、Hitler を叩くための裏口になることの理由付けを示していた。それは、大統領 Roosevelt や国務長官 Hull をはじめ、FBI を含む政府、連邦議会、統合参謀本部の George Marshall ら軍のトップなど、豊富なニュースソースを引いて、縦糸、横糸により緻密に画いたストーリーとなっている。ストーリーの最大の山は、"The Big Leak" の名のとおり、最高の軍事機密 (top secret war plan)、Rainbow Five の漏洩問題である。しかも、それが W.W. I の時の Zimmermann 電報の漏洩と同様に、アメリカ参戦の決定的原因となったかに見える点である[293]。

290　1941 年 12 月 4 日の Chicago Tribune 紙は、"Rainbow Five" という秘密作戦につき Roosevelt の手紙を引用して F.D.R's War Plans として報じている。

291　前注の秘密作戦計画にコメントする中で、Fleming は、1941 年の状況下ではこの交渉方針を、「並外れて望外のもの」だとしている（……a diplomatic goal far too ambitious in the context of the political and military realities of 1941)。

292　Thomas Fleming, は軍事史というよりも、アメリカの革命戦争と、その英雄に係る伝記作家として広く知られている。American Heritage 誌への寄稿は、Vol.38, No.8（1987 年 12 月）である。

第7章　20世紀の（現代における）アメリカと、主要な憲法事実

　いずれも共通点として、イギリスの関与の影が指摘されている。いずれも、イギリスが苦戦している大戦に、アメリカを参戦させる結果を導いたという共通性がある。W.W.IIの時と同じく、Big Leak の時も、イギリスは何とか1日も早く、アメリカを参戦させたいと必死になっていて、丁度その時イギリス諜報機関 Intrepid がワシントンに来て、Roosevelt の息子に接触している。

　(b) Rainbow Five もそうだが、それまでのアメリカの動きは、大統領も議会も軍も、すべてがヨーロッパに向いた**ヨーロッパ戦線第一主義**であった。換言すれば、ヒットラーがどう出るかを計算し、その読みに沿って、動いていた。逆に、ヒットラーの方も、それまでの基本方針として、アメリカの議会や世論の**孤立主義**感情に訴え、アメリカ合衆国だけは戦争に巻き込ませないよう、最大限努力していた[294]。そのヒットラーは、この Rainbow Five の秘密情報の漏洩に、またそこに記されているアメリカ軍の対応に、どう対処したか（ドイツ大使館は、12月5日に Rainbow Five の全文を本国に送っている）。誰もが固唾を呑んで見守っているその時、12月7日、真珠湾攻撃があった。

　(c) 1940年の枢軸国（Axis Powers）の3ヶ国協定（Tripartite Pact）は、互いの間の動きにつき、自国がどう対応するかなどの、何らの補助的合意も伴っていなかった。そこで、ヒットラーは悩んだ[295]。ドイツ大使館から送られてきた Rainbow Five の全文を分析したドイツの Erich Raeder 提督は、そこに記された「アメリカは、18ヶ月後の1943年7月まで、二正面作戦の中でドイツに対する全面攻撃をするだけの軍備がない

293　ただし、Dallek の参考図書は、"Rainbow Five" の名でも、また "Victory Program" の名でも、この Big Leak について全く触れていない。

294　Roosevelt が、公海上でアメリカの艦船が U ボートから攻撃されたら反撃するよう命じた後でも、Hitler は、Erich Raeder 提督に命じて、対立を回避するよう U ボートがアメリカ船を攻撃しないよう、命令していた。Hitler は、日本が極東で、イギリスやソヴィエト・ロシアを叩くのは、大いに歓迎するが、その参謀は、「攻撃してほしい対象は、アメリカ合衆国ではなかった」と、語っている。

295　外相 Joachim von Ribbentrop は、日本の大島博大使が、「日本が、アメリカと戦争した場合に、ドイツが参戦するよう」、申入れていたのに対し、参戦を約束していたといわれる。

739

第3編　19世紀後半以降の憲法

との重要な結論」、をヒットラーに指摘した。彼は、そこから次のように進言した。

「アメリカは、そのような宣言もなしに、現実に既にイギリスとソ聯の軍事同盟国として行動している。最早、宣言をするかどうかの選択の問題ではない。しかも、『日本はとてもやれまい』、と見くびっていたが、それが覆った現在、アメリカは、軍の備蓄がないまま、今や2つの大洋で戦うことになる……」。

12月9日、ロシア前線からベルリンに戻ったヒットラーは、参謀らと協議した。一方、Roosevelt は議会に書簡を送り、「ドイツは、日本を焚きつけて、我がアメリカを攻撃させた……ドイツもイタリアも、アメリカとの戦争宣言なしに、我々に対し既に戦っているのと同じである……」と述べた。翌12月10日、この Roosevelt の書簡を知ったヒットラーは決心し、12月11日、ドイツ議会に出席して、「戦争宣言も已むない」、と語った。

　(d)こうして始った W.W.II。Churchill は、その年の年末という極めて早い時期に、Washington D.C.を訪れた。F. Roosevelt に、「ヨーロッパ戦線第1」を確実に約束させるためである（Arcadia 会談）。チャーチルは、そのまま年越しでホワイトハウスに泊り込んだ。翌1942年1月の Arcadia 会談では、2人で東南アジア作戦についても会議するとともに、その後会談に集った事実上の同盟国26ヶ国による共同声明、国際連合宣言（United Nations Declarations）も用意された。この事実上の同盟国は、Roosevelt が望んだとおり、国際連合（United Nations）と呼ばれ、早くも戦勝後の国際社会の秩序を展望する形となった。その後の相次ぐアメリカとの会議でも、「ヨーロッパ戦線にテーマを絞った連合国軍の作戦」を次々と提示し、それから2年弱の1943年8月に米英の巨頭2人だけで行った Quebec 会議では、Churchill がドイツに対する大反撃日 D-Day をセットしている[296]。

　1945年に入り、日本に対する戦後処理も含め、Stalin を加えた3巨頭

を中心に、ヤルタ会議（Yalta Conference）（2月）で基本方針を決めている。次いで、半年後のポツダム会議（7、8月）での声明 Potsdam Declaration では、それまでドイツばかりで、殆ど言及がなかった日本の項も加えられ、5本柱の対日基本方針が示された[297]。

　(ト) Roosevelt が、そしてアメリカ議会が、日本への石油の輸出禁止令を出すまでには、上記に見てきたように、1936 年以降の日本のアジアへの進攻がある[298]。中でも、アメリカが、Roosevelt が、特に神経質になっていたのは、日本による中国（当時の支那）に対する領土干渉であった（その日本は 1938 年には、中国での戦況やミュンヘン合意の結果にも勢い付いた形で、「大東亜共栄圏」構想とともに、Open Door Policy（前注264 と次の 299）の中止声明を発表していた）。

　(a) ヨーロッパと極東とを比べるまでもなく、20 世紀前半のアメリカの顔は、圧倒的にヨーロッパに向きっ放しであった。そのヨーロッパで、ドイツが大陸の西半分全域から、更にイギリスまでも占領しないか。これが、最大の関心事であった。一方の中国ではアヘン戦争以来、アメリカは先ずイギリスに対し、次いでロシア、フランスに対して、Open Door Policy を申入れてきてきた[299]。日本に対しては、第1次大戦以来、9ヶ国条約、Lansing-Ishii 合意などで同様の申入れをし、協定の締結をしてきたほか、

296　ここで決められた D-Day とは、ドイツが占領するヨーロッパ大陸、具体的にはノルマンディ海岸への上陸作戦実行日としての 1944 年 6 月の x 日のことである。
297　一連の会談の最後に行われた 1945 年 7 月 26 日の Potsdam 会談での Declaration では、アメリカ、イギリス、中国の 3ヶ国が対日基本方針を中心に出した声明で、5本の柱の中には、戦前勢力の払拭、軍の完全武装解除、戦争犯罪者に対する厳しい刑罰のほか、日本の領土を、1943 年の F. Roosevelt、Churchill、蔣介石による Cairo Declaration で示されたとおり、本州、北海道、九州、四国、その他の諸島としている。
298　1938 年の春から夏にかけ、日本が中国の都市（複数）を爆撃したことから、Roosevelt と国務長官 Hull とは、日本に対する飛行機の輸出を停止する前述の "moral embargo" を課す決定をした（Dallek, p.193）。
299　Open Door Policy とは、要するに機会均等の国際合意である。Lincoln 大統領の秘書だった John Hay は、19 世紀末 McKinley、T. Roosevelt、の両大統領の下での国務長官として、1900 年初めに支那に対するアメリカの Open Door Policy を内容とする書簡を、日本、イギリス、フランス、ドイツ、イタリア、ロシア宛に送り、支那での機会平等の約束を求めていた。

741

第3編　19世紀後半以降の憲法

国務長官による書簡を送っていた[300]。

(b)極東でのアメリカの関心は、専ら日本が中国を支配しないか。その心配であった。それまでに、中国の東支那海沿岸部分をかなり押えていた日本が、1941年7月、仏領インドシナ半島の占領を拡大しようとした。これは、Roosevelt にとって、新しい局面、新しい国際政治上の懸念となった。南北の東アジア一帯が日本の支配下に入って了う懸念である。これに対し、Roosevelt がとったのが、日本に対する石油の全面禁輸令であった。日本を開戦の瀬戸際に追込むのに、大きな効果を有したことは広く知られている[301]。その後の11月にも、近衛首相が、Roosevelt 大統領との直接会談により打開を図ろうとした。駐日大使 Joseph Grew は、この直接会見に前向きだったとされるが、国務長官 Cordell Hull は、反対だったとされる[302]。近衛首相による対米外交の行き詰まりを見て、日本（天皇）は、東条英機を首相に採用した。Roosevelt 大統領は、その日本からの奇襲攻撃をある程度計算に入れていたとされる[303]。

(c) Roosevelt 大統領が、日本を開戦に巧くおびき寄せるべく計画していとの説明は、一般に否定されている。ただ、"Rainbow Five" の記事

300　Open Door Policy に代る「大東亜共栄圏」という一方的な声明に対し、アメリカの国務長官は答えた。「Open Door Policy には、支那および各国の互いの利益になっていた面があるのであり、日本が主権を有しない支那などで、一方的な声明によりこれを変えることは不可である（新たな条件の「交渉をしよう」というのであれば、orderly processes of negotiation でなら、受ける用意がある）」と回答していた（Dallek, p.193）。

301　次注の Fleming によれば、アメリカ軍の指導部は、これにより（石油禁輸はイギリス、オランダが直ぐ追従していた）「連合国（Allies）は、日本を杖で突いて開戦の淵へと追い込んだ」、と感じた。統合参謀本部の George Marshall は、国務省に日本との交渉にもっと柔軟に当るよう申入れている（……urged……to make concessions to keep peace in Pacific.）。

302　Chicago Tribune 紙によるスッパ抜き記事 "Rainbow Five" についての軍事史家 Thomas Fleming によれば、1941年11月26日の会談決裂を Roosevelt の息子 James が、同日にイギリスの諜報機関に告げたとされる。American Heritage Magazine, Dcc., 1987. Vol. 28, No. 8.

303　憲法の定めどおりの議会による戦争の宣言をしてのアメリカの W.W. I 前の戦争は、スペイン戦争（1898年）が最後で、その後の世界では、国際条約などにより禁止の対象とされる**戦争宣言をしての戦争**の形を避け、戦争宣言なしの、事実上の武力行使による開戦の方式が支配的となっていた（この方式は、アメリカがラテン・アメリカの独立に絡んで介入した戦争が、初めではないかと考えられる）。

では、大統領は少くとも奇襲攻撃をある程度予想していたと見ている。その Magazine がカバーした情報源から判断すると、一概に「根拠に欠ける」とはいえないというべきであろう。真珠湾攻撃を受けた大統領は、Churchill に電話して「今や、我々は 1 つのボートだ！」と述べ、事態の評価と、翌日の議会への声明下書きについて相談するため、閣議を開いた。

　いわゆる「真珠湾攻撃」（Pearl Harbor Attack）は、Roosevelt が特に気を遣っていた対世論での促進効果という面で甚大であった。それまでアメリカに根強く残っていた孤立主義や不戦・中立の世論は一夜にして蒸発し、吹き飛んでいた。大統領は、有名な「破廉恥日」（a date……in infamy）という敵愾心を煽るような言葉を使って、議会に対し日本に対する開戦宣言決議（立法）を求め、議会も翌日の 1941 年 12 月 8 日、日本に対し戦争宣言決議を行っている。12 月 11 日には、ドイツとイタリアとの間でも互いに戦争宣言を交した。

　(d)前述のとおり、真珠湾攻撃の翌日の 1941 年 12 月 9 日という早くに[304]、Churchill は、「トップ同士で共同作戦会議をしようじゃないか……」と提案をしてきた。これ対し Roosevelt も大賛成で、ホワイトハウスに来て泊まるよう招待した[305]。こうして始った、Arcadia 会談が終って、Churchill が 1 月 14 日にホワイトハウスを後にした頃には、この米英の首脳とその家族らは、すっかり親密になっていた[306]。

　これらのトップ 2 人同志の会議は、単なる軍事作戦会議というのではな

304　その前の 1941 年 8 月、2 人はカナダ沖の洋上で極秘裏に会って、いわゆる Atlantic Charter にサインしていた（後に他の連合国も参加する）。
305　Churchill は、12 月 22 日にホワイトハウスに来て、翌年 1 月 14 日まで 23 日間も滞在していた。大戦中の会議の中でも "Arcadia" の符号で呼ばれるもので、これが、2 人が行った最初の会談で、その後のものも含め、大戦中に 11 回会談している。その中でもこの Arcadia は、Roosevelt と Churchill の 2 人を個人・家族ぐるみで互いに結び付ける初期の重要な意味を発揮した。2 人は、その間に相手に対し強い好感を抱き、Churchill は晩年、「互いの心が相手の鼓動に反応した……」と書いている（Dallek, p.323）。
306　前注の記事では、……establishing the bonds of unity……の言葉とともに、living together in the Whitehouse "as a big family in the greatest intimacy and informaliy……" とある（Dallek, p.323）。

743

かった。「自由世界の理想を守る」、といった、もっと原理的なものである。
Churchill が Atlantic Charter の原則を確認した宣言書を Roosevelt に渡
したが、2 日後に（事実上の同盟国と共同して戦うことについて、憲法上
の問題がないことを国務長官が確認した後）、Roosevelt はそれにサイン
したものを Churchill に返している。2 人は、この Atlantic Charter を
基礎とし、できるだけ多くの国の協賛を得て、共同して自由世界のために
戦う姿勢を強く打ち出すようにすることで一致していた（そのための文書
が、上記の宣言書という訳であった）[307]。

　Roosevelt は、インドもこの連合国に入れたいと考えた。インドの指導
者からは、連合国に入ることの条件として、戦後、イギリスから独立でき
ることの保障を求めていた。Churchill とイギリスの閣僚らは、インドが
連合国の一員（国家）であるかのように、宣言書にサインすることまでは
同意したが、インドに戦後の独立の保障を与えることに対しては、徹底し
て拒否を貫いた。

　(e)これほど密接に協力しつつも、また宣言書の中味は、一人前の同盟条
約として立派に通るものであったのに、Roosevelt がイギリスとの間に正
式な同盟条約を結ばなかったのは、上院での予想される論争で、国論不統
一を曝け出す惧れであった（その前に、真珠湾攻撃から 8 日後にも下院は、
徴兵制などの延長を一旦否決していた）。しかも、その宣言書のタイトル
にしても Roosevelt は、同盟・連合（Ally）などの名称を嫌い、「United
Nation ら」を提唱していた。"Declaration by the United Nations" で
ある。

　Atlantic Charter 宣言書中には、無論ヒットラーのドイツを主敵として
名指ししていた。しかし、真珠湾攻撃を受けた今は、日本の名も付け加え
られた。Churchill とイギリスの閣僚らが重視したのは、アメリカの戦力

307　Roosevelt は、Albania の名を想い出しながら、「小国もなるべく入れよう」と Chur-
　　chill に呼びかけている（注 287 の Louis Adamic は、Albania 系アメリカ人であった）。

が東洋に分散されないことであった。彼らは、最初の作戦計画での決まりごと、ヨーロッパ第1（Europe First）を繰り返し、それを Roosevelt に確認させた。

（f）Roosevelt と Churchill との間の大きな溝は、インドの独立問題であった。1942 年春、日本軍がビルマ国境まで達する頃、議会上院外交委員会でも声が挙がった。

「インドに独立を保障しなきゃ、彼ら自らの為の戦いなんだと彼らに判らせなければ……」。

1 人の上院議員などは、「イギリスがインド独立に同意するまで Lend-Lease 法をストップしろ」と主張した。

Roosevelt は前年 12 月に Churchill の拒否反応を知っていたので、自ら、もう 1 回当る代りに、他人を使って密かに探らせた。これに対し、返ってきた返事は、「戦後にはイギリス領の（独立のための自決権がある）自治区 Dominion を考慮する」、であった。3 月になり、ラングーン陥落のニュースを迎え、今度は Roosevelt が直接 Churchill に、この問題を再提出したが、Churchill はこれに返事をしなかった。

（ﾁ）上述の **The Big Leak** でいう機密情報（secret information）とは、イギリスやフランスをナチス・ドイツ軍から防衛するため、アメリカがヨーロッパ戦線に自国の兵士を投入することの**戦争遂行計画**の情報である。F. Roosevelt 大統領による戦争準備命令書（統合参謀本部宛）の写しを含んでいた。これは明らかに、彼が第 3 期大統領選に出馬した時の公約とは違っていた。

それが、1941 年 12 月 4 日に、反戦主義色の強い共和党系新聞、Chicago Tribune 紙の記事として暴露された。11 月下旬に、情報が連邦政府の誰かから Chicago Tribune 紙のワシントン D.C.駐在記者に洩らされていた（その記者 Chesly Manly は、Times Herald の記者も兼ねていた）。こうして 12 月 4 日付の、Chicago Tribune 紙の 1 面トップに、3 段抜きの活字、"F.D.R's WAR PLANS！" が躍った）。機密情報は、

745

"Rainbow Five" の綽名でも呼ばれたが、戦争省（War Dept.）内での呼名は、"Victory Program" であった。

(a) **Rainbow Five** の中心的内容は、ヨーロッパ戦線でヒットラーを倒すため、1000 万人の正規軍と、500 万人の予備役を召集する、というものである。問題は、機密情報の漏洩の実行犯の特定と、特定されたとして、大統領が、それに係っていたか、どうかである。Rainbow Five のコピーは35 部作られ、陸海空の各幹部に渡っていたが、これほど**お国に大事な機密情報**を、トップの（暗黙のでも）同意なしに誰かが漏洩させられるとは、考えられなかった。FBI の調査の結果、漏洩は空軍の将官 Henry H. Arnold から、モンタナ州からの民主党上院議員、Burton K. Wheeler に対しなされたという（調査は、そこまでで、打ち切られた）。

(b) 1200 ページの FBI の調査が、曖昧な途中結果のまま打ち切られたのには、Roosevelt 大統領の関与があったのではないか。こう推量するのが、Fleming の "Big Leak" である。では、なぜ Roosevelt が、漏洩を指示したか（はっきり、「指示した」、とまではいえなくても、そう誘導したのか）。この(3)「New Dealers による戦争、W.W.II」とは、Fleming によるその著作の題をとったものである[308]。彼が American Haritage 誌への寄稿 Big Leak でいおうとしたことを纏めると、要は、**修正歴史学派 (revisionist) の考えによる W.W.II の捉え方**、といえる。

(c) Fleming は、そこで修正歴史学派（revisionist）の学者らの意見を紹介しつつ、次に要約するように述べている[309]。① Roosevelt は、ドイツに対する強い敵意を抱いていた（……gripped by strong hostility）。②イギリス側に加勢して、ドイツと戦うことを熱望していた（……wished ardently to enter the war……）。③しかし、Hitler の方から何か仕かけてこない限り、連邦議会での戦争宣言を得ることは「無理だ」、と判ってい

---

308 Thomas Fleming, *The New Dealers' War: Franklin D. Roosevelt and the War Within World War II*, Basic Books, 2001.

309 そうした史家として、Harry Elmer Barnes と、Charles Callan Tansill を挙げている。

た（一方、Hitler は、「アメリカ商船だけは、襲わないように……」、指示していた）。④アメリカの世論は、アメリカの若者がヨーロッパでの戦争に出征して行くことに反対していた。⑤しかし、ドイツが同盟国の日本を嗾け、アメリカに対する攻撃に踏み切らせることができれば、ドイツ自身もアメリカに対し戦争宣言をする可能性があった（これが、対独戦争へ入るための Roosevelt にとっての裏口 "back door" であった）。⑥反戦団体 America First Committee の設立者、Robert Wood 将軍は、日本による真珠湾攻撃のニュースを聞いて直ぐ、「これで、彼（Roosevelt）は、裏口から我々を戦争に引っ張り込める……」といっている。

　(d)この裏口から開戦に持って行くための Roosevelt による対日政策につき、修正歴史学派は、こう要約しているという。①日本を石油の禁輸により経済上どうすることもできない状態（untenable economic situation）に置く。②その上で、日本の妥協への探りをすべて斥ける（after……rejected all……peace feelers……）。③日本軍と外務省の暗号電報を解読できたアメリカ（Roosevelt）は、日本の攻撃を知ったか、少くともそれた近いことを承知していた。④しかし Roosevelt は、それをアメリカ軍に知らせることは、彼の戦争への裏口を閉ざしかねないので、黙っていた。

　上記の④の要約には、「Roosevelt が、自国の海軍が大損害を被ることを容認していた」との、普通では成立ち得ない推論を肯定しなければならなくなる。その点を、Fleming は次のように説明する。

　当時のアメリカ人（当局者ら）の多くが、イギリス人らの多くと同じように抱いていた人種的偏見（race-based contempt……of the Anglo-Saxons……）が説明してくれる（「大したことはできやしないだろう……」と思っていた）。「日本人が我々と同じように、撃ったり、航行したり、飛行したり、できっこないじゃないか……」、である[310]。大統領は 1942 年 2 月 19 日に Executive Order 9066 を出している。いわゆる日系人の囲い込み（Internment of Japanese-Americans）である。約 12 万人が EO の下

747

第3編　19世紀後半以降の憲法

で当局、John L. Dewitt 中将（lieutenant general）以下の War Reloca-
tion　Authority により、主として西部各州の 10 ヶ所のキャンプ地（bar-
acks）に 48 時間以内以内に、文字どおり銃剣によって強制的に囲い込まれ
た[311]（彼らは、1944 年 12 月の Public Proclamation〔No.21〕により翌
年 1 月に自らの住居へ帰ることが許された[312]）。戦後の 1988 年になって
Reagan 大統領の時に、この Japanese-Americans に対する賠償法とも
いえる Civil Liberties Act of 1988 (Pub. L. 100-383) が立法されている[313]。

　(e)"Big Leak"の話しに戻り、修正歴史学派による説明のもう 1 つの
壁、Hitler が日米開戦にも目を瞑り、対米戦争を宣言してこない確率に
ついて revisionist らの説明は、1941 年 12 月 4 日の Chicago Tribune 誌
に出した「アメリカによるドイツ壊滅作戦計画」"Rainbow Five War
Plan"が補ってくれる、という。しかも（だからこそ）、その秘密
"Rainbow Five"を「Roosevelt が、意図的にもらさせた」と彼らは解釈
する。この計画が大新聞の一面に出たことにより、Hitler が対米戦争宣
言に踏み切ることを一層確実にしたとの推論には、合理性がある[314]。更に、

310　F. Roosevelt は、前述のように幼児の時からエリート（Hudson River Valley 貴族）で
　　あった。当時のアメリカ社会のエリートがしたとおり、3 歳の時から両親に連れられ度々ヨ
　　ーロッパ、（イギリス、フランス、ドイツ）へ行っている。しかし、日本について特別の知
　　識は持ち合せていなかったと考えられる（1939 年 11 月には、「日本人が、この先も 20 世紀
　　の文明人らしく喋らないならば (were to fail to speak as civilized twentieth-century
　　human beings)、アメリカは日本との関係継続を疑問としよう」といっている（Robert
　　Dallek, *Franklin Roosevelt and American Foreign Policy 1932-1945*, p.76）。
311　「囲い込み」の理由は、スパイ行為の惧れだとされたが、戦争中、日本のためのスパイ容
　　疑で捕まったのは 10 人のみで、すべて白人（Caucasian）だという（historyonthenet.
　　com）。
312　この間、「囲い込み」の違法性を訴えて 4 件が最高裁まで行っているが、4 件目のうち 1
　　件のケース ex parte Mitsuye Endo, 323 U.S. 283 (1944) でのみ最高裁は、habeas corpus に
　　よる差止めを認めた。他の 3 件とは、Yasui v. United States, 320 U.S. 115 (1943)、および
　　Hirabayashi v. United States, 320 U.S. 81 (1943)、Korematsu v. United States, 323 U.S.
　　214 (1944) である。これらも、その後すべて再審に当る coram nobis cases となり、その中
　　で連邦の 1 審、2 審とも「新たな証拠によれば、不公正な決定であり、原判決も影響されて
　　いただろう……」と述べている。
313　1978 年に Japanese-American Citizens League（JACL）がそのための運動を始め、
　　1980 年には Congress も委員会を設けて調査に乗り出した。1983 年に報告書が出され、こ
　　の立法につながっている。

748

第 7 章　20 世紀の（現代における）アメリカと、主要な憲法事実

Fleming は、いわゆる**正統派歴史観**とは違う見方（wild card explanation）として、イギリスの諜報機関が係っていたという説明を紹介している[315]。1941 年 11 月 26 日、Roosevelt 大統領の息子 James が、この Intrepid に「日本との交渉は決裂した。戦争は、もはや避けられない」、といったとされる（何とかして、アメリカを戦争に引込みたいイギリスが知りたかったのは、これであった）。

　Fleming のような推量が仮に当っていたとして、Roosevelt 大統領の漏洩意図は、何だったのか。Fleming は、「ドイツによる戦争宣言を引出すのが狙いであった」、と見る。つまり、Roosevelt が狙っていたのは、ドイツに対する戦争宣言を入手しうる裏口（back door）を確保することであったとの説明である。

　Fleming の Big Leak 記事の中に、「Victory Program は、Roosevelt 大統領了解の下に、イギリスの諜報機関が、あること、ないことを、適当につき混ぜて作ったと書いている」、と指摘する向きもあったというが[316]、Fleming 自身は Big Leak 記事中で、「当のアメリカ当局は、そうは思っていない」こと（Rainbow Five の漏洩に衝撃を受けたこと）を挙げて、反論している。いずれにせよ、Fleming は、Intrepid の関与の仕方が、漏洩の張本人を何となく暗示したとし、Wedemeyer の言を引き、Roosevelt 大統領こそが、張本人であると結論付けている[317]。

　（f）Fleming の Big Leak 記事（American Heritage Magazine）は、この大疑惑の解明を締め括っている。「Roosevelt 大統領が張本人である

314　その解釈は、Chicago Tribune の記事が、彼に対米戦が不可避なことを知らしめ、「やるなら今だ！」とその決断を固めさせたというものである。

315　イギリスの諜報機関を Political-Warfare Division of British Security Coordination（BSC）と、そのリーダーで、暗号名 "Intrepid" のカナダ人、William Stephenson としている。

316　イギリスの諜報機関だったとされる Intrepid こと William Stephenson なるカナダ人については、1989 年 2 月 3 日の New York Times に、その訃報が掲載されている。

317　Wedemeyer の言とは、「はっきりとした証拠がある訳ではないが、何となく直観的に、大統領が命じたのではないか、とずっと推測していた……ほかにこんなことができる神経を持った人はいる訳がない……」との言葉である。

749

とする以外に、完全な解明は、他には存在しない……Victory Program は、イギリスの諜報機関がデッチ上げたものだとする Intrepid による説明話は、全く出鱈目だが、彼が当時アメリカにいたこと、その目的が、アメリカをドイツとの戦いに誘い込むことにあると Roosevelt 大統領が認識していたことは、周知の事実であった[318]（……admitted facts……with the knowledge and connivance of the President……）……既に、南米の偽の地図を使い、アメリカ軍艦の行動についても半分しか事実を伝えなかった大統領が[319]、もう１つの漏洩を行うにつき、抵抗を感じて尻込みしただろうか[320]？」

Mises Institute の書評も、Fleming が著書 "New Dealer's War" で書いていることを一言で要約している[321]。それによると、Fleming の著書と、彼による American Heritage 誌への寄稿内容とは、「Roosevelt 大統領が、W.W.II を裏口（"back door"）から起こさせた」、とする点で略一致する。

「孤立主義（isolationist sentiment）があったから、Roosevelt が、ドイツに対し直接戦争宣言をする形（表口）から入るのは、難しかった。ドイツが、アメリカを攻撃すれば別だが、Hitler も、それは慎重に避けていた。そこで Roosevelt は、ドイツの同盟国日本をしてアメリカを攻撃させる裏口を利用した[322]。そのために彼は敢えて、日本が居たたまれないような苛酷な条件（石油の全面禁輸）を呈示した。」

318　加えて、Fleming は、次の事実もこの結論をサポートするとしている。①色々な情報を知った上で、参謀本部長の Marshall 将軍が、Arnold 空将を咎めなかった、②FBI の次長 Louis B. Nichols も、Arnold 空将まで辿り着いたところで、その後の捜査を打止めにした（quit）、③大統領も、Chicago Tribune 紙の漏洩責任を真剣になって追求しなかった。
319　アメリカ軍艦の行動については前㈥(b)、偽の地図は、以下の(リ)(e)参照。
320　Ludwig von Mises Institute, Auburn, AL., は、1982 年に Llewellyn H. Rockwell により設立された団体で、オーストリアの経済学者 Ludwig von Mises の名を冠している。
321　Fleming は上記の Big Leak 記事（American Heritage Magazine）以外にも、W.W.II の原因を分析した本を出しているが（*New Dealers' War*, Basic Books, 2001）、Mises Institute は、その本についての短い記事の中で簡潔な形で Fleming の Roosevelt 大統領評（特に W.W.II についての）を載せている（mises.org より）。
322　Hitler は、彼の対米の宣戦布告の決断が "Rainbow Five" の漏洩記事により**強いられた**（……forced）といっている。18 ヶ月後の 1943 年夏になれば、アメリカは、十分な準備を整えた上、ドイツ制圧にかかるだろうという記事である。

第7章　20世紀の（現代における）アメリカと、主要な憲法事実

(g) Fleming のいう修正主義（revisionist）的見方の 1 つとして、マルクス主義者（Marxist）の Cecil Frank Glass（1901〜1988）による論稿"War Guilt in the Pacific: A Political Analysis of the Pearl Harbor Reports"があり、そこでは「Roosevelt が、いかに日本をして Pearl Harbor Attack にまで至らせたか」が描かれている[323]。1948 年、各紙がTruman の第 2 期（自らの）大統領選挙について、Truman は、共和党の「Thomas E. Dewey に負けるだろう」、と予報していたと、次の 3.(1)(ハ)(b)で触れているが、その Dewey が、Roosevelt を相手に戦ったその前の 1944 年選挙では、Roosevelt が日本による Pearl Harbor への奇襲攻撃（surprise attack）についての「日本側の秘密暗号を解読して知っていた」、と Roosevelt を攻撃している。John R. Chamberlain による 1945年 9 月 21 日号"Life"雑誌中の記事も、この C. Frank Glass の主張に不思議なほど一致している。しかし John Marshall が、この問題を大統領選挙に持ち出さないよう Dewey らに繰り返し頼んだことから、選挙戦の舞台上では争われなかったという[324]（なお、3 大大統領の 1 人〔No.3〕に数えられる F. Roosevelt 大統領であるが、表向きとは別の事実も、公私ともにかなり伝えられている。その中には、修正歴史学者ら〔revisionists〕の述べていることと、符合する面もある[325]）。

(リ) F. Roosevelt 大統領は、上記で触れたように、時には Washington、Lincoln に次ぐ、3 大大統領の 1 人に数えられる。しかし、W.W.II の災厄に対する非難につき、ナチス・ドイツ（Hitler）と大日本帝国だけでな

323　マルクス主義雑誌"International"の 1943 年 10 月発刊号に載せられている。この Birmingham, England 生まれのジャーナリストは、10 歳の時 South Africa に一家で移住、South Africa で共産党幹部などをしていたが、1930 年にジャーナリストとして中国の上海に入る。1941 年に日本軍の進軍とともに上海を去ってニューヨークへ移り、そこで Socialist Workers Party（SWP）に加入。その後、ロサンゼルスに移住し、以来ずっと SWP の幹部の 1 人として活躍。
324　Chamberlain は、日本による Pearl Harbor 攻撃を Roosevelt が予め知っていたことなどを、1944 年選挙の時に、もしアメリカ人が十分認識していたらば、Dewey がホワイトハウスに入っていたろう、という（hartford-hwp.com）。
325　FDR Scandal Pages (whatreallyhappend.com).

751

第 3 編 19 世紀後半以降の憲法

く、一部は Roosevelt にも責任があると考える修正派歴史学（historical revisionism）は、これに異論がありそうである。殊に、彼が対日交渉で、余りにも厳しい条件を出したことに、かつ交渉そのものを短期に打ち切ったことに対して、非難が向けられている。こうした revisionist の代表的歴史家として、Charles Austin Beard がいる[326]（Fleming がいう revisionist も、彼を指しているとも見られる[327]）。反対に、Roosevelt には予知（foreknowledge）がなかった、とする伝記作家（biographer）として Jean E. Smith がいる[328]。

　(a) Fleming が見た F. Roosevelt は、理想主義的な Wilson とは大きく違う。早くから、民主党内の潜在的対抗馬の芽を摘んで、4 選に備えている「遠謀深慮の人である」ともいえた。Fleming が、Roosevelt 大統領を画く時に用いた形容詞や名詞には、wily（策士）、ruse（策）、ingenuity（独自性）などがある（なお、次のインドの評論家 Chandramohan による形容詞は、"master strategist""pragmatist" かつ "realist" であった）。Fleming によるもう 1 つの厳しい大統領批判は、大統領の**無条件降伏政策**に対し向けられている。日本の敗色が露わになった 1945 年夏のポツダム会議（Potsdam conference）で、Roosevelt は、その無条件降伏政策をダメ押し的に強く主張している[329]。ポツダム会談を行うことは、半

326　Charles A. Beard (1874～1948) は、Frederick J. Turner とともに、アメリカの 20 世紀前半で最も影響力のあった歴史家・政治学者（political scientist）とされ、An Economic Interpretation of the U.S. Constitution (1913) など、アメリカ建国史から始って、左翼的解釈に基づいた彼の史観は、一大論争を呼んだ。ただし、Beard の史観に対しては反撥も強く、彼は Columbia 大学の教職を自ら辞している。

327　他に Mark E. Wiley による "Pearl Harbor : Mother of all conspiracies" Xlibris Corp. (2000) がある。また、史家ではないが、海軍の rear admiral だった Robert A. Theobald、同じく（元兵士）ジャーナリストの Robert Stinnett による諜略説がある（hartford-hwp. com）。

328　Marshall Univ., political science の教職を歴任した伝記作家でもある。ここでは、FDR, New York, Random House, 2007 を指す。

329　1943 年 1 月 Casablanca, Morocco（当時、フランスの保護領）で開かれたカサブランカ会談（Casablanca Conference）。Roosevelt のほか、イギリスの Churchill、フランスの Charles de Gaulle が出席、ソ連の Joseph Stalin は、Leningrad の攻防戦のため、欠席。そこでの「カサブランカ声明」（Casablanca Declaration）は、無条件降伏（unconditional surrender policy）を前提に、「Axis Powers を破滅させるまで戦う」ことを目指していた。

年前の Yalta Conference〔前(ヘ)(d)〕で決っていた。この2つの会談は、一体となって W.W.II 後の世界（ナチス・ドイツ滅亡後のヨーロッパだけでなく、満州から樺太、千島列島などに至る極東）の戦後処理を決定付けた。それを、F. Roosevelt のアメリカと Stalin の Soviet Union とで決めようとして開かれ、かつその線に沿って合意された[330]。

(b)ここで筆者は、W.W.I と W.W.II との間に、その始り方に不思議な一致が存在することに気付く。前1.(2)「国際化時代と、試される Monroe Doctrine」中で見た W.W.I では、極秘電報があった。Zimmermann ドイツ外相が送信人とされる。優柔不断というより、どちらかというと、消極的だった Wilson 大統領に開戦を決断させた。その Zimmermann 電報の写しが、ホワイトハウスに流されるのに、「イギリスが係っていたのではないか」との疑念が新聞王 Hearst によって洩らされていた(注106)。今回の W.W.II でもやはり、イギリスの諜報機関が際どいタイミングで、ワシントン D.C. に来て F. Roosevelt の息子 James に接触し、アメリカの参戦の可能性を確認していた（前(ヘ)(a)）。

(c)アメリカの外交・戦争で、大統領がとってきた行動を、「New Dealers による戦争、W.W.II」として見てきた。Rainbow Five、Casablanca Declaration。そのいずれでも、標的は、ナチス・ドイツであった。そのナチス・ドイツを無条件降伏させた後の戦後のドイツの処理についても、Roosevelt の考えは、「二度と立ち上がれないようにしよう……」という徹底したものであった。この考えは、しかし、W.W.I の後の Versailles でドイツ代表に対したイギリスの Lloyd George やフランスの Clemenceau とは、動機において異なる。彼らのが、侵略による損

---

330 Crimea の Yalta で2月4日～11日に行われた Yalta Conference では、F. Roosevelt、Joseph Stalin にイギリスの Churchill を加えた3人が、戦後処理の基本的話合いを行った。3人は話合いにフランスも加えること、ソ連に接する東欧諸国が、ソ連の友好国となることの反面、ソ連は、それらの国で自由な選挙を認めること、なども話し合った。この頃までは F. Roosevelt なども、W.W.II での米ソの協力が戦後も続くだろうとの期待で行動していた（この点につき、その後、多くの識者が Roosevelt の判断を非難している）(history.state.gov)。

第3編　19世紀後半以降の憲法

害金はすべて「残らず賠償させよう」との動機に出ていたのに対し、「軍事力により他国を脅かす国際的な悪者を懲らしめる」ことが理由である。Rooseveltの死亡、副大統領Harry S. Trumanの大統領就任、という偶然が、ドイツにこの烙印が押されたままになることを防いだ[331]。

　(d)インド（New Delhi, India）のシンクタンクの評論家Balaji Chandramohanも、このRainbow Fiveにつき情報サイトAtlantic Sentinel上に寄稿して、指摘している。「Rooseveltは、master political strategistであり、かつpragmatist, realistでもあった。Woodrow Wilsonと違って彼は、アメリカ人一般が大洋の先にあるヨーロッパやアジアに行って、命を投げ出してまで戦おうなどと考えないことを承知していた。そこで彼は、自分達の運命が、大洋の先にある地上の人々の運命とつながっていることを、アメリカ人一般にも理解させる必要があると考えていた。そこへ、Rainbow Fiveが漏洩され、向う18ヶ月の間はアメリカの軍事力の蓄積が大戦には不足することが（ドイツに）知らされた」（それにより、アメリカが憲法上の制約（Ⅰ、8⑾）を乗り越えて、W.W.Ⅱを戦う結果がもたらされた）。

　(e)Rooseveltが敏感に感応していた世論の動向を振り返ってみよう。アメリカ人の大半は、ヨーロッパ大陸での出来事は自分達には関係ないこととして、ドイツが進めている冒険を自らの命をかけて止めようなどと考えなかった。イギリスと支那に対してアメリカが援助（aid）することについては、多数派は賛成していたが、ドイツや日本に対する戦争宣言となると、世論調査で8割が反対していた。

　世論を映して議会も、前年成立した1940年徴兵法（1年間の期限）の延長法を、1941年8月13日に数票で否決する瀬戸際まで行っていた（ホワイトハウスのなりふり構わぬ働きかけで、最終的に否決だけは免れてい

331　Rooseveltは、彼の財務長官Henry Morgenthau, Jr.が作成した戦後処理案をよしとしていた。その案は、Ruhr, Saar地方の工業を根こそぎ破壊し、ドイツを農業国家に変える、というものであった。

第7章　20世紀の（現代における）アメリカと、主要な憲法事実

た）。その中で大統領は、U ボートによるアメリカ軍艦に対する攻撃と 11
人の死亡は議会に報告したが、その前、3 時間にわたりアメリカ軍艦
Greer 号が、僚艦とともに U ボートを密かに追尾していたことは、報告
しなかった。また、1941 年 10 月 27 日にドイツが南米への侵略を計画し
ていることの証拠として、**イギリスの諜報機関**が作成した**偽りの南米の地
図**を使って、議会で中立法の改正承認を得るなど、有利になるよう試みて
いた。

　(f) Roosevelt 大統領が命じた陸海空にわたる戦争準備計画の元締めは
（参謀総長 George Marshall に信頼されていた）Albert C. Wedemeyer
（44 歳）で、彼が戦争省（War Dept.）内で Victory Program と呼ばれ
た戦争準備計画を担当していた。彼はその秘密命令が、Chicago Tribune
にすっぱ抜かれた 12 月 5 日朝、午前 7 時 30 分についての追憶話を Flem-
ing にしている。

　Wedemeyer も、彼の岳父 Stanley D. Endick も、Roosevelt の外交方
針をかねてより、「熟慮不足かつ危険な内容……」、として批判しており、
Wedemeyer は、当時の中心的な反戦団体 America First Committee の
人々（元軍人、議員など）ともかなり親しく交流していた[332]。この義理の
親子は、2 人とも、現実的かつ軍事的な分析をしていて[333]、ドイツか日本

332　1927 年に、フランスへの大西洋横断飛行で有名になった Charles Lindbergh も、この
　　America First Committee による反戦運動に参加し、父の Charles Augustus Lindbergh と
　　同じく、活発に活動していた。彼は、大西洋横断で勲章を貰ったほか、予備役の空軍大佐の
　　位を与えられていたが、1941 年に、この空軍大佐の位も放棄していた。1941 年 1 月 23 日に
　　は下院の外務委員会（House Committee on Foreign Affairs）で、Lend-Lease Bill に反対
　　の証言をしている。
　　これに対し、F. Roosevelt は、4 月 25 日に、ホワイトハウスの記者会見で彼を、南北戦争
　　の時の "copperhead" 運動を指揮していたオハイオ州からの下院議員 Vallandigham に喩
　　え、「敗北主義」、「事なかれ主義」"defeatist and appeaser"、と非難している。これに対
　　し、3 日後、Lindbergh は、空軍大佐の位を放棄するとの手紙を F. Roosevelt に送った上、
　　9 月 11 日には、「戦争を煽っているのは誰か?」との題で演説し、「イギリス、ユダヤ、そ
　　して内閣だ!」と断罪した。
333　5 年前（1936 年）にベルリンのドイツ戦争大学（War College）へ 2 年間留学させられ
　　ていた Wedemeyer は、viewed the world through realpolitik and military eyes……と記さ
　　れている。

第3編　19世紀後半以降の憲法

が、向うから攻撃をして来ない限り、アメリカは戦争を宣言すべきではないと考えていた。

　戦争準備計画作成の仕事を託された Wedemeyer は、その報告書 Victory Program の結論で、「今のアメリカは遥かに能力不足で、最大限に軍拡を急いだとしても、18ヶ月後にならないと両大洋での作戦を併行して行うことは無理だ……」と書いていた[334]。この結論部分も含め、Rainbow Five の詳細が、アメリカの一大紙 Chicago Tribune の一面以下に掲載されて了った。

3.　未来への模索と憲法の国際化

(1)内外の困難と新 Doctrine

　(イ) F. Roosevelt が寧ろ積極的にアメリカをリードした、「F. Roosevelt と国連（UN）との関係」を、今一度チェックしてみよう。それを憲政史の中の Woodrow Wilson の国際聯盟に、いや T. Roosevelt の国際警察権（international police power）声明に辿り、遡る文脈で考え評価してみよう。その上流には、Monroe Doctrine、更なる上流には、イギリス王からの免許状の中で各植民州に与えられていた専守防衛の戦争権が存在する（第1章注11、27参照）。その現代的国際化である。

　「これが憲法の問題であるとすると、どのような場面で問題となるのか？」ということは、アメリカ合衆国一国の政治の問題ではないから、国連自体が憲法上で抽象的にでも問題となることはない。憲法史の中で、国内法制と国際法制とを混同してはならない。だがそこに、1つの共通項が存在する。その憲法が最古の成文憲法であることから、世界の160～170

334　日米が開戦後直ぐに Churchill がワシントンを訪れ、「ヨーロッパ第1」の作戦計画を F. Roosevelt に強く交渉したのには、この Victory Program での結論が利いていたのかもしれない。

756

第 7 章　20 世紀の（現代における）アメリカと、主要な憲法事実

ヶ国の憲法に直接関接に影響し、その憲法原理が、地球上の立憲国家の略すべての憲法の政治原理としても拡まっていることからくる、共通項である。

(a)世界の憲法史のコマを早送りする形で次がいえる。

アメリカの憲法は、連邦憲法と各州憲法ともが、革命戦争の終結を待たずに、先ずフランスに渡り、フランス大革命の際に、革命政府設立の**法的礎え**となり、それが Bayern など、南ドイツ侯国からプロイセン、低地方国、オーストリアなど、西ヨーロッパ諸国（また、その植民地だった国々）にも伝えられた。

これらを第 1 波とすると、次のような数波に及ぶ伝播の跡が見られる。即ち、ナポレオン戦争でイギリスなどが、フランス、スペインなどを破った後に勃興してきたラテン・アメリカ諸国に第 2 波として（1811〜1848年）、アメリカの対スペイン戦争後の、一部のアジア諸国と更なるラテン・アメリカ諸国への第 3 波の浸透として（1898〜1918）、そして W.W.II 後の、その他世界での民主化と、立憲主義の高まりによる、第 4 波での浸透である（1945〜）。序章 1.(1)にも記したとおり、1946 年に早くも新憲法を制定した日本が[335]、アメリカの憲法の世界的浸透の第 4 波のもう 1 つの例となった。

(b)これは、大まかな把握の仕方でいえば、「アメリカの原理」そのものの世界的浸透といっても過言ではない。それにしても、国際聯盟や国連（UN）を立ち上げようとした Wilson や F. Roosevelt は、どのような認識でいたのか。アメリカ合衆国憲法の影響が、世界中にかなり拡まっていることの認識は持っていて、国際法による世界秩序を立ち上げるにも、「共通原理、民主主義の原理が基礎となる」「基礎となるべきだ」、と考え

335　その日本はアメリカとの間に、いわゆるサンフランシスコ条約（Mutual Security Treaty between the United States and Japan of 1951）を結んだ後、更に相互協力と安全保障に関する日米条約を経て、相互防衛援助協定（Mutual Defense Assistance Agreement of 1954）から、1960 年にいわゆる安保条約（Treaty of Mutual Cooperation and Security between the United States and Japan of 1960）を締結している。

ていたことは、略間違いないであろう。ということは、民主主義の同義語、個人の尊厳、人権擁護を民主主義と並ぶもう1つの柱とする世界秩序を考えていたであろう（W.W.II 中の国際会議での声明からも、特に、それらの基礎となった前出の Atlantic Charter の第3条（その第1、第2条は侵略の否定と、民族自決を決めていた）が、人民主権を謳っていることからも、知りうる）。ただ、Wilson が、それを理想主義的に追い求めていたのに対し、これと対照的な F. Roosevelt の場合には、上記のように、別の行き方を模索していた。

　共通原理のほかに、もう1つ。それは、世界が小さくなり、その中でアメリカの姿・形が相対的に大きくなるとの認識があったろう。1914年の Panama Canal の開通が、その1つの象徴ともなったが、F. Roosevelt には、やがて2つの大洋を跨いだ国際舞台で色々な面から、より大きな役割を果すことになる運命のようなものに対する予感・認識があったであろう。彼の頭の中には、Groton 校で受けたキリスト教の隣人精神の教育とともに、歴史で習ったイギリス国王がアメリカに防衛戦争のために与えた授権文言 "……because in so remote a country near so many barbarous nations……we have given the power of war." も、あったに違いない。

　(c) F. Roosevelt が一体どんな考え、気持ちで国連（UN）創設を推進したのか、それと、今日のアメリカ（今日に至るまでの、朝鮮戦争、Vietnam 戦争から、イラク戦争、アフガニスタンに至るアメリカ）が、どうつながるのか。

　Wilson との性格差は別として、W.W.II の終結がすぐそこに見え出し、戦後処理問題が視界に入り出すにつれ、かつて自らの演説の中で800回も国際聯盟（LN）のことに言及していた F. Roosevelt の心中には、Wilson の幽霊（ghost）が現れたことであろう。しかし、その現れ方は、F. Roosevelt が真似をしようと思うものではありえない。第1、あれから20年以上の時が経って、F. Roosevelt 自身も変っていた。彼も、Wilson や他の多くのアメリカ人と同じく、イギリスを含めたヨーロッパの古い考

え方に、幻滅を味わっていたであろう。

フランスとイギリスが Versailles でしたことは、ドイツにたっぷり賠償を請求し、ドイツを2度と立ち上がれないように叩きのめしてやろう、というものだった。それは、Wilson の理想から見れば、実にお粗末で近視眼的な発想でしかなかった。イギリスはインド (India, Ceylon) や香港を占領しているだけでは満足せずに、20世紀初めまでも今の南アフリカ共和国に大量の軍隊を送り込んで焦土作戦までして同国を制覇していたが、これらの行為を F. Roosevelt が忌み嫌っていたことは前述したとおりであった。

(d)実務センスに恵まれた F. Roosevelt はまた、基本を Wilson が考えたという、国際聯盟規約 (LN Covenant) の欠陥も鋭く認識していたであろう。主権国同士の集まりなのであるから、どんな小国であれ、すべて平等で1票ずつを持ち、かつ全会一致でなければ、何1つ決定できないというのが Wilson 規約である。「この国際聯盟規約は直そう」、と心に決めていたに違いない。

実は、20年以上も待つ必要はなかった。F. Roosevelt は、1923年という早くに、新聞社の平和賞コンテストに応募して提言していた。その中で、「全会一致を止めなければ……」、と書いていた[336]。その後、実際に出来上った国連憲章 (Charter of the United Nations)。この中核的な多国間条約と[337]、これに関連・付随する数百の多国間条約によって成り立っている国連という巨大かつ複雑な国際団体。70年近い星霜を潜り抜けてきた、この種としては唯一の、多国家による連合団体。機構の効率化、財政上の

336　Saturday Evening Post の "American Peace Award" への応募論文、"Plan to Preserve World Peace" である (New York Times の電子書籍 "FDR and the Creation of the U.N." から)。

337　枢軸国（日本、ドイツ、イタリア）を倒すため、1942年に集った26か国を指して F. Roosevelt が呼んだ "United Nations"。1944年10月には、アメリカ、イギリス、ソ連、中国が Washington D.C. において協議し、先ず予備的な草案を作成した (Dumbarton Oaks Conference)。正式な国連憲章は、1945年4月25日〜4月26日に、50か国がサンフランシスコに集って、作成、調印して、1945年10月24日から発効した。

第3編　19世紀後半以降の憲法

困難などに加え、地域紛争やテロリスト対策などの問題に直面している。この間、半世紀以上を経て、この国連に問題点が色々と指摘されてきた。W.W.IIの戦勝国、いわゆる Big Five が、恒常的に理事の座を占める安全保障理事会（安保理）の構成に対する改革も進まない。アメリカの中には、その他の点でも、「とうに失望した」との声も少なくない（今でも委員長や議長などは、輪番や選挙で決められる。人権抑圧で知られた国が、人権理事会の議長国ということも生ずる）。いずれにせよ、最早、F. Roosevelt の手を離れた存在である。

　しかし、全会一致のルールは、確かに一部を除いて消去されている。その他では、国際聯盟規約（LN Covenant）の流れを汲む規定も多いが、200ヶ国近いメンバーの意見集約の困難を考えれば、現実的にそんなところであろう[338]。何よりも、F. Roosevelt の死から4ヶ月後に、たった2票の反対があっただけで、連邦議会上院は国連憲章を承認した。

　(e)注337～339のとおり、国連はアメリカが中心となって、「自由世界の理想を守る」原理に基づいて作った。アメリカが国連のいわば「生みの親」であることに間違いはない。真珠湾攻撃の翌日に Churchill のお声がかりで始った Arcadia 会談での26ヶ国による共同声明。これを単なる「同盟国」による声明で終らせたくなかった F. Roosevelt はこれを、国際連合宣言（United Nations Declarations）と名付けた[339]。この2人は更に、W.W.II終結の前年1944年10月には、ワシントン D.C.においてフランス、ソ聯、中国を加えた Dumbarton Oaks 会談を開催し、そこで国際連合の予備草案を作成している。そして、国際連合憲章の最終案を法的に成立させるためのサンフランシスコ会議が開催された。きっちり2ヶ月か

338　世界の殆んどの国家を代表する一種の世界的政治機関とはいえ、国連は、国連憲章という条約によって設立され、その定められた目的・機能の中でのみ存続する。国連憲章を超えて存立し、権限を行使することはできない。安保理と総会の2/3の賛成があれば、国連の解体を含む憲章の変更は可能である（109）。少なくとも、70年前の基本設計はこれである。
339　国際連合の原始メンバー国は、1942年1月1日の Arcadia 会談での国際連合宣言か、またはサンフランシスコ会議に参加して、かつ憲章の定め（110）により批准をした国か、が該当する(3)。

760

かる異例の長期会議になったこの会議は、途中、一度ならず（話がまとま
らず）延会の可能性と隣り合わせになったが、最後に何とか妥協ができた。

1945年6月25日、50ヶ国の国旗に取り囲まれた市内 Opera House で
は、参集国の全代表総立ちの意思表示により、憲章案文が承認された[340]。

(f) W.W.II 直後の世界には、当時の世界人口の3分の1近い7億5000
万人が自治権のない統治団体の支配下で暮らしており、憲章作成努力の中
でも(i)非植民地化（decolonization）（Chap XI，art 73,74）と、(ii)信託
統治化（trust territories）（Chap XII，art 75〜85）の2つが、大きく採
り上げられていた[341]。

サンフランシスコ会議で Truman 大統領は、各国代表らに対し演説し
た後、これを生かすも殺すも我々次第である……式の警告を発している。

「この憲章により、すべての人類が自由の民として尊厳のうちに生きる
ことが許される時が来るよう、世界は希望を抱くことができるようになっ
た……」[342]。

アメリカは、国際連合の生みの親であっただけではない。その本部をニ
ューヨークに引取って、その警察権の保護の下に置いてきた[343]。マンハッ
タン島の East River 沿いの土地で、西側を First Avenue で区切られた
42丁目から48丁目までの2万坪余りの土地がそれである。国連総会

340　サンフランシスコでは全体会議のほかに、委員会毎の会議が400回以上もあり、50ヶ国
　　の代表は850人であったが、それぞれが顧問や助言者・補助者グループを引き連れていて、
　　事務局を入れた総勢が3500人、それにメディアや関係諸団体からの見学者2500人というの
　　が、このサンフランシスコ会議の規模であった。憲章の草案は、各章（Article）ごとに3
　　分の2の多数によって肯定される必要があったが、中でも地域紛争への対応策では激しい意
　　見の対立が交された（www.un.org より）。
341　かつての植民地80が独立できるようになった結果、今日では、この non-self-govern-
　　ing territories は16に、こうしたテリトリでの住民は200万人以下に減っている。朝鮮半
　　島に対しても、Potsdam Conference の時点では、信託統治案が示されていたことは注365
　　のとおり。
342　国際連合憲章は、「アメリカ、イギリス、ソ連と中国、フランスの他に、その他国の多数
　　（過半数）が批准したときに発効する」と定めており（119(3)）、1945年10月24日に発効し
　　た。
343　ニューヨークの建設会社・デベロッパーであった William Zeckendorf の所有だったこ
　　の土地を John D. Rockefeller, Jr.が当時のお金、850万ドルで購入し、提供したとされる
　　（wikipedia.org）。

761

第3編　19世紀後半以降の憲法

(UN General Assembly) と安保理（Security Council）とがその所在地
としている。ニューヨーク市内にはあるが、国連本部として治外法権
(extraterritorial treatment) の場所である[344]。

　㈣ F. Roosevelt は、未曾有の第4期目に入って2ヶ月余り、手がけて
きた**国連**（UN）の創設より半年早く亡くなった。第4期の選挙戦では、
次の任期中彼の健康がもたないであろうことが、彼とその周囲の人々との
暗黙の前提となっていた。親ソ聯で、左寄りの行動ゆえに、民主党内から
さえも警戒されていた副大統領 Henry Wallace に代り、彼の第4期目の
副大統領候補として周囲が推していたのは2人であった。Missouri 州か
らの上院議員2期目の Harry S. Truman と、最高裁判事 William O.
Douglas であった。民主党の知事会や市長会などは、Harry S. Truman
を推していた。

　(a) ニューヨーク州の名門の金持ちで、縁者に政治家もいた F.
Roosevelt とは対照的な Harry S. Truman。近年では珍しい、大学出で
はないアメリカ大統領 Harry S. Truman は、スコットランドとアイルラ
ンド系の血の混じった Missouri 州農民の長男である[345]。先祖が南軍
(Confederate) として戦ったという彼は、Missouri 州のミリシアに入っ
た後、1918年7月に、Wilson が2年半かかって参戦を決断した W.W. I
で、砲兵隊大尉としてフランス戦線に派遣され、11月11日の終戦の日ま
で前線で大砲を打っていた[346]。

　軍隊の同僚の親戚に、地方都市の政治を牛耳っている有名な政治ボスが
いたことが、彼の除隊後の人生の行方を決める要因となった。Kansas 市
を中心に、民主党の組織票を握っていたそのボスの引きで、彼は1922年

344　なお、15あるその他の理事会、委員会などは、スイス・ジュネーヴ、オーストリア・ウィーン、ケニア・ナイロビの3つの本部所在地にある）。

345　父は農業・家畜売買業で、母の影響の下で育った彼は、幼い時ピアノを熱心に練習していた。

346　農家出身で、農業のほか2、3の事業に手を染めるが、巧く行かなかった Harry S. Truman は、West Point の士官学校を志望したが、近眼のため入れなかった。その彼が、この砲兵隊長としての経験では人からも認められ、自信もつけた。

第 7 章　20 世紀の（現代における）アメリカと、主要な憲法事実

以降 Missouri 州の地方政治の世界へと身を投じて行く。1932 年大統領選挙では、F. Roosevelt のために地元の票を纏めたことで、Truman は 1933 年、Missouri 州の連邦雇用開発センター長となり、地方政界から中央政界入りへの糸口を摑んだ（F. Roosevelt の側近 Harry Hopkins とも知己となる[347]）。

(ロ) 1934 年には Truman は、連邦議会議員か知事の座を目指す志を立て、有力者に働きかけて Missouri 州選出の連邦議会上院議員として立候補することができ、選挙戦で共和党候補を破って当選する。F. Roosevelt の New Deal に共感していた Truman は、上院では大企業や Wall Street による弊害を攻撃する演説をしている。しかし、F. Roosevelt の目に停るところまではいかなかった。その Truman が、1940 年の上院議員選挙で再選後、上院軍事委員会の中の**監査小委員長**となったことで、並の上院議員から脱け出して、全国的知名度のある上院議員となった[348]。

何よりも大きかったのは、これまで Kansas 地方での有力政治ボスの「息がかかった上院議員」として見られていた Truman から、その形容句が抹消され、取り外されたことであった[349]。

Truman が第 4 期 Roosevelt 大統領の副大統領として出馬した前後の事情は、この(ロ)に記したとおりである。Roosevelt 大統領の側近など、少からぬ人達が、初めから彼の大統領昇格をある程度綴り込んでいたが、事実 Truman が副大統領の地位にいた期間は、僅か 82 日間に過ぎなかった[350]。

(ハ) こうして始った Truman の大統領時代。就任から 1 ヶ月でドイツの

347　Harry Hopkins は、F. Roosevelt の腹心の 1 人で（商務長官になる）、内政面では New Deal の公共事業の推進役として働き、外交面でも（特に対 Soviet での）Roosevelt の助言者として頼りにされ、一時はホワイトハウス内に居住していた。

348　1942 年 11 月 30 日 Life 誌は、同小委員会を "Truman Committee" と呼んで、軍の「乱費を洗い出した」（……exposes……mess）と報じた。

349　1941 年 3 月 1 日付の連邦議会上院の記録には、この「息がかかった」の形容句に言及した後、「特別小委員長として Truman ほど、その名前を売り込み、政治的に得をした上院議員はいない……」（no senator ever gained greater political benefits from chairing a special investigating Committee……）と記している。

763

第3編　19世紀後半以降の憲法

降伏、更に、4ヶ月後に日本の降伏があったから、W.W.IIは、実質的に Roosevelt 大統領の戦いで終っていたといってよい（原爆のことも、就任当日は戦争長官 Henry Stimson からザッとした話しだけで、就任から10日以上後に、やっと詳しい話を聞かされている）。Truman と W.W.II との係りは、終戦処理が主となった（Roosevelt 大統領が、日本の**無条件**降伏をポツダム〔Potsdam〕会議などで強く主張していたため、連合軍が予定していたより、その終戦は延ばされていた）。

その絡みでの最大のポイントは、**原爆投下命令**である。Truman も Roosevelt と同じく、日本と日本人についての知識も関心も、特に持ち合わせていなかった筈である[351]。その Truman が、原爆投下命令を出したことを後日回想して、これを**肯定**している[352]。当時もその後も、これは、アメリカ人の多数の考えと一致する（広島へ投下された原爆は、まだ未熟な工法でしかなかったため、uranium の99％が、爆発しないまま空中に散布されたという[353]）。

(a) W.W.Iの時も同じだが、W.W.IIの戦後処理は、戦争中の莫大な戦費の後始末、月6％にまで高進したインフレ率、労働界の不満と相次ぐストライキ、范大な動員を平常に復させる仕事、不況に陥る心配、復員兵らに仕事を与えることができるか……など、その大変さの規模で、W.W.Iを遥かに上廻るものがあった。

中でも Truman にとっても終戦直後のアメリカ社会にとっても、一番応えたのが、アメリカ歴史上最大といわれる1946年1月の鉄鋼労働者80

350　4月12日、いつものように、上院議長としての職務を終えた彼は、急遽電話でホワイトハウスへ呼出された。そこにいたのは、大統領本人ではなく、F. Roosevelt の妻 Eleanor であった。

351　Roosevelt は、子供の頃から、頻繁にドイツ、フランスなどのヨーロッパに家族旅行をしていたし、Truman は W.W.I で、フランス戦線で戦ったことから、2人ともヨーロッパについての知識や親近感はあった。それに比べての話しである。

352　日本列島への上陸作戦を行った場合の戦闘では、更に25～50万人のアメリカ兵の犠牲が避けられないとの計算がなされていた。

353　Command and Control：NPR、2014年8月17日では、7/10グラムだけが核分裂し、エネルギーに変化したという（npr.com）（なお、以下の(2)(ﾊ)(d)参照）。

764

万人によるストライキであった。Truman の困難は、民主党の困難となり、1946 年の中間選挙では、共和党が 30 年ぶりで議会の多数を占め[354]、労組の力を大きく削ぐ Taft-Hartley Act of 1947 などを成立させた[355]。1947 年には、憲政史として言及に値いする法律が成立している[356]。同法は、憲法（II、1 (6)）と修正憲法ⅩⅩ、3 を受け、大統領に欠員が生じた場合の副大統領の次の順位者を、下院議長（Speaker of the House）に明定した。

　(b) Truman は、共和党が議会の多数を占める中で、民主党色をはっきりさせ、New Deal 政策に代る **Fair Deal 政策**を謳った（共和党も New Deal 法の廃止までは要求していなかった）。Fair Deal 政策の主な柱には、Taft-Hartley 法の廃止、健康保険法の制定、公民権運動支援などがある。

　支持率が 30 ％台と、じり貧の中で迎えた 1948 年大統領選挙で、Truman は、「圧倒的優位」とされた共和党の Thomas E. Dewey に対し奇蹟的な逆転劇を演じた。その選挙では、足元の民主党自身が Truman の支持率の低さに動揺していた（Dwight D. Eisenhower 将軍を担ぎ出そうとする動きまで出ていた）。

　しかし Truman は、アメリカ大陸 3 万 5000 km を超す距離を列車で縦横に駆け巡る新たな選挙手法を用い、各地での演説会（"whistle stop"）をやり遂げ、奇蹟の逆転劇を起こした[357]。この間、Berlin 空輸などでの彼の冷戦指揮も、その支持率獲得にプラスした。

　㈢ Truman が 1948 年選挙で大方の予想を覆して勝利する前から、**冷戦（Cold War）**が始っていた。アメリカ国内の処理は別として、丸 6 年以上

354　1946 年の中間選挙で当選した議員には Wisconsin 州からの上院議員 Joe McCarthy や、California 州からの下院議員 Richard Nixon がいた。

355　共和党は Truman の veto を乗り越えて、Taft - Hartley 法、正式名 Labor Management Relations Act を通し、労組の活動を制限した。

356　Presidential Succession Act, 3 U.S.C. § 19. 修正ⅩⅩ§ 3 でいう「……就任までに亡くなっていたとき……」は、18 世紀末近い頃の通信事情により、当選から就任に数ヶ月かかることがあった歴史を映している。

357　最後部の展望車のデッキからの彼の呼びかけは、全国の広い範囲の選挙民への直接の働きかけとして、画期的であった。

765

第 3 編　19 世紀後半以降の憲法

に及ぶヨーロッパでの、また 4 年弱のアジアでの、大戦の傷跡は大きかった。1947 年 2、3 月には、Truman 大統領と国務長官 George Marshall は、ソ聯との関係で重大な外交政策上の決断に相次いで直面する。それには今回もまた、イギリス当局の動きが絡んでいた（W.W. I の時の Zimmermann 電報、W.W. II の時の諜報機関 Intrepid につき、いずれも前出）。ワシントン駐在イギリス大使による、Truman 大統領に宛た 2 本の書簡である。今回イギリスは、ギリシャとトルコ情勢についてアメリカが積極的に乗り出すよう求めていた。それまでアメリカが、同盟国のように大量の援助をしてきたソ聯。そのソ聯が、今やアメリカの対抗勢力として台頭し、それらの国の共産主義勢力に梃入れし出したことへの対応である。

　イギリスがいってきた 2 国、ギリシャ・トルコの共産主義勢力に限らず、戦後世界の後始末、経済・社会・政治面での混乱に対する対応は、急を要していた。

　(a)実は、アメリカの国務省、陸軍省、海軍省の担当部局による合同分析に基づく対応策、プランが作られつつあった。そうした分析を基に Truman は、1947 年 3 月 12 日議会の上、下両院合同会議で演説し、ギリシャとトルコ向け支援のため、（大戦中の費用の「0.1 ％という規模だから……」、と）4 億ドルの予算の承認を求めた。いわゆる**トルーマン・ドクトリン**の始りである。

　演説が "Truman Doctrine" と名付けられるようになった理由は、彼がその中で、ソ聯を名指しこそしなかったが、Communists の指導による数千人の武装集団によるテロ活動に言及し、「世界は今、自由主義圏と全体主義圏とに大きく分れて対峙しつつある……」と述べたことが大きい。

　(b)確かに、この時期いわゆる**冷戦**（Cold War）が正に始っていた。国務省、陸軍省、海軍省合同の報告書では、緊急に手当すべき国・地域のトップに、ギリシャとトルコ、イラン、朝鮮などが上っている一方、戦後世界の復興のため、中長期的に支援財源を配分すべき優先順位として、ヨーロッパを第 1 位とし、第 2 位、ラテン・アメリカ諸国、第 3 位、極東など

766

第7章　20世紀の（現代における）アメリカと、主要な憲法事実

と記してあった。再び、（大統領が全軍の指揮官であることの）18世紀憲法の定めに従えば、Truman は何を為すべきか、が問われていた。

　その流れの中で、1947年6月5日国務長官 George Marshall は、Harvard 大学での講演で、いわゆる **Marshall Plan** を発表した。1948年4月からの Marshall Plan は、時期的に前年発表された Truman Doctrine と重なる[358]。Truman が、それをまた、「自由主義圏対全体主義圏」、といったイデオロギー的対立図の形で国民の前に明示し、新しい事態へ冷戦に対する政策へとつなげていった。冷戦時代の大統領として、Truman Doctrine を表明し、かつソ連に対する厳しい姿勢を適時に明確にしたといってよい[359]。

　(c) Truman Doctrine は、議会で多数を占める共和党にも受け容れられ（個別の法案や予算案は、必ずしもすんなりとはいかなかったが）、Marshall Plan は、1951年末までの4年間、実施に移される[360]。

　Truman は、議会と協力して新しい時代に備える軍事大国アメリカとしての基本体制を整えるのに力を入れた。その最たるものは、National Security Act of 1947 であろう[361]。大統領の下に新組織、**国防評議会**ともいえる National Security Council を作り、総合的戦略策定のためのセンターとし、更に、統合参謀本部（Joint Chiefs of Staff）も正式に作られ

358　Marshall Plan でのもう1つ大切なポイントは、ヨーロッパの16ヶ国が、共同で Plan の受入れ計画を出す必要があり、それが、いわゆるヨーロッパに共同体制ができる端緒となり、将来的に EEC から EU へとつながる動きの端緒となったことである。

359　議会での演説では、「Yalta 協定に違反する全体主義勢力の脅威にさらされている」として、Poland、Romania、Bulgaria の国名を挙げ、また民族の自決・自律を基礎とする国連憲章にも2回にわたり言及していた。

360　その後は、朝鮮戦争中にできた Mutual Security Act of 1951 により、相互安全保障計画（Mutual Security Plan）へと格上げされた。Marshall Plan 実施のための Economic Cooperation Administration（ECA）は廃止されて、Mutual Security Agency（MSA）が新設された。

361　Popular name の正式名は、次の内容を並べたかなり長文のものである。建国以来存在してきた戦争省（War Dept.）と、それに次ぐ古い軍事組織、海軍省（Dept. of Navy）を合併させ、National Military Establishment（後の、1949年改正で Dept. of Defense）とすると同時に、合衆国空軍（US Air Force）の組織を創設した（50 U.S.C. Ch.5. §401 など）。

767

第3編 19世紀後半以降の憲法

た[362]。

同法はまた、軍事のみならず、諜報機関についても W.W.II 後で最大の改革をもたらし、中央情報局（Central Intelligence Agency）(CIA) を作ったほか、第 8 章 2.(3)(二)(b)で出てくる National Security Agency (NSA) も、この時期に新しい姿・形となって生れてきた。NSA は、その存在自体も秘密のヴェールに包まれているが、元を辿って行くと、W.W.I 中の 1917 年、対ドイツ諜報作戦の必要から生れている。これが、W.W.II では対ドイツだけでなく、対日戦でも活躍している。日本の暗号もかなり読み解いていたことは、前 2.(3)(ト)で見たとおりである[363]。こうした諜報活動の歴史は古く、時代を問わないが、その機構の大幅な再編成は、上記の 1947 年 National Security Act などにより行われている。

このような基本体制を整える間も、米ソ冷戦の現実はドンドン変化して行った。先ず、ソ連によるベルリン封鎖（Blockade）である。Truman の苦戦が予想されていた 1948 年大統領選挙の前の 6 月 24 日に始っていた。現地司令官が大軍を投入しての正面突破作戦を大統領に進言したのに対し、ソ連との全面衝突を懸念した Truman は、許可しなかった。代って翌日からいわゆる**大空輸作戦**が始り、地上輸送の再開が可能になった 1949 年 5 月まで 1 年弱続くことになる[364]。

(d) 20 世紀の原爆（atomic bomb）の開発は、確かに世界秩序の構築に原理的な力の変化をもたらした。19 世紀前半の Monroe Doctrine から

---

[362] その後、色々と改変を経ているが、Goldwater-Nichols Department of Defense Re-organization Act of 1986 (Pub. L. 99-433) では、Ronald Reagan 大統領の下での Packard Commission による提案のいくつかを取り込んで、Joint Chiefs of Staff への権限集中など、軍の指揮系統をより、強固に明確なものにした。

[363] NSA は大戦中に Signal Security Agency (SSA) として衣替えされた後、上記の 1947 年法の改正法（National Security Act of 1949）の下で、Armed Forces Security Agency (AFSA) となり、1952 年 10 月 24 日付の Truman 大統領の秘密メモ (EO) で NSA となった（現在は、NSA 自身がこの点を公開している）。なお、Midway 海戦などでの日本軍の暗号解読に関して、第 8 章 2.(3)(ホ)(a)の注 313 も参照。

[364] 史上かつてない空輸作戦で、アメリカ以外の国であったら、物量、資金力、いずれの点でも「実行可能ではなかったろう」、といわれている。

768

第 7 章 20 世紀の（現代における）アメリカと、主要な憲法事実

Progressivism 時代の国際警察権や、中立的介入（neutral interven-
tion）から民主主義の兵器庫から W.W.II までを戦ったアメリカ。原爆が
そのアメリカに、Truman に、どのような選択を生じさせたか、あるい
は奪ったのか。

Truman は、1945 年 7 月のポツダム会談（Potsdam Conference）時に
Stalin にも原爆の話しをしたが、ソ聯の Joseph Stalin は、それより早く
諜報機関を通して、既に情報を得ていた。Truman 大統領の第 2 期、ア
メリカによる原爆独占体制が、早くも過去のものになったことを知った
Truman は、1953 年 1 月に水爆（hydrogen bomb）の実験成功を発表し
た（「軍の総司令官として」といってもよい）。

Wilson 大統領の唱えていた国際秩序の理想に共感を抱いていた
Truman は、一方で、F. Roosevelt の遺産の 1 つ国連（UN）の創設を熱
心に支援していた（初のアメリカ代表には、その妻の Eleanor Roosevelt
を任命している）。

㋭ 1950 年 6 月 25 日、北朝鮮（Democratic People's Republic of
Korea）の金日成が突如として大量の兵士を投入、少し遅れて成立したば
かりの南の大韓民国領に侵入してきた。その前の 1948 年 3 月にも、金日
成は南の政府への送電停止をしていた。その後、1953 年 7 月 27 日に休戦
となるまで、3 年間のいわゆる**朝鮮戦争**（Korean War）が続く。

(a) W.W.II（対日戦）の勝利直前の 1945 年 8 月初め、Potsdam での 3
巨頭会談で F. Roosevelt は、日本の支配下にあったかつての朝鮮につい
て、「40〜50 年間の信託統治」、を提案していた[365]。北緯 38 度線の停戦ラ
インは、実は朝鮮戦争より 5 年前の 1945 年に、アメリカが妥協案として
ソ聯に示していたものである。信託統治案の浮上は、一方で、国連憲章中

---

365 Potsdam Conference（1945 年 7 月 17 日〜8 月 2 日）での戦後処理案の 1 つ。これに対
し、Stalin は、その後の再提案 2〜30 年間というのを聞いて、「短いほどよい……」と答え
ていた。信託統治案の浮上は、当時の朝鮮政界の混乱状態と、ソ聯が北を抑えている事実か
ら出されたものといえる。

第3編 19世紀後半以降の憲法

にその規定がなされたことと（注341とその本文）、他方で、W.W.II 終結当時の朝鮮政界の混乱状態から、当分は自治が期待できないと判断されたことと、ソ聯が北を抑えている事実から出されたものといえる。

しかし信託統治のアイデアは、朝鮮の人々による受けがひどく悪かった。余りの反発の強さに、南部朝鮮を占領していたアメリカ軍政当局は、本国の了解を得るよりも早く、信託統治案をひっ込めて了ったくらいであった。ソ聯の占領下にあった北部朝鮮では、1946年2月、金日成を中心とした勢力が臨時人民委員会を立上げ、後の北朝鮮（朝鮮民主主義人民共和国）へとつながる。一方、南では、李承晩が1948年8月13日になって漸く大韓民国の成立を宣言できた。李承晩による政府成立から2年と経たない時点での北からの突然の侵入。その圧倒的な勢いの前に、南の兵力は忽ち釜山近くまで追い詰められた。

(b) Truman は、アメリカの海軍による封鎖で対応しようとしたが、予算不足で十分に動かせないことが判ったので、問題を国連として処理するよう申入れ、（Douglas MacArthur を総司令官とする）国連軍が創設された。この国連軍にアメリカ軍が参加する形式による朝鮮戦争を、戦争宣言なしで済ませてよいか、憲法上の問題が浮上した（I、8⑾）。Truman は、最初、「その必要はない」、といっていたが、議会人らからは、非難にもおぼしい "Mr. Truman's War" の声が挙がり出したため、結局は、決議案を議会に送った（これに対し、議会上院の多数派代表 Scott W. Lucas との間では「議会は、黙認するだけでよい」などのやりとりもあった）。

国連軍の全面投入により戦局は一旦は逆転し、MacArthur 司令官の率いる国連軍は、中国国境まで一気に攻め上って、あわや中国にまで侵入せんばかりになった。その時中国軍が大挙して参戦してきた（この局面で MacArthur が Truman の命令に従わない素振りを見せたため、またアメリカがアジアに力を入れる余り、ヨーロッパが手薄になることを恐れたイギリスの働きかけもあり、Truman は彼をクビにした）。その後2年間、

第 7 章　20 世紀の（現代における）アメリカと、主要な憲法事実

戦線は 38 度線で膠着状態となり、1953 年夏に休戦協定を結ぶことになる。米軍の犠牲者は 3 万人となり、Truman の支持率は、史上最低の 22％まで下った[366]。

(c)米ソの代理戦争の様相を呈した朝鮮戦争は、冷戦のシンボルともいえた。その冷戦は、Truman 大統領の第 2 期目とともに本格化し、彼は、その第 2 期の略全期間を通して、冷戦への対応と、そのための施策遂行に追われた[367]。それら諸施策立案の中心として、1947 年、大統領府に前出の部署（National Security Council）（NSC）が新設されていた。底流にあったのは、1947 年の議会演説 Truman Doctrine が暗示していた全体主義（ソ聯圏）の**封じ込め**（containment）である。これに対して、ソ聯の方も、ヨーロッパ、アジアなどで包囲網を築くとともに、スパイ活動も活発化させていた。更には、アメリカの裏庭の中米諸国での共産主義者らの活動を支援し、Cuba とはミサイル基地建設の取決めも結んだ。

(d) NSC が 1950 年 4 月に用意して、Truman 大統領に上げてきた綜合国防計画の機密文書 NSC-68[368]。Truman が予算を気にして、これの再検討を命じていたところ、金日成が攻め込んできた。朝鮮戦争が NSC-68に**活を入れた**、といわれる所以である。NSC-68 に沿った集団防衛構想の下で Truman 大統領は、国連だけでなく、西ヨーロッパ諸国を中心とした軍事同盟 NATO（North Atlantic Treaty Organization）を強く支持した。

　Truman 大統領による封じ込め（containment）政策は、基本的に F. Roosevelt の方法にもつながるものであった。条約なしの（援助による）

366　上院は Military Situation in the Far East として、MacArtnur の罷免などの問題を調査する委員会（Committees on Armed Services and Foreigr Relations）を立ち上げ（1951 年）、そこでは、「……罷免は、憲法上の大統領の権限であるが、その状況は、国民にショックを与えるものであった……」と報告された（政府印刷局 OCLC 4956423）。
367　前出 National Security Act of 1947 の下での CIA の創設は、その一環ともいえる。
368　NSC-68 の基本は、ソ聯の封じ込め（containment）の手段として、そのための西側諸国防衛であり、「外交よりも軍事」優先への、W.W.II 後のアメリカの政策変更を告げるものである。これにより、アメリカは軍事超大国となることを決めたことになる（それまでGDP の 6％程度だった軍事予算が、以来約 20％の規模になる）。

第 3 編　19 世紀後半以降の憲法

同盟関係の構築と、国家団体による集団的対抗である。The Mutual Security Act of 1951 は、そのための経済法であった[369]。

(2)超大国への道と 18 世紀憲法の枠

(イ) 18 世紀憲法の作成者らが、大統領を軍の統率責任者とした時（Ⅱ、2）、そこには原爆も国連（軍）もなかったし、第 1、（アメリカ自身も含めた）今日ほどまでの**国際社会化**は想定して（されて）いなかった。差当りは、"near so many barbarous nations"（インディアン諸部族）に対する防衛戦争が考えられていた（しかし、パリ条約の締結を受けて直ぐに大陸軍が解散した後は、ウィスキー反乱まで連邦には 7000 人程度の兵以外、何らの軍備も設けられていなかった）。統率すべき軍の姿、形、大きさ（殺傷力）などは、当然 18 世紀のそれ、革命戦争時の軍の姿、形、大きさ程度のイメージでしかなかった。しかも、南北戦争当時の最高裁の先例で、大統領の統率権は、直接、軍と戦争に関することとされていた[370]。

(a)しかし、現代に近付くにつれ、大統領の権限は次々に拡大されてきた。大統領の権限の拡大で重複されそうになるのが、飲み込まれそうになるのが、三権のうちの立法府の権限である。これには、第 4 章二.1.(2)(ハ)(g)で見たとおり、軍の召集権や軍規則制定権など複数あるが（Ⅰ、8 (11)～(16)）、中でも戦争の宣言権がある（Ⅰ、8 (11)）。

Vietnam 戦争に見るとおり、現代の軍事行動では、殆んど事実（大統領の指揮の下での軍事行動）が先行してきたし、そうせざるを得ない面もある。この立法府と行政府（大統領）間の権限問題についての司法の態度は、一言でいって「腰が引けて」いた[371]（大統領による職務権限の乱用

369　当時のアメリカの GDP 3400 億ドルのうちから、75 億ドルを全体主義（ソ聯圏）と戦う、主に西ヨーロッパ向けの、軍事、経済、技術面の支援資金に充てた。Marshall Plan の実施機関であった ECA（Economic Cooperation Administration）を廃止し、新たな機関 Murual Security Agency（MSA）にその業務を行わせたのも、同法である。

370　Ex Parte Milligan, 71 U.S. 2 (1866)（一審の判断が控訴審で確認され、上告は受理されなかった）。

〔abuse〕の性質や程度が憲法のいう Misdemeanors になれば、議会によ
る弾劾理由を構成するということもあろう〔II、4〕[372]。だが、その立法
府自体も、常に大統領の権限を喧しく問題にしたというよりも、黙認した
に近い形も多かったことは、前記の朝鮮戦争に見るとおりである[373]。

　そして、一旦立法府による何らかの追認的事実（acquiescence）があ
ると、司法がそれをも違憲としたケースはない。これには、三権の１つが
有するとされる権限についての決定や行使は、「一応正当になされたもの
と尊重する」、という司法の立場がある[374]。

　(b)アメリカそのものが攻撃され、その防衛ということになれば、憲法以
前の法理、正当防衛権として、余り議論の余地はない。他方、W.W.I で
は同盟国（必ずしも文字どおりの同盟条約によって結ばれているのではな
い）が攻撃された場合に、合衆国が反撃することが行われた（アメリカの
船舶などへの攻撃も存在したものの）。

　そのような文脈での合衆国の攻撃に関し、大統領と議会がどう行動すべ
きかの先例は、まだなさそうである[375]。この点では、アメリカが NSC-68
による集団防衛構想の下で加盟した NATO 条約（1949 年）の条文、「他

371　いずれもワシントン D.C.地区連邦地方裁判所ケースであるが、Dellums v. Bush, 752 F.
　　Supp. 1141 (D.D.C. 1990)、Locory v. Reagan, 558 F. Supp. 893 (D.D.C. 1982) のほか、
　　Crockett v. Reagan がある。このうち、El Salvador に 55 人の軍事顧問を派遣したことに
　　係る Crockett v. Reagan 558 F. Supp 893 (D.D.C. 1892), 720 F. 2d 1355, U.S. App D.C. で
　　は、先に決議されていた War Powers Resolution (50 U.S.C. 154) に反するとして 29 人の
　　下院議員が訴えたが、地裁は、原告の請求を政府が答弁中で反論したように、「政治問題の
　　解決を求めたものではない」、としたものの、（司法判断に必要な）「事実認定上の管理可能
　　な基準が欠ける」(unmanageable standards) として却下した。
372　職務権限の外（私行）で法と正義を害し、大統領職への信頼を傷つけたとして弾劾され
　　た Clinton 大統領のケースにつき第 8 章 2.(2)(=)(c)以下参照。
373　司法の腰が引けていても、立法府は喧しく批判することがある。その都度、個人的な戦
　　争であるかのように、大統領の名に Mr.を冠して呼んできた。1812 年戦争を Mr. Madison's
　　War、メキシコ戦争（1846~1848 年）を Mr. Polk's War、そして朝鮮戦争が、先述の
　　Scott Lucas 上院委員長のような黙認の言葉にも拘らず、Mr. Truman's War である。
374　Tribe は、この部分のサポートとして Prize Cases, 67 U.S. 635 (1863) (前出) の判示、
　　「……この種の問題では、裁判所は、そうした権力が委ねられている政治部の判断と行為
　　(……decisions and acts of the political department) によって律せられることになる……」
　　を挙げている (Tribe, p.659)。

773

第3編　19世紀後半以降の憲法

のメンバー国が攻撃されたときは、各メンバー国は自らが必要とみなす行為をとるものとする……」、の実際上の意味が問題になりうる[376]。

同様に、攻撃を予測して予め合衆国が（先制）攻撃することについての大統領の権限についても、争われて先例になったものは、まだない。第1次湾岸戦争（1991年）の時は、イラク（Iraq）によるクウェート（Kuwait）への侵略があり、アメリカ国内では1973年の戦争権決議（War Powers Resolution）に沿った措置がとられた（第8章2.(3)）。

上、下両院が予め決議している時は、単なる予測以上のものであり、大統領が戦闘行為を命ずることの授権があると考えることも可能であろう（国際法上の当否は別にして）[377]。そのような上、下両院による予めの決議でもなければ、条約があるからといって、「それだけで、大統領が戦闘行為を行ってよいとことにはならない」、と考えるべきであろう（なお、連邦議会と大統領との間の戦争宣言権を巡る問題は第8章2.(3)でより詳しく見ている）。

(c)以上を要約すると、連邦議会と大統領とが、現実問題として戦争宣言の権限でどう相互牽制するかは、憲法の言葉から直に答えを見出すことが困難といわざるを得ない。この点、連邦議会による現実のニーズに巧く対処するため、戦争宣言の権限（I、8(11)）と大統領による統帥権（II、2）との接点を合理的に解釈適用する方法として、議会による戦争権限決議（War Powers Resolution）（1973年）がある[378]（その§2(a)で、連邦

375　Tribe も論文を挙げるのみである。Alexander M. Bickel, "Congress, the President, and the Power to Commit Forces to Combat" 81 Harv L. Rev (1968) (Tribe, p.659)。なお、2013年8月の Syria 国内の化学兵器使用の疑いによる軍事介入準備は、防衛権の線上にあるものの、更により普遍的（人道的）な理由も加味したものであった。

376　その後の類似条約の1つ、Southeast Asia Collective Defense Treaty（1955年）では、(SEATO) メンバー国グループに対する攻撃がある時は、「各メンバー国、共通の危険に対し、自らの憲法手続に沿って行動するものとする……」（"......act to meet the common danger in accordance with its constitutional process"）と、より慎重かつ憲法的言葉による言い廻しとなっている。

377　トンキン湾決議（The Gulf of Tonkin Resolution）（1964）については、場所と文脈などの特定性から、議会による大統領への**予めの授権基準**の範囲であろうという（Tribe, p.661）。

774

第 7 章　20 世紀の（現代における）アメリカと、主要な憲法事実

議会と大統領とが、戦争宣言の権限運用上で互いにどのような関係にある
かの解釈指針を示すものであることを謳っている）。

　そこでは一方で、大統領が緊急事態に対処できるようにするために、応
急行動をとることを許すとともに、他方で、その後 60 日以内に議会の立
法による裏付けのない限り、その行動を終息させねばならないとしてい
る[379]。

　(ロ)冷戦時代の大統領 Truman が対処しなければならなかったのは、以
上のような、「超大国への道と 18 世紀憲法の枠」の問題だけではなかった。
ソ連のスパイが跳梁する中で、アメリカ国内では疑心暗鬼がはびこってい
た。連邦議会では、上院が例の McCarthy を長とする委員会、また下院
は HUAC（後出）という特別委員会をそれぞれ組織して、上、下両院が
競ってスパイ情報の摘発・解明に力を注いだ。

　(a)疑心暗鬼が立ち込めたのには理由があった。ソ連が逸早く原爆を開発
できたこと[380]、中国国民党が敗北したことなどの事実は、「ソ連のスパイ
なしには生じ得なかったであろう」、との考えが、かなり一般に支持され
るようになっていたからである。更に、元ソ連のスパイで、Time 誌の編
集者（senior editor）、Whittaker Chambers が、1948 年 8 月に HUAC
でショッキングなことを喋っていた[381]。更に、Eisenhower 時代に入って、
Rosenberg 夫妻がソ連のスパイとして原爆機密を漏洩したとされる事件

378　この決議（Resolution）も、いわゆる ORV Clause（Ⅰ、7⑶）の下での、議会による
　　立法の 1 つであることにつき第 4 章 2.⑴参照。
379　Pub L. 93-148.（Nixon 大統領による veto を乗り越えて、上、下両院による決議として
　　成立させた。同決議について、議会は、必要かつ適切条項（Necessary and Proper
　　Clause）（Ⅰ、8⒅）も援用して、その立法権の根拠付けをした。その§2（目的）では、大
　　統領と議会の合同判断（collective judgement）により対処するとしている。§3 は、大統
　　領による議会への相談、§4(b)、§5 などが、その報告義務を定めている（なお、条文につき
　　第 8 章 2.⑵(ヘ)参照）。
380　W.W.Ⅱ中の同盟国とはいえ、アメリカはソ連（Stalin）への不信から限られた情報共有
　　しかしていなくて、いわゆる Manhattan Project はソ連に知らされていなかったが、開発
　　に携わっていた科学者ベースでの情報漏洩までは防げなかった。その上で、アメリカはソ連が
　　独自に開発できるだろうとする期間を 1945 年 8 月から 5 年と踏んでいたが、それよりも 1
　　年早く開発された。

775

第3編　19世紀後半以降の憲法

が、アメリカ社会に衝撃を与えることになる（実際にはソ聯はそれ以前から、必要な情報を親共産党や親ソ聯の科学者らを経由して入手できていたとされる）。

　Truman は、Chambers の件で自分まで一緒になって動揺して国務省の業務などに悪影響が出ることを心配し冷静に構え、中庸の姿勢を心がけた。しかし、この頃になると、アメリカ国内の反共産主義活動は、反スパイ工作から連邦議会による立法活動へと発展し、共産主義者嫌いのTruman の veto にも拘らず、防諜法 Internal Security Act of 1950 が、立法された[382]。法律は、共産主義者（団体）の登録に始って、規制色の強い内容であったため、最高裁によってその効力が否定された[383]。しかし、議会下院の聴聞委員会（HUAC)[384]では、Richard Nixon などのタカ派が、Truman と国務省などの政府当局に登録などの法律の運用で甘過ぎる点があるとして、非難していた。

　(b) Truman 時代の後半、最後の 1952 年は朝鮮戦争での出費に加え、冷戦時代の長期化で、NSC-68 による戦力増強のための負担が積重なってきたため、経済面での**きしみ**が目立つようになった。1952 年 4 月の**鉄鋼労働者によるゼネスト**などがそれである。ゼネストに対抗して Truman は、陸海軍の総帥としての指揮権になぞらえて、商務長官に鉄鋼工場の管理権

381　「アメリカ合衆国内では、1930 年代から自分や Alger Hiss などを含む、ソ聯のスパイのネットワークが暗躍しており、合衆国政府組織内にもかなり入り込んでいて、特に国務省にはかなり上層部まで浸透していた」このような公聴会での Chambers の発言を受けて、1946 年時点で、アメリカ国民の 78 ％が政府内にスパイが入り込んでいると考えていた。

382　Subversive Activities Control Act of 1950、または McCarran Act とも呼ばれる（Pub. L. 81-831)。

383　Albertson v. Subversive Activities Control Board, 382 U.S. 70 (1965). 法律は、共産主義者登録をすることを義務付けていたが、判決は、登録により将来訴追の恐れが生ずることから、修正Vに反するとして規定を無効とした。更に United States v. Robel, 389 U.S. 258 (1967) では、同法が、共産主義者が連邦の国防関係組織で働くことを禁じているのは、団結の自由（修正 I ）を侵すとして違憲とした。

384　House Un-American Activities Committee は、1939 年に作られ、登録の監視を主な内容としていたが、呼出状（subpoenas）の権限を駆使した本格活動期は、やはり冷戦時代である（1975 年に下院司法委員会〔Judiciary Committee〕へ移り、休止した)。上院の Joseph McCarthy 委員会とは別である。

掌握を命じたところ、これが憲法訴訟の標的となった[385]。

この鉄鋼工場の管理権掌握のため Truman が用いたのは、冷戦時代の産物である法律、Taft-Hartley Act of 1947, The Selective Service Act of 1948, Defense Production Act of 1950 などであったが、判決は鉄鋼工場の管理権掌握は、それらの法律に適合しないとし、その他の点でも、大統領の行為の一部が憲法（II）に定めない権限の行使に当るとした[386]。

㈦冷戦時代に初めからその気で立向かったのが、Truman の次の大統領、日本でいう職業軍人、Dwight Eisenhower である。18 世紀に、Pennsylvania 州へ移民してきたドイツ人一家の出である（宗教上の迫害のため、その 1 世紀前にドイツから一旦、スイスに逃れていた）。ルーテル派の家庭では毎日、朝夕に聖書の朗読があった。男兄弟 7 人の中の 3 番目の大統領は、幼少時代から運動好きで、色々なスポーツをやっている。West Point を出て、戦車隊長などを永くしていた。その彼がやがて、皮肉なことに W.W. II 終盤の局面では、連合軍の総司令官となり、父祖らの故国ドイツと闘い、攻めることとなる（彼が総司令官となるとは、周囲の人の多くも予想していなかった）。

(a) 1890 年生れなので、その頃戦車隊長になっていた Eisenhower にとって W.W. I への参戦は、年齢的にもピッタリで最も望むところであったが、彼の強い希望にも拘らず、ヨーロッパに送られることはなく、それを残念がっていた。

1920 年、30 年代の平和な時代も、他の多くの同期生とは違って、軍人を辞めることがなかった彼は、多くの将軍に仕えた（W.W. II の開戦時から半年ほどは、ワシントンにいて、作戦計画作りに携った）。

初め、戦争計画局長 Chief of War Plans Division （WPD）の下の太平洋防衛部門代理となり、間もなくその防衛部門長となる。その後、WPD

385　Youngstown Sheet and Tube Co. v. Sawyer, 343 U.S. 579 (1952).

386　9 人の判事すべてが、Truman か F. Roosevelt によって任命された、つまり民主党寄りの筈であったが、この行政府の行為を 6：3 で違憲と断じたことで、Truman に最後の大きな心の傷手を与えることとなった。

第3編　19世紀後半以降の憲法

に代る新作戦局（New Operations Division）でGeorge Marshallの下に配属される（これが、幸運の扉を開いたともいえよう）。

(b)そのMarshallから、かなり評価されるようになったEisenhowerは、1942年5月、ロンドンに派遣される。イギリス軍の戦争計画評価のためである（Eisenhowerによるイギリス軍の戦争計画の評価は、否定的・悲観的であった）。

1942年6月、今度はEisenhower自身が、（ロンドン駐在の）ヨーロッパ戦線司令官（European Theater of Operations）（ETOUSA）として発令された。この時の、Eisenhowerは、（London駐在の）北アフリカ戦線の司令官（North African Theater of Operations）（NATOUSA）としても、任命されていた（この作戦を、"Operation Torch"と呼んでいた）。

その後、Eisenhowerは、ヨーロッパ戦線の戦闘の中心を、北アフリカから地中海作戦に移し、ムッソリーニ（Mussolini）政権崩壊後の、**イタリア本土上陸作戦**（Operation Avalanche）を進めた。

(c)1943年12月、F. Roosevelt大統領は、Eisenhowerを統合参謀本部長George Marshallの下から引き抜いて、北アフリカ戦線での総司令官（NATOUSA）を含むヨーロッパ戦線での総司令官に任命した（Supreme Allied Commander in Europe）。その後の戦争指揮で彼は、兵士とその家族の犠牲の最小化を第1に作戦を考え、指揮したとされる。NATOUSAに任命された翌月、Eisenhowerは、一旦外れていたETOUSAにも就任したが、大統領は、彼を連合軍全体のヨーロッパでの総司令官に任命した（Supreme Headquarters Allied Commander of the Allied Expeditionary Force）（SHAEF）。

W.W.IIの山場の1つに数えることができる大陸上陸作戦は、フランスのNormandy海岸に目標を設定し（"Operation Overlord"）、1944年6月に挙行され、大きな犠牲を払ったが、成功した。多くの軍人が、「これで、夏までに平和が訪れる」と考えたが、Eisenhowerは、ドイツはまだ

降伏しないと知っていた[387]。1944 年 12 月にはドイツによる Bulge での反攻があったが、Eisenhower は空軍の助けを借りて、これを制圧した。1945 年に入ると、東西の両前線で、ドイツ軍の弱体化は目に見えて進んで、遂に 5 月 7 日にはドイツは降伏した。

イギリスは、Eisenhower に更に Berlin を侵攻するよう要求したが、Eisenhower は、これを「間違った作戦だ」、として拒否し、次に、再びイギリスによる政治的理由からの Czechoslovakia への進攻要求も、拒否した。アメリカ政府も、Churchill が Eisenhower の軍を政治的理由から色々動かそうとすることに反対していた。

(d)ここで、1939 年に始ったとされる原子爆弾の（いわゆる Manhattan Project を中心とする）開発計画に一言しておこう。1939 年（昭和 14 年）8 月 2 日に著名な物理学者 Leó Szilárd と Eugene Wigner が、新爆弾（"extremely powerful bombs of a new type"）の可能性についての手紙 "Einstein-Szilárd letter" を作成、F. Roosevelt 大統領に手渡した[388]。

手紙を受けて F. Roosevelt 大統領は、早速作業部会を立ち上げ、部会の報告などを踏まえて 1941 年 6 月には、大統領令（EO）8807 により政府内に開発専門の役所 Office of Scientific Research and Development（OSRD）を設けた（この OSRD の下で第 1 ウラニウム委員会〔Committee on Uranium〕も設けられたが、情報漏洩を惧れ、委員会の名称からウラニウムの言葉は直ぐに削除された）。

イギリスでも同じ 1939 年の 6 月にウラニウム爆弾についての発明と開発が進んでいて、1940 年 3 月には実用化計画の段階に達していた。1941 年 10 月には、原子爆弾の共同開発と情報共有のための初期の合意が米英首脳間でできた（その後イギリスは、アメリカとの協同か別行動かの選択

---

387 "......knew from his German roots" としている（wikipedia.org より）。
388 この letter は、右肩に Albert Einstein の住所・氏名が印刷され、末尾に Einstein がサインした 1 枚もので、ドイツによる新爆弾開発の可能性を示唆し、アメリカなどがその後塵を拝すことにならないよう警告したもので、これを受取った Roosevelt は、すぐ Einstein にお礼状を書いている。

779

第 3 編　19 世紀後半以降の憲法

肢の間を揺れ動く）。

(e) F. Roosevelt 大統領は、爆弾の開発に大型工作物が関係しそうなことから、陸軍の工兵隊中心に開発を進めさせた。そこの責任者 James C. Marshall 大佐は、開発に係る Columbia 大学とも、民間の工作会社 Stone and Webster のニューヨーク事務所とも近かったことから、その仕事場を Manhattan に構えた。しかし、実際の開発に必要なスペースは、New Mexico 州 Los Alamos 近辺に決められた[389]。そこでの広大な用地買収と、研究所、工場、実験場の建設、そのための何万人という労働者・研究者用の住居の建設などが 1943 年末になっても続いていた[390]。開発の中心にいたのが、注 390 の Oppenheimer である。その間、ウラン鉱石が豊富な Canada は、イギリスとの連携を通して Project に近付き、アメリカとの間での三者共同作業体制が作られた。

(ニ) W.W.II の大戦中に、連合国側では実に数多くの国際会議が持たれた。そこで、枢軸国を除いた「戦後世界政治」の原型となった 3 つのことが決められている。①枢軸国との戦争に勝利するための当面の作戦と、そのための協力内容、②将来、戦争に勝利した時の世界政治と世界経済運営の基本方針、およびその先の国連（United Nations）構想、③以上すべてを討議し、決定することについての提唱権者と討議指導者の事実上の決定、である。

(a) そこでは、階層により 3、4 の会議を区別することができた。その数、順列は、軍事力プラス外交手腕という意味の国力によって自ら決ったと思われる。一番上（中心）の会議が、米、英、ソ聯、3 ヶ国首脳によるもので、大きな会議として Tehran Conference（1943 年）、Yalta

---

389　初め、諸活動は Tennessee 州 Oak Ridge 辺で行われていたが、万一の場合、人口の多い Knoxville への影響が心配されたため、主力は後に Los Alamos へ移された。

390　研究者の中心人物の 1 人が、Univ. of California, Berkley の J. Robert Oppenheimer であった。彼の親族を含め、周囲に共産党員（Communist）やそのシンパが何人もいたことから、ソ聯への秘密漏洩の心配があったが、当時はソ聯が事実上の同盟国でもあったこともあり、任命は最終的に承認されていた。

780

（Crimea）Conference（1945 年 2 月 11 日）と、Potsdam Conference（1945 年 8 月）の 3 つが挙げられる。

　初めの 2 回の参加者が、アメリカの F. Roosevelt 大統領、イギリスの Churchill 首相、ソ聯のスターリン元帥の 3 巨頭だったのに対し、3 回目の Potsdam 会談では、アメリカが Truman 大統領、イギリスが Clement Attlee 首相に代っていた。

　(b)連合国による戦後世界秩序の構築は、これまた、特定の同盟条約によることなく、これら一連の会議を通して（中心的な会議の間に、より多くの実務者による会議を入れることで）、進められた。戦後の世界秩序の青写真を描いた 3 巨頭が、Anglo-American（自由世界）の元首と共産圏の元帥だったことは、歴史のなせる業である。

　戦後間もなく、というより、戦後を迎える前から、いわゆる東西の対立抗争は始っていた。アメリカが冷戦に直面し、Truman 大統領による上記に見た Truman Doctrine が出されるまで、W.W.Ⅱの終了から 1 年半余りしか、かかっていないのである。しかも、ソ聯が素早く水爆実験まで成功させるに及んで、Eisenhower は、Truman が進めていた原水爆ゆえの戦力差を前提にしたソ聯封じ込めに代る新手を考えるのに著しい困難に逢着した（1953 年）。その後は、核兵器廃絶に近い提案"Atoms for Peace"（後出）など、色々と考えたが、対立状態は続いた。

　(c)戦後の世界秩序構築の青写真を描いた中で、1945 年 2 月のヤルタ協定（Yalta Agreement）の骨格を見ると、終戦の 6 ヶ月前の時点で、3 巨頭による戦後世界青写真が、かなり具体的に描かれていることに、またそれが**国連中心主義**に描かれていることに、気が付く。ヤルタ協定は先ず、世界の組織（World Organization）としての国連につき[391]、特に、その中心的組織、安全保障理事会（安保理）（Security Council）の組成と、意思決定の方式につき、定めている。

　安保理は注 391 の 5 ヶ国が、常任理事国資格（permanent seat）を有することとし[392]、決議は原則として、常任理事国 5 ヶ国の賛成票を含めた

781

第3編　19世紀後半以降の憲法

7ヶ国の賛成票によって成立するものとし、その間、アメリカが連絡役を務めるとしている。ヤルタ協定による以上の事前合意は、戦前の国際聯盟時代からの信託統治の適用範囲が確定することを、その発行の条件と定めている（以上が、協定のI）。ヤルタ協定のII〜XIVは、IIのヨーロッパ問題以下、個別の国や、地域（の処理）に係る合意であり、その最終条XIVの後の末文、いわば番外条文で、日本についての短文が載っている[393]。

(d)その欄外の日本についての合意事項の本文が、敗戦後の日本を処理する基本原則となった。要約すると、次である。①ドイツが降伏し、ヨーロッパでの戦争終了後、ソ聯は2、3ヶ月以内に、一定の条件の下で日本に対し参戦することを約束する。②その条件には、南樺太とその近傍の諸島をソ聯が取得すること、満州等、中国北東部を中国へ回復すること、などが含まれている[394]。

Potsdam Conferenceでの3ヶ国決定も、以上のYalta Conferenceでの3ヶ国決定内容を略なぞったもので、より細かく具体的になっただけである。その意味でも、ヤルタ協定が、日本を含めた戦後世界秩序構築の基

391　国連総会をアメリカ、サンフランシスコで1945年4月25日に開くこと、会議の組成と意思決定方法については、1944年10月にワシントンD.C.で開かれたDumbarton Oaks会議で決めた骨子によることとし、参加国として招聘される国として、2月8日現在の連合国プラス3月1日までに共通敵国に対し宣戦を布告した国としている。更に、アメリカは、その間の問題処理で、中国（Republic of China）とフランス暫定政府を入れた5ヶ国が中心となって進めることも定めていた。

392　6ヶ月近く後のPotsdamでは、3ヶ国に中国とフランスを加えた5ヶ国が、実務者レベルの会議として（9月1日を第1回とする）ロンドンでの常設の外相会議を通して、(x)国連に提出すべき、Italy, Romania, Bulgaria, Hungary, Finlandとの平和条約の原稿、(y)和平のためのドイツに対する条件案、などを作成すべきものと決定された。

393　W.W.IIの開戦前後のアメリカから見ての日本が、そうであったように、ヤルタ協定でも、日本はあくまで欄外である。これを書いたアメリカを中心にして見て、世界秩序の構築は、先ずドイツ、ヨーロッパから始り、ポーランド、ユーゴスラビア、イランなどと来て、極東の日本は、最後の番号のない部分での合意（Agreement Regarding Japan）での処理となっている。

394　1944年を通して中国では、汚職がはびこる国民党の統治力が、共産党比で一向に向上しないことの事実があった（ホワイトハウスが纏めた「大統領と中国への支援の現状」といった題名の59ページの報告書）。そのため、Rooseveltは、ソ聯の対日領土要求をすんなり受容れることにより、Stalinを絡ませることで、ソ聯の対日参戦を得るだけでなく、中国の政治的安定を計る「国共合作」が成ることにならないか、と考えた（Dallek, pp.500-501）。

本柱となったことには変りがないといえる（ドイツに関する部分が、全体の2/3を占め、日本については、付言的な扱いである点は、いずれの会議でも同じであった[395]）。Yalta Conference と Potsdam Conference との間に世界政治の上で一大変化が起きていた。Potsdam Conference の直前に入ってきた原爆実験成功のニュースである。それを会談中に聞いた Truman（F. Roosevelt の死去を受けて代って Potsdam Conference に出てきていた）の目からすれば、原爆によりアメリカの軍事力だけが飛び抜けて飛躍した今、ソ聯の対日参戦を渇望する必要は最早なくなっていた[396]。しかも、その間の5月に、ソ聯が Poland 政府代表をモスクワに呼出し拘束したことなどで、東西対立が芽生えていた（そんな訳で Potsdam Conference 内部では意見の食い違いが鋭くなり、その違いが、外部にも洩れてきた）。

　㊩以上のテヘラン会談に始る3大巨頭による3協定を通して、アメリカはソ聯とともに中心的役割は果たしたが、連絡役的役割も大きい。無論、W.W.Ⅱの時代、かつての1930年代にアメリカを覆っていた孤立主義、不介入主義（non-interventionism）の影はない。しかし、戦後の世界もまた、数年前の W.W.Ⅱ中とは、米ソが手を携えていたのとは、まるで違っていた。陽の沈むことのなかった大英帝国の求心力も衰え、朝鮮戦争を始めとして、東西対立と冷戦の現実を示していた。

　(a)世界各地で展げられる情勢の変化を前に、アメリカ国内では共和党右

395　Potsdam Agreement のⅡが、ドイツのための統治機構とその初期の方式を定める。そこでは、イギリス、アメリカ、フランス、ソ聯が各占領済の領土に沿って4つの地区に分割し、それぞれの地区政府は（共同歩調をとりつつ）、占領軍司令官の統括、支配に従うとなっている。Yalta では少くとも言及があった日本について、Potsdam Agreement では最後の欄外にも言及がない（一番早く枢軸国間の契りを破って連合国側に加わり、日本に対し宣戦を布告した Italy に対しては、褒め言葉まで加えられている（その一文中に、「日本」〔Japan〕の一字が出てくるだけである）。

396　「Yalta Conference でソ聯に譲り過ぎた」、という不満が渦巻いていた。Churchill 自身も、Stalin に Yalta での持て成しに感謝の電報を打つ一方、Roosevelt には "Soviet Union has become a danger to the free world" と書いている（Yalta and Potsdam-johndclare.net/cold_war4.htm）。

第3編　19世紀後半以降の憲法

翼（Republican's Old Guard）からは、「そもそも、Yalta Agreement は違憲だった、破棄すべきだ……」、という意見も出てきた。外での東西冷戦の現実の中で、国内での違憲攻撃に対し、Eisenhower はどう対応したか[397]。東西冷戦の現実に対し彼がとってきた措置を列べてみよう。

①Stalin 死亡の1953年に Eisenhower は、核武装競争の停止や削減を中心とする（平和利用に廻すべしとする）提案内容のスピーチを国連でした（前出の Atoms for Peace）。しかし、自国の査察を拒んでいたソ聯は、アメリカの核保有の大きさも「知り得ない」として、この提案に1955年まで乗らなかった。

②フランスが盛んにアメリカの助力を求めていた Vietnam でも、Eisenhower は、統合参謀本部（JCS）などの強い助言にも拘らず、介入を拒んだ。代りに行ったことは、イギリス、フランス、ニュージーランド（New Zealand）、オーストラリア（Australia）などの8ヶ国による Southeast Asia Treaty Organization（SEATO）を結成することであった（前出）。その間にも Eisenhower は、共産主義が Vietnam からインドシナ半島全体に浸透してくることの懸念を強め、いわゆる "domino theory" を発表していた。

③Eisenhower は、ヨーロッパではヨーロッパ防衛共同体（European Defense Community）（EDC）構想を提案していたが、フランスがこれを拒んだことから、ドイツを NATO の一員として受容れることを決めた。

④ソ聯に加え、もう1つの国際的な脅威として中国共産党の興隆があった。1954〜1955年には、統合参謀本部（JCS）、国防委員会（NSC）、国務省の3者が一致して、今のうちに中国に対し核攻撃をするよう助言したが、Eisenhower は採り上げなかった。

397　1961年1月17日の Eisenhower の告別の辞（farewell address）から半世紀を記念した2011年1月16日の Washington Post 誌は、Eisenhower の孫娘（Eisenhower 財団のエネルギー問題理事）の寄稿を載せている。その中で、Eisenhower 政権が直面した困難に言及している。

784

第 7 章　20 世紀の（現代における）アメリカと、主要な憲法事実

　⑤共産主義伝播の脅威が危ぶまれていた Mexico の隣の Guatemala や
Iran、Congo などでは、CIA が防諜活動を活発化させていた一方[398]、ソ
聯に対しては、偵察機 Lockheed U-2 による領土内偵察に力を入れた。

　(b)その間にも Eisenhower は、国の防衛力を核を中心に据えることで、
連邦予算を圧縮する努力をし、その方向で戦略の基本を立てた[399]。1956
年には、アメリカの高速道路網整備法と、その整備資金のための債券発行
法を成立させているが、これには国防の見地が含まれていた[400]。ソ聯の
Sputnik 成功後の 1957 年には、最近に至るまで宇宙部門の立役者であっ
た NASA を設立し[401]、宇宙開発予算も大幅に増やした。

　(ハ)1960 年秋の大統領選挙日が巡ってきた。Eisenhower は、3 期目は
体力的にも無理な状態であったが、それよりも、大統領に 3 期目の出馬を
禁ずる修正 X X II の批准が、1951 年に成立していた（現職の Truman 氏
は適用を除外されていた）。「この適用除外がない代り」という訳ではない
が、大統領の引退後の生活を支援する法律も、丁度成立した[402]。引退まで

398　W.W.II 後の世界の石油市場の中で、イギリスは自らの支配継続が困難と見た Iran につ
　　きアメリカの助力を求めた。アメリカは、同国での王制の復活に力を貸すため Central
　　Intelligence Agency（CIA）を使った。
399　核の時代に向け、B-52 爆撃機、いわゆる ICBM（大陸間弾道弾）、Polaris 潜水艦、の
　　3 本による核武装体制を採用した。
400　アメリカの高速道路網（National System of Interstate Highways）整備が本格化した
　　のは（19 世紀初めに始まっていた第 1 次運輸革命〔第 5 章一・1.(1)〕のことを飛ばせば）、
　　Eisenhower 時代である。それ以前の馬車から自動車への革命を受けて、20 世紀初頭の議会
　　による立法によりスタートとしていたが、2010 年に一応完成したとされる現在のような大
　　規模なものとなったのは、彼による Federal Aid to Highways Act of 1956 の下でである
　　（彼は、1919 年に機動部隊の訓練のはしり、大陸間移動実験〔Army Convoy〕に携り、そ
　　の必要性を悟ったとされる。そこから、計画は Dwight Eisenhower National System of
　　Interstate and Defense Highways とも呼ばれた）。
401　National Aeronautics and Space Administration（NASA）は、National Aeronau-
　　tics and Space Act の下で 1958 年にそれまでの委員会を発展させて作られた。
402　Former Presidents Act of 1958 (3 U.S.C. § 102). 終身年金、国による秘書手当や、secret
　　service の利用を含む生活支援を定める同法は、Eisenhower 大統領から適用されることと
　　なった。一方、同法の適用を受けられなかった Truman 氏は、引退後の生活にかなり困窮
　　したとされる。外国人の目から見て、「今頃やっと、大統領が年金を貰えるようになった」、
　　ということは、些か驚きでもあるが、ワシントンが、総司令官としても、大統領としても、
　　すべての報酬を辞退して始ったことが尾を引いていようか（そのワシントンの下での John
　　Adams 副大統領は、「自分は報酬を貰う」と申出てもらっていた）。

785

第3編　19世紀後半以降の憲法

の重要な出来事をいくつか列挙する。

　(a)筆頭が 1956 年秋の数日間の、いわゆる中東のスエズ危機（Suez Crisis）であろう。1957 年 1 月 5 日の議会演説で "Eisenhower Doctrine" なるものが出される切っ掛けとなった。この Eisenhower Doctrine により、国際共産主義者による侵略に対しては、アメリカが武力介入する方針であることをはっきりと言明し、かつスエズ危機では、その方針を事実をもって示した。

　1960 年に Paris で予定されていた 4 ヶ国首脳会議で Eisenhower は、Khrushchev との直接対話を期待していた。Berlin を巡る問題の 4 ヶ国による解決、米ソ関係全体を "Atoms for Peace" の方向へ持って行きたいと願っていた。しかし、これは直前に生じたスパイ機 U-2 のソ聯上空での撃墜事件によって挫折し、Eisenhower としては残念な思いが残った。この Paris 会議の開催について Khrushchev は、Eisenhower がスパイ機 U-2 について詫びなければ出席しないとする一方、Eisenhower は、詫びることを拒んでいた。他方で Eisenhower は、CIA がこのソ聯上空での U-2 事件を起こしたことを怒っていた。

　(b) Truman 大統領が、1948 年にアメリカ軍内部での人種差別を取り除くことを始たことは前に述べた。Eisenhower も、就任後最初の議会への年頭メッセージ（State of the Union Address）で、(i)ワシントン D.C.内、(ii)政府の各機関内、(iii)軍隊内、この 3 つですべての人種差別撤廃に「全力を挙げる」、と表明していた[403]。こうして、1875 年の同種の法律成立から後、1 世紀近く抑えられてきた公民権立法の契機が再び盛り上がった。1957 年と 1960 年の Civil Rights Acts は、Eisenhower の時代に議会にかけられ、彼がそれにサインした[404]。

　(c)共和党から出た大統領であったとはいえ、Eisenhower は、政治的に

403　Eisenhower にいわせると、軍隊内での人種差別は、国内での公民権問題の軍隊版（人権問題）という面だけに止らない。国際共産主義が、それを宣伝（propaganda）に使っていることがあるので、安全保障上の問題の面も持っているという。

第7章　20世紀の（現代における）アメリカと、主要な憲法事実

温和かつ合理主義（進歩主義）的な面も持っていたから、共和党極右 Mc-
Carthy 議員らによる、いわゆる「赤狩り」を苦々しく思っていた。しか
し、任期の初めの2年を除き、ずっと民主党支配であった議会を乗切るた
めには共和党内の結束が不可欠であり、正面からこれらの議員と対決する
ことは避けていた。ただ、その McCarthy 議員がその赤狩り調査の手を、
ホワイトハウスにまで伸ばそうとした時がある。これに対し Eisenhower
は "Executive Privilege" の下で大統領令を発して、これを拒んだ
(1954年)。更に、1955〜1960年の間にも McCarthy 委員会に対し同じよ
うに拒否権を行使している（この "Executive Privilege" については、
第4章、第8章でより詳しく採り上げる）。

　(ト) Eisenhower の後の大統領の座を争ったのが、California 州から共和
党の下院議員として、次いで上院議員としてで出ていて、その後 Eisenh-
ower の副大統領であった Richard Nixon と、Massachusetts 州の上院
議員であった民主党の John F. Kennedy である。選挙の結果は Kennedy
が辛勝した[405]。彼は、Eisenhower が何とかしたいと思ってできなかった
東西冷戦（Cold War）を引継いだばかりか、1961年6月の Vienna Sum-
mit でも Khrushchev とうまく折り合うことができなかった。その後、
1961年8月からいわゆるベルリンの壁（Berlin Wall）構築による封鎖を
生じさせてしまった。冷戦の本格化とともに、Kennedy 大統領の下では
W.W.II下とは異なる体制が定められた[406]。それらの法律の下で、United

404　Civil Rights Acts of 1957 により、司法省（Dept. of Justice）内に、公民権委員会
　　（Civil Rights Commission）が設けられた。Martin Luther King, Jr.牧師も、Eisenhower
　　のこの措置に感謝の手紙を書いている。
405　厳しい選挙予測の中で Kennedy は、南部民主党に強固な地盤を持つ Lyndon Johnson
　　のサポートが不可欠と判断した（父の Joseph P. や弟の Robert など、Kennedy 一家は、
　　Johnson が反労働者的、反自由主義の立場であるとして反対していた）。
406　Lend-Lease Act の下での様な military aid と、それ以外の non-military aid とを区別
　　した法律が、Kennedy 大統領の時に作られた。人権が抑圧されている国などへの援助を禁
　　じた Foreign Assistance Act of 1961, 22 U.S.C. 2151 et seq.と、その後、International
　　Security and Development Cooperation Act of 1981, 22 U.S.C. 2370 も作られており、それ
　　らの下で本文のような機関が作られている。

787

第 3 編　19 世紀後半以降の憲法

States Agency for International Development（USAID）などの機関が
できるとともに、輸出入銀行や農業省などに係る冷戦に即したプログラム
が作られている。

　(a) Cuba に対し、アメリカが古くから何回も**手出し**をしてきたことは記
した（第 5 章二．2．(2)(ﾊ)）。Kennedy 大統領の時にも、Majestic Destiny
時代の 19 世紀前半に行われたそれと、それほど違わない進攻計画が立て
られた。違っていたのは、今はその主因がイデオロギー問題にしている点
である[407]。ここでアメリカの中南米政策が 4 転することになる（Monroe
Doctrine から、T.　Roosevelt による Roosevelt　Corollary から、F.
Roosevelt の Good　Neighbor　Policy、そして Kennedy 後の「この半球
での全体主義政権の存続を阻止する」政策である）。

　1961 年 4 月 17 日、Kennedy は Cuba 進攻計画にゴーサインを出した[408]。
この進攻計画は、19 世紀前半の計画と同じ運命に終る。違うのは、当時
のスペイン軍に代って Cuba 軍によって撃破された点である。Kennedy
は、生残者 1100 人余りの引渡しと引換えに、5300 万米ドルの食料と医薬
品を Cuba に対し提供するハメとなった。

　(b) Kennedy 大統領で名高いのは、ミサイル危機であろう。U-2 スパイ
機を使用しての CIA による偵察が、1962 年 10 月 14 日ソ連のミサイル基
地が Cuba に建設されつつある様子を捉えた。そこで開かれた NSC（前
出）での会議参加者の 1/3 は、基地に対する空爆を支持したが、「真珠湾
攻撃の逆ではないか」、という反対意見もあった。また、密かに打診した
外国からは、「Eisenhower 大統領時代に、アメリカがトルコにミサイル
基地を建設してきたこと」との兼ね合いで、「一方的ではないか」の声も
返ってきた。それらの結果、NSC の多数が纏まることのできた方針、10

407　Fidel Alejandro Castro Ruz は、1959 年のキューバ革命で社会主義政権を打立て首相と
　　なっていた。
408　元来が Eisenhower 大統領の時代から CIA などにより作られていた計画で、アメリカで
　　訓練された Cuba の亡命者や反カストロ主義者ら 1500 人をアメリカ軍が脇から支援するも
　　の。"Bay of Pigs Invasion" と名付けられた。

788

月 24 日からの洋上封鎖の実施が決まり、1 隻が臨検された。

その間の国際社会の動きを要約すると、米州（国家）機構（OAS）加盟国はすべて、ミサイル基地の撤去に賛成していた[409]。国連（UN）事務総長 U Thant は、双方がそれぞれの決定を撤回し、冷却期間を置くよう求めていた（これに対し、Khrushchev は Yes といい、Kennedy は No といっていた）。10 月 28 日、Khrushchev は、国連監視の下でミサイル基地を撤去することに同意し、アメリカは、Cuba に対し 2 度と進攻しないことを約束するとともに、トルコのミサイル基地撤去も約束した。

核弾頭を装着した（nuclear head）大陸間弾道弾（intercontinental ballistic missile）について、NPR は、ジャーナリスト Eric Schlosser とのインタビューを流していた。冷戦の最中（at the height of the Cold War）には、アメリカが 3 万 1000 発、ロシアが 3 万 3000〜5000 発の大陸間弾道弾を備蓄していたが、今は各 2000 発、3000 発程度であろうという。ジャーナリスト Eric Schlosser は、最近この核弾頭兵器の恐ろしさを読者に伝えるべく本を出していて、このインタビューは、その出版を機になされている[410]。彼が言う恐怖には、兵器そのものの恐ろしさのほかに、それが古臭くなっていることに由来するリスク、それらを 100 ％安全に保つことが十分にできていないことがある（Minuteman III は 1970 年代の、また核弾頭用の主力爆撃機 B-52 は J. F. Kennedy 大統領時代のもので、そのためワイヤー、ケーブル、コンピューター、9 インチのフロッピーディスク……どれをとっても時代物になっている）。彼は、そこで飛行中に事故を起こした B-52 が水爆を North Carolina の原野に落下させて了った話しや、旧ソヴィエトが何百発もの核弾頭大陸間弾道弾を発射してきたとの誤報があったり、もう少しでそれに反撃するところであったこと、

409　Organization of American States. 1948 年の Bogota Charter により、1951 年から発足した（なお、第 6 章 2.(3)(ハ)(g)）。本部は、アメリカのワシントン D.C. にある。米州内の国家をメンバーとするが、イデオロギー問題で分裂気味である。

410　2014 年 8 月 17 日（npr.org）、Command and Control: Nuclear Weapons, the Damascus Accident, and the Illusion of Safety, Penguin.

789

第3編　19世紀後半以降の憲法

などの実話を引きつつ、人類が直面していて、それと気付いていない危険につき警告を発している。これらは、アメリカ憲政史を超える拡がりを持った話しで、人類的規模の破滅に結びつきうる。

　(c) Kennedy が政権をとる 6 年前、画期的な人権判決が出ていた。Brown v. Board of Education 事件である（前出）。Truman に次いでEisenhower も、主として軍内部の人種差別撤廃に主眼を置いて積極姿勢を示していた。その他の社会（特に Jim Crow 法があった南部州）では、Brown 判決は出されたものの、判決の趣旨は殆んど浸透していなかった（第 8 章注 463 の Milliken v. Bradley 事件）。その中で 1960 年大統領選挙を迎えるに当り、Kennedy は、King 牧師夫人に電話をかけている。Attorney General に就任していた弟の Robert Kennedy が、Georgia 州知事に電話して、デパートの食堂での白黒分離を阻止しようとして投獄されていた King 牧師の釈放を求めたことを伝えるためである。また、就任後最初の（憲法〔II、3〕の下での）議会への年頭声明（教書）（State of the Union Address）では、人種平等の高い理想を語ったものの[411]、Kennedy 兄弟は、暫くは公民権運動そのものからは距離を置いていた。南部民主党（Southern Democrats）が議会の多数を占め、彼らの協力なしでは公民権法の成立が不可能だったからである。

　冷戦や Cuba 問題への対応に追われていたことも、Kennedy 兄弟の手足を縛り、人種問題に距離を置く方向に作用した。しかし、その間も Ku Klux Klan などが跳梁し続けていたことがあり、この Kennedy 兄弟の態度に対し、「曖昧で問題あり」とする声が挙がっていた[412]。その中で 1962年 11 月、Kennedy 大統領は大統領令（Executive Order）11063 にサイ

411　「……投票会場であれ、それ以外の場所であれ、同じアメリカ人に対し憲法上の権利を否定することは、国民的良心に恥じることであり、また世界も、我々のデモクラシーがその『伝えられてきた高い約束というものとは違うじゃないか』との意見を抱きかねない……」と言った内容である（en.wikipedia.org）。

412　しかし、具体的な事件に対しては（たとえば、1962 年秋 9 月の Mississippi 大学への黒人学生の入学拒否）、Kennedy 兄弟で協力して措置をとった（FBI や州の民兵では協力が十分に得られないので、連邦保安官〔marshals〕や連邦軍）。

790

ンした。連邦住宅政策によってカバーされている不動産においての人種差別を禁止する内容であった。

(d)政治的配慮から人種問題に対する態度を今一つはっきりさせてこなかったKennedy大統領であったが、反対勢力に対し明確な挑戦的姿勢を示すときがきた。1963年6月11日、2人の黒人学生のアラバマ大学（University of Alabama）への入学をGeorgia州知事George Wallaceが妨げた時である。大統領が動き、Alabama州のMilitiaを連邦民兵（National Guard）に編入する措置をとり、妨害排除のため出動させた。同時に、TVとラジオを通じて全国に公立学校での共学と投票権の保護を中心とした公民権運動の呼びかけを行った。

2ヶ月後の1963年8月28日には、Reverend Martin Luther King, Jr.らが主導した「仕事と自由を求めて」のワシントン大行進が行われた[413]。そこでの演説のため招待されていたKennedyは、このような行進が、南部民主党を中心とする反黒人感情を助長し、却って進行中の公民権立法成立の妨げになることを心配していたので、自らは拘らないようにしながら、司法省を通して資金提供をした。大行進は、厳重な警戒の下、1人の逮捕者も出さず平和裡に、政府が予め指定していた午後4時に終了した。TVでKing牧師の演説を聞いたKennedyは、大いに感銘を受けて"what an incredible speaker he was……"といったとされる（注記のABC News記事中のJacqueline Kennedyの言葉。その後King牧師らはホワイトハウスに招かれている[414]）。公民権運動に対しては、その後も障害が次から次へと起こっていた（FBI長官J. Edgar Hooverは、大のKing牧師嫌いであった。「King牧師の腹心の中には共産主義者がいる」と主張し、Robert KennedyもHooverが電話盗聴をすることを許さざるを得

413　この大行進「仕事と自由を求めて」（March on Washington for Jobs and Freedom）は、NAACPとReverend Martin Luther King, Jr.の主宰するSouthern Christian Leadership Conference（SCLC）などがスポンサーとなっていた。Kennedyらの予想した10万人を遥かに超える25万人が参加したとされる。

第3編　19世紀後半以降の憲法

なかったということがあった)[415]。

　(e) 11 月 22 日 Kennedy はダラス (Dallas, Texas) で暗殺されてしまう。50 年前のその日の Dallas は、早朝雨もよいであったが[416]、その後は晴れていた。Kennedy 大統領は専用機 Air Force One で 20 分の Fort Worth から飛んできて、Love Field でパレードをしていた (予定滞在時間は、2～3 時間であった)。Kennedy が暗殺された日の午後 2 時、Lyndon Johnson は Air Force One の機内で前大統領夫人 Jacqueline Kennedy にも立ち会って貰って、大統領としての就任宣誓をした。無類の野心家とも評されていた Johnson は[417]、こうして 1963 年 11 月 22 日に第 36 代大統領となった。Johnson は、1936 年選挙で当選してから 3 期 12 年間、連邦下院議員として、その後は 1948 年からやはり 3 期連続して、

414　1929 年生まれで、僅か 39 歳で 1968 年に Memphis, Tennessee で殺害された King 牧師の石碑像 (M.L. King Memorial) が、National Mall の一角 (F. Roosevelt と Thomas Jefferson のそれとの中間辺)、Civil Rights Act of 1964 を記念して 1964 Independence Avenue S.W.に立っている。Novel Peace Prize ノーベル平和賞を授けられ、誕生日 1 月 15 日は国の祝日 (休日) となっている。King 牧師殺害の実行犯は捉えられ、受刑者となったが、Kennedy の場合と同様、そこには、政府が絡んだ有力な陰謀説が唱えられている。彼は、その殺害から 5 年前の 1863 年に、あの有名な I have a dream スピーチを Lincoln Memorial でしている。このスピーチについては割愛するが、要は「アメリカ社会の中に存在してきて、今も存在する黒人に対する不正義への反抗の渦巻き (whirlwinds of revolt) の中で、黒人の不平等を迫害に抗議するのに、キリスト教の信仰に根ざした魂の力 (with soul force) で平和的な方法 (civil disobedience) により行うよう呼びかけていた。

415　歴史評論家 Michael Beschloss は、FBI 長官 J. Edgar Hoover が Kennedy 大統領の葬儀について King 牧師が不届きなことを口走った (snickering) と Jacqueline Kennedy に告げることで、「一族の King 牧師に対する悪感情を起こさせようとしていたようだ」という (2011 年 ABC News の Rick Klein 記者)。ABC News 記事によれば、King 牧師の友人で Georgia 州選出下院議員 (民主党) John Lewis は記者に、「Hoover は、King 牧師が嫌いで彼を destroy したかったから……King 牧師は Kennedy 大統領の 1963 年 6 月 12 日の公民権演説で感動していた……彼が大統領のことを悪くいうなんて、信じられない……」といっている。

416　パレードの大統領車はフード (6 枚の透明プラスチックを金属の縁でつなぎとめたもので、防弾用ではないが、多くの人が防弾かと思っていた) 付きであったが、Secret Service の長がそれを外すよう号令した (Kennedy もそれを喜んでいたろうとされている)。事件後、Secret Service の中には自殺者も出たという (NPR, 2013 年 10 月 7 日放送 Jim Lehrer と Diane Rehm の対談)。

417　Robert Allan Caro, The Years of Lyndon Johnson, The Path to Power, Knoph, 1982 p.275. (……ambition was uncommon……) ("……insatiable〔sometimes vicious〕thirst for power" ともいい、権力の乱用との絡みでは "how vital the Senate is in checking……" と書いている) (learnoutloud.com)。

上院議員選挙に当選している（ただし最後の3期目は、Kennedyの下で副大統領となったため、法律に従い上院議員の方を辞任している）。

その彼の選挙では、買収や選挙詐欺など汚職の噂がついて廻った[418]。その後も1963年になり、上院内での多数党事務局が副大統領への賄賂を斡旋したとして、事務局長（Secretary of the Senate Majority）を巡る不正の噂が起こった[419]。

このようなこともあり、1964年の大統領選挙に備える中で、Kennedy一族はJohnsonを再び副大統領候補とすることに更に強く反対していた。しかしJohn F. Kennedy自身は、それまでの6年間に「上院のMaster」と呼ばれてきたJohnsonを第1期と同じく引続き副大統領に指名する「自分の方針に変りはない」とメディアに応えていた。

（f）6月のKennedy声明の内容に沿って、約1年の時間をかけた公民権立法が翌年実現した[420]。保守派が強いTexas州などを地盤とするJohnson大統領は、そのことで「お前の政治生命はもうないよ……」などと脅されていたが、法案成立後の1964年選挙では、彼も大勝した。

Texas州政界のボス的存在となっていたJohnsonは、Kennedy大統領の副大統領となった後も、従来の仕来りからすると実権の乏しい副大統領職の立場に甘んずることができなかった。Kennedyもその辺りをよく承

418　歴史・伝記作家Robert Allan Caroは、1948年選挙でのJim Wells County内の選挙区（Precinct 13）で、202票の不審票があったとしている。

419　1989年12月18日の雑誌New Yorkerは、The Johnson Years : Buying and Sellingとして、彼がいかに政治的影響力を富の力に変える錬金術に優れていたかを、Austin, Texasにあるラジオ局KTBCの妻名義での買収と、連邦通信委員会FCCによる放送権の許認可物語りにより紹介している。なお、2013年12月放送のC‐SPANは、夫人の実家（Louisiana州境に近いTexas州西部）がJohnson大統領の家よりかなり金持ちで、夫人はいわゆるmarry downしたこと、ラジオ局KTBCも夫人が実質的にお金を出したこと、また彼女の仇名Lady Birdは小さい時の遊び友達の黒人の少年、2、3人が付けたものだが、「黒人少年の遊び友達」では「聞こえがよくない」ので、別の話しが通っていると伝えていた。

420　Civil Rights Act of 1964 (Pub. L. 88-352)。その間、Kennedyの暗殺事件のため、法案はLyndon B. Johnsonによってサインされて成立した。Civil Rights Act of 1875から90年後の公民権立法である。連邦議会の立法権限については、主として通商条項（Ⅰ、8(3)）、修正ⅩⅣ、修正ⅩⅤが援用される。法案の通過は、殊に上院で南部民主党の反対派議員による議事妨害（filibuster）のため難航した（57営業日を超えていた）。

793

第3編　19世紀後半以降の憲法

知していて、Johnson を少しでも忙しくさせることに気を配っていた。その1つが、Kennedy 兄弟が初めの頃少し距離を置いていた公民権運動での「黒人や少数民族のための大統領委員会」"Equal Employment Opportunities" と[421]、「臨時の大統領科学委員会」(President's Ad Hoc Committee for Science) の双方で彼を委員長としたことや、National Aeronautics Space Council（いわゆる NASA）の委員長としたことである[422]。Kennedy がサインする筈だった Civil Rights Act of 1964 のほか、上記のように、Voting Rights Act of 1965 も Johnson 大統領のサインにより成立した。

　(g) 1976 年になり、議会下院は Kennedy 大統領、King 牧師、この2人の暗殺事件につき独自の調査を行うべく Select Committee を設けた[423]。1978 年になり報告書が出されている[424]。Select Committee によって公開された同報告書の第II部、King 牧師暗殺に係る事実は、その要約の部で次のことを記している。

　① 1968 年4月4日、Tennessee 州 Memphis で James Earl Ray によりライフルで正面から撃たれて暗殺された。撃ったのは、South Main Street の休憩所のトイレの窓からである。

　② James Earl Ray は、銃を Alabama 州 Birmingham で購入し、その

421　これは、Johnson が上院多数党のリーダーとして Eisenhower 大統領による Civil Rights Act of 1957 の成立に強く反対していたこと、また Kennedy が Johnson を副大統領にした狙いが、専ら南部の保守派をとり込むためであったことからすると、皮肉な展開と言えた。

422　1961 年4月20日のメモ Kennedy to Lyndon Johnson, Memorandum for Vice President による。これに対し、Lyndon to Kennedy、April 28, 1961, Evaluation of Space Program という報告がある。

423　Select Committee とは、特定の目的（多くは調査）のために院内に設けられる subcommittee で、イギリス国会で始められ、Australia, New Zealand, Canada などにも類似の制度がある。アメリカでも同様のものがあり、これまでの主なものは、本文のもののほか、Select Committee on Presidential Campaign Activities（Nixon's role in Watergate）や、いわゆる9月11日 Commission、更に 2014 年5月8日に下院（共和党による）232：186 の決議で作られた Benghazi 委員会がある（Time 誌 2014 年5月9日、Massimo Calabresi）。

424　Kennedy 大統領に係る部分の多くが議員規則により 50 年間の非公開とされている中で、一部だけが 1979 年3月29日付で公開されている（archives.gov/reseach/jfk/）。

794

休憩所の一室を借りていた。

③彼は、暫くの間 King 牧師の後をつけていたと見られ、また暗殺後は直ぐに逃走している。

④彼によるアリバイの主張その他の証拠は信用力に乏しく、彼を実行犯と断定できる。

⑤ Select Committee は、情況証拠からして彼を含む陰謀（conspiracy）があったとの疑いを持っているものの、連邦、州、州以下のどの公的機関も暗殺に係ったとは考えていない。

⑥司法省は FBI の担当部に対し適切な監督を怠った。また FBI が King 牧師に対し COINTELPRO（共和党に対する監視活動）を行っていたことも不適切であった。

㈭1960 年 3 月 29 日のニューヨークタイムズは 1 ページ全面広告、高まり行く声に耳を傾けヨ！　として「全世界の人々よ知れ！　南部州の何千人もの黒人学生がアメリカ連邦憲法（その人権憲章）に掲げられた人間としての尊厳を守るため非暴力のデモを広げつつあることを……」を掲げた。露骨な隔離政策が長年行われていた南部での King 牧師に対する州治安当局による弾圧記事が、自らに向けられた名誉毀損であるとして Sullivan 警部が訴えた事件についてである[425]。以下は、現地の様子を示す 1 コマを映すあらすじである（本書中では、いくつかのケースを、やや詳しく紹介しているが、その 1 つとなる）。

(a) 10 項目もがその前文に続くが、それらは、**テロの波**などの見出しで、すべて南部州治安当局などによる弾圧を伝えていた。中でも、現にアラバマ州モンゴメリ郡裁判所にかかっている Martin Luther King 牧師に対する偽証事件について述べ、最後に 1 世紀半前のではなく、現代の自由のための闘いへの募金を呼びかけていた。呼びかけ人として 64 人の宗教界、芸術、労働界などの著名人が連名で、「日々人間としての尊厳と自由のた

425　New York Times Co. v. Sullivan, 376 U.S. 254 (1964)

第3編　19世紀後半以降の憲法

め闘っているこの 64 人は、このアピールに心から協力する」と書いていた。その下に本件での申立人となった 4 名の牧師がサインしていた。

　(b)この最高裁にかけられた事件は、10 項目のうちの第 3 と、第 6 の一部記事につき Sullivan 氏が申立てた名誉毀損を理由とする損害賠償請求事件である。彼はアラバマ州モンゴメリ郡の警察本部などの総括官であった。

　第 3 項の要旨は、「学生らが州議会の階段で自由の歌を唱ったところ、ショットガンで武装したトラック何台かの警察隊がアラバマ大学を取囲み、食堂などを封鎖し……」とあり、第 6 項の要旨は、「南部州治安当局者は、King 牧師の平和な抗議に対し、何回も何回も脅しと暴力を用い、自宅を爆破し、夫人と子供も、もう少しで殺されるところであった……。その挙句、King 牧師をスピード違反、うろつきなどとして 7 回逮捕し、今はもっと重い懲役 10 年に当る偽証罪を（正しくは 5 年）仕掛けている……」

　この 2 項目とも Sullivan という個人名は出していなかったが、彼は「事情通が読めば、直ぐ自分だと判る」として、そこに記された行為につき、すべて自分が名指しされ非難されているのと同じだとし、損害賠償請求に及んだのであった。たとえば、「King 牧師が逮捕されたのは 4 回であって、しかも、そのいくつかは、自分 Sullivan が長官になる前のことであるというように、これらの事実には、かなり不正確さがある……」といっていた（なお、Sullivan 氏は、警察は偽証事件の立件に係っていなかったし、爆破の事実〔2 回〕はあったが、警察が係っていた事実はなく、逆に捜査を行っている側である、と主張していた）。

　(c)では、この事実は法的にどう評価されるか。アラバマ州法ではメディアによる公人に対する名誉毀損で損害賠償請求権が成立するためには、先ず撤回を要求し、それでもメディアの方が公けの撤回をしない時である。4 人の申立人らに対し Sullivan が撤回要求を送ったが、4 人とも「自分は広告の内容には関知しない……」として回答しなかったし、New York Times も撤回に応じなかった（逆に、「なぜ、広告記事が貴殿のことだと

796

第7章 20世紀の（現代における）アメリカと、主要な憲法事実

考えるのか、そう考える理由を知らせてほしい」、などと回答した）。

これを受け、Sullivan は、損害賠償請求を起こした。その後、New York Times は、アラバマ州知事の要求に応え、結局、先の広告の撤回記事を掲載した。Sullivan 氏の要求に応えず、アラバマ州知事の要求には応えたことにつき New York Times は証言で、「我々には、アラバマ州に影響するような発言をする意図はなく、州知事は、いわばアラバマ州の代表と見られるからであり、かつその後、より正しいことが明らかになったからである。一方、広告について、それが Sullivan 氏についての言及であることは承知していない……」と述べている。

(d)モンゴメリ郡裁判所判事は、陪審に次のような指示を与えていた。

「本広告中の文言は、それ自体で名誉毀損的（libelous per se）といえ、特権による保護の対象でもないから、事実認定者としてなすべき仕事は、誰がそれを発行したか、それが Sullivan に係るものか、を認定することである……」「それ自体名誉毀損的であることから、その虚偽性と悪意は推定され、損害の発生も推定される。懲罰金損害を認定することもできる（陪審への指示の中で判事は、悪意が現実のものか否か区別をすることを拒んだ）。」

Alabama 州の最高裁は同州一審の懲罰的損害賠償の裁判を覆したものの、New York Times による名誉毀損の事実を認めていた。

これに対し、連邦最高裁は、「虚偽の事実を知りつつ、悪意（with malice）を持って伝えていたか」との要件に当て嵌て、New York Times 社による名誉毀損を 9：0 で否定した。この先例が知られると、メディア各社は、それまで制限していた南部州での人権抑圧の事実を大っぴらに伝えるようになった。

(リ)この(2)「超大国への道……」の中では、冷戦（Cold War）に係る記述が大きなウェイトを占めてきた。その陰に隠れることなく迫ってくるのが、経済大国としてのアメリカの姿・形である。現在、アメリカは「太平洋国家」と銘打って環太平洋の 12 ヶ国から成る Trans-Pacific Strategic Economic Partnership Agreement（TPP）という多国間協定締結に注力している[426]。TPP とは、このように環太平洋（Trans‐Pacific）Partnership と自由貿易協定 FTA（Free Trade Agreement）との 2 つが結び付いた造語であり、アメリカにとっては Asia‐Pacific 全体をとり込んだ国際取引自由化協定（FTAAP）を意味する。その意味では、北米（North America）での FTA、NAFTA の太平洋版ともいえる[427]。

　実は、この地域での FTA としては、アメリカが音頭を取る前の 2006 に、New Zealand、Singapore、Chile、Brunei の 4 ヶ国で作っていたいわゆる P 4 がある。APEC（Asia‐Pacific Economic Cooperation）の中の特定の国同志でのこの種の協定は、WTO によるドーハ・ラウンド（WTO Doha Development Round）が停滞している中では、もう 1 つの選択肢といえる。この P 4 は、George W. Bush 政権の目を引き付け、アメリカによる FTA（TPP）のモデル基盤となった。

　(a)一方、北米 North America では FTA、NAFTA のための交渉が早くから行われていた。アメリカ合衆国、カナダ、メキシコという、二つの開発国と 1 つの低開発国との間でそれが始ったのは、Reagan 大統領時代の 1986 年である[428]（ただ、始った頃は、まだ一挙に多国間協定の域にまで至らず、実質的には〔殊に農業政策では〕、二国間協定の寄せ集めに止っていた）。それが 6 年後の 1992 年 12 月に纏まり、アメリカ Texas 州内で George H. W. Bush 大統領により調印されたが、連邦議会など国内与論を一本に纏め上げる困難な仕事は、Clinton 大統領の時代にまでずれ込

426　Trans‐Pacific Partnership とも略称される。また所管する役所は、United States Trade Representative（USTR）である。

427　Boston College International and Comparative Law Review, Vol. 34. No. 1. 2011 年 1 月 1 日では Victoria Univ. of Wellington Law School の Meredith Kolsky Lewis による Trans‐Pacific Partnership: New Paradigm or Wolf in Sheep's Clothing？と題した論文の初めで、これを「FTAAP、つまり Asia‐Pacific での FTA である」と述べている。

428　Congressional Research Service の国際貿易・金融アナリスト Brock R. Williams による 20013 年 6 月 10 日論文 Trans‐Pacific Partnership（TPP）Countries: Comparative Trade and Economic Analysis（www.fas.org）は、(i) APEC と TPP との関連と、(ii) NAFTA と TPP との関連との双方を言葉と図表で示し、分析している。

んだ[429]。その間、彼は対議会工作に資するため、本協定のほかに雇用と環境を守るための2つの補助協定も作られるよう工作した[430]。

　その結果NAFTAは、1993年12月に議会の上、下両院で過半数により、どうやら可決され成立した（この種のCEAが、その成立手続で正式treatyと区別されてきたことにつき、第4章二.1.(2)(イ)(d)参照)[431]。Clinton大統領は、議会を通った協定のサイン式を12月8日にBush, Carter, Fordの3人の前大統領と、多くの政府要人などを招いてホワイトハウスで行っている（その際の彼の演説は、国民と議員の間で賛否相半ばしていたこのNAFTAにつき、大統領が精力的に説得を試みるかなり長いもので、国論を2分する問題で政治家がいかに働きかけるかの1つの具体例として興味深い[432])。

　(b) NAFTAは単なる貿易・通商協定ではない。政府調達（第10章）、投資（第11章）、競争法（第15章）、知的財産権（第17章）問題を含む。その目的を述べるNAFTA§102は、これらを目的として列記する中で、GATTの§24を引用しつつ、これら目的を「国際法のルールに沿って、最恵国待遇と透明性の原則に則って、実現する」と定めている。NAFTAの目的が幅広い分、国家活動に係る多様な紛争が生じ易いが、そうなったら、すべて関係国の法曹や専門家から成るpanels（後出）の

429　European Community (EC) が1986年にSpainとPortugalを共同体に加える時、2国との格差の大きさ故に生じるEC内の政治的抵抗（ウェイト）という意味で、2国が人口比でEC全体の13％、所得水準で1/2であったのに対し、Mexicoの所得水準は、アメリカの1/7と低く、人口は逆に北米全体の1/4を占めていた。アメリカ、Canadaが政治的には自由と人権を基礎とし、対外経済的には市場解放を原則としていたのに対し、Mexicoには、そうした民主政治の要素が歴史的にも乏しく、対外的には閉鎖的で保護主義経済をとっていた（www.international-democracywatch.org)。

430　North American Agreement on Labor Cooperation (NAALC) と、North American Agreement on Environmental Cooperation (NAAEC)。

431　Thomas Jefferson も、（対外的な合意文書につき）「普通の立法行為による方が望ましいことが少からずある（by Legislative Acts rather than by Treaty……) ……」と記している（Jefferson Library)。Holmes v. Jennison, 39 U.S. 540 (1840) では間接的ではあるが、Vermont 州政府には外国との間で合意を結ぶ力がないことを示している。

432　そこでの彼の始めの言葉 "NAFTA means jobs, American jobs, good-paying jobs" は、メディアでよく引用された（historycentral.com より)。

第 3 編　19 世紀後半以降の憲法

判断に委ね、解決しようとする。

　3 ヶ国による NAFTA 締結による刺激は、この 3 ヶ国の外へ、ラテン・アメリカ諸国へと浸透し、カリブ海や中央アメリカの諸国、チリなどが NAFTA メンバー国との自由貿易協定を結んだ。「世界一の巨大マーケットの創造」「歴史的快挙」、などの主に経済学者や評論家などの称賛の声にも拘らず、この創設から 20 年近い NAFTA につき、今も労働界、消費者団体などからきびしい非難の声が挙がっている[433]。

　(c) NAFTA のような低開発国を巻き込んだ協定に入ることにより、障害が生じることの確実視されたのが環境問題である。これに対して、大統領は別協定を用意して臨んだ。1994 年には早速 NAFTA の下での環境調整のための役所 Commission for Environmental Cooperation（CEC）を設けている（しかし、結果的に NAFTA ゆえに大きな環境問題が起こった、というようなことはなかった）。低開発国との協定で、環境と並んでもう 1 つ問題となるのが農業問題である。NAFTA では、この問題を 3 ヶ国協定で取決めることをしないで、2 ヶ国毎に 3 つの協定を締結する形をとったが、それでも Mexico の農民には衝撃を与えた[434]。

　今 1 つの問題分野が雇用である。Clinton 大統領は、環境問題と並んでここでも別の協定を用意したが、自動車産業の例で見るように、アメリカから Mexico への大量の雇用の移動が生じることとなった。その一方で、3 ヶ国間の通商のボリュームに目立った伸長もみられる。注記の New York Times 紙は、合衆国の 2010 年のカナダとメキシコとの通商が 9180 億ドルになったとの USTR の資料を引用している。同紙はまた、

433　2012 年 12 月 7 日の New York Times 紙は Julian Aguilar 記者による記事として、"unions and consumer-advocacy groups say NAFTA has had negative effects in Mexico and the United States……resulting outsourcing and lower wages……hurt the United States domestic economy……Mexico's rural industries have destabilized." と伝えている。

434　中でも、入会いりあい制度に似た一種の土地所有形態が行われていた Mexico の農村社会に与えた衝撃は大きかった。Mexico Indian らの部族民ににによる入会いりあいのような土地所有で、1910 年の Emiliano Zapata による革命の結果、Mexico 憲法に採り入れられていた(27)。NAFTA はこの条文の削除をもたらした。

800

NAFTA を受けて、アメリカとメキシコ間には国境廻りのインフラ整備のための合弁銀行、North American Development Bank が作られていることも伝える。このほか、エネルギー、テロ対策、保険・衛生などの問題でも協力が進んだ。

　このような面もあり、NAFTA は、EU 化にも似た（一種の共同体化のはしりのような）作用を北米地域に及ぼしている（たとえば、カナダからメキシコまでの貫通高速道の建設）[435]。多国間の紛争解決が、こうした国際協定などの形をとる国際規則によって司法代替機関（ADR）により裁かれる中では、たとえば、アメリカの反トラスト法が Canada に対し主張されるなど、国ごとに異なる法文化（北米での法文化、経済行動律など）の衝突、擦り合わせが盛んになる。これが、やがて EU のような規則統合に結び付くかは、この先の問題である。

　(d)通商や投資などの経済面の効果は別にして、NAFTA の紛争解決手段に一瞥を加えてみよう。そのインターネット・サイトを見ると、これまでの 20 年間に 3 国間で生じた紛争とその法的解決の顛末がリストアップされている。この解決の道具として NAFTA が用意したのが、協定の 11 章（Chap. 11）である。その基本は、国際仲裁手続を解決手段とし、そのための仲裁機関、NAFTA Dispute Settlement Panels and Committees を設けている。1990 年代から世界的に多くの例が見られるようになった二国間投資協定 BIT（bilateral investment treaties）がヒントを与え、その形による実例として、先駆けとなった。

　これらの上にあって（ミニマムの枠組みといってよい）、全体を統合し、3 ヶ国間での調整に当るのが、3 ヶ国の担当長官から成る Federal Trade Commission（FTC）である。この基本的な枠組みは、2、3 ヶ国とはいえ、超国家的な紛争解決手段と、そのための機関（一種の国際的

435　Mexico が 1995 年に金融危機に陥るや、アメリカ（Clinton 大統領）は、数十億ドルの支援策を提供、Mexico は間もなくこれを返済できている。このほか、エネルギー、テロ対策、保健・衛生などの問題でも協力が進んだ。

第3編　19世紀後半以降の憲法

司法機関）を設けたものともいえる。1965年にアメリカのワシントンで調印された ICSID（International Centre for Settlement of Investment Disputes）が用意した紛争解決のための機関と手続のサンプルがあるが、上記の BIT は、これを参照して、各国毎に外交交渉により作られる。

　この面での NAFTA は、19世紀型の友好通商条約に代る、いわば20世紀型の通商条約の典型といえる。その特徴として、上記の ICSID に準じた紛争解決のための機関と手続を定めた、いわゆる Alternative Dispute Resolution（ADR）のメカニズムを持っている[436]。アメリカの場合も、USTR が中心になって用意した BIT ルールが作られているが、NAFTA の Panels and Committees が行うのが正に、この ADR に当る[437]。

436　ICSID 自体は、International Bank for Reconstruction and Development（World Bank の一部門）により設けられた（百数十ヶ国のメンバーから成る）。数年ごとに各国からの報告を受け、各国が締結している BIT の数などを公表している。現在は、2500以上の BIT が存在する（100近い BIT を締結済の国がある一方、日本などは、まだ10数ヶ国としか BIT を結んでいない）。

437　この種の作業は、20世紀後半には世界的に繰り広げられるようになった。こうした取組みに向けた国連事務総長による勧告、国際商事仲裁法のハーモニゼーションと統一化促進のため取るべき手段（仲裁報告、1966年）Steps to be taken for Promoting the Harmonization and Unification of the Law of International Commercial Arbitration : Report on the Secretary-General of the United Nations, 1966 がある。また実際に行われているルール等として、International Chamber of Commerce（ICC）によるもの、ロンドンの国際仲裁法廷（LCIA）によるもの、アメリカ仲裁協会（AAA）による規則、同協会によるモデル法などがある（國生一彦『国際取引紛争に備える―アメリカ、EU、イギリスでのトラブル予防から訴訟まで―』八千代出版、2006年、p.284）。

第8章

現代の憲法問題ー権力分立と司法審査の今ー

1. 憲法が定める三権分立と司法審査

(1)スター・チェンバーへの恐怖と警戒

(イ)建国の礎石が権力分立のルールにあったことを、これまで見てきた[1]。アメリカ合衆国憲法上の権力分立は、単なる原理でも、まして思想の表現でもなかった[2]。それは、アメリカ合衆国憲法という新しい法制度、その新しい建物作りのための**基礎設計**であるとともに、実施設計でもある。文書の見出しを見ても、基礎設計という活字こそないが、「形式的な意味の憲法」のどこを切っても、どの断面をとって見ても、基礎設計の公理、思想が見られる。

形式的な意味の憲法と断ったのは、見てきたとおり、「実質的な意味の憲法」としての連邦憲法を構成する文書は1つではないからである。独立宣言を中心とするその他の数多くの決議や宣言が、早くは1765年のStamp Act 公布の時から存在するからである（第2章1.(2)の図表2）。それらの多くが、マグナ・カルタやイギリス権利宣言などに遡って、憲法的

---

1 権力分立を「アメリカ合衆国憲法を貫くプライマリ・ルールである」とする Tribe も、この原理を、「ロードス島の港口を跨いでいたコロサス巨像」にたとえ、「アメリカ憲法を統括し、支配する法理だ」（......commands and pervades American constitutional law）と書いている (p.124)。

2 Tribe も、権力分立の原理はこの2世紀ほどで発達してきたが、それは政治哲学というより、実務経験による産物であるとしている (p.127)。

803

第3編　19世紀後半以降の憲法

公理、思想を述べ定めていた。

　17世紀から18世紀にかけて男爵や議員らが、王と直接対決して決めていたことを、アメリカは、三権分立と司法審査でやろうと考えていたに等しいともいえる。王がマグナ・カルタ（Great Charter）中で譲歩したとおりのことを、きっちり守るかどうか、常時見守るため25人の仲間を選任した男爵らの考えた仕組み。それに代る機構を編み出そうとしたといえる[3]。

　(a)**権力分立**は、他のことをいうまでもなく、立法（Ⅰ）、行政（Ⅱ）、司法（Ⅲ）の3章から成る、上記の形式的な意味の憲法の章編成が示している。その定め方も、"……all……be vested……"という具合に、三権の各々が、己れの部門に係るすべての権限を独占するように定められている。三権が、分離、独立した（いわば対等の）存在として、それぞれ組織され、規定されている。

　立法（Ⅰ）、行政（Ⅱ）、司法（Ⅲ）が、単に形の上で独立、平等に定められているだけではない。三権の各々が自律的機関である。たとえば、立法を担当する上、下両院の自治・自律がしっかりと定められている。議員の身分を確定できるのは、唯一、その院の決定だけである（Ⅰ、5）。

　また、最高の行政官である大統領の身分も唯一、憲法の定めた弾劾の要件と手続によって奪われるだけである。Ⅱ、4が要件を定め、Ⅰ、2(5)、Ⅰ、3(6)(7)がその手続を定める。

　司法官である裁判官の身分についても、同じ憲法の定めた弾劾法が適用されるが、加えて他の機関の成員では定めていない身分保障（……hold Offices during good Behaviour）が定められている（Ⅲ、1）。なお、大統領の身分については、議院内閣制をとる日本の総理大臣の身分との間に

3　その25人は、「王の違反があったら、他の4人の男爵にその旨知らせ、その4人は、違反の事実を王の前に並べ立て、遅滞なく修正するよう請願し、40日以内に修正されなければ、25人の男爵らは、すべての人民らとともに、王の城を差押えるなどのことを行う……」とされていた（Tribe, *op. cit*. p.631）。

第8章　現代の憲法問題―権力分立と司法審査の今―

は開きがある。その成立もまた、選挙民の選挙による民主的直接性からして、連邦議会の議員の身分とは別個・独立で、次元が異なるものがある。

　(b)以上のような三権の独立、対等、平等の大原則とともに、憲法は、司法権（judicial power）が法の下でのすべてのケースに及ぶ（......extend to all cases, ...arising under this Constitution, the laws of the United States......）と定め（III、2(1)）、かつこの憲法とすべての法律などが、国の最高法規（this Constitution, the laws of the United States......shall be the Supreme Law of the Land......）であると決めている（VI、2(1)）。

　そこから、三権分立の下での司法審査（judicial review）が生れ出た。この司法審査が、議会の立法が憲法に反しないかの審査をはじめ、（連邦と州）すべての政府組織が、憲法や合衆国の法律に照らし、その権限を正しく行使しているか、人権憲章が守られているか。この司法審査がそれを最終的に判断しチェックする（これに対し、国会が作る法律が最高法規であるイギリスには司法審査がない）[4]。

　このように、憲法法文構成の形の上からも、司法を行政（大統領）、立法（連邦議会）と独立・対等の立場に立てたばかりではなく、憲法の最高法規性（VI、2）の下での審査権を与えているが、それには、Montesquieu の影響を受けた建国の父祖ら（founding fathers）が共有していた政治哲学と、新天地での150年の史実が働いていた。またその背景には、彼らの生の体験があった。彼ら自身が母国から逃れてきた歴史（17世紀イギリスでの血なまぐさい反逆罪、謀反の裁判と極刑など）でもある[5]（その後も、ジョージ3世王〔King George III〕と議会による植民州に向

4　注10 Treanor 論文（p.469）。"......judicial review had been decisively rejected in Great Britain" として、Coke のそうした試みも1688年名誉革命により事実上捨て去られたとする。もう1つの他の論文とともに、Blackstone の "......Parliament is the place where that absolute despotic power......is intrusted......" との言葉を引用している。

5　「生の体験」とは、記憶の中に刻まれた歴史的事実も含む。最高裁の判決は、屡々そうした歴史的事実に遡ることをする。たとえば、前出の第6章注329、Slaughter-House Cases（1873年）では、イギリスの Edward III 世、Richard II 世王から、Elizabeth I 世女王までのイギリス国会の庶民院（House of Commons）と王との衝突に遡って、人権（自由と平等）の由来を論じている。

805

けた一方的で強圧的な数々の告示、立法そして裁判があった)。

また、先にイギリスでの迫害から一時オランダに逃れていた彼らの祖父や曾祖父には、王制に対するジョン・ロック（John Locke）らの批判から生じた社会契約説や、それを基礎とする共和国思想への共感があった（第1章1.(1)、第4章一.1.(1)）。

(c)もっとも、立法、行政、司法の3語とも、それぞれがどういう機能を意味するか、憲法は定義を置いていない。そこで、各機能の定義、範囲が問題となる一方で、その範囲を調べて行くと、憲法が3つの機関と3つの機能を、完全・純粋に分離、区別し、割当てていないことも判る（たとえば、大統領はvetoにより、時に実質的に立法機能の一部を担っている）。

条文を見て直ぐ判るように、憲法は、（三権を）全く分離、独立させる条文ばかりから成っている訳ではない。反対に、本書（第4章二.1.2.3.）でも見てきたように、立法と行政、立法と司法の間など、互いの間で相手の分野に口出しをする相互牽制システム、いわゆるチェック・アンド・バランスの仕組みが考えられている。

従って権力分立といっても、また仮に、三権それぞれを定義したとしても、政府の各部（branch）が、理論に忠実に本来的職能を守っていればよい、3つの部（branch）が互いに絶縁状態であってよいというものではない[6]（少しでも違憲の疑いがかけられるような毛色の違った職能には、一切手出しをしてはならないというものではないし、実際にも手出しをしている）。

第4章で見たような、互いの間で相手の分野に立入ることを一定の要件の下で求め、定める憲法条文自体が、上記のことを指し示している。この点を踏まえれば、権力分立の原理（doctrine of separation of powers）

---

[6] 19世紀後半のある期間、最高裁が一時この狭量な**分立**の考えを述べていたことがある（……be limited to the exercise of the powers appropriate to its own……and no other）。Kilbourn v. Thompson, 103 U.S. 168, 191 (1881). Tribeは、この判決中のopinionを指して"wooden notion"と形容している（*op. cit.* p.122）。

は同時に、「権力の相互抑制・相互干渉の原理」（checks and balances）であるともいえる（前向き楽天的に見れば、権力の相互共助の原理ともいえる）。最高裁（Supreme Court）の 20 世紀初めの判示中にも、この相互抑制原理を正面から謳ったものがいくつかある[7]。注 7 の Myers 事件では、「権力分立は、三権の各 1 つの機能を全く自動的（autonomous）にした訳ではなく、それぞれを相互依存的にした（……each……dependant upon the others……）……」と述べている。

　㈹このような権力の分立と抑制・共助が具体的にいつ、どこで正しく均衡したといえるのか。分権と同時の相互牽制、相互協力ルールの細かいことが、憲法に書いてある訳ではないし、また相互抑制・相互干渉の原理（チェック・アンド・バランス）の平衡点は、常に同じ 1 つの点ではない。時代とともに、また特定の問題毎に変りうる。憲法成立後の 230 年の歴史の中で、実務の中で細かい枠が築かれ、ルールが複雑化してきている。その意味で、いつになっても、「これが正しい権力分立の原理だ」といいうるような線はなく、本書の題名にも拘らず、憲法が本当に「もう成立（完成）した」、といい切れる時は来ない。

　分立の原理に対して、ある時は 1 つの権力が横に拡がり過ぎて、やがては分立の原理に（共和国理念に）、離反しないかが問題となり、またある時は特定の問題につき、三権のうちのどの部に責任があるのかで世間が混乱するとともに、役所が責任逃れをすることにならないか、といった懸念が呈されている[8]。先例は、枠をハミ出す仕方に 2 通りがあるとして、「1 つの branch が、他の branch の憲法上分担すべきものとされた機能に許容範囲を超えて介入するか（……interfere impermissibly……）、または他

7　例として Myers v. United States, 272 U.S. 52 (1926) があり、そこでは powers relative to offices are partly legislative and partly Executive といっている（at 129）。また、同じ線に列なる判示として、（前出の）ウォーターゲート（Watergate）事件での United States v. Nixon, 418 U.S. 683, 703-5 (1974) がある。ここでの行政権（大統領）対司法権の対立は、大統領が証拠品としてのテープの提出命令を行政特権を理由に拒んだのに対し、大統領特権（executive privileges）についても、最後の判断者は裁判所であるとした。

807

第3編　19世紀後半以降の憲法

の branch が行うことが適切だとして信託されている機能を取り上げること（assumes function......）」と、基本的考えを述べている[9]。

　しかし、これもまた時代とともに、特定の問題毎に変りうる。結局、司法権と司法審査についてどう考えるかは、只今現時点での政治権力を前提に考えることである。答えは、いつも憲法の言葉の中にあり、そこにしかないのである。

　かといって悲観的、まして否定的になる必要はない。権力分立についての実務の考え方は、後でご披露する州と中央との権力分立に係るものも含め、先例の動きにより、間違いなく進んできているのである。

　(a)連邦憲法に限らず、各州憲法についてもいえるのが、三権の中での特殊な（その権力乱用を注意深く監視しながらの）**立法府重視**である。立法府といっても、town meeting や、Mayflower Compact から始った Plymouth Colony や Massachusetts Bay Company での general court の史実に由来し、イギリス王と議会とのような関係や存在ではない。思想的に全く別物である（第1章 1.(1)）。

　ここにも、連邦憲法前150年以上の歴史が影響しているのである。その間、植民州の統治者（governor）は所詮、王の代理人、手先であることが多かった。司法も、その governor 采配の下、その周囲の人達が関与していた。イギリスは世界中の植民地で行われる法の統一を図っていて、Massachusetts Bay からでも上訴したら、最後の行先は本国の枢密院（Privy Council）であった（いずれも、第1章で見た反抗の歴史の標的である）。

　しかし新大陸では、国の成立ちからして共和国であり、王に代って議会が法を定めた。そこで、母国イギリスとは別の、独立した司法が求められ

8　行政権と立法府間の権力の分立（相互抑制）についての INS v. Chadha, 462 U.S. 919 では、議会の一院のみによる強制退去の決定が違憲とされた。また Clinton v. City of New York, 524 U.S. 417 (1998) では、大統領による1994年のライン・アイテム・ヴィートー法の拒否権が違憲とされた。

9　INS v. Chadha, 462 U.S. 919, 963 (1983).

た。更に、立法府による横暴（不当な立法）を抑えるために何らかの立法審査が必要となる。そのため、母国イギリスとは別の独立した司法が求められた。

　(b)今日の憲法学、その解釈で当然視される司法審査であるが、憲法が明文を欠くゆえに、審査権についても幅広く、否定説、自然権説などを唱える人もいる[10]（そこに立法審査権を、「憲法上からはっきり読み取れる原則であり、憲法とともに初めからそこに存在した」と主張するoriginalistとの違いがある）。連邦憲法の下での連邦法の無効を宣言する本格的な司法審査は、John Marshall長官によるMarbury事件まで、発足から十数年の間、殆んど行われてこなかった[11]。その後も、北西政令（Northwest Ordinance）を違憲・無効としたDred Scott事件（1857年）までやはり間が空いている（州の法律に対しては、もっと頻繁に使われたのに対し、連邦議会による立法の効力を否定する形での司法審査権は、その後の半世紀の間も殆んど使われることはなかった）。一因は、植民州以来のイギリスの司法に対する不信の歴史にあったともいえなくもない[12]。Marbury事件が金字塔とされるのも理由がないわけではない。

　(c)大統領ワシントンを含む行政府の長官らと、第1回連邦議会に集った議員ら。その多くは、2年前の制憲会議の議長と参加者でもあるが、実際に今、その地位に就いてみて、一方では、自分達が制憲会議で考え憲法に盛り込んだ権力分立のルールを、むしろ不便な制約と感じ、「できれば、

10　William M. Treanor, Judicial Review Before Marbury, Stanford L. Rev. Nov., 2005年（459）。そこでは否定説は、当初の解釈には存在しなかったとする文字どおりの否定説である一方、自然権説としては、当初考えられていた立法審査権は、自然権を基礎にして、それに反すると判断された立法を広く無効化できるという（at 457）。
11　Marbury v. Madison, 5 U.S. 137 (1803)。ただし、その間にもかなりの実績があったとする前注 Treanor 論文があることにつき次の(2)(ハ)(a)参照。
12　司法審査権というのとは少し違うが、ニューヨーク州の立法審査会での実績では、「司法部門をそれにふさわしい位置に付けようとしたが、無駄であった……」といった趣旨の同植民州最高裁判所であった John Jay の言葉が残されている（"……efforts repeatedly made to place the Judicial Department on a proper footing……proved fruitless……"）（後注59参照）。

第 3 編　19 世紀後半以降の憲法

柔軟かつ弾力的に対応できないものか」、と考えたに違いない（他の機関と渡り合う時には、権力分立を振りかざして、自らの立場を主張したであろうが）。

しかし他方では、無限定の弾劾（impeachment）権を持った王と議会、スター・チェンバーに対する恐怖と警戒が、大西洋を隔てて 2 世紀を経た今も、引続き人々の考えの中に深く刻み込まれていた[13]（それこそが、司法権の独立と、司法審査とを考えたことの基礎になっていた）。

このように三権の各権力の範囲、その発現態様などは、絶えず現実世界、現実政治に合わせて動いているものなので、いつ、どこで「正しく均衡した」と、いい切れる問題ではないように見える。権力分立、三権分立といっても、議会（Congress）、大統領（President）、裁判所（Judiciary）という機関、組織の静態的な分立というより、立法、行政、司法という機能の分立（たとえば、司法の機能が、議会の権能や、大統領の機能の審査にどこまで、どう入り込んでよいか）が、大事だといった方がよい。表向きいくら機関を分化してみても、いずれかの機関が、他の機関の権能を果し出したら、やがてその権限は、奪われることになりかねない。

㊁合衆国の組織法としての権力分立を実現しただけでは、人権憲章として真に有効な体制を確立したことにはならなかった。というのは、人権侵害の場面の圧倒的多数は州で（州法の下で）起きていたからである。事件の中で、この州政府（立法府）以下による立法により、人権が侵害されたり、不平等が放置されたりしている事実が出てくる。そこで連邦最高裁の出番がある。州権の行使が違憲であると宣言して、その理由（opinion）を述べると、そこに三権分立での先例とは別の、第 2 の憲法先例（precedents）ができる。本章 3.(2)は、正にそのような先例に焦点を当てたもの

13　2012 年 11 月 28 日にブルッキング研究所（Brookings Institution）のホールでのスティーヴン・ブライア（Stephen Breyer）最高裁判事の「中国社会の法の支配」といったタイトルの講演会があった。数人の中国人が遠慮なく質問していたが、判事は、要は、中国と法の支配とについて、彼なりの（そして中国人が彼らなりにどう考えるか）基本的なことを答えていた（C-SPAN Radio）。

810

である。

(a)州政府（立法府）をターゲットにした一連の公民権法（Civil Rights Act）が、連邦議会をやっと通ったのは、20世紀もやっと1960年代になってからである。その丁度、一世紀前に連邦法の言葉の上で形だけ成し遂げた奴隷解放。70万人の屍の山の後に漸くの憲法修正がなされたのにも拘らず、連邦最高裁は、南北戦争後に南部で起きたケースへの当て嵌めの中で、人々を落胆させる多くの結論を出してきた。折角、南北戦争で償われた修正ⅩⅣによる保護が十分に与えられなかった[14]。

その「元の黒人奴隷」に対する人権問題が、南部社会の表面から一皮剝いたところで、この1世紀の間、宿病のように頑強に巣食っていた（注27、なお第6章1.(2)、2.(1)参照）。人権憲章が、そのとおり真に有効な実定法として機能するためには、州政府に対する定めとしての修正ⅩⅣが制定されることに加え、南部社会自身に、そのための要素が揃うことが要件となる。第1が、社会の規範意識が根底から変ることであるが、これは、一朝一夕には行かない。次に、各州のすべての統治組織、特に法の執行に当る人々が、修正ⅩⅣのような基本法を自らの基本法として十分に認識、理解し、執行しようとすることである（屢述するように、連邦、州の政官の役人は、ともに憲法の下で憲法を擁護すべく、宣誓している[15]）。

(b)法の執行に当る人々の中でも、一番の頼みは司法である。権力分立のルールがない母国の歴史を受けて、植民州民らの司法に対する意識が、**肯定**一色でなかったことは前述した（第4章二.3.(1)）。そこには、17～18世紀イギリスでの王と議会の衝突の歴史、遡るとスター・チェンバー

14　その最もひどいケースの1つ、United States v. Cruikshank, 92 U.S. 542. 553 (1876)（大勢の黒人が、武器を持った白人に襲われて殺害されたケース）では、黒人らに武器所持の自由が及ばなかったとしても、修正Ⅱや修正ⅩⅣは連邦政府に対するもので、「修正ⅩⅣの下のEqual Protection Clauseによって修正Ⅱの保護が、州政府にまで及ぶものではない」としている。

15　次の憲法Ⅵ(3)参照。……Senators and Representatives……members of……state legislatures, and all executive and judicial officers, both of the United States and of the several States, shall be bound by oath……to support this Constitution.. ....

第3編　19世紀後半以降の憲法

(Star Chamber) の暗い歴史も働いていた[16]。以上のような暗い歴史を参考に人々は、新大陸での新しい国造りで先ず三権の分立を考え、その三権分立の中でも、行政や立法という公けの機関（公権）に命令・強制できる機関・システム（司法による審査）を考えた（発明したのではない、植民州時代からあちこちで実施していたことがあった）。先人の（殊に、Locke や Montesquieu の）知恵にヒントを得、それを、実際政治の中で彼らの求める共和政体の担保として利用したのである（第4章一.2.(2)）。

　(c)独立当時のアメリカ人（白人の土地所有者）にとって、裁判官の平均像は、「権力も振るえないし、金も出せないという意味で、毒にも薬にもならない、しかし政府の他の2局からは判然と区別される、独立した**第3の政府の人**」だったと考えられる[17]。人権憲章が実効性を発揮し人民が安心できるためには、司法部を含め州や連邦の当局が、基本法を（正しく）執行しなかった時には、それらに法を正しく執行させるよう命令・強制できる機関・システムが必要である。更に、Massachusetts Bay での史実から、John Adams が一番懸念していたような（第3章2.(1)）、立法府（の多数）による横暴（たとえば、基本法にそぐわないような立法）への備えも必要となりうる。そうでなければ、悪法が法として強制されるような事態にもなりかねない。

　選挙によって選ばれるという意味で民意によって支えられている訳ではない連邦判事に憲法は、終身の保障を与えた（III、1）。そこに何らかの積極的な意義を見出すとすれば[18]、より力を持った政府の部門（権力を振

16　元来イギリスには、アメリカでいうような三権の1つとしての司法が存在せず、スター・チェンバーも、枢密院（Privy Council）の一部が変形したものであった。

17　アレクザンダ・ハミルトンは、フェデラリスト No.78 中で「刃にも財布にも、決定的な発言権をもつ訳ではない……単に判断のみで、最も危険性の少いところから、……立法に対し人民の自由を守るべき立場にある……」とし、「生涯保障を与えても、人民の人権を脅かすものではない……」、として、司法の義務は、独裁への防波堤となることである、と書いている。

18　中には一匹狼のような裁判官がいても、上級審で修正されうる例として、改憲手続に絡む United States v. Sprague, 282 U.S. 716 (1931) がある（そこでの一審の裁判官は、独自の「政治学（政治哲学）(political science) により判断する」とした）。

812

るえる）、州の立法や行政の府の恣意に対しても人民の地位と自由を守ってくれる願望であろう。

Hamilton のいったように、人民の自由を守るべき立場を維持するためには、司法の判断が何よりも公正で、国全体としてある程度の節度を保つことが必要である。絶えず中央（全国）でも批判に晒され、批判に耐えられるものであることが前提である（そうなって初めて、司法に対する一応の信頼が得られる）。

(d)連邦国家であるアメリカで人民の人権保護を実現するためには、前記のように州政府による権力行使に対する人権保護も重要である。というより、元は州政府しかなかった訳であるから、この州レベルでの侵害からの保護の方が、より頻繁に必要とされてきた。この保護の仕事（中央政府レベルでの）の素となるのは、連邦政府の共和制義務（各州に共和制政府を維持することの義務）(IV、4)（いわゆる保障条項〔Guarantee Clause〕）であり、第1に連邦議会の仕事である。それを補い、裏付けるのが、司法による保護である。つまり、連邦裁判所が州裁判所の人権保護に欠ける決定を否定し、覆すことである。この後者の方は、二元国家、二元司法としての在り方に係る憲政上の問題であり、連邦には中央政府としての組織上の上位という位がある一方で、州政府も主権者であることから、連邦司法の側は、自らの決定に一定の抑制を課してきた。州主権に然るべき敬意を払い、連邦議会の立法が州法分野に侵入するのを抑制したり、立法権の範囲を狭く確定することのほかに、連邦司法権の行使自体を抑制的に運用する態度である（これらは以下の 3. で詳しく見る）。

(e)しかし、人民の人権保護の文脈での連邦最高裁の州裁判所に対する立場にも、この 90 年の間に変化の時が訪れた。20 世紀後半の、中でも後記の Warren Court や Burger Court の頃の、人権・人種問題での変化である。

南北戦争による多大な犠牲の末にできた憲法修正 XII〜修正 XV があり、かつ（その戦後の再建期に憲法修正 XIII〜修正 XV 中の各 1 条の命ずると

第3編　19世紀後半以降の憲法

おり）、それらを実施すべく連邦議会が制定したその実施法としての連邦法があるにも拘らず、憲法とその下での連邦法を狭く解釈することで、人種差別を温存する方向でいくつもの "Civil Rights Cases" が、最高裁によって処理されてきた[19]（Civil Rights Cases につき第 6 章注 151 参照）。

　上記の変化は 1960 年代になり現れた。世の中一般の変化のほか、最高裁自身の変化とか、長官の個性も多少関係していよう。しかし、何といっても、世の中の変化が大きい。先ず政治運動として、公民権運動（Civil Rights Movement）が盛んになり、Civil Rights Act of 1964 も Lyndon B. Johnson 大統領の下で何とか議会を通った（J.F. Kennedy が暗殺される前の、彼と公民権運動の事実や、King 牧師に係る New York Times 紙事件につき、第 7 章 3.(2)(チ)参照）。変化の中で、これらの連邦法の下の最高裁による判断が注目されていたが、連邦法が先例により肉付けがなされるようになるまでには、ある時間が必要であった。そんな中で、これらの連邦立法に先駆けたという意味で特に注目されるのが、有名な Brown 対教育委員会事件での 1954 年の最高裁判決である[20]。時代を特徴付ける広範な社会運動の影響もあり、教育面での分離差別（segregation）を違法とした。ただ、複数の郡に跨るこの事件では、直ぐに共学を命じる「即時一律の命令」を出すところまでは行かなかった（時間をかけて "with all deliberate speed" で、"phase out" することを命じていた）。

　(ニ)時代を特徴付ける社会運動は、上記の**公民権運動**（Civil Rights Movement）であるが、ただの公民権運動ではなく、この時期は特に

19　19 世紀末近くなっても、最高裁によるこの傾向は不変であった。南部社会が、「平等かも知れないが、別だ」（separate but equal）というレールを敷くのを認めてきた。乗物や教育の場での白黒分離を認めたケースが、Plessy v. Ferguson, 163 U.S. 537 (1896) であった。

20　Brown v. Board of Education of Topeka, Kansas 347 U.S. 483 (1954). 教育委員会に対する 5 事件の 1 つ。ハイスクールの黒人学生らが、白人との分離教育が違憲であると訴えた。この訴訟で最高裁は、学生の訴えを認め、Plessy v. Ferguson により教育現場への適用が容認されていた "separate but equal" のルールと、それと同じルールに立っていた Cumming v. Richmond County Board of Education, 175 U.S. 528 (1899) とを、ともに overrule し、違憲と判断した（後者では、白人の学校にのみ補助金を出していた市が、表立って違憲なことをしない限り、問題ないとしていた）。

814

African-American Civil Rights Movement と呼ばれた。修正XIII～修正XVの成立から1世紀遅れで、それらの憲法の定めが真に、「黒人による黒人のための」運動の形をとってきたからである。1960年代の（主として）アフリカ系アメリカ人（African-Americans）の公民権保護運動の盛り上がりを象徴するとともに、その中での、南部白人の反応を示す1つの事件が、よく知られたマーチン・ルーサ・キング（Martin Luther King, Jr.）牧師暗殺事件はその反動を示す時代変化と見られる。20世紀に入ってから一段と加速した連邦主権 対 州権の伸長の違いを、前章で、製造物責任法などの例を通して見たが、南部州による人種差別への規制こそ、歴史的な連邦 対 州権対立の舞台といえた。

(a)こうした公民権運動は、連邦司法が時代の変化に直接面と向うことを求めた。1世紀前のCivil Rights Act of 1875などが制定された、その元となる憲法上の基礎、修正XIII～修正XV、中でも修正XIVに対し、最高裁がどう向き合うか、その本格的な挑戦が始まった[21]。19世紀後半の最高裁の先例の保守的な傾向は前述した。それを見たからかどうかは別として、連邦議会は、人種差別などに対する是正立法で、これら修正章（中でも修正XIV）中の授権条項によるよりは、むしろ**通商条項**（Commerce Clause）（I、8(3)）や、前述の**法の適正手続**（due process of law）条項の下での立法によろうとし、それなりに奏効していた[22]。保守的な最高

21　これらの修正条項による連邦憲法改正後、間もなく示されたCivil Rights Casesでは、それが、直接私人の行為を規制する力を有するものではないとして、私人による分離差別（separate but equal）を禁じていない州法を違憲とはしていなかった。1960年代になり、その新たな挑戦が再び生じた。最高裁は、これらの修正条項の下での連邦議会による立法が、直接私人の行為を規制するものであっても、これを支持するようになった。1例がUnited States v. Guest, 383, U.S. 745 (1966)である。事件では、1964年のCivil Rights Actの成立直後のGeorgia州で黒人を殺害した6人が、オール白人の陪審により州法の下で一旦は無罪となっていたが、州法でそれが合法の形をとったとしても、「連邦議会は、州の役人がこれらの修正XIV条項を掻い潜ることを罰するための立法をすることができる」とした。

22　Civil Rights Act of 1964 (Pub. L. 88-352, 2 U.S.C. 9131)が、race, color religion or national originの違いにより、hotel、motel、レストラン、劇場その他の公衆用の場所を対象に、広く差別禁止を定めた。その後の選挙権法Voting Rights Act of 1965の下では、争点が、それまでの憲法上の根拠修正XIVだけでなく、更に拡げられた。

第3編　19世紀後半以降の憲法

裁も、連邦議会の動きに沿う形では州民の権利救済に向けた判断をしたこともある。たとえば、A州議会が排他的な商標を容認したり、B州議会が作付けを制限する立法をして、A、B州以外の州民の権利を侵したことが、通商条項の下で違憲とされる、などの例がある[23]。適正手続条項のこのような展開は、最高裁がある意味で実体法（特権の中身を確定する働き）の問題を避けて、手続法（法の適正手続といえるか）の問題に活路を見出したことの結果であるともいえる[24]。

(b)再建期（Reconstruction Era）の中心的な立法とされる1866年Civil Rights Act。リンカーン（Lincoln）が生みの親となる筈だった同法が[25]、雇用と住宅の面での差別を禁止していた。その面で黒人の平等権も保障しており、1964年の同名の法律を1世紀も先行するものであったが、州レベルでの、殊に南部州での実効を挙げることには必ずしも結び付かなかった。このように法律で「差別してはならない……」と観念的に（罰則の定めなしに）平等を宣言しただけでは、実効性に乏しいのはどこの社会でも同じである[26]。この点をKing牧師は、「南部州は中央に反逆して独自の統治を敷いている……」として、それが黒人の社会的・経済的地位を最下層に止めることにつながっていると演説している[27]。つまり、修正XVなどから1世紀半近くなろうとしても、物事は根本的には変っていない。

California州のProposition 14が最高裁によって違憲と判断されると[28]、一部政治家や保守派の歴史家などが、ケンタッキ決議の故事などを引いて

23　Trade-Mark Cases, 100 U.S. 82 (1879) や Wickard v. Filburn, 317 U.S. 111 (1942)。

24　Tribe は、先例主義の下で生ずるコモンローのうち、連邦司法手続に係るルール、たとえば Miranda rule などを、手続的連邦コモンロー（procedural federal common law）と呼んでいる (p.494)。

25　Lincoln 暗殺を受けて大統領になった南部寄りの Andrew Johnson は、前年に拒否権を発動していたが、2/3の特別多数での再度の通過により、Civil Rights Act of 1866 が立法された。その一部は、現行法である（42 U.S.C. §1981 として）。修正XIVが書かれたのは、この法律の成立後である。

26　それも、昔に限った話ではない。たとえば、1世紀後の1964年の California 州住民投票 Proposition 14 がある（住宅販売での差別を許す内容）。

（第 5 章二.1.）、州の分離権（right to secede）の主張を蒸し返すことまでして反抗した。

　住宅以外の分野でも、州主権が強く主張された。州法に対する連邦法による規制に非難の雨が浴びせられ、法廷で争われた。中でも、一定の「州法を整備しなければ補助金をカットする」連邦法や、年齢による飲酒規制法の整備に対する規制である（これらに関する先例〔precedents〕は、以下の 3.(1)などに多く出てくる）。

　(c)アメリカでの州権論者による分離権（right to secede）や無効化論nullification）については、主に第 5 章一.2.(1)で見てきたが、その主張の憲法上の今日的な表われの 1 つが、**修正Ⅹ、主権運動**（10 th Amendment Sovereignty Movement）である。2010～2011 年中に 38 州で何らかの運動があり、うち 9 州で州議会の決議がなされたという[29]。

　州主権擁護論者の中には、Obama 大統領の再選が決まった後に、インターネット上で分離権（right to secede）を主張した者も少なくなかった。運動はいくつかの州で今でも見られる。しかし、いずれも単に運動のレベルに停り、どの州もそうした州としての立法をするまでには至っていない。

　州主権擁護論者が攻撃するのは政府であっても、実際に目の敵にしているのは、Brown 判決に反対する Interposition Resolution（3.(1)の注343）に見るとおり、人種問題であることが多い。州主権擁護論の形まで

27　ワシントン大行進の際の King 牧師による "I have a dream' スピーチ（1963 年 8 月、Lincoln Memorial Hall）は有名であるが、他のスピーチ（1962 年、ニューヨーク市内のホテルでの Rockfeller 州知事が主催する会）でも、彼はこの点を指摘している "The south in walling itself off from the application of laws and judicial decrees behind an iron curtain of defiance, becomes a law unto itself. It is an autonomous region whose posture toward the central government has elements as defiant as a hostile nation." と述べ、その結果、（南部の）黒人社会には、悲劇的に小さくグロテスクに歪められた middle class しか生れず、"There are virtually no Negro bankers, no industrialists ; few commercial enterprises worthy of the name of businesses, the overwhelming majority of Negroes are domestics, laborers, and always the largest segment of the unemployed." といっている。
28　この住宅販売での差別を違憲とした Reitman v. Mulkey, 387 U.S. 369 (1967) は、住民投票（referendum）により改正された州憲法を連邦最高裁が無効化できることを、示した点で大きな意味を有する。

とってこの点での南部白人による反対はすさまじい。それが、法的議論抜きのMartin Luther King, Jr. 牧師殺戮事件にも噴出した。それだけに、上記の1964年公民権法が、前年11月凶弾に倒れたKennedy大統領暗殺事件を超えて議会を通ったことに対する感慨が深い[30]。しかも、自由を求める移民の国として始ったこの国で、19世紀後半から既に移民流入規制が始まっていた（第6章、注234）。

憲法学はどこでもそうであろうが、政治（学）抜きには、少くとも最低限の政治の知識、理解なしには、語れない。1964年公民権法（憲法の人権憲章の一部を含め）が成立してきた時代の政治的意義を理解し、その背景を踏まえた解釈ができるためには、同法成立の3ヶ月前に起きたKing牧師殺害によって象徴されるような、1950年代から60年代にかけての政治の世界で何が起きていたかの知識が必須であろう[31]。

㈱州主権擁護論者が政治活動などをする一方で、それに対する抵抗運動と公民権運動のためのいろいろな団体や組織も次第に姿を見せ出した。抵抗には、法廷闘争、社会運動、政治活動、労働運動などがある。中でもNAACPは、訴訟、教育、ロビー活動などにより持続的に闘ってきた[32]。

前出のブラウン対教育委員会事件（1954）も、そうしたNAACPによる運動の目ざましい成果の1つといえる。その後も、南部州でのもう1つの有名なMontgomery Bus Boycott事件でも勝利を収めた[33]。これらは

---

29 State Sovereignty Movementともいわれ、そのためのCenterが、George W. Bush大統領によるUSA Patriot Actなどに反撥したMichael Boldinにより設けられている。2010年2月10日のCNNは、このBoldinの次の言葉を載せている。"……Amendment is simply a reinforcement that the people created the federal government……people are in charge." なお同紙によれば、シカゴのJohn Marshall Law Schoolの憲法の教授Steven Schwinnの言として、これらの決議には何らの法的効力もないとしている。

30 この市民権法が別名African-American Civil Rights Act of 1964と呼ばれることは前述のとおり。

31 「公民権法の立法で、共和党が重要な役割（寄与）をしたのを覚えている？」との問いかけで始る2012年12月17日のNPRの放送（what shut the back-door）が耳に入った。そこでの話しは、ジョンF.ケネディ、ジョンソンらの大統領時代の政治で、中でも彼ら政権側の議会への働きかけなど、議会との関係や同法成立に至るプロセスでの共和党勢力がもたらした思いがけないプラス要因など、示唆に富んでいる。

32 全米有色人種向上協会（NAACP）については、第7章、注239参照。

悪評高かった Plessy v. Ferguson の先例を打破ったケースといえる[34]。ブラウン対教育委員会事件以後、NAACP などの運動に勢い付けられる一方、判決にも拘らず、人種隔離政策に対する南部社会での変化は遅々としていた。そこで、それまでの訴訟中心から、今 1 つの手段が考えられた。King 牧師らを中心とする**非暴力**だが、人々により直接的に訴えかけられる「節度ある反抗」ともいうべき "civil disobedience" の重視である[35]。

　(a)これらの人種隔離政策に対抗する運動では、南部州のキリスト教の教団や教会も大きな力の源となっている。そうした非暴力運動の中心の 1 つとなったのが、ジョージア州アトランタ（Atlanta, Georgia）を本拠とする**南部キリスト教指導者会合**（SCLC）であった[36]。北部州などからも資金を集め、各種運動を支えた。こうしたこともあって、南部州以外の州では、投票妨害や教育施設による差別などで、南部よりは幾分ましな世界が展けていたものの、住居や就職面では依然として差別が厳存していた。

　(b)これに対し、南部州では教育現場でも Plessy v. Ferguson のルール「平等だが分離」（separate but equal）が支配していた。実際、南部州の白人らは、19 世紀末近くから 20 世紀初めにかけて人種隔離政策、投票抑圧などの運動に一層力を入れ出した。そのために用いられてきたのが、南部州の法的措置、いわゆる**ジム・クロウ法**（Jim Crow Laws）である[37]。separate but equal とも呼ばれたそれら法律（laws）は[38]、先行した**黒人**

33　Gayle v. Browder, 352 U.S. 903 (1956). バス乗車での分離を定めた Alabama 州、Montgomery 市条例を修正XIV違反とした下級審判決を、全員一致で支持した。

34　Plessy v. Ferguson, 163 U.S. 537 (1896) では、East Louisiana 鉄道の白人車輌に座ったとして、外見は白人と区別のない Homer　Plessy が刑に処せられる中で、"separate　but equal" による州法が合憲とされた。

35　これらは、1960 年から 1968 年にかけて行われた。黒人にトイレを貸すのを拒んだガソリンスタンドなどをボイコットをするなどの例である。また、前注 Gayle 事件、モンゴメリバスのボイコットでは、連邦裁判所による差別禁止命令がバス会社に対し出されるまで、座り込み、行進などが 1 年以上続けられた（1961 年以降、抵抗運動として州際バスで南部州へ乗り込んだ人々を Freedom Riders と呼ぶ）。

36　Southern Christian Leadership Conference (SCLC). 1957 年 1 月 10 日の Montgomery Bus Boycott 事件の後、Dr. Martin Luther King, Jr. らが 60 人ほどの黒人牧師などに呼びかけ結成された。前注のボイコット運動の中心となったのも、この SCLC 傘下のモンゴメリ改造組織 Montgomery Improvement Association で、例のキング牧師もそこにいた。

第 3 編　19 世紀後半以降の憲法

法典（Black Code）（1800〜1866 年）が、「差別的」、と指摘され攻撃され易かった欠陥を補い、それを置き換えるものであった。

　㋬これらの前進をもたらしたものとして 1960 年代の世の中一般の変化のほか、最高裁自身の変化とか、（主にその長官の）個性とかによる先例の変化、憲政史への影響が考えられる。最高裁の 9 人の判事（Justices）と、その中の 1 人である長官（Chief Justice）との関係（「間合い」？）も、一種の内輪話し（inside story）となって、一般は知り得ない[39]。Friedman のいうとおり、確かに人々が今日の政治の世界のスターとして毎日居間のテレビで見るのは、大統領である（連邦議会の議長や最高裁の判事ではない。それらは、たまに有名な事件での立役者として出る程度である）。決して、今住んでいる市町村の議員などではない（それらの名前を想い出せる住民は、少いのが普通であろう）。その中で、長官を、大統領が期待を込めて選ぶには違いないにしても、選任に必要となる情報その他の資料はどうやって集められるのか、民主的方法（選挙）ではないだけに、憲法上 1 つの論点となる[40]。権力分立の中で司法の占める重要性から、一

37　**1877 年妥協**（第 6 章 1.(3)）以降 20 世紀前半にかけて、1964 年の公民権法までの間、主として南部州で立法され行われていた黒人差別法で、その中味を一言でいうと、憲法（殊に修正 XIII）に正面から反するような人種差別（racial discrimination）はしないが、生活の中で事実上の人種分離（segregation）をしようとする州法以下、市町村に至るまでの各種立法措置である。

38　日常生活上の細かい具体的な点で人種差別をもたらす各種立法措置（de jure racial discrimination）で、学校、レストラン、トイレ、色々な公共施設、乗物などで separate but equal のルールが適用されていた（当時は連邦軍内でも、この分離が通用していた）。その連邦法で有名な Brown v. Board of Education, 347 U.S. 483 (1954) により司法的に対応策が出され、また公民権法（Civil Rights Act of 1964）と、投票権法（Voting Rights Act of 1965）により立法的な回答が出された。

39　後注 42 の Bob Woodward は、この長官と平判事との区別について、一方で、技術的には「同輩の中の最初の 1 人」に過ぎないなどとしながら（technically……only first among equal）、他方では、色々と書いている（p.10）。

40　注 42 の Woodward の The Brethren は、その点にも光を当た本といえる。ただ、「大統領の思惑どおりに行ったという話は殆んどない。むしろ、反対のケースの羅列と言ってよい」、と書いている。長官の例では、本文の Burger 対 Nixon との関係がある。また判事間の例では、よく引用される Marshall 長官とまずい関係にあった Jefferson 大統領が送り込んだ Johnson 判事と同長官との関係や、似たような文脈で、Andrew Jackson が選任した Joseph Story と Taney 長官との関係がある。

第8章　現代の憲法問題―権力分立と司法審査の今―

言する値はあろう。

　(a)注42 書への言及はさて置き、この時期に流れを大きく変えた最高裁は、後に Warren Court（1953～1969）と呼ばれた。Warren Court は、上記の修正憲法、中でも修正XIV、§1の平等や法の適正手続の保障（Equal Protection Clause, Due Process of Law Clause）が、修正Ⅰ～修正IXが保障している人権憲章もカバーするとし、以下に例示するような先例（主として刑事訴訟法の面での）を出した[41]。それにより、それまで州権に対する正面からの保障とはされてこなかったアメリカの人権憲章（修正Ⅰ～修正IX）が、州権に対しても保証されるとの立場を鮮明にした[42]。

　修正XIVを経由することによる人権憲章（修正Ⅰ～修正IX）の先例法への取込みは、ケース毎に、その人権がより基本的なものから順に、修正章毎に進んで行った。Warren Court の判示中で進行が目立ったのが、基本的人権（身体の自由）に係る修正IV、修正Ⅴ、刑事訴追に係る修正VIについての先例法形成であった[43]。いずれも、刑事被告州民の人権に係る。これが20世紀、殊に Warren Court と呼ばれる時期の最高裁でクローズアップされた[44]。

　こうした刑事訴追に係る法は、アメリカでは元来が州以下の、場合によっては市町村の法律（条例）であった。そこでの刑事訴追に係る先例によっていた。Warren Court では、それらの州の法令とコモンローなどの合憲性、それらの法令と先例を根拠にした州当局（官憲）が行った行為の合

41　このように、修正XIV、§1の保障が、修正Ⅰ～修正IXの下での人権憲章にも及ぶとしたルールについて "so-called incorporation doctrine" と呼んでいる（Friedman, *op. cit.* p. 571）。

42　Bob Woodward による The Brethren, Avon Books, 1979 は、この Earl Warren 長官時代の最初の7年間（1969～1976）について記したものである。All the President's Men で Nixon の罪を暴いた Washington Post 紙記者によるこの本の副題 "Inside the Supreme Court" は、正に「内幕話し」を伝えてくれる。

43　一例として Mapp v. Ohio, 367 U.S. 643 (1961) がある。僅か12年前のケース（Wolf v. Colorado, 338 U.S. 25 (1949)）で例示ケースとは反対に、令状なしに入手した証拠により「州は、有罪判決を可能に出来る」としていた。

44　このことを、"frisk, search, arrest, interrogation で、法規への厳格な適合を求め fair trial を目指した"、と記すのは、Friedman, *op. cit.* p.571 である。

第3編　19世紀後半以降の憲法

憲性が問われた[45]。そうした中で生れたいわゆるミランダ・ルールは、被疑者に先ず、黙秘できること、弁護士と話せること、弁護士の立ち合いを求めることができること、の3つのことを告げた後でなければ、供述を求めることができないとする[46]。

（b)このような Warren Court のルール作りに対しては、政界だけでなく、司法の一部から、Rules of Decision Act（ただし民事での）に反するとの主張も出されるなど、懸念や反対の声が挙がった[47]。それにも拘らず、第14代長官の Earl Warren の在任中その傾向が続いた。更に Earl Warren 退官（1964）後の Warren Burger 長官時代（Burger Court）も、一部の予期を裏切り[48]、連邦司法手続での人権憲章の肉付けの方向は、前任者の時代からの大きな変化はなかった[49]。Burger Court でその後も一番メディアを賑わし続けたのが Roe 事件である[50]。

45　前注の Mapp v. Ohio, 367 U.S. 643 (1961) は、Dollree Mapp が猥褻図書を有したとして令状なしの家宅捜索を受けた結果、起訴されたケース。有名なミランダ・ルールで知られる Miranda v. Arizona, 384 U.S. 436 (1966) は、強姦罪を自白した被疑者が後に、強要による自白として、その証拠能力などを争ったケースである。

46　その後のケースとして、Edwards v. Arizona, 451 U.S. 285 (1988)は弁護士が付いてからでないと質問を始めてはならないと判示。反対に Moran v. Burbine, 475 U.S. 412 (1986) では、弁護士から「質問が始まるようなら私が弁護士となるから……」との電話があったことを、警察が被疑者に知らせなかったとしても、修正Vの権利を放棄する妨げとはならないとした。

47　その1つとして、Rules of Decision Act は、Judiciary Act of 1789 の§34で、現在の28 U.S.C. §1652 の文言に略近い（連邦裁判所は原則として、その所在州の法律を適用すべしという）。

48　（その保守的傾向を見込んで Nixon が任命した）時代（1969～1986）は、Warren Court ほど果敢に新判断を示すということはなかったが、Warren Court の先例とルールの大部分をそのままに引継いだ。Warren Burger による Court より更に保守的とされた Rehnquist は、Reagan と Bush の2人の保守的大統領から（先例の修正をしてくれるものと）の期待の下で任命されたが、廃止を一番期待されていた Miranda Rule を確認している。United States v. Dickerson, 530 U.S. 428 (2000). Friedman は、「Burger Court も Nixon に平手打ちを加えた」と、よりスケッチ風に評している（Friedman, p.572）。

49　次の3つのケースが参照されよう。① Patterson v. Illinois, 487 U.S. 285 (1988). 修正VIの権利の放棄が有効とされるにはミランダ・ルールによる告知で十分である。② Duckworth v. Eagan, 492 U.S. 195 (1989)「警察が弁護士を付けることはできないが、裁判所に行けば、もし君がそう希望すれば弁護士が付くことになる……」と告げることでも、修正VIの権利の放棄が有効とされた。③ Illinois v. Perkins, 496 U.S. 292 (1990). 共犯者を装った覆面警察がミランダ・ルールを告げずに、収監中の被疑者から有罪に導きうる供述を得ようとして質問した行為を有効とする。

Warren Court とか Burger Court とかという呼名が付くようになったのは、20世紀後半に入ってからである[51]。これには Warren や Burger などの強い個性も一役を買っているかも知れない。また、20世紀後半に前述したように連邦政府の力と、その三権の1つとしての最高裁の力が、20世紀後半に州権に対し相対的に強くなったことも響いている可能性がある。

(c)憲法が国の政治組織法でもあるところから、憲法解釈には手続規定であっても、何がしかの政治（政党）色が付きものである。しかし、憲法学としては、アメリカ憲法の指導原理に沿った、客観的な解釈が求められる。アメリカ的指導原理をよりよく摑むために不可欠なのが、その歴史を識ることである（本書の第1編で、連合前史がそれに当る）。その点で憲法学的解釈の目は過去に向きがちである。一方、憲法にせよ、法律にせよ、その解釈が求められるのは、「現在」においてである。しかも解釈者は最高裁に限られない。憲法の定めにより法律を現に立法する議会に憲法解釈権があるのは当然として、大統領も自らの憲法解釈に従って、恩赦（pardon）を与えたり、法案を不成立にする拒否権（veto）を行使したりする（大統領にしても、憲法や法律を遵守する旨の宣誓義務がある〔II、1(8)〕）。

このように、三権のうちの最高裁以外の部門、議会や大統領も、それぞれ独自に憲法を解釈する。それも、ただ憲法を解釈し、講釈するだけではない。その解釈を巡ってa法が合憲であるとかないとか、b行政行為が違憲違法であるとかないとか、互いに争いつつ（政治論争）、現実の政治を作って行く（その眼が未来に向きがちである彼らが、そうした問題で必ず、

---

50 女性による堕胎（abortion）を基本的人権の1つと（修正IXの下でのその他の権利ではなく、right of privacy の1つとして）捉えた Roe v. Wade, 410 U.S. 113 (1973) である。裁判所は、事件の訴訟法上の問題（standing の欠如と、mootness）にも拘らず、受理していた。同じ頃の Doe v. Bolton, 410 U.S. 179 (1973) は、Roe 事件より幾分折衷的で、妊娠の第3期（trimester）には、人口政策、健康衛生政策、風俗政策などの視点から州の関与の度合いがそれ以前とは違うとしていた。

51 Warren の前任者の Fred Vinson 長官の時代には、"Vinson Court" の呼名が使われることは殆んどなかった。

第3編　19世紀後半以降の憲法

最高裁の門を叩くとは限らない)[52]。

　法的に争われた時にのみ、その客観的な解釈権は**最終的に**、司法（最高裁）に与えられているだけであり、これもまた、連合前史からのアメリカの歴史の成せる業である[53]。

　大統領の中にはJeffersonのように、司法部や最高裁に対し元来快く思っていなかった人もいた[54]。また、政策遂行に邪魔な最高裁を大改革しようとしたF. Rooseveltのような大統領もいた（第7章2.(2)(ニ)）。

　三権分立が条文の形の上だけでなく、実質的にも、アメリカ的指導原理に沿って徹底していることを見てきた。大統領も議会の議員も、それぞれ別のルートを経て人民から政治を信託される仕組みである。例外は連邦司法（裁判官）であり、人民による選挙制ではなく、上院の助言と同意を得ての大統領による任命制である（II、2(2)）。

(2)司法審査権の歴史と展開

　(イ)ここでの主題は、連邦憲法の下での権力分立であり、その下での司法審査権の歴史である。司法審査権は、日本では違憲立法審査権と訳され、日本国憲法では、正にそのような呼名の条文となっている。しかし、司法審査権の母国であるアメリカでは、連邦でも各州でも、憲法が正面からその言葉"Judicial Review"を定めている訳ではない。植民州での150年の司法の歴史も含めた司法実務の中から自然発生的に生れ育ってきたものとされている。

　(a)司法審査そのものの研究も進んできていて、新たな事実も報告されて

52　United States v. Morrison, 529 U.S. 598 (2000) は、憲法の下での各自の義務履行に当り、三権の各部門が憲法の解釈を行わなければならず、その解釈に対しては、他の部門は十分な尊敬を払う……（each branch must initially interpret the Constitution and the interpretation……is due great respect from the others……）と記している。

53　前注ケースではJohn Marshallの言葉を引いて、最後の解釈は最高裁にある（Court……remained the ultimate expositor of……text）、との確立したルールがあると述べている。

54　1804年9月11日付のAbigail Adams宛の手紙の中のコメントや、1820年9月28日のWilliam Jarvis宛ての手紙中にその旨の記事がある。

いる。注 10 の Treanor 論文は、制憲会議の時（第 3 章）までに、司法審査が今まで考えられていた以上に制度として確立していたことや、Marbury 事件以前にも、ずっと多くの司法審査が行われていたことが明らかにされたという[55]。その上で、Marbury 事件以前までの間に違憲判断をした司法審査が、少くとも 21 回あったとする（これまでの多数説は、5 回を確立した回数としていた）。それら 21 回の司法審査中で「違憲判断がされた理由が何か」を分類して、①その立法が表面上憲法の文言や先例に違反していなくても、裁判所や陪審の力を殺ぐからである、とされたもの、②州裁判所が、州法を連邦憲法に反するとして無効としたもの、③連邦裁判所が、州法を連邦憲法に反するとして無効としたもの、の 3 種類が区別できるという。

憲法の文言や先例に、表面上は反していなくても、違憲判断をするという上記①の司法審査は意表を突くものがある。しかも、それが Marbury 以前の 21 件あった違憲判決のパターンの第 1 であるという。

(b)そこで、少し遡って見てみよう。といっても、植民州の初め頃（17 世紀初頭）まで遡るというのではない。制憲会議前の状態、つまり 13 州の連合（Union）しかなく、合衆国といった中央政府のない時代、独立宣言の 1776 年から、制憲会議の 1787 年までの 11 年間である。この期間を採用する理由は、独立により母国イギリスの枢密院への上告制度を正式に否定し、その間に独自の法秩序に移行したからであり、司法審査の源を辿る期間としても、適切といえるからである[56]。その期間に、それ以前の 150 年近い司法史も反映されていると同時に、その間に政治のメカニズムの要点が、植民州の枠から抜け出て、連合のための言葉による約束事の世界、植民州連合（Union）の時代に入った、新たな法の世界に入った、と

---

55 今までの有力説のいっていた数の 6 倍以上の司法審査の実績が発見された（……six times as many cases from the early Republic……）という。注 10 の Treanor 論文、p.455。

56 前注 Treanor 論文も、初期の司法審査を考究対象とするのに、独立宣言 1776 年から制憲会議の 1787 年までを最初の期間としていた。

第3編　19世紀後半以降の憲法

感じさせられるからである。緩やかな盟約だが、連合憲章（Articles of Confederation）も作られた[57]。

　制憲会議の前に、13植民州のうち7州で司法審査が実施され、州法の効力が否定されたとする論文がある[58]。ニューヨーク植民州がイギリスの枢密院（Privy Council）にヒントを得た政治組織を考えたことは前に触れたが、1777年の同州憲法は、その機（権）能を「同州議会による全ての立法を審査すること」としていた。5名の構成員（governor、equity部門の長 Chancellor、同州最高裁判事3名）から成る Council of Revision を正式に設け、その多数決により、違憲判断がなされていた（違憲判断された立法に対しては、同州立法府は、2/3の多数で、それを覆せた）。この Council of Revision は1821年まで存続して、かなりの立法の審査はしたが、立法府などからの反応は、同州最高裁判事にとって勇気付けられるものではなかったようである[59]。

　(c)この連合の期間でのケースとして、先述の Treanor 論文は、陪審裁判に係るもの（Jury Trial Cases）数件[60]（いずれも陪審権を制限した州法に挑戦したケース）、ニューヨーク州の民訴法を違憲とした Alexander Hamilton が代理人を務めたケース[61]、および Connecticut 州の事件などを挙げている。

　中でも興味深いのが、Alexander Hamilton による第2のケースでの論

57　連合議会に集ってきた植民州の代表の約半分が法曹（弁護士）であったという事実も、参照される（第2章）。

58　Saikrishna B. Prakash & John C. Yoo, Origines of Judicial Review, 70 U. Chicago Law Review 887 (2003), p.889.

59　Tribe は、1801年1月2日付の John Jay から John Adams 宛の手紙を引用して述べている。Correspondence and Public Papers of John Jay 284 (Johnson ed. 1893)。

60　Jury Trial Cases は、New Jersey, New Hampshire, Rhode Island および North Carolina の各州事件である。Treanor, (pp.474-487)。

61　Hamilton が代理人を務めたのは、Rutgers v. Waddington（1784年）のケースで、Mayor's Court of New York で争われ、ニューヨーク州の1783年の民訴法（pleading と証拠法に係る）Trespass Act の効力を争った。地元の地主 Rutgers から1778〜1783年の間、市内の土地を借りていた Waddington の代理人 Alexander Hamilton は、同法を2つの点でニューヨーク州の憲法に対し違憲だと主張している。

826

第8章　現代の憲法問題―権力分立と司法審査の今―

点（連邦成立前の各州の国際法上の地位）である。当事者の国籍からして、（その間に革命戦争が終わったことにより）今や国際訴訟になっていた事件で Hamilton は、国際法の（これにつき Hamilton は、コモンローは law of nations を採り込んでいると主張した）ほか、Trespass Act が、パリ平和条約（1783年）違反であることを理由として主張、その前提として、主権者ニューヨーク州（正式には対外関係でに連合〔Union〕の時代）が、独立宣言の憲法的作用により連合を窓口として、平和条約を締結したのであり、各州は自ら和平を行える主権者であった、としている[62]。

(d)第3に掲げた Connecticut 州内の Simsbury Case も（Simsbury は市の名前）、1670年という古い政府の行為にまで遡る点で参照すべき点を含んでいる。その後1680年に Connecticut 植民州の全体会議（General Assembly）は、Simsbury 市の西に位置する土地を Hartford 市と Windsor 市の入植者らに与え、1727年それら両市の入植者らは、全体会議に入植土地の測量と境界確定の申立てをしていた。事件は Simsbury 市が、この両市関係の入植者らのうちの1人に対し土地の明渡しを求めたものである[63]。

司法審査が明文で定められていないというのは、司法審査の考えが憲法作成者らの頭になかったからであろうか。そうではないようである。制憲会議でも、その後の批准会議でも、13州のうち7州の憲法批准会議で司法審査権が討議され、かなりの議論（前向きの）が行われていた[64]。それらの討議を通して、独立宣言（1776年）から制憲会議（1787年）までの

62　Treanor 論文（p.481）、独立宣言を……which is the fundamental constitution of every state……と述べ、まだ連邦憲法は生れていなかったが、「条約に反する法律は無効」との主張に結び付けている。なおこの事件は、この時代としては例外的に、記録がパンフレットの形で残っていた（p.484）

63　ここで参照すべきというのは、本文のような全体会議（General Assembly）の機能が未分化で、本来的な立法行為の他に（というか、立法行為の1つとして）、こうした個別具体的な問題でも意思決定をしている事実である（第1章 2.(1)(ロ)参照）

64　その一方で、これまでに、また今日でも、司法審査が「憲法上の根拠のないものである」、との意見もかなり示されてきている。注58 Prakash & Yoo の "The Origins of Judicial Review"

827

第3編　19世紀後半以降の憲法

期間のそれらの州での司法審査の実施状況が知りうる。

　㋺アメリカの憲政史の前半分は、植民州時代、連合前史の中にある。何しろ、連合が事実上スタートしてからも、中央（連合）には司法機関が存在しなかったことは屢述するとおりである。にも拘らず、1789年にスタートした連邦憲法と、その下での連邦政府。その一部門としての司法機関（最高裁）が、「司法審査」という観念に違和感を覚えたという記録はどこにもない。しかも、最高裁が拠り処とする連邦憲法の何処にも「司法審査」の言葉がないのにである。

　憲政史の前半分150年間の連合前史のことはさて置き[65]、独立宣言から制憲会議までの間には司法審査の歴史（実績）があった。「実績があった」というのは、過小評価であろう[66]。また1787年の制憲会議に集ってきた植民州代表の中に、弁護士（法曹）が少からずいたことは既述のとおりである。たとえば、ニューヨークの売れっ子の弁護士Alexander Hamiltonは、前注61のWaddingtonの代理人として地元のケースで司法審査の実務経験を有していたから、制憲会議で司法審査が議論された時も、これを当然のこととして、積極的に受け止めていた[67]。

　司法審査を巡る議論は、1787年という制憲会議の年に略纏めてなされていたようである。その折に、①各植民州が司法審査にどう向い合い（実績があったか、否か）、②植民州の憲法中がそれについてどう定め、連邦議会の立法との関係でどのような憲法議論がなされていたか、が判るのである。

　制憲会議でどんな議論がなされていたか。制憲会議での討論では、Virginia Planが叩き台になっていたことを述べたが（第3章2.）、その中で

65　建前としては、最終的に母国イギリスの枢密院に持込むことになっていたが（それにより、植民州の立法すべてをイギリス法の世界的統一につなげようとしたが）、Friedmanもいっていたように、植民州は、本国への持込みに余り熱心ではなかったと見られる。

66　前注のTreanorでは、制憲会議から、Marbury事件までに21件の司法審査により、違憲判断があったという。

67　制憲会議でも母国イギリスの枢密院（Privy Council）が、植民州の立法すべてをイギリス法の世界的統一の見地から審査していたことへの言及がなされている。

828

司法審査は主として、植民州での実績に基づき話題になっていた。少くとも7人の議員が制憲会議の席上で司法審査権に賛成していた（その他でも、権力分立についての議論の中で、それに言及する者がいた）。

(a)ヴァージニアの代表の中にも、パトリック・ヘンリーのような反フェデラリストは、連邦による審査権どころか、連邦司法そのものに反対していた。彼らは、反対ではあっても、司法審査権の意味は承知していた。会議は秘密会であったが、公式な日誌が保存され、限定的な部数にせよ後日に印刷もされたことから、司法審査についての発言も知ることができる[68]。

制憲会議での司法審査に係る議論の有力論客には、同じヴァージニア州のジェイムズ・マディソンと、ニューヨーク州弁護士のアレクザンダ・ハミルトンが挙げられる。2人とも連邦憲法の成立を熱心に推していて、そのための機関紙「フェデラリスト」の記事の多くをものしていたから、同誌などを参照することで、彼らの制憲会議での議論をよりよく知ることができる[69]。

(b)制憲会議で連邦による司法審査権を裏付ける条文（III、2とVI、2）に関連して議論が集中したのには、連邦議会による立法に対する再審査委員会（Council of Revision）を提案したいわゆるヴァージニア・プラン（Virginia Plan）があった[70]。同Plan提案の背景には、中央の立法府である連邦議会が、立法を通して州権を圧迫することに対する猜疑心があった。そこで、大統領が何人かの判事の意見を参照して、議会の立法を拒否できるこの制度が提案されていた。

プラン（Plan）の提案に対しては、しかし、連邦司法権の確立に好意的な人々から有力な反論が出された。一番の理由として次の弊害を指摘していた[71]。「連邦判事は、その本来の仕事として憲法を解釈、適用する中

68　制憲会議でのFarrand記録、Max Farrand, Records of the Federal Convention of 1787。
69　アメリカの憲政の根幹について、かなりはっきりした構想を持っていたマディソンは、司法審査権に係る条文（III、2とVI、2）について、肯定的なコメントを残している。

第3編　19世紀後半以降の憲法

で、連邦議会の法律を一旦審査している。その判事が、再審査委員会に連座することになれば、二重に関与することになり、本来の裁判で客観性が失われかねない」。

　(c)制憲会議中のその席では、9州の代表15人の議員のうち、13人がこの問題で支持の発言をするなど、活発な議論がなされた。更に15人の議員のうち、13人以外の残り2人も、自州での憲法批准会議では、憲法の定めが司法審査権を認めたものであることを確認していた。会議の外での発言や会議前後の発言を入れると、全体では25人が審査権をサポートし、反対を示したのは数人だろうとされている[72]（Plan の司法審査権条文〔IIIとIV〕では、最終的に40人が賛成し、4、5人が反対に回ったという）。

　制憲会議の後のペンシルヴァニア州の批准会議では、ジェイムズ・ウィルソン（James Wilson）が司法審査権の意義を述べて、その存在を確認した[73]。また、コネチカット州では、オリバー・エルスワーズが、最高裁が中央政府の立法を審査することが、中央政府（議会）による立法の乱用を抑える特効薬になるとして、司法審査権こそ「この憲法の特色である」、と分権論者にアピールした[74]。

　(ハ)連合憲章の下で曖昧かつあやふやな形で結ばれていた13州の連合、

70　ヴァージニア州知事 Edmund Randolph が5月29日に会議場で発表した有名なヴァージニア・プラン（Virginia Plan）は、制憲会議の議論に大きな影響を与えたが、各州の代表が定数に達するまで10日以上かかった制憲会議が始る前の期間に、James Madison がメモった上で作り上げた15条からなる、いってみれば、憲法骨子のようなものであった。

71　案は結局支持されなかったが、反対論の中には、司法審査権を当然としていることを理由にしたものもあった。ただし、その提案が形を変えて、今日の大統領拒否権（presidential veto）として残ったといわれる。

72　Farrand では、マディソンのほかにもジョージ・メイソン、ジェイムズ・ウィルソン、グーベルヌール・モリスなどによる司法審査権についての肯定的な発言がある中、ジェイムズ・マディソンは、司法審査権が拡がり過ぎることを懸念し、その性質を真に司法になじむものに限るよう、事件争訟性を要件としていた。つまり、その後の実務で要件とされた事件性（justiciability）につき、議論していた。

73　注58、Prakash & Yoo、at p.965.

74　注10の Treanor 論文は、この制憲会議や批准会議での James Wilson や Elbridge Gerry の司法審査擁護論を前出の3種類の分類の1つ、裁判所や陪審に係る分野で司法審査が特に攻撃的に用いられ、司法部を立法府などから防衛する役割の一部を果していたとする（p.158）。

第 8 章　現代の憲法問題―権力分立と司法審査の今―

1789 年、新しく誕生した連邦政府は、自らの主権について中央政府としての十分な権威を確立することができたか。連合憲章の下での中央政府とは違う権力を確立できたか（連合憲章の下での実績が失敗に終わったことで、「却ってそれを教訓として、連邦憲法の作成と、その運用に生かせた」、とする多くの人の認識は当っているか）。連合憲章と比べれば、既述のとおり憲法の法源の明確さと用語の強さは肯定できる。何よりも言葉寡な乍ら、最高裁の設置を決め、その下での司法権を確立したことにおいて、ずっと期待してよかった。しかも、最高裁が拠り処とする連邦憲法のどこにも「司法審査」の言葉がないのに、連邦憲法と、その下での連邦政府の一部門としての司法機関（最高裁）が、「司法審査」という観念に違和感を覚えたという事実、記録はどこにもない。

　連邦議会が憲法の定めを受けて、連邦下級裁判所を設けた 1789 年司法法（Judiciary Act of 1789）は、州裁判所がいずれかの連邦法を無効とするか、または憲法に反する（とされる）いずれかの州法を有効とした時に、連邦最高裁に上訴管轄権の 1 つを定めることで、支配的な司法審査権肯定説をサポートしてきている。

　(a)注 10 の Treanor 論文は、憲法成立から John Marshall による Marbury 事件までの十数年の期間の 21 件の事件を採り上げ、うち 17 件で州法が無効とされたほか、少くとももう 1 件で、1 人の裁判官が州法を「州の憲法に反し違憲」、とする意見であったとする。彼はこの 21 件を、州司法部に係る州法の問題、連邦憲法に係る問題、州憲法に係る問題、の 3 種類に分類しているが、それら先例に共通していえるのは、「司法部に係る州法が問題になっていない限りは、多少のことがあっても、州法が州憲法違反とすることには気が重い」との態度を見せていたとする（この種類に属する 4 件のうち、判決理由が残されているのは Pennsylvania 州最高裁の 1 件のみである）。気が重い理由は、「違憲といえるためには、それが明らかでなければならない」という重いが、シンプルなものであった[75]。

　(b)第 2 の種類、連邦憲法違反が争われたものの大半は、憲法の契約義務

831

条項（Ⅰ、10(1)）への違反を問題にしている。ここでも司法は、憲法違反の判断にとても慎重である。この種類としてTreanorが記しているSouth Carolina州のケース、Ham v. M'Claws（1789年）は、憲法成文ではなく、自然法を基準に呼び込んで合法性を主張している点で紹介に値しよう。M'Clawsらは、Honduras住民一族の奴隷所有者であった。彼らはSouth Carolinaへ奴隷を輸入（出）することを考え、予め法律を調査した。しかし、彼らが船に乗っている間に合衆国市民以外の者による奴隷の州内への移入を禁止する州法ができ、奴隷は、その法律違反について当局に告知したものの所有に帰すという定めがなされた（Hamは税関吏で、この違反を通報した）。M'Clawsは、同法を「一般法と理性（common right and reason）に反し無効」、だと主張した。裁判所も、同法は一般法に反すると述べたが、「違憲だ」とはいわず、「自然の法（the dictates of natural reason）、正義が同法をM'Clawsに適用されないよう求める」と述べた[76]。Magna Cartaを援用して州法の無効を主張し、裁判官もそれを認め、州法がcommon rightとMagna Cartaに反して無効であると判断したケースもある[77]。

(c)最後に、陪審や司法部に係る4件の違憲判断のケースがある（うち3件はKentucky州）。Kentucky州憲法（1799年）は陪審権を保障していたが、1801年に土地価格の評価を裁判官の仕事とした。1件のケースでは、州最高裁が同州法を、"evidently unconstitutional"と判断している[78]。

Treanorは多少異論があろうが、司法審査権の歴史は、John Marshallとともに力強く始ったといえる[79]。少くともこれが通説である（特に、連

75　Treanor論文（p.499）。木造住宅の制限に係る州法の委任を受けた市の建築基準条例への違反事件である（1799年）。"……unconstitutionality must be evident……"といっている。なお、Attorney Generalとは、主権者人民を代表して、公共の利益に反する行為者に対抗する役割だとしている。

76　Treanor論文、pp.501-502。

77　Bowman v. Middleton, South Carolina（1792年）Treanor論文、p.505。

78　Treanor論文p.503記載のStidger v. Rogers, 2 Kentucky 52 (1801)。

邦議会の立法に対する違憲判断という意味で、そういってよい）。彼による司法審査の金字塔となった事件 Marbury v. Madison については次に述べるが、その事件を機に今まで、州の最高裁によるその州の議会による立法の司法審査を行っていなかった州でも行われるようになり、1850 年には全州（同年末で 31 州が連邦を構成している）で行われるようになった[80]。

㈡それでも、「司法審査権の行使は、抑制気味になされるべし」、というのが一般論としてある。これには先ず、2 点が指摘できる。第 1 に、司法審査権を行使し、判断するには法律の違憲性が明白に疑われるものでなければならないとの理論がある[81]。第 2 に、いざ審査権を行使するにしても、連邦議会の立法能力と質に敬意を払うところから、明白に違憲でない限り、有効性の推定を働かせてきたという歴史がある[82]。憲法成立から 2 世紀以上たった今日でも、Thurgood Marshall のいった言葉、「憲法は、立法府が馬鹿げた法律を作ることを禁じていない……」を引きつつ、政党に一定のルールに従うことを求めているニューヨーク州の選挙法が違憲でないとしたケースがある[83]。

(a)更に、これらに先行する要請として前述の争訟性（justiciability）がある。個別の事件毎に憲法でいうケース（case or controversy）がなければならない（ケースを離れて抽象的に意見〔advisory opinion〕を述べる、憲法論議はしない）とのルールがある（Ⅲ、2）。さもなければ、そもそも管轄が発生しない[84]。

第 3 に、Brandeis 判事が（New Dealer）F. Roosevelt 大統領による

79　John Marshall には革命戦争で銃を持って戦った記録と並んで、戦後は政治活動でも積極的で州の下院議員に出たりしている。

80　Constitution.find-law.com より。

81　このことを George Mason が制憲会議の議論の中で、「たとえ、不正義、抑圧的ないし悪性的であっても、明らかに違反していなければ……」といっている。

82　Ogden v. Saunders, 25 U.S. 213 (1827) の中で、「契約が有効かどうかも、先ずその州法に照らして判断すべきである」と Bushrod Washington 判事が書いているのも、こうした線に沿ったものである。

83　Lopez Torres v. New York State Bd. of Elections, 552 U.S. 196 (2008).

第 3 編　19 世紀後半以降の憲法

景気浮上策の 1 つとしての TVA 事件で述べた 7 つのルールがある[85]（第 4 章二.3.(3)(ハ)(b)）。

　司法審査についての一般の理解とは別に、アメリカの連邦最高裁による連邦議会の立法に対する違憲判断の数は決して多くない[86]。

　(b)最高法規である憲法の下で、すべての法律上の問いに有権的・最終的に答えられるのは、司法（連邦最高裁）である。Marbury v. Madison はそのことを示した。ゼロから生じた連邦政府の権威が、殊に、前例のない司法部門のそれが承認されるためには、強い説得力と、それなりの実績を必要とした。それが Marbury v. Madison であった。その点で、ワシントンが初代大統領に就いたことと同じ程度に決定的な重みを持っていた[87]。George Washington なくしては、史実中でのように、連邦政府の権威が高められ、新秩序が確立され、物事が前進させられることもなかったろう。そもそも、制憲会議が新憲法を纏められることもなかったろうといわれる[88]。

　それでも、ジェファーソン、Madison など何人かのヴァージニアの政治家は、連邦に州権を上回る主権があることを何回も声高に否定し、州民こそが主権者であり、その主権者に 1 番近い州（議会）こそ主権が所在する第 1 次的な機関であることを主張し、Kentucky Resolution や Virginia Resolution（1794）により分離権（right to secede）をちらつかせるなどしてきた（第 5 章一.2.(2)(ロ)(a)）。

　連邦憲法上も、その文字面からは、「連邦政府の権威が州の主権に由来する」、とも理解できる修正 X が作られている。何人もの連邦最高裁判事

84　マサチューセッツ州最高裁などは、立法府から事前にある立法が憲法に適合するかの意見を求められるシステムになっている。

85　Ashwander v. TVA, 297 U.S. 288 (1936).

86　2010 年までで 163 の連邦法を違憲としてきたという。Congressional Research Services' Construction of United States, '03, pp.163-164.

87　初代大統領選出議会では、1 人 2 票ずつの投票権があったが、ワシントンが 100 ％を取得し、2 位の John Adams がやはり 90 ％以上の多くの票を集めていた（第 3 章 3.(1)(ニ)）。

88　初代大統領ワシントンの足を裏で散々引っ張っていたジェファーソン自身の後年の言葉がその証しである（第 3 章 2.(2)(ヘ)）。

第8章　現代の憲法問題―権力分立と司法審査の今―

が、各州の主権の下で「州内でどのような組織を作るかに連邦政府が口出しできると解釈されるような表現はどこにもない」、と説示している[89]。

　㈭こうした意見や政治勢力に対し、上記事件での「何が（この国の）法であるかをいえるのは、……司法（連邦最高裁）である……」のように反論する論理を示し、連邦最高裁の司法審査権を確立するために必要な解釈を確立したのが、ジョン・マーシャルである。Marbury で次のように述べている。

　「仮に、州に第1次的な主権が存在するにしても、一旦**中央へ移譲**、と明定した以上、連邦の主権には中央政府としての統率力がある。連邦憲法のIVは、連邦最高裁を法秩序の最終判断権者とすることで、合衆国全体の法秩序が、憲法の文字どおりに法として支配することを宣明した」

　その Marshall は、アメリカの最高裁長官として最も長期間勤め、その間マーシャルと同輩の5人の最高裁判事らは、自らの解釈が先例主義によるコモンローで**法の支配の内容**となり、後々の歴史に耐え抜くことを期待し、初期の判決を書くことで、確固とした裏打ちを与えた[90]。

　そのような文脈の中で、彼が先ず出した画期的な判断は、中央対州の権力構造に係るものではなく、中央の三権の中での司法審査権の力に係るケースであった。発足したてで、実働後数年の最高裁が連邦議会の立法について、それまで世界で例がない違憲、無効と宣言することを行った。司法審査といえば、必ず引合いに出される定番で有名なケースである[91]。

89　Mayor of City of Philadelphia v. Educational Equality League, 415 U.S. 605 (1974) 参照（前出）。また Minnesota v. Clover Leaf Creamery Co., 449 U.S. 456, 480-1 (1981) では、「州の法秩序の中で州裁判所にどんな権能があるかは、その州（法）の問題だ……」といっているし、Highland Farms Dairy, Inc. v. Agnew, 300 U.S. 608, 612 (1937) でも、Cardozo 判事が、「この点について、合衆国憲法は何も言っていない……州内での権力をどう分立させるかは、一般に（常にかどうかは別にして）その州自身の問題だ……」としている。

90　憲法解釈では、先例変更（overrule）ということが普通の連邦法解釈におけるよりも、より多く行われうるとする考え方が一方にあり、その背景には憲法の変更は連邦法の変更に比べ遥かに大変で、事実上困難であるからと説明される。他方で、先例拘束（stare decisis）の法理が憲法解釈にこそ強く働かねば、憲法の法としての（政治ではない）安定的、可視点性格が損なわれるとする見解がある（Tribe, p.85）。

91　Marbury v. Madison, 5 U.S. 137 (1803)。

835

第3編　19世紀後半以降の憲法

　(a) William Marbury 以下3名の原告（申立人）が、ワシントン（コロンビア特別区）の判事に任命された[92]。Adams 大統領による任命は、憲法の定めどおり上院で承認された（II、2(1)）。後は事務的な手続として国務長官マディソンが任命書にサインして、交付することだけが残る。

　ところが（ジェファーソン新大統領からの指示で）国務長官マディソンは、この任命書を交付しなかった。そのために Marbury 以下3名が最高裁に訴え出たという訳である。求めていたのは、「任命書を交付せよ」と命ずる命令書（mandamus）を最高裁が国務長官マディソンに対し発することである。原告らが、いきなり最高裁に訴え出た特別な理由は示されていない。何しろ、憲法（1788年）も、また憲法の下での第1回連邦議会が立法した初めての司法法（Judiciary Act of 1789）も、まだ出来たてのホヤホヤであった。事件を自ら処理し、判決文を書いた最高裁長官ジョン・マーシャルも、2年前の2月に就任したばかりであった[93]。

　(b) ジョン・マーシャルは几帳面な性格で、彼の判決文は正統的であった。申立人らの主張を3つに分析し、理路整然と法律論を並べた（長文である）。①申立人らは国務長官に任命書の発行を請求できるか、②仮に、国務長官に請求できるとして、その是正のため司法救済を求められるか、③それも可とした時、その任命書の発行を命ずべきなのは、この最高裁長官ジョン・マーシャルであるか。

92　大統領ジョン・アダムスは、先の議会選挙の結果、旬日のうちに少数与党に落ちると決ったフェデラリスト党の支配する議会で、自らの任期最後の日から18日前に成立させたばかりのいわゆる Midnight Judges Act（真夜中判事法）により、原告4人の判事を含む16人の Circuit Court 判事を任命していた。

93　最高裁長官としては一応4代目だったが、初代長官と2代目長官とは、連邦発足直後の短い期間で、さしたる仕事もしなかったし、3代目は病気のため、本格的活動前に入る間もなく辞めていた。ジョン・マーシャルが、ジョン・アダムスにより急遽任命された2年前の1801年1月20日は、実は、第2代大統領ジョン・アダムスの公式な職務を行える最後の日であり、翌日からは、第1代大統領ジョージ・ワシントンの国務長官をしていた第3代大統領ジェファーソンにその職務権限が移る、その Adams の任期の最終日での任命であった。しかも、アダムスがその前に打診していた John Jay は、ニューヨーク州での最高裁長官としての自身の経験から、「三権の中で新生国家アメリカの司法に対する扱いが低い」ことを理由として、任命を断っていた（前出）。

836

彼は、第1のポイントから答えていう。任命の根拠法（前注のコロンビア地区に係る1801年2月、真夜中判事法）に触れ、大統領ジョン・アダムスの任命の根拠を確認し、それが憲法の下での大統領ジョン・アダムスの権限であって、大統領ジョン・アダムスがその権限により申立人らの任命書に実際にサインしたことを宣誓供述書により検証した[94]。

ジョン・マーシャルは以上の3つの国事行為、①大統領による（指名）任命、②上院によるその任命の承認、③任命書の交付は、それぞれ憲法条文に由来する別個・各別の行為であるとし、その最後の行為の「任命書の交付権と、その義務」についても、他から独立して個別に判断されるべき法律問題であるとした。その上で、「この義務の履行において国務長官は法に従って行うべきである……任命書をどう交付するかは慣行であり、条文中で定めている訳ではない……」とし、これを民間の土地譲渡での証書（deed）の交付に准えて、「交付がなければ、発効しないかどうかが問題となる……」とし乍らも、「すべてが法定され、法定どおりに行われる本件では、それは問題とはならない」と否定した。以上から、ジョン・マーシャルは、第1の論点につき、「申立人は、正式に任命されたことを理由として任命書の交付を請求できる」と結論付けた。

(c)彼は、上記分析の②、③の論点に移り、

「……最高裁は、アメリカ合衆国の権威により任についているいずれの裁判所や役人に対しても、法の原則ないし慣行が認める事例に沿って命令書（mandamus）を発することができる。」（……auth origes……to issue……writs of mandamus, in cases warranted by the principles and usages of law……to any courts……persons holding office……）と定めているとして、1789年司法法を援用する中で、三権の働きと、司法権の独立性を述べている。

---

94 憲法条文に沿って連邦法は、「国務長官が合衆国の印章を保管し、それを捺印し、記録し……」などと定めている。

第3編　19世紀後半以降の憲法

　「国務長官に対する命令書である本件は、最高裁が、三権分立原則の下
で法の原則ないし慣行が認める事例に沿って役人に対し……命令書を発行
することができる場合に当て嵌り……、司法による行政への不当な干渉で
はなく、憲法が定める合法的なものである」と述べた。

　次に核心問題の上記③、最高裁に直に申立てられた本件で、最高裁が**一
審の裁判所として**その命令書を出せるのか、の問題に移る。連邦憲法も連
邦司法法も、最高裁の管轄についてそれぞれ具体的に定めた条文を有す
る[95]。そこで、最高裁が、命令書（mandamus）を出せるのか、が残され
た法律問題となる。

　(d)この問題に対し、ジョン・マーシャルは次の問いを発しつつ、答えた。

　「憲法の下で最高裁が命令書（mandamus）を出せるか、司法法の下で
はどうか、憲法が定めるのは、1審としての最高裁が特定の事件にのみ管
轄権があり、その他の事件では、上級審としての管轄権があるという定め
である。他方、司法法が定めるのは、上級審として命令書を発することが
できるということである[96]。両者の間には明らかな不一致がある」

　この点で、申立人らは、憲法の文言中には特に制限的な言葉を付してい
ないから、憲法が「命令書を発することができる」と定めていなくても、
最高裁に管轄権がある以上、文言を司法法が、然るべく補うことには問題
がないと主張したが、ジョン・マーシャルは、「上級審として命令書を発
することができる」と定めた司法法は、明らかに憲法の定めを超えており、
その効力がないとして、この主張を斥けた。その斥けるのに用いたのが、
その後、最高裁の壁に記念碑的に刻まれ有名になった言葉である（判決は、
病欠の2人を除く4-0の全員一致で決定され[97]、1803年2月24日に出さ

95　連邦憲法は、大使、大臣や国が当事者の事件についての事件で、最高裁が一審の管轄権を
　有すると定め（Ⅲ、2(2)）、一方、司法法は、上級審としての最高裁が命令書を出せると定
　める（1、3）。
96　「上級審として、……命令書をどの法廷に対しても発することができる」（"……shall have
　appellate jurisdiction from the circuit courts and courts of several states……and shall
　have power to issue……and writs of mandamus, ……"）と定める（13）。

第 8 章　現代の憲法問題―権力分立と司法審査の今―

れた）。

　(e)ジョン・マーシャルが書いた判決文はいう。「憲法と不一致な法律が、この国の法律（the law of the land）になりうるか？　これは、合衆国にとっての深甚な意味をもつ問題である……しかし幸いなことに、これに対する答えはそれほど混み入ってはいない。長く、かつ十分に確立されてきたある原理に立ち帰ることで良い。その原理とは、人民こそが力の原初の源であり、彼らが、彼らの幸福のために政府の将来のルールを定める……これが、アメリカという国すべてが拠って立つ基礎である。この力の源は、そうしょっちゅう発動されるべきではないが、立法府をはじめとする政府の基本構造を決め、それに付与される力を決定するのに用いられる。それらを決定する文書が憲法である。この原理は、説明を要しないほど、はっきりしている。人民の決めた憲法が、立法府による個々の法律が間違っているか否かの基準になるのである。以上の理屈は、人々が頭の中で**そうだ**と思っているだけではない。そのこと自体、憲法の文言として刻み込まれている（Ⅵ）。つまり、『憲法とは相容れない立法府による法律は、法ではない』、と憲法自体が言っているのである」

　第2のポイントは、そのような請求権を有する申立人が、この国の法の下で救済されるべき途が、本件でのように申立人らが直接、最高裁へ申立てている形で法的に拓かれているかである（問題になるのは、次の1789年司法法である。

　(f)この点で、ジョン・マーシャルは、司法救済の手続問題に入り、イギリスの例を引いて、「すべての人は、請願（petition）の形の訴状を王に直接出すことにより、何らかの法益の侵害に対して法の保護を求めることができる」と、述べた上で Blackstone のコメンタリを引いている）[98]。

　「アメリカ合衆国は、何よりも**法の支配**する国家だとされている。従っ

―――――――――――――――――――――――――――――――――――

97　それまでの連邦最高裁の判決文は、イギリスの例に倣い、各裁判官が個別の意見を列記する形であったが、マーシャルは、法廷の結論を代表する意見を多数意見として、その内の1人が記述する形にした（後注105）。

839

第3編　19世紀後半以降の憲法

て、今ここで申立人らに救済の途がないなどといえば、このルールに反することになるが、大統領が任命書にサインし、国務長官がそれに国印を押すことで、Marbury らの任命は完了している。ほかに、どんな救済があるのか？　申立人らは、命令書を求めて直接最高裁に対し申立てた。議会は、第2審としての最高裁に対し命令書を発行する権限を与える立法をしたが、憲法の文言中で最高裁の管轄として定めているのは『大臣、大使、その他の公使、領事に影響するか、または州が当事者となっているすべての場合に最高裁の第1審管轄権がある』というのであり、そのような命令発行権限は、与えられていない」と判示した[99]。

　その上で彼は、三権分立原則に触れ、議会による立法で正しく授権されていない以上、最高裁が命令書を発行することはできないと判断した[100]。その際の、最高裁の璧字となったマーシャル長官の文章である。「何が法であるか……を言うのは、司法の領域であり、かつ義務である、と強く言える（……is emphatically the province and duty of the judicial department to say what the law is ……）」

　㈥最高裁による司法審査権が常に無批判に受容れられてきたということではない。注58の Prakash らによる評論や注10の Treanor による評論も、最高裁による司法権の行使に対する批判が喧しかった3つの時期に先ず言及する。①連邦発足当初の時期、②南北戦争期、③ New Deal の時

98　Blackstone は、命令書（mandamus）を領内のいずれかの人に宛てて「王の名により法廷（「王のベンチ」）から出される特定の行為を求める命令書であって、その行為は、その人の職や職務に結び付いていて、正義と公正に合致するもの」としている。

99　Marshall がこの Marbury 事件の判示した初期の合衆国では、「立法府（legislatures）が多数派議員を喜ばせるため原則を曲げることの理解は広まっていたが、司法（courts）も同じように政治的に動くとの考えはまだ時流ではなかった（数十年のうちに、そうなるが）（Tribe, p.212）。

100　このような結論により、Marshall は Marbury らが求めた国務長官 Madison 宛の命令書の発行は拒んだ。それにより Madison の背後にいる大統領 Jefferson とも正面から対決する形にはならなかった。その一方で、立法府も憲法の授権の範囲内でしか立法することができず、それを超えた司法の一部を無効と宣言し、傍論中では大統領も同じく憲法には服することを述べた（このようなスタイルで処理されたことに対し、ナイーヴとの批判もされている）（Tribe, p.231）。

840

期、である（憲法には、司法に法令審査権を正面から認めた規定はないし、作成者らが想定しなかったものであるとも述べる）[101]。

　本書でも、第7章2.(2)「New Deal 時代にかけての法の番人」の(二)での例がある。F. Roosevelt と民主党（Democratic Party）が、New Deal を推進すべく議会で立法した New Deal 実施法が次々と違憲宣言されたことを受け、違憲と宣言されなかった New Deal 法にしても、やがて将来否定され、次世代のための公共工事も、「また、否定されかねない」ことを懸念し、「最高裁を何とかしなければ……」との考えに至った事実を紹介している（第7章2.(2)）。

　(a) Prakash らによる注記評論は、この違憲判断が盛んな事実を、**ポピュリスト的かつ進歩主義的運動**（Populist and Progressive movements）の下での最高裁による立法に対する**反多数主義的、反民主主義的**な（countermajoritarian problem......and hence anti-democratic）反動であるとしている[102]。1800年の選挙でジェファーソン自らは、辛うじて勝って第3代大統領となったが、彼の率いるレパブリカン（Virginia Democratic-Republicans）は、連邦議会の多数を押えた。その多くが Jefferson と同じく強烈な州権論者であって、中央対州権の問題に関する憲法解釈でも、「人民と人民に一番近い州議会の方が、連邦最高裁よりもむしろ強い権威を有するのだ……」と主張していた。

　そんな Jefferson であったから、憲法の文字に忠実にと、州の法律や判決を違憲無効とする連邦最高裁そのものを廃除したかったに違いない。無論、それには憲法改正を要するから、彼も簡単には手をつけられなかった。代りに、前任者ジョン・アダムス時代の1801年司法法（Midnight Judge

---

101　前注58 Saikrishna B. Prakash, John C. Yoo. Origins of Judicial Review, 70 Chi. L. Rev., 2003 (p.890).

102　現在の多数による民主的な解釈を古い憲法ルールで否定しようとする点、また民主的な選挙を経ない判事がそれを行う点で、問題であるとする。そして、そうした危惧感を共有していた Oliver Wendell Holmes, Jr. や Louis D. Brandeis らの判事は、一旦最高裁の中に入った後、いわゆる**司法の抑制**（judicial restraint）という解釈手法を取り出したとする（p.895）。

第3編　19世紀後半以降の憲法

Act）を、１年で廃止して了った。それにより、ジョン・アダムスが任命していた巡回裁判所判事（circuit court judges）42名全員を**くび**にした（1801年司法法は、最高裁がかけ持ちで巡回していた最高裁判事による巡回裁判の負担を減らすことも、１つの目的としていた）。そのうちMarburyなど４人が、上記の申立を連邦最高裁にしたという訳である。

（b）憲法が７ヶ所で定める議会の弾劾（権）については、既に見たほか（第４章二.１.(2)(イ)）、本章2.でも記述している。これは、一見、司法審査に対する対抗措置のような形で、連邦議会に与えられたともいえる。連邦議会の裁判官などに対する実績が多いことも述べた。実際、この対抗の図式を絵で画いたような動きがあった（しかも、背景には、フェデラリスト対レパブリカンの激しい政争があったことに加え、従兄弟で律儀な法律家、憲法の番人ジョン・マーシャルは、ジェファーソンにとって目の上の瘤であったこともある）。

　そのJohn Marshallは、Marbury事件の判決中の意見（opinion）で、第１次的には1789年司法法を違憲としつつも、間接的には違憲の非難を、その背後で任命書を出さない行政府の長、大統領ジェファーソンに対して向けていた。つまりMarburyという個人らの正当な権利を行政府の不当な権力行使から守るという、司法部としての第１の責務を、初仕事を果そうとしていたことになる。

　そのMarshallの力を、そして最高裁の力を何とか嬌めたいジェファーソンは、Marshallに反対しそうな裁判官を先ず送り込んだ。ジェファーソンが任命した判事William Johnsonである。同時にその頃Federalistの最高裁判事でもあり、また訴訟のやり方が多少個性的なサミュエル・チェイス（Samuel Chase）を標的にした弾劾するよう働きかけた。これを１つの小手調べとして、あわよくば最後はジョン・マーシャルの弾劾を、と計画を立てていた[103]。

（c）ジョン・マーシャルへの賛美を記さない法史やアメリカの歴史本はないといってよいくらいであるが、彼が就任した1801年、最高裁は、弱々

842

しい連邦機関に過ぎなかった[104]。ジョン・マーシャル長官は、彼が長官になるまで余り多くの実績を残していなかった最高裁を、いわば活性化した。34年間在任し、自ら意見を書いた判決数は574に上った、彼はその間にまた、それまでの各判事毎の意見の形（seriatim）ではなく、賛成意見の代表判事が1本の判決を書くルールを確立した（判決書のスタイルでいえば、法廷意見〔per curiam〕方式とした[105]）。

　最高裁長官ジョン・マーシャル（John Marshall）は、早々と1803年に歴史的なマーベリ対マディソン事件という記録を残したが、次に、最高裁が連邦議会の法律を違憲判断したのは、その半世紀後であった[106]。しかも、Dred Scott事件判決は、政治に迎向したとして北部有識者から殊に激しく攻撃された（北西政令〔Northwest Ordinance〕を無効と宣言することでいわゆる「ミズーリ妥協法」を否定したこのケースについては、第5章〔注97〕、および第6章1.(2)注65、67で触れた）。

　(d)初期憲法先例　以上のような滑りだしの中で、Dred Scott判決（1856）後、1900年までの間に最高裁が先例主義の基礎の上にどのような憲法法学を展開したのであろうか。Tribeとは異なる角度から分析したFriedmanは、憲法全体についての違憲審査というよりは、特に修正XIVについて、19世紀末から20世紀初めにかけて、大変化があったとする。

　第1に、北から激しく叩かれた後に、最高裁がグラグラと判断を左右さ

103　連邦裁判所判事であったJohn Pickering (1804) が、ジェファーソンらの率いた共和党議会により弾劾され、公職を失う最初のアメリカ人となったが、同じ時ジェファーソンは、最高裁判事Samuel Chaseに対する弾劾を下院が行うよう働きかけ、弾劾裁判で有罪とされるべきHigh　CrimeやMisdemeanorが何か、初のテストケースとなるところであったが、Chaseは、議長Aaron Burrが裁判長となって（I、3(6)）、その訴訟指揮の下、上院で無事無罪とされた。
104　メリーランド州の司法官になることを選好して、1789年のRobert Hanson Harrisonが、また1795年にニューヨーク州知事選に出るためにJohn Jayが、いずれも就任を断っている（Friedman, pp.86-87）。
105　この法廷意見方式は、イギリスでは少し早くマンスフィールド卿（Lord Mansfield）が一時試みたが、長続きせず、やめになっている（イギリスと英連邦諸国では、今でも各判事毎の個別意見の形である）。
106　Dred Scott v. Sandford, 60 U.S. 393 (1857).

第3編　19世紀後半以降の憲法

せたケース（時期）がある[107]。彼は、この時期を司法が政治により左右された時期、司法にとり不幸な時期と見ている。

次の時期は、最高裁が10年間で5つの連邦議会法と34の州法を違憲としたほど様変りした時期[108]。彼はこれらの時期につき更に次のように、より細かい記述をしている[109]（憲法学者ではないFriedmanは、同じSlaughter-House事件を読むのでも[110]、Tribeとは違って、経済・社会学的視点がかなり前面に出ている[111]）。

①1885年までの最初の10年間での修正XIVの下での判断が3件、次の10年間が46件、その後（1896年以降）の10年間は、297件の立法が修正XIVの下で判断されたとし、この世紀末以降を、**洪水**（flood burst）と表現している。こうなると、修正XIVはまるで**人喰い虎**（……like a man-eating tiger……）であり、アメリカ人である以上、いつ何時、他人がこの修正XIVを使って訴えてくるか、それを意識して常に生活しなければならなくなった。以上のような分析からか、彼は司法審査権の法的意味を次のように要約している。

②経済の面から見ると、最高裁の判断は保守的過ぎる一方（このため、大恐慌後のニュー・ディール時代まで左翼陣営から攻撃された）、法解釈としては時に急進的ですらある。総じて、議会による立法（規制法）を無効としたケースは少ない[112]（連邦の法律も州の法律も）。それだからとい

107　南北戦争中の連邦議会による立法 Legal Tender Acts を 1870 年に一旦違憲とし（Hepburn v. Griswold, 75 U.S. 603）、1871 年にそれをひっくり返した（Legal Tender Cases, 79 U.S. 457）。

108　それら修正XIVの下での判断は、すべて、法の適正手続（due process of law）か、平等権（equal protection）が焦点であったとし、Edward S. Corwin, *The Twilight of the Supreme Court* (1934) p.77 を引用している（p.259）。

109　Tribe とは違って憲法学者ではないから、視点が異なるのは当然で、Friedman のは法史学、法社会学的である。確かに、同じ南北戦争の結果として制定され、共通的に黒人奴隷の人権憲章としての位置付けでありながら、修正XIVのみは突出して利用度が高く、それも必ずしも黒人奴隷に係る事件だけに限らないという。

110　Slaughter-House Cases, 83 U.S. 36 (1872)

111　当時の New Orleans の衛生状態や屠殺業という仕事の性質などから、Louisiana 法の規制色に同情的で、反対意見を書いた Bradley 判事の立場も紹介している。

844

って、司法審査の役割を軽く、小さく見るのは正しくない。司法審査権がそこにあるだけで、立法に対する抑制・自制となりうる[113]。

　(ト)司法に対する植民州民らの意識が肯定一色ではなかったこと、それには、17〜18世紀イギリスでの記憶、更に遡ると、それ以前のスター・チェンバーの暗いイメージが働いていたことは1.(1)で述べた。独立当時のアメリカ人（白人の土地所有者）にとって、裁判官の平均像（一般的見方）が、権力も振るえないし、金も出せないという意味で毒にも薬にもならない**第3の政府組織**であったことも触れた。憲法は、連邦判事に終身保障を与えているが（III、1）、背景にはそういう見方があったのかも知れない。選挙を経ている訳ではないから、民意に支えられているともいえない[114]。司法審査にしても、前に述べたとおり、John Marshall による金字塔ケース Marbury 事件が出るまでは連邦、州とも余りパッとした実施例を見なかった。それには上に見たような、一般の人々の司法審査に対する信頼が今一つだったということも影響していよう。

　(a)成文憲法主義（constitutionalism）（第4章一.参照）にあって、司法や裁判官に憲法上の積極的な意義を見出すとすれば、憲法の最高法規性に拠って、より力を持った（権力を振るえる）政府の他の部門、立法や行政部に対し人民の地位と自由を守る点であろう[115]。これは、司法審査権の

112　Friedman はいっていないが、連邦法に対する司法審査が19世紀前半にゼロに近かったとしても不思議ではない理由として、19世紀前半が州政府（州法）の時代だったことで、連邦政府が取引規制に乗り出すようなことは余りなく、連邦議会の権限が拡大し、取引規制に乗り出すようになったのが、南北戦争後、世紀後半に入ってからであったことから、理解できる。実際、それまでの時代は、150年以上続いた植民州時代の慣性がずっと世の中を支配してきたと見ることができるのである。

113　彼はこの例として、憲法上の契約自由の原則（I、10(1)）による立法府への影響を挙げる（Friedman, *op. cit.* p.259）。

114　中には一匹狼のような裁判官がいても、上級審で修正されうる例として United States v. Sprague, 282 U.S. 716 (1931) がある。そこでは、連邦地裁の判事が、禁酒法 National Prohibition Act, 27 U.S.C. §12）が根拠とした修正XVIIIの批准手続きが適法に行われなかったとして、被告人に対する起訴を無効としていた。その裁判官は改憲手続（V）のうち、改憲会議を開いて行う批准のみが適法だと判断していた。

115　アレクザンダ・ハミルトン（Alexander Hamilton）が書いたことは前注17のとおりであるが、そのようにいえるためには、司法の判断が何よりもある程度の節度を保つとともに絶えず批判に晒されて、それに耐える理屈が前提となる。

第 3 編　19 世紀後半以降の憲法

根拠となる連邦裁判所制度は、憲法上その存在が略肯定され、連邦議会の立法によって州での裁判や州法に対する行使（管轄権）まで明定されていることと符合するといえる（注 96 の司法法参照）。

　再言すると、Marbury 事件以前にも（司法審査のため）最高裁へ上訴されたケースはゼロではなく、5、6 件あったが、最高裁として正面から司法審査権の行使として連邦法を違憲と判断したケースはない。それらしいケースが 2、3 件あるが、1 件は、正式記録に載っていないケースであり、他の 1 件は、争われた法律につきすんなりと合憲判断をしており、司法審査権に言及する必要がなかったのであろう。合憲判断をされたのは、馬車に対する連邦税と、その根拠となった連邦法である。最高裁は、同法と、その下での処分につき合憲判断をした[116]。正式記録に載っていないが、違憲と判断された上記のケースは、最高裁事件ではなく、巡回裁判所（Circuit Court）事件である[117]。

　事件が上訴された一方、その間に、連邦議会が法律を廃止して了ったため、上訴の意味が失われた（そこで最高裁は、その廃止された法律を違憲と判断した形になるが[118]、それが記録されてないケースである）。第 3 のカテゴリとして連邦最高裁が初めて州議会による立法を違憲と判断したケースも、この時期に 1 件記録されている[119]。

　(b) 17 世紀のアメリカが、司法審査（少くとも、そのアイデア）の原型を発明したというよりは、王の理屈と意思（will of the Crown）と対立

116　Hylton v. United States, 3 U.S. 171 (1796).

117　Hayburn's Case 2 U.S. 408 (1792). 革命戦争に従軍した兵士らへの年金につき、法（1792）が、裁判官を委員として査定して支払われると定めていたことが、司法権についての定め（の中立性）に反するとされた。

118　United States v. Yale Todd。この件は、半世紀以上後の United States v. Ferreira, 54 U.S. 40 (1851) の注の中に記されている。同注によれば、「まだ official reporter 制度がなかったから」という。また、なぜ半世紀以上後の Ferreira 事件の注でそれを述べるかについては、「司法権（judicial power）の意義と範囲に係る重要なポイントだから」、としている（press-pubs.uchicago.edu より）。

119　Ware v. Hylton, 3 U.S. 199 (1796), 革命戦争前の債務についての Virginia 州法がイギリスとの平和条約の定めに反するとした。

846

第 8 章　現代の憲法問題―権力分立と司法審査の今―

したイギリス国会（Parliament）の姿からヒントをとったと見るのは
Tribe である[120]。その後の経緯（主として各植民州ベースの）を経て、更
にアメリカ合衆国として発足後も、司法はやはり「自然権と理性」（common rights and reason）による判断であるとして[121]、権力と人民との間
の介在者（intermediate body）になりうる頼られる存在となった[122]。

　マルベリ事件判決での司法審査の手順としてジョン・マーシャルは、ア
メリカ合衆国憲法を単なる権力分立の法理を述べた文書ではなく、「規制
力（regulatory power）を持った文書と考えることが必要だ」と先ず主
張した[123]。そこで、彼がいう「規制力」（regulatory power）とは何かが
問題となる。第 1 の見方は、それにより違憲（unconstitutional）という
観念的な判断だけではなく、それと並び立たない議会の行為（立法）の効
力を奪うことができるとする。（立法）の効力を奪うということは、その
法律によって設けられた官は法的に存続し得ないし、その権限は否定され
義務も負えない。

　(c)これに対する、もう 1 つの考えは、違憲の効力は、そのケースの当事
者間だけの問題で、その法律が一般的にも無効とか、まして存在しないと
か、ということはなく、法律の元帳には載ったままでいるとの考え方であ
る[124]。これに対しては、確かにマルベリ事件判決は、国務長官マディソン
（Secretary of State, Madison）に向けられていて、同氏にしか従う義務
を命じていないにしても、同じ行為を他の人が繰り返し挑戦することは、

120　The idea of judicial review was born in 1600s, ……そこで、彼がいう立法府（legislature）と court は、「理性の声」（voices of reason）として見られたという。これに対する
　　のは、植民州の Assembly であるが、1780 年代に入ると colonial legislature は、執行部
　　（executive）に近い位置に落ちた（slipped）という（p.25）。
121　common right and reason が、18 世紀末などの各州の判決意見（opinion）中の多くで
　　根拠とされていることを示すものとして注 10 の Treanor 論文がある。
122　Alexander Hamilton による Federalist 誌 No.78（前注 17）、at 467.
123　彼が、連邦議会の立法を裁判所が審査できる根拠として述べたのは、①憲法を文書化し
　　た人は、それが国の最高法規として政府のすべての行為がそれに沿う必要があること、②そ
　　の判断をするのは法の専門家としての司法しかいないこと、③その反対に、立法府が自らの
　　立法を判断すべしということになると、立法府に万能の力（omnipotence）を与えることに
　　なるのに等しい、であった（同事件 pp.177-178）。

847

第3編　19世紀後半以降の憲法

普通は考えられないから、同じように規制力が働くとの反論ができる。

　この問題はある意味で、先例主義（doctrine of precedents）をとるコモンローの下での先例（precedents）の拘束力理論（stare decisis）の問題といえ、その中で、判断の対象とされたのが、事件の争点（issue）に限られず、問題となった法律であるとすると、上記第1の見解も支持可能になる。そこからは、その判決以前に不利な判断を下された人にも、同一の救済が及ぶとするコモンローのルールが顔を出す[125]。

　先例主義の下での法律（先例）の遡及効（retroactivity）は、制定法についての遡及効禁止原則しか知らない日本人には奇異な感を与えよう。しかし判事の仕事が、「新しい法を宣言することではなく、古い法を維持し、かつ説明することにある」、とするコモンロー判事らの仕事からすると、それほどの奇異感はない。ホルムズ判事（Oliver Wendell Holmes, Jr.）は、ある判決中で「遡及効主義が1000年近くも司法の仕事を律してきた……」と述べている[126]。

　(d)連邦議会による制定法については、上記とは反対に、遡及効に対し否定的なルールが存在する。殊に、刑法での事後法（ex post facto law）の制定は、憲法により禁じられている（Ⅰ、10(1)）。このように民事法と刑事法での間で、遡及効主義の違いがあることは疑いようがない。その他の法律では明言がなければ、解釈の問題となるものの、遡及効は原則として

124　我が国憲法学や判例でも、公務員の争議行為に関する昭和48年4月25日大法廷判決（全農林警職法事件判決）には、これに並行するような議論がある。全逓中郵便事件判決、これに続く都教組事件判決、全司法仙台事件判決の判例を変更したという意味で注目すべき裁判とされる。争議行為の全面禁止と、この違反の扇動等に対する罰則を定めた国家公務員法第98条第2項、第110条第1項第17号につき、その適用する範囲を制限する限定解釈によらなければ、違憲と解するほかないとする。この少数意見に対して多数意見は、ここでのいわゆる限定解釈とは、立法権に対する司法権による侵犯となりうるとして、疑問を呈した。

125　Solem v. Stumes 465 U.S. 638, 642 (1984) では、先例としての Edwards 事件が、検察や警察にまだ知られていない時点では別の結論になりうるとしつつ、「先例主義が行なわれる法制度の下では、遡及効の推定が働く……」とする。また、Robinson v. Neil, 409 U.S. 505, 507 (1973) では、「一定の場合を除き、コモンローも最高裁の先例主義も、憲法判断で遡及効の法理をみとめてきた……」としている。

126　Kuhn v. Fairmont Coal Co., 215 U.S. 349.372 (1910)

好まれない。民事法であっても、人民の期待を裏切ったり、正当な法的安定感を奪ったりする[127]。

　個別問題処理の解釈中では、新制定法 A が旧法 B との比較で、既に係属中のケースにどこまで適用されるべきかを巡って、折衷的なアプローチがとられることもある。既に存在していた法律 B の適用が原則であるとする一方で、B では明らかに落着きが悪いとか、制定法 A、または A の立法事実が、反対の例外（遡及効）を明定しているとかという場合にとられうる。

2.　実定法と先例集積としての憲法（権力分立）

⑴立法権（連邦議会）との間の分担・牽制（憲法先例の意味と法的効力）

　⑷英語の Constitution の元となるラテン語の意味、**構成する**の字義どおり、憲法は政治組織の三権を構成することが、その本来の役割である。三権が併存することから、そこに、三権の間に力の配分があり、その間の分担・牽制が生ずる。ここでは、三権間の分担・牽制を無差別に比較、分析しようとするのではない。成文憲法がそれをどう定めているか、その文言から出発する。文言は解釈されるが、「最後の解釈権は司法にある」、というのが憲法の定めである。

127　General Motors Corp. v. Romein, 503 U.S. 181, 191 (1992). ミシガン州議会が 1980 年、1981 年と、2 回身傷者への手当支払いルールを変えたのに際し、General Motors は、1981 年以前に身傷者となった者への扱いにつき遡及効による扱いとし、この時はミシガン州最高裁もこの扱いを法的に正しいとした。1987 年にミシガン州議会が再び、以前の扱いを覆す反対の制定法を定め、差額の払い戻しを定めた。そこで、General Motors らが、この新たな制定法は連邦憲法の契約保護条項と法の適正手続条項に反するとして訴えた。これに対し最高裁は、本文のようには述べたものの、本件では、保護されるべき該当契約もなく、1987 年法は、以前の凹凸をならそうとする合衆国の見地に沿ったもので、法の適正手続違反もないとされた。

第 3 編　19 世紀後半以降の憲法

　そこで、憲法が司法の中心的使命としている司法審査権を軸として、三権の間の力の配分、その間の分担・牽制の関係を見ようとする。その間に働くルールを見ようとする。それには、先ず司法と立法府（議会）との間、司法と行政権（大統領）との間を、更に行政権と立法府間の関係を、司法が裁くためのルールを見るのがよかろう。これらの関係の１つに、立法府（議会）の議員の言論の自由と、国防上の秘密保護の問題がある。Vietnam 戦争時に Alaska 州からの上院議員が戦争反対の与論に役立てようとしていわゆる Pentagon Papers を印刷させたケースで最高裁は、上院議員の行為が、「立法など活動に直接関係する範囲でない」と、言論の自由を限定的に捉える見解を示した[128]。

　(a)三権の分立は、憲法のルールを厳格に適用しようとのルールである。Tribe は１つの極論な例を挙げる。Dred Scott 判決（1856）を下した最高裁が、Lincoln の奴隷解放宣言（Emancipation Declaration）を無効と判断・宣告した時、Lincoln はどうするであろうか、「その裁判官が、憲法の解釈で間違っている」（と、大統領が考える）かも知れない、という問題である[129]。屡述するとおり、中央と各州の議員のほか、大統領以下の行政官も、裁判官も、１人１人が各別に憲法の護持を宣誓している（VI、(2)、(3)）。その裁判官が、憲法の解釈で間違っている（と、大統領が考える）かも知れない。そう考えた大統領は、自らの宣誓に忠実に、裁判官が出した間違った判決を無視すべきか、そういった厳格さである。

　このような厳格な分立の一方で、「生きた政治」には一定の柔軟さが求められる。この点で最高裁は、各部門をヘルメットの角のような鋭い形で分けることをしないで（……not……helmetic division……）、実務的で柔軟な視点（……pragmatic a flexible view……）で見るという[130]。「権力分立」

128　Gravel v. United States, 408 U.S. 606 (1972)。いわゆる Speech or Debate Clause 特権（I 、6(1)）につき "legislative process" の外までは及ばないとした。
129　憲法の解釈を巡って意見が激しく対立した例として、Tribe は Mistretta v. United States, 488 U.S. 361 (1989) のほか、次を挙げている。Bowsher v. Synar, 478 U.S. 714 (1986). Buckley v. Valeo, 424 U.S. 1 (1976).

第8章　現代の憲法問題—権力分立と司法審査の今—

の「分立」(separation) という言葉も、その意味が複雑であろう。というのは、確かに一方では分立するが[131]、憲法は、他方で共同、協力の場面も予定しているからである[132]。その意味で、この(1)は主として、立法府に関する権力分散 (Division of Power Concerning Legislature) のメカニズム、中でも行政権への関与を議論の対象とする。現実社会で、行政機関の性格とその機能が変化してきている。

(b)立法権も行使するかのような独立行政委員会 (independent agencies) に係る憲法上の問題は、行政国家化した今日のアメリカでは避けることのできない問題である。次の(2)と(3)では、「行政権（大統領）との間の分担・牽制（弾劾・独立検察官）」や「戦争遂行権」なども出てくるが、機関の設置が、立法府による授権によって行われる点で、この(1)でも採り上げる。複雑に入り組んだ分担と相互牽制の中でも、問題をより複雑にするのが、上記の独立行政委員会 (independent agencies) の登場であり、更に、こうした独立行政委員会に連邦議会が一定の授権をしている場合である。近時の事例として、SEC や Federal Reserve Board のような機関を巡る行政府と立法府との間の権限の相互分担・相互牽制の問題がある。それによるアメリカの行政国家 (administrative state) としての展開について（殊に憲法の三権分立原理に対して）、どう考えるかである。こうした独立行政委員会などの独立機関 (independent agencise) に関する代表的な議論は、それが、第4の政府部門 (fourth branch) を設けることになり、憲法に反しないか、というものである。

(c)他方で、こうした独立機関の出現を、現代国家アメリカにとり已むを得ない、必然のものとして、擁護する立場もある。その論理は、そうした

130　Tribe, *op. cit*. p.139.
131　憲法の文言が、立法権につき all legislative powers とし、これを議会へ（Ⅰ，1）、執行権につき大統領へ（Ⅱ，1）、などと截然と分けていることは前出のとおり。
132　たとえば、立法権の下での法律が成立するためには、可決された法案を大統領に呈出し、その承認とサインをえなければならず（Ⅰ，7(2)）、その意味で、大統領の拒否権は立法権に作用するし、大統領の執行権についても、一定の範囲の官（cfficer）についての任命のように、上院の同意が要件となっている。

851

第3編　19世紀後半以降の憲法

独立機関も憲法の枠内でのみ存在・作用する。即ち、そこで何らかの疑問が生じ、法的に争われれば、連邦の司法が規律する。ゆえに新しい独立機関だからといって排斥しなくてよい、というものである。

　これらの独立機関の設置法についてよく行われる立法形式は、連邦議会が独立機関にすべてを直接授権しないで、議会の一院なり、その委員会などに授権するやり方である。INS v. Chadha ケースでは、このやり方が、立法府が行政の作用にまで入り込むことになるとして否定されたが、第4の branch 否定論は全く出されていない。こうした独立機関が中央政府直轄のものでなく、地方自治体関係の独立機関ということになると、Tribe のいう**横の分立**の論理と、**縦の分立**の論理とが交錯することになる (intersections of……, principles for dividing……powers)。たとえば、ワシントン D.C.の空港公団事件のような場合である。

　㋺憲法の下での立法府と行政府の間での相互分担・牽制のルールで、機関の設置は、立法府（議会）による立法としつつ、その機関に就任する「人の任命は、行政府（大統領）が行う」とする例がある。そこに係る憲法の定めが、Ⅱ、2⑵の第2節である。

　⒜行政府や司法部の個人に対し、何らかの負担・差別となるような形での機関の設置を定めるような連邦法に対しては、私権剥奪法を禁じる憲法の定めがこれを否定している（Ⅰ、9⑶）。これとは異なるが、立法府（連邦議会）が機関の設置を定めるについて、任命規定をどう定めるかなどの具体的な立法内容によっては、三権の他の機関に負担を課したものとして、またはその他で、その立法が立法府（議会）本来の機能を逸脱したものと判断されうる。

　このような仕組みの事例は、合衆国が建設した首都ワシントンの空港を市に払い下げた後も、連邦議会が事実上その支配下に置こうとした機関について見られた。その当局 (airports authority) は、実質的には連邦議会の議員が委員として運営するような形をとっていた。その授権立法につき、最高裁は、三権分立の下での連邦議会の専権に反する一方、その当局

（Board of Review）の設置が州の立法によっていることが、三権分立違反を治癒することにはならないと判示した[133]。

(b)独立の行政府を設けて、行政をそれに授権する一方で、それとの組合せで、議会自らの支配下に留めておく形の授権（すべての授権を行う代りに、一部は、いわば内向きに自らの一院、委員会などを通し支配下に置く授権）をする（立法したものの執行などを授権する）やり方、このような一部授権を含む立法を "legislative veto" と呼んでいる[134]（いわゆる**立法府拒否権**の問題である）[135]。この "legislative veto" が憲法（Ⅰ、7）を潜脱するもので、違憲であるとしたケースとして、INS v. Chadha ケース（前出）があった。

この legislative veto 方式の立法により、議会は、独立行政委員会などの行政機関に大きな力を授権できる一方で、その授権を一部撤回したり変更したりすることにより、その機関を監督・**支配**を継続することができる。それが、「国民の代表の意向を反映させながら独立行政委員会や行政機関を機能させる、民主的方法である」、との説明である。しかし、司法は、これを正規の立法手続によらずに行われる立法行為、あるいは立法府による行政行為であるとして指弾する。たとえば、Springer のケースでは、連邦議会が、その立法により作られた機関の執行者個人の任命権を保持したまま（法の執行に係り続ける形）で、執行の授権をすることはできないとした[136]。

(c)そこでの判断との絡みで１つの鍵となるのが、その役職（者）（officer）が省庁の長官などのように、Ⅱ、2(1)でいう**主たる役職者**

133　Metropolitan Washington Airports Authority (MWAA) v. Citizens for the Abatement of Aircraft Noise, Inc., 501 U.S. 252 (1991).

134　Tribe, *op. cit.* p.141 以下。

135　この legislative veto を内蔵した立法は、大恐慌時にいわゆる立法事実の急速な高度化・複雑化ゆえに十分な機能を発揮できないことの指摘を受けた議会がこの種の立法を始めたもので、その後 1970 年代以降、legislative veto を内蔵した立法は更なる増大を示した。現在約 200 あるとする（Tribe, p.142）。

136　Springer v. Government of the Philippine Islands, 277 U.S. 189 (1928).

853

第3編　19世紀後半以降の憲法

(principal officer) なのか、それとも「議会がその任命を法律により授権できる」と定めた下級役職（者）(inferior officer) なのかの区別である[137]。

このような判示をサポートする法理として、憲法が「法の執行として定めている」Ⅱ、2⑵の下での大統領の任命権を、議会が実質的にコントロールし、任命権が形だけのものとなるようなことは、権力分立法理で禁じられた「他の権力の分野に立法府が入り混むことになる」、と考えるからである。この角度から「問題あり」、とされた連邦法として、1974年連邦選挙管理法がある[138]。Buckley 判決のいうところを別言すれば、議員が自らまたはその任命により、合衆国の官吏 (Officers of the United States) を作ることは、憲法の上記条文でいう「大統領が……任命すべし」に反するという訳である。

㈥独立行政委員会とは少し違うが、独立検察官 (independent counsel) について、上記の法理の適用が問題となったケースがある。関係連邦法は、Ethics in Government Act of 1978 であった[139]。同法は Watergate 事件を受け、大統領による行為の非違度を調査する検察官を、行政機関が任命するのではなく、司法部が授権する形に変えた。問題は、この形により任命された独立検察官が、憲法でいう "principal officer" であるか否かであった。これが肯定されると、違憲（Ⅱ、2⑴違反）の問題が

137　大統領が上院の助言と承認により shall appoint......all other Officers of the United States whose Appointments are not herein otherwise provided for, and which shall be established by law: とする下級役職（者）(inferior officer) については、"but the Congress may by law vest the Appointment of such inferior Officers......in the President alone, in the Courts of Law, or in the Heads of Departments." と定める（Ⅱ、2⑵）。

138　Buckley v. Valeo, 424 U.S. 1, 125 (1976). Federal Election Campaign Act of 1971 への1974改正法は、8人による選挙管理委員会（Federal Election Commission）を設け、選挙の管理権、そのための規則制定権、違反者の訴追権などを与えていたが、そのような授権は、議会の「立法機能の範囲を超える」とされた。そこでは、その委員会の委員の多くが上、下両院の議長が任命する者であったことが響いていた（Valeo は、上院の Secretary であったが、委員の多くが、Ⅱ、2⑵で定めたとおりの方法で、Validly appointed に任命されたものではないとして、そのような授権の効力を否定した）。

139　28 U.S.C.§591 et seq.

出てくるが、"inferior officer"だということならば、「議会が立法により大統領か、または司法や各省の長にそのための授権をする……」となっている条文（II、2(2)）に即し、適法となる。

(a) Morrison事件では、Morrisonより上級の行政官であるAttorney Generalにその罷免権があること、その職務も、官吏の非違などを調査するという限られたものであって、その管轄分野も狭く、かつ任期も限られている、という4つの理由により、独立検察官は「inferior officerである」とされた[140]。ただし、Attorney Generalに罷免権があることを主な理由とするMorrison事件でのこのルールは、その後のケースにより先例変更（overrule）されたのではないかとの見方もある[141]。また次記のClinton事件で、独立検察官Kenneth Starrが見せたような「誰からの制肘も受けないで縦横無尽の調査、訴追活動」ができた実例を見ると、果して、「inferior officerである……」といえるか疑問も生ずる。このMorrison事件ではまた、「独立検察官」の選任が、関係する憲法条文（II、2(2)とIII）中に示されている「執行機関と司法部間での権力の分離」の考え方に反しないかも争われた[142]。

権力分立の**分立**（separation of power）という言葉も、その意味が複雑であろう。というのは、たしかに一方では分立するが[143]、憲法は、他方で共同、協力の場面も予定しているからである[144]。その中で、立法府によ

---

140 Morrison v. Olson, 487 U.S. 654, 671, 672 (1988)、これにはScalia判事の反対意見が付いている。
141 Edmond v. United States, 520 U.S. 651 (1997)。運輸長官（Secretary of Transportation）によるCoast Guard Court of Military Reviewのjudgeの任命が争われたが、最高裁は、連邦法（49 U.S.C. §23(a)）の下での授権を違憲ではないとした。
142 Morrison v. Olson, 487 U.S. 654 (1988)ではスカリア判事が『独立検察官』の選任がこの権力分立に沿うものかを疑問として、反対意見を述べた。
143 立法権につき all legislative powers とし、これを議会へ（I、1）、執行権につき大統領へと専属的に定めた（II、1）。
144 たとえば、立法権の下での法律が成立するためには、可決された法案を大統領に呈出し、その承認とサインを得なければならず（I、7(2)）、その意味で、大統領の拒否権は立法権に作用するし、大統領の執行権についても一定の範囲の官（officer）についての任命のように、上院の同意が要件となっている。

第3編　19世紀後半以降の憲法

る弾劾権行使は、三権の他のいずれの機関からの制肘も受けないで、1つの機関が（たとえば大統領の非違行為があるかを調査して弾劾するという）重大かつ強力な（議会下院の）専属権限を実質的に行使できるという意味で、憲法上の「由々しき問題である」といえないこともない。

　強力な権限に結び付きうる「独立検察官」なので、その選任権につき上記 Morrison 事件の後のルール変更（overrule）も取沙汰され、それを示唆したような前注 141 の Edmond ケースが言及されるのである（"principal officer" であるとなると、大統領は、上院の助言と承認を得なければ任命できない〔II、2〕ことの指摘）。こうした先例は、最高法規条項の下で、大統領が重要な官吏を任命するにつき守るべき法規となるが、初めから principal　officer ではない役職にするには、先例による変更（overrule）を待つまでもなく、議会の立法でできることである。

　(b)アメリカ憲法は、その（改正案の）成立までには大変な（民主的手続を要する）だけでなく、今ある憲法は、大統領も議会も、また一般人も、自らの正しいと判断するところに従って解釈してよい点で、民主的な開かれた（open）憲法である。そのため、憲法について最後の言葉をいうのは、現実の政治では、必ずしも常に司法であるとは限らず、大統領や議会であることも多くある。その中で連邦議会は、その本来の立法権行使自体、憲法の解釈・理解が必須の前提となる。

　他方で最高裁も、その例は多くないものの、判決中で本来の争訟性（justiciability）から少し**はみ出た**かのような一般的ルールや指針を述べることがある。例として有名な Brown 事件では（クラス・アクション的理由もあろうが）、各地方毎の要素も織り込んだ最終命令を個別に作る必要があると断った上で、「公教育にあって、平等だが分離するはあり得ない」、との一般的ルールを述べている[145]。

　独立検察官（independent counsel）の任命方法を変て、特別検察官（special council）にしようとの改善は、世紀末には行われる予定であったが、Ethics in Government Act of 1978 の改廃は、党派的利害の問題が

あり、タイミングも必要で意外と困難である（大統領の与党が多数の議会ならば通り易いが、という問題）。

その権限の行使が法規や手続ルールなどによって縛られる中で、大統領による恩赦権、その行使は、何らの法規、ルールによっても縛られない裁量権であることについては前述した（Ⅱ、２(2)）[146]。

㈡その中で、ここで見るのは立法府が、大統領など行政府への委任をする立法行為において、何らかの意味の支配・監督権を手元に残しておく授権形式による立法である（これが、多くの人により「立法府拒否権」〔legeilative veto〕と呼ばれる立法スタイルである）。社会、経済の高度化、複雑化とともに、立法事実（立法を必要とする背景）も複雑化し、立法府が予め十分に手当することが時に困難なことがある。

(a)そこで、ある程度の幅を持った立法による授権が考えられた。場合によっては、立法府がその後も行政の執行を監視・監督し、授権を引込めることも含んだ立法府拒否権である。この legislative veto は特に、大恐慌、New Deal の頃から 20 世紀後半に盛んに行われるようになった[147]。このような立法府拒否権付き連邦法の立法が、細かい管理的事務の面での法律上の紛争、ひいては合憲性の問題にならずにいる訳がない。

(b) Tribe は、この紛争を**戦争宣言権**を巡る論争などのような華々しい主題ではなく、小競り合いと呼んでいる。こうした小競り合いの例として、

145　Brown v. Board of Education, 347 U.S. 483, 495 (1954) の結論での次の部分でいうルール。"……in……public education the doctrine of "separate but equal" has no place. Separate educational facilities are inherently unequal"、という理由により、修正ⅩⅣの下での equal protection に反する（それ以上に、修正ⅩⅣの下での due process of law にも反するかは、論ずる必要がない）。この結論に至る前のステップで最高裁は、事実発見（findings）として、法律により人種隔離をすることは、黒人に劣等感を呼び起こし、劣等感は子供の学習意欲を殺ぐ、学習意欲を殺がれた子供は知的能力の発達で、そうでない場合に受ける利益を受けられない。以上の事実発見は今日の科学的常識で、これは Plessy v. Ferguson, 163 U.S. 537 (1896) の時とは違う（at 494）。

146　制憲会議の終了時に George Mason が成案にサインすることを拒んでいた理由として、この恣意性を挙げていた。大統領によるこの恣意的な権限行使に対し、国民やその代表がとりうるのは、弾劾、次の選挙での落選、歴史による評価だけだとする（Tribe, p.721）。

147　1970 年以降のものを中心に 200 余りの連邦法が legislative veto provisions を持っているという（Tribe, p.142）

第3編　19世紀後半以降の憲法

立法府による立法行為と、大統領による行政行為の合憲性が審査された最近の事例がある。そこでは最高裁が、「憲法の手続条文も、相互牽制原理が働くための重要な要素である」、とした。①留学生の強制退去のケースと[148]、②クリントン大統領対ニューヨーク市などの事件である[149]。いずれも、立法権と行政権との間の相互牽制に係る。その面で、憲法の規定がどう働くかの事例である。2つの注記事件の要旨を纏めておこう。

㊬注148のINS対Chadhaは、ケニア生れでイギリスのパスポートを所持する東インド人の入国問題である。入国管理官が最終的に入国可とする処分をし、司法長官（Attorney General）が強制退去処分停止の決定をした。その後の相当期間を経た後に、下院が出国停止決定を否定する決定を行った[150]。これは、下院司法委員会の推薦どおりの決議で、340人の申請者中6人につきこの取消決定がなされた。これに対しChadhaが、このような議会による手続を定めている出入国管理法の違憲を主張して、出入国管理局ISN（Immigration and Naturalization Service）による強制退去命令の再審査を9th Cir.に訴えた[151]。申立の重要性に鑑み9th Cir.は、上、下両院に意見書（amici curiae）の提出を促した（注145のBrown事件でも、裁判所は連邦と関係州の各Attorney Generalに意見書の提出を促していた）。

(a) 9th Cir.が、出入国管理法が違憲であることを理由に、司法長官（Attorney General）に強制退去処分の取消しを命じ、上告審になったところで、上、下両院は意見書を提出し、手続問題から実体上の問題まで（教科書の目次を並べたかのように）ありとあらゆる主張を出してきた。本書として関心が高いのは、次の主張である。先ず、9th Cir.からの上告

148　INS (Immigration and Naturalization Service) v. Chadha, 462 U.S. 919 (1983).

149　Clinton v. City of New York, *et al*, 524 U.S. 417 (1998).

150　法の下では、取消される原因として「議会の開会中に上、下両院のいずれかが司法長官（Attorney General）からの強制退去処分停止候補者リストの報告を受けてから、次の会期終了までにそのような処分に賛成でない決議をする時は、……」となっている。

151　ポピュラーネーム Immigration and Naturalization Act の§244 (c)(2)、8 U.S.C. §1254 (c)(2)。

受理をするにつき最高裁には法律（28 U.S.C. §1252）上の管轄権がある
のか（この主張について最高裁は、9 th Cir.の決定は、同条により最高裁
が上告受理をすることができる手続の1つであると認定して、斥けた）。

(b) Chadha の請求は結局、憲法の国籍条文（Ⅰ、8⑷）と、それを補う
必要かつ適切条文（Ⅰ、8⑱）の下での議会の立法権の広い裁量を争うこ
とになった。本件の事実関係の下でその広い裁量を争うことは、憲法の**政
治問題**（political question）となり得[152]、事件性を失ないかねない[153]。し
かし、本件での出入国管理として強制退去処分などに係る公けの行為は、
関係人の権利・法的地位がそれによって変更され影響を被るから、司法判
断になじむ立法上の問題であるとした。しかし結果として最高裁は、一院
のみの立法府としての行為（決定）により入国管理法上の法的効果を定め
る立法が、「憲法が求めた立法手続に適合して行われたといえるか」、と自
問の上答えた。最高裁が判示した核心部分は、こうである。

「憲法は、立法に当っての立法府がなすべき手続と、大統領がなすべき
手続とを明示で詳しく定めている（Ⅰ、1、Ⅰ、7⑵、Ⅰ、7⑶）。これら
憲法条文はすべて、権力分立のため入念にデザインされた。それは手続規
定とはいえ、立法権の範囲に係る実体的規定と不可分一体の形で、権力分
立を守るための手続上の定めであり、憲法の手続条文を満足させない手続
により立法と同じ効果を生じさせようとする法律は、違憲につながる不備
がある」

Chadha 事件で、議会の立法が違憲とされたのは、立法府のうちの下院
司法委員会の推薦決議により司法長官が下した決定である。これが三権間
の授権とは違う、憲法の手続に違背する（新手の）立法行為だとされた。

152　最高裁は事件に、「ある程度の政治問題的要素がある」、と譲歩しつつ、それが、自ら**政
治問題原則**を作動させる（争訟性を否定する）ことにならないとした。
153　INS v. Chadha で最高裁が判断を控えることのある政治問題のルールとは、（司法）事
件性（justiciability）のルールとも呼ばれ、事件の性質、中でもその政治問題的要素が司法
判断よりは立法府の裁量になじむ時は、司法判断を回避するというルール。その代表的なル
ールとして、Ashwander v. TVA, 297 U.S. 288 (1936) での Brandeis 判事の示した7つのル
ールが広く知られている。

第3編　19世紀後半以降の憲法

憲法が求めるのは、それが立法行為（とみなされる行為）であれば、あくまで「両院の決議と大統領への提出とサイン」(bicamerality and presentment) を経るべしとの要請である。それがすべて充たされたかをチェックするのが、司法の役割だという。

(c)連邦議会に禁じられているのは、他の権力に属する分野に入ることだけではない。連邦議会自らが、この「両院の決議と大統領への提出とサイン」という定められた手続と異なる形で委任して、実質的に立法と同じ効果を挙げる事も禁じられている[154]。この手の例として、「首都空港公団」が当事者として絡んだような騒音訴訟が挙げられる[155]。そこでは、首都ワシントン D.C.の空港公団の職員を連邦政府から地方自治体に移動させるのに伴い、自治体による新たな監督機関（そこに連邦の議員9人が入る）に空港公団の決定を覆せるような権限を与えたことが問題となった。そこでの法律的意味につき最高裁はいっている。

「立法府が自らや、またそのメンバーに何らかの行政権や司法権を与えることが違憲であるように、立法府が自ら、その立法権を行使するときに憲法の定める手続上のルールを守らないことも違憲である……本件での監督機関の権限行使が、行政権や司法権であれば、立法府自らはそれを行使できないし、立法権ならば、憲法の定めるとおりの手続上のルールを守って……しなければならない……」

(ヘ)もう1つ前注149にも挙げた Clinton v. City of New York, *et al.*は、クリントン大統領を相手とした2つの訴訟を併合した複雑なもので、原告は、①**ニューヨーク市**と、同市の1つの病院、2つの病院組合、健康保険

154　このような形の立法府拒否権 (legislative veto) は、憲法の手続上のルール、両院の決議と大統領への提出とサイン (bicamerality and presentment) とは異なる。下院司法委員会のメンバー構成は、両院のメンバー構成とは異なるし、それぞれが時とともに変化する中で、立法を可能にするほどの政治力の結集なしに、事実上の立法がなされて了うことの懸念が挙げられている (Tribe が引用するのは、Stanley C. Blubaker, *Slouching Toward Constitutional Duty*, 1 Const. Comm. 81, 93-94〔1974〕)。

155　Metropolitan Washington Airports Authority (MWAA) v. Citizens for the Abatemant of Aircraft Noise, Inc., 501 U.S. 252 (1991).

組合の2つの労働組合、②アイダホ州の30人の**じゃがいも農家**から成る農協と、その農協幹部の農民、という色分けであった。

コロンビア地区裁判所は、2つのグループの各々の中に、少くとも1人は当事者適格者がいるとして、2つの訴えを適法と認め、これらを受理し、一本化した。その請求原因はともに、**項目別拒否権法**という予算法に係るものであった（予算法案も、その他の法案も、立法手続上何らの区別のないことにつき第4章二.1.(2)(イ)参照）[156]。Clinton大統領は、1997年秋、合理化の1つとして拒否権法が与えている予算執行の取消権を行使した。2つの訴訟の原告らはこの取消権行使と、それに係る連邦法の効力を争った。

(a)アイダホ州**じゃがいも農家**らから成る農協は、大統領による取消権の行使により、農民らが予定していた利益（「じゃがいも加工機」購入につきキャピタルゲインを免除される）を失うとして（これは、同法により大統領が取消せる項目の③に当る）、また、ニューヨーク市の健保組合らは、大統領の取消により保険料を過去に遡って支払う債務を負担することになり（これは同法の項目の②に当る）、結果として被害を受けるとして提訴した[157]。事件での正式な被告は大統領になっているが、事務局は保健福祉省（Health and Human Services〔HHS〕）であり、また議会の上、下両院ともが実質的な関係者となり、攻撃、防衛に参加した。

(b)地区裁判所は連邦法を3点で違憲と判断した。大統領の取消しにより連邦法の一部が効力を失う結果、残りが、議会が可決・成立した法案と異なる内容の連邦法として成立したと同じ結果となって了うが、これは憲法

---

156 項目別拒否権法、Line Item Veto Act, 2 U.S.C. § 691 et seq.は、1996年に法案の承認決議が成立し、1997年に発効した。同法中の問題となった条文は、このように発効済の連邦法のうちの3種類の条文は、大統領が拒否権を行使することで取消せることを定める。それらは、①裁量項目中の予算、②新規の直接支払い、③税法上の限定優遇措置であった。

157 拒否権法が成立するや否や、6人の上院議員が同法が憲法に違反するとしてコロンビア地区裁判所に提訴した。同裁判所は、同法を違憲と判断したが、その時は議会が、同法中の最高裁への直接上告を許す規定を利用して上告し、最高裁もすぐに、この上告を受理したが、結論として、6人の上院議員らには当事者適格がなく、従って、最高裁に管轄権がないと決定していた（本件より2ヶ月弱前の話しである）。

第3編　19世紀後半以降の憲法

で定めた連邦法成立の手続要件に合致しない。更に大統領が、一方的に取消すことで連邦法の成否に絡むということは、大統領が立法の一部を担うこととなる。これは、憲法（Ⅰ）に反し、三権分立のルールを甚だしく犯す。

このような違憲判断に対する議会側の反論の1つとして、議会は、直接上告を許す司法法の条文適用に必要な要件が欠けていて、**最高裁に管轄権がない**と主張したが、この先決問題は、最高裁により斥けられた。議会側の反論の第2は、実際にまだ損害を被った訳ではない原告らには、「当事者適格がない、または求めるべき損害がない」、というものであったが、これに対しても最高裁は、ニューヨーク市などが政府から返金を迫られる債務を負ったことが、損害発生であると認定した（なお、以下の(2)(=)(g)参照）。

(c)肝心の違憲問題について纏めていう。「項目別拒否権法の手続は、立法府による立法権の行政への一部委任の形となり特殊であるが、そうなった背景と、それを必要とした事実との合理的関係は認める」とした上で[158]、同法の取消手続が、なお憲法（Ⅰ、7）に違反すると判断した（それゆえ、地区裁判所のいうもう1つの理由、「同法が三権のバランスを許し難く崩す……」、は検討しないとした）。

最高裁の決定理由はただ1つ、ライン・アイテム・ヴィートー法の手続が、憲法の認める手続と違うという点である。ライン・アイテム・ヴィートー法は憲法の定めどおり、両院の必要な多数による賛成の議決を経、それが大統領に送られサインされて成立している。大統領が拒否権を行使することにより、その法律に当初とは別の法律効果が有効に生ずるとすると、大統領の拒否権だけで（憲法の認めたのとは異る手続の下で）、別の内容の法律が成立することを認めたに等しいことになる。憲法の認める手続と

158　同法が議会で何回も散々議論された末に成立したものなので、その特殊な手続を議会が編み出したその知恵については、最高裁はコメントしない（ただ、そこでの手続も憲法の規定に反しない形になっていなければならない）ことを述べている。

862

は違う立法手続を是認することになる。9.11事件を受けて、アメリカでは一部に「CIAは何をしていたのか！」と非難の声が挙った。FBIやCIAによる行き過ぎた情報蒐集が人権侵害を起こしかねないとして、議会が1970年代半ばにChurch Committeeを設けていたが、その絡みで、同委員会が採ってきた措置も、非難の対象とされた[159]。それにより本来、極く秘密裡に動くべき特殊な行政の一部門が、「立法府と共管であるかのような形となり、CIAの活動が著しく非効率にされた」、との非難である[160]（その間に、議会への報告〔briefings〕も、上、下両院の各専門のCommittee 1つだけに絞るIntelligence Oversight Act of 1980も作られていた）。

(ト)今日のアメリカの司法審査権を事実上作り、審査の基本を規定したとされるJohn MarshallがCohens v. Virginiaで唱えた「管轄権条文を充たすケースが来たら、最高裁は司法権を行使せねばならず、その間に、裁量の余地はない……」という考えがある（その点、立法するか否かの自由裁量を有する立法府とは違うという）[161]。

この司法権行使義務の厳格さと、最高裁が三権の分立を判断し立法を審査するjudicial reviewの視点で上述のように、「ヘルメットの角のように」ではなく、「実務的で柔軟に」というのとは、また別である。後者の視点では、**厳格必要説、明らかな間違い説**などがある。いずれも、違憲判断においての（最高裁による）司法権行使抑制説といってよい。judiciel reviewにおけるこのような抑制的態度は、厳格に法に則って行動すべき司法部の原理に遡れば、当然ともいえる正しさがある。その後の展開の中では、これが**厳格必要説**（doctrine of strict necessity）となり、ルール

159　History News Network, 2011年11月4日は、上、下両院のIntelligence Committeeが「CIAを"Shake-up"しなけりゃ」と叫んだと伝えている（hnn.us/article/380）。
160　前注誌は、CIAを非難するその議会人らが犯人だとし、彼らがCIAの諜報活動に異議を唱え、手足を縛ったことこそ責められるべきだとして、彼らは、実に年に600を超える報告（briefings）という名の"interminable requests"で煩わせたとして、1996年の例をとっている。
161　Cohens v. State of Virginia, 19 U.S. 264 (1821).

第 3 編　19 世紀後半以降の憲法

として確立してきた。

　(a)この違憲判断においての行使抑制説は、いくつかの異る力点と表現で語られる。先ず切り分けねばならないのは、中央の三権の中でもここで問題とする、立法府との関係での抑制である。「立法府との関係で……」、考察可能な点として、「立法府と司法権との境界は何か」、のほか、「立法府と行政府との権限はそれぞれ何か」、「立法府内部での法律問題にどう向き合うか（裁くか）」、などの点が入ってくる[162]。これらの各局面で、立法府の本来的活動としての立法に関し、judicial review における司法権を行使することが、個々の司法審査の主題、中心となる。その文脈の中にあっても、「司法権を行使せねばならず……」というのと、目の前の事件で「法律が違憲かどうかの review をしなければならない」というのとは同じではない（司法権を行使するための要件、争訟性〔justiciability〕については前述した）。この **review をしなければならない**、そのための要件がある。

　その要件での **厳格必要説**（doctrine of strict necessity）が、ここでの問題である。その内容として、事件の事実に答えるのに必要な範囲でのみ違憲かどうかを見る[163]、事実を判断するために必要な他の法律が記録中に見られない、当事者が特定の法律を問題にしていない、などが挙げられる[164]。この厳格必要説（doctrine of strict necessity）でも、議会が、司法の役割を本来の司法権以上に拡げるような立法をした場合、その効力を否定する副次的働きをすることができる。

162　立法府の内部問題の例として Powell v. McCormack, 395 U.S. 486 (1969) がある。いくつかのスキャンダルに巻き込まれた Powell が再選されてニューヨーク州から登院したところ、下院議長 McCormack から「宣誓しないよう」、求められた（所定の事由に欠けることがあれば下院が、2/3 で議員資格を失わせられるが (expulsion)（Ⅰ、2(2)）、その他の事由により、席を与えないこと (exclusion) の処分をすることは、2/3 でもできないとし、これは政治問題ではなく、争訟であるとした）。

163　司法権は cases and controversies にしか及ばない（Ⅲ、2）。復員軍人への年金支払の査定を司法にやらせようとする立法を問題にした前出の Hayburn's Case (1792) では、確かに、争訟性 (justiciability) が存在していた。

864

(b)第2説は、明白な立法の間違いを、違憲かどうかの review に必要とする、**明白な立法の間違い推定説**（doctrine of clear mistake）である。これには新旧色々な説明がなされているが、現在の実務上のルールは、9人の判事のうち5人が、ある法律を「明白な立法の間違い」、と考えれば（4人の判事が反対しても）、そのとおり（違憲と）決定される。

　もう1つ、この説から派生した説として、**明白な立法の間違い推定説**ともいうべきものがある。契約自由や、表現・信教の自由に干渉する法律については、明白な立法の間違いがあることの推定が働くと考え、review を必要とする要件があるとする。第3に、Brandeis 判事による前出の7つのルールがある[165]（前出）。更に review を必要とする要件での第4説は、**憲法外事由排除説**（exclusion of extra-constitutional tests）で、立法内容が憲法に照らしてどうかの視点からテストするのみで、その他の視点、たとえば法の立法目的、動機、政策など、いわゆる立法事実、その他の視点を問題にしないというものである。いずれの説に拠るにせよ、最高裁は前提として、次の態度を好んでとってきた。

　「本来、複数部門が関与すべき事項を、いずれか1つの（政府）部門へ寄せて了うような法律は、その効力が否定され易い。また、いずれか1つの部門の独立や権威を侵したり、共同管轄を損ったりするような法律の効力についても、同じである」[166]。

　(c)以上が、争訟を解決する上で当事者の法律が憲法に違反していないかを review するための要件である。この要件論と隣接するように、立法府（時に行政府）と司法権との関係で、司法権の行使抑制がいわれるもう1つが、第4章二.3.でも言及した、「政治問題」（political question）と言

164　これらの要件を列挙したケースとしてよく引用されるのは、Ashwander v. TVA, 297 U. S. 288 (1936) での Brandeis 判事の判決文である。そこでは、事件という以上、争訟性（justiciability）があることに疑問はないことが当然の前提で、その上で、この review 基準を自らの手引き（便宜）のため用意したとしている。
165　第4章二.3.(3)(ハ)の Ashwander v. TVA, 297 U.S. 288 (1936)。
166　Tribe, p.139.

第 3 編　19 世紀後半以降の憲法

われるケースである。では、先例の流れの中で、政治問題の（抑制）原則（political question doctrine）にはどんな内容が与えられてきたか。

　①１例として Brennan 判事の言葉が挙げられる[167]。「political question が存在するとされるケースで、文字の表から見てもはっきりしているのは、次のいずれかの場合である。」という。(i)三権のいずれかの部門への（憲法上の）文章的に辿りうるコミットがなされているか、(ii)その争点に答えるべき、司法が探求して運用できる基準が欠けているか、(iii)その入口での政策判断の性質からして、明らかに司法外の政策判断なしにできるようなものでないか、(iv)三権の他部門への然るべき敬意を欠く形にならないで、裁判所が独自の判断をすることは不可能であるか、(v)既になされている政策判断を、それとして保持するための異常なほどの必要性があるか、(vi)三権の中から１つの点で多様な困惑の声が挙げられる惧れがある。

　② Tribe は、この点で最高裁と連邦法廷がこの点で３つの考え方をとってきたと分析し、述べている。

　(i)古典的見方（classical view）として、Marbury v. Madison, 5 U.S. 137 (1803) のとった厳格適用説。憲法が三権の他の部門の自主的判断に委ねていれば別であるが、そうでなければ、最高裁は眼の前に来たすべてのケースを純粋に憲法の文言に当て嵌て、除外事由がない限り、自ら判断しなければならない。

　(ii)慎重な見方（prudential view）として、２人による評論を引用し[168]、「事件を処理することで、司法の根本を曲げたり、その威信を損うような可能性があれば、その問題の実体には触らない……」ことだとする[169]。

167　Tribe p.366 は、Baker v. Carr, 369 U.S. 186, 217 (1962) からこのように引用し、これを３つの考え方に分類できるとする。

168　うち１人として Maurice Finkelstein, Judicial Self-Limitation, 37 Harv. L. Rev. 338, 361 (1924) と Further Notes on Judicial Self-Limitation, 39 Harv. L. Rev. 221 (1926) を挙げている。

169　"……avoid passing on the merits……when reaching the merits would force the Court to compromise an important principle or would undermine the Court's authority" といっている。

第8章　現代の憲法問題―権力分立と司法審査の今―

(iii)第3の分析は、機能的見方（functional approach）で、情報入手可能性、社会的総合性、他部門のより広い権能などの要素を勘案して事件を処理するかどうか、実態に迫るべきかどうか、判断セよ、というものである。

③以上の3分析とは別にTribeは、「政治問題原則」（political question doctrine）の本質につき、司法事件性のない（non-justiciable）という意味の政治問題（political question）か否かを誰が判断するのかにつき、次のような2つの議論を述べる。

第1は、判断するのは、それを云々できるのは、司法部ではなく、行政や立法の府、もしくは選挙民自体―政治部門であるというものである。

第2として、ある問題がそうした政治問題であるかどうかを判定するのも、正に司法部の仕事であり、その意味で政治問題原則もまた、司法事件性（justiciability）判断の1つとして、その中に含まれるという。

(d)ここでの説明の便のため、19世紀半ばと20世紀後半の2つのケースが参照される。前者は、Rhode Island州内のちょっとした内乱に係る[170]。

第1に問われたのは、Rhode Island州のcharter政府と新政府の、いずれが正統かを決定できる権限が、「最高裁に在るのか？」、である。この難問に直面した連邦最高裁は、これを否定した。つまり、州政府が共和制か否かは（人民が直接決めるべき）政治問題であって、裁判所の判断になじむ法律問題ではないという。

第2に、そのようなcharter政府が戒厳令を発布していても、連邦政府がそれを放置したことが、憲法が連邦政府の義務として定める「各州に対し共和制を保障する」、連邦政府の義務に欠けることにならないかについて、最高裁も、「連邦議会や、その委任を受けた大統領は、各州に対する

170　同州では、イギリスからの免許状（charter）に由来する王権免許政府が支配していたが、自主憲法の制定と、その下での新政府を求める活動グループ（Dorr Rebellion）の1人、Luther家に政府に雇われた兵士が侵入したことで生じた（Bordenは、Lutherを逮捕した役人であった）。Luther v. Borden, 48 U.S. 1 (1849).

第3編　19世紀後半以降の憲法

共和制を保障する権利と義務を有する」とした。その上で連邦政府が、この共和制の保障条項に違反したかどうかの法律問題に対しては、連邦最高裁に管轄と権限があるとしたものの、Rhode Island の戒厳令が短い期間のものであったため、共和制の保障条項に違反したとしても、「その程度は違憲とまではいえない」とした[171]。

20世紀後半の後者のケースでは、州と州法の管轄に属する州選挙法（その下での区割）が問題となった。この事件で連邦最高裁は、選挙法の区割問題が司法が差し控えるべき政治問題であるとはいえないとした[172]。そこでは、**政治事件**（political case）と**政治問題**（political question）とを区別し、司法が扱わないのは前者であるとし、「政治問題だ」とレッテルを貼られていても、「争点が憲法を外れていない善意の審査申立てを拒むことはできない[173]」、とした。先ず明らかにすべき先決問題は、何が政治問題（political question）なのかである[174]。

㊁司法作用としての（その中での）review であるから、その結果（法的効果）も、自ら立法作用のような汎用性を持たない。ただ、その文脈の中でも、一般的・遡及的効果を認める考え方と、争訟（事件）性（cases and controversies）の帰結として、その事件の当事者間の争いを解決する効果しか認めない立場とがある。これは上記㊀が法律を review すべき要件の有無を問うのに対し、その法律判断の及ぶ「範囲を問う」ものである。

時間枠の問題は、前1.(2)㊀でも触れたように遡及効説と否定説とに分れるが、事後法（ex post facto law）禁止（Ⅰ、9(3)）のルールで示され

171　このケースで憲法学として注目されるのは、個人の損害賠償請求事件で、その個人が、共和制の保障条項を援用することが、できている点である。
172　Baker v. Carr, 369 U.S. 186 (1962).
173　……courts cannot reject as 'no lawsuit' a bona fide controversy……（前注 at 217）。
174　前注ケースで Brennan 判事は、政治事件と政治問題とを区別する上で、次の6つのいずれかを後者の徴票としている（at 217）。①三権の他の権力にそれを憲法が委ねている文言がある、②問題解決の基準が法的とはいえない、③法律以外の政策裁量なしには決定できない、④他の三権の適切な配置を書くことなしには決定できない、⑤すでになされた政治判断に対する異常な拘り、または⑥その点で三権の他所からも色々な意見が出されうる可能性。

ているように、法律が原則として遡及効を否定されるのに対し、司法判断は新たな法の創造というよりは、既にある法の発見に過ぎないとの見方から、遡及効を認められることがある。

(a)司法作用の及ぶ範囲を問うのは、時間枠だけとは限らない。もう1つ法主体の拡がりの問題がある。その点で、一般的効果があるとする説と、事件の当事者間での個別的効果しかないとする説との違いがある。別言すれば、この遡及効を巡るルールは、司法審査の範囲とも絡んでいる。法主体への拡がりの違いは、一見大きく見えるが、よく考えると、それほどの違いはない。事件の当事者にのみ及ぶとする個別効具説にしたところで、aの周りのb〜n人の行動に影響し、それを決定する実際上の効果を否定するものではない。

日本でもこれに似た議論があることはよく知られていよう[175]。アメリカではどうか。Tribeによれば、「コモンローも、最高裁の判示も、（一定の制約の下での）一般的・遡及的効果に立つ……」とする[176]。判決を単なる文書ではなく、規制力（regulatory power）を持った文書と考えることが必要となる。

(b)この考え方の底には、「違憲な法律（unconstitutional law）は、初めから法律ではない」との、南北戦争後から大恐慌まで支配した考え方がある。その考えによれば、「違憲（unconstitutional）という観念的な判断だけではなく、それと並び立たない議会の行為（立法）の効力を奪う強制力があるのである。立法の効力を奪うということは、その法律によって設けられた官が法的に存続しえないこと（権限ももたず、義務も負えないこと）を意味する」[177]。

---

175 田上穣治『憲法の論点』法学書院、1976年、全訂版の辞。

176 そこで挙げている Robinson v. Neil, 409 U.S. 504, 507 (1973) では、刑事事件の被告が、一事不再理を理由に人身保護令の申立てをしたのに対し、最高裁は、被告代理人が根拠とした、「Linkletter v. Walker, 381 U.S. 618 (1965) の新しい判断理由は当てはまらない」とした上で、1886年の先例を引きつつ "......our own decisions recognized a general rule of retrospective effect for the constitutional decisions......" といっている（*op. cit.* p.216）。

第3編　19世紀後半以降の憲法

　前注判決はまた連邦最高裁が、州法や州憲法を解釈するに当っては、「その州の最高裁の解釈に従う（follow）」といい、例外は、「その解釈が連邦憲法や連邦法または一般（不文）の商取引法などの基本法（……or a rule of commercial or general law）に反する場合だけである」としている。これに対し、もう1つの考えとして、「違憲の効力は、事件当事者間だけの問題に限られる」というのがある。その法律が、「一般的にも無効」とか、ましてや「存在しない」、とかということはなく、法律の元帳には載ったままでいる。この個別効果説に対しては、「確かにマルベリ事件判決は、国務長官マディソン（Madison）に向られていて、同氏にしか従う義務を命じていないにしても、同じ行為を他の人が繰り返し挑戦することは、普通は考えられない」との反論がなされる。この点は、違憲判決の既判力（stare decisis）の問題であるとともに、どの範囲の人にまで当事者適格（standing）を拡げられるかの問題とも相関する。

　(c)当事者適格の問題はまた、最高裁の管轄とも絡んでくる。立法対行政、人民対立法府ないし行政府、または立法府ないし行政府それぞれの内部の法的問題、あるいは人民対人民の間の法的問題でも、最高裁自身の管轄権問題は生じうる。言葉を代えれば、いずれの事件でも、法律や政府の行為や、もしくは一般人の行為について、それが主張されるように違憲かどうか、最高裁が必要と認めれば、審査することになる。

　この文脈で、州の職員の行為であっても、その行為が連邦憲法や連邦法の解釈に係るとなると、最高裁がそれを審査できることがある。最高法規条項（Ⅵ、2）により、州の職員であっても憲法を擁護すべく宣誓上の義務を負っている。また全国的な単一の法秩序の求めにより、その必要性も生じる。1789年司法法も、最終的に、最高裁に上訴審としての管轄を規定した(25)[178]。

　(d)違憲判決の遡及効や一般法的効力で、18世紀末までは州の最高裁な

177　Norton v. Shelby County, 118 U.S. 425, 442 (1886). 中の文言。

第8章　現代の憲法問題―権力分立と司法審査の今―

どが抵抗し、容易に連邦最高裁の違憲判断に服しようとはしなかった Martin v. Hunter's Lessee 事件などのケースを見てきた。20世紀半ば以降の黒人らを中心とする公民権運動の中で、教育の分離を修正する大きな切っ掛けとなった連邦最高裁の違憲判断、Brown v. Board of Edu.事件が出された後にも[179]、似たようなことがあった。南部州議会により相次いで Interposition Resolutions が出される中で、判決に抵抗した州知事の例がある[180]（Arkansas 州 Little Rock での公立学校での分離修正〔desegregation〕命令を否定し、従わなかった）。

　Brown v. Board of Edu.の中では、判決が憲法だというのではないが、憲法の下での正統的な司法権の行使であるから、「最高法規条項の下で憲法と同じ法的拘束力が与えられる」といっていた。この Brown v. Board of Edu.が、1964年公民権法より10年も前の1954年という早くに出されたのには、「時の利」のほかに「人の利」などもあった。春季の法廷では答えが出せなかった最高裁は秋になって、desegregation を命ずることが、憲法の下での正統的な司法権の行使として許される、という方向に漸くその舵を切ることができた（その間に反対に傾いていた長官 Fred M. Vinson が死亡、California 知事で、Los Angeles 地区でのメキシコ系アメリカ人の共学法にサインしていた Earl Warren が後任に任命されていた[181]）。

　(リ)三権分立は1番基礎に在る原理であるが、単なる抽象的な思想ではな

178　州最高裁の判断中で、合衆国の条約、法律、行為が問題になっている場合を第1に挙げている。

179　Brown v. Board of Education of Topeka, Shawnee County, Kan, 347 U.S. 483 (1954). 事件では、普通の多数意見（per curiam）ならば、1人の判事が多数意見を代表して書き、サインするだけのところ、最終的には9人の最高裁判事全員が判決文にサインするという異例の対応であった。

180　1957年、Little Rock High School に入学しようとした9人の黒人に対し、入学を阻もうとした知事 Orval Faubus に対しては、Eisenhower 大統領が National Guard を出動させて登校させた。これに対し、知事側も州兵を駆り出したが、衝突や訴訟にまで発展しないで登校できた。

181　メキシコ系アメリカ人の desegregation を命じたものとして、Mendez v. Westminster, 161 F. d 774 (9th Cir. 1947) がある。

871

第3編　19世紀後半以降の憲法

い。国の基礎法としての原理である。三権分立の背景として啓蒙思想など
があり、それを体した作成者が仮にいたからといっても、（たとえば John
Locke などの）思想家や作成者の意図で解釈すればいいというものでも
ない。憲法が、各機関を「どう画き出したか」という originalism から
「現代社会でどう位置づけるべきか」という実務的な視点まで様々な幅が
あって然るべきといえる[182]。注記事件でも、「独立検察官」の選任が関係
する憲法条文中の執行機関と司法部間の力の分離原則に反しないかが争わ
れた（II、2(2)とIII）。

　前記のように、分立（separation）という言葉も、その意味が複雑であ
る。というのは、確かに一方で分立するが[183]、他方で共同、協力の場面も
憲法が予定しているものである[184]。

　(a)イギリス国会は、幾度か王の権威を覆してきたが、その都度、覆えす
根拠を、マグナ・カルタなど、王より高い権威、憲章のルールに求めてき
た。この信条が新世界に渡った。「自らの代表が同意し決議した法による
以外には、いかなる負担も被らない」、が自分達の本国イギリスの（不文
の）憲法であるとし、これに反する本国の政策は間違いで、それに対する
反対・抵抗こそが正しい、と信じてきた（第2章）。更に新世界では、自
然の法、いわば創造主から与えられた天賦の法と権利の考え方が広く行き
渡っていた。そのことは、先に見た John Marshall による Marbury 事件
より前の、21件の先例（Treanor 論文）（前注66）からもいえたし、ボ
ストンなどでのイギリスによる海事法廷の設置と、そこでの裁判に反対す
るジョン・アダムスの弁論にも[185]、また同じマサチューセッツの革命戦士

182　Morrison v. Olson, 487 U.S. 654 (1988) では、スカリア（Scalia）判事が、「独立検察官」
　の選任が、実務的な視点から憲法の権力分立に沿うものかを疑問として、反対意見を述べ
　た。
183　立法権につき all legislative powers と包括的な表現をし、これを議会へ与え（I、1）、
　執行権（executive power）についても同じように、大統領へ与え、としている（II、1）。
184　たとえば、立法権でも法律が成立するには大統領に呈出し、その承認とサインを得なけ
　ればならず（I、7(2)）、その意味で、大統領の拒否権は立法権の一部を構成するし、大統
　領の執行権についても、任命権の一部は上院の同意が要件となっている。

872

第8章　現代の憲法問題―権力分立と司法審査の今―

ウォレンの言葉の中にも見ることができた。

　更に独立宣言や、同じ頃に作られた各植民州の憲法の言葉中には、より端的な形でnatural law や natural rights が謳われている。「……自然の法、自然の神が人民に与える力が……そうすることを必要として（王との）絆を断ち切らせるとき……」。これで独立は、いわば自然法的権威により裏付けられているとまで述べている。そこから、イギリス王国という一国の法秩序を超越した**離脱権**（right to secede）を自らに与えている。

　(b)しかし、司法審査権は自然の神、自然の法によって審査する訳ではない。その源が憲法に、その最高法規性（supremacy）条文にあることは屢述した。つまり、公権力による特定の行為が憲法に違反するかどうかは、具体的な憲法条文へ当て嵌た上で、肯否を決める話しである[186]。その特定の行為が、中央の機関（議会や大統領）のものであれ、また州裁判所の判決であれ、憲法の特定の条文に違反するか否かで決められる。

　以上から、司法審査が**法の解釈**の１場面に他ならないことがわかる。コモンローの伝統として（契約文でも法文でも）解釈が、一字一句をおろそかにしない厳格で、客観主義の原則によることはよく知られていよう[187]（これは特に大陸法系、つまりローマ法系の諸国での法解釈が「真意の探求」にかなり重きを置くのと比べての発言である。それが議会による立法であれ憲法であれ、コモンロー法文解釈の基本原則には共通するところが大きい）。

　ジョン・マーシャルが、最高裁による憲法条文の文言解釈から生ずる司法審査権が、アメリカ社会での法の支配のアンカーであると確信し、海図なき大洋に漕ぎ出すに当り、殊更に、文言解釈に力点を置いていたとして

185　ジョン・アダムスの弁論につき第1章2.(3)(ⅳ)(a)参照
186　McCulloch v. Maryland, 17 U.S. 316, 407 (1819) の傍論中で Marshall は "we must never forget that it is a constitution we are expounding" といっている。
187　コモンローの平易解釈原則（plain meaning doctrine）などのルールについて、①國生一彦『コモンローによる最新国際金融法務読本』商事法務、2011年、p.20。②『アメリカの法廷で闘うとしたら―日本とどれほど違うか―』八千代出版、2013年、p.72, 77。

873

第3編　19世紀後半以降の憲法

も不思議ではない。彼はそこで、憲法の2つの条文中の言葉の微妙な違いを、自らの解釈正当化のためプラスに利用している[188]。そのMcCullochケースでは、第一合衆国銀行（First Bank of the United States）という法人設立（かつては王の免許が行っていた）に、連邦議会とメリーランド州とのどちらが（本来的）立法権を有するかが争われた。

　(ヌ)三権分立の錨ともいうべき司法審査での憲法解釈の手法についてTribeは、①文理解釈、②全文の構成や三権の構造から推す解釈、③文理解釈をベースにし、その後の時代的変化、先例による解釈なども踏まえた解釈、④倫理、民族性などを重視した解釈、⑤先例の既判力に忠実な解釈、⑥以上の折衷的な解釈の6つを挙げる[189]。lawとequityが連邦法廷の手続上で合流したのは、ニューヨーク州などで合流が始まった19世紀半ばより数十年後の1938年である。

　(a)文理解釈を中心的原則とし乍らも、それで通せるためには、コモンロー契約でいう「平易解釈原則（plain meaning doctrine）」が当て嵌るほど言葉が一義的で明確でなければならないだろう。そうでないとなれば、原則を当て嵌るための何らかの理論、作業が必要となる。ところが、この作業は、実際には困難な場合が多いという[190]。たとえば、中央と各州間の分権に係る修正Xの定めを連合憲章中の授権条文（II）の言葉と比べると、憲法の方は、合衆国に譲渡して与えられた権限（特にその立法権）について「明示で授権した……」（expressly delegated）とは書いてない。このexpresslyが欠けることの意味は、中央の立法権の限定列挙解釈を柔軟にするについて、果して一義的で明確といってよいか。

　(b)憲法を指さして「不滅の法……」という人がいるとしても（確かに、

188　必要かつ適切条項（I、8(18)）中のnecessaryとI、10(2)中のabsolutely necessaryとを比較することで、「必要かつ適切条項」が持つ拡がりを補強している。

189　Tribeは、脚注でこの①と③〜⑤などのアプローチを、プロテスタントとカトリックに譬える文献を参照している（pp.31-33）。

190　Tribeは、例として憲法が定義しない"……in Law and Equity……"を挙げ（III、2）、法的に一義的で明確でないとし、また修正IVと修正V中の"due process of law"についても、これと同列に並べている（p.33）。

874

第 8 章　現代の憲法問題—権力分立と司法審査の今—

アメリカの憲法についてそういう人がいても、ある意味ではおかしくなかろうが)、また「建国の父祖らの手になる法だ……」、という人がいるとしても、上述のように社会は変化している。まして、アメリカは移民社会であり、父祖らの子孫よりも遥かに多い、その他の子孫から成る。

　また時代とともに、言葉の持つ意味も変りうる。実質的に 220 年以上の間で、先例だけでも数万件の歴史があることに加え、憲法各条文の背景をなす立法基礎事実には、建国前の史実が豊かに含まれている（第 3 章 3.(3)(ハ)参照）。更に、異る時々に色々な修正が重なると、言葉の意味を確定することの意味の難しさがより増加する。そうした史実や法史を捨象しても、なお平易解釈が常に適切であるとはいい切れない。

　(c)平易解釈に対応するのが、価値判断的、規範的ないし実践的解釈である。マーシャルも Marbury 事件の中で述べているように、アメリカの場合、憲法が社会規範として持つ重みは大きい[191]。シカゴ大学で憲法を教えていたこともある Obama 大統領は、2006 年に本を著している[192]。その中で大統領は、「憲法は過去の法文書（静態的なもの）ではなく、現在・未来にも生き続ける法文書（living document）であると見定め、常に変化する世界の中で理解すべき法文書（……must be read……in the context of an ever-changing world）である」という。James MacGregor Burns は、"Packing the Court" の中で、この点を次のように要約して解説してみせる[193]。「Scalia や Thomas などの、いわゆる "originalism" の解釈態度をとる判事とは対極的に、Obama 大統領は、最高裁での重要な決定の多くが 5：4 の一票差でなされること、つまり 1 票の価値が揺るがせにできないことをよく承知していた。そこで、まだ上院議員だった時代にも、Bush 大統領が保守派の John Roberts や Samuel Alito を任命することに

191　前注 91 事件での John Maishall による言辞、「憲法はただのもう 1 つの法律でも、ただの最高法規でもない。全アメリカの成立ち（whole American fabric）である」(at 177)。
192　Audacity of Hope, Thoughts on Reclaiming American Dream, Crown, 2006.
193　New York Times は、Burns が齢 95 歳で 2014 年 7 月亡くなった旨を伝えている (2014 年 7 月 15 日 nytimes.com)。

875

第3編　19世紀後半以降の憲法

反対して、『自分が大統領になったら、実社会の経験を十分に積み、政権の外にいることの意味、つまり普通の人の生活がどんなものかを十分に分かっている、感性豊かで人の苦しみを共感できる人を任命する』と選挙で約束していた[194]。Burns はこれに対し、John Roberts や William Rehnquist らの最高裁は、選挙民の意思に支えられた大統領や立法府のやってきたことの反対、の時計の針を 1937 年へ向けて静かにそっと逆廻しし始めている」、と批判している[195]。

⑵行政権（大統領）との間の分担・牽制（弾劾・独立検察官）（Division of Powers Concerning Executive Branch）

㈑行政権（Executive Branch）と、他の三権との間の分担・牽制の中で、最もシンプルで判り易いケースは、裁判所が大統領や長官（President or Secretary）の命令を取消・否定する決定を出す場合である。そこで先ず、具体的な先例を 1 つ挙げよう。

⒜第 2 章でその名が出ていた Little v. Barreme 事件では[196]、アメリカ海軍の艦長が、また艦長に命令した海軍長官が、連邦法に反したか否か、更に長官に訓令した大統領の（関係する大統領令による）連邦法の解釈が適法であったかが、争われた。

連邦議会の法文の言葉は、攻撃対象が「フランスの港へ」（......to any port of France）向う船舶であったのに、大統領令（Executive Order）は「フランスの港へ向う、またはその港から出た……」船舶と、法文の意

194　「原憲法は、南北戦争による修正憲法とともに、驚嘆すべき法典だとは思うが……完全とは言えない……アメリカ文化の、この地に育った当時の植民地文化の深い欠陥を宿している……つまり、今日もまだ続くこの文化の中にある巨大な盲点を宿している（2008 年 10 月 27 日）……」Barack Obama（上院議員時代）。Contemporary Quotes on Constitutional Interpretation（intellectualtakeout.org より）。
195　Burns, p.249.
196　Little v. Barreme, 6 U.S. 170 (1804). 判決では連邦政府は免責されるとしつつ、フリゲート艦の艦長ジョージ・リットル大佐は損害賠償責任を負うとされた。

876

第8章　現代の憲法問題—権力分立と司法審査の今—

味を拡げた言葉になっていた。この大統領令に基づき海軍長官がアメリカ海軍に出した命令が問題となった。西インド諸島のフランス領の港を出た中立国デンマークの船舶を、海軍がその命令により差押えた。アメリカ海軍のフリゲート艦「ボストン」、その艦長ジョージ・リットル大佐は、その後デンマークの船主から損害賠償を求められた。

　法的に問題になったのは、上の短文でも明らかなように、行政権の行使が合衆国の法律に照らして正当か否かである。それを第3の権力、司法がどう判断するかである（それと同時に、大統領が戦争宣言なしにフランス共和国との間で、それに近いこと、いわゆる「半戦争」〔Quasi-War〕をどこまで行えるかの、三権分立の面から見た対連邦議会との権限の問題もあった）[197]。

　(b)ここでの連邦議会の立法とは、1799年2月9日に可決成立した法律で、その第1条は、アメリカの居住者所有のアメリカ領海内の船舶すべてに対し「フランスの港へ向う（......to......）……」航行を禁止し、違反船舶および積荷に対し**没収**の罰をもって臨むとしていた。またすべての公海上の船舶に対する臨検のため、大統領が必要な指示を出すことが適法であると定めていた（第5条）。

　大統領が発令した命令書は、現場の指揮官に法律の下での義務を果すよう求め、その職務の遂行に当っては**健全かつ公平な判断**により、紛争（イギリスとフランス間の）に係りのない他国の船舶に無用な迷惑を与えない一方、デンマークその他の船籍を装ったアメリカの船舶を取り逃がしたりしないよう、十分に注意深い行動を指示していた。

　(c)1779年12月2日、西インド洋上で二本マスト帆船トビウオ号（Flying Fish）がフリゲート艦「ボストン」により捕獲され、ボストン港まで

197　ここでは一種の戦争、イギリスとの革命戦争の盟友、大恩人国フランスとのそれ——アメリカで半戦争（Quasi-War）と呼ばれてきた——の遂行を、大統領がどこまで独自にできるか……この、後に大きな政治・法制問題となったことの端諸があった（第5章一.2.(1)）。

877

曳航された。船とその積荷のコーヒーは、プロシャ生れでデンマーク領聖トーマス島の住人の所有物であった。船も正にデンマーク領の聖トーマス島へ向っていた（船長も同島人で、船員にはイギリス人、ポルトガル人、黒人がいた）。

マサチューセッツ州裁判所は、本船などを持主に返還するよう命じたが、損害賠償の請求は棄却したので、船主らがマサチューセッツ州控訴（巡回）裁判所に控訴し、そこで損害賠償の請求も容れられた。これに対し、フリゲート艦「ボストン」側（艦長リットルら）が上告した。

(d)この事件も、ジョン・マーシャル最高裁長官が意見を書いている。一審では、本船と積荷の返還は命じたものの、損害賠償を認めなかった。理由は、本船をアメリカ船と見違える相当な理由があった、というものであった。2審がこの点を覆したのは、本船が仮にアメリカ船であったとしても、違法な捕獲に当るというものである（本船は、〔……to France〕フランス〔領〕へ向っていたのではなく、逆にフランス〔領〕からの航路上にあったというに過ぎない）。

(e)ジョン・マーシャルは、没収した物の半分の価値はアメリカ政府に入り、他の半分は、違反を摘発した人の所得になるという法律の内容を紹介しつつ議論を進めた。

「大統領は、すべての法律を忠実に執行すべき職務を負っている。その彼は、このアメリカ合衆国の陸海軍の総司令官であり、現に有効に成立している法律の文言とは異なる内容の指示を軍人に下すようなことがあってはならない。

法律の第6条、第5条の文言に照らすと、リットル艦長が本船を捕獲してボストン港へ曳航したことは、それが仮に、アメリカ籍の船であっても許されることではない。本法の写しは、海軍長官からこの第5条にも留意しつつ、法の執行をするようとの指示とともに艦長にも送られている。ところが、指示書には、議会の立法した文言と違って『フランスの港から……』航海する船の捕獲をも命じていた。この命令に従ったことで艦長は

免責されるか。私は、本件で当初、これは軍人の上官、指揮官である総司令官の命令に対する服従の問題である。それに従ったことによって罰せられるべきでない……と考えた。しかし、その後よくよく考えて、考え方を変えた。そのような上官、指揮官の命令があったとしても、法の下での間違った行為を合法にすることはできない」こう述べたジョン・マーシャルは、控訴裁判所の判決に誤りはないとして、これを支持した。

(f)この事件で、感じることの1つが、法の適用に当っての厳格な態度であろう。たとえ、その解釈の結果が戦争を遂行するという国の総力を挙げての大事であっても、また海軍長官を経由しての間接的な大統領令であるからといっても、議会が立法した文言を1字たりとも変えたり、拡げたりしてはならないとの精神である[198]。この文言解釈の厳格さは、コモンロー契約の解釈と同じである。

ジョン・マーシャルが、このように議会の立法した文言を厳格に解釈したケースはこれ1つではない。反対に「厳格解釈」が、解釈の基本であることは、注11のMarbury v. Madisonからも読みとることができる。

(ロ)立法府と行政府との間の憲法上の権限争いを裁き、決着を付ける仕事もまた、最高裁の仕事（権限）である。多くの国が、いわゆる行政国家化している今日の実状では、この2つの部門は、複雑に入り組んだ相互共同の関係にもある。そこで、この2つの部門間の憲法上の権限を巡る疑問も、複雑な形をとって現れることになる。たとえば、独立検察官の権限を巡っては、司法も入れた三つ巴の争いの様相を呈した[199]。

(a)権力分立図の中で、殊に立法府と行政府との関係で、「弾劾」(impeachment) ほど、殊に大統領 (President) に対する弾劾ほど、分

198 Hamdi v. Rumsfeld, 542 U.S. 507 (2004) では、アメリカ国籍を持った Saudi 人がアフガニスタンで9.11直後に enemy combatant として捉えられたのに対し、同人は人身保護令状を申立てて争った。結論として、同人の公開の法廷での裁きに対する権利を認めた。
199 Tribe は、「重複は不可避」とし (overlap is inevitable......)、だから父祖ら (Framers) は、憲法組織を「固く分離したものとしないで、分離の中に重複する形に作り、相互に入り組んだ checks and balances のシステムを作った。どの1つの部門も、その固有の権限を行使するに当っては、全く排他的に行使するのではない」と述べている (p.138)。

879

立の契機を感じさせてくれるものはほかに余りない（アメリカで比較的近時に、Nixon, Clinton という 2 人の大統領についての弾劾が問題とされ、この制度がまだ衰えていないことを示した形なのに対し、最後に行われた弾劾が 1806 年のイギリスでは、政治的な意味で下院〔House of Commons〕による不信任案の決議が、その代用として機能しているとして、1967 年に弾劾制度の廃止勧告が委員会から出されるなどしている[200]）。

弾劾に絡んだ法律問題は、本来的に司法の枠外である。それゆえ、弾劾法というものも、先例により時とともに成長して行くということがない[201]。先例主義の下での法形成がないという弾劾法の特性は、弾劾につき 7 ヶ所で定めている憲法の文言に普通以上の重みを加えることになる（そこから、普通の刑事事件と区別しようとする足がかりも得る）。

①下院のみが弾劾を決定できる（House of Representatives......shall have the sole power of impeachment）（I、2(5)）。②上院のみが弾劾を裁くことができる（......Senate shall have the sole power to try all impeachments）（I、3(6)）。③弾劾の裁判として決定できるのは、その職務から解き（......removal from Office）、合衆国のすべての公職に任ぜられることの資格を奪うことだが（......disqualification to hold and enjoy any office of honor......）、その他の不利益を課せられることはない。しかし、刑事などの司法手続を排除するものではない（I、3(7)）。④大統領は、弾劾の場合以外には、合衆国に対する犯罪についての猶予や恩赦を与える（......Power to Grant Reprieves and Pardons......）ことができる

200　1967 Select Committee on Parliamentary Privilege は、弾劾を House of Commons がその corporate capacity として現有する特権（Privilege）の 1 つだとしながらも、「それを正式に放棄することを recommend する」としている。その理由として、House of Commons は重要な案件（bill）で反対の意思を示すことで、不信任を決議したと同じことになり、いつでも内閣を辞職に追い込みうる。そうなると Fixed Term Parliaments Act 2011 により 14 日以内に総選挙が義務付けられると述べている（第 3 章注 1）。

201　Nixon v. United States, 506 U.S. 224 (1993) では、連邦判事 Walter Nixon が偽証罪で大陪審から起訴され、拘留された後に弾劾された。上院が "try" できるという憲法の文言は、「事実発見のための委員会を設けて、その結論により決定することを否定するものではない」とした。

（Ⅱ、2(1)）。⑤大統領、副大統領、および合衆国のすべての文官は、外患罪、収賄罪、そ の 他 の 重 い 罪 (……Treason, Bribery or other high Crimes and Misdemeanors）による弾劾裁判（有罪判決）によりその職を失う（Ⅱ、4）。⑥弾劾を除くすべての犯罪の裁判は、陪審による（Ⅲ、2(3)）。⑦刑事や民事責任の追求との関係では、弾劾によってそれらの責任の追求が後廻しに（ストップ）されることはない（Ⅰ、3(6)）。

(b)憲法発足以来（1789）、ずっと行われてきた弾劾（impeachment）の実務は、行政府と司法府との間に横たわる今一つの困難な権力分立問題とされる。その間、弾劾法ともいうべきものの範囲や性質が司法により判断されたということはない[202]。イギリス由来の古い制度ということに加え、憲法自体の文言と仕組みが、司法作用の障害となっていよう。

「憲法自体の文言と仕組み」とは、上記の①唯一、議会下院に弾劾権 (sole Power of Impeachment）を与え、②上院に唯一、その審理権 (to try all Impeachments）を与えていること、である。

(c)司法部が挑戦してこなかった弾劾法の問題で、法律評論がある程度行われてきたが、弾劾該当性、つまり弾劾（罪）の構成要件は定まっていない。法文で特定する反逆（Treason）、収賄（Bribery）は別として、その他の high Crimes and Misdemeanors が何を指すのか、明確な定義はなされていない。このいわば、「司法による洗礼を受けることのない法律問題、弾劾」につき憲法は、（議会上、下両院の権限についてのⅠ中の定め以外でも）上記のとおり、弾劾の裁判で陪審権がないことを含め（Ⅲ、2(3)）、3ヶ所で定めている。

弾劾は、件数そのものは、とても少ないといえるが、ある意味で立法府から司法に対する、司法審査への反撃とも捉えうる。その中で、裁判官に対

---

202 たとえば、1970年4月15日の下院で最高裁判事 William O. Douglas に対する弾劾の提案で、Gerald Ford 議員は「弾劾されるべき罪（impeachable offence）とは、歴史のある地点での下院の多数が、『これがその罪だ!』とする行為である……」と述べている (Tribe, p.153)。

第3編　19世紀後半以降の憲法

する弾劾と比べずっと例が少ないが[203]、逆に遥かに大きいセンセーションを世上で巻き起こす大統領に対する弾劾、その近時の2件（Richard Nixon と William Clinton のケース、ただし Nixon 第37代大統領は、先行する事件での最高裁の命令により明るみに出た情報に加え[204]、下院司法委員会〔House Judiciary Committee〕が集めた事実から責任を免れないと判断し、上院での弾劾裁判が行われる前の1974年8月9日に辞任して了った）を窺見しよう[205]。

　(ハ)上の(イ)では、司法が行政行為を取消す憲法上の力に、また(ロ)では、立法府が行政機関の権能（大統領の身分）を失わせる憲法上の力（弾劾権）に、それぞれ言及した。憲法はまた、その行政機関（大統領）に司法機関（裁判官）を任命する力を与えている（II、2(2)）。Obama 大統領が未だ上院議員の時代（2008年）に、George W. Bush 大統領による（John Roberts らの）最高裁判事の任命に反対して述べた「自分が大統領になったら、実社会の経験を十分に積み……感性豊かで人の苦しみを共感できる人を任命する……」との前出の言葉はどうなったか。

　その言葉が試される時が早速きた。2005年1月の大統領就任式から4ヶ月後の5月、最高裁判事 David Souter が今季（8月）限り辞任すると公表したのである。その後任に Obama 大統領が任命したのは、ニューヨーク、Manhattan、South Bronx で生れ育った Sonia Sotomayor であった（5月26日付の CNN は、任命された日の彼女の資産が「同僚らと比べ最低……」（has minimal......assets compared with......colleagues......）、

203　議会の議員の535名、連邦判事の1000名超と、数が全く違う（Tribe, p.754）。
204　United States v. Nixon, 418 U.S. 683 (1974) では、大統領といえども、またその Executive Privilege をもってしても（法律上の存在として）、刑事裁判に必要とされる資料の提出を拒むことはできない（Warren Burger による意見で「この法律問題で最後の決定権は最高裁にある」と書いている）。事件では、独立検察官 Leon Jaworski が提出命令（subpoena）を出していた Watergate 事件に係るテープなどにつき Nixon は、「フランス王ルイ15世とは違って任期は有限だが、この4年間は、しかし絶対的権力がある……」とその代理人にいわせていたのに対する判示である。
205　連邦憲法は、同じ弾劾でも、大統領に対する手続でだけ、その裁判長に「最高裁長官が成る」と定めていて、区別している（I、3(5)）。

第8章　現代の憲法問題―権力分立と司法審査の今―

と報じている）。両親は、中米 Puerto Rico からそこに移住してきたのだった。South Bronx の公立学校から Princeton 大学、Yale Law School へと進んだ彼女。大統領は任命演説中で「彼女は、我国の司法機関のすべての段階で働いてきた……」と述べている。直前は、Clinton 大統領によって任命された 2d Cir. での判事であったが、その前は 1992 年に第 41 代 George H. W. Bush 大統領によって連邦地裁判事に任命されていた。先の CNN は、彼女が初の Hispanic 系、女性では 3 人目の最高裁判事になると報じている。Obama 大統領はこの後、2010 年に更にもう 1 人の女性の最高裁判事、それもユダヤ系の Elena Kagan を任命している。

　(a)弾劾裁判の問題に戻ろう。

　Nixon 大統領については、彼がアメリカ憲法史上ただ 1 人の大統領職からの辞任者となったことが広く知られていよう。弾劾開始（起訴）が迫っていた上、弾劾裁判での有罪が免れられない状況下であった[206]。彼をそこまで追い込んだ最大の事実が、例のウォーターゲート事件（Watergate Scandal）であることはいうまでもなかろう。

　Watergate Scandal は、共和党の大統領と再選委員会（Committee for the Re-Election of the President〔CRP〕）が中心となって進めていた。ことの一環として、1968 年に大統領に初当選した Nixon の再選のため、1972 年 6 月 17 日午前 2 時半に Watergate Complex ビル内にある民主党全国委員会（Democratic National Committee）の本部に盗聴器を仕掛けるため、誰かが侵入して発見された事件である。

　Nixon 内閣の司法長官、FBI、CIA などの政府要人に加え、大統領府の補佐官らも複数が捜査された。やがて盗聴器を仕掛けに入った者と、共和党の大統領再選委員との金銭的、人的つながりが明らかとなり、大陪審

206　1974 年 8 月 7 日夜、議会指導者数人がホワイトハウスを訪ねて Nixon に告げていた。下院司法委員で、以前は弾劾に反対していた 10 人の議員がすべて考えを変えて下院全体会議では賛成すると表明していること。上院でも、反対は精々15 人だけと告げられたため、Nixon も決断するしかなかった。

第3編　19世紀後半以降の憲法

で数人が起訴された。この金銭的、人的つながりを明らかにし、事件を白日の下に晒したのが、Washington Post 紙の2人の記者であり[207]、秘密裏に接触する彼らに情報を漏らしていた当時の FBI の副長 William Mark Felt, Sr.であった。(Nixon は、その前の1972年選挙を圧勝していたが、彼らの事件は、1973年5月23日にワシントン D.C.地区裁判所 John Joseph Sirica 判事の下で裁判が行われた)。更に、1974年には大統領府の補佐官や政府高官を含むいわゆる Watergate 7 人組（Watergate Seven）が起訴された。

(b)事件の解明のため、独立検察官 Archibald Cox が司法長官（Attorney General）によって任命されたのは1973年3月であった。同年7月、ホワイトハウス内のすべての電話による会話をカバーするような秘密録音システムが設置されていた疑いも生じ、独立検察官 Cox も上院も、直ぐにそのテープの差押命令（subpoena）を出した。Nixon は、大統領特権（Executive Privilege）を楯にこの命令を拒んだ上、更に、司法長官と独立検察官の更迭を発令した。彼は、独立検察官 Cox を更迭させられるだけの司法長官がいないか当った上、嫌がっていた訟務長官（Solicitor General）の Robert Bork を司法長官に任命し、その Bork が独立検察官 Cox を罷免した。しかし、事件に対する激しい世論の盛上りを受け、1793年秋には、Nixon は Bork が Leon Jaworski を独立検察官に任命するのを認めざるを得なかった。

Nixon 大統領に絡んだ訴訟事件として、この大統領特権を巡る United States v. Nixon のほかに、Nixon v. Fitzgerald も多く引用されるが[208]、Fitzgerald は、合衆国の空軍に雇われていた契約社員アナリストであった。空軍の効率性について否定的なコメントを書いていたため失職した。その失職の裏にホワイトハウス（大統領）の指示が絡んでいたとして、事

207　Carl Bernstein, Bob Woodward, All the President's Men, Simon Schuster, 1974, p.13
208　Nixon v. Fitzgerald 457 U.S. 800 (1982).

884

第 8 章　現代の憲法問題―権力分立と司法審査の今―

件となったものである。この訴訟でも Nixon 大統領側は、大統領の行政府特権（Executive privileges）を主張したが（この特権につき以下の㈡(d)と、第 4 章二.2.(2)(ハ)(c)参照）[209]、最高裁はこの主張を斥けている。

　(c)上記のように 1974 年 3 月には 69 人もの起訴があったが、対象者は、ホワイトハウスと Nixon 政府双方の高官数名ずつを含み、Nixon 自身も「影の対象者」、と囁かれていた[210]。その中で、Nixon がホワイトハウス内で取っていた秘密の録音が刑事裁判での有力な証拠になるとして全員が注目した。Jaworski がその提出を求めたが、Nixon は、大統領特権（Executive Privilege）を主張した上、その後に提出したものも Nixon が編集したものでしかなかったため、Jaworski が最高裁へ上訴した。これが前出の有名な United States v. Nixon ケースである[211]。この最高裁の決定から 15 日後、Nixon は 8 月 8 日夕方の声明により、翌日正午に辞任することになる（大統領といえども、法の支配には屈せざるを得なかった）。

　(d) Nixon の辞任があると、Gerald Ford 副大統領が憲法の定めにより（修正ⅩⅩⅤ、1）就任した[212]。彼は、就任から 1 ヶ月後の 1974 年 9 月 8 日（日曜日）に、辞任した Nixon 大統領の、「一切の犯罪に対し……」恩赦を与える旨の声明を出したが、これに対しては囂々たる非難が巻き起こった。Watergate 事件で起訴された政府役人 69 人の筆頭格に Nixon 大

209　この行政府（大統領）の主張は、先行した Nixon の側近（aide）によっても主張されていたが、そこでは、よりはっきりと否定されていた。Harlow v. Fitzgerald 457 U.S. 731 (1982)。

210　在任中の大統領を刑事訴追できるかにつき、Attorney General は 2000 年 10 月 16 日の Memorandum で、1973 年当時下した否定的見解が、今もそのまま存続するという（1793 年当時は、「起訴だけしておいて、後の手続は退任後に行うというものでも不可」）という結論であった）。

211　United States v. Nixon, 418 U.S. 683 (1974). では、Nixon 側の主張、「大統領が絶対的な大統領特権を有する」を斥け、また Jaworski が証拠として必要とする「十分な理由を示した」、とした。

212　Gerald Ford は、Michigan 州からの下院議員を 20 年以上もしていたが、1973 年 10 月前任の副大統領（初めてのギリシャ系）がメリーランド州知事時代の脱税や収賄などの疑いで辞任した後、Nixon により副大統領に任命されていた（やはり、修正ⅩⅩⅤ、1 の定めによる）。

885

第3編　19世紀後半以降の憲法

統領の司法長官（Attorney General）、John N. Mitchell がいた。New York Times 紙が Vietnam 戦争に係る国防総省の機密文書、Pentagon Papers を記事にしたとき、Mitchell は、New York Times 社などに対し、国家機密法違反を理由に出版の差し止めを求め[213]、訴訟になっていた[214]。これに対し最高裁は、6：3で新聞社側の主張「修正 I の下での表現の自由」を肯定した。

（e）Watergate 事件ですっかり信用を使い果した感じの Nixon であったが[215]、それに先行して前任の大統領 Johnson 時代からの問題への対処として最大の問題、泥沼化した Vietnam 戦争からの脱出[216]、その副作用ともいうべき国内経済のインフレ退治に取組んだ。いずれも Johnson が手掛けて「道半ば」のものであった。

国内経済での1番の問題、インフレに対する薬は、何よりも Vietnam 戦争を終らせることであった。国内ではまた、Johnson 大統領が始めた貧困層の撲滅と人種差別の除去を内容とする「偉大な社会」（Great Society）運動を受継いだ。Nixon 自身が唱えたのは、New Dealer であった F. Roosevelt 時代に膨張し過ぎたと思われた連邦政府の力を削ぎ、予算も減らして、その分を各州に少しずつ分配する形の新連邦主義（New Federalism）であった[217]。特に環境問題に対する意識が高かったという訳でもないようだが、大統領当選後の中間選挙の前からは、次の選挙のこ

213　Espionage Act of 1917、Pub, L. 65-24, 18 U.S.C. § 792 et seq. 中の§ 793（c）。なお、同法の合憲性については、前出 Schenck v. United States が判断していた。

214　New York Times Co. v. United States, 403 U.S. 713 (1971).

215　1974 年 8 月 19 日付の Time 誌は「山頂から奈落の底へ」の見出しで、Nixon 自身の言葉 "There is one thing solid and fundamental in politics……the law of change. What's up today is down tomorrow" を引用しつつ、「彼ほど、その言葉を心底から言えた大統領はいないであろう……」と誌している。

216　Vietnam 戦争をはっきりと終らせたのは、Case-Church Amendment of 1973 (22 U.S.C. § 2151, 2751) による議会の立法によってであった。同法の設けた期限の同年 8 月 15 日をもって、残っていた空爆も終止符を打たれた。

217　植民州時代からの伝統ある郵便局と、閣僚級とされていた（かつて Benjamin Franklin が George III 世王から任命されたことのある）その局長職の下の合衆国郵便局（United States Post Office）を官営の United States Postal Service に変えた。

とを考え、現代環境法のマグナ・カルタとも称揚された法律の立法等、各種の施策を実行した[218]。

(f)その中でも、Nixon の目はどちらかというと、外（国際関係）に向き勝ちで、北ベトナムの背後にいると思われたソ聯と、中国の毛沢東に狙いを付けた。Nixon が中国との外交関係復活を目指したのは、その大統領就任前だとされている。大統領となってからは、大統領補佐官として彼の外交関係のブレーン、Henry Kissinger（後の国務長官）の助言が利いていた[219]。Nixon は、この訪中のアナウンスから直ぐに、ソ聯に対しても訪問外交の段取りをはじめ、1972 年 5 月に夫人同伴でモスクワを訪問した[220]。

この 2 つの訪問外交により、Nixon がアメリカの国際関係を強化・安定化させたことは間違いないであろう。その意味で彼は、Watergate 事件とは反対に、外交面では憲法に書いてある職務を含む大統領の職務を果たしていたといってもよい。

(ニ)Clinton 大統領は、19 世紀半ば過ぎの Johnson 大統領に次ぐ、史上 2 番目の弾劾（起訴）の実施例である[221]（Nixon 第 37 代大統領は上記のとおり、先行する事件での最高裁の命令により明るみに出た情報に加え[222]、下院司法委員会〔House Judiciary Committee〕が集めた事実から責任を免れないと判断し、上院での弾劾裁判が行われる前の 1974 年 8 月 9 日に

218　実現した法律としては、Clean Air Act of 1970, Clean Water Act of 1972 や、National Environmental Policy Act of 1969 などがある。また、役所の新設としては、いわゆる OSHA（Occupational Safety and Health Administration）がある。

219　Nixon は、1969 年頃から毛主席へ手紙を送っていたようであるが、1971 年初め、その毛主席からピンポン・チーム招待の手紙が届き、次いで Henry Kissinger が秘密裏に訪中して準備した結果、1972 年 2 月の Nixon 訪中が実現した。

220　Nixon の Moscow 訪問を伝える 1972 年 5 月 22 日の BBC の記事中には、彼のコメントとして "We should recognize that it is the responsibility of great powers to influence other nations in conflict or crisis to moderate their behaviour" が引用されている。

221　連邦憲法は、弾劾と刑事司法手続との関係について何も示していないが、大統領（sitting President）に対して司法が逮捕状や収監状を出すことは、三権分立の基本を危うくしかねないとして、否定する意見が支配的である（Tribe, p.754）。

222　前出の United States v. Nixon, 418 U.S. 683 (1974)。

887

第 3 編　19 世紀後半以降の憲法

辞任している）。刑事責任と弾劾とは同じではなく、どちらが重いとも軽いともいえない[223]。なお、刑事裁判そのものは、大統領辞任後にずれ込みうる[224]。

　(a)弾劾（起訴）は、起訴事実ならぬ「弾劾事実」（impeachment article）を下院の司法委員会が作成して、上院に提出して行う。Nixon 大統領のケースでも、司法委員会が作成した起訴事実は 3 ヶ条あった。いずれも憲法が定める "high Crimes and Misdemeanors" を構成するとされる事実について、立証が十分可能である（clear and convincing evidence がある）とされていた。

　第 1 起訴事実（article）は、裁判妨害（obstruction of justice）である。それも、（Clinton 大統領の場合とは違って）私的行為によるものではなく、大統領としての権限行使そのものによっていた。具体的には、ウォーターゲート事件（Watergate burglary）という侵入と盗聴があった[225]。更に、その事実を自ら部下に指示して隠蔽し、消去しようとした[226]。第 2 起訴事実は、自らの政敵の足を引っ張るための工作を政府機関を使ってや

223　第 3 代副大統領アーロン・バーは、アレクザンダ・ハミルトンとハドソン川べりで決闘の上射殺し、ニューヨーク州とニュージャージー州とで起訴され、ニュージャージー州で有罪判決まで行ったが、上院は弾劾どころか、刑事事件も中止するようニュージャージー州知事に働きかけた。

224　リチャード・ニクソン大統領の件で、下院司法委員会は、連邦税法違反を理由とする弾劾の件を 26 対 12 で否決している（1974 年 8 月 20 日）。

225　そのビル（Watergate Complex）に盗聴器が取り付けられていた。その状態を 1972 年 6 月 17 日に警備員が発見したのが、ことの始りである。更に、盗聴器取付けのためにビルに侵入した一団と、大統領再選委員会（CRP）とが、人的・資金的につながっていることが、銀行小切手の裏書を追求することで、白日の下に晒された。これらの事実を追い掛け報道したのが、Washington Post の新人記者 Bob Woodward と Carl Bernstein などであった。また Woodward に秘かに面会し、秘密を打ち明けていたのが、当時は "Deep Throat" としか呼ばれなかった FBI 長官代理の William Mark Felt, Sr. であった。NPR の Steve Inskeep 記者は、2014 年 6 月 13 日の 2 人との面談の最後に、2 人とも Nixon 大統領に会ったこともないが、「もし会って、たった 1 つ質問できたら何を訪ねるか」、と問われ、「11 月 7 日 1972 年選挙では当選が確実視されていたのに、なぜそこまでしたのか？」だと答えている。

226　9 つの具体的な手法を特定しているが、その妨害先には、司法省（Justice Dept.）FBI、ウォーターゲート事件特別検察官室（Watergate Special Prosecution Office）による捜査などが入っていた（Tribe, p.179）。

888

第8章　現代の憲法問題―権力分立と司法審査の今―

らせたことであった。これには、政敵による IRS への所得申告などの極
秘情報を入手できるよう、FBI や Secret Service に働きかけ、それらを
使って不法な調査をしたことがある[227]。第3起訴事実としては、訴訟の相
手方の憲法上の権利を、CIA を使った違法な行動により侵そうとしたこ
とが含まれていた。

　上記の司法委員会が作成した起訴事実の基礎として独立検察官が下院に
提出した Nixon の弾劾事実は、5個あった。第4、第5起訴事実は、彼
の憲法上の義務とされる「合衆国の法律が正しく適用されるようにする義
務」（II、3のいわゆる Take Care Clause）に反し、その権限を悪用し
たことなどで、具体的には彼の意を受けた部下により Watergate 事件の
捜査妨害をしたことである。

　上記第3起訴事実中には、裁判所からの呼出状（命令）に反し、弾劾の
申立ての資料として必須となる証拠書類の不提出があったが、これが憲法
でいう "High Crimes……" に当るとされ、超党派（bipartisan）による
「弾劾必須」、との考えが拡まった[228]。この超党派性は立法府と行政府との
間の相互牽制の道具である弾劾が、党派間の政争の具としてではなく、本
来の制度目的に沿って健全に活用されようとする1つの印といえた。

　(b) Nixon 大統領が際どいところで弾劾をかわしたのに比べ、Clinton
大統領は、実際に弾劾（起訴）された史上2番目の大統領となった（1998
年12月19日）[229]。もう1つ Nixon と際立って違うのが、その弾劾理由で
ある。専ら軟派（女性問題）ということで、Nixon のような刑事事件

227　1974年7月29日の Time 誌は、下院の司法委員会による弾劾のための資料15巻の中
　　に、"……misuse of the IRS to intimidate political opponents, widespread surveillance of
　　Government officials and newsmen……" と記して、Nixon による秘匿工作の手がメディア
　　にまで及んでいたことを報じている。
228　この超党派による考えが明確になったことは、憲法の作成者が恐れていた「弾劾が党派
　　的闘争の道具に成り下がって了うのでは……」という懸念に対するアンチドースとして働い
　　た（Tribe, p.181）。
229　1998年1月25日の BBC News は、誕生間もないアメリカのインターネット・ニュース
　　雑誌 Drudge Report からの引用として、このニュース（scandal）を、「インターネットに
　　よること以外は、Nixon の Watergate 事件に似た予感を与える」と報じていた。

889

（Watergate）ではない（もっとも "Whitewater" といういかがわしい不動産取引が発端ではあった）。この発端から Clinton が大統領になってからの新しい女性問題 Monica Lewinsky（ホワイトハウスの見習い事務官）との関係へと辿る糸は、かなり込み入っていた。

　第1に在るのが、Paula Jones（Arkansas 州の臨時職員）による Arkansas 州知事 Clinton による性的要求を原因とする 1994 年の民事訴訟である[230]（なお、この訴訟に関し、Clinton が1審の証拠開示命令に従わなかったとして、別件訴訟があった[231]）。連邦議会下院司法委員会は、この事件について独立検察官（Independent Counsel）Kenneth Starr に調査を命じていた[232]。

　Linda Tripp は、友人 Monica Lewinsky との電話をこっそり録音していたが、それを Starr 検察官が入手したところ、Paula　Jones 事件での Monica Lewinsky 自身の証言との間に齟齬があることを発見した。そこに Clinton の腹心 Vernon Jordan の工作の疑いを持った検察官は、事件捜査の範囲を広げた。

　このような事実を知らないで Clinton は、「Monica Lewinsky と性的関係をもったことなど1度もない」と証言し、更に「2人きりでいたこともない」とも証言をしていた（Lewinsky による Jones 事件での証言と一致する）。特別検察官 Starr は、その後も十分な立証のため多方面の証言をとって、事件を大陪審に提出した。

230　彼女は、大統領が性交をしつこく迫るのを断ったことで、上役からひどく冷遇されたうえ職場も変させられ、それが公民権侵害にも当るとしていた。1審は訴えを棄却し、2審（第8巡回裁判所）の進行中に、85万ドルでの和解が成り、訴えは取り下げられた。

231　Monica Lewinsky は、Clinton 大統領からかなりの期間、性的交渉を働きかけられていた。この絡みでの証拠開示命令を巡る訴訟は、最高裁まで行ったところで、Clinton の主張が否定された。その主張とは、「現職の大統領は、例外的な場合を除き、退任するまで、民事訴訟手続の休止を求められる……」であったが、最高裁は、この主張を斥けている。Clinton v. Jones, 520 U.S. 681 (1997).　この主張のより処となったのが、Nixon v. Fitzgerald であった（前出）。

232　特別検察官制度は、Independent Counsel Act 28 U.S.C. §595 (c)により設けられた独立検察官が、その後の 1999 年に命令系統と責任体制をより明確にしようと、Special Counsel 制度に改められている。

第 8 章　現代の憲法問題―権力分立と司法審査の今―

Clinton は、大陪審 (grand jury) からの命令 (subpoena) が出ていることを知らされ、かつ自らの DNA が Lewinsky から検出されたとの事実を知って、Lewinsky との性交の事実を認め、また Jones 事件での証言が「わざと不明瞭であった……」(intentionally evasive) ことを認めた（その後 Clinton は、史上初めて grand jury による尋問を実際に受けた大統領となった[233]）。

(c)以上の事実発見を踏まえ、Independent Counsel Starr は、1998 年秋、いくつかの職権乱用を含む、11 項目にわたる弾劾申出案を下院司法委員会に提出した。司法委員会は、Lewinsky と Clinton との性交に関する証言の食い違う内容は問題にせず、専ら結論としての偽証があった事実に重きを置いて、偽証と司法妨害 (perjury and obstruction of justice) のみを採り上げた（職権乱用は、問題になる程度ではないとした）。また、司法委員会としての調査は、Independent Counsel Starr からの証言だけに絞っていた。

このような司法委員会のやり方に対しては、議会内で憲法論議を含め色々議論があったが[234]、12 月に入って 4 項から成る弾劾状が用意された。この下院議決は、党派の線〔party line〕どおりに分れていたことで、超党派〔bipartisan〕で弾劾の方針が出された Nixon 大統領のケースとは対照的であった（Nixon 大統領のケースでは、実体法上の理由が十分あった上、与野党を超えて賛同していたことから、党派的対立の問題を手続法的にも克服していた）。

そこで、焦点となる弾劾 4 項目であるが、大体 Nixon 大統領に対する弾劾状を踏まえたものとなっていた[235]（殊に、「大統領の宣誓に反し、"Take Care Clause" への適合を欠いたことが……その職務への信頼を揺

233　"I missed people" と題された Clinton 大統領による国民向けのスピーチは、1998 年 4 月 17 日（月）夕方に放送された (historyplace.com)。
234　これらの憲法論議は、先ず Independent Counsel という法制度と、その法制度を、今回のように議会が「お任せ」でやらせていたことに対して向けられた。

891

第3編　19世紀後半以降の憲法

るがせ……法と正義を損い、合衆国人民に被害をもたらした」という前文
と結論部分が似ていた[236]）。

　このように結果的に、第1項と第3項が重視されたが、その背後の理由
として、「司法（秩序）の侵害」という行為による、（国に対する）加害の
程度の重大さが挙げられよう[237]。これら2項による弾劾裁判は、1999年
2月に行われ、50：50（第1項）と、55：45（第2項）で、上院により否
定された（共和党から、それぞれ5人と10人が、民主党に和して反対に
廻った）。Andrew Johnson 大統領に続き、1998年12月19日に史上2番
目に弾劾まで行った William Jefferson Clinton 大統領。Nixon 大統領の
場合とは違い、与野党を超えた動きとはならず、実体法的、手続法的にも
党派で意見が割れていた。更に彼の場合、その不行状（misconduct）の
中に少くとも2件の女性に対する行為が含まれていた。これらが、「権力
乱用（abuse of power）といえる程度のものではない」、とされたことが、
上院での無罪判断につながった（その意味では、権力分立問題での個別典
型事例からは外れる）。

　(d)以上の事実的基礎を固めたのが、独立検察官 Starr であって、独立検
察官のような制度・存在が生れる以前とは異なり、誰も知らない間に密か
に、弾劾が（Watergate 事件がそうであったように）、組織的に始められ
うることに注目が集まった[238]。大統領は勿論、議会や裁判所からも**独立検
察官制度**の独立性の当否と程度、その憲法上の位置付けが、文字どおり改
めて問題となったことは、注234のとおりである。Ford 議員が弁論した

235　第1項は、大陪審での偽証、第2項は、Paula Jones 事件での供述での偽証、第3項は、
　　それらによる司法妨害、第4項は、下院司法委員会自体による質問状（実質的な自白に当
　　る）への不回答であった。このうち、第1と第3項が下院を通ったが、第2、第4は否決さ
　　れた。
236　大統領の "Take Care Clause" とは、II、3で定める法の忠実な執行（監督）義務 "he
　　shall take care……laws be faithfully executed……" である。
237　大統領の公的な行為ではない、私的行為について、この結論をどう評価するのかは難し
　　い問題である。私的行為でも根本に遡れば、三権分立の原則に係り、また法と正義に係る。
　　連邦判事 Harry Claiborne は、虚偽の連邦税申告をしたことにより、刑事責任を問われた
　　ことに加え、弾劾された（132 Cong. Rec. S 15495-96, 1986年10月7日）。

892

ように（注202）、弾劾該当性と犯罪性とは同じではない。そのことは、多くの法律評論家も賛成しているし、Aaron Burr（第2代副大統領）とRichard Nixon大統領の実例が示している[239]。

　(e)弾劾問題に隠れて了ったかのようでも、憲法法学上重要なのが、2.(1)(ヘ)で出てくるLine-item veto法の問題である（前注156〜157）。連邦議会が1996年に成立させていた同法は、前2.(1)(ヘ)でも触れているように、大統領がその中の支出科目のいずれかを取消す（……pencil out specific spending items……）ことを認めていた[240]。連邦予算法のうちには、地元の利益誘導などに絡めて議会がもぐり込ませた費目（いわゆるpork-barrel spending）などがある。Clinton大統領は、それを狙い打ちにvetoできるこの方法を、「使い勝手がいい」とばかりに、1995年の立法以来（議会との交渉の道具としてを含め）数十回も活用していた[241]。事件で最高裁は、これを憲法の定めた立法要件（Ⅰ）にそぐわない違法・無効な定めであるとした（必要ならば、改憲手続（Ⅴ）を経て行うべきものとした[242]）。6：3によるその決定要旨は、「一旦法律となったものなら、大統領はただ、それを執行できるのみ」というものである。原告グループは、大きくSnake River、Idahoのじゃが芋農家（農協）と、ニューヨーク州および市当局の2つに分けうる。前者の農協は、認められる筈だった加工機械の償却税に係る繰延べが「否定された」、として訴えていたが、Clinton大

238　Watergate事件は、Washington Post紙の記者が、当時のFBI副長（Deep Throatの暗号でのみ知られていた）と接触し、知られるようになった（Washington Post紙の当時のオーナーKatharine Grahamは、「会社がどうなるかを考えず、真実を追求するよう」記者に命じていたとされる）。
239　Aaron Burrについては、Alexander Hamiltonを違法とされていた決闘により撃ち殺したし、Richard Nixonは、連邦税虚偽申請を行っている（1983年、連邦裁判官 Alcee Hastingsは、収賄につき陪審により無実とされたが、弾劾罪は成立した）（Tribe, p.161）。
240　1994年に共和党（Republican Party）が打ち出した綱領 Contract with Americaは、統治機構の改革などで8項目を掲げていたが、その中の1つであった。Clinton大統領は、このline-item vetoだけを採用していた。そうした言葉は使っていなかったが、元は、保守系のシンクタンク Heritage Foundationの発想とされる。なお、CNN 2014年2月2日のJulian Zelizerによる記事参照（edition.cnn.com）。
241　Archive.org、1998年6月25日。
242　Clinton v. City of New York, 524 U.S. 417 (1998).

統領が veto したために、利益を得られなくなった各業界団体なども、同様なケースで大統領を訴えていた（それらは、この最高裁判決により、最早、訴えなくても法律が定めた利益を受けられることになる）。この判決に対し、Clinton 大統領は無論、「失望した……」と述べている。それとともに、共和党で同法案を作成した John McCain や Dan Coats 上院議員は、代りの法案を個別に考えて対応するといっている[243]。

㈦次に、弾劾該当性は誰について問題になるか、という主体の範囲と手続の問題がある。法文は、「大統領、副大統領および合衆国のすべての文官」（all civil officers）である（II、4）。連邦議会上、下院の議員は、文官（civil officers）であるといえるが、憲法が連邦議会の議員を弾劾の主体から除いていることは、各院内の自治・自律を定めた I、5 から明らかである（注 162 の Powell v. McCormack 参照）。また、イギリス国会による弾劾の主体が、一般人を除外していなかったのに対し、革命を終たアメリカでは私権剥奪法禁止の憲法ルールなどからも、一般人は弾劾の主体性がないとされていることも前述のとおりである。

(a)弾劾は憲法が禁止した私権剥奪法の例外として刑罰以外の公罰を加えるものであり、主体は、上のように一定以上の文官（civil officers）に限られるのである。また、弾劾罪の成立が上院により確定したときの効果（公罰）は、その公職からの追放である。それにより、公職の害を取り除き、将来に向い公共の利益を守る働きをする。

これまでの憲法史で 19 人の弾劾裁判が終了している[244]。うち 15 人は裁判官で、大統領が 2 人、閣僚 1 人[245]、上院議員 1 人である[246]（弾劾裁判のその他手続などについては、第 4 章二.1.(2)(イ)も参照）。

---

243 Court Strikes Down Line-Item Veto, Helen Dewar and Joan Biskupic、1998 年 6 月 26 日（washingtonpost.com）。

244 制憲会議で Benjamin Franklin が「昔は暗殺でやっていたのを、今は……」といったとされる「弾劾」であるが、Cornell Law School の Josh Chafetz の「弾劾と暗殺」(Impeachment and Assassination) と題した論文がある（Minnesota Law Review Vol.95, p.347〜、2010 年 12 月）。

（b）下院での弾劾手続は、大陪審（grand jury）による起訴手続
（indictment）にそっくりとされている[247]。これに対し、上院での弾劾裁
判そのものの手続の例は多くはないが、憲法史の中で独自の手続例が積み
上がってきている[248]。裁判長となるのは、普通は上院議長（Senate Presi-
dent）でもある副大統領（Vice-President）であるが、大統領が弾劾裁
判の対象である時は、最高裁長官（Chief Justice）が裁判長となる（Ⅰ、
3(5)）[249]。このように、最高裁長官が裁判長になる特則の理由が実体法的
なものか、手続法的なものか、議論がある[250]。

　裁判では、下院議員の代表ら（普通は、司法委員会〔House Judiciary
Committee〕メンバー）が検察官役（House Managers）となる。上院は
裁判の証拠原則として特別のルールを採用していない。特別委員会を設け、
それに証拠の蒐集などをさせる例が多い[251]。三権分立の見地からの１つの
論点は、「下院が軽々しく（政争の道具としてや、それに絡めて）弾劾を
開始しないか」、である。この点で、党派別に賛否が割れていた Clinton
大統領の弾劾での下院司法委員会の段階では、「積極的に、どんなことも
問題にすべきだ」、という議論が強かった[252]。

245　閣僚以下の階層、たとえば次官補 assistant secretary などについても、弾劾裁判の対象
　　となるかは、確立したルールはない。ただし、それらは、上役（担当閣僚）により罷免され
　　うることと、公共への害も閣僚などと比べ小さいとされている。
246　1797 年に Tennessee 州選出の上院議員 William Blount が議会下院により弾劾請求され
　　たのに対し、上院は、弾劾裁判そのものは拒否したが、議員職からの追放を決議した
　　（www.senate.gov. では、"expelled, charges dismissed" と記されている）。
247　大陪審（Grand Jury）とは、コモンローの陪審と同じ史的背景から生じた民間人から成
　　る公的機関で、刑事事件での公訴提起決定権を有し、そのために必要な強制捜査権の一部を
　　有する。
248　その中でも、1868 年の Andrew Johnson 大統領の先例でのルール（前例）が中心的なも
　　のである。
249　この場合の裁判長としての最高裁長官の指示判断は、上院の多数により覆すことができ
　　る。
250　Joseph Story 判事は、副大統領が裁判長となる時は、大統領を蹴落とそうとの動機が問
　　題となりうるとコメントしている（Commentaries on Constitution, §777）。
251　特別委員会によるこの証拠蒐集方法の合法性を裁判官が争ったケースで、最高裁は、こ
　　れが争訟事件ではなく政治問題であるとして、斥けている。Nixon v. United States, 506 U.
　　S. 224, 226 (1993)。

第 3 編　19 世紀後半以降の憲法

　実体法の面で第 1 に問われるのが、大統領の憲法や法律を守るべき義務
は、「その他の文官の義務の程度と違わないか？」、である。確かに、大統
領の職務として、憲法上に一文が設けられている（II、3）。この「法律
が忠実に守られるようにすべき義務」の条文（Take Care Clause）が、
Clinton 大統領が自らの収支報告で嘘をついたかどうか、その罪の重みを
判断する上で問題となった。

　(c)では弾劾条項は、三権分立との絡みで権力分立の確保上、どのような
効果を有するか？　それを検証するのに適した 3 つのケースがある。それ
ぞれ、①司法権の独立性の検証ルール、②行政権（大統領）の立法権（議
会）からの分立度の検証ルール、③これと同じ文脈で、弾劾が行われた時
の実際にその弾劾に働くルール、を示すこととなった。

　第 1 のケースが、連邦発足から 10 数年、1804 年の Jefferson 大統領に
よる最高裁の Samuel Chase 判事に対する弾劾である[253]。上院が最終的に
無罪としたものであり、司法権の独立が示された先例として見られている。

　第 2 は、史上初の副大統領から大統領への昇格例となった John Tyler
（1841 年）についての弾劾である。Tyler 大統領は民主党の政策に忠実で、
Whig 党の政策と真向から反対していたことから、議会で可決された法案
（国法銀行〔National Association〕、関税、道路建設などの）の殆んど
に対し veto を繰り返した（第 5 章二.2.(2)(イ)）。その結果の弾劾の提議で
あったが、その間の議会選挙で、Whig 党に代り民主党が多数を占める結
果となったことから、議会では採択されなかった。この件は、党派や政策
の違いを超えた大統領と立法府の互いの政治的独立を再確認したことにあ
る。

　第 3 は、第 6 章でも触れた前出の Andrew Johnson 大統領に対する弾

252　共和党が冷淡だったことに加え、初めから上院での弾劾裁判成立の見込みが低かったこ
　　とから、下院の多数派工作としての意味があったという（Tribe, p.154)。
253　Samuel Chase 判事には、Federalist 的立場に立って、確かに政治色の強い訴訟指揮が
　　見られたが、一方の Jefferson 大統領の方も、1800 年に前任の Adams 大統領が成立させた
　　裁判所法をその翌年に廃止するなど、かなり党派的に偏ったことをしている。

896

劾の裁判である（1867年）。Johnson 弾劾の裁判は、僅差で上院での有罪決定を免れたが、彼の憲法および法律順守姿勢が問題とされたことで、大統領の地位・威信を傷付けることになったとされている。

　このように、政府高官や最高裁判事に対し弾劾がなされることで、その官の威信・信用に対し少からぬ打撃を与えることになることは、その後のNixon 大統領や Clinton 大統領に対する弾劾によっても[254]、多くの人々が実感したことである。以上の第2、第3例とも、立法府による行政府の長に対する弾劾であり、その意味で弾劾が、憲法および法律を遵守しつつ行政を行うよう行政府の長に対し大きな圧力（牽制）をかけうることを示している。Johnson 大統領に続き、1998年12月19日に史上2番目に弾劾まで行った William Jefferson Clinton 大統領の件では、Nixon 大統領とは違い、与野党を超えた動きとはならず、前記のとおり実体法的、手続法的にも党派で意見が割れていた。彼の場合は、少くとも2件の女性に対する行為がその不行状（misconduct）の中に含まれていたものの、権力の乱用（abuse of power）といえる程度のものはないとされたことが、上院での無罪判断につながった（その意味では、権力分立問題の個別事例からは外れる）。

　(d)前述した大統領の権限（義務）には、Take Care Clause に定める**法の忠実な執行を確保**することがある（Ⅱ、3）。執行の中には、その明文はないが、犯罪の訴追（prosecution of crimes）が含まれることは、一般に肯定されている。それと恩赦権（to grant Reprieves and Pardons for Offences against the United States）とが、対応する組み合わせとして浮上する[255]。犯罪の訴追が、刑事法の法定主義により議会による立法により大きく縛られるのに対し、恩赦権は、大統領の裁量権と考えられてい

254　Richard Nixon は、1974年8月9日に自ら大統領職を辞任したが、その前に United States v. Nixon 事件で、彼の権力乱用が法的に明らかにされ、下院司法委員会が調査していたその他の事実と併せ、弾劾必至と見られていた。その中には、IRS の資料を使って民主党の有力者を失墜させようとしたことも含まれる。これらが、high Crimes and Misdemeanors に当ると考えられた。

897

第3編　19世紀後半以降の憲法

る。つまり、その行使の時、範囲、形について、大統領が自らの専権によって決定できる。一斉に多数（同種の罪、犯罪など）に対し与えるのか、単独で与えるのか、条件付きでかなど、色々な形でPardonをなしうる[256]。まだ起訴前であっても、具体的な事実につき恩赦権を働かせることができる[257]。なおCommutationは、軽い罪に代えることを意味し、Pardonsとの違いがある[258]。

（e）Nixon大統領が、Watergate事件絡みで独立検察官が発した差押命令（subpoena）に対し大統領特権（Executive Privilege）を楯に拒否したことは述べた。こうした特権にはイギリス王の特権・大権（Prerogatives）に由来するものが多い。それゆえ、憲法には明文がないが、第1代大統領のワシントンも、1796年、James Madisonが中心になって出してきた議会下院によるJay's Treatyに係る内部文書の開示請求を、この特権を理由に拒んでいる（第5章一.2.(1)㊁(c)参照）。時代が下がって、McCarthy上院議員がホワイトハウス職員らに発した差押命令（subpoena）に対しては、同じようにEisenhower大統領が特権を理由に提出を拒んだ（第7章3.(2)参照）。最近ではBarack Obama大統領も、この特権を主張している。司法長官（Attorney General）Eric Holderが実施した「おとり捜査」Operation Fast and Furiousの絡みで、議会下院による差押命令（subpoena）の対象となった時のことである。

　しかし何といっても、この特権を最大限（5回）使用したのは、George W. Bush大統領である。それも、必ずしも大統領自身に対する差押命令（subpoena）に関してだけではない。1つのケースでは、空軍の担当

255　ただし、except in Cases of Impeachmentの法文にあるとおり、弾劾についての恩赦権はない。

256　Biddle v. Perovich, 274 U.S. 480 (1927) の判旨。

257　George H. W. Bush大統領は、1992年の大統領選挙で敗れた後のクリスマスに国防長官でIran-Contraスキャンダルで訴追される10日前のCaspar Weinbergerに対し恩赦権を行使した（Tribe, p.721）。

258　Vietnam戦争時の召集法（Military Selective Services Act）違反を、一斉に恩赦にしたケースUnited States v. Group, 459 F. 2d 178 (1st Cir. 1972) などがある。

官などを対象としたもので使用された[259]。空軍のテスト飛行士らの遺族が訴えていた事件で、機密を理由として空軍の情報を法廷に証拠として提出することを拒めるかの問題となった。

立法府や司法部からの行き過ぎた干渉・監視を防ぐことは、大統領に限らず、他の行政府にとっても、三権分立の線からある程度必要なことであり、Executive Orders の健全な行使がどこまでかは、Nixon v. United States 事件で最高裁が示していたように、やはり最高裁が最終判断者となる。

(ヘ) Nixon による大統領辞任を受けて副大統領から昇格した Gerald Ford が、Michigan 州からの下院議員を 25 年近く勤めていたことは前に記した。それに先行して、前任の副大統領 Spiro Agnew の辞任により、下院議員からいきなり副大統領となっていた彼は（修正XXV、2参照）、1度も大統領選挙人団（Electoral College）による選挙を経ないで副大統領、大統領へと昇った史上稀な経歴の政治家であった。ただ、その第38代大統領としての4年（1974～1977）の任期が、大恐慌以来の最悪期足掛けに当ったこともあり、期間895日と、これまた短い方の記録を残した。1976年の共和党内の指名選挙では Ronald Reagan にせり勝ったものの、本番では民主党の James（Jimmy）Carter に敗れた。

(a) Carter 大統領は、深南部の Georgia 州のピーナッツ農家出身で、少年時代の大半を畑で過ごした。1943年に Naval Academy に入り、その後、海軍士官として当時の技術の最先端を行く原子力潜水艦にも乗艦していたが、事故を受けその解体作業にも携わっている。

戦後の Carter は、地元の学校の PTA 委員、民生委員などを勤める中から、1961年には Georgia 州上院議員に選出され[26)]、1964年にも再選を

259　United States v. Reynolds, 345 U.S. 1 (1953)、その中で Anthony Kennedy 判事は、行政府特権（Executive Privilege）の主張は特別な性格のものであり、軽々に主張されるべきではない（an extraordinary assertion of power, not to be lightly invoked）と述べている（at 7）。

899

第3編　19世紀後半以降の憲法

果たした。その後 1966 年には Georgia 州知事選に出馬、同年の選挙では
敗れたものの、4 年後の 1970 年知事選挙では勝利する。その Georgia 州
知事時代の Carter は、人々の耳を欹てる、Deep South で人種差別に反
対する初の知事となった[261]。

　Carter は、知事としての 5 年間、彼なりのアイデアで一生懸命働いた
ようだ。それでも彼がその後、大統領選挙に出馬するとは、彼自身の母親
も入れて、誰も考えていなかった。という訳で、1976 年大統領選挙での
Carter の知名度は低かったが、唯一 Watergate 事件の影響が、この田舎
出の政治家を味方した。彼は同じ南部 Alabama 州知事の George　Wal-
lace を尻目に、民主党の大統領候補として指名を受け、更に、選挙本番
でも共和党の Ford 氏を抜き去った。

　第 39 代大統領としての 1 期 4 年間の Carter の実績として挙げられる
のは、（それ以前からの組織改革を経てはいるが）教育省（Dept. of Edu-
cation）の設置に加え、エネルギー省（Dept. of Energy）を設けたこと
である。実際、任期中にオイルショック（1979 年）が起こり、Carter は
エネルギー政策に多くの努力を割くことになった。国際的には、ソ聯との
間でいわゆる SALT II（Strategic Arms Limitation Talks の第 2 ラウ
ンド）を締結したほか[262]、Carter が特に関心を抱いていた低開発国の生
活向上に心を配った。中でもエジプト・イスラエル間の和解（いわゆる

260　Georgia 州選挙法は、それまで人口比例ではない、「郡単位」（County Unit System）で
　　あったが、Gray v. Sanders, 372 U.S. 368 (1963) で最終的に示されたルール "one person,
　　one vote"、"equal representation" が主流となってきたことでもあり、同 System が改廃
　　されたことで、同システムを利用して工作をしていた County sheriff に Carter 氏が逆転勝
　　を決めたとされる（wikipedia より）。
261　1971 年 1 月 27 日の Pittsburgh Press は、Carter 就任式をそうしたニュアンスでの讃辞
　　とともに報じている。
262　T. Roosevelt が、フランスが掘削中の Panama 運河を買取って、その管理運営権を握
　　っていたアメリカは、これを 1977 年に完成させていた（そのためにアメリカは、パナマと
　　の条約〔Hay-Bunau-Varilla Treaty〕を締結している）(1903 年)。Carter 大統領は 1979
　　年、この管理運営権を 2000 年までに Panama に返却することを内容とする Panama Canal
　　Treaty を締結した（Torrijos　Treaty）。なお、この Treaty は、正式には "Treaty Con-
　　cerning the Permanent Neutrality and Operation of the Panama Canal" で、外国からの
　　侵害に対しアメリカが防衛権を永久に保持するという条件での中立条約の性格を持つ。

900

Camp David Accords）を仲介したりした[263]（大統領を辞めた後も、彼は夫人 Rosalynn とともに、中近東・アフリカなどに度々出かけたり、低開発国を中心とした援助活動に携ったりしている）[264]。

　(b) Carter 氏と 1980 年の大統領選挙を争い、勝利して第 40 代大統領となった Ronald Reagan。映画俳優としての彼の名声への言及は割愛する。ただ、元来が政治力のある政治向きの人であったろうことは、彼が 1941 年という早い時期に、俳優協会（Screen Actors Guild）の会長になっていることからも窺えよう[265]。彼はまた、一時期テレビでとても人気のあった週毎の番組、アメリカを代表する企業、GE 社の広報部がスポンサーとなった、General Electric Theater のホスト役として雇われていた。その間、スポンサー担当者個人の影響も受けて、生来の保守主義的信条を一段と強めることになる。1950 年代には Democratic Party に加わっていて、1948 年大統領選挙では Truman に強く味方し、演説会場にも一緒に姿を現したりしていたが、1962 年には Republican Party のメンバーへと移行、1964 年大統領選挙では同党候補 Barry Goldwater の応援演説に熱を入れた。そうした動きを受け、2 年後の 1966 年には自ら California 州知事選挙に出馬して当選し、1970 年の再選にも勝利している。その間の 1968 年と 1970 には、自ら大統領も目指したが、共和党内の大統領候補指名選挙では、現職の Gerald Ford に敗れている（しかし、その Ford も、民主党

263　いわゆる Camp David Accords は、Jimmy Carter 大統領が Maryland 州内の山荘にエジプト大統領 Anwar El Sadat と、イスラエルの首相 Menachem Begin とを招待、13 日間の秘密会議の後に 1978 年 9 月 17 日にサインされた合意であり、これが 1979 年の Egypt-Israel Peace Treaty へとつながった（なお、先の 2 人は 1978 年に共同で Novel 平和賞を受けている）。只、その中の重要なポイント Palestine については、Palestina の人々の参加なしの合意だったため、国連（UN）の場でも、アラブ諸国により非難された（なお、Sadat 大統領は、怒った Islamic Jihad の戦士によって 1981 年暗殺されている）。
264　こうした援助活動を行う機関の 1 つとして、Emory Univ. と共同の Carter Center がある（1982 年設立）。もう 1 つとして、Jimmy & Rosalynn Carter Habitat for Humanity を挙げることができる（いずれも website より）。
265　彼が共産主義嫌い、それもかなり強烈なそれだったことは知られているが、Hollywood 時代にも夫人 Nancy とともに、俳優の中での共産主義者の名前などを FBI に対し告げていたほか、議会の House Un-American Activities Committee（HUAC）にも出席、その種の証言をしている。

第3編　19世紀後半以降の憲法

の Carter 氏に敗れた）。

　(c)しかし、その後の 1980 年大統領選挙で現職の Carter 大統領を打ち負かした Reagan は、その後 2 期 8 年の大統領を勤め、Cold War 期の対ソ聯アメリカを代表する大統領となった。その間、彼の国内政治で有名になったのは、「レーガノミックス」（"Reaganomics"）で知られる、いわゆる "Supply‐side　Economic" である。いわゆる州主権 "states rights" に根差し、「小さな政府」の一面も有するこの政策は、「減税」「インフレ抑制」「規制解除」、などのスローガンと結び付く。

　その間の対外政策では、前注のように強烈な反共産主義の彼は、それまでのデタント（detente）戦術をやめ、大規模な軍事力増強を命じて、ソ聯との間でいわゆる arms race を展開した[266]。

　1984 年の再選でも地滑り的勝利を収めた Reagan は、これを「アメリカの朝」（Morning in America）と名付けるとともに、ソ聯による包囲網に対する巻き返し（roll-back）として、積極的な外交に転じた。「アジア、アフリカ、中南米諸国などでの親共産党勢力拡大」に対抗する上で、CIAなどを Afghanistan や Pakistan のような国に投入し、ソ聯に対してイデオロギー的に厳しく対峙する勢力を育成した。その中で、軍事力を背景にした彼の政策、中でも Strategic Defense Initiative（SDI）と呼ばれた対策は、ソ聯に脅威を感じさせ、冷戦（Cold War）を終了させるのに役立ったとされる。

　その一方で、ソ聯の書記長 Mikhail Gorbachev との直接交渉にも乗り出し、これがやがて、両国での核兵器の相互削減条約（INF Treaty）となった[267]。その後、間もない 1989 年、ベルリンの壁の崩壊が始る（fall of Berlin Wall）。

　(d)アメリカには約 200 の大統領史家（Presidential Historians ないし

---

[266] 「鉄の女」と渾名されたイギリスの首相 Margaret Thatcher と互いに共鳴するようにソ聯と、その共産主義とをイデオロギー的に叩いて、「悪の帝国」（evil empire）と呼んだことが有名である。

political scientists）と呼ばれる人がいるとされる。当然、彼らによる歴代大統領の評定（一覧表）のようなものも、色々なものが出ている（以下の(3)(ヘ)(f)）。Obama 大統領は、その第 1 期目が始って間もない 2009 年 6 月 30 日、こうした大統領史家の中の名だたる 9 人をホワイトハウスの夕食会に招いた[268]。何と、2 時間の間をとって、彼がそこでしたことは、それら大統領史家から、それぞれの得意とする歴代大統領の評定を直接たっぷりと聞き取ることであった[269]。Chicago 大学で憲法を教えていた Obama 大統領にとって、こうした会合は、正に「身の丈に合った」ものといってよいであろう。彼以前の大統領にも、たとえば（たった 1 人の Ph. D.大統領）Wilson など、歴史との接点を大切に考えていた人はいたが、反対に Lyndon Johnson のように、歴史家や学者を遠ざけたり、馬鹿にしないまでも、ホワイトハウスに入った後は、多くの学者が、Vietnam War に反対するのを苦々しく思い、「もう世の中のことは分っている……」式の、態度の（人と受け取られた）Reagan 大統領のような人もいた。

　この夕食会についてホワイトハウスのスポークスマンは、「大統領は選挙（campaign）を通して、あらゆる職業、階層（…….all walks of life）の人と接することを心掛けてきたが、その一環である……」とした。夕食会から出てきた 9 人の中から Robert Dallek が夕食会を要約している。「Obama 大統領は、自らの前にある問題の重大さを十分に分っているようだった。細かいことは捨象して、大局を捕まえていた。経済の立て直し、国民皆健康保険、エネルギー自立……などだ。勿論、こちらからいうべき

267　いわゆる Intermediate-range Nuclear Forces Treaty（1988 年 5 月 27 日）で（正式な名称はかなり長い）、ワシントン D.C.でサインされ、1988 年上院で承認された。交渉は、1986 年 8、9 月の Reykjavik で始まり、10 月に実質的に纏まった。

268　その 9 人とは、他でも出てきた Michael Beschloss のほか、H.W. Brands、Douglas Brinkley、Robert Caro、Robert Dallek、Doris Kearns Goodwin、David Kennedy、Kenneth Mack と Garry Wills である。

269　Obama's Secret Dinner with presidential historians-US News、2009 年 7 月 15 日、Kenneth T. Walsh 記者（usnews.com）。

第 3 編　19 世紀後半以降の憲法

と思うことはいった。「Johnson 大統領が"Great Society"を掲げながら、Vietnam War に嵌り込んで行ったこと……とか、Wilson の進歩主義が W.W.Ⅰで脱線して了ったこと……などだ。……しかし、Obama 大統領は、『国民健康保険は必ずやる……』といっていた」。

⑶戦争遂行権と情報管理権

　(イ)戦争遂行権と情報管理権の 2 つでは、三権の間（主として行政権と立法権）の調整が、最も現代的で微妙な場面を見せる。

　戦争権は、第 7 章 3.⑴(ハ)～⑵(イ)でも若干触れたが、立法と行政の双方に跨る憲法法学上も難しい問題を提供する。屢述のとおりこの問題になると、司法も、「腰が引けている」、といわざるを得ない。憲法の定めが「超簡単で、自在であることのプラスとマイナスが集約的に浮上する代表例」といえる（連邦議会への立法権の授権文言は〔Ⅰ、8⑾〕、制憲会議の下書き"make War"ではなく、"declare War"となっていた）[270]。アメリカによる戦争（殊に W.W.Ⅱ）の遂行と国連（UN）の誕生とが結び付いていた史実を見てきた（第 7 章 3.⑵)。この問題を考えるには、今やアメリカ憲法（国内法）の問題とともに、それを超える視点を必須とする。

　(a) F. Roosevelt が大統領就任演説中で中南米諸国を意識しながら、「世界政治（world policy）では、わが国を**よき隣人政策**（good neighbor policy）に捧げる（dedicate this Nation)」、と謳った後、全軍の統率者として、立法府と行政府の関係で次のように述べている。

　「……我々が父祖らから受継いだ憲法は、とても単純かつ実際的であるため、その下での政府は、その本質を失うことなく、力点と演出を変えるだけで、どんな困難な事態にも対応することができる……これこそ、わが憲法秩序が近代以降の世界史の中でも著しく優れた持久力を示せてきた理

270　連邦法の編成、U.S. Code では、Title 50、その 50 U.S.C.の言葉は War and National Defense である。

904

由であります……。……今、我々が直面する世界に対しても、立法府と行政府の間の正常なバランスを保つことが適当であることが望ましいとしても、一刻の猶予も許されない事態が到来し、この正常なバランスの下での手続を一時的に離れねばならないことも起こり得ます……」

更に、国際警察権に当るようなことを述べている。

「……私は、戦乱の世界で攻撃を受けた国（stricken nation）が求める措置を私の憲法上の義務としてとれるよう（議会に）説明する用意があり、その措置や、また議会がその経験と知恵により、『こうしたらよかろう』という措置を、憲法上の権限により速やかに実行する用意があります……しかし、万一議会がこうした措置を採らないで、かつ国の安全状態が危急であるときには、私は目前の義務に対し怯むことなく対処します……そのときは、もう１つの残された方策、事実、敵から侵入されたとした許されるであろう危機対処策としての、**広汎な大統領権**（broad Executive power）を用いる（戦争を行う）ことにつき、議会に了解を求めます（……I shall ask the Congress for the one remaining instrument to meet the crisis……broad Executive power to wage a war against the emergency ……if we were in fact invaded by a foreign foe）」。

これが真珠湾攻撃より８年半以上前の、彼が就任時に国民や議会に対しその決意を述べたものである。この部分だけをとっても、「憲法」の語が４回も出てくる。しかし、Roosevelt 大統領の以上の言葉は、どちらかというと、予め議会に相談しない、「臨機応変な対応」、に力点があるように見える。「広汎な大統領権を用いる……」は、読みようによっては、予備的防禦権（pre-emptive defense）を意味しているとも理解できる。この予備的防禦権こそ、Roosevelt の就任式から 70 年後、George W. Bush 大統領がイラクに対し実際に使った論理であった。

(b)こうした F. Roosevelt 大統領の所信表明と、その実行行為としての W.W.II を通した権限行使の前例を踏まえて、後の六統領も連邦議会も、学習を重ね成果を折り込み、その成果を生かし対応してきたように思われ

905

第3編　19世紀後半以降の憲法

る。朝鮮戦争時、アメリカが国連軍の形で戦争に突入した時、議会上院の多数派代表との間で大統領 Truman が行ったやりとりを紹介した（第7章3.(1)㈱(b)）。一定の近い将来起こりうる事態に備えて、議会が軍を動員することの裁量権を予め大統領に与えたのも、そうした歴史に学んだ所産の１つであろう。その１つが、Lyndon B. Johnson 大統領の時のトンキン湾事変（The Gulf of Tonkin Incident）に伴う議会上、下両院の合同決議（The Gulf of Tonkin Resolution）であるといえる（1964年8月）。しかも、前述の東南アジア共同防衛条約（SEATO）により国際法的な裏付けもあった（第7章3.(2)㈱(a)）。この合同決議も、「合衆国は、大統領が決するとおりに、軍事力の動員を含むすべての必要な措置をとる用意がある……」、と述べて、授権関係での大統領に対する信認が明確である[271]。しかも、前述の東南アジア共同防衛条約（SEATO）により国際法的な裏付けもあった。

　(c) "as the President determines" というように、広い裁量の権を与えた the Gulf of Tonkin Resolution とはやや対照的な決議が、Richard Nixon 大統領の時の War Powers Resolution（1973年）である。実質的には§2〜§9の8条から成るこの連邦法、**戦争権決議**（War Powers Resolution）は、一面では Nixon 大統領へのブレーキであると同時に、憲法の定めどおり議会による戦争宣言を待つことが、現在の技術等のレベルで見て、適切ではない実際に対応するため、予めの憲法解釈の基本ないし**手引き**を示そうとする。そこでは、大統領と議会との合同の知恵と判断が基本にされている（2(a)）。その上で、議会との予めの相談（consultation）を、待つことができなかった場合での報告（reporting）を大統領に義務付けている（3、4）。

　そして、（その前に議会が何らかの措置をとらない限り）報告後60日以

271　"the United States is……prepared, as the President determines, to take all necessary steps, including the use of armed forces, …… (The Gulf of Tonkin Resolution, Pub. L. 88 -408)"

906

第 8 章　現代の憲法問題―権力分立と司法審査の今―

内に大統領は、軍事力の行使をやめなければならない（5(b)）。一方議会には、30日以内に外交委員会に付議することなど、可及的速やかな対応を採るよう求めている（6(a)）。

　同じように War Powers Resolution といっても、Tonkin 湾の時のそれとは異なる理由によって導かれた。1950～1953年の朝鮮戦争、1959～1975年の Vietnam 戦争の2つが、議会による戦争宣言なしに始められたことに対する、主として議会側の危機感、中でも Nixon 大統領がどう出るか、という主として将来への懸念と、世論を気にする心配から決議された。実際この間に、いわゆる Pentagon Papers という国家の機密情報が漏洩されて New York Times の一面に載り、反軍、反軍需産業などの世論を盛り上げるとともに、犯人が連邦地裁に刑事訴追されるという一幕もあった[272]（前述のように、反戦世論を盛り上げるのが、その情報漏洩の当初の目的であった[273]）。

　この**戦争権決議**の具体的な適用が、Clinton 大統領の時の Kosovo に関してと（1999年）、Bush 父子大統領の時のイラク（Iraq）に関しての2回（1991年、2003年）の戦争で、問題となっている。Yugoslavia のコソボ戦争（Kosovo War）では、一部議員らが大統領を決議違反で訴えている[274]。

　Clinton 大統領は、NATO 軍の一部としてアメリカ空軍が空爆を始めた2日後に決議に沿って報告書を議会に提出し、その後議会は、戦争権を

272　資料を不正に入手したのは、元 Rand 社社員の Daniel Ellsberg で、有力議員をはじめ反戦団体の Anthony Russo とも相談していたが、その反応を見て、メディアへの働きかけしかないと考え、アプローチした。その結果1971年6月13日から始った New York Times の一面に載ることになった。

273　Pentagon Papers は、正しくは、「アメリカと Vietnam との関係（1945～1966年）」を記述した秘密文書である。国防長官 Robert McNamara は、1966年に Vietnam 戦争が長引く中で、体系的な記録を保存しておくことを適当と認め、記録を纏めたものが15部のみ作成された。なお、この刑事事件の引用は、United States v. Daniel Ellsberg and Anthony Russo, Central. D. Cal. (1973) である。

274　Campbell v. Clinton, 203 F. 3d 19 (D.C. Cir. 2003)。地裁では、「司法の判断に適さない」と却下され、2審もその決定を支持した。

第3編　19世紀後半以降の憲法

427：2で否決したが、空爆については213：213となり、しかも必要な予算措置を可決し、NATO軍への参加を直ちに止めるよう求めた決議は否決している。

㈦第41代 George H. W. Bush 大統領は、1991年1月議会に対し上、下両院による（軍事力使用）合同決議（Authorization for Use of Military Force Against Iraq Resolution）により[275]、アメリカ軍が湾岸戦争を開始することの授権を求め、議会は合同決議を承認している[276]（その求めた日は、国連が国連安全保障理事会決議〔United Nations Security Council Resolution 678〕によりイラクに対し出していた最後通牒の期限の1週間前であった）[277]。

(a)イラクによる Kuwait への侵攻を受けて行われたこの第1次湾岸戦争には余り問題がなかったのに対し、第43代 George W. Bush 大統領による2003年の第2次イラク戦争決議は、アメリカ国内にも国際的（国連の場）にも、多くの議論を呼んだ。議会による授権がいわゆる予備的防禦権（pre-emptive defense）に当るという角度からである。

2003年3月にアメリカ軍がイラクに進攻しサダム・フセインを倒したこの第2次イラク戦争に対しても、2002年10月に議会の上、下両院合同決議（Pub. L. 107-243）が出された[278]、議会で色々な議論があった。議会による授権がいわゆる予備的防禦権（pre-emptive defense）の有効性を基礎にしているのではないか、そうとして、それが国内的、国際的に肯定されるのか、という角度からの議論である。その中で、付則（Amend-

275　このような議会による決議（Resolution）が、憲法が定める立法活動に含まれることにつき第4章二.1.(2)(イ)(g)参照。

276　Bush 大統領は、この措置を軍の総司令官として本来は単独でもできるのだが、議会に挨拶（courtesy）として要請を出したと述べていた。

277　しかし、それに先行してかなり事態が進んでいた。1990年8月イラクによるクウェート（Kuwait）侵攻があり、Bush 大統領は議会の授権なしに、既に50万人のアメリカ軍をサウジアラビアなど湾岸諸国に派兵していた。

278　この第2次イラク戦争決議は、第1次イラク戦争決議とは異なり、上院で3つ（3人の上院議員による）の別々の付則（Amendments）が付けられている（それだけ大統領の行動を抑制しようという傾向が窺われる）。

908

第8章　現代の憲法問題―権力分立と司法審査の今―

ments）も付けられただけではなく、街にも反戦の声が多く、兵士、兵士の両親など家族、議員らを含むグループ（coalition）による訴訟も起こされた[279]。

(b)原告らは、上記の第2次イラク決議を非合法なイラク進攻を肯定したとして、その違憲性を主張した。その中で、「議会と大統領は、互いに衝突（collision）しているか、共謀（collusion）している……」と主張した。1 st Cir.の Sandra Lea Lynch 判事は訴訟を却下する判決中で、この決議を擁護して、「……よほどのひどい事例として、議会が大統領に白紙委任状を出したかのような決議をしたとでもいうのか、……無論そうではない。反対に、3代の大統領にわたる10年以上もの間、議会はイラク問題に十分に係ってきている……」と述べた上、注記の文言により却下決定を確認した[280]。

この種の反戦訴訟は、今回の第2次イラク決議の効力を争うものを待つまでもなく、Vietnam 戦争時代から、いくつも起こされている[281]。アメリカは、第1次決議と同じく第2次イラク決議の時も、国連安保理決議による支持を求め、それにより支持され、裏付けられることになった。こうして見ると、19世紀前半の Monroe Doctrine から20世紀初頭の国際警察権（international police power）などの理論を経てきたが、現代とそれら T. Roosevelt 大統領の時代との明確な違いとして、アメリカ1国のみの政治決定、アメリカ1国のみの憲法問題では、最早、済まないことが判る。

279　Doe v. Bush, 323 F. 3d 133 （1 st Cir. 2003）Massachusetts 州連邦地裁で、訴えを却下されての上訴であるが、地裁による却下が確定された。

280　Congress has been deeply involved in significant debate, activity, and authorization connected to our relations with Iraq for over a decade, under three different presidents of both major political parties, and during periods when each party has controlled Congress.

281　Tonkin 湾事件に係るものとして Massachusetts v. Laird, 451 F. 2d 26 (1st Cir. 1971)、Kosovo, Yugoslavia 事件に係るものとして Campbell v. Clinton, 203 F. 319 (D.C. Cir. 2000 年)、がある。いずれも前注の Lynch 判示の結論に近い結論を述べている。

909

第3編　19世紀後半以降の憲法

(c)19世紀以降、西ヨーロッパの強国が帝国主義への傾斜を強め、領土拡張競争が激化する中で、力による衝突（戦争）の災禍を回避する努力も、発散的乍ら重ねられた。大戦の勃発などにより時に停滞しつつ、ゆっくりとではあるが、国際社会の法化が少しずつ起きていた。そこで見られたのが、武力による衝突を予防するための話し合いの模索である。オランダのハーグでの平和会議（Peace Conference）は、第1回（1899）、第2回（1907）と開かれ、第3回の開催（1914年）も予定されていた（Third Peace Conferenceは、その予定より2年前から準備が進められていたが、そこへW.W.Iが起こった）。

この時代、一方で「国際社会での行動規範を打ち立てるべきだ」として、会議を求める各国の朝野の中には、「それが平和のためのものであることを強調する」平和運動と、そのためには国際社会を規律するものがなければならないと、「国際法の速やかな整備」と、「その法典化」を叫ぶ声とが上っていた。しかし列強が、こぞって武力による衝突に備えた軍事拡張に血道を挙げていた中では、目を瞠るような有効策が会議で纏められる筈はなかった。

①それでも、イギリスやドイツとの軍拡競争について行けそうもないと判断したロシアのNicolas, II世皇帝が呼びかけた第1回Hague会議は、その割には成果も上げた[282]。第1回平和会議が注記の成果を挙げられた1つの大きな理由として、1864年の国際赤十字によるウィーン会議など、ヨーロッパで先行した同種の会議の実績が挙げられる[283]。もっとも、その後のW.W.Iでは肝心のConventionsが守られず、毒ガスなどが使用された。

第2回Second Peace Conference of 1907は、準備不足のため中味のあ

---

[282]　2つの大きな成果として次が挙げられる。(i) Convention for the Pacific Settlement of Disputesと、それに係る機関としてPermanent Court of Arbitrationの設置と、(ii) Hague Conventionsとして知られる論文on Laws and Customs of War on Landの作成と、（毒ガスや「ダムダム弾」などの使用を禁ずる）Maritime Warfare宣言。

第8章　現代の憲法問題―権力分立と司法審査の今―

る結果は何ら出せず、第3回会議を開くことと、そのための専門家を中心とした準備をしっかりやることだけを決めただけに終った[284]。

②Wilson 大統領が呼掛け人となった国際聯盟・League of Nations (LN) であったが、アメリカが不参加のまま西ヨーロッパは、LN に至るまでの伝統の下で、それを先行する上記の平和会議の流れと、国際法法典化の動きの土台の上に載せた。具体的には 1924 年の総会（Assembly）での決議により、そのための機関 Committee of Experts for the Progressive Codification of International Law が作られた[285]。その機能や作業が、W.W.II 後に作られた今日の国連（UN）International Law Commission of U.N.と、その下での活動に引き継がれている。その中で注目されるのは、この LN の Commission の構成メンバーが各国毎の代表制ではなく、その法律専門性を基準にした個人別に選出されたことである。1946 年 12 月 11 日の国連総会決議は、「国際法の漸進的発展」のための Committee of Seventeen を創設し、これが 1 年（30 回）掛けて International Law Commission の設立と、そのための規則を用意した[286]（国連憲章 13 (1) (a)）。

283　国際法の法典化の動きの初めには、1873 年に Ghent, Belgium に創られた国際法学会 Institut de Droit International と、同年にロンドンで誕生した国際法協会 International Law Association の存在とがある。また、平和会議の流れとしては、(i)国際赤十字 International Committee of the Red Cross (ICRC) による 1864 年 8 月 22 日の Geneva Convention、(ii)それに先行するものとして、当時のヨーロッパ主要国の大使を集めて、Klemens Wenzel Metternich オーストリア宰相が主宰した国際河川（International rivers）に係る会議（Congress of Vienna 1814 年）、(iii)ナポレオン戦争終結時に開かれた平和会議での領土などの主な議題のほかに、外交団の特権や奴隷制度の廃止などに係る条約 Treaty of Paris（1814 年）がある。

284　第 2 回 Hague Peace Conference は、アメリカが呼びかけ人の中心となった。Boston の American Peace Society は、1903 年に連邦議会が大統領に同会議の開催を求めるよう促すよう決議をし、1904 年の St. Louis での Inter-parliamentary Union でも、それが確認された。これに応えて、T. Roosevelt が呼びかけて開催が決まった（www.haguepeace.org）。

285　総会（Assembly）は、1927 年に各国政府や専門家の意見も参照して、同 Committee から法典化に熟しているとして挙げられた 5 つの分野のうち、(i)国籍問題、(ii)領海問題、(iii)領土内の事故で外国人またはその財産に生じた損害金の問題、の 3 つの分野を採り上げた。そこでの法典化そのものではなく、そのための問題点のリストアップに着手することを決定した。その結果、1930 年に法典化のための会議が Hague で開かれたが、法典化できたのは、(i)の国籍問題だけであった。

911

③国連憲章（U.N. Charter）の条文は、各国の分担制で、いくつかの委員会に別れてそれぞれに作った。そのため、部分のつなぎ合わせ的な面もある。更に、各国の政治家により土壇場に多くの修正文が詰め込まれた。5ヶ国語（アラビア語を除く当時の公用語）相互間の翻訳の正確も期し難い中、英語とフランス語中心に作業が進められた[287]。

④今や、原始メンバー国50は、全体の1/4強にしか達せず、アジア、アフリカ諸国が結束すれば、総会の多数を占めることは難しくない。アメリカが生みの親・育ての親となり、その本拠地を提供した国連（UN）も、今やアメリカ1国では勿論、原始メンバー国を加えても、その意に沿ったものにならない国際機関、国家団体となっている。この(3)(ロ)で見た、第43代Bush大統領時代にアメリカの議会により行われた第2次イラク決議も、第41代Bush大統領時代の第1次決議と同じく、同時期の国連安保理による決議によって支持され、coordinateされる必要があった。こうして見ると、19世紀前半のMonroe Doctrineから20世紀初頭の国際警察権（international police power）理論などを経てきているが、現代とそれらの時代との明確な違いとして、最早、アメリカ1国のみの政治決定、アメリカ一国のみの憲法問題では済まされないことが判る。

(ハ)安保理の決議や、それに至る手続はどうなったか（アメリカは、いつ、いかにそれに係ったか）、一瞥してみることに意味があろう。

(a)先ず、第1次イラク戦争では、アメリカの国務長官Colin Powellが、イラクに対するケースを安保理に陳述するところから始った。彼のいわば起訴状は、大きく2つに分られ、①イラクが既に安保理決議のいくつかに違反している事実を述べた上、②サダム・フセイン（Saddam Hussein）

286　この国際公法（International public law）での共通化、法典化のための機関に対し、いわゆる国際私法（International private law）分野での共通化のための機関が国連国際商取引法委員会UNCITRALである。

287　国連憲章the Charter of the United Nationsは、国際法の漸進的法典化と発展の義務progressive codification and developmentを定め（13）、前文Preambleでは、条約など国際法の尊重義務を謳う。国連主導でこれまでに500超の多国間条約等が作られた。

第8章　現代の憲法問題—権力分立と司法審査の今—

が、Al-Qaeda などに大量破壊兵器を融通しそうな事実を挙げて[288]、アメリカなどに危険が迫っていることを挙げ、「イラクに対する武力行使が正当である」、と国際社会が認めるよう求めた。

Colin Powell による起訴状中の第2の理由に当るのが、「危険が迫っているから、武力行使が正当である」という部分である。これは、国際法上も広く認められている正当防衛（just defense）とは異なる[289]。いわば未実現、未到来の急迫不正の侵害であり、それに対する行為は正当防衛ではあり得ない。いってみれば、それは迫り来る脅威（imminent threat）に対し予めの防禦的行為（pre-emptive self-defense）をすることである。

一方、国連憲章の下で武力行使ができるためには、正当防衛に当るか（article 51）、国際社会の平和と安全に必要として、安保理がその旨決定した時だけである。予めの防禦的行為についての定めはない。しかし、近年、（article 51）中の言葉を緩やかに解釈し、攻撃されることが未到来でも、迫っている（imminent）ならば、反撃も許されるとする考えもかなり示されていた。Bush 政権と Colin Powell が頼りにしたのもこの解釈であった[290]。以上の Bush 政権の主張をすべて認めたとしても、武力行使をいつ、誰が、いかに行うかは、安保理が決定したところによる。しかし、アメリカとイギリスの空軍は、イラクが国連の調査を妨害したとして安保理の決定よりも早い 1998 年 12 月にイラク攻撃を行っていた。

（b）9.11（Nine-Eleven）の攻撃を受けたアメリカは、深く傷ついた。大統領は勿論、議会もそれまでのアメリカとは違った。上述したとおり、

288　安保理の過去 12 年間の決議のうち、イラクの違反が主張されたのは、決議 No. 660（1990）の違反で、かつそれに対して武力行使を定めているのは決議 No.678 であった。
289　正当防衛を適法とするための国際法上の確立した観念（定義）は、日本語（日本法）の「急迫不正の侵害」ほど簡にして要ではないが、1837 年のある事件で、アメリカの時の国務長官 Daniel Webster が偶然に作ったものがある。"instant, overwhelming, and leaving no choice of means, and no moment for deliberation"。
290　この緩やかな解釈の下で、予めの防禦的行為（pre-emptive self-defense）を認めたとしても、なお反撃の範囲が、必要性と比例性（necessity and proportionality）の中に留まっていることが求められる。

913

第 3 編　19 世紀後半以降の憲法

第 41 代 George H. W. Bush 大統領が第 1 次イラク戦争のために議会の合同決議 Authorization for Use of Military Force（AUMF）を求めたことはあったが、9.11 ショックでは、攻撃から一週間で議会は、AUMF を決議し[291]、早速 Al-Qaeda に対する実力行使としてアフガニスタンでの軍事行動に乗り出した。間もなく、愛国者法（USA Patriot Act of 2001）（後注 301）を成立させているが、それだけではない。更に、事件の背景のより根本的究明と、より抜本的な対策を用意することも決意した。このため議会の立法により設けられたのが、Nine-Eleven（9 月 11 日）Commission である[292]。

　George W. Bush 大統領は、議会から更なる AUMF、Authorization for Use of Military Force Against Iraq Resolution of 2002 を決議して貰う一方、国内的には出入国管理法の厳格化を行うとともに、2002 年 11 月、国土安全省、Dept. of Homeland Security を創設した（War Dept. を再編する内での国防総省の創設に次ぐ、大がかりな政府の再編成とされる）[293]。9.11 の攻撃を受けた今は、アメリカにとりより切実な、上に見たような内国の防衛が加わり、多くの立法が優先して決議された。

　その Bush 氏は、2002 年 9 月の国連総会での各国代表演説の中で、**国家安全戦略**（National Security Strategy）と題して「原爆のあることの

291　この AUMF, November 18, 2001 Pub. L. 107-40 で政府は、それが後述の FISA 法を上廻る力を有し、諜報機関 NSA に対して令状なしの捜査権を与えたことの主張を展開したが、後注 296 の Hamdi v. Rumsfeld 事件では、Guantanamo Bay での military commission は、資格ある法廷（Competent tribunal）ではないとされている。

292　正式名 National Commission on Terrorist Attacks Upon the United States は、9.11 の原因徹底究明するために立法された決議により、2002 年 11 月 27 日に設けられた。前ニュージャージー州知事の Kean 氏が長となり、議会の民主党 5 人、共和党 5 人から成るメンバーで、各方面から多くの証言を求めた。その結果、それまでの政府や軍関係者の発言に誤りの多いこと、中でも事件を防げなかったことの落度が CIA と FBI にあったとした。2004 年 8 月 21 日に解散している。

293　この Dept. of Homeland Security が外敵に対する役所であるのに対し、自然災害に対する役所として Carter 大統領時代の 1978 年に Federal Emergency Management Agency（FEMA）が大統領命令（EO）により創設されている。災害対策としての緊急事態（emergency）の判断や声明（emergency declaration）は本来、各州（知事 governor）の権限であるが、規模の大きなものは、連邦の機関 FEMA が介入できるようにした。

第 8 章　現代の憲法問題—権力分立と司法審査の今—

確証を調査し終える頃には、Saddam Hussein はとっくに原爆を落して
いるだろう……（ゆえに、その前に叩かねば……）」といった話しをして
いた（いわゆる Bush Doctrine）。次いで、2002 年 11 月の安保理で
Powell 国務長官は、2 ヶ月近く各国外交団に働きかけて、安保理決議
1441 を 15：0 で通していた[294]。

　(c)この(3)「戦争遂行権と情報管理権」の憲法上の根拠は、Ⅰ、8(11)の下
での議会による宣言立法権 "declare War" である。アメリカ議会は、
1846 年に Texas 共和国や Alta California に絡んで Mexico に対する宣
戦の決議をし、その戦争で圧倒的強さで勝利（その一軍は首府 Mexico
City をも占領）した。その時、民主党などを中心に、「いっそのこと、
Mexico も併合して了え」との声が挙がらなかった訳ではない（第 5 章
二.2.(1)(ホ)(b)）。また 20 世紀のはじめ Wilson 大統領などは、Panama、
Haiti、Dominican Republic（1916 年）、Cuba（1917 年）などへ出兵さ
せている（1914 年には Mexico にも再び出兵している）。これらの、アメ
リカの冒険ともいえる、いわゆる Banana Wars には先駆けがあった。彼
の就任前の William Howard Taft 大統領時代、Nicaragua への進駐
（1911～12）も行われていた[295]。こうした中南米へのいわば冒険は、F.
Roosevelt が大統領となるとともに、例の「よき隣人政策」（Good
Neighbor Policy）声明（1934 年）により終止符が打たれ、合衆国軍隊は
引き揚げている。アフリカやインドを属領や植民地、つまり自国の所有物
としたイギリス、その他のヨーロッパ諸国であったら、こうした中南米へ
の出兵、占領がその後どうなっていたであろうか。現にこれらの国々では
19 世紀を通して、それまでの宗主国 Spain などに対して独立のための戦

294　決議 1441 により（曖昧で漠とした言葉使い乍ら）イラクが、国際社会の平和と安全に継
　　続的に脅威となってきたこと、中でも、その違反に対し国際社会による武力行使を定めた決
　　議 687 に対する違反状態がずっと続いていることを述べ、イラクが、このまま履行姿勢を示
　　さなければ、重大な結果を招くだろうと結んでいた。
295　これら、スペイン戦争（Spanish-American War）後の出兵や駐留の主力部隊となった
　　U.S. Marine は、1921 年にこの程度の軍事行動のためのマニュアル Small Wars Manual を
　　作成している（wikipedia）。

915

第3編　19世紀後半以降の憲法

いを強いられ、それを繰り展げていた。

　(d)アメリカによる近年の軍事力行使のいわば法的根拠として、以上見て
きたことから何がいえるか。先ず国内法（アメリカ憲法）の問題としてい
えるのが、「立法府と行政による憲法の解釈運用の著しい弾力化」であ
る[296]。憲法の定め（W.W.II時のような形での議会による戦争宣言決議）
（Ｉ、8(11)）は、W.W.II以後用いられたことがない。代って用いられたの
が、前記の軍事力使用決議（AUMF）である。2001年のそれは、Afgh-
anistanでの軍事活動の法的根拠とされた。ついで、前ページで見た第2
次イラク進攻にも、第1次イラク戦争の時と同じ、このAUMFが決議さ
れたが、その中で、アメリカは軍事費、アメリカ兵の損害など、多くの点
で大戦級の戦争を（朝鮮戦争、ベトナム戦争など）いわば「外地で」戦っ
てきた。9.11攻撃を受けた今は、アメリカにとりもっと切実な前ページ
に見た内国の防衛が加わり、多くの立法が優先された。

　第2にいえるのが、国際法との交錯である。超大国のアメリカといえど
も、国際社会での不法行為に対処するには最早、その憲法（国内法）上の
法的判断だけで国際社会を納得させつつ行動することができない。国際法
との交錯となれば、連邦法と州法で見たように、効力の優先度・序列の問
題を法的に整序する必要性を否定できない。

　(e)2003年9月26日のNPRのGreg Myre記者による記事はいう。

　「アメリカは、国連を色々批判するが、やはり国連を頼りにせざるをえ
ないのが今日の実状で、SyriaとIranの問題では、国連総会で訴えざる
をえない」。

　Obama大統領は、国連総会の訴えの中で、国連がもしSyria問題で強
い行動をとれないならば、「最も基本的な国際法の強制ができなかったも

296　Hamdi v. Rumsfeld, 542 U.S. 507 (2004) では、アメリカ国籍を持ったSaudi人が9.11
　直後にアフガニスタンでenemy combatant として捕えられた。Hamdiは、Guantanamo
　Bay に収容されたため、父親が人身保護令嬢の申立てをした。最高裁は、大統領が有する
　戦争遂行権は広範なものであるとし（III、2(1)）、収容そのものは否定しなかったが、公開
　の法定での裁きは必要とした。

第8章　現代の憲法問題―権力分立と司法審査の今―

の、と言わざるをえない」と迫った。1999 年の Kosovo 危機と一脈通じ
る今回の Syria 問題、当時のアメリカの国連大使 Madeleine Albright は
記者に語っている[297]。

　「第 1 に国連を当てにすることだが、途はそれだけではない。国連には
色んなことができるが、しかし壁もある。1999 年のときは、ロシアの反
対で行詰ったため、アメリカは NATO に問題を持込み、両者の合意によ
り行った Kosovo 爆撃により Yugoslavia 軍を撃退し、2008 年になって
漸く Kosovo の Albania 系住民の独立が実現した」。

　イラクにしろ Syria にしろ、国際法（国際条約）ないし国連安保理決
議に違反していた事実が明らかになっている。残る問題は、条約違反なり、
安保理決議違反に国際社会がどう対処するかである（その後、Syria は化
学兵器の廃棄に協力したかに見える）。

　(f)国際法、安保理決議その他の国際的ルールへの当事国による任意の適
合・是正行為が得られないとして、かつ強制力（軍事力）の行使が已むを
得ないとして、現在のメカニズム、国連軍などの組織に依存するのか、そ
のための意思決定が間に合わなかったり、国際社会の意思が分裂して一致
しない時にどうするのか、という問題がある。

　George W. Bush 大統領は Iraq で、また Clinton 大統領は Kosovo で、
国連軍のような組織を結成するための意思決定では間に合わないとして、
代替手段に訴えてきた。それらの代替手段としての軍事行動では、スペイ
ン戦争（Spanish-American War）（1898 年）などで連邦議会が憲法の定
め（Ⅰ、8⑾）により戦争宣言を行ったのとは法的に明らかに違い、前述
の AUMF によっているが、両者の法的な区別は、事実上困難になってき
ている。

297　前注 NPR によると、批判者は、国連を「実効のないおしゃべり屋」（pointless talking
　　shop）とし、Obama 大統領とアメリカの国連大使 Samantha Power はイライラまで行か
　　ないにしても、批判的である（……expressed reservations, if not frustration, ……）として
　　いる。

917

第3編　19世紀後半以降の憲法

　正式な戦争決議こそなされていないが、かといって連邦議会はアメリカが起こした行動に対する反対決議などをしている訳ではない。むしろ、AUMFにより大統領に対し一定の授権をしている。こうした動きに対し、一部に憲法訴訟などが起こされてきたことは前記のとおりだが、メディアもアメリカ国民も、Vietnam戦争時のように反戦の声を挙げることはない（もっとも、2003年の湾岸戦争時、ニューヨークの弁護士などが、Bush大統領を強く非難等していることはあったが）。W.W.II以来、この地球上では国家間の全国的な武力による大規模抗争は小康を保っている。だがその一方で、いわゆるサイバー攻撃（cyber-attack, cyberwarfare）の広がりが報ぜられている。情報管理の在り方が、国家や国際社会の安全に深く係っているのが現代である。

　㈡外国諜報監視法が、第39代Jimmy Carter大統領のサインにより1978年に成立したことは前章3.(1)㈡(a)で記述した[298]。更に遡れば、33代Truman大統領の下でNSAが作られている。Nixon大統領が切っ掛けを作ったという点で同法を含む2つの連邦議会による立法、FISAとWar Powers Resolution of 1973の間には共通点がある。後者は「Nixon大統領が何を始めるか判らない、予め抑制しなければ」との懸念から発した消極的な決議（法律）であったが、その後のKosovoやIraq問題でClinton, Bushなどの大統領に対し、逆に予め積極的な権限を与える結果に結び付けた。

　もう1つが、このFISAである。Nixon大統領により連邦政府の調査機関が、彼の政敵や左派勢力に対する諜報活動のために利用されたことから、連邦の機関による諜報活動に一定の枠を嵌めようとした法律であった。ところが、9.11を受けNSAが諜報活動を強化・拡大するのにこのFISAが用いられ、しかも、その間にインターネットが普及したことから、活動の態様や範囲が私人の行動にまで大幅に広げられる結果になった。

298　Foreign Intelligence Surveillance Act (FISA) (Pub. L. 113-36).

第8章　現代の憲法問題—権力分立と司法審査の今—

　挙句の果てにそうした事実が、前章3.(1)㈱で述べた元 CIA や NSA に関係していた Edward Snowden により 2013 年 6 月香港でのメディアに対し PRISM (Code name) を暴露されたことにより、一躍、世界中に拡まり、大騒ぎの素となった（実は、それより 8 年近く早く、アメリカ国内での NSA による諜報活動の事実は暴露されていた。なお、NSA につき前章3.(1)㈱、CIA につき同(2)㈱参照[299]）。

　(a)このような騒ぎの素となった FISA は、どのような基本条文から成るのか。定義条文となるその第 1 条は、外国勢力間などとの交信 (Communications……exclusively between or among foreign powers) としての外国諜報 (foreign intelligence information) か、国際テロリズム (international terrorism) かを対象として、同法が発動されることを示す (50 U.S.C. § 1801 et seq.)。そうした対象に対しては、司法の黄金律「令状主義」の例外として、大統領は 1 年間の期間中、司法長官を通して令状なしにデジタル上の監視 (electronic surveillance) をして行ってよいと定められている。

　"Electronic surveillance authorization without court order; ……" 以下の長い見出しを持った§ 1802 は、居住が首都ワシントンに近い裁判官から成る FISA Court (FISC) の設置を定める[300]（同法の下で設けられ、捜査令状を審査、発行する特殊な裁判所 FISC は、秘密法廷となる〔……meets in secret〕)。大統領は令状なしの監視命令の代りに、この FISC に

299　2005 年 12 月 16 日付の New York Times 記事 (James Risen と Eric Lichtblau 記者) と、2006 年 6 月 30 日付 Bloomberg 記事である (Andrew Harris 記者による後者では、「9.11 事件より 7 か月早く NSA が AT&T 社に対し、アメリカ国内での電話盗聴センターを設けるよう依頼していた」と記し、その件で、30 以上の訴訟が起こされたことと、Mc-Murray v. Verizon Communications, No. 09-17133, 9th Cir. (2011) について記している。この事件は、Verizon や AT&T らとともに、NSA と George W. Bush 大統領が、Telecommunications Act of 1934 と憲法（修正 I、修正Ⅳなど）に違反したとして訴えられ、損害賠償を求めたものである（結論として、いずれの訴えも国家機密を理由に却下され、上訴も棄却されている）。

300　この Court は、司法省 (Dept. of Justice) 内に設けられ、またその手続は、非公開・非対審である。

919

第3編　19世紀後半以降の憲法

よるいわば簡易の命令（Court order）を貰うこともできる。上記のデジタル上の監視命令の他に、伝統的な形の物理的な捜査も可能であるが、対象は、あくまで§1801の定義の範囲内である。

　このFISAが9.11を受けて作られたいわゆる愛国者法により上記の国際テロリズムを含めるようになり、かつ大幅に拡げられた[301]。その第1が"roving wiretap"であり、被疑者の電話など、通信手段を特定しなくてもよいことになった[302]（つまり、被疑者が捜査をかわそうとして、色々な手段を用いたり、変えたりしても有効に追跡できる）。

　(b)前章3.(1)(二)(c)で見たように、National Security Agency（NSA）自体は、Truman大統領時代の1947年National Security Actという法律（その後、数度の改正を経ている）の下での秘密メモ（一種のEO）により、朝鮮戦争、つまりCold Warの最中の1952年に設置されている（第7章注363）。上記の1978年FISAは、あたかもこの20年以上前からできていた諜報機関の活動を支える法律であるかのように、包括的な規範を含んだ刑罰法として作られた。そのための中心的手段が電子的諜報活動（electronic surveillance）などの行為に関するものである。

　このように、諜報活動のための十分な立法や、充実した諜報機関の設置が行われたのは、20世紀後半近くになってからである（ただし、20世紀前半W.W. Iの頃にも前出のEspionage Act of 1917や、その翌年の改正法〔Sedition Act〕の立法がある）。Espionage Act of 1917の下では、そのための特別な機関は設けられないで、司法省（Justice Dept.）（War

---

301　愛国者法（USA Patriot Act）は略称。Pub L. No.107-56, 2001年（popular nameのUniting and Strengthening……で始るすべての単語の頭文字をつなげると、この略称になる）。

302　roving wiretapそのものは、1993年のWorld Trade Centerに対するトラック突入爆破事件などを受け、FISAの下で9.11の10年前から可能とされていたが、USA Patriot Act§206は、それを外国勢力にも拡げた。その間に起きたOklahoma City Building爆破事件（1995年）のこともあり、habeas corpus lawを適用可能とする要件をより厳しくするAnti-Terrorism and Effective Death Penalty Act of 1996, Pub. L. 104-132 (AEDPA)も作られていた。その他、FISAのTitle IIは、電子的な監視活動を拡大する条文から成り、TitleIIIは、いわゆるマネー・ロンダリング、TitleIVが国境での監視・防衛などとなっている。

920

Emergency Division) の管轄下、全国94の地区毎に置かれた合衆国検察庁 (United States Attorneys) が、その仕事に当ってきた（これに対しイギリスでは20世紀初めに、いわゆるMI5やMI6として知られる機関が設けられている）。アメリカでは、その後の1935年に、司法省内の一局 (Bureau of Investigation) から独立した外局のような形で、Federal Bureau of Investigation (FBI) が作られた[303]。

　法律FISAに比べると、いわば先輩格のNSAが、FISAの下で行うデジタル諜報活動の第1は、電話、Fax、Eメールなどの監視である。このうち、会話内容を盗聴することは間違いなくprivacy侵害となり（修正Ⅰ違反）、令状なしに行うことそれ自体違法となる。これに対し電話、Fax、Eメールの接続情報だけを収録しても (pen register[304])、電話会社やISPなどでもしていることであり、Katz v. U.S.（1967）で示された令状主義のルールが当て嵌まる "reasonable expectation of privacy" の侵害とはならない。

　そこで、正式令状は不要とされたが[305]（後注336も参照）、FISAの下でのFISCによる令状か、または大統領令によって（1年間だけ）、可能

303　この間、ずっとこの部局を率いてきたのが、J. Edgar Hooverであった。そのHooverは、その時点で既に70歳（合衆国公務員の停年）を過ぎていたが、Kennedy大統領暗殺事件調査のためのWarren Commissionで彼の証言が得られるよう、Johnson大統領によりFederal Civilian Employment Systemに関する法 (Federal Civil Service Reform Act of 1883と、その後の改正法) の改正が行われた（Watergate事件を受けて、その後さらに1978年法により大幅改正となり、それまでのU.S. Civil Serviceが廃止され、Office of Personal Management, Merit System Protection Board, Federal Labor Relations Authorityの3つの機関が設けられた）。2014年6月9日のNPRは、FBI長官が時の政治勢力に左右されないよう、10年の任期を有すると報じていた。

304　Electronic Communications Privacy Act of 1986 (ECPA) のTitle IIIがPen Register Actと呼ばれている。

305　このルールを示したSmith v. Maryland, 442 U.S. 735 (1979) について、最近下級審で反乱が生じた（Klayman et al. v. Obama et al., No.13-851 (RJL), D.C. Court, December 16, 2013)。その中でLeon判事は、先例を覆す理由として2点を挙げた。(i)先例で問題になったプログラムと違って、現今のpen/trap tapsは長大かつ網羅的な技術になっている。(ii) FISAはアメリカ人の保護が目的だというが、政府は、NSAがmetadataを蒐集することで何かのテロを防いだという証拠を1つも出していない、としてNSAに対する差止めを認めた。

とするルールになった[306]（戦争宣言があった時の大統領は、15 日間は問題なく監視を命令できる）。

(c) USA Patriot Act の多くの条文は、2005 年 12 月末に失効する sunset 条文であったが、その後の世界の情勢から、むしろ同法の延長・強化が必要と考えられた。その延長法は 2006 年に成立し、更に第 44 代 Barack Hussein Obama Jr.大統領の代になって、再失効を迎え、再延長法 Patriot Sunsets Extension Act of 2011 により 2015 年 6 月 1 日まで再延長されている[307]。FISA と USA Patriot Act 改正法の系譜とされるような法律が、その間もいくつか、成立している。Terrorist Surveillance Act of 2006 や National Security Surveillance Act of 2006、更に Foreign Intelligence Surveillance and Enhancement Act of 2006 や、Protect America Act of 2007 などである。これらの立法によりアメリカは、正に現代の情報戦のために鎧兜で身を固めたといえる。

(d) Snowden による暴露行為は、アメリカの連邦刑法上、ひいては修正 I などの憲法上どう評価されるか。彼は NSA などの連邦政府機関が、「間違ったことをしたから暴露した」としている。そのような政府の違法行為を告げる "whistleblower" に対し、一定の身分上の保護手続を定めた連邦法がある[308]。同法の下での保護手続とは、その行為者（政府職員など）が（特別）人事委員会のような Merit System Protection Board へ

---

306 電子的諜報活動（electronic surveillance）のための新しい専門用語としての "pen/tap order" が簡易の令状（有効期間 60 日で発行される）によりうることは注 336 でも記述している。電話、Fax、E メールの接続情報（header, e-mail address, IP アドレスを含む）、宛先が利用する ISP や e-mail provider に対しても発行される（このうち、宛先が利用した電話などの宛先の接続情報、trap and trace は、そこへかかってきた電話などの宛先の接続情報の一覧である。なお、正式令状（warrant）は有効期間 30 日で発行される。

307 2011 年 5 月 26 日付 Huffington Post 紙には、この再延長法が Osama bin Laden の居所への米軍と CIA による攻撃から 1 ヶ月で成立し、(i)時限立法となっていた roving wiretaps、(ii) business records の捜査の各延長と、(iii) 2004 年に立法されていた Intelligence Reform and Terrorism Prevention Act of 2004 (§ 6001) により、テロリスト・グループとはつながっていない「孤独な狼（lone wolf）の監視」を改めて法定したと記している。

308 Whistleblower Protection Act of 1989, Pub. L. 101-12。これが Whistleblower Protection Enhancement Act of 2012 Pub. L. 112-199 によって改正されている。

訴え（申立て）ることができ、Board での結論に不服があれば、更に、唯一連邦巡回裁判所（United States Court of Appeals for the Federal Circuit）へ不服申立てをすることができる。ただ、数字で見る限り、注記の同法改正で、法文自体が厳しくなっていることに加え、Board による、また更に、Federal Circuit Court による review も、殆んどの場合に政府職員に対し厳しい決定をしてきたことが示されている[309]。

（e）2013 年秋の議会では、USA Patriot Act や FISA を含む防諜法の下での NSA による行き過ぎた電話盗聴活動など（2013 年 6 月の Snowden による暴露で、その事実が大々的になった）に対する是正措置が法案となって提出されてきた[310]（似たような内容であるが、一応上、下両院で各別に出され、2014 年夏にかけて審議中である。中心となるのは、(i)アメリカ人に対するプライバシーに係りうる巨大データ（metadata）の一括蒐集を止め、(ii)FISA Court（FISC）による秘密裏の手続を一定の監視員の目にオープンにし、(iii)Google や Facebook などによる NSA、CIA、FBI などへの情報提供の透明度をもう少し高めよう、とういものである[311]）（現在のデータは、Facebook などでは 18 ヶ月間保存しているが、それを CIA や FBI などが個別に照会して開示する形にしようという）。

㊍スパイ・諜報関係の立法の先駆けとして、W.W.I 開戦時に連邦議会が「防諜法」「スパイ対策法」ともいうべき Espionage Act of 1917 を成立させていた（前章 1.(3)）。この新法の下で、Edgar Hoover が長をしていた司法省の War Emergency Division の敵性外国人局（Alien Enemy

---

309　2000 年から 2010 年までの間に Board が実体につき判断した 56 件中で、3 件のみが政府職員に有利な決定をしているという。うち最高裁まで行ったケースとして Garcetti v. Ceballos, 547 U.S. 410 (2006) がある（政府職員が職務上作成したメモには、修正 I や修正 XIVの保護は働かないとする）。

310　いわゆる USA Freedom Act の名で呼ばれる法案は、USA Patriot Act を 2017 年末まで延長する点も含み、FISA の改正に係る title だけで 5 本あるなど、正式法案名も長文になっている。

311　2014 年 5 月 22 日の NPR、Scott Newman 記者は、下院が 303：121 という地滑り的大差で NSA による大量データ取得を制限する（それでも、まだ中途半端だとの反対があった）決議をしたと報じている。

第3編　19世紀後半以降の憲法

Bureau）に広範な権限が与えられた。Hooverは、合衆国に居るドイツ人のうち98人を逮捕したとされる。外国によるスパイ活動やテロ活動というよりは、社会党々主だったDebsによる反戦演説の取締りなど、国内の思想分子に対するものであった（第7章注84、Schenck事件）。W.W.I後のいわゆるRed Scare時代（1919～20年）には、社会主義者、共産主義者とされた人々が大量に逮捕者、受刑者となった（このEspionage Actは、翌年のSedition Act of 1918により更に強化されている）。

(a)これに比しW.W.IIの大戦中は、Espionage Act of 1917による事件は著しく少なかった。事件数が少ない中で、最高裁で逆転無罪となったものがある。W.W.IのベテランHartzelが、反戦ビラを配ったことなどで同法違反に問われた事件である[312]。

W.W.II直前に政府の内幕話（Rainbow Five）を掲載したことで騒ぎを呼んだChicago Tribune紙（第7章2.(3)(チ)）は、大戦中の1942年6月7日にも一大スクープを流した。例のMidway海戦での勝利が、アメリカによる日本の暗号解読で可能になったとの報道である。同紙は、このため訴追されかかったが、連邦政府は、公訴により陪審の前で更にそれ以上の内部情報が明らかにされることを恐れ、訴追を断念した[313]。もう1つ有名な戦後のケース、いわゆるPentagon Papersの名で知られるケースでは、合衆国政府がNew York Times社、Washington Post社の発刊を差止めようとしたが、6：3で最高裁により否定された[314]（事前抑制

312　Hartzel v. United States, 322 U.S. 680 (1944). 5：4の多数意見は、Hartzelが兵士らに働きかけることをしておらず、メディア向けの騒乱などを煽っていないし、その意図もなかったとした。4人の少数意見は、「陪審の専権に踏み込む判断になる」、として反対したものであった。

313　2003年1月6日付のCommentary Magazine誌、Gabriel Schoenfeld記者。なお、この件にも拘らず、日本海軍は、暗号が破られたとは知らず、その後の秘密交信もアメリカ側に筒抜けの状態が続いたとされている。

314　New York Times Co. v. United States, 403 U.S. 713 (1971)。Nixon大統領は、初め大統領特権により差止めを命じようとしたが、後に司法の門を叩いた。そこでは、FISA（18 U.S.C.§793）の合憲法をひっくるめて問題となり、最高裁は国防省、司法省、New York Times社、Washington Post社などの弁論も聞いた上で判決した。このケースでは、New York Times社、Washington Post社のほかに何人かの個人も訴追されていた。

924

(prior restraint) のための「重い立証責任」を政府が果してないとされた)[315]。更に、Pentagon Papers そのものを持出し、秘密を漏らしたとして Daniel Ellsberg と Anthony Russo の 2 人がロサンゼルスの連邦裁判所で訴追され、裁判も開かれたが、釈放されている[316]。

(b)しかし、Espionage Act of 1917 の下ではかなり重大な事件も裁かれている。Hartzel のケースより 3 年早く、W.W.II戦が酣の 1941 年のケースでは、ソ聯の情報局員で、ロサンゼルスにある Intourist 社で働いていたロシア人と、その局員に在米日本人の動静を伝えていたグルジア系アメリカ人で、元 Berkley 警察署員であった男（事件当時は、海軍情報局 (Office of Naval Intelligence 勤務) の 2 人とが、同法違反で有罪とされている[317]。

大戦後の 1951〜1956 年頃には、全米で Chambers らに対する弾圧気運が高まった。下院では、そのために特別委員会 House Un‐American Activities Committee (HUAC) が設けられた。議会上院の Joseph McCarthy が「第 2 の赤狩り」(Second Red Scare) の音頭をとったことは有名である。更に FBI では、1956 年に Hoover 長官 (director) が、それまでの赤狩りのため行っていた隠密作戦を、いわゆる COINTELPRO という名で公にし、大々的な運動を繰り展げた[318]。それより前の 1951 年

---

315 この重い立証責任とは、Dennis v. United States, 341 U.S. 494 (1951) で示されていた基準、「重大かつ差し迫った危険」(grave and probable danger rule) である。これが、New York Times の事件では、"grave and irreparable danger rule" にいい換えられた。
316 1973 年 5 月 11 日 New York Times, Martin Arnold 記者。
317 Gorin v. United States, 312 U.S. 19 (1941). 1 審、2 審とも 2 人を有罪とし、最高裁もそれを確認した。その中で、2、3 の論点を挙げている。
(i)情報が「国防に関する」か否か (......whether or not information was connected or related to national defense) それを判断できるのは陪審である。
(ii)同法の言葉に曖昧さ (vagueness and uncertainty of the law......) があったとしても、修正Vや修正VIに違反しているとはいえない。
(iii)同法違反（有罪）とされるためには、悪意 (bad faith〔scienter〕) が要件となる。
318 この COINTELPRO の対象には、Charlie Chaplin, Huey P. Newton などによる Black Panther Party, King 牧師のほか、やがて最高裁判事になる Felix Frankfurter などがいた。また、Southern Christian Leadership Conference (SCLC) なども含まれていた。FBI の活動方法として、スパイ小説さながらに Watergate 事件でのような、侵入盗 (burglary)、盗聴、偽文書によるおとり、流言飛語なども用いられた。

第3編　19世紀後半以降の憲法

には、ソ聯のスパイとして有名な Julius と Ethel Rosenberg が核爆弾の
情報をソ聯に流したとして Espionage Act 違反のかどにより死刑に処せ
られている[319]（しかし、真に核爆弾の鍵となるような情報は、その前に科
学者らを通して流れていたことにつき前章 3.(2)(チ)）。

　(c)雑誌 Time の上級編集人 Whittaker Chambers（前共産党員）は、
1948 年 8 月下院の非アメリカ活動委員会（HUAC）において Harvard
Law School 卒の Alger Hiss（国務省から初期の国連にも勤務）が、アメ
リカ共産党の地下組織の一員であると証言した。Alger Hiss は、1949
年に時効期間が過ぎていたことから Espionage Act 違反ではなく、偽証
などの罪で有罪判決を受けた（Chambers は捜査協力者として訴追を免れ
た）。スパイ対策法違反で言及が適切と思われるもう 1 つのケースとして、
Morrison 事件がある。海軍の施設で Jane の海軍年鑑の編集に携わって
いた Samuel Morrison は、スパイ衛星が撮影したソ聯の原子力潜水艦の
写真をメディアなどに流したとして同法違反に問われ、2 年の懲役刑に服
することとなった。スパイ対策法違反事件を強力に追及していた Reagan
大統領時代のことである[320]（lie-detector の導入などが、その当時に始め
られた）。

　(d)以上のようなスパイ対策法（Espionage Act）や FISA（USA

319　現在の 18 U.S.C.§ 793 違反のかど。当時のアメリカで大きな話題となったこの Rosen-
　　berg *et al.* v. United States, 346 U.S. 273 では、被告人らは Atomic Energy Act of 1946 が
　　Espionage Act of 1917 の下での死刑適用に妨げとなるとして、人身保護令状を申立て判決
　　の差止めを求めていたが、認められなかった。
320　United States v. Samuel Loring Morison, 604 F, Supp. 655, D.C. of Maryland (1985).
　　なお、事件については、Time 誌や New York Times 紙など、いくつかの報道やコメント
　　を載せたものがあるが、New York Times 紙 1985 年 12 月 8 日は、2 人の記者 Michael
　　Wright と Caroline R. Herron の記事である。それによれば、外国への情報提供を禁じた
　　Espionage Act がメディアへの漏洩行為に対し適用され、有罪とされたのは、この事件が初
　　めてだとしている。Morison は、情報を外国やその代理人に渡すという同法で定めるスパ
　　イ行為をその文字どおりにしていた訳ではなく、スパイ対策法の刑罰法規としての厳格解釈
　　のルールに反しないかとの有力な反論がなされている。事件は上告されたが、上告申立ては
　　受理されなかった（なお、Morison は Clinton 大統領によって 2001 年に恩赦されている
　　が、その前に Daniel P. Moynihan 上院議員は、同法の下での Morison の有罪判決が他の
　　ケースと比べ重過ぎて均衡を失するとして攻撃していた）。

926

第 8 章　現代の憲法問題─権力分立と司法審査の今─

Patriot Act により拡大・修正され、また更に、USA Freedom Act による修正がなされようとしている）の下で、アメリカが現に行っている諜報活動と反スパイ情報活動には厖大なものがあり、それを行っているのは、主として FBI、CIA および NSA などの連邦機関である。憲法との絡みでは、こうした機関（大統領の下での行政府の一部）に対する連邦議会による監督や、その前提となる議会への報告が問題となる[321]（II、3）。その点では、Intelligence Oversight Act of 1980 がある[322]。これらの諜報活動の担い手としての Nixon 大統領時代の CIA に対し、大統領と議会の監督責任を明らかにする意味があった[323]。これらの諜報機関（Intelligence Agencies）はそれまで、毎年議会の6～8の色々な委員会へ隠密行動（covert actions）の報告を義務付けられていたのを、上、下両院の各1ずつの委員会へ報告することとなった[324]。

㈭この(2)「行政権（大統領）との間の相互分担・牽制（弾劾・独立検察官）」で、どうしても触れなければならない事件、それが、いわゆる9.11事件（Nine-Eleven）である。2001 年 9 月 11 日に New　York,　World Trade Center Building などを Al-Qaeda が襲ったテロリズム攻撃。攻撃

321　2014 年 3 月 11 日の C-SPAN 放送では、上院の機密委員長（Senate Intelligence Committee Chairman）Dianne Feinstein が、公聴会で CIA の Director John Brennan を厳しく吊し上げていたが、同日の NPR は、この喧嘩（showdown）についての年代記（chronology）を放送している（npr.org）。
322　この種の先行法として大統領が議会にすべての covert actions を報告するよう義務付けた（特に、CIA による隠密活動を問題にしていた）Hughes-Ryan Act of 1974, 33 U.S.C. ch. 32（§2422）がある（それ自体も、Foreign Assistance Act of 1961 の改正法とされる）。
323　John F. Kennedy 大統領暗殺事件については、Warren Commission の報告にも拘らず、未だに国民の半分以上が陰謀説（Conspiracy theories）を否定していない。ニューヨークの弁護士で州議会議員などをしていた公民権活動家の Mark Lane も、JFK 暗殺陰謀説の1つ、CIA を犯人とする説をとる。2、3の著書もあり、2013 年 11 月 29 日に彼の講演を C-SPAN でも放送していた。
324　House Permanent Select Committee on Intelligence と Senate Select Committee on Intelligence の2つである。関連して議会は、毎年それらの厖大な情報の中から公開してもよいものに係る立法をしている。たとえば、Intelligence Authorization Act of 2000 (Pub. L. 106-120) であれば、その Title VIIIの下で、W.W.IIに係る日本と日本軍に係る秘密情報の開示法 Japanese Imperial Government Disclosure Act (Pub. L. 106-567) が更に立法されている。

927

第3編　19世紀後半以降の憲法

を受けてアメリカも国を挙げて対応し、措置をとった。この後、アメリカがテロリズムに対しとった対抗措置は、憲政上もその後のアメリカの対国際テロリズム政策を決定付けるものとして、対テロリズムを含む戦争権の憲法上の位置付けと、その立法、行政の各府との関係については、記述に値いする問題である。

　(a)この点で真っ先に論ずべきなのが、9.11の直後に一週間で法案が用意され、略全会一致で可決されたAuthorization for Use of Military Force（AUMF）と前注301のUSA Patriot Act of 2001である[325]。先行する他のWar Powers Resolution（注271）に依拠した、実質1条（1文）の短い法律で[326]、大統領に戦争遂行のための広大な権限を付与している（内容的には、War Powers Resolutionを援用するが、更に次のとおり、対テロでの大統領権限を大幅に拡張した）[327]。

　これを読んで、先ずその「白紙委任状と言ってもいいほどの広範な授権」に驚かされる。しかも、"all necessary and appropriate"を修飾するのは、「大統領自身が決められる」との言葉である。これにより、金融経済の心臓部を攻撃したテロに対するアメリカという超大国の限りない怒りと憎しみが改めて感じられてくる。NPRの記者は、この一枚の紙による法律から「無人機による攻撃から（from drone strikes to……）Guantanamo湾の監獄での収容まで」が、導き出されているという[328]。

　(b)確かに、権力分立を国の礎えの原理とする国、そうした法治国の法律

325　2001年9月14日に両院合同会議で可決、同日G. W. Bush大統領がサインして成立した Pub. L. 107-40。

326　その文章とは、"……President is authorized to use all necessary and appropriate force against those nations, organizations, or persons **he determines planned, authorized, committed, or aided the terrorist attacks** that occurred on September 11, 2001……"である（ゴチック体は筆者）。

327　War Powers Resolution, 正式名称は Joint Resolution Concerning War Powers of Congress and the President, Pub. L. 93-148 50 U.S.C. 1541-48. 元来は、Nixon大統領による暴走を予防するという、消極的な動機が立法の1つの理由ともなっていたことから、大統領によって一旦は veto されるが、1973年11月7日に成立している。

328　NPR. Ari Shapiro, May 29, 2013 は、この AUMF を、アメリカ議会が今日までに議決した中での most unusual laws の1つだという。

928

として、大統領へのこのような広範で漠とした授権が「まかり通っていいのか」、という疑問がある。しかし、何しろ9.11の大被害の後である。議員の中にはその後も、このAUMFの強化・拡充を提案しようとする動きもある[329]。

一方、NPRによればObama大統領は、2013年5月23日に防衛大学（National Defense Univ.）で演説し、Al-Qaedaを殲滅し、Afghan Warが終った今、同法は12年間の使命を終えたとし、その廃止を考えるべきだと述べた。これは議会の一部にある上記のようなAUMFの強化・拡充を求める動きとは、むしろ反対である。大統領は述べている。

「我々は、我々自身の思考や枠組みを変え、そして行動を変えるべき時に来ている。さもないと、必要のない戦いにのめり込んだり、これまでも世界の民族国家間の争いで常套手段となってきた戦争のために、際限なく大統領に権限を与えたりし続けることになる。AUMFを更に拡充する法案が廻ってきたら、自分はサインしない……」

(c)テロリストらによる在来型の攻撃のほか、サイバー攻撃や宇宙を経由した攻撃も想定される中、McCain議員とObama大統領の2人を見ても、アメリカが国家として対外的にとるべき手段についての幅広い意見の違いを知りうる。前(二)などで述べたその1つとして、諜報機関CIAの活動（covert actions）に対する議会による監督の程度についてがある。議会による監督は、Vietnam戦争反対やWatergate事件を受けて、1970年代半ばに急に強められた。上、下両院にそのための調査委員会が設けられ、CIAによる外国の独裁者暗殺計画などが洩れるにつれ、1975年と1976年にChurch Committeeが厖大な報告書を作成させた[330]（J. F. K. Assassination Records Collection Act of 1992により、うち5万ページのみが公

329　Arizona州からの上院議員（共和党）John McCainは、上院軍事委員会（Senate Armed Services Committee）で「今日の世界の状況に対し備えるうえで、同法をより明確かつ拡充されたものにし、「国防省だけでなく、一般のアメリカ人にも判り易く、安心のできるものにしたら……」、と述べている（前注NPRより）。

第3編　19世紀後半以降の憲法

表されている）。この Church Committee の報告と、それを受けてなされた議会の CIA などに対する監督強化に対して、9.11 事件後には当然予想されたことであるが、強い反論と反動があった。その1つが、「この Machiavellian のような国際社会で生きるには、秘密こそが絶対必要であり、アメリカもその例外ではない」、といった類のものである[331]。この絡みでの近時の問題として、イスラム国（ISO など）に対する防衛出動がある。アメリカがイラク（Iraq）国内の同勢力を攻撃するについては殆んど生じなかったが、隣国シリア（Syria）に巣くっているイスラム国を空爆することに対し、「主権国家 Syria に対する国際法上の不法行為にならないか」、という議論が生じている（2014 年 10 月 6 日 NPR）。

　アメリカの電子情報戦（cyberwarfare, information warfare）の先駆けとなる法的措置の大本は、1960 年代から 1970 年代のデタント（Détente）時代から新冷戦（Cold War）時代（1979 年〜1985 年）にかけて用意された Foreign Intelligence Surveillance Act of 1978（FISA）の立法が中心にある（前(二)）[332]。FISA は一方で、それまでのスパイ活動に対する猜疑心からの行き過ぎた監視・捜査を抑制するとともに、他方で、国際テロに対する用心のための捜査などを可能にすべく、明確な定義の下で設けられた[333]。

　焦点の1つが、デジタルの世界での捜査令状のあり方である。遡ると、1765 年の印紙税法当時、イギリスが Boston などで始めた一般令状に反

330　上院議員 Frank Church は、1975 年 8 月 17 日の NBC の "Meet the Press" で要旨次を指摘している。
　　「今や、合衆国政府の諜報能力は高い電子技術力に支えられ……どの国民も、自らの生活にプライバシー空間はゼロに近くなった……このような状況下で、もし、政府が独裁者になろうと思えば、この高い情報技術社会では、それが簡単に出来て了う……そこでは、どのような秘かでささやかな抵抗も、すべて見破られて了い政府に把握されて了う……」（en.wikipedia.org/Church Committee より）。
331　Stephen F. Knott（Virginia 大学の準教授）による Congressional Oversight and the Crippling of the CIA（2001 年 11 月 4 日の History News Network〔hnn.us/article/380〕より）。
332　Pub. L. 95-511, 50 U.S.C. Ch. 36.

対して育ってきたアメリカの令状主義（修正Ⅳや修正ⅩⅣ、1）。その法理を一部修正することが考えられた。その1つが、最高裁長官により特別に任命された7人の連邦地裁判事からなる FISA Court（FISC）を設け、サイバー犯罪対策のための令状を発行することである。

(d) 9.11 に反応してアメリカが行ったのは、Afghanistan などでの外形的な戦闘だけではない。Bush 政権によるサイバー戦争対策と、その備えも行われた[334]。9.11 の後、この 1978 年 FISA 自体も令状発行要件などが拡げられた（同時に任命される地裁判事を 11 人に増やした）[335]。なお、USA Patriot Act による拡大された諜報活動の憲政上の意味などについては、前㈡㈭も参照）。

上記のように同法は、単にテロ対策での改正だけではなく、電話、Fax、E メールなどの電子的な通信手段の発達を受けて[336]、電子的と非電子的

---

333 1950 年代の冷戦時代以降、ソ連などによるスパイ活動に対する猜疑心の高まりから、アメリカ国内で諜報活動に対する取締りが強化・拡大された。その絡みで 1960 年代に入り、King 牧師らを中心とする公民権運動家らに対する NSA の盗聴活動が始り、修正Ⅳとの絡みで司法によるチェックが必要とされた。殊に、Nixon 大統領の下での政府の諜報活動に対しては、議会の中でも上院議員 Frank Church らが調査に乗り出した。そうした中で、諜報活動の「基準を設けた上で取締ること」などを内容とする FISA が立法された。

334 2014 年 5 月 12 日の NPR は、辞任した 2 人の元 NSA 職員、Bill Binney と Kirk Wiebe との Michael Kirk による会見記事を載せ、その中で、元 CIA と NSA の長官だった Michael Vincent Hayden 空将が、9.11 後に George W. Bush 大統領よりの指令に基づき、FISA の緩和された令状主義を更に超える捜査方針に拠りつつ電話盗聴データベースを築き上げたと報じている。

335 2014 年 1 月 9 日放送の NPR（Mark Memmott 記者）は、この特別法廷（FISC）に弁護人の制度と席（public advocate's position）を設ける姿勢を示したとしている（退任する NSA の次席だった John C. Inglis が "Morning Edition" host の Steve Inskeep に語った）。

336 電話などを経由する電子交信に対する諜報活動用語として "pen register" や trap & trace devices（pen/trap taps）がある。前者は、諜報対象者が架ける先の電話番号を、後者は、対象者へかかってくる電話番号を、各記録する。Smith v. Maryland, 442 U.S. 735 (1979) では、この pen/trap taps が修正Ⅳの下での令状が必要な捜査には含まれないとされた。これは、捜査のために電話番号を当局に教えることが Katz v. United States, 389 U.S. 347 (1967) の下での判決理由、「会話の内容を監視する wiretap は、令状を必要とする捜査に当る」とされたことからは区別される。そこでの、「令状を必要とするのは、"reasonable expectation of privacy" がある場合である」としたルールの裏返しともいえる。pen/trap taps ならば、「どちらにせよ、電話会社が（料金計算のために）すべて記録しているから」というのが大きな理由である。この後、前注 305 のケースがあり、更にそれに対する反乱も生じている。

931

第3編　19世紀後半以降の憲法

（伝統的）捜査の双方をカバーする FISA となった[337]。対象となる基本定義は、法律名のとおり、外国勢（foreign power）、外国の諜報活動（外国と、外国の手先との間の情報のやりとり）（foreign intelligence information）である。従って、"U.S. person" が対象となる場合には修正IVとの絡みからも、特に適用が制約される。

　Richard Nixon 大統領の時の War Powers Resolution（1973 年）については前 2.(3)(イ)(c)でも言及したが（なお、第 7 章注 378、379 参照）、その Resolution の下での大統領の権限を、対テロ戦での情報蒐集について広くしようというのが、9.11 後に制定された USA Patriot Act の下で始った Terrorist Surveillance Program（TSP）と呼ばれる。連邦の 17 機関による諜報活動が中心となる。その関係法としては、Foreign Intelligence Surveillance Act of 1978（FISA）があり、その Program の下では当局（NSA）が、裁判所の令状なしに（warrantless）一部の電子情報を覗き見ることが Program に含まれるとされている[338]。

　(e) 9.11 前の 1999 年に NSA などの長官であった前注 334 の空将 Hayden は、元来が Air Intelligence Agency（AIA）司令官であったが、2006 年 5 月 8 日、George　W．Bush 大統領により CIA 長官と軍の Central Security Service 司令官の両方に任ぜられ、諜報部隊の大将となっていた[339]。前注 334 の NPR 記事は、そこで NSA を辞めた Binney についてのものである。「Hayden 長官による捜査が修正憲法に反し違法である」、として辞めた彼は、その後自宅でも FBI による捜査を受け、更に訴追の脅威にさらされていた[340]。5 月 19 日、彼の指名承認公聴会で

337　FISA の一部に当る USA Patriot Act (215) は、捜査令状に伝統的に必要な要件 "reasonable suspicion or probable cause" を求めないで、テロリズム（テロリスト活動）に係ると思われる "any tangible thing" を差押えることができるとした。
338　この TSP の下での当局の活動の合法性を争ったケースとして、American Civil Liberties Union v. National Security Agency, 493 F. 3d 644, 6th Cir. (2007) がある。
339　彼は軍事秘密評論家 James　Bamford が、NSA の極秘情報解剖（Body　of　Secrets: Anatomy of the Ultra-Secret of NSA）と題する無人飛行機計画（drone program）などを含む本を著すのを可能にしたとされる（wikipedia）。

Hayden 長官は、Wisconsin からの上院議員 Russ Feingold による質問を受け、議員と論戦を交わす中で、自らが行った電話データベースを擁護する憲法解釈を述べている。「(国防などの分野では) 法の執行権条項 (Take Care Clause〔II、3〕) の下での大統領による力の方が、議会の立法権 (I、8) と、その成果物である FISA の権威を上廻り、令状なしの捜査も正当化される」との主張である。

(f)戦争権・情報管理権に絡め、Nixon 以降の大統領の足取りを短く辿り乍ら、現代に至る憲政史を眺めてきた。その中で、筆者個人としての評定では、品性の点で Nixon に worst No.1 のマークが付く。一方、大統領史家による調査は、ざっと見ただけで 10 はあるところ[341]、こうした大統領史家 (Presidential Historians) による見方はまた違う。数ある評価の中には総合点調査をしたものもあるが、すべてが、個々の大統領に対する「総合点調査」ではない。その失策、極端な場合、たった1個の行為だけを取り出してきて、その行為の失策をマイナス評価の順に並べたものもある (たとえば、Woodrow Wilson が W.W.I 後に Treaty of Versailles で妥協しなかったことが、worst 10 のうちの No.4 に挙げられている)。

ここで披露するのは、Univ. of Louisville's McConnell Center が行った大統領史家に対する調査 (2006 年) であり、そこでは、各大統領の仕出かした失策 (errors, blunders) に焦点を当て、それをマイナス順に並べている。worst No.1 は、やはり 6 章 1.(1)(ロ)でも見た、第 15 代大統領 Buchanan で、南北戦争を防げなかったことであり、この点に異論はない (見た限りの調査のすべてが一致している)。逆のプラスの評価でも、高い一致度が見られる。たとえば、Top 3 人の大統領となると、見る限りで

340 　前注 NPR は、プライバシー情報の収集に反対して辞めた元 NSA 職員に対するこのような当局の仕打ちを見て、いわゆる whistleblower をしたアメリカ政府職員一般には、一応の保護手続きがあっても、情報機関職員にはそれがないとして、Snowden が、あのような行動に出たのであろうという。
341 　大統領史家ないし political scientist (約 200 人といわれる) のうち著名な 9 人が Obama 大統領にホワイトハウスの夕食会に招かれた話しにつき 2.(2)(ヘ)(d)参照。

は、Lincoln、Washington、F. Roosevelt に一致している。マイナス側に戻り、worst No.1 の Buchanan 大統領に次ぐのは、以下の順である（カッコ内は、その失策）。Andrew Johnson（南北戦争後に南部州の肩を持ち、奴隷解放などの改革を妨げた）、Lyndon Johnson（Vietnam War を拡大させた）、中間を飛んで 10 位（失策が 1 番軽いの）が Bill Clinton（Monica Lewinsky スキャンダル）、9 位が Ronald Reagan（Iran-Contra Affair）となっている。

3. 憲法は二元国家をどう規律しようとするか〔州と中央との権力分立〕

(1)二元国家制の下での司法審査

(イ)憲法法（学）は、文書としての連邦憲法からだけでなく、何万という連邦最高裁判決（中の意見〔opinion〕）から成っている。それゆえ、それら最高裁判決の意見は、**第 2 の憲法**である[342]。

その上で Tribe は、先述の Brown v. Board of Edu.が Plessy v. Ferguson（1896）を変えたことが代表的に示すように[343]、判決中の意見は、時々コースを変ることでも有名であるとして、次の例を挙げている（p. 79）。

Swift v. Tyson, 41 U.S. 1 (1842) から Erie R. Co. v. Tompkins, 304 U. S. 64 (1938)。

Lochner v. New York, 198 U.S. 45 (1905) から West Coast Hotel Co. v. Parrish, 300 U.S. 379 (1937)。

342　Tribe はこれを "second set of constitutional text" と書いている（*op. cit.* p.78）。

343　Brown v. Board of Edu.が Plessy v. Ferguson を変えたとは言っても、南部諸州の議会では、かつての Kentucky Resolution や Virginia Resolution のようないわゆる "Interposition Resolutions" を通して「最高裁判決は州権を犯すものだ」と非難した。たとえば 1956 年 5 月 9 日の Georgia 州 General Assembly では同判決を "null and void" と決めつけ、その権威に contest するとしている（geogiainfo.galileo.usg.edu より）。

National League of Cities v. Usery, 426 U.S. 528 (1985) から Garcia Co. v. San Antonio Metropolitan Transit Authority, 469 U.S. 528 (1985) から更に New York v. United States, 505 U.S. 144 (1992)[344]。

(a)これらの意見（opinion）の変更の多くが、州と中央との権力分立を論点とする。つまり州と中央との権力分立の問題は、アメリカ憲法中でも未だに大きく揺れ動いている、それだけ困難で微妙な問題であるともいえる。Brown v. Board of Edu.判決に対する南部州などの反撥には、注343に見るようなもののほか、1964年にはCalifornia州でも、前年に州議会が通していたRumsfeld Fair Housing Act（不動産売買で一切の差別を禁じていた）をひっくり返すreferendum, Proposition 14を採択していた（ただし最高裁は、このProposition 14を修正XIVの平等条項に反し、違憲であるとしている[345]）。

中央政府内の三権の間の権力分立（separation of power）を横（horizontal）の分立、各州と中央政府との間の権力分立とを、縦（vertical）の分立、とTribeが区別していたことは前述した[346]（彼は、後者を"federalism"とも呼ぶ）。現実に生じてくる問題は、必ずしもこの2つの分立のいずれか1つに綺麗に仕分けて済むものではない。

筆者の分類は、横とか縦とかいうのとは異る。三権の間の分立は、源流を辿ればマグナ・カルタ（Magna Carta）に至るもので、人民（被治者）が、治者による権力の乱用を免れるための産物であるのに対し、Tribeらのいう縦の分立、つまり州と連邦の並存は、連邦制度（federalism）というアメリカ固有の起源、固有の歴史の産物であり、両者の分立は、その由来も同じでなく、意味も異質と考える。縦の権力分立とは、新たに作った

---

344 Low-Level Radioactive Waste Policy Amendments Act of 1985 中の1条（take title 文言を含んでいる）で、中央政府が州に廃棄物処理のため立法を強制することになるのは、立法権の範囲を超えるとした。

345 Reitman v. Mulkey, 387 U.S. 369 (1967)。州最高裁でも、同 Proposition による州法を違憲としており、それが確認されている。

346 2つを併せて dividing governmental power とも呼ぶ。

連邦制度に関し、後からそのように名付け、方向付けたものといえる[347]。連邦固有の権限としては、外交権（II、2(2)）、戦争権（I、8(11)）、新州（テリトリ）の承認（IV、3）、などが主に数え挙げられるが、その他の主権の範囲となると、各州と中央政府との間の権力は重複し、入り組んでいる。

また、現実に生じてくる問題は、必ずしもこの2つの分立のいずれか1つに綺麗に仕分けられるものでもない。そこで、これを並存連邦制度（dual federalism）と呼ぶ考えもある。連邦と州とが、権力（主権）を共（分）有するとし、その根拠を（修正Xを中心とする）憲法の文言に求める（John Marshall が拡げた同条の解釈を、文言どおりに戻そうとした次の Roger B. Taney らの立場に由来する）。その結果は、対等に近い連邦と州との権力の明確な分立、区別である。いずれの考え方に立っても、分立の原理には、厳しいもの（効果）がある。厳しさの点で共通性がある。まず、司法救済を受けようとして、議会や大統領館のドアをノックしても、何の救済も得られない。次に、限定された管轄権しかない連邦裁判所の門を叩いて、一般のコモンロー上の司法救済を求めても、門前払いされるだけである[348]（大抵の手続ミスは、見過ごされたまま上級審に行って了った時は、そのまま放置しておいても治癒されることがありうるが、分立の原理に反したまま誤って救済が与えられても、いつまでも判決の無効は治癒されない）[349]。しかし、司法の分野を離れ、立法、行政の面では、Friedman のいうように、「連邦政府の力が増大、増大、増大」を続けてきた事実がある。その転換点は大恐慌で起き、20世紀後半にかけてそれが続い

347　当時の人々は、連邦政府のことを一般政府（general government）とか、全国政府（national government）とか、呼んでいた。

348　次のケースでは縦の分立の例として、Oregon 州裁判所が、同州の法律により外国人の外国にある相続財産の管理を行う例を引いて、外国（国際）関係となり、連邦政府にしか管轄がないとしている（Zschernig v. Miller, 389 U.S. 429 (1968)）。

349　FRCP 12 (h) (1)では、人的管轄権の欠如や、地区管轄の違い、送達の瑕疵などは治癒されるとする一方、同(3)では、この意味の限定された主題以外のケースであることが示された時は、訴えは棄却されるとする。

第8章　現代の憲法問題─権力分立と司法審査の今─

た。

(b) federalism に発する縦（vertical）の権力分立の考え方は、日本人にはピンとこないかも知れないが、最高裁の言葉が説明してくれようか[350]。

「中央政府の権力と州主権による権力とは、ともに同一の空間に存在し、同じ領域で行使されているにしても、いずれもはっきりと区別され、独立して行使されるものであって、互いに他方とは関係なく、それぞれの分野で働き、作用する……」[351]。

Alden v. Maine では、州主権は憲法以前に（連合前史に）由来するものであると述べている[352]。もう1つ別の先例はいう。（中央政府は）「その独自の分野では最高権力者であるが、州政府も、それが中央政府に譲渡していない（……not delegated……）（憲法修正Ⅹの言葉でいうと、州に留保〔……reserved〕された）範囲内で、同じように独立している……」[353]。

憲法上、州を主権者（sovereign）だと定める文言はない（余りにも当然のことというのであろう）。しかし、州主権を肯定させる条項は、修正Ⅹ～修正ⅩⅠのほかにも、州の領土保全（Ⅳ、3）、憲法が自らの改正を禁止する「上院での平等発言権」（Ⅴ）など、いくつかある。

このほか、憲法（Ⅰ、9）中に定める連邦議会に対する立法の禁止が、州権の保護に働く。各州からの輸出品への課税に係る立法（Ⅰ、9(5)）、いずれかの州の港についての通商上などの差別に係る立法の禁止と、そこ

350　Ableman v. Booth, 62 U.S. 506, 516 (1859).

351　Printz v. United States（前出）では、中央政府が各州に政府に働きかけ、それを通して政治を行う（銃規則に絡む身元調査を行わせる）という考えを斥けている。

352　Alden v. Maine, 527 U.S. 706 (1999)。1992 年に Maine 州職員らが、自分達の時間外給与は連邦法の Fair Labor Standards Act（FLSA）に違反しているとして、損害賠償を求めて連邦法廷に訴えていた。これが、州政府の裁判権免責を定めた修正ⅩⅠを根拠に却下されたので、職員らは次に州裁判所に訴え、そこから更に連邦最高裁に行ったのが、このケースである。連邦最高裁は、私的な損害賠償請求（private suits for damages）などでは、裁判に不同意の州政府を連邦が強制して被告とすることはできないとした（このケースに先行して、「修正ⅩⅣの下での人権を守るために議会が立法することにより、修正ⅩⅠの下での州権を制限することは可能だ」、とする Fitzpatrick v. Bitzer, 427 U.S. 445 (1976) が出されている）（注 356、357、396 も参照）。

353　Collector v. Day, 78 U.S. 113, 124 (1870) では、連邦議会が州の裁判官のサラリーに課税することはできない、とされている。

937

第3編　19世紀後半以降の憲法

からの出入港についての課税に係る立法の禁止（Ⅰ、9(6)）などである。

更に、連邦議会は、各州の立法府の同意なしに、その州の分割、併合などをすることができない（Ⅳ、3）。また、憲法の修正に絡んで、いかなる州もその同意なしに、連邦上院への（各州2名宛の）平等な代表権を奪われることがない（Ⅴ）。これら連邦議会への禁止条文は、Ⅳ、4の**保障条文**をいわば裏付け、裏書きする意味と力を持つ。これに対し、保障条文は、少くとも共和政体の維持につき、"shall guarantee" と連邦議会が各州になすべき直截な義務として定める。

「これだけか」と考えてはいけない。先例主義（doctrine of precedent）の下で、州主権に関する憲法は、これを足したものを遥かに越える豊かなものである。この "judge-made law" は、この文脈では "judge-made federalism" 即ち "judicial federalism" となる。修正ⅩⅠの説明に絡んでも、州主権（sovereignty, immunity）と連邦との関係について少し触れている（第5章一.1.(2)(ヲ)(b)）。しかし、この修正ⅩⅠは州主権についての正面からの規定という訳ではない。実際、もっと古い先例の中には、州主権のことを修正ⅩⅠ免責（Eleventh Amendment immunity）と呼ぶ例もあった。比較的最近の先例で、そのことに付言したものもある[354]。更に、別の先例では、修正ⅩⅠが州主権との絡みでこれを確認し、それゆえ、連邦の司法権からの免責も定めているのだと論じている[355]。こうした判示もあったものの、20世紀末には、州主権は、修正ⅩⅠから由来するものでも、その定めが、州主権の意味するところのすべてでもないと述べた先例が出されている[356]。修正ⅩⅠに関する今1つの疑問は、「それではA州は、その主権ゆえにB州民や外国人によってB州法廷で訴えられることはな

354　Hans v. Louisiana, 134 U.S. 1 (1999).

355　Blatchford v. Native Village of Noatak, 501 U.S. 775 (1991)。Indian の部族による Alaska 州への差止め訴訟で、2審は Indian の部族に対する Alaska 州の免責を否定していた（最高裁で差戻し）。

356　前注353の Alden v. Maine, 527 U.S. 706 (1999) で、州主権は憲法以前に（連合前史に）由来するものであると述べている。

938

いか」、である。この点も、修正ⅩⅠの明文にはないが、全体の構成を足掛かりにしたのか、「Ａ州は、Ｂ州法廷で訴えられ、被告となりうる」、と答えたケースがある[357]。人権が問題になっていたもう１つのケースでも、連邦議会は、修正ⅩⅠに沿った立法により修正ⅩⅠの州権を否定する結果になることもありうるとしている[358]。

　(c)憲法がFederalismをとった理由につき、作成者らの意図は、「権力の（中央と州間での）分立により人権を擁護することであった」、との判示が繰り返されてきた[359]。イギリス国会の歴史から別れて、作成者は更なる分権のため、中央でも権力分立を図ったとも述べている[360]。

　Tribeは、この意味でのjudicial federalismの中味として、州主権に対し連邦司法の行使を制約する４つの原則を最高裁が編み出してきたという。①第１は、不文法、成文法を問わず、州法の創造に連邦司法が係らない[361]、つまり州法の分野では、連邦司法の先例主義機能を働かせることは

357　Nevada v. Hall, 440 U.S. 410, 433-4 (1979)。事件では、Califcrnia州住民がNevada州が所有する車輪によるハイウェイ上での人身事故の損害賠償を求めて、同州をCalifornia州裁判所に訴えた。California州最高裁判所が一審の判断を覆し、同州裁判所の管轄権を認めたばかりか、Nevada州法で損害賠償の限度を２万5000ドルとする法律に対し、原告が請求する120万ドルの損害賠償を認め、Nevada州法の優先適用を否定した。Nevada州とその関係者が最高裁に上告していたが、California州最高裁の判断どおり決定されている（なお、後注393参照）。

358　Fitzpatrick v. Bitzer, 427 U.S. 445 (1976)ではConnecticut州の退職者らが、退職金規定が性別による差別をしているとして訴訟した。２年前の同じ2d Cir.での先例、Edelman v. Jordan, 415 U.S. 651 (1974)を援用して退職金と訴訟費用とも、否定されていたが、連邦最高裁は、訴訟（弁護士）費用と退職金とについて先例を覆して、これを認めた（本件では、根拠法のCivil Rights Act of 1964が、修正ⅩⅠの定めの範囲内であるとした）。

359　"……Framers crafted the federal system……so that the people's rights would be secured by the division of power……"として次の先例を並べている（United States v. Morrison, 529 U.S. 598 (2000)）。① Arizona v. Evans, 514 U.S. 1, 30 (1995)、② Gregory v. Ashcroft, 501 U.S. 452, 458 (1991)、③ Atascadero State Hospital v. Scanlon, 473 U.S. 234, 242 (1985)。

360　前注と同じくMorrison事件での言葉。"……Departing from their parliamentary past, Framers adopted a written Constitution that further divided authority at the federal level……" (at 616, n.7)。

361　Yet this whole is vastly greater than the sum of its parts……substantial part……is judge-madeとして four doctrinal areas in which the Supreme Court has elaborated significant federalism-based restricions on……federal courts) といっている（Tribe, *op. cit.* p.465)。

第3編　19世紀後半以降の憲法

ない[362]。②第2は、州裁判所の判断が「適切かつ独立した州法判断に絡む」（adequate and independent state ground）なら、連邦司法が（たとえ、その他の理由で管轄があるとしても）、その判断に立入ることはない。③第3が、修正XIの意味を十分に重く見、連邦議会による正当な立法権（I）の行使としての連邦法の下でも、この修正XIの、「州を被告とする文脈」を優先させ、連邦司法の行使を抑制する[363]。最後は、以上の原則を統合したような（ある意味で弾力的で、理論的限界がぼやけているが）、（一般的な）「抑制」ないし「差控え」の理論（doctrine of abstention）である[364]。このabstentionのルールは[365]、連邦裁判所に州裁判所と競合する形で事件が係属していて（然るべき連邦の管轄の基礎があって）、なおかつ連邦裁判所が差控えるという問題であり、そのための連邦法も作ら

362　別言すれば、「federal common lawは原則として作らない」ということになるが、例外的にfederal common lawが作られてきたことにつき、國生一彦『アメリカの法廷で闘うとしたら―日本とどれほど違うか―』八千代出版、2013年、p.22。

363　Seminole Tribe of Florida v. Florida, 517 U.S. 44 (1996) では、連邦法Indian Gaming Regulatory Act of 1988 (Pub. L. 100-497, 25 U.S.C. §2701et seq) の下で、IndianらがFlorida州を訴えた（同法の下でゲーム・センターの問題でIndianと誠意を持って交渉するよう求めた）。これに対しFlorida州は、Indianとの通商権（I、8(3)）では、連邦議会の立法権が認められるとしても、州主権というものがあるから、議会はFlorida州を「強制（連邦裁判所へ出廷するよう）することはできない」、と主張し、それ（連邦裁判所への出廷を強制できるのは修正XIの定めのみによる）が認められた。

364　連邦最高裁は次のように要約している。「これは、連邦の権限を制限することで連邦司法の憲法的基礎を示し、連邦主権の性格を炙り出すものだ。subject-matter jurisdictionは、（州と連邦という二元的）司法制度から流れ出るもので、申立て、管轄合意、エストッペルなど、訴訟当事者の挙動によって影響されることがない。連邦制の本質に根ざすルールであり、絶対的で例外のないものであり、その誤りは、上級審に行ってからでも是正される。」（カッコ内は筆者）。Insurance Company v. Compagnie des Bauxites de Guinée, 456 U.S. 694 (1982).

365　連邦裁判所の抑制につき州と連邦間の**礼譲**（comity）を挙げている先例Younger v. Harris, 401 U.S. 37, 44 (1971) がある。そこでの礼譲の考え方（部分）とは、Black判事による「わが連邦制について」Our Federalismと題した次の言葉である。"a proper respect for state functions, a recognition of the fact that the entire country is made up of a Union of separate state governmens, and a continuance of the belief that the National Government will fare best if the States and their institutions are left free to perform there separate functions in their separate ways"（「州の機能に対する然るべき敬意、この国全体が別々の州政府から成っていることの認識、そして各州とそれらの制度が、それぞれ独自かつ自由にその機能を発揮することが、中央政府にとってもベストだとの信頼を続けること……」）。

940

れている[366]。

(d)以上のように、連邦最高裁が judicial federalism の中味について、連邦司法権行使制約に係る4ルールを出してきているが、本則は「すべての連邦の法規は、州のすべての法規（および裁判所による決定）に優先する」である[367]。その中で悩ましいのは、前注の Honda のケースのように連邦法と州法のテーマが重なる場合で、連邦議会の立法が既に存在する分野である。衝突や反対は全くしていなくて、単に重複・競合するだけでも、その分野は、「もう既に占領された」(federal law has occupied the field) として、州法の効力否定に近い判断が下されている[368]。

「州の立法権がその限界を超えないでも、憲法に則りなされた連邦議会の立法と衝突ないし反対の場合、すべて連邦議会の立法に譲らねばならない……」ともいわれる[369]。

John Marshall 長官が、連邦主権と州主権との関係を述べたこの言葉は、連邦議会の立法権のうちの Commerce Clause についてのものであるが、連邦主権と州との間の多くの衝突が、この Clause に係るケースである一方、憲法の下での連邦議会の他の立法権についても、等しく当て嵌るルールである。州の裁判官も、それらを遵守する旨宣誓しているという State Judge Clause と呼ばれる憲法文言も強い根拠となる[370] (Ⅵ、(2))。

大統領令（Executive Orders）など、連邦規則（federal regulation）

366　前注 Younger 事件の判決中で Black 判事が比較していたのが、第1回連邦議会により立法された連邦司法法（Judiciary Act）と、その追加として制定された差止め命令制限法（Anti-Injunction Act of 1793）である。なお、Black 判事は前注 Younger 事件の判決中で1789年法と、その1970年改正条文の28 U.S.C. §2283 とを比較して、その間に殆んど違いがない点を指摘している（同名の連邦法としてもう1つ、1867年 Anti-Injunction Act, 26 U.S.C. 7421(a)）がある。こちらは連邦税絡みの法律（1986改正の IRC of 1954）で、2012年度の連邦最高裁判所で最も高名な事件となったオバマ大統領による**連邦医療保険法の一部が連邦裁判所により無効化されうるか**の問題で、その適用が争われていた）。

367　自動車の安全基準に係る規則で、連邦のそれよりも厳しい Washington D.C.の規則（ドライバー側にも air bag の設置を義務付けていた）に対し、そこまでの義務を定めなかった連邦の規則や法を適用して Honda を勝たせているケースがある（Geier v. American Honda Motor Company, 529 U.S. 861 (2000)）。

368　Gade v. National Solid Wastes Management Association, 505 U.S. 88 (1992).

369　Gibbons v. Ogden, 22 U.S. 1 (1824).

第3編　19世紀後半以降の憲法

も、それが連邦議会の授権による限り[371]、連邦の最高法規条項（Supremacy Clause）が働き、州法に優先する[372]。これも前述の連邦議会の立法による州法への優先（preemption）である。ただし、この文脈でも、より一般的な先例によるルール、「州の行為は軽々に連邦施策に反するとみなされてはならない」が働く（連邦法の目指すところは、狭目に解釈されがちである）。

　それでも、連邦法を違憲無効としたケースは、Marbury v. Madison から次は、半世紀後の Dred Scott v. Sandford, 60 U.S. 393 (1857) と、間が空いて少いのに対し、その間、州法を違憲無効としたケースはかなりあった。Virginia 州を初めとする各州裁判所が、これに抵抗したことは前記のとおりである。憲法の文言から司法審査権を読み取ることを拒む人々にとっての1番の困難が、「州に対する司法審査権を否定したら、連邦全体としての法秩序は一体どうなって了うのか」である。近い実例として、南北戦争時の南部連合憲法の制定と、その下での分離がある（Confederate Constitution）。そこでは、連邦によるそれまでの条約や議会の決議が無視された。この困難に加え、州の裁判官も憲法などを遵守する旨宣誓すべく定めている "State Judge Clause" と呼ばれる憲法文言も強い根拠となる（VI、2(3)）。

　(e)連邦憲法は次の前文（Preamble）で始る（要旨）。

　「……より完全な結合（a more perfect Union, ……）を目指し正義を確立し、国内の安寧および共同して外敵に当るため、また福祉を広く高くし、

370　ただし、判事の遵守義務の方には定められている（VI、(2)）"Laws of any State to the Contrary……"の文言が、次の宣誓条文の方にはないところから（VI、(3)）、この読み方を逆手にとると、連邦法については司法審査権を否定する方向に流れることになる（Tribe, p.911）。

371　Pacific Gas & Electric Co. v. State Energy Resources Conservation and Development Commission, 461 U.S. 238 (1984). 連邦の原子力発電に係る安全基準を定めた規則が州のそれに優先する。

372　McDermott v. Wisconsin, 228 U.S. 115 (1913) では、連邦食品薬品監督局（Federal Food and Drug Administration）による規則に適合した表示の syrup が Wisconsin 州規則に反するとして罰せられたケースで、その処分が無効とされた。

われらとわれらの子孫に自由の恩恵を確実なものにするため……」ワシントン大統領も、この前文中の「完全な結合」を心に、強固な連邦司法制度の確立を念願する中で、連邦最高裁の初代長官に John Jay を任命したことは前述した（第4章二.3.(1)(イ)(b)）。上記の意味での縦の権力分立がある以上、合衆国全体として単一の法秩序を確立するため「縦の司法審査」が必須となる[373]。州知事や州議会が、先例に不服従だとしても、先例に服従する法的義務が生ずる[374]（前注364）。

憲法が、州主権と中央主権との間での権力分立をとっていることは、憲法全体の構成から疑いの余地はない。しかし、この2つの権力（主権）間の関係という基本を述べた文言が憲法中のどこにもないことを度々見てきた。「どこにもない」というのは言い過ぎで、修正Xと修正XIがあり、中でも修正Xは、中央と州の間の権力分立の基本ルールを定めたと理解できるが、それとても2つの間の主権の大小、強弱などの原理的な事に答えるものではない。

(f)一方、最高法規性の下で、アメリカの司法審査がカバーするのが、中央政府の立法、行政だけではないことは、既述のとおりである。Tribe が、中央と州の間の権力分立を、中央政府内の権力分立、**横 (horizontal) の権力分立**と対照的に、**縦 (vertical) の権力分立**、と呼んでいることは前述した[375]。しかし、彼がその分立関係をこのように分類するのも、司法審査という国の作用に光を当てた場面でのようである。確かに、司法審査権の及ぶ範囲で、各州も中央の権力に服さざるを得ないし、現に服しているという事実がある。それ以前に成文憲法の規定として、屢述した修正Xと

373　Marbury 事件のほかに、Cooper v. Aaron, 358 U.S. 1 (1958) での判示をその例として挙げている（Tribe, *op. cit.* p.267）。

374　Brown v. Board of Edu. 判決の後で、米国人の Aaron らが、それまで白人だけの高校に通おうとしたが町中の反対のため果たせず、不穏な状況が続いたので、Arkansas 州当局が1年半その実施を延ばした。

375　その双方の分立が絡んだケースとして、前出の Metropolitan Washington Airports Authority (MWAA) v. Citizens for the Abatement of Aircraft Noise, Inc., 501 U.S. 252 (1991) を挙げられる。

第3編　19世紀後半以降の憲法

修正ⅩⅠがあり、中でも修正Ⅹは、中央と州の間の権力分立の基本ルール
を定めたと理解できる。ただし、主権の大小、強弱などの原理的なことに
答えるものではない。

　ある程度はっきりいえるのは、各州は連邦政府の部局でも支部でもない、
「1個の主権を持った自治体である」、ということであろう。修正ⅩⅠに関
しての今1つの疑問は、「それではA州は、B州民や外国人によってB
州法廷で訴えられるのか」である。この点も、修正ⅩⅠの明文にはないが、
全体の構成を足がかりにすると、答えは「否」となる[376]。

　州と中央。この考えられる作用・機能の全体から見ると、どちらも国全
体の権力（主権）のすべてを独り占めにしていないことだけは、明らかで
ある。Marshall長官もいっている。「この国の複雑な作りは、**全体の政府**
という、滅多にない困難な仕組みを示していて（……rare and difficult
scheme of one general government）、合衆国政府の行為は全体に及ぶも
のの、憲法の下で限られた列挙権限しか有さず、他方で州が、全体政府に
授権しなかったすべての権限は、各州が保有、行使する……」「このよう
なシステムでは権限争いは、起こるべくして起こる（……naturally con-
tests respecting power must arise）」[377]。

　㊁前述のように、ヴァージニア・プランでは特異な形の（大統領と裁判
官による）立法審査が提案されていた（第3章1.(2)㊁）。専ら連邦制を対
象にしたかのような、そこでの立法審査の考え方が何かを示唆していると
考えるか。一方、憲法の最高法規性条文の言葉の文字からは、州のすべて
の裁判に対する審査権を連邦最高裁判所に与えていると直に読める訳では
ないが、司法権条文の言葉で、連邦司法権が「すべての正法上と衡平法上
の事件に及ぶ……」とし（Ⅲ、2(1)）、かつ州裁判所事件には連邦法の下
で生じたトラブル（州裁判所でも訴えうる）が含まれるところから、間接

376　Nevada v. Hall, 440 U.S. 410, 433-4 (1979).
377　Gibbons v. Ogden, 22 U.S. 1, 204-5 (1824).

944

的に裁判所に review 権が肯定されているだけである[378]。

　(a)憲法が司法審査権を正面から明文で定めなかった中で、司法審査権を導き出した Marbury 事件での John Marshall の説示に対する異論も、何人かから出されてきたが、州の司法に対する審査はさておき、今日、John Marshall が Marbury 事件で打ち立てた連邦の立法権や行政権に対する司法審査権を正面から否定する説は、一般に通用していない。そうはいうものの、三権分立の文脈の中で選挙を経ない裁判官に憲法の最終判断権を認めることに対しては、素朴で根強い反対がある。

　今１つの、州の司法に対する中央による司法審査権の問題でも、憲法に明文で「司法審査」の文言がないところから、横の（中央での）権力分立と縦の（中央対州の）それを巡る解釈・構成（construction）の問題となるが、どのような説明が一般的か。屢述するとおり、足がかりとして２つの法文が挙げられる。１つは、連邦司法権を連邦裁判所に（最高裁に）明定したⅢ、２である。一国の法秩序の統一性・共通・単一性から、司法審査権が推認される。もう１つは、最高法規性（Supremacy）を定めるⅥである（最高法規条項〔Supremacy Clause〕と呼ばれる）[379]。しかし、連邦と州との関係で、連邦最高裁が州の最高裁判所の判決を審査する文脈の中での司法審査権に対しては、この最高法規性をもってしても、後出のMartin v. Hunter's Lessee に見るとおり、州の側からする強い抵抗があった[380]。

378　ただし、20 世紀初頭までは、州の裁判所が州の法律を連邦法に照らし無効と判断した時は、連邦法が問題になっているケースでも、最早連邦最高裁への上訴はできない（必要ない）とされた Commonwealth Bank of Kentucky v. Griffith (1840)。そこでは Commonwealth Bank of Kentucky が発行していた promissory notes が州に対し禁じられている行為 “emit bills of credit” に当り（Ⅰ、10 (1)）、発効の根拠となっていた州法が違憲とされた。

379　そこでは、この憲法がこの国の最高法規（……Supreme Law of the Land）であるという言葉に加えて、「その憲法に従って作られるすべての合衆国の法律とすべての条約……」(the Laws of the United States which shall be made in Pursuance there of) も、その最高法規に数えている（Ⅵ、(2)）。更に、「各州の裁判官ならびに合衆国および全州の執行官も司法官も、この憲法を守るよう宣誓しなければならない……」としている（Ⅵ、(3)）。

第3編　19世紀後半以降の憲法

(b)いずれにせよ、各州が主権者であることから、州による最高法規性の最終判断が、更に別の主権者による審査（review）に服するというのは普通ではない[381]。明文の根拠を探すとすれば、やはり憲法の上記最高法規性条文（Supremacy Clause）以外にないことになる。そこから1789年司法法の条文⒂となったといえる[382]。

制憲会議でも、この司法法（1789年）を議論した第1回連邦議会でも、州の裁判に対する連邦最高裁のこの審査権は議論にはならず、専ら連邦下級裁判所の創設などが問題となっただけで、打止めになった訳ではなかった。連邦裁判所と州裁判所との間での争い（contests）で典型的なのは、(i)前者から後者による決定の執行差止め命令を出す場合と、(ii)逆方向の州裁判所による連邦裁判所の決定への反抗、殊に州裁判所による「連邦最高裁の判決には従わない」、との決定がある。

実際に、この両方の争いがあり、最終的に憲法の最高法規制条文により決せられている[383]。Hunter's Lessee では、Virginia 州最高裁が、この最高法規性の意味（誰が最終判断者となるか）を激しくかつ執拗に争った。それも、連邦最高裁とヴァージニア州最高裁との間で2度も行ったり来たりしている。同州による連邦最高裁決定に対する反抗は、18世紀前半で独立前の deed を巡る争いの前注事件から、南北戦争前夜の Wisconsin 州最高裁によるケースまで[384]、何十年にもわたって続いている。

(c) Hunter's Lessee でのそれぞれの弁論を聞いてみよう。力点は、Les-

380　Virginia 州憲法（1776年）には、「人民の代表の同意なしには、いかなる機関も法律の執行を差止めたり、それを命じたりすることはできない……」との要旨の定めがある(7)。

381　植民地時代のアメリカに限らず、現地の最終法律判断につきイギリス国会（枢密院）への上訴制度があったが（第1章2.⑵）、権力分立とは縁のない制度で参照価値はない。

382　司法法（1789年）⒂は該当部分で "a final judgment or decree…… in the highest court…… of a State……, where is drawn in question the validity of a treaty or statute…… and the decision is against their validity……, may be re-examined and reversed or affirmed in the Supreme Court of the United States upon a writ of error……" と定める。

383　Martin v. Hunter's Lessee, 14 U.S. 304 (1816).

384　Ableman v. Booth, 62 U.S. 506 (1859). 奴隷制廃止論者 Booth は、連邦法に反して連邦執行官を妨げたとして逮捕されたため、habeas corpus の申立てをした。連邦最高裁は、州裁判所の3回目の判断も覆して、Booth の行為を違法だとした。

see による立退請求が立つか否かといった実体法の判断ではなく、専ら手続上のポイント、どちらが最高法規性の最終判断者となれるかである[385]。正に中央と州間の司法主権の争いである。Virginia 州最高裁がもう 1 つ執拗に主張したのは、連邦最高裁や連邦裁判所の管轄権問題であった。原告が「連邦法の下で生じた……」と、自ら申請して連邦裁判所に持込んだのでない限り、事件は憲法のいうところの「連邦法などの下の問題」（"arising under……"）とならないから（Ⅲ、2 (1)）、連邦裁判所に管轄権は生じない、というものである。ヴァージニア州最高裁は、この事件での州裁判所に対する連邦裁判所の管轄権を否定し[386]、その判断への不服従を明かにしていた[387]。

　これに対し、連邦最高裁は、2 度目の裁判で上告命令ともいうべき writ of error を州の最高（控訴）裁判所に対し発令した。Martin の代理人は、連邦政府の権力につき次のように弁論した。

　「この（中央）政府は、大陸軍（Continental Army）とともにあった時代の以前の連合でも、ギリシャの同盟やドイツ憲法の下でのような単なる連合（Confederacy）ではない。その有する立法、行政、司法の三権すべての面での中央政府（national government）である（それのみが外国と条約を締結することができる……）。そして、その憲法条文は、国の最高法規となるが、その憲法の解釈については連邦最高裁のみが、最終的権威を有する。しかも連邦最高裁の最終判断権（最終的権威）は、連邦議会の

385　実体法上の争いを要約すると、1 審、Virginia 州裁判所では 1 審原告 Hunter's Lessee による立退請求は否定され、2 審の Virginia 州最高裁（控訴裁判所）に控訴して、そこで 1810 年 Martin が逆転敗訴、そこから連邦最高裁へ上告して 1813 年裁判所は 1 審 Virginia 州裁判所と同じ判断を示していた。ところが、Virginia 州の最高裁は、連邦最高裁の判断に従わなかった。

386　連邦憲法の健全な解釈により、連邦裁判所の管轄は Virginia 州の控訴裁判所が行った判決には及ばないし、またそのような効果を定めた連邦議会による司法法第 25 条は、違憲であると主張していた。

387　最初の司法法から 1914 年まで、最高裁の管轄は州裁判所が連邦法を無効とするか、連邦憲法ないし連邦法に反する州法を有効とした事件に限定されてきた。1914 年司法法改正は、現在 28 U.S.C. §1257 となり、それよりは拡げられて今日に至っている（いわゆる**連邦問題**（federal question）がどこまでかというのに略等しい）。

947

第3編　19世紀後半以降の憲法

立法によっても奪うことができない[388]。一方の州裁判所は、各州の法律と連邦議会の立法の下で裁判をすべく義務づけられているのであるから、その解釈につき争いがあれば、最終的権威を有するこの連邦最高裁の決定を仰ぎ、それに従うことを義務づけられているのである」。

　(d)この面では、ヴァージニア州最高裁が一私人に代って事件の実質的な当事者として反論を出していた。同最高裁は、この Martin v. Hunter's Lessee のほかに、Cohens v. State of Virginia でも同じようなことを繰り返している。共通して、「主権者としての Virginia 州が下す憲法判断が最終的であり、最高法規性（Supremacy）を有する」、との論旨である[389]。

　そうした論旨の底には、前注の Virginia 州憲法（1776 年）にあるように、人民こそ主権者なのだから、その人民に 1 番近い州の立法府やその司法部の判断の方に「より大きな力がある」というものである。州主権論を振りかざす南部民主党（States' Rights Democratic Party）は、20 世紀半頃には Dixiecrats とも呼ばれた。

　いわゆる独禁法（Sherman Anti-Trust Act of 1890）が法律になった後に、司法の一部などにあった、新しい法概念に対する「不確か感」のようなものについては、前に触れた（第 7 章 1.(2)(ロ)）。たしかに、19 世紀末から 20 世紀初頭にかけては、その前の「腰の引け」を少しずつ見直す動きも出てきた。その 1 つが、同法の極く基本的な concept の 1 つ、州際通商（Interstate Commerce）の解釈である。19 世紀末の先例では、factory 内での製造業は、たとえ製造したものが州外で売られていたとしても、Interstate Commerce ではないとしていた[390]。それが、20 世紀初頭の先例では、そうした local business であっても、あちこちで売られていれば、その製造は一体として同法が対象とする「商業の流れ」（stream of

---

388　その理由付けで、III、2 の条文をそのまま引用し、その中の "……shall extend" と "to All cases……" とは、下級裁判所を may establish というのとは違い、連邦議会による法律の意味を連邦最高裁が、具体的に "must establish" するのが仕事であると説示する。

389　Cohens v. State of Virginia, 19 U.S. 264 (1821).

390　United States v. E.C. Knight Co., 156 U.S. 1 (1895).

948

commerce) の中にあるといえるとした[391]。

　その後、Taft 大統領時代には多くの事件が起こされてきたが、20 世紀後半に入ると、そうした製造と、その後の商業の流れとを一体として考える必要すら、そもそもなくて、隔離された（in isolation）local commercial activity であっても、その（製造などの）行為（activity）が Interstate Commerce と "close and substantial relationship" を持っていれば、Interstate Commerce と見られるとする先例が出された[392]。そうかと思うと、20 世紀の末近くになってからも、意外と上記の先例で問題となった同法の基礎的 concept の意味を改めてより深く掘り下げる先例が出されている。偶然にも同じ 1993 年に 2 つの先例が出され、2 つとも独禁法適用要件の厳しい解釈を示した[393]。1 つは、6 社が寡占しているたばこ業界で、うち 2 社が新種のタバコの値下げ競争を演じたケースである。先在開拓者が新参入者を訴えたのに対し、市場と価格と占拠率の間の複雑な関係構造を踏まえ、新参入者にとり「値下げ競争の末に、元をとれる計算があったか」、を問うている。第 2 のケースでも、主観的要件としての独占する意図が必要であるとともに、意図だけでもダメで、独占の実現性が本当に高くなければならないとし、違反は成立しないとした。

　(ハ)中央政府の三権の間が、完全に分離、独立の関係だけではなく、その間にチェック・アンド・バランスの関係にもあることは、1.(1)「スター・チェンバーへの恐怖と警戒」でも見た。この、いわば横の権力分立に対する、もう一方の縦の分立で、似たようなチェック・アンド・バランスはあるのか、またそれに関する議論が行われているのか。

　(a)この意味の縦の分立、相互の関係こそ憲法学でいう "federalism" の考究すべき対象といえる。この意味の federalism では、20 世紀の最後の

391　Swift & Co. v. United States, 196 U.S. 375 (1905).

392　N.L.R.B. v. Jones & Laughlin Steel Corp., 301 U.S. 1 (1937).

393　第 1 のケースは Brooke Group Ltd. v. Brown & Williamson Tobacco Corp., 509 U.S. 209、第 2 のケースは Spectrum Sports, Inc. et al. v. McQuillan et vir. DBA Sorboturf Enterprises, 506 U.S. 447 である。

949

第3編　19世紀後半以降の憲法

10年まで約200年もの間、専ら一方（州）による権力の行使が他方（中央）による権力の行使（中央政府の役割）を妨げ、減らす局面に議論が集中していた。その中で逆に、中央と州の2つの権力が合体したら、しかもそれが人権に対し非友好的、敵対的な方向に合体したらどうなるか、という角度の議論が1990年代に盛んになった[394]。

先行して、それまでとはちょっと角度の違うfederalismが議論を呼んだケースもある。Shapiro事件で最高裁は、「連邦議会には、憲法の平等条項（Equal Protection Clause）を変える権限はない」、として原告Thompsonの福祉受給権を認めている[395]。

(b)しかし、中央と州、2つの権力がともに人権にマイナス方向に協力・合体するというのは、それが議論になるほど、例外的なことなのであろう。普通一般には、この2つの権力は、プラス方向に相互に依存・協力し合わざるを得ない関係にあろうし、現にそのように依存・協力し合っているのであろう。いずれにせよ、中央と州の2つの権力の相互関係を規律するのも憲法の文字であり、その解釈・構成であることは、本章1.(1)で述べたとおりである。

そこから（先例の集積から）生れてきたのが、世界でも類の少い（EUなどとは違う）今日のfederalismである。即ち、各州は主権者（sovereign）ではあるが[396]、その州政府の様々な作用・機能が考えられる中で、その作用・機能の性質によって、中央政府との間の相互関係と、その度合

394　その代表的ケースとして挙げられるのが、New York v. United States, 505 U.S. 144 (1992) と、Printz v. United States, 521 U.S. 898 (1997) である（いずれも前出）。

395　Shapiro v. Thompson 394 U.S. 618 (1969) では、A州からB州への転入者は1年経たないと福祉を受けられないとのB州の定めをB州が擁護する中で、連邦法でも、1年の待ち期間を是認する立法をしていることが援用されていた（at 638）。

396　各州の主権についての先例として、「各州は、多州民（diversity of citizenship）による被告として訴訟で訴えられる場合には、それが連邦法廷でなくても、主権免責される……その原理は、憲法の骨組みの中に同じく折り込まれている……」という前注357のNevada v. Hall, 440 U.S. 410, 433 (1979) での反対意見があるが（……state is immune from suit by citizens of another state……the tacit postulates……are as much ingrained in the fabric 〔of Constitution〕）、多数意見は、「主権のあるCalifornia州が肯定した結論に介入して、ひっくり返すことこそ、州主権の侵害になろう」とした。

950

いが色々異なりうる。重複が生じ易いのが、税、通商（規制）などであり、最も中央に委ねられ易いのが、外交・軍事の分野である。

(c)州と連邦との関係は、アメリカ400年の歴史とともにある。地域毎に特性を持った多種多様な関係で、憲法上の文字だけで割り切ることは困難である（第1、および3章）。この関係を述べた憲法上のルールを一言で表わす言葉は何かないか、と訊ねられれば、その言葉自体の定義が浮動的な、**連邦主義**（federalism）というのみでる。

では、そのような言葉からする概念的アプローチではなく、憲法上の文理的解釈により、この関係を若干考えてみよう。憲法上の文理的解釈の出発点は、やはり修正Xの「合衆国に与えられていない権力」（power not delegated to the United States......）である（連合の時代の連合憲章と略じ言葉であるが、"expressly delegated"となっていない点で違うことは、前述のとおりである[397]）。

論理に従うと、次のステップは、連邦議会への明示の立法権授与になる。18項目のうちでも、Ⅰ、8⑶の州際通商（Interstate Commerce）などでの立法権授与の定めが最もよく利用（立法）され、先例による解釈を通して幅が拡げられてきた。次によく利用（立法）される「必要かつ適切条項」（Necessary and Proper Clause）（Ⅰ、8⒅）のことも屡述した。連邦議会への立法権授与拡張に当り活躍してきたこれら2つの条項（⑶と⒅）が、連邦議会への立法権授与拡張のいわば車の両輪となってきた事実と、その先例の歩みはよく知られていよう（なお、この必要かつ適切条項を、「黙示授権の法理」（Doctrine of Implied Power）と呼ぶことがある）。いずれにせよ、18ある条項の中で、CommerceとNecessary and Properの2つのClauseが、先例・解釈に最も大きな活躍の場を与えてきたことは間違いない（第4章二.1.⑶の中でも、この2つの条項は、㈅

---

397 「その代り」というのではないが、連合憲章には"nor prohibited......to the States"の句もなかった。確かに、合衆国憲法には、連邦の立法権に対する禁止文言と（Ⅰ、9）、州に対する禁止文言とが別に定められている（Ⅰ、10）。

第3編　19世紀後半以降の憲法

と㈡として、段を分けて記述している）。

　(d)先例の歩みを更に少し付け加えてみよう。通商（Commerce）の言葉は拡がりのある意味を持つ。その中で John Marshall は、Commerce Clause の下でも州に残っている権力（「合衆国に与えられていない権力」）として、通商規制のような“police power”を区別し、これを Commerce の中の州に残された権力と考えた[398]。

　この police power を引いた狭い意味での“commerce”にまで及ぶ規定か、それとも“police power”の内に止る規定かの区別が、19世紀中頃までずっと州法の合憲性審査の基準とされてきた[399]。その後、19世紀中頃から大恐慌時代（1930年）までは、「全国的か地方的か」、(national or local) の区別もかなり用いられた。この全国的か地方的かの区別もずっと一貫してその理論で来たという訳でもなさそうで、後には、州法による規制の州際通商に及ぼす影響力が、「直接か間接か」、の区別と理論も用いられた[400]。もし、州際通商に及ぼす影響が「間接的、偶発的かつ遠隔的」(indirectly, incidentally and remotely) であるならば、州法による規制は、州権に残された権力の範囲内であるとするものである。

　さて、1930年代の経済的困難期での法現象は、本書でも前章2.(2)㋑(c)で集約して採り上げた。その1つとして、この Commerce Clause に係る州権の残る範囲について、それまでの direct か indirect かに代る次の新たな分析手法が出てきた（それが、略今日まで続いている）。

　第1にこの時代、Commerce Clause の下での連邦議会による立法権拡張に対し、既述のとおり連邦最高裁が殆んど無制約な解釈態度を示してき

398　Brown v. Maryland, 25 U.S. 419 (1827)。輸入品の販売に州の免許を一般的に必要とする州法は、この点で合憲性に問題ありとされたが、輸入品が弾薬である場合には、それが“police power”の範囲として合憲性に問題なしとされた。

399　19世紀中頃を過ぎると、この“police power”か否かによる区別は、実体的な理由とは余り関係ないとされ、“police power”であっても、実体的には全国的な性質のものもあるとして、別の分類基準、全国的 (national) か、地方的 (local) かの区別と理論が構築されるようになった。例として、Cooley v. Board of Wardens of the Port of Philadelphia, 53 U.S. 299 (1851) が挙げられる (Tribe, p.1047)。

400　Smith v. Alabama, 124 U.S. 465 (1888) がその例とされる。

952

たことがある。そこでの新しくて、州にとりより厳しい分析手法は2段構えで、先ず、その州法の目的が州にとり正当か[401]、第2に仮に、目的が州にとり正当としても、州際通商に余計な負担とならないかを基準とする。以後の流れを見ると、他州民による通商を差別するような州法には[402]、やはり合憲性に疑問が付せられるが、合憲性に疑問が出た州法についても、第3の付加的要素として、民主的要素を問題にしている。この民主的要素は、必ずしも一方向だけに向けたルールではない。いわゆる地域エゴ的な州（以下）の立法では、民主的手続が守られていても、合憲性の疑問を和らげる方向に働かない。州法が一方で、州外企業を締め出すことで州内企業の利益になるとともに、州民の雇用や、より競争的なマーケットの利益を小さくする規制法を、上記の基準に当て嵌てどう評価するか、難しい問題である[403]。

　(e)本来的に州権、つまり州の管轄の問題でありながら、近年、連邦議会による立法を含め、連邦政府が関与を強めてきた分野、それも上述のCommerce Clause に係る分野として、薬事の問題、特に「麻薬問題」がある。薬事法は、19世紀後半に各州が州民の保健の角度から、化学品の製造販売などの規制を始めたことに始る。

　連邦が薬事問題の規制に乗り出すのは、20世紀に入ってからである[404]。

401　他州民株主を保護しようとする州法の目的が、州にとり正当とはいえないとしたケースとして、Edgar v. MITE Corp., 457 U.S. 624, 644 (1982) がある。

402　2つのタイプのケースが参照される。① Oregon Waste Sys., Inc. v. Dept. of Envtl. Quality, 511 U.S. 93, 99 (1994) では、州際通商に余計な負担となるとの基準により、合憲性に疑問があるとされ、② Pike v. Bruce Church, Inc., 397 U.S. 137, 142 (1970) や、C & A Carbone. Inc. v. Town of Clarkstown, 511 U.S. 383, 407 (1994) では（殊に後者で）、「……差別するようなものでなく、かつ収益との比較で、その州際通商への影響が偶発的なものであれば、合憲性に問題が生じない」とされた。

403　Exxon Corp. v. Governor of Maryland, 437 U.S. 117 (1978) では、州外企業が多く、Exxon 自身もそうであった石油精製会社が、州内でガソリン・ステーションを所有・経営することを禁じていた州法が合憲とされた。ほかにも州際通商条項が保護すべきは自由なマーケットであって、州際企業（の利益）ではないとして、Ohio 州の同じような規制法を合憲としたケースとして、General Motors Corp. v. Tracy, 519 U.S. 278 (1997) がある。GMは、その使用する石油を Ohio 州法で規制する LDC 以外から買っていたことで、GM に課税した課税官を、州際通商条項と平等条項（修正ⅩⅣ）違反であるとして訴えていた。

953

第3編　19世紀後半以降の憲法

というのも、マリファナ（marijuana）に関する規制に見るとおり、今日でも基本は、各州の問題であるからである。とはいえ、連邦による一連の規制も年とともに増加している。

その中で特別（例外的）なのは、例の禁酒法（Prohibition）であろう。連邦議会による立法を超えて、修正ⅩⅧによる改憲となったが（1919年）、1933年には、修正ⅩⅪにより廃止されている（第7章1.(1)(ハ)）。実は、禁酒法より少し早く、麻薬販売に対する連邦法の立法が行われていた[405]。それから半世紀、Vietnam戦争とともにNixon大統領の下で「麻薬に対する戦争」（War on Drugs）という言葉も作られるぐらい、切実な問題となってきた。そのためNixon大統領は、1973年7月の大統領令（EO）により行政機関の1つとしてDrug Enforcement Administration（DEA）を設けた。その後、1988年には大統領府内にもOffice of National Drug Control Policy（ONDCP）を設けるAnti-Drug Abuse Act of 1988が立法され、Obama大統領の下でも、このONDCPの遂行には力が入れられている。

こうした規制立法に連邦が身を乗り出す根拠となるのも、上記のCommerce Clause（Ⅰ、8 (3)）である。そのことは、1914年のHarrison Narcotic Actでもいわれていたし、Anti-Drug Abuse Act of 1988でもいわれている（現に、1996年にCalifornia州が医薬用としてのマリファナの製造使用を合法とするreferendum, Proposition 215を可決した後に起こされた訴訟では、連邦法による介入を違憲とする主張に対し、これをCommerce Clauseの下で合憲とする判断が示された[406]）。

　(f)司法が、連邦議会に代り（ある程度肩代りして）、州権から人民（人

404　その象徴のような役所Food and Drug Administration（Dept. of Health and Human Services内の機関）の創設の端緒となった法律、Pure Food and Drug Act of 1906が作られている。ただし、阿片（Opium）に対しては、阿片戦争のこともあり、ずっと早い1880年に中国（当時の清）との間で条約（agreement）を結んで禁輸としている。

405　Harrison大統領時代にWilliam Jennings Bryanが中心となって提案したHarrison Narcotic Act of 1914が、阿片等を含んだ薬品の取引を禁じた。

権）を守ってきた例があるが、連邦議会に対する関係で、州（主権）を保
護する守護神となれるのか。縦の権力分立の中で、司法が州（主権）を保
護する視点をサポートする第1の議論は、（なぜなら）「州（主権）は、人
民の代弁者である（人民に1番近い所にいる）から」となる。このような
考え方がJames Madisonが述べていた考えに近いことや[407]、また同旨の
意見を述べたケースがあることも想起されよう[408]。

　先例変更として有名な2、3の事例を(ｲ)で挙げたが、州（主権）と連邦
（主権）との関係という文脈では、更にAshton事件やCollector事件か
らの先例変更がある。Ashton事件では、州内のある郡の債務処理に係る
州法を、破産法立法について連邦議会に授権している憲法の明文（Ⅰ、8
(4)）に反し、違憲無効としていたが[409]、後に先例変更（overrule）され
た[410]。

　Collector事件では、州の裁判官の給料につき連邦議会が課税法を設け
ることはできないとしたが[411]、大恐慌後には、憲法条文（Ⅰ、9）と人権
憲章に反しない限り、連邦議会の経済社会面での立法権限を略無制限に認
めるようになった[412]。

406　Gonzales v. Raich, 545 U.S. 1 (2005)。California州法の下で許可されているCannabis
　　の使用禁止をするAnti-Drug Abuse Act of 1988の合法性を認めた。
407　Federalist誌No.46, at 330。
408　たとえば、前出のNew York v. United States, 505 U.S. 144 (1992) では、憲法は、抽象
　　的な政治団体としての州（主権）の利益を考えて州（主権）を保護するのではなく、人民の
　　保護のために連邦から州（主権）を分けたに過ぎないという (at 181)。
409　Ashton v. Cameron County Water Imp. Dist. No.1, 298 U.S. 513 (1936).
410　United States v. Bekins, 304 U.S. 27 (1938) では、California州法の下で結成された灌漑
　　地区につき、連邦地裁（ロサンゼルス地区）は、連邦破産法の1937年改正法（11 U.S.C. §
　　401-404）が灌漑地区に対し適用される絡みでは無効として、地区の申立てた再生手続を却
　　下した（この却下判決は、先例、Ashton事件に従って出されていた）。そこで合衆国の司
　　法長官（Attorney General）が介入し、参加した。ここでの筋は、California州が憲法
　　（Ⅰ、10(1)）に縛られ契約の効力を損う州法を設けられない本件で、連邦議会が立法によ
　　り、解決の手を州に差し延べるという点である。
411　Collector v. Day, 78 U.S. 113 (1870).
412　Tribeはこれを、連邦議会に白紙カード（Carte blanche）を与えたとし、その事を示す
　　ケースとして、Maryland v. Wirtz, 392 U.S. 183 (1968) を挙げている。事件で問題となった
　　連邦法は、労働基準法（Fair Labor Standards Act〔FLSA〕）の1961年改正法で、州立の
　　病院や学校の職員の労働条件を規律していたものを、合憲とした。

第3編　19世紀後半以降の憲法

　(g)ここで、連邦と州の間で重複がある課税権の問題に光を当ててみよう。憲法は明文で、連邦に課税立法権を与えている（Ⅰ、8(1)）。しかし、各州は植民州時代から1世紀以上もの間、州民に対する課税権を行使してきた（この各州の課税による tax がアメリカの場合、不動産税〔real property tax〕中心で来たことは、これまで見てきたとおりである）。憲法の下でも、連邦政府がこの各州の課税権を争ったり、否定したことはない[413]。例外として憲法上の制約があるのみである[414]。州以外の政府には、自治体としての本来的な固有の事務にプラス、連邦の委任事務がある一方、連邦は、50州に資金を分配している。各州の課税が否定されたことはないことの中には、各州が課税のルール、基準などを自由に定めうることも含意される。たとえば、注記のケースで最高裁は“……State may impose different specific taxes upon different trades and professions and may vary the rate of excise upon various products.”といっている[415]。そこでは、Illinois 州が州憲法を改正して、個人に対する人的財産権（personal property）に係る課税を禁止した（法人その他、個人でない者を除く）ことが、「修正ⅩⅣの下での Equal Protection Clause に違反する」として訴えられていた。上記のように述べた上で、最高裁はこれを認め、同様の趣旨の先例も援用している[416]。

　(ニ)連邦議会の立法権限が広く認められる中で、一旦はその働きが、「書かれた文字以上のものはない」とされた修正Ⅹであるが、その後は、再び揺れ戻しが来て、修正Ⅹが「連邦議会の立法権限に対する独立した制約として働く」との意見（opinion）が示された[417]。注記の Usery 事件により前注 Wirtz ケースは変更（overrule）され、FLSA の 1974 年改正法は違憲であるとして、その効力が否定されたが、更に Garcia 事件（後注 424）

413　States……retained the right to impose any type of tax……といっている（Tribe, p.843）。
414　こうした憲法上の制約としてⅠ、9(4)、Ⅰ、10 などがあろう。
415　Lehnhausen v. Lake Shore Auto Parts Co., 410 U.S. 356 (1793).
416　Allied Stores of Ohio v. Bowers, 358 U.S. 522, 526-7 (1959).

956

により先例変更（overrule）された。

修正Xに関するもう1つの考えは、州と連邦の各主権間の関係で、州主権の行使を個人や企業に係る一般的規律（連邦法の領分）と、州の州としての（States as States）領分、つまり州独自ないし州内に係る規制とを区別する考えであった。この変化により、州に係る規制であって、かつ「州以下の政府の主権が、それらの政府が地域の実情に応じて住民に提供してきた政府機能に関する限り、連邦法が立入るべき領分ではない」というルールが示された。

(a)このように、州以下の政府に対し独自の主権を再発見したかのような考え方は、1970年代や80年代（Burger Court や Rehnquist Court）になっても、その力を失わなかった（その時代の州と連邦の各主権に係る上記の考え方を、並存連邦主義〔dual federalism〕と呼ぶ例もある）。この種の問題では、Rehnquist Court が悩んだ末、5：4で州法を違憲としたケースとして国旗焼却事件がある[418]。

次の Long Island 鉄道事件で最高裁は、Commerce Clause に係る先述した3つの分析手法により入念にテストしたが、最終的に、3つを総動員しないで、結論を出した。つまり「伝統的な分野での地域政府独自の機能に対する介入になるか否か」の基準により、「鉄道事業に対しては連邦も伝統的にかなりの規制などで係ってきた」との理由により、連邦法を有効とした[419]。つまり、3つの説を総動員しないで、結論を出した。

連邦法を合憲とした別のケースとして、Hodel 事件がある[420]。そこでは、

417　Maryland v. Wirtz, 392 U.S. 183 (1968) では、最低賃金の支払義務を法定していた Fair Labor Standards Act of 1938（FLSA）中の "employer" には、State 以下の政府は入らないとの解釈の下で、学校、病院などへの適用が争われたが、後の National League of Cities v. Usery, 426 U.S. 833 (1976). で、State 以下の政府には適用がないことがサポートされた。

418　Texas v. Johnson, 491 U.S. 397 (1989) では、アメリカ合衆国旗やテキサス州旗を燃やすなどの行為を刑法犯としていた Texas 州法が、表現の自由の保障（修正Ⅰ）に反するとして争われた。Gregory Lee Johnson は、Reagan 大統領の保守主義に反感を抱き、共和党の全国大会が開かれていたダラス市役所（Dallas City Hall）前で国旗を燃やして捕えられた。

957

第 3 編　19 世紀後半以降の憲法

互いに重なり合う Virginia 州法の効力が問題にされた中で、連邦法 Surface Mining and Reclamation Act of 1977 の合憲性が争われたが、同法が私企業としての露天掘事業だけを対象にしていたため、Virginia 州は、それ以外（公営）の露天掘事業に対し独自の規則を自由に定められると判断され、連邦法の合憲性に問題はないとされた。

(b)上記 2 つのケース、Long Island 鉄道事件と Hodel 事件とは、National League of Cities 事件系統の 3 つの分析手法に拠っていたが、その後、Commerce Clause の広い流域の中で、National League of Cities 事件のテスト手法そのものと、それによる結論との双方に賛成しない opinion の流れが生じてきた。

事件で問題となった連邦法は、公益事業の規制に係る Public Utility Regulatory Policies Act of 1978（PURPA）である[421]。公益事業に関する州規制委員会が、どの程度並行する連邦の規制委員会が提案した規則を考慮に入れるべきかで争いとなった[422]。このように、Federal Energy Regulatory Commission（FERC）事件では、PURPA が州の規制委員会に一定の自由を与えていることから、結論として、同法を違憲とはしていない。いずれにせよ、修正 X を独立した制約の定めと述べていた National League of Cities 事件の流れ、「3 つのテストによる方法」からの決別といえる。

(c)この決別の更なる表れが、ワイオミング（Wyoming）州の絡む次の事件である。その事件での州により問題とされた連邦法は、州政府などが職員に年令による雇用制限をすることを禁止する Age Discrimination in Employment Act（ADEA）である。事件で最高裁は、同連邦法が、州が

419　United Transportation Union v. Long Island R.R. Co., 455 U.S. 678 (1982) では、ニューヨーク州は、ニューヨーク州所有の鉄道会社と、その労組との間の労働争議について、連邦法 Railway Labor Act の適用を排除したいと考えていた。
420　Hodel v. Virginia Surface Mining & Reclamation Association, 452 U.S. 264 (1981).
421　Federal Energy Regulatory Commission v. Mississippi, 456 U.S. 742 (1982).
422　PURPA の下では、州の規制委員会は必ずしも連邦の規制委員会の提案を呑む必要はなく、一定の条件に適合することで、全く別の選択肢を採り得た。

958

伝統的に行ってきた州以下の政府などの職員の直接雇用という、「州の州としての」（States as States）機能に直接影響するものであるとはしたが、Wyoming 州も同連邦法の下で、ADEA を丸呑みにする必要はなく、丁度、PURPA の下での Mississippi 州と同じく、州にある程度の幅の選択を残していたことから、ADEA が直接 Wyoming 州の自主権を損うものではないとした[423]。

　(d) National League of Cities のケースからこうした変遷を辿ってきた Commerce Clause を巡る中央と州との分権法理であるが、事実関係からすると、National League of Cities と、それと共通項のあるこれら PURPA や ADEA に係る事件とで、結論に至る経路も結論も違い過ぎることの違和感があった。それで、次の事件により違和感をなくす時が来た[424]。

　Garcia 事件の opinion 中で、最高裁は今までの基準、「伝統的に地方政府の果した役割か否かで区別する」、が巧く機能していないことを正直に認め、National League of Cities のルールがその上に立っている federalism の原則にもそぐわないとして、そのルールの変更を明言した。その上で、その「機能が伝統的とか一体的とか」（……integral or traditional）という今までの基準により、州が連邦の規制から逃れられるとするルールを排した[425]。

　(e)ところが、初めに先例変更の例示として挙げたように、National League of Cities から Garcia への変遷は、Garcia から更に New York

---

423　Equal Employment Opportunity Commission v. Wyoming, 460 U.S. 226 (1985).
424　Garcia v. San Antonio Metropolitan Transit Authority, 469 U.S. 528 (1985).
425　Garcia で opinion を書いた Blackmun の州と連邦との関係についての一節は次のとおりである。（憲法の下での）「司法が連邦議会の立法権を制約することで、州の主権、主体性を守るというよりも、州と連邦との政府の各々の組織作りでの手続きが、十分に州の主権、主体性を保護し、尊重していることが（肝心で）、その方が本来の姿である」（State Sovereign interests……are more protected by procedural safeguards inherent in the structure of the federal system）という。大統領の選挙人団の選出手続法や、上院議員の選出に係る改正憲法（修正XVII）などを州法の主体性の例として挙げた。

v. United States ケースへとつながって行く[426]。同事件で最高裁（多数意見）は、再び連邦議会の立法権を制約する方向へ、少しにじり寄るのである。

　それは連邦議会が、「州にある分野での立法プロセスを強制する形で、州の立法プロセスを"commandeer"するところまで行くのは行き過ぎだ」というルールである。問題になった連邦法は、低レベル放射線物質処理に係るもので、特に州外から持込まれた物質処理での上乗せ料金などの規定である[427]。この連邦法が、州議会に対し一定の立法を強制しているところが、州主権の本質にまで踏み込んだ規制手段であるとして違憲とした。この事件の1年前の別件でも、同じような方向で州の裁判官の停年を70歳とした前出の連邦法 ADEA を違憲としたケースがある[428]。

　(f)今1つの例として銃規制の問題がある。いわゆる Brady 法は、連邦銃規制法の下での銃の購入者に対する事前の調査（back ground check）を各州内の county sheriffs などの自治体職員に委ねていた。最高裁は、同法が問題になったケースで「連邦政府は、自治体の職員に対し特定の事項について指示を出すことができないし、それら職員に連邦法執行につき授権することもできない……」「さもなければ、連邦法の執行の全国統一性が揺らぐことになり、かつ本来の執行責任者である大統領の権能の信用が脅かされることになろう……」とした[429]。

　㈢最後にもう1つ、やはり伝統的に州の責任と権限で行ってきた分野、住民の保健衛生法の分野、"Obama Care"と人々が呼び出した連邦法、

426　New York v. United States, 505 U.S. 144 (1992).

427　Low-Level Radioactive Waste Policy Amendments Act of 1985.

428　Gregory v. Ashcroft, 501 U.S. 452 (1991).

429　「我々の連邦は、それぞれが……人民と直接向かい合い、それぞれの権利・義務によって規律される前例のない二元国家の形と意図を打ち立てた（a legal system unprecedented in form and design……establishing two orders of government……each with its own direct relationship, its own privity, its own set of mutual rights and obligations……)」と述べている（Printz v. U.S., 521 U.S. 898 (1997). U.S. Term Limits Inc. v. Thornton, 514 U.S. 779)。

"Patient Protection and Affordable Care Act"（Pub. L. 111-148, 42 U. S.C.）（ACA）の成立事情を窺見しよう[430]。

（a）Obama 氏が、以前からアメリカ社会の中でも中産階級以下の人々の生活向上を第 1 にした政治姿勢をとってきたことは事実であり、多くの人が認めるところである。たとえば、上院議員時代の 2008 年にも State Children's Health Insurance Program（SCHIP）改正案の成立に尽力していたし、Health Care 改革は、彼の大統領選挙「キャンペーンの主柱の 1 つ（key campaign promise）であった。そのため、大統領になった彼は、health-insurance coverage の拡充を求め、早速、法案を用意して議会に立法を促している[431]。

（b）彼が大統領に当選した 2008 年は、丁度 subprime loan の代名詞で知られるいわゆる住宅バブル（housing bubble）が崩壊し、第 2 の大恐慌（Second Great Depression）が世界中を覆っていた。現象が現れたのは、その少し前 2007 年春のことである。以後、バブルに踊っていた世界の金融機関が、相次いで倒産の危機に直面した。大手証券の Lehman Brothers は 2008 年 9 月 15 日、ニューヨークの連邦地裁で破産宣告を受けた（それ以前にも、Bear Stearns や Merrill Lynch は、いわゆるたたき売りのようにして、吸収合併されていた）。恐慌は金融界、不動産業界だけでは留まらなかった。アメリカを代表する自動車メーカー GM も、破産の淵に立っていた。

（c）そんな中で就任をした大統領は、「今、何を為すべきか」を、はっきりと理解し、経済と金融の立て直しに取り組んだ。そのための施策を次から次へと打って行なった。いわゆる Dodd Frank 法（Wall Street 再建法

430　2010 年 3 月 23 日 Obama 大統領のサインにより成立した同法は、関連法も含む形で Health Care and Education Reconciliation Act. Pub. L. 111-152, 42 U.S.C., 19 U.S.C., 20 U.S.C. として成立している。

431　彼の提案の柱は 3 つから成る。(i)第 1 は、アメリカの連邦レベルでは初めての一般的な公的保険であり、それに 10 年間で 9000 億ドルの支出を予定する、(ii)そこで医療の質も改良しつつ、同時にそのコストを引き下げ、(iii)第 3 に、診療拒否や保険加入拒否を違法とする、などである。

961

第3編　19世紀後半以降の憲法

ともいわれる）の提案も、やがて出される（2010年7月21日成立の
Pub. L. 111-203）。それに先行して彼は、GM再建に異例ともいえる公的
資金注入を宣言する。その頃の大統領の基本方針を示す1つとして、
Federal News Service, Inc.のLyn Sweet記者による2009年7月22日ホ
ワイトハウス・イーストルームでの会見記事がある、その中で、大統領が
2008年不況からの回復を訴えているのは当然のこととして、更に「この
国をより強いものとして復興させねば……」（……must rebuild it stron-
ger……）と述べた後に、そのためには"health-insurance reform is cen-
tral to that effort"といっている[432]。

　(d)議会下院民主党は、1000ページ余りに達する連邦のhealth care sys-
tem法案を丁度1週間前に提出していた。これが、11月に下院を通った。
下院の法案内容に反対して、別の法案を12月に通していた上院。この別
法案が、下院でも2010年3月に可決された（俗にObama Care Actとも
いわれるAffordable Care Act〔ACA〕）。こうしてアメリカの憲政史上
初めて、連邦レベルでの「国民皆保険」に向けた立法が実現した（試みは、
Clinton政権でもあったが、実現できていなかった）。

　(e)このObama Care Actに対しては、下院での僅差の議決（219：212）
から推しても知りうるように、強い反対が予想されていた。特に、1人1
人の加入者の意思に拘りなく強制的加入させられるところが、アメリカ社
会の本質にそぐわないとの反対である。多くの法廷闘争が起きてきており、
この加入者に対する強制が、闘争の核心的な部分といえた。これまで最高
裁まで争われた3件の中で代表例ともいえるケースで、最高裁は5：4で、
ACAを合憲と判断した[433]。しかし、同法のもう1つの大きな争点では、
「連邦は、州政府を同法のプログラムに加入するよう（加入しなければ、

432　「4700万人が何らのhealth-insuranceも持っていなくて、改革をしなければ、更に1日
　　毎に1万4000人のアメリカ人が、今あるhealth-insuranceの資格を喪失しつつある……」
　　と述べた。この演説の時、大統領はhealth-insurance法の処理につき、議会（多数党の民
　　主党）との一致を見出しかけていた。

962

連邦からの Medicaid 補助金を打ち切るとして) 強制することはできない」と、反対の結論が支持された。

(f)この判決に Ginsburg と Breyer の自由派の判事に加え、新たに Obama 大統領が任命した Sotomayor と Kagan 2 人の判事が賛成していたのは予想されたこととして、4：4 の平衡を破って Obama 大統領に味方したのが、本来は保守派の John Roberts 長官であった（ただし、連邦が州に強制することはできないとしたのも、彼である）[434]。

2014 年 6 月末に終了した最高裁の会期で、その行方が最も注目されていた判決。それが、他の法律と併せ上記の ACA の合憲性が争われたケース、Burwell v. Hobby Lobby Stores, Inc., 573 U.S. No.13-354 (2014) である。避妊権を巡る争いであるが、憲法の論点としては、人権憲章の修正 I（宗教の自由条項）（Establishment Clause）が中心になる。予防医療をカバーすることになっている ACA の下では、避妊医療もすべて無料でなければならないという原則がある[435]。もう 1 つの原則が、宗教（信仰）上の理由により避妊を認めない人への特則である[436]。これらを受けて、現在は半分以上の州で、避妊医療法を持っている（同じく、宗教〔信仰〕上の特則が定められている）。

本件はこうした特則に当て嵌らない営利法人（for-profit corporation）で、かつ大企業とは違い、家族経営の close corporation についての問題であった。Hobby Lobby のオーナー家族（Green 一族）はカトリ

433　National Federation of Independent Business v. Sebelius, 567 U.S. No. 11-393, 398, 400, June 28, 2012.
434　以上の記述は、多く Robert Barnes 記者による 2012 年 6 月 28 日の Washington Post 紙記事に拠ったが、その中で同記者は、この 5：4 の判定を「吃驚させられる決定」(stunning……conclusion) だと述べている。
435　これより先、2000 年に雇用平等委員会（Equal Employment Opportunity Commission）は、避妊医療をカバーしない雇主は、Pregnancy Discrimination Act of 1978 に違反するとの通達を出していた。Haberkorn ほか 3 社、"Supreme Court sides with Hobby Lobby on contraception mandate" Plitico 2014 年 6 月 30 日。
436　教会などの宗教団体は、初めから「避妊医療を受けさせなければならない」との義務を免除されており、宗教団体とまで行かなくても、病院、学校などの非営利で、宗教絡みの団体（法人）（non-profit corporation）についても別のルールがある。

第3編　19世紀後半以降の憲法

ックではなかったが、避妊医療の問題が別の法律に違反し、「家族に宗教（信仰）上の心理的圧迫を加えるものだ」と主張した[437]。

　本件の特色は、本来は個人のものである信仰の自由を、close corporation についてではあるが、営利法人に対し認めたところにある（アメリカ社会は、そのスタート時から、ずっと一貫して良心や信仰の自由の問題では、法人の権利を個人の権利とは区別してきたが、「それが破られたことになるか」、が注目される）。

　㈭以上で、州と中央との分権、中でも州議会と連邦議会とによる立法権の併存と重複の問題を見、互いが不当に圧迫されないか、その線引きの役割を果す連邦司法の重要性を見てきた。この 3.⑴での見出し、「二元国家制の下での司法審査」に戻ろう。そこで、この縦の分立を裁く上での連邦司法につき、憲法がどのような定めをしているか、もう1度要約し、1.⑵で見た司法審査権を実務上確立した John Marshall による Marbury 事件での opinion を支える理論を、二次元司法の面から要約してみよう。司法審査権の憲法上の根拠として司法権条文（Ⅲ）と最高法規性条文（Ⅵ）を挙げてきた。中でも、いかなる公権力の行使をも、連邦憲法に照らして無効にできる力[438]、そのための議論には、憲法のⅣ（Supremacy Clause）がぴったりの答えとなることを見てきた（州最高裁の判決に対し、連邦最高裁への上告を認めた前記 1789 年司法法㉕は、その具体化といえる）。

　不信の念に加え、実績もなかったことで、アメリカにおける連邦司法機関の設立、発展は、州のそれに大きく遅れることになった（第4章二.3.⑶㈗）。連邦最高裁は憲法上の必須の司法機関として定められていたが、それ以外の連邦下級裁判所については、連合憲章（1781 年）時代の不便さを経験した後の制憲会議出席議員らの間にも、不要論を唱える者もいた。

437　別の法律とは、Religious Freedom Restoration Act of 1993. Pub. L. 103-141 (42 U.S.C. §2000 bb〜)で、「政府は、個人の宗教の実施に負担となるようなことをしてはならない……」と定める。

438　議会による弾劾と、大統領による恩赦の2つの権力行使を除く、すべての権力行使をも無効にできる力。

964

それくらい、出席者の間には明確で纏まったヴィジョンはなかった。州と連邦との間にある司法制度面での200年近い長さの歴史から来たこの意識面での差。アメリカの司法制度を考える上で、これを見逃すことができない。

　(a)確かに、各州が主権者であることから、州法の最高判断者による最終判断が更に、別の主権者によるreview権に服するというのは普通ではない（植民州時代のイギリスには、アメリカに限らず、すべての植民地の最終判断につき、イギリス国会内の枢密院への上訴制度があったが、独立後の州と中央との関係は、本国・植民地の関係とは根本的に異る）。一方、憲法の司法権条文の言葉は、「すべての正法上と衡平法の事件に及ぶ……」とし、かつ事件には、（州の裁判所でも訴えうる）連邦法の下で生じたものが含まれるところから、憲法の最高法規性条文の言葉だけで、州の裁判に対するreview権を連邦最高裁に与えたと断定できないにしても、法の統一性のためには間接的にでもreview権を肯定する以外にない[439]。

　(b)現在は、憲法の最高法規性条文が根拠で、それを受けて、司法法の条文(25)となっている。制憲会議でも、またこの司法法（1789）を議論した第1回連邦議会でも、州裁判所に対するこの連邦最高裁のreview権を否定するような議論にはならなかった。

　こうして発足した連邦であったが、この「連邦対州」の関係での連邦法の最高性（supremacy）がすんなり承認され、服従された訳ではなかった。とりわけ激しく執拗に抵抗したのがVirginia州で[440]、連邦最高裁は、

439　ただし20世紀の初頭まで、連邦法が問題になっているケースでも、州の裁判所が州の法律を連邦法の下で無効と判断した時は、最早、連邦最高裁への上訴はできない（必要ない）とされたCommonwealth Bank of Kentucky v. Griffith (1840)。

440　Virginia州が、この最高法規性を激しく、かつ独立前の18世紀前半のdeedを巡る争いのMartin v. Hunter's Lessee (1816)から南北戦争の前夜のAbleman v. Booth (1859)までも、何年にもわたって執拗に争った。また、連邦最高裁の管轄は、最初の司法法から1914年まで、州裁判所が連邦法を無効とするか、連邦憲法ないし連邦法に反する州法を有効とした事件に限定されてきた。1914年改正後は、現在の28 U.S.C. §1257によって解釈が拡げられて、今日に至っている（いわゆる**連邦問題**〔federal question〕につき第4章2.(3)参照）。

965

第3編　19世紀後半以降の憲法

２つ目の上告で連邦憲法の最高性ゆえに、自らの判示が最終・最高である
ことを宣言・再確認し、同州最高裁判所の判断を覆さねばならなかった[441]。

(c)注記のケースで Virginia 州最高裁が、どんな反論により自らの主張
を通そうとしたか。

「……成程、最高法規性（supremacy）条文には従わなければならない
が、主権者である州の最高裁が、その最高法規性を判断したところに従う
ことを意味している……、しかも、連邦最高裁の判断が優先するためには、
原告が、先ず連邦の法廷に憲法問題を主張して事件を持込んでいることが
先決要件となる……そうでなければ、そもそも連邦司法権も生じていない
……」と述べている。これに対し、John Marshall は応えていっている。

「正法、衡平法いずれの下でも、争訟でさえあれば、原告だけでなく、
被告も問題を持ち出す権利を有するのであって、その問題の解決に連邦憲
法や連邦法の解釈が必要というならば、その権利は、連邦最高裁に存在す
るといえる……（我々の）この連合（Union）の意味を、どんな根本的な
原理から出来ているかを考えてみれば、……連邦憲法の言葉の解釈をねじ
曲げ、狭めなければならないような馬鹿気たことは言えない筈だ」

二元司法の下で、なおかつ連邦を維持するためには、全体としての法秩
序・統一性を確立・維持しなければならず、そのためには最高裁が、州裁
判所の判決を審査できなければならないことは、今日では疑う余地がな
い[442]。

(ト)司法審査によって連邦法を違憲とする時、州法を違憲ないし連邦法違
反と判断する時、または連邦問題など一定の案件で、州裁判所の判示を覆
えす判断をする時、それは「法の上に法を作り、判断の上に判断を作る」
ことを意味する。コモンローの下では裁判官に法を創る働きがあるから、

441　Martin v. Hunter's Lessee, 14 U.S. 304 (1816).
442　一例として 28 U.S.C. §1257(a)がある（州裁判所での争点が条約や連邦法の問題、また
　　は条約や連邦法にそぐわない州法の問題であるケースにつき、連邦最高裁判所が writ of
　　certiorari を発しうると定める）。

そうした議論の可能性につながる。しかし、そのように「法の上に法を作る」かのような場合は、一定の限られた要件でしか起こらない。

　(a)連邦裁判所は、本来的には人々の身近な法律問題（私法のコモンロー）を独自にルール化する立場にない[443]（人々の身近な法律問題でも、連邦裁判所による解決ができるのは、いわゆる多州民事件であるが、そこでは、いずれかの州法が解決のためのルールとなり、その州の裁判所〔最高裁判所〕がルール作りの最後の発言権を有する）。

　連邦裁判所が連邦コモンローを作成する場合がありうるが、連邦裁判所は、憲法の下で連邦議会が与えた管轄権しか有しないから、連邦の裁判官が連邦コモンロー、いわゆる実体法（substantive law）を作成する余地は、手続法的にも限られる[444]。従って、二元司法の下で裁判所が連邦と州に分れているだけでなく、「事件に適用される実体法まで、連邦法と州法と、の２つある」といっても、重複する意味ではない。

　(b)上記の一般的な否定にも拘らず、民事法で連邦裁判所が先例法という意味でのコモンローを作る余地はゼロではない。事件が連邦コモンローによって解決されるための要件は、連邦裁判所が、事件につき連邦法の下で管轄を有し、かつ当て嵌るべき法規が連邦独自の法分野となる場合である。

　エリー鉄道事件と同日に、同じブランダイス判事が下した別の判決で述べていた言葉、「……連邦コモンローによって（当て嵌て）解決すべし……」は、連邦裁判所が先例により連邦コモンローを形造る例を指している[445]（これに対し、多州民事件ではエリー鉄道が、先例を転換する20世

443　この点は、コモンロー刑法が適用になる刑事事件を連邦裁判所が扱うときに特に問題となる。実際にも United States v. Hudson & Goodwin, 11 U.S. 32 (1812) では、２人の被告は、ナポレオンにスペインと協定させるために200万ドルを渡そうとして連邦裁判所に起訴されたが、連邦最高裁は、「連邦裁判所が有罪判決を下すためには、先ず連邦議会が連邦裁判所にその管轄権を与え、かつその行為を犯罪とする立法をし、刑を定めることが必要である」とした。

444　反対に州の裁判官は、連邦法や憲法の下での事件も扱うことがあるから、彼らが連邦法の解釈（コモンロー作成）をすることも稀ではない。しかし、そのコモンローに、連邦の裁判官が縛られることはない（実際にも、言及することも余りない）。

967

第3編　19世紀後半以降の憲法

紀の30年代になるまで1世紀近くもの間、各州の法律ではなく、より一般的で伝統的なコモンローによって解決すべしとされてきた[446]。

(c)以上の連邦独自の法分野として、憲法が連邦裁判所にすべての海事事件につき管轄権を与えたことがある（III、2）。海事法自体、実体法としても（専ら、史的な理由から存在するもので）、アメリカでは連邦コモンローといえる。海事法のように、憲法や連邦法が、それと明定していない**一般の連邦事件**（federal question）であっても、連邦裁判所が連邦コモンローを作る場合があることが認められている[447]。注書中で筆者は、これらの法分野につき2、3列挙しており、Tribe が挙げる法分野も、これと多く重複する[448]。なお、先例により連邦裁判所が創出するルールが実体法に限られないことは、FRCP の厖大な手続法の体系を見れば、実感できよう[449]。

(d)このように中央と州の分権を審査する上でも、管轄権が重要な決め手となる。その管轄権の問題では、憲法により最高裁が1審として有する管轄権と（III、2(2)第1文）、連邦議会が定める連邦法（司法法）により具体的になる上級審としての管轄権とが区別されうる（III、2(2)第2文）。更に、連邦司法法（1789年）は、下級裁判所の管轄権につき定めた（9〜12）。

　その中で、司法法第25条では、州と連邦との司法関係で連邦が州を実

445　Hinderlider v. La Plata River & Cherry Creek Ditch Co., 304 U.S. 92, 110 (1938) では、州と州の間の境界、水利権などが連邦コモンローの対象とされた。

446　この考え方を初めて明確にした Swift v. Tyson, 41 U.S. 1 (1842) でストーリ判事は、1789年司法法（§34）の "……the laws of several states……" 中の laws とは、先例として存在する裁判法ではなく、より抽象的、観念的な法であるとしていた。

447　國生一彦『アメリカの法廷で闘うとしたら―日本とどれほど違うか―』八千代出版、2013年、p.26.

448　彼は、契約の下での合衆国の権利義務、合衆国の官吏の職務に係る民事上の責任、州境問題、その他の州間の争い、国際取引上の問題、合衆国の財産権に係る問題などを挙げているが、これは飽くまで例示であり、すべてではないとしている (p.473)。

449　多くは、実務と先例を通して作り上げられてきた、主として手続にわたる**法の塊り**であるといってよい。Federal Rules of Civil Procedure, FRCP の中味は、最高裁が纏めたものであるが、その立法授権は、日本のように憲法によるのではなく、議会による連邦法 Rules Enabling Act 28 U.S.C. §2071-7 によっている。

質的に規律できる意味合いで、州の判断が憲法、条約、連邦法に反するような可能性のある場合「連邦最高裁がその点を reexamine し、reverse ないし affirm できる」、と定めている[450]。これにより連邦が州を司法関係で実質的に規律できる意味合いがある。reexamine し、reverse ないし affirm できる、と定めることは、二元司法の否定になるとの反対が激しかったが、この第 25 条でその権限が確立したといえる（現在の同条は、やや簡素化された形である[451]）。なお、二元司法の立場からの反対の声は、その後も挙げられている[452]。

(e)いわゆる連邦問題（federal question）が事件の主題となっているような場合に、州の最高裁判断に対し連邦最高裁が（上級審としてか否かはさておき）審査（review）できるとする限りでは、その州（特有）の法律問題にまで、連邦最高裁が司法審査（review）権を及ぼすことにはならない。従って同法が、「州主権を正面から侵す形の二元司法を定めたのではないか」との心配もいらない。現在の安定した中庸の考え方は、いくつもの請求原因が主張される中で、その１つとして連邦問題（federal question）が含まれていたとしても、中心・主柱となる請求原因が、**適切かつ独立した州法的基礎の原則**によって処理されうるようなケースについては、連邦最高裁の審査は抑制されるというものである[453]。

メンフィス市事件についていえば、原告が求めていた元の土地を信託状態にするための法的根拠として州法ａと連邦法ｂが絡んでいるとし、問題の解決には州法ａについて判断するだけで十分で、それが連邦法ｂとは独立した法的判断というような場合は、同法の下での連邦の管轄は成立

450　同法§25 はかなり長文だが、また 1867 年改正法と原法§25 とは、後者が差戻し（remand）をしないで、自判できるとしている点などが違うだけであるが（次の Murdock とメンフィス市との事件では、多くの法律家がこれらの細部の違いを見過ごしたという）、いずれにせよ、州法問題であっても、一定の場合に管轄権があるとする。

451　28 U.S.C. §1257 (a).

452　Murdock v. City of Memphis, 87 U.S. 590 (1874) は、南北戦争直前の土地収用に係るケースであるが、最高裁に管轄権があるか否かが正に争われ、それが否定された。

453　doctrine of "adequate and independent state grounds" (Tribe, p.505).

第3編　19世紀後半以降の憲法

しない。その意味で、「縦の分権のルール」も厳しい（このケース、土地（信託）の問題では、連邦は関係なく連邦司法の出る幕ではないとされた）。

　(f)以上、中央と州の分権問題を、専ら二元司法の問題、つまり連邦最高裁と州最高裁との管轄権に絡めて（連邦コモンローの創出までを）論じてきた（抽象的な議論は割愛した）。なお、憲法上の先例法とは別の、このような私法の域内での連邦コモンロー創出が、「連邦議会の立法権を侵すことにならないか」との疑問も呈されている。司法の仕事は、所詮、憲法や法規の解釈であり、連邦レベルでの法の創出はおかしいという議論である[454]。その1つ、（刑事訴訟）手続法の分野での連邦コモンロー、**ミランダ・ルール**についても Warren Court に対する非難が浴びせられた（前注48)[455]。

⑵共和政体の保障を中心とした関係

　(イ)前2.では、⑴で立法権（連邦議会）との、また⑵で行政府（大統領）との、権力の分担・牽制を考察した。憲法の言葉を基に、中央政府の三権の中での分立について「どう考えたらよいか」、を述べた。またこの3.では、中央政府（連邦主権）と州主権との間の分権、いわゆる縦の分権を考察しようとし、前3.⑴で正にそれを対象としていた。この3.⑵では、同じ中央と州との間の分権（federalism）の問題を対象とするが、それを各州民の人権保護の面から考察しようとする。連邦最高裁や連邦裁判所が、州法や州裁判所による決定が憲法などに違反していないかを審査するのも、

454　これに対しては、アメリカの法的基礎としてみれば、裁判所が法を創出することは司法の本質と結び付いており、不当ではないとの反論がある。

455　Miranda v. Arizona, 384 U.S. 436 (1966). 1960年代、アメリカ、殊に南部の各地で "Impeach Earl Warren !" の立札が立てられ、Segregationists を中心に、彼を排除しようとする運動が起きた（中でも Southern Baptist Evangelist の Jerry Falwell がいる。彼は、Brown v. Board of Edu.判決は、「Warren 氏が神の言葉を知り、神の心〔will〕を理解していたら、決して下したりしなかったろう」と述べた〔2007年5月28日 Nation 紙より〕）。

かつそのための管轄権を有するのも、共和政体の下での１つの法秩序を維持するためである。それにより、人民（その人権）を、いずれの州法や州政府の権力からも等しく守るためである。もっとも連邦最高裁も、常に「頼りになる存在」、とはいえない。中には、連邦議会が行った立法が、より後進的な州法の存在することが原因で、最高裁によって折角の効力を遮まれる事態もあった[456]。

　(a)各州民の人権保護の面に光を当てるに当り、各州政府の成立ちについて一言することが適切であろう。革命戦争までの実質的な意味のアメリカ憲法は、州レベルで作られてきたのであり（第１章、第２章）、そこに150年以上もの間、憲法的事実（実体としての政治権力と、その規制と抑制のためのルール形式の事実）が積み重ねられてきている。中央とは別に、それよりもずっと早くから築かれてきたヴァージニアやマサチューセッツなど、各州レベルでの三権分立、たとえば、州と州議会、州と州裁判所、との関係についてどう考えるか。各州が自らの中で、どのような権力分立構造をとるのか、そもそも三権分立の形をとるのか。連邦憲法にも、（各州の）立法府（legislature）と行政府（executive）に言及する言葉があり、同じⅣの§3(2)にも、州の立法府（legislatures）の言葉が見え、各州に立法府が存在することが本則であることは間違いないにしても、この問題自体は、連邦政府が干渉できることではなく、各州自治の問題である[457]（連邦政府が干渉できるのは、共和制の維持か、または共和制の別言ともいえる、人権保護かに問題がある時である）。

　有名なCardozo判事は、Virginia州議会への授権の妥当性が争われた

456　前章2.(2)「New Deal時代にかけての法の番人」、注185、186で見たHammer v. Dagenhart (1918) や、Bailey v. Drexel Furniture Co. (1922)、Lochner v. New York (1905) がその例である。

457　Mayor of Philadelphia v. Educational Equality League, 415 U.S. 605 (1974). 原告らは、Philadelphia市長が市の指名委員会の委員任命で、黒人（negro）に対し差別したとしたが、結論として差別の立証が否定された。ここでのポイントは、Home Rule School District に従って委員を選任したことに対し、連邦として干渉できることではない、という点にある。

第3編　19世紀後半以降の憲法

ケースで、要旨、「連邦憲法は、そのような問題に何らの定めもしていない……州内での三権がどう分配されるかは、その州自らの問題である……」と述べている[458]。

(b)この文脈で言及が欠かせないのが、いわゆる保障条項（Guarantee Clause）である。この条項の下で連邦政府は、各州が共和制政体（republican form of government）を維持するようにすることの義務がある（IV、4）。この共和制保障条項は、単に州の組織に関する州と連邦（中央）との関係を規律する法、「組織法」と理解されがちであるが、本書を通して見てきたとおり、各州の仕組みにつき、それが**共和政体であるべし**とする点で、言外で連邦政府対人民との関係や、州政府対人民の関係にも言及する。内容的には各州に対する指示であるが、それを連邦が各州に「保障すべし」とする点で、連邦の各州に対する直接（的義務）関係を定める。共和制保障条項は、建国の理念でもあり、人権保障条項でもあり、それが正に、この3.(2)のテーマである[459]。例外的に、各州の仕組み（政体）に対する連邦政府の義務を、姿勢を定めた条文となる。つまり各州の仕組みにつき、それが**共和政体であるべし**とする点で、言外で連邦政府対人民との関係や、州政府対人民の関係にも言及する。内容的には各州に対する指示であるが、それを連邦が各州に「保障すべし」とする点で、連邦の各州に対する直接（的義務）関係を定める。

(c)各州が三権分立を定めることが本則であることは、間違いない上、中央での三権の間の権力分立のルールが、州内の三権にそのまま当て嵌められるべきものでもない。先例中でも、州内の三権の間の権力分立は（この保障条項が破られない限り）、「間違いなく各州法の問題である……」といっている[460]。

458　Highland Farms Dairy, Inc. v. Agnew, 300 U.S. 608, 612 (1937).

459　1825年という早くに、Pennsylvania 大学の理事を40年間務め、Pennsylvania Abolition Society の会長もしていた弁護士 William Rawle は、「州によっては、その憲法中に人権宣言を含まない州もある。そこから、連邦憲法中の人権宣言が共和制政体の維持義務と結び合って、人権保障条項と同じような働きをする」という（Tribe, p.1296, n.18）。

第8章　現代の憲法問題—権力分立と司法審査の今—

　上記にも拘らず、アメリカ**合衆国憲法**にとって、またその憲法書である本書にとって、連邦憲法の作成者らが、各州の仕組みにつき何を定めたかは、副次的だが一瞥する意味が十分ある。革命戦争までの実質的な意味のアメリカ憲法は、州レベルで作られてきたのであり、そこに150年以上もの間、憲法的事実（実体としての政治権力と、その規制と抑制のためのルール形成の事実）が積み重ねられてきている（第1、第2章）。憲法にも、次のような（各州の）立法府（legislature）と行政府（executive）に言及する言葉がある。

　この各州レベルでの三権分立について、連邦憲法はほかにも次のように定めている。危急の場合の対応に絡み、各州立法府と行政庁に言及（IV、4）、各州立法府の権限に対する制限を定めるとともに（I、10(1)）、連邦として各州立法府の承認を得なければならない場合も定め（IV、3(1)）、各州行政府からの依頼について定め（IV、2(2)）、再に、改憲に絡んで各州立法府の役割に言及するなど（V）、短くではあるが、多面的に言及している。

　(d)共和政体の下では、人民が自らの政府を決定できる力（それが、ケープコッド湾上のプリムス共同体の盟約ほどでなくても、town meetingや、またはより多数による複雑化した間接〔代表〕民主制であっても）を持つことが鍵となる。

　この絡みで、各州知事（governor）の権限と連邦の大統領の権限との比較で、予め一言した方がよい注意点が2つある。(i)先ず形式的には、大統領の権限につき憲法は極めて大まかなことしか定めない一方、各州憲法は、知事（時には下級役人に至るまで）の権限をこと細かに規定する例が多く、(ii)更に、実務と先例により、大統領の実際上の権限が極めて広く多方面に拡がっているのに対し、知事のそれはかなり限定されていることで

460　Minnesota v. Clover Leaf Creamery Co., 449 U.S. 456, 480-1 (1981) "......functions...... a state court shall perform within the structure of state government are unquestionably matters of state law".

第3編　19世紀後半以降の憲法

ある。

　連邦憲法が定める本来の対象は、連邦の仕組みであって、各州のそれではない（従って、条文的にも各州政府の仕組みを定める条文は殆んど見られない）。連邦憲法の作成者らが心血を注ぎ力を振ったのは、連邦政府の仕組み作りであり、そこで連邦政府が生れたのは、各州が政治権力の実体として（平均して）150年近く存在してきた後である。

　(e)連邦ベースでの（各州）民の人権保障に係る規定として、上記の共和制に関する保障条項（Guarantee Clause）（IV、4）と、もう1つ、合衆国民としての特権・免責（それを侵す立法を各州に禁じた）条項（修正XIV、1）がある。南北戦争の結果としての、この修正XIV、1を各州に守らせ、対人民の関係で中央の力が州に対し関与することも、連邦政府の責任のうちである。

　その中で、(i)修正XIV、1は、「……どの州も、連邦人民の特権・自由などを侵す立法をしてはならない……」などとし、(ii)修正XIV、5では、「連邦議会は、この修正XIVの定めを実現するための立法をすべし……」としている。つまり、州議会には消極的義務を、連邦議会には積極的義務を定めている。

　これは、対人民の関係、市民権保護の点での二元主義の意義を、州よりも中央がより人民に近い位置に立つ（連邦議会が州議会をさしおいて、立法の責任者となる）と、捉えたものと見ることもできよう。連邦議会は、この条項に沿って立法権を行わねばならないし、それだけで一般的な環境はよくなろう。しかし「教育」のように、古来から州以下の政府の仕事とされてきた分野があり、連邦の立法権は限定列挙で限られている。その州以下の政府の仕事に対する苦情、最終的な救済（殊に、個別具体的なそれ）も、やはり連邦裁判所の肩にかかっている。

　(f)この第8章の初めに引用したBrown対教育委員会事件（1954年）（注20, 145, 179）と、Montgomery Bus Boycott事件の名で知られるGayle v. Browder（注33）の2つの先例が正に、そうした事件である[461]。

連邦最高裁が、Mississippi 州法（Jim Crow Law）や州政府（立法府）以下の、Montgomery 市による条例などの、人権を侵害するがゆえに、違憲の法令を審査し、無効、違法と宣言して、人権侵害を防止・救済するケースである。Brown 事件は学校区、Bus Boycott は公共交通の問題であるが、司法による救済は個別的である分、上記の立法による救済のように、一律で万遍ない救済をすることはできない[462]。しかも、仮に John Marshall のいう判決の規制力（regulatory power）を認めたとしても、問題となっている法規が地方法であることとの関係で、その自治体の区域内に止る。地理的限界を超えるその他の地区でも規制力を得るには、「人々が、新しいルールを規範として進んで受容れるようになる」社会的変化が必要となる。

Brown 対教育委員会事件の意見（opinion）の下での教育の同化も、（すべての地区で）直ぐに世間に受容れられた訳ではない。むしろ反対の動きが起こった。住の分化（segregation）である。典型的には、中心市街地から郊外（そこの school zone）への白人の脱出である（郊外での 90 ％以上が白人生徒という学校の出現）。代って残された中心市街地での、殆んど黒人だけが通う学校の出現があった（このような都心からの脱出〔flight out of the city〕は、70 年代に入って全国を席巻した）。

20 世紀後半には、なお、連邦政府に school busing のための規制立法権を認めるなど、急な変化を抑え racial balance を保つ方向での先例も出ていたが、アメリカ社会の到るところで生じたこのような住の分離の下で、最高裁が再び下した判断は、Brown 対教育委員会事件の意見からは

461　Brown 事件の流れにも入れられるケースとして、不法移民向けの教育予算の不配分などを内容とする Texas 州法を違憲とした Plyler v. Doe, 457 U.S. 202 (1982) がある。

462　Brown 事件から 4 年後にも連邦最高裁は、Brown 事件判決がこの点に関する最高法規であるとして、Arkansas 州、Little Rock での当局の行動を違法としている。Aaron v. Cooper, 351 U.S. 1 (1958)。なお、事件では Brown v. Board of Edu.判決の後で、米国人の Aaron らが、それまで白人だけの高校に通おうとしたが町中の反対のため果たせず、不穏な状況が続いたので、Arkansas 州当局が 1 年半その実施を延ばした。地裁はこの決定を支持したが、Cir. Ct.はそれを覆し、最高裁も 2 審の判断をサポートした。

975

第3編　19世紀後半以降の憲法

後退したものとなった[463]。問題がメディアでも大々的に取り上げられる中で最高裁は、「郊外住区が法律上の人種分離（racial segregation）の原因になっているわけではないから」との理由により結論として、学校区の見直しを命じた連邦裁判所の決定を5：4で覆した。この判決を受けて、同じような都心から郊外への脱出（flight out of the city）現象が、広く全米に波及した（全米各地区の中には、Detroit 市と同じように、最高裁まで争ったケースもあるが、いずれも請求は容れられていない）。

　このように、人々の日常生活の大半は州法によって律せられている。人権——自由と平等——の実現が最も遅れているのが南部州、そこでの白人と黒人の間であることは、大局的に見て間違いない。20世紀半ば過ぎから漸くこれを是正しようとする公民権運動（African-American Civil Rights Movement）に弾みが付き出した。その運動の矢先南北戦争中の Lincoln 大統領による EO、奴隷解放（Proclamation of Emancipation）から約1世紀後の 1968 年、その運動の矢先に有力なリーダー King 牧師が暗殺される。このような文脈から、同運動を、第2の革命戦争（Second Revolutionary War）、第2の南北戦争（Second Civil War）と、またこの時期を、第2の再建期（Second Reconstruction Era）と、捉える見方もある[464]。

　(g)同じように、州民の特権・自由などを侵す州による立法を違憲としたケースとして、異人種間結婚を禁止し、罰する「異人種間結婚禁止法」（Anti-miscegenation Statute）を有した Virginia 州の事件がある。黒人

463　Brown 対教育委員会判決に沿った形の Swann v. Charlotte-Mecklenburg Board of Education, 402 U.S. 1 (1971) の後に出たのが、Milliken v. Bradley, 418 U.S. 717 (1974) で、事件は 2013 年 7 月 18 日に連邦破産法（Chapter 9）申立てを行った Detroit 市で生じた。市の教育委員会は、教育分離を防ぐための学校区の見直し規則を用意したが、Michigan 州当局が介入してきて、見直しを白紙に戻させた。これに対し NAACP が立上って、市内に住む3人の子供のいる黒人等も原告に加え、州を相手に学校区の見直しを求めて連邦裁判所へ訴えた。連邦裁判所が原告の請求を受容れたため、州側が上告した。

464　2014 年 1 月 21 日放送の C-SPAN 3 での Fairfield Univ. の Yohuru R. Williams 教授による African-American Civil Rights Movement とのタイトルによる講演での表現。

976

第8章 現代の憲法問題—権力分立と司法審査の今—

女性と結婚した白人男性が同法違反を理由に訴追され、州最高裁が、同法の合憲性を肯定した1審判決を確認したところで、白人男性は連邦最高裁に上告した[465]。これを受けた連邦最高裁は、人種間結婚を禁止し罰するVirginia州法は、修正XIV、1の平等条項（Equal Protection Clause）、および法の適正手続条項」（Due Process Clause）に反するとして無効とした。これにより、先例変更がなされた。しかも、このLoving判決は全員一致でなされたことでも意義のある先例といえる[466]。

この間、似たような別件で先行したものがあるが、黒人と白人の男女が問われたのは、「異人種同棲の罪」であって、正式結婚の禁止法違反ではなかった[467]。Anti-miscegenation Statuteは、南部州などの多くの州で立法されていたが、このLoving判決により、いずれの州でも無効化の方向に向わされることになった。

以上のような連邦最高裁による審査があることは無論、憲法（IV、4）の下で、各州が州司法を含む三権の組織を有することの意義を否定するものではない。各州それぞれが、人民に対する特権・自由などを守るための政府を定める政治システム（主権）を独自に持っていることを、それにより、人民の特権・自由が保障されるべきであることを、否定する訳ではない。むしろ、そのことが前提となっている[468]。

(h)とはいえ、異人種間結婚は少数であり、例外的である。人権憲章中に「結婚」（marriage）の言葉はないが、先例（precedents）は、結婚が基本的人権の1つであることを繰り返し確認してきている。上記の異人種間結婚の先例Loving v. Virginiaでも、先ず"freedom to marry"が「幸

465　Loving v. Virginia, 388 U.S. 1 (1967).
466　変更された先例は、Pace v. Alabama, 106 U.S. 583 (1883) である。
467　McLaughlin v, Florida, 379 U.S. 184 (1964).
468　これに近い趣旨をいうのは、New York v. United States, 505 U.S. 144, 183-6 (1992) であり、憲法IV、4につき、"……, which presupposes the continued existence of the states……means and instrumentalities which are the creation of their sovereign and reserved rights" といっている。

977

福追及のため不可欠な人権」（vital……rights essential to……pursuit of happiness……）といっている。「人権憲章」（Bill of Rights）や「法の適正手続」（due process of law）に言及しつつ結婚権（right of marry）を掲げた判決も少くない[469]。同性婚について、結婚（婚姻）法は、基本的に州法である。結婚は古い制度ではあっても、アメリカで州法による公式結婚（formal marriage）の制度が一般的になったのは、19世紀末近くであった（第7章1.(1)(二)(b)）。伝統的な州法の下での結婚につき連邦法による補充的規律が必要と感じられ、作られるようになったのは、「同性婚問題」が賑やかになり出した20世紀末である[470]。

　(i)上記のように同性婚問題は、20世紀末以降にアメリカ社会に噴出した現象といえる。これを受けて各州も対応せざるを得なくなり、今日では20州とワシントンD.C.が同性婚を合法化している（そのほかに、他州で成立した同性婚の有効性を承認する州も数州ある[471]。同性婚について、2014年1月までに1300件以上の州結婚証明書（marriage license）が出された。このような状況になってくると、前注の連邦法DOMA、特にそ

469　Griswold v. Connecticut, 381 U.S. 479 (1965) では "……a right of privacy older than the Bill of Rights……" とした上で、"state forbidding use of contraceptives violates the right of marital privacy which is within the penumbra of specific guarantees of the Bill of Rights" と述べている。また Cleveland Board of Edu. v. LaFleur, 414 U.S. 632 (1974) では、女性教師の出産後の再雇用のための手続要件につき "mandatory termination provisions of both maternity rules violate the Due Process Clause of the Fourteenth Amendment……arbitrary cutoff dates (which obviously come at different times of the school year for different teachers) have no valid relationship to the State's interest in preserving continuity of instruction……" とした上で、"provisions are violative of due process, since they create a conclusive presumption that every teacher who is four or five months pregnant is physically incapable of continuing her duties……"、また "three-month return provision also violates due process, being both arbitrary and irrational" と述べて、修正XIVの人権に結び付け、無効としている。

470　Defense of Marriage Act (DOMA) of 1996 で "marriage" を、「男性と女性との結合」と定義したが(3)、法理的には各州が独自に marriage を定義し、法定できるということに変りはない。

471　National Conference of State Legislatures: Quick Facts on Key Provisions（ncsl.org より）。

472　U.S. v. Windsor, 570 U.S. 12 (2013) では、ニューヨーク州に居住する2人の女性が2007年に Canada, Ontario で結婚していた。

の§3（結婚を「男性と女性との結合」と定義した）に対し、不賛成意見が出されてくる。最高裁も遂に DOMA の同条に対し違憲判断を示した[472]。この判決を受け、合衆国レベルでは多くの役所が、社会保障、納税などで同性婚の2人を、法的に結婚と同一に扱うよう実務を変えてきている[473]。

（ロ）「憲法（Ⅰ、8）が連邦議会に与えた個別限定の立法権により、州と連邦間の力の構造につきどんな図が画かれたか」。この意味の州権と連邦権との間の力関係は、前(1)で Commerce Clause と Necessary and Proper Clause を中心に見てきた。人民との関係で、これを具体的に考えさせる1つの主題が、ミリシアに関する立法権の配分である。この主題で、連邦の法律を執行するために……ミリシアを召集することを憲法自体が連邦権に数える一方（Ⅰ、8(15)）、そのミリシアの士官らを任命し、連邦の定めた規律によって訓練することは、各州の任務としている（Ⅰ、8(16)）。このように、人民の扱いに関し、2つの条文が同種の権限を州と連邦の間に分けて定めている（双方が権限を分有・共有するとしか考えられない）。

(a)連邦と州との間の分権問題で、憲法が民兵隊〔militia〕に関して、連邦と州との間に複雑に交錯する権限を定めていることを述べた（第4章二.1.(2)(ハ)(g)）。その交錯が州による人権の侵害になりそうなケースが起こった[474]。

　時あたかも革命戦争の終結とともに、それまでの大陸軍を解散したばかりの米英戦争中の1812年7月4日。建国間もないアメリカは、かつての植民州時代に近い状態に戻っていた。つまり常備軍なしで、あるのは、各州の militia（民兵隊）だけになっていた。この各州民兵隊に頼るしかな

473　前注の最高裁による Windsor 判決以降、同性婚問題では、各州と連邦の両方の裁判所が 37 の pro-gay 判断を出していたが、連邦第4巡回裁判所は、2014年7月28日にこれを禁止する（ban on same-sex marriage）州法を違憲と判示し、かつその執行力の停止申立てに対しても、最高裁が上告を受理する前には行わないとしていた（Washington Post、Robert Barnes、2014年8月13日）。一方、Cincinnati にある 6th Cir. Court の方は、弁論期日で「禁止を合法と考える」と示していたことから、夏休み中の最高裁は、事件を受理し、秋の会期で弁論を行うことになった（NPR, Nina Totenberg、2014年8月20日）。
474　Houston v. Moore, 18 U.S. 1 (1820).

第3編　19世紀後半以降の憲法

い連邦政府で、大統領マディソンは、革命戦争勃発時と同じく各州に要請状を出した。

　本件原告 Houston は、ペンシルヴァニアの民兵隊（militia）の一等兵で、大統領の要請を受けた同州 militia の総司令官となるペンシルヴァニア州知事から、州外出動命令を受けていたが、集合場所に出頭しなかった。民兵隊の軍法会議にかけられたが、彼は無罪を主張して争った。

　(b)一方、有罪判決を下したペンシルヴァニア州裁判所は、同人に罰金を課し、それが支払われないとなるや、家財を差押えたことから、ペンシルヴァニア州裁判所での本件（差押え排除の申立て）となった。被告 Moore は、州執行官である。それが、なぜ憲法訴訟として連邦最高裁に登場してきたかといえば、罰金（財産権）の問題のほか、州法と連邦法とが絡み合う中での、連邦憲法との衝突問題があったからで、その説明は次である。

　第1の Pennsylvania 州法は、1814 年成立の法律で、命令に従わない民兵には、1792 年の関連連邦法の定める罰金が課されるとし（21条）、更に、その後に成立した連邦法の定める罰金に服するとしていた。原告 Houston は、この 21 条が連邦憲法に違反しており、つれて適用される関連連邦法も、違憲となるとして州最高裁まで争った。原告 Houston の主張は、州最高裁でも否定されたため、1789 年司法法（25条）により本件となったものである[475]。原告 Houston の代理人は、連邦憲法の下での民兵隊についての連邦と州の管轄の仕分けは、士官の任命と連邦議会の定めに従った民兵の訓練だけが州当局によって分担され、本来的に連邦の問題であると主張した（連邦憲法〔Ⅰ、8(15)〕）[476]。

　つまり、原告 Houston が告発されるとすれば、それは連邦法によって

---

[475]　Judiciary Act of 1789(25)のこの部分の文言につき、"……a final judgment or decree……in the highest court……of a state……, may be re-examined……"と定めている。

[476]　連邦議会の権限として定めるのは "……to provide for calling forth the Militia, to execute the Laws of the Union, suppress Insurrections, and repel Invasions"

連邦の軍法会議でなければならないのに、「州法の下での州軍法会議によって裁かれるのは違憲である」、というものである。

(c)以上の事実の下で、連邦最高裁はどう判決したか。ペンシルヴァニア州法が連邦憲法に反するか否か、本件で問われているこの問題に答えるには、連邦憲法が militia に関して中央政府にどんな権限を与えているか、連邦議会はそれをどこまで実行（立法）してきたか、の2点を明らかにしなければならない。

連邦憲法が militia の召集権などについて定める条文としては、連邦議会による立法範囲で、① organizing, arming, and disciplining, ② for governing......them（合衆国軍に編入された者の）があり（Ⅰ、8(16)）、更に(z)大統領が陸海軍の総司令官であるとするものがある（Ⅱ、2）。

連邦憲法発効後、連邦議会による関連立法としてウィスキー反乱事件の前後に整備された 1792 年 5 月 20 日（1795 年 2 月に書き直し）法と 1792 年 5 月 8 日法がある[477]。判決はこれら 2 つの法律も挙げている（それにより、大統領に militia 召集権を与え（いわば連邦 militia を創設し）ていた[478]）。

前出の 1814 年の州法は、この militia についての軍法会議と、その創設、構成、手続、罰則などに関するものである。つまり、militia は大統領が召集した後、連邦法の定めに沿って各州が規律し、軍法会議も、連邦法の定めに則って、各州が創ることになっていた。

(d)連邦最高裁は、本件で、連邦議会による以上の一連の連邦法で、連邦憲法が求めていた立法はできたと判断して、その現行法を前提に、本件での質問、「州法が連邦憲法に違反するかどうか」を検討する。本件での具体的な問いに代れば、「州法によって管轄などが決められている軍法会議が、大統領によって召集された militia を裁判にかけることができるか、

477　その頃からイギリス、フランスとの外交関係にも暗雲が立ちこめていた（第5章一.2.）。
478　連邦の部隊として編成される militia である National Guard につき第5章注 202、第4章注 216、217 参照。

第3編　19世紀後半以降の憲法

……いかなる場合、いかなる範囲、方法でか……」となる。

　Houston に罰金を課した州裁判所と、それを確認した州最高裁、連邦最高裁の決定の論拠は、Houston が大統領によって召集された場所に出頭し、一度、連邦の指揮下に入り、部隊編成が行われた後では、専ら連邦の規律の下に入るが、それまでは、実際に呼出している州の管轄下にあり、その間の罰金を課すなどの刑罰権は、連邦との共管で、州もこれを「保有する」、との考えである。

　しかも、militia は、連邦憲法より先の植民地時代から州が行使してきた権限であるから、連邦憲法が明文で禁止していない限り、共管の考え方が支持される。先に挙げた1795年の連邦法と、1814年州法とも、州と連邦の各軍法会議の管轄を定めるのに排他的な言葉 "exclusively" を使っていないから、たとえ、部隊編成が行われる前に、州の軍法会議が管轄権を行使したとしても、違法とはいえない（憲法も、州か連邦かに排他的な定めをする時は、それなりの断りの言葉を入れている）。

　(e)これに対し、原告 Houston の代理人は、そうなると、州の軍法会議が管轄を先に行うことで、連邦の管轄権を排除できて了うし、第2に、原告として二重に刑事手続にさらされる危険があると主張したところ、最高裁は、これに次のように応えた。

　「先に、州の軍法会議で判決が出されれば、それが、連邦の軍法会議での手続の停止理由となるから問題ない。要するに、これは州法が明らかに、連邦憲法に違反する（……repugnant to……）ケースとは考えられない」

　州権との絡みでは更に、連邦議会に立法が禁止されている事項も見る必要があろう（I、9）。禁止条文のうち、初めの1条は奴隷に関することで、失効済みである。第2、第3条は、人身保護条例（Writ of Habeas Corpus）、私権剥奪法（Bill of Attainder）事後法（ex post facto law）の禁止であり、州に対しても同じ禁止を定めていて、問題ない（I、10 (1)）。

　次が人頭税、直接税に係る立法の原則禁止。ただし、これは全面的禁止

ではない。憲法自体が定めた人口調査比例によるものを除くから、そのルールに沿うことを求めた点に意味がある[479]（Ⅰ、9(4)）。（連邦議会の同意を要件とする）各州による課税禁止法との兼ね合いで、人権問題にもつながる（Ⅰ、10(2)）。

立法を通した中央による各州への干渉、介入を（殊に、連邦による共和制〔人権〕保障との絡みで）性質別に２つに分けることができる。①各州法による対人民関係の抑圧につき連邦が立法を通して干渉、介入する方法と、②各州の意思決定メカニズム、機構に干渉、介入する方法とである。20世紀40年代以降の、①に分類できるケースで代表的なのは、New York v. United States が[480]、また②のケースの代表例としては、Coyle v. Smith がある[481]。

(f)中央と州の力関係上で１番インパクトがあり、中央が**州の主権を削り取った**、といわれそうなのが、上記①、②のうちの①対人民関係の抑圧についての連邦議会の立法ではなく、②各州の機構に干渉、介入する方法である。これは、理解し易い道理であろう。たとえば中央が、直接州の統治機構に係る立法をすることである。それら判示中では、中央による保障条文（Guarantee Clause）も呼び込まれることがある（Ⅳ、4）。マードック対メンフィス市事件では、州法問題での州の司法権行使に対し連邦裁判所が介入したことが争点である[482]。これを誤って連邦問題とした州裁判所の判断につき、「適切かつ独立の州法問題で解決できるのなら、最高裁が上級審となるべきではない」、としている。

(g)二元国家制（フェデラリズム）の枠内で、憲法の定める中央権力保持的要素（逆に、各州権力抑制的要素）がどうなっているか、その線での条

479　修正XⅥにより改正されている。
480　326 U.S. 572 (1946). 全く同じタイトルの1992年のケースがあり、要注意である（505 U. S. 144 (1992)）。州によるミネラルウォーターへの人種差別課税法を禁止する連邦議会の立法権を支持した。
481　221 U.S. 559, 565 (1911). 州都をどこに置くかについてまで連邦が指示できないとされた。
482　Murdock v. City of Memphis, 87 U.S. 590 (1874).

第３編　19世紀後半以降の憲法

文構成がどうなっているか。州と連邦という二重の主権国家が二段重ねでどのように存在し、機能するのか。一方（連邦）が州から主権を**お裾分け**して貰ったのか、それとも、連邦が上位の主権者として全州を一元的に統御すべく、作られたのか。

　これらの問いは、具体的な争いを裁く中でも、浮上しないではいないであろう根本的な問いとなる。この問題を巡る連邦最高裁の考え方は、蛇行はしてきてはいるが、「州が窮極の主権者である」、との考えが強い。前章や、本章で見てきたような行政国家化により、人々がニュースを見る時の遠近感だけからいえば、連邦の大統領などの姿・形が大きくクローズ・アップされよう。だが、連邦の力が肥大化したとはいっても、日常生活は（150年間の植民州時代とは異なるにせよ）圧倒的に州法が規律する。この意味の距離感では、州主権の強さが今日でも理解できる。

　(ハ)人権に対する州による侵害からの司法救済（judicial remedy）が、連邦議会による立法的救済を補い、それをカバーする役割をし、位置付けできた。しかしjudicial remedyは、（当事者に）時間と費用のかかる話しである。これを黒人の人権問題について見よう。

　黒人の人権問題での行政や立法による、殊に、南部州での立法と行政による作為・不作為や不公正に対し、司法がいかに、どこまで、憲法上の救済ができているかである。20世紀後半に入り盛り上りを見せた第二次公民権運動の中での、アフリカ系アメリカ人の投票権を中心に見てみよう[483]（前1.(1)(ニ)）。

　(a)憲法がすべての成人男子に投票権を与えたといっても（修正ⅩⅤ）、その実効性は、社会の実状次第で（殊に、南部州で）大きな幅の生じる話しである（原理的な問題として、投票権は合衆国ではなく、各州の法律によって与えられているものだとの観念がある）。これこそは、まさに州権

---

[483] 1960年代に入り、Wesberry v. Sanders (1964), Burns v. Richardson (1966). Kirkpatrick v. Preisler (1967と1969) と、各州選挙法を争うケースが目立つ（第4章二.1.(1)(ハ)）。

第8章　現代の憲法問題―権力分立と司法審査の今―

に対し人権を守るために、連邦の力が必要とされる場面であった。「黒人にも投票権を！」という、合衆国開闢以来の制度を定めた修正ⅩⅤが本当の意味で行われるようになるには、しかし時間も努力も必要なことは判っていた。また、血の雨が降ることも判っていた。そこで、連邦議会の立法が出番となり（修正ⅩⅤ、２の下で、立法が義務付けられている）、時期的には遅れたが、Voting Rights Act of 1965 が立法された[484]。Civil Rights Act of 1964 同様、Lyndon B. Johnson 大統領がサインしている。丁度この時期に、州の poll tax 要件の違憲性を主張する（修正ⅩⅤではなく、修正ⅩⅣ違反として）注記のような訴求があり、当局が敗訴したことがある[485]（修正ⅩⅩⅣは 1964 年１月に批准・成立）。

(b)その Voting Rights Act of 1965 の下では、移行のための措置を定めている。今まで人種差別が激しかった特定の州や選挙区（congressional district lines）をピックアップしてリストで指定した上、この Voting Rights Act の下での新しい地区割りを定めたり、変更したりするには、予め司法長官（Attorney General）へ届出ることを求めていた。先ず、その地区割りを司法長官に提出すべく、60 日以内にそれを長官が承認をしない限り実施できないという移行措置である（preclearance）。

この定めを不服として、South Carolina 州が憲法（Ⅲ、２）と 1789 年司法の定めにより直接最高裁に訴えた[486]。

South Carolina が争ったのは、この preclearance、司法長官への提出

484　42 U.S.C. §1973～1973 bb-1. 同法が出来る前は、いわゆる識字テスト（literacy test）か、人頭税（poll tax）などの道具（device）により投票権の制限が広く行われていたが、同法の§4 (a)で test や device による投票権を制限禁止した。州法である選挙法により、各州が修正ⅩⅤに反した人種差別をすることを防ぎ、それを取り除こうとする。

485　Harper v. Virginia Bd. of Elections, 383 U.S. 663 (1966).判決は、自らを先例とは区別している。その先例とは、Breedlove v. Suttles, 302 U.S. 277 (1937) である。そこでは、Georgia 州がすべての女子に加え、21 歳未満、60 歳超えの男子につき人頭税を免除し、その代り投票権を否定していたところ、免除対象ではない男子が、修正ⅩⅨ違反を主張した。

486　South Carolina v. Katzenbach, 383 U.S. 301 (1966)。Katzenbach は Attorney General である。Earl Warren 長官ら多数は、同法 Voting Rights Act が修正ⅩⅤ、２の下での適法な立法であるとした。

985

第 3 編　19 世紀後半以降の憲法

や承認のルールである。

　判決は、次ず Voting Rights Act が制定されざるを得なかった事情として、各地での潜脱のための数多くの立法実績を挙げた[487]（前注 260 のとおり、Georgia 州では Gray v. Sanders〔1963〕まで、County Unit System という制度が行われ、"one person, one vote" による equal representation ではなかった。また近時、Arizona、California など、いくつかの州では、州の選挙区割を決めるのに、市民委員会〔citizens commission〕が係っている例もある〔2014 年 10 月 6 日 NPR〕）。次に、Alabama などの 7 つの州の名を挙げて（それらの州では、修正 XV を実施する州法が廃止されていた）、実施法廃止の数年前の 1890 年から、（識字テストなどを採用した）いわゆる剝奪法（disfranchisement statute）を制定して、黒人らの投票権を否定してきたとも述べている。

　(c) Civil Rights Acts of 1957, 1960 および 1964 の下での黒人らによる訴訟にも拘らず、投票権の登録は増えていなかった。しかも司法による救済は、費用、時間と準備が大変なうえに、仮に勝利しても、それらの州では新手の剝奪方法を考え出してくる。州は、修正 V の下での適正手続（Due Process）でいう人（Person）ではないし、私権剝奪法（Ⅰ、9 (3)）の下での訴訟の当事者適格も有しない。

　このように述べた上で South Carolina の反論に対しいう。

　「権力分立原則も、本来的に私人（やグループ）の保護のためにある。Voting Rights Act of 1965 の各条毎の内容は、連邦議会が修正 XV の下で有する広い立法（裁量）権の範囲である。連邦議会は、修正 XV の下で広い立法（裁量）権を有し、人種差別をなくすため、差別地区を特定する力も有する（そのための基礎となる人口調査局長〔Census Director〕の資料などに依存することは相当である）。それらの資料にプラス自らの調

---

[487]　前注事件（at 309）では「修正 XV を潜脱しようとして各地での苛酷なき陰謀めいた（unremitting……ingenious defiance）犯行」があったと述べている。

べたところにより、連邦議会が識字テストをなくすため然るべき立法をすることも相当である。」

(d)同法の 1970 年改正法（Voting Rights Act of 1970）も、違憲を理由に 3 点で挑戦された[488]。第 1 は、成人年令をそれまでの 21 歳から 18 歳に引き下げたことで、第 2 は、識字テスト禁止法がまだ行われていない地方への同テスト禁止の義務付け、第 3 は、大統領、副大統領選挙での州内居住要件の撤廃等の義務付けであった。

この事件で最高裁は、以上の 3 つの論点毎に答えている。①先ず、連邦議会は、大統領、副大統領という全国選挙での年令制限を 21 歳から 18 歳に引き下げることについて、十分に裁量権の範囲内だとする一方、②同じ大統領、副大統領選挙についての州以下のルールを決めることは、憲法が定めているとおり、できない（Ⅰ、2）。③更に、識字テストに係る禁止法を定めることも十分連邦議会の裁量権の範囲内であり、大統領、副大統領選挙での居住要件や不在者投票制度について州に立法を義務付けることも、連邦議会の権限内である。

(e) 2013 年 7 月 21 日の NPR は[489]、Voting Rights Act of 1965（その後、1970、1975、1982、1992、2006 の各年の改正を経ている）について最新のニュースを伝えている[490]。それによれば、2013 年 6 月 25 日に最高裁が同法を違憲としたことで、今まで preclearance を経なければ、区割りの見直しに動けなかったリストアップされた地方自治体から、今後は直接に地区変更を求める違憲訴訟の洪水が起きるだろう（......could open lawsuit floodgates）としている[491]。その中で最高裁は、現在 9 つの州に適用

---

488 Oregon v. Mitchell, 400 U.S. 112 (1970).
489 NPR, National Public Radio は "Public Broadcasting Service"（PBS）（元来は 1969 年設立の National Educational Television〔NET〕で、全米に 350 局ほどの会員 TV がある）と並ぶ非営利の公共放送。
490 2013 年 6 月 25 日放送の NPR の Frank James 記者によるリポート。
491 Shelby County v. Holder, 570 U.S. No 12-96 (2013) のケースでの記述。先行ケース、Northeast Austin Municipal Utility District No.1 v. Holder, 557 U.S. 193 (2009) では、8：1 で、同法の定める preclearance の問題を、avoidance rule により判断しないとしていた。

される同法§4の計算式と、その元になった資料を、「古くなっていて不適切だ」と判示した。これにより連邦議会は、新計算式を立法することを義務付けられた。この展開を受けて、連邦の事前調査（preclearance）が不要となったいくつかの州は、現在、（人種差別を温存する方向でのものを含め）新しい投票権法を作っている。その中で、「今日のAlabama州は、投票権問題については1965年当時の同州とは違って、全く問題なく自由化されている……」、とする同州司法長官の談話を引用している。選挙については、日本でも選挙運動と表現の自由（修正Ⅰ）との関係を巡り、選挙法が細かく定めている。アメリカの連邦法でも、特定の候補のためと判る形で、法人や組合が放送する事業（"electioneering communications"）などに対する支出を禁じる法律があり[492]、これについて、表現の自由を侵すとして問題となり、先例変更をする画期的事件があった[493]。この事件で、最高裁は5：4で先例を覆し、同法が修正Ⅰの表現の自由を犯すとして違憲判断を下した[494]。

投票権問題とVoting Rights Act of 1965の問題について、連邦議会での実体験も踏まえたという意味で1番優れている人として、NPRはGeorgia州選出の下院議員John Lewis（黒人）を挙げている[495]。NPRは

492　Bipartisan Campaign Reform Act of 2002（McCain-Feingold Act）で、Federal Election Campaign Act of 1971, 2 U.S.C. § 4416を改正して、本文でのような、法人などによるGeneral Election前60日間の支出を禁じる法律。

493　Citizens United v. Federal Election, 558 U.S. 310 (2010) では、Michael Mooreの映画"Fahrenheit 9/11"に対し、右翼的市民団体がFederal Election Commission（FEC）に苦情を申立てたが、答えて貰えなかった。そうこうする中に、同市民団体は、今度はHillary Clinton上院議員を批判する映画"Hillary"を自らが制作した。この映画が地裁では前注の法律に反するとされ、Citizens Unitedが上告した。

494　この先例とは、Austin v. Michigan Chamber of Commerce, 494 U.S. 652 (1990) である。またMcConnell v. Federal Election Commission, 540 U.S. 93 (2003) をも、一部先例変更する形になった。

495　John Lewisは、sit-insやFreedom Ridersにも加わっていたし、Selma to Montgomery March（1965年3月9日のBloody Sundayと呼ばれたマーチ）を率いていた。その同じ日に、Johnson大統領がCivil Rights Actにやはりサインし、5ヶ月後にVoting Rights Act of 1965がサインされたのであった。「大統領がサインしたそのペンを貰ったよ」とLewisはいっている。

第8章 現代の憲法問題─権力分立と司法審査の今─

なおも伝える。2009年選挙では、Mississippi州とAlabama州が、黒人の投票権立法で逆に全国をリードしているくらいである。しかし、Lewis議員はまた次のようにも述べている。

「人種問題はこの国のすべてに絡まっていて、それなしの世界はあり得ない。正面からぶつかっていくしかない。たとえば、新しいID lawsなども詐欺的手法を免れない」[496]。

(f)権力間での牽制の実効性を示すケースとしてTribeが挙げるのは、南北戦争までは、司法対立法という図式ではなく（そのケースの例は稀）、中央による州権に対する牽制が主であるという。南北戦争後、修正XIVなどが成立したといっても、中央による州権に対する司法的牽制の姿勢は、それまでと余り変りはなかった。その間の憲法上の論点としての中央と州権との間の牽制の問題では、先例のように、通商条文（Commerce Clause）に係る形をとることが多かった。

中央と州権との対立での解で、なぜ通商条文かというと、それが共和制の理念に触れるからである。主として通商問題で、州が自州の権益中心に動く、**州権エゴ**が通商条文に触れるからである。そこで、他州民らが不平等に扱われ、共和国の理念の下であるべき自由な通商により平等に利益を得る機会を奪うことになるからである。このような中央と州権との関係の捉え方は、建国史的文脈の中で13植民州が、「共和国の理念」を掲げていた、その捉え方とはやや異る（第1章1.(3)(イ)）。

修正XIIIや修正XIVなどによる修正前での実定法上での決め手となっていたのは、（中央の立法権を限定列挙したものとの解釈が確立している）§I、8中の各条項、中でも**必要かつ適切条項**（Necessary and Proper Clause）と、修正Xの2つである[497]（注記の修正Xの言葉と、連合憲章

---

496 Evan Vucci, NPR, July 21th, 2013. Voting Rights Act: Hard Gains, An Uncertain Future.
497 修正Xは、「憲法が連邦に与えた、または各州に禁じられていない**諸権限**のほかは、すべて各州とその人民に留保されている」と定める。

989

第3編　19世紀後半以降の憲法

（II）の言葉とを比べると、連合憲章による授権の方が、ずっと弱い表現になっている（後者の授権は、中央へ「expressly に……」移したものと、より厳格な言葉を用い、また移さない対象も、包括的な表現"every power, jurisdiction, and right"になっていた）。合衆国（United States）と、その前の連合（Union）との違いを、この2つの条文グループの関係からどう捉えるのか。二元国家制、並存連邦制（dual federalism）を巡る議論に答える1つと鍵となる。そう思う人は多い。

　しかし先例の流れとしては、修正Xが、連邦議会に諸権限を与えるI、8とは別に独立して両者の関係を定めたものではなく、単に表現を変えた言い換えたに過ぎないとする解釈が、ずっと支配的できた。この解釈は、「連邦の立法権は、元来制限されている」、との一般的な受け止め方に、何ら新味を加えるものではない。つまり累積的効果の否定である。

　(g)そこで、自ら浮上する州主権のためのもう1つのアプローチは、I、8による立法権の性質上、連邦にあって当然という法分野があるとして、各州にもやはりあっておかしくないとされる、衝突が起き易い法分野での先例分析である（その衝突は、実際にも多く争われ、先例も多く出ている）。そこで修正Xが州の立法権を肯定し、それと衝突する連邦の立法に制肘を加えるケースが何件か出ている[498]。

　2、3挙げれば、課税に係る立法権、倒産法に係るそれ、州際取引に係る法などがある[499]。「中央と州の、どちらの権力も同一土地上に拡がるが、各別に独立している」という考え方で、Tribe は、これを（並存連邦制）二元主義（dual federalism）と呼んでいる[500]。

498　課税立法での古典的事例として Collector v. Day, 78 U.S. 113 (1870) がある。州の裁判官に対し連邦が課税することは州権を侵害するとされた（前出の McCulloch v. Maryland の逆の論理で課税しようとしたが）

499　navigation, slave, tax, inspection of health などが例として考えられる（Tribe, p.862）。

500　その例として Ashton v. Cameron County Water Improvement Dist., 298 U.S. 513 (1936) を挙げ、州内自治体の破産処理に係る州法手続を規制しようとした連邦議会による法の効力を、州の自主権に立入るものだとして否定した。

第 8 章　現代の憲法問題—権力分立と司法審査の今—

　このほか、各州が自州内の市町などの自治体に対しどう規律するかでは、そのような州内問題に連邦が嘴を入れることができるのか、なども問われる。

　㈡南北戦争後の南部で、反動勢力（そのはずみで生れたともいえる Ku Klux Klan の動きも入れて）が、いかに黒人奴隷の開放を実質的な意味で防いだか。これに対する法的措置として採られた 1870 年を挟んだ連邦政府の強制法（Forces　Act）、その一部としてのいわゆる（so-called）Ku Klux Klan Act があることは前に見た（第 6 章 1.(3)）。

　(a) Wilson v. Garcia 事件では、Garcia が 1982 年に New Mexico 州警察官 Wilson に暴行凌虐されたとして損害賠償を起こした。いわゆる Ku Klux Klan 法が援用されたのは、州警察官 Wilson の行為が公務執行とはいえない程度であり、かつ Wilson は、警察官に採用される前にかなりの暴行歴があり、受刑していたからである。

　連邦最高裁まで争われたのは、専ら不法行為請求権の時効期間の問題であった。事件から 2 年 9 ヶ月後に起こされた本件で、被告が不法行為一般の州の時効法 2 年を主張したのに対し、連邦最高裁に、州最高裁が当てはめた Ku Klux Klan 法による 3 年の時効期間を妥当とし、その限りで州法が連邦法により排除されるとした[501]。

　(b) Wilson 事件とは多少異なる文脈ではあるが、同じく Ku Klux Klan 法の絡みで州法が連邦法に反し違法だとし、それにより訴訟当事者の権利を擁護する結果を導いたケースがある。Wisconsin 州の民事訴訟法で、国家賠償法が適用される不法行為請求では、当局へ予めの通知などを要件としていたが（notice-of-claim statute）、その法律の効力が否定された[502]。その否定の根拠として、時効期間の点では Ku Klux Klan 法を、ほかの法的手段との先後関係を選択する自由の点では、注記先例を挙げてい

501　Wilson v. Garcia, 471 U.S. 261 (1985).
502　Felder v. Casey, 487 U.S. 131 (1988)、Ku Klux Klan 法との関係では、前注の Wilson 事件を援用している。

第 3 編　19 世紀後半以降の憲法

る[503]。

　(c)アメリカでは大恐慌時になって史上初めて、社会立法が色々と出現したことを記した（第 7 章 2.(1)㈡）。これらの社会立法は、連邦が主となって推進したものであるが、政策目的を達するためには連邦政府と州以下の政府との相互協力が不可欠で、そうした協力の上に成り立っている。そこで、連邦と州の規則との間に齟齬が生じうる。その 1 つ、Maryland 州の行っていた母子家庭扶助プログラム（Aid to Families with Dependent Children〔AFDC〕）Program について同州規則が、扶助対象となる家庭の人数などに係りなく、最大月 250 ドルの天井を設けていたところ、その規則が、連邦の Social Security Act of 1935 に反し、更にその元にある修正 XIV の Equal Protection Clause に反する、と争われたケースがある[504]。

　1 審の地裁段階では、原告が主張するとおり、州の規則は修正 XIV の Equal Protection Clause に反するとしていたが[505]、連邦最高裁では、第 1 に州規則について要旨のように述べて、結論として同州規則を有効とした。

　「州は有限の福祉資金の割り振りにつき広い裁量権を有し、できるだけ多くの家庭に福祉が行き渡るようにするために上限を設ける結果、最大人数の家庭での 1 人当り扶助額が少なくなることも已むをえないし、本件規則は、社会保険庁長官（Secretary of Health, Education, and Welfare）の承認も得ている。連邦議会も 1967 年改正法（Social Security Amendments of 1967）で上限を設けることも已むをえないとの前提に立っている」

503　Patsy v. Board of Regents of Florida, 457 U.S. 496 (1982)。そこでは、Ku Klux Klan 法§ 1983 による請求で、州当局に対し請求するために他の法定手段を尽了すべきかが争われ、その必要はないとされた。

504　Griswold v. Connecticut, 381 U.S. 479 (1965) では、Connecticut 州の計画出産連盟の医師らが、避妊の処方などの助言をしたとして刑事訴追されたが、最高裁では、"statute forbidding use of contraceptives violates the right of marital privacy which is within the penumbra of specific guarantees of the Bill of Rights" として無罪とされた。

505　Dandridge v. Williams, 397 U.S. 471 (1970).

992

次に、憲法上での平等保護原則の点でも、平等保護原則に反しないと結論付けた。裁量権の乱用（concept of overbreadth）は、言論の自由などが問題になる修正Ⅰなどの下では抑制が求められることがあるが、州が行う社会福祉の細かな面で、乱用を厳しくいうのは、あまり適切とはいえない。福祉扶助としての本件規則は、就労者の扶助との対比で好ましいバランスをとり、相当な判断をしている。忌むべき差別とはいえない。これに似たケースとして、女性教師による産休に対する州の規制が、やはり修正XIVの下での「法の適正手続条項」（Due Process Clause）に反するとされた例がある[506]。

(d)同じく Social Security Act of 1935 の1章の中に、いわゆる低収入者医療保険のような Medicaid Program（1965年）がある。この Medicaid Program についても（というよりも、Medicaid Program の下での堕胎手術を主眼としてについても、いわゆる Hyde Amendment が1976年から適用されだした[507]。

妊婦第1期の原告 Cora McRae は、自らが堕胎手術を依頼中の病院や、同じような立場の妊娠女性の参加を予定した集団訴訟（class action）として、ニューヨーク州の担当官を相手として本件を申し立てた。地裁段階では、健康保健省長官に対する Hyde Amendment 適用の差止め命令も出された。

---

506 Cleveland Board of Edu. v. LaFleur, 414 U.S. 632 (1974) があり、"mandatory termina-tion provisions of both maternity rules violate the Due Process Clause of the Fourteenth Amendment......arbitrary cutoff dates (which obviously come at different times of the school year for different teachers) have no valid relationship to the State's interest in preserving continuity of instruction" とした上で、"provisions are violative of due process, since they create a conclusive presumption that every teacher who is four or five months pregnant is physically incapable of continuing her duties, ..."、また "three-month return provision also violates due process, being both arbitrary and irrational." としている。

507 Hyde Amendment は、Illinois 州からの共和党下院議員 Henry Hyde が提唱したもので、連邦健康保健省（Dept. of Health and Human Services）からの補助金で、社会福祉絡みのプログラムに略一様に付けられる付則（Rider）法である。この付則は、堕胎を合法とした有名なケース Roe v. Wade, 410 U.S. 113 (1973) を受けて起こった胎児の保護運動（pro-life movement）の立法的対応であった。

第3編　19世紀後半以降の憲法

しかし、最高裁の結論は、Roe v. Wade 410 U.S. 113 (1973) 中で示された女性の堕胎の自由を制限する Hyde Amendment による補助金の支出制限は、修正Ⅴの法の下の**適正手続**に反するものとはいえない。議会は、一定の医療保険につき補助金を支出すべく立法しているが、低所得女性の堕胎費用すべてにつき補助金支出を決定したわけではない（また、そのように立法をしないことが、法の適正手続に反するものともいえない）、とした。

その場合の議会が不足分を州に無制限に分担させる意図でもなく、Hyde Amendment の下での補助金と同じく、州が支出制限をしたとしても合法的といえる、との判示もある[508]。ニューヨーク州の規則の名前は出ていないが、本件では、連邦法の合憲性が支持されるとともに、州が追加支出するようにとの請求が結果として斥けられている。

(e)南北戦争後のいわゆる再建時代（Reconstruction Era）に、中央の力（連邦議会）で、各州人権保護法に係る立法ができるよう改憲がなされたことは前述したが（第6章1.(2)）、19世紀後半から20世紀前半にかけて、最高裁は修正Ⅹによりつつ、連邦の立法権をむしろ制約する方向の判示を割合多く出してきた[509]。

しかし20世紀前半頃から、修正Ⅹ法学は、この dual federalism とも、狭い意味の限定列挙主義とも決別して、§Ⅰ、8 が列挙していない分野でのみ修正Ⅹが働くとする方向へ進んできた[510]。この傾向を示す（修正Ⅹが働く場が限られるとする）ケースは、列挙条文中でも特に通商条文（Commerce Clause）が多い。通商条文（Commerce Clause）の拡張で、

508　Harris v. McRae, 448 U.S. 297 (1980). なお、このケースでは原告は、自らの（また集団のメンバーとなる他の女性の）要請の基礎として、修正Ⅰの中の信教条項（信仰の自由）も援用したが、最高裁は信仰の自由は問題にならないし、集団のメンバーについて、その点での当事者適格もないとした。

509　この考え方の代表的ケースとして Hammer v. Dagenhart, 247 U.S. 251 (1918) と Bailey v. Drexel Furniture Co., 259 U.S. 20 (1922) がある。2つとも、連邦議会が児童労働を規制しようとして児童労働による製品を州際取引することを禁止する連邦議会法の効力が否定された（3世紀前のエリザベス女王時代のイギリス法を連想させる）。

994

第 8 章　現代の憲法問題—権力分立と司法審査の今—

中央と州とを統一的に規律しようとする連邦議会による動向に沿ったといえる（1つは大恐慌の影響もあろう[511]）。変貌する経済生活の実態に合わせ、鉱業や製造業を**通商ではない**、とするような以前の判示をしなくなった。

　これに伴い、最高裁は、通商条文の下でも、まだ州に残っているとされる州の立法の範囲を決める今までの基準、「州際取引に**直接ないし現実の**（direct……actual）影響を与えないか」や、「**格別で独立**な州権関係」に代り、「州際取引に**間接ないし実質的な**（substantial）**インパクト**を与えないか」にシフトさせた。

　このプロセスで、最高裁は、**通商条文、必要かつ適切**の2つの条項（Ⅰ、8（3）と（18）を相互補助的に使い、中央の立法権を（少くとも通商条文につき）十分に広く構成するようになった[512]。更に最高裁は、必要かつ適切条項を借りてくる以外に、通商条文の下での立法で、その総合的影響力（cumulative effect）次第では、州際取引による立法権の範囲を拡げる方向のアプローチもとっている。

　(f)このようにして 1937〜1995 年の間は、最高裁が連邦議会の立法権の中でも通商条項の授権を広く解釈した時であったが、その期間に終止符を打ったのが、前出の United States v. Lopez (1995) であり、その後に United States v. Morrison が出された[513]。

510　前出の Hammer 判決は、大恐慌後に overrule されたが、Bailey 判決は overrule されず、そのため連邦議会は通商条文（commerce clause）の範囲をかなり拡げてきた（Tribe は特に課税立法でそうだとする。p.862 の注 16 参照）。

511　最高裁による通商条文を巡る解釈の歴史をこのように区分すると、大恐慌を境にするなど、経済生活の実体に合わせて時代区分をしたと思われる。同じような考えの記事として 2012 年 6 月 11 日の NPR は、いわゆるオバマ医療保険法が違憲として争われた事件を機に、5つの時代区別をしている。

512　新しい動きのこの時期を告げる2つの事件では、公民権法（Civil Rights Acts）の系譜としての NLRB v. Jones & Laughlin Steel Corp., 301 U.S. 1 (1937) と、United States v. Darby, 312 U.S. 100 (1941)、という労働者への賃金レベル決定に係る立法の効力を問題にしているものとがある。

513　United States v. Morrison, 529 U.S. 598 (2000), Violence Against Women Act of 1994 の一部が、通商条項の下での連邦議会の立法権限を超えているとされた。

第 3 編　19 世紀後半以降の憲法

　Lopez 判決で問題となった Gun-Free School Zones Act of 1990 では[514]、同法が主題とする銃規制が、通商の範囲に含まれることもないし、また通商に何らかの証明可能な実質的影響（any demonstrably substantial effect……）を持つものでもないとし、連邦による立法の範囲を超えているとした[515]。

　通商条項の限界を試すこの「実質的影響基準」（substantial effect test）は、道標となった 1 つの先例からとられたものであるが[516]、最高裁は、そこでの基準が単なる影響では足らないとし、実質的な影響（substantial effect）を基準とすることを指摘した。その上で、銃を所持することが、通商条項に実質的な影響があるというのであれば、「略すべてのことが該当することになろう」と述べている。NLRB のケースでも、この Lopez 事件でも、州際通商（Interstate Commerce）に対する**実質的影響**の意味は、その活動の量の面よりも、質の面から見分ていると理解される。

　㋭州の裁判所には連邦法によって規律されるケースも持込まれるし、持込まれたら受理できるし、しなければならない。その時に、州裁判所は憲法の命ずるところにより、その連邦法を適用し、「連邦法の定める権利を与えなければならない」とされている。つまり州裁判所が、そのように法に沿った判断をしなければ、憲法（III、2）と 1789 年司法法により上告され、連邦法の定めを強制されることになる[517]。注記の Yates 事件であれば、刑事事件での要件の 1 つ、主観的意思の点で州の立証責任を緩めるような陪審への説示（instruction）（を許す州法）は、修正 XIV、1 の法

514　アメリカでは広く日常用語の 1 つとなっている "school zone"（学校区）。同法は、何人も school zone 内と知りつつ、または知るべきであり乍ら、銃を所持することを犯罪行為と定めていた。

515　United States v. Lopez, 514 U.S. 549 (1995).

516　その先例とは、NLRB v. Jones & Laughlin Steel Corp., 301 U.S. 1 (1937) である。そこでは、いずれかの州内メーカーでの労使関係につき連邦として立法できるのは、そこでの製造が総合的（integrated）で、製品が州外へも出荷されることを要件とした。

517　Yates v. Aiken, 484 U.S. 211, 218 (1988). 事件では、一種の国家賠償法といえる Federal Employers' Liability Act（FELA）の下での請求につき、法定利息が地元の低いレートでよいかどうかが問題となった。

の適正手続に反するとの連邦法（先例）である。

　(a)最高裁による**必要かつ適切条項**の運用で、20世紀前半の終り頃から目に付くのが、司法審査に当って「立法理由ないし立法の背景となる事実（立法事実）を、できるだけ連邦議会がそれを見たと同じように見よう」、とする傾向である（implied findings）。連邦議会による積極的な立法活動の成果物である各制定法を、州主権との関係においても支持する方向に働いてきた。この傾向を**総合的影響力説**の名で説明している例もある。この辺りでの最高裁の軸足は、州と中央との関係だけでなく、立法府と司法との関係での姿勢変化とも捉られる。

　(b)こうした総合的影響力説などの傾向が暫く続くのを見た連邦議会は、逆に、最高裁の支持を見越して、自らの（主として各種規制法）立法中に次の文言を謳うようになった。「各州内の1つ1つの行為が大したことがなくても、その累積的影響が無視できない程度になる時は……」「そのような憲法事実が暗黙のうちに肯定される場合は、……」、などである。

　本来的に州以下の政府の仕事（州法の分野）とされてきた住民の健康・保険問題。とはいっても、契約社会のアメリカでは、健康保険に加入するか否かは個人の自由・責任の問題とされていた。保険業界の監督、規制が、というよりは、保険会社を含め一般にすべての会社の規制が、州法の問題であることでもあり、個人の保険問題は、ずっと州以下の管轄で来た[518]。州と中央との間でこの伝統的分担が破られたのは、1965年である。その年、65歳以上の高齢者（プラス身障者）を対象とした連邦法Medicareと、貧困層を対象とした（Social Security Amendments of 1965の下での）Medicaidの立法がされた[519]。前者は連邦の支出のみを、また後者は連邦と州とが50％ずつの支出を、前提とする。

　(c)以上のようにアメリカの健康保険は、21世紀の前半までは、第1に

518　State Health Insurance Assistance Program（SHIP）、Children's Health Insurance Program（CHIP）などの州レベルでの立法が各州で先行し、一般化していた。

第 3 編　19 世紀後半以降の憲法

民間の契約ベース、即ち各州法人である保険会社によるプログラム、という形で進んできた。その後は、老人と貧困層を対象とした上記のMedicareとMedicaidを主に、連邦政府に補充的に頼る形で提供されてきた。つまり、他の先進諸国の多くとは違って、いわゆる「国民皆保険」ではなかった。

　これに対し20世紀末近くからは、他の諸国とは違ったアメリカ型ではあるが（つまり民間の契約をベースにしつつ）、実質的な国民皆保険を模索する動きが多く生じていた[520]。注記の法律EMTALAは、救急患者を受容れようとする病院が少ないことから、Consolidated Omnibus Budget Reconciliation Act（COBRA）の一部として制定され、Medicareによる契約を国との間に結んでいる病院に対して（その数は非常に多い）、殊に、それらの病院が拒みがちだった救急患者の受容れを義務付けた[521]。ただし、救急患者に対するEMTALAの下での医療そのものは、その費用がいずれの保険でもカバーし切れていなかったため不評で、非難されていた。

　このような中で、Bill Clinton大統領は、すべての雇用主に従業員のための保険加入を義務付ける法案を議会に提出した（対抗して共和党も、上院に対案を出している）。しかし、Clinton法案は保険業界をはじめとする保守層に不人気で議会で承認されず、Clinton大統領は代りに1997年に州による保険制度を設ける法律を制定した[522]。

519　Medicare、正確にはMedical Care Act of 1965は、Johnson大統領の下で成立。その後、はじめPart A Hospital Insurance, Part B Supplementary Medical Insurance、の2部から成っていたが、1972年改正され、更にBalanced Budget Act of 1997により、またMedicare Prescription Drug, Improvement, and Modernization Act of 2003により、Part CとPart Dが各追加された。

520　その1つ、1973年設立の保守的傾向の財団Heritage Foundationによる提言がある（1989年）。市場原理に拠りつつ民間の契約ベースを一段と強化しようとする。また、立法の動きとしては、Emergency Medical Treatment, and Active Labor Act of 1986（EMTALA）があった。

521　Medicareによる契約を国との間に結んでいる病院は、保健福祉省（Dept. of Health and Human Services）のCenters for Medicare and Medicaid Services（CMS）からその支払いを受ける。

998

第8章　現代の憲法問題―権力分立と司法審査の今―

　(d)連邦政府による保険の一般的制度化が滞る中、Massachusetts 州で
は 2006 年に民主党が、共和党の Mitt Romney 知事の拒否権を乗り越え
て、保険の強化法を成立させ、これが全国的注目を浴びることになった。
2008 年には民主党が、この方式を基礎とした保険制度の立法化に、連邦
レベルで取り組みだした。その中で、2008 年大統領選挙でこれをいわば
公約としていた Obama 氏が、共和党などの保守層の激しい反対を乗り越
えて、2010 年に同法案を成立させた[523]。共和党による同法への反対は、
法廷闘争も含め、その後も執拗に続けられたが、最高裁は、同法の下での
連邦税法を合憲と判断した[524]。

　(e)連邦議会の立法を最高裁が違憲と判断した例は、アメリカでもそうは
多くないことは屢述のとおりであるが、この傾向が行き過ぎることをチェ
ックするかのような意味合いで下された先例が、連邦法を Commerce
Clause の範囲外だとして違憲判断した、前出の United States v. Lopez
である[525]。それが、再び大恐慌となり、試される時が来た。2008 年 9 月
のことである。Merrill Lynch & Co.が助けを求め、Lehman Brothers
Holdings Inc.が崩壊した（Chap.11 による再生の申立をした）2008 年 9
月 15 日。世界の金融市場にショックが走った[526]。その結果、1930 年前後
の世界大恐慌以来とされる世界的大不況が生じることとなった。この Le-
hman Bros.ショックによりクライマックスを迎えた世界金融危機に対処
すべく、Obama 大統領は、特別立法を議会に要請し、いわゆる ARRA
法の成立となった[527]。こうした中央政府による強力な施策に対しては、3.

522　State Children's Health Insurance Program (SCHIP).

523　成立させた法律は、Patient Protection and Affordable Care Act of 2010 と、Health
　　Care and Education Reconciliation Act である。

524　National Federation of Independent Business v. Sebelius, 567 U.S., (No.11-393, 2012)。
　　ただし最高裁は、同法の下で連邦が各州に現在ある Medicaid の財源を否定するよう強制す
　　ることはできないとした。

525　その連邦法とは、Gun-Free School Zone Act of 1990, 18 U.S.C. § 922(g) である。

526　Lehman Bros.は、アメリカで Goldman Sachs、JP Morgan などに並ぶ No.4 の投資銀
　　行であった。その JP Morgan Chase & Co.は、Lehman Bros.に 1380 億ドルの連銀枠融資
　　をしていたが、ニューヨーク連銀から 9 月 15 日と 16 日に返済されている。

999

第3編　19世紀後半以降の憲法

(1)(イ)に記したような州権論者による反撥があり、この ARRA に対しても、前(b)〜(d)の健康保険法に対すると同様、Tea Party などが反対の声を挙げていた[528]。

　修正Xを、中央（連邦議会）の立法権限を画する憲法 I、8 の単なる**繰り返し、言い換え**にしか過ぎないとの読み方に対し、この修正条文に、憲法全体の構造・基礎設計を示す意味を読み取る考え方もある（これには修正 IX の表現を参照しつつ、解釈する考えもあるが、そうした解釈もこれに近い）。いずれにせよ、この州と中央（連邦議会）との関係が、アメリカの憲法でも最も揺れ動きの多い部分ということがいえよう。

　伝統的に州以下のレベルで行われてきて、今も修正Xにより「州と人民に留保されている」（......are reserved to the States respectively, or to the people）とされる分野では、競合する連邦議会の法律が狭く解釈されている[529]。

527　American Recovery and Reinvestment Act of 2009 (Pub. L. 111-5)。その基礎には、中央政府の財政出動を起爆剤とする、例の Keynesian macroeconomics の考え方があった（ただ、Nobel 経済学賞の Paul Krugman は、この財政出動を「需給 gap を埋めるのに必要な額の 1/3 にも足らない」、と批判していた）。

528　2010 年 2 月 10 日 CNN.com、Tenther movement aims to put power back in states' hands.

529　Univ. of Alabama v. Garrett, 531 U.S. 356 (2001) で問題となった連邦法というのは、Americans with Disabilities Act of 1990 (ADA) で、障害ゆえの雇用上の差別を禁じていた (42 U.S.C. §12112 (a))。最高裁は、州にある程度の裁量が許される問題での、州を被告とする原告による連邦法上の請求は、修正 XI の（州を被告として州裁判所へ訴えられる）範囲外であるとした。その中で、Kimel v. Florida Bd. of Regents, 528 U.S. 62, 73 (2000) と City of Boerne v. Flores, 521 U.S. 507, 536 (1997) を引いている。そこでは、Religious Freedom Restoration Act of 1993 を楯に、古い教会の拡張申請を否定した Texas 州の City of Boerne 当局を訴えたが、Religious Freedom Restoration Act U.S.C. 2000 bb et seq. そのものが、法人については殊に、修正 XIV§5 の下での授権を超えているとされた。

参考文献・引用文献一覧

Banning, Lance, *The Sacred Fire of Liberty, James Madison & the Founding of the Federal Republic*, Cornell Univ. Press, 1995

Burns, James MacGregor, *Packing the Court*, Penguin Books, 2009

Ellis, Joseph J., *His Excellency George Washington*, Knopf, 2004 (Ellis ①)

Ellis, Joseph J., *Founding Brothers The Revolutionary Generation*, Vintage Books, 2000 (Ellis ②)

Ellis, Joseph J., *After the Revolution Early American Culture*, Norton, 2002 (Ellis ③)

Dallek, Robert, *Franklin D. Roosevelt and American Foreign Policy 1932~1945*, Oxford Univ. Press, 1995

Ferling, John, *A Leap in the Dark*, Oxford Univ. Press, 2003

Friedman, Lawrence M,. *A History of American Law, Third Ed*, Simon & Schuster, 2001

Kammen, Michel, *The Origins of the American Constitution, A Documentary History*, Penguin Books, 1986

McCullough, David, *John Adams*, Simon & Schuster, 2001

McPherson, James, *Battle Cry of Freedom*, Oxford Univ. Press, 1988

Niles, Hezekiah, *Principles and Acts of the Revolution in America*, BiblioLife, 1876

Randall, J. G., *Lincoln The President*, DA CAPO, 1997

Tribe, Lawrence H., *American Constitutional Law, third Ed*, Foundation Press, 2000

Vidal, Gore, *Hollywood, A Novel of America in the 1920s*, Ballantine Books, 1990

Vidal, Gore, *Burr*, Ballantine Books, 1973

Vidal, Gore, *1876*, Ballantine Books, 1976

Wood, Gordon S., *Empire of Liberty*, Oxford Univ. Press, 2009

Woodward, Bob, Armstrong Scott, *Brethren Inside the Supreme Court*, Avon, 1979

Woodward, Bob, Bernstein Carl, *All the President's Men*, Touchstone, 1994

Wright, Charles A., *Law of Federal Courts*, West, 1983

アメリカ歴代大統領年代表

代数	大統領氏名（在職年）	副大統領氏名（在職年）
1.	George Washington（1789-1797）	John Adams（1789-1797）
2.	John Adams（1797-1801）	Thomas Jefferson（1797-1801）
3.	Thomas Jefferson（1801-1809）	Aaron Burr（1801-1805） George Clinton（1805-1809）
4.	James Madison（1809-1817）	George Clinton（1809-1812） None（1812-1813） Elbridge Gerry（1813-1814） None（1814-1817）
5.	James Monroe（1817-1825）	Daniel D. Tompkins（1817-1825）
6.	John Quincy Adams（1825-1829）	John C. Calhoun（1825-1829）
7.	Andrew Jackson（1829-1837）	John C. Calhoun（1829-1832） None（1832-1833） Martin Van Buren（1833-1837）
8.	Martin Van Buren（1837-1841）	Richard M. Johnson（1837-1841）
9.	William Henry Harrison（1841）	John Tyler（1841）
10.	John Tyler（1841-1845）	None（1841-1845）
11.	James K. Polk（1845-1849）	George M. Dallas（1845-1849）
12.	Zachary Taylor（1849-1850）	Millard Fillmore（1849-1850）
13.	Millard Fillmore（1850-1853）	None（1850-1853）
14.	Franklin Pierce（1853-1857）	William King（1853） None（1853-1857）
15.	James Buchanan（1857-1861）	John C. Breckinridge（1857-1861）
16.	Abraham Lincoln（1861-1865）	Hannibal Hamlin（1861-1865） Andrew Johnson（1865）
17.	Andrew Johnson（1865-1869）	None（1865-1869）
18.	Ulysses S. Grant（1869-1877）	Schuyler Colfax（1869-1873） Henry Wilson（1873-1875） None（1875-1877）
19.	Rutherford B. Hayes（1877-1881）	William Wheeler（1877-1881）
20.	James A. Garfield（1881）	Chester Arthur（1881）
21.	Chester Arthur（1881-1885）	None（1881-1885）
22.	Grover Cleveland（1885-1889）	Thomas Hendricks（1885） None（1885-1889）

アメリカ歴代大統領年代表

23.	Benjamin Harrison (1889-1893)	Levi P. Morton (1889-1893)
24.	Grover Cleveland (1893-1897)	Adlai E. Stevenson (1893-1897)
25.	William McKinley (1897-1901)	Garret Hobart (1897-1899) None (1899-1901) Theodore Roosevelt (1901)
26.	Theodore Roosevelt (1901-1909)	None (1901-1905) Charles Fairbanks (1905-1909)
27.	William Howard Taft (1909-1913)	James S. Sherman (1909-1912) None (1912-1913)
28.	Woodrow Wilson (1913-1921)	Thomas R. Marshall (1913-1921)
29.	Warren G. Harding (1921-1923)	Calvin Coolidge (1921-1923)
30.	Calvin Coolidge (1923-1929)	None (1923-1925) Charles Dawes (1925-1929)
31.	Herbert Hoover (1929-1933)	Charles Curtis (1929-1933)
32.	Franklin D. Roosevelt (1933-1945)	John Nance Garner (1933-1941) Henry A. Wallace (1941-1945) Harry S. Truman (1945)
33.	Harry S. Truman (1945-1953)	None (1945-1949) Alben Barkley (1949-1953)
34.	Dwight D. Eisenhower (1953-1961)	Richard Nixon (1953-1961)
35.	John F. Kennedy (1961-1963)	Lyndon B. Johnson (1961-1963)
36.	Lyndon B. Johnson (1963-1969)	None (1963-1965) Hubert Humphrey (1965-1969)
37.	Richard Nixon (1969-1974)	Spiro Agnew (1969-1973) None (1973) Gerald Ford (1973-1974)
38.	Gerald Ford (1974-1977)	None (1974) Nelson Rockefeller (1974-1977)
39.	Jimmy Carter (1977-1981)	Walter Mondale (1977-1981)
40.	Ronald Reagan (1981-1989)	George Bush (1981-1989)
41.	George Bush (1989-1993)	Dan Quayle (1989-1993)
42.	Bill Clinton (1993-2001)	Al Gore (1993-2001)
43.	George W. Bush (2001-2009)	Dick Cheney (2001-2009)
44.	Barack Obama (2009-present)	Joe Biden (2009-present)

1003

法 令 索 引

アメリカ

憲法　　8, 9, 57, 100, 102, 973

Ⅰ
　8, 237, 256, 292, 365, 804, 862, 881, 893, 940

Ⅰ、1　　232, 851, 855, 859, 872
Ⅰ、1(1)　　200
Ⅰ、2　　96, 239-41, 987
Ⅰ、2(1)　　241, 548
Ⅰ、2(2)　　538, 864
Ⅰ、2(3)　　239, 243, 275, 546, 561
　第3文　　241
Ⅰ、2(5)　　246, 804, 880
Ⅰ、3　　239
Ⅰ、3(1)　　243, 625
Ⅰ、3(3)　　240, 297
Ⅰ、3(4)　　240, 297
Ⅰ、3(5)　　247, 882, 895
Ⅰ、3(6)　　246, 843, 880-1
Ⅰ、3(6)、(7)　　804
Ⅰ、3(7)　　880
Ⅰ、4　　240
Ⅰ、4(2)　　626
Ⅰ、4、§2　　627
Ⅰ、5　　240, 247, 270, 531, 804
Ⅰ、5(2)　　240
Ⅰ、6　　271
　の前節　　271
Ⅰ、6(1)　　96, 271, 850
　第1文節　　271
　第2文節　　271
Ⅰ、7　　853, 862
Ⅰ、7(1)　　246, 733
Ⅰ、7(2)、Ⅰ、8(11)　　733
Ⅰ、7(2)
　244-6, 248, 253, 537, 557, 851, 855, 859, 872
　第2文　　245, 248
Ⅰ、7(3)　　245, 859
　(ORV Clause)　　775
Ⅰ、8　　272-3, 291-2
Ⅰ、8(1)
　　246, 254, 257, 274, 282, 362, 624, 715
(1)～(18)　　272
Ⅰ、8(2)　　207, 275, 362
Ⅰ、8(3)　　285-6
　(Commerce Clause)
　　9, 286-8, 493, 793, 952-4, 957-9, 994-5
Ⅰ、8(4)　　207, 269, 274, 276

（国籍条文）　　859
Ⅰ、8(5)　　207, 277, 346, 577
Ⅰ、8(6)　　207, 277
Ⅰ、8(7)　　277
Ⅰ、8(8)　　278
Ⅰ、8(9)　　248, 279
Ⅰ、8(10)　　207, 280
Ⅰ、8(11)　　281-2, 915-7
（戦争宣言決議）　　916
Ⅰ、8(11)～(16)　　545, 772
Ⅰ、8(12)　　281-2, 299
Ⅰ、8(12)、(13)　　373
Ⅰ、8(13)　　281-2
Ⅰ、8(14)　　274, 282
Ⅰ、8(15)　　263, 274, 283, 979-80
Ⅰ、8(16)　　263, 283, 979, 981
Ⅰ、8(17)　　284, 627
　第2句　　285
Ⅰ、8(18)
　260, 274, 281, 285, 290, 303, 362, 384, 859, 874, 951
　（必要かつ適切条項〔Necessary and Proper Clause〕）
　　289-90, 775, 859, 874
Ⅰ、9
　200, 244, 253-4, 273, 364, 937, 951, 955
Ⅰ、9(1)　234, 239, 253, 268, 446, 513, 539
Ⅰ、9(1)～(8)　　234
Ⅰ、9(2)　　234, 253
Ⅰ、9(3)　234, 254, 257, 375, 539, 852, 868
　（私権剥奪法）
　90, 213, 236, 247, 254, 257, 270, 364, 375, 604, 852, 894, 982, 986
Ⅰ、9(4)　　254, 274, 394, 623, 956, 983
Ⅰ、9(5)　　255, 938
Ⅰ、9(6)　　207, 255, 938
Ⅰ、9(7)　　256, 445
Ⅰ、9(8)　　234, 256-7, 611
Ⅰ、10(1)　710, 845, 849, 945, 955, 973
　契約条項の立法禁止条文　　254
Ⅰ、10(1)～(3)　　256
Ⅰ、10(2)　　257, 286, 525, 874, 983
Ⅰ、10(3)　　258, 286, 288, 303, 373
Ⅰ～Ⅲ　　205
Ⅰ～Ⅳ　　8
Ⅱ　8, 97, 190, 237, 292, 300, 777, 804, 875
Ⅱ、1　232, 293, 385, 699, 851, 855, 872
Ⅱ、1(1)　　296, 307, 716
Ⅱ、1(2)　　294, 296-7, 627
Ⅱ、1(3)　　294, 298

II、1 (4) 294
II、1 (5) 294, 556
II、1 (6) 297, 765
II、1 (8) 297, 823
II、2
249, 292-3, 298, 300, 302, 375, 774, 856, 981
II、2 (1)
249, 293, 298-9, 307, 836, 853-4, 881
II、2 (2) 854-5
第2節 852
第1文但書 415
II、2 (3) 293, 303, 305, 307, 567
II、3 896-7
の末文（第1と第2文節とも） 716
(Take Care Clause)
304, 716, 889, 891-2, 896-7, 933
II、4 297, 773, 804, 881
III
8, 97, 237, 274, 320, 329, 414, 804, 830, 855, 872, 964, 968
III、1
232, 274, 279, 311, 316, 804, 812, 845
III、2 384-5
III、2 (1) 208, 291, 312, 805, 916, 947
III、2 (2) 248, 320, 576, 838
第1文 968
III、2 (3) 881
III、2 (1、3) 838
III、3 (1) 212
IV 8, 189, 205, 365, 830, 835, 964
IV、1 259-60
第1文 259-60
第2文 260
IV、2
8, 259-60, 268, 286, 329, 375, 602, 611, 626
(特権と身分保障特権条項) 514
IV、2 (1) 189, 260-1, 364-6, 538
(Privileges Clause) 513-4
IV、2 (2) 261, 366, 973
IV、2 (2)、(3) 189, 365
IV、2 (3) 261, 268, 513
IV、2 第1項 261
IV、2 第2、3項 261
IV、3 202, 260, 445, 528, 936-8
IV、3 (1) 202, 239, 262, 973
第1文 262
第2 262
IV、3 (2) 202, 262, 291
IV、4
189, 202, 229, 263, 539, 611, 813, 938, 972, 974, 977, 983

第2文節 263
V 265-6, 937-8
V末文 202
VI 2, 94, 96-7, 964
VI、(1)、(3) 258
VI、(2)
250, 259, 302, 333, 706, 805, 829, 870, 941, 945
(最高法規条項) 515
第1文 805
第3文 942
VI、(3) 190, 328, 333, 811, 945
VII 96-7, 191
修正I 367-9, 993-4
(言論の自由) 593
(団結の自由) 776
修正I～III 383
修正I～V 378
修正I～VIII 546
修正I～IX 363-5, 382-3
修正I～XII 200
修正I～修正X 188
修正II 20, 202, 264, 370-2, 811
修正III 55
修正IV
49, 270, 373-4, 378, 821, 874, 919, 931-2
修正IV、2 382
修正IV、2 (1) 382
修正V 550-1, 821-2
修正V、第1文 544-5
修正VI 376, 378, 821-2, 925, 945
修正VII 379
第1文節 380
第2文節 380
修正VIII 96, 380-1
修正IX 95, 257, 272-3, 280, 381-2, 823, 1000
修正X 94-5, 202-4, 383-4, 943-4, 956-90
修正X～XII 383
修正X～XI 937
修正XI
97, 202-3, 328, 383-5, 539, 937-40, 943-4, 1000
修正XII 297, 385, 454
修正XIII 534-5, 537-8, 542-4
修正XIII、1 542-3, 657
修正XIII、2 543
修正XIII～XIV 537, 539
修正XIII～XV 268-9, 540-2, 580-1
3章中の各1条 637
修正XIII～XV各1条 269
修正XIV
369-70, 381-2, 548-52, 557-8, 565-6, 602-4, 843-4, 992-3

修正 XIV、1	605-6
(Equal Protection Clause)	
259, 566, 605, 703, 811, 821, 950, 956, 977, 992	
第 1 文	374, 544-5
第 2 文	603
第 2 文、第 2 節	604, 606
修正 XIV、2	241, 547
第 2 文	544, 547
修正 XIV、4	278
修正 XIV、5	540, 545, 974
修正 XIV～X V	553
修正 X V	
496, 547-8, 552, 558-9, 564-5, 571, 793, 816, 984-6	
修正 X V、1	548
修正 X V、2	548, 985
修正 X V、1、2	538
修正 X VI	
255, 269, 275, 624, 665, 671-2, 674, 983	
修正 X VI～X X VII	386
修正 X VII 243, 434, 440, 540, 647, 959	
(1913 年)	624, 689
修正 X VII、1	625
修正 X VII、2	239
修正 X VII～X IX	624
修正 X VIII	540, 845, 954
修正 X VIII、3	267
修正 X VIII と X X I	705
修正 X IX 268, 647, 671, 985	
修正 X X	385
修正 X X、3	765
修正 X X I	540, 697, 954
修正 X X I、3	266
修正 X X II	190, 627, 785
修正 X X III	295, 627
修正 X X IV	540
修正 X X V、1	885
修正 X X V、2	899
修正 X X VII	188
修正章	368
修正法案 (Wade-Davis Bill)	531, 537-8
連合憲章	502
IX、4	94, 96
IX、6	95
X II	97
X III	98
人身保護令	502
body of constitutional law	9

連邦法 (title 表示)

1 U.S.C. § 112 (b)	249
3 U.S.C. § 4 (1845 年の連邦法)	296
3 U.S.C. § 15	386

10 U.S.C. § 311	263
10 U.S.C. § 332	283
18 U.S.C. § 792 et seq.	678
18 U.S.C. § 960 (1976)	398
28 U.S.C.	324-5
28 U.S.C. § 371, 471	311
28 U.S.C. § 591 et seq.	854
28 U.S.C. § 595	307
28 U.S.C. § 1251, 1333	318
28 U.S.C. § 1252	859
28 U.S.C. § 1257	947, 965
28 U.S.C. 1257 (a)	966, 969
28 U.S.C. § 1332	321
28 U.S.C. § 1333 (1)	319
28 U.S.C. § 1348	322
28 U.S.C. § 1652	822
28 U.S.C. § 1738, 1739	260
28 U.S.C. § 2254	253, 557
28 U.S.C. § 2283	941
28 U.S.C. Part IV 第 83 章	324
42 U.S.C. § 4 (a)	985
42 U.S.C. § 1973～1973 bb-1	985
42 U.S.C. § 1981	816
42 U.S.C. § 1983	559
42 U.S.C. § 12112 (a)	1000
49 U.S.C. 23 (a)	855
50 U.S.C.	904
50 U.S.C. § 1801	920
50 U.S.C. § 1801 et seq.	919
50 U.S.C. § 1802	919
50 U.S.C. Ch. 5. § 401	767
1882 年 8 月 8 日法 23 Stat. 21	250
Pub. L. 81-831	776
Pub. L. 93-148	775
Pub. L. 95-511, 50 U.S.C. Ch. 36.	930
Pub. L. 107-56	920
Pub. L. 107-243 (上下両院合同決議)	908
Pub. L. 111-203	962

連邦法 (popular name 表示)

1792 年 5 月 8 日法	981
1792 年 5 月 20 日 (1795 年 2 月に書き直し) 法	
	981
1795 年法	982
1851 年法 (船主の責任を限定する)	274
1917 年 10 月 6 日法の § 5 (b)	716
1933 年 3 月 9 日法の § 2	716
Act of 1795 年 2 月 28 日、10 U.S.C. 332	264
act 2	377
Act further to protect the Commerce of the United States (1798 年 9 月 7 日)	405
Act to enforce the Right of Citizens of the United States to vote in the several States of this Union, and for other Purposes	559

法令索引

Act to Further Promote the Defense of the United States 734

Act to provide for relief in the existing national emergency in banking, and for other purposes 716

act to provide for the more efficient Government of Rebel States 557

Act of Settlement 368

Adamson Act 671

Administrative Office of the United States の設置立法（1939 年） 320

Affordable Care Act（オバマケア法） 231, 962-3
　Patient Protection and Affordable Care Act (Pub. L. 111-148, 42 U.S.C.) 961
　Patient Protection and Affordable Care Act of 2010 999

African-American Civil Rights Act of 1964 818

Age Discrimination in Employment Act (ADEA) 958, 960

Agricultural Marketing Act of 1929 696

Agricultural Adjustment Act of 1933 696, 711-2

Alien Acts 369, 407, 410-1

Alien and Sedition Acts 406-10, 678
　扇動防止法の 4 法案 405

American Colonies Act, 1766 72

American Recovery and Reinvestment Act of 2009 (Pub. L. 111-5) 1000

Americans with Disabilities Act of 1990 (ADA) 1000

Anti-Drug Abuse Act of 1988 954-5

Anti-Injunction Act（差止め命令制限法）
　1793 941
　1867, 26U.S.C. 7421 (a) 941

Anti-miscegenation Statute 562, 976-7

Anti-Peonage Act of 1867 540

Anti-Terrorism and Effective Death Penalty Act of 1996, Pub. L. 104-132 (AEDPA) 920

anti-trust law（独禁法、反トラスト法）
　323, 552, 590, 617, 619, 639, 650, 801

Apology Resolution (Pub. L. 103-150) 622

ARRA 法 999

article51 913

Articles of Confederation 50

Atomic Energy Act of 1946 926

Authorization for Use of Military Force (AUMF) 914, 916, 929

Authorization for Use of Military Force Against Iraq Resolution 908
　of 2002 914

Balanced Budget Act of 1997 998

Banking Act of 1933 695

Bipartisan Campaign Reform Act of 2002 (McCain-Feingold Act) 988

Bituminous Coal Conservation Act of 1935 712

Bland-Allison Act 570

Bonus Bill of 1817 359, 432

Brady 法 960

Briand-Kellogg Peace Pact 730

Budget and Accounting Act of 1921 666

Capital Laws 22

Case-Church Amendment of 1973 (22 U.S.C. § 2151, 2751) 887

Chinese Exclusion Act
　of 1879 570
　of 1882 569, 643

Circuit Judge Act 310

Civil Liberties Act of 1988
　(Pub. L. 100-383) 748
　50 a U.S.C. § 1989 b 721

Civil Rights Act
　540, 786, 790-1, 793, 811, 815, 871, 988, 995
　§ 1983 559
　of 1866 522, 540, 557, 816
　of 1867 969
　of 1875 522, 559, 793, 815
　of 1875 の§ 1, § 2 541
　of 1877 540
　of 1957 787, 794, 986
　of 1960 986
　of 1964 (Pub. L. 88-352, 2 U.S.C. 9131)
　　792-4, 814-5, 818, 820, 939, 985-6

Claim of Right Act 368

Clayton Antitrust Act 670, 696
　of 1914 (Pub. L 63-212) (15 U.S.C. § 12-27, 29 U.S.C. § 52-53) 696, 670

Clean Air Act of 1970 887

Clean Water Act of 1972 887

Coercive Acts 71

Coinage Act of 1873 570

Commissioners of Customs Act 54, 72

Compensation Act 433-4, 439-40

Comprehensive Crime Control Act of 1984 252

Compromise Tariff Act of 1833 457

Confiscation Acts（〔農地の〕没収法） 510, 555
　(1861) 555

Congressional Budget and Impoundment Control Act of 1974 666

Conscription Act of 1863 640

1007

Copyright Term Extension Act of 1998　279
Corporation Excise Tax Act of 1909　665
Dawes Act of 1887（General Allotment Act）
620，635，644
Declaratory Act　72
Defense of Marriage Act（DOMA）
§ 3　978
of 1996 (3)　978
Defense Production Act of 1950　777
Defense Secrets Act of 1911　678
Departmental Reorganization Act of 1917
678
Dept. of Education Organization Act of 1979　715
Desert Land Act of 1877　620
Dingley Act of 1897　644，665
Distribution Act of 1836　455，464
Distributive (Preemption) Act of 1841
455，483
Dodd Frank 法（Wall Street 再建法）
587，961
Edmunds（エドモンズ）法　630-1
Election Assistance Commission（EAC）
628
Electronic Communications Privacy Act of 1986 (ECPA) Title III　921
Embargo Act　416-7，422
Emergency Bank Act（緊急銀行法）　695
Emergency Medical Treatment and Active Labor Act of 1986（EMTALA）　998
Emergency Relief Appropriation Act of 1935　695
Emmett Till Unsolved Civil Rights Act　563
of 2008　597
Enabling Act of 1802　229，432，612
Enforcement Act
342，540-1，558-9，565，572，584，991
3 つの Enforcement Acts of 1870　522
3 つの Enforcement Acts of 1871　522
Enrollment Act, Civil War Military Draft Act　533
Espionage Act
369，645，669，678，886，920，923，925-6
Ethics in Government Act of 1978 (28 U.S.C. § 591-599)　307，854，856
Exclusion Act　570
ex post facto law（事後法）
213，254，257，552，575，593，630，848，868，982
Fair Labor Standard Act（FLSA）
698，937，955，957
の 1974 年改正法　956
Farmer Relief Act　696

Federal Advisory Committee Act of 1972（連邦助言委員会法）　252
Federal Aid to Highways Act of 1956　785
Federal Civil Service Reform Act of 1883
921
Federal Election Campaign Act of 1971
854，988
の 1974 年改正法　854
Federal Employers' Liability Act of 1908, 45 U.S.C. § 51 et seq.　638，719，991，997
Federal Farm Loan Act　671，674
Federal Judiciary Act of 1789　312，333
Federal Reserve Act　670
Federal Rules of Civil Procedure, FRCP
323，325，936，968
Federal Trade Commission Act　670，696
First Legal Tender Act of 1861　610
First Militia Act of 1792　263
Fixed Term Parliaments Act 2011　880
Foreign Assistance Act of 1961, 22 U.S.C. 2151 et seq.　787
の改正法　927
Foreign Intelligence Surveillance and Enhancement Act（FISA）
of 1978
369，914，918，920-1，923-4，926，930-3
of 2006　922
Foreign Securities Act の Ch. 112 (12 U.S.C. § 955)　728
Former Presidents Act of 1958 (3 U.S.C. § 102)　785
Fugitive Slave Act
261，366-7，472-3，476，485，496，498，513 -6，564
General Revision Act of 1891　620
General Survey Act of 1824　432
GI Bill of Rights（Pub. L. 78-346）　715
Glass-Steagall Act　695
Gold Standard Act of 1900 (31 Stat. 45)　650
Goldwater-Nichols Department of Defense Reorganization Act of 1986 (Pub. L. 99-433)　768
Guffey Coal Act　712
Gun-Free School Zones Act of 1990
290，996，999
Harrison Narcotic Act　954
Hawaiian Organic Act of 1900　623
Health Care and Education Reconciliation Act　961，999
Help America Vote Act of 2002（HAVA）
628
Homestead Act　455，474，484，608，620
Honest Leadership and Open Government

1008

法 令 索 引

Act of 2007　　　　　　　　　　586
Hughes-Ryan Act of 1974, 33 U.S.C. ch. 32（§
　2422)　　　　　　　　　　　927
Hyde Amendment　　　　　　993-4
ID laws　　　　　　　　　　　989
Immigration Act of 1918
　　　　　　414，679，858-9，914
Independent Counsel Act 28 U.S.C. § 595 (c)
　　　　　　　　　　　　　　890
Indian Gaming Regulatory Act of 1988 (Pub.
　L. 100-497, 25 U.S.C. § 2701et seq.)　940
Indian Health Care Improvement Act　636
Indian Removal Act
　　　　　456，460，467，489，634
Indian Reorganization Act (1934)　　698
Intelligence Authorization Act of 2000 (Pub.
　L. 106-120)　　　　　　　　927
Intelligence Oversight Act of 1980　863，927
Internal Security Act of 1950（防諜法）　776
International Security and Development Co-
　operation Act of 1981, 22 U.S.C. 2370　787
Interstate Commerce Act
　　　　　　　289，580，585，642
Interstate Commerce Commission Termina-
　tion Act　　　　　　　　　289
Intolerable Acts　57，61，63-4，71，77，372
IRC of 1954　　　　　　　　941
J. F. K. Assassination Records Collection
　Act of 1992　　　　　　　　929
Japanese Imperial Government Disclosure
　Act (Pub. L. 106-567)　　　　927
Jim Crow Law　　535，564，790，819，975
Johnson Act of 1934　　　　　728
Joint Resolution Concerning War Powers of
　Congress and the President, Pub. L. 93-148
　50 U.S.C. 1541-48　　　　　928
Jones-Shafroth Act of 1917 (Pub. L. 64-368)
　　　　　　　　　　　　　　657
Judge's Bill of 1925　　　　　332
Judicature Act　　　　46，707，836
　of 1873　　　　　　　　　614
Judiciary Act of 1789　　　　314-5
1789 年司法法
　　　　312-4，317-8，946-7，964-5，968-9
1801 年司法法 (Midnight Judge Act)　841
1802 年の Judiciary Act　　　　331
1869 年の司法法　　　　　　577
1875 年司法法　　　　310-1，581，593
1891 年司法法　　　　　　　311
1911 年司法法典　　　　　　315
1914 年司法法改正　　　　　947
1948 年の Judicial Code　　　　324
Judiciary Reorganization Bill of 1937

　　　　　　　　　　335，712
Judiciary（Evarts Act)　　　　310
Kansas-Nebraska Act　　　　474-5
Keating Owen Act of 1916　　671
Ku Klux Klan Act　　540，559，991-2
Labor Management Relations Act　765
Land Revision Act of 1891　　620
Law Enforcement Act of 1961 (22 U.S.C. §
　2346c)　　　　　　　　　714
Legal Tender Act　275，533，577，610，844
Lend-Lease Act　533，732-7，745，755，787
Line Item Veto Act　245，808，861-2，893-4
Lobbying and Disclosure Act of 1995 (2 U.S.
　C. § 1601)　　　　　　　　586
Low‐Level　Radioactive　Waste　Policy
　Amendments Act of 1985　　935，960
McCarran Act　　　　　　　776
Medicare (Medical Care Act of 1965)　998
Medicare Prescription Drug, Improvement,
　and Modernization Act of 2003　998
Midnight Judges Act
　　　　　　185　313-4，331，415，836-7
Military Selective Services Act　　898
Militia Act
　of 1792　　　　　　　299，397
　of 1862　　　　　　　　533
Morrill Act
　of 1862　　　　　　　　608-9
　of 1890 (Agricultural College Act) (26 U.
　S.C. § 417)　　　　　　　609
Mutiny Act of 1689　　　　　57
Mutual Security Act of 1951　767，772
National Aeronautics and Space Act　785
National Banking Act　　　　533
　of 1863, 1864　　　　　　610
National Defense Act of 1916　263
National Environmental Policy Act of 1969
　　　　　　　　　　　　　　887
National Industrial Recovery Act
　　　　　　　696-7，711-2，717
National Labor Relations Act (NLRA)
　　　　　　　　　　699，717
禁酒法　267，625　627，646-7，697，845，954
禁酒廃止法　　　　　　　　697
National Security Act
　of 1947　　　　　　　767-8，920
　of 1949　　　　　　　　768
National Security Surveillance Act of 2006
　　　　　　　　　　　　　　922
National Voter Registration Act of 1993
　　　　　　　　　　　　　　628
Neutrality Act（中立法）
　305，398，480，683，726-7，729，731，734，

1009

755
of 1794　　　　　　　　　306, 398, 479
of 1818　　　　　　　　　479
of 1935　　　　　　　　　727-8
of 1936　　　　　　　　　727
of 1937　　　　　　　　　727
of 1939　　　　　　　　　728, 736
New Deal 法　　696, 711-3, 717, 765, 841
Non-Importation Act of 1806　　　416
Non-Intercourse Act　　　　　　422
Northwest Ordinance　　　　136-8, 514-5
Official Secrets Act　　　　　　678
Oklahoma Indian Welfare Act (1936)　698
Pacific Railroad Acts　　　345, 474, 608
Page Act of 1875　　　　　　　583
Part A Hospital Insurance　　　　998
Part B Supplementary Medical Insurance
　　　　　　　　　　　　　998
Patent Act
of 1790　　　　　　　　　279
of 1836　　　　　　　　　279
Patriot Sunsets Extension Act of 2011（再延
長法）　　　　　　　　　922
Payne-Aldrich Tariff Act of 1909　　665-6
Pen Register Act　　　　　　　921
Pendleton Civil Service Reform Act
　　　　　　　　　567, 589, 616
personal liberty laws　　　367, 497, 515
Philippines Organic Act of 1902　　657
Post-9/11 Veterans Educational Assistance
Act of 2008　　　　　　　715
Pregnancy Discrimination Act of 1978　963
Presidential Succession Act, 3 U.S.C. § 19
　　　　　　　　　　　　　765
Prohibition of the Importation of Certain
Goods and Merchandise from the Kingdom
of Great Britain　　　　　　416
Prohibitory Act, 1775　　　　　110
Protect America Act of 2007　　　922
Public Utility Regulatory Policies Act of
1978 (PURPA)　　　　　　958-9
Pure Food and Drug Act of 1906　649, 954
Quartering Acts　　　　　　57, 372
Quebec 法　　　　　　　　　71
Railway Labor Act　　　　　　958
Reconstruction Acts（再建法）
　　　　　　　　　522, 554, 556-7
Religious Freedom Restoration Act of 1993
　　　　　　　　368, 964, 1000
Residence Act　　　　　　285, 295
Revenue Act　　38, 54, 255, 532, 671-2, 674
Rider（付則）法　　　　　　993
Robinson-Patman Act of 1936 (15 U.S.C. § 13 (a)

-(f))　　　　　　　　　　670
Rules Enabling Act 28 U.S.C. § 2071-7　968
Rules of Decision Act　　　　　822
Rumsfeld Fair Housing Act　　　935
Scott Act of 1888　　　　　　643
Sedition Act　　　　407, 409, 672, 920
of 1918 (Pub. L. 65-150)　369, 678-9, 924
Sentencing Reform Act of 1984　　252
Sherman Act　　　　　617-9, 948-9
Sherman Silver Purchase Act of 1890
　　　　　　　　　　　620, 644
Slave Importation Act　　　　　446
Social Security Act　275, 695-6, 701, 992-3
Social Security Amendments
of 1965　　　　　　　　　998
of 1967　　　　　　　　　992
Sonny Bono Copyright Term Extension
Act　　　　　　　　　　279
Southwest Ordinance　　　　　337
Subversive Activities Control Act of 1950
　　　　　　　　　　　　　776
Surface Mining & Reclamation Act of 1977
　　　　　　　　　　　　　958
Taft-Hartley 法　　　　　765, 777
Tariff Act of
1816　　　　　　　　　　455
of 1828　　　　　　　　　457
Telecommunications Act of 1934　　919
Tenure of Office Act of 1867　　　301
Terrorist Surveillance Act of 2006　922
The First Naturalization Act of 1790 (8 U.
S.C. § 1421)　　　　　　　277
The Gulf of Tonkin Resolution, Pub. L. 88-
408　　　　　　　　　　906
(1964)　　　　　　　　　774
The Mann Act of 1910　　　　　682
The Selective Service Act of 1948　777
The Smith Act　　　　　　　673
The Smith-Lever Act of 1914　　　675
Timber Culture Act of 1873　　　620
Trading with Enemy Act　　　　678
Trespass Act　　　　　　　827
Uniform Code of Military Justice (10 U.S.C.
§ 918 (1)、(4))　　　　　　305
U.S.Indian Reorganization Act of 1934　635
USA Freedom Act　　　　923, 927
USA Patriot Act
　369, 818, 914, 920, 922-3, 927, 931-2
Violence Against Women Act (1994)
　　　　　　　　　　　636, 996
Volstead Act　　　　　　　625
Voting Rights Act
　548, 554, 627, 794, 815, 820, 985-9

法令索引

of 1970	987
Wagner Act	681, 699
War Powers Resolution	
251, 299, 756, 773-5, 906-7, 918	
War Revenue Act of 1917	672
Wilson-Gorman Tariff Act	644, 665
一般継受法	4, 591
一般授権法	41, 351, 354-5, 358
医療保険法	993-5
外国人追放法	406
外国諜報監視法	918
合衆国著作権法	278
合衆国特許法	278
関税法案	454-5, 464, 643
1828 年関税法	457
刑事訴訟法	373, 382, 721, 821
健康保険法	765, 1000
言論統制条項	406
言論取締法	672
高速道路網整備法	785
黒人差別法	820
再述外国関係法（再述法）	256, 615
債券発行法	785
裁判所法	896
州際取引法	552
出入国管理法	858-9, 914
選挙法	868
1940 年徴兵法の延長法	754
連邦相続税法	10
連邦破産法	375
（Chapter 9）	976
の 1937 年改正法 （11 U.S.C. § 401～404）	
	955
薬事法	953
令状停止法	502
労働関係法	699, 701, 713, 719, 732

州　法

Black Code	261, 555, 562, 571, 820
disfranchising constitution	588

アイオワ州
Iowa, State of 法	287

アラバマ州
Alabama 州（憲）法	543, 596, 796

イリノイ州
イリノイ州憲法（1870）	596

インディアナ州
Indiana, State of 憲法	562
Indiana 州の法律(Laws, Art. 15). 2013	647

ヴァージニア州
Virginia 州（憲）法	
150, 162-3, 222, 232, 631, 846, 948, 958, 977	

Virginia 法（1708）	510
Virginia（州）法（1794）	510
ヴァージニア州憲法 Art1. § 5	232
1776 年ヴァージニア憲法	631, 946
ヴァージニア植民州憲法	148

ウィスコンシン州
Wisconsin 州法	719

ウエストヴァージニア州
West Virginia 州法	566

オレゴン州
Oregon Treaty of 1846	450

カリフォルニア州
California 州法	955
California 州 1850 年の州憲法	611
Proposition	
14	816, 935
215	954

カンザス州
Wyandotte Constitution	602

ケンタッキ州
Kentucky 州法	514
Kentucky 法（1798）	510

コネチカット州
Connecticut 州法	382
Connecticut 州 Fundamental Orders	25

サウスカロライナ州
サウスカロライナ州憲法	605

ジョージア州
Georgia, State of 法	120, 628
Georgia 州選挙法	900

テキサス州
Texas 州法	562, 957, 975
Texas 州刑法（1856）	510

テネシー州
テネシー州憲法	
（1870）	605
ⅩⅠ、12	605
ⅩⅠ、14	605

ニュージャージー州
New Jersey 州法	375
ニュージャージー州憲法	222

ニューヨーク州
New York 州 Constitution (Article 8. § 1)	351
ニューヨーク州憲法	220
ニューヨーク州法 （Law N.Y. Ch. 47, 1811）	
	354, 552, 581, 633
ニューヨーク州民訴法（Field Code）	614
ニューヨーク州の 1783 年の民訴法	827

ネバダ州
Nevada 州法	939

ネブラスカ州
ネブラスカ州憲法（1875）	596

ペンシルヴァニア州

Act for the Gradual Abolition of Slavery (1788) 366
ペンシルヴァニア州法 264, 367, 980-1
1814 年の州法（Pennsylvania） 981
ペンシルヴァニア州憲法（1873） 596
ペンシルヴァニア植民州（憲法） 128, 148

マサチューセッツ州

Body of Liberties（自由権集） 21
Old Deluder Satan Act 21
Deluder Satan Act 340
Massachusetts Body of Liberties 21
Massachusetts Education Laws of 1642 and 1647 21
Massachusetts Government Act 71
Massachusetts, State of 憲法 233

ミシガン州

ミシガン州の銀行自由法 351

ミシシッピ州

Mississippi 州法 975
Mississippi 州憲法 588, 601
Mississippi 州 1817 年憲法 597-8
Mississippi 州 1890 年憲法、Article 1. 599
Mississippi 州 1832 年憲法 597-8
Mississippi 州 1868 年憲法 597-9
Mississippi 州 1890 年憲法 597-9
    Article 2. 599
    Article 3. 599
    Article 4.～6. 599
    Article 7. 599
    Article 8. 599
    Article 9. 599
    Article 10. 599
    Article 11. 600

ミズーリ州

Leavenworth Constitution 601
Lecompton Constitution 499, 517, 601
Missouri 州憲法 257, 599

メリーランド州

メリーランド地方法 24

ユタ州

Utah 州憲法 630
ユタ憲法 I、27 631

ルイジアナ州

Louisiana Territory 法（1806） 510-1

ロードアイランド州

1854 年改正のロードアイランド州憲法 595

条　約

9 ヶ国条約 730, 741
Adams-Onis Treaty 438, 451, 467
Berne Convention for the Protection of Literary and Artistic Works（ベルヌ条約） 279
BIT（bilateral investment treaties） 801
Bogota Charter 789
Burlingame Treaty 569
Clayton-Bulwer Treaty 469
  of 1850 643
Definitive Treaty of Peace between United States of America and his Britannic Majesty 119
Destroyers for Bases Agreement 732
Egypt-Israel Peace Treaty 901
European Union treaties 386
Fort Wayne Treaty 435, 441
GATT §2 799
Hague Convention of 1907 732
Hay-Bunau-Varilla Treaty 901
  of 1903 664
Hopewell 条約 99
Intermediate-range Nuclear Forces Treaty 903
Jay-Gardoqui Treaty 161
Jay's Treaty 399-400, 403-5, 413-4, 419, 422, 427, 898
Lansing-Ishii 合意 730, 741
Migratory Bird Treaty（渡り鳥条約） 303
Montevideo Convention on the Rights and Duties of States 154, 208, 725
  1933 208, 238
Mortefontaine 条約 414
Mutual Defense Assistance Agreement of 1954（相互防衛援助協定） 757
Mutual Security Treaty between the United States and Japan of 1951（サンフランシスコ条約） 757
NAFTA §10 799
  協定の 11 章（Chap. 11） 801
NATO 条約（1949 年） 773
Nicaragua canal treaty 643
Panama Canal Treaty 901
Rush-Bagot Treaty of 1817, 1818 452
SEATO（東南アジア共同防衛条約） 906
Sino-American Mutual Defense Treaty 250
Southeast Asia Collective Defense Treaty 774
Taft Arbitration Treaties of 1911 668
Transcontinental Treaty 438
  of 1819 451
Treaty Concerning the Permanent Neutrality and Operation of the Panama Canal 900
Treaty of 1818 465
Treaty of Amity, Commerce and Navigation 413
Treaty of Ghent 429

イギリス（続き）／法令索引

1814　426
Treaty of Greenville of 1795　419
Treaty of Guadalupe Hidalgo　472
Treaty of Moultrie Creek　467
Treaty of Mutual Cooperation and Security between the United States and Japan of 1960（いわゆる安保条約）　757
Treaty of Paris　119, 421, 662
　(1814)　911
Treaty of Versailles　679, 681-3, 724, 933
US-Japan Treaty of Amity and Commerce　480
安政（の仮）条約　480
安保理決議
　No.660 (1990)　913
　No.678　913
講和条約　124
国際商事仲裁法　802
国際聯盟規約　681-4, 730, 759-60
　Ｘ章 (Covenant Article X)　681
国際聯盟条約　724, 737
国連憲章
　3　760
　13　912
　13(1)(a)　911
　109　760
　110　760
　119(3)　761
　Chap ⅩⅠ, art 73, 74　761
　Chap ⅩⅡ, art 75-85　761
相互協力と安全保障に関する日米条約　757
大陸間弾道ミサイル条約　251
多国間条約　759, 912
中立条約　900
通商条約　580, 802
日米友好条約　527
パナマとの条約　900
パリ（平和）条約　418-9, 654-5
仏米条約（1778年）　400
米仏間軍事同盟条約　399
ヤルタ協定
　II　782
　II～XIV　782
　XIV　782
友好通商条約　102, 339, 802
ヨーロッパ人権条約　234
ルイジアナ買収条約　239, 424, 443
ローマ条約（1957年）　618
ワシントン条約　692

イギリス

Boston Port Act　71
British law　592
Commissioners of Customs Act　54
English Bill of Rights（イギリス人権憲章）　2, 20, 51, 62, 125, 128, 234, 237, 371, 380, 550
　Act Declaring the Rights and Liberties of the Subjects and Setting the Succession of the Crown　62
English Statute of 1710　278
Great Charter　804
Indemnity Acts（補償法）　54, 72
Magna Carta　75, 127-8, 219-20, 510, 550, 633, 803-4, 832, 935
Navigation Acts　41, 44-7, 50-2, 60-1
Navigation Ordinance 1651　52
New York Restraining Act　72
Revenue Act of 1767　72
Stamp Acts　60-1, 69-72
Statute of Monopolies of 1624　278
Tea Act　70
Townshend Acts　38, 45, 54-5, 61, 71-2, 77
Townshend Revenue Act, 1767　45, 71
Vice Admiralty Court Act　72
イギリス権利宣言　803
イギリス著作権法　278
イギリス特許法　278
イギリスの破産法　353
エリザベス1世女王の救貧法　28
関税委員会法　54
第10制定法（1770）　272

日　本

日本国憲法　824
　(35)　373
国家公務員法
　第98条第2項　848
　第110条第1項第17号　848

その他

Executive Order（大統領令）　716-7, 734-5, 876
　1295　717
　6102　697, 716
　6111　697
　6174　697
　8807　779
　9066　717, 747
　11063　790
House Rule ⅩⅩⅡ　245
Senate Rule ⅩⅩⅧ　245
Supreme Court Rules (Rule 10)　331
The Federal Rules of Appellate Procedure

(FRAP)	325	フランス共和国憲法	224, 228
1968	325	フランス第1共和国憲法	228
Weimar Republic 憲法	215	ポーランド憲法	214
カナダ連邦憲法	202, 227	ボストン港令	73
州選挙法	868	Mexico 憲法	216, 800
ソ聯共和国憲法	234	ローマ法	873
ドイツ憲法	947		

判例索引

Aaron v. Cooper, 351 U.S. 1 (1958)   975

Abie State Bank v. Weaver, 282 U.S. 765 (1931)   546

Ableman v. Booth, 62 U.S. 506 (1859)   515, 517, 937, 946, 965

Abrams v. United States, 250 U.S. 616 (1919)   672-3, 678

Adkins v. Children's Hospital, 261 U.S. 525 (1923)   709

Albertson v. Subversive Activities Control Board, 382 U.S. 70 (1965)   776

Alden v. Maine, 527 U.S. 706 (1999)   937-8

Allgeyer v. Louisiana, 165 U.S. 578 (1897) 551

Allied Stores of Ohio v. Bowers, 358 U.S. 522, 526-7 (1959)   956

Allstate Ins. Co. v. Hague, 449 U.S. 302 (1981)   260

American Civil Liberties Union v. National Security Agency, 493 F. 3d 644, 6th Cir. (2007)   932

Amy Warwick, 67 U. S. 635 (1862)   574

Anderson v. Dunn, 19 U.S. 204, 231 (1821) 270

Arizona v. Evans, 514 U.S. 1, 30 (1995)   939

Arizona v. Inter Tribal Council of Ariz., Inc. No 12-71   566, 628

Ashton v. Cameron County Water Imp. Dist. No. 1, 298 U.S. 513 (1936)   955, 990

Ashwander v. TVA   263, 327, 332, 697, 701, 834, 859, 865

Atascadero State Hospital v. Scanlon, 473 U. S. 234, 242 (1985)   939

Austin v. Michigan Chamber of Commerce, 494 U.S. 652 (1990)   988

Bailey v. Alabama, 219 U.S. 219, 240 (1911)543

Bailey v. Drexel Furniture Co. (1922)   708, 972, 994-5

Baker v. Carr, 369 U.S. 186 (1962)   334, 628, 866, 868

Bantam Books v. Sullivan, 372 U.S. 58, 70 (1963)   370

Barenblatt v. United States, 360 U.S. 109, 112 (1959)   378

Barron v. Baltimore, 32 U.S. 243 (1833)   369, 382, 549

Barron v. City of Baltimore, 32 U.S. 243 603

Beal v. Missouri Pacific R. R. Corp., 312 U.S. 45   328

Bearden v. Georgia, 461 U.S. 660 (1983)   122

Bendix Autolite Corp. v. Midwesco Enterprises, Inc., 486 U.S. 888, 891 (1988)   288

Biddle v. Perovich, 274 U.S. 480 (1927)   898

Blatchford v. Native Village of Noatak, 501 U.S. 775 (1991)   938

Bldg, Const/Trd. Dept., et al. v. Allbaugh, Joe, et al, No. 01-5436 Court of Appeals for the District of Columbia   717

Bolling v. Sharpe, 347 U.S. 497 (1954)   605

Bowman v. Middleton, South Carolina (1792)   832

Bowsher v. Synar, 478 U.S. 714 (1986)   850

Boyd v. Nebraska ex rel. Thayer, 143 U.S. 135, 162 (1892)   276

Brandenburg v. Ohio, 395 U.S. 444 (1969) 678

Breedlove v. Suttles, 302 U.S. 277 (1937)   628, 985

Brooke Group Ltd. v. Brown & Williamson Tobacco Corp., 509 U.S. 209   949

Brown v. Board of Ed. of Topeka, 347 U.S. 483 (1954)   856-8, 871-2, 934-5, 974-6

Brown v. Maryland, 25 U.S. 419 (1827)   952

Buckley v. Valeo, 424 U.S. 1 (1976)   850, 854

Burns v. Richardson (1966)   241, 984

Burwell v. Hobby Looby Stores, Inc., 573 U. S. No. 13-354 (2014)   963

Bush v. Gore, 531 U.S. 98 (2000)   703

C&A Carbone. Inc. v. Town of Clarkstown, 511 U.S. 383, 407 (1994)   953

Campbell v. Clinton, 203 F. 319 (D.C. Cir. 2000)   909

Campbell v. Clinton. 203 F. 3d 19 (D.C. Cir. 2003)   907

Carter v. Carter Coal Co., 298 U.S. 238 (1936)   712

Chae Chan Ping v. United States 130 U.S. 581 (1889)   302

Chicago & Southern Air Lines v. Waterman Steamship Corp, 333 U.S. 103   306

Chicago, Milwaukee, and St. Paul Railway Company v. Minnesota, 134 U. S. 418 (1890)   581

Chisholm v. Georgia, 2 U.S. 419 (1793)   330, 384

Citizens United v. Federal Election, 558 U.S. 310 (2010)   988

City of Boerne v. Flores, 521 U.S. 507, 536 (1997)   1000

Civil Rights Cases   522, 576, 815
  109 U.S. 3 (1883)   620
  93 U.S. 130 (1876)   541, 543

Cleveland Board of Edu. v. LaFleur, 414 U.S.

1015

632 (1974) 978, 993

Clinton v. City of New York, 524 U.S. 417 (1998) 245, 808, 855, 858, 860, 893

Clinton v. Jones, 520 U.S. 681 (1997) 890

Cohens v. State of Virginia, 19 U.S. 264 (1821) 331, 333, 863, 948

Coleman v. Miller, 307 U.S. 433 (1939) 267

Coleman v. Thompson, 501 U.S. 722, 729 (1991) 329

Collector v. Day, 78 U.S. 113 (1870) 937, 955, 990

Colorado River Water Conservation Dist. v. United States, 424 U.S. 800, 813-7 (1976) 204

Commonwealth Bank of Kentucky v. Griffith (1840) 945, 965

Community Communications Co. v. Boulder, 455 U.S. 40 (1982) 204

Cooley v. Board of Wardens of the Port of Philadelphia, 53 U.S. 299 (1851) 952

Cooper v. Aaron, 358 U.S. 1 (1958) 943

Coppage v. Kansas, 236 U.S. 1 (1915) 552

Corfield v. Coryell, 6F. Cas. 546, 551, No. 3230 (C.C.E.D. Pa. 1823) 546

Corfield v. Coryell, 6F. Cas. 546 (1825) 382

Coyle v. Smith 262, 983

Crockett v. Reagan 558 F. Supp 893 (D.D.C. 1892), 720 F. 2d 1355, U.S.App D.C. 772

Cumming v. Richmond County Board of Education, 175 U.S. 528 (1899) 814

Cummings v. Missouri, 71 U.S. 277 (1867) 257

Dandridge v. Williams, 397 U.S. 471 (1970) 992

Debs v. United States, 249 U.S. 211 (1919) 645, 669

Dellums v. Bush, 752 F. Supp. 1141 (1990) 299, 772

Dennis v. Higgins, 498 U.S. 439, 446 (1991) 288

Dennis v. United States, 341 U.S. 494 (1951) 673, 925

Dillion v. Gloss, 256 U.S. 368 (1921) 267

District of Columbia v. Heller, 554 U.S. 570 (2008) 371

Doe v. Bolton, 410 U.S. 179 (1973) 823

Doe v. Bush, 323 F. 3d 133 (1st Cir. 2003) 909

Downham v. Alexandria Council, 77 U.S. 173 (1870) 382

Dred Scott (1856) 850

Dred Scott v. Sandford, 60 U.S. 393 (1857) 136-7, 365-7, 514-5

Duckworth v. Eagan, 492 U.S. 195 (1989) 822

Edelman v. Jordan, 415 U.S. 651 (1974) 939

Edgar v. MITE Corp., 457 U.S. 624, 644 (1982) 953

Edmond v. United States, 520 U.S. 651 (1997) 855-6

Edwards v. Arizona, 451 U.S. 285 (1988) 822, 848

Eldred v. Ashcroft, 537 U.S. 186, 205 (2003) 279

Equal Employment Opportunity Commission v. Wyoming, 460 U.S. 226 (1985) 959

Erie R. Co. v. Tompkins, 304 U.S. 64 (1938) 934

Erie R. Co. v. Williams, 233 U.S. 685 (1914) 546

Escanaba Co. v. City of Chicago, 107 U.S. 678, 689 (1883) 262

Everson v. Board of Education, 330 U.S. 1. (1947) 369

Ex Parte Boylston, 2 Strob. 41, 43 (S.C., 1847) 511

Ex Parte Merryman, 17 Fed. Cas. 144 502

Ex Parte Milligan, 71 U.S. 2 (1866) 772

Ex Parte Mitsuye Endo, 323 U.S. 283 (1944) 335, 748

Ex Parte Quirin, 317 U.S. 1, 40 (1942) 377

Ex Parte Vallandigham, 68 U.S. 243 (1863) 573

Exxon Corp. v. Governor of Maryland, 437 U.S. 117 (1978) 953

Farwell v. Boston & Worcester Rr. Corp., 45 Mass. (4 Met) 49. 1842 719

Federal Energy Regulatory Commission (FERC) 事件 229, 958

Felder v. Casey, 487 U.S. 131 (1988) 991

Fitzpatrick v. Bitzer, 427 U.S. 445 (1976) 539, 937, 939

Fletcher v. Peck 254, 331, 344

Flint v. Stone Tracy Corporation, 220 U.S. 107 (1911) 665

Fox Film Corp. v. Muller, 296 U.S. 207, 210 (1935) 329

Freeman v. Howe, 65 U.S. 450 (1860) 322

Fulton National Bank v. Hozier, 267 U.S. 276 (1925) 323

Furman v. Georgia, 408 U.S. 238 (1972) 381

Gade v. National Solid Wastes Management Association, 505 U.S. 88 (1992) 941

Garcia v. San Antonio Metropolitan Transit Authority, 469 U.S. 528 (1985) 935, 956, 959

Gardner v. Collector, 73 U.S. 499 (1867) 245

Gasquet v. La Peyre, 242 U.S. 367 (1917) 253

Gayle v. Browder 819, 974

Geier v. American Honda Motor Company, 529 U.S. 861 (2000) 941

General Motors Corp. v. Romein, 503 U.S. 181, 191 (1992) 849

General Motors Corp. v. Tracy, 519 U.S. 278 (1997) 953

Gibbons v. Ogden, 22 U.S. 1 (1824)

1016

208, 276, 286, 288, 331, 432, 580, 941, 944

Giles v. Harris, 189 U.S. 475 (1903) 596

Goldwater v. Carter, 444 U.S. 996 (1979)
250, 302

Gonzales v. Raich, 545 U.S. 1 (2005) 955

Gore v. Bush, 531 U.S. 98 (2000) 334

Gorin v. United States, 312 U.S. 19 (1941) 925

Gravel v. United States, 408 U.S. 606 (1972)
850

Gray v. Sanders (1963) 900, 986

Green v. United States., 365 U.S. 165 (1957) 375

Gregory v. Ashcroft, 501 U.S. 452 (1991)
939, 960

Griswold v. Connecticut, 381 U.S. 479 (1965)
382, 978, 992

Grosjean v. American Press Co., 297 U.S. 233, 244 (1936) 545

Guinn v. United States, 238 U.S. 347 (1915) 571

Ham v. M'Claws (1789) 832

Hamdi v. Rumsfeld 事件 879, 914, 916

Hamilton v. United States, 3 U.S. 171 (1796)
394

Hammer v. Dagenhart 708, 710, 972, 994-5

Hans v. Louisiana, 134 U.S. 1 (1999) 938

Harlow v. Fitzgerald 457 U.S. 731 (1982) 885

Harper v. Virginia Bd. of Elections, 383 U.S. 663 (1966) 985

Harris v. McRae, 448 U.S. 297 (1980) 994

Hartzel v. United States, 322 U.S. 680 (1944)
924

Hawaii et al. v. Office of Hawaiian Affairs, No. 07-1372 (2009) 622

Hawke v. Smith, 253 U.S. 221 (1920) 268

Hayburn's Case (1792) 846, 864

Head Money Cases, 112 U.S. 580 (1884) 250

Heart of Atlanta Motel Hotel Inc. v. United States, 379 U.S. 241, 258-259 (1964) 544

Helvering v. Davis, 301 U.S. 619 (1937) 275

Hepburn v. Griswold, 75 U.S. 603
533, 577, 844

Higginson v. Mein. 4 Cranch, 415 (後の最高裁では 8 U.S. 415 (1808)) 120

Highland Farms Dairy, Inc. v. Agnew, 300 U. S. 608, 612 (1937) 835, 972

Hinderlider v. La Plata River & Cherry Creek Ditch Co., 304 U.S. 92, 110 (1938) 968

Hirabayashi v. United States, 320 U.S. 81 (1943) 717, 748

Hodel v. Virginia Surface Mining & Reclamation Association, 452 U.S. 264 (1981)
957-8

Hodges v. United States, 203 U.S. 1 (1906) 543

Hodgson v. Bower Bank, 9 U.S. 303 (1809) 318

Hollingsworth v. Virginia, 3 U.S. 378 (1798)
267, 385

Holmes v. Jennison, 39 U.S. 540 (1840)
249, 257, 799

Home Building and Loan Association v. Blaisdell, 290 U.S. 398, 435 (1934) 711

Hood v. McGehee 237 U.S. 611 (1915) 259

Houston v. Moore, 18 U.S. 1 (1820)
264, 283, 979

Hudson County Water Co. v. McCarter, 209 U.S. 349 (1908) 375

Humphrey's Executor v. United States, 295 U.S. 602 (1935) 301

Hunter's Lessee 946

Hurtado v. Cal., 110 U.S. 516, 531 (1884)
550, 604

Hylton v. United States, 3 U.S. 171 (1796)
255, 846

Illinois v. Gates, 462 U.S. 213 (1983) 374

Illinois v. Perkins, 496 U.S. 292 (1990) 822

Immigration and Naturalization Service v. Chadha 253, 716-7, 808, 852-3, 858-9

In re Debs, 158 U.S. 564 (1895) 645

In re Slaughter-House Cases, 83 U.S. 36 (1873) 550

Insurance Company v. Compagnie des Bauxites de Guinée, 456 U.S. 694 (1982) 940

J. W. Hampton, Jr. & Co. v. United States, 276 U.S. 394 (1928) 250

Jefferson Branch Bank v. Skelly, 66 U.S. 436 (1861) 551

Johnson v. McIntosh, 21 U.S. 543 (1823) 344

Johnson v. Parker 509

Jones v. Alfred H. Mayer Co., 392 U.S. 409 (1968) 522, 544

Juilliard v. Greenman, 110 U.S. 421 (1884) 533

Jury Trial Cases 826-7

Katz v. United States, 389 U.S. 347 (1967) 931

Kentucky v. Dennison, 65 U.S. 66 (1861) 516

Kidd v. Pearson, 128 U.S. 1 (1888) 287

Kilbourn v. Thompson, 103 U.S. 168, 191 (1881) 806

Kimel v. Florida Ed. of Regents, 528 U.S. 62, 73 (2000) 1000

Kirkpatrick v. Preisler (1967, 1969) 241, 984

Klayman et al. v. Obama et al., No. 13-851 (RJL), D.C. Court, December 16, 2013 921

Knowlton v. Moore, 178 U.S. 41 (1900) 624

Knox v. Lee 275, 533

Korematsu v. United States, 323 U.S. 214 (1944) 335, 604, 717, 748

Kuhn v. Fairmont Coal Co., 215 U.S. 349. 372

1017

(1910) 848

Lambrix v. Singletary, 520 U.S. 518, 523 (1997) 254

Legal Tender Cases 277, 533, 577, 844

Lehnhausen v. Lake Shore Auto Parts Co., 410 U.S. 356 (1793) 956

Lemon v. New York, 20, N.Y. 562 (1852) 589

Linkletter v. Walker, 381 U.S. 618 (1965) 869

Little v. Barreme 事件 405, 876

Lochner v. New York (1905) 708-10, 934, 972

Locory v. Reagan, 558 F. Supp. 893 (D.D.C. 1982) 772

Long Island 鉄道事件 958

Long Sault Development Co. v. Call 242 U.S. 272 (1916) 552

Long v. Ansell, 293 U.S. 76 (1934) 272

Lopez Torres v. New York State Bd. of Elections, 552 U.S. 196 (2008) 833, 996

Louisiana ex rel.Francis v. Resweber, 329 U. S. 459 (1947) 381

Louisiana PSC v. Texas & N.O.R.R., 284 U.S. 125, 131 (1931) 255

Loving v. United States, 517 U.S. 748, 772-773 (1996) 305

Loving v. Virginia, 388 U.S. 1 (1967) 977

Luther v. Borden, 48 U.S. 1 (1849) 149, 867

Madruga v. Superior Court Cal., 346 U.S. 556, 560-1 (1954) 319

Mapp v. Ohio, 367 U.S. 643 (1961) 374, 821-2

Marbury v. Madison, 5 U.S. 137 (1803) 833-5, 942-3

Martin v. Hunter's Lessee 279, 319-20, 331, 333, 871, 945-6, 948, 965-6

Martin v. Motto, 25 U.S. 19, 32 (1827) 264

Maryland v. Wirtz, 392 U.S. 183 (1968) 955, 957

Massachusetts v. Laird, 451 F. 2d 26 (1st Cir. 1971) 909

Mayor of City of Philadelphia v. Educational Equality League, 415 U.S. 605 (1974) 835, 971

McConnell v. Federal Election Commission, 540 U.S. 93 (2003) 988

McCready v. Virginia, 94 U.S. 391 (1877) 375

McCulloch v. Maryland 234, 277, 281, 290, 331, 349, 384, 432, 874, 990

McDermott v. Wisconsin, 228 U.S. 115 (1913) 942

McDonald v. Chicago, 561 U.S. 3025 (2010) 372

McGrain v. Daugherty, 273 U.S. 135, 160, 174 (1926) 270

McLaughlin v, Florida, 379 U.S. 184 (1964) 977

McMurray v. Verizon Communications, No. 09-17133, 9th Cir. (2011) 919

McNutt v. General Motors Acceptance Corp., 298 U.S. 178 (1935) 317

McPherson v. Buick Motor Co., 217 N.Y. 382 111 N.E. 1050 (1916) 719

Mendez v. Westminster, 161 F. d 774 (9th Cir. 1947) 872

Merryman 事件 502, 575

Metropolitan Washington Airports Authority (MWAA) v. Citizens for the Abatemant of Aircraft Noise, Inc., 501 U.S. 252 (1991) 245, 252, 852-3, 860, 943

Middendorf v. Henry, 425 U.S. 25 (1976) 376

Milliken v. Bradley 事件 790, 976

Minnesota v. Clover Leaf Creamery Co., 449 U.S. 456, 480-1 (1981) 835, 973

Miranda v. Arizona, 384 U.S. 436 (1966) 379, 822, 970

Mistretta v. United States, 488 U.S. 361 (1989) 252, 850

Missouri v. Holland, 252 U.S. 416 (1920) 303

Montgomery Bus Boycott 事件 818-9, 974

Moore v. New York Cotton Exchange, 270 U. S. 593, 610 (1926) 323

Moran v. Burbine, 475 U.S. 412 (1986) 822

Morgan v. Louisiana, 118 U.S. 455, 467 (1886) 255

Morrison v. Olson, 487 U.S. 654 (1988) 308, 855-6, 872

Muller v. Oregon, 208 U.S. 412 (1908) 709

Murdock v. City of Memphis, 87 U.S. 590 (1874) 983, 969

Murphy v. Ramsey, 114 U.S. 15 (1885) 631

Murray's Lessee v. Hoboken Land & Improvement Co., 59 U.S. 272 (1855) 550, 604

Myers v. U.S. 272 U.S. 52 (1926) 247, 301, 807

N.L.R.B. v. Jones & Laughlin Steel Corp., 301 U.S. 1 (1973) 949

Nat'l Farmers Union Insurance Companies v. Crow Tribe, 471 U.S. 845 (1985) 327

National Fed'n of Indep. Bus. v. Sibelius, No. 11-393 (2012) 232, 963, 999

National Labor Relations Board v. Jones & Laughlin Steel Corp, 301 U.S. 1 (1937) 713

National League of Cities v. Usery, 426 U.S. 833 (1976) 205, 957-9

National League of Cities v. Usery, 426 U.S. 528 (1985) 935

Near v. Minnesota ex rel. Olsen, 283 U.S. 697, 716 (1931) 370

Nevada v. Hall, 440 U.S. 410, 433 (1979)
939, 944, 950
New York Times Co. v. Sullivan, 376 U.S.
254 (1964) 53, 795, 814
New York Times Co. v. United States, 403 U.
S. 713 (1971) 886, 924
New York Trust Co. v. Eisner, 256 U.S. 345,
349 (1921) 10
New York v. United States, 326 U.S. 572
(1946) 983
New York v. United States, 505 U.S. 144
(1992) 935, 950, 955, 959-60, 977, 983
Nicol v. Ames, 173 U.S. 509 (1899) 624
Nixon v. Fitzgerald 884, 890
Nixon v. United States, 506 U.S. 224 (1993)
880, 895, 899
NLRB v. Jones & Laughlin Steel Corp., 301
U.S. 1 (1937) 287, 995-7
NLRB v. Noel Canning, No. 12-1281 304
Noel Canning v. NLRB, D. C. Cir. No. 12-
1115 (2013 年 1 月 25 日) 304
Northeast Austin Municipal Utility District
No. 1 v. Holder, 557 U.S. 193 (2009) 987
Norton v. Shelby County, 118 U.S. 425, 442
(1886) 870
O'Malley v. Woodrough, 307 U.S. 277 (1939)
274
Ogden v. Saunders, 25 U.S. 213 (1827)
369, 375, 833
Oregon v. Mitchell, 400 U.S. 112 (1970) 987
Oregon Waste Sys., Inc. v. Dept. of Envtl.
Quality, 511 U.S. 93, 99 (1994) 953
Organization for a Better Austin v. Keefe,402
U.S. 415, 419 (1971) 370
Osborn v. Bank of the United States, 22 U.S.
738 (1824) 313, 321
Pace v. Alabama, 106 U.S. 583 (1883) 977
Pacific Gas & Electric Co. v. State Energy
Resources Conservation & Development
Commission, 461 U.S. 238 (1984) 942
Pacific Railroad Removal Cases, 115 U.S. 1
(1885) 322
Packer v. Pavis 533
Parsons v. Bedford, 3 Pet. 433, 437 (1830)
379-80
Patsy v. Board of Regents of Florida, 457 U.
S. 496 (1982) 992
Patterson v. Illinois, 487 U.S. 285 (1988) 822
Patton v. Brady, 184 U.S. 608 (1902) 624
Paul v. Virginia, 75 U.S. 168 (1869) 261, 382
Pennsylvania v. Wheeling & Belmont Bridge
Co., 59 U.S. 421, 433 (1856) 255
Permoli v. First Municipality, 44 U.S. 589

(1845) 139
Perpich v. Dept. of Defense, 496 U.S. 334, 340
(1990) 282
Perry v. United States, 294 U.S. 330, 353
(1935) 278
Peyroux v. Howard, 22 U.S. 324 (1833) 341
Pike v. Bruce Church. Inc., 397 U.S. 137, 142
(1970) 953
Plessy v. Ferguson 814, 819, 857, 934
Plyler v. Doe, 457 U.S. 202 (1982) 974
Pollock v. Farmers' Loan & Trust Co. (1895)
255, 275, 624, 665
Poole v. Fleeger, 36 U.S. 185, 209 (1837) 258
Powell v. McCormack, 395 U.S. 486 (1969)
239, 864, 894
Presser v. Illinois, 116 U.S. 252 (1886) 258
Prigg v. Pennsylvania, 41 U.S. 539 (1842)
366, 513, 516
Printz v. U.S., 521 U S. 898 (1997)
937, 950, 960
Prize Cases, 67 U.S. 635 (1863)
502, 574, 576, 773
Providence & N.Y.S.S. Co. v. Hill Mfg Co.,
109 U.S. 578 (1883) 274
Railroad Commission of Texas v. Pullman
Co., 312 U.S. 496 (1941) 204, 328
Railroad Company v. Fraloff, 100 U.S. 24
(1879) 379
Reid v. Covert, 354 U.S. 1 (1957) 250
Reitman v. Mulkey, 387 U.S. 369 (1967)
817, 935
Rice v. Norman Williams Co, 458 U.S. 654
(1982) 590
Robinson v. California, 370 U.S. 660 (1962) 381
Robinson v. Neil, 409 U.S. 505, 507 (1973)
848, 869
Roe v. Wade, 410 U.S. 113 (1973) 823, 993-4
Romero v. International Terminal Operating
Co., 358 U.S. 354 (1959) 322
Rosenberg et al. v United States, 346 U.S.
273 926
Ross v. Oregon, 227 U.S. 150 (1913) 552
Rutgers v. Waddington (1784) 827
Ryder v. United States, 515 U.S. 177 (1995) 375
Samuel A. Worcester v. Georgia, 31 U.S. 515
(1832) 19, 344, 489
Schechter Poultry Corp. v. United States, 295
U.S. 495 (1935) 697, 711-2
Schenck v. United States 669, 678-9, 886
Selective Draft Law Case, 245 U.S. 366 (1918)
545
Seminole Tribe of Florida v. Florida, 517 U.
S. 44 (1996) 379, 940

1019

Shapiro v. Thompson 394 U.S. 618 (1969)   950
Shelby County v. Holder, 570 U.S. No 12-96
  (2013)   987
Sherbert v. Verner, 374 U.S. 398 (1963)   368
Simsbury Case   827
Slaughter-House Cases (1872)   551, 602, 844
Slaughter-House Cases (1873)
                365, 545, 601-3, 606
Smith v. Alabama, 124 U.S. 465 (1888)   952
Smith v. Maryland, 442 U.S. 735 (1979)
                                      921, 931
Smyth v. Ames, 169 U.S. 466, 522, 526 (1898)
                                        545-6
Solem v. Stumes 465 U.S. 638, 642 (1984)   848
Solesbee v. Balkcom, 339 U.S. 9, 16 (1950) 377
Somersett v. Stewart, 98 ER 499 (1772)   589
South Carolina v. Katzenbach, 383 U.S. 301
  (1966)   985
Spectrum Sports, Inc. et al. v. McQuillan et
  vir. DBA Sorboturf Enterprises, 506 U.S.
  447   618, 949
Springer v. Government of the Philippine
  Islands, 277 U.S. 189 (1928)   853
State v. Jones, 5 Ala. 666 (1843)   511
Stidger v. Rogers, 2 Kentucky 52 (1801)   832
Strader v. Graham, 51 U.S. 10 (1851)
                           136-7, 139, 514
Strauder v. West Virginia, 100 U.S. 303 (1880)
                                      566, 721
Sturges v. Crowninshield, 17 U.S. 122 (1819)
                                           288
Swann v. Charlotte-Mecklenburg Board of
  Education, 402 U.S. 1 (1971)   976
Swift & Co. v. United States, 196 U.S. 375
  (1905)   949
Swift v. Tyson, 41 U.S. 1 (1842) 204, 934, 968
Texas v. Johnson, 491 U.S. 397 (1989)   957
Texas v. White, 74 U. S. 700 (1869)
            156, 426, 477, 502, 525, 576
The Amy Warwick, 67 U.S. 635 (1862)   300
The Paquette Habana, The Lola, 175 U.S.
  677 (1900)   208
The Propeller Genesee Chief v. Fitzhugh 53
  U.S. 443   320
Toll v. Moreno, 458 U.S. 1 (1982)   258
Toomer v. Witsell, 334 U.S. 385, 395 (1948) 260
Totten v. United States, 92 U.S. 105 (1879) 306
Trade-Mark Cases, 100 U.S. 82 (1879)   816
Train v. City of New York,420 U.S. 35 (1975)
                                           667
U.S. Term Limits Inc. v. Thornton, 514 U.S.
  779   960
U.S. v. Amistad, 40 U.S. 518 (1841)   524

U.S. v. Butler, 297 U.S. 1 (1936)   712
U.S. v. Windsor, 570 U.S. 12 (2013)   978
United States ex rel. Lynn v. Downer   717
United States v. Bekins, 304 U.S. 27 (1938) 955
United States v. Brown, 381 U.S. 437   213
United States v. Butler, 297 U.S. 1 (1936)
                            275, 696, 711
United States v. California, 332 U.S. 19 (1947)
                                           257
United States v. Carolene Products Co., 304
  U.S. 144 (1938)   717
United States v. Cecil Price et al. 383 U.S.
  787   606
United States v. Cruikshank (1876)
            584, 602-3, 606, 626, 811
United States v. Curtiss-Wright Corp., 299 U.
  S. 304 (1936)   283, 305
United States v. Daniel Ellsberg and Anth-
  ony Russo, Central. D. Cal. (1973)   907
United States v. Darby, 312 U.S. 100 (1941) 995
United States v. Dickerson, 530 U.S. 428
  (2000)   822
United States v. E. C. Knight Co., 156 U.S. 1
  (1895)   287, 651, 948
United States v. Ferreira, 54 U.S. 40 (1851) 846
United States v. Flores, 289 U.S. 137, 149-150
  (1933)   280
United States v. Group, 459 F. 2d 178 (1st Cir.
  1972)   898
United States v. Guest, 383, U.S. 745 (1966) 815
United States v. Harris, 106 U.S. 629 (1883)
                                      541, 597
United States v. Hudson & Goodwin, 11 U.S.
  32 (1812)   967
United States v. Jellico Mountain Coal, 46
  Fed., 432 (1891)   619
United States v. Lopez, 514 U.S. 549 (1995)
            270, 273, 290, 995, 997, 999
United States v. Morrison   824, 939, 995-6
United States v. Nixon
            807, 882, 884-5, 887, 897
United States v. Reynolds, 345 U.S. 1 (1953)
                                      306, 899
United States v. Robel, 389 U.S. 258 (1967) 776
United States v. Samuel Loring Morison, 604
  F, Supp. 655, D.C. of Maryland (1985)   926
United States v. Smith, 18 U.S. 153, 160 (1820)
                                           280
United States v. Sprague, 282 U.S. 716 (1931)
                                      813, 845
United States v. Wilson, 32 U.S. 150, 160-1
  (1833)   300
United States v. Yale Todd   846

判例索引

United Transportation Union v. Long Island
　R. R. Co., 455 U.S. 678 (1982)　　　958
Univ. of Alabama v. Garrett, 531 U.S. 356
　(2001)　　　1000
Veazie Bank v. Fenno, 75 U.S. 533 (1869)　277
Veazie v. Moor, 55 U.S. 568, 573 (1852)　288
Wabash, St. Louis & Pacific Railway Co. v.
　Illinois, 118 U.S. 557 (1886)　　　289
Ware v. Hylton, 3 U.S. 199 (1796)　331, 846
Washington v. Davis, 426 U.S. 229 (1976)　721
Wayman v. Southard, 23 U.S. 1, 41 (1825)　252
Wesberry v. Sanders (1964)　　　241, 984
West Coast Hotel　　　709-10, 934
Wharton v. Wise, 153 U.S. 155 (1894)　147
Wickard v. Filburn, 317 U.S. 111 (1942)
　　　715, 816
Williams v. Bruffy, 96 U.S. 176, 183 (1878)　256
Williams v. Mississippi, 170 U.S. 213 (1898)599
Williamson v. United States, 207 U.S. 425
　(1908)　　　271

Wilson v. Garcia 事件　　　559, 991
Wilson v. New, 243 U.S. 332 (1917)　671
Wolf v. Colorado, 338 U.S. 25 (1949)　374, 821
Worcester v. Baltimore (1833)　　　331
Worcester v. Georgia (1832) 24, 344, 457, 474
Wright v. United States, 302 U.S. 583, 596
　(1938)　　　245
Yasui v. United States, 320 U.S. 115 (1943)
　　　717, 748
Yates v. Aiken, 484 U.S. 211, 218 (1988)　996-7
Yick Wo v. Hopkins, 118 U.S. 356 (1886)　597
Younger v. Harris, 401 U.S. 37, 44 (1971)　940
Youngstown Sheet and Tube Co. v. Sawyer,
　343 U.S. 579 (1952)　　　716, 777
Zschernig v. Miller, 339 U.S. 429 (1968)　936
公務員の争議行為に関する昭和 48 年 4 月 25 日
　大法廷判決（全農林警職法事件判決）　848
全司法仙台事件判決　　　848
都教組事件判決　　　848

1021

事項索引（和文）

ア　行

アーカンサス	446, 450, 563
アーノルド、ベネディクト	211
アイオワ	136, 446
愛国歌	428
アイダホ州	314, 861
アイルランド	28, 49, 57, 458
——カトリック	454
——移民	405
——系	458, 675, 679, 762
青（民主党）	233
赤（共和党）	233
赤狩り騒動	672
悪の帝国	902
悪魔的選択	413
アジア系	718
——諸国	757
アダムス、クインシィ	150
アダムス、サミュエル	
	47, 50, 68, 75, 78, 106, 150
アダムス、ジョン	
	48-50, 111-2, 402-3, 405-7, 836-7, 841-2
——の弁論	872
アトランタ、ジョージア州	819
アナポリス会議	
	146-7, 159, 161, 174, 179, 183
アパラチア山脈	29, 128-9, 160, 172
アフガニスタン	758, 879, 914
アフリカ	
	442, 516, 524, 536, 673, 902, 912, 915
——系アメリカ人	543, 721, 815
——系奴隷	542
——貿易	508
阿片戦争	201, 299, 480, 730, 741, 954
アメリカ・インディアン	467
アメリカ合衆国	119
アメリカ共産党	669, 702, 782, 926
——幹部	751
アメリカ式例外主義	451, 669
アメリカ社会党	669
アメリカ商船	747
アメリカ先住民族	488
アメリカ仲裁協会	802
アメリカ的スローガン	343
アメリカの朝	902
アメリカのメキシコ化	559
アメリカ法	199, 706
アメリカ連合州	526-7
アラスカ	450, 636

アラバマ州	449, 555, 563
——最高裁	592
——知事	797
アラバマ州モンゴメリ郡裁判所	795
アラバマ大学	791, 796
アラブ諸国	901
アリューシャン	488, 636, 654
アルカイダ	251
アルゲニ郡	394
アルゲニ台地（丘陵）	56, 70, 138, 394, 443
アングロ・サクソン	263, 370, 451
暗号解読	924
暗号電報	747
安全保障	716, 786
安全保障理事会（安保理）	
	760, 762, 781, 912, 915
——決議	908-9, 915, 917
アンチ・フェデラリスト	155, 191-2, 395
イエローストーン国立公園	314
域外行為	280
イギリス・インディアン連合（軍）	
	420, 428, 459
イギリス王国軍	705
イギリス嫌いのアメリカ主義	427
イギリス国会	805, 894, 939, 946, 965
イギリス枢密院	28
イギリス大使	766
イギリス諜報機関	739
イギリス内戦	20
イギリスの関与の影	739
イギリス領の自治区	745
違憲審査	843
遺言信託	633
異人種間結婚	977
異人種同棲	977
イスラエルの首相	901
イスラム国	930
移送制度	534
移送理由	593
「偉大な社会」運動	886
イタリア	
	108, 443, 659, 729-30, 741, 743, 759, 778
一事不再理	869
一大妥協	238
1マイル四方の土地区画	608
一般恩赦	90
一般管轄権裁判所	317
一般選挙	640
一般的捜索令状	45, 48-9
一般福祉	274

事項索引（和文）

——条項 351, 359
一般法人設立 356
一般法廷 33, 42
一般令状 51, 54, 363, 374, 930
委任事務 956
移民 694
——社会 875
——の国 611
——割当制 583
イラク 774, 905, 907-8, 912-3, 915, 917, 930
——進攻 909
——戦争 248, 710, 758
——問題 909
イラン 766, 782
入会状態 461, 800
イリノイ州
　55, 136, 138, 223, 229, 351, 483-4, 505, 631
医療（過誤） 719, 961
イロコイ族 53
印紙税法反対連合会議 67-9
インターネット（・ニュース雑誌）
　817, 890, 918
インディアナ州
　55, 136, 138, 223, 229, 505, 585
インディアン
　98-9, 343-4, 421-2, 428-9, 441-2, 456-7, 466-8, 634-6
——・スワニ族 298
——遺産の月 636
——居住区 330
——居留地 694
——国 450
——サミット 636
——諸部族 56, 422
——政策 389
——戦争 243
——部族長 636
インディアン連合（軍） 397, 634
——条約 53
インド独立 745
インドの解放 736
インドシナ半島 784
インフラ事業 345
インフレ 886
陰謀 795
ヴァージニア・カンパニ 17, 31
ヴァージニア・プラン 47-8, 54
ヴァージニア議員団 165
ヴァージニア共和党 180, 424, 530
ヴァージニア決議 426, 481, 486, 525
ヴァージニア権利宣言 162-3
ヴァージニア州

　75-6, 102-3, 145-50, 152-3, 162-3
——議会 112, 195, 408
——最高裁 947-8
——知事 830
ヴァージニア植民州 78
——人権宣言 76
ヴァーモント 149, 154, 242, 367, 403, 515
ヴァレーフォージ 104
ウィーン、オーストリア 713, 762
ウィーン会議 910
ウィスキー税 394, 415
ウィスキー反乱 283, 298, 394, 481, 772, 981
——の鎮圧 352
ウィスコンシン 136, 164, 229, 367, 515
ウィラードホテル 586
ウィリアム1世 380
ウィリアムズバーグ 46, 162
ウィルソン、ジェイムズ 187, 212, 830
ウィルソン、ジョン 112, 309, 312
ウィルソン主義者 724
ウィルモット但書 472
ウエスタン・アトランティック鉄道 355
ウエストヴァージニア 150, 152, 164
ウエストミンスター区簡易裁判所 27
ウォーターゲート事件 883, 888
ウォールストリート 117
ウォルコット、オリヴァ財務長官 403
ウォレン、ジョセフ 50, 106
宇宙開発予算 785
宇宙部門 785
海への進軍 521
裏口 747, 749-50
ウラニウム（爆弾） 779
ウラン鉱石 780
運河会社 569, 581
運河開削（掘削） 341-2, 354-5, 362, 431, 664
——権 273, 346
運輸革命 338-9, 343, 346, 357-8, 568, 707
運輸業法 547
運輸長官 855
英国教会 37
衛生 715
営利法人 354, 963-4
AUMF 281
エジプト・イスラエル間の和解 900
エジプト大統領 901
XYZ事件 405
エドワード、チャールズ 29
エネルギー省 900
エピスコパル派 723
FBIの調査 746
エリー湖 641
エリー鉄道 967

エリート黒人	536	お詫び決議	622, 635-6

カ　行

エリザベス1世	28, 213	外患（罪）	104, 211, 881
エル・パソ	471	会期	230
エルスワーズ、オリバー	830	海軍	723
沿岸貿易	320	──軍人	723
演説・討論条文	271	──省	690-1, 766-7
演説・討論特権	271	──大臣	731
オ・コンナー判事	229	──長官	405, 480, 690, 723, 876, 878-9
オイルショック	900	改憲	954, 973
王からの特許状	18, 24, 82	──会議	264-6, 846
王権（派）	125, 219-20	──手続	812, 846, 893
王党派	47, 84-5, 121, 180, 212-3, 454	戒厳令	717, 867
王による1763年の禁止	100	外交委員会	726, 907
王による特許	353	外交会議	734
王による布告	59	外交政策	683, 766
王の臣民	33	外交部担当大臣	102
王の枢密院	34	外国勢力間などとの交信	919
王の宣告	70	外国諜報	919, 932
王の大権	235, 305-6	外国貿易の禁止	424
王の勅許	353	外債発行	359
王の統治代理人	38, 46, 50, 78, 90, 150, 213	海事事件	314, 318, 324, 326, 968
王の特許（状）	18, 32	海事副審	46
王の特権	9, 18, 219, 278	海事問題	427
王への請願	78, 80-2	海事法	280, 291, 319-20, 341, 613, 968
横暴	812	海事法廷	
王立アフリカ会社	508		41, 44-6, 48, 50, 60, 357, 363, 613, 872
大島博大使	739	会社	353
オースティス、ジェイムズ　ジュニア	48	会社法	343, 637
オーストラリア	124, 315, 673, 686-7, 784	回状	55
オーストリア		海上封鎖	675
	109, 117, 215, 222, 437, 750, 757	改正憲法	959
オーティス	49-50	開戦決議	653
おかしな戦争	420	開戦論者	675
丘の上の都市	19, 33, 37, 451, 462, 656, 661	海賊	279
オクラホマ州	262, 428, 446	開拓者	598
お爺さん条項	571, 588, 721	介入	687
汚職（と腐敗）		──主義（政策）	656, 677
	610, 615, 638, 640, 648, 655, 686, 793	開発（事業）	377, 432, 719
オセアニア共和国（物語）	128	解放運動	511
オハイオ川（の）北西部		解放宣言	523, 525, 542, 557
	55-6, 100-1, 129, 131-2, 160, 223	外務委員会	755
──の3州	562	外務省	387, 747
オハイオ国	55, 421	下院	859
オハイオ州裁判所	268	──議長	765
オハイオ州北西部	21	──司法委員会	
オバマ、バラク	941		858, 860, 882, 887-8, 890-1, 895, 897
オランダ系移民	458, 658, 688	──民主党	962
オランダ市場	415	科学技術	684, 703, 706, 715
オランダ商人	109	化学兵器	917
オリーヴの枝請願	76, 81, 109	下級裁判所	308-12, 315, 317, 321, 323
オレゴン国	450, 476	核攻撃	784
オレゴン州	450		
オレロン島	42		

事項索引（和文）

各州議会	274, 375, 384
各州共通のルール	255
各州人権保護法	994
各州による課税禁止法	983
各州の主権	950
各州平等の原則	244
核弾頭（兵器）	789, 926
拡張主義 451, 456, 465, 469-70, 479-80, 568	
核武装	784
核兵器廃絶	781
核保有	784
革命	415
——政府	404, 757
——戦士ウォレン	872
革命戦争	
98-9, 101-3, 122-5, 127-8, 391-2, 412-4,	
426-7, 532-3	
閣僚会議	398
学歴	649
課刑のガイドライン	252
カサブランカ会談（声明）	752
カストロ主義者	788
課税 243, 255, 275, 333, 686, 937, 990	
——権	
194, 246, 257, 266, 274-5, 394, 624, 956	
——原則	275
課税立法（権） 45, 955-6, 990, 995	
過大な保釈金	380
学校給食	715
学校教育	714
「合衆国ガゼット」	397
合衆国銀行	351-2
合衆国軍	
572, 574, 621, 645, 668, 677-8, 736, 767	
合衆国軍艦	735, 750, 755
合衆国検察庁	921
合衆国裁判所事務局	320
合衆国執行官	514
合衆国紙幣	533
合衆国市民	539
——（として）の特権 544-5, 580, 602-3	
——権	367, 514, 544
合衆国郵便（局）	567, 679, 886
合衆国連合（北軍）	556
桂タフト協定	663
カトリック 28, 71, 371, 875, 963	
——王	16, 164
——国	471
カナダ	800-1
——国境 56, 419, 421, 465	
寡婦権	510, 513
株主総会	19, 220
カムチャッカ	654

樺太	753
仮の和平条約	119
カリフォルニア 325, 461, 471, 631	
——州制憲会議	596
カリブ海 104, 345, 445, 643, 651, 800	
カルテル	670, 696
カルドーゾ、ベンジャミン	335
カルバート男爵	24
カルビン派	16, 27
簡易の令状	922
管轄（権）	
203-4, 312-3, 317-9, 322-4, 384-5, 573-4,	
862-3, 967-70, 981-2	
——規定	310
——合意	940
——分野	855
——問題	310, 319, 572
管轄権法	311, 313
慣行	231
監査小委員長	763
カンザス・テリトリ 482-3, 486, 505, 600	
カンザス・ネブラスカ	485, 494
カンザス州 446, 482, 486, 505	
監視	922, 930
関税	350-1
——委員	619
——収入	643, 668
——政策	643, 650
——同盟	622
——引き上げ 466, 643, 650, 664, 674	
——問題	619, 664
——率	393, 665
関税委員会	665
間接（代表）民主制	973
間接税	394, 624
完全な補償	342, 377
環太平洋（の12ヶ国）	797-8
監督権	286
監督責任	927
管理委員会	733
慣例	244, 316
関連勢力	677
議員特権	269, 271
議院内閣制	804
帰化	276, 544
危険引受論	719
議事堂	667, 693, 701
議事妨害	793
奇襲攻撃	742
偽証	891-2, 926
——罪	796, 880
——事件	796
議事録	240, 244-5

1025

偽装海賊船	400
基礎協定（1629年）	19
貴族（の称号）	
106, 167, 230-1, 236, 256-7, 294, 341, 376, 431	
規則制定権	262
基礎法	20, 25, 224, 226
北アフリカ	160, 447, 778
──戦線	778
北朝鮮（朝鮮民主主義人民共和国）	769-70
北ベトナム	887
既判力	870, 874
基本的人権（身体の自由）	
1, 148, 378, 821, 823, 977	
基本的な法秩序	353
基本法	15, 62, 164, 198, 226, 269
機密委員長	927
機密秘匿権	306
機密文書	771, 886
機密情報	745, 907
──漏洩	746
規約	679
虐殺事件	105
休会中	303
急進的改革派	557-8
休戦協定	771
9.11	918-9, 930-2
キューバ（革命）	651, 788
急迫不正の侵害	913
教育義務	383
教育刑思想	649
教育権	383
教育施設	819
教育制度	340-1, 648
教育予算	974
教育省	715, 900
教会婚	39
教会法（廷）	22, 39
恐慌	429, 436, 447, 722
共産圏	781
共産主義（者）	
766, 771, 776, 784-5, 791, 901-2, 924	
教書	339
行政改革	589-90
行政国家	701, 851, 879
強制収容	334
強制収用権	377
強制徴用	413-4, 416
行政府特権	693, 885, 899
競争政策（促進）	670, 696
共同管轄	865
協同組合	671, 675
共同行動	696

共同作戦会議	743
共同声明	740
共同体（総会）17, 19-21, 23-5, 33-4, 38, 680	
共同防衛	88, 274
恐怖政治	352
恐怖の王国	507
共和制（政治）	
104-5, 148-9, 152-3, 157-8, 183-4, 188-9, 228-9, 262-3, 438-9	
──義務	813
──憲法	149, 233
──原理	128
──思想	806
──主義	392, 417, 431, 705
──（人権）保障	983
──政府	813
──（の）保障条項	868, 972
──（の）理念	807, 989
共和政体	
4, 21, 105, 223, 705, 812, 938, 971-3	
共和党	
393-5, 402-3, 414-7, 524-5, 559-61, 564-5, 588-9, 617-9, 640-4, 665-6, 668-9, 685-7, 786-7, 892-4, 899-900, 998-9	
──員	406, 572, 646
──右翼	783
──議員	556, 681
──急進派	531, 537, 555-6, 558
──系新聞	745
──政権	402, 411
──政府	422
──代表	700
漁業界	155
漁業権	120
極東	739, 741-2, 753, 766, 782
居住権	344
居住要件	987
拒否権（行使）	556-7, 861-2
居留地	59, 467-8, 489
ギリシャ（の同盟）	196, 420, 766, 885, 947
ギリシャ・ローマ	376
キリスト教	646, 648, 722, 758, 792, 819
──的教育	677
──的博愛	688
キリスト者の慈愛のモデル	19
ギルド社会	583
記録（集）	260, 290, 331
義和団事件	686
銀貨（併用）	644, 674
緊急事態	711
キング牧師暗殺事件	815
銀行	353-5, 358, 547
──業	346, 355

事項索引（和文）

——法案 362
——法人 362
——免許 343
銀行設立 348, 355
——法案 348
——免許権 349
銀細工師 79
禁酒 625
——時代 626
——主義 646
金日成 769, 771
金の兌換 726
金ピカ時代 493, 568, 582, 588, 610, 639-40
金本位（体制）643, 674
金約款 277
禁輸 954
金融 345-6, 729
——界 961
——会議 726
——機関 671, 674, 734, 961
——業 391, 694
——公社 696
——市場 999
——政策 674, 726
——制度 610, 670
禁輸法 423
グアム 262, 651
空輸作戦 768
クエイト侵攻 908
クエーカー（教）110-1, 266, 367
——団体 265, 449
——徒 212, 265, 506, 511, 686
クラーク、ルイス探検隊 610
クラス・アクション 856
グラント、ユリシーズ大統領 559, 586
クリーク・インディアン 339
クリスチャン 723
クリミア戦争 568
クリントン、ジョージ知事 126
クリントン、ビル大統領 247, 860
グルジア系アメリカ人 925
クレメンス、サミュエル 503
クロッデン戦場 29
クロムウェル 7, 16, 45, 51-2, 128, 220
軍拡競争 692, 723, 730
軍艦 727, 732
——レオパルド 416
郡裁判所 106
軍事 951
——委員会 84, 104, 112, 115, 763
——委員長 84, 111, 282
——援助（協力）734, 736
——作戦会議 743

——史家 742
——条約 102
——費 359
軍事同盟 733, 771
——国 740
——条約 414
軍需産業（軍需物資）727, 731-3
軍事力 754
（——使用）合同決議 908, 916
軍備の縮小 680
軍法会議 980-2
景気振興策 697
経済・財政論 348
経済・社会革命 707
経済財政政策の柱 348
経済社会 955
経済政策 695, 711
経済団体 707
経済法 552
警察権 274, 284, 761
刑事裁判 882, 885, 888
刑事事件 888-9, 895, 907, 967, 996
刑事司法 381, 572, 714
——手続 887
刑事責任 892
刑事（訴訟）手続 376-7, 982
刑事訴追 885, 907, 992
継受条文 85, 89
刑罰権 982
刑罰法規 926
刑法犯 618, 957
啓蒙（主義）思想 44, 108, 224, 872
契約違反 719
契約義務 343, 552, 593
——事項 831
——の不可侵 364
契約自由 546, 604-5, 709, 711, 865
——の原則 708, 845
——の保護 134, 551-2
契約条項 254
契約上の権利保護 539
契約条項（侵害）375
契約の時代 343
契約の保護 550
契約法 343, 611, 637, 702
契約保護条項 849
ケープコッド（湾）16-7, 973
決議（や宣言）
　5, 189, 803, 906, 908-9, 911-2, 914-5, 918, 923
結婚 39, 977-9
——権 978
——証明書 978

——登録制	647	権力乱用	808, 892, 897, 935
決闘	893	言論条文	369
ケニア	858	言論統制	369, 701
ケネディ、ジョン・F	818	言論の自由 368, 406, 572, 574, 593, 850, 993	
ケベック	213, 243	公益事業	958
ゲリ、エルブリッジ	187	航海（の自由）	276, 680
検疫演説	729-30	公海上での重罪	279
検閲条文	678	公海上の海賊	207
厳格解釈	432, 447, 879	高関税（主義）	617, 619, 643-4
厳格適用説	866	公教育（の普及）	340, 703, 714, 856
厳格必要説	863-4	工業化社会	703
現金取引方式	736	公共工事	698, 700, 711
現金引取方法	731, 735	公共交通	975
権限委任	252	公共事業	686, 696, 763
権限列挙主義	292	工業生産	732
健康保険	903, 997	公共の福祉（利益）	546, 832
健康保健省（長官）	861, 993, 998	工業品輸入関税	431
建国史	752	公共物保存工事	696
（建国の）父祖（ら）	183-4, 340-1	合憲性 858, 953, 957-8, 963, 977, 994	
現在の明らかな危険	678	——審査の基準	952
原始メンバー国50	912	——の疑問	953
元首	301, 307	航行可能	613
憲章	104	——な水域（水路）	135, 320
原子力発電	942	航行権 95, 123, 146, 159, 286, 613	
原水爆	781	公債（引受問題）	207, 392
ケンタッキ決議 426, 481, 486, 525, 816		鉱山開発業	719
ケンタッキ州（議会）		公式結婚	647, 978
137, 138-9, 152, 242, 314, 403, 408-9, 632		高識字率	703
——ルイスビル裁判所	138	合資社団	497
建築基準条例	832	公職	630
建築基準法	707	——資格剥奪	669
限定管轄権裁判所	317	——選挙	629
限定授権項目	244	公人に対する名誉毀損	796
限定列挙 273, 362, 874, 974, 989		高水位線	613
——権限	351	公正取引委員会（公取委） 301, 618, 670	
——主義 236, 253, 272-3, 349, 994		控訴（巡回）裁判所 310-1, 316, 324, 326	
限定列挙立法（権）	289, 713	拘束力理論	848
ケント、ジェイムズ	199	控訴裁判所 311, 316, 324, 326	
ゲント会議	426	公的記録	260
原爆 764, 768-9, 772, 775, 779, 783		公的債務引受（公的資金注入）	417, 962
ケンブリッジ	126, 150	公的保険	961
憲法外事由排除説	865	合同会議（両院）	676, 766
憲法批准会議 90, 436, 827, 830		合同決議（両院）	
権利章典（イギリス）	372, 380	251, 281, 465, 733, 906, 908, 914	
権利請願（イギリス） 2, 220, 224, 368		合同テリトリ委員長	473
権利宣言 153, 162, 230, 803		衡平法	
権利阻害	584	43, 317, 328, 379, 384, 613-4, 944, 965-6	
権利としての上訴	315	——とコモンロー融合	318
権利剥奪	584	衡平法裁判	318
権力行使	813	——所	43
権力奪還	564	広報刑主義	649
権力分立		公民権	
232-3, 245-6, 251-2, 326-7, 803-4, 971-2		553, 564, 606, 619, 643, 648, 786, 927	

——委員会	787	国際連合憲章	759-61, 767, 769, 912-3
——侵害	890	国際連合事務総長（による勧告）	789, 802
——訴訟	721	国際連合総会（決議）	761, 911, 914, 916
——剥奪法制	561	国際聯盟	
公民権運動	790-1	386, 691-2, 701, 723-4, 727, 756-7, 782,	
——家	643, 931	911	
公民権法（シリーズ）	540, 811, 818, 995	——加盟	682
公務員（制度）	616, 619	——総会	760, 911-2
公務執行妨害罪	578	黒人組合員	711
公有の公社	697	黒人奴隷	511-3, 537-8
高揚期	420, 436-7, 450, 453, 607	黒人の公民権	620
合理主義	787	黒人弁護士（リーダー）	555, 718
公立学校（制度）	599, 883	黒人法典	11, 819
効率主義	566	黒人や少数民族のための大統領委員会	794
綱領	893	国勢調査	199, 240, 365-6, 609, 623
コーンウォリス、チャールズ	107-8	国政調査権	269-70
5ヶ国首脳会議	733	国土安全省	914
国王の勅許	355	国土開発	
国際会議	758, 780	354, 358-9, 432, 438, 453, 612, 617, 619	
国際河川	911	極秘電報	753
国際関係 257, 370, 681-3, 685, 722, 726, 887		告別の辞	179, 341, 401-2
——主義	723	国防委員会	784
国際共産主義（同盟）	729, 786	国防関係組織	776
国際協定	801-2	国法銀行	346, 349, 533-4, 610, 670, 896
国際金融	726	国防軍	263
国際警察権	659-60	国防省	579, 886, 914, 924, 929
国際合意（公約）	249-50, 691	国防長官	898, 907
国際公法	912	国防評議会	767
国際私法	912	国民皆保険	962, 998
国際社会	915-8	国民党	782
——（の）秩序	683, 740	国民投票	647-8
国際主義（者）	208, 723	国務省	
国際条約	742, 917	359, 568, 733, 738, 742, 766, 776, 784	
国際政策	722	国務長官	
国際政治	652, 677, 742	450-4, 470-1, 617-8, 642-3, 725-7, 741-2,	
国際赤十字	910	766-7, 836-7	
国際団体	759	穀物倉庫会社	586
国際秩序	769	国有林（保護）	620
国際仲裁（手続）	668, 801	小作農民	588
国際的な悪者（無法者）	444, 730, 754	個人の尊厳	758
国際テロリズム（政策）	919, 923, 930	コソボ戦争	907
国際取引自由化協定	798, 968	国家安全戦略	914
国際紛争	613, 679, 681	国家機密	919
国際法	916-7	国家団体	772
——違反事件	675	国家と信教の自由（・分離）	630-1
——法典化	911	国教会	125, 341
国際連合 756-7, 759-62, 769-72, 780-2, 911-3		国共合作	782
——加盟国	618	国庫	256
——軍	770, 772, 906, 917	固定資産税	648
——国際商取引法委員会	912	事なかれ主義	755
——宣言	740, 760	コネチカット州（・ハートフォード）	
——中心主義	781	35, 106, 155, 242, 367, 424, 515, 830	
——の原始メンバー国	760	近衛首相	742

個別効果説	869-70
『コモン・センス』	86，111
古文書保存所	520
コモンロー	591-2，612-3，719-20，966-8
——刑法（犯罪）	682，967
——契約	874，879
——国	720
——裁判官（判事）	591，848
——と衡平法の融合	720
——のアメリカ化	590
雇用制限	958
雇用平等委員会	963
孤立主義（者）	682-4，728-9，731-2，734-5
コロラド	446
コロンビア川	450
コロンビア地区（控訴）裁判所	304，861
コンコード	78-9

サ　行

再議決	248，281
最恵国待遇	799
再建期	553-4，595-60，639-40
——の南部連合	631
債券発行	728
最高所得水準	703
最高の軍事機密	738
最高法規（性）	329-30，947-8
——条項	25，329，856，870-1，942，945
——条文	
86，184，268，309，330，944，946，964-5	
最後通牒	519，653，908
最後の連合議会	347
財産	10，624
——税	627
——の不可侵	545
——の没収	624
財産権（保護）	
253，342，382，525，545-6，550-1，562，968	
財産法	510
再植民地化	649
再審議	245
再審査委員会	829
財政金融についての立法権限	346
財政再建問題	396
財政難	394
財政報告	347
財政問題	347-8，392-3
再選委員会	883
サイバー攻撃	918，929
サイバー戦争	931
サイバー犯罪	931
裁判妨害	888
財務省	

359，387，534，594，610，666，680，697	
——証券	275，277-8
債務証書	361
財務長官	414-5
裁量権（の乱用）	857，993
サヴァンナ方向	523
サウジアラビア	908
サウスダコタ	164，446
作戦計画	745，756
差押命令	884，898
差止め命令	993
差別（禁止命令）	605，628，819
差別的関税	427
サラトガ（会戦）	87，102，107，109，174
サン・ドミンゴ	445
三一運動	680
3ヶ国協定	739
残虐行為（残虐な罪）	511
産業革命	338，340，343，358，568，583
3巨頭会談	733，769
三権分立（原理）	
4-5，804-5，850-2，862-3，971-2	
参考人招致	270
38度線	769，771
山上の垂訓	680
参政権	626
参戦	690，739，782
3大巨頭	783
暫定議会	520
サンフランシスコ（会議）	759-61，782
2/3の助言と同意（特別多数）	
239，245-6，248，301	
参謀総長（本部長）	737，750，755
シーザー（ローマ）	705
恣意的かつ不均衡な刑罰	381
ジェイ、ジョン	174，178，326，414
ジェイ、ヘンリー　ジュニア	175
シェイズ、ダニエル大尉	122
シェイズの反乱	
122-3，147，174-5，179，275，298，346，395	
自営農	606，608
ジェイムズ1世	7，16，28，128
ジェイムズ2世	7，31，51，62，371-2
ジェイムズ3世	29
ジェイムズ6世	28
ジェイムズタウン	17
シェナンドー渓谷	528
ジェファーソン、トーマス	
157-8，179-80，182-5，284-5，391-2，401-3，	
406-9，411-2，416-7，421-2，444-5，841-2	
ジェファーソン・ハミルトン取引	284
ジェファーソン流の農本主義	349
史家	498，530，746

シカゴ（市） 262, 370, 562, 609, 729, 818
シカゴ・ニューヨーク間 342
識字テスト 566, 571, 985-7
識字率（テスト） 588, 599, 646
事業家 343
事業会社 353-4
事業者団体規制（撲滅） 659, 670
資金手当法 733
事件（性）・争訟性 326-7, 334, 721
時効法（期間） 926, 991
自己執行力 303
自己負罪禁止のルール 377
事後抑圧の法理 369
事実上の同盟国 740, 744
自然権 131, 374, 382, 602, 809, 847
　　——思想 504
事前検閲 370
慈善信託 633
自然の内在的権利 163
自然法（的思想） 551-2, 604-5, 872-3
事前抑制（システム）禁止 369-70, 406, 924
自治市 19
七年戦争 56, 58, 72, 428, 444, 448
市町村議会（条例） 613-4
執行機関 516
執行差止め命令 946
実質的（な）影響（基準） 996
実質的な効果原則 544
実証主義 207
叱責決議 458
実体法 613, 671, 816, 892, 897, 947, 967-8
私的自治 604
児童労働 671, 708, 994
支那（事変） 728-9, 741-2, 754
地主（奴隷主） 555
死の商人 725
死の床からの遺言 633
支払債務証書 392
師範学校 340
紙幣 610
　　——の発行 430
　　——の濫発 447
　　——発行権 348
司法 326-7, 805, 863, 865
　　——委員会 776, 859, 888-9, 895
　　——救済 984
　　——行政委員 21
　　——事件性 867
　　——積極主義 334
　　——代替機関 801-2
　　——長官 858-9
　　——の変容 710
　　——の抑制 628, 841

　　——妨害 891
　　——抑制論 713
司法省 919-21, 923-4
司法審査（権）
　804-5, 808-9, 824-5 827-30, 832-5, 844-6,
　863-4, 942-3
　　——肯定説 831
　　——擁護論 830
私法・取引法（コモンロー） 611
市民委員会 986
市民集会 73
市民的責任 164
市民の特権条項 367
市民権 260-1, 366-7
　　——保護 974
指名承認公聴会 932
シャーマン、ロジャー 112
ジャーマンタウン戦 265
社会運動 818
社会規範 875
社会契約 3, 188-9, 224, 605-6, 629
　　——説 20, 62, 149, 806
　　——論 148
社会主義 638, 680
　　——国 720
　　——者 924
　　——政権 788
社会生活 684, 702, 720
社会の友の会 506
社会福祉 274
社会保険庁長官 992
社会立法 696, 698, 701, 709, 713
ジャクソニアン民主党 474
ジャクソン、アンドリュー 184, 243, 350, 395
借地農民 587
ジャコバン（山岳）党 352, 403
赦免や猶予 300
上海 751
州（の）主権
　302-3, 347-8, 383-4, 524-5, 937-41, 959-60
　　——派 349
　　——擁護論 817
　　——論 948
州外出動命令 980
就学率 646
州議会（決議） 353-4, 528-9, 585-6, 592-3
州規制委員会 958
宗教活動 367-8, 402
宗教行為の自由 21, 630, 963
宗教上（結社など）の自由 20
宗教的正義 19
宗教団体 368, 371, 541, 583, 630, 963
州軍法会議 981

事項索引（和文）

州権（強硬派）	
203-4，289-91，310-1，346-7，952-4	
自由権（集）	21，368，371-2，382，552，605
自由憲章	376
州権派	351，379，395
州権論（者）	309-10
自由国際（法）論者	675
州際	320，708
——関税問題	344
——企業	953
——での特権	375
——特権と免責事項	382
——貿易	146
——労働者	671
州際通商	
544，670-1，708，712，948，951-3，996	
——条項	953
州際取引	257，285-6，288-9，990，995
州最高裁	871
重罪	630
自由社会	637-8
自由州	448-9，525-6
自由主義	355，638，767
自由人	154，168，200，449
終身刑	316，325
修正ⅩⅠ免責（州の免責主権）	384，938
修正主義	751
修正歴史学派	746-8，751-2
自由世界（の理想）	744，760，781
重大かつ差し迫った危険	925
集団交渉権	699
集団主義	729
集団訴訟	993
集団防衛構想	771，773
自由と人権	799
州都スプリングフィールド	123
自由土地所有者	67，88，715
自由と独占	345
州内居住要件	987
自由な選挙	753
自由な入植者	38
就任演説	644，677，693，722，725
十年戦争	652
州の管轄	953
自由の民	761
住の分化	975
州の分離権	91，817
州の免許	429
自由貿易協定	798，800
州法銀行	429，447，610
自由放任（自由奔放）	287，342-3，585
銃保有の自由	370-1
州民	970-1

——権	367，566
——主権	505
——投票	267-8，600
——特権	976
住民投票	816-7
自由民	20，22，25，162，214，240
住民健康・保険問題	997
収用	342
14ヶ条	677，679-80，682-3
州立（農業）大学	608，675
収賄	881，893
主権	97-8，136-7，202-3，258-9，943-4
——間の関係	957
——国家	416，612，759，930，984
——在民	224
——の行使	362
——免責	203，330，950
——問題	487
主権者人民	832
主権者ニューヨーク州	827
主権者メキシコ	485
授権	853-4
授権立法（権）	251，361，852
取水権	612
主戦論者	655
酒造禁止法	267
出エジプト記	19
出入国管理（局）	717，858
10％プラン（1863年）	530
首都	284，473
——選定問題	392
——の決定	393
ジュネ、ジャン	400
ジュネーヴ、スイス	762
主要先例	331
巡回裁判所（制度） 311，314-6，320，332，382	
準司法的機能	270
ジョイント・ストック・カンパニ	353
上院海軍軍事委員長	735
上院外交委員会	745
上院軍事委員会	929
上院の助言と承認	
250，300-2，398，733，854-6，872	
蔣介石	731，733，741
生涯任期	308
商業会議所	304
商業の流れ	948
証券偽造	207
証券取引所	583
証言録取	271
証拠（開示命令）	890，899
——排除ルール	374
上告受理	859

——命令 325, 332
——申立て 572-3
——理由 331
上告命令 947
城砦 285, 427, 526
召集権 981
少数民族 673
上訴管轄権 831
譲渡証明 510
衝突法 260
商取引法 616
商人法 341
常任理事国 781
少年裁判所 649
常備軍 281-2
消費者団体 800
消費者（金融）庁 304, 696
常備の軍隊（正規軍）373, 705
情報管理権 933
情報戦 923
情報漏洩 907
商務長官 686, 763, 776
訟務長官 304, 884
条約 98-9, 249-50, 256-8, 634-4, 729-30
——憲法 5, 386
——交渉 400, 413
——上の権利 474
——締結（批准）465, 733, 737
将来権 633
条例 613
ジョージ3世 53-4
ジョージ2世 15, 48
職能組合主義 711
植民州（議会）704-5, 808-9, 824-5
——時代 605, 610-1, 828, 845, 886, 956, 979, 984
——代表 828
——民 611, 811, 845
——連合 2, 825
植民地 761, 808, 915
——時代 946, 965, 982
——主義 661
——文化 876
助言的意見の禁止 326
助成金 350, 390
職権乱用 891
所得税 533, 665, 671-2, 685
処分権 262
庶民院 805
所有権 344
ジョン王 128, 219-20, 230
ジョンソン、アンドリュー 247, 301, 556-8
ジョンソン、リンドン 818

ジョン万次郎 6
シリア 930
自力執行力ある条約 250
私略船（免許）123-4
白い大艦隊 660, 672
ジロンド党（ブルジョワジ共和主義）398, 403
人格権 541
信教の自由（信教条項）43, 374, 630, 994
親共産党 776, 903
新共和党 474, 486, 507
人権 381-2, 512-3
——規定 202, 233-4, 580, 657
——史 364
——状況 363-4, 597
——侵害 863, 975
——判決 790
——保護 190, 363-4, 374, 552, 813, 970-1
——問題 105, 786, 811, 983-4
——擁護 378, 758
——抑圧 364, 517, 760, 797
——理事会 760
——立法 540
人権憲章 193-6, 224-5, 363-4, 549-51, 810-2, 821-2, 977-8
——（アメリカ）371, 378, 382
——（イギリス）55, 62, 162, 234, 371, 373, 550, 705
人権宣言（1789年）214, 224
人権宣言（イギリス）20, 368
人権保障 539, 548, 551, 974
——条項 972
人工衛星 715
信仰の自由 37, 964, 994
人口比例 255, 269, 274
シンシナティの会（員）183, 267
人種間結婚 976-7
人種戦争 507
人種的動機 597
人種的偏見 747
人種の壁 654
人種平等 790
人種問題 337, 529-30, 535, 673-4, 721, 791, 817, 989
人種差別撤廃 786, 790
人種差別課税法 983
人種分離（主義）607, 673, 820, 976
真珠湾攻撃 734, 739, 743-4, 747, 760, 788, 905
尋常でない刑罰 381
新条約締結 725
人身保護条例 229, 982

——の申立て	869
人身保護令状	501-2
——の特権	253
新生テキサス	477
神聖同盟	437
新世界での基礎法	20
親ソ聯	762, 776
信託統治	761, 769, 782
人的管轄権	936
人的財産権	956
人頭税 254, 566, 588, 599, 627, 982, 985	
深南部（州）	531, 899
親ハミルトン	403
新聞	408, 641
——王（屋） 292, 406-7, 676, 723, 753	
——の一面	748
——の自由	545
深謀遠慮の人	752
進歩主義 638-9, 646-7, 664-5, 669-70	
——時代 493, 568, 638-9, 649	
——者	666, 681-2
——的共和党	670
——論者	666
進歩的共和党	698
進歩的政権（進歩党） 646, 668, 684	
臣民 30, 61, 109, 149, 371, 376, 414	
人民 210-1, 224-5, 812-3	
——関係	983
——党	565
——投票	599
——の自由	282, 977
人民主権 104, 166, 224, 473, 758	
——説	472-3, 483
信用証書の発行	346
侵略（戦争）	
282, 656, 692, 728-30, 753, 758, 774	
診療契約	719
森林保護	619
新冷戦	930
新連邦主義	886
スイス（人） 108, 222, 519, 777	
水爆（実験）	769, 781, 789
水利権 95, 134, 341, 612, 968	
枢軸国 700, 702, 739, 759, 780, 783	
枢密院	40-1
スエズ運河（危機）	664, 786
スカリア判事	307, 855
スコットランド 28-9, 107, 368, 762	
スター・チェンバー	
9, 34, 43, 235, 810-2, 845, 949	
スターリン、ヨシフ元帥	781
スタントン、エドウィン戦争長官	301
スチュアート朝	7, 29

ストーリ判事 199, 204, 968	
ストューベン、フリードリッヒ・ウィリアム 180	
ストライキ 644-5, 671, 681, 732, 764	
スパイ 306, 923, 926	
——衛星	926
——活動 768, 918, 920, 924, 927, 930-1	
——対策法違反	926
スプリングフィールド	179
スペイン	
159-61, 435-7, 443-4, 451-2, 478-9, 651-5	
——王国	437-8, 479
——外相	453
——軍	788
——統治	456
——特使	160
スペイン戦争（1898年）	654-5, 683-4
生活法	702, 704, 707
請願（権）	62-3, 367-8
税関	111, 668
税官吏	374
正規軍	60, 118, 746
政教一致	20
正教会	39
制憲会議（議会）	
123-5, 127-8, 143-5, 147-9, 157-61, 165-6,	
185-6, 190-1, 265-6, 292-3, 311-2, 362-3,	
378-9, 395-6, 827-8	
政権交代	411
政治組織	823, 826, 849
政治的ロマンティシズム	662
政治哲学	804-5, 812
政治の腐敗	588
政治問題（原則）	
250, 302, 334, 628, 773, 859, 865, 867-8,	
895	
生者間	633
聖書ルカ伝	725
製造使用・製造販売	953-4
製造業 455, 512, 948, 995	
——助成金問題	393
——への補助金	394
——報告	391, 394
——保護	650
製造者報告 348, 350, 352, 358, 719	
製造物責任 703, 718-9, 815	
制定	102
制度	353
政党	610
——政治	411
——戦争	395
——組織第3期	694
正当な補償の原則	377
正統派歴史観	749

事項索引（和文）

正当防衛（権）	773, 913	全国一律	254
正当補償（原則）	342, 377	全国銀行制度	533
西部	429-30, 582-3, 614-5	全国禁酒運動	681
——開拓	591	全国部族連合	488
——各州 10 ヶ所のキャンプ地	748	戦後処理（案）	753-4, 758, 764, 769
——州	454, 612, 629	戦後世界秩序	734, 781-2
——守備隊	634	戦後の超インフレ	360
——テリトリ	512	戦後不況	686
——土地	100, 447	戦時中の州債	290
——フロンティア	505	戦時債	360
政府の座	284	——の償還	290
成文憲法	606, 756, 845, 849, 943	——の引受け法案（問題）	359-60
正法	613-4, 944, 965-6	先住民（族）	18, 56, 489, 622, 633
声明	741	専守防衛の戦争権	756
世界金融会議	729	戦時立法措置	678
世界金融危機	999	宣誓	
世界国家	724	657, 716, 792, 864, 870, 891, 941-2, 945	
世界史	904	——供述書	837
世界人権宣言	227	宣戦布告	420, 425, 428, 750, 782-3
世界政治	703, 780, 783, 904	——権	423
世界大恐慌	671, 683, 999	——の権限	299
世界大戦（世界戦争）		戦争	676-7
671, 678, 683, 700, 703, 710, 724, 731		——当事国（当事者）	676-8, 727, 729
世界秩序（構築）	682-3, 757, 768, 781	——犯罪者	741
世界的浸透	757	——への不参加	700
世界的政治機関	760	——予算	733
石油の全面禁輸令	741-2, 747, 750	——を終わらせるための戦争	723
世代信託	633	戦争委員長	86
積極財政	713	戦争計画	777-8
絶対的平和主義	690	戦争権 24, 209, 258, 904, 907, 928, 933, 936	
摂理	675	——決議	774, 906-7, 918
設立免許の立法	354	戦争行為	677, 734
ゼネスト	776	戦争準備	675
前衛州	632	——計画	755
選挙	812	——命令書（統合参謀本部宛）	745
選挙運動	988	戦争省	359, 534, 594, 746, 755, 767
選挙制	824	戦争遂行計画	737, 745
選挙戦	751, 762	戦争遂行権	281, 851
選挙法	704, 833	戦争宣言 442-3, 675-6, 742-3, 746-7, 749-50	
選挙民の意思	876	——決議	743, 916
選挙民の資格	625	——権	479, 772, 774, 857
選挙権 296, 571, 584, 588, 598-9, 627, 647		——なし（の戦争）	730, 742
——資格	625	専属事件	310
選挙区 241, 295, 433, 439, 628, 793, 985		専属的管轄	42, 321
——割	334, 528	全体会議	33, 761, 827
選挙人 238, 240-1, 243, 295-6, 298, 385, 560		全体主義	771-2
——資格	598	——圏	766-7
——制度	185, 295	——政権	788
——団	899, 959	セント・クレール、アーサー将軍	298, 393
先決問題	868	セント・ローレンス	135
宣言（書）		セントルイス	448
82, 676, 740, 744, 770, 840-1, 843, 962		1776 年の精神	114, 156, 182
——なしの事実上の戦争	734	1850 年妥協	470-1, 473-4, 480-1

1035

1837 年の不況 346
1812 年戦争 418-9, 426-7, 429-30, 439-42
1877 年妥協
　　553, 561-5, 582, 595, 637, 639, 820
線引き 504
全米有色人種向上協会 721, 818
占領と買収 344, 457
先例
　　602-6, 716-7, 814-5, 820-1, 874-5, 942-3,
　　948-52, 956-7, 996-7
　——学者 9
　——群 8, 285
　——拘束 835
　——重視 713
　——変更
　　374, 835, 855, 955, 957, 959, 977, 988
先例主義（機能） 938-9
先例法 551, 967, 970
相互安全保障計画 767
綜合国防計画 771
相互協定 618
相互共同 879
相互分担・相互牽制
　　244-5, 251, 806-7, 851-2, 858, 889, 927
相殺原則 342
捜査妨害 889
捜査令状 919, 930
宗主国 915
　——スペイン 725
争訟性 334, 833, 856, 859, 864
総司令官
　　281, 298, 303, 387, 395, 878, 908, 981
相続 633
　——財産の管理 936
送達（状） 271, 325
騒乱罪 497
遡及効 848, 869-70
組織による防衛 232
訴訟社会 334
訴状送達 271
その他民 240
祖父条項 571
ソルトレイク谷 631
ソ連（ソヴィエト）
　　735-6, 739-40, 752-3, 759-61, 768-9, 780-
　　5, 925-6
　——の対日参戦 783
損害金 274, 753
損害賠償請求（事件）
　　574, 796, 868, 919, 937, 991
損害賠償責任 876

タ 行

第 1 合衆国銀行（の設立問題） 290-1, 360, 874
第 1 共和制、フランス 403
第 1 次イラク戦争・決議 908, 912, 914, 916
第 1 次運輸革命 337, 354
第 1 次決議 909
第 1 次（世界）大戦
　　369, 469, 503, 626, 649, 670, 741
第 1 次ワシントン会議 702
第 1 次湾岸戦争 774, 908
第 1 回平和会議 910
第 1 回連合議会
　　53, 61, 64, 67-8, 73-4, 81, 83, 427
第 1 回連邦議会 240-1, 312-3, 395-6
大英帝国 783
退役軍人 360
対外通商政策 344
大韓民国（領） 769-70
代議制（代議員） 162, 648
大虐殺事件 48, 62
大恐慌 686-8, 693-4, 701-2, 707-8, 710-1
大空輸作戦 768
大渓谷 635
大権 191, 668, 898
代行大統領 628
第 5 期政党組織時代 698
第 3 期政党システム時代 482
第 34 連邦議会 609
大西洋 690, 810
　——横断飛行 755
　——憲章 734
大西洋（沿）岸 320, 444, 488, 531, 610, 634
　——の 13 州 647
大戦 682, 707, 739, 768, 780
　——遂行計画 734
大草原 484, 635
大妥協 154, 169, 171, 240, 244, 582
大鉄道ストライキ 565, 569
対テロ（戦） 928, 932
大東亜共栄圏 741-2
タイドウォーター法 319-20
大統領科学委員会（臨時） 794
大統領拒否権 830
大統領再選委員会 888
大統領史（家） 459, 498, 658, 672, 902-3, 933
大統領特権 305-6, 400, 807, 884-5, 898, 924
大統領令
　　298, 458, 522, 541, 693, 705, 735, 779,
　　879, 941
対独戦争 747
第 2 回連合議会 78-9, 81-4
第 2 回連邦議会 299, 395-7, 514

事項索引（和文）

第2合衆国銀行 349-50, 431, 437, 446, 514, 533, 609
第2期政党時代（システム） 121, 395, 402, 412, 435, 440, 482
第2期ワシントン内閣 290
第2次（世界）大戦 610, 618
第2次イラク戦争・決議 908-9, 912, 916
第2次ボーア戦争 736
第2巡回裁判所 311
対日基本方針 741
対日石油輸出禁止令 737
対日戦 768-9
第2の赤狩り 925
第2の革命戦争 435, 976
第2の憲法条文 502
第2の公民権運動 543
第2の再建期 976
第2の大恐慌 961
第2の南北戦争 976
第2百年戦争 57
大日本帝国 751
第2連邦控訴裁判所 311
大陪審 46, 270, 374-6, 497, 880, 883, 890, 892, 895
代表委員 165
大部族連合 488
対仏宣戦布告 399
対米戦争宣言 748
太平洋 489, 609-10, 621, 798
——国家 654, 797
——防衛部門 777
太平洋戦争 649, 685, 732
大盆地 630
第4の branch 否定論 852
大陸横断鉄道 345, 608, 610, 639
大陸間弾道弾 789
大陸軍 80-1, 84-5, 102-4, 106-8, 117-9, 171-2, 389-90
大陸主義 451, 470, 568
大陸法 615, 873
代理人 61, 589
大量破壊兵器 913
大連合 698
第6巡回裁判所 662
妥協（案） 682, 724, 747, 761, 769, 933
妥協法（案） 505, 560
多国間条約 759, 912
多国間協定（締結） 798
ダコタ・インディアン 634
多重婚 631
多州民性 322

多州民（民事）事件 321, 324-5, 328, 967
脱退権 571
縦の権力分立 935, 937, 943, 955
縦の分立 949
タマニ（ホール） 335, 689
ダムダム弾 910
ダラス（市役所） 792, 957
タレイラン 445
弾劾 143-4, 879-83, 887-9, 891-7
弾劾該当性 893-4
弾劾権 246, 842, 856, 881
弾劾罪 893-4
弾劾裁判 246-7, 880, 882-3, 887, 892, 894-5
弾劾裁判所 246
弾劾事実 888-9
弾劾状 891
弾劾条項 896
弾劾制度 880
弾劾手続 558, 895
弾劾法 804, 880-1
断種 646
断種法 647
団体法 343
治安判事 599
地域紛争 760-1
チェイス、サミュエル 331
チェコスロバキア 209, 703, 728, 730-1
チェザピーク湾 102
チェック・アンド・バランス 806-7, 949
チェロキー（族） 56, 135, 389
チェロキー国家 179
治外法権 762
地区管轄 936
地区裁判所 310-1, 313-4, 316, 324, 326
千島列島 753
地中海 447
知的財産権 799
地の塩 19
地方自治体 852
地方的 952
チャーチル、ウィンストン 427, 740
——の曾孫 737
チャールズ、ボニー 29
チャールズ1世 7, 16, 235
チャールズ2世 7, 51, 128
チャールストン 46
茶会事件 48, 71, 105, 155
チャタヌーガ戦 520
中央アメリカの諸国 800
中央銀行制度 609
中央主権 943
中央情報局 768
中央対州の分権 624

1037

中華民国	250，730
中間選挙	886
中間派判事	712
中近東・アフリカ	901
中国	759-61
——共産党	784
——軍	770
——国民党	775
——国境	770
——全面撤廃	738
——（当時の清）	954
——東北部	782
中国人	583，643，810
——（の）移民	569，596，643
——のクーリエ	542
中国領土の統一（に係る条約）	723，730
仲裁（判断）	645，679
忠実義務	356
忠誠宣誓書	531
中西部北	512
中西部南	694
チューダ王朝	28
中東	786
中南米	437-8，677-8
——政策	788
駐日大使	742
駐パリ	731
中部	91
中米	345，667，771，883
駐メキシコ・ドイツ大使	676
中立（国）	413，422，676，682
中立宣言	306，398-9，412-3，416，418，479
中立的介入	655，769
調査団報告書（1872年）	558
徴税権	273，624
朝鮮戦争	758，769-71，773，776，783，906-7，916，920
朝鮮半島（民族）	680，761
超大国	703
超党派	889，891
懲罰的損害賠償	797
徴兵制（反対）	678-9，744
超法規的措置	573
徴傭	342
長老派	20，640
直接税	240，254，269，274，394，533，623，982
勅令	418，423
著作権	278-9
勅許（会社）	128，355
チリ	800
通貨価値	207
通貨制度	609
通貨と信用	349
通貨の鋳造	346
通貨問題	610，619
通商（州際取引）条文	170，185，274，286-7，989，994-5
通商規制	952
通商協定	799
通商権	287，940
通商条項	204-5，995-6
通商の自由	414
通商問題	989
通商法	243
通信委員会	69，71-2，352
ディーン、サイラス	87
低開発国	798，800，900
定款	356
低関税主義	617，643
帝国主義	209，660-1，722，736，910
提出命令	807，882
低水位線	613
低地方国	757
ディッキンソン、ジョン	109-12，116
テキサス（州）	462，471，477，563，957
テキサス・テリトリ	476
テキサス共和国	460-1，632
テキサス併合	338
敵性外国人局	923
適正手続	164，548，605，624，986
——（の）保障（条項）	548-9，604，816
適切かつ独立した州の手続法上の基礎	204，254，328-9，969
適用法合意	260
手数料主義	357
デセレット	631
デタント	902，930
哲学協会	44，53
鉄鋼工場（労働者）	764，776
鉄鋼生産	639
手続的連邦コモンロー	816
手続法	816，967-8
鉄道	706-7
——会社	527，566，581，585-6，608，620，638，642，671，958
——建設	609，719
——産業	596，732
——事業	585，957
——網	667
鉄の女	902
テネシー（州）	351，403，555，563
テネシー、ナッシュビル	135
テヘラン会談	783

事項索引（和文）

デモクラシー 790
デラウエア州
　29, 33, 43, 93, 100, 110, 147, 242, 318
デラウエア湾 27
テリトリ 100-2, 482-3, 504-5, 514-5
　――政府 499, 595
テロリスト対策 760
テロリズム（テロリスト活動）
　766, 924, 927-8, 932
伝記作家 752
電子交信 931
電子上の監視 919
電子情報（戦） 930, 932
電子諜報活動 920-2
天皇 662, 742
天賦性 229
天賦の権利（自由と人権）
　20, 167, 200, 221, 235, 529, 606
デンマーク 731, 877
　――領聖トーマス島 878
天路歴程 648
電話（盗聴）データベース 791, 931-3
ドイツ
　659-61, 675-7, 719-20, 727-8, 730-1, 734-
　5, 740-1, 746-8, 753-5, 763-4, 777-9, 782-
　4
　――壊滅作戦計画 748
　――議会 740
　――空軍 732
　――戦争大学 755
　――大使館 739
　――民族主義 680
ドイツ系 675, 679
　――アメリカ人 717
　――住民 730
トウェイン、マーク 503
東欧諸国 753
同化（政策） 389, 456, 621, 635, 643, 697
統合参謀総長 737
統合参謀本部（長） 737-8, 742, 767, 784
東西冷戦 783-4, 787
倒産事件 276
当事者関係 719
当事者性 718-9
当事者適格 861-2, 870, 986, 994
東条英機 742
統帥権 774
同性婚 601, 978-9
統制廃止 685
統治機構 983
統治者 34, 38, 46, 58, 61, 132-3, 295, 808
統治組織 811
統治（代理）人 33, 46, 49-50, 62

盗聴 888, 921, 931
東南アジア（作戦） 736, 740
投票権 598-9
　――剥奪 596
　――問題 988
　――立法 989
　――妨害 819
　――抑圧 819
東部 99, 505, 609, 612
逃亡奴隷
　261, 366, 473, 494　506, 513, 515-6, 523
　――条項 513
　――引渡 476
　――捕獲 523
同盟（国） 733-4, 772-3
ドーハ・ラウンド 798
トーリー派の新聞 111
毒ガス 910
独裁政治 722
特殊な裁判所 919
独占の免許 345, 353
独占禁止法違反 664
特定性の要件 49
独島 663
特別委員会 925
特別検察官制度 890
（特別）人事委員会 923
特別法廷 307, 931
独立運動 680
独立行政委員会 851, 853-4
独立検察官 854-6, 889-90
独立宣言（書）
　1-3, 5-7, 84-5, 8[7]-91, 109-16, 143-4, 149-
　50, 162-5, 184-5, 223-4
　――のサイナー 616
独立戦争 108
土地（権）
　133-4, 285, 318, 322, 340, 344, 457, 620,
　622
　――収用 331, 969
　――所有権 612
　――所有者 845
　――税 357
　――制度 621
　――政令 7, 120
　――占拠者 455
　――の特許状 608
　――命令 130
特許（権） 279, 353, 646
　――と著作権 321
特許法（人） 278-9, 354
トックヴィル、アレクシ・ド 229, 583
特権 260-1

1039

——・自由	105, 977	
——・免責条項	259, 549, 974	
——条項		
189, 260-1, 375, 513, 517, 538, 604, 606		
——と身分保障条項	513-4	
——と免責	91	
ドミニカ共和国	722	
トラスト（規制）	585, 616	
取締役会	19, 94	
取付け騒ぎ	693, 695	
取戻し期	538, 553-4, 600, 613, 640	
トルーマン・ドクトリン	766	
トルコ	766, 788	
奴隷		
130-2, 136-7, 154-5, 168-71, 199-201, 236-7, 240-2, 261-2, 366-7, 493-7, 506-8, 510-6, 547-8, 597-8		
奴隷解放	522-3, 554-6	
——運動家	496	
——主義者	505, 563	
——宣言	298, 522-3, 529, 531, 850	
——の大義	486	
——論者	505-6, 524	
奴隷業者	598	
奴隷禁止法	485	
奴隷禁止立法権	500	
ドレイク、フランシス	213	
奴隷小屋	510	
奴隷社会	449, 466	
奴隷州	448-9, 472-3, 504-5, 524-6	
奴隷人口	238	
奴隷制度		
267-8, 366-7, 461-2, 464-5, 470-2, 475-6, 500-1, 506-9, 516-7, 536-7, 556-7, 581-2		
——撤廃	540	
——の悪	497	
——廃止	538, 554, 597	
奴隷制度法	29, 364, 464, 507, 510, 595	
奴隷取引	446, 473	
奴隷の黒人	598	
奴隷売買	495	
奴隷反対派	470, 486, 499, 601	
奴隷比率	238-9	
奴隷ブローカー	494	
奴隷貿易	367, 465, 508	
奴隷捕獲（人）	497, 515	
奴隷問題		
156, 344, 366, 439, 465, 483, 509, 523, 548, 551, 631, 654		
奴隷輸出	255, 266	
奴隷輸入	253, 266, 268, 446, 601	
——禁止	265, 449	
奴隷労働	30, 518	

トロイ戦争	420	
トンキン湾事変	248, 906	
屯税	256, 258, 286, 351, 401	

ナ　行

内閣	387, 415	
内部者銀行	351	
内務省	388, 478, 558	
内乱	211, 263-4	
ナイロビ、ケニア	762	
ナショナリズム	427, 430, 447, 654	
「ナショナル・ガゼット」	397, 399	
ナチス・ドイツ	683, 729, 734, 745, 751, 753	
7つの統一法	616	
ナポレオン	91, 388, 418, 429, 444, 519, 967	
ナポレオン戦争	451-2	
涙の行軍（涙の道）	457, 489, 633-4	
成上り者	431	
南軍	520-2, 529, 531, 574, 584, 762	
南西部（テリトリ）	425, 435, 441, 466, 591	
南西部区割り問題	460, 468	
南東部	429	
南部		
511-3, 518-9, 524-5, 527-8, 556-7, 564-5, 674-5		
南部（草の根）民主党	395, 694	
南部（の）白人	542, 815	
南部共和党	469	
南部キリスト教指導者連合	819	
南部社会	581-2	
南部州		
154-5, 168-70, 238-9, 349-50, 366-7, 482-3, 485-7, 496-7, 523-7, 529-30, 537-8, 543-5, 553-7, 559-63, 565-6, 580-2, 587-8, 595-6, 607-8, 815-6		
南部州合衆国	480	
南部州議会	871	
南部州権派	478	
南部州治安当局（者）	795-6	
南部州民	362, 500, 655	
南部州連合	529, 559	
南部植民州	30	
南部勢力	500	
南部農業州	524, 650	
南部の農園	512	
南部民主党	561-2, 587-8, 790-1	
南部連合		
91, 234, 478, 505, 518-20, 530, 554, 563, 600		
——憲法	942	
南米	750, 755	
南北アメリカ大陸	209, 438, 682	
南北戦争		

10-1, 268-9, 337-8, 385-6, 425-6, 485-6, 493-4, 517-9, 526-31, 538-42, 639-40, 844-5

——の大義 522
二院制と提出 244
ニカラグア 687
ニクソン、リチャード大統領 888
二元国家
　324, 327, 333, 704, 960, 964, 983, 990
二元主義　295, 515, 610, 974, 990
二国間（投資）協定 798, 801
西アフリカ 659
西インド諸島 405, 422, 877
西インド洋 877
西海岸 635, 639
西太平洋 651
西ドイツ 216
西半球 438, 621, 656, 660, 671, 688
西フロリダ 452
21ヶ条の要求 730
二重国家 4
二重の危険（二重負罪の禁止） 22, 376-7
20世紀型不法行為 718
20世紀に入っての新州 706
西ヨーロッパ
　8, 696, 724, 728, 734, 757, 771-2, 910-1
2008年不況 962
日米開戦 738, 748
日露戦争 657, 660, 663, 730
日系アメリカ人 717
日系人の囲い込み 747
日清戦争 730
日本　728-31, 739-42, 747-8, 754-5, 782-3
——人 673, 721
——政府 663
——列島 764
日本軍 745, 747, 768, 924
——進軍（進攻） 735, 751
ニュー・ディール 844
ニューイングランド 175, 296, 422-3, 426
——5州 239, 426
——地方 16, 35, 155, 340, 424
ニューオーリンズ 55, 445
——港 445
——の役所 564
ニュージーランド 227, 784
ニュージャージー州 42-3
——プリンストン 126
——植民州 213
入植者
　25, 33, 338, 467, 508, 601, 608, 644, 827
ニューディーラーズによる戦争 753
ニューハンプシャ

35, 43, 67, 149, 164, 242, 367, 424, 515
ニューメキシコ・テリトリ
　461, 471-2, 477, 485
ニューヨーク
　42-3, 67-8, 85-6, 110-1, 175-6, 191-4
ニューヨーク港（税関） 57, 116, 567
ニューヨーク市 532-3, 860-2
——高架鉄道 642
——交通局 536
——図書館 633
——弁護士会 615
ニューヨーク州 432-3, 470-1, 688-9
ニューヨーク州議会 641
ニューヨーク州共和党 589
ニューヨーク州最高裁 718-9
ニューヨーク州裁判所 335
ニューヨーク州知事（選）
　532, 633, 641, 690, 692, 843
ニューヨーク州弁護士 589
ニューヨーク州北部 420
ニューヨーク証券取引所 675
ニューヨーク植民州 53-4, 57, 73-4, 826
——議会 376
——立法府 57
ニューヨーク政界 335
ニューヨーク税関長 590
ニューヨーク戦 107
ニューヨーク占領（駐留） 86, 705
ニューヨークタイムズ 795
ニューヨーク南地区裁判所 311
ネブラスカ（・テリトリ） 446, 482-3
眠れる州際取引条項 288
年季奉公（者）
　17, 26-8, 59, 157, 211, 213-4, 228, 240, 507-9
年長ルール 563
年頭声明（教書）・年頭メッセージ 786, 790
農業省（農業調整庁） 534, 696, 788
農業保護 696
農産物 674, 675, 693, 715
農場主 262, 350
農本主義 456
ノースカロライナ（州）
　67, 149, 164, 242, 563, 565
ノースダコタ（州） 446
ノーベル平和賞 661, 680, 792
ノックス、ヘンリー
　123, 126, 176-7, 180, 183, 243, 294
ノルウェー 731
ノルマン侵略 219-20, 380
ノルマンディ 29
——海岸への上陸作戦 741

ハ　行

バー、アーロン
　　　　126, 212-3, 315, 412, 414, 888
ハーグ（オランダ）　　　　　　910
パートナーシップ　　　　353-4, 356
ハートフォード（会議）　106, 239, 424-6, 481
バーナード、フランシス　　　　49
バーモント　　　　　　　　　424
バイエルン　　　　　　　　　215
賠償　　　　　　　　　754, 759
廃止論（者）　367, 504, 516, 523, 473
陪審　　　　　50-1, 378-9, 825-6
　──員　　　　　　　　　721
　──権
　　46-7, 319, 323, 380, 514, 548, 832, 881
　──裁判　　　　　　　　497
　──への説示　　　　　　996
ハイチ　　　　　　　　　　687
ハイドパーク　　　　　687, 689
配慮と礼譲　　　　　　　　590
ハウ将軍　　　　　　　　　265
博愛精神　　　　　　　　　722
白紙委任状　　　　　　　　928
白紙カード　　　　　　　　955
白人至上主義　　　　　582, 584
白人ミリシア　　　　　　　603
破産　　　　　　　　　　276
　──裁判所　　　　　　316
　──処理　　　　　　　990
　──宣告　　　　　　　961
　──手続　　　　　　　321
発議権　　　　　　　　　648
罰金　　　　　　　980, 982
ハッチンソン、トーマス統治代理人　61
発明　　　　　　　　　　341
ハドソン川　　　　　　315, 888
パナマ運河　　　　　　660, 672
パナマ海峡　　　　　　　　569
パナマ問題　　　　　　　　689
ハミルトン、アレクザンダ
　　290-2, 390-2, 394-5, 413-4
パラガイ戦争　　　　　　　569
パリ　　　　157-8, 181-3, 214-5
パリ（平和）条約会議　　680, 713
パリの陥落　　　　　　732, 734
バルティモア（市）　24, 31, 46, 212, 382, 502
破廉恥日　　　　　　　　　743
ハワイ　　　　　　　　　654
汎アメリカ国家群会議　　　　621
バンカーヒル（の戦い）　106, 109, 111, 174
反逆（罪）　　　　　　211-3
反共産主義　　　　729, 776, 902

反競争的行為　　　　　618, 696
反軍活動　　　　　　　　　573
判決委員会　　　　　　　　252
判決などの承認・執行　　　　259
ハンコック、ジョン
　　46-7, 50, 75, 78, 106, 112, 116
犯罪の訴追　　　　　　　　897
反ジェファーソン　　　　　403
反自由主義　　　　　　　　787
反スパイ情報活動　　　　　927
反戦運動（家）　　　　572, 755
反戦主義　　　　　　726, 745
半戦争　　　　　　　352, 877
反戦訴訟　　　　　　　　　909
反戦団体　　　　　　747, 755
反戦論者　　　　　　　　　675
判断理由　　　　　　9, 369, 605
反帝国主義連盟　　　　　　652
反動・取戻し期　　　　　　639
反独禁訴訟　　　　　　　　664
反奴隷女性全米大会　　　　497
反フェデラリスト　　　　　829
万民法（違反）　　　　207, 279
反乱　　　　　　　3, 253, 547
非アメリカ活動委員会　　　926
非営利法人（教育、文学、慈善団体）　354
東アジア　　　　　　663, 667
東インド人　　　　　　　　858
東海岸　　　　　　　　　639
東支那海沿岸　　　　　　　742
東ニュージャージー　　　　40-1
東フロリダ　　　　　　　　452
東ヨーロッパ　　　　　　　340
ピカリング、ティモシィ国務長官　403, 406
引受け法案　　　　　　　　359
批准
　102-4, 190-1, 193-5, 386-7, 624-5, 760-1
　──会議　308, 363, 827, 830, 267
　──条件　　　　　　　100
　──手続　31, 266-9, 364, 385, 846
非常事態　　　　　　　　501-2
非植民地化　　　　　　　　761
ヒスパニック　　　　　450, 718
被選挙権　　　　　　　　　630
ヒットラー、アドルフ　693, 739-40, 744, 746
必要性と比例性　　　　　　913
秘匿権　　　　　　　　　306
一ツ星州　　　　　　　　632
非暴力運動　　　　　　　　819
秘密暗号　　　　　　　　　751
秘密会議　　　　　　　　　731
秘密作戦計画　　　　　　　738
秘密情報　　　　　　　　　739

1042

事項索引（和文）

秘密の録音	884-5
秘密法廷	919
秘密漏洩	780
罷免（権）	301, 771, 855, 884, 895
百年戦争	56
ピューリタニズム	630
ピューリタン	16-20
──教会	341
──精神	35, 625
──的な理想	456
評議員（会）	34, 38
表現（・信教）の自由	368-71
平等	4, 351, 354, 821
──権	265, 328, 721, 816, 844
──原則	386
──条項	628, 935, 950, 953, 977
──代表権	269, 938
──だが分離（する）	819, 856
──の原則	262
──発言権	504, 937
──保護原則	993
──保護条項	259
──保障条項	605
──保障の基準	548
──理念	275
ビルマ国境	745
貧困層	997-8
貧民施設	647
フィラデルフィア	52-3, 123-4, 172-3
──・オーロラ	414
──市役所内法廷	27
フィリピン（の独立）	651, 723, 735
封鎖（命令）	675, 727, 770
フェアファックス郡決議	76
フェデラリスト	192-3, 405-6
──対レパブリカン	842
フェデラリスト誌	178, 192, 812, 829
フェデラリズム	178, 205, 395
ブエノス・アイレス国	280
フォート・サムター	518
賦課	286
不介入主義（者）	643, 783
不干渉（主義）	687, 726-7
武器庫	285, 500
武器輸出禁止	731-2
武器輸出取引	733
武器所持	264
──の自由（権）	264, 370-2, 811
ブキャナン、ジェームズ	526
不況	644, 650-1, 655, 696, 764, 999
不行状	897
福沢諭吉	6
福祉受給権	950

不公正取引	670
布告	70
負債処理法	391
不在者投票制度	987
釜山	770
婦人参政権	626, 646-7, 671
付随的管轄（権）	322-3
フセイン、サダム	908, 912
不戦の公約	700
武装集団	766
部族入会権	570
不逮捕特権	271
2つのカロライナ	43, 318
物品税	168, 255, 348, 394, 415, 534, 624, 704
物品売買での担保責任	703
物流革命	707
不動産	30, 510, 633, 791
──業界	961
──権	120, 285, 555
──税	534, 956
──取引	890
──売買	935
不動産法	514, 704
腐敗	600, 638, 641, 645, 648, 686
不服従奴隷	494
不法行為	916, 930
──一般	991
不法行為請求権	991
不法行為法事件	611, 637, 702, 718-20
部門間牽制	246
ブライア、スティーヴン	810
プライバシー	541
──空間	930
──情報	933
ブラジル	215, 222, 509
ブラック・マンデー	712
フラン	726
フランクリン、ウィリアム	213
フランクリン、ベンジャミン	111-2
フランス	
	42-4, 51-2, 54-5, 102-3, 182-3, 209-10,
	403-4, 415-9, 421-2, 433-4, 443-5, 568-9,
	729-31, 752-3, 759-61, 782-4, 877-8
フランス（大）革命	
	327, 352, 388, 398, 400, 403, 709, 757
フランス（仏）領インドシナ	
	731, 737, 742, 877
フランス（亡命）政府	733
フランス・インディアン（連合）戦争	
	52, 56, 58-9, 63, 80, 118, 128, 611, 673
フランス・インディアン連合（軍）	
	43, 56-8, 78, 172, 174

1043

フランス・カナダ人　448
フランス移民　405
フランス王　56
──国　397
フランス海岸　42, 118
フランス海軍　102, 399, 404-5, 419
フランス外相　108, 419
フランス革命政府
　124, 339, 398-9, 404-5, 407, 414
フランス艦隊　512, 519
フランス共和国　405, 877
フランス軍　100
フランス語　214, 390, 397, 687, 912
フランス公使　352, 436
フランス国王軍　67
フランス暫定政府　782
フランス人　214, 371, 390, 569, 583
──教師・軍人　664
フランス政府　120, 327
フランス戦線　762, 764
フランス大使　731
フランスの砦　342
フランスの保護領　752
フランスへの公使　436
フランスへの大使　452
フランス陸海軍　103, 124
ブランダイス、ルイス判事　967
フリゲート艦「ボストン」　877
プリムス共同体　17, 47
──の盟約　973
武力行使　913
ブルッキング研究所　810
ブルボン王朝　437
フレノウ、フィリップ　397, 405
プロイセン　757
プロシア　109, 437
プロテスタンティズム　32, 62, 340, 371, 875
フロリダ　445, 467, 488
フロンティア　591
分益小作人　262
文官　247, 297, 894, 896
分権法理　959
紛争海域　728
紛争解決（手段）　692, 730, 801-2
紛争当事者　727-8
分配金　713
分離　553
──教育　814
──決定　507
──政策　635
──差別　814
分離権（論）　425-6, 500-1
分離主義（者）

　16, 468, 476, 486, 525-7, 605-6
平易解釈　873-5
米英の巨頭2人　740
閉会中の任命権　304, 567
米州（国家）機構　789
ヘイズ、ラザフォード大統領　563
米ソ冷戦　768
並存（的）連邦主義　515, 957, 990
ベイチェ、ベンジャミン　407
平和維持メカニズム　677
平和会議　910-1
平和機構のアイデア　724
平和賞コンテスト　759
平和条約（会議）
　120-1, 124-8, 654, 691, 782, 846
ペイン、トーマス　86, 111, 235
ヘシアン　110
ベトナム戦争　299, 916
ペリー、マシュー提督　480
ベルギー　215, 426, 661, 730-1, 734
ベルリンの壁　768, 787, 902
変化する多数　236
弁護士　563-4, 640-1, 649-50, 828-9
──会　718
──過誤　719
弁護人　931
ベンサム、ジェレミ　504
ペンシルヴァニア州　52-3, 191-2
──議会　112
──裁判所　980
──西部　394
──知事　980
──鉄道　355
ペンシルヴァニア廃止協会　506
『ペンシルバニア農民からの手紙』　75, 110
ヘンリー、パトリック　145, 195, 829
ヘンリー7世　219, 220, 376
ボイコット（決議）　74, 819
ホイッグ　121, 460, 470, 482, 526
法案　244-5, 251
法域外　288
包囲網　771
防衛（のための）戦争権　18, 24
防衛権　371, 900
防衛戦争　258, 661, 758, 772
貿易禁止令　418, 421
貿易制限　45, 419, 425, 727, 729
防禦（戦）　656, 719
防共協定　729
封建的所有権制度　32
法人　238, 353, 355-6, 601
──格（法主体）　238, 349
──性悪説　356

事項索引（和文）

——プロパーの利益 356
——立法権 346
法人所得税 664-5
法人設立 341, 344, 346, 348-9, 353-5
——権 273, 346, 351, 353, 361-2
——の自由主義 355
法人法 354, 356
法曹 590-1, 617, 718, 720, 799
防諜活動 785
法廷の選択 260
法典（法国） 199, 615
法典化 222, 615
法の執行権条項 933
法の支配（原則） 8, 835, 839, 873, 885
法の衝突 276
法の適正手続 35-6, 376-7
——条項 259, 606, 849, 977, 993
——の保障 821
法の下の平等 579
法律審 325
法律と同じ効力 716
法令審査権 841
傍論 9, 605, 840
ボーア戦争 210, 736
ポーランド 209, 215, 222, 728, 782
——移民 655
捕獲品 357
北（東）部ニューイングランド5州 422-3, 442
北欧 28
北軍（兵士） 588-9
北西政令 134-5, 223-4, 261-2
北西地域 130
北西土地 100
北西部（テリトリ） 136-7
北西ヨーロッパ 340
北東部（州）11州 461
北部 393, 456, 482, 511, 523, 542, 559, 642, 843
——自由州 516
——人 499, 501
——の教会 504
北部共和党（急進派） 473, 505, 524-6, 554, 567, 584, 589
北部州 392-3
——共和党 603
——人 484, 516, 532, 563
北部民主党（員） 499, 572
北米大陸（地域） 450-1, 798, 801-2
保健衛生 714
保険制度 998-9
保護主義 799
保護領 725

保護令状請求 254
保釈金 380
保守主義 709-12, 815, 901
補助（貸付）金 344-5, 687, 696
保障条項 167, 263, 813, 972, 974
保障条文 152, 938, 983
保障と特権 513
補償の原則 378
補助会（議） 19, 21, 33
補助法廷 34
ポストマスター・ゼネラル 52
ボストン 48-9, 51-2, 78-80
——（大）虐殺（事件） 61, 105-6, 155
——海事裁判所 50
——の海事法廷 211
——の志士 48
——の税官吏 363
ボストン港（令） 47, 71, 73, 105, 877-8
ボストン茶会事件 52, 61, 68, 71, 110, 372
ポツダム会議 741, 752, 764, 769
ポトマック川 146, 193, 284, 393
ポピュラー・レジスタンス 347
ポピュラー決定 483, 485-6
ボランティア民兵団 679
ボルシェヴィキ革命 669
ポルトガル 125, 133, 215, 443, 730
ホルムズ判事 848
ホワイトハウス 671-2, 753-5, 884-5
——の夕食会（晩さん会） 434, 440, 736
香港 759, 919
ポンド 726

マ　行

マーシャル、ジョン
184-5, 290-1, 312-3, 330-1, 835-6, 839-40, 842-3, 878-9
マイノリティ 718
マウント・バーノン 76, 146, 171-2
巻き戻し期 597
マグナ・カルタ
9, 48, 51, 376, 550, 803-4, 872, 935
マサチューセッツ回状 75
マサチューセッツ州
41-2, 46-8, 71-2, 148-51, 192-3
——議会 346
マサチューセッツ植民州（議会） 50, 68
マサチューセッツ・リポート 42
マサチューセッツ弯（カンパニ） 34, 38, 148
マサチューセッツ湾議会 50, 106
マサチューセッツ湾共同体 32
マサチューセッツ湾共和国 189
マサチューセッツ湾自治集団 38
マサチューセッツ湾社団 19, 34

1045

マサチューセッツ湾植民社会 148
魔女裁判 23
マタイ伝 19
マッカーシー旋風 673
マッケンリ、ジェイムズ戦争長官 403
マディソン、ジェイムズ
　174-5, 177-8, 180-2, 284-5, 407-9, 426-7
マネー・ロンダリング 920
麻薬販売（問題） 953-4
マルクス主義（者） 669, 751
満州 753, 782
マンスフィールド卿 843
マンハッタン島 86, 126, 761
ミサイル危機 788
ミサイル基地 788-9
ミシガン州（議会） 136, 229, 367, 515, 849
ミシシッピ川 159-60
　──（の）河口 448
　──の西 429
　──の東 243, 443
ミシシッピ川以東 389
　──の土地 338
ミシシッピ（州） 563, 565
ミズーリ川 159
ミズーリ（州）　446, 448-50, 485-6, 631, 702
ミズーリ妥協 448-9, 482-5
ミズーリ・テリトリ 448, 450
水辺の貴族 528
3つの妥協 493, 498
港町ニューヨーク 348
南アフリカ（共和国） 227, 694, 759
　──問題 736
南樺太 782
南太平洋 621
南ドイツから低地国（侯国） 215, 757
ミネソタ州（民） 229, 282, 446, 592
身分上の保護手続 923
身分保障 260, 804
ミュンヘン合意 730, 741
ミランダ・ルール 822, 970
ミリシア 263-4, 371-2, 375-6
　──の総司令官 298
民事手続 613
民主（化） 105, 624, 647, 678, 757
民主共和国（民主共和制） 4, 442
民主共和党
　350, 395-6, 401, 417, 430-1, 434, 440, 454
民主制 435, 805
民主政治 799
民主主義 606, 676, 757-8
　──の武器庫 209, 677, 700, 732, 769
民主的 682, 711, 713, 853
　──手続 856, 953

　──方法 820
　──要素 953
民主党
　459-60, 473-5, 477-80, 482-5, 499-500, 537
　-8, 560-1, 564-5, 589-90, 640-2, 644-5,
　650-1, 688-9, 692-5, 700-1, 710-1, 724-5,
　896-7, 899-900
民族自決 680
民兵 394, 790
　──組織 79
　──隊 979-80
　──団 653
無効化 457, 941
　──運動 409, 453, 457, 468
　──議決 481
　──条例 481
　──論 408, 481, 487, 817
無条件降伏 752-3
無人飛行機計画 932
無政府主義 655
ムッソリーニ 778
無答責 93, 96, 271
謀反 805
無遺言相続 259, 591
明確な運命の時代 469
メイソン、ジョージ 150, 162, 177, 186, 830
メイソン・ディクソン・ライン（線）
　128, 448-9, 518
明白かつ現在の危険 369
明白な運命論 450
明白な立法の間違い（推定）説 865
メイフラワー号 16-7, 26, 38, 222
メイフラワー盟約 17
盟約 680
名誉革命
　7, 9, 20, 51, 55, 125, 220, 237, 508
名誉毀損 795-7
命令（書） 836-7, 839-40, 877, 891
メイン（州） 242, 325, 367, 449, 515
メキシコ
　222, 337, 371, 460-2, 472, 526, 798, 800-1
　──共和国 461, 470, 542
　──系アメリカ人の共学法 871
　──戦争 460-2, 468-9
　──大統領 676
　──領 471, 631
メキシコ湾（岸）
　55, 59, 428, 443, 445, 478, 531
メディア 658-9, 796-7, 918-9
メリーランド州 102-3
　──知事 885
メリーランド・チャーター 24
メリーランド植民州 128

1046

事項索引（和文）

メリット主義	615
綿花（畑）	338, 421, 495, 597-8
免許	344-6, 349-51
——状	23-4, 756, 867
——制の銀行業	351
免状	280
免責（条項）	375, 938
面倒な同盟	649
メンフィス市事件	969
メンフィス鉄道	541
毛沢東主席	887
黙示授権の法理	951
黙示の通商条文	287-8
目的条文	356
文字テスト	599
モスクワ	783, 887
持家助成措置	696
モデル条約	87-8, 109, 235
モデルルール	379
元奴隷	
555-6, 558, 562, 564, 585, 596, 602, 605	
モリス、グーベルヌール	830
モリス、ロバート知事	127
モリソン事件	307
モルモン教（徒）	600, 629
モンゴメリ改造組織	819
モンゴメリ郡裁判所	797
モンタナ（州）	314, 446, 746
モンテスキュー、シャルル・ド	
3, 8, 34, 192, 200, 231-2	
モントリオール	87
モンロー、ジェイムズ	402, 412, 451
モンロー主義	675

ヤ　行

役職保護法	301
ヤルタ会議（協定）	740, 781-2
有権的最終判断	409
友好同盟	88, 97
ユーゴスラビア	782
優生学	638, 646, 682
優先	942
郵便（馬車）道	277
郵便局（総長）	277, 301
輸出入銀行	788
輸出品	255
輸送路	319
ユタ州	164, 472, 485, 629, 631
ユダヤ系	883
ユダヤ人	678
輸入関税	350, 437, 530, 534, 674, 704
輸入税	339, 357, 446, 513, 525
——率	453, 457

輸入の自由	513
揺れ戻し期	518, 561, 596
揺れ戻し権力奪還者	563
要塞	518
ヨーク公フレデリック	167
ヨーク市	212
ヨークタウン戦	107-8, 427
ヨーロッパ	
54-6, 88-9, 187-8, 399-400, 428-9, 529-30,	
648-9, 659-60, 685-6, 731-2, 747-8, 753-4,	
766-7, 770-1, 777-8	
——外交史	724
——式	669
——主要国	911
——情勢	729-30
——諸国	719-20
——人	388, 488, 622, 645, 673, 687
——勢	427, 569, 667
——世界	
44, 87, 292, 398, 412, 429, 444, 481, 724	
——船	42
——第1	745, 756
——通	52
——の記者	343
——の君主国	441
——防衛共同体	784
——問題	730
——列強	113, 438, 451, 481, 730
ヨーロッパ戦線	740, 745-6, 778
ヨーロッパ戦線第1	740
——主義	739
ヨーロッパ大陸諸国	218, 423, 754
善きサマリア人	725
よき隣人政策	209, 722, 725, 904, 915
預金保険制度	695
抑圧と強奪	550
抑制原則	866
抑制理論	204, 327, 330, 334, 940
横の権力分立	943, 945, 949
予算	705, 707
——委員会	666
——の承認	734
予備役	405, 746
呼出状	325, 776, 889
予備的防禦権	905, 908
予防医療	963
世論調査	294, 726, 754

ラ　行

ライオン・ハート王	42
ライデン（オランダ）	18
ライト、C.A.教授	322
ライフル銃保護団体	370

ラテン・アメリカ
208，215-6，436-7，652，742，757，766，800
ラテン系民族 555
ラトレッジ、エドワード 112
ラニメイド（草地） 219-20，376
ラファイエット 294
ラングーン陥落 745
ランドルフ、エドモンド 165，186，391
リー、アーサー 102
リー、リチャード・ヘンリー
111-2，116，195，403
リード、ジョセフ 126
利益集団 648
リオ・グランデ 462
陸軍省 766
利権 345
離婚法 41
李承晩 770
理想主義 679-82，691，723，752，758
離脱権 873
リチャード1世 42
リチャード2世 220
立憲主義（立憲国家） 757
リッチモンド 212，315
リットル、ジョージ艦長、大佐 877-8
立法 853
――禁止条項 595
――権授与 951
――事実 853，857，865
――授権 94，968
――審査権 809
――による授権 857
立法府拒否権 853，857，860
リビングストン、ロバート 112，175，445
留保（地） 428，681
両院協議会 245，449
両院の決議と大統領への提出とサイン 860
領土干渉 741
領土権 202
領土保全 328
領有権 59
リンカーン、アブラハム 483-4，525-6，535-6
リンカーン、ベンジャミン 123
臨時人民委員会 770
隣人精神 758
リンド、ジョン 504
ルイ15世 882
ルイ16世 124，398
ルイ7世王妃 42
ルイジアナ（州）
188，226，446，518，555，563-4，606
ルイジアナ・テリトリ 445
ルイジアナ地方 443，461

ルイジアナ買収 443-4，448-9
ルーテル教徒（派） 682，777
ルクセンブルグ 731
礼譲 259，940
令状主義 270，373，919，922，931，933
令状なし 932
令状発行要件 931
冷戦（時代） 765-7，787-9
レヴェル、ポール 79
レーガノミックス 902
レキシントン 78
レキシントン・コンコード（事件）
48，50，109-11，299
レキシントン・コンコードでの戦い 60
列挙事項 275，303
レパブリカン 180，184，841
連合時代 390，417，532，951
連合前史 632，703，828，938
連合議会
80-2，84-7，89-90，94-5，97-8，103-4，107-
11，115-6，125-31，135-6，145-8，159-61，
590-1
連合憲章
73-4，84-5，87-9，95-100，102-4，124-6，
129-30，144-7，151-4，166-7，174-6，187-8，
257-61，272-4
連合国（軍） 685，734，740，742-4，783
連邦（主権） 955
連邦下級裁判所
312-3，315，317，320，324，831
連邦管轄 341
連邦管轄権 319，322-3
連邦議会
131-2，169-70，202-3，234-6，262-7，286-
90，300-4，317-8，345-6，359-62，384-5，
422-5，448-50，471-2，481-3，516-7，524-7，
532-45，548-9，580-1，609-11，623-28，665-
7，708-9，732-6，754-5，773-6，798-9，828-
9，845-8，859-60，876-7，890-4，908-9，917
-8，927-9，937-42，947-8，959-62，967-8，
980-1，998-9
――均等の国際合意 741
――による調査権 307
連邦規則 941
連邦共和国 706
連邦銀行制度 533
連邦軍 498，561-3，565-6，569，644，790
連邦健康保健省 993
連邦憲法
5-6，8-11，93-4，150-3，156-7，166-7，187-
90，206-7，223-30，232-4，272-3，385-6，
459-60，536-7，613-4，630-1，808-9，824-5，
827-9，834-5，971-4，980-2

事項索引（和文）

連邦控訴裁判所（制度）　325-6, 332, 534, 540
連邦コモンロー　　　　　326, 967-8, 970
連邦雇用開発センター　　　　　　　　763
連邦債　　　　　　　　　　　　　　　361
連邦最高裁
　328-30, 502-3, 514-6, 570-5, 699-700, 815-
　7, 830-1, 834-5, 865-8, 869-71, 934-5, 937
　-9, 940-1, 943-7, 962-6, 975-7, 979-81,
　984-5, 991-2
　――長官　　　　　　　　　　　　835-6
　――判事　　　　　　　　　　　　313-4
連邦裁判所（制度）
　318-9, 321-2, 327-8, 384-5, 945-7, 967-8
　――の管轄　　　　　　534, 581, 593
　――法制　　　　　　　　　　　　324
連邦事件　　　　　　　　　　　　　211
連邦実体法（連邦私法）　　　　　　326
連邦司法　　　　　327-8, 333-4, 939-41
　――権　　366, 384, 813, 829, 944, 966
　――部　　　　　　　　　　　　　331
連邦主義　　　　　　　　　　　　　951
連邦主権　　　　　　　　　　940-1, 970
連邦巡回裁判所　　　　　　　　　　923
連邦準備制度　　　　　　　　　　　670
連邦食品薬品局　　　　　　　　　　942
連邦所得税　　534, 665, 671-2, 704, 941
連邦所有土地　　　　　　　　　　　609
連邦政府の座　　　　　　　　　　　627
連邦第4巡回裁判所　　　　　　　　979
連邦地裁（判事）　　　567, 883, 931
連邦土地　　　　　　　　　　284, 607
連邦農業信用システム　　　　　　　671
連邦の管轄　　　　　　　　322, 426
連邦の司法管轄　　　　　　　　　　254
連邦の司法権　　　　　　　　　　　614
連邦判事　　　　311, 316, 320, 326
連邦比率
　169, 239, 241, 424-5, 524, 538, 547, 559,
　561
連邦保安官　　　　　　　　516, 790
連邦民兵　　　　　　　　　　　　　791
連邦問題　　　　　　　　　　　319-22
連邦預金保険公社　　　　　　　　　695
連邦予算（制度）　　　685, 702, 705
連邦予備軍　　　　　　　　　　　　282
ロイヤリスト　　　　　　　　　　　48
漏洩　　738-9, 749-50, 754, 775, 926
　――記事　　　　　　　　　　　　750
　――責任　　　　　　　　　　　　750

労働運動　　　　　　　　　　　　　818
労働環境　　　　　　　　　　　　　708
労働関係規則　　　　　　　　　　　711
労働関係調整委員会　　　　　304, 699
労働組合　　　　　　　　　　699, 861
労働災害事件　　　　　　　　　　　719
労働争議　　　　　　　　　　　　　958
労働団体　　　　　　　　　　　　　710
労働党　　　　　　　　　　　　　　699
労務契約　　　　　　　　　　　　　261
ロードアイランド（州）
　　　　　　35, 41, 110-1, 193, 242, 424
ロードス島　　　　　　　　　　　　804
ローマのCincinnati　　　　　　　　127
ローマの執政官　　　　　　　　　　680
6マイル四方の1 township　　　　　608
ロサンゼルス　　　　　　　　751, 925
ロシア艦隊　　　　　　　　　　　　512
ロシア皇帝　　　　　　　　　　　　437
ロシア戦線　　　　　　　　　　　　740
ロシャムボー　　　　　　　　　　　107
ロッキー・ヒル　　　　　　　　　　126
ロック、ジョン　　　　　　　3, 217, 806
ロドニー、シーザー　　　　　　　　116
ロビィスト　　　　　　　　　586, 674
炉辺談話　　　　209, 693-4, 700, 729, 732
ロングアイランド大会戦　　　　　　86
ロンドン駐在　　　　　　　　　　　778
ロンドンの国際仲裁法廷　　　　　　802

ワ　行

ワイオミング（州）　　　　　446, 958
ワイオミング地区裁判所　　　　　　314
和解　　　　　　　　　　　　　　　593
ワシントン（州）　　　　　　　　　122
ワシントン、ジョージ
　58-9, 84-7, 99-100, 103-4, 106-7, 111-2,
　117-8, 127-8, 169-80, 191-3, 196-7, 292-3,
　397-403, 413-4
　――内閣　　392-3, 399-401, 412-3, 417-8
　――の告別の辞　　　　　　401, 580
　――の中立政策　　　　　　　　　399
　――の副官　　　　　　　　　　　294
ワシントン、マーサ　　　　　　　　126
ワシントンD.C.　　　　　　283-4, 643-4
ワシントン大行進　　　　　　791, 817
ワシントン駐在　　　　　　　　　　766
和平交渉　　　　　　　　　　　　　680
湾岸戦争　　　　　　　　　　908, 918

1049

事項索引（欧文）

A

ABC News	791-2
ABC-1	737
Abenaki	488
Ableman, Stephen V.	515
abolitionist	367, 497, 504-6, 523-5, 564
abortion	823
absolute state sovereignty	527
absolutely necessary	874
abstention	628, 940
abstention doctrine	327
abuse	773
abuse of language	527
abuse of power	892, 897
Academic President	684
Accomack county	43
Acting President	629
Actors on a most conspicuous Theatre	389
Adamic, Louis	209, 736, 744
Adams Doctrine	437
Adams, Abigail	157, 197, 402, 411, 824
Adams, Henry Brooks	427, 661
Adams, John	
48-50, 58-9, 80-1, 108-9, 111-2, 114-5,	
148-51, 157-8, 400-5, 409-11, 671-2	
Adams, John Quincy	435-8, 450-5
Adams, Samuel	
34, 75, 77, 79, 81, 149-50, 184, 193	
Adamson, William C.	671
adequate and independent state ground	
	254, 328, 940, 969
adjourn from day to day	240
administrative state	851
admiralty	95, 203, 318-9, 357, 613
admiralty and maritime jurisdiction	326
admiralty and maritime law	280
admiralty courts	41, 44, 46, 211
ADR	801
advise and consent	300
advisor	519
advisory opinion	833
Afghan War	929
Afghanistan	902, 916, 931
AFL (American Federation of Labor)	710
AFL-CIO	710
Africa	508
Africa Summit	536
African-American	495, 578, 815
African-American Civil Rights Movement	

	543, 606, 815, 976
African-American slaves	535
against unreasonable searches and seizures	
	373
age and service requirements	311
Age of Manifest Destiny	469
Agnew, Spiro	899
agreement	663, 954
Agreement Regarding Japan	782
Agricultural Adjustment Administration	
(AAA)	696, 802
Aguilar, Julian	800
Aid	754, 885
Aid to Families with Dependent Children	
(AFDC) Program	992
aide-de-camp	126
Air Force One	792
Air Intelligence Agency (AIA)	932
airports authority	852
Alabama, State of	596-7, 988-9
Alabama 州知事	900
Alaska, State of	475, 686, 706, 850, 938
Alaska 売却	568
Albania	744
Albania 系住民	917
Albany Plan	53, 74
Albany 議会	74
albatross	176
Albright, Madeleine	917
Aldrich, Nelson W.	665
Alexander, I	437
Alexander, II	512
Alexandria	434, 440
Algiers	447
Alien Enemy Bureau	923
Alito, Samuel	875
All cases in law and equity	614
all legislative powers	851, 855, 872
all necessary and appropriate	928
all royal male citizens	557
All the President's Men	821
all walks of life	903
Allegheny Plateau	56, 70, 394
Allen, Ethan	83
Allen, Thomas	149
Alliance	256
Allison, William B.	570
Ally	742, 744
Almighty God	25
Al-Qaeda	251, 913-4, 927, 929

事項索引（欧文）

Alta California　461-2, 915
Alternative Dispute Resolution (ADR)　802
Amar, Akhil Reed　343, 364
amendments　265, 908
America First Committee　726, 747, 755
American Bar Association (ABA)
　320, 379, 615, 718
American Chronicle (magazine)　658
American Civil Liberties Union (ACLU)　713
American Colonization Society　442
American Communist Party　673
American constitutional history　493
American Daily Adviser　401
American Educational History Timeline　340
American exceptionalism　451, 669
American Heritage (magazine)
　738, 742, 746, 749-50
American Indians　488, 643
American Jurisprudence　199
American Law Institute (ALI)　615, 703
American Law Review　315
American pariah　493
American Party (Know-Nothing Party)
　471, 483, 499
American Peace Award　759
American Peace Society　911
American Philosophical Society　44
American Social Science Association　588
American Socialist Party　645
American System
　350, 354, 431-3, 437-8, 447, 453-5
American Way　208, 432, 437-8
American Whigs　464
Americas　667
amici (amicus) curiae　858
Amistad 号事件　170
anarchy　173
Anas　180, 182-4, 292, 331, 391
Anatomy of the Ultra-Secret of NSA　932
ancillary jurisdiction　322
Anderson, Robert　520
Anderson 守備隊　521
Andrew, King　454
Anglican Church　32, 37, 39
Anglo-American　781
Anglophobic American Nationalism　427
Anglo-Saxons　219, 370, 470, 747
Annapolis　174
Annapolis & Potomac Canal Company　345
Annapolis Convention
　146, 147, 151, 159-60, 183
annexation　657
Annual Message to Congress　460

Anti-Comintern Pact　729
anti-competitive effect　590
anti-democratic　841
Antietam Campaign　520
Anti-Federalists　150-1, 309, 379, 386, 436
Anti-Imperialist League　652, 657
Anti-Saloon League　646
Anti-Slavery Convention of American
　Woman　497
antitrust suits　664
any tangible thing　932
APEC (Asia-Pacific Economic Cooperation)
　798
Apology Resolution　622, 635
Apology to Native People of the United
　States　636
Appalachian Mountains　59, 128, 130
Appointment Clause　307, 316
Appointment of inferior Officers　854
Appomattox Court House　520, 531
apprentice　591
arbitrary and disproportionate punishment
　381
Arcadia 会談　740, 743, 760
Argentina　215, 437-8, 569, 622
arising under　313, 319, 321, 947
arising under this Constitution, the laws of
　the United States　805
aristocracy　378
Arizona, State of　475, 706, 929, 986
Arkansas, State of
　450, 475, 518, 530, 538, 554, 598, 694,
　890
Arkansas, State of 知事　943, 975
Armed Forces Security Agency (AFSA)　768
arms for their defence　371
arms race　649, 902
Army　281, 397, 498
Army Convoy　785
Army of Tennessee　520
Arnold, Benedict　211
Arnold, Henry H.　746, 750
Arnold, Martin　925
arrivists　431
Arsenal of Democracy　677, 732
Arthur Zimmermann 電報　676, 738, 753, 766
Arthur, Chester A.　567, 589, 640, 642-4
Article　762, 888
Article III Judges　316, 326
Article V Convention　265
Articles Exported　255
Articles of Confederation　88-9
Articles of Union　152

1051

as the President determines	906	bad faith (scienter)	925
Ashburton, Baron	465	Baden, Maximilian von	680
Ashton 事件	955	Baden 公国	680
Asia	692	bail	380
Asia-Pacific	798	Baldwin, Roger	170
Asiatic coolieism	596	Baltic Fleet	519
Assembly 34, 61-2, 376, 847, 911		Baltimore and Ohio Railroad	
Assembly House	38	342, 345, 529, 565	
Assembly of Freemen	38	Baltimore circuit court	185
Assembly Party	32	Baltimore 港	342
assimilation (policy) 389, 456, 635, 644		Baltimore, Maryland	
assistant court	19, 21	24, 31, 46, 382, 495, 502, 565, 610	
assistant secretary	359, 895	Baltimore の連邦法廷	502
Assistant Secretary of Navy	690	Bamford, James	932
Associate Justices	332	ban on advisory opinions	326
associated power	677	ban on same-sex marriage	979
Association of the Bar of the City of New		Banana Wars	915
York (ABCNY)	614-5	bands	488
assumes function	808	banishment	574
Assumption	392	bank notes	447
at the height of the Cold War	789	Bank of England	348
AT&T	919	Bank of the United States	344
Atlanta, Georgia	521, 531, 819	bank robberies	693
Atlantic Charter	734, 744, 758	Banking Crisis of 1819	429, 447
Atlantic Sentinel	754	Bankruptcies	276
Atlas	409, 415	Banning	347-8, 408
Atlas of American Independence	58	Bannock	570
atomic bomb	768	Baptists	32
Atoms for Peace	781, 784, 786	Barracks	748
Attainder (of Treason)	211-2	barbarism	265
Attlee, Clement	781	barbarous nations	758, 772
Attorney General	885-6	Barbary Nations	160-1
Audacity of Hope	875	Barbary States	447
Augustus	680	Barnard, Francis	49
Aurora (newspaper)	399, 407, 413	Barnes, Harry Elmer	746
Austin, Chicago	370	Barnes, Robert	963, 979
Austin, Texas	793	barons	128, 219
Australia 29, 508, 673, 694, 784, 794		barriers	288
Austria	215	barristers and judges	18
Authorization for Use of Military Force		Batista, Eike Fuhrken	722
(AUMF) Against Iraq Resolution		Battle of Chattanooga	521
248, 251, 369, 908, 914, 916-7, 928-9		Battle of Fallen Timbers 419, 459, 489, 616	
Authors and Inventors	278	Battle of Long Island	86, 107
average low water mark	613	Battle of Monterrey	469
avoidance rule	987	Battle of Palo Alto	469
Axis Powers	702, 739, 752	Battle of Saratoga	87
		Battle of Shiloh	521
B		Battle of Thames	435, 441
		Battle of Tippecanoe	441, 463
Bache, Benjamin Franklin 399, 406-7, 413		Battle of Trenton	436
Bache's Aurora	399	Battle of Wounded Knee	621
back door	747, 749-50	Battle of Yorktown	427
back ground check	960	Bay of Pigs Invasion	788
Bacon, Francis	309		

事項索引（欧文）

Bayard, Thomas F.	643	Bituminous Coal Commission	712
Bayern	757	black board	341
BBC	887, 889	Black Code	11, 820
bear arms	202, 264	Black Hawk (War of 1832)	469
Bear Stearns	961	Black Monday	712
Beard, Charles Austin	752	Black Panther Party	925
Beauregard, Pierre Gustave Toutant (P. G.		Black Tariff	458
T.)	520-1	Black, Hugo	941
Begin, Menachem	901	Blackmun, Harry	959
Bell, John	507	blacks	294, 535-6
belligerent powers	306	Blackstone, William	
belligerents	727	223, 230, 376-7, 504, 805, 839	
bench in the second-floor Council Chamber		Bladensburg, Maryland	428
of the Province House	374	Blaine, James G.	589, 617, 621, 642
Benghazi 委員会	794	Bland, Richard P.	570
Bentham, Jeremy	51, 504	Blaustein, Albert P.	214, 216, 225, 227
Benton County	122	Bleeding Kansas	484
Benz, Jennifer	294	Blendon, Robert	294
Berg, A. Scott	677, 684	Blockade	300, 575, 675, 768
Berkley 警察	925	Bloody Sunday	988
Berkshire County	149	Bloomberg	919
Berlin	779, 786	Blount Report	622, 645
Berlin Wall	787	Blount, James H.	622, 645
Bermuda	732, 735	Blount, William	338, 398, 895
Bernard, Francis	48-9, 69	blue states	233
Bernardo O'Higgins	437	blue-water navy	660
Bernstein, Carl	888	Blum, John M.	661
Beschloss, Michael	792, 903	blunders	933
Bethell, John T.	652	Board	923
Bible	21	Board of Review	853
Bible Commonwealth	18	Board of Trade	40, 42
bicameralism	167, 233	Board of War	84
bicamerality and presentment	244, 860	Body of Liberties	21
Bickel, Alexander M.	774	Boerne, City of	1000
big business	664	Bogota Charter	789
Big Compromise	154, 169, 171, 238	Boldin, Michael	818
Big Knife	285	Bolívar, Simón	215, 435, 437-9, 441
Big Leak	738-9, 745-6, 748-50	Bolivia	438, 622
bill	245, 251, 712, 880	Bolshevik Revolution	669
bill of attainder		bona fide controversy	334
90, 213, 236, 254, 257, 270, 982		Bonnie Charles	29
Bill of Rights		Booth, John Wilkes	553, 556
25, 150, 190, 195, 203, 383, 536, 978, 992		Booth, Sherman M.	515, 946
bills of credit	90, 533	Borden, Luther M.	867
bimetallist	620, 644	border ruffians	600
Bingham, John Armor	546	border states	519
Binney, Bill	931, 932	Bork, Robert	884
biographer	752	born or naturalized in the United States	544
bipartisan	889, 891	borough	19, 38, 238
Birmingham, Alabama	794	borrow Money	207, 275
Birmingham, England	751	Boston College	798
BIT (bilateral investment treaties)	801-2	Boston Gazette	49, 75
Bituminous Coal	712	Boston Latin School	340

1053

Boston Magna Carta	21
Boston marathon bombing case	714
Boston Massacre	55, 62, 70, 128
Boston Pamphlet	77
Boston Port	691
Boston Tea Party	71, 79
Boston, Massachusetts	
18-9, 46-7, 54-5, 69-71, 80-1, 83-5, 496-7	
Boston 市民	496
Boulder, Colorado	205
bound by oath	811
bounties	350, 394
Bowdoin, James	149
Boy Scout	655
Braddock, Edward	611
Bradford, William	18
Bradley, Joseph P.	321-2, 844
Bragg, Braxton	521
Braintree Instructions	77
Braintree, Massachusetts	49
branch	806-8
Brandeis, Louis D.	
327, 332, 833, 842, 859, 865	
Brands, H. W.	903
Breach of Peace	271
Breckinridge, John C.	507, 521
Brennan, John	927
Brennan, William J. Jr.	868
Brest	680
Brethren	820
Bretton Woods 会議	733
Breyer, Stephen	234, 810, 963
Briand, Aristide	730
Briand-Kellogg Peace Pact	730
Bribery	881
brigadier general	484
Brinkley, Douglas	903
British American colonies	70
broad Executive power	905
Broken Hill	687
broken in body, soul and spirit	496
Brookings Institution	810
Brooks, Preston	469, 506
Brown, Captain James	630
Brown, John	484
Brownsville	630
Brunei	798
Bryan, William Jennings	
650-1, 655, 690, 954	
Bryant, William Cullen	527
Buchanan, James	498-501, 526-7, 608-9
Buffalo, New York	470, 641, 657
Buffalo 市長選挙	641

Bulgaria	767, 782
Bulge	779
Bull Moose Party	668
Bullitt, William	731
bully pulpit	659
Bunau-Varilla, Philippe-Jean	664
Bunker Hill	77, 81-3, 106, 174
Bunyan, John	648
Bureau of Budget	666
Bureau of Indian Affairs, Dept. of the Interior	243
Bureau of Insular Affairs	657
Bureau of Investigation	921
Bureau of Refugees, Freedmen, and Abandoned Lands	532
Buren, Martin Van	
458-9, 461, 463, 465-6, 477	
Burger Court	813, 822-3, 957
Burger, Warren	820, 822-3, 882
burglary	925
Burgoyne, John	87
Burns, Anthony	485, 494, 496
Burns, James MacGregor	
329, 334, 697, 711, 875-6	
Burnside, Ambrose Everett	573
Burnside 判決	574
Burns 事件	497
Burr, Aaron	212-3
Bus Boycott	975
Bush Doctrine	915
Bush River Resolution	77
Bush, George H. W.	
798-9, 823, 883, 898, 908, 912, 914	
Bush, George W.	912-4, 918-9, 931-2
business corporation	353
business trust	353
bustling, energetic place	343
Butternuts	512
Buying and Selling	793
by lawful judgment of his Peers, or by the Law of the Land	376
Bywater, Hector	691

C

Cabinet	387
Cadore, Duc de	419
Caesar	305
Cairo Declaration	741
Calabresi, Massimo	794
Calhoun, John C.	
359, 432, 455, 457, 468, 472, 476, 481, 498	
California Content Standards	233

事項索引（欧文）

California Dept. of Education 233
California, State of 471-2, 475-6, 647-8
California 知事 871
Callender 406
Callender, James Thomson 407
Calvert, Caecilius 24
Calvin 24
Cambridge 80, 150
Cambridge Platform 20
Camp David Accords 901
Canada 801-2
Canadian Charter of Rights and Freedoms 227
cancer 486, 504
Candid Statement of Parties 396
Canning, George 437
Cantons 108
Cape Cod 16-7, 737
Cape Horn 660
Capital Laws 22
capital or otherwise infamous crime 375
Capitation 254
Capitol Building 667, 701
captures 211
Captures on Land and Water 281
Cardozo, Benjamin 321, 335, 719, 835, 971
career officer in the United States Army 469
Caribbean 88, 345, 445, 479, 536, 667, 687
Carnegie, Andrew 588
Caro, Robert Allan 792-3, 903
Carolinas 489
carpetbagger 532, 563
Carte blanche 287, 955
cartel 670, 696
Carter Center 901
Carter Coal Co. 712
Carter, James C. 614
Carter, Jimmy 250, 302, 799, 899-902, 914, 918
Carter, Rosalynn 901
Carton, John 500
Cary & Company 63
Casablanca, Morocco 752
Casablanca Conference 752
Cascade Range 489
case or controversy 833
cases and controversies 326, 864, 868
cash and carry 729, 731, 735
Casor, John 509
Castro, Fidel 788
Catholic 371, 404
Caucasian 748
cause 119

CEA 799
Cecelski, David 495
censorship 678
censure 458
census 254
Census Director 986
Census 法 242
Centers for Medicare and Medicaid Services (CMS) 998
Central Pacific Railroad 345
central route 345
Central Security Service 932
Ceylon 759
CFPB 304
CFR 696
Chadha, Jagdish Rai 858-9
Chafetz, Josh 894
chair 464
challenge is to all mankind 677
Chamberlain, John R. 751
Chamberlain, Neville 731
Chambers, Whittaker 775, 926
chancellor 199, 220, 826
Chancellor of the Exchequer 72
Chancery (court) 43-4, 46, 318
Chandramohan, Balaji 752, 754
Chaplin, Charlie 925
Chapman, Maria M. 497
charge 185
charitable trust 633
Charles, I 7, 16, 18
Charles, II 705
Charleston, South Carolina 46, 161, 520, 558
Charlottetown 110
Charlotte, North Carolina 477
charter 353-4
Charter of Liberties (and Privileges) 376
Charter of Massachusetts Bay 32
Charter of the United Nations 759, 912
chartered company 355
charter 政府 867
Chase, Salmon P. 576-7
Chattanooga 521
checks and balances 807, 879
Cherokee 98-9
Chesapeake bay 117
Chestertown Resolves 77
Chicago River 262
Chicago Road 432
Chicago Tribune 738, 742, 745, 748-50, 755-6, 924
Chicago, Cook County, Illinois 649
Chicago, Illinois 484, 565, 609, 682, 692, 700

1055

Chickasaw Indian	489, 598	civilian control	127
chief executive	150	Cladoosby, Brian	635-6
Chief Justice	332, 820, 895	Claiborne, Harry	892
Chief Law Enforcement Officer	307	Clark Memorandum	687
Chief of War Plans Division (WPD)	777	Clark, J. Reuben	687
Chief Scout Citizen	655	class action	993
Child, Julia	18	classical view	866
Chile	215, 437-8, 622, 798	Clay, Henry	434-5, 440-2, 453-5, 457-8
Choctaw Indian	489, 598	Clayton, John M.	643
choice of forum	260	clear and convincing evidence	888
choice of law	260	clear and present danger	369, 678
Christian Charity	656	Clemenceau, Georges	679, 753
Church Committee	863, 929	Clemens, Samuel	503, 582
Church, Frank	930-1	Cleveland, Grover	
Churchill, Jennie Jerome	737		588, 616-7, 619, 622, 640-5, 653-4
Churchill, Randolph	737	Clinton, Bill	882-3, 887-97, 917-8
Churchill, Winston		Clinton, George	417
	734-6, 740-1, 743-5, 752-3	Clinton, Henry	118
CIA	785-6	Clinton, Hillary	988
Cieply, Michael	495	Clinton 法案	998
Cincinnati, Lucius Quinctius	176	close and substantial relationship	949
Cincinnati, Ohio	127, 473, 563-4, 662, 979	close corporation	963-4
CIO (Congress of Industrial Organizations)		clothing him with privileges	276
	710-1	CNN	883, 1000
circuit court		Coast Guard Court of Military Review	855
	185, 310, 313-5, 331-2, 336, 846, 975	Coastal Tribes	489
circuit court judge	311, 314, 836, 842	Coats, Dan	894
circular	178	Cobb, Howell	501
Circular Letter	55	Code de la Nature	222
Citigroup	587	Code of Federal Regulations	387
citizen	260, 513-5	codification	222, 614
citizen Genêt	399	Codification country	199
citizens commission	986	Cohn, Henry S.	24
Citizens of the United States	439, 539, 544-5	coin Money	256, 577
Citizens United	988	COINTELPRO	795, 925
city built on a hill	19	Coke, Edward	39, 41, 377
City Solicitor	564	Cold Case Justice Initiative	597
City Tavern	187	Cold War	
civic responsibilities	164		673, 710, 765-6, 787, 797, 902, 920, 930
civics class	264	collective bargaining power	699
civil body politic	17	collective security	679
civil ceremony	39	College	21, 609
civil disobedience	792, 819	College of William and Mary	463
civil law	615	Colombia	435, 438, 441, 569, 660, 664
civil officers	247, 297, 894	colonial legislature	847
Civil Rights	643	colonization	555
Civil Rights Commission	787	colony	
civil rights litigation, cases	721		15, 24, 32, 69, 88, 149, 172, 340, 442
Civil Service Committee	619	color	548
Civil State	22	Colorado, State of	475, 653
civil war	20, 23, 181, 486, 505, 529, 575	Columbia University	689, 694, 752, 780
Civil War	517-9, 640-1	Columbus, Christopher	636
Civilian Conservation Corps (CCC)	696	Columbus, Ohio	710

1056

comity	259	Company	19
Command and Control	764, 789	Competent tribunal	914
commandeer	960	Compromise	366, 505
commander	434, 440	Compromise of 1850	
Commander in chief of the Army and Navy		463, 471, 474, 476, 481-2, 498, 504, 631	
of the United States	298	Compromise of 1877	
Commander-in-Chief	281, 307	553, 560-2, 564, 582, 639	
Commentaries on Laws of England	223	comptroller	359
Commentary (Magazine)	924	concept of overbreadth	993
Commerce		Concord, New Hampshire	484
171, 207, 276, 286-8, 290, 651, 708, 951		condign punishments	79
commercial and trade agreements	622	Confederacy	91, 503, 519, 563, 631, 947
commercial manacles	427	Confederate	518, 529, 762
commercial wagon traffic	343	Confederate Army	519-20
commercial war	286	Confederate Army of Northern Virginia	520
Commission	64, 911	Confederate cabinet	520
Commission for Environmental Cooperation		Confederate Constitution	942
(CEC)	800	Confederate States of America	
Commission on Economy and Efficiency	666	478, 503, 507, 518-9, 526-7	
Committee	430, 863	confederated tribes	488
Committee for the Re-Election of the Presi-		Confederation	15, 88, 97, 100, 159
dent (CRP)	883	Conference Committee	245
Committee of Census	584	conflict of laws	260
Committee of Correspondence	69, 71, 352	Congo	785
Committee of Detail	170, 239, 273	Congregate	20
Committee of Experts for the Progressive		Congregational Church	16, 20
Codification of International Law	911	Congregationalists	20-1, 24
Committee of Safety	89-90, 645	Congress	93-4, 160-1
Committee of Seventeen	911	Congress of Panama	438
Committee on Foreign Relations	622	Congress of Vienna	911
Committee on Territories	617	Congressional Commission	560
Committee on Transportation Route to the		congressional district lines	985
Seaboard	617	Congressional Oversight	930
Committee on Uranium	779	Congressional Research Service	316, 798
common defense	274, 282	Congressional‐Executive Agreements	
common law		(CEAs)	249
41, 203, 336, 504, 591, 611, 613, 615		Conkling, Alfred	567
common law marriage	39, 647	Conkling, Roscoe	567
common law of England	592	Conkling's machine	590
common right (and reason)	832, 847	Connecticut Fundamental Orders	222
Common Sense	82, 86-7	Connecticut river	24, 120
commoner	247	Connecticut, State of	
Commonwealth	105, 148	23, 32, 35, 75, 147, 193, 239, 266, 365,	
Commonwealth Bank of Kentucky	945	488, 515, 653, 826, 939, 992	
Commonwealth of Massachusetts Bay	189	Connecticut 植民州	827
Commonwealth of Oceania	128	Conqueror	380
Communications……exclusively between or		conquest and purchase	344, 457
among foreign powers	919	Conscience Whigs	475
Communist	766, 780	Conseil d'État, Le	224
Communist International	669	conservative ethics	710
Commutation	898	Consortium	667
Compact	258	Conspiracy theories	927
Compact between Virginia and Maryland	147	Constitution	236-7, 849

1057

Constitution Act, 1982	227	corporate income tax		664
Constitution of Canada	227	corporation		
Constitution of the Commonwealth of Massachusetts (Bay)	148	238, 353, 355-6, 599, 601, 618, 648, 665		
		Corps of Topographical Engineers		480
Constitution of the Commonwealth of Virginia	148	corrupt bargain		561
		Corruption of Blood		212
constitutional avoidance rule 327, 332, 697		Costa Rica		438
Constitutional Convention		Cotton Kingdom		508
144, 148, 151, 153, 165, 173, 181, 190, 195, 200, 207, 210, 311, 506		cotton mills		431
		Cotton States		528
constitutional court	216	Cotton Whigs		475
constitutional law	332, 718	Cotton, John		20
constitutional practice	218	council	19, 33, 38	
constitutional technicality	593	Council of Revision	152, 220, 826, 829	
Constitutional Union Party	507	Counterfeiting of Securities		207
Constitutionalism		countermajoritarian		841
217-8, 220, 223, 230, 233, 326, 845		counterrevolution		527
constitutionality of legislation	332	county	34, 90, 149, 191	
consultation	906	County Court	34, 199	
containment	771	County sheriff	900, 960	
contentalism	568	County Unit System	900, 986	
Continental Army		coup d'État		587
58, 64, 68, 78, 85, 103, 127, 173, 180, 192, 197, 201, 298, 300, 371, 389, 705, 947		court	42-3, 840, 847	
		court fines and fees		122
		court house (courthouse)		42-3
Continental Association	77	Court of Admiralty		49
Continental Congress		Court of Appeals for the District of Columbia		717
50, 68, 73-4, 76, 90, 389				
Continentalism	451, 470	Court of Appeals for the Sixth Circuit	662	
contrabands	532	court of assistants		33-4
contraceptive device	382	Court of Exchequer		45
Contract	356	Court order		920
Contract with America	893	court-packing plan		712
contrary or repugnant to······this our Realm of England	20	courts of appeals		310
		Courts of Law		854
Convention for the Pacific Settlement of Disputes	910	Covenant		679
		covert actions	927, 929	
Conviction of, Treason, Bribery, or other high Crimes and Misdemeanors	297	Covode committee		517
		Covode, John		517
Coolidge, Calvin	640, 686-7, 692	Cox, Archibald		884
coolie	542	Coxey, Jacob S.		644
Cooper, Peter	342	Coxey's Army		644
copperhead	532, 573, 755	Crauch, William		336
Copyright	279	Crawford, William H.		453
copyright, patent, federal tax	318	Creek Indian	155, 339, 428, 466, 489	
coram nobis cases	748	Creek Indian War		243
Cordray, Richard	304	Crenshaw		574
Corfield	382	Crime		678
Cornell Law School	894	crime prevention		578
Cornwall	39	Crimea		753
Cornwallis, Charles	107-8, 118, 414	Crimean War		568
Corollary 649, 656, 660, 684, 687, 722		criminal gangs		693
corporate capacity	880	criminal prosecutions		378

1058

事項索引（欧文）

Crippling of the CIA	930
Crisis of 1850	470
crisis of nullification	481
Crittenden, John J.	507, 530
Cromwell, Oliver	
7, 16, 40, 45, 92, 118, 220, 705	
Cross of Gold Speech	650
Crow Creek Indian	644
Crow Indian Tribe	327
CRP	888
cruel and unusual punishment	380-1
cruel punishment	511
C-SPAN	677, 686, 709, 793, 927
C-SPAN 3	737, 976
Cuba	478-80, 652-5, 788-9
Cuba 革命	653, 655, 660-1
Cuba 軍	788
Cuba 進攻計画	788
Cuba 問題	664, 790
Culloden Battlefield	29, 508
Culver, Erastus D.	589
Cumberland	342
Cumberland Road	342, 358-9, 432, 438, 610
Cumberland Road 法案	358
Cummings, Homer	712
cumulative effect	995
curfews	717
Curtiss-Wright Corp.	283
Cushing, Caleb	465
customs officers	374
customs union	622
cyber-attack	918
cyberwarfare	918, 930
Czechoslovakia	779

D

Dade Massacre	468
Dade, Francis L.	468
Dakota Territory	644
Dallas City Hall	957
Dallas, Texas	792
Dallek, Robert	689, 722, 739, 903
Dana, Francis	404
dangerous man on horseback	454
Daniels, Josephus	690, 723
Dartmouth, Devon	21, 33
date, a ……in infamy	743
Davenport, David	709
Davis, Jefferson	
345, 478, 518, 520, 522, 527, 553, 609	
DC Cir.	326
D-Day	740
de jure racial discrimination	820

De la démocratie en Amérique	431
de minimis variance	241
Deane, Silas	87, 404
death penalty	381
deathbed gifts to charity	633
Debs, Eugene V.	645, 669, 679, 924
Declaration	190, 741
Declaration and Resolves	77
Declaration by the United Nations	744
Declaration of Independence	532-3
Declaration of Rights (& Grievances)	
	35, 77, 163
Declaration of Taking up Arms	105
Declaration of the Causes and Necessity of	
Taking Up Arms	77-8, 82
Declaration of the Liberties the Lord Jesus	
hath given to the Churches	22
Declaration of the Rights of Man and Citi-	
zen	214, 224
declare War	
248, 280-1, 303, 426, 429, 442, 466, 904,	
915	
decolonization	761
decree	306
dedicate this Nation	904
deed	510, 837, 445
Deep South	507, 531, 900
Deep Throat	888, 893
deepest notions of what is fair and right	377
defeatist and appeaser	755
defensive war	656
deference and comty	590
Delacroix, Jacques-Vincent	214, 222
Delano, Warren	688
Delaware Constitution	592
Delaware, State of	
100, 107, 147, 192, 365, 531, 555	
Delaware 川	108, 117
Delaware 族	98-9
delegated	383, 937
delegates	93, 96, 152, 165
Deluder Satan	340
Demby, Gene	536
democracy	145, 189, 209, 351, 431, 676
Democracy in America	411, 431, 440
Democrat	507
Democratic-Republican Societies	351
Democratic National Committee	883
Democratic National Convention	692
Democratic Party	453-4, 464-5, 473-4
Democratic People's Republic of Korea	769
Democratic Society of Pennsylvania	352
Democratic-Republican	415, 434, 440, 447

1059

Democrats 340, 454, 456, 462, 465, 572, 651
demonstrably justified 228
Dennett, Tyler 663
Departments 198, 327, 334
deprived of life, liberty, or property 376
Dept. of Agriculture Act 608
Dept. of Commerce and Labor 289
Dept. of Defense 767
Dept. of Education 715, 900
Dept. of Energy 900
Dept. of Foreign Affairs 387
Dept. of Health and Human Services
954, 993, 998
Dept. of Health, Education and Welfare 715
Dept. of Homeland Security 914
Dept. of Interior 388, 478, 558, 620
Dept. of Justice
541, 558, 664, 787, 888, 919-20
Dept. of Navy 388, 767
Dept. of State 387, 667, 716
Dept. of Treasury 387, 610, 666
Dept. of War
243, 389, 519, 532, 573, 662, 746, 755,
767, 914
depth bombs 735
dernier ressort 59, 62
desegregation 871
Deseret 631
despotic government 198
despotism 510
Destroyers for Bases Agreement 732, 734-5
Détente 902, 930
Detroit, Michigan 976
devastating criticism of Roosevelt's uncondi-
tional surrender policy 752
Devon 39
Dewey, Thomas E. 751, 765
Dewitt, John L. 748
diabolical choice 413
Diaz, Porfirio 569
Dicey, Albert Venn 218, 231
Dickinson, John 77, 81-2, 87, 90, 109, 111
dictates of natural reason 832
dictum 377, 605
diehards 554
Dillinger, John Herbert, Jr. 693
Dinan, John 221
direct tax 255, 394
direct taxes on incomes 623
directives 716
Director for Legal & judicial Studies 307
disability absolute and perpetual 212
disarmament 679

Discourse on Davila 403
discrimination 543, 605
discrimination resolution 360
disfranchisement 584, 587-8, 596
disfranchisement constitutions 561
disfranchisement statute 986
disfranchising constitutions 566
disqualification 880
district 241, 284
district court 310-1, 313-5, 324
District Court judge 311
District of Columbia 627
diversity case 321
diversity of citizenship 950
dividing governmental power 935
division of power 939
Division of Power Concerning Legislature 851
Dixiecrats 948
DNA 611, 891
Dobbin, James C. 480
doctrine of abstention 940
doctrine of assumption of risk 719
doctrine of clear mistake 865
Doctrine of Implied Power 951
doctrine of offsetting 342
doctrine of precedent 5, 592, 632, 848, 938
doctrine of separation of powers 806
doctrine of strict necessity 863-4
Dole, Sanford B. 622
Dollar Diplomacy 666-8
domestic violence 171
domicile 139
Dominican Republic 664, 677, 722, 915
Dominion 745
domino theory 784
Dorchester Heights 83
Dorr Rebellion 867
double allegiance 300
double jeopardy 376-7
doughface 484, 500, 539, 601
Douglas, Stephen A.
468, 473-4, 483-4, 498-500, 507, 562, 601
Douglas, William O. 762, 881
Douglass, Frederick
495-6, 519, 527, 537, 643
dowry 510, 608
drone program 932
Drudge Report 889
Drug Enforcement Administration (DEA)
954
drunken sailors 345
dual 315
dual federalism 287, 957, 990, 994

1060

事項索引（欧文）

Due Process Clause　　605, 977, 986, 993
Due Process of Law　　　376-7, 549-50
Dumbarton Oaks Conference 733, 759-60, 782
during good Behavior (Behaviour)
　　　　　　　　　　　308, 316, 804
during the Recess　　　　　　　　303
Dutch Republic　　　　　　　　　88
Dutchess County　　　　　　　　689
Duty of Tonnage　　　　　　256, 258
Dwight Eisenhower National System of
　Interstate and Defense Highways　　785
dynasty trust　　　　　　　　　　633

E

Early American Nationalism　　　　427
East Asia　　　　　　　　　　　667
East Florida　　　　　　　　　　452
East Louisiana Railroad　　　　　819
East Portico of the Capitol　　　　617
East River　　　　　　　86, 117, 761
East Virginia　　　　　　　　　　528
Eastern States　　　　　　　　　455
ebb and flow of the tide　　　　　341
ECA (Economic Cooperation Administra-
　tion)　　　　　　　　　　　　772
ecclesiastic courts　　　　　　　　39
ecclesiastic law　　　　　　　　　43
Economic Defense Board　　　　　734
economic substantive due process　　547
Ecuador　　　　　　　　　　　438
Edison, Thomas Alva　　　　　　638
Edward, I　　　　　　　　　238, 633
Edward, III　　　　　　　　　　805
EEC　　　　　　　　　　　　767
8th Cir.　　　　　　　　　　　326
Einstein, Albert　　　　　　　　779
Einstein-Szilárd letter　　　　　　779
Eisenhower Doctrine　　　　　　786
Eisenhower, Dwight D.
　765, 775, 777-9, 781, 784-8, 790, 794,
　871, 898
El Paso　　　　　　　　　　　471
El Salvador　　　　　　　　438, 773
Election Assistance Commission (EAC)　628
Election Committee　　　　　　　560
electioneering　　　　　　401, 411, 988
elector　　　　　　　　295, 298, 385
electoral college　　　185, 296, 560, 899
electoral college bonus　　　　　　561
electronic surveillance　　　　919-20, 922
Electronic surveillance authorization with-
　out court order　　　　　　　　919
Eleventh Amendment immunity　　　938

Eliot, Charles William　　　　　　654
Elizabeth, I　　　　　　　　　　805
Elizabeth, II, Queen of Canada　　　227
Ellis, Joseph J.　　　　　294, 330, 387
Ellsberg, Daniel　　　　　　907, 925
Ellsworth, Oliver　　　　　　168, 330
Ely, James W., Jr.　　　　　　　346
e-mail　　　　　　　369, 921, 931
Emancipation Declaration　　　　850
Emancipation Proclamation　298, 522, 557
embargo　　　　　　　　727, 729
emergency　　　　　　　711, 914
emit Bills of Credit　　　256, 275, 945
Emmett Till Justice Campaign　　　597
Emolument　　　　　　　　　　256
Emory University　　　　　　　901
Empire of Brazil　　　　　　　　438
en banc hearing　　　　　　　　325
Endick, Stanley D.　　　　　　755
enemy combatant　　　　　879, 916
engage in War　　　　　　　　303
English Academy　　　　　　　53
English Tongue　　　　　　　　73
Enlightenment　　　　　　　　108
entangling alliances　　　　　　649
equal but separate　　　　　　　543
Equal Employment Opportunities　　794
Equal Employment Opportunity Commis-
　sion　　　　　　　　　　　963
equal footing with the original States　386
Equal Protection　　　　　　328, 844
equal protection of the laws　　　　544
equal representation　　　　　900, 986
equality　　　　　　　　546, 709
equity　　　　　　　　　613-4, 826
equity court (or chancery court) 43, 220, 318
Era of Good Feelings
　　　　349, 420, 436, 442, 447, 607
Erie Canal　　　345, 358, 432, 438, 512
Erie County　　　　　　　　　641
establish-American nationhood　　　172
Establishment Clause　　　　368-9, 963
establishment of religions　　　　368
Establishment of the U. S. Circuit Court of
　Appeals　　　　　　　　　　311
ethos　　　　　　　588, 637, 701, 709
eugenics　　　　　　　638, 646, 682
Europe First　　　　　　　　　745
European Community (EC)　　　　799
European Convention on Human Rights　234
European Defense Community (EDC)　784
European Enlightenment　　　　　44
European power　　　　　　　　451

1061

European Theater of Operations (ETOUSA) 778
European Union (EU) 386, 767, 801-2, 950
even-handedness 604
evidently unconstitutional 832
evil empire 902
evils of slavery 497
ex officio vice admiral 46
excessive bail 380
excessive fines 380
excise tax
168, 255, 348, 361, 394, 624, 665, 708
exclusion of extra-constitutional tests 865
exclusion rule 374
exclusive Legislation 284
exclusive Right 278
Executive 807
executive 847, 971, 973
Executive Agreement 250, 660, 663-4
Executive Departments 387
executive power 232, 300, 872, 905
Executive Privilege
305-6, 400, 693, 787, 807, 882, 884-5, 898
exigencies of military life 376
expansionism 451, 568, 657
expressly delegated 272, 874, 951
extend to all cases 805
extraterritorial 288
extra-territorial conduct 280
extraterritorial treatment 762
extremely jealous 668
Exxon 953

F

FDR's War Plans 738, 745
Facebook 923
factionalism 430
Fahrenheit 9/11 988
Fair Deal 765
fair trial 821
Fairfax County (Resolution) 63, 76-7, 128
Fairfield University 976
faithfully execute 297
fall of Berlin Wall 902
Fallen Timbers 138, 397
Falwell, Jerry 970
family groups 488
family household 431
farewell address 784
Farm Loan Bank 671
Farm Security Administration 698
Farmer Refuted 348
Farrand, Max 363, 830

Faubus, Orval 871
fast track negotiating authority 250
Fax 921-2, 931
FBI 888-9
FBI's Cold Case Initiative 563
FCC (Federal Communications Commission) 793
FDR Scandal Pages 751
federal appeals court judges 311, 313
Federal Circuit Court 923
Federal Civilian Employment System 921
federal common law 203-4, 590
Federal Deposit Insurance Corporation (FDIC) 695
Federal Election Commission (FEC) 854, 988
Federal Emergency Management Agency (FEMA) 914
Federal Emergency Relief Administration 695
Federal Farm Board 696
Federal Farm Loan Association 671
Federal Farm Loan System 671
Federal Food and Drug Administration 942
Federal Fuel Administration 679
Federal Hall 193, 196, 284
federal judges 311, 326
Federal Judicial Center 320
federal jurisdiction 426
Federal Labor Relations Authority 921
federal law 312, 941
Federal News Service, Inc. 962
federal question
286, 313, 317, 319-20, 328, 947, 968-9
federal ratio
168, 185, 241, 424-5, 524, 538, 547
federal regulation 941
Federal Reserve Banks 674
Federal Reserve Board 851
Federal Reserve Notes 670
Federal Reserve System 533, 670-1, 674
federal system 939
Federal Trade Commission (FTC)
301, 590, 670, 696, 801
Federalism 155-6, 215-6
Federalist 191-3, 430-1
Federalist Party 406, 433
Federalist (Magazine)
194, 232, 265, 289, 293, 298, 347, 411, 847, 955
fee system 357
Feingold, Russ 933
Feinstein, Dianne 927
fellow-servant rule 719

1062

事項索引（欧文）

felony	271, 279-80, 630
Felt, Sr. William Mark	884, 888
Fenno, John	403
Ferguson, Missouri	578-9
Ferling, John	147
fiduciary duty	356
Field, David Dudley	614
filibuster	316, 479, 793
fill up all the Vacancies	303
Fillmore, Millard	464, 470-1, 480, 499
Fincastle Resolutions	77
Findings	857
Finkelstein, Maurice	866
Finland	782
Fireside Chats	693-4
firm league of friendship	88, 92, 97
First Avenue	761
First Bank of the United States	
	290-1, 346, 349, 429, 874
1st Cir.	326, 909
first come, first served	612
First Continental Congress	68, 83
First Inaugural Address	677
First Infantry	459
First International Conference of American	
States	621
First Party System Era	454
First Seminole War	429, 467
First written constitution	217
FISA	918, 921
FISA Court (FISC)	919, 621, 923, 931
Fitzgerald, A. Ernest	884
flatboat	338
Fleming, Thomas	
	738, 742, 746-7, 749-50, 752, 755
flight out of the city	975-6
flood burst	844
Florida, State of	445-6, 451-2, 560-1, 634-5
Florida 半島	467
Flying Fish	877
folk law	36
Foner, Eric	508-9
Food Administration	679
Food and Drug Administration	954
for a redress of grievances	368
for the defense of American liberty	64
Forces Act	991
Ford, Gerald R.	799, 881, 885, 892, 899-901
Ford, Thomas	136
Forefathers	200
foregone conclusion	411
foreign affair	305
foreign affairs power	283

foreign intelligence information	919, 932
foreign nation	288
foreign power	932
Foreign Relations Committee Chairman	726
Foreigners and Strangers	22
foreknowledge	752
forest reserve	620
Forfeiture	212
formal marriage	647, 978
former ally France	388
formidable savage foes	673
for-profit corporation	963
Fort Duquesne	342
Fort King	467-8
Fort McHenry	428
Fort Sumter	500, 518, 520-1
Fort Washington	117
Fort Worth	792
Fortune 500	632
Founding Brothers	330
Founding Era	73, 233
Founding Fathers	
	73, 164, 226, 378, 436, 540, 610, 703, 805
Fourteen Points	679-80, 682
fourth branch	851
Fox News	304
Fox Searchlight Pictures	495
fragmentary nature	720
Fragmentary Writing	114
Framers	879
France	405, 425, 445, 878
franchise	344
frankenstein dictators	722
Frankfurt Commonwealth	528
Frankfurt Constitution	215
Frankfurter, Felix	321, 713, 925
Franklin, Benjamin	32-3, 68-9, 107-8, 115-6
Franklin, Massachusetts	340
Franklin, William	90
Frederick, Duke of York	167
Frederickson, George M.	517
free and democratic society	228
free citizen	89
Free Exercise Clause	368
free exercise thereof	368
free inhabitants	260
free Persons	154, 168, 200, 240-1
Free States	425, 444
freed Negros	450
Freedman	556, 587
Freedmen's Bureau	532, 559
freedom of contracts	546
freedom of speech	368, 679

1063

Freedom Riders	819, 988	General Government 153, 173, 408, 936, 944	
freedom to marry	977	general jurisdiction court	317
freeholders	23, 51	General Motors	849, 953, 961-2
freemen	22-3, 91	general partnership liability	665
Free-Soilers	499, 601-2	general reception law	591
French and Indian War	56-7, 72, 448	General Theory of Employment, Interest and	
French Revolution	352	Money	698
Freneau, Philip	397, 406	general welfare	151, 362, 506, 715

Friedman, Lawrence M.
356-7, 510-1, 579-80, 592-3, 672-3, 705-7, 820-1

		general writ of assistance	45, 374
friendly and impartial	306	Genêt, Edmond-Charles	352, 400
Friends and Citizens	389, 401	Geneva Convention	911
frisk, search, arrest, interrogation	821	Geneva, Switzerland	679
Froelich, John	638	George, II	15, 636
from drone strikes to	928	George, III	58-9
Frontier Constabulary	389	George, David Lloyd	679-80, 753
FTA (Free Trade Agreement)	798	Georgetown University	685
FTAAP	798	Georgia, State of	89-90, 985-6
fugitive laws	367	Georgia, State of 知事	790-1, 900
full compensation	342, 377	German Republican Society	352
Full Faith and Credit	259-60	German roots	778
full force and effect of law	716	Germantown, Philadelphia	117
functional approach	867	Gerry, Elbridge	187, 830
Fundamental Orders of Connecticut	221	Gettysburg	478, 531
future interests	633	Ghent, Belgium	418, 911
		Ghost Dance	621
		GI Bill of Rights	715
		Gilded Age 493, 568, 582, 588, 610, 639-40	

G

		Ginsburg, Ruth B.	234, 963
Gage, Thomas	47, 50, 69, 79-80	Glass, Carter	695
Gallatin, Albert	405-7, 415, 452	Glass, Cecil Frank	751
Galloway Plan	74	Glorious Revolution	7
Galloway, Abraham	495	gold (coin)	278, 348, 458
Galloway, Joseph	74	Goldman Sachs	999
Gallup Poll	293-4	Goldwater, Barry	250, 302, 901
Garcia, Gary	991	Good Neighbor Policy	
Gardoqui, Don Diego de	159	209, 677, 722, 725, 788, 904, 915	
Garfield, Harry Augustus	679	good-faith effort	241

Garfield, James A.
568, 588-9, 610, 615, 621, 640, 642, 655

		good-paying jobs	799
Garford, Arthur Lovett	638	Goodwin, Doris Kearns	903
Garner, Margaret	497-8	Goodyear, Miles	630
Garrison, William L.	496	Google	923
Gates, Horatio	87	Gorbachev, Mikhail	902
Gaulle, Charles de	752	Gorchakov, Alexander	512
Gazette of the United States	396-7	Gordon, William	192
Gaziano, Todd F.	307	Gore, Al	705
GDP	337, 568, 695, 771	governmental structure	343
GE (General Electric Company)	901	governor	
Gelak, Deanna	586	18-9, 30-1, 33-4, 48-9, 61-2, 596-7	
General Assembly	827, 934	Graham, Katharine	893
general association of nations	680	grammar school (master)	21
general court	18-9, 21-2, 23-5, 48-9	Gran Chaco	569
general enabling act	351, 354-5, 358	Gran Colombia	438
		Grand Assembly	29

1064

事項索引（欧文）

Grand Bank 120
grand Inquest 376
grand jury 185, 375-6, 891, 895
Grand Old Party (GOP) 483
Granger laws 586
grant Letters of Marque and Reprisal 207
grant Reprieves and Pardons for Offences
  against the United States 897
Grant, Ulysses S. 558-9
grass-roots Democrats 395
grateful to Almighty God 599
grave and irreparable danger rule 925
grave and probable danger rule 925
Gray's Inn 18
Grayson, William 160
Great Basin Tribes 489, 635
Great Britain 45, 283, 805
Great Charter 804
Great Depression 580, 707, 711
great Empire 343
Great Plains (prairie) 484, 635
Great Power 724
Great Railroad Strike of 1877 565, 569
Great Society 886, 904
Great Western Railroad Company 527
Great White Fleet 660
Great-Grandson of Winston Churchill 737
Greeley, Horace 454, 484, 530, 557
Green family 963
greenbacks 533, 577, 610
Greenblatt, Alan 266
Greer, Christina M. 536
Gregory, Thomas W. 676
Grew, Joseph 742
Grier, Robert C. 500
Griswold, Henry 577
Groton School 677, 688, 723, 725, 758
Guadalupe Hidalgo 462
Guam 283, 654, 657
Guantanamo Bay 914, 916, 928
guarantee 539
Guarantee Clause
  152, 167, 813, 972, 974, 983
Guatemala 438, 785
Guiana, British イギリス領 645
Guiteau, Charles J. 589
Gulf of Tonkin Resolution 906

H

habeas corpus 134, 236, 239, 254, 335, 946
Haberkorn, Jennifer 963
Hague 659
Hague Convention (Peace Conference)

Third 910
Hague Conventions (Peace Conferences) of
  1899 and 1907 732, 910-1
Haiti 215, 668, 677, 687, 725, 915
Half-War 405
Halifax (Resolves) 46, 77, 80, 83, 110
hallway 586
Hamdi, Yaser Esam 916
Hamilton, Alexander
  191-2, 292-3, 305-6, 346-8, 358-9, 361-2,
  387-8, 395-7, 399-401, 431-2
Hammond, James Henry 339, 506
Hancock, John
  34, 47, 50, 75, 79, 81, 83, 90, 112, 116,
  127, 193, 197
Hancock, Winfield Scott 565, 589
Hanna, Marcus A. 650-1
Hannibal, Missouri 503
Harding, Warren G. 640, 685-6, 692, 722
Harlan, John Marshall 321
Harrington, James 128
Harris, Andrew 919
Harrison, Benjamin
  436, 459, 616-7, 619-22, 644-5, 662, 954
Harrison, Robert Hanson 843
Harrison, William Henry
  194, 435, 441, 458, 463-4, 470, 477
Hart, John 126
Hartford Convention
  106, 169, 239, 424-5, 430
Hartford, Connecticut 24-5, 827
Harvard 21, 49, 654, 689
Harvard Magazine 653
Harvard School of Public Health 294
Harvard University
  8, 21, 150, 340, 199, 689, 767
Harvard University Press 663
Harvard Magazine 652
Hastings, Alcee 893
Havana 652-3
Hawaii 475, 621-2, 645, 654, 706
Hawthorne, Nathaniel 340, 484
Hay, John 741
Hayden, Michael Vincent 931-2
Hayes, Rutherford B. 563-70
He kept us out of War 675
Head of Elk, Maryland 117
header, e-mail address, IP address 922
headrights system 28
Heads of Departments 854
heads of state 301, 307
Health and Human Services (HHS) 861
health care system 法案 962

1065

Health Care 改革	961
health-insurance	961-2
Hearst, William Randolph	
652, 655, 676, 723, 725, 753	
Heirs or Assigns	41
Henry, I	376
Henry, Patrick 145, 160, 191, 194-5, 347	
Hepburn, Mrs.	577
Heritage Foundation 307, 893, 998	
Herron, Caroline R.	926
Hessian (傭兵軍)	86, 110
High Crime	843, 889
high Crimes and Misdemeanors 881, 888, 897	
Higher Law	504
Highlands	120
Hill, Wills, 1st Earl of Hillsborough 47, 74-5	
His Accidency	464
His Excellency President	418
Hispanic	883
Hiss, Alger	776, 926
historical revisionism	752
History News Network	863, 930
Hitler, Adolf 731-2, 738, 746, 748, 750-1	
Hoar, George Frisbie	618
Hobbes, Thomas	473
Hobby Lobby	963
Hodges, Albert G.	528
Holder, Eric	579, 898
Holdsworth, William	219
Hollywood	901
Holmes, George	249
Holmes, Oliver Wendell, Jr.	
10, 321, 596, 842, 848	
Holy Alliance	437
home rule	562
Home Rule School District	972
Homer	196
homestead laws	608
Honda	941
Honduras 438, 643, 668, 832	
Hooker, Thomas	23, 25
Hoover, Herbert	
627, 640, 679, 686-7, 695-6, 709, 714, 726	
Hoover, J. Edgar 693, 791-2, 921, 923-5	
Hopkins, Harry	763
horizontal	935, 943
House	445
House and Senate Committees on Territories	473
House Committee on Foreign Affairs	755
House Judiciary Committee 882, 887, 895	
House Managers	895
House of Assembly (General Court) 57, 75	

House of Burgesses 31, 38, 58, 63	
House of Commons	805, 880
House of Commons Library	143, 247
House of Delegates	38
House of Representatives	23, 880
House Permanent Select Committee on Intelligence	927
House Un-American Activities Committee (HUAC) 775-6, 901, 925	
House, Edward M.	675, 724
housing bubble	961
Houston	980, 982
Howe, William 80, 83, 86, 107, 117-8	
Hudson River	315
Hudson River Valley	688
Hughes, Charles Evans	711
Huguang to Canton Railroad	667
Hull, Cordell 726-7, 738, 741-2	
Hume, David	115, 380
hung jury	479
Hungary	782
Hunter's Lessee	947
Hurst, Willard	582
Hussein, Saddam	912, 915
Hutchinson, Thomas	49-50, 61
Hyde Amendment	993
Hyde, Henry	993
hydrogen bomb	769
hyperinflation	360

I

I have a dream speech	792, 817
I missed people	891
ICBM	785, 789
ICSID (International Centre for Settlement of Investment Disputes)	802
Idaho, State of	475
Illinois Mormon War	136
Illinois, State of 469-70, 473-5, 554-5, 630-1	
imminent Danger	258
imminent threat	913
immunity	938
impairing the Obligations of Contracts	257
impairments of contract	254
impeach	185
Impeach Earl Warren!	970
impeachment (and Assassination)	
143, 185, 235, 297, 810, 879, 881, 894, 898	
impeachment article	888
imperialism	209, 736
implicit or ancillary power	270
implied findings	997

事項索引（欧文）

importation 168, 171, 200, 266, 268, 513	
importation of slavery	29
importation of such Persons	446
impost 104, 161, 198, 388	
impoundment power	666-7
impress 413, 416	
in Law and Equity 317, 874	
inaugural address	644
incorporation doctrine	821
incursions	463
indenture	509
indentured servant	
26-9, 59, 164, 211, 213, 507-9, 513	
independent agencies	851
independent counsel 307, 854, 856, 890-1	
Independent Republican	417
India	759
Indian 99-100, 470-1, 633-4	
Indian (Native Americans) 政策	697
Indian Massacre of 1622	31
Indian New Deal	698
Indian Tribes 181, 419, 448, 598, 938	
Indian Wars	634-5
Indiana Territory 419, 459, 612	
Indiana, State of	
433, 439, 443, 475, 488, 505, 562, 573,	
593, 617, 647	
Indianapolis, Indiana	693
Indiana 州議会	530
indictment	895
indirectly, incidentally and remotely	952
indisputability	380
indissoluble relation 525, 577	
INF Treaty	902
infamous crime	375
inferior court 248, 308, 311-3, 323	
inferior officer 308, 854-5	
informal prior censorship	370
information warfare	930
Inglis, John C.	931
Inhabitants 25, 647	
inhuman dicta	539
initiative（つき referendum） 600, 648	
injunction 335, 645	
Inquiry into the Right of the British Colonies	77
inside story	820
Inside the Supreme Court	821
insiders' bank	351
Inskeep, Steve 888, 931	
insolvency law 276, 369, 375, 990	
inspection Laws	257
inspection of health	990

Institut de Droit International	911
institution 353, 509, 516	
insurrection 547, 575	
Intelligence Agencies	927
Intelligence Committee	863
intelligible principle	305
intentionally evasive	891
inter vivos	633
interbranch appointments	307
inter-branch checking mechanism	246
intercontinental ballistic missile	789
interfere impermissibly	807
Interior Secretary	697
intermediate body	847
interminable requests	863
Internal Improvement	
354, 358-9, 432, 617, 619	
Internal Revenue Service（IRS）	
533, 889, 897	
international agreement 249, 258	
International Bank for Reconstruction and	
Development（World Bank）	802
International Commercial Arbitration	802
International Committee of the Red Cross	
（ICRC）	911
international disputes 613, 668	
International Improvements	612
International Law Association	911
International Law Commission	911
International Litigation	613
international police power	
656, 660, 677, 729-30, 756, 909, 912	
International private law	912
International rivers	911
international terrorism	919
internationalist	723
internment 334, 673, 721	
Internment of Japanese-Americans	747
Inter-Parliamentary Union（IPU） 724, 911	
Interposition Resolution 817, 871, 934	
intersession recess	304
interstate	708
Interstate Commerce	
288, 619, 708, 948, 951, 996	
Interstate Commerce Commission（ICC）	
289, 585, 802	
Interventionism 657, 678	
Intourist	925
intrasession recess	304
intrasession recess appointments	304
Intrepid 739, 749, 766	
Invasion 263, 502	
Invocation	599

1067

involuntary servitude	515, 542			

involuntary servitude 515, 542
Iowa, State of 469, 475, 570, 609
Iran 785, 916
Iran-Contra Affair 898, 934
Iraq (問題) 774, 907, 909, 917-8, 930
Ireland 45, 50, 398, 471
Iroquois-Indian 488, 737
Irving, Washington 431
Islamic Jihad 901
INS (Immigration and Naturalization Service) 258, 858
ISO 930
Isolationism 649, 683-4, 723-5
isolationist sentiment 750
ISP 921-2
Isthmus of Panama 569
Italy 215, 782-3
Ivy Leaguers 654, 659

J

J. F. K. Assassination Records 929
Jackson, Andrew
428-9, 434-5, 440-2, 452-4, 458-60, 464-5
Jacksonian 431, 434, 440, 447, 474, 533
Jacobin Club 352
Jacobins 436
Jamaica 536
Jamaica Slave Plantation 516
James Kent 199
James, I 2, 7, 16-7, 26, 31, 202, 592
James, II 55, 57, 371-2
James, III 29
James, Frank 987
Jamestown, Virginia 17, 31, 488
Jane's Fighting Ships 926
Japanese - American Citizens League (JACL) 748
Jarvis, William 824
Jaworski, Leon 882, 884-5
Jay, Henry, Jr. 175
Jay, John 159-61, 326-7, 400-1
JCS (Joint Chiefs of Staff) 784
Jefferson County, Fayette City, Mississippi 555
Jefferson Library 799
Jefferson, Thomas
157-9, 212-5, 360-1, 395-6, 401-3, 409-11, 417-8, 444-5, 590-1, 840-1
Jeffersonian 454
Jeffersonian Calvinist 149
Jeffersonian Democracy 431, 434, 440
JFK 暗殺陰謀説 927
Jim Wells County 793

Jimmy & Rosalynn Carter Habitat for Humanity 901
jingoism 655
Joaquim de Maria 215
John Marshall Law School 818
Johnson Years 793
Johnson, Andrew
522, 556-7, 816, 886-7, 892, 896-7, 934
Johnson, Anthony 509
Johnson, Gregory Lee 957
Johnson, Hiram 728
Johnson, Lyndon B. 792-4, 903-4
Johnson, Thomas 820
Johnson, William 842
Johnston, Joseph E. 520
join a posse 473
Joint Chiefs of Staff 737, 767
Joint Resolution 465
Joint Session 296
joint stock company 26, 353, 665
Joker 506
Jomini, Antoine-Henri 519
Jones, Paula 890, 892
Jones 事件 890-1
Jordan, Vernon 890
journal 245, 652, 655
journal of proceedings 240
JP Morgan 667, 999
Judah, Theodore D. 345
Judge Clause 941
judge-made federalism 938
judge-made law 938
judgeship 313
judgment in cases of impeachment 246
judicial activism 334
Judicial Department 809, 840
judicial federalism 938-9, 941
judicial independence 308
judicial power 232, 604, 805, 846
judicial remedy 984
judicial restraint 713, 842
judicial review 204, 216, 805, 824, 863-4
Judiciary Committee 776
Judiciary, Judicature 145
Judson, Whitcomb L. 638
Julian, George W. 524
Julius and Ethel Rosenberg 926
jurisdiction 313, 317
jury 378, 380, 566
just compensation 342, 377-8
just defense 913
Justice in the Segregated South 555
justice of peace 49, 598

1068

事項索引（欧文）

justiciability
　　326-7，334，830，833，856，859，864
juvenile court　　649

K

Kagan, Elena　　304，883，963
Kanawha County　　529
Kansas City　　762
Kansas Territory
　　483-4，499，505，517，601，763
Kansas, State of
　　475，482，484-5，494，499，505，602，651
Kansas-Nebraska Compromise　　498，526
Kansas 州加盟承認法案　　499
Kant, Immanuel　　724
Katzenbach, Nicholas　　985
Kazin, Michael　　685
Kean, Thomas　　914
Keep Commission　　666
keep Troops, or Ships of War　　256
Kellogg, Frank B.　　730
Kennedy to Lyndon Johnson, Memorandum
　　for Vice President　　794
Kennedy, Anthony　　899
Kennedy, David　　903
Kennedy, Jacqueline　　791-2
Kennedy, John F.
　　702，707，787-94，814，818，921，927
Kennedy, Sr. Joseph Patrick　　734，787
Kennedy, Robert　　787，790-1
Kennedy 暗殺　　632
Kennedy 一家　　787
Kennedy 兄弟　　790
Kennedy 声明　　793
Kent, James　　199
Kentucky Resolution　　91，410，481，834，934
Kentucky, State of　　408-10，497-8，521-2
key campaign promise　　961
Keynes, John Maynard　　680，695，698
Keynesian macroeconomics　　1000
Khrushchev, Nikita　　786-7，789
Kidd, Captain William　　47
King Cotton　　447，506-7
King, Jr. Martin Luther
　　532-3，790-2，794-6，814-9
King, Jr. Martin Luther 夫人　　790
kingdom of fear　　507
King's Bench　　9
King's Court (curia regis)　　219-20
Kirk, Michael　　931
Kissinger, Henry　　887
Klein, Rick　　792
Knott, Stephen F.　　930

Knox, Henry
　　83，123，127，176，180-1，243，387，668
Knox, Philander C.　　667
Knoxville　　780
Korean War　　715，769
Kosovo War　　907
Kosovo, Yugoslavia 事件　　909
Krock, Arthur　　735
Krugman, Paul　　1000
KTBC　　793
Ku Klux Klan (KKK)
　　558-9，565，584，597，790，991
Kuwait　　774，908

L

La Follette, Robert M.　　666
La Guardia 空港　　698
Labor Party　　699
labor union　　699
Lady Bird　　793
Lady of the Lake　　496
Lafayette, Marquis de　　201，294
laissez faire　　342-6，638-9，709-10
laissez faire 資本主義　　447
Lake Erie　　641
Lake of the Woods　　465
Lake Okeechobee　　468
Lake Superior　　465
Lakota Sioux 族　　621
Lakota 部族　　634
lame ducks　　537
Land Ordinance　　7，120，130
Lane, Mark　　927
large plantations　　516
Lasch, Christopher　　517
Latimer, William, 4th Baron Latimer　　247
Latin America　　438，456，649，725
Latin Grammar School　　340
Latino　　294
Laurence Tribe　　8
law and equity　　874
law book　　592
Law impairing the Obligation of Contracts
　　213
law martial　　79
law of eminent domain　　342
law of God　　471
Law of Nations　　280，306，827
Law of Nature　　113，514
law of the land　　839
law of torts　　718
Law of Union　　283
law school　　326，718

1069

Law, David S.	227-8, 234
Lawrence, Richard	434
Lawrence, Kansas	499
Laws Divine Morall and Martil	37
laws of several states	204
laws of the conflict of laws	259
Laws of the United States	945
lay and collect tax	282
lay any Imposts or Duties	257
lay politicians	593
LCIA	802
leading politician	507
League of Nations (LN)	679, 724, 758, 911
League of Nations (1919-1949)	679
League of Nations Covenant	
	679, 681, 683, 759-60
Lecompton	499
Lee Resolutions	76-7
Lee, Arthur	150, 404
Lee, Charles	84-5, 403
Lee, Richard Henry	
	76, 82, 114-5, 194, 196, 351, 520
Lee, Robert E.	478, 520-1, 531
legacy	225
legal rights of man	509
Legal Tender notes	610
legislative veto	857
Legion	397
legislative activities	272
Legislative Acts	799
legislative power	232
legislative process	850
legislative veto	853, 860
legislature	145, 243, 847, 971, 973, 840, 971
Lehman Brothers	961, 999
Lehrer, Jim	792
Leningrad	752
Leon, Richard J.	921
Leopard, Battleship	416
Lesseps, Ferdinand de	569, 664
Letters from a Farmer in Pennsylvania	77
Letters of Marque	97, 110, 211-2
Levy, David J.	613
levying War	212
Lewinsky, Monica	890-1, 934
Lewis, John	792, 988-9
lex fori	259
Lexington Concord	
	50, 64, 78-9, 82, 119, 299, 348
Leyden	18
libelous per se	797
Liberator	495
Liberia	442, 667

Liberty	47, 544, 546, 709
Liberty Point Resolves	77
license	20, 733
Lichtblau, Eric	919
lie-detector	926
lieutenant general	748
Life	544, 751
life long	509
Life of Washington	183
life satisfaction	294
Lili'uokalani	645
limited jurisdiction court	317
limited times	279
Lincoln Memorial (Hall)	792, 817
Lincoln Tunnel	698
Lincoln, Abraham	
	470-1, 495-6, 500-2, 519-23, 527-32, 555-
	7, 576-7, 608-9
Lincoln, Mary Todd	474
Lind, John	504
Lindbergh, Charles Augustus	572, 755
lions under the throne	309
Lippmann, Walter	677, 686, 694
Liptak, Adam	228
literacy test	571, 598-9, 985
Little Rock High School	871
Little Rock, Arkansas	871, 975
Liverpool	422
living document	875
living law	615
Livingston, Robert	175, 445
lobbying	586
local commercial activity	949
local school	335
Locke, John	
	3, 44, 108, 115, 149, 473, 806, 812, 872
London Monetary and Economic Confer-	
ence	726
Lone Star State	632
Long Island	85, 117
Long Island 大会戦	85-6
Long Island 鉄道事件	957
Lookout Mountain	520
Lopez, Alfonso, Jr.	290
Lopez, Narciso	478-9
Lord Dartmouth	79
Lord Dunmore	81
Lord North	82
Los Alamos, New Mexico	780
Los Angeles Times	303
Los Angeles 地区	871
Louis and Clark Expedition	610
Louis, IX	55

1070

事項索引（欧文）

Louis, X VI	398, 404
Louisiana Purchase	445-6
Louisiana Territory	443, 446, 448
Louisiana, State of	
428-9, 537-8, 550-1, 560-1	
Louisiana 法	844
Love Field	792
Loyalist	47-8, 85, 121, 125, 212, 454
Lucas, Scott	773
Ludlow Code of Law	35-7
Ludlow, Roger	26
Ludwig von Mises Institute, Auburn, AL.	750
Luis, X VI	398
Lusitania 号沈没事件	690
Luther	867
Lycées de Paris	214, 222
Lynch, Sandra Lea	909
Lyndon to Kennedy, April 28, 1961, Evaluation of Space Program	794

M

M' Claws	832
M. L. King Memorial	792
Machiavellian	930
Mack, Kenneth	903
Macon's Bill No. 2	419
Madison, James	
150-1, 160-2, 166-7, 177-8, 181-2, 194-8, 231-2, 289-90, 347-8, 396-7, 400-1, 408-11, 413-4, 417-20, 422-3, 427-8, 430-3	
Madison's War	423, 427, 773
Magazine	743
magistrate judges	316
magistrates	21, 25, 34
Maine Explosion 1898	653
Maine, State of	
23, 35, 314, 352, 365, 449, 452, 465, 475, 488, 515	
Maitland, Frederic William	219
Majestic Destiny	208, 568, 788
major general	434, 440, 521, 589
majority	239, 628
make defensive war	18
make Treaties	249, 302
make War	904
Manchester	393
mandamus	836-7, 840
man-eating tiger	844
Manhattan	117, 780, 882
Manhattan Project	779
Manifest Destiny	
438, 450-1, 456, 462-3, 469-70, 474, 478-9, 678	

Manila	660
Manly, Chesly	745
Mann, Horace	340
Mansfield	331, 843
manufacture, sale or transportation of intoxicating liquors	625
manufactured products to the West	343
Mapp, Dollree	822
Marbury, William	835-6, 840, 842
March of Dimes	731
March on Washington for Jobs and Freedom	791
March to the Sea	521
Marcy, William L.	480
maritime seller	509
Maritime Warfare 宣言	910
Mark, Frederick	463
marriage license	647, 978
marry down	793
Marshall Plan	767, 772
Marshall, George	738, 742, 750, 766-7, 778
Marshall, James C.	780
Marshall, John	
98-9, 321-2, 329-31, 831-3, 842-3, 872-3, 944-5	
Marshall, Thurgood	572, 833
martial law	31, 37
Martin, Denny (Fairfax, Denny)	947
Martinsburg, West Virginia	565
Marxist	751
Maryland Charter	24
Maryland, State of	99-101, 519-20, 555-6
Maryland State of 最高裁	349
Mason, George	62-3
Mason-Dixon Line	
128, 448-9, 482, 484, 498, 504-5, 518, 555	
Massachusetts Anti-Slavery Society	496
Massachusetts Bay	23-5
Massachusetts Bay Company	
18-9, 23, 33, 808	
Massachusetts Bay Province	71, 75, 158
Massachusetts Body of Liberties	
21, 35, 221-2	
Massachusetts Circular Letter	75, 77
Massachusetts Gazette	49
Massachusetts trust	353
Massachusetts 植民州議会	60
Massachusetts, State of	18-20, 32-3, 83-4
Massachusetts, State of 連邦地裁	909
Massachusetts 州民	546
Massachusetts 族	488
Massacre	61
Massillon, Ohio	644

1071

master	28, 509, 516
master political strategist	754
master strategist	752
matter of right	315
May, Erskine	143
May, Robert E.	479
May, Thomas Erskine	218
Mayflower	16, 18, 230, 488, 688, 737
Mayflower Compact	17, 808
Mayor	497, 641
Mayor's Court of New York	826
Maysville Road 計画	456
McCain, John	669, 894, 929
McCarthy, Joseph	764, 775-6, 787, 898, 925
McCarthyism	673, 710
McCormack, John William	864
McCulloch, James	349
McCullough, David	398, 411
McHenry, James	403
McKinley, William	
	587-8, 618-9, 649-55, 657-8
McNamara, Robert	907
McPherson, James M.	351, 494, 503, 707
McRae, Cora	993
Mecklenburg County	110
Mecklenburg Resolves & Declaration	77
Medals of Honor	634
Medicaid	997-8
Medicaid Program	993
medical malpractice	719
Meet the Press	930
mega state	632
Memmott, Mark	931
Memorandum	663, 716, 885
Memorial	559
Memphis, Tennessee	792, 794
merchant of death	725, 729
Merchants' Exchange	308
merchant's law	341
Merit System Protection Board	921-2
meritocracy	566, 615
Merrill Lynch & Co.	961, 999
metadata	921, 923
metes and bounds	120, 612
Methodists	32
Metternich, Klemens Wenzel von	911
Mexican War	
209, 456, 460-1, 463, 466, 469-71, 474,	
476, 519	
Mexico	460-1, 799-801
Mexico City	915
Mexico Indian	800
Mexico 大統領	569

Mexico 国	463
MI 5	921
MI 6	921
Miami 族	488
Michigan, State of	
475, 515, 562, 633, 651, 885, 899, 976	
Midway 海戦	924
Midwest	693
Mifflin, Warner	265
military aid	787
military arm	584
military commission	914
militia	85-6, 117-9, 263-4
militia of the United States	263
militia 召集権	981
Miller Center, University of Virginia	564
Miller, Samuel	602
Milwaukee, Wisconsin	668
municipalities	204
minister	104, 157, 197, 478
minister's secretary	387
Minnesota, State of	260, 370, 475, 581
minority	673, 710, 718
Minuteman, III	789
Miranda Rule	816, 823
Miranda, Francisco de	215
misconduct	892, 897
misdemeanor	773, 843
Mises Institute	750, 752
Mises, Ludwig von	750
Missionary Ridge	520-1
Mississippi River	159-61
Mississippi, State of	597-9, 629-30
Mississippi 川	56, 467, 456, 666
Mississippi 大学	790
Missouri Compromise	482-3, 485-6
Missouri River	159
Missouri Territory	131, 448
Missouri, State of	630-1, 762-3
Missouri 州民	600
Mitchell, John N.	886
Mobile	562, 609
Model of Christian Charity	19
Model Parliament	219, 238
moderate the Rigor of the Law	43, 318
Moley, Raymond	694
Monmouth, New Jersey	118
Monroe Doctrine	
437-8, 651-2, 659-60, 667-8, 684-5	
Monroe, James	432-3, 435-7, 441-2
Monroe-Pinkney Treaty	416
Monrovia	442
Montana, State of	475

事項索引（欧文）

Montesquieu, baron de la Brède et de
　　　　　3, 109, 200, 231, 805, 812
Montgomery Improvement Association　819
Montgomery, Alabama（市条例）
　　　　　　　507, 518-9, 819, 975
Montpelier　　　　　　　　　160, 409
Moore, Michael　　　　　　　　　988
mootness　　　　　　　　　　　　823
moral crusade　　　　　　　　　　519
moral embargo　　　　　　　　　　728
Morals Court　　　　　　　　　　682
more perfect Union　210, 310, 519, 526, 942
Morehouse College　　　　　　　　536
Morgan Report　　　　　　　　　　622
Morgan, John Tyler　　　　　　　　623
Morgenthau, Henry, Jr.　　　　　　754
Mormonism　　　　　　　　　352, 629
Mormons　　　　　　　　　　　　600
Morning Edition　　　　　　　　　931
Morning in America　　　　　　　　902
Morocco　　　　　　　　　　　　447
Morris, Gouverneur　104, 170, 186, 214
Morris, Robert, Jr.　　　　　　　　121
Morrison, Antonio　　　　　　　　855
Morrison, Samuel　　　　　　　　926
Morrison 事件　　　　　　307, 926, 939
mortmain statues　　　　　　　　633
Moscow 訪問　　　　　　　　　　887
Mowry, George E.　　　　　　　　657
Moynihan, Daniel P.　　　　　　　926
Mt. Vernon
　64, 76, 146, 150, 171, 195, 197, 402, 626
Mt. Vernon Conference　　　　　　146
muckrakers　　　　　　　　　　　648
mulattoes　　　　　　　　　　　　450
Munich Agreement　　　　　　　　730
Mussolini, Benito　　　　　　　　778
Mutual Security Agency (MSA)　767, 772
my country　　　　　　　　　　　594
Myre, Greg　　　　　　　　　　916

N

NAACP　　　　　　721-2, 791, 818, 976
NAFTA　　　　　　　　　　798-801
NAFTA Dispute Settlement Panels and
　Committees　　　　　　　　　801-2
Napoléon Bonaparte　338, 418-9, 443-4
Napoleonic Wars　327, 415, 447, 451
NASA　　　　　　　　　　　785, 794
Nation (National)　　　198, 532, 952
National Aeronautics Space Council　794
National Association, NA　349, 670, 896
National Bank　346, 391, 446, 533, 609-10

National Bar Association　　　　　718
national citizenship　　366, 514, 545
National Commission on Terrorist Attacks
　Upon the United States　　　　914
National Conference of Commissioners for
　the Uniform State Laws (NCCUSL)　616
National Conference of State Legislatures 978
National Congress of American Indians
　(NCAI)　　　　　　　　　488, 634
National Council of La Raza　　　294
national defense　　　　　　　　925
National Defense University　　　929
National Educatioral Television (NET)　987
National Executive　　　　　　　152
National Forests legislation　　　620
National Gazette　　　　　　　396-7
national government　　　　　　936-7
National Guard　263, 282-3, 791, 871, 981
National Institute of Arts and Letters　588
National Judiciary　　　　　　　152
National Labor Relations Board
　　　　　　　　　303-4, 699, 713
National Legislature　　　　　　152
National Mall　　　　　　　　　792
National Military Establishment　767
National Munitions Control Board　733
National Opinion Research Center　294
National Prohibition　　　　　　681
National Republican League　　　666
National Republicans　　　　　　454
National Road　　　　　　　358, 432
National Roads Program　　　　　645
National Security Directives　　　716
National Security Strategy　　　914
National System of Interstate Highways　785
nationalism　　　　　　432, 436-7, 654
nationhood　　　　　　　　　　172
nations, tribes　　　　　　　　634
Native American Heritage Month　636
Native American Party　　　　　471
Native Americans　462, 488, 634, 644
Native Hawaiians　　　　　　　636
NATO (North Atlantic Treaty Organiza-
　tion)　　　　　771, 784, 907, 917
natural law　　　　　　　221, 552
natural relation　　　　　　　　290
natural rights　　　　　　221, 374, 382
Naval Academy　　　　　　　　899
Naval Militia　　　　　　　　　263
navigable waters　　　　　　　135
Navigation laws　　　　　　　　171
navigative water　　　　　　320, 613
Nazi Germany　　　　　　703, 726, 728

1073

NBC	930
Nebraska Territory	483-4, 562
Nebraska, State of	
276, 345, 475, 484-5, 499, 650-1	
Nebraska, State of 鉄道委員会	546
Necessary and Proper	281, 289, 951
necessity and proportionality	913
negro	508, 549
Negro Fort	467
Nelson, Thomas	194
neoabolishonists	516
neutral intervention	655, 769
Neutrality Proclamation	306
Nevada, State of	475, 623, 939
New Bedford, Massachusetts	496
New Brunswick	465
New Deal	697-8, 700-1
New Deal Coalition	670, 698, 700
New Dealer	661, 701, 709, 833, 886, 753
New Dealers' War	700, 746, 750
New Deal 事件	710
New Delhi, India	754
New England	73-4, 340-1, 422-3, 511-2
New England Yankees	504
New Englander	463
New Era	643
New Federalism	886
New France	56
new G.I. Bill	715
New Gate 法廷	47
New Grand Hotel	660
New Hampshire, State of	193-4
New Haven Town meeting	69-70
New Jersey Plan	166
New Jersey, State of	
32, 58, 75, 83, 89, 107, 147, 155, 161,	
192, 365, 425, 433, 439, 826	
New Jersey 州知事	668
New Mexico Territory	471
New Mexico, State of	
462, 472-3, 475-6, 478, 480, 485, 706, 991	
New Model Army	705
New Operations Division	778
New Orleans, Louisiana	
159, 428, 445, 448, 479, 495, 498, 844	
new Republican	447
New York	
46, 77, 83, 102, 147, 194, 197, 274, 347,	
365, 396, 425, 614	
New York Court of Appeals	589
New York Draft Riots	533
New York Province	53, 57, 372
New York State Education Dept.	532

New York Times	796-7
New York Times 紙事件	814
New York Tribune	454, 484, 530, 557
New York University L. Review	228
New York 銀行	400
New York, State of	89, 375, 400, 407, 551
New Yorker	433, 439, 737, 793
New Zealand	621, 784, 794, 798
Newburgh affair	161
Newburgh, New York	121, 126
Newfoundland	120, 732
Newlands, Francis G.	623
Newman, Scott	923
NewsOne	536
Newsweek	579
Newton, Huey P.	925
Nez Perce との戦い	570
Niagara Fall	641
Nicaragua	345, 438, 667, 687, 915
Nichols, Louis B.	750
Nicolas, II	910
Niles, Hezekiah	31
9.11 (Nine-Eleven)	913, 927
9.11 Commission	794, 914
1964 Independence Avenue S.W.	792
9th Cir.	858-9
NIRA	711
Nixon, Jay	579
Nixon, Richard	
775-6, 882-7, 891-3, 897-9, 906-7, 927-8,	
931-3	
Nixon, Walter	880
Nobel 経済学賞	1000
nobility	167, 211
nolle prosequi	307
non-adversary proceeding	332
non-delegable	283
non-intercourse 国	419
non-interventionism	684, 726-7, 783
non-justiciable	867
non-military aid	787
non-profit corporation	963
non-self-governing territories	762
Norfolk, Virginia	508
normal schools	340
Normandy 海岸	778
North	489
North (pole) star	632
North African Theater of Operations (NATOUSA)	778
North America	798
North American Agreement on Environmental Cooperation (NAAEC)	799

事項索引（欧文）

North American Agreement on Labor Coop-
eration (NAALC) 799
North American Development Bank 801
North Carolina, State of 337-8
North Carolina 軍 531
North Dakota, State of 475, 725
North, Frederick 84, 107-8
Northeast Tribes 488
Northern churches 367
Northern Democrats 601
Northern Transcontinental Road 483-4
Northern Virginia Militia 520
Northup, Henry B. 494-5
Northwest 263, 389, 488
Northwest Indian Confederation 459
Northwest Territory 338, 419, 459, 612
Northwest Tribes 488
Northwestern Indian War 419
Northwestern Transcontinental Railroad 482
Northwestern University 517
not fully slaves 509
notice-of-claim statute 991
Nova Scotia 46, 83, 120
Novel Peace Prize 657, 792, 901
NPR 927-33, 986-9
NSA 768, 918-21, 923, 927, 931-2
NSC 716, 767, 771, 784, 788
NSC-68 771, 773
Nuclear Weapons 789
Nuevo Mexico 462
null and void 344, 934
nullification 408, 457, 481, 487, 525, 817
Nullification Crisis 457
NY Tammany 633
Nye, Gerald 725-7, 729
Nye 委員会 726

O

Oak Ridge, Tennessee 780
Obama Care 960
Obama, Barack 293-4, 303-4, 635-6, 875-6
obiter dicta 9
observer 439
obstruction of justice 888, 891
O'Connor, Sandra Day 229
Odyssey 196
Offences against the Law of Nations 207, 280
Office of Currency Comptroller (OCC) 610
Office of Economic Management (OEM) 734
Office of Economic Warfare 734
Office of Education 715
Office of Indian Affairs 243
Office of National Drug Control Policy

(ONDCP) 954
Office of Naval Intelligence 925
Office of Personal Management 921
Office of Profit 256
Office of Scientific Research and Develop-
ment (OSRD) 779
Office of Solicitor General 558
officer 436, 851, 853-5
office-seekers 589
official reporter 制度 846
Ogden, Utah 630
Ohio Country 55, 58-9, 62, 128, 443, 512
Ohio River 58-9, 611-2
Ohio Territory 419, 459
Ohio Tribes 418
Ohio Valley 397
Ohio, State of 497-8, 514-5, 617-9
Ohio 州議会 589
Ohio 州知事 564
Ohio 州弁護士 617
Okeechobee 湖 634-5
Okies 694
Oklahoma City Building 爆破事件 920
Oklahoma, State of
344, 468, 475, 489, 571, 598, 634-5, 694,
706
Old Capitol, Jackson, Mississippi 598
Old Gentlemen's Convention 507
Old Guards 666
old oak 402
Old Tippecanoe 435, 441, 458, 616
Oleron 島 42
Olive Branch Petition 76-7, 82
Omaha, Nebraska 345
omnipotence 847
on Laws and Customs of War on Land 910
on the credit of the United States 207, 275
on the high Seas 207, 279-80
on the merit 326
one and only party 430
one patriotic band of Brothers 127
one person, one vote 900, 986
Onis, Don Luis de 453
Ontario, Canada 978
Open Door Policy 730, 741-2
Opera House 761
Operation Avalanche 778
Operation Fast and Furious 898
Operation Overlord 778
Operation Torch 778
opinion 934-5, 958-9
Opium War 201, 210, 299, 480
Oppenheimer, J. Robert 780

1075

oral hearing	326
Orangetown Resolution	77
ordain (and establish)	210, 279, 311-2
Order	245, 717, 734
Order 9981	717
Order, Resolution or Vote (ORV)	251
orderly processes of negotiation	742
Orders in Council	104, 219, 423
Ordinance	128-9, 131, 136

Ordinance for the government of the Territory of the United States Northwest of the River Ohio 131

ordinances of secession	507
ordinary course of justice	90
Oregon Country	450, 452, 461, 474, 476, 568
Oregon Territory	438, 466
Oregon Trail	345
Oregon, State of	450, 475, 503, 610, 647
Oregon 号	660
Oregon 州裁判所	936
Oregon 分割問題	461
Organization of American States (OAS)	621-2, 789
organizing, arming, and disciplining	981
originalism	872, 875
Origins of the War of 1812	427
Orleans, Territory	131
Osceola	468
OSHA (Occupational Safety and Health Administration)	887
Ostend Manifesto	480, 499
other direct, Tax	254
other Persons	211, 214, 240
Otis, James, Jr.	48, 77, 374
Oval Office	641
Overrule	
	543, 545, 814, 835, 855-6, 955-6, 995

P

P4	798
Pacific ocean	609
Pacific Railroad and Telegraph	609
Pacific Squadron	519
pacifiers	212
Packard Commission	768
Packing the Court	334, 875
Paine, Thomas	82, 87-8, 118, 235
Painter, William	638
Pakistan	902
Palestina	901
Pan American Union	622
Panama	
	215, 438, 660, 664, 677, 714, 725, 901,

	915
Panama Canal	643, 659, 664, 667, 758, 901
panels	799
Panic of 1819	429, 436, 447
Panic of 1837	458
Panic of 1873	569
Panic of 1893	644
paper money	577
Paraguay	438, 569
Paraguayan War	569
paramilitary group	584
parchment	351
Pardon	187, 823, 898
Paris	404, 786
Paris Peace Conference	679
Parker, Polly	634
Parker, Robert	509
parliament	191, 202, 805, 847
part of the law of the land	208
particularity requirement	49
Partnership	353
party line	891
party War	395-6
parvenus	431
pass upon	332
patent	608, 646
Patent Office	279
Path to Power	792
paupers, vagabonds and fugitives from justice	261
Paymaster	338
payment of pensions and bounties	548
Payne, Sereno E.	665
Payne's Landing	467
Peabody, Endicott	723
Peace Conference of 1861	507
peaceably to assemble	368
Pearl Harbor Attack	743, 751
peculiar institution	507, 509
pejoratively	431
Pemberton, John	266
pen register	921, 931
pen/tap order	922
pen/tiap taps	921, 931
Pendleton, George H.	615
Penn, William	24, 32
Pennsylvania Abolition Society	972
Pennsylvania Hall	497
Pennsylvania Railroad	345
Pennsylvania, State of	82-3, 89-90, 365-6
Pennsylvania 州議会	90
Pennsylvania 州最高裁	831
Pennsylvania 大学	972

事項索引（欧文）

Pensacola, Florida	428, 467
Pentagon Papers	850, 886, 907, 924
People	25, 210, 234
people of the United State	515
People's Party	565
people's sovereignty	166
Pepperdine 大学	709
Pequot War	488
per curiam	331, 843, 871
Perdido River	452
perjury	891
Perkins, J. C.	199
Permanent Court of Arbitration	659, 910
permanent seat	781
permanent secretariat	622
permanent tenure	308
perpetual copyright	279
Perpetual Peace	724
perpetual union	88, 525, 577
Perpich, Rudy	282
Perry, Matthew C.	6, 470, 480
Person	986
Person or temporary	212
personal property	510, 956
Peru	438, 622
Petersburg, Virginia	531
petition	368, 559, 839
Petition of Rights	2
Petition of Right, 1698	368
Petition to the King	77
Ph. D.	903
Philadelphia, Pennsylvania	117-8, 403-4
Philippines	215, 654, 657, 662, 684
Philippines–American War	657
Philippines 総督	662
Philippines 問題	664
Phillips, Ulrich B.	509, 516
Phillips, Wendell	524
Phillips, William	729
Pickering, John	843
Pickering, Timothy	186, 403, 406
Pierce, Franklin	
345, 471, 479-80, 484-5, 497-500, 520	
Pilgrim Fathers	16
Pilgrim's Progress	648
Pillars, James	341
Pinckney, Charles C.	404, 417
Pine Ridge Reservation	634
Pinkney, Thomas	416
piracies	211, 279-80
Pitkin, Walter	691
Pittsburgh Press	901
Pittsburgh, Pennsylvania	342, 565

Pittsfield, Massachusetts	149
plain meaning doctrine	873-4
plantation and slavery	509
planter	455, 611
Platt Amendment	655
Platt, Orville	653
pleading	826
Pleasants, Robert	201
Plessy, Homer	819
Plymouth Colony	17-9, 47, 808
pocket veto	245, 531, 537, 641
Poland	731, 767
Poland 政府代表	783
Polaris 潜水艦	785
police power	274, 289, 546, 952
policing regulation	546
policy of harmony	664
Political Analysis	751
political case	334, 868
political corruption	588
political issue	302
political office-seekers	589
political parties	295
political question	334, 628, 859, 865-8
political reality	312
political romanticism	662
political science	812
Political-Warfare Division of British Security Coordination（BSC）	749
policing power	613
Polk, James K.	
388, 453, 457, 460-1, 466, 469-70, 476-8, 590, 655	
Polk's War	469, 773
poll tax	588, 598-9, 627
poor house	647
poor white	338
popular name	3_2, 345, 670, 712, 767, 920
popular sovereignty	
224, 468, 473, 482, 485, 505	
popular vote	560, 640
Populist and Progressive movements	841
Port New Orleans	445
port of France	876
Portland, Oregon	450
Portsmouth, New Hampshire	88, 657
Portugal	799
positivism	206-7
Post Offices and Post Roads	277
postmaster	555
Postmaster General	679
Pothier, Robert の債務法	91
Potomac Company	146, 346

1077

Potomac River	285, 343, 495
Potsdam Conference	
	733, 741, 752, 762, 769, 781-3
Powell, Adam Clayton, Jr.	864
Powell, Colin	912-3, 915
power of eminent domain	377
power of impeachment	880
Power of the Commonwealth	25
power of war	758
power to create corporations	273
Power to dispose of	262
Power to Grant Reprieves and Pardons	880
Power, Samantha	917
Powhatan 族	488
pragmatist	752
pragmatistrealist	754
Prairie	345
Prakash & Yoo	827, 830
Prakash, Saikrishna B.	840-1
Preamble	114-5
precedents	810, 817, 848, 977
Precinct	793
preclearance	985, 987-8
preemption	942
pre-emptive defense	905, 908, 913
Preliminary Proclamation of Emancipation	
	542
preliminary restraint	406
prerogatives	
	9, 191, 218, 235, 278, 305, 668, 898
Presbyterian	20-1, 617, 640
presentment	267
presentment and bicamel	245, 252
presentment or indictment	375
President	190, 445, 810, 854, 879
President General	53
President of the Senate	240
President pro tempore	240, 297, 387
Presidential Historians	
	459, 498, 528, 658, 684, 686, 902, 933
presidential veto	830
President's Ad Hoc Committee for Science	
	794
Presidents 三大	701
primus inter pares	192
Princeton	108, 117, 121, 126
Princeton 大学	397, 668, 883
principal articles	293
principal officer	299, 387, 628, 854, 856
principles of substantial effect	544
prior appropriation doctrine	612
prior restraint	370, 925
PRISM (Code name)	919

privacy 侵害	921
private banks	349, 429
private property	522
privateer	
	110, 123, 207, 212, 357, 400, 405, 447
Privilege	880
Privilege of the Writ of Habeas Corpus	253
Privileges and Immunities	
	89, 260, 364, 382, 513, 544-5, 549
privileges and immunities of the citizens of	
the United States	602
privity	718
Privy Council	219-20
prize	46, 95, 211, 357
probable cause	374
procedural federal common law	816
processing tax	712
Proclamation	
	59, 70, 79, 306, 479, 523, 716, 734
Proclamation for Suppressing Rebellion and	
Sedition	77
Proclamation of 1763	100
Proclamation of Emancipation	531-3, 976
Proclamation of Neutrality	413
Proclamation to the People of South Car-	
olina	457
product liability	718
pro-gay 判断	979
Program	932
progressive codification and development	912
Progressive Era	493, 568, 638, 649, 682
Progressive Party	661, 668
Progressive Republican	646, 670, 698
Progressives	660, 666
Progressivism	638-9, 646-7
Prohibition	954
pro-life movement	993
promissory notes	945
Promontory, Utah	610
propaganda	786
property	168, 170, 253, 262-3, 544, 624
proprietary regime	32
Proprietors of a vast tract of Continent	389
prosecution of crimes	897
Pro-slavery document	496
pro-Soviet	702
pro-spending	700
Protestants	371
Providence	23, 389, 675
Province	148-9
Provincial Congress	79, 148
Provisional Army of the Confederate States	
(PACS)	520

Provisional Confederate Congress	520	Rainbow Five	
Proviso	472	738-9, 742, 746, 748-50, 753-4, 756, 924	
prudential view	866	raise and support Armies	281
PTA委員	899	Ramsey, Donovan X.	536
public Acts, Records, and judicial Proceed-		RAND Corporation	907
ings	260	Randolph, Edmund	165, 186-7, 387, 830
public advocate's position	931	Randolph, Robert B.	434
Public Broadcasting Service (PBS)	987	ratification	191, 386
public debt	262	ratio decidendi	9, 369, 605
public enemy No. 1	693	rationality	604
public exigencies	342	Rawle, William	539, 972
public land	607	Ray, James Earl	794
public library	44	Reagan, Nancy	901
public opinion	294, 479	Reagan, Ronald	901-3
public policy	259, 546	Reaganomics	902
Public Proclamation No. 21	748	reasonable expectation of privacy	932
public reservations	620	reasonable suspicion or probable cause	932
public welfare	546	Rebellion	3, 502, 524, 547
Public Works Administration (PWA)	697	recall	648
Puerto Rico	283, 654, 657, 883	reception provisions	4, 85, 89
Pulaski, Tennessee	558	Recess	303
Pulitzer, Joseph	652	Recess Appointment	303-4, 567
Pullman Company	645	recess of Congress	93
Punish Piracies and Felonies	207	reconciliationists	81
Puritan	16, 23-4, 32, 37, 371, 640	Reconstruction Era	561-2
pursuit of happiness	978	Reconstruction Finance Company (RFC)	687
Putnam, Israel	84	Recorder of Deeds	643
PWA	697	Records of the Federal Convention of 1787	
			829

Q

		red people	489
Quaker	24, 201, 212	Red River 畔	495
Quarantine Speech	729	Red Scare	672, 678, 924
Quasi-War	352, 433, 439, 877	Red Shirts	565
Quebec 会議	740	red states	233
Queen	645	Red Stick Creek Indians	435, 441
question of a republican or kingly govern-		Red Sticks	428
ment	183	Redeemer	563
question of law	379	Redemption Era	538, 553, 597, 639
Quitman, John	479-80	redemptioner	28
quota system	583	Reed, Joseph	126
Quotas of Contribution	151	Re-examination Clause	380
		referendum	267-8, 647-8, 817, 935, 954

R

		Reformation	16
race	535, 548	Reformed	20
race war	507	regiments	573
race, color religion or national origin	815	regulars	60
race-based contempt	747	regulatory power	847, 869, 975
racial balance	975	rehearing	325
racial discrimination	820	Rehnquist Court	957
racial segregation	564, 976	Rehnquist, William	
radical	177, 604		18, 327, 329, 334, 823, 876
Raeder, Erich	739	Reign of Terror	352
Railroads and American Law (2001)	346	religious righteousness	19

removal 316
removal from Office 880
removal, ...death or resignation 628
repair and maintenance 623
repeated injuries and usurpations 5, 113, 550
repel Invasions 980
Report on Manufacturers 348, 391, 432
Report on Public Credit 359
Report on the Secretary-General of the
United Nations, 1966 802
Representatives 811
Representatives and direct taxes shall be
apportioned 275
Reprieves and Pardon 300
republic
92, 108, 133, 167, 189, 198, 229, 300
Republic of China 250, 782
Republic of Hawaii 623, 654
republican
223, 263, 294, 331, 407, 418, 470, 572,
669, 711
republican form of government 972
Republican Party
430, 482, 486, 507, 517, 617, 893, 901
republican principles 153
Republican Roosevelt 661
Republican-Democratic 358
Republican's Old Guard 784
reserve 467, 489, 937
reserved to the states 383
Resident Commissioner 657
Resolution 190, 245, 775, 908, 932
Restatement 703
Restatement 3rd 703
Restatement of the law 615
Restatement of the Law Third, Foreign
Relations Law of the United States
249, 257
restored government 529
restraint of trade 650
retroactivity 848
Revere, Paul 79
review 328-9, 865, 868, 923, 946, 965, 969
revisionist 746, 748, 751-2
Revolutionary War
3, 149, 173, 202, 388, 436, 454
revolving door 615
Reykjavik 903
Rhode Island, States of 23-4
Ribbentrop, Joachim von 739
Richard, I 42
Richard, II 805
Richmond, Virginia 212, 520, 528, 531, 574

right of occupancy 344
right of privacy 823
right of trial by jury 379
right to counsel 376
right to privacy 382
right to secede
91, 408, 425-6, 481, 571, 817, 834, 873
rights of self-government 481
Rio Grande 462, 469
riparian rights 341, 612
Risen, James 919
Rites Rules and Liberties concerning Judi-
cial Proceedings 22
Roads and bridges 343
Robert Wood Johnson Foundation 294
Roberts, John 304, 329, 876, 882, 963
Roberts, Owen 712-3
Robinson, John 18
Rochambeau, Jean-Baptiste, comte de 107
Rock River 469
Rock, John 538
Rockefeller, Sr. John D. 588, 650, 762
Rockefeller, Nelson 532-3, 817
Rockingham, Charles Watson-Wentworth,
2nd Marquess of 107
Rockwell, Llewellyn H. 750
Rocky Hill 126
Rocky Mountains 465, 484, 489
Rodney, Caesar 116
Roeselare 494
Rolfe, John 29, 508
roll-back 902
Roman Catholic Church 662
Romania 767, 782
Romney, Mitt 999
Roosevelt Corollary 788
Roosevelt, Edith 658
Roosevelt, Eleanor 227, 688, 764, 769
Roosevelt, Franklin D.
208-9, 335-6, 677-8, 687-8, 690-4, 696-
702, 711-3, 715-7, 722-31, 733-8, 740-60,
762-4, 777-9, 781-3, 904-5
Roosevelt, James 742, 749, 753
Roosevelt, Sara Ann Delano 688
Roosevelt, Theodore
208-9, 642-3, 646-8, 654-9, 661-4, 666-9,
671-4, 687-92, 722-3, 729-30
rotation in office 459
Rough Riders 654-5, 659, 661, 690
Rouse, Robert 658
Rousseau, Jean-Jacques 473
roving wiretap 920
Royal African Company 29, 508

1080

事項索引（欧文）

Royal Charter	32, 219
royal governor	81
Ruhr, Saar 地方	754
Rule 80	311
rule against perpetuities	633
rule of commercial or general law	870
running mate	589
Runnymede	219, 376
Rush, Richard	452
Russia	568
Russian and Japanese power	657
Russo, Anthony	907, 925
Russo-Japanese War	663
Rutgers	826
Rutledge, Edward	330

S

S.D.N.Y.	311
Sacramento, California	345, 550
Sadat, Anwar El	901
Saint Domingo	445
Saint Louis	55, 448
Salem	18-9, 23, 79
Salem witch trials	37
Saloon	646
SALT (Strategic Arms Limitation Talks) II 900	
Salt Lake Valley	631
Samil Movement	680
Samoa Conference	621
San Francisco, California	569, 686
San Ildefonso	445
San Martin, Hose de	437
Sanford, Blaise Delacroix	676
Saratoga	87, 118, 174
Saratoga Springs	494
Saturday Evening Post	759
Savannah 攻略	521
Savery, Thomas	342
Scalia, Antonin	234, 855, 872, 875
Schaper, David	579
Schenck, Charles	679
Schlosser, Eric	789
Schoenfeld, Gabriel	924
School Lunches Programs	715
school zone	975, 997
schoolmaster of politics	668
Schrader, August	638
Schuyler, Philip	84
Schwinn, Steven	818
Scientific Temperance Federation	646
Scotland	7
Scotland 王子	508

Scott, William L.	643
Scott, Winfield	484, 501, 565
Screen Actors Guild	901
Scrooby Congregation 教会	18
seat of the Government of the United States of America	627
SEATO	774, 784, 906
SEC	851
secede	486, 553, 660
secession	481, 487, 501, 527
secessionism	525-7
second Anglo-Boer War	210, 736
Second Bank of the United States	349-50
2d Cir.	311, 326, 883, 939
Second Civil War	976
Second Committee of Eleven	239
Second Continental Congress	3
Second Great Depression	961
Second Hundred Years War	57
Second Reconstruction Era	976
Second Red Scare	925
Second Revolutionary War	976
Second Seminole War	467, 469-70
Second Set of Constitutional Text	502, 934
secret information	745
Secret Pact With Japan	663
Secret Service	785, 792, 889
Secretary	102, 387, 459, 854
Secretary Knox	389
Secretary of Health, Education, and Welfare	992
Secretary of Navy	480
Secretary of State	480, 651
Secretary of State for the Colonies and First Lord of Trade	33
Secretary of the Senate Majority	793
Secretary of Transportation	855
Secretary of Treasury	415
Secretary of War	176, 180, 345, 480, 518, 662-3
sectionalism	430
Secretary of State, Madison	847
secular education	340
secularism	44
secure in their persons, houses, papers and effects	373
Security Council	762, 781
segregation	543, 673, 814, 820, 975
Segregationists	970
Select Committee	609, 794-5
Select Committee on Parliamentary Privilege	880
Select Committee on Presidential Campaign	

1081

Activities		794
self-executing treaty		250
self-incrimination		377
Selma to Montgomery March		988
Seminole War	452, 467, 469, 489, 634,	635
Seminole Tribe 事件		379
Senate	304,	445
Senate Armed Services Committee		929
Senate Commerce Committee Chair		567
Senate Intelligence Committee Chairman		927
Senate Manual		411
Senate of Puerto Rico		657
Senate President		895
Senate Select Committee on Intelligence		927
senatorial courtesy		316
Senators		811
senior editor		775
seniority rule		563
Sentencing Commission		252
separate but equal	605, 814-5, 819-20,	857
separation	851,	872
separation of power	200, 855,	935
separatists		16
Service for a Term of Years	26, 168,	240
service of a summons		271
servitude	509,	548
Seven Years' War	56,	72
severability clause		697
Sewall, Jonathan		48-9
Seward, William H.	338, 471, 506, 514,	556
shadow government		90
shall guarantee		938
Shall we trust Japan ?		692
Shapiro, Ari		928
Shapiro, Joseph	563,	597
Shapiro 事件		950
sharecropper	262,	587
Shawnee 族	419, 435, 441,	488
Shays' Rebellion	298,	346
Shays, Daniel	122, 147, 174,	207
Sheffield Declaration		77
Shenandoah Valley		528
sheriff	380,	641
Sherman, John	589, 615, 617-8, 620,	651
Sherman, Roger		170
Sherman, William T.	521, 531, 589,	617
Shlaes, Amity		686
shoot on sight		735
showdown		927
Sierra Nevada Mountains		345
Signal Security Agency (SSA)		768
silver		458
Silverites		644

Simsbury		827
Singapore		798
Sioux 族		634
Sir Walter Scott		496
Sirica, John Joseph		884
sit-ins		988
sitting President		887
sixth Cir. Court		979
Skates 教授		598
slave	509, 519,	990
slave catchers		497
slave race		545
slave states	442,	444
slaveholder	366, 539,	589
slavery		
	200, 366, 493, 515, 524, 528, 542,	556
slavery law	29,	364
Sloop Active		95
small pox		488
Small Wars Manual		915
Smith, Alfred		692
Smith, Elias		352
Smith, Jean E.		752
Smith, Michael Hoke		675
Smithsonian Institution		466
Snake River, Idaho		893
Snowden, Edward	919, 922-3,	933
so near so many barbarous nations		371
so remote a country		371
social compact		224
Social Security Amendments of 1967		992
Socialist Party of America	669,	679
Socialist Workers Party (SWP)		751
Socialist 党		679
Society	352,	496
Society for the Promoting of the Manumission of the Slaves, and Protecting such of them that have been or may be liberated		
		511
Society of Cincinnati	176, 183, 267,	300
Sold Down the River		495
Sole Lords		389
sole Power of Impeachment		881
sole-executive agreement		249
Solicitor General	662,	884
Solomon Northup	494-5,	572
some further bond of union		180
Sonia Sotomayor	882,	963
Sons of Liberty	61, 63, 71, 90, 106,	352
Souter, David		882
South	339,	489
South Africa	233-4,	751
South Bronx		882

1082

事項索引（欧文）

South Carolina, State of
    338-9, 506-7, 517-8, 520-1, 985-6
South Dakota, State of   475, 634
South Main Street   794
Southeast Tribes   466, 488-9
Southern Baptist Evangelist   970
Southern Brethren   451
Southern Christian Leadership Conference
  (SCLC)   791, 819, 925
Southern Democrats
    507, 561, 582, 584, 587, 601, 640, 790
Southern Pacific   562
Southwest Division 問題   463
Southwest Territory   338, 435, 441, 477
sovereign   224, 653, 704, 937, 950
sovereign and independent character   519
sovereign immunity   203
sovereignty   94, 137, 300, 938
sovereign people   515
Soviet   703, 715, 733, 753, 763, 783
Spain   159-60, 438, 651, 660, 799
Spanish-American War
    209, 469, 649, 651-2, 654-5, 661-2, 915,
  917
Speak softly and carry a Big stick   659
Speaker of the House   387, 477, 628, 765
special counsel   307, 856, 890
special court   307
special interest group   648
Specie Circular   458
Spectrum Sports   619
Speech or Debate Clause   271
speech provision   369
Speed, Dennis   512
spendthrift trust   633
Spirit of '76   114, 156-7, 162, 182
Splendid Little War   652
Springfield   123, 175
Sputnik   715, 785
Square Deal   659
squatters   455, 483
St. Clair, Arthur   263, 270, 298
St. Croix river   120
St. Lawrence river   120, 488
St. Louis, Missouri
    55, 448, 503, 565, 610, 911
stage-coaches   343
Stalin, Joseph
    669, 740, 752-3, 769, 775, 782-4
Stalingrad   752
Stalwart   567
Stamp Act Congress   68, 75, 77
stampede to the center   694

Stampp, Kenneth M.   516
standard of equal protection   548
standing army   55, 118, 281, 372, 411, 705
Stanton, Edwin M.   301, 558
Star Chamber   9, 34, 44, 213, 812
Star of the West   521
Star routes (fraud) scandal   567
stare decisis   835, 848, 870
Stark, Harold R.   735
Starr, Kenneth   855, 890-2
Star-Spangled Banner   428
State   551, 592, 961
State Bank   446, 609
State Board of Education   340
State Children's Health Insurance Program
  (SCHIP)   961, 997, 999
state citizenship   366
State Constitution   189, 225, 590
State Convention of the Colored People of
  South Carolina   559
State Corporation Commission   590
state disfranchisement constitution   587
State Health Insurance Assistance Program
  (SHIP)   997
State House   151
state immunity   384
State Judge Clause   941-2
State legislatures   206
State of Franklin   338
State of Nation   415
State of the Union Address
    296, 500, 786, 790
state sovereign immunity   330
state sovereignty   145
State Sovereignty Movement   818
state tribunals   593
Staten Island   85
States as States   957, 959
states rights   902
States' Rights Democratic Party   948
statues in mortmain   633
statutes law   592
Staunton, Virginia   674
Steagall, Henry B.   695
steam engine   342
Stephenson, William   749
sterilization   646-7
Steuben, Friedrich Wilhelm von   117, 180
Stimson, Henry   735, 764
stock company   497
Stockton, Richard   58
stomach   209, 736, 780
Stone River   521

1083

stop-Hitler bloc	730-1
storm of protest	712
stormy session	411
Story, Joseph	
199, 275, 311, 319-20, 820, 896	
Stowe, Harriet Beecher 138, 495-6, 523	
strangest war	420
Strategic Defense Initiative (SDI)	902
stream of commerce	949
stricken nation	905
strict constructionist interpretation	432
strict scrutiny	717
Structural Protections	232
Stuart Dynasty	29
Stuart, Charles Edward 7, 29, 508	
Stuarts	28
Style and Arrangement 委員会	186
subcommittee	794
subject matter jurisdiction	319
subjects 30, 33, 61, 109, 149, 371	
submission of briefs	326
subpoena 693, 776, 882, 884, 891, 898	
subprime loan	961
subsequent-punishment	369
substantial effect test	996
substantive due process	605
substantive law	967
substituting dollars for bullets	667
such District	392
such Persons 236, 266, 542, 547	
such reasonable limits	228
Sudetenland	730
Suez Crisis	786
Suffolk Resolves	77
suits at common law	379
Sullivan Island	520
summons	325
Sumner, Charles 469, 506	
sunset 条文	922
Superintendent of Finance	121
Superior Court of New York City	589
Supply-side Economic	902
suppress Insurrections	980
Supremacy	
208, 236, 706, 873, 945, 948, 965-6	
Supremacy Clause	945-6
Supreme Allied Commander in Europe	778
supreme Court 311, 335, 604, 807, 946	
Supreme Court Justice 212, 313	
Supreme Headquarters Allied Commander of the Allied Expeditionary Force (SHAEF)	778
Supreme Law of the Land 250, 302, 805, 945	

Surface Transportation Bureau	289
Sutherland 判事	283
Swan, James	389
Sweet, Lyn	962
Sydney 湾	29
Syracuse, New York	496
Syria 774, 916-7	
Syria 政策	677
syrup	942
Szilárd, Leó	779

T

Taft, Alphonso 660, 662-7	
Taft, William Howard	
320, 662, 667-8, 713, 915	
Taft-Katsura Agreement (Memorandum) 663	
take title	935
Talk to the Cherokee Nation	389
Talleyrand-Périgord, Charles-Maurice de	
397, 404, 445	
Tammany Hall 335, 642, 689-90	
Taney, Roger B.	514-5
Tansill, Charles Callan	746
tariff 617, 619	
Tariff of 1832	457
Tariff of Abomination (1828)	457
Tarpley, Webster G.	519
Tax of Duty 255, 275	
Taylor, Alan J. P.	724
Taylor, John	408
Taylor, Zachary	
338, 464, 469-70, 478, 489, 507, 643	
Tea Party 事件 57, 63, 1000	
Tecumseh 419, 435, 441, 459	
Tehran Conference (1943)	780
Tehran, Iran	733
Teller Amendment 653, 655	
Teller and Platt Amendment	653
Teller, Henry M.	653
tenth Amendment Sovereignty Movement 817	
Ten Years' War	652
tenant farmer	608
Tender in Payment of Debt	256
Tennessee militia 434, 440-1	
Tennessee Valley Authority (TVA)	
697, 710-1	
Tennessee, State of 433-5, 520-1	
Tenther movement	1000
Territory	
100, 129, 132, 136, 138, 262, 268, 337,	
389, 420, 471, 482, 515, 601, 612, 623	
Terrorist Surveillance Program (TSP) 932	
Tesla, Nikola	638

1084

test of strength for war	724
Testimony	211
Texas	474-5
Texas militia	501
Texas Republic	460-1, 463, 465, 915
Texas Territory	476
Texas, State of	
156, 328, 426, 471, 576, 569, 641, 725,	
793, 798, 1000	
Texas 州最高裁	328
Texas 州政府	525
Texas 併合	466, 469, 476
Texas 問題	465
Thatcher, Margaret	902
Third Seminole War (1855~1858)	468
Third Treaty of San Ildefonso	444
Thomas, Clarence	875
Thompson, Charles	112, 626
Thompson, Hugh S.	619
Thompson, Wiley	467-8
Thompson 原告	950
those of kingly government	180
Thoughts on Government	58
Ticonderoga	82-3, 87
tidewater aristocrats	528
tidewater concept	319
tidewater theory	135, 341, 613
Tilden, Samuel J.	560, 633
Time (Magazine)	
3, 217, 222, 775, 794, 886, 926	
Time of Adjournment	304
Times Herald	745
Tippecanoe and Tyler Too	463
Tippecanoe River	435, 441, 459
Title of Nobility	256-7
to the best of my Ability, preserve, protect	
and defend the Constitution of the United	
States	297
To the People of the State of New York	293
Tocqueville, Alexis de	
192, 229, 411, 431, 434, 440, 454, 507,	
583, 590, 638	
Tonkin 湾事件	909
top secret war plan	738
Topeka 草案	601
Tories	84, 121, 454
Torrijos Treaty	901
tort law	720
Totenberg, Nina	979
Town Courts	34
town meeting 23, 25, 73, 192, 206, 808, 973	
Townshend, Charles	72
township	608

Trade Promotion Authority	249
Trail of Tears	457, 489
transient majority	236
Trans-Pacific Partnership	798
Trans-Pacific Strategic Economic Partner-	
ship Agreement (TPP)	797
trap & trace devices	931
trap and trace	922
Treanor	805, 809, 826, 828, 832, 840
treason	
34, 90, 104, 211, 213, 271, 315, 521, 526,	
573, 881	
Treasury	257
Treaty	
123, 249-50, 256, 258, 664, 799, 901, 946	
Treaty Bills	275, 277
Treaty Cherokee	135
treaty constitution	386
Treaty establishing a Constitution for Eur-	
ope	386
Treaty-making process	668
Trenton, New Jersey	108, 117
triad	254
trial by jury	134
trias politica	3, 231
Tribal Court	327, 636
Tribe	283-90, 852-3, 934-5, 989-90
Triborough Bridge	698
trimester	823
Tripartite Pact	739
Tripoli	447
Tripp, Linda	890
troops	281
Trujillo	722
Truman Committee	763
Truman Doctrine	766-7, 771, 781
Truman, Harry S.	716-7, 761-9, 775-7
Truman's War	773
Trumbull, Lyman	554
Trust	583, 616, 633, 639, 650, 707
trust busting	659, 670
trust territories	761
try all impeachments	880
Tryon Resolves	77
Tudor Dynasty	28
Tunis	447
Turner, Frederick Jackson	582, 752
Turner, Nat	510
TV 時代	693
Twain, Mark	503, 588, 610, 639, 654
Tweed, William M.	336
Twelve Years a Slave	495
Twenty-One Demands	730

twice put in jeopardy	375
Tyler, John	463-5, 507, 896
tyrannical laws	232
tyrannical manner	232
tyrant	464

U

U Thant	789
U ボート	675, 735, 739, 755
U.S. 7th Cavalry Regiment	634
U.S. Air Force	767
U.S. Chamber of Commerce	304
U.S. circuit court	314, 324
U.S. Constitution	206
U.S. Court of Appeals	326
U.S. Court of Appeals (for Second Circuit)	324
U.S. Court of Appeals for the Federal Circuit	923
U.S. Marine	915
U.S. Marshal	394, 514
U.S. Military Academy at West Point	520
U.S. Naval Academy	466
U.S. Senate Committee on Foreign Relations	623
U.S. Steel	664
U.S.-guided Panamericanism	621
U-2（スパイ機）事件	785-6, 788
UC Berkeley	516
ultimatum	519, 653
ultra vires	356
unalienable Rights	167, 200
UNCITRAL	912
Uncle Tom's Cabin	138, 495, 523
unconditional surrender policy	752
unconstitutional	847, 869
undesirable elements	508
unfair methods	670
Uniform Bills of Lading Act 1909	616
Uniform Commercial Code (UCC)	616
Uniform Conditional Sales Act 1918	616
Uniform Laws	616
uniform Laws on the subject of Bankruptcies	207, 288
Uniform Negotiable Instruments Law 1896	616
Uniform Sales Act 1906	616
Uniform Stock Transfer Act 1909	616
Uniform Trust Receipts Act 1933	616
Uniform Warehouse Receipts Act 1906	616
unincorporated association	353
Uninsured Rate Declining Most Among Blacks And Hispanics	294
Union	

	92, 151, 228, 472, 519, 532, 612, 825, 827, 966, 990
Union Army	498, 529, 560, 640
Union of Confederation	234
Union Pacific 鉄道	345, 546
United Colonies of North America	105
United Keetoowah Band (UKB) of Cherokees	489
United Mine Workers	712
United Nations	701-2, 758-9
United Nations General Assembly	762
United Nations Declarations	740, 760
United Nations Security Council Resolution 678	908
United Provinces of Central America	438
United Provinces of South America	438
United States	990
United States Agency for International Development (USAID)	787
United States Attorneys	921
United States Committee on Public Information	679
United States Housing Authority	698
United States Notes	533
United States Patent and Trade Mark Office (USPTO)	279
United States Post Office	886
United States Postal Service	567, 886
United States Trade Representative (USTR)	798
United States Virgin Island	283
United states, in Congress assembled	273
Universal Declaration of Human Rights	227
universal male suffrage	549
University of Alabama	791
University of California, Berkley	780
University of Chicago	903
University of Cincinnati	662
University of Louisville's McConnell Center	933
University of North Carolina	466
University of Pennsylvania	53
unusual punishment	381
Uruguay	438
Usery 事件	956
USS Chesapeake	416
USS Greer	735, 737, 755
USS Maine	652-3
USTR	800, 802
usually unfair	599
Utah	472-3, 629-30, 475-6, 485
Ute 族との衝突	570
Utopia	128

1086

事項索引（欧文）

V

Vacancies	303
vagueness and uncertainty of the law	925
Valeo, Francis R.	854
Vallandigham, Clement L.	572-5
Valley Forge	104, 117, 170
Value-Money	207
Vandalia	59
vanguard state	632
Vassall, William	18
Vatican	662
Venezuela 215, 222, 437-8, 645, 653, 659-60	
Vermont	
128, 239, 257, 266, 365, 415, 433, 439, 475, 515	
Vermont 州政府	799
Verrilli, Donald	304
Versteeg, Mila	227-8, 234
vertical	935, 937, 943
vessels of ten or more tons	613
veteran 58-9, 64, 121, 558, 608, 641, 715	
veto	775-6
veto power	606
Vice Admiralty Court	46
Vice President	387, 895
Vicksburg	531
Victory Program 739, 746, 749-50, 755-6	
Vidal, Gore 177, 335, 371, 560, 676	
Vienna Summit	787
Vietnam War	903-4
Vinson, Fred M.	823, 871
Virginia	
31-2, 75-7, 88-9, 100-2, 145-7, 159-61, 191-2, 221-2, 365-7	
Virginia Company 17, 28, 508	
Virginia Company of London 26, 31	
Virginia Company of Plymouth 26	
Virginia Declaration of Rights	
76-7, 105, 115, 153, 162-3	
Virginia Democratic-Republican Party	
182, 353	
Virginia Democratic-Republicans 347, 841	
Virginia militia 62, 64, 76, 172, 478	
Virginia Plan	
144-5, 151, 162, 165, 220, 273, 828-9	
Virginia Resolution (1794)	834
Virginia Resolve (1765 年 5 月)	77
Virginia 州議会 401, 409, 487, 971	
Virginia, State of	408-10
Virginian	
192, 198, 362, 433, 439, 463, 574, 611	
Virginia 議会	63

Virginia 州決議	410
Virginia 州最高裁	946-7, 966
Virginia 植民州議会	63
Virginia 民主共和党	182, 453
Virginia's constitutional convention	442
voices of reason	847
votes in electoral college	168
Vucci, Evan	989

W

W.W. I	
209-10, 672-3, 678-9, 682-3, 690-1, 723-4, 923-4	
W.W. II	
209-10, 700-1, 739-40, 750-1, 753-4, 768-9, 777-8, 780-3, 904-5	
Wagner, Robert	699
Walker Tariff	458
Walker Tariff of 1846	466
Walker, Robert J. 458, 499, 601	
Wall Street 583, 674, 694, 726, 763	
Wallace, George	791, 900
Wallace, Henry A.	702, 762
Walsh, David I.	735
war against all nations	677
War and National Defense	904
War Emergency Division	920, 923
War Guilt in the Pacific	751
War on Drugs	954
War Powers Resolution	
248, 281, 305, 774, 906, 928, 932	
War Powers Resolution of 1973	918
War Relocation Authority	748
Warburg, James P.	726
Ward, Artemas	84
Warner, Charles Dudley	588
warrant 373, 703, 922	
Warren Commission	921, 927
Warren Court 335, 382, 813, 821, 823, 970	
Warren, Earl 335, 821-3, 871, 985	
Warren, Joseph	50, 106
Warwick, Amy	574
Warwick 男爵特許状	24
Washington 62-4, 177-80, 194-8, 418-20	
Washington D.C.	759-60
Washington Monument	466
Washington Post	
304, 784, 821, 884, 888, 893, 924, 963, 979	
Washington, Bushrod	184, 833
Washington, George	610-1
Watergate	807, 890
Watergate burglary	888

1087

Watergate Complex	883, 888		Wilhelm Kaiser	659
Watergate Scandal	882-3, 885-7, 892-3		Wilkinson, James	398
Watergate Seven	884		will of the Crown	846
Watergate Special Prosecution Office	888		Willard Hotel	507, 586
Waterman, Lewis	341		William, M. Evarts	310
Watauga Association	338		Williams, Roger	18, 21, 23
way of life	507		Williams, Yohuru R.	976
Wayne, Anthony	397		Williamsburg	46, 88, 162
Ways and Means Committee	477		Wills, Garry	903
We the People	519		Wilmington Insurrection (Massacre)of 1898	

Webster, Daniel 457, 465, 468, 470, 483, 913

				587
Webster, Noah	18, 73		Wilmington, North Carolina	587
Webster-Ashburton Treaty of 1842	452, 465		Wilmot Proviso	471-2, 478, 526
Wedemeyer, Albert C.	749, 755		Wilmot, David	526
Weekly Register	31		Wilson, James	
Weinberger, Caspar	898		87, 115, 187, 191, 195, 212, 293, 309, 830	
Weiss, Nancy J.	674		Wilson, John	309, 312
Weld, Angelica G.	497		Wilson, Thomas Woodrow	
Weld, Theodore	523		208-9, 668-83, 690-2, 722-4, 752-4, 756-9	
Welfare	519		Wilsonian	691, 724
Wellington Law School	798		Wilson's Fourteen Points	677
West Florida	452, 467		Wilson 規約	759
West Indies	88, 104, 405		Windom, William	620
West Point	498, 518-9, 521, 762, 777		Windsor	24
West Virginia	58, 150, 475, 509		Winston Churchill's American Mother	737
West Virginia, State of	528-9, 712		Winthrop, John	18-9, 21, 86, 656
West Virginia 州知事	565		Wirtz ケース	956
Westchester County Trust Company	633		Wisconsin	
Western Hemisphere	660, 621		260, 475, 515-6, 666, 764, 991, 933	
Western Interior Tribes	489		Wisconsin 州規則	942
Wethersfield	24		Wisconsin 州最高裁	946
Wheeler, Burton K.	746		Witan	219-20
Wheeling	528-9		with malice	797
Whig	121, 470, 482, 517, 526		with soul force	792
Whig Party	434-5, 440-1, 453-6, 470-1		witness against himself	375
Whig 党			Witnesses	211
446, 458, 461, 478, 482, 486, 560, 896			Woerkom, Barbara Van	555
Whigs	340, 454, 459, 483		Wolcott, Oliver	403
whirlwinds of revolt	792		Wood, Robert	747
Whisky Rebellion	283, 306, 394		Woods, Granville	638
whistle stop	765		Woodward, Bob	820, 888
whistleblower	922, 933		Workingman's Party	569
White Camellia	584		Works Progress Administration (WPA)	
White House	537, 689		695, 698, 700	
White League (Louisiana)	565, 584		World affairs	652
White Liners	584		World Economic Conference of 1933	726
white supremacy	584		World Organization	781
Whitehouse	743		world policy	904
Whitewater	890		World Trade Center	251, 920, 927
whole American fabric	875		Wounded Knee Massacre	634-5
Wiebe, Kirk	931		Wovoka	621
Wigner, Eugene	779		Wright, C. A.	313, 317, 321-2, 325
wild card explanation	749		Wright, Michael	926

1088

事項索引（欧文）

writ of certiorari　　　302，315，331-2，966
writ of error　　　　　　　　　　　　946-7
Writ of Habeas Corpus
　253，364，501-2，513，539，557，573，589，
　982
writ of mandamus　　　　　　　　837，839
Writings and Discoveries　　　　　　　278
WTO　　　　　　　　　　　　　　　798
WTO Doha Development Round　　　　798
Wyoming　　　　　　　　　475，958-9

X

XYZ 事件　　　　　　　　　　　　404-5

Y

Yale　　　　　　　　　　　　　21，661
Yale Law School　　　　　　　　　　883
Yalta　　　　　　　　　　　　753，783
Yalta (Crimea) Conference (1945 年 2 月 11
　日)　　　733，741，753，780，782-3

Yalta Agreement　　　　767，781，784
Yates, Robert　　　　　　　　　　　309
Yellowstone Park, Wyoming　　　　　620
Yoo, John C.　　　　　　　　　　　841
Yorkshire　　　　　　　　　　　　18
Yorktown　　　　　　　　　108，123
Yorktown 戦　103，107，109，118-9，121，414
Yo-Semite Valley and Mariposa Big Tree
　Grove　　　　　　　　　　　　620
Young America　　　　　　　　479-80
Younger 事件　　　　　　　　　　941
Yugoslavia　　　　　　　　　　　907
Yugoslavia 軍　　　　　　　　　　917
Yukon　　　　　　　　　　　　568

Z

Zapata, Emiliano　　　　　　　　　800
Zeckendorf, William　　　　　　　762
Zelizer, Julian　　　　　　　　　　893
Zion 教会　　　　　　　　　　　558

1089

著 者 紹 介

國生 一彦（こくしょう かずひこ）

昭和 29 年 東京大学卒業
昭和 57 年 アメリカ、ワシントン大学ロースクール修士号
現在 弁護士（國生法律事務所）、元東洋大学法科大学院教授
【主要著書】
アメリカの法廷で闘うとしたら―日本とどれほど違うか―（八千代
　出版、2013 年）
コモンローによる最新国際金融法務読本（商事法務、2011 年）
国際取引紛争に備える―アメリカ、EU、イギリスでのトラブル予
　防から訴訟まで―（八千代出版、2006 年）
国際取引法（有斐閣、2005 年）
Q&A インターネットの法的論点と実務対応（弁護士会インターネ
　ット法律研究部編、ぎょうせい、2005 年）
アメリカの誕生と英雄達の生涯（碧天舎、2004 年）
改正米国動産担保法（商事法務研究会、2001 年）
米国の電子情報取引法（商事法務研究会、2001 年）
e-の法律―サイバー世界の法秩序―（共著）（東京布井出版、2000
　年）
アメリカのパートナーシップの法律（商事法務研究会、1991 年）
現代イギリス不動産法（商事法務研究会、1990 年）
判例にみるアメリカの不動産トラブル（商事法務研究会、1989 年）
国際金融法務読本（東京布井出版、1988 年）
アメリカの不動産取引法（商事法務研究会、1987 年）

アメリカの憲法成立史
―法令索引、判例索引、事項索引による小辞典的憲政史―

2015 年 8 月10日　第 1 版 1 刷発行

著　者――國　生　一　彦
発行者――森　口　恵　美　子
印刷所――壮　光　舎　印　刷
製本所――渡　邉　製　本
発行所――八千代出版株式会社
　　　　　〒101-0061　東京都千代田区三崎町 2-2-13
　　　　　TEL　03-3262-0420
　　　　　FAX　03-3237-0723
　　　　　振替　00190-4-168060
　　　　＊定価はカバーに表記してあります。
　　　　＊落丁・乱丁本はお取替えいたします。

ISBN978-4-8429-1640-8　　Ⓒ Kazuhiko Kokusho 2015